马克思主义
劳动价值论深化研究

兼驳西方非科学价值理论

杨进明 ◎ 著

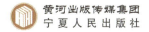

黄河出版传媒集团
宁夏人民出版社

图书在版编目（CIP）数据

马克思主义劳动价值论深化研究：兼驳西方非科学价值理论 / 杨进明著 . –– 银川：宁夏人民出版社，2020.5

ISBN 978-7-227-07192-1

Ⅰ . ①马 … Ⅱ . ①杨 … Ⅲ . ①马克思主义 – 劳动价值论 – 研究 Ⅳ . ① F014.2

中国版本图书馆 CIP 数据核字（2020）第 069851 号

马克思主义劳动价值论深化研究——兼驳西方非科学价值理论
MAKESI ZHUYI LAODONG JIAZHILUN SHENHUA YANJIU——JIAN BO XIFANG FEIKEXUE JIAZHI LILUN

杨进明　著

责任编辑　白　雪
责任校对　陈　晶
封面设计　沈家菡
责任印制　陈　哲

 黄河出版传媒集团
宁夏人民出版社　出版发行

出 版 人　薛文斌
地　　址　宁夏银川市北京东路 139 号出版大厦（750001）
网　　址　http://www.yrpubm.com
网上书店　http://www.hh-book.com
电子信箱　nxrmcbs@126.com
邮购电话　0951-5052104　5052106
经　　销　全国新华书店
印刷装订　宁夏凤鸣彩印广告有限公司
印刷委托书号　（宁）0016992

开本　889 mm×1194 mm　　　1/16
印张　40.5
字数　820 千字
版次　2020 年 5 月第 1 版
印次　2020 年 5 月第 1 次印刷
书号　ISBN 978-7-227-07192-1
定价　298.00 元

序 言

一、马克思主义劳动价值论是马克思主义理论大厦的支撑和共产党的灵魂与依据

道貌岸然的资产阶级高喊着"平等、自由、博爱"的口号,与其他被压迫阶级一道,冲溃了封建制度的堤坝;但他们甫一掌握政权,便动用军队、监狱、法庭等国家机器,采用驱逐、鞭打、割耳、处死等手段,剥夺农民的土地,把他们驱赶到工厂,建立起雇佣劳动与资本的生产方式。红光满面的资本家咀嚼着蘸了每天工作 16~20 个小时活活累死的工人和 7~13 岁儿童的骨油的面包,畅饮着用非洲奴隶和华工的血泪酿造的"琼浆",把玩着用印第安人头盖皮制成的皮具,抚摸着他们故意传播天花、发动可耻的鸦片战争以及抢掠来的一箱箱黄金白银,打着饱嗝,沉浸于洋洋得意之中。英国大法官莫尔为"羊吃人"时代的血腥而愤愤,1516 年写出了千古不朽的著作《乌托邦》,点燃了人们的希望。然而 300 多年过去了,无数志士仁人虽然前仆后继,但人间悲剧频仍,人们仍旧凄惨战栗。19 世纪,马克思博士目睹资本灵魂的肮脏,资本主义制度的阴暗,资本家剥削手段的残忍,劳动人民的冻馁悲凉,拍案而起,但他却在维护民意时碰壁。他因劳动者的麻木而痛苦,为革命者的盲目而痛心,对投机者的招摇而伤痛,对资本主义辩护学者的卑鄙而痛恨,在冷静地分析了历史和现实后,他发出了"我们坚信,构成真正危险的并不是共产主义思想的实际试验,而是它的理论阐述"[1]的呐喊。他废寝忘食,夜以继日,膏油焚尽,疾走于革命的实践,徜徉于学术的海洋。1848 年,他与恩格斯合撰的《共产党宣言》发表,为劳动人民的解放指明了目标和道路。1867 年,他的政治经济学代表作《资本论》第一卷问世,从解剖"商品"概念的内涵因素和矛盾入手,以翔实的历史、严密的逻辑、独特的方法,论证了商品生产蕴含的私人劳动与社会劳动的矛盾发展为资本主义

---

[1]《马克思恩格斯全集》第 1 卷,第 2 版,北京:人民出版社,1995 年,第 295 页。

基本矛盾——生产社会化和生产资料资本主义私人占有之间的矛盾，揭破了资本家剥削的秘密，揭示了资本主义生产方式产生、发展和灭亡的规律以及人类社会发展的规律，并为经济科学奠基。《资本论》既是对《共产党宣言》的理论阐释，也是他的能动的辩证唯物主义的充分展露和对历史唯物主义原理的鲜活论证。自此，马克思主义哲学、政治经济学和科学社会主义构成了完整的崭新的世界观方法论体系，在人类社会思想发展史上具有里程碑式的意义。

凝结马克思40年心血的《资本论》是马克思主义整个理论大厦的基石，是社会主义的支撑，是共产党的灵魂和成立的依据。它阐发的原理，警醒了浑噩的人们，拯救了被压迫阶级。处于水深火热中的工人阶级以马克思主义为指导，组成了自己的政党——共产党，破除救世主意识，除掉"劳心者治人，劳力者治于人"的思想和宿命论的枷锁，在雄壮的《国际歌》歌声中，英勇斗争，前仆后继，尽管数以亿计的共产党人及其同情者被屠杀，但是，"青山遮不住，毕竟东流去"，以列宁为首的俄国布尔什维克党人，宣传群众、发动群众、组织群众、依靠群众，取得了1917年十月革命的胜利，社会主义从理论变为现实，几千年来被压迫的劳动人民当家做主掌握政权并获得财产权的梦想成真。无产阶级革命家依据马克思主义理论，领导人民把社会主义建设得有声有色，生产力快速发展，人民生活水平大幅度提高。与社会主义形成鲜明对比的是，资本主义却在罪恶中痉挛：1929—1933年发生的经济危机，使资本主义国家经济倒退了20年，大量工人失业，冻饿而亡。更让人们刻骨铭心的是，资本主义国家因瓜分世界争夺殖民地而爆发的两次世界大战，使人民生灵涂炭，尸骨遍地。人们在对比中，肯定了马克思主义和社会主义。在被压迫人民和被压迫民族的激烈抗争中，资本主义殖民体系土崩瓦解，民族国家纷纷独立，人类的历史被改写。1949年，以马克思主义为指导的中国共产党领导中国人民，经过28年的浴血斗争，建立了中华人民共和国，劳动人民翻身做了社会的主人。历史雄辩地证明了马克思主义的核心观点："人民，只有人民，才是创造世界历史的动力。"[1]

二、马克思主义劳动价值论目前遇到的危机和习近平新时代中国特色社会主义思想的历史地位

日暮途穷的资产阶级，在以马克思主义武装起来的人民面前惊慌失措，他们竭

---

[1]《毛泽东选集》第三卷，第2版，北京：人民出版社，1991年，第1031页。

尽全力攻击马克思主义理论大厦的根基。100 多年来围绕肯定还是否定马克思主义劳动价值论的斗争,其实质是关于共产党存在的合法性与非法性、共产党奋斗的进步性和逆动性、共产主义的必然性与虚幻性的斗争。20 世纪中叶,这种斗争进入白热化。苏联和东欧社会主义国家共产党内持资产阶级观点的学人与西方资产阶级相呼应,胡说马克思的剩余价值理论过时已成为"国际共识",后工业化时代自动化机器创造价值和剩余价值,工人劳动强度减轻,劳动时间缩短,马克思的绝对和相对剩余价值理论都没有了根据;胡言马克思关于市场价格围绕生产价格上下波动的理论错误,马克思的经济学说没有实际意义;胡扯计划经济是"通往奴役之路",只有"自生秩序"的"市场经济"才是人类的前途;胡诌公有制导致大锅饭和懒惰之风盛行,只有把工人置于资本家的管制下,使用饥饿法则,才能提高效率;他们否定按劳分配,胡喊资本家养活工人,剥削有功;他们搬出亚当·斯密的"经济人假设",胡话自私是人的本性,私有制符合天理……而那些国家马列主义侏儒的共产党领导人,相信了资产阶级的昏话,为了一己私利,抛弃了马列主义,置人民管理国家、经济、社会事务的各项权力和权利于不顾,在实行不分阶级的"人道的民主的社会主义"幌子下,走私有化道路,趁机抢劫人民以血汗积累起来的财富,蜕变为掠夺性资本家,人民重新沦为资本的奴隶。东欧剧变和苏联解体,是 20 世纪的大事件,标志着共产主义运动处于低潮,昭示马克思主义劳动价值论遭遇到极大危机。

中国共产党领导人有很高的马克思主义造诣,分析中国要在资本主义重重包围中建设社会主义,必须发展经济,实行改革开放战略,同时必须坚持四项基本原则(即坚持社会主义道路,坚持人民民主专政,坚持中国共产党的领导,坚持马克思列宁主义、毛泽东思想),不走私有化的邪路,因而显示出与众不同的三大特点:一是指导思想没有变。正如邓小平所说:"我们搞改革开放,把工作重心放在经济建设上,没有丢马克思,没有丢列宁,也没有丢毛泽东。"[1]二是公有制主体地位没有变。邓小平叮嘱:"社会主义有两个非常重要的方面,一是以公有制为主体,二是不搞两极分化。"[2]三是人民当家做主的前提没有变。中共一代代中央领导集体带领中国人民努力奋斗,经济发展独领风骚,人民生活水平稳步提高。

我们所处的时代,是资本主义全球扩张、加速自我扬弃,社会主义逐步走向胜利的时代,是中国实现四个现代化、全面建成小康社会、实现中华民族伟大复兴的

[1]《邓小平文选》第三卷,第1版,北京:人民出版社,1993年,第369页。
[2]《邓小平文选》第三卷,第1版,北京:人民出版社,1993年,第138页。

时代。习近平新时代中国特色社会主义思想是对马克思列宁主义、毛泽东思想、邓小平理论、"三个代表"重要思想、科学发展观的继承和发展,是马克思主义中国化最新成果。十八大以来,我们党紧密结合新的时代条件和实践要求,系统回答了新时代坚持和发展什么样的中国特色社会主义、怎样坚持和发展中国特色社会主义这个重大时代课题。从习近平新时代中国特色社会主义思想的总任务、总目标、总体布局、战略布局、党的领导、严惩腐败、消除贫困、公职人员监督全覆盖、人类命运共同体建设、绿水青山就是金山银山、供给侧结构性改革、"一带一路"倡议的提出及建设等方面可以看出,这是一个充满了政治智慧,充满了道路自信、理论自信、制度自信、文化自信,具有战略思维、创新思维、辩证思维、法治思维、底线思维的思想,是一个坚持马克思主义基本观点、基本理论、基本方法,体现了马克思主义原则性和灵活性的思想。习近平总书记的话语鼓舞人心:中国特色社会主义进入新时代,"我国社会主要矛盾是人民日益增长的美好生活需要和不平衡不充分的发展之间的矛盾,必须坚持以人民为中心的发展思想,不断促进人的全面发展、全体人民共同富裕"[1];使人民获得感、幸福感、安全感更加充实、更有保障、更可持续。全面建成小康社会,一个不能少;共同富裕路上,一个不能掉队。从 2020 年到 2035年,在全面建成小康社会的基础上,再奋斗 15 年,基本实现社会主义现代化。从2035 年到本世纪中叶,在基本实现现代化的基础上,再奋斗 15 年,把我国建成富强民主文明和谐美丽的社会主义现代化强国。中国人民有理由相信,在习近平新时代中国特色社会主义思想指导下,中国特色社会主义必将更加绚丽多彩。

三、笔者对马克思主义劳动价值论深化研究的历程和新收获

习近平总书记说:"人民有信仰,民族有希望,国家有力量。"[2]虽然中国社会主义建设成就斐然,但资产阶级无时无刻不在企图摧毁我们的信仰。习近平指出:"在对待坚持以马克思主义为指导问题上,绝大部分同志认识是清醒的、态度是坚定的。同时,也有一些同志对马克思主义理解不深、理解不透,在运用马克思主义立场、观点、方法上功力不足、高水平成果不多,在建设以马克思主义为指导的学科体系、学术体系、话语体系上功力不足、高水平成果不多。社会上也存在一些模糊

---

[1]习近平:《决胜全面建成小康社会　夺取新时代中国特色社会主义伟大胜利——在中国共产党第十九次全国代表大会上的报告》,北京:人民出版社,2017 年,第 19 页。

[2]《习近平谈治国理政》第二卷,北京:外文出版社,2017 年,第 323 页。

甚至错误的认识。有的认为马克思主义已经过时，中国现在搞的不是马克思主义；有的说马克思主义只是一种意识形态说教，没有学术上的学理性和系统性。在实际工作中，在有的领域中马克思主义被边缘化、空泛化、标签化，在一些学科中'失语'、教材中'失踪'、论坛上'失声'。这种状况必须引起我们高度重视。"[1] 目前，经济学领域对于资产阶级否定马克思主义劳动价值论的批驳尚不很得力，长此以往，马克思主义理论大厦的倒塌也不是不可能的。届时，社会主义与共产党的历史将会被否定，任何以马克思主义为根基的指导思想，包括列宁主义、毛泽东思想、邓小平理论、"三个代表"重要思想、科学发展观以及习近平新时代中国特色社会主义思想，都将被颠覆。因此，深化马克思主义劳动价值论的研究，是时代的要求、人民的要求，意义重大。

　　我因在"文化大革命"中怀疑马克思主义而开始研究马克思主义。1967—1997年，是我研究的第一阶段，大约持续了 30 年。我断断续续读了马克思和恩格斯的《共产党宣言》《反杜林论》《资本论》《哥达纲领批判》，列宁的《辩证唯物主义和经验批判主义》，毛泽东的《矛盾论》，等等。后来在脱产学习期间得到数位经济学教授的指导，系统学习了《资本论》和一些资产阶级经济学著作。这时，我已明白了马克思主义劳动价值论是真正的科学了：一是明白了"价值"是不同商品的同一性，二是理解了马克思著名的劳动二重性学说，三是认识到用时间做价值计量单位是马克思进行数理演绎的基础。但还存在很多疑问：天然事物有没有价值？价值为什么要用时间做计量单位？自动化机器为什么可以创造出巨量价值？科学技术的价值怎样计量？我感到要解答这些问题，弄清"时间是什么"是关键。由于很多物理学家和哲学家也在研究时间问题，尚无斩获，时间也就成为发展马克思主义劳动价值论的拦路虎。

　　1997—2009 年，是我研究的第二阶段，大约持续了 12 年。1996 年，由于教学资料的积累和对现实问题的思考，我决定采用马克思写作《资本论》解剖抽象具体的方法分析权力，写作了政治学著作《权力的起源、本质、发展和运行》。正是这次对马克思方法具体运用的尝试，不仅使我对抽象具体的认识更为深刻，而且发现了哲学新方法——抽象具体实代法。比如，人们用钟表这种现实具体代表抽象的时间，用钞票这种现实具体代表抽象的价值，用泥塑像代表文学作品中描写的抽象人物。《权力论》初稿完成后，1997 年，我接着写了哲学著作《过程论》，阐述了我所发现的

[1]《习近平谈治国理政》第二卷，北京：外文出版社，2017 年，第 328-329 页。

这个哲学方法。黑格尔论述过辩证法、抽象和具体,但作为唯心主义哲学大师,他没有论述过唯物主义的抽象具体实代法。也正是在《过程论》写作的过程中,我发现了时间是什么、价值和时间的同源性,在该书中对此有简略述及。此时,我对如何发展马克思主义劳动价值论已成竹在胸了。1999年在《权力论》和《过程论》出版后,我在思考、搜集经济学资料时,由于对社会主义命运的担忧,创作了融西夏历史、沙湖景观、传奇故事于一体的长篇小说《千年三公梦》,宣扬平等、公正、公平、民主、自由的理念。小说落笔后,2005年,我动手写作经济学著作《自然价值与劳动价值的同一性——马克思主义劳动价值论的新发展》(以下简称《新发展》),并于2009年出版,向新中国成立60周年献礼。在该书中,我的收获主要有:一是发现了任何事物的产生发展过程是它们的同一性,劳动过程形成劳动价值,自然事物过程形成自然价值,时间是地球运动过程的抽象均等化。二是弄清了自动化机器中含有以时间的方式存在的前人劳动积累价值,自动化机器为什么不创造剩余价值。三是探索了经济价值与哲学价值的相同点和不同点以及二者趋同的倾向。四是论证了价值论与财富论的统一问题。五是简述了管理劳动利用权力创造价值的原理。六是指出了劳动生产率表达式中的劳动时间是其功效价值,新产品的形成时间是生产要素功效价值的转移,商品交换以商品的实效时间为标准。七是说明了劳动过程是劳动力使用内能量和外能量做功的过程。八是区分了生产规律与消费规律。九是确定了在进行商品交换时,人们要对自然价值和积累价值进行通约,因而也就为解决商品市场价格问题指明了方向。上述问题多是中外经济学家长期争论所没有解决的,我的发现,对于捍卫马克思主义无疑有重要意义。关于时间本质的发现,可能对物理学也有意义。为了节省篇幅,虽然该书中有不少重要观点只用一两句话作了概括而没有阐述,对非常重要的理论应用于实际的部分没有进行深入探讨,某些举例需要修改,修辞也属必要,但开拓性与创新性是一目了然的。

2009年至今,是我研究的第三阶段,历时10年。此时我已退休,可以有充裕的时间坐下来研究,但由于长期的脑力和体力透支损害了我的健康,得了重病。我评估了一下我生命的长短,决定在三项工作中选择一项:一是对官员、教师、医生、军人、警察等人的劳动如何创造价值进行研究。二是总结社会主义上百年的经验教训,为社会主义经济学积累材料。三是集中精力专门研究马克思没有研究到底的市场价格问题。由于我痛心于资产阶级经济学家摇头晃脑地糟蹋马克思主义政治经济学,为了彰显科学的马克思主义劳动价值论,我选择了难度极大的市场价格问题,以马克思的生产价格为基础把这个问题研究到底,使长期以来资产阶级借价格问题对马克思主义劳动价值论的攻击失去理由。其他两项工作,虽然已有轮廓,但恐无力完成,可能成为终生遗憾了。

在这部书稿中,我主要做了以下几项工作:一是以马克思的价值—剩余价值—平均利润—生产价格—市场价格理论为主线,简明扼要地介绍了马克思劳动创造价值基本理论,重点介绍了马克思怎样用他的著名的劳动二重性学说解决了"价值"这个经济学的"元问题",论述并呼吁以马克思主义劳动价值论为基础建立科学的经济学科的必要性和必然性,说明了生产要素价值论、主观效用价值论、边际效用价值论、均衡价值论、知识价值论等不能成为经济科学的理由。二是对自动化机器中包含有巨量的前人积累的劳动价值进行了计量,把《新发展》中的某些内容深化和细化。三是因马克思对价格问题只研究到生产价格和商业价格,而对商品的价值不变只是在市场上交换时货币发生变动的情况即市场价格问题没有考察,资产阶级经济学家利用市场价格问题对马克思主义劳动价值论进行了一波又一波的攻击。市场价格问题的研究极其困难,我抓住了价值的同一性和通约性这两个特性,深入研究了这个问题。四是较为详细地论述了科学工作者和技术工作者的劳动使前人的积累价值再现,并产生乘数效应,使劳动生产率大幅度提高,劳动者劳动强度减轻,劳动时间减少,而这正是共产主义实现的条件。把这种现象说成是资本和机器创造价值和剩余价值,贬低活劳动的作用,否定马克思关于资本剥削的理论,是庸俗经济学在当前的突出表现。五是简要梳理了我们在建设社会主义过程中对马克思主义的某些误解,对目前否定马克思主义劳动价值论的代表性观点和错误的价值理论进行了扼要批判。六是在关于权力问题研究的基础上,说明了资本主义在经济基础独裁制即企业个人独裁制基础上的资本民主,不是真正的民主,社会主义在政治和财产平等基础上的人民民主,才是真正的民主,二者的本质不同。七是简述了如何运用马克思在劳动价值论研究中所体现的思想方法理解社会主义生产方式,并如何运用于观察社会发展阶段。当前,要把消除战争作为国际战略,要破除和平幻想主义、历史逆动主义和私利主义,使社会主义成为人类社会的标杆。《新发展》一书中的某些观点,比如社会权力在阶级分化中的作用、前后代人的价值补偿等在本书中没有涉及,但并不表明这些观点不重要。本书劳动价值论、马克思劳动价值论和马克思主义劳动价值论三个概念的涵义有细微区别,细心的读者可能会有所注意。

像其他科学一样，经济学理论还需要进行更深入的研究，比如对能量利用与价值创造关系的研究，关于哲学价值与经济学价值相统一的研究，关于微观物质过程与宏观物质过程关系的研究，关于人与外部质能交换过程的研究，关于社会管理劳动与价值创造的研究，等等，需要哲学、物理学、数学、经济学等多学科的结合性研究，所以，经济学研究任务艰巨，经济学家们任重道远。

四、人的一生不仅仅是动物性存在

本书第一章介绍了马克思研究资本主义历史与现实的原因和创立马克思主义的艰辛历程，目的是为了增强读者对马克思的感性认识，激发读者为多数人的利益而奋斗的情怀。正是有无数革命先烈为了多数人的利益，舍生忘死，浴血斗争，中华人民共和国才建立起来；也正是由于无数不计报酬、无私奉献的先进人物的辛勤劳作，才有了中华民族强大昌盛的今天。当我想到革命前辈有的虽受酷刑但坚贞不屈视死如归，有的放弃万贯家产为多数人的幸福而牺牲生命，再联想到那些贪污腐败的官员以及那些以否定马克思主义劳动价值论为荣的经济学家，悲愤难耐。于是，我选择了艰难的马克思主义基础理论研究的学术之路。我根本没有想到，反对否定马克思主义劳动价值论的斗争会落到我们头上。每天晚饭后，他人或许正在歌厅娱乐或在悠闲地看电视，而我则多在校园操场上散步思考，我也多于夜深人静的漫步中顿悟。研究马克思主义劳动价值论，费力伤神，几十年来，我在繁忙的工作之余进行研究，节假日和周末没有休息过，亲情有怠，健康有损，有几次我想放弃，特别是在重病之后，但最终还是坚持了下来。根据习近平"坚持和发展中国特色社会主义政治经济学，要以马克思主义政治经济学为指导，总结和提炼我国改革开放和社会主义现代化建设的伟大实践经验，同时借鉴西方经济学的有益成分"[1]的讲话精神，我以习近平新时代中国特色社会主义思想为统领，对书稿进行了多次修改，力图弄清马克思主义经济学的基本原理为什么正确，西方经济学的科学成分和庸俗成分是什么，其中的艰难困苦，难以言表。不少人对我说，现在反对马克思主义劳动价值论的思潮汹涌，你的研究成果可能得不到社会认可，不如休闲旅游健身，多活几年，就什么都有了。他们对我的关心溢于言表，我只有苦笑，无语。作为一名共产党员，我为发展马克思主义劳动价值论而自豪，为把自己的一生

---

[1]习近平：《坚定信心增强定力　坚定不移推进供给侧结构性改革》，《新华每日电讯》2016年7月9日1版。

献给党和人民而自安。人的一生不仅仅是动物性存在，必须融化于社会中才有意义。长江学者张康之教授一针见血地揭示了学术界的痼疾："在当代中国人中，显然不会有几个人相信中国人也会'思想'，在自己不相信自己能'思想'的时候，那么，西洋人的思想就更加珍贵了。当然，在开放的时代，任何一个民族、任何一个国家中生成的思想都应得到珍重。可是，如果我们不相信中国人也能'思想'的话，就不能作为自主的人屹立于世。另一种情况，就是有一些当代中国人只相信古人会'思想'，不相信当代人也会'思想'，躺倒在古人的怀中求安慰，用古人来标识自己而让自己处于荣耀的地位上。可是，如果我们不相信当代人也能'思想'，又如何去开辟前行的道路呢？"[1]通过研究，我坚信马克思主义是正确认识世界和改造世界的方法，坚信马克思主义劳动价值论是构建科学的经济学科的唯一基础，坚信世界共产主义运动处于又一次高潮的前夜，坚信中国特色社会主义一定能够成为世界的未来。我也坚信，任何一个不抱偏见的经济学家都不会对我的贡献置若罔闻。我深信马克思所说："批判的武器当然不能代替武器的批判，物质力量只能用物质力量来摧毁；但是理论一经掌握群众，也会变成物质力量。理论只要说服人，就能掌握群众；而理论只要彻底，就能说服人。所谓彻底，就是抓住事物的根本。"[2]我认为，自色诺芬提出经济价值概念后，亚里士多德提出经济价值的同质性和通约性，是经济价值研究的第一次飞跃；威廉·配第提出劳动价值由劳动量决定，用劳动时间来计量，是经济价值研究的第二次飞跃；马克思提出劳动价值由抽象劳动所形成，是经济价值研究的第三次飞跃。我相信，随着人们文化水平的提高、习近平新时代中国特色社会主义思想的深入人心、社会主义生产方式的巩固，我关于价值是过程的抽象，时间是地球运动过程的抽象均等化，因而可以作为计量价值的标准；劳动生产率表达式中的劳动时间是功效价值，市场价格以功效价值为标准，功效价值与生产价值的比例随科技的发展而变动的发现将引起学界的关注，并给予恰当的评价。我非常赞同中共宁夏区委党校提倡的"用学术讲政治"的观点，我对马克思主义劳动价值论的深化研究，希望能起到抛砖引玉的作用，引起更多的人深入研究马克思主义，深入研究习近平新时代中国特色社会主义思想，从而激发出建设中国特色社会主义的巨大力量。

马克思主义劳动价值论博大精深，经济学领域的观点纷繁杂芜，本书所论涉及

[1]张康之、张乾友著：《共同体的进化》，北京：中国社会科学出版社，2012年，410页。
[2]《马克思恩格斯全集》第3卷，第2版，北京：人民出版社，2002年，第207页。

经济学界100多年来争论的许多重大问题,工程浩大。我曾试图找人合作,但因各种原因未果。以我重病之躯独自承担如此任务,实感力不从心,加之水平有限,书中错误之处在所难免,敬请广大读者批评指正。

根据我的阅读经验,有时查找一段引文特别困难,因而费时费力编写了马克思主义文献引文索引,可为经济学界和非经济学界人士提供查找无产阶级领袖语录的便利。书中马克思、恩格斯、列宁、斯大林、毛泽东、邓小平、习近平的语录引文共500多条,由于《马克思恩格斯全集》第2版尚没出齐,有10条马克思、恩格斯的引文仍采用第1版的,其余均采用目前最新版本。

杨进明

2019 年 4 月 15 日于西安紫薇风尚

目　录

第一章 马克思和马克思主义

世界上第一个社会主义国家苏联的解体,使得经济学界否定马克思劳动价值论的叫嚣一浪高过一浪。那么,支撑整个马克思主义理论大厦、阐述马克思主义劳动价值论的《资本论》基本原理是否正确?作为哲学博士的马克思为什么会写出政治经济学名著《资本论》?回答这些问题我们需要沿着马克思的足迹予以探寻。

一、为多数人谋利益的马克思

人从动物中脱离出来,是由于人在生存斗争中,在结成为联合体共同行动促进社会生产力的发展中,获得生活资料的方式与其他动物有显著区别。虽然人是动物的一种,但人的本质并非动物种群的集合,而是一切社会关系的总和。家庭—部落—部落联盟—民族—国家—国家联盟既是人的共同行为的需要,也是共同行为的结果,人的社会性与动物性也反映在共同行为中。恩格斯在《家庭、私有制和国家的起源》中说得明白:由于社会大分工,使劳动生产率提高,使社会产生大分裂,出现了剥削者和被剥削者。随着商品生产和贸易的发展,各个家族之间出现了财产差别,把氏族内部的利益一致变为氏族之间的对抗,因而原始共产主义社会解体,私有制出现。因为战争掠夺是野蛮人获得财富的主要方式之一,军事首长依靠权力暴力,形成第三种力量,试图调解内部的冲突,久之,他们成为国家机器。由于国家是从控制阶级对立的需要中和冲突中产生的,所以,它照例是最强大的、在经济上占统治地位的阶级的国家,是剥削阶级压迫和统治人民的工具,私有制因此得到了巩固。马克思对于私有制和国家的出现也有相近或相同的观点。可见,人是随生产力的发展、分工的发展和经营方式的发展逐步去除动物性而社会化的。依据人的目的和行为对社会与他人产生的结果,大致可区分人的社会化程度。有的人只是一种动物性存在,往往为了自我享受,不择手段获得利益,损人利己,坑蒙拐骗,甚或偷盗抢夺,杀人越货。这类人的行为是社会要限制并要消除的。有的人是动物性社会人,他们虽然利己但人性未泯,为了自己的利益,坏事也干过,好事也做过,他们信奉"人不为己,天诛地灭"的利己主义,但也不忘"仁、义、礼、智、信"的人类社会化规则。这类人的行为是社会要改造的。有的人是社会性动物人,他们既为自己也为社会,或既为社会又为自己,他们崇尚"吃苦为了享受"的信条。在现阶段,这类人的行为还是要提倡的。还有一类人是社会人,他们为多数人的利益,不怕牺牲,努力奋斗,心中只有人民群众和社会进步,唯独没有自己。这类人的行为是社会要效法的。一个人,只为个人幸福而故意损害他人是卑鄙,为了自我生存而不自觉地损害了别人是悲哀,为自我生存未损害别人但也促进了社会发展是平淡,能够自觉为人们的幸福而奋斗是高尚和伟大。马克思是一个一生为多数人的利益而奋斗的人,是一位伟人,是人类社会的骄子。

卡尔·马克思(1818—1883 年),德国人,父亲是律师,母亲是荷兰人。父亲亨利希·马克思是特利尔市的律师公会会长,法学才能出众,品格高洁,十分信奉 18 世纪法国启蒙思想家伏尔泰和卢梭"天赋人权"以及"在法律面前人人平等"的思想。马克思深受父亲的影响。马克思的姐姐索菲亚有一个女友叫燕妮,后来成为马克思的妻子。燕妮的父亲是普鲁士王朝的枢密顾问官路德维希·冯·威斯特华伦男爵,他经常对马克思讲述空想社会主义者圣西门的学说。马克思为资产阶级思想家批判和改造现实的精神所感动,从小就树立了为人类福祉而奋斗的思想。1835 年,17 岁的马克思在中学毕业命题作文《青年在选择职业时的考虑》中这样写道:"如果我们选择了最能为人类而工作的职业,那么,重担就不能把我们压倒,因为这是为大家作出的牺牲;那时我们所享受的就不是可怜的、有限的、自私的乐趣,我们的幸福将属于千百万人,我们的事业将悄然无声地存在下去,但是它会永远发挥作用,而面对我们的骨灰,高尚的人们将洒下热泪。"[1] 他是这样想的,也是这样做的。

马克思中学毕业后,进入波恩大学法律系攻读法律专业,一年后转入柏林大学。在大学学习期间,马克思学习法律、文学、美术、现代艺术史,自学哲学、历史、英语、意大利语等。马克思才华横溢,在紧张的学习期间,他创作了 4 部诗集,创作了戏剧《乌兰内姆》,还创作了长篇幽默小说《斯考尔皮昂和费利克斯》。在柏林大学学习期间,马克思受青年黑格尔派的影响,放弃法律转而学习哲学。由于青年黑格尔派思想激进,反对基督教,受到打击,马克思转到耶拿大学学习。1841 年,马克思 23 岁,获哲学博士学位。以马克思的才华和博士头衔,加之他的父亲和岳父的地位和背景,马克思成为上流社会的有钱人易如反掌,如能溜须拍马,也有可能成为高级官员。如果马克思不想做官,当时他要谋取一个大学教授的职位是没有问题的。马克思在拿到博士学位后也曾有过这种想法,打算到波恩大学任教。但他看到进步教授在大学里受到排挤,有的还被驱逐,使富有正义感的马克思感到,利用报纸与反动势力做斗争可能更有战斗力。于是,在获得博士学位的第二年,24 岁的马克思到《莱茵报》任编辑。为了多数劳苦大众的利益,他放弃了自己的幸福,选

---

[1]《马克思恩格斯全集》第 1 卷,第 2 版,北京:人民出版社,1995 年,第 459–460 页。

择了下地狱式的苦难。

马克思在《莱茵报》上发表的第一篇文章,是对利用出版物发财、把出版物看作单纯的谋生手段的批评。他说:"作者当然必须挣钱才能生活、写作,但是他决不应该为了挣钱而生活、写作。"[1]"作者绝不把自己的作品看作手段,作品就是目的本身;无论对作者本人还是对其他人来说,作品都绝不是手段,所以,在必要时作者可以为了作品的生存而牺牲他自己的生存。"[2]这与那些为了赚钱而胡编乱造的文人作家是多么格格不入啊!

同年10月,马克思被聘为《莱茵报》主编。为了人民的利益,他不畏强暴,敢于为贫穷人说话。马克思在《莱茵报》工作期间,认真进行实际调查。在调查中他发现摩泽尔河沿岸是茂盛的林区,那些世世代代都居住在该地区的贫苦农民,以砍伐林木为生。但是,有钱有势的人不仅利用暴力占有了山林,还把自己的意志上升为法律。代表地主和资产阶级利益的政府,通过制定法令保护林木占有者的利益,并对贫穷的人们进行无情处罚。莱茵省议会通过了《盗窃林木法案》,如果这些农民再砍伐林木,就是犯法。1836年,在普鲁士的20多万件刑事案件中,有15万多件是私伐林木和偷捕鱼鸟的。马克思经过调查,写了《关于林木盗窃法的辩护》。马克思指出,整个国家制度和各种行政机关都脱离了常规,使国家权威变成了林木占有者的奴仆。还有,摩泽尔河和萨尔河沿岸地区盛产葡萄,因而富于葡萄酒酿造,但是,由于税赋太重使得这里的葡萄种植与葡萄酒酿造者陷入穷困。贫苦人向上级政府呼吁求助,但"葡萄种植者的悲惨状况长期受上级机关怀疑,他们求助的呼声被看作无理取闹"[3]。马克思看到了劳动者终日劳作仍得不到温饱而政府和富人结成同盟欺压劳动人民的人间不平,因此写了大量维护劳动人民利益的文章,揭露了当权者代表特权阶层僧侣和贵族压迫人民的罪恶行径。

马克思的行为惹恼了官方。莱茵省总督冯·沙培尔和地政局局长、税务督察官就摩泽尔农民状况同《莱茵报》展开了论战。

由于坚持正义的马克思对社会贫困阶层的同情和《莱茵报》发表的大量揭露政府当局压迫人民、损害群众利益的文章被当局所不容,他们先是实行双重检查制,后来又决定查封《莱茵报》。报纸的股东们为了赚钱,也要求报纸发表的文章不要太尖锐。马克思为了研究摩泽尔地区劳动者贫苦的社会根源,于1843年3月17日声明退出《莱茵报》编辑部。

为了农民的利益,马克思与当局做斗争,颠沛流离,多次被驱逐。1843年10月底,他在《莱茵报》被查封后,偕同新婚妻子燕妮从德国移居法国。在法国巴黎,马克思研究了法国大革命史,到工人家里去了解他们的生活和工作情况,研究了空想社会主义者的著

---

[1]《马克思恩格斯全集》第1卷,第2版,北京:人民出版社,1995年,第192页。

[2]《马克思恩格斯全集》第1卷,第2版,北京:人民出版社,1995年,第192页。

[3]《马克思恩格斯全集》第1卷,第2版,北京:人民出版社,1995年,第363页。

作,创办了《德法年鉴》,与德国流亡者秘密团体"正义者同盟"建立了联系。1844 年 8 月底,恩格斯从英国返回德国,专门绕道巴黎与马克思见了面。两个人从此结为志同道合的同志和密友,为共产主义事业奋斗终生。

弗里德里希·恩格斯(1820—1895 年),德国人。他对工厂主压榨工人不劳而获,而工人们整日劳作不得温饱的社会现象非常不满。1842 年,恩格斯服兵役期满后到英国曼彻斯特他父亲与人合办的一家纱厂工作,其间,对英国工人阶级的状况进行了调查研究,发现资产阶级经济学家的许多学说都是骗人的。他于 1844 年发表了天才的《政治经济学批判大纲》,引起了马克思的关注,开始与恩格斯通信。8 月,恩格斯在巴黎与马克思见面交谈后,两人的意见一致,于是,两人开始了共同的研究。

1844 年 6 月,德国西里西亚的纺织工人由于受到工厂主、包买商和地主的剥削,收入微薄,每天劳动 15~18 个小时,在 36000 名工人中饿死的就达 6000 人。工人们向工厂主抗议,但工厂主理都不理,工人忍无可忍,唱着自编的歌曲《血腥的屠杀》,发动了起义。但是,工人们的斗争遭到了政府当局镇压。工人运动的一个领袖卢格在巴黎出版的德文报纸《前进报》上,指责这次起义是一次盲目的毫无意义的暴动,而马克思则对这次起义大加称赞。他称赞说:"首先请回忆一下织工之歌吧!这是勇敢的战斗的号令。这支歌根本没有提到家庭、工厂、地区,相反,无产阶级一下子就决不含糊地、尖锐地、毫不留情地、威风凛凛地大声宣布,它反对私有制社会。"[1]普鲁士政府勾结法国政府查封《前进报》,法国政府答应普鲁士政府驱逐《前进报》的多名撰稿人,1845 年 2 月 3 日,马克思首先被法国政府驱逐出境,到了比利时的布鲁塞尔。

在布鲁塞尔,马克思一家的生活陷入困境。恩格斯得知了他的情况后,急忙凑钱接济马克思,后来又不断给马克思以经济援助。他对马克思的无私真诚的帮助,使马克思的学术研究得以进行下去。恩格斯不但对马克思主义的形成有重大贡献,而且在马克思逝世后,整理出版了《资本论》第 2 卷和第 3 卷,还特意声明,他与马克思合作的文献中,辩证唯物主义和历史唯物主义都是属于马克思的。恩格斯的伟大品格也是亘古少有的。

普鲁士政府得知马克思在比利时,要比利时政府把马克思驱逐出布鲁塞尔。在迫不得已的情况下,马克思于 1845 年 12 月放弃了普鲁士国籍。在比利时,马克思和恩格斯一方面进行学术研究,一方面参加实际斗争。他们成立"布鲁塞尔共产主义通讯委员会",联系各国的革命者,在理论上批驳工人运动的各种错误观点,指导第一个工人阶级的组织"共产主义者同盟"(以下简称"同盟")的工作。受"同盟"伦敦第二次代表大会的委托,于 1848 年 2 月发表了千古不朽的《共产党宣言》。此时,受法国等国的革命影响,比利时

---

[1]《马克思恩格斯全集》第 3 卷,第 2 版,北京:人民出版社,2002 年,第 390 页。

也掀起了共和运动。由于马克思在法国、德国、英国、比利时等国的影响,1848年3月3日,马克思接到比利时当局限他在24小时内离境的命令。随后他又被逮捕,马克思的夫人燕妮去警察局询问情况时也被逮捕。在遭到许多人抗议后,马克思被释放,但由于24小时的时限已过,马克思与家人连生活必需品都没来得及带就离开了布鲁塞尔到了巴黎。

为了参加并指导德国的工人革命运动,马克思和恩格斯于1848年4月初返回德国,在科伦创办《新莱茵报》。由于《新莱茵报》不断揭露德国政府当局的罪恶行径,并且成为群众斗争的指挥部,所以,在此期间马克思不断被传讯、被控告、被起诉,他的罪名有"侮辱当局""煽动叛乱"等,但几次庭审,群众都被马克思和恩格斯的精彩演说所折服,听众席常常发出叫好声。审讯失败后,当局决定驱逐马克思。1849年5月16日,马克思接到政府让他24小时内离境的命令。马克思离开德国后,先是到了法国的法兰克福,于6月初重返巴黎;7月13日,巴黎工人举行了一次和平游行,但这也不被政府所允许,遭到了镇压;马克思是工人阶级的领袖,不被当局所容忍,8月23日,马克思被命令必须在24小时内离开巴黎;8月26日,由于没有搬家的费用,马克思只好把妊娠中的妻子和孩子们暂时留在巴黎,只身一人来到英国伦敦;9月,燕妮和孩子们才与马克思团聚。

马克思的妻子燕妮(1814—1881年),美丽善良,虽然出身名门,父亲有很高的社会地位,她本人也有很高的文学艺术才华,她借戏剧评论对某些人和现象的讽刺和批判文章,曾引起社会关注,但她为了人民的幸福,与她心爱的人在一起,甘心随马克思过着颠沛流离的生活,并为马克思抄写稿件。她是马克思的伴侣,也是马克思的战友。她像马克思一样,十分关心无产阶级的解放事业。1849年马克思被法国政府驱逐出巴黎。当时一切政党,不管是执政的还是在野的,不管是封建派、自由派,还是所谓民主派,都联合起来反对马克思,对马克思进行最下流最卑鄙的污蔑,所有的报刊都不登载马克思的文章,使马克思陷入空前的孤立无援的境地,家庭生活异常艰难,但燕妮不向恶势力和困难低头。她向友人写的信中说,她是少数幸福者中的一个,因为她的身旁有她亲爱的丈夫。1881年临终时,她还为德国社会民主党在国会选举中获得了30多万张选票而欣慰。恩格斯在《资本论》第二卷序言中说,马克思曾不止一次地对他说过,《资本论》第二卷和第三卷是献给他的夫人的。《在燕妮·马克思墓前的讲话》中,恩格斯称赞燕妮:"这样一位女性,有着这样清晰而敏锐的头脑、这样精明的政治才干、这样强烈而充沛的工作热情、这样的自我牺牲精神,她为革命运动所做的事情,却没有展示于公众,报刊上也没有登载。她所做的一切只有在她身边生活过的人才了解。但是,有一点我知道:我们将会常常为听不到她的那些大胆但不虚夸、审慎但无损于荣誉的建议而惋惜。"[1]"她的个人品德,我没有必要

---

[1]《马克思恩格斯全集》第25卷,北京:人民出版社,2001年,第539页。

讲了。这是她的朋友们都知道而且永远不会忘记的。如果有一位女性把使别人幸福视为自己的最大幸福，那么这位女性就是她。"[1]

为了人民的福祉，马克思一家流亡异国。为了办《新莱茵报》，为宣传群众和发动群众，他把父亲价值不菲的全部遗产用作办报费用，而他自己与全家却穷困潦倒、贫病交加。马克思在写给维贝尔的信中说："《新莱茵报》从来没有像《国民报》那样力图把革命变成摇钱树；而只是以牺牲大量资金为代价并且冒着个人的危险，我才得以把报纸一直维持到被普鲁士政府封闭的时候。"[2]他家常因付不起房费，只好卖家具，有时靠朋友帮助才能付房租。因为常被驱逐，床铺衣物多被查封，马克思和家人有病也没钱医治。为了从经济上帮助马克思，恩格斯回到了他父亲开办的工厂工作。但由于刚开始工资有限，还不能给马克思更多的帮助。1850年11月，马克思的儿子因贫病交加而死。1952年，马克思的小女儿也因贫病交加而死。这时的马克思，连孩子的埋葬费也没有，是朋友帮助他埋葬了孩子。1855年，他8岁的儿子也因贫病交加而死，这对马克思打击很大。马克思给恩格斯写信说："我已经遭受过各种不幸，但是只有现在我才懂得什么是真正的不幸。我感到自己完全垮了"[3]"在这些日子里，我之所以能忍受这一切可怕的痛苦，是因为时刻想念着你，想念着你的友谊，时刻希望我们两人还要在世间共同做一些有意义的事情。"[4]马克思所说的有意义的事情，就是两人为革命所做的理论与实践工作，主要是理论工作，但科学研究带给马克思的是贫困。恩格斯服过兵役，但军衔也只是个尉官，所以马克思在1868年5月4日写信给恩格斯，说到两人的命运时说："再过几天我就满五十岁了。如果一个普鲁士尉官对你说：'服役二十年了，可还是一个尉官。'那么，我可以说：苦干半个世纪了，可还是一个穷叫花子！我的母亲说得对极了：'小卡尔要是积攒一笔资本，而不是……该多好啊！'"[5]因为马克思的母亲深知儿子的才华，认为马克思如果集中精力去发财而不是搞揭露黑暗社会真面目的理论研究，一定能成为衣着光鲜的人。可是，马克思和恩格斯都选择了为人民大众而工作。

贫困和过度劳累损害了马克思的健康，马克思得了肝病、气管炎、肋膜炎、肺炎。1881年1月，马克思38岁的大女儿患病去世，给了马克思又一次沉重打击；12月，马克思的妻子燕妮患病去世，这时马克思已不能为妻子送葬了。1883年3月14日，马克思逝世，享年65岁。一颗巨星陨落了。

为多数人谋利益的马克思是不朽的。在纳粹统治德国时期，翻砂工、渔民、体育运动

[1]《马克思恩格斯全集》第25卷，第2版，北京：人民出版社，2001年，第540页。
[2]《马克思恩格斯全集》第30卷，第1版，北京：人民出版社，1975年，第503页。
[3]《马克思恩格斯全集》第49卷，第2版，北京：人民出版社，2016年，第660页。
[4]《马克思恩格斯全集》第49卷，第2版，北京：人民出版社，2016年，第660页。
[5]《马克思恩格斯全集》第32卷，第1版，北京：人民出版社，1975年，第75—76页。

员、德国社会民主党的党员们冒着被杀头的危险，把马克思的手稿秘密运到荷兰、英国。2018 年 5 月 21 日，马克思散落的《伦敦笔记》中的一页，拍卖价加佣金为 333.5 万元人民币。不管承认还是否认马克思主义，地球人有意无意被马克思主义浸润是不争的事实。即使反对马克思主义最激烈的学者，他们也受到了马克思提出并领导工人斗争争得的 8 小时工作制的恩惠。马克思主义的真理性，不仅使共产党人坚信马克思主义，也使西方世界越来越深刻地认识马克思主义，肯定马克思主义。1999 年 9 月，英国剑桥大学文理学院的教授们曾在校内推选人类纪元第二个千年的"千年第一学人"，马克思位居第一，被习惯认为是第一的爱因斯坦居第二，后面依次是牛顿、达尔文、阿奎那、霍金、康德、笛卡尔、麦克斯韦、尼采。随后英国广播公司又以同一命题在全球互联网上公开征询投票一个月，结果仍是马克思第一、爱因斯坦第二。2005 年 6 月，在英国广播公司（BBC）《我们的时代》广播节目评选最伟大的哲学家时，马克思又名列第一，休谟、柏拉图、康德、苏格拉底、亚里士多德、黑格尔等远远落在其后。[1] 西方学者认为，马克思对历史和社会发展规律的认识是科学的真理，任何人都无法否定。马克思对剥削和压迫的深刻剖析和猛烈批判，确立了他是人类最伟大解放者之一的地位。西方学者认为，今天所有为社会正义和资源公平分配而进行的斗争，仍然都是按照马克思既定轨道进行的。尽管历史形势发生了很大变化，但马克思所开启的分析经济、社会体制和意识形态三者关系的学说，在一个多世纪以来已被学术界广泛承认；马克思所揭示的经济权力日益集中的趋势与政治权力相互关系的学说，已被历史验证，也是国际现实的写照；马克思全球化的预言，已被事实证明。西方学者认为，从历史和现实意义上看，谁也不能妄想使今人和后人远离马克思主义。[2] 英国前首相布莱尔就曾说过："我不厌其烦地拜读了马克思的著作，他在很多地方让我茅塞顿开，尤其是彻底地改变了我对人民和社会的关系的认识。"[3]

二、马克思和他的学术研究

实践出真知。马克思在获得哲学博士学位前，学的专业是法律，在为维护人民利益而斗争的过程中，他以严谨的态度系统研究了法律和国家的关系，又进而研究了经济和政治的关系，意识和存在的关系，深刻透彻地研究了政治经济学，解剖了资本主义生产方式，在研究的过程中逐步形成了辩证唯物主义、历史唯物主义和科学社会主义三大理论体系。

（一）马克思辩证唯物主义的形成

人的思想、观点的形成，多是在一定的社会环境中对现实问题思考的结果。马克思在

---

[1]施晓慧：《鲜花献给马克思》，《人民日报》2006 年 6 月 29 日第 7 版。

[2]穆方顺：《意大利思想界如何看待马克思主义》，《光明日报》2005 年 7 月 20 日第 12 版。

[3]施晓慧：《鲜花献给马克思》，《人民日报》2006 年 6 月 29 日第 7 版。

对摩泽尔地区为穷苦人辩护时,在深度思考法律与国家、法律与个人的关系时,采用了黑格尔的辩证法和费尔巴哈的唯物主义,从而形成了马克思辩证唯物主义。

1. 马克思为穷苦人辩护受到了冷嘲热讽。德国的摩泽尔地区是个林木区,林中有很多枯树枝是很正常的,当地穷苦人捡枯树枝当柴烧也合情合理。其所在的省议会在立法时对林木盗窃进行了辩论。在辩论中,有议会代表说,应该把捡枯树枝也算作盗窃,因为"常常有人先把幼树砍伤,等它枯死后,就把它当作枯树"[1]。这本来是一种歪理,砍伤幼树的行为与捡枯树枝的行为不能等同。但是,省议会竟然把捡枯树枝的行为看成是砍伤幼树的行为,并制定法律惩罚这些捡枯树枝的穷苦人。这说明,任何坏人、恶人、剥削者和剥削阶级如果掌握了国家权力,都会根据他们的歪理制定法律,以压迫穷苦人。在资本主义国家里,由于资产阶级掌握着国家权力,所以资本主义国家制定的是对资产阶级有利而对广大劳动群众实施压榨的法律。有的人看不清这个问题的实质,常常被资产阶级的歪理所迷惑。马克思为摩泽尔地区的穷苦人辩护,与官方进行辩论。马克思虽然这时还只是一个对穷苦人有同情心的民主主义者,但是,有些投机者和看客,对马克思冷嘲热讽。比如有一家报纸叫奥格斯堡《总汇报》,讽刺马克思和《莱茵报》"虽然不是真正的共产主义者,但毕竟是一位向共产主义虚幻地卖弄风情和柏拉图式地频送秋波的人物"[2]。有的人虽然认识到维护穷苦人的利益是正当的,但他们只有美好的愿望而无解决问题的办法,成为空谈的好人。比如,当时的法国社会主义和共产主义者,对马克思与官方的论战只有"前进"的愿望,由于知识匮乏,理论不足,回声肤浅而微弱。对于无依无靠流浪人的增多,河流枯竭,航运衰落,劳动者的劳动时间每天在 15~16 个小时,大量的童工死亡等现实问题,一些空谈家根本不去寻求解决的途径。奥格斯堡《总汇报》的一名记者甚至异想天开,认为君主政体应当把共产主义思想放在自己的控制之下。有一些社会主义的领袖们提出了一些解决问题的主张,但都是就事论事的实用主义,或者是想当然的主观主义。在 1842 年 9 月 28 日至 10 月 9 日召开的有德国、瑞士、英国、比利时、俄国学者参加的学术会议上,学者们讨论了由空想社会主义者傅立叶学派提出的关于改善无产者社会地位的建议。他们希望资产阶级发发善心,做做慈善事业,以改变无产者的地位。一些资产阶级经济学家,则论证资本主义制度是合理的、美好的、永存的。他们说,资本家开办工厂,让工人就业,是资本家在养活工人,不是在剥削工人。

马克思深刻体会到,只有对劳动人民的同情,并不能把劳动者从受压迫受剥削的大山下解放出来。要为劳动者谋利益,必须从理论上驳倒资产阶级辩护士们的歪理邪说。要使劳动者获得解放,必须要寻找到一条正确的道路,需要理论的支撑。马克思认为,共产

[1]《马克思恩格斯全集》第 1 卷,第 2 版,北京:人民出版社,1995 年,第 242-243 页。
[2]《马克思恩格斯全集》第 1 卷,第 2 版,北京:人民出版社,1995 年,第 291 页。

主义虽然是解决人们遇到的现实问题的一个较好方案,但从理论上论证共产主义能否实现和找到实现共产主义依靠力量的问题,比盲目实验更重要。马克思不仅是一个有正义感的人,而且也是一个治学严谨的人,他决不会为革命而编造理论,而是以科学的研究得出科学的理论,这样的研究比进行自然科学研究还要艰难。从此,马克思走上了为多数人谋利益的理论探索的漫漫之旅。

2. 马克思创立了辩证唯物主义。马克思在学术研究中的第一个伟大功绩是他在哲学领域创立了辩证唯物主义。马克思抛弃了黑格尔的唯心主义,采用了他的辩证法,抛弃了费尔巴哈的机械唯心主义和历史唯心主义,采用了他的唯物主义,创立了能动的辩证唯物主义,并且把辩证唯物主义运用到历史领域,创立了历史唯物主义。恩格斯在马克思逝世后写的《路德维希·费尔巴哈和德国古典哲学的终结》一文中说:"从黑格尔学派的解体过程中还产生了另一个派别,唯一的真正结出果实的派别。这个派别主要是同马克思的名字联系在一起的。"[1]恩格斯特别作注说:"请允许我在这里作一点个人的说明。近来人们不止一次地提到我参加了制定这一理论的工作,因此,我在这里不得不说几句话,把这个问题澄清。我不能否认,我和马克思共同工作40年,在这以前和这个期间,我在一定程度上独立地参加了这一理论的创立,特别是对这一理论的阐发。但是,绝大部分基本指导思想(特别是在经济和历史领域内),尤其是对这些指导思想的最后的明确的表述,都是属于马克思的。我所提供的,马克思没有我也能够做到,至多有几个专门的领域除外。至于马克思所做到的,我却做不到。马克思比我们大家都站得高些,看得远些,观察得多些和快些。马克思是天才,我们至多是能手。没有马克思,我们的理论远不会是现在这个样子。所以,这个理论用他的名字命名是理所当然的。"[2]

(1)黑格尔的唯心主义辩证法。辩证法一词最初的意思,是从希腊早期的哲学家苏格拉底(前469—前399年)采用辩论的方法,揭露对方的矛盾,以获得正确认识的方法。苏格拉底主要是从特殊、具体经过辩论,得出一般、普遍的概念,他的学生柏拉图(前427—前347年)认为,辩证法是以概念进行思维的方法。因为感觉不能揭示事物的真相,人们为了追求真理,需要使用辩证法,从个别到一般,先用一个理性概念囊括零散的个别事物,再把这种理性概念进行概括和分类,以达到清晰的、前后一致的认识。黑格尔(1770—1831年)是德国第一个系统阐述唯心主义辩证法的哲学大师。辩证法有三大规律,即对立统一规律、质量互变规律、否定之否定规律。辩证法揭示了整个世界如何运动、发展和联系。黑格尔认为,包括自然的、历史的、精神的整个世界均处于不断运动、变化、发展和灭亡的过程中。矛盾是推动整个世界发展的原则,发展是通过量变到质变的转变

[1]《马克思恩格斯选集》第四卷,第3版,北京:人民出版社,2012年,第248页。
[2]《马克思恩格斯选集》第四卷,第3版,北京:人民出版社,2012年,第248页。

过程。马克思在《资本论》第一卷第 2 版跋中说:"辩证法,在其合理形态上,引起资产阶级及其空论主义的代言人的恼怒和恐怖,因为辩证法在对现存事物的肯定的理解中同时包含对现存事物的否定的理解,即对现存事物的必然灭亡的理解;辩证法对每一种既成的形式都是从不断的运动中,因而也是从它的暂时性方面去理解;辩证法不崇拜任何东西,按其本质来说,它是批判的和革命的。"因此,在一些平庸的学者批判黑格尔的时候,马克思公然宣称:"我公开承认我是这位大思想家的学生……"[1]

但是,黑格尔的整个体系是唯心主义的。他认为,世界的一切是由一种神秘的"绝对精神"创造的。当精神和思维离开了自然界以后,自然界就只能进行周而复始的无变化的循环,再不能产生新的东西了。黑格尔说他的辩证法只适用于过去的发展,不适用于现在。因而,他认为,普鲁士的现存制度是最好的社会制度,是历史的终结。在黑格尔死后,信仰他的学说的人分成两派:老年黑格尔派坚持他的唯心主义,认为普鲁士制度是最好的制度;青年黑格尔派则坚持他的辩证法,认为现存的普鲁士制度必然要被新的制度所替代。马克思、恩格斯都是青年黑格尔派。虽然马克思宣称他是这位大思想家的学生,但马克思师于他人而不拘泥于他人,对黑格尔的哲学是批判地吸收——批判他的唯心主义,吸收他的辩证法。马克思说:"将近 30 年以前,当黑格尔辩证法还很流行的时候,我就批判过黑格尔辩证法的神秘方面。"[2]黑格尔认为,观念决定一切,世界依人们观念的不同而不同。而马克思则认为,存在决定观念。马克思说:"我的辩证方法,从根本上来说,不仅和黑格尔的辩证方法不同,而且和它截然相反。在黑格尔看来,思维过程,即甚至被他在观念这一名称下转化为独立主体的思维过程,是现实事物的创造主,而现实事物只是思维过程的外部表现。我的看法则相反,观念的东西不外是移入人的头脑并在人的头脑中改造过的物质的东西而已。"[3]

(2)费尔巴哈的机械唯物主义和历史唯心主义。费尔巴哈(1804—1872 年),原来也是青年黑格尔派,由于资产阶级对无产阶级的残酷剥削导致工人阶级的反抗,使费尔巴哈这样激进的资产阶级民主派勇敢地站出来支持工人的斗争。当时的神学和黑格尔的唯心主义已经沦为保护封建专制制度的强大思想工具,所以费尔巴哈就把矛头指向了神学和黑格尔的唯心主义。费尔巴哈原是大学讲师,由于发表了批判宗教和神学的文章而被当局驱逐出大学。他离开大学后,于 1836 年到乡村过清贫和平淡的生活并从事学术研究。他出版了多部批判唯心主义的哲学著作。1841 年出版的《基督教的本质》对青年黑格尔派包括马克思和恩格斯的影响很大。恩格斯后来曾说:"这部书的解放作用,只有亲身体

---

[1]中共中央马克思恩格斯列宁斯大林著作编译局译:《资本论》第一卷,北京:人民出版社,2004 年,第 22 页。

[2]中共中央马克思恩格斯列宁斯大林著作编译局译:《资本论》第一卷,北京:人民出版社,2004 年,第 22 页。

[3]中共中央马克思恩格斯列宁斯大林著作编译局译:《资本论》第一卷,北京:人民出版社,2004 年,第 22 页。

験过的人才能想象得到。那时大家都很兴奋:我们一时都成费尔巴哈派了。马克思曾经怎样热烈地欢迎这种新观点,而这种新观点又是如何强烈地影响了他(尽管还有种种批判性地保留意见),这可以从《神圣家族》中看出来。"[1]费尔巴哈认为黑格尔把精神看成是一种脱离人脑的存在十分荒谬,黑格尔所说的"绝对精神"实质上就是上帝。黑格尔关于绝对精神可以外化为自然,实质上就是上帝创造世界的另一种说法。费尔巴哈认为,自然是一种客观存在,不是自然以外的什么东西创造的。人的存在决定人的思维,而不是思维决定存在。

虽然费尔巴哈是一个唯物主义者,但他对自然只是从直观的感性方面去理解,不了解自然与社会发展以及与人的实践活动的辩证关系。他在批判黑格尔唯心主义的同时,也抛弃了黑格尔的辩证法。他同他之前的机械唯物主义者一样,不是把世界理解为一种处于不断变化中的物质。他认为人只能适应自然、认识自然,而不能改造自然。他所说的人,是不食人间烟火、与他人没有联系的抽象的人。他不了解人的实践活动的意义。此外,他在历史领域还是唯心主义,他与当时的多数学者一样,用唯心主义来解释历史,按宗教的变化来划分历史时期,主张用"爱的宗教"使人们摆脱苦难。恩格斯评价费尔巴哈说,虽然他是一个杰出的哲学家,但他停在半路上,"他下半截是唯物主义者,上半截是唯心主义者。"[2]费尔巴哈本人也知道他的唯物主义不彻底,他说:"向后退时,我同唯物主义者完全一致,但是往前进时就不一致了。"[3]马克思在《关于费尔巴哈的提纲》中说:"从前的一切唯物主义——包括费尔巴哈的唯物主义——的主要缺点是:对对象、现实、感性,只是从客体的或者直观的形式去理解,而不是把它们当作人的感性活动,当作实践去理解,不是从主体方面去理解。因此,结果竟是这样,和唯物主义相反,唯心主义却把能动的方面发展了,但只是抽象地发展了,因为唯心主义当然是不知道现实的、感性的活动本身的。"[4]也就是说,只从直观的感性的方面去理解唯物主义,是机械唯物主义。只有既从直观的感性方面去观察事物,又从主观方面去理解和认识事物,并把这种认识付诸实践,才是真正的唯物主义。在观察理解事物时,要避免片面性,需要用辩证的方法。

马克思采用了黑格尔和费尔巴哈研究的科学部分,创建了辩证唯物主义。概括地说,马克思的辩证唯物主义包含四个方面的内容:一是客观存在决定意识。客观存在是第一性的,意识是第二性的。人类社会也是一种客观存在,人的社会存在决定社会意识。二是辩证法与唯物主义的结合。现实世界依据辩证法揭示的规律发展变化。现存的世界有其合理性,但也必然随着发展的进程而灭亡。三是人们在客观面前不是消极被动的,而应依

[1]《马克思恩格斯选集》第四卷,第3版,北京:人民出版社,2012年,第228页。

[2]《马克思恩格斯选集》第四卷,第3版,北京:人民出版社,2012年,第248页。

[3]《马克思恩格斯选集》第四卷,第3版,北京:人民出版社,2012年,第234页。

[4]《马克思恩格斯选集》第一卷,第3版,北京:人民出版社,2012年,第137页。

据客观存在着的事物经过积极思考,得出正确反映客观存在的科学认识,以指导人们的行动。四是人们依据科学认识进行实践活动的目的,是改造客观世界,以促进人类社会的发展。因而,马克思的辩证唯物主义是"能动的实践的辩证唯物主义"。

(二)马克思主义劳动价值论的创立

马克思用辩证唯物主义观点研究国家、民众、法律和政治、经济的关系,发现对市民社会的解剖,应当到政治经济学中去寻找,从而创立了马克思主义劳动价值论。

1. 物质生活关系是理解人类历史发展的锁钥。马克思曾在 1859 年 6 月于柏林出版的《政治经济学批判》第一分册的序言中说:"我学的专业本来是法律,但我只是把它排在哲学和历史之次当作辅助学科来研究。1842—1843 年,我作为《莱茵报》的编辑,第一次遇到要对所谓物质利益发表意见的难事。莱茵省议会关于林木盗窃和地产析分的讨论,当时的莱茵省总督冯·沙培尔先生就摩泽尔农民状况同《莱茵报》展开了官方论战,最后,关于自由贸易和保护关税的辩论,是促使我去研究经济问题的最初动因。"[1]从 1895 年 4 月 15 日恩格斯写给理查·费舍的信中可以看出,马克思对政治经济学的研究,不仅使他认清了政治和经济的关系,弄清了劳动人民陷入贫困的根源,找到了一条使劳动人民解放的道路,也使自己的思想发生了质变。恩格斯说曾不止一次听到马克思说,正是对林木盗窃法和摩泽尔河地区农民处境的研究,使马克思由研究政治转向研究经济关系,从而走向社会主义。

马克思刚开始的研究,是想回答他在《莱茵报》工作期间遇到的问题,即他在摩泽尔与官方论战时的国家和法律的关系问题,所以,他开始研究国家哲学和法哲学。

马克思谙熟法律,又对哲学有深入的研究,他在离开《莱茵报》后思考法律、国家、个人和现实的关系时所写的第一部著作是《黑格尔法哲学批判》。这部书稿是马克思于 1843 年 3 月 17 日离开《莱茵报》后坐下来静心研究问题的第一部著作。马克思曾说:"为了解决使我苦恼的疑问,我写的第一部著作是对黑格尔法哲学的批判性的分析……"[2]

写作《黑格尔法哲学批判》不是一件简单的事。社会现象太复杂,涉及的学科太多,不仅需要哲学、法学的知识,还需要了解有关国家的理论,需要研究德国的、英国的、法国的和其他国家的历史,更需要经济学知识。马克思在这种综合研究中,在形成了他的辩证唯物主义观点后,使他对问题的研究有了一种锐利武器,逐步理出了错综复杂社会现象中的主线。

马克思经过研究后认为,黑格尔关于国家是从私人利益中无意识地偶然产生出来并由理念产生的思想是错误的。国家不能脱离广大群众而存在。马克思说:"家庭和市民社

---

[1]《马克思恩格斯全集》第 31 卷,第 2 版,北京:人民出版社,1998 年,第 411 页。
[2]《马克思恩格斯全集》第 31 卷,第 2 版,北京:人民出版社,1998 年,第 412 页。

会都是国家的前提,它们才是真正活动着的,而在思辨的思维中这一切却是颠倒的。"[1]
马克思认为:"家庭和市民社会使自身成为国家。它们是动力。"[2]而法律则是统治阶级
意志的表现。既然人们的一切构成了国家,那么,国家就不应该只由少数人所掌握,而应
由人民群众所掌握。依少数人的意志所制定的法律如果不为多数人服务,就应该废除。
正是从马克思开始,广大人民群众是历史的创造者和决定者才被学者们所认真思考,由人
类社会所实践。

后来,马克思谈到他这段时间的研究时说:"我的研究得出这样一个结果:法的关系正
像国家的形式一样,既不能从它们本身来理解,也不能从所谓人类精神的一般发展来理
解,相反,它们根源于物质的生活关系,这种物质的生活关系的总和,黑格尔按照18世纪
的英国人和法国人的先例,概括为'市民社会',而对市民社会的解剖应该到政治经济学
中去寻求。"[3]这个见解,被恩格斯称为获得理解人类历史发展的锁钥。马克思对市民
社会进行了分析和研究。他认为,决定政治制度和意识形态的物质关系的总和构成市民
社会。在社会变革中,一方面,必须依靠群众的大多数来实现;另一方面,要实现社会的变
革,必须要有正确的理论说服群众。如果理论是科学的,抓住了事物的根本,就能说服人,
被说服的人只要行动起来,就会变成无坚不摧的物质力量,一切反动势力都会被一扫而
光。20世纪世界发生的民族民主革命运动摧毁了资本主义殖民体系就充分证明了马克
思主义的真理性。也正是在这部没写完的但极其重要的著作中,马克思找到了埋葬资本
主义的力量——无产阶级。他说:"哲学把无产阶级当作自己的物质武器,同样,无产阶级
也把哲学当作自己的精神武器。"[4]

2. 马克思涉足政治经济学领域。马克思在研究中发现了政治和经济的关系——经济
决定政治而不是相反。研究政治,必须研究经济。于是,他对经济问题进行了艰苦卓绝的
研究。

研究是清苦的、乏味的。在马克思所处的那个年代,以马克思的话说,十分之九有教
养的青年都为了自己的前途向国家乞食,有独立人格的人很少。像马克思这样为了多数
人的利益而放弃富裕生活、甘愿为多数人的幸福而付出毕生精力的人,如果没有坚定的信
念支撑,绝对坚持不下去。研究也是艰难的,不仅需要丰富的知识,而且也要有正确观察
问题和分析问题的方法和能力。如果没有正确的研究方法,可能会导致劳而无功,研究的
理论不能正确反映客观实际,对群众运动也没有指导作用。如果经过研究,得出的理论对

---

[1]《马克思恩格斯全集》第3卷,第2版,北京:人民出版社,2002年,第10页。
[2]《马克思恩格斯全集》第3卷,第2版,北京:人民出版社,2002年,第11页。
[3]《马克思恩格斯全集》第31卷,第2版,北京:人民出版社,1998年,第412页。
[4]《马克思恩格斯全集》第3卷,第2版,北京:人民出版社,2002年,第214页。

群众有害,对社会发展也只能起反动作用。马克思的立场坚定,方法正确,知识丰富,态度认真,能力超众,又有坚忍不拔的毅力,所以才能够在政治经济学领域作出独特的贡献。

马克思在写作《黑格尔法哲学批判》的过程中,研究了法学、哲学、国家、地理、主要资本主义国家的历史、市民社会,得出了一些重要结论,比如辩证法需要与唯物主义相结合,国家决定于人民,所有制决定国家和法的内容,解剖市民社会要到政治经济学中去寻找,等等。这说明,马克思开始用辩证唯物主义观察社会、解剖社会,他的历史唯物主义开始形成。因为要在巴黎出版德国和法国民主主义的机关刊物《德法年鉴》,马克思来到巴黎。马克思说:"我在巴黎开始研究政治经济学,后来因基佐先生下令驱逐移居布鲁塞尔,在那里继续进行研究。"[1]

研究政治经济学的第一步,是搜集材料。当时有少数几个抱着科学态度进行研究的资产阶级经济学家,比如威廉·配第、亚当·斯密、大卫·李嘉图等人,在他们的著作中,既有科学的成分,也有非科学的成分。而大多数资产阶级经济学家,多是从个人或集团利益出发进行研究的,是为资本主义制度辩护的,是非科学的和庸俗的。1844年1月至8月,马克思对有些材料进行了详细研究并作了笔记。比如,马克思对詹姆斯·穆勒的《政治经济学原理》作了近10万字的摘要。当时,研究关于社会主义如何实现的经济学著作,少之又少。马克思对恩格斯发表于《德法年鉴》上的《国民经济学批判大纲》作了摘要,评价很高,称之为"批判经济学范畴的天才大纲"[2]。由于两人的观点相近,开始了学术交往与合作,写作了标志马克思主义成熟的著作《德意志意识形态》和《共产党宣言》。从此,两人建立起了几十年的深厚友谊。

在马克思开始研究政治经济学时,除了资产阶级经济学家的经济学著作和恩格斯以唯物主义观点批判资产阶级经济学家的文章外,还有空想社会主义者的经济理论著作。当时名气很大的法国经济学家蒲鲁东(1809—1865年)曾出版了一部著作——《经济矛盾的体系,或贫困的哲学》(简称《贫困的哲学》)。蒲鲁东在这部著作里,从探讨财富的使用价值和价值的关系出发,得出了既要消灭资本主义的弊端,又要保留私有制与雇佣劳动的观点。蒲鲁东的著作不但充满了错误,而且他还以粗暴的谩骂抨击现代社会主义的先驱——空想社会主义者和共产主义者。马克思在为摩泽尔贫苦农民辩护时就说过:"人们在研究国家状况时很容易走入歧途,即忽视各种关系的客观本性,而用当事人的意志来解释一切。"[3]马克思认为,蒲鲁东的理论就是这样的理论,他没有把国家生活现象作为客观存在来考察,仅凭主观想象,用他的想当然来解释一切。蒲鲁东的理论,既没有指出实

[1]《马克思恩格斯全集》第31卷,第2版,北京:人民出版社,1998年,第412页。
[2]《马克思恩格斯全集》第31卷,第2版,北京:人民出版社,1998年,第413页。
[3]《马克思恩格斯全集》第1卷,第2版,北京:人民出版社,1995年,第363页。

现社会主义的道路和方向,也没有指出实现社会主义的依靠力量。虽然马克思与蒲鲁东是朋友,但为了社会主义的前途和人民的利益,马克思于 1847 年 7 月出版了批判蒲鲁东的著作——《哲学的贫困》。这虽然是马克思对政治经济学的初步研究,但已经得出了一个很重要的结论,这就是:研究政治经济学,必须运用历史唯物主义。

批判了蒲鲁东之后,马克思开始夜以继日地工作,把他在《哲学的贫困》中的政治经济学处于萌芽状态的东西加以扩展。1857 年 12 月 8 日,马克思写信给恩格斯说:"我现在发狂似的通宵总结我的经济学研究,为的是在洪水之前至少把一些基本问题搞清楚。"[1]是什么原因导致马克思对经济学的研究到了发狂的地步? 那就是人民革命风暴即将来临。1848 年 2 月,《共产党宣言》发表后,欧洲大陆曾暴发了大规模的革命运动,法国、德国、意大利、匈牙利、波兰、罗马尼亚等国都暴发了革命,那时马克思已经对政治经济学研究得相当深入了,否则也写不出千古不朽的《共产党宣言》。1848 年欧洲革命失败后,一方面,马克思与恩格斯一起总结欧洲革命经验,马克思于 1850 年写了《1848 年至1850 年的法兰西阶级斗争》,1851 年至 1852 年写了《路易·波拿巴的雾月十八日》等一系列文章,恩格斯也于 1851 年至 1852 年写了《德国的革命和反革命》;另一方面,马克思和恩格斯指导工人运动的组织工作。马克思预感到工人运动还会刮起更大的风暴,他对政治经济学的研究深度还不够,还不能适应工人运动的革命需要。事实证明,马克思的预见是准确的。在 1857 年资本主义爆发了经济危机后,各国的工人运动风起云涌,他们开始建立自己的组织,进行有组织的斗争。马克思在批判了蒲鲁东的小资产阶级政治经济学之后,于 1857 年至 1858 年撰写了《1857—1858 年经济学手稿》,1859 年出版了《政治经济学批判》。在《政治经济学批判·序言》中,马克思完整地阐述了他的历史唯物主义原理。1861 年至 1863 年写了 23 本政治经济学笔记,1863 年至 1865 年完成了 200 多万字的《资本论》三卷草稿,1867 年出版了经过马克思精心修改的《资本论》第 1 卷。此时,马克思的理论已经成为一个完整的体系。马克思的研究,使共产主义运动有了一个科学的理论基础。马克思于 1880 年应《平等报》的请求为重版《哲学的贫困》一书写的引言中说:"我们决定重新发表《哲学的贫困》(初版已售完),是因为该书包含了经过 20 年的研究之后,在《资本论》中阐发的理论的萌芽。所以,阅读《哲学的贫困》以及马克思和恩格斯于 1848年发表的《共产党宣言》,可以作为研究《资本论》和现代其他社会主义者的著作的入门,因为像拉萨尔那样的现代社会主义者的思想,是从上述著作中吸取来的。"[2]

在马克思恩格斯指导下,1864 年成立了国际工人协会,即第一国际。可见,马克思不是在书斋里脱离实践研究理论,而是结合革命实践研究理论,又以理论指导革命实践。

---

[1]《马克思恩格斯文集》第 10 卷,第 1 版,北京:人民出版社,2009 年,第 140 页。
[2]《马克思恩格斯全集》第 25 卷,第 2 版,北京:人民出版社,2001 年,第 425 页。

像蒲鲁东这样的为多数人的利益而奋斗的先驱者,虽然他们的理论是空想的,有很多错误,但批判归批判,马克思对他们还是极其尊重的。在蒲鲁东死后,马克思对这位战士的伟大品格、对他在1848年6月以后的英勇行为以及他的政治作家的才华,给予了应有的评价。

马克思从捍卫人民利益的善良愿望出发,在研究政治经济学的过程中,不仅使自己的灵魂得到升华,使自己成为一个坚定的共产主义者,而且发现了人们探讨了几千年没有解决的问题——价值是什么。像自然科学家研究自然科学一样,他为政治经济学的发展作出了至今仍无人超越的贡献。马克思科学研究的精神和毅力,永远给我们以激励。

无论是自然科学还是社会科学,只要触动一些人的利益,他们就会拼死反对。比如,哥白尼的太阳中心论虽然是自然科学理论,但是因为它动摇了欧洲基督教会上帝中心论的基础,教会就把宣传哥白尼学说的科学家布鲁诺烧死。不过,自然科学的研究与经济科学的研究相比较,受到的干扰还是相对少些。马克思在《资本论》中说:"物理学家是在自然过程表现得最确实、最少受干扰的地方观察自然过程的,或者,如有可能,是在保证过程以其纯粹形态进行的条件下从事实验的。"[1]但是,"在政治经济学领域内,自由的科学研究遇到的敌人,不只是它在一切其他领域内遇到的敌人。政治经济学所研究的材料的特殊性质,把人们心中最激烈、最卑鄙、最恶劣的感情,把代表私人利益的复仇女神召唤到战场上来反对自由的科学研究。"[2]马克思的政治经济学受到资产阶级的攻击不足为奇,因为资产阶级要捍卫资本的利益,而资本从来都是用血和剑为自己开辟道路的。资本的灵魂和躯体是肮脏的,为了利润,它无恶不作,杀人、掠夺、盗窃、欺骗、发动战争……资本的罪恶罄竹难书,为资本主义辩护的人是可鄙可憎可悲可叹的。

(三)马克思在对政治和经济关系的研究中逐步形成了历史唯物主义

马克思在巴黎考察了法国工人阶级的生活和斗争,研究了诸多经济学家的著作和空想社会主义者的著作后,从现实残酷的斗争中认识到,革命运动如果没有正确的理论指导,工人阶级就不能形成强大的无坚不摧的力量,错误的理论更会使革命运动遭受巨大损失。马克思把在理论研究中逐步形成的辩证唯物主义运用于资本主义社会的研究,形成了历史唯物主义,发现了资本主义产生、发展和灭亡的规律。马克思关于历史唯物主义的历史性贡献,怎么评价都不过分。

1. 人民创造历史是马克思历史唯物主义的核心观点。马克思的历史唯物主义,有多种概括。比如,有的人把历史唯物主义简略概括为经济基础决定上层建筑,或经济决定政治;有的人将之概括为生产力决定社会的发展;有的人将其概括为社会发展有规律,由劳

---

[1]中共中央马克思恩格斯列宁斯大林著作编译局译:《资本论》第一卷,北京:人民出版社,2004年,第8页。
[2]中共中央马克思恩格斯列宁斯大林著作编译局译:《资本论》第一卷,北京:人民出版社,2004年,第10页。

动生产力的发展水平所决定。这些说法都有道理。但是,其中蕴含的一个前提人们无论如何不能忽略:人民是历史的创造者。

马克思主义历史唯物主义认为,人们要生存,必须进行生产劳动,在劳动有了空闲之后,才能从事政治、科学、艺术、宗教等活动。在生产中,人们用什么工具生产、生产者与生产资料结合的方式、分工关系和分配方式,构成为一定的生产方式。生产方式随生产力的发展而转化,与生产方式相适应的国家、制度、法的观点、艺术与宗教观念等一切社会关系和意识形态也都随生产力的发展而变化。生产力的变化虽然是不间断的,但当一种生产方式占据统治地位并基本稳定时,与这种生产方式相适应的生产关系、社会关系、国家制度以及由此产生的一切观念和文化,也都基本稳定,人类社会便从一种形态过渡到另一种形态。由于人类社会的形态变化是由生产力的发展引起的,是在后人对前人劳动生产力的继承和创新中发展的,因此,劳动是人类与其他动物的根本区别,是人类社会发展的根本动因。作为劳动主体的人民大众,是历史的创造者。

是英雄创造历史还是人民群众创造历史,是历史唯心主义和历史唯物主义争论的核心问题。当时很多著名的学者和思想家都受黑格尔哲学的影响,认为由于优秀人物的一时之念,导致了重大事件的发生,这些重大事件构成为历史。人民群众特别是辛苦劳作创造财富的劳动阶级都是群氓,是一群目光短浅的人,他们在历史中不起什么作用。而马克思主义则认为,正是人民群众特别是人数众多的普通劳动者,创造了大量的物质财富,因而才可能使有的人从事精神财富的生产与科学研究等。这些从事物质财富生产的劳动者为从事精神生产的劳动者提供生活所需,从事精神财富生产的劳动者为从事物质财富生产的劳动者提供科技所需和精神所需,他们都是劳动者,都是推进人类社会发展的力量。即使是资本家的劳动,也是一种剥削的劳动,是一种与普通劳动者一样的劳动。如果实行了生产资料公有制,剥削劳动失去了存在的条件,他们也就成为普通劳动者。如果一个人顺应了人民的愿望,代表了人民的利益,他就会成为推动社会前进的显赫人物。不同的历史时期,总会有那个时期的不同阶级的代表人物出现。不否定天才人物的作用,但天才人物只有代表了一个阶级在斗争中的利益和成败得失才能显现。这种斗争,不能成为否定劳动是社会发展根本动因的理由,因而也不能否定人民创造历史的结论。

马克思的历史唯物主义不是凭空捏造的,而是马克思在艰苦地研究政治经济学和在写作《资本论》的过程中逐步形成的,这可以从他写的多部著作和多个未完成的经济学哲学手稿中看出端倪。

马克思研究了前人大量的经济学著作,于1844年4月至8月,写了三个经济学哲学手稿(未完成)。从这些手稿对斯密、李嘉图、萨伊、蒲鲁东、穆勒等人的经济学著作进行的评价,对资本、地租、工人与商品的关系、私有财产、共产主义等的新见解中可以看出,其时马克思已经用唯物主义来观察社会、分析社会、解剖社会,马克思的历史唯物主义基本形成。

1844 年 8 月,马克思与恩格斯见面后观点的交流,加速了马克思的理论研究进程。在 1845 年 2 月马克思与恩格斯合写的《神圣家族》里,批判了社会主义者布鲁诺·鲍威尔等人对群众的轻蔑,指出,群众不是"冥顽不灵的"和"不知足的"。马克思和恩格斯说:"'思想'一旦离开'利益',就一定会使自己出丑。"[1]不是英雄人物创造历史,而是人民群众创造历史。"如果说这场革命(指 1789 年法国资产阶级革命——本书作者注)是不合时宜的,那么,并不是因为群众对革命'怀有热情'和表示'关注',而是因为人数众多的、与资产阶级不同的那部分群众认为,在革命的原则中并没有体现他们的现实利益,并没有体现他们自己的革命原则,而仅仅包含一种'思想',也就是仅仅包含一个激起暂时热情和掀起表面风潮的对象罢了。"[2]"因此,历史活动是群众的活动,随着历史活动的深入,必将是群众队伍的扩大。"[3]

1845 年春,马克思写了《关于费尔巴哈的提纲》。虽然费尔巴哈在自然观上是唯物主义,但在历史观上还是唯心主义,他不理解革命实践的作用。马克思提出:"人的思维是否具有客观的真理性,这不是一个理论的问题,而是一个实践的问题。"[4]马克思认为,环境改变人,人也改变环境。"环境的改变和人的活动的一致,只能被看做是并合理地理解为变革的实践。"[5]马克思认为历史发展有规律,但人在规律面前不应是消极的,而应用积极的态度在不违背规律的前提下促进历史的发展。以此观点来理解和建设社会主义,就能更好地理解改革开放为什么是中国共产党的创举。

马克思关于人民群众创造历史的历史唯物主义观点,具有强烈的现实意义。人民是国家的主人,这是社会主义制度与资本主义制度的根本区别。现阶段,即政党政治阶段,人民通过自己的政党——共产党——掌握国家政权,通过人民代表大会参与国家事务管理,让人民群众感到建设好社会主义是自己的事业,以增强人民大众的凝聚力和向心力,夺取新时代中国特色社会主义的伟大胜利。

2.《德意志意识形态》是马克思主义历史唯物主义形成的标志。1846 年 6 月,马克思与恩格斯合写了《德意志意识形态》。在这部著作中,马克思主义历史唯物主义大厦基本构建起来。一是马克思恩格斯批判了"现实世界是观念的产物"的绝对精神和用幻想、观念、教条、臆想来反对唯心主义的所谓革命哲学。在序言中他们说:"有一个好汉忽然想

---

[1]《马克思恩格斯文集》第 1 卷,第 1 版,北京:人民出版社,2009 年,第 286 页。

[2]《马克思恩格斯文集》第 1 卷,第 1 版,北京:人民出版社,2009 年,第 287 页。

[3]《马克思恩格斯文集》第 1 卷,第 1 版,北京:人民出版社,2009 年,第 287 页。

[4]《马克思恩格斯选集》第一卷,第 3 版,北京:人民出版社,2012 年,第 137-138 页。

[5]《马克思恩格斯选集》第一卷,第 3 版,北京:人民出版社,2012 年,第 138 页。

到,人们之所以溺死,是因为他们被重力思想迷住了。如果他们从头脑中抛掉这个观念,比方说,宣称它是迷信观念、是宗教观念,他们就会避免任何溺死的危险。他一生都在同重力的幻想作斗争,各种统计给他提供大量有关这种幻想的有害后果的新证据。这位好汉就是现代德国革命哲学家们的标本。"[1]马克思恩格斯说明了人由于劳动而把人与动物区别开来。二是马克思恩格斯说明了生产力决定了人们的交往形式,即后来马克思所表述的生产关系。他们说:"一个民族的生产力的发展水平,最明显地表现于该民族分工的发展程度。任何新的生产力,只要它不是迄今已知的生产力单纯的量的扩大(例如,开垦土地),都会引起分工的进一步发展"[2]"分工的各个不同发展阶段,同时也就是所有制的各种不同形式。"[3]马克思恩格斯根据他们的理论说明了历史上的部落所有制、古代公社所有制和国家所有制、封建所有制产生的原因和特征,人类社会的发展是依生产力的发展而发展的。由于人类社会的生产力是不断发展的,所以,人类社会必然向更高级的形态发展。也就是说,共产主义代替资本主义是历史规律决定的,不是个人所能阻挠得了的。三是马克思恩格斯说明了国家是私人利益和共同利益矛盾的产物,国家是以共同利益的姿态出现的,所以,国家内部的斗争,都是不同阶级的特殊利益之争。"这些始终真正地同共同利益和虚幻的共同利益相对抗的特殊利益所进行的实际斗争,使得通过国家这种虚幻的'普遍'利益来进行实际的干涉和约束成为必要。"[4]因而,占人口大多数的无产阶级的历史任务,是消灭旧的社会形态和一切统治。他们说明了实现共产主义的依靠力量是无产阶级,革命的动力是阶级斗争。四是马克思恩格斯阐述了共产主义的基本特征,使无产阶级革命有了一个明晰的目标。值得注意的是,马克思恩格斯在这部著作里,说明了随着生产力的发展和世界市场的扩大,会消灭地域性的共产主义。这应该引起我们的关注。因为苏联的解体,确实与资本主义世界性扩张和世界市场的扩大有关;中国的改革开放,也是为了适应世界市场的存在。在这部著作里,他们说,共产主义就是消灭现存状况的现实的运动。可见,资本主义的灭亡,是一个渐进的过程。

革命实践活动是理论研究的基础,理论成果是革命实践经验的总结和指导。马克思在进行理论研究的同时,也积极参加革命实践活动,他和恩格斯于1847年参加了"共产主义者同盟",受同盟代表大会的委托,起草并发表了《共产党宣言》。在宣言中,他们把革命的目标、理由、条件、依靠力量、道路、动力等都讲得很清楚了。

后来,马克思以他的著名的劳动二重性学说为依据,撰写了政治经济学长篇巨著《资本论》,构建了他对历史唯物主义原理的论证体系。

---

[1]《马克思恩格斯文集》第1卷,第1版,北京:人民出版社,2009年,第510页。
[2]《马克思恩格斯选集》第一卷,第3版,北京:人民出版社,2012年,第147页。
[3]《马克思恩格斯选集》第一卷,第3版,北京:人民出版社,2012年,第148页。
[4]《马克思恩格斯选集》第一卷,第3版,北京:人民出版社,2012年,第164页。

3. 马克思主义历史唯物主义经典表述。1859 年,马克思在他的《政治经济学批判》第一分册的序言中,对历史唯物主义作了如下经典表述:"人们在自己生活的社会生产中发生一定的、必然的、不以他们的意志为转移的关系,即同他们的物质生产力的一定发展阶段相适合的生产关系。这些生产关系的总和构成社会的经济结构,即有法律的和政治的上层建筑竖立其上并有一定的社会意识形式与之相适应的现实基础。物质生活的生产方式制约着整个社会生活、政治生活和精神生活的过程。不是人们的意识决定人们的存在,相反,是人们的社会存在决定人们的意识。社会的物质生产力发展到一定阶段,便同它们一直在其中运动的现存生产关系或财产关系(这只是生产关系的法律用语)发生矛盾。于是这些关系便由生产力的发展形式变成生产力的桎梏。那时社会革命的时代就到来了。随着经济基础的变更,全部庞大的上层建筑也或慢或快地发生变革。在考察这些变革时,必须时刻把下面两者区别开来:一种是生产的经济条件方面所发生的物质的、可以用自然科学的精确性指明的变革,一种是人们借以意识到这个冲突并力求把它克服的那些法律的、政治的、宗教的、艺术的或哲学的,简言之,意识形态的形式。我们判断一个人不能以他对自己的看法为根据,同样,我们判断这样一个变革时代也不能以它的意识为根据;相反,这个意识必须从物质生活的矛盾中,从社会生产力和生产关系之间的现存冲突中去解释。无论哪一个社会形态,在它所能容纳的全部生产力发挥出来以前,是决不会灭亡的;而新的更高的生产关系,在它的物质存在条件在旧社会的胎胞里成熟以前,是决不会出现的。所以人类始终只提出自己能够解决的任务,因为只要仔细考察就可以发现,任务本身,只有在解决它的物质条件已经存在或者至少是在生成过程中的时候,才会产生。"[1]

对马克思这个著名的历史唯物主义思想表述,学者们的解释不尽相同。恩格斯曾作过一个简略的概括性解释:"历史唯物主义"这个名词表达一种关于历史过程的观点,"这种观点认为,一切重要历史事件的终极原因和伟大动力是社会的经济发展,是生产方式和交换方式的改变,是由此产生的社会之划分为不同的阶级,是这些阶级彼此之间的斗争。"[2]

在这里我们有必要了解几个概念的含义及相互关系:

(1)生产力。人类利用自然和改造自然、进行物质资料生产的能力即生产力。生产力有三要素,即劳动者、劳动工具、劳动对象。其中,劳动者是生产过程的主体,劳动者用什么工具劳动很重要。

(2)生产关系。生产关系是人们在社会生产中结成的一定的关系。生产关系包括劳动者与生产资料结合的形式、生产资料所有制的性质、分工关系、分配关系等。人的劳动

[1]《马克思恩格斯全集》第31卷,第2版,北京:人民出版社,1998年,第412-413页。
[2]《马克思恩格斯选集》第三卷,第3版,北京:人民出版社,2012年,第760页。

是在社会中进行的,生产力与生产关系是相互关联的。生产力决定生产关系,生产关系随生产力的变化而改变;生产关系对生产力有反作用,可促进生产力的发展,也可阻碍生产力的发展。当生产关系阻碍生产力的发展时,改变生产关系就成为必然。

（3）生产方式。包括劳动者用什么工具生产、分工关系（即劳动者在社会中的地位）、劳动者与生产资料结合的形式、生产资料所有制的性质和生产资料的配置方式以及分配方式。

（4）经济基础、上层建筑、意识形态。生产关系的总和构成为经济基础。上层建筑包括为经济基础服务的组织如军队、政府部门、法院、监狱等物质形态以及政治、思想、观点、艺术、宗教、哲学、法律等意识形态两个方面。经济基础决定上层建筑,上层建筑对经济基础有反作用。当经济基础发生变化时,上层建筑也必然或快或慢地发生变化。

（5）社会经济形态。与生产力相适应的经济基础和上层建筑的统一构成一定的社会经济形态。原始社会、奴隶社会、封建社会、资本主义社会、社会主义社会是人类社会发展历史上依次发生的有各自特征的社会经济形态。

（6）生产力、生产关系、经济基础、上层建筑、社会经济形态之间的关系。在社会发展中,生产力起根本的决定作用。由于生产关系的总和是经济基础,所以,生产关系处于生产力和上层建筑之间,起承上启下作用。生产力的发展引起生产关系的变化,生产关系的变化引起上层建筑的变化,生产力、生产关系、上层建筑的共同变化构成一定特征的社会经济形态。虽然说生产力在社会发展中起根本作用,但生产关系、上层建筑对生产力的发展有促进或阻碍作用。社会经济形态的变化是一种自然历史过程。

我们可以对马克思上述的原理作一通俗的概括:人类社会的经济形态以及与之相适应的国家制度、法律制度、阶级状况、生产资料所有制和意识形态,由生产力的发展状况决定。生产力决定生产关系,生产关系对生产力有反作用;生产关系的总和构成经济基础,经济基础决定上层建筑,上层建筑对经济基础有反作用;以生产力为前提,以生产关系为依据的人们的生活方式构成一定的生产方式;生产力、生产关系、上层建筑构成一定的社会经济形态。如果生产力发展了,与生产力相适应的经济基础和上层建筑也会发生变革。社会存在决定社会意识,随着社会的发展,社会意识形态也将随之发生或快或慢的变革。

因为生产力是在积累继承和创造财富的过程中发展的,过程不可逆,所以,人类社会的发展不可能停滞,也不可逆。例如,有人发现了火,用火烤制食物,用火冶炼金属,后人必然要在利用火的基础上生产与生活,而不可能弃火不用。人类社会发展到更高阶段,不可能再回到低级阶段。不过,生产力的发展是一个从量变到质变的过程。如果生产力没有发生较大的变化,生产方式就不可能发生大的变化,如果此时人们推翻一个旧政权,再建立一个新政权,那只是原有生产关系的再调整,社会不会出现一个新形态。

根据马克思历史唯物主义原理,随着生产力的发展,任何人都阻挠不了社会由低级阶段向高级阶段演进。但是,这绝不是说,人们可以坐等社会演变而不需主观努力去改变现状。或者说,被压迫阶级不经过斗争可以坐等资本主义自动进入社会主义。马克思主义告诉我们,生产力的发展离不开人的主观能动性,促进社会的发展也离不开人的主观能动性。被压迫阶级如果不斗争而坐等社会的自然演进,则其命运的改变可能需要数千年或者数万年。生产力发展了,生产关系必然变革。但变革时间的长短则与生产力发展的速度、人们对生产力发展的认识、生产关系变革的方向和方法、阶级力量的博弈等因素有关。生产力发展的速度越快,人们对事物规律的认识越透彻,代表社会进步的力量越强大,社会的变革过程也越快,时间也越短。资产阶级新自由主义经济学家说,社会可以"自生秩序",人们不要企图改变现存状态,应该让历史自然演进。这种主张无非是企图延长资本主义不平等制度的寿命而已。

4. 人类社会发展的历程与历史唯物主义。人类历史上大致的几种社会经济形态的变化,可以用马克思历史唯物主义予以说明。

在原始社会,生产力低下,为保证生存,人们以血缘关系为基础,结成氏族,共同行动,协作劳动,共同享用劳动成果,没有人剥削人的情况。这种社会形态,被称为原始共产主义。随着知识的积累和劳动工具的发展,先是发生了农业和畜牧业大分工,后来又发生了农业畜牧业和手工业大分工,生产力提高,劳动产品有了剩余。生产力的发展,在四个方面产生了重大影响:一是在战争中的俘虏,不再被杀死,氏族把他们留下来做奴隶,为他们生产剩余产品。二是一方面农业、手工业、商业等行业发生生产性具体分工,另一方面军事、管理、科技、文化、艺术等领域发生固化性社会分工。三是贸易发展起来。四是因个人能力的增强使家庭成为社会的基本生产单位。由于长期与低生产力水平相适应的文化水平的低下,人们认识不到剩余财物增加是因生产力发展和人的社会化程度提高所致,反而放任人的动物性发展。一方面,他们占有自己的剩余劳动,占有贸易盈余,个人与家庭私有制出现了。另一方面,他们奴役奴隶劳动,氏族首领利用职权把剩余产品占为己有,剥夺性私有制出现了。当为解决利益冲突和防止奴隶反抗的军队、监狱、法庭等暴力机构等政治上层建筑建立起,维护既得利益集团的天命、神权、宗教等意识形态上层建筑形成后,阶级形成了,奴隶制国家出现了。奴隶社会既是生产力发展的必然,也是对人的本性的践踏。直到马克思主义的出现,人们才知道人的本质是一切社会关系的总和。

随着生产力的不断发展,生产工具从自然工具到青铜器再到铁器的不断改进,使劳动剩余不断增多。但是,由于奴隶主的残酷剥削和压迫使奴隶们生活不下去,于是奴隶们就反抗,就起义。在大规模的阶级斗争中,奴隶主阶级为了避免灭亡的命运,只好改变原来的生产关系,给奴隶以相对自由,租给奴隶土地,让他们交纳地租,人类社会便发展到封建社会。

随着生产力的发展和财富的不断增加,分工不断细化,人们交换财富的品种和范围扩大,货币的作用凸显,专门从事交换的商人把货币转化为生产资料投入生产,通过劳动力的劳动,使货币增殖,成为资本,于是,资产阶级诞生了。在资产阶级掌握政权后,把工人变成为一无所有的无产者,实施以货币增殖为目的的生产,这就是资本主义生产方式。但是,私有制与生产力的社会化矛盾终究要解决,人类社会必然要过渡到社会化程度更高的公有制的社会主义。共产党人的奋斗加速了社会发展的进程。

三、马克思主义与科学社会主义

马克思主义的辩证唯物主义、历史唯物主义和政治经济学,都指向了人类社会的未来,《资本论》从理论上论证了资本主义社会为什么必然灭亡。这种经过严密理论论证的关于社会主义必然性和无产阶级解放条件的学说,被称作科学社会主义。马克思主义科学社会主义的创立,是人类社会发展史上的一个重大事件。

(一)空想社会主义

社会主义思想史公认,马克思主义产生之前,英国思想家托马斯·莫尔(1478—1535年)于1516年所写的《关于最完美的国家制度和乌托邦新岛的既有益又有趣的金书》(简称《乌托邦》),是空想社会主义思想的起点,至今已有500多年的历史了。

莫尔所处的时代,是资本主义的早期。英国的资产阶级多是从封建贵族转化的。因为毛纺织业赚钱,为了发展毛纺织业,他们圈地养羊,强制性地把农民从土地上赶走,使他们成为无产者,又通过血腥立法,惩治被剥夺了土地的农民,强迫他们到工厂做工。任何思想的产生都与那个时代的生产方式相联系。伴随着资本主义生产方式的出现,也产生了两种对立的思想。有人赞美这种生产方式,有人反对这种生产方式对社会造成的危害,提出对资本主义改造的设想和对未来社会美好的向往。莫尔看到了这种"羊吃人"现象的残酷,提出了一个理想社会的方案:财产为公共所有,有计划生产,平等分配,人们每天劳动6小时,其余时间用于娱乐、学习、休息,或从事科学、艺术、体育活动,社会当政者是一位人民可以罢免的哲学家皇帝。莫尔也知道这样的社会在现实中找不到,所以称这样的地方为"乌托邦"。"乌"是没有的意思,"托邦斯"是地方的意思,也就是这个地方不存在。既然这样的地方不存在,为什么莫尔还要写这么一本书? 就是因为他同情穷苦人,对现实不满。莫尔是一个大法官,最终因为他对穷苦人的同情和对资本主义罪恶的揭露,遭到统治者的逮捕和监禁。1535年7月7日,莫尔被英国国王亨利八世判处死刑并被砍头示众。莫尔是因同情劳动者为社会主义理想而牺牲的最早的先驱。

由于资本主义的罪恶剥削和教会的压迫,人民生活陷于水深火热之中。德国的基督教神甫托马斯·闵采尔(1490—1525年)提出,人民要用暴力推翻旧政权,建立地上的太平天国,在天国里,财产公有,人人平等,改造旧政权为公社,公社的议会议员由人民选举,可以随时罢免。1524年,爆发了德国农民战争,在闵采尔思想影响下,他们提出了推翻旧政权的纲领。1525年3月,闵采尔领导农民起义。他们希望得到著名的宗教温和改革派领袖马丁·路德(1483—1546年)的支持,但路德却引用圣经条文,要求他们放弃过分要求,并呼吁统治者对起义进行镇压。最后,农民起义在教皇、皇帝、诸侯、贵族、教士等反动势力的联合镇压下失败了。大批农民起义者被屠杀,闵采尔牺牲。闵采尔是以实际行动为人民的利益而牺牲的基督教神职人员。

在莫尔的《乌托邦》出版之后,意大利的托马斯·康帕内拉(1568—1639年)于1623年出版了《太阳城》。他在这部著作里揭露了富人的游手好闲、懒惰、淫乱、浪费等等的腐化现象,指出他们是社会财富的掠夺者。他反对资产阶级私有制,主张实行财产公有制,社会的人不分等级,人人都参加劳动。被称为"太阳"的最高统治者,必须是有德有才的人,如果另一个人比他更有德才,可以以后者替代前者。由于他对资本主义的无情揭露和对人民的同情,遭到统治者的残酷迫害,坐了27年牢,《太阳城》一书就是在狱中写成的,最后在流亡中死去。可见,在生产资料私有制占统治地位的情况下,私有观念也在多数人的头脑中生了根,此时,那些欲除去私有制的弊病实现公有制从而实现真正平等、民主、自由主张的人很多没有好下场,就不足为怪了。他们不但会受到当局的迫害,还会受到那些幻想成为一个拥有巨额财产支配别人的人的漠视。尽管多数劳动者的幻想只是幻想,但为了眼前的生活和幻想,他们沉浸于漠视和幻想中不能自拔,因而才有了有志之士"唤起民众"的呐喊。而科学的理论,正是破灭那些沉浸于幻想中的号角。

随着生产力的发展,资本主义生产发展到工场手工业阶段,空想社会主义者对未来社会的构想虽然大同小异,但对实现社会主义的具体道路却有不同的选择。比如,法国的摩莱里(1700—1780年)于1755年出版了《自然法典》,企图通过法律,把社会主义的理想规定出来,主张依靠法律来消灭私有制,实行平均主义的分配。加布里埃尔·博诺·马布利(1709—1785年)于1776年出版了《论法制或法律的原则》,1789年出版了《论公民的权利和义务》,也主张用法律禁止财产私有,实现公有制,限制特权,主张节欲和苦练苦修,从而实现人人平等,消除两极分化。弗朗斯瓦·诺艾勒·巴贝夫则结合自身对人民大众疾苦的感受和思考,主张武装起义,用暴力推翻旧政权,建立一个人人平等的共和国,消灭私有制,实行计划性生产和高福利,实现没有差别的绝对平等。1796年3月,他建立了平等派密谋革命委员会,正在准备起义时,由于叛徒告密,被捕牺牲。

18世纪中叶,英国发生了工业革命。机器生产虽然提高了劳动生产率,但私有制使资本家对工人的压迫和剥削更加残酷。到了19世纪上半期,资本主义生产方式在主要的发达国家已经占据统治地位,这时的空想社会主义思潮有了新变化。于是,产生了法国的昂利·圣西门(1760—1825年)、沙利·傅立叶(1772—1837年)和英国的罗伯特·欧文(1771—1858年)三大空想社会主义思想家。

圣西门虽然出身于贵族,但他目睹了资本主义的罪恶,发表文章,著书立说,指出资本主义社会是一个黑白颠倒的世界,专横、无能和阴谋是资本主义政治体系的三个主要弊端,剥削阶级不断增加的财富是靠巧取豪夺得来的,他们骄奢淫逸,而劳动人民则在死亡线上苦苦挣扎。他希望改变这个社会,建立人人劳动、没有特权、穷苦人的身心生活得到圆满保障的社会。但是,他把改造社会的希望寄托在富人和统治者身上,劝说富人和皇帝以最快的速度帮助穷人提高生活水平,得到幸福。最后无果而终。

傅立叶曾经经商,很富有,但他以亲身经历揭露了资本主义的罪恶。他对资本主义的揭露,切中要害。他主张建立一种和谐制度以消除这些弊病。这种和谐制度,以每1620人组成一个基层单位,取名"法朗吉"(意为严整的方阵)。在"法朗吉"里,人人劳动,男女平等,教育、医疗、养老、抚育儿童均免费,没有城乡差别,人们在劳动之余可以尽情地娱乐。傅立叶和圣西门一样,把希望寄托在统治者身上,他不断地上书政府,企图说服政府首脑实行他的和谐方案,但他的希望总是落空,还遭到了警察的调查,差点被送进疯人院。他还向各国的贵族、资本家、银行家、地主、富人发信,并在门口贴告示说,每日上午在家静候富人们能够捐款资助他试办"法朗吉"。这种与虎谋皮的做法,不可能获得成功,到死他的愿望也没有实现。

欧文出身贫寒,靠着自己的努力,奋斗成为工厂的管理人员,成了资本家。但他对苦难的煎熬有亲身感受。他指出,资本主义私有制是罪恶和灾祸的原因,它把富人变成衣冠禽兽。欧文设想将来的社会实行公有制,基层单位劳动公社是一个由工、农、商、学结合起来的大家庭。欧文提出,要限制劳动时间,消灭工农、城乡、脑体劳动三大差别,教育要与生产劳动相结合等。欧文把自己的思想付诸实践。1800年,他从岳父手里接过有2000名员工的新拉纳克纺织厂后,开始了他的改造社会的试验。他减少工人的劳动时间,别人的工厂每天劳动十三四个小时,他的工厂只劳动10.5个小时。他改善工人的劳动条件和生活条件,创办了幼儿园,设立职业学校,创办合作社,在经济不景气工厂停工期间不裁员并照发工资。结果,他的工厂面貌焕然一新,价值增加了一倍多,给企业主带来了大量的利润。他的所作所为受到了人们的称赞,他成了欧洲最有名望的人。但是,欧文进行了更深层次的思考后,发现虽然他给予劳动者创造了丰裕的生活条件,但这些人还是他的奴隶,人们之间还是不平等。他计算出现在2500人生产出来的财富,在不到半个世纪前,需要60万人才能生产出来,这2500人的消费和以前60万人的消费财富之间的差额,都被资本家占有了。他的工厂的股东除了每年得到5%的股息外,还能得到30万英镑以上的利润,其他的工厂就可想而知了。他认为这些财富都是劳动阶级创造的,应该归于他们。1823年,他提出了通过共产主义移民区改造社会的办法。这样一来,触动了资产阶级的根本利益,他被逐出了官场社会,报刊对他进行封锁,其他地方的资本家害怕欧文的试验扩大,影响他们发财,对他造谣诋毁,并欲进行政治迫害。尽管欧文不断向资产阶级富人、权贵、政府首脑写信、呼吁,希望引起有钱人支持他的社会改革计划,但毫无结果。1824年,欧文黯然辞去工厂经理职务。但他并没有因此气馁,他筹集了一部分资金,带着儿子和他的信徒到了美国印第安纳州买了3万亩土地,办起了新和谐公社。刚开始时公社办得风风火火,后来由于内部人员的私有观念作祟,在领导层产生了特权思想,欧文无奈,只好对公社管理制度进行改革,实行承包经营。1829年,公社瓦解。欧文把他的4个儿子留在美国,自己又回到英国,试图进行金融改革。他创办了"劳动产品公平交易所",人们可以用劳动时间为单位的劳动券换取自己所需要的物品。红火了一阵子,交易所又被迫关门。欧文并未因此收手,他于1833年又在全国开展生产合作运动,创办了全国生产大联盟,受到了工人们的欢迎,运动规模迅速扩大,引起了资产阶级的恐慌,于是,资产阶级及其政府对大联盟予以取缔,并对其领导成员进行镇压,大联盟被迫解散。欧文一生为改造社会放弃优裕的生活,不遗余力,最后死在宣传他的空想社会主义的讲演台上。

马克思和恩格斯对空想社会主义者们的评价很高。恩格斯在《社会主义从空想到科学的发展》中,把圣西门、傅立叶和欧文以前的空想社会主义思想家,称为启蒙学者,而对于三大空想社会主义思想家,则称为"社会主义创始人"[1]。

对于社会主义思想家,马克思恩格斯既指出了他们思想的闪光点,也批判了他们的非科学方面。马克思在《资本论》第一卷第二十四章,把莫尔的《乌托邦》和其他多人的著作作为研究资本主义原始积累的资料加以引用。在《黑格尔法哲学批判·导言》中,对受闵采尔思想影响和他领导的农民战争,看成是解放人民的德国历史上最彻底的事实,但是,它却"因碰到神学而失败了"[2]。马克思、恩格斯在《神圣家族》中,评价巴贝夫等人由于革命运动遭到暂时的失败,因而产生了共产主义的思想。在《共产党宣言》中,马克思恩格斯认为,随着早期的无产阶级运动而出现的革命文献,"就其内容来说必然是反动的。这种文献倡导普遍的禁欲主义和粗陋的平均主义。"[3]1880年,恩格斯总结社会主义思想史时说:"但是,在每一个大的资产阶级运动中,都爆发过作为现代无产阶级的发展程度不同的先驱者的那个阶级的独立运动。例如,德国宗教改革和农民战争时期的再洗礼派和托马斯·闵采尔,英国大革命时期的平等派,法国大革命时期的巴贝夫。伴随着一个还

---

[1]《马克思恩格斯全集》第25卷,第2版,北京:人民出版社,2001年,第376页。
[2]《马克思恩格斯全集》第3卷,第2版,北京:人民出版社,2002年,第208页。
[3]《马克思恩格斯选集》第一卷,第3版,北京:人民出版社,2012年,第431页。

没有成熟的阶级的这些革命发动,产生了相应的理论表现;在 16 世纪和 17 世纪有理想社会制度的空想的描写,而在 18 世纪已经有了直接共产主义的理论(摩莱里和马布利)。平等的要求已经不再限于政治权利方面,它也应当扩大到个人的社会地位方面;必须加以消灭的不仅是阶级特权,而且是阶级差别本身。禁欲主义的、禁绝一切生活享受的、斯巴达式的共产主义,是这种新学说的第一个表现形式。后来出现了三个伟大的空想主义者:圣西门、傅立叶和欧文。"[1]

对于三大空想社会主义者,1873 年 1 月,马克思在《政治冷淡主义》一文中,称他们是"第一批社会主义者",是"社会主义的鼻祖"[2]。1874 年 7 月,恩格斯在《德国农民战争》一八七〇年版序言的补充中说:"德国的理论上的社会主义永远不会忘记,它是站在圣西门、傅立叶和欧文这三个人的肩上的。虽然这三个人的学说含有十分虚幻和空想的性质,但他们终究是属于一切时代最伟大的智士之列的,他们天才地预示了我们现在已经科学地证明了其正确性的无数真理。"[3]

(二)科学社会主义

科学社会主义的第一要义是科学,是关于社会主义实现的必然性、条件、方法和策略的学说。

1. 科学社会主义与历史唯物主义。科学社会主义与空想社会主义的第一个区别,是对社会主义必然性的认识。

(1)社会主义的原意和分期。社会主义源于拉丁文,原意是喜好社交的、同伙的、集体的意思。它表示在一种社会里,人人都是平等的合作伙伴。社会主义是人们对现存的不合理社会的否定。

在马克思恩格斯那里,社会主义和共产主义是同义的,他们并没有严格区分社会主义和共产主义。恩格斯曾在《共产党宣言》英文版序言中说,他与马克思写作宣言时,不能把它叫作社会主义宣言,是因为他们要与当时的空想社会主义派别和其他庸俗社会主义者相区别。空想社会主义和其他庸俗社会主义,都是有教养的、有身份的资产阶级的运动,而共产主义则是工人阶级的运动。很明显,这仅仅是就社会主义理论方面所进行的区别,而不是从社会制度方面的区别。对于社会制度,马克思只是在《哥达纲领批判》中,把共产主义分为第一阶段和高级阶段。在共产主义第一阶段,由于刚刚从资本主义社会产生出来,还有很多弊病,只能实行"各尽所能,按劳分配"。而在共产主义的高级阶段,则实行"各尽所能,按需分配"。我们现在所说的社会主义,是共产主义的第一阶段。

---

[1]《马克思恩格斯全集》第 25 卷,第 2 版,北京:人民出版社,2001 年,第 373 页。
[2]《马克思恩格斯选集》第三卷,第 3 版,北京:人民出版社,2012 年,第 280 页。
[3]《马克思恩格斯选集》第三卷,第 3 版,北京:人民出版社,2012 年,第 37 页。

列宁把社会主义明确为共产主义的低级阶段。1920 年,列宁在《共产主义运动中的"左派"幼稚病》中说:"从共产主义的观点看来,否定政党就意味着从资本主义崩溃的前夜(在德国)跳到共产主义的最高阶段而不是进到它的低级阶段和中级阶段。我们在俄国(推翻资产阶级后的第三年)还刚处在从资本主义向社会主义即向共产主义低级阶段过渡的最初阶段。"[1]当然,按照辩证法,我们生活于其中的现实的社会主义也可再分为社会主义初级阶段、中级阶段、高级阶段,把社会主义初级阶段再分为不同的阶段。但是,不论怎么划分,只要是属于社会主义的某个阶段,它就必须具有区别于资本主义的本质特征。

(2)科学社会主义与空想社会主义的历史观不同。科学社会主义以辩证唯物主义的观点看待历史,空想社会主义用唯心主义的观点看待历史。具体地说,表现在以下几个方面:

一是科学社会主义是从存在决定意识这一唯物主义原理出发的,而空想社会主义则是从"理性"出发的。马克思、恩格斯在《共产党宣言》中说:"人们的观念、观点和概念,一句话,人们的意识,随着人们的生活条件、人们的社会关系、人们的社会存在的改变而改变,这难道需要经过深思才能了解吗?"[2]社会发展到什么阶段,必然产生出与这个阶段的生产方式相适应的生产关系、社会关系和社会观念。当然,在这个社会阶段也会产生出不同的新观念,这是由于在旧社会内部存在有新社会的因素造成的。消除现实社会弊端的"这些手段不应当从头脑中发明出来,而应当通过头脑从生产的现成物质事实中发现出来"[3]。如果在某一个历史时期,出现了某一个英雄人物,带领群众改变了社会现状,那么他必然是发现了改变社会的有效方法。科学社会主义肯定人民群众在历史中的地位和作用,认为生气勃勃的社会主义是人民群众创造的,但也不否定顺应历史潮流的英雄人物的作用。

与科学社会主义不同,空想社会主义者认为,思维着的悟性是衡量一切的尺度,人的头脑以及通过它的思维发现的原理要求成为一切人类活动和社会结合的基础。消除社会弊病的手段,是从天才人物的头脑中设计出来的。他们认为,只要天才人物出现,设计出合理的社会秩序,理想的社会就会出现。如果 500 年前产生出这样的天才人物,他就能使人类免去 500 年的迷雾、斗争和痛苦。所以,他们寄希望于救世主,寄希望于神仙、皇帝、有钱人、富人,甚至寄希望于制造人间罪恶的剥削者。

二是科学社会主义以唯物主义观察历史,认为人类社会的生产力发展水平决定生产

[1]《列宁选集》第四卷,第 3 版修订版,北京:人民出版社,2012 年,第 154 页。
[2]《马克思恩格斯选集》第一卷,第 3 版,北京:人民出版社,2012 年,第 419-420 页。
[3]《马克思恩格斯选集》第三卷,第 3 版,北京:人民出版社,2012 年,第 798 页。

关系、社会关系，也决定社会的发展。生产力的发展是循序渐进的，是由低级到高级的过程，人类社会的发展也随生产力的发展而发展，也逐步由低级向高级过渡。简言之，人类社会发展有规律，由生产力的发展水平所决定。马克思在《资本论》中，详细论证了资本主义产生和发展的规律，指明了人类社会为什么要从资本主义过渡到社会主义。这是社会主义必然胜利的理论支撑。

空想社会主义则没有认识到社会主义是人类社会发展的必然，不能从资本主义生产方式来揭示资本主义不合理制度灭亡的必然性。他们认为，社会主义是人类"永恒正义"的要求和表现。早期的社会主义启蒙思想家看到，在他们生活的社会里，那些整日劳作的人，连养家糊口都难，而那些不劳而获的人，却过着纸醉金迷的生活，他们认为这很不公正、很不公平、很不合理。于是，他们根据自己的想象，刻画出了一个平等、公平、公正、民主、自由的社会图景。至于这样的社会能不能实现，怎么实现，他们不知道。这与他们生活年代的生产力发展状况有关。在人类历史上，不论生产力发展的状况如何，只要出现阶级压迫和阶级剥削的不合理现象，就必然会产生消灭不合理现象的思想。比如，中国的孔子在两千多年前就曾大声疾呼，要建立一个天下为公、仁爱、和谐的大同世界。但是，由于生产力还没有发展到使人民广泛联系的地步，这种空想的小农的封建的社会主义，不可能实现。中外历史上的很多次农民起义，也多是以实现"等富贵，均贫贱"为号召的，但那些起义的农民往往在打碎了一个旧王朝后，再建立一个新王朝。早期空想的共产主义思想，就是这种生产力和当时残酷现实的反映。

当资本主义生产方式建立后，空想社会主义思想家看到，以自由、平等、博爱为号召的资产阶级与劳动阶级一同向封建统治阶级进行斗争并取得胜利，在所谓的理性国家实现后，社会弊病不是减少了而是更多了，也表现得更为恶劣。恩格斯说："现在我们知道，这个理性的王国不过是资产阶级的理想化的王国；永恒的正义在资产阶级的司法中得到实现；平等归结为法律面前的资产阶级的平等；被宣布为最主要的人权之一的是资产阶级的所有权；而理性的国家、卢梭的社会契约在实践中表现为，而且也只能表现为资产阶级的民主共和国。"[1] 恩格斯指出：永久的和平许诺变为无休止的掠夺战争，贫富对立更加尖锐，财产自由变为小资产阶级和小农失去财产的自由，劳动群众的贫穷和困苦成了社会的生存条件，金钱日益成为社会的唯一纽带，犯罪一年比一年增加，资产阶级罪恶更加猖獗，商业日益变成欺诈，革命的箴言"博爱"在竞争的诡计和嫉妒中获得了实现，贿赂代替了暴力压迫，金钱代替了刀剑，成为社会权力的第一杠杆，初夜权从封建领主手中转到资产阶级工厂主手中，卖淫增加到了前所未有的程度，婚姻本身和以前一样仍然是法律承认的

---

[1]《马克思恩格斯选集》第三卷，第3版，北京：人民出版社，2012年，第776页。

卖淫的形式,并且以不胜枚举的通奸作为补充。恩格斯说:"总之,同启蒙学者的华美诺言比起来,由'理性的胜利'建立起来的社会制度和政治制度竟是一幅令人极度失望的讽刺画。"[1]为什么现实和理性之间会出现这么大的反差?这是因为,"在这个时候,资本主义生产方式以及随之而来的资产阶级和无产阶级之间的对立还没有得到充分发展。"[2]解决社会问题的手段是随社会矛盾的发展而发展的。恩格斯认为:"不成熟的理论,是同不成熟的资本主义生产状况、不成熟的阶级状况相适应的。解决社会问题的办法还隐藏在不发达的经济关系中,所以只有从头脑中产生出来。"[3]因而,空想家们关于新的社会制度的设计一开始就注定要陷入空想。

三是科学社会主义认为阶级斗争是推动社会变革的内在动力,空想社会主义企图以阶级调和解决问题。按照辩证法的观点,事物内部的矛盾是促进事物转化的根本原因。科学社会主义认为,资本主义私有制与社会化大生产的矛盾是资本主义生产方式所蕴含的基本矛盾。社会化生产是指为了他人和社会需要的生产而不是为了自己需要的生产。资本家生产商品,不是为了个人消费,而是为了社会消费。社会化的生产应与社会占有生产资料相适应,但是,生产资料却是私人占有。这一矛盾表现为无产阶级与资产阶级的阶级对立、个别工厂中生产的有计划性和整个社会生产的无秩序状态之间的对立。周期性的经济危机是这种矛盾尖锐化的典型表现。实行生产资料公有制是解决这个基本矛盾的唯一途径,阶级斗争是解决这一矛盾的基本方法。

空想社会主义和其他形形色色的社会主义却对此认识不清,他们希望通过阶级调和解决矛盾。他们认为,只要富人、资本家、权贵发发善心,让可怜的穷人少受点苦难,世界就会立刻和谐,社会就会马上大同。事实粉碎了他们的迷梦。比如,在法国丝织业中心的里昂,工人每天劳动 15~18 个小时,所得的工资只够买一磅面包。工人们骨瘦如柴,养不活妻儿老小,童工大多在繁重的劳动中活不到 10 岁。实在活不下去了,法国里昂工人于1831 年 11 月举行了武装起义,但遭到了资产阶级的残酷镇压。从善良愿望出发的空想社会主义者们对资本的本性不了解,对资本主义弊病的原因不了解,对社会变革的原因不了解,对社会变革的依靠力量不了解,对解决资本主义弊病的方法也就想当然了。

2. 科学社会主义和剩余价值理论。马克思在《资本论》中,对资本主义生产方式进行了分析。通过丝丝入扣的逻辑和数理演绎,揭示了无产阶级与资产阶级为什么要进行斗争,这两个阶级的斗争为什么是尖锐的。马克思以定性和定量的科学方法论证了劳动者是如何创造财富的;资本家是如何剥削工人创造的剩余价值发家的;人数众多的无产者为

---

[1]《马克思恩格斯选集》第三卷,第 3 版,北京:人民出版社,2012 年,第 779 页。
[2]《马克思恩格斯选集》第三卷,第 3 版,北京:人民出版社,2012 年,第 780 页。
[3]《马克思恩格斯选集》第三卷,第 3 版,北京:人民出版社,2012 年,第 780-781 页。

什么创造了财富但不占有财富;资本主义社会为什么一方面是资本家财富的积累,另一方面是工人的贫困交加,这种两极分化的原因,是由于生产资料私有制引起的,因此,一定要变生产资料私有制为生产资料公有制;资本主义经济危机的实质是生产过剩,为消除这种生产的弊端和减少浪费,社会生产必须要有计划。人类如果要想走上平等、公正、公平、民主、自由的道路,需要经过漫长的阶级斗争。阶级斗争是一种客观存在,是历史发展过程必然产生的一种现象,其结果是资本主义必然灭亡,社会主义必然胜利。

3. 科学社会主义关于工人阶级解放的目标、道路、方法和手段。恩格斯于 1886 年 11 月 5 日在《资本论》英文版序言中说:"《资本论》在大陆上常常被称为'工人阶级的圣经'。任何一个熟悉工人运动的人都不会否认:本书所作的结论日益成为伟大的工人阶级运动的基本原则……"[1]马克思的剩余价值学说,不但揭露了资本家剥削工人的秘密,科学地说明了工人为什么整日劳作却摆脱不了苦难,而资本家却能不劳而获,说明了世界产生不公的根源,指出了工人阶级的目标及其获得解放的道路、方法和手段。而空想社会主义对此则是一无所知的。

工人阶级的目标,是顺应社会发展规律,实现共产主义。工人阶级获得解放的道路,是他们首先取得国家统治权,实行人民民主,实现生产资料公有制,消灭剥削,发展生产力。马克思恩格斯在《共产党宣言》中说:"工人革命的第一步就是使无产阶级上升为统治阶级,争得民主。"[2]"无产阶级将利用自己的政治统治,一步一步地夺取资产阶级的全部资本,把一切生产工具集中在国家即组织成为统治阶级的无产阶级手里,并且尽可能快地增加生产力的总量。"[3]工人阶级获得解放的方法和手段,依各国不同的具体情况而不同,但有些原则是共同的。例如,工人阶级必须要联合起来。"联合的行动,至少是各文明国家的联合的行动,是无产阶级获得解放的首要条件之一。"[4]工人阶级要组织起来,结成政党;工人阶级政党要为多数人的利益而奋斗;工人阶级政党需要团结一切可以团结的力量,支持一切反对现存社会政治制度的革命运动;社会主义的实现不排除使用暴力。社会主义革命必须以革命的两手对待反革命的两手,在反革命举起屠刀的时候,工人阶级要以暴力反抗,使用暴力推翻现存的社会制度。马克思不止一次说过,如果反动阶级没有采用暴力镇压,则工人阶级也可采用和平手段达到目的。各国工人阶级应当根据实际情况,决定自己的斗争策略。马克思说:"例如,在英国,显示自己政治力量的途径对工人阶级是敞开的。在和平的宣传鼓动能更快更可靠地达到这一目的的地方,举行起义就是发疯。在法国,迫害性的法律成百上千,阶级对立你死我活,这使得社会战争这种暴力

---

[1]中共中央马克思恩格斯列宁斯大林著作编译局译:《资本论》第一卷,北京:人民出版社,2004 年,第 34 页。
[2]《马克思恩格斯选集》第一卷,第 3 版,北京:人民出版社,2012 年,第 421 页。
[3]《马克思恩格斯选集》第一卷,第 3 版,北京:人民出版社,2012 年,第 421 页。
[4]《马克思恩格斯选集》第一卷,第 3 版,北京:人民出版社,2012 年,第 419 页。

解决办法成为不可避免。"[1]工人阶级及其政党要与旧观念实行最彻底的决裂,要与内部的形形色色的机会主义进行斗争,被压迫阶级如果不同时使整个社会一劳永逸地摆脱任何剥削、压迫以及阶级划分和阶级斗争,就不能解放自己,等等。

4. 科学社会主义关于未来社会的设想。空想社会主义对未来社会的设想非常具体。比如,在理想的社会里,人们几点钟起床,几点钟吃饭,什么时间干什么活,什么时间休息,都设计得很详细。与空想社会主义不同,马克思恩格斯对于社会主义是什么样的,并没有作出具体的描述。他们设想:将来的社会是在资本主义内部产生的,建立于生产力的充分发展之上,是对资本主义的扬弃;是一个以个人自由发展为一切人自由发展条件的联合体;是一个生产资料公有、生活资料归个人的社会;未来社会的第一阶段,实行"各尽所能,按劳分配",之后进入"各尽所能,按需分配"阶段;未来社会实行有计划的生产,以减少浪费;未来社会第一阶段还带有旧社会的痕迹,还保留资产阶级法权。马克思恩格斯认为,这些设想仅是一般原则和努力方向,这些设想的实现和实现程度,须以当时的历史条件为转移。

---

[1]《马克思恩格斯文集》第3卷,第1版,北京:人民出版社,2009年,第611页。

第二章 马克思和他的政治经济学名著《资本论》

《资本论》是马克思的名著,是他用辩证唯物主义原理考察资本主义社会的结晶。《资本论》的问世,不仅使人们相信社会主义不可避免,而且也使政治经济学成为真正的科学。

一、猜想和论断与理论的区别

凡是态度严谨的科学家,都会对自己提出的某个观点进行严格论证,经过论证的观点也就被称为理论。如果观点不被论证,那么,它就只是一种论断,或者只是一种猜想。猜想和论断与理论是有区别的。

(一)猜想

猜想是未经论证的事实。如果某人提出了一种观点,虽然他的看法符合实际,但如果还没有被严密论证,或暂时难以对它进行论证,那么这种看法就叫猜想。在自然科学领域特别是数学领域,常常有人提出猜想,比如哥德巴赫猜想、费马猜想等。证明猜想也成为发展数学的重要途径之一。

社会科学领域也有很多猜想。比如,空想社会主义就是一种猜想。空想社会主义者预测到了共产主义,但他们无法证明这种社会为什么一定会实现,依靠谁来实现。马克思用历史唯物主义的观点分析了资本主义生产方式后,发现共产主义是生产力发展的结果,广大劳动群众是推进社会发展的根本力量,劳动阶级与剥削阶级的斗争是人类社会发展的动力。在社会学领域,也需要以证明猜想的形式发展社会科学。但是,由于各种干扰特别是权力的干预,在社会科学中,论断满天飞,更没有人去证明猜想。这种情况使论断、猜想不经过演绎推论就在社会中试验、实践,给人类造成了很多灾难。社会科学有些问题固然难以用自然科学的方法予以证明,但用较强的逻辑进行推论还是必要的。社会科学不能用实验室的方法去证明推论的正确性,但在某一社会性措施大面积推广前,进行局部试验还是可行的。对社会科学的某些结论,如果能用演绎的方法进行推论,还是演绎一下好。

（二）论断

论断是一种基于自身经验对某个问题的判断。虽然对某一问题或现象提出了一种观点和看法，但如果没有加以论证，那么，这种看法就是论断。也就是说，论断是未经论证、不一定符合实际的看法、推论或判断。论断有的正确，有的不正确。在社会科学中，论断最多，给人造成了社会科学不科学的印象。其实，社会科学也如自然科学一样，是关于人类社会的方方面面需要加以论证的科学。

（三）理论

理论是对所提出的观点和看法，提交论据，依照逻辑，进行严密推理后的结论。理论也有正确与错误之分。如果论证的逻辑很严密，提交的论据与事实相符，结论就是正确的。如果论证的逻辑不严密，论据与事实不相符，结论就可能不正确。理论正确与否需要经过实践的检验。但无论如何，理论是需要论证的。如果进行了论证，它就是一种自成体系的理论。自然科学的理论大多都经过了严密论证，经得起实践的检验，有可重复性。社会科学理论的论证很难，有不少人以现象代替本质，以论断代替结论，更有人依自身的学术地位优势，以不容别人质疑的话语强制代替论证，败坏了社会科学的声誉。由于条件的限制，社会科学的理论往往需要经过很长时间的检验，所以也为大量论断的存在留下了空间。

《资本论》是一个分析资本主义生产方式、论证社会发展规律的理论论证体系，已经经过了100多年的实践检验。

二、《资本论》的研究对象、内容和范围

任何一门科学研究的对象、内容和范围都有特定性，《资本论》也不例外。了解《资本论》的研究对象、内容和范围，可使我们对马克思劳动价值论的发展研究有一个清晰的方向。

（一）《资本论》的研究对象

马克思在《资本论》第一卷序言中说："我要在本书研究的，是资本主义生产方式以及和它相适应的生产关系和交换关系。"[1]在这里，马克思把《资本论》的研究对象说得很清楚了。但对于什么是生产方式，却有不同的理解。有人认为，生产方式是生产力和生产关系的对立统一，生产方式中包括生产力。斯大林说："生产、生产方式既包括社会生产力，也包括人们的生产关系，而体现着两者在物质资料生产过程中的统一。"[2]有学者认

---

[1]中共中央马克思恩格斯列宁斯大林著作编译局译：《资本论》第一卷，北京：人民出版社，2004年，第8页。

[2]中共中央马克思恩格斯列宁斯大林著作编译局编：《斯大林选集》下卷，北京：人民出版社，1979年，第442页。

为,生产方式诚然由生产力所决定,但它本身并不包括生产力。如果生产方式中包含了生产力,则"马克思的这句话就成了:'我要在本书研究的,是生产力和生产关系以及和它相适应的生产关系和交换关系。'"这是犯了逻辑混乱的错误。[1]

对于什么是生产方式,马克思本人有过解释,生产方式即"谋生的方式"。如果套入原话,马克思的这句话为:"我要在本书研究的,是在资本主义条件下人们谋生的方式以及和它相适应的生产关系和交换关系。"马克思的意思很明白,随着生产力的发展,人们会改变获得物质资料的方式和手段,改变人们在生产中的关系,改变产品的交换关系,改变人们的社会关系,改变物质资料的分配关系。

对于什么是资本主义生产方式,恩格斯有过解释:"即资本家为一方,雇佣工人为另一方而存在的生产方式……"[2]如果把恩格斯的解释套入马克思的原话,则马克思的这句话就成为:"我要在本书研究的,是一方面有资本家,另一方面有雇佣工人存在的生产方式以及和它相适应的生产关系和交换关系。"恩格斯点明了资本主义的生产方式就是雇佣劳动与资本的生产与交换的方式,这样的生产方式产生与之相适应的生产关系、社会关系和分配关系。马克思说的是广义的生产方式,恩格斯说的是狭义的生产方式。对生产方式不能做机械的理解,要联系生产力、生产资料所有制的形式、人们在社会中的地位、在生产中的相互关系、产品交换与分配关系来理解。

《资本论》研究对象的争论,还引发了对政治经济学研究对象的争论。"经济"一词,希腊文的原意是"家务"和"管理"的合称,"经济学"就是"家务管理"之意。后来演变为"政治经济学"。"政治"两个字的原意为"社会的"或"国家的",也就是社会管理之意。政治经济学是研究社会经济发展的科学,政治经济学就是我们现在所简称的经济学,不是研究政治与经济如何联系的学说。"政治经济学"这个名称由法国经济学家蒙克莱钦在1615年发表的《献给国王和王太后的政治经济学》中首先采用。1879年,英国经济学家杰文斯主张把"政治经济学"改名为"经济学"。1890年,马歇尔出版了《经济学原理》,第一次把"政治经济学"改为"经济学"。现在,经济学界把马克思经济学理论称为政治经济学,把西方学者的经济学理论称为西方经济学,有人又把西方经济学区分为宏观经济学和微观经济学。宏观经济学大概是指以研究国际或一个国家的经济总量问题为核心的理论,比如市场失灵与政府干预、资源配置、解决失业与通货膨胀及总量控制等。微观经济学大概指的是以价格为中心研究个人行为对经济的影响的理论,比如用效用价格、生产要素价格、均衡价格等来说明分配、个人和生产者行为等。其实,这种区分是不科学的。具

[1]吴易风主编:《马克思主义经济学与西方经济学比较研究》第1卷,北京:中国人民大学出版社,2009年,第3页。
[2]《马克思恩格斯全集》第21卷,第2版,北京:人民出版社,2003年,第368页。

有相同意义的政治经济学与经济学被区别的可能原因:一是由于资产阶级经济学家为否定马克思主义经济学,显示他们的学说与马克思主义经济学不一样而故作区分;二是由于经济学没有一个统一的公认的理论基础,所以不得不作这样的区分。

经济学的研究对象到底是什么?教科书上说,经济学是研究生产关系及其规律的科学。有经济学家不同意这种说法。如果是这样,就把非生产关系的资源配置问题排除在了研究对象之外。也有人认为经济学是关于资源配置的科学。如此一来,就把生产关系排除在研究对象之外。所以,经济学的研究对象,还是要从马克思关于《资本论》的研究对象的规定中引出来。吴易风教授说:"马克思关于《资本论》研究对象的规定是科学的定义。这一规定不仅解决了资本主义政治经济学和社会主义政治经济学的研究对象问题,而且也解决了政治经济学或经济学的研究对象问题。从马克思的规定可以顺理成章地引导出资本主义政治经济学和社会主义政治经济学的研究对象:资本主义政治经济学研究资本主义生产方式以及和它相适应的生产关系或经济关系;社会主义政治经济学研究社会主义生产方式以及和它相适应的生产关系或经济关系。从马克思的规定中还可以顺理成章地引导出政治经济学或经济学的研究对象:政治经济学或经济学研究人类社会各个历史发展阶段的生产方式以及和生产方式相适应的生产关系或经济关系。"[1]

吴易风教授的观点,基本符合马克思的原意。恩格斯在《反杜林论》中,曾谈过政治经济学的研究对象。他说:"政治经济学,从最广的意义上说,是研究人类社会中支配物质生活资料的生产和交换的规律的科学。生产和交换是两种不同的职能。没有交换,生产也能进行;没有生产,交换——正因为它一开始就是产品的交换——便不能发生。这两种社会职能的每一种都处于多半是特殊的外界作用的影响之下,所以都有多半是各自的特殊的规律。但是另一方面,这两种职能在每一瞬间都互相制约,并且互相影响,以致它们可以叫做经济曲线的横坐标和纵坐标。"[2]恩格斯的意思是明白的,经济学有广义和狭义之分。广义经济学就是研究人类不同社会的共同的生产和交换的规律。那么,狭义经济学研究什么呢?恩格斯指出:"人们在生产和交换时所处的条件,各个国家各不相同,而在每一个国家里,各个世代又各不相同。因此,政治经济学不可能对一切国家和一切历史时代都是一样的。从弓和箭、从石刀和仅仅是例外地出现的野蛮人的交换往来,到上千马力的蒸汽机,到机械织机、铁路和英格兰银行,有一段很大的距离。火地岛的居民没有达到进行大规模生产和世界贸易的程度,也没有达到出现票据投机或交易所破产的程度。谁要想把火地岛的政治经济学和现代英国的政治经济学置于同一规律之下,那么,除了最

---

[1]吴易风主编:《马克思主义经济学与西方经济学比较研究》第1卷,北京:中国人民大学出版社,2009年,第6页。

[2]《马克思恩格斯选集》第三卷,第3版,北京:人民出版社,2012年,第525页。

陈腐的老生常谈以外,他显然不能揭示出任何东西。因此,政治经济学本质上是一门历史的科学。它所涉及的是历史性的即经常变化的材料;它首先研究生产和交换的每个个别发展阶段的特殊规律,而且只有在完成这种研究以后,它才能确立为数不多的、适合于生产一般和交换一般的、完全普遍的规律。同时,不言而喻,适用于一定的生产方式和交换形式的规律,对于具有这种生产方式和交换形式的一切历史时期也是适用的。例如,随着金属货币的采用,一系列适用于借金属货币进行交换的一切国家和历史时期的规律起作用了。"[1]马克思《资本论》的研究对象是资本主义的生产方式,在《资本论》中,马克思只研究资本主义生产和交换的规律,所以,马克思由《资本论》所创立的经济学,是狭义的。但是,资本主义是从封建社会的母胎中孕育产生的,马克思不可避免地要研究封建主义的生产方式。根据辩证法,资本主义也是必然灭亡的,因而,马克思也不可避免地要研究资本主义的前途问题。也就是说,在马克思狭义的经济学中,包含着广义经济学的成分。或者说,马克思在对资本主义生产方式的研究中,不仅揭示了资本主义的生产和交换的规律,也得出了某些适用于人类社会的普遍的生产和交换的原理与规律。

根据马克思关于《资本论》研究对象的阐述和恩格斯关于经济学研究对象的阐述,我们可以得到如下启示:一是只要资本主义制度还存在,马克思关于资本主义的结论就没有过时。比如,马克思关于资本主义生产必然导致两极分化、资本主义生产的无计划性和逐利性必然导致生产过剩和经济危机、资本主义生产的无限扩张性必然使世界联为一体、资本主义生产孕育着共产主义等等。二是随着社会主义从理论到实践,探索社会主义建设规律、建立社会主义经济学迫在眉睫。社会主义的生产方式是什么,社会主义怎样生产,生产什么,产品的分配、交换的方法和条件是怎样的,人们怎样在社会主义条件下生活,等等,成为社会主义经济学研究的主要内容。三是生产力的发展水平是某一种生产方式产生的前提。现存的社会主义产生于生产力不发达的国家,并长期处于资本主义的包围中,社会主义如何既借鉴资本主义的文明成果以发展生产力,又避免苟延残喘的资本主义的生产关系、社会关系和政治关系死灰复燃,成为社会主义经济学亟待探讨的重要问题。目前,我们必须以马克思主义经济学为基础,总结社会主义的实践经验,研究社会主义的生产方式、生产力、生关系及交换关系,借鉴西方经济学中有益的成分,摒弃为资本主义辩护的部分,建立社会主义经济学。

(二)《资本论》研究的内容和范围

马克思在《资本论》开篇说:"资本主义生产方式占统治地位的社会的财富,表现为'庞大的商品堆积',单个的商品表现为这种财富的元素形式。因此,我们的研究就从分

---

[1]《马克思恩格斯选集》第三卷,第3版,北京:人民出版社,2012年,第525-526页。

析商品开始。"[1]马克思通过对商品的分析,发现了商品的二因素和劳动的二重性,以此为基础,说明了剩余价值如何产生,如何被生产资料所有者占有,揭示了资本主义剥削的秘密,说明了资本流通、资本积累和资本主义再生产,说明了剩余价值的分割和利润及平均利润的形成,说明了市场价格如何围绕生产价格波动,说明了资本主义地租的产生,等等。吸纳了资产阶级经济学的科学成分,指出了资本主义发展的历史趋势,内容极其丰富。本书围绕价值—剩余价值—平均利润—生产价格—市场价格这条主线,在第三至六章简单扼要介绍马克思的基本理论。

商品是什么?商品是用来交换的能够满足人们某种需要的劳动产品。马克思的研究对象是资本主义生产方式及与之相适应的生产关系和社会关系,为什么要从商品开始?这是因为:一方面,资本主义生产是商品生产,资本主义的聚财方式与商品密切相关,因而要研究资本主义生产方式,必须从它的主要生产特点的表征商品开始;另一方面,一个商品,首先要能满足人们的某种需要,其次要能够用来交换。商品之所以能够满足人们的某种需要,是因为商品有使用价值,使用价值构成财富的主要内容。商品之所以能够相互交换,是因为商品有价值。商品的使用价值和价值,是商品的二因素,它们统一于商品体中。剖析商品的这两个因素,有助于弄清资本主义生产方式是怎样的,资本家是怎样发财的。

在《资本论》中,马克思只研究了商品的价值,而没有研究商品的使用价值,可能是因为:一是使用价值是物的有用性,它虽然构成财富的物质内容,但商品的有用性是多种多样的,需要人们不断地发现。马克思说:"磁石吸铁的属性只是在通过它发现了磁极性以后才成为有用的。"[2]二是马克思把重点放在解决商品交换价值的量度上,而商品的交换价值,体现的是不同商品的同一性,这种同一性就是价值,所以,价值问题就成为经济科学的基本问题,或者叫作"元问题"。价值是什么的问题如果不解决,就很难对商品作进一步的分析,也很难使经济学发展成为一门独立的科学。而两千多年的研究,人们始终没有解决价值是什么的问题,马克思把此作为重点,是合理的。三是资本主义生产是商品生产,价值问题又是商品分析的起点,所以,价值问题的研究就必然成为《资本论》的核心内容之一。只有通过对商品价值的分析,才能找到资本主义生产的实质是剩余价值生产,才能发现资本主义的罪恶是剥削雇佣劳动,才能找到劳动者受苦受难的根源。所以,马克思抛开商品的使用价值,研究了商品的价值,提出了著名的劳动二重性学说,解决了价值是什么的问题,又一步步深入地解析了资本家如何获得剩余价值,得出了资本主义为什么必然过渡到共产主义的结论。

世界上从来没有不限定研究范围和适用范围的科学。与其他任何科学一样,以《资本

---

[1]中共中央马克思恩格斯列宁斯大林著作编译局译:《资本论》第一卷,北京:人民出版社,2004年,第47页。
[2]中共中央马克思恩格斯列宁斯大林著作编译局译:《资本论》第一卷,北京:人民出版社,2004年,第48页。

论》为代表的马克思主义劳动价值论也有一定的研究范围和适用范围。马克思在《资本论》开篇说明了他的研究从商品始,只研究商品中的价值。在论述了什么是商品的价值后,还特别说明了他的研究范围和适用范围。

马克思说:"一个物可以是使用价值而不是价值。在这个物不是以劳动为中介而对人有用的情况下就是这样。例如,空气、处女地、天然草地、野生林等等。"[1]这段话的意思很明白,马克思所要研究的,只是劳动产品。自然事物尽管有使用价值,但如果不是劳动产品,它就没有劳动价值,也就不在《资本论》的研究之列。

马克思又说:"一个物可以有用,而且是人类劳动产品,但不是商品。谁用自己的产品来满足自己的需要,他生产的虽然是使用价值,但不是商品。要生产商品,他不仅要生产使用价值,而且要为别人生产使用价值,即生产社会的使用价值。"恩格斯对这段话专门加以注解说:"而且不只是简单地为别人。中世纪农民为封建主生产作为代役租的粮食,为神父生产作为什一税的粮食。但不管是作为代役租的粮食,还是作为什一税的粮食,都并不因为是为别人生产的,就成为商品。要成为商品,产品必须通过交换,转到把它当作使用价值使用的人的手里。"[2]马克思、恩格斯的意思都很明白,不论是为自己生产的劳动产品,还是为别人生产的劳动产品,只要不经过交换,都不是商品。所以不是商品的产品,不在《资本论》的研究范围。

马克思还说:"没有一个物可以是价值而不是使用物品。如果物没有用,那么其中包含的劳动也就没有用,不能算作劳动,因此不形成价值。"[3]马克思这段话的意思有三:一是价值必须附着于商品而存在,以使用价值为前提;二是有的产品虽然是通过劳动创造的,但是它不被使用,或者是残次品,不能使用,那么,这种劳动的产品没有价值;三是没有价值的劳动产品,不在《资本论》的研究范围内。

为什么马克思把不用于交换的自然物、劳动物不纳入自己的研究范围? 这是因为,马克思研究的是以商品生产为基础的资本主义生产方式。人们长期在对《资本论》的宣传和解释中,忽略了马克思关于《资本论》适用范围的规定,把马克思通过《资本论》阐述的劳动价值论当作无所不包的、无条件适用的理论。比如,有人说:"马克思说天然野生林没有价值,为什么野生林的木材能卖钱?"有人回答说:"如果要出卖野生林的木材,需要付出伐木的劳动,所以野生林木材在出售时的价值,只是伐木时的劳动的价值。"又有人反驳说:"一棵千年大树,让它长着,很有观赏价值。如果把它伐倒,虽然付出了劳动,并且是有用劳动,但这棵千年大树的价值就几乎没有了。到底是劳动创造价值还是自然创造价

[1]中共中央马克思恩格斯列宁斯大林著作编译局译:《资本论》第一卷,北京:人民出版社,2004年,第54页。
[2]中共中央马克思恩格斯列宁斯大林著作编译局译:《资本论》第一卷,北京:人民出版社,2004年,第54页。
[3]中共中央马克思恩格斯列宁斯大林著作编译局译:《资本论》第一卷,北京:人民出版社,2004年,第54页。

值?"这种对马克思主义劳动价值论的否定—反驳—再反驳的例子,是辩论双方都没有注意到马克思的劳动价值论有适用范围所致。在现实中,因为我们没有注意到马克思主义劳动价值论的研究范围和适用范围,认为自然事物无价值,先是把土地、矿山、天然林、草原、沙地、滩涂、水域等自然资源无偿划拨给某些企业或单位,后来又发现自然生成的土地可以卖钱,从而认为马克思主义劳动价值论不正确。所以,突破马克思主义劳动价值论的研究范围和适用范围进行深化研究,是发展马克思主义劳动价值论的前提之一。

马克思关于劳动价值论研究范围和适用范围的规定,在市场交换和价值实现中有重要意义。有人由于不理解马克思研究范围和适用范围的规定,因而弄不清马克思关于社会必要劳动时间决定商品价值的理论实质上就是商品价值实现的理论。如果生产过剩,产品不被社会使用,则过剩产品的劳动价值不被社会承认,当然也实现不了价值。马克思把有用商品的社会总价值平均化后,作为商品价值的实现依据,这与供需价值论所认为的市场达到供需平衡时商品的价格就是商品价值的非科学的理论有重大区别。由于社会必要劳动决定商品价值是动态的,不容易定量计算,所以,对于商品价值定量问题的研究也成为发展马克思劳动价值论的重要内容之一。

三、《资本论》体系的科学性

马克思多次谈到他的政治经济学研究是科学的研究。比如,在《资本论》第一卷第一版序言中,马克思说:"万事开头难,每门科学都是如此。所以本书第一章,特别是分析商品的部分,是最难理解的。"[1]在法文版序言和跋中说:"在科学上没有平坦的大道,只有不畏劳苦沿着陡峭山路攀登的人,才有希望达到光辉的顶点。"[2]恩格斯在谈到《资本论》的原理时,也多次提到它是科学。比如,在《资本论》第一卷英文版序言中,谈到了《资本论》中有很多新术语时说:"一门科学提出的每一种新见解都包含这门科学的术语的革命。"[3]

(一)科学概念的含义

"科学"一词,在拉丁文中是"知识"的意思,其他文种中的科学一词也多是从拉丁文中衍生出来的,所以也多具有"知识"之意。中国原没有"科学"这个词,1893年,康有为翻译日本著作时首先使用了"科学"一词。

对于科学的定义,人们长期争论不休。笔者对科学的定义是:科学是人们通过实践对

[1]中共中央马克思恩格斯列宁斯大林著作编译局译:《资本论》第一卷,北京:人民出版社,2004年,第7页。
[2]中共中央马克思恩格斯列宁斯大林著作编译局译:《资本论》第一卷,北京:人民出版社,2004年,第24页。
[3]中共中央马克思恩格斯列宁斯大林著作编译局译:《资本论》第一卷,北京:人民出版社,2004第,第32页。

自然和社会的存在、结构、数量、相互关系和发展规律的正确认识的知识理论体系。其含义有三：一是科学是人的认识，是客观见之于主观的东西，不是凭主观想象的，是通过人的实践活动产生的。二是科学是一种知识理论体系。这种知识理论体系是对人的实践活动的经验总结，是由无数代人经过传承所形成的。如果只有零乱的正确认识的材料，就形不成现代的系统的科学学科。三是这种知识体系是正确的，不正确的认识，不是科学。

随着科学的发展，科学在社会生产、生活中越来越重要，科学活动日益广泛，科学实验成为人们认识世界的重要方法。人对自然或社会的存在、结构、数量、相互关系和发展规律的认识方法与手段各种各样，有的能够达到认识的目的，有的不能达到认识的目的。在认识过程中，人们认识的基础是他人或前人的认识，以往的或前人的认识就是知识。知识有的正确，有的不正确；有的系统化了，有的没有系统化。正确的但未系统化的认识，将构成科学的材料。有了正确的系统化了的认识，形成为一种独特的理论，则构成科学。不正确的认识，将会被抛弃。所以，知识不等于科学，有些知识也不一定是科学的产物。知识正确与否，需要经过实践检验。现在，人们把科学实验当作检验认识正确与否的重要手段。科学实验的手段也有一个正确与否的问题。实验手段与结果有联系，但不是结果本身。实验的结果证明认识是正确的，那么这种认识就是科学，否则就是非科学。现代的科学发展越来越依赖于实验设备和手段、方法，科学越来越成为人们生产实践和社会活动的指导，对人们认识世界和改造世界起越来越大的作用，所以，英国科学家贝尔纳把科学概念与科学活动联系在一起来描述，认为科学不能用定义来诠释，只能从不同的侧面去理解和认识。虽然他的说法有一定道理，但科学活动最后必然产生一种结果，如果结果和理论都是正确的，这种活动的结果和理论就是科学，因而科学也应该可以被定义。如果一种科学发现的方法被实践证实是正确的，并且是作为一种知识被传承之后，这种方法本身也就成为了科学。

认识、知识、实验、实践方法的关系，可以从科学发展史中得到解释。远古人像其他动物一样，只是适应自然。在适应自然的过程中，人们会发现一些自然现象对人们的生产和生活有利，例如山林之火烤熟了动物，人们吃了这种烤熟的动物肉，感到味道鲜美且易于消化吸收，对人的健康有利，于是，他们有意识地保存火种以烧烤食物，用火烧烤食物的认识经过实践检验是正确的，并经过一代代人的传承，成为科学材料。与之相关的，比如如何保存火种，首先也是一种认识，其次才是运用，最后形成一种方法，这种对保存火种的认识也就成为科学材料。保存火种的方法，是科学在实践中运用的结果，人们往往把保存火种的方法也视为科学。后来，与火相关的知识越来越多，比如人们发现摩擦可以生火。人们在摩擦生火的时候，会思考为什么摩擦会生出火来，用什么东西可以在最短的时间内摩擦出火来，这样，取火的方法就扩展了。对于摩擦生火的认识，是科学材料，对于如何用摩擦的办法生火,是科学在实践中的运用。如果人们把摩擦生火的认识和方法同时用文字传给后人,这种认识和方法又成为一种知识,它们共同构成为一种认识。于是,与火相关的关于保存火种的方法、取火的方法、火的用途等等材料被串联起来,系统化了,成为取火、用火的科学。

目前世界上有4000多个科学学科,都是人们根据某一系统的正确认识的知识形成的。因此,科学的第一要义乃是人们对自然和社会客观存在的正确认识,这种客观见之于主观的东西是在生产、生活实践中产生和发展的。由于人的生命是有限的,而自然和社会的存在是无限的,以有限的生命认识无限的客观,当然有片面性、局限性、未知性和不必然性。但是,人有其他动物所没有的特点,使人的正确认识、技巧、实验方法等一代一代传下去,使相互关联的部分形成一种体系,有人总结出了这一体系的独特理论,这一体系也便形成为系统的科学学科。从零散的科学认识材料到系统的科学知识体系形成,是人们对科学认识深化的结果,这种结果并不否定科学是人对客观存在正确认识的知识体系的实质。自然和社会发展无止境,人对自然和社会的认识也无止境,科学知识体系也就不断地扩大并向纵深发展。

（二）人与其他动物的不同

人与其他动物有很大不同:一是人会使用自己制造的工具劳动,其他动物则没有这种本领。再聪明的猩猩,即使会把床单结为吊床,但它们绝对不会把棉花纺成线再织成布、把蚕茧抽成丝再织成锦。二是人不仅会劳动,还会进行抽象思维,会把抽象思维的成果用各种办法传给后代。前人通过抽象思维所获得的认识成果,通过口授、图画、文字等方法传给后人。自从有了文字,人类的抽象思维成果的传播就像长了翅膀,使人类的科学知识飞速积累。其他动物不会创造文字、图画,也就不可能把抽象的知识加以积累并传给它们的后代。三是人不仅会抽象思维,不仅会把抽象思维的成果传给他人、后人,他人和后人还会依据别人与前人的抽象思维成果进行推理、演绎,得到新的抽象思维成果,会把从实践经验和具体事物中得来的抽象具体还原为现实具体,其他动物都没有这种本事。比如,人们根据前人种植水稻的经验——这种经验可以是口传的,也可以是记载的——就可以种出相对高产的水稻。人们还可以根据再实践的经验,总结出水稻高产的规律,改进种植方法,使水稻的产量不断提高。再比如,人们会根据他人的抽象思维所设计的机器图纸,造出实体机器。

科学就是人们不断地从具体实践中,依靠抽象思维,进行经验总结,形成理论,经过又一次具体实践,又依靠抽象思维,总结经验教训,形成更高一级的理论,又经过具体实践,再现更高层级的理论的反复过程中发展的。

（三）科学论证

从实践中总结,再进行实践和再总结的科学理论,必须经过论证。

首先,论证需要提出一个论点。这种论点可能是经过实际观察到的,比如,老虎是食肉动物。虽然人们用实验的方法检验对自然的认识是否正确很高明,但实验室检验要求人力物力的支持,于是,人们对某些现象的新认识,便先以假说的形式提出。假说是有根据的猜测,无根据的猜测是胡说。假说正确与否,是需要论证的。论证的根据,是已经被实践检验过了的前人的正确认识体系。由于社会科学研究对象的特殊性,目前尚无法把社会科学放进实验室检验。但为保证社会科学的正确性,必须对社会发展的可能性进行论证,以减少社会动荡和损失。

其次,论证要遵循一定的规则。比如,要符合逻辑。逻辑的本意是思维的规律,论证要符合思维规律。比如,三段论的形式逻辑是这样推论的:

老虎会吃人,

因为这种动物是老虎,

所以这种动物会吃人。

在这里,"老虎会吃人"是人们在日常生活中通过观察而得出的结论,是作为公理出现的,公理不需要论证。但是,人们运用这种思维,要确定公理的正确性。

再次,论证要有论据,并要使用各种论证的方法。一般情况下,人们常常用事实列举来作为论据,归纳或演绎出与论点相同的结论来。在论证中,还引用权威人士的话以增加论点的可信度。比如,空想社会主义者列举了诸如资本家延长工作时间、使用并虐待童工、工人的工作条件很差、生活无着落等实际情况,以说明资本主义制度不合理,需要改变,并设想了不同于资本主义制度的社会主义。但事物的现象太复杂,仅仅使用列举和归纳不一定能够得到科学的结论。马克思在使用唯物主义辩证法来分析社会现象时,运用了包括历史、归纳、抽象、综合、形式逻辑、辩证逻辑、数理逻辑、演绎等多种方法,揭破了资本家剥削工人阶级的秘密,论证了资本主义制度不合理的根源,揭示了人类社会的发展前途为什么是社会主义,社会主义怎样才能实现。人是理性思维的动物,只要揭露出事物的本质,人们就会相信,就会有依据地行动,人们的目的最终就会实现。

最后,得出与假说相一致的结论。因为任何科学都是可被别人验证和被社会使用的,所以,经过论证的假说,通过实践检验是正确的,就是科学,不能被他人验证的和不能被社会使用的是非科学,明知是非科学还要把它当作真科学来欺骗人,是科学骗子,这种非科学便成为伪科学。任何经济学说都如其他科学一样,如果不能在实践中被检验是正确的,就不是经济科学。同样,如果马克思主义经济学原理不能在实践中应用,不能正确指导实践,也不是科学。

论证的水平,取决于论证者的指导思想、对前人知识的掌握程度、对事实的细致观察程度、广泛联系的思考能力、历史知识和思维逻辑、语言表达能力等因素。

不论属于什么阶级,只要他的学说符合客观实际,就是科学学说。由于人的认识的局限性,所以,在科学的学说中,也可能有不科学的成分,在非科学的学说中,也可能有正确的成分。科学史表明,化学与炼丹术密切相关。从炼丹的目的性上来说,炼丹者是想找到长生不老之药,这是不科学的。但各种物质在炼丹炉中起化学反应,得到了新的化学物质,新的化学物质有新的实际生产生活用途,这是科学发现。在资产阶级经济学中,符合客观的部分是科学成分,不顾客观事实仅仅为资本主义辩护的部分是非科学成分。马克思在《资本论》第一卷第 2 版跋中曾说:"资产阶级在法国和英国夺得了政权。从那时起,阶级斗争在实践方面和理论方面采取了日益鲜明的和带有威胁性的形式。它敲响了科学的资产阶级经济学的丧钟。"[1]不要认为马克思的这段话是说经济科学有资产阶级和无产阶级之分。马克思在这里是历史地客观地评价在资产阶级经济学家的经济学著作中,虽然整体是为资产阶级制度辩护的——所以才称之为"资产阶级经济学",但其中尚有某些科学的发现,马克思为肯定资产阶级经济学说中的科学成分,才称之为"科学的资产阶级经济学"。马克思称那些只为资本主义制度辩护而无科学成分的经济学说为庸俗政治经济学。

马克思是一个严谨的科学家,他虽然提出了历史唯物主义原理,但还只是一种假说,或者说是一种猜想,他必须要对这种假说进行论证,《资本论》就是他对历史唯物主义的论证体系,马克思的论证是符合科学论证原则的。列宁说:"自从《资本论》问世以来,唯物主义历史观已经不是假设,而是科学地证明了的原理。"[2]

(四)《资本论》的问题指向与经济科学的"元问题"

人们需要研究的,多是自己在实际工作生活中遇到的问题。有的是自己想要解决的,有的是国家、组织、单位或别人交予的。解决带有广泛性、社会性的大问题,涉及的方面多,需要形成专著。解决的问题涉及的范围小,多会形成一篇或多篇论文。《资本论》是一部涉及很多方面和内容的专著,它的问题指向是资本主义的生产方式,它要解决的是资本主义生产什么,怎样生产,与这种生产方式相适应的各种关系,在这种制度下人们的生活方式以及资本主义的前途。

凡是一门科学,都必然有一个"元问题",也就是最基本的或者说核心的问题。比如,数学最基本的问题是不同事物的计量,它的"元问题"就是 1+1,其他的一切运算都是以此为基础发展起来的;物理学最基本的问题是各种事物的运动,它的"元问题"是力;化学最基本的问题是各种物质的构成,它的"元问题"是元素;生物学最基本的问题是有生命的物质存在,它的"元问题"是细胞;天文学最基本的问题是天体的物质存在状况,它的"元

[1]中共中央马克思恩格斯列宁斯大林著作编译局译:《资本论》第一卷,北京:人民出版社,2004 年,第 17 页。
[2]《列宁选集》第一卷,第 3 版修订版,北京:人民出版社,2012 年,第 10 页。

问题"是星球。随着一门科学体系的建立，人们对"元问题"的研究进一步深化，又提出相对于高层次"元问题"的次一级的"元问题"。比如，物理学建立之后，人们对力的研究进一步深化，发现了引力、电磁力、弱力和强力，又由力与物质质量的关系，发现了微观粒子，此时，微观粒子又成为物理学的更深层次的"元问题"，对这些不同层级的"元问题"的研究所形成的理论和实践，构成为不同层级的科学学科。

围绕解决不同层级的"元问题"，人们会提出各种各样的解决办法。由于这些办法在实施前还没有受到实践的检验，所以，它们还多是假说。由于受到个人经验、社会环境、历史条件等因素的影响，人们提出的各种假说可能是空想的、幻想的、猜想的、断想的等等。人们对假说进行论证时，也多是围绕"元问题"进行的。任何一门科学学科都是围绕着解决这门学科的"元问题"诞生的，其道路是曲折的，并不都是一帆风顺的。

热力学是研究物质热现象和热运动规律的学科。热力学成为一门科学学科，是随着解决热力学的"元问题"，即"热是什么"的问题而建立起来的。不是说人们发现了火，又发现了取火和保存火的方法，发现了火的更多用途，等等，热力学就成为一门科学。到了18世纪，人类对热的使用范围不可谓不广，关于热的材料不可谓不多，但人们普遍相信热质说，即认为热是一种可以发热的物质产生的。到了19世纪初蒸汽机普遍采用时，人们还是相信热质说。1841年德国青年医生迈尔经过长期思考写出论文——《论热的量和质的测定》，提出了热不是由热质产生，而是由运动转化的观点。然而，现实打击了他，杂志不发表他的文章，认为他的这种想法是无稽之谈。1842年，他的第二篇论文《论无机界的力》发表在另外一个刊物上，他初步计算出了热功当量的值，但他受到了权威人士的嘲笑，说他荒唐。他因受不了这样的打击，加之孩子的夭亡而精神失常。与他同时代的焦耳，也与他有同样的遭遇。1843年，焦耳完成了热功当量的测定，但权威们都不相信他。后来他得到了法拉第的支持，他的观点才逐渐被认可。迈尔也随着焦耳被认可而被社会所认可。经过一批科学家的艰难探索，热力学理论不断完善。终于，热力学第一定律被确定。热力学第一定律说明了外界对系统所传递的热量，一部分使系统的内能增加，一部分用于系统对外所做的功，热是能量转化的，在转化中能量是守恒的。热质说被否定。英国的律师格罗夫于1846年出版了《物理力之间的相互关系》一书，论述了能量守恒一般规律。这样，科学的热力学才诞生了。恩格斯在写作《反杜林论》和《自然辩证法》时，对迈尔赞誉有加，并第一次使用了能量转化的概念，指出了能量转化和守恒定律的深刻意义。

政治经济学研究的是物质生产和生活资料的生产与交换以及人们之间的关系，它的"元问题"是价值。然而，对于价值是什么的问题，人们探讨了几千年也没有解决。正如马克思所说："以货币形式为完成形态的价值形式，是极无内容和极其简单的。然而，两千多年来人类智慧对这种形式进行探讨的努力,并未得到什么结果,而对更有内容和更复杂的形式的分析,却至少已接近于成功。为什么会这样呢?因为已经发育的身体比身体的细胞容易研究些。"[1]经济学家们虽然对价值是什么的问题没有探讨出什么结果,但在如何利用价值方面却取得了不少成就。马克思所指的"成功"就是关于劳动创造价值,用时间计量价值,价值规律,事物的价值量与劳动生产率的关系,等等。因为价值是经济学的细胞,如果价值是什么的问题不解决,经济学的研究也深入不下去。马克思在解剖商品概念的过程中,发现了价值是什么。马克思为使政治经济学成为一门真正的科学,为纠正以往政治经济学的错误进行了不懈努力。由于政治经济学是一门历史的科学,马克思一时难以创立广义的适合于一切时代的政治经济学,于是他在资产阶级经济学家已有成就的基础上,创立了关于资本主义的政治经济学,并提出了他的历史唯物主义假说并进行了论证。

(五)《资本论》的研究方法

《资本论》是一个伟大的思想宝库,它所体现的辩证唯物主义和历史唯物主义是马克思对人类的巨大贡献,它所体现的批判性、革命性、实事求是、历史与现实、思维与客观、认识与实践相统一的世界观和方法论,需要我们结合实际认真思索才能体会其真谛。以下谈谈《资本论》的具体方法。

马克思在《资本论》中采用的具体方法,既有一般科研工作者常用的方法,比如归纳与综合、形式逻辑、数理逻辑、实证与规范、推理与演绎等,也有他独创的特殊的方法,比如历史与现实逻辑、辩证逻辑、解剖抽象具体等。

1.《资本论》研究的一般方法。马克思在《资本论》中,使用了科研工作常用的方法。

(1)分析、归纳与综合。这是科研工作者的基本功。怎样才能做好分析、归纳与综合?马克思说:"研究必须充分地占有材料,分析它的各种发展形式,探寻这些形式的内在联系。只有这项工作完成之后,现实的运动才能适当地叙述出来。"[2]

要研究政治经济学,就需要全面搜集政治经济学领域研究的最新观点和成果。任何一门科学都是经过无数代人的继承性接力研究形成的,所以,搜集材料是论证的极其重要的一环。马克思写作《资本论》,不仅阅读了大量资产阶级经济学家的著作,而且作了摘录,在摘录的同时进行了评价。马克思对威廉·配第的评价很高,说他关于物质财富源泉的看法,"不像在他的同代人霍布斯那里一样多少是无结果的,而是使他达到了政治算术——这是政治经济学作为一门独立科学分离出来的最初形式"[3]。据统计,仅马克思

---

[1]中共中央马克思恩格斯列宁斯大林著作编译局译:《资本论》第一卷,北京:人民出版社,2004年,第7-8页。
[2]中共中央马克思恩格斯列宁斯大林著作编译局译:《资本论》第一卷,北京:人民出版社,2004年,第21-22页。
[3]《马克思恩格斯全集》第31卷,第2版,北京:人民出版社,1998年,第446-447页。

遗留的《剩余价值理论》文稿摘引的非无产阶级作家的著作就达90多种。[1]

《资本论》的研究，就是马克思在详细占有材料和分析材料的基础上，以辩证唯物主义观点分析了封建制度的生产和交换，弄清了资本主义产生的渊源，并在详细考察了资本主义生产和交换以后，结合现实的阶级生存状况，分析了社会的阶级斗争，把繁芜复杂的社会现象与生产力联系起来，进行了归纳，终于发现了社会发展规律是由生产力的发展引起的。1847年，马克思在批判蒲鲁东《哲学的贫困》时，说过如下一段话："经济学家蒲鲁东先生非常明白，人们是在一定的生产关系中制造呢绒、麻布和丝织品的。但是他不明白，这些一定的社会关系同麻布、亚麻等一样，也是人们生产出来的。社会关系和生产力紧密相连。随着新生产力的获得，人们改变自己的生产方式，随着生产方式即谋生的方式的改变，人们也就会改变自己的一切社会关系。手工磨产生的是封建主的社会，蒸汽磨产生的是工业资本家的社会。"[2]"人们按照自己的物质生产率建立相应的社会关系，正是这些人又按照自己的社会关系创造了相应的原理、观念和范畴。"[3]"所以，这些观念、范畴也同它们所表现的关系一样，不是永恒的。它们是历史的、暂时的产物。"[4]蒲鲁东认为，现实关系只是人的头脑中原理、观念、范畴的显现，通俗地说，现实的关系都是人先想干什么而真的干了什么而产生的，人的"干"是由"想"的原因引起的。而马克思认为，人们按照自己的物质生产的发展建立起相应的社会关系，又按照相应的社会关系产生了相应的原理、观念和范畴。比如，起初，人们为了自己穿衣，自己种棉花、弹棉花、纺棉花、纺线、织布、缝衣；此后有人专门做衣服出售，开了裁缝店，店主招了人，进行了生产分工，有人专门种棉花，有人专门弹棉花，有人专门纺棉花，有人专门织布，有人专门做衣，生产效率提高；再后来采用机器生产，分工的范围就扩大了，不但有种棉花到制衣的各种分工，而且有制造机器的分工参加进来，有人炼铁，有人锻造，有人装配机器。这样，制衣的生产规模扩大，分工规模随之扩大，人们的生产关系随之发生改变，人们的观念也随之发生变化。因而说，生产力的发展，决定了社会的生产方式，改变了人们的生活，人们为了适应这些新的生产和生活方式，改变了自己的社会关系。生产方式、社会关系形成一种社会形态。这就是马克思说的手推磨产生的是封建主为首的社会，蒸汽磨产生的是工业资本家为首的社会的意思。人们在新的社会制度中，又会产生与新的社会形态相适应的观念。封建制度产生的是专制、独尊、挥霍无度的观念；资本主义制度产生的是自由、私利、剥削有理的观念；在人民当家作主、生产资料公有、按劳分配的社会主义制度中，产生的是公益、平等、

---

[1]刘涤源、谭崇台主编：《当代西方经济学说》，武汉：武汉大学出版社，1983年，第1页。

[2]《马克思恩格斯选集》第一卷，第3版，北京：人民出版社，2012年，第222页。

[3]《马克思恩格斯选集》第一卷，第3版，北京：人民出版社，2012年，第222页。

[4]《马克思恩格斯选集》第一卷，第3版，北京：人民出版社，2012年，第222页。

民主、自由、劳动至上的观念。

（2）比较、抽象与概括。只要有两种以上事物的存在，都可进行比较。由于一种事物有多个方面，而进行比较的又多是一个方面或数个方面，所以，比较往往会不全面。但是，比较又是一个较为直观的、基本的方法，人们的很多初始想法，往往都是从比较中得来的。比如，如果没有两极分化，没有资本家的花天酒地和工人阶级食不果腹的对比，也就没有同情劳动人民的空想社会主义的诞生。如果没有空想社会主义实验被社会的愚昧所扼杀，没有工人阶级斗争被资产阶级政府血腥镇压，也不会有马克思研究资本主义生产方式的成果——《资本论》——的诞生。但是，如果看问题的哲学观点不正确，立场不正确，用事物的一个方面代替整个事物，比较出的结果可能与现实大相径庭，甚至南辕北辙。比如，有人只看到了现代主要发达资本主义国家的某一个方面比我们好，就认为社会主义不如资本主义。殊不知发达资本主义国家发展了几百年，靠战争掠夺的财富是个天文数字，在资本主义的车轮下，不知有多少无辜百姓被轧得血肉横飞，资本家的每一片面包上都抹满了发展中国家人民的肉酱；而社会主义在一穷二白的基础上才发展了几十年，而且还是在资本主义经济封锁的情况下发展的，指责社会主义不如资本主义的人，没有看到资本主义的经济危机对世界造成的危害，也没有看到绝大多数不发达的资本主义国家比社会主义国家的发展要慢得多。所以，这种比较是不全面的、不科学的。马克思虽然研究的是资本主义生产方式以及与之相适应的各种关系，但资本主义是在封建社会的基础上产生的，所以，马克思把封建社会与资本主义作了比较，认为资本主义比封建社会的生产力要先进得多，是一个更高形态的社会。比资本主义更高级的社会又是什么？这是需要更加深入的研究才能解答的问题。因而，为抓住事物的本质，在作了简单比较后，就要运用抽象的方法，使研究进一步深入下去。

抽象的方法是人们常用的认识事物的方法。随后在分析马克思抽象具体方法时，再对抽象作进一步的论述。

如果人们对自己的认识加以总结，形成结论，就是概括。概括是把通过比较、分析、归纳、综合的抽象认识，用一句简练的话或一个词语表达出来。概念往往是人们表达对某个事物认识结果的高度概括。如果人们对自己的认识进行概括并进行论证，就成为理论。不过，因为人们对事物本质的认识不相同，所以，就形成了各种各样的理论，甚至是完全对立的理论。因此，在认识事物时，要运用各种方法综合认识。在进行概括时，要反复进行再思考，以免误入歧途。

马克思研究人类社会，抓住的是生产力这个促进人类社会发展的根本性因素。在生产力这个概念中，又特别突出了劳动工具这个要素。马克思研究资本主义社会，从资本主义商品堆积这个表象入手，抓住了资本如何增殖这个关键，以价值是什么为核心，一步步地解析资本主义制度,发现了资本主义发展的规律。

2.《资本论》研究使用的特殊方法。马克思在《资本论》法文版序言和跋中说:"我所使用的分析方法至今还没有人在经济问题上运用过,这就使前几章读起来相当困难。"[1]马克思使用的方法是什么呢? 在1857年写的经济学手稿中,马克思曾对这种方法作过说明:"从实在和具体开始,从现实的前提开始,因而,例如在经济学上从作为全部社会生产行为的基础和主体的人口开始,似乎是正确的。但是,更仔细地考察起来,这是错误的。例如,抛开构成人口的阶级,人口就是一个抽象概念。如果我不知道这些阶级所依据的因素,如雇佣劳动、资本等等,阶级又是一句空话。而这些因素是以交换、分工、价格等等为前提的。比如资本,如果没有雇佣劳动、价值、货币、价格等等,它就什么也不是。因此,如果我从人口着手,那么,这就是关于整体的一个混沌的表象,并且通过更切近的规定我就会在分析中达到越来越简单的概念;从表象中的具体达到越来越稀薄的抽象,直到我达到一些最简单的规定。于是行程又得从那里回过头来,直到我最后又回到人口,但是这回人口已不是关于整体的一个混沌的表象,而是一个具有许多规定和关系的丰富的总体了。"[2]马克思所说的"混沌的表象"和"表象中的具体"应该就是抽象具体。在这里,马克思采用的是解剖抽象具体和再合成抽象具体的方法。

(1)抽象具体。抽象具体是人们以抽象概念把握客观事物整体的一种方法。抽象是人通过整体印象或通过对事物整体联系的分析提取若干属性和方面从而把握事物的方法。抽象有如下几种情况:一是整体的类印象。这是一种整体印象,即马克思所说的"混沌的表象",是一种直观抽象。人们用类概念表达的感性具体,就由直观抽象所形成。比如,人们之所以能够分得清楚牛、马、羊,就是运用了直观抽象的方法。二是从许多事物中,提取其共同的属性或方面。比如数字就是关于事物数量的抽象。不论大人与小孩,只要他会计算$1+1=2$,他就是在运用抽象的方法。三是人们在作了简单的直观抽象之后,如果还需要进一步研究问题,就需作更深层次的抽象。这时,需要撇开事物的很多方面,把事物本质的方面抽取出来,把反映不同事物的属性或方面以逻辑形式描述下来,就形成自己独特的认识。四是通过分析,把不同的属性和方面合成为一个整体,便形成为理性具体。以类概念形式把握的感性具体与以多种属性和方面合成的理性具体以及可用现实具体代表的抽象便是抽象具体。

黑格尔论述过"抽象"和"具体"。黑格尔认为抽象是一种割裂,具体是内在联系,抽象与具体相对立。"具体"由不同的共性抽象所组成,是不同规定的统一。比如,花是由形状、颜色等联系成的一个整体,而气味、颜色都是抽象。根据我们对抽象问题的再研究,

---

[1]中共中央马克思恩格斯列宁斯大林著作编译局译:《资本论》第一卷,北京:人民出版社,2004年,第24页。
[2]《马克思恩格斯全集》第30卷,第2版,北京:人民出版社,1995年,第41页。

大概黑格尔的"具体"包括了现实具体、感性具体和理性具体。我们所说的抽象具体,则不包括现实具体。笔者在1999年出版的《过程论》中说过:"现实具体包含着许多矛盾,每时每刻都在变化。抽象具体基础于现实具体,当然也包含着现实具体的一切矛盾和差异。但它已经不是现实具体,是现实具体过去的记忆,因而它将依人脑的状况而变化。"

抽象具体经常被大众所使用。比如,水果就是一个抽象具体。乍一听,"水果"很具体,但是,它却是一个有很多内容的抽象。如果我让你买水果,你听后可能认为没问题;但是,真到了市场上,你可能会犯嘀咕,不知道我是让你买桃子还是买杏子,抑或是其他。因此,水果是人们以抽象的方法把握不同的可被食用的果实的类概念,是有专指对象的。马克思认为,在研究政治经济学时,一般情况下人们往往习惯于从实际具体入手搜集、整理资料,从实际具体上升到抽象概念,再以抽象概念进行演绎,总结出带有规律性的共性来。用这种方法研究政治经济学却是不正确的。因为人们在研究政治经济学的时候,首先接触的不是实际具体,而是抽象的概念,这些抽象的概念是前人从实际具体抽出的,对于后人来说,这一个个看似具体的抽象概念却是整体的、混沌的、综合的、表象的,很多因素是未知的,包含有非常丰富的内容。马克思说:"具体之所以具体,因为它是许多规定的综合,因而是多样性的统一。因此它在思维中表现为综合的过程,表现为结果,而不是表现为起点,虽然它是现实的起点,因而也是直观和表象的起点。"[1]马克思列举了"人口""阶级""资本"三个概念的例子来说明抽象具体。"资本"这个概念看似很具体,但它是一个多样性的综合体,不仅与雇佣劳动有关联,而且与价值、货币、价格有关联。在马克思解析资本概念之前,人们往往把资本看作是一个已知的整体,不知道资本这个概念是混沌的整体抽象,不理解资本概念中包含的雇佣劳动、价值、价格、货币等内容,所以就不能正确理解资本。

(2)解剖抽象具体。既然抽象具体中包含着非常丰富的内容,那么,要研究经济学中的某些深层次问题,就应该解剖经济学中的一个个看似具体的抽象概念。马克思在1867年《资本论》第一卷第一版序言中说:"分析经济形式,既不能用显微镜,也不能用化学试剂。二者都必须用抽象力来代替。而对资产阶级社会来说,劳动产品的商品形式,或者商品的价值形式,就是经济的细胞形式。在浅薄的人看来,分析这种形式好像是斤斤于一些琐事。这的确是琐事,但这是显微解剖学所要做的那种琐事。"[2]为把握资本问题的实质,马克思对抽象具体进行了解剖,在《资本论》研究中,他把这种方法运用到了极致。他确定了自己的研究对象是资本主义的生产方式,又设定了自己的研究内容和范围,接着便选择从"商品"这个抽象的概念下刀进行解剖。在一般情况下,人们往往把"商品"这个概

---

[1]《马克思恩格斯全集》第30卷,第2版,北京:人民出版社,1995年,第42页。

[2]中共中央马克思恩格斯列宁斯大林著作编译局译:《资本论》第一卷,北京:人民出版社,2004年,第8页。

念当成已知的东西。一般人所知道的,是商品的如下特性:从物质存在状态看,凡是为交换而生产的劳动产品,如电视机、锅、炉、灶具、衣服等等,都包括在"商品"概念中;从功能看,商品都有使用价值,在使用中可以产生功效,人们购买商品,就是为了获得其功效;从获得的途径看,凡是商品都具有交换价值,可以在量上进行比较。而马克思要研究的,除了商品以上看得见摸得着的特性外,是蕴含在"商品"这个抽象概念中的如下因素:商品在市场上的交换价值所表达的价值的本质是什么? 价值与使用价值为什么统一于商品中? 商品的等价形式是如何表现的? 商品的价值与劳动量是什么关系? 价值量在生产中是怎样变化的? 对这些问题的追问,便是解剖抽象具体。

在马克思之前,很多经济学家对价值、资本、劳动、工资等进行了研究,他们的研究成果有的正确,有的错误。为什么他们的研究没有深入下去,就是因为没有解剖商品中所包含的因素。为了得到正确的结论,马克思一步步地解剖"商品"这个抽象概念所包含的内容。终于,马克思发现了商品中不仅包含有使用价值和价值二因素,而且有与二因素相对应的劳动的二重性,即具体劳动形成商品的使用价值,抽象劳动形成商品的价值。庞大的《资本论》演绎体系即以此为基础展开。

马克思的这种研究方法说起来容易做起来难。因为认识感性具体就很困难,人们常常被它的表象所迷惑,不可能一下子认识清楚。认识理性具体更难,理性具体是经过一代代人的抽象完成的,属于抽象具体的一种。人对事物的抽象,有的正确,有的错误,因而对它的分析五花八门。但是,尽管困难重重,我们还是需要采用马克思主义的方法,分析这些理性具体,以便理顺理性具体包含的各种关系,这也是解剖抽象具体。在运用这种方法时,需要注意以下几点:一是要明白人们对事物的抽象是分层次的。二是要在继承前人抽象的基础上进行分析,要以新的观点和视觉,分析哪些是正确的,哪些是不正确的,正确的要予以吸收,不正确的要引以为戒。在这方面马克思是我们的楷模。马克思是在借鉴、参考了众多经济学家的观点,肯定了他们的正确见解,批评了他们的不正确看法之后,演绎他的《资本论》体系的。三是虽然解剖的是抽象具体,但要避免用静止的、形而上学的观点看问题,要运用唯物主义辩证法,分析它的一切方面、趋向、联系、差别、内部的斗争与发展等等。如果不能以运动着的观点看问题,就会得不到正确的认识。事物的运动是绝对的,静止是相对的。比如,今天的一元钱与昨天的一元钱不一样,今天的资本主义与昨天的资本主义不一样,今天的社会主义与昨天的社会主义也不一样。如果分析"人"这个抽象具体,必须要联系现实世界的人的阶级性,有的人压迫别人,有的人受别人压迫,有人过着天堂般的生活,有人过着地狱般的生活。但是,人的阶级性也在变化,可能有人处于劳动者阶级阵营,但已经蜕化变归于剥削阶级阵营,有的人虽处于非劳动者阵营,但已经跨进了劳动者阶级的营垒。

（3）抽象具体再合成。如果把抽象概念所蕴含的内容弄清楚了，再运用普遍联系的观点，就可以进行抽象具体的再合成。再合成的抽象具体，是内容已经被认识的理性具体，它已不再是混沌的了。比如，马克思通过对资本的解剖，认识到了资本是一种增殖了的价值，是含有剩余价值的价值，是资本家剥削工人阶级的产物，它不产生于流通领域，只产生于生产领域，并且与生产资料所有制有密切的关系。马克思解剖抽象具体又再合成新的抽象具体的方法，是认识一切混沌概念的非常重要的方法。

马克思通过对商品概念的分析，不但使人们对商品有了全新的认识，也使人们对与商品有关联的资本、私有制、工资、价格、阶级等概念有了较为清晰的认识。马克思说："抽象的规定在思维行程中导致具体的再现。"[1]但是，我们不能把用这种方法再现的具体，当作实际具体本身发生、发展的过程。马克思说："从抽象上升到具体的方法，只是思维用来掌握具体、把它当作一个精神上的具体再现出来的方式。但绝不是具体本身的产生过程。"[2]采用这种方法的好处是，这种被还原的具体，带有一般性，是带有普遍性的具体。正如马克思所说："它就不再只是在特殊形式上才能加以思考了。"[3]这种再现的理性具体对我们的实践活动有指导作用，是辩证唯物主义能动性的鲜活体现。

马克思的方法在科学研究中之所以重要，是因为人类的知识是代代传承的，后人从前人那里接受的抽象的概念不仅是混沌的，而且有的还不是单一的，是由多个抽象具体来表达的。例如，"力"这种抽象具体，原来只是指人们对人手产生的一种能够推动小车、提起重物使之发生位移的现象的抽象，后来一切能够起与人手相同的作用和效果的物体对物体的作用都被抽象为力。物理学家们对"力"这个抽象具体进行解剖，发现了力的三要素，即方向、大小和作用点。力可分为静力和动力。继续解剖力，又发现了静力的平衡力系及力的内效应、外效应；力的作用与反作用、力的合成平行四边形法则……人们用"牛顿"来表示力的大小，这也是用一种抽象具体表达另一种抽象具体。1 牛顿＝1 千克·米/秒²。"牛"是一种抽象具体，距离单位"米"、重量单位"千克"和时间单位"秒"也都是抽象具体。再比如，"功"这个概念是抽象具体，而表达"功"的单位的"焦耳"也是一种抽象具体，"焦耳"是用"牛"和"米"来表达的，1 焦耳＝1 牛·米。"牛""米"也都是抽象具体。所以，要研究使用概念表达的抽象具体，就需要解剖这种抽象具体。研究者只有在解剖分析抽象整体中所包含的各种因素之后，经过整理，才能理清构成抽象具体各因素之间的关系，才能有更深入的发现。当一门科学运用了解剖抽象具体——分析抽象具体——弄清抽象具体的内部联系——再合成新的抽象具体的时候，就表明研究者对这门科学的认识

[1]《马克思恩格斯全集》第30卷,第2版,北京:人民出版社,1995年,第42页。
[2]《马克思恩格斯全集》第30卷,第2版,北京:人民出版社,1995年,第42页。
[3]《马克思恩格斯全集》第30卷,第2版,北京:人民出版社,1995年,第45页。

达到了一个新高度。

由于抽象具体看不到摸不着,所以,人们往往在弄不清某个抽象具体实质的情况下而要使用它时,会用一个现实具体来代表它。比如,人们虽然弄不清价值是什么,却用贝壳、金银、钞票等实物来代表它。笔者在《过程论》对这种方法进行了阐述,称之为"抽象具体辩证法",即本书中的"抽象具体实代法"。

(4)抽象平均化。在《资本论》中,马克思还使用了抽象平均化的方法。抽象平均化就是在以抽象的方式把握客观存在的情况下,再把抽象当作现实具体予以数量平均。任何一门科学,如果要研究带有普遍性、一般性的问题,研究就会具有高度的抽象性。如果希望研究所得出的结论具有普遍适用性,就必须采用它们抽象的平均样本。在《资本论》研究中,虽然马克思对抽象平均化的方法应用广泛,有的是动态平均化,有的是静态平均化,但却没有引起人们的普遍关注。

劳动力的社会抽象平均化。马克思说:"体现在商品世界全部价值中的社会的全部劳动力,在这里是当作一个同一的人类劳动力,虽然它是由无数单个劳动力构成的。每一个这种单个劳动力,同别一个劳动力一样,都是同一的人类劳动力,只要它具有社会平均劳动力的性质,起着这种社会平均劳动力的作用,从而在商品的生产上只使用平均必要劳动时间或社会必要劳动时间。"[1]有的资产阶级经济学家对马克思的劳动力平均化的方法不理解,说马克思关于劳动的同质性是不正确的,比如男人的劳动与女人的劳动不是同质的。他们不知道,不管是男人还是女人,只要劳动,都会付出能量,而能量是同质的、同一的,所以,人们的劳动不可能是不同质的。

商品价值量的动态抽象平均化。马克思把单个商品"当作该种商品的平均样品。因此,含有等量劳动或能在同样劳动时间内生产出来的商品,具有同样的价值量"[2]。马克思认为,社会必要劳动时间决定商品的价值量,"社会必要劳动时间是在现有的社会正常的生产条件下,在社会平均的劳动熟练程度和劳动强度下制造某种使用价值所需要的劳动时间"[3]。商品的价值,在动态抽象平均化中确定。有不少经济学家认为,马克思以这种方法确定商品的价值,从理论上说得通,但在实际生活中,商品的价值不可捉摸。如果从理论上说得通,就说明这个理论是正确的。如果实际上难以计量,则说明在这方面还有发展空间。对于这个问题,本书将在后面予以探讨。

马克思关于平均利润率和平均利润的理论,是采用动态平均化和静态平均化的方法确定的。等量资本追求等量利润,是资本的内在要求。但是,在马克思之前的经济学家都

[1]中共中央马克思恩格斯列宁斯大林著作编译局译:《资本论》第一卷,北京:人民出版社,2004年,第52页。

[2]中共中央马克思恩格斯列宁斯大林著作编译局译:《资本论》第一卷,北京:人民出版社,2004年,第52-53页。

[3]中共中央马克思恩格斯列宁斯大林著作编译局译:《资本论》第一卷,北京:人民出版社,2004年,第52页。

没能解决这个问题,马克思用平均利润率和平均利润的方法解决了这个难题。在不同的技术和生产条件下生产的商品,具有不同的价值。但是,在社会上出售时,它们的价值都必须化为社会平均价值才能实现,化为社会平均价值的过程是动态的。平均利润只有在一次生产过程结束后作为静态的结果,才能被计算出来。马克思说:"一般利润率的实际变化,在不是例外地由异常的经济事件引起的时候,总是由一系列延续很长时期的波动所造成的、很晚才出现的结果,这些波动需要经过许多时间才能巩固为和平均化为一般利润率的一个变化。"[1]我国有经济学家计算了静态价值转形的正确性,也有经济学家计算了动态价值转形的正确性,对捍卫马克思主义劳动价值论作出了贡献。这与经济学家们对马克思抽象平均化方法的认识逐步深入有很大关系。

价值规律以价值的动态抽象平均化为基础发挥作用。商品在市场上交换时按相同的价值量进行,是为等价交换,也被称为价值规律,或价值法则。有经济学家认为,千规律,万规律,价值规律是经济学第一规律。

同样的商品由于生产条件不同,其价值不同,成本也不同。但在平均利润形成后,成本加平均利润,形成生产价格。由于供求关系,商品的市场价格会上下波动。有经济学家疑问,如果经济学中真有价值规律存在,商品的价格应该稳定才对,之所以出现这种情况,是由于价值规律并不存在,是一种虚构。其实,价值规律在价格中起总量平均化的作用。这种平均化,是一种动态平均化。马克思说:"事实上价值规律所影响的不是个别商品或物品,而总是各个特殊的因分工而互相独立的社会生产领域的总产品;因此,不仅在每个商品上只使用必要的劳动时间,而且在社会总劳动时间中,也只把必要的比例量使用在不同类的商品上。这是因为条件仍然是使用价值。但是,如果说个别商品的使用价值取决于该商品是否满足一种需要,那么,社会产品量的使用价值就取决于这个量是否符合社会对每种特殊产品的量上一定的需要,从而劳动是否根据这种量上一定的社会需要按比例地分配在不同的生产领域。(我们在论述资本在不同的生产领域的分配时,必须考虑到这一点。)在这里,社会需要,即社会规模的使用价值,对于社会总劳动时间分别用在各个特殊生产领域的份额来说,是有决定意义的。"[2]正因为如此,社会必要劳动时间才有了另一种意义。马克思原来规定,社会必要劳动时间是在社会平均条件下创造一种商品的时间,而在这里,马克思又从价值总量分配方面说明社会必要劳动时间的规定。社会需要的是使用价值,商品生产者生产的必须是有用的产品,如果超过了社会需要,多余的产品价值就不能实现。现在国家的宏观调控,就是依据价值规律、供求关系来调节生产总量的。过去我们把一切生产、生活所需物品全部计划化,是对价值规律理解不深的缘故。中国共

---

[1]中共中央马克思恩格斯列宁斯大林著作编译局译:《资本论》第三卷,北京:人民出版社,2004年,第186页。

[2]中共中央马克思恩格斯列宁斯大林著作编译局译:《资本论》第三卷,北京:人民出版社,2004年,第716页。

产党运用马克思主义基本原理,正确地处理计划与市场的关系,极有创造性地建立了社会主义市场经济体制。邓小平同志认为,计划和市场都是经济手段。江泽民同志解释说,在市场经济前加"社会主义"几个字,不是画蛇添足,而是画龙点睛。我们不能照抄照搬西方资本主义市场经济模式,而应总结我们搞计划经济的经验教训和借鉴西方国家搞市场经济的有益经验完善我国的经济体制。习近平总书记说,政府和市场的关系是我国经济体制改革的核心问题。"使市场在资源配置中起决定性作用、更好发挥政府作用,既是一个重大理论命题,又是一个重大实践命题。科学认识这一命题,准确把握其内涵,对全面深化改革、推动社会主义市场经济健康有序发展具有重大意义。在市场作用和政府作用的问题上,要讲辩证法、两点论,'看不见的手'和'看得见的手'都要用好,努力形成市场作用和政府作用有机统一、相互补充、相互协调、相互促进的格局,推动经济社会持续健康发展。"[1]在社会主义与资本主义并存的阶段,人类的社会生产仍是商品生产,它需要价值规律这只看不见的手的调节,也需要政府这只看得见的手的调节,更需要党总揽全局、协调各方的领导核心作用。这也是价值规律的内在要求。我们不能把马克思主义教条化,也不能宣扬新自由主义经济学说,陷入非此即彼的两极对立思维中,只相信价值规律的自发性,不相信人利用规律的自觉能动性。

价值规律是以动态抽象平均化的要求在商品生产中通过竞争发挥作用,其表现形式是价格围绕价值上下波动,表现为价格与价值之间的量的不一致,或者价格偏离价值量。对于这种情况,马克思说:"……规则只能作为没有规则性的盲目起作用的平均数规律来为自己开辟道路。"[2]恩格斯说得更为明白:"第一,商品的价格与商品价值的不断偏离是一个必要的条件,只有在这个条件下并且只有由于这个条件,商品价值才能存在。只有通过竞争的波动从而通过商品价格的波动,商品生产的价值规律才能实现,社会必要劳动时间决定商品价值这一点才能成为现实。"[3]

商品的市场供求变化、市场价值、社会生产价格也以抽象平均化为基础。供需平衡是一种抽象平均化。市场上的供需平衡,只是一种动态的、偶然的短暂存在,而非常态。马克思说:"供求实际上从来不会一致;如果它们达到一致,那也只是偶然现象,所以在科学上等于零,可以看作没有发生过的事情。可是,在政治经济学上必须假定供求是一致的。为什么呢? 这是为了对各种现象在它们的合乎规律的、符合它们的概念的形态上来进行考察,也就是说,撇开由供求变动引起的假象来进行考察。"[4]因为虽然在任何一个场合供求都是不一致的,如果朝一个方向的偏离,会引起另一个方向相反的偏离,所以在一个

[1]《习近平谈治国理政》第一卷,北京:外文出版社,2014 年,第 116 页。
[2]中共中央马克思恩格斯列宁斯大林著作编译局译:《资本论》第一卷,北京:人民出版社,2004 年,第 123 页。
[3]《马克思恩格斯文集》第 4 卷,第 1 版,北京:人民出版社,2009 年,第 209 页。
[4]中共中央马克思恩格斯列宁斯大林著作编译局译:《资本论》第三卷,北京:人民出版社,2004 年,第 211 页。

或长或短的时期的整体来看,供求总是相互一致。马克思说:"然而这种一致只是作为过去的变动的平均,并且只是作为它们的矛盾的不断运动的结果。由此,各种同市场价值相偏离的市场价格,按平均数来看,就会平均化为市场价值,因为这种和市场价值的偏离会作为正负数相互抵消。"[1]供求关系的抽象平均化,既有理论意义又有实际意义。马克思说:"这个平均数绝不是只有理论意义,而且对资本来说还有实际意义,因为投资要把或长或短的一定时期内的变动和平均化计算在内。"[2]商品的市场价值,是由同部门生产的商品价值平均后形成的,不同部门商品的社会生产价格,是在资本的平均有机构成条件下生产的,是由商品的市场价值形成的,这些都是抽象平均化。马克思说:"生产价格不是由每个从事生产的工业家的个别成本价格决定的,而是由整个生产部门的资本在平均条件下生产这种商品平均耗费的成本价格决定的。这实际上是市场生产价格,是和它的各种波动相区别的平均市场价格。商品价值的性质——即价值不是由某个生产者个人生产一定量商品或某个商品所必要的劳动时间决定,而是由社会必要的劳动时间,由当时社会平均生产条件下生产市场上这种商品的社会必需总量所必要的劳动时间决定,——正是通过市场价值的形式,进一步说,正是通过起调节作用的市场价格或市场生产价格的形式而表现出来。"[3]也就是说,商品价值的变化,调节供求比例。马克思的这个理论,纠正了价格由供求决定、价格又决定供求,需求决定供给、供给又决定需求等错误观念。如果商品物美价廉,则消费需求旺盛,为社会成员提供物美价廉的商品,是社会主义在一定阶段内的生产目的。我们不能用人为的行政手段保护低效率企业,保护落后的生产,但也不能使生产过剩。

简单劳动和复杂劳动是一个动态平均化等比联动的概念。马克思指出,简单劳动是每个人的机体平均具有的简单劳动力的耗费,比较复杂的劳动是自乘的或者说是多倍的简单劳动,少量的复杂劳动等于多量的简单劳动。一个复杂的劳动产品的价值如果与简单劳动的产品的价值相等,它本身只表示一定量的简单劳动。可见,马克思所说的简单劳动,只是每个人的体力的付出,没有技术含量。但是,对于每个人来说,每天、每小时、每分钟付出的劳动量的大小都不等,所以,马克思所说的简单劳动,是社会人在全社会付出的劳动量平均化了的劳动。复杂劳动有一定的技术含量,但每个人的技能不同,所以,复杂劳动也是一种社会平均化的劳动,二者都是抽象平均化的概念。简单劳动与复杂劳动是相对的,它们之间是抽象的动态等比关系。区别简单劳动和复杂劳动,一要根据社会平均生产状况确定,二要根据价值量确定,三要在社会生产的动态中确定。简单劳动和复杂劳

[1]中共中央马克思恩格斯列宁斯大林著作编译局译:《资本论》第三卷,北京:人民出版社,2004年,第211-212页。
[2]中共中央马克思恩格斯列宁斯大林著作编译局译:《资本论》第三卷,北京:人民出版社,2004年,第212页。
[3]中共中央马克思恩格斯列宁斯大林著作编译局译:《资本论》第三卷,北京:人民出版社,2004年,第721-722页。

动理论的现实意义是,不能单纯依劳动方式、劳动岗位来区别简单劳动和复杂劳动。尸位素餐者的劳动不仅可能不创造价值,而且还可能创造负价值。

马克思运用他的独特的抽象平均化研究方法,在前人的基础上,把劳动价值论推向一个新高度。我们发展马克思主义劳动价值论,需要运用抽象力,运用抽象具体辩证法和抽象具体实代法,运用马克思动态或静态抽象平均化的方法,研究解决关于价值的一些问题。

(六)《资本论》的逻辑

人们常常说,某篇文章的逻辑性强,某篇文章的逻辑混乱。逻辑性强说服力就强,逻辑性差说服力就差。所以,逻辑问题是文章和著作必须注重的问题之一。针对马克思的《资本论》,资产阶级经济学家曾心有余悸地说:"驳倒价值理论是反对马克思的人的唯一任务,因为如果同意这个公理,那就必须承认马克思以最严密的逻辑所作出的差不多全部的结论。"[1]马克思的《资本论》的逻辑是独树一帜的。

1. 关于逻辑。人们对"逻辑"这个词都不陌生,但多是从"理"即规律上去理解和运用。比如,对于帝国主义的"侵略有理论",人们往往称之为"强盗逻辑";对于指鹿为马,往往称之为"荒唐的逻辑"。逻辑是什么?"逻辑"是希腊文的音译,原意是思想和理智,是研究思维、论证和推理的学问,是关于思维规律和形式及认识方法的科学,因而逻辑学是哲学的一个分枝。原来的许多自然科学也都包括在哲学中。但是,随着自然科学的相继独立,哲学也就仅仅剩下思维规律、形式和方法了。恩格斯在《社会主义从空想到科学的发展》一文中说:"一旦对每一门科学都提出要求,要它们弄清它们自己在事物以及关于事物的知识的总联系中的地位,关于总联系的任何特殊科学就是多余的了。于是,在以往的全部哲学中仍然独立存在的,就只有关于思维及其规律的学说——形式逻辑和辩证法。其他一切都归到自然和历史的实证科学中了。"[2]我们在一些学术著作中,看到很多关于逻辑的概念,比如形式逻辑、辩证逻辑、演绎逻辑、归纳逻辑、数理逻辑、规范逻辑等等,但根据思维规律的要求看,可以把各种逻辑划分为基础逻辑(即形式逻辑)和高级逻辑(即辩证逻辑)两部分,这两部分密不可分。概念、判断和推理是思维的三个基本形式,思维的内容是客观存在的主观反映,各部分客观存在的联系方式是思维的结构,相对于思维内容来说,思维结构是形式,按照一定的思维规律表达思维内容的形式,便是初级的逻辑——形式逻辑。很多种类的逻辑比如演绎逻辑、归纳逻辑都可以归结于形式逻辑。人们说话,写文章,都要经过思维,都在程度不同地运用着形式逻辑。那些大作家、哲学家、政治家、科学家,都是在熟练地运用形式逻辑的基础上较好地运用辩证逻辑和其他逻辑形式的人。

[1]《马克思恩格斯全集》第21卷,第2版,北京:人民出版社,2003年,第453页。
[2]《马克思恩格斯全集》第25卷,第2版,北京:人民出版社,2001年,第392页。

逻辑的依据是客观存在,是历史的客观存在和现实的客观存在。由于人脑也是一种客观存在,所以客观存在的规律性决定了思维的规律性。找到了客观事物规律性并用恰当的语言表达出来,文章、著作就有了很强的逻辑性。如果找不到客观事物的规律性而瞎说一通,文章和著作的逻辑就会混乱。只有较强的逻辑性的文章和著作才有较强的说服力。与其他人文学科一样,逻辑学中充满了唯心主义和唯物主义的斗争。唯心主义逻辑观认为,思维可以独立存在,可以不依靠现实而自生逻辑。例如,先验主义大师康德就认为,人所具有的逻辑思维是先天的,与经验和外界无关。黑格尔批判了康德的形而上学和形式主义的逻辑,创建了唯心主义辩证逻辑。他用思维与存在的同一性原则代替了康德的逻辑与自然的分离,但他的逻辑基础仍是唯心主义的。他认为,概念、思维和观念决定外在物质世界,是物质世界产生的基础。马克思主义逻辑观认为,思维的形式和规律是客观存在的反映,人类的认识,在于正确地反映客观事物和事物的联系及秩序,把握客观规律,为人类有意识的实践提供行动依据。马克思创建了唯物主义辩证逻辑。

逻辑是一门如数学一样高度抽象的科学,也是一门需要人们重视学习和发展的科学,所以,从马克思的《资本论》中学习逻辑方法,对于我们认识自然、认识社会历史、认识社会现状都有很重要的意义。

2.《资本论》遵从历史逻辑和现实逻辑。广义的历史是指人们对自然界和人类社会的发展过程中已经发生过的事实按时间顺序的记载。如果人们按事物的不同类别记录事实,就会形成不同种类的历史。狭义的历史仅指人类社会发展过程中发生过的事件按时间顺序的记录。自然的客观和对客观的认识形成自然科学,这是一个历史过程。社会的客观和对社会的认识形成社会科学,这也是一个历史过程。不论自然的历史还是社会的历史过程,都有其自身的发展规律,发现并描述这个过程的规律,便是遵从了历史逻辑。

无论是自然科学还是社会科学,每一事件的发生,都有其必然性。有些偶然发生的事件,也蕴含着必然。必然性就是历史的内在联系和规律性。人们对事物的发生进行记录的目的,是要找出事物的内在联系和规律,以使后人借鉴。但是,如何找出它们的规律性、必然性、内在联系,是非常艰难的,需要遵循思维规律即逻辑,认识分析这些材料。

真正的科学认识就是人对自然界和人类社会历史产生、发展、消亡过程的正确反映,是历史和逻辑的统一。因此,遵从历史逻辑,从繁芜纷杂的历史中抛弃具体多样性的细节和排除偶然性,揭示出历史的规律,是科学研究的基本方法之一。恩格斯在《卡尔·马克思〈政治经济学批判〉》第一分册的评论中说得明白:"历史从哪里开始,思想进程也应当从哪里开始,而思想进程的进一步发展不过是历史过程在抽象的、理论上前后一贯的形式上的反映;这种反映是经过修正的,然而是按照现实的历史过程本身的规律修正的,这时,每一个要素可以在它完全成熟而具有典型性的发展点上加以考察。"[1]

任何历史都是现实的沉淀,所以,遵从历史逻辑也必然遵从现实逻辑。现实逻辑就是事物当前状况的规律在人的头脑中的反映。不过,由于人的头脑是物质的,与当前的现实环境相互影响,因而可能会因为环境或利益使认识偏离现实的逻辑。如果现实沉淀为历史,后人对历史经过分析、归纳,得出的结论较好地反映了事物的规律,这种认识也就有了较强的逻辑性。任何认识都是为实践活动提供行动依据的,因而有较强逻辑性的文章和著作就具有了现实性。

马克思的《资本论》既遵从历史逻辑分析历史材料,也遵从现实逻辑分析现实材料。不仅从人类社会重复交换的历史分析价值形式,从封建社会的小农生产,到工场手工业的生产,再到机器生产,分析资本主义的产生过程,从封建社会自给自足的生产,到为资本家创造剩余价值的生产,分析资本主义商品生产的特点,而且从现实的统计资料,分析资本主义生产的趋势,从资本主义的趋势,分析资本主义的现实矛盾和解决矛盾的过程及前途。这种在历史逻辑和现实逻辑统一的基础上对历史材料和现实材料分析所得出的结论,无疑对于劳动者在整个资本主义时代的行动都具有指导意义。

3.《资本论》对形式逻辑的运用。虽然形式逻辑是逻辑的初级形式,是在撇开事物的相互联系和发展变化过程,在把事物看作是静止状态的情况下对事物进行认识的,有其局限性;但形式逻辑自亚里士多德创立至今,经过两千多年的使用和发展,已经成为人们进行论证的不可或缺的思维工具。思维规律目前来说有四个:一是同一律。它要求各个概念的含义是同一的、同义的,不允许在前后的论述中有歧义。二是不矛盾律。它要求在论述中不能前后矛盾。但是,运用这个规律需要区别议论中的矛盾和实际生活中的矛盾。不允许在论述中自相矛盾,不等于你所论述的实际事物也不能有矛盾。比如,我们说一个人是好人,那么,你就必须列举分析他之所以为好人的事实;但是,这并不表明,他在实际生活中没有做过错事、说过错话。三是排中律。它要求在两个互相矛盾的判断中,有一个是真实的,必有一个是虚假的,没有第三者;但是,不能由此而产生两极对立的思维定式。四是充足理由律。它要求思想连贯,推论的理由充足。对很多现实问题的认识,都依靠这个规律来进行推论。比如,社会主义是人民当家作主的社会,其理由就是人民不仅是社会权力的拥有者,而且也是社会财富的创造者,其推论就是,在社会主义社会,人民当家作主的体现是不但掌握政权,而且掌握经济权,表现为政治与经济的平等。

马克思在《资本论》中,遵循形式逻辑的规定,不仅如"价值""资本"等概念的含义前后一致,一以贯之,而且推论也是严密的。有资产阶级经济学家攻击马克思《资本论》的

---

[1]《马克思恩格斯选集》第二卷,第3版,北京:人民出版社,2012年,第14页。

逻辑,比如杜林就攻击马克思关于个人所有制是一个让人难以理解的"混沌世界",这是因为他不知道马克思既使用了形式逻辑,还创新了辩证逻辑。庞巴维克认为马克思在《资本论》中犯了混淆类概念的错误,与使用价值相对应的,应该是使用价值一般,而不应该是价值,这是他对价值不了解的缘故。实际上,劳动有抽象劳动与具体劳动,价值有一般价值和使用价值,一般价值可以简称为价值,价值就是使用价值一般。庞巴维克还认为,《资本论》第一卷和第三卷有矛盾,这是他对马克思研究的范围不了解,不知道马克思研究的是一次性生产过程。资产阶级经济学家们攻击马克思《资本论》的逻辑,也有可能是因为他们的阶级本性使然,他们不愿意承认马克思的理论是科学。

4.《资本论》的辩证逻辑。因为辩证法的规律也是思维的规律,所以,辩证逻辑就是以辩证法的观点认识事物的思维方式。辩证逻辑与形式逻辑不同。形式逻辑是逻辑的初级形式,辩证逻辑是逻辑的高级形式;形式逻辑是把事物看作静止状态时对事物的认识,而辩证逻辑是随事物的运动和发展对事物进行认识;形式逻辑是抽去了事物一切联系时对事物的认识,辩证逻辑是对相互联系着的事物的认识;形式逻辑对事物的认识是片面的,辩证逻辑对事物的认识是辩证的。唯心主义辩证逻辑是黑格尔的杰作,唯物主义辩证逻辑是马克思的伟大贡献。唯物主义的辩证逻辑与唯心主义辩证逻辑的主要不同,是唯物主义辩证逻辑依客观存在认识事物,它既包含概念的相互联系、相互转化,也包含着实践。马克思依据唯物主义的辩证逻辑,既对资本主义发展生产力的功绩予以肯定,又指出了资本主义被更高的社会形态所代替的必然趋势。恩格斯说:"马克思对于政治经济学的批判就是以这个方法做基础的,这个方法的制定,在我们看来是一个其意义不亚于唯物主义基本观点的成果。"[1]

马克思写作《资本论》的目的,以他的话说:"本书的最终目的就是揭示现代社会的经济运动规律。"[2]马克思在《资本论》研究中,以客观事实为依据,在充分占有材料的基础上,用辩证的观点分析资本主义生产方式,客观地分析了资本主义社会基本矛盾,客观地分析了资产阶级与无产阶级产生的原因,客观地分析了资本主义社会的阶级矛盾,最终发现了社会发展的规律。他的研究,处处充满了唯物主义辩证法。对立统一规律、质量互变规律、否定之否定规律,在《资本论》中被运用得娴熟而且符合实际。比如,马克思肯定了资本主义在一百多年的时间里创造出了比以往社会更高的生产力,在肯定中包含否定,否定了资本主义剥削的合理性;在否定中又包含肯定,随着生产力的发展和资产阶级与无产阶级相互斗争,必然会使人类社会上升到一个更高形式的阶段,那就是消除了剥削,实行了生产资料公有的社会主义。社会主义不是人的理想和观念创造的,而是社会发展的必

---

[1]《马克思恩格斯选集》第二卷,第3版,北京:人民出版社,2012年,第13页。
[2]中共中央马克思恩格斯列宁斯大林著作编译局译:《资本论》第一卷,北京:人民出版社,2004年,第10页。

然结果。马克思说:"问题本身并不在于资本主义生产的自然规律所引起的社会对抗的发展程度的高低。问题在于这些规律本身,在于这些以铁的必然性发生作用并且正在实现的趋势。"[1]

(七)《资本论》的演绎

庞大的《资本论》详细占有材料,不仅使用了一般研究方法和创新的方法,运用了一般逻辑和辩证逻辑对材料进行比较、分析、归纳、综合,而且较好地运用了一般演绎和数理演绎,使得出的结论更可靠、更可信。

1.《资本论》的一般演绎。归纳和演绎是初级逻辑的两个大类,是科学研究的基本方法。归纳是从众多的事实中概括性地得出一般的方法,演绎是从一般原理推出个别结论的方法,二者是既有区别又相互联系着的方法。有的学者如培根(1561—1626年)强调经验和归纳,强调自然科学的实验方法的重要性,因而马克思恩格斯说:"英国唯物主义和整个现代实验科学的真正始祖是培根。"[2]但是培根忽视演绎,认为演绎受归纳制约。有的学者如笛卡尔(1596—1650年)则只承认演绎。他认为感觉会欺骗我们,而理性知识最可靠,比如几何学就是从明明白白的几个公理推演出来的,所以,应当从简单明了的思想观念推出各门科学学科来。虽然笛卡尔认为物质世界是一种客观存在,在这方面他是唯物主义的,但他的认识论却是唯心主义的。针对这两种方法的对立,恩格斯说:"归纳和演绎,正如分析和综合一样,必然是相互联系的。不应当牺牲一个而把另一个片面地捧到天上去,应当设法把每一个都用到该用的地方,但是只有认清它们是相互关联、相辅相成的,才能做到这一点。"[3]

演绎推理极其复杂。有的学者把错误的假象当成前提,其演绎推理的结论当然也是错的。西方非科学的价值理论,多是从表象出发定义价值的,虽然有自己的推论理由,但由于前提错误,其演绎的结论也是错误的。比如,效用价值论者认为商品的价值由效用决定,效用又由主观判断决定。由于主观判断的价值随人的想法不同而不同,所以价值也就没有了标准。之所以出现这种情况,是由于研究者直接把众多的现象当成了公理,而忘记了探索表象背后本质的使命。由于他们是依现存的现象演绎推理的,因而得出资本主义永存的结论也就不足为奇了。马克思则从众多的商品的交换现象,归纳出不同商品之所以可以相互交换,是由于不同的商品具有某种同一性,在找出了不同商品的同一性是抽象劳动之后,又以此为基点,进一步分析资本主义为什么要以商品生产为基础。马克思认为,这是人类生产力发展的一般结果。随着人类一般生产力的不断发展,社会主义成为必

---

[1]中共中央马克思恩格斯列宁斯大林著作编译局译:《资本论》第一卷,北京:人民出版社,2004年,第8页。
[2]《马克思恩格斯文集》第1卷,第1版,北京:人民出版社,2009年,第331页。
[3]《马克思恩格斯选集》第三卷,第3版,北京:人民出版社,2012年,第930页。

然。这个结论,合乎一般演绎规律,无懈可击。

2.《资本论》的数理演绎和数量演算。数理演绎是演绎逻辑中的一个特别类型,是按照数理逻辑进行的推理和演算。数理逻辑或称符号逻辑,它的创始人是莱布尼茨(1646—1716 年)。数理逻辑是用数学的方法研究关于推理证明等问题的一门科学学科。在社会科学研究中采用数理逻辑进行演绎并进行数量演算,不仅进行定性分析,而且采用定量分析,会使论证过程和结论更具说服力。马克思也曾认为:"一种科学只有成功运用数学时,才算达到了完善的地步。"[1]这是因为,现实世界的客观事物,不仅有质的区别,也有量的界限,因而具有质和量的事物,都可以用数理逻辑予以推演,予以定性和定量。正如马克思在说明他的历史唯物主义时所说,生产的经济条件方面的变革,可以用自然科学的精确性来说明。马克思在分析资本主义生产时,广泛地采用了数理演绎和数学演算。比如,对绝对和相对剩余价值率和剩余价值量、平均利润率和平均利润量、超额利润、成本价格、生产价格、资本主义地租等,都采用了数理演绎和精准的数量演算与计量。在计量了剩余价值转化为平均利润被社会资本均分之后,马克思说:"我们在这里得到了一个像数学一样精确的证明:为什么资本家在他们的竞争中表现出彼此都是假兄弟,但面对整个工人阶级却结成真正的共济会团体。"[2]马克思运用数理逻辑演绎和数量演算,使他的学说更具有逻辑性、科学性和说服力。

在经济研究中最早大量运用数学方法进行演绎的是德国的经济学家屠能(1783—1850 年),他用微积分和数学公式表达经济范畴。之后,法国的安东尼·奥古斯特·古尔诺(1801—1877 年)使用函数表达市场关系。德国的戈森(1810—1858 年)用数学方程和二维图形说明人们的享乐法则。在边际效用学派兴起后,由边际学派发展的一个分支就是数理学派。这个学派是在边际效用论的创始人门格尔的抽象演绎法的运用中产生的。门格尔的抽象演绎法与马克思的抽象法和抽象具体、抽象具体解剖、抽象具体平均化不同。马克思的方法是以客观存在为依据,而门格尔的方法则以心理活动为依据;马克思的方法以社会的相互联系的人的活动为研究对象,而门格尔的方法则以孤立的个人为研究对象。因为数理逻辑是符号的,虽然逻辑性很强,但因为它可以脱离实际进行演绎,因而它可以是唯心主义的。事实上,数理学派的代表人物杰文斯(1835—1882 年)、瓦尔拉斯(1834—1910 年)等人都是以人的心理满足、快乐与痛苦等来设定商品效用的,并以此为基础使用数学的方程式来进行推理。这种离开了事物多样性、联系性、系统性、客观性的主观的抽象的片面的纯数理论证,其结论可能与事实相距甚远,因而,运用数理逻辑进行

---

[1]吴易风主编:《马克思主义经济学与西方经济学比较研究》第 3 卷,北京:中国人民大学出版社, 2009 年,第 1162 页。

[2]中共中央马克思恩格斯列宁斯大林著作编译局译:《资本论》第三卷,北京:人民出版社,2004 年,第 220 页。

演绎的要求甚高。比如,它要求论点必须正确,如果论点不正确,使用数学的方法进行论证就是玩弄数字。论点正确与否,要使用各种方法综合求得,然后再用数理方法检验。如果不使用综合的方法求得论点的正确,而只使用数学的方法,则可能陷入循环论证:论点正确不正确,需要论证——论证依靠的是数理逻辑——进行数理逻辑论证,又需要论点的正确。现在,经济学有日益数学化的趋势。由于现在的数学还不能囊括全部的世界存在,由于某些人类行为、关系还不能用数学表达,所以,若只追求经济学数学化,则可能使人们对经济问题的认识失之偏颇,也可能使经济学研究神秘化,对经济学的发展不利。正如恩格斯所说:"全部所谓纯数学都是研究抽象的,它的一切数量严格说来都是想象的数量,一切抽象推到极端都变成荒谬或走向自己的反面。数学的无限是从现实中借用的,尽管是不自觉地借用的,所以它只能从现实来说明,而不能从它自身、从数学的抽象来说明。"[1]

(八)《资本论》的实证与规范研究

现代经济学从经济分析的对象"是什么"和"应是什么"而区分为实证经济学和规范经济学。

"实证的"一词源于希腊文 positivus,原意是肯定、明确、确定,也就是确实发生的、实在的、有用的。实证主义创始人是法国的哲学家孔德(1798—1857 年),他曾为空想社会主义者圣西门的秘书,后来由于二人的意见不同,他离开了圣西门。虽然是圣西门首先提出了"实证的"一词,但孔德对"实证的"内涵予以了充分说明。孔德于 1824 年出版了《实证政治学》,1830—1842 年陆续出版了六卷本的《实证哲学教程》,1844 年出版了《论实证精神》。他在他的实证主义的基础上首先提出了"社会学"一词,被后人尊奉为近代社会学的创始人。他认为,"实证"一词具有的内涵是:真实的而非虚幻的;有用的而非无用的;肯定的而非犹豫的;精确的而非模糊的;肯定的而非否定的。因而,他认为,只有经验的现象和事实才是确实的,科学只是对经验的现象和事实的描写与记录,其他的都是不可知的,事物的本质超乎人的经验之外,不可能被认识。因为事物的本质不可知,所以科学就只问"是什么",而不问"为什么",因而实证分析法又称为经验分析法,其具体的方法有静态与动态分析、定性与定量分析、均衡与非均衡分析、总量与变量分析等。后来奥地利学者马赫(1838—1916 年)的经验批判论,美国学者皮尔士(1839—1914 年)的实用主义,英国学者穆尔(1873—1958 年)、罗素(1872—1970 年)的新实在论,奥地利学者石里克(1882—1936 年)的逻辑实证论,都是实证主义的变种。因为他们只相信经验,不相信人能把握事物的本质,所以,他们反对马克思的辩证唯物主义。现在有不少学者受他们的影响,以实证的方法借助数学研究经济问题。比如,有人试图用数学模式来证明马克思关于

---

[1]《马克思恩格斯选集》第三卷,第 3 版,北京:人民出版社,2012 年,第 983 页。

资本剥削雇佣劳动的理论不正确,从而否定人类社会发展的方向是社会主义和共产主义。

规范研究探讨的"应是什么"的问题。最早提出这个问题的是英国唯心主义哲学家休谟(1711—1776年)。休谟在1739—1740年所著的《人性论》中说:"我一向注意到,作者在一个时期中是照平常的推理方式进行的……可是突然之间,我却大吃一惊地发现,我所遇到的不再是命题中通常的'是'与'不是'等连系词,而是没有一个命题不是由一个'应该'或一个'不应该'联系起来的。这个变化虽是不知不觉的,却是有极其重大的关系的。因为这个'应该'或'不应该'既然表示一种新的关系或肯定,就必须加以论述和说明;同时对于这种似乎完全不可思议的事情,即这个新关系如何能由完全不同的另外一些关系推出来的,也应当举出理由加以说明。……我相信,这样一点点的注意就会推翻一切通俗的道德学体系。"[1]休谟这段话,说的是不能从"是什么"推断出"应是什么",要说明"应是什么",必须加以论证。20世纪70年代以后,经济学界以此区分经济学的实证性或规范性。实证经济学证明研究对象"是什么",这是一种事实判断。规范经济学证明研究对象"应是什么",这是一种价值判断。

马克思曾批判过实证主义,主要是因为实证主义以片面的、非联系的、非辩证的观点看问题,但不等于马克思不重视实证研究。《资本论》实际上既是实证的,又是规范的,更是辩证的、批判的和革命的。《资本论》从历史的发生发展角度揭示了资本主义"是什么",是一种动态的实证分析。资本主义生产是从封建社会中孕育的,是以价值为纽带的商品生产,是以生产资料私有制为基础的剥削剩余价值的生产,一方面是雇佣劳动,另一方面是资本家的生产。《资本论》之所以是实证的,还因为《资本论》是以大量资本主义的社会现象为研究材料的。马克思为《资本论》第一卷写的序言和跋中说得非常明白,他在研究中,不但尽量多地寻找历史材料和前人的经济学理论材料,还尽量多地增加现实的新材料和修订自己的原观点,增加新观点。从《资本论》第一卷的资本原始积累的章节中,我们可以看到马克思用实际材料所揭示的资本主义血淋淋的罪恶。马克思逝世后,恩格斯在《资本论》第一卷第三版序言中说:"马克思原想把第一卷原文大部分改写一下,把某些论点表达得更明确一些,把新的论点增添进去,把直到最近时期的历史材料和统计材料补充进去。由于他的病情和急于完成第二卷的定稿,他放弃了这一想法。"[2]

《资本论》又是规范的。马克思虽然着重于以事实为依据对搜集的材料进行整理、加工、综合、总结,但不可避免地要加进自己的价值判断。马克思在论证了资本主义生产方式的特征和本质之后,认为资本主义是一种不平等、不公平、不公正的制度,又论证了资本主义的基本矛盾必然要被克服、被解决。资本主义社会存在的明显的矛盾和弊端,不可能

---

[1]王晓林:《经济学:实证的抑或规范的?》,《经济学家》2003年第4期。

[2]中共中央马克思恩格斯列宁斯大林著作编译局译:《资本论》第一卷,北京:人民出版社,2004年,第28页。

永远存在下去。比如不断发作的经济危机,不断加深的两极分化。解决矛盾和消除弊端的过程,就是社会发展的过程。马克思指出了将来的社会"应是什么"。这个"应是"的社会,是经过论证的。所以,马克思所指出的社会主义,才被称为科学社会主义。

《资本论》的实证性和规范性突出地表现在,马克思用"实践"把客观存在与主观认识联系起来,以实践为媒介,以利益为核心,利用各种方法,从纷杂的现象中揭示本质,抓住要害,寻找规律,指出了人的思想认识和行动的意义。自然界和人类社会是由低级向高级发展的,是无止境的,人的认识也必然随着自然界和人类社会的发展由浅入深,永无止境。人要发挥主观能动性,不仅要认识事物的本质,而且要利用事物的规律,加速生产力的发展,从而改变自身的命运。这与资产阶级用静止的、机械的、没有现实依据的、假设的、单纯数理演绎的研究有天壤之别。正如有的经济学家指出的那样,现实生活中,单纯而彻底的"实证"或"规范"的经济学并不存在,经济学同时具有实证性和规范性。事实判断应通过事实检验或实验的方法辨别真伪,价值判断是一种对于对象的估价。实际上,即使是对"是什么"的判断,也离不开认识主体的价值判断。何况现在许多所谓实证的经济理论的论证前提都是假设的。王晓林教授说:"'理性经济人'假定,人是有理性且利己的,经济人的理性抉择是追求利润最大化;'自由市场'则假定,市场是自由的、充分的,充分竞争的市场能够实现从一个均衡到另一个均衡。从事实上看,第一假设忽视人所固有的非理性和同情心一面的存在及其在经济决策中的作用,第二假设所说的完全自由且充分竞争的市场则很难现实地存在。假设之为假设,关键在于它只是假定的而非'实是'的,基于大量经验事实的假设如此,遑论弗里德曼的虚构性假设?任何假设,无论它曾得到多少事实的确证,都不能确保它不会被证伪。因此,实证经济学的基本假设只有在特殊性的意义上才是实况陈述,在普遍性的意义上则只能是以实况陈述形式出现的意义陈述。"[1]现在越来越多的经济学家也如马克思一样,把两种方法结合在一起使用。

(九)《资本论》的结构与语言

结构与语言影响到学术论著或论文对读者的理解,是不可忽视的重要因素。

1.《资本论》的结构。一门科学,不仅要有一个问题指向,以"元问题"为核心,确定解决问题的要素,依这些要素构成一个严谨的框架,形成一条主线,而且在框架内还要进行网格的再划分,细致地思考解决问题的每一个细节,使之不脱离主线的方向,进行循序渐进的探索并依逻辑进行论述。理论体系的框架要层次分明。在解决理论问题时,往往都是由浅入深地层层递进的。有时候,大的方向性问题看似解决了,但细节问题不能解决,整个理论大厦就建立不起来,即使建立起来也会倒坍。比如,李嘉图尽管在很多重要问题

[1]王晓林:《经济学:实证的抑或规范的?》,《经济学家》2003年第4期。

上见解正确,但他没有弄清劳动和劳动力的区别,不能解决资本与劳动相交换与劳动决定价值这一规律无法相容的问题;他不知道剩余价值如何转化为平均利润率和平均利润,不能解决等量资本获得等量利润的问题。有的人抓住这些问题对他进行攻击,最终他的学派解体。

《资本论》研究的是资本主义生产方式,资本和雇佣劳动是《资本论》的核心问题指向。因此,研究资本如何增殖,雇佣劳动在资本增值中的地位和作用,就构成《资本论》的基本框架。资本的本源是价值,价值问题是《资本论》的元问题,马克思以价值是什么—商品的价值构成—商品的流通—价值生产—剩余价值的产生—资本的生成—资本主义的再生产和资本积累—平均利润—生产价格—商业价格—市场价格为主线,围绕主线划分网格,找出网格中的一个个理论元素,或者说网格中的一个个再低一级的元问题,予以合乎逻辑的解决。《资本论》第一卷关于商品价值的论述是马克思的理论大厦的基础,主要论述剩余价值的生产,即资本的生产过程;第二卷论述了资本的流通过程,主要是论述剩余价值的实现;第三卷论述了资本主义生产的总过程,通过对剩余价值如何转化为平均利润,资本怎样瓜分剩余价值,生产价格、商业价格和市场价格如何形成的分析,说明了剩余价值的分配。全书结构严谨,层次分明。

由于资产阶级经济学家不断地对马克思的市场价格理论进行攻击,马克思主义经济学家不能提出有说服力的理论予以反驳,有人担心马克思学派因此解体,所以,对马克思的《资本论》体系进行梳理,肯定它的科学性,发展它未涉及的领域,就显得十分重要和必要了。

2.《资本论》的语言。《资本论》的语言凝练、简洁、生动、明了。有的语言很形象,使人们产生深刻的印象。比如,马克思说:"……资本来到世间,从头到脚,每个毛孔都滴着血和肮脏的东西。"[1] 再比如,马克思形容资本家与劳动力出卖者在市场上自由交易后的情景:"原来的货币占有者作为资本家,昂首前行;劳动力占有者作为他的工人,尾随于后。一个笑容满面,雄心勃勃;一个战战兢兢,畏缩不前,像在市场上出卖了自己的皮一样,只有一个前途——让人家来鞣。"[2] 把资本家与工人的状态描写得活灵活现。

人们常常感到《资本论》难懂,这不是马克思的语言表述有问题,而是他研究的问题本身很抽象,不容易被人们理解。马克思在《资本论》第一卷第一版序言中说,分析商品的部分最难理解,其中对价值实体和价值量的分析,"我已经尽可能地做到通俗易懂"[3]。马克思对他的著作精益求精,不断地进行语言修改。他在第二版跋中曾说:"原文中局部的、往往只是修辞上的修改,用不着一一列举出来。这些修改全书各处都有。"[4]

---

[1]中共中央马克思恩格斯列宁斯大林著作编译局译:《资本论》第一卷,北京:人民出版社,2004年,第871页。
[2]中共中央马克思恩格斯列宁斯大林著作编译局译:《资本论》第一卷,北京:人民出版社,2004年,第205页。
[3]中共中央马克思恩格斯列宁斯大林著作编译局译:《资本论》第一卷,北京:人民出版社,2004年,第7页。
[4]中共中央马克思恩格斯列宁斯大林著作编译局译:《资本论》第一卷,北京:人民出版社,2004年,第14页。

(十)《资本论》原理的实践检验

科学的理论应当接受实践的检验,《资本论》也不例外。马克思关于资本一般的理论至今仍然没有过时。马克思对资本本质的揭露,不仅符合资本主义的历史,也符合资本主义的现实。资本主义的剥削,使货币这种人们进行商品交换的一般等价物增殖,成为资本。马克思对商品的流通、资本的产生、资本主义的生产和再生产、资本的增殖、资本主义商业、资本主义市场等等的研究不但精深,而且透彻,不仅符合马克思所处的自由资本主义时期,而且也符合现代资本主义社会。一是现代资本主义国家对世界人民的剥削仍然是依靠军事掠夺自然资源,依靠到廉价劳动力的地区办工厂以获得更多的剩余价值。他们为了销售过剩的产品和军火获取利益,不惜制造别国的动乱,或直接发动战争,以武力推翻别国的合法政权,以扶持代理人开辟世界市场。他们为了自身的利益,不惜制造世界性的难民潮,与资本主义刚刚兴起时的血腥罪恶别无二致。现在西方不少国家的大学,把《资本论》作为学生必修课之一,也说明了《资本论》对解剖现代资本主义的适用性。二是资本主义利用国家手段,对本国工人的剥削虽然有所减轻,但他们利用货币的价值工具特性,利用本国货币的特殊地位,操纵汇率,利用货币贬值升值,进行国际性的剥削。三是不少发展中国家的不少企业还是依靠延长劳动者的劳动时间,拖欠劳动者的工资,减少劳动者的福利发财。这些,都与马克思所揭示的资本的本性相符。四是无人工厂的出现,这是财富充分涌流的序曲,也是劳动者得到彻底解放的前兆。但是,在资本主义制度下,它反而成为资本家加速敛财的工具。

马克思关于经济危机的理论仍然不断被事实所证明。马克思认为,资本主义经济危机是生产相对过剩,这个理论已经被《资本论》诞生后的150多年的历史事实所证明。据统计,从1788年英国发生第一次经济危机到现在,资本主义已经发生了22次较大的经济危机。2008年美国发生的次贷金融危机,对世界经济的负面影响巨大。

马克思所说的资本主义生产力的发展必然使贸易成为世界性,形成世界市场,已为科学技术的迅猛发展和进步使世界联为一体的经济全球化所证实。随着资本的集中、劳动的协作形式日益发展和规模不断扩大、科学日益被自觉地运用于技术方面、土地日益被有计划地利用,"各国人民日益被卷入世界市场网,从而资本主义制度日益具有国际的性质"[1]。如果不加提示说明这是马克思在150多年前出版的《资本论》第一卷中所揭示的,人们可能会认为这是当代人对现代情况的描述。

马克思关于资本主义私有制是产生两极分化不公正不公平的根源的论述,也被事实所证明。马克思通过《资本论》揭示,社会财富虽然是广大劳动群众创造的,但在资本主

---

[1]中共中央马克思恩格斯列宁斯大林著作编译局译:《资本论》第一卷,北京:人民出版社,2004年,第874页。

义私有制条件下,随着生产力的发展,会产生两极分化,一极是资本的积累,导致财富的高度集中;另一极是劳动群众的相对贫困。《人民日报》刊文指出:1975—2015 年,美国收入最低的 20%底层家庭总收入占全部家庭总收入的比重从 4.3%降为 3.1%,收入最高的 20%富裕家庭总收入占比则从 43.6%上升至 51.1%。瑞士银行研究所发布的统计数字显示,英国最富有的 10%的人口拥有全国总财富的 54%,而占人口总数 20%的底层人口仅拥有全国总财富的 0.8%,可见社会财富分配极度不均,社会分化日益严重。引发 2008 年美国金融危机的"精英"没有受到损失,普通民众 2007 年到 2010 年净资产则缩水近 40%,回到 1992 年的水平;2015 年中产阶级人口占总人口的比重 40 年来首次跌破 50%;2016 年底,特朗普组建了美国历史上"最富的亿万富翁内阁"。作者引用诺贝尔经济学奖得主斯蒂格利茨 2011 年 5 月发表在《名利场》的文章的话说,美国社会已经变成为"1%的人拥有、1%的人治理、1%的人享受"的社会,与林肯总统提出的"民有、民治、民享"的社会已截然不同。[1]

马克思关于平等、民主、自由、公平、公正的论述,日益显示出它的真理性。马克思通过《资本论》揭示,经济基础决定上层建筑,经济是基础,政治是上层建筑,经济决定政治。资本主义和社会主义国家的现实摆在那里,不需要多费口舌。在资本主义国家,企业是私人的,是实行高度独裁的独立王国,资本家是他们那个独立王国里的国王,劳动者稍不小心,就可能失去饭碗。由一个个独立王国里的国王出钱选出一个国家总统,这样的总统不可能不代表独立王国里的国王们的利益。社会主义社会,人民是国家的主人,人民在党的领导下,掌握国家政权,生产资料由全体劳动者共同所有,因而社会主义比资本主义有更高的平等、公平、公正、民主、自由。

马克思关于资本主义自我扬弃观点的正确性也越来越被实践所证实。例如,股份制企业的出现就是资本主义自我扬弃过程中的一种表现。马克思说,股份制度的发展,"它是在资本主义体系本身的基础上对资本主义的私人产业的扬弃;随着它的扩大和侵入新的生产部门,它也在同样的程度上消灭着私人产业"[2]。马克思指出:"在股份制度内,已经存在着社会生产资料借以表现为个人财产的旧形式的对立面;但是,这种向股份形式的转化本身,还是局限在资本主义界限之内;因此,这种转化并没有克服财富作为社会财富的性质和作为私人财富的性质之间的对立,而只是在新的形态上发展了这种对立。"[3]因此,不能把社会主义股份制企业与资本主义股份制企业等同。社会主义国家的企业可以采用股份制,也可以采用合作制及其他形式,这要看对人民有益还是无益,要

---

[1]田鹏颖:《资本主义社会危机仍在加剧》,《人民日报》2017 年 8 月 6 日第 8 版。
[2]中共中央马克思恩格斯列宁斯大林著作编译局译:《资本论》第三卷,北京:人民出版社,2004 年,第 497 页。
[3]中共中央马克思恩格斯列宁斯大林著作编译局译:《资本论》第三卷,北京:人民出版社,2004 年,第 498-499 页。

看人民拥护不拥护、高兴不高兴、满意不满意、答应不答应。

从现代资本主义国家科学技术的发展看,资本主义还有相当大的生产发展潜力。但是,这并不表明资本主义会自动适应生产力的发展而永存。任何社会都有自动调适能力,但这种调适都限于自己的生产方式之内,一旦生产力的发展突破了那种既定的生产方式,自动调适就让位于扬弃了,新的生产方式产生,旧的生产方式灭亡。不过,这种新旧生产方式的交替,是犬牙交错的。有的地区还保留着旧的生产方式,有的地区已经焕然一新。从现在的情况看,资本主义的全球化才开始不久,资本主义正处于世界性扩张阶段,所以,资本主义还会存在一段时间,资产阶级统治者会从国内外剥削和掠夺的财富中拿出一点给国人享用,让国人享受高工资、高待遇、高福利,以获得国人对资本主义剥削和掠夺的支持。虽然人类社会经济形态的总体发展进程是依次发生的,是不可跨越的,但在某一经济形态已经孕育出了新的经济形态的因素后,人们可以加速对原来经济形态的变革。人类社会发展的整体进程不可跨越,这是因为,生产力只能在原有基础上发展,不能凭空跳跃——但这并不意味着世界上任何一个国家和地区的局部的经济都不可跨越。因为人类会相互学习,一个国家或一个地区的人会向另一个国家或地区的人学习,在学习先进生产力的进程中实现经济的跨越。人类社会整体不能跨过资本主义制度进入社会主义,并不是说任何国家都必须经过资本主义阶段,只要我们在发展生产力的过程中,学习资本主义的科学技术和先进文明成果,坚持改革创新,去除资本主义的糟粕,我们的目的就一定会达到。为了更好地建设社会主义,我们需要弄清资本主义社会孕育着的社会主义因素是什么,社会主义与资本主义的本质区别是什么,什么是社会主义的生产方式。

四、《资本论》的内蕴

《资本论》的出版是人类科学史上的一个大事件。上面我们谈的是对资本论学术方面的分析,我们需要用心体会的,是《资本论》的内蕴。

(一)《资本论》蕴含着新的世界观和方法论

马克思并没有哲学著作,他的能动的辩证唯物主义和历史唯物主义哲学思想体现在《资本论》里。在《资本论》里,马克思告诉我们,一切观念都是社会存在的反映,不是正确的反映,就是错误的反映。如果社会的生产力、生产关系、生产方式、社会关系、社会制度改变了,人的观念也会随之慢慢改变。这就是唯物主义。但人的观念也不是消极地改变,而是积极地有目的的改变,人的观念可以引导人的行动,这便是人的主观能动性。客观事物无时无刻不在变化。这种变化遵循一定的规律,这便是辩证法。人对变化着的事物的认识的规律性总结,就是能动的辩证唯物主义。劳动是人类社会发展的根本动因,劳动者是社会的主人,劳动者生产什么,用什么工具生产,表现为现实的生产力,把复杂的令人眼花缭乱的社会现象归结为生产力、生产关系和生产方式,就抓住了社会问题的核心,为分析社会制度、社会问题、社会现象、利益关系提供了实实在在的抓手。把生产关系的总和约简为经济基础,把政治、法律、意识形态等约简为上层建筑,经济问题并不是单纯的生产、分配和消费,而本身就是政治问题。各种阶级、社会制度、意识形态所产生和反映的,就是经济问题,政治是经济的集中表现。与循序渐进的生产力相适应,人类社会也慢慢地由低级向高级发展,因此,社会主义是在资本主义基础上的扬弃和必然,这便是历史唯物主义。《资本论》开创了分析社会制度结构的先河,开创了人类认识社会发展规律的先河。

(二)《资本论》树立了科学学科的范式

《资本论》从解答经济学的元问题——价值——入手,围绕价值问题,以系统的、相互联系的、动态与静态相结合的观点分析现存的资本主义,建立起了经济学的基本构架,不仅为经济科学学科树立了一个可效法的范式,也成为各科学学科的范式。

西方以往的和现存的部分经济学基础理论著作,都是离开现实作一假设,然后进行各种假设性推理,得出的假设性理论往往是自说自话,难以指导实践。例如,边际效用价值论的创始人卡尔·门格尔(1840—1921年)为了论证他的边际效用价值理论,举例说,原始森林中居住的人只需几十株树木就够用了,即使野火烧毁了一千株树木,对他也毫无影响。但是如果这个原始森林中生长有几棵果树,为这个人日常所食用,即使死掉一棵,他也要挨饿。可见,随着财货数量的增加,人所感受到的财货的效用减少,以至于最后为零。所以,财货的价值,取决于边际单位财货的价值。庞巴维克举的例子是深山中的一个老农,有5袋谷物,1袋用于维持生命,1袋用于改善生活,1袋喂家禽,1袋酿酒,1袋喂鹦鹉。老农对这5袋谷物的评价是不一样的。第一袋价值最高,第五袋最低,结论是物品的价值由人根据效用和需要程度而决定。他们为什么举深山老林与世隔绝的人的例子? 就是因为他们的学说没有生活依据和现实依据。在现实中,社会是有限和无限的统一:你不需要的物品,也许别人需要,后人需要;你认为没有价值的物品,对他人不一定没有价值。《资本论》则不然。《资本论》中的每一个结论,都是马克思依实际情况和资料,研究了前人的理论进行重新探索的结果。马克思致力于揭示表象掩盖着的实质,不做脱离实际的假设,更不以脱离实际的假设指导实践。《资本论》前两章关于价值的分析很抽象,但也没有脱离现实问题。1865年,恩格斯曾建议马克思将《资本论》分批出版。当时共产主义运动需要马克思的理论,所得稿费也有助于解决马克思家庭的困难。但是,马克思回信说:"不论我的著作有什么缺点,它们却有一个长处,即它们是一个艺术的整体;但是要达到这一点,只有用我的方法,在它们没有完整地摆在我面前时,不拿去付印。"[1]马克思是把学术成果当作艺术品来雕琢。任何一门科学学科,如果不能从解决这门科学的元问题入手,不以实际为依据,不以解决实际问题为目的,不能够指导实践,即使轰动一时,即使得到了当时的人的认可,也很难成为科学,更谈不上生命力。

(三)《资本论》宣示了真正的人道主义

人道主义是欧洲文艺复兴时的一种社会思潮,它提倡以人为中心,主张人人生而平等,关心人,尊重人。在反对封建压迫的斗争中,逐渐形成为一种思想体系,其核心思想凝练为自由、平等、博爱。但是,在资产阶级与劳苦大众共同反对封建主义的斗争胜利后,在资产阶级生产方式建立后,资产阶级便置人道主义于不顾,强词夺理地说,他们的剥削是合理的,穷人受穷,是因为他们个人没本事。这样,自由、平等、博爱就成为了一句空话。如果绝大多数人都处于生活无着落的地步,何谈人道主义? 马克思的《资本论》揭示,封建主义是不合理的少数人压迫多数人的制度,资本主义也是少数人压迫多数人的不合理制度,这样的制度必须改变,劳动者必须获得解放。把一切被压迫民族和被压迫人民从资本的重压下解放出来,实现真正的平等,实现人的自由全面发展,才是真正的人道主义。现代劳动者所获得的一切,都与马克思的理论有关。比如,现在全世界普遍实行的8小时工作制和一些福利制度,就是马克思根据自己的理论提出并和恩格斯领导国际工人阶级斗争的结果。

(四)《资本论》的批判性和革命性

对各种错误的思想、言论和行为作出系统地分析,加以讨论,提出正确的观点以指导实践,谓之批判。《资本论》既分析了资本主义的现状,又分析了从古代至马克思那个年代关于政治经济学的思想和言论,指出了经济学代表人物的错误和产生错误的原因。1843年9月马克思写给卢格的信中说:"新思潮的优点又恰恰在于我们不想教条地预期未来,而只是想通过批判旧世界发现新世界。"[2]因而马克思的批判,既做到了条理清晰、干脆利落、不拖泥带水,又明白无误地亮明自己的观点。现在,对于资产阶级经济学说和言行,我们也必须进行讨论、分析和批判,要在加深对《资本论》理解的基础上,深化研究和发展马克思主义劳动价值论,以回应资产阶级学者对马克思主义的否定和攻击。

在批判的基础上提出革命的方向、革命的动力、革命的策略和方法,是《资本论》给劳动人民最有营养的精神食粮。《资本论》所表现出的强烈的革命性,一言以蔽之,就是劳动者要获得解放,其根本方法是联合起来,组织起来,共同行动,以反抗资本家的剥削和压迫。在《资本论》中,马克思论述了资产阶级产生的历史,说明了经济与政治和精神的关

[1]《马克思恩格斯文集》第10卷,第1版,北京:人民出版社,2009年,第231页。
[2]《马克思恩格斯全集》第47卷,第2版,北京:人民出版社,2004年,第64页。

系,也就说明了《共产党宣言》中为什么说在阶级社会里,阶级斗争是社会发展的动力;在《资本论》中,马克思阐述了资本主义的现状和历史使命,也就说明了《共产党宣言》中为什么说共产主义运动是为多数人谋利益的运动,无产阶级不解放整个社会就不能解放自己;在《资本论》中,马克思通过考察资本主义建立过程的血腥历史,阐述了暴力为什么是每一个孕育着新社会的旧社会的助产婆,也就说明了《共产党宣言》中关于无产阶级暴力革命的意义;在《资本论》中,马克思揭示的是资本主义的基本矛盾所引发的社会问题,也就说明了社会主义社会为什么必须实行生产资料公有制,无产阶级为什么要先夺取政权,并且要尽可能迅速地增加生产力的总量。

只要不死搬硬套,从《资本论》中,劳动阶级可以找到在不同时期的斗争方向、斗争方法和斗争策略。比如,马克思说过,无产阶级革命首先在发达的资本主义国家发生,这是就人类社会的发展趋势而言的,意思是生产力的发展必须达到一定的水平,革命的条件才具备,革命才有可能成功。既不是说全世界必须同步进入社会主义,也不是说在生产力还不发达的国家不能进行社会主义革命。有人根据马克思的两个必然,认为苏联和中国的社会主义搞早了;也有人认为资本主义不断发生经济危机,世界性的资本主义马上要灭亡了。如果细读《资本论》就会发现,这两种说法都是错误的。

根据哪里有压迫哪里就有反抗、压迫越重反抗就越有力的道理,在资本主义不发达的苦难深重的国家,如果发生革命,以马克思主义为指导的政党及其领导下的群众,可以直接建立社会主义制度。这是因为:一方面,人类生产力发展水平历来是不平衡的,落后社会只要向先进社会学习,为人民大众服务,就可以实现跨越式发展;另一方面,社会主义既然代表了人类未来,整个人类社会包括资本主义国家的人民都有向先进看齐的动力。有人不懂得资本主义灭亡这个过程,其过程的长短,与生产力发展水平有关,也与人们的认识水平有关。一方面,资本主义必须随着生产力的发展,扬弃自己;另一方面,人民大众必须团结起来,与资产阶级作斗争,促使资本主义改变自己。这种斗争,可以是急风暴雨式的,也可以是温和促进式的。马克思通过《资本论》揭示,在资产阶级向无产阶级举起屠刀时,无产阶级不可幼稚,要奋起反抗。但是,暴力革命绝不是无条件地滥用。正如恩格斯所说:"如果没有必须加以反对的反动的暴力,也就谈不上什么革命的暴力。"[1]

(五)《资本论》蕴含的最宝贵的品质——实践性

马克思通过《资本论》揭示,社会主义在资本主义中孕育。随着内部矛盾的发展,先进的战胜落后的,劳动人民必然成为社会的主人。社会主义建设史证明,在劳动人民当家作主之后,主人翁精神激发了人们建设社会主义的积极性,创造出了不少人间奇迹。但

---

[1]《马克思恩格斯全集》第38卷,第1版,人民出版社,1972年,第490页。

是,社会主义在实践中也出现了不少问题,甚至第一个社会主义国家苏联解体。这与人们教条式地理解马克思主义有关,不知道掌权的劳动阶级在与资本主义共存期间,必须采用人类社会包括资本主义的文明成果发展生产力,以不断满足人民群众对美好生活的需要。

马克思曾预言,资本主义生产发展的趋势是集中,高度集中的企业"它在一定部门中造成了垄断,因而引起国家的干涉"[1]。事实证明,马克思的论述是正确的。在资本主义国家,众多的资本家不满于个别垄断资本所得的巨额利润,要求国家干预,因而发达资本主义国家制定了《反垄断法》。我们在改革中,也对处于垄断地位的企业进行了改革。马克思曾说,资本主义再生产了一批新的金融贵族,他们是"一种新的寄生虫……并在创立公司、发行股票和进行股票交易方面再生产出了一整套投机和欺诈活动。这是一种没有私有财产控制的私人生产"[2]。资产阶级的金融创新,虽然客观上扩展了人们对价值利用的方法和手段,但他们频繁制造金融危机,满足了他们剥削别人使自己发财的愿望。我们在学习他们运用金融工具发展生产力的同时,利用社会主义的制度优势,有效地防范了金融危机的发生,对发展马克思主义作出了卓越贡献。

在实践中,我们既不能照搬照抄马克思主义的具体措施,也不能违背马克思主义的基本原理。马克思在《资本论》中,只是指出了未来社会的某些基本原则,并没有对其作出具体描述。恩格斯说:"在《资本论》有关价值的整整一章中没有一点迹象表明,马克思是否认为他的商品价值理论也可以应用于其他社会形式,或者可以应用到什么程度。"[3]在社会主义实现方法的选择上,马克思曾说过:"国际是遍布整个劳动世界的联合起来的团体的网络,在世界上的每一地区,问题的某个特殊方面都会出现,这要由那里的工人以他们自己的方式去解决。"[4]马克思在去世的前两年,曾在写给俄国革命家的信中,针对落后的俄国(还保存着完整的农村公社制度)能否不经过资本主义的发展而过渡到社会主义时说:"或者是它所包含的私有制因素战胜集体因素,或者是后者战胜前者。先验地说,两种结局都是可能的,但是,对于其中任何一种,显然都必须有完全不同的历史环境。一切都取决于它所处的历史环境。"[5]1892 年 4 月 1 日,恩格斯与法国《闪电报》记者谈话时说:"我们是不断发展论者,我们不打算把什么最终规律强加给人类。关于未来社会组织方面的详细看法吗? 您在我们这里连它们的影子也看不到。当我们把生产资料转交到整个社会的手里时,我们就会心满意足了。"[6]所以,在资本主义还占多数的情况下,

---

[1]中共中央马克思恩格斯列宁斯大林著作编译局译:《资本论》第三卷,北京:人民出版社,2004 年,第 497 页
[2]中共中央马克思恩格斯列宁斯大林著作编译局译:《资本论》第三卷,北京:人民出版社,2004 年,第 497 页。
[3]《马克思恩格斯选集》第三卷,第 3 版,北京:人民出版社,2012 年,第 579 页。
[4]《马克思恩格斯文集》第 3 卷,第 1 版,北京:人民出版社,2009 年,第 611 页。
[5]《马克思恩格斯选集》第三卷,第 3 版,北京:人民出版社,2012 年,第 824 页。
[6]《马克思恩格斯全集》第 22 卷,第 1 版,北京:人民出版社,1965 年,第 628-629 页。

社会主义发展商品生产和实行市场经济体制,是根据现实条件对马克思主义的灵活运用、补充和发展。如果有人因社会主义探索所经历的曲折而否定共产党,否定马克思主义基本原理,那么,他就是没有用马克思主义的方法看问题。要知道,挣扎在赛场上的行动者要比躺在床上的幻想者高尚千万倍。

(六)《资本论》对我们的启迪

《资本论》教人以历史唯物主义方法看待喧嚣的世界,于是,历朝历代被视为草芥的劳动大众,便成为历史的主导;《资本论》教人以能动的唯物主义辩证法研究社会,于是,不仅它本身成为历史方法论的实践范式,而且它满足了从事学术研究的探秘诉求;马克思用他的解剖刀,将人类有史以来代代传承却熟视无睹的抽象具体的概念开膛破肚,又小心翼翼地把资本主义生产方式肢解展现在读者面前。它告诉人们:人类的苦难,在于不合理的生产资料的占有方式,在于有人利用这种占有的剥削和压迫,在于压迫者的联盟,在于压迫者联盟的国家机器的残酷无情,在于数千年压迫者联盟和他们的御用学者的文化欺骗、文化蒙蔽,在于被压迫者迫于生计的分散挣扎、自卑和逆来顺受。《资本论》既解剖当前社会,又远望未来。马克思用辩证法考察了纷繁复杂的人类社会:合理的现存之后是必然的灭亡。人类历史上出现的各种社会形态,都一定会被新的更先进的社会形态代替。任何关于资本主义生产方式永存的呓语,都是骗人的谎言。人类结成社会的根基在于平等、民主和自由、快乐和幸福、仁义和博爱,只有在生产资料归全体劳动者所有的地方才能实现。共产主义是人们追求的理想境界,但它不是异想天开的虚幻,而是基于资本主义基本矛盾发展的现实。如果用唯物辩证法否定之否定、扬弃、量变引起质变等观点看待资本主义,则一切都了然于胸。马克思说:"我的观点是把经济的社会形态的发展理解为一种自然史的过程。"[1]资本主义被更高的社会形态所代替,是肯定和必然。我们所处的社会主义,是共产主义的第一阶段,虽然还存在着旧社会的痕迹,但生活于其中的人们,实实在在地感觉到,它与旧的生产方式截然不同了。根据马克思和恩格斯对生产方式的解释,我们可以得到毫不含糊的清晰印象:社会主义生产方式消灭了雇佣劳动制度从而消灭了剥削,人们共同使用生产资料劳动,公平地按照劳动量取得报酬,实现了政治平等、经济平等,人民大众通过民主协商,对国家事务进行管理。社会主义既是一种新的经济形态,又是人民当家作主的制度。生产方式的变革,是人类史上最伟大的变革,我们已经感受到了这种变革的意义。

《资本论》是对浮躁学术的定心,也是对庸俗学术的惊醒。马克思广泛地占有资料,研究历史,观察生活,联系现实,对于人们司空见惯的事物高度关注,对于蛛丝马迹抓住不

---

[1]中共中央马克思恩格斯列宁斯大林著作编译局译:《资本论》第一卷,北京:人民出版社,2004年,第10页。

放。为了不再让人造的劳动工具绞杀工人的生命,不再让那些冰冷的钢铁压榨工人的血肉,不再让劳苦大众在资本家面前乞讨度日,不再让劳动者在自己创造的巨额财富面前一无所有,他从价值入手,运用了一般的和特殊的以及独创性的科学研究方法,经年累月,忍受着病痛和贫困的折磨,滴血成书,以期唤醒麻痹的灵魂,让劳动者明白:应该体面地活着,享受自己的创造。这不是思辨,不是想象,也不是道德说教,更不是基于同情的呻吟,而是在茫茫森林中的披荆斩棘的探寻。

有人因为社会主义的挫折而怀疑《资本论》原理,去求助于庸俗经济学。他们利用资本主义的新科技革命,宣扬马克思主义劳动价值过时;利用自动化机器生产,宣扬马克思的剥削理论过时;利用社会主义的商品短缺,宣扬马克思关于公有制的理论过时;利用资本主义的普选制和苏联解体,宣扬马克思主义社会主义理论实践的失败;等等。那些为颠覆《资本论》原理而大肆贩卖资产阶级经济学说的人,是自我迷失后的精神恍惚,除了对有头有脸的显贵献媚之外,实在看不出他们的高尚。处于解放运动中的劳动阶级,不要被资产阶级经济学所迷惑,要用马克思主义作为自己的思想武器,沿着马克思主义的道路前行,光明可期,幸福可待。

马克思主义犹如航标,但航标不能代替具体的航行路线和航程。舵手对于航向的把握,离不开航标的指引,但规避暗礁,在于经验与科学地操舵。牛顿虽然已经精确地计算出只要达到第一宇宙速度 7.9 千米/秒,就可以造出一颗地球卫星,但卫星的制造,不仅需要牛顿的计算,还需攻坚克难,忍受多次失败的痛苦,方可成功。牛顿的理论计算为卫星制造提供了前提,卫星的成功升天也对牛顿的理论计算予以验证,具体卫星制造的实践挫折并不能否定牛顿的理论,也不能阻止人类的成功。同样,社会主义的实践挫折,不能否定马克思主义理论的正确,更不能停止人类前进的步伐。

《资本论》是科学的认识,也是认识的科学。科学之理需要阐释,但无需辩护。《资本论》不仅揭示了受剥削、受压迫、受苦受难的劳动阶级的命运如何改变,而且指明了被压迫者如果要活下去,就必须遵循《资本论》所指示的道路前行。马克思主义文化浸润的环境,使一代代人的价值观发生改变;社会主义的辉煌业绩,使资本主义不得不向社会主义靠拢……但是,我们应该清醒地认识到,资产阶级保持庞大的军事机构并经常发动战争以追求利润和掠夺财富,为了自身的利益干涉别国内政,推翻合法政权,造成世界上一些国家的动乱和纷争,大量的无辜平民因此流离失所,命丧于资本主义的现代文明,揭露了资本主义的丑恶;金融寡头肆意玩弄货币游戏,鲸吞世界人民的财富,显示出资本主义世界性发展的必然和资本的贪婪;两极分化和企业集团的规模不断扩大,显示出资本主义为社会主义准备条件;等等。

《资本论》有自己的研究范围,马克思穷毕生精力尚没有写完,马克思在《资本论》中未完的部分后人长时间不能突破,马克思的天才不辩自显,未涉及的部分尚待后人发展。

　　资本主义全球化扩张,使其基本矛盾向全球扩散。冲突与融合,联系与矛盾,机遇与挑战,规则体系的崩塌与重建,等等,使人们眼花缭乱,以致有人惊呼,这是一个具有高度不确定性的复杂世界。科技进步使个人能力大大提高,交通和信息革命使个人交往更加便捷,个人自由度的提高和思想观念的多样性,导致个体行为的多样性,加剧了当今社会的不确定性和复杂性。不过,这正是《资本论》要告诉我们的社会发展进步的阶段性反映。其实,高度复杂的不确定的根结是确定的,即资本主义正处于自我否定的过程中,人的解放正处于旅途中,固定的分工正处于消灭中,资本主义的矛盾正处于扩散中,劳动者阶级正处于联合中,人类命运共同体正处于形成中,人们的利益正处于融合中,科技革命加速了进步的进程。社会主义已存世百年,劳动人民掌握国家政权并共同占有生产资料以消灭人世间的一切不平等,实现了真正的民主、自由、公平、公正。这是一个伟大变革的新时代,是中国人民从站起来、富起来到强起来的新时代,《资本论》这部伟大的著作在这样的伟大时代愈显示出它的伟大,它给我们以方法、以启迪、以智慧。

第三章　马克思以劳动二重性学说为基点构建起科学的政治经济学学科大厦

马克思汲取了资产阶级古典经济学家关于劳动创造价值思想中的科学部分,在继承的基础上创新发展,以他著名的劳动二重性原理为基点展开演绎,以其名著《资本论》打牢了政治经济学大厦的根基,使政治经济学成为一门真正的科学。

一、小男孩之问——与我们日常生活息息相关的问题

有人可能不大相信,深奥的马克思主义劳动价值论研究的基本问题,与我们每个人的日常生活息息相关,是我们每个人甚至连小孩子也都经常遇到并十分关心的问题。下面是现实中的一个真实事例:

有一个1岁8个月大的小女孩看到卖酸奶的小贩,对她的妈妈说:"妈妈,我要喝酸奶。"她的妈妈花了3元钱给她买了一瓶酸奶。小女孩又看到其他小朋友在玩电动小汽车,对妈妈说:"妈妈,我要小汽车。"妈妈对小女孩说:"妈妈没钱了。"旁边有一个4岁小男孩听到了小女孩妈妈的话,问他的爷爷:"爷爷,拿钱为什么能买东西呢?"他的爷爷听了,一时不知道应该怎样回答小孙子的话,思考了好长时间才说:"拿钱买东西,这是规定。"

不知道你想过没有,钱是什么? 拿相同的钱为什么可以买不同的东西?

老百姓俗称为"钱"的东西,用经济学术语来说,就是货币。在现实生活中,世界各国各地区的人都可以拿本国或本地区同一的货币——钱,购买不同的东西。如果各国各地区的货币(钱)不同,人们可以相互兑换。如果两种或多种不同名称的货币(钱)可以相互兑换,那么,这些不同货币(钱)的本质就是相同的。它们相互兑换的汇率,是它们的量的不同比例。至于为什么人们把货币称为"钱",我们在本章后面再谈。金钱在人们的日常生活中扮演着极为重要的角色。有人常念叨:"金钱是个宝,花到哪里哪里好。"也有人到处传颂他们的"真经":金钱不是万能的,但是没有金钱是万万不能的。

正因为拿相同的钱可以买不同的东西,所以,人们不得不天天同钱打交道。当你感到钱不够花时,不禁产生疑问:这钱不是政府印的吗,为什么不多印一些,给人们多发一些呢?

为什么用相同的钱可以买不同的东西?为什么在纸上印一些代表不同数量的符号就成了钱(货币)?为什么只有政府在纸上印一些符号才代表钱,个人在纸上印符号就不代表钱?为什么钱会贬值?为什么不同国家印的钱能够相互兑换?人们产生的种种疑问,都源于一个根本问题:钱,或者说货币,到底是啥?

可能有人说,钱是国家在纸上印的符号。如果别人继续追问,为什么在纸上印一些符号就能成为钱?你就必须解答这些在纸上印的符号代表啥的问题。只有解答了钱代表啥的问题,才能回答那个4岁小男孩之问和人们的普遍疑问。

你千万不要以为小男孩之问是个简单的问题。小男孩之问即拿相同的钱为什么可以购买不同物品的问题,很多人回答不出来。

这个问题实质上是如何平等地、公正公平地占有财富和分配财富的问题。这个问题与"钱是什么"的问题紧密相关。只有在回答了"钱是什么"的问题之后,才能一步步深入地揭示,为什么有人那么有钱,而有人终日劳作,却始终摆脱不了贫困的纠缠。

马克思主义劳动价值论所研究的,正是以上人们所关心的问题。简要地说,马克思主义劳动价值论就是研究钱是什么,人们是怎么用钱相互交换不同商品的,资本家是如何赚钱的,怎样才能使大家都有钱等人们十分关心的问题的一门学问。可见,马克思主义劳动价值论与我们每个人不但有关系,而且关系非常密切,这可能是一般人想不到的。说马克思主义劳动价值论深奥,它确实很深奥,以马克思之才,尚且研究了40年还没有完成他的名著《资本论》,后人往往在读了很多遍《资本论》后,也没有完全弄懂其中的全部道理。说马克思主义劳动价值论实在,它也确实很实在,因为马克思研究的是人们日常生活中最常见到的现象。马克思经过研究,不仅解决了"钱是什么"的问题,而且解释了"穷人为什么穷、富人为什么富"的问题。马克思经过研究,颠覆了"穷人的命,天注定"和"生死由命,富贵在天"的宿命论。马克思主义告诉人们,世上的财富是劳动者创造的,命运就掌握在劳动者自己手里,掌握在联合起来的劳动者手里。

二、小男孩之问中蕴含着深刻的道理

小男孩关于"拿钱为什么能买东西"的发问,虽然是一个人们日常生活中常常遇到的问题,但其中却蕴含着极深刻的道理。

(一)最伟大的发现往往是从追问日常现象的道理中得到的

最常见的日常生活现象中往往蕴含着大道理。大哲学家、大科学家常常会对最常见的现象进行追问,从中发现流传千古的科学原理。比如,哥白尼发现地球围绕太阳转从而提出了日心说,与马克思研究小男孩之问相类似。

从有文字记载到哥白尼日心说发表前的几千年间,人们对太阳每天早上从东方升起、晚上从西边落下这一日常现象司空见惯,多数人往往是从如何适应这种状况思考问题,而不追问太阳为什么会从东边升起从西边落下。当然,也有人试图对这种现象进行解释。他们说,这种现象是太阳围绕地球运动的结果,因为地球是天地万物的中心。中国知识界也一直持"天圆地方"的观点。他们认为地是方的,天是圆的,太阳挂在圆圆的天上,从早上升起,到晚上落下。这是人们就现象论现象的庸俗的认识。直到1543年,波兰科学家哥白尼发表了《天体运行论》,才颠覆了人们的固有认识,使人们对这一现象有了一个科学认识。哥白尼认为,太阳每天从东方升起从西方落下,不是太阳围绕地球运动,而是地球围绕太阳运动。这时人们才恍然大悟,原来太阳东升西坠这样一个日常贯见的现象,蕴含着如此深刻的道理。自此以后,人类才有了开启认识太空的钥匙,才有了现在遨游太空的壮举。

科学战胜非科学和愚昧的斗争,是异常激烈和残酷的。哥白尼提出日心说后遭到了统治者的疯狂镇压。

哥白尼(1473—1543年),波兰人。早年学医,在学医的过程中,受到医学院一位天文学教授的影响,对天文学产生了兴趣。1496年他被派到意大利学习教会法规。在学习之余,他对数学和天文学投入了很多精力,拜天文学家诺法腊为师,进行天文学研究。1499年被聘为罗马大学天文学教授,讲授二世纪时埃及托勒密的天文学理论。托勒密的理论认为,地球是宇宙的中心,日月星辰都是围绕地球运动的。这个理论因为与基督教会关于上帝创造世界的理论一致,所以得到了教会的认可,在天文学领域占统治地位达1500多年,很有权威性。可是,哥白尼在教授这个理论的过程中,发现有很多天文现象用这个理论无法解释。他起初努力想完善这个理论,但他发现这个理论的缺陷太多,以至于他不得不另觅出路。他在查阅古希腊、古罗马的文献资料时,发现西塞罗(前106年—前43年)和毕达哥拉斯(前580年—前500年)曾提出过地球也在运动。他想,如果从地球运动的角度解释一些天文现象该如何呢? 他更加细心观察天象,潜心理论构建。但是,由于这项工程巨大,为了能够有时间和精力去研究这个问题,他辞去罗马大学的教席回国。1512年在波兰一个教堂谋得神父职位,选择教堂的一段城墙平台做天文观察台,在教堂西北角的一座小楼里进行研究。他孜孜不倦地观测和研究天文现象。从地球围绕太阳运动的构想,可以纠正托勒密理论与天文观察发现的许多矛盾。1510年他把自己的理论写成初稿,以后又经过数学计算、观察事实,对初稿进行了两次修改、补充,于1540年定稿,可见科学的发现是多么的不易。《天体运行论》定稿后,迫于教会势力的迫害和扼杀,书稿出版一再被推迟。直到 1543 年,在他病危时,他的这部划时代的科学巨著才得以出版。近代科学史的开端就是以《天体运行论》为标志的。与任何科学一样,哥白尼的理论也有缺陷。比如,他认为行星的运行轨道是圆的,而实际是椭圆的;他认为宇宙是有限的,实际是无限的。这两点被后来的意大利学者布鲁诺和德国学者开普勒所纠正。这说明,即使一个非常伟大的理论,也不可能没有任何缺陷,但缺陷不能否定正确理论的伟大。

正如哥白尼所担心的,他死后,他的学说不但遭到了某些学者比如宗教改革运动的发起者、德国教授马丁·路德的攻击,而且也遭到了罗马教廷的扼杀。罗马教廷在《天体运行论》出版 67 年后,于 1600 年在罗马鲜花广场上烧死了宣传哥白尼学说的意大利学者布鲁诺,于 1616 年宣布《天体运行论》为禁书。直到 1757 年教会才对该书解禁,1822 年教会才承认太阳为星系的中心。1889 年,罗马教皇为布鲁诺平反,此时离布鲁诺被烧死已经过去了 289 年。

哥白尼是在对日常现象进行深入思考,对旧理论进行深入研究,对客观现象进行深入观察的基础上,先是对旧理论产生怀疑,有了自己的想法,提出一种假说,再经过与客观事实对比验证,并进行细致的论证和计算,才使他的学说基础牢固,成为真正科学的。所以,科学界把哥白尼的《天体运行论》看作近代科学的开端是有道理的。在哥白尼之后,不少伟大的科学发现,多是由科学有心人对日常现象的观察和思考并进行论证和计算,经过争论或者斗争而被载入史册的。

科学发现属于有心且执着的人。无意的发现,有意的观察,对前人的已有成果敢于纠错,敢于提出新观点予以发展,不断地认真总结实验或试验的经验,是科学得以前行的不二法门。许多对人类有重大影响的科学发现,都是通过这样的途径获得的。

牛顿(1642—1727 年)晚饭后在苹果树下思考问题,忽然一个苹果落地。牛顿想,苹果为什么不飞到天上而是落在地上呢? 是不是地球有一种吸引力而致呢? 假若地球有引力会吸引苹果,它会不会吸引月亮呢? 于是,他在前辈科学家如哥白尼、布鲁诺、开普勒(1571—1630 年)、伽利略(1564—1642 年)等人研究的基础上,经过长时间的思考、观察和计算,终于发现了万有引力定律。1687 年,牛顿出版了他的《自然哲学的数学原理》论文集,阐述了现在我们在物理学中所学的"运动三定律"和万有引力定律,成为科学的经典力学和天体力学的奠基人。

英国工人瓦特(1736—1819 年)在他年纪还小时,看到火炉上的一壶水开后,蒸汽把壶盖冲起,上下跳动,他就思考蒸汽冲击壶盖的原理。长大后瓦特在一所大学里当教具制造员,根据自己的思考,他把当时流行的单动式蒸汽机改进为活塞旋转联动式蒸汽机,使动力机、传动机和工作机成为一体,使蒸汽机成为采煤、冶炼、纺织、交通、火车、轮船都可采用的机器,引发了一场震撼世界的工业革命。

1901 年诺贝尔物理学奖的第一位得主是 X 射线的发现者、德国科学家伦琴(1845—1923 年)。1895 年他在研究真空管放电现象时,发现放在旁边的照相底片感光了。他在感到奇怪之余,又专门做了一次实验,底片确实又感光了。他认真思考这个问题,经过了多次实验,终于发现这是一种可以穿透人的衣服、肌肉但不能穿透骨骼的不明射线。他的夫人随口说了一句:"又是一种 X。"于是这种射线就被命名为"X 射线"。至今医学上诊断离不开的各种 CT(X 光断层扫描)检查,都得益于伦琴的发现。

英国乡村医生詹纳(1749—1823 年)发现挤牛奶的姑娘不得天花,于是对这种现象经过 20 多年的研究,于 1796 年发明了种痘消灭天花的方法。1798 年他发表了自己的研究成果,受到了学术界的冷嘲热讽,但最后终于被大家所认可。1802 年,国会向他颁奖。现在,严重威胁人们健康的烈性传染病天花已经被消灭,这得益于詹纳的发明。

英国细菌学家弗莱明在 1928 年 9 月的一天早上,到他的细菌实验室检查细菌培养器皿中细菌的变化。他发现在葡萄球菌的培养器皿中,培养基发霉了,有一团青色的霉花。助手认为是被杂菌污染了,要把这只培养器皿中的培养物倒掉,被他阻止了。他经过仔细观察,发现在青霉菌的周围,葡萄球菌消失了。他把青霉菌进行培养后,发现青霉菌的分泌物即青霉素可以杀死多种细菌。1929 年 6 月,他将自己的发现写成论文并发表。在接受诺贝尔奖的演讲中,他说:"我要告诉你们的是真实情况:青霉素的发现是一个机遇性的观察。我仅有的功绩在于我没有忽略掉这一项观察,并且作为一个细菌学工作者我追踪了这个目标。我在 1929 年发表的论文,是那些特别是在化学领域里发展青霉素的人的工作的起点。"[1]当时,有人向他建议申请专利,但被弗莱明拒绝了,他说:"为了我自己和我一家的尊荣富贵,而无形中危害着无数人的生命,我不忍心!"[2]1940 年,在牛津大学主持病理研究工作的佛罗理阅读了弗莱明的论文,与生物化学家钱恩共同组织联合实验组,终于使青霉素的提取获得成功,开创了抗菌素治疗细菌感染的新天地。

科学家们由无意的发现进行有意的研究而对人们的生活工作和生存产生重大影响的事情比比皆是。荷兰物理学家马森布洛克于 1745 年无意中发现了顿莱瓶可储存电而对电学发展起了重要作用;俄国化学家门捷列夫(1834—1907 年)在编写《化学原理》时,为排列已知的化学元素,把写有化学元素的名称、分子式、原子量、物理性质、化学性质、主要化合物的卡片按原子量排列时,意外发现了化学元素周期表;1608 年,荷兰的一位眼镜制造匠利珀希偶然间把两只镜片叠在一起,看到了很远处的一个尖塔上的风标。这件事被意大利科学家伽利略知道后,经过千辛万苦,于 1609 年发明了第一台天文望远镜,等等。

---

[1]段万翰、顾汉松、陈必祥编著:《世界五千年:下》,上海:少年儿童出版社,1992 年,第 1849 页。
[2]段万翰、顾汉松、陈必祥编著:《世界五千年:下》,上海:少年儿童出版社,1992 年,第 1848 页。

（二）关于抽象具体实代法

小男孩所问的"钱"是什么的问题,不仅包含着普遍性寓于特殊性之中、一般性存在于具体性之中的高深的哲学道理,而且还包含了人们在现实生活中的伟大创造——用现实具体代替抽象具体的方法。比如,《水浒传》第二回鲁智深出场,对他的相貌描写是:"生得面圆耳大,鼻直口方,腮边长着络腮胡子。身长八尺,腰阔十围。"这是一个抽象具体。一是鲁智深是"人","人"的概念是一种抽象。二是鲁智深的面部特征如面圆、耳大、鼻直、口方、络腮胡子、身长、腰围都是局部抽象。三是鲁智深是由局部抽象合成的"具体人",它符合黑格尔所述的从抽象上升到具体的合成方法。四是鲁智深这种由抽象合成的具体不是现实具体。对于这个抽象具体,一千个人能想象出一千个鲁智深的形象。但是,如果人们用一个现实具体比如用泥巴塑一个鲁智深的形象,人们对于鲁智深的形象就统一了。

这个以现实具体代表抽象具体的方法即"抽象具体实代法",非常高明,人们在日常生活中经常使用这个方法,体现了中国人的智慧。

小男孩之问与抽象具体实代法有什么关系呢? 小男孩之问中的"钱"即货币是什么呢? 任何商品,不论外观、品相、质量、用途怎么不同,但它们都有一种共同的东西——价值。货币,就是"价值"的代表。现在出现的电子货币,就是用电子代表货币,只显示一下数量,就完成了交易,它更进一步说明了不同的商品后面有一个同一的价值。用现实具体代表抽象的货币和价值,是抽象具体实代法在生活中的应用。如果我们继续追问:货币是价值的代表,那么,价值又是什么呢? 从文字记载看,人们对"价值是什么"的问题思考了几千年。虽然经济学家们对价值的研究呕心沥血,但在马克思之前,经济学家们在"价值是什么"的问题上始终不能有所突破。尽管人们不知道价值是什么,但人们还是找到了利用价值进行商品交换的办法,就是用现实中的一种实物来代替这种看不见摸不着的价值。如果有读者对这个问题不能一下子很好地理解,可在后面理解马克思的劳动二重性学说时再细心体会。

三、资产阶级经济学家对劳动价值论的主要贡献

同任何科学一样,劳动价值论有自己的逻辑起点,也有一个确立过程。

（一）劳动价值论的逻辑起点

所谓逻辑起点,就是研究时的着手点、起始点。因为逻辑是思维的规律,按照马克思主义的唯物辩证法,思维应该依照现实的发展规律,正确地把握现实。而思维把握现实的本质和规律,有两点是非常重要的。一是对前人理论研究成果的批判性继承。二是通过

观察现实,经过自己的缜密思维进行再总结。马克思就是在资产阶级经济学家们对劳动价值研究的基础上,通过自己的观察和再思考,艰难前行,解决了小男孩之问,使劳动价值论得以完善并确立的。

在第二章我们谈到,《资本论》是马克思构建科学的政治经济学的标志,其研究的核心是资本主义生产方式和生产关系及社会关系,其"元问题"是价值。但马克思所研究的价值,并不是全部财富的价值,不包括自然形成的物品的价值,也不包括无效劳动创造的产品的价值和不用于交换的劳动产品的价值,而只是劳动所创造的用以交换的商品的价值。所以,人们称马克思的经济学为马克思主义劳动价值论,或者说,马克思主义劳动价值论的逻辑起点就是人类社会用于交换的劳动产品的价值。

马克思为什么只研究用于交换的劳动产品的价值呢? 是由于他吸收了资产阶级经济学中的科学成分并以之为研究的基础。李嘉图在《政治经济学及赋税原理》中对这个问题给予了说明,他说:"人类所欲求的物品中,绝大部分是由劳动获得的。只要我们愿意投下获取它们所需的劳动,这类物品就不但可以在一个国家中,而且可以在许多国家中几乎没有定限地增加。"[1]"所以,说到商品、商品的交换价值以及规定商品相对价格的规律时,我们总是指数量可以由人类劳动增加、生产可以不受限制地进行竞争的商品。"[2]

事实也的确如李嘉图所述。在现实中,在市场上进行交易的商品,几乎都是由劳动创造的。在市场上,人们用统一的货币度量一种商品与另一种商品是否相当。在商品的生产—流通—交换—消费的过程中,有人赚了钱,于是,就有学者研究,他为什么会赚钱,怎么样才能赚钱。在以商品生产为主要特征的社会中,人们的相互关系和相互地位又是怎样的? 于是,以回答人们期待回答的、与价值有关的问题为主旨、以研究劳动价值为基础的科学诞生了。

为什么世界上无论多么厉害的动物,如狮子、毒蛇、鳄鱼,都可被人控制? 答案很简单:因为人会劳动,而其他动物不会。人通过劳动制造工具,通过劳动工具利用自身或者自然界的能量在转化过程中所获得的力作用于其他动物,从而控制它们。不仅是动物,而且整个自然界都在逐步受到人的控制。恩格斯说:"动物仅仅利用外部自然界,简单地通过自身的存在在自然界中引起变化;而人则通过他所作出的改变来使自然界为自己的目的服务,来支配自然界。这便是人同其他动物的最终的本质的差别,而造成这一差别的又是劳动。"[3]

人不但会劳动,而且还通过劳动结成社会。社会是基于共同物质生活条件依据某种

[1][英]大卫·李嘉图著,郭大力、王亚南译:《政治经济学及赋税原理》,北京:商务印书馆,1962年,第8页。
[2][英]大卫·李嘉图著,郭大力、王亚南译:《政治经济学及赋税原理》,北京:商务印书馆,1962年,第8页。
[3]《马克思恩格斯选集》第三卷,第3版,北京:人民出版社,2012年,第997-998页。

秩序结合起来的人类共同体。人类正是通过劳动,结合成社会,才发展到了卫星上天、互联网遍地的时代,才成为万物之王。因此,探讨人的劳动创造财富问题的劳动价值论成为探讨人类社会化进程的基石,奠定了经济科学大厦的基础,劳动价值论也就成为经济学的逻辑起点。马克思主义劳动价值论是劳动和劳动价值的统一,是经济学的深化。

(二)经济学中的几个重要术语及其关系

任何一门科学都有其独特的术语,劳动价值论也不例外。比如,财富、使用价值、价值、交换价值、货币、价格等概念所包含的内容和它们之间的关系,串联并表征为以劳动价值为核心的经济学科。

1. 财富。在日常生活中,凡有用的东西都是财富。比如锅可以用来做饭,柜子会放东西,被褥可以铺盖,衣服可以穿,等等。财富可以是自然产生的,比如煤炭、石油、土地、水、空气等,也可以是通过人的劳动创造的,比如电脑、冰箱、电视机等。马克思主义劳动价值论只研究人通过劳动创造的财富,不研究自然形成的财富,不研究虽然是人创造的但不经过市场交换的财富,不研究无效劳动创造的无用的残次品。

2. 使用价值。马克思指出,物的有用性使物成为使用价值。使用价值只是在消费中得到实现。不论社会形式如何,使用价值都构成财富的物质内容。使用价值是价值的物质承担者。可以从质和量两个角度来考察使用价值。通俗地理解,使用价值就是物品满足人的某种需要的属性。不同的有用物,有不同的效用,同一种物可以有多种属性。

3. 交换价值。马克思认为,交换价值首先表现为一种使用价值同另一种使用价值相交换的量的关系或比例。一种商品可以与多种商品相交换,因此它有多种交换价值。马克思举例说,一夸特小麦同 x 量鞋油或 y 量绸缎或 z 量金等等相交换,因此,小麦有多种交换价值。x 量鞋油、y 量绸缎、z 量金等等就必定是能够互相代替的或同样大的交换价值。可见,同一种商品的各种有效的交换价值表示一个等同的东西,交换价值只能是这个等同的东西的表现形式。

4. 价值。人们把交换价值所代表的不同使用价值的等同性、同一性称为"价值"。使用价值与价值统一于商品中。作为商品的使用价值,各种商品只有质的区别,不同质的商品在质上无法进行量的比较。作为商品的交换价值,商品只能有量的差别。交换价值是价值的表现形式,价值是交换价值的内容。马克思认为,商品的价值是社会实体的结晶,即由抽象劳动所形成。商品的价值计量,由形成价值的实体即劳动量来计量,劳动量由劳动持续的时间计量。

5. 货币。由于价值看不见摸不着,很抽象,人们在实际生活中利用价值来量度使用价值(财富)的多或少很难把握,怎么办?有办法,人们用一种可以看得见、摸得着的东西代表价值。这个过程经历了几千年。

很早的时候,人们从事农业生产,用具都是自己制造的。比如,张三发明了除草的农具——锄,李四发明了松土的农具——犁,王五发明了平整土地的农具——铲。后来,张三要耕地,听说李四的犁松土很有成效,想拿自己的锄去换李四的犁。李四不知道张三应该用几把锄来换自己的犁才不吃亏,张三也对自己用几把锄换李四的犁才划得来感到为难。这时王五来了。王五仔细询问了张三李四各自做犁和锄所用的材料和劳动时间,与自己发明的铲的用料和劳动时间相比较,结果发现,张三的 3 把锄相当于 2 把铲,李四的 1 张犁相当于 2 把铲。王五说,张三可以用 3 把锄换李四的 1 张犁。王五的说法可以用等式表示为:

因为:1 张犁＝2 把铲　　　3 把锄＝2 把铲

所以:1 张犁＝3 把锄

显然,王五把铲当成了货币,铲充当了犁和锄相互交换的等价物。

经钱币专家考证,我们现在所说的"钱",就是古代的一种类似铁铲的农具。那时人们在相互交换财富时,如上述的情况一样,普遍以农具为媒介,充当货币,目的在于交换时衡量一种财富与另一种财富的相当度。后来,在交换范围扩大后,人们感到用农具作为交换媒介不方便,就用贝壳作为货币,如果 1 张犁＝3 个贝壳,1 把锄＝1 个贝壳,则交换等式为:

因为:1 张犁＝3 个贝壳　　　1 把锄＝1 个贝壳

所以:1 张犁＝3 把锄

有了货币充当交换的媒介,人们的交换就方便多了。在以后的数千年中,人类把交换的媒介物——货币的代表——多次变更,但"钱"这个称谓至今没有变。

货币的变化,与生产力发展水平相适应。随着社会生产力的发展,生产规模不断扩大,产品的品种不断增加,于是,有人专门从事交换物品——商品的生产。比如,有人专门生产犁,有人专门生产锅,有人专门生产碗,有人专门生产铲,有人专门生产锄,有人专门生产桌子,他们都不是为了自己使用,而是为了卖给别人使用。为了适应生产的这种情况,人们都希望充当货币的物品便于分割、方便携带、可以贮存。在人的社会化程度不断加深,社会信用度不断发展的情况下,人们把货币从贝壳变为青铜铸币,后来又把铸币变为重金属金和银,又从重金属变为纸币,现在又把纸币所代表的交换量用电子量来表达,这是当前正在兴起的购买东西用支付宝、微信支付的根据。

一般人只关心一种财富可以值多少货币,而经济学家们则探讨为什么充当货币的物品会变化,货币充当交换价值的功能为什么不变化,货币代表着的使用价值的共同性、同一性是什么,为什么一切物品都可化为与自身价值相等的货币。

马克思的伟大贡献,就是发现了价值是什么,因而才使经济学成为一门真正的科学。

6. 价格。在市场上,商品的价格都是用货币来表达的,因为货币代表物品的价值,所以,价格就是价值的货币表现。按照常理,一种商品的价值是一定的,这种商品在市场上的价格也必然是一定的。但是,人们在日常生活中发现了一种现象,即在人们特别需要某种物品时,会对这种物品出一个相对高价,如果不是特别需要,会对这种物品出一个相对低价。在市场上,如果供需不平衡,同一种物品的卖价也大不一样。这种因需求和市场供给所导致的有同样价值的物品获得不同货币的现象,就是市场价格现象。因此,价格可以定义为:商品价值在市场交换时的货币表现。

一般的读者往往对政治经济学产生畏惧。其实,只要联系我们的日常生活,就知道学点政治经济学知识不但有用,而且还十分有趣。上面所谈的财富、使用价值、交换价值、价值、货币、价格的含义和它们之间的关系,就是经济学家们对日常经济现象连续追问的结果:我们天天使用的物品为什么被称为财富? 因为财富都有使用价值。为什么不同的财富能够相互交换? 因为它们有一种共同性。这种共同性是什么? 是价值。为什么人们要用货币代表不同财富的共同性? 因为价值看不见摸不着,于是人们用一种现实具体代表价值,价值成为人们交换财富的工具,这是人类的一大发明。为什么相同的物品在市场上会有不同的价格? 因为受到各种因素的影响,具有相同价值的商品实现的货币量不同,这种以不同的货币量表现出的商品的市场价值,就是价格。

(三)资产阶级经济学家对劳动价值论的主要贡献

劳动价值论的发展历尽沧桑。尽管在马克思之前,人们已经区分了财富的使用价值和价值,但价值是什么,经济学家们始终弄不明白。

最早使用"价值"一词的人是生活于距今两千多年前的古希腊学者色诺芬(前430—前355年)。他在《经济论》中说:改进荒地使之变为一块肥沃的土地可以给土地"增加上百倍的价值"[1]。不仅如此,色诺芬还认为,财富有使用和交换两种功能,即他知道财富有使用价值和交换价值。他举笛子的例子说,一支笛子,会吹它的人可以吹,不会吹它的人可以卖钱。笛子可以吹,说的是笛子有使用价值;笛子可以卖钱,说的是笛子在交换时有交换价值。由于交换价值是价值在交换时的比例,所以,他说的就是财富有价值。

经济学家们苦苦思考不同质的商品为什么能够交换。终于,问题有了突破。古希腊哲学家亚里士多德认为,不同的财富之所以能够相互交换,是由于它们有一种在质上相同、在量上可比较的东西,只有同质的东西,才可以交换,才可以在交换中通约,如果没有这种同质的东西,它们就不能交换,也不能化为相同的货币,货币就代表这种在质上相同、在量上可通约的东西。他说了如下一段非常经典的话:"没有等同性,就不能交换,没有可

---

[1][古希腊]色诺芬著,张伯健、陆大年译:《经济论雅典的收入》,北京:商务印书馆,1961年,第62页。

通约性,就不能等同。"[1]显然,亚里士多德知道,交换价值所代表的各种可交换的商品的同一的东西不仅同质,而且在交换中还可以通约。也就是说,交换价值所代表的东西有两大特点:一是同一性,二是可通约性。同一性指的是质,可通约性指的是量。任何事物都是质和量的统一,交换价值所代表的东西也不例外。马克思对亚里士多德的这一发现评价很高,他说:"亚里士多德在商品的价值表现中发现了等同关系,正是在这里闪耀出他的天才的光辉。"[2]但商品中所含的等同的可通约的东西是什么?亚里士多德也弄不清楚。马克思说:"只是他所处的社会的历史限制,使他不能发现这种等同关系'实际上'是什么。"[3]亚里士多德只发现了交换价值代表一种同质的东西,但他不知道交换价值代表的是价值。马克思说:"……是什么东西阻碍他作进一步的分析,这就是缺乏价值概念。"[4]

什么是可通约性?通约是数学运算中的一个很重要的法则,指同名称的物的一定的数量如果处于等式的相反的地位,它们可以相互抵消,而等式依然成立。例如,在等式15+3=12+6中,前后式可以各去掉一个3,它们仍然相等,或者前后式各去掉一个10,它们仍然相等,或者去掉相同的任意一位数,等式依然成立。通约的前提条件是,异名数需化为同名数,才能够进行数学运算,异名数之间才有可通约性。马克思说:"他们忽略了,不同物的量只有化为同一单位后,才能在量上互相比较。不同物的量只有作为同一单位的表现,才是同名称的,因而是可通约的。"[5]比如,5张床和1间屋在相互交换时,不能用加减乘除的方法进行运算。这种不同质又不同名的物不能用数学的方法进行运算,就是它们没有可通约性。但是,如果把它们都化为同一的货币单位,就可以进行数学运算了。比如:

因为:1张床=1000元　　200张床=1000元×200=200000元

　　　　1间屋=200000元

所以:200张床=1间屋

当床和屋都化为相同的单位"元"之后,它们就可以运用各种形式的数学运算进行量的比较。比如:

因为:1张床=1000元　　1间屋=200000元

所以:1张床=1000(元)÷200000(元)=1/200(间屋)

数学就是研究客观存在的同一性、等同性和通约性以及数量关系和空间形式的科学。

[1]中共中央马克思恩格斯列宁斯大林著作编译局译:《资本论》第一卷,北京:人民出版社,2004年,第74页。
[2]中共中央马克思恩格斯列宁斯大林著作编译局译:《资本论》第一卷,北京:人民出版社,2004年,第75页。
[3]中共中央马克思恩格斯列宁斯大林著作编译局译:《资本论》第一卷,北京:人民出版社,2004年,第75页。
[4]中共中央马克思恩格斯列宁斯大林著作编译局译:《资本论》第一卷,北京:人民出版社,2004年,第75页。
[5]中共中央马克思恩格斯列宁斯大林著作编译局译:《资本论》第一卷,北京:人民出版社,2004年,第63-64页。

所以,能够用数学的方法进行运算的客观存在都有等同性,也都有可通约性。虽然使用价值本身不能通约,但使用价值却可以化为同一的货币进行通约。货币是价值的代表,价值是使用价值的同一性。

在英国经济学家威廉·配第之前的两千多年里,关于政治经济学的见解只是零星地出现在一些学者的著作里。直到 1662 年配第出版《赋税论》,才使政治经济学的研究从表象进入本质,价值由什么决定的问题才有了进展。他在该书中提出了商品中所含的同质的价值,是由劳动量和劳动时间决定的。他的这个发现,把政治经济学向前推进了一大步。

经济学研究的一个重要方面是商品的市场价格问题。配第试图研究市场价格涨落的原因。他提出,商品市场价格围绕一个中心涨落,这个中心就是商品的价值(当时威廉·配第称之为"自然价格"),而商品的价值由劳动时间决定,劳动时间代表劳动量。他还提出了商品的价值量与劳动量成正比,与劳动生产率成反比。马克思的研究,采用了威廉·配第学说的科学成分。

威廉·配第创立了劳动价值论的雏形,他也"觉得自己是一门新科学的奠基者"[1],但由于他还没有弄清价值是什么,没有厘清价值与交换价值、交换价值与价格、价值与使用价值等政治经济学的基本概念,也就谈不上使政治经济学成为一门真正的科学。马克思是一个极其谦逊的人,他从不贬低前人研究的科学成果。他说:"把商品归结于二重形式的劳动,即把使用价值归结于实在劳动或合乎目的的生产活动,把交换价值归结于劳动时间或相同的社会劳动,是古典政治经济学一个半世纪以上的研究得出的批判性的最后成果;古典政治经济学在英国从威廉·配第开始,到李嘉图结束,在法国从布阿吉尔贝尔开始,到西斯蒙第结束。"[2]马克思虽然认为 1699 年威廉·配第出版的《政治算术》是他引导政治经济学作为一门独立科学分离出来的最初形式,称赞配第是"英国国民经济学之父"[3]。但配第并没有创建出一套完整的政治经济学理论体系。这种情况符合科学发展的规律。一个人的生命是有限的,认识也是有限的,只要在有限的生命过程中,对某一方面的科学研究取得一定的成果,他就值得后人尊敬。马克思所反对的,是只看现象不看本质,只为辩护而辩护、就现象论现象的伪科学,或称之为庸俗经济学。可见马克思治学态度的严谨。

继配第之后,法国经济学家弗朗斯瓦·魁奈(1694—1774 年)于 1758 年发表了《经济表》。《经济表》中所含的一个基本思想是,人们在市场上进行的商品交换都是按照等价原则进行的,这便是著名的被后人称道的价值规律。在《经济表》一书中,魁奈第一次依

---

[1]《马克思恩格斯全集》第 31 卷,第 2 版,北京:人民出版社,1998 年,第 446 页注释。

[2]《马克思恩格斯全集》第 31 卷,第 2 版,北京:人民出版社,1998 年,第 445 页。

[3]《马克思恩格斯全集》第 31 卷,第 2 版,北京:人民出版社,1998 年,第 447 页注释。

经济生产把社会划分为阶级,提出了国民由三个阶级即生产者阶级(农业劳动者)、土地所有者阶级和不生产阶级(所有从事农业以外的其他职务和其他工作的市民)所组成。农业是社会最重要、最基本的生产部门,因而土地所有者阶级是处于支配地位的阶级,农业生产者阶级受土地所有者阶级支配,从事商业活动的阶级受农业生产者阶级支配。魁奈的阶级划分理论,没有把雇佣工人划分为独立的阶级。他认为只有农业劳动创造"纯产品",也就是商品的价值超过生产价值的余额部分,即剩余价值,剩余价值不在流通领域产生。他认为这种纯产品是由自然力的作用引起的,工业没有自然力的参与,所以工业不生产纯产品即剩余价值,这显然是错误的。他还区分了资本的"原预付"(固定资本)和"年预付"(流动资本)。由于魁奈没有科学的价值概念,所以他所说的等价交换是商品生产费用相等的交换,他的这个观点被后来的经济学家发展成为生产费用决定价值的庸俗理论。由于魁奈不知道价值是什么,认为价值是一种物质,能够感触到,实际上是把价值与使用价值混淆了。由于魁奈认为只有农业才是生产部门,才创造财富,所以他及他的追随者被经济学界称为重农学派,魁奈为法国重农学派的创始人。他的这些思想既有许多错误,也有科学成分,他的探索有局限性,因而不可能打造出一个科学的政治经济学体系。即使如此,马克思还是为他总结了他在经济学上的所有成就,给予他及重农学派的剩余价值理论以很高评价。马克思认为,魁奈"把握住了主要问题,这要归功于他的有限的眼界,即认为农业是使用人类劳动来生产剩余价值的唯一领域,就是说,从资本主义的观点看,是唯一的真正生产的领域"[1]。在评价他的理论体系时,马克思说:"……重农主义体系是对资本主义生产的第一个系统的理解。"[2]评价他的代表作《经济表》时,马克思说:"但是,实际上,这是一种尝试:把资本的整个生产过程表现为再生产过程,把流通表现为仅仅是这个再生产过程的形式;把货币流通表现为仅仅是资本流通的一个要素;同时,把收入的起源、资本和收入之间的交换、再生产消费对最终消费的关系都包括到这个再生产过程中,把消费者和生产者之间(实际上是资本和收入之间)的流通包括到资本流通中;最后,把生产劳动的两大部门——原料生产和工业——之间的流通表现为这个再生产过程的要素,而且把这一切总结在一张《表》上,这张表实际上只有 5 条线,连结着 6 个出发点或归宿点。这个尝试是在 18 世纪 30 至 60 年代政治经济学幼年时期作出的,这是一个极有天才的思想,毫无疑问是政治经济学至今所提出的一切思想中最有天才的思想。"[3]马克思也指出了他及他的学派错误的原因:"对于重农学派来说,也像对他们的反对者来说一样,争论的焦点倒不是哪一种劳动创造价值,而是哪一种劳动创造剩余价

---

[1]中共中央马克思恩格斯列宁斯大林著作编译局译:《资本论》第二卷,北京:人民出版社,2004 年,第 398-399 页。

[2]中共中央马克思恩格斯列宁斯大林著作编译局译:《资本论》第二卷,北京:人民出版社,2004 年,第 399 页。

[3]《马克思恩格斯全集》第 33 卷,第 2 版,北京:人民出版社,2004 年,第 414-415 页。

值。因此，他们还没有把问题在初级形式上解决，就先在复杂化了的形式上进行探讨，正如一切科学的历史进程一样，总要经过许多曲折，才能达到它们的真正出发点。"[1]

英国经济学家詹姆斯·斯图亚特(1712—1780年)于1767年出版了《政治经济学原理研究，或自由国家内政学概论》一书。他第一次提出了特殊社会劳动即抽象劳动生产交换价值，实在劳动即具体劳动生产使用价值，这是把价值从物质内容中分离出来的尝试。他模糊地猜测到了劳动的二重性；他还第一次提出了只有在资本主义社会才会把生产、占有交换价值作为社会生产的主要形式。他在经济学上的贡献也是马克思为他总结的。斯图亚特说："那种通过自身转让而创造出一般等价物的劳动，我称之为产业。"[2]马克思分析他这句话后指出："斯图亚特比他的前辈和后辈杰出的地方，在于他清楚地划分了表现在交换价值中的特有的社会劳动和获取使用价值的实在劳动之间的区别。"[3]他虽然没有说明价值是什么，但在价值决定上，他说明了商品的实在价值决定于劳动时间，说明了资产阶级的生产是商品生产，把资产阶级价值生产的劳动同其他形式的劳动相区别。他对资本理解方面的功绩是，他指出了生产条件，也就是资本家的财产，同没有财产的无产者的劳动力的分离过程是如何发生的，虽然他还没有认识到这就是资本的产生过程。由于他对价值的概念不清，所以他说商品的价值决定于劳动时间，同时又混乱地加上工资和原料。他也没有弄清交换价值、价值、使用价值的区别和联系。例如，他把银器中所含的银叫作商品的内在价值，而把商品中所含的劳动时间叫作商品的使用价值。因而，他不可能形成一个科学的价值理论体系。但马克思却高度评价他为"建立了资产阶级经济学整个体系的第一个不列颠人"[4]。

英国经济学家亚当·斯密(1723—1790年)是一个集资产阶级经济学劳动价值论之大成的人，是把资产阶级经济学发展为一个整体的经济学家。他第一个明确提出劳动是物质财富或使用价值的唯一源泉；第一次系统阐述了劳动价值论的基本原理；区分了交换价值和使用价值；阐述了价值规律的作用；探讨了价值与价格的关系、剩余价值的起源；区分了简单劳动和复杂劳动；第一次明确指出交换以占有为基础；他还提出了"经济人"假设，认为人的一切活动都是从利己目的出发的。他于1776年出版的《国民财富的性质和原因的研究》(又称《国富论》)，是他的代表作。这些年有的经济学家津津乐道斯密关于市场调节是"看不见的手"，关于人都是利己的"经济人"假设，并企图以此来否定人民政府这只"看得见的手"的作用。他们不研究斯密的哪些经济学论述是科学的，哪些是不科学的。马克思则对斯密的思想研究得非常透彻，指出了斯密的功绩和不足。马克思对斯

[1]《马克思恩格斯全集》第31卷，第2版，北京：人民出版社，1998年，第451页。
[2]《马克思恩格斯全集》第31卷，第2版，北京：人民出版社，1998年，第452页。
[3]《马克思恩格斯全集》第31卷，第2版，北京：人民出版社，1998年，第452页。
[4]《马克思恩格斯全集》第31卷，第2版，北京：人民出版社，1998年，第451页。

密的总体评价是:"在亚当·斯密那里,政治经济学已发展为某种整体,它所包括的范围在一定程度上已经形成,因此,萨伊能够肤浅而系统地把它概述在一本教科书里。"[1]

在斯密之前,有的人认为只有农业劳动才是社会财富的真正源泉,有的人认为工场手工业是社会财富的真正源泉,有的人认为航海业、商业等是财富的真正源泉,而斯密则坚持劳动创造价值,商品价值决定于商品中包含的已耗费的劳动量,即劳动时间;分工的劳动是社会总体劳动的一部分,财富都是由劳动总体创造的,劳动是财富的唯一源泉。这是巨大的进步。因为只有坚持劳动创造价值和使用价值,才能揭示资本主义生产是榨取活劳动剩余价值的生产。但是,亚当·斯密忽视了自然因素,他没有看到自然因素也形成财富。马克思说:"在农业、工场手工业、航海业、商业等等实在劳动的特殊形式轮流地被看作是财富的真正源泉之后,亚当·斯密宣布劳动一般,而且是它的社会的总体形式即作为分工的劳动,是物质财富或使用价值的唯一源泉。在这里他完全没有看到自然要素,可是在纯粹社会财富即交换价值的领域内,自然要素却追跟着他。"[2]

斯密发现了生产力的发展同资本主义分工有密切的联系。马克思说:"亚当·斯密在这里非常确切地指出,劳动生产力真正大规模地发展,只是从劳动变为雇佣劳动,而劳动条件一方面作为土地所有权,和另一方面作为资本同劳动相对立的时刻才开始的。因而劳动生产力的发展只是在劳动者自己再也不能占有这一发展成果的条件下才开始的。"[3]

资本主义分工为什么可以促进生产力的发展? 这是因为,掌握社会权力者,可以利用权力强制性地使一部分人失去生产资料,比如失去土地,把他们逼到一无所有的境地,迫使他们进行艰苦劳动。随着生产力的发展,科学技术也发展起来。当科学家、工程师等脑力劳动者和技工、普工等体力劳动者之间,被生产资料所有者分隔,生产资料所有者又通过机器使他们结合,这样的分工和合作,促进了劳动生产力的更快速发展。但是,这种分工与合作促使生产力发展的成果,更多地被生产资料所有者占有了。马克思说:"关于分工,亚当·斯密没有提出任何一个新原理。人们把他看作工场手工业时期集大成的政治经济学家,是因为他特别强调分工。"[4]

亚当·斯密指出,利润、利息和地租都是工人劳动产品的扣除部分,即工人劳动所创造的剩余价值。虽然此时斯密还没有弄清劳动力价值和劳动价值的区别,常常把二者混为一谈,但他对剩余价值来源的认识是坚定的,这是因为他坚持了商品价值决定于劳动时间这一看法。马克思说:"斯密的这种摇摆不定以及把完全不同的规定混为一谈,并不妨

---

[1]《马克思恩格斯全集》第34卷,第2版,北京:人民出版社,2008年,第182页。

[2]《马克思恩格斯全集》第31卷,第2版,北京:人民出版社,1998年,第453页。

[3]《马克思恩格斯全集》第33卷,第2版,北京:人民出版社,2004年,第46页。

[4]中共中央马克思恩格斯列宁斯大林著作编译局译:《资本论》第一卷,北京:人民出版社,2004年,第404页注(44)。

碍他对剩余价值的性质和来源的探讨,因为斯密凡是在发挥他的论点的地方,实际上甚至不自觉地坚持了商品交换价值的正确规定,即商品的交换价值决定于商品中包含的已耗费的劳动量或劳动时间。"[1]由于他坚持劳动创造价值,所以他关于剩余价值来源的观点,比魁奈的重农学派前进了一大步。马克思说:"在重农学派的著作中,创造剩余价值的,仅仅是一个特定种类的实在劳动——农业劳动。因此,他们考察的是劳动的使用价值,而不是作为价值的唯一源泉的劳动时间,一般社会劳动。而在这特定种类的劳动中,实际上创造剩余价值的又是自然,即土地,而剩余价值被归结为物质(有机物质)的增加,归结为生产出来的物质超过消费了的物质的余额。他们还只是在十分狭隘的形式中考察问题,因而夹杂着空想的观念。相反,在亚当·斯密的著作中,创造价值的,是一般社会劳动(它表现为哪一种使用价值,是完全无关紧要的),仅仅是必要劳动的量。剩余价值,无论它表现为利润、地租的形式,还是表现为派生的利息形式,都不过是劳动的物的条件的所有者在同活劳动的交换中占有的这种劳动的一部分。因此,在重农学派看来,剩余价值只表现为地租形式,而在亚当·斯密看来,地租、利润和利息都不过是剩余价值的不同形式。"[2]

斯密还把利润同剩余价值混淆起来。马克思认为,剩余价值是相对于活劳动的价值而言的,利润率是剩余价值相对于资本家投资的总资本而言的。如果混淆了二者,一是会减轻资本家的剥削度,二是会造成资本、土地和机器也创造剩余价值的假象。究其原因,是斯密不知道价值是什么所致。正如马克思所说:"总之,应当注意亚当·斯密书中的奇怪的思路:起先他研究商品的价值,在一些地方正确地规定价值,而且正确到这样的程度,大体上说,他找到了剩余价值及其特殊形式的源泉,也就是他从商品价值推出工资和利润。但是后来,他走上了相反的道路,又想倒过来从工资、利润和地租的自然价格的相加数来推出商品价值(他已经从商品价值推出了工资和利润)。正由于后面这种情况,斯密对于工资、利润等等的波动给予商品价格的影响,没有一个地方作出了正确的分析,因为他没有基础。"[3]马克思这里所说的基础,就是"价值是什么"这个经济学的元问题。

斯密在肯定劳动创造价值的同时,虽然坚持了价值量就是劳动时间这一科学原理,正确指出了剩余价值的来源;但由于他没有弄清价值是什么,没有理清劳动和劳动力的区别,不知道资本家在市场上付出的是劳动力价值的等价,而劳动力在工厂里劳动,创造的价值可以超出资本家在市场上所付出的劳动力价值,所以,在价值决定于劳动这个问题上,他陷入了困难。他说,商品的价值由购买的劳动决定,而购买的劳动就是活劳动,购买活劳动需付出工资,而工资就是价值,也就是说,价值由价值决定,这当然是不科学的。再

[1]《马克思恩格斯全集》第 33 卷,第 2 版,北京:人民出版社,2004 年,第 47 页。
[2]《马克思恩格斯全集》第 33 卷,第 2 版,北京:人民出版社,2004 年,第 62 页。
[3]《马克思恩格斯全集》第 33 卷,第 2 版,北京:人民出版社,2004 年,第 75 页。

比如,他认为资本购买的活劳动所创造的劳动物,除了自己的工资外,还要给资本家交利润,给地主交地租,所以,只说价值由购买的活劳动决定还不够,还需由利润、地租决定。也就是说,劳动价值不仅仅是劳动创造的,还是由工资、利润、地租共同决定的,显然这与他的劳动价值论相矛盾。马克思分析他出现错误的原因时说:他不仅"把收入看成是商品价值的源泉,不把商品价值看成是收入的源泉,这是一种颠倒"[1]。而且"他没有区分劳动本身的二重性,这就是,劳动作为劳动力的耗费创造价值,而作为具体的有用的劳动创造使用物品(使用价值)"[2]。马克思在肯定了他的成就和分析了他的错误后,赞誉他和李嘉图是"古典政治经济学的最优秀的代表人物"[3]。

后来,法国经济学家萨伊(1767—1832年)发展了斯密经济学说中的就现象论现象的庸俗成分,把政治经济学发展成为生产要素价值论、效用价值论和供需价值论。价值的本质是唯一的,价值决定的理论也只能是一种,如果价值由生产要素决定,那么,除生产要素价值论之外,其他的价值论就是假的;如果由效用决定,除效用价值论之外,其他价值论也不能存在;如果由供需决定,除供需价值论之外,其他价值论也不是科学。商品的价值,不可能由几个因素共同决定。所以,必须有一个使所有疑难都可得到解释的价值理论,解决价值问题必须有一个正确思路。

在斯密之后,英国经济学家大卫·李嘉图(1772—1823年)于1817年出版了《政治经济学及赋税原理》。在这本书里,他第一次详细说明了商品价值由劳动时间决定的原理,马克思对他这一点评价极高;第一次正确区分了价值与交换价值;区分了熟练劳动和非熟练劳动、直接劳动和间接劳动,他认为直接劳动创造新价值,间接劳动转移价值;他提出了必要劳动的概念;他认识到了商品是使用价值和价值的统一;发展了剩余价值和级差地租的学说。他是英国资产阶级古典政治经济学的完成者。

李嘉图不同于斯密的地方,是斯密有时认为商品的价值决定于已耗费的劳动量,即用劳动时间来计量的劳动量,有时认为商品的价值决定于用这个商品可以购买到的劳动量,价值决定是二元的。李嘉图认为,生产商品的劳动即用时间计量的劳动的量,大于在市场上用商品交换所购买的劳动的量。实际上,这是指出了剩余价值来源于工厂生产而非市场交换。

李嘉图从商品的价值决定于劳动时间这一规定出发,研究了其他的经济关系同这个规定是否矛盾。马克思说:"大卫·李嘉图与亚当·斯密相反,他十分清楚地作出了商品价值决定于劳动时间这一规定,并且指出,这个规律也支配着似乎同它矛盾最大的资产阶级生产关系。"[4]他指出了这一规定只适用于工业生产的自由竞争的商品。马克思说:

[1]中共中央马克思恩格斯列宁斯大林著作编译局译:《资本论》第二卷,北京:人民出版社,2004年,第424页。
[2]中共中央马克思恩格斯列宁斯大林著作编译局译:《资本论》第二卷,北京:人民出版社,2004年,第418页。
[3]中共中央马克思恩格斯列宁斯大林著作编译局译:《资本论》第一卷,北京:人民出版社,2004年,第99页。
[4]《马克思恩格斯全集》第31卷,第2版,北京:人民出版社,1998年,第454页。

"实际上,这不过是说,价值规律的充分发展,要以大工业生产和自由竞争的社会,即现代资产阶级社会为前提。"[1]李嘉图从商品价值决定于劳动时间这一规定出发,研究了交换价值与效用的关系。他认为效用是物的有用性,虽然对于物的交换来说是不可缺少的,但不能成为交换的尺度,即不能把效用等同于价值。

李嘉图的研究方法,与只把生产过程外部表现出来的东西按照表现的样子加以描写、分类、叙述并归入简单概括的概念之中的庸俗经济学家的不同,他从价值决定于劳动时间这一规定出发,揭示了资本主义生产关系的内在联系,揭示了资本主义社会的表面运动同它的实际运动之间的矛盾,努力使劳动价值论成为一门科学。马克思说:"李嘉图在科学上的巨大历史意义也就在这里。"[2]

但是,李嘉图理论的缺陷也是明显的:一是他只研究了商品的价值量决定于劳动时间,没有指出商品的价值到底是什么。因此,他常常把商品在市场上用货币表现的交换价值当成商品的价值,也就是把价值形式当成价值本身了。他也不知道劳动力价值与劳动价值是不等量的,因而也就无法解决资本同劳动相交换如何同价值规律相符合的问题。既然商品的价值由劳动决定,但遵照等价交换原则,资本家在市场上购买了工人的劳动,而在工厂里,工人通过劳动生产出商品,二者是等价的,但为什么会产生出利润来?二是他没有分清固定资本、可变资本和流动资本。他不知道剩余价值只与可变资本有关,而利润则与全部资本有关。他不知道利润同剩余价值的区别,解决不了剩余价值如何转化为一般利润率,不知道价格与价值的区别,不知道价值如何转化为价格,所以他也就解决不了等量社会资本获得等量利润的难题。在他之后,他的弟子们始终无法解决这两个难题,最终导致李嘉图学派的解体。

约翰·法兰西斯·布雷(1809—1895年),英国空想社会主义者。他在1839年出版的《劳动的诸弊病和劳动的救济》一书中,以李嘉图的学说为依据,第一次提出了引起劳动和资本不等价交换的根源是私有制。虽然斯密曾提出交换以占有为基础,但他没有论述劳动和资本不等价交换的根源是什么。布雷这样提出问题,实际上是把权力与占有引进了政治经济学。可能他自己没有意识到这一点,后人对这一点关注也不多。

马克思详细研究了政治经济学的基本材料,汲取了前人研究的科学成果,批判了其中的错误,指出了某些经济学家的庸俗性,使政治经济学沿着科学的道路前行。马克思之后的经济学家,除了在具体的经济学运用方面有所建树外,在理论经济学方面成就不多。所以,要建立社会主义经济学,必须以马克思的基本理论为基础,吸取资产阶级经济学的有益成分,以习近平新时代中国特色社会主义思想为指导,总结我国改革开放的实践经验并

[1]《马克思恩格斯全集》第31卷,第2版,北京:人民出版社,1998年,第454页。
[2]《马克思恩格斯全集》第34卷,第2版,北京:人民出版社,2008年,第184页。

系统化。否则,建立社会主义经济学也只能是一句空话。

四、马克思以劳动二重性学说为基点构建政治经济学学科大厦

马克思以他的劳动二重性学说为基点,对商品价值的构成进行分析,对不变资本与可变资本、劳动与劳动力予以区别后进行演绎,使政治经济学成为像自然科学一样的科学。所以,要理解马克思主义劳动价值论,就必须了解马克思著名的劳动二重性学说和与之有关的基本问题。

（一）马克思著名的劳动二重性学说

劳动二重性学说的重大意义在于解决了价值是什么的问题。马克思对这一点也很自豪,他说:"商品中包含的劳动的这种二重性,是首先由我批判地证明的。这一点是理解政治经济学的枢纽。"[1]马克思从解剖"商品"这个抽象具体中,发现了商品的二因素和与之对应的劳动的二重性。

1.商品的二因素。商品这个抽象的概念中所包含的使用价值和价值,被马克思称为商品的二因素。如果人们生产的产品不是自己使用,而是为了同别的产品相交换,这种生产就是商品生产。商品是用于交换的劳动产品。人们之所以进行商品交换,是为了获得商品的使用价值,不同的商品有不同的使用价值。商品之所以能够相互交换,是因为商品有交换价值。商品之所以有交换价值,是由于不同的商品具有相同的价值。

2.劳动的二重性。马克思在发现商品的二因素后,继续追问:商品的二因素是怎么来的,与什么有关？他发现,商品的二因素与劳动的两种形式即具体劳动和抽象劳动有关,具体劳动和抽象劳动被马克思称为劳动的二重性。所谓具体劳动,就是以具体形式进行的创造各种财富的劳动。人们通过劳动,制造出对人有用的物品,如电脑、桌子、衣服、汽车、卫星、飞机等等。制造这些有用物品时,劳动所使用的工具不同、材料不同、技术不同、劳动条件不同、劳动强度不同、劳动时间不同,因此,每一种劳动和每一次劳动都是具体的,所以叫具体劳动。

所谓抽象劳动,就是各种具体劳动的一般性和共同性。虽然各种具体劳动的形式不同、方式不同、内容不同、结果不同,但是,它们都是人的劳动,不是某种动物的活动。"劳动"这个词,就是对人创造物质财富活动的抽象,是各种不同的具体劳动的共同性、一般性、同一性的抽象。为了与具体劳动相区别,马克思把各种具体劳动的共性即一般性称之为抽象劳动。抽象劳动与具体劳动不是两次劳动,而是一次劳动的两个方面,这便是劳动

---

[1]中共中央马克思恩格斯列宁斯大林著作编译局译:《资本论》第一卷,北京:人民出版社,2004年,第54-55页。

的二重性。马克思认为,商品的价值由抽象劳动所形成。抽象劳动形成劳动价值是马克思的伟大发现。

3. 商品的二因素与劳动二重性的关系。商品的使用价值和价值与劳动的二重性即具体劳动和抽象劳动相对应,具体劳动创造使用价值,抽象劳动形成价值。商品是使用价值和价值的统一体,世上没有离开使用价值独立存在的价值。商品是劳动产品,而劳动则体现了具体劳动和抽象劳动的统一,世上没有离开具体劳动的抽象劳动,也不可能有没有一般性的具体劳动。

4. 马克思的劳动二重性学说是科学的。马克思关于抽象劳动的概念,符合哲学关于一般性和具体性的关系原理。有的哲学家称一般性为共性,或者为普遍性。有的哲学家称具体性为个别性,或者为特殊性。

任何一类事物,都有其一般性和具体性。人们对具体性的认识,多是通过观察客观把握的,人们通过眼睛看到的,多是具体的。对于一般性,往往是通过抽象把握的。比如,人,就人而言,有白种人、黑种人、黄种人;就性别而言,有男性和女性;等等。为什么把他们统称为"人"呢?这是因为,虽然这些具体的人无一相同,但他们都有人的一般特征。根据哲学原理,用一个抽象的"人"就把握住了这些具体的不相同的人的一般性。如果人们只说"人",肯定不是指具体的人,而是指抽象的人。人们用抽象的"人"把人与其他动物区别开来。如果说到具体的人,那就不仅与别的动物相区别,而且还与其他人相区别。马克思关于抽象劳动形成价值的理论,有深刻的哲学依据和哲学意义。

马克思主义劳动价值论创立 100 多年来,有的经济学家一直对这个问题不理解,不断提出质疑。如果不知道一般性需用抽象思维来把握,不了解哲学的一般原理,就有可能只在具体的应用经济研究中取得成就,不可能在经济学基础理论研究方面有较大作为。

毛泽东曾就改革教育说过如下一段话,其中就谈到了抽象与具体的关系,对我们认识马克思的劳动二重性学说可能有帮助。他说:"其实,入小学前的小孩,一岁到七岁,接触事物很多。二岁学说话,三岁哇啦哇啦跟人吵架,再大一点就拿小工具挖土,模仿大人劳动。这就是观察世界。小孩子已经学会了一些概念。狗,是个大概念。黑狗、黄狗是小些的概念。他家里的那条黄狗,就是具体的。人,这个概念已经舍掉了许多东西,舍掉了男人、女人的区别,大人、小孩的区别,中国人、外国人的区别……只剩下了区别于其他动物的特点。谁见过'人'?只能见到张三、李四。房子的概念谁也看不见,只看到具体的房子,天津的洋楼,北京的四合院。"[1]

5. 劳动价值用劳动时间来计量。用劳动时间作价值计量的单位,是威廉·配第发现

---

[1]《毛主席论教育革命》,北京:人民出版社,1967 年,第 24-26 页。

的。一般来说,在现代科学研究中,对一门科学的基本问题,多是先进行定性研究,尔后进行定量研究。但在经济学中,价值先被定量,而后才被马克思定性。任何科学都是在继承中发扬光大的,都是在前人创造的基础上再发展的。马克思在发现了劳动价值是什么后,继承了前人用劳动时间作为价值计量单位的成果,解决了劳动价值的定性和定量问题,使劳动价值论成为真正的科学。

6. "劳动价值是什么"的解决是马克思的一大功绩。恩格斯在马克思墓前的演说中,颂扬了马克思一生的两大发现:一是历史唯物主义,二是剩余价值理论。其实,马克思关于价值是什么的发现,才是历史唯物主义和剩余价值理论伟大发现的基点。马克思的发现,解决了经济学界两千多年没有解决的问题。我们只有对这个问题有一个清醒的认识,才会了解马克思主义劳动价值论为什么是科学,才会知道马克思主义劳动价值论为什么否定不了,才能明白经济学为什么必须沿着马克思开辟的道路前行。

在马克思之前的经济学家中,虽然经过多人探索,已经弄明白了商品的价值决定于劳动时间;分清了价值、使用价值、交换价值、价格;发现了剩余价值;对生产、分配、消费等问题有了一些初步的研究。政治经济学虽然在沿着科学的道路发展,但政治经济学的理论仍处于碎片化状态,远没有达到构建起它的理论体系骨架的程度。其中有两个问题是最关键的:一是"价值是什么"这个元问题没有得到解决。如果一门科学解决不了它所研究的元问题,那么就无从谈起这门学科已经建立或可以建立。二是经济学研究的非常重要的一个方面,即与一定的生产方式相联系的生产关系、社会关系还没有得到研究,经济学研究的对象还非常模糊,因而经济学还不能算一门科学。人们研究经济学的目的是要寻求人类社会关于生产、交换、分配和消费的规律,从与生产方式相适应的生产关系、社会关系中寻找人类社会发展的规律,以求得人类在更加平等、公正、公平、自由、民主的基础上创造更多的财富,实现人类社会的和谐共进。因此,在这两个问题没有解决前,谈论经济学科已经成熟还为时尚早。马克思之前的资产阶级经济学家的研究非常重要,但也只能说他们为经济学大厦的建造准备了不少砖、瓦、木料和构件,而经济学真正成为一门科学,还是由马克思构建的。

可能有人置疑:西方那么多经济学家的经济理论,比如斯密的"经济人假设",门格尔的边际效用价值论,马歇尔的供需价值论,形形色色的诸如知识价值论、创新价值论,主张政府干预经济、实行货币扩张政策以扩大就业和生产的凯恩斯经济理论,还有一些诺贝尔经济学奖得主如萨缪尔森的经济学,库兹涅茨的经验统计学,里昂惕夫的投入产出分析法,哈耶克的新自由主义,以及制度经济学、福利经济学等等经济学说,被不少的经济学家所津津乐道,难道它们都不是科学?如果按照构成科学的要素进行思考,它们在解决实际问题上的具体方法,可能是科学的,但他们的学说尚不能构成科学经济学科的基础。一门科学学科必须具有科学的含义,还必须符合以下四点要求:一是有这门学科的"元问题"。二是有围绕解决"元问题"依据历史和现实所探讨的正确理论支撑。三是要经过一代代人的传承积累。四是要经过实践的检验。西方有的基础理论比如主观效用价值论把价值视为人的主观想象,当然不科学;有的是循环论证,也就谈不上科学。高鸿业教授的话非常经典:"科学研究的进展所取得的成果往往是积累性的,而西方经济学却不是如此。在一般的科学领域中,随着研究的进展,新的理论不断建立,而原有的正确理论会被保留起来,因此,一门科学所积累的正确知识越来越多。例如,在物理学中,牛顿力学固然能解释宏观物体的运行,却对原子核内部的粒子运动不能加以论证。物理学的进展使它在保留原有的牛顿力学之外又增添了原子理论,从而,物理学在解释宏观物体运行之外,还能对原子内部的运动情况加以说明。因此,随着时间的进展,物理学所含有的正确知识越来越多,所能运用的范围也日益广阔。"[1]"然而,西方经济学情形却不同于此。本书(指高鸿业主编的《西方经济学》——本书作者注)的内容表明,随着历史条件的变迁,新的理论往往完全排斥掉旧的学说,新旧之间的关系不是相互补充而是相互排斥,因此,正确的理论(如果存在的话)并不能随着时间的进展而被积累起来,从而得以增加其数量。例如,边际效用论的出现完全排斥掉了古典学派的劳动价值论;在1936年出现的凯恩斯定律压倒了原有的萨伊定律,而在目前的情况下,相反的关系又可能形成……学说的流行不取决于其内在的正确性,而要看历史发展的条件而定。这种随着历史条件的变迁而改变其基本内容的理论体系显然谈不上什么永恒的科学真理。"[2]科学的理论要经过实践检验,但西方的很多理论都经不起实践检验。西方有学者就曾指出,萨缪尔森所谓的有意义的经济理论,没有一个受到过实践验证。现行的很时髦的主张私有化的新自由主义,经过苏联的实践检验已经证明,以它为社会主义建设的指导,走私有化道路,绝对是一条不归路。有的西方经济学说,只是为资本主义的不平等制度辩护,成为阶级的辩护学,因此也就失去了它的科学性。马克思称那些为资产阶级剥削制度辩护的经济学是庸俗经济学的原因也在于此。在西方某些非科学的经济学中,也可能会有科学成分,有的经济学说,虽然在总体方面是错误的,但在解决实际具体问题时,也可能会创造出针对某个问题的正确的解决方法,但不能因此称其为科学的经济学科。现在经济学界把经济学分为宏观经济学和微观经济学。这两个部分的理论依据各不相同,因而不能统一。

有人可能认为,马克思主义劳动价值论经过社会主义国家的实践检验,失败了,因此也不是科学。这种说法罔顾事实。马克思主义劳动价值论论证了资产阶级剥削的不合理性,实行生产资料公有制是消灭剥削的基础,是实现平等、公正、公平的唯一途径,按社会

---

[1]高鸿业主编:《西方经济学》第4版,北京:中国人民大学出版社,2007年,第765页。
[2]高鸿业主编:《西方经济学》第4版,北京:中国人民大学出版社,2007年,第765页。

需要进行生产是消除生产过剩的有效方法。现实世界的变化,包括资本主义的变化,比如企业的股份化,公益事业的发展,社会福利的增加,这难道不是马克思所指出的资本主义在消亡过程中的扬弃吗? 基础理论只是方向性指导,而不代替具体操作过程。如果一两次人造地球卫星发射失败就否定物理学定律,那就是幼稚可笑的。马克思的研究,虽然是系统的、全面的、科学的,但是,马克思的学说不包治百病。对于未来的社会主义社会,他没有研究,也不可能研究,因为没有可供研究的资料;但如果因此说在资本主义全球化扩张的时代他的学说过时了,那就十分的浅薄了。

(二)马克思关于商品价值的划分和价值量决定

马克思在解决了价值是什么的问题之后,又对商品价值进行了再划分,区分了可变资本和不变资本、劳动和劳动力,对价值予以定性并定量,研究了价值的表达形式,人们对价值运用的规律,价值在人类社会生产中的地位和作用,深入地研究了资本主义的生产方式、生产关系和社会关系。

资本主义生产是商品生产,但资本家不是为人民大众的幸福进行商品生产,而是为了自己发财而进行商品生产。为什么在私有制条件下发展商品生产可以发财? 这是由于商品价值中包括有剩余价值。剩余价值是怎么来的? 马克思在对价值定性之后,开始对此问题进行详细分析。

1. 马克思把商品的价值划分为三个部分。一个由劳动生产出来用于出卖的商品,生产厂商定价的时候,依据的是商品的价值。马克思在论述了劳动二重性原理和商品的价值形式后,对商品价值进行了划分。商品的价值包含三个部分:第一部分是不变资本,是指在生产商品时,生产厂商购买土地、机器、厂房、原材料等生产资料所付出的价值,用符号 c 表示。第二部分是可变资本,是指生产厂商在生产商品前在市场上购买劳动力付出的价值,即工资,用符号 v 表示。第三部分是剩余价值,是指资本家没有付出任何成本而获得的价值,用符号 m 表示。如果用 W 表示商品价值,那么,一个商品的价值构成可用下式表达:

$$W = c+v+m$$

2. 马克思区分了不变资本和可变资本。区分不变资本和可变资本,在马克思的劳动价值论中有重要意义。虽然魁奈曾经区分过资本在农业领域的"原预付"和"年预付",斯密把"原预付"称为固定资本,把"年预付"称为流动资本,但他们都不了解研究固定资本和可变资本的真正意义。

马克思认为,只有劳动才创造价值,土地、机器、厂房、原材料这些死的物不会创造价值和剩余价值。这些物的价值只能在生产过程中,通过活劳动的作用转移到新产品中去,这部分资本是不变的。

马克思认为,生产商在市场上购买的劳动力价值与生产资料价值不同。劳动力不但在劳动中能创造出与自身价值相等的价值,还能创造出超过自身价值的价值,即剩余价值,所以,劳动力价值是可变的。这是因为,虽然在生产前,资本家付出了劳动力的价值即工资,但由于生产资料属于私人所有,劳动力一旦进入工厂就身不由己了。资本家可以以解雇他们相威胁,或使劳动者加班加点,或增加劳动强度,使劳动者为资本家创造超过劳动力价值的剩余价值。资本家办厂,就是为了在把商品卖出去以后,除收回生产资料及原材料和雇佣劳动力所付出的工资等成本外,还要占有由劳动力创造的剩余价值而发财。

人们都知道,资本主义发生经济危机是因为生产过剩。但是,生产并不是真的过剩了,而是相对过剩。因为剩余价值只是在生产中产生,所以,资本家会拼命扩大生产规模。因为只有把商品卖出去才能实现商品的价值和剩余价值,而工人的工资不足以购买那些日益增多的产品,所以,当商品积压时,就会发生经济危机。因此,销毁相对剩余的产品,发动侵略战争以抢占国际市场等手段就成为资本主义国家的必然选择。

3. 马克思区分了劳动和劳动力价值。劳动是指人的生产活动。人通过劳动活动,把不能用的物品变为能够使用的物品。马克思曾对劳动下过一个比较贴切的定义:"劳动首先是人和自然之间的过程,是人以自身的活动来中介、调整和控制人和自然之间的物质变换的过程。"[1]劳动力就是具有劳动能力的人。马克思区分劳动和劳动力,解决了政治经济学上的资本和劳动相交换与价值规律不相符的问题。例如,生产厂商在市场上购买劳动者的劳动,花费价值为日值100元,劳动者在工厂里进行劳动,所生产的商品也值100元。如果像李嘉图所说,生产的劳动与购买的劳动相交换,就什么也剩不下,资本家也就发不了财。资本家若不能发财,办厂干什么? 怎么解决这个问题,难倒了很多经济学家。

在马克思区分了劳动和劳动力之后,这个问题就迎刃而解了。原来,劳动和劳动力不是一回事。劳动是劳动力的活动,没有价值。恩格斯在1885年《资本论》第二卷序言中说:"劳动作为创造价值的活动,不能有特殊的价值,正像重不能有特殊的重量,热不能有特殊的温度,电不能有特殊的电流强度一样。作为商品买卖的,不是劳动,而是劳动力。"[2]劳动力的买卖,是按照劳动力的价值在市场上遵循等价交换原则进行的。恩格斯在该序言中说到马克思区别劳动和劳动力的意义时说:"他研究了货币向资本的转化,并证明这种转化是以劳动力的买卖为基础的。他以劳动力这一创造价值的属性代替了劳动,因而一下子就解决了资本和劳动的相互交换与李嘉图的劳动决定价值这一规律无法

---

[1]中共中央马克思恩格斯列宁斯大林著作编译局译:《资本论》第一卷,北京:人民出版社,2004年,第207-208页。

[2]中共中央马克思恩格斯列宁斯大林著作编译局译:《资本论》第二卷,北京:人民出版社,2004年,第24页。

相容这个难题。"[1]资本家正是看到了劳动力与劳动不是一回事,劳动力商品可以通过劳动创造出超过自身价值的这一特性,才在市场上购买劳动力,凭借生产资料所有权,在工厂中强迫劳动力创造出剩余价值并占有剩余价值。恩格斯说,马克思关于剩余价值的理论,"好像晴天霹雳震动了一切文明国家。"[2]

4. 商品的具体价值量与劳动生产率。要进行商品价值的定量研究,必须首先弄清商品的价值量是如何决定的。马克思认为,个别的具体的商品价值量与实现在商品中的劳动量成正比,与这一劳动的生产力成反比。如果劳动强度一定,技术条件一定,工作环境一定,生产工具一定,劳动生产率一定,商品中体现的劳动量就表现为劳动时间,劳动时间越长,商品的价值越多。如果劳动生产率不同,根据劳动生产率 $=\dfrac{产品数量}{劳动时间}$ 的表达式,劳动生产率越高,生产的产品数量越多,则单位产品形成的时间越短,价值量越少。

5. 商品的价值量由社会必要劳动时间决定。有人可能要问:一个人越懒,技术越不熟练,生产一种商品花费的时间越多,他的商品价值越大,他就越赚钱?马克思说,不是这样的,商品的价值由社会必要劳动时间决定。

社会必要劳动时间是在现有的社会正常的生产条件下,在社会平均的劳动熟练程度和劳动强度下制造某种使用价值所需要的劳动时间。有人认为,社会必要劳动时间是决定商品价值实现的规律。在市场上,商品是按它的社会必要劳动时间出售的。个别商品的价值必须平均化为社会必要价值才能实现。因此,一个商品生产的时间长,价值多,可能会亏钱而不赚钱。比如,甲生产一双鞋用 6 小时,乙做一双同样质量、同样材料的鞋用 4 小时,甲、乙生产鞋所用社会必要劳动时间是(6 小时+4 小时)÷2=5 小时。市场上鞋的购买者并不知道不同厂家生产同样鞋用时多少,只会按相同的价格购买同样的鞋。因而,在市场上甲和乙都只能按 5 小时出售自己所做的鞋。如此,则甲要亏 1 小时,乙可赚 1 小时。

如何理解马克思关于社会必要劳动时间决定商品价值的规定?首先,马克思说明了他研究的商品的生产条件是"现有的""正常的""社会的"。在特殊的、个别的、以往的条件下生产的商品都会在商品价值的社会平均化过程中转化为现有的、正常的、社会的商品价值。其次,生产这些商品的劳动必须是劳动的熟练程度和劳动强度都是社会的平均,那些不是平均的特殊熟练程度和强度的劳动都会在商品的市场化中逐步平均化。再次,生产厂商制造的产品是社会所需要的。实际上,马克思是在有效的供需范围内研究商品的价值。如果超出了社会的必要,这种产品就没有价值;或者虽然是劳动产品,但是这种产品是残次品,或因

---

[1]中共中央马克思恩格斯列宁斯大林著作编译局译:《资本论》第二卷,北京:人民出版社,2004 年,第 22 页。
[2]中共中央马克思恩格斯列宁斯大林著作编译局译:《资本论》第二卷,北京:人民出版社,2004 年,第 19 页。

产品过剩而不能投入使用，或者是自然物，它们也就没有价值，都不在他的研究范围。最后，个别商品的价值实现遵循社会必要劳动时间决定规律。社会的总产品要根据社会的需要，按产品的总价值进行计划性生产，目的是为了减少浪费。马克思在《资本论》第三卷中对社会总产品的总价值也遵循社会必要劳动时间决定规律特别作了说明，说这是社会必要劳动时间包含的第二种意义："社会劳动时间可分别用在各个特殊生产领域的份额的这个数量界限，不过是价值规律进一步展开的表现，虽然必要劳动时间在这里包含着另一种意义。"[1]商品的价值，在部门内要平均化为一个市场价值，在社会范围内再化为社会价值，进而化为市场价格后，再进行等价交换。价值规律不但担当着价值实现的重任，也担当着社会生产供需平衡的重任。社会必要劳动时间规律是价值规律的进一步发展。

马克思关于商品价值量决定的理论引起了很多学者的关注，长期争论。综观马克思的《资本论》，他的剩余价值学说、生产价格学说、地租理论、商品价值都与劳动生产率有关。在谈到全社会的总生产价值和全社会的价值实现时，多以社会必要劳动时间决定的价值为依据。所以，有人说，商品价值由社会必要劳动时间决定是商品价值实现的规律有一定道理。在研究中我们发现，《资本论》中凡是商品价值与劳动生产率变化有关的地方，均是指一次性生产过程，是静态的；凡是商品价值量由动态平均化决定的地方，都是指社会性商品价值连续性商品生产而言的。可见，连续性商品生产的价值量确定问题，是一个值得探讨的问题，它也涉及商品最终的市场价格。这个问题将在第十四章详细论述。

---

[1]中共中央马克思恩格斯列宁斯大林著作编译局译：《资本论》第三卷，北京：人民出版社，2004年，第717页。

第四章　马克思关于商品交换基本规律和
货币转化为资本及剩余价值理论

马克思在对价值定性并定量,对商品价值进行了划分并区分了不变资本和可变资本、劳动和劳动力价值之后,遵从商品交换的基本规律,用数学演绎的方法,详细分析了资本主义生产过程,阐述了剩余价值的创造过程,不仅揭破了资本家剥削工人的秘密,而且也为经济科学的发展奠定了坚实基础。

一、商品交换的基本规律和货币转化为资本

商品生产不是资本主义特有的,在资本主义之前,商品生产就已经存在。商品交换有其内在的基本规律。货币是人们发明的用于商品交换的工具,在资本主义之前也长期存在。资本主义与其他社会商品生产不同的地方,是资本主义把货币转化为资本,利用商品生产剥削工人创造的剩余价值。

（一）价值规律

一门科学的建立,必须遵循这门科学的基本规律。商品交换的基本规律是价值规律,马克思的论述严格遵循了这个规律。

法国经济学家魁奈发现了如下规律:使用价值在相互交换中按相等的价值量进行交换,简称等价交换,也被称为价值规律。

政治经济学教科书上对价值规律的解释是:商品的价值量由生产商品的社会必要劳动时间决定,商品按照价值量进行交换。

如果比较一下上面关于价值规律的两种说法就会发现,教科书上所说,是按照马克思的《资本论》所阐述的原理定义的,是只限于劳动产品、只限于马克思所规定的研究范围内的商品交换的规律。而"使用价值在相互交换中按相等的价值量进行交换"这个定义,适用于所有使用价值的相互交换,比如自然事物、自然财富的相互交换。读者会在本书后面具体的论述中体会到这两种定义的细微差别。

（二）货币转化为资本

货币是人们用以进行商品交换的工具。货币是价值的代表，本身不是资本，但在特定条件下，货币能够转化为资本，这个特定条件就是资本主义生产方式。

1. 马克思关于货币的论述。马克思对货币的论述是十分精彩的。《资本论》第一篇的题目就是"商品和货币"。马克思研究资本主义生产方式是从商品入手的。商品不仅是用于交换的劳动产品，而且商品有使用价值和价值两个因素，使用价值可以通过商品的使用过程表现出来，价值可以通过商品的交换价值表现出来。由于交换价值和价值都看不到摸不着，所以人们用一种现实的东西代表价值，代表价值的东西就成为了货币。由于充当货币的东西本身也是商品，比如金、银等贵金属，它们既可以充当货币，用于量度其他商品的多或少，其本身也可以用作制造其他可使用的器具，因而，马克思说："作为价值尺度并因而以自身或通过代表作为流通手段来执行职能的商品，是货币。"[1]可见，货币是人所创造的一种工具，作为价值的代表，它在流通中执行衡量相互交换的商品多或少的职能。

马克思之所以花了许多篇幅来论述货币，一是因为价值看不见摸不着，而人们几千年来看到的只是货币，不把货币的本质论述清楚，人们就不理解价值。把货币问题论述清楚了，人们在使用货币时就会想一想，多少货币可以代表多少价值，这会打破对商品和金钱的崇拜。马克思把人们对商品和金钱的崇拜称为"商品拜物教"。形成商品拜物教的原因，是私人劳动和社会劳动的矛盾。本来私人的有用劳动是社会总有用劳动的一部分，在商品生产的社会里，私人有用劳动的表现就是为别人生产有用商品，在与别人进行商品交换的过程中，人们利用了价值是商品的共同性、同一性的特性，把价值和价值的代表——货币，用作衡量相互交换劳动产品多或少的一种工具，因此，是价值把社会中的人们紧紧地联系在了一起，此时的货币，则反映着人们的某种社会关系。但是，由于社会生产的无计划性，私人劳动处于一种无政府状态，如果生产的商品超过了社会的需要，商品的价值就无法实现，商品生产者就会亏损；如果生产的商品少了，满足不了社会的需要，生产者也错过了发财的机会。这两种情况的直接表现就是商品生产者货币的增加或减少，私有商品生产者对于货币的增减，感到痛苦和无奈。所以，本来是人与人之间的社会关系，由于货币的插足，似乎成了天然的人与物之间的关系。由于人们不知道货币是什么，不知道货币是人所创造的一种工具，因而认为货币是自然形成的，与天有关，与人无关，于是，人们对金钱产生崇拜也就不足为奇了。马克思揭示货币的本质，目的之一就是为了消除人们的金钱崇拜观念。

---

[1]中共中央马克思恩格斯列宁斯大林著作编译局译：《资本论》第一卷，北京：人民出版社，2004年，第152页。

马克思引用了哥伦布的话和莎士比亚在《雅典的泰门》中的话来说明人们对金钱的崇拜：

哥伦布 1503 年寄自牙买加的信上说：

> 金真是一个奇妙的东西！谁有了它，谁就成为他想要的一切东西的主人。有了金，甚至可以使灵魂升入天堂。[1]

莎士比亚在《雅典的泰门》中说：

> 金子！黄黄的，发光的，宝贵的金子！
> 只这一点点儿，就可以使黑的变成白的，丑的变成美的，
> 错的变成对的，卑贱变成尊贵，老人变成少年，懦夫变成勇士。
> 吓！你们这些天神啊，为什么要给我这些东西呢？
> 嘿，这东西会把你们的祭司和仆人从你们的身旁拉走；
> 把健汉头颅底下的枕垫抽去；
> 这黄色的奴隶可以使异教联盟，同宗分裂；
> 它可以使受咒诅的人得福，使害着灰白色的癞病的人为众人所敬爱；
> 它可以使窃贼得到高爵显位，和元老们分庭抗礼；
> 它可以使鸡皮黄脸的寡妇重做新娘……
> 来，该死的土块，你这人尽可夫的娼妇……[2]

也有人极端憎恨金钱破坏经济秩序和道德秩序。马克思引用了索夫克勒斯《安提戈涅》中的话来说明有人对金钱的憎恨：

> 人间再没有像金钱这样坏的东西，
> 这东西可使城邦毁灭，使人们被赶出家乡，
> 把善良的人教坏，使他们走上邪路，作些可耻的事，
> 甚至叫人为非作歹，干出种种罪行。[3]

---

[1]中共中央马克思恩格斯列宁斯大林著作编译局译：《资本论》第一卷，北京：人民出版社，2004 年，第 155 页。
[2]中共中央马克思恩格斯列宁斯大林著作编译局译：《资本论》第一卷，北京：人民出版社，2004 年，第 155 页注（91）。
[3]中共中央马克思恩格斯列宁斯大林著作编译局译：《资本论》第一卷，北京：人民出版社，2004 年，第 156 页注（92）。

　　二是马克思揭示货币的本质,批判了资产阶级经济学家在货币问题上的错误观点。人们不明白货币是什么,对金钱产生崇拜或憎恨,资产阶级经济学家不知道铸币是价值的符号,不知道国家强制发行的信用纸币的根源是价值支付的独立职能所致。铸币和纸币都不能离开它们所代表的价值。否则,它们只有它们本身的价值,比如金和银只能是金器和银器,纸只能是日常用的纸。国家利用了铸币和纸币代表价值的功能,利用了它们代表价值独立支付的功能,用国家信用发行铸币和纸币。在货币进入流通时,它的价值已经是既定的了,任何商品都要通过货币来表现自己的价值。而有的资产阶级经济学家认为,金、银天然就是货币,人们使用它们时凭想象给它们以价值。比如,1691 年约翰·洛克在《略论降低利息和提高货币价值的后果》中说:“由于银具有适于作货币的质,人们就一致同意给银一种想象的价值。”[1]有的经济学家认为,金、银本身具有价值,如果被用作货币,将再被追加一个价值。比如约翰·罗在《论货币和贸易》中说:“银按照它具有的使用价值即它的实际价值进行交换;由于它被用做货币,又取得一个追加价值。”[2]有经济学家并不知道货币的真正性质,却在教训别人。罗雪尔就是这样的人。马克思引用了他在 1858 年出版的《国民经济学原理》中的话并评论说:“罗雪尔教授先生教训我们说:‘错误的货币定义可以分为两大类:一类认为货币比商品多一些,一类认为货币比商品少一些。’接着他杂乱无章地开列了一份关于货币性质的著作的目录,从这个书目丝毫也不能了解真实的货币理论史。最后他训诫说:‘此外,不能否认,大部分现代国民经济学家对于使货币不同于其他商品的那些特性(莫非指比商品多一些或少一些吗?)是注意得不够的……就这一点说,加尼尔之流的半重商主义的反动就不是完全没有根据的了。’多一些——少一些——不够——就这一点说——不是完全!这就是对概念下的定义!而罗雪尔先生还谦逊地把这类教授式的折中主义空谈命名为政治经济学的‘解剖生理学的方法!’不过有一个发现要归功于他,那就是:货币是‘一种快意的商品’。”[3]

　　值得注意的是,当时有的社会主义者企图用劳动券代替货币从而使私人劳动的产品直接成为社会产品,达到改良资本主义生产方式的目的。马克思认为这是幻想。商品内部的矛盾决定了只要商品生产存在,货币就废除不了,资本主义生产方式也就不可能被消灭。马克思关于货币的理论,对于我们总结社会主义建设的经验和教训是有一定意义的。

　　2. 马克思关于资本的论述。关于资本的定义,教科书上说,资本是带来剩余价值的价

---

[1]中共中央马克思恩格斯列宁斯大林著作编译局译:《资本论》第一卷,北京:人民出版社,2004 年,第 110 页注(46)。

[2]中共中央马克思恩格斯列宁斯大林著作编译局译:《资本论》第一卷,北京:人民出版社,2004 年,第 110 页注(46)。

[3]中共中央马克思恩格斯列宁斯大林著作编译局译:《资本论》第一卷,北京:人民出版社,2004 年,第 112 页注(49)。

值。也就是说,资本的本源同一般货币一样,是价值,只是在资本主义生产方式下,一般货币才转化为有特殊意义的资本。在日常生活中,很多人分不清资本和普通货币的区别。资本和货币,用于剥削的生产和不剥削的生产,其含义大相径庭。

对于资本这个名词的来源,恩格斯在《反杜林论》中说,第一个采用现代经济学意义上的"资本"这个名词的是历史上的第一个资本家民族,即15世纪和16世纪的意大利人。对于资本的含义,恩格斯说:"关于资本,马克思'不是使用流行的经济学概念,即资本是已经生产出来的生产资料';其实,他是这样说的:一定的价值额,只有在它产生剩余价值,从而增殖价值时,才变为资本。"[1]马克思是在特定的条件下使用资本这个概念的。马克思首先肯定了资本是价值的一个独立形式,是由货币转化来的。资本与价值不同的是,资本可以为资本家带来剩余价值,是可以增殖的价值。

资本的产生需要一定的条件。马克思曾在《雇佣劳动与资本》的讲演中说:"黑人就是黑人。只有在一定的关系下,他才成为奴隶。纺纱机是纺棉花的机器,只有在一定的关系下,它才成为资本。脱离了这种关系,它也就不是资本了,就像黄金本身并不是货币,砂糖并不是砂糖的价格一样。"[2]他还说:"我们知道,生产资料和生活资料,作为直接生产者的财产,不是资本。它们只有在同时还充当剥削和统治工人的手段的条件下,才成为资本。"[3]可见,资本是资本主义社会的生产关系。马克思说:"资本也是一种社会生产关系。这是资产阶级的生产关系,是资产阶级社会的生产关系。"[4]人们在生产中不仅同自然界发生关系,而且相互之间也发生影响,人们如果不以一定的方式结合起来并相互交换其活动,便不能进行生产。但是,在生产中的相互关系,受生产资料性质的制约。比如在冷兵器时代和使用火器时代,军队的内部组织必然不一样,人们借以组成军队并能作为军队行动的那些关系必然改变,各个军队相互间的关系也必然发生改变。人们往往难以在短时期内体会到生产力的变化对社会形态的影响,但人们对生产关系的变化,特别是生产关系的主要方面即劳动分工方式、所有制形式、人们在劳动中的关系、分配关系、贸易经营方式的变化,则十分敏感。当生产关系与政治形态、意识形态、社会关系、人们在社会中的地位的变化达到一定程度时,一定历史发展阶段具有独特特征的新社会形态就出现了。这种新社会形态随生产力、生产关系的变化而呈现出渐进性。处于社会新旧形态交替中的共产党人,应该发挥主观能动性,以促进社会新形态的发展。明白这个道理,对于社会主义的改革开放十分重要。

资本产生的过程是曲折复杂的。马克思认为,劳动力成为商品是资本产生的前提,资

[1]《马克思恩格斯选集》第三卷,第3版,北京:人民出版社,2012年,第587页。
[2]《马克思恩格斯选集》第一卷,第3版,北京:人民出版社,2012年,第340页。
[3]中共中央马克思恩格斯列宁斯大林著作编译局译:《资本论》第一卷,北京:人民出版社,2004年,第878页。
[4]《马克思恩格斯选集》第一卷,第3版,北京:人民出版社,2012年,第341页。

本由价值的两种形式不断变换而产生。价值的两种形式是：货币和商品。在社会上，由于社会分工的不同，产生了商品的生产者，他生产商品是为了卖给别人使用，目的是把商品变为货币，再用货币购买自己所需要的产品，他的行为可用公式表示为：商品—货币—商品。如果商品用 W 表示，货币用 G 表示，则他的行为就是 W—G—W。与商品的生产者相对应，有一种人是商品的消费者，他用货币购买商品，是为了自己使用，他的行为可用公式表示为：货币—商品，即 G—W。

资本家是商品的生产者，但他是另外一种人。他生产商品不是为了与别人互通有无，而是为了赚钱。他在生产前，要在市场上购买生产资料如机器、原材料，选厂址，建厂房，购买劳动力，等等，进行商品生产，目的是为了获得更多的货币，他的行为可用公式表示为：货币—商品—更多的货币。如果用 G′表示增殖的货币，则他的行为就是 G—W—G′。资本家把货币转化为商品，是一种获得更多货币的手段。

商品的买和卖，就是商品的流通。价值随商品不断地进入流通领域，又不断地离开流通领域，"在流通中保存自己，扩大自己，扩大以后又从流通中返回来，并且不断重新开始同样的循环"[1]。在这种循环中，货币就生出新的货币，货币也就成为资本。

为什么货币要转变为商品形态才能增殖，才能变为资本？这是因为，货币变为生产资料，进入工厂，经过劳动者的劳动加工，新的商品携带了劳动者创造的剩余价值，再到市场上出售，就可以实现更多的价值，从而实现价值的增值。新商品价值中之所以含有劳动者创造的剩余价值，是由于劳动力成为商品，私有企业主在市场上购买了劳动力，而在工厂里，利用生产资料私有权强迫劳动者在劳动中创造绝对剩余价值或相对剩余价值。

有人可能认为，通过贱买贵卖，货币不是也可增殖吗？

货币通过贱买贵卖增殖，好像是日常生活中常见的现象。这种说法是"在流通中也可以产生剩余价值"的另一种说法。如果仔细想一想，这种说法是不正确的。一是平等的交换不能产生剩余价值。在商品进入流通领域时，也就是在商品进入市场前，它的价值已经确定了。在商品交换中，大家都遵循等价交换的原则，你所付出的，也是我所得到的，谁也不吃亏，谁也没占便宜。所以，仅通过交换，仅在流通领域，是产生不了剩余价值的。二是不平等的交换也不能产生剩余价值。进入市场的商品总价值是一定的，如果有人利用暴力在交换中不遵循等价原则，那么，他发财了，别人就一定会亏损，他得到多少，别人就会失去多少。所以，贱买贵卖，有人得就有人失，不会产生剩余价值。因此，资本不是通过贱买贵卖产生的。

会下"金蛋"的资本，作为会带来剩余价值的价值，资本是通过在流通领域，先把作为

---

[1]中共中央马克思恩格斯列宁斯大林著作编译局译：《资本论》第一卷，北京：人民出版社，2004 年，第 181 页。

货币形态的自己变为商品,再把商品投入工厂生产出新产品,使新产品的价值增加。新产品的价值之所以能增大,是由于它增添了一种新的价值——剩余价值。此时,增添了新价值的新商品再回到流通领域,通过交换,变为增大了货币。于是,资本,就在不断变换自己面貌的过程中使自己增大、粗壮、肥硕,而劳动力成为商品则是资本产生的前提。资本就是私有者通过生产资料私有权无偿占有劳动者创造的剩余价值而产生的。

什么是资本主义?资本主义就是生产资料私有者以资本为纽带以占有雇佣劳动者所创造的剩余价值为目的的一种社会制度,其基本特征是以私营经济为主,没有政府干预或者政府干预很少。资本主义生产方式只有在不断地生产更多的商品时,才能占有更多的剩余价值,所以,它天生就有如下特点:一是无限地扩大再生产,使商品增多。所以,资本主义社会的商品很丰富,以致不断出现生产过剩的经济危机。二是商品必须卖出去才能赚到钱,所以争夺商品市场成为资本得以实现的关键。一旦商品卖不出去,资本不能增殖时,为了一己私利的资本家会采用一切手段,包括采用战争的手段来达到目的。因此,发动战争和制造动乱以占领别国市场就成为资本主义的生存原则之一。三是由于只有私人占有生产资料,才能占有工人创造的剩余价值,所以,资本主义私有制的雇佣劳动制是资本家发财的根本原因。四是资本主义社会必然导致两极分化。只有保持足够的失业人群,资本家才能从市场上购买到廉价劳动力。因而马克思说:"除劳动能力以外一无所有的阶级的存在是资本的必要前提。"[1]"只是由于积累起来的、过去的、对象化的劳动支配直接的、活的劳动,积累起来的劳动才变为资本。"[2]"资本的实质并不在于积累起来的劳动是替活劳动充当进行新生产的手段。它的实质在于活劳动是替积累起来的劳动充当保存并增加其交换价值的手段。"[3]

马克思关于资本的含义、资本产生的前提、资本的内容、资本产生过程的论述,使我们对资本主义生产方式、资本主义生产关系、资本家的剥削与劳动者的相互关系,都有很明晰的认识:资本主义生产是一种以剥削劳动者创造的剩余价值为目的的生产,它的社会制度的基础是生产资料私有制和雇佣劳动制。资本主义的剥削以必需的雇佣大军的存在为前提,而雇佣大军的存在又与生产资料私有制相关联。在人民当家作主的社会主义国家,人民既拥有生产资料所有权,也拥有国家政权,人们通过劳动创造财富,是为了人民生活水平普遍性提高。发展社会主义商品生产,采用市场经济体制,目的是为了利用商品扩大世界交往,发展社会主义的生产力。

(三)马克思对资本主义生产方式产生过程的分析

马克思通过对资本主义之前的生产方式和资本主义生产方式的分析,不仅发现了人

[1]《马克思恩格斯选集》第一卷,第3版,北京:人民出版社,2012年,第342页。
[2]《马克思恩格斯选集》第一卷,第3版,北京:人民出版社,2012年,第342页。
[3]《马克思恩格斯选集》第一卷,第3版,北京:人民出版社,2012年,第342页。

类社会发展有规律,这个规律由生产力的发展水平所决定,而且在分析人类社会为什么会发展至资本主义时,也发现了社会主义为什么必然要代替资本主义。

马克思引用美国富兰克林关于"人是制造工具的动物"的定义来说明劳动工具在人类社会发展和人的社会关系中的重要地位和作用。马克思认为,简单劳动的三要素是:有目的的劳动活动、劳动对象和劳动资料。有目的的劳动活动是由劳动者进行的,所以劳动的第一要素就是劳动者;劳动资料和劳动对象,合称为生产资料,但二者有区别。劳动对象有天然的,比如从水中捕获的鱼;也有经过劳动加工的原料,比如已经开采出来正在洗的矿石。劳动资料最主要的是劳动工具。马克思说:"各种经济时代的区别,不在于生产什么,而在于怎样生产,用什么劳动资料生产。劳动资料不仅是人类劳动力发展的测量器,而且是劳动借以进行的社会关系的指示器。在劳动资料本身中,机械性的劳动资料(其总和可称为生产的骨骼系统和肌肉系统)远比只是充当劳动对象的容器的劳动资料(如管、桶、篮、罐等,其总和一般可称为生产的脉管系统)更能显示一个社会生产时代具有决定意义的特征。后者只是在化学工业中才起着重要的作用。"[1]因此,劳动工具就成为人类社会发展的重要识别特征,马克思在批判浦鲁东时曾说过,手推磨产生的是封建主的社会,蒸汽磨产生的是工业资本家的社会。

但是,不要误认为判断一个社会形态,只看劳动工具就可以了,劳动工具并不直接决定社会形态。马克思说:"……社会史上的各个时代,正如地球史上的各个时代一样,是不能划出抽象的严格的界限的。"[2]虽然说劳动工具代表了生产力发展的程度,但政治经济学所研究的是人们在生产中的社会关系、生产的社会制度。受生产力的影响,人与人在劳动中的关系,生产资料所有制的形式,分配关系以及与之相适应的上层建筑比如法律、政权组织形式等等,发生着或快或慢的变化。马克思根据从量变到质变的辩证法规律,指出资本主义的产生有一个过程。在资本主义之前的社会里,就有不同形式的商品生产。比如,某个人有制造菜刀的手艺,他就专门以生产和出售菜刀为生。这种生产,当然是商品生产;但是,这种生产,并不是资本主义的商品生产。随着生产力的发展,劳动工具不断改进,劳动生产率不断提高,同一劳动生产的商品数量不断增加,商品生产的分工协作方式也得到发展。比如,师傅带徒弟,一方面,可以为后人留下技术;另一方面,徒弟可以为师傅做粗活,而师傅则可以集中精力做好关键性技术工作,使产品的数量增加。后来,随着生产规模的扩大,这种分散的、以直接的统治关系和奴役关系为基础的协作劳动,被工场手工业所代替。工场手工业是资本主义生产方式的起点。马克思说:"我们已经看到,资本主义生产实际上是在同一个资本同时雇佣人数较多的工人,因而劳动过程扩大了自

---

[1]中共中央马克思恩格斯列宁斯大林著作编译局译:《资本论》第一卷,北京:人民出版社,2004年,第210-211页。
[2]中共中央马克思恩格斯列宁斯大林著作编译局译:《资本论》第一卷,北京:人民出版社,2004年,第427-428页。

己的规模并提供了较大量的产品的时候才开始的。人数较多的工人在同一时间、同一空间（或者说同一劳动场所），为了生产同种商品，在同一资本家的指挥下工作，这在历史上和概念上都是资本主义生产的起点。"[1]

马克思对资本主义生产过程的分析，使我们得以弄清集体化的协作劳动，什么是资本主义性质的，什么不是资本主义性质的。在工场手工业生产中，资本家或者把不同行业的独立的手工业工人集中在一个工场里，协作生产同一种产品，或者把同种的、同类的手工业工人集中在一起进行生产。久而久之，这些人都变为生产机构中终身从事局部生产职能的一个"器官"。为什么这种工场手工业是资本主义性质的？是因为资本家利用这种生产方式剥削工人创造的剩余价值。但是，并不是只要有剥削，就一定是资本主义性质的。资本主义剥削与奴隶制剥削、封建制剥削不同。奴隶制剥削和封建制剥削，是实物剥削，利用权力剥削，特征明显。而资本主义剥削，是价值剥削，不但隐蔽，而且还极易被看作是资本家养活了工人，把资本家的剥削看作是对工人的恩典。也不是只要利用商品生产进行剥削，剥削者就一定是资本家；如果剥削量达不到一定的数量界限，剥削者还称不上资本家。只有当资本家剥削的剩余价值量达到既使自己可以不劳动生活，又可以维持再生产时，他才是资本家。马克思举例说明了资本家产生的剥削限度。如果一个工人每天劳动8小时就可以维持自己的生活，在资本家雇佣他之后，给予他的工资是他的劳动创造的8小时价值，而他实际每天劳动时间是12小时，资本家占有了他所创造的4小时的剩余价值。但是，资本家靠4小时的剩余价值是不能像工人那样生活的。如果他能像工人那样生活，还必须再剥削4小时的剩余价值。因此，他必须再雇佣一个工人。这时他的生产资料的固定资本的投入与支付工人的可变资本的投入都要增加。他增加的资本也必须从剩余价值而来，所以，他还要增加雇佣工人的人数。只有在他剥削的剩余价值既能维持生产，又能使自己完全依靠剥削的剩余价值生活时，他才是一个资本家。如果他雇佣的工人数不足以既维持自己的生活和生产，他自己需要参加生产，那么，他就是一个介于工人和资本家之间的中间人物——"小业主"。可见，即使小微企业有剥削雇工行为，但剥削达不到一定程度，他还不是资本家。马克思说："……不是任何一个货币额或价值额都可以转化为资本。相反地，这种转化的前提是单个货币占有者或商品占有者手中有一定的最低限额的货币或交换价值。可变资本的最低限额，就是为取得剩余价值全年逐日使用的一个劳动力的成本价格。"[2]

15世纪以后，由于劳动工具的重大变革引发了工业革命，不仅使资本主义工场手工业转变为资本主义大工厂，扩大了资本的剥削范围，比如资本可以大量使用女工和童工，

---

[1]中共中央马克思恩格斯列宁斯大林著作编译局译：《资本论》第一卷，北京：人民出版社，2004年，第374页。
[2]中共中央马克思恩格斯列宁斯大林著作编译局译：《资本论》第一卷，北京：人民出版社，2004年，第356页。

也提高了资本的剥削程度,比如使劳动力价值降低,剥削度提高,而且使工人失去了一切自由,完全彻底地成为机器的附属物,成为彻底的无产阶级。资本家通过占有生产资料(劳动对象和劳动工具),通过商品生产,占有劳动者生产的剩余价值,于是,货币这个原来只是为公众服务的价值代表,摇身一变,成为资本。资本家利用货币不断地进行商品生产,吃进劳动对象,吃进劳动者,吐出被榨干了的劳动者和劳动对象的残渣,流出带着劳动者体香的骨油。当这种以占有剩余价值为目的的商品生产占据统治地位以后,资产阶级利用国家权力制定出一套法律稳定这种生产方式,资本主义社会就稳定了。

重温马克思关于资本主义产生的过程,将会更加理解马克思关于人类社会发展方向论述的真理性。随着新的劳动工具的出现,新的生产力催生新的生产方式。这是一种人们共同占有生产资料,人人是社会主人,没有剥削,没有压迫,更加平等、公正、公平,更加自由、民主,相互协作更加有效,相互联系更加紧密的生产方式。随着生产方式的变化,上层建筑也将发生变化,人类社会将进入更高的社会——社会主义社会。已经进入社会主义社会的国家,应主动调整适应新的生产力变化的各种关系,调整上层建筑,使人民当家作主的地位更加巩固,使生产力获得更大的发展。习近平新时代中国特色社会主义思想就是既坚持马克思主义基本原理,又不拘泥于书本教条;既坚持社会主义的基本原则,又大胆创新社会主义具体运作模式;既采用资本主义文明成果发展生产力,又不使人民失去当家作主地位,是马克思主义中国化最新理论成果。

二、资本家剥削工人剩余价值的两种方式

马克思关于资本家剥削工人的论述非常精彩。资本家在市场上付给劳动者的工资是劳动力价值,劳动是劳动者的活动,劳动创造的价值与劳动力的价值不相等。劳动力被资本家买进工厂后,怎么劳动就由不得劳动者而由资本家决定了。资本家利用生产资料私有的权力,压迫劳动者,让劳动者多劳动。于是,由劳动者通过劳动创造的超过工资部分的价值——剩余价值,就被资本家无偿占有了。资本家剥削劳动力创造的剩余价值的方式有两种,一种是绝对剩余价值的生产,一种是相对剩余价值的生产。

(一)绝对剩余价值的生产

绝对剩余价值是资本家使用强迫的手段,让劳动者延长劳动时间创造的剩余价值。比如,资本家在市场上付出的劳动力价值为80元。如果劳动力每小时创造的价值为10元,劳动者只要在工厂劳动够8个小时,就可以创造出80元的劳动力价值。但资本家为了获取更多的利润,强迫劳动者劳动10小时。那么,劳动者多劳动2个小时创造的20元价值,就被资本家无偿占有了。这便是绝对剩余价值的生产。

绝对剩余价值的生产是马克思所处的时代资本主义工厂的普遍现象。人们把这个时代称为资本主义血汗工厂时期。在这个时期，资本不知疲倦地压迫和剥削工人。在《资本论》第一卷，马克思用了整整一章写了工作日的问题。

什么是工作日？工作日就是工人在一天内需要工作的时间。工作日有两个界限，一个是最低界限，一个是最高界限。最低界限是工人为平均一天的生活资料所进行生产的时间。比如，如果工人平均一天生活资料的生产时间是 6 小时，那么工人平均每天需要劳动 6 小时来逐日生产他的劳动力，即他需要 6 小时再生产出他出卖劳动力得到的价值，6 小时就是他的工作日的最低界限，马克思称之为工作日的必要部分。最高界限取决于两点：一是劳动力的身体界限，也就是一个人在 24 小时内能支出的除维持生命力时间之外的时间，也就是除去吃饭、睡觉、盥洗、穿衣等时间之外的最大量时间。二是工作日的道德界限，即工人支出的除吃饭、睡觉等时间之外，还有除满足精神需要和社会需要之外的最大量时间。精神需要和社会需要的时间的范围和数量由一般的文化状况决定。

对于工作日到底应该有多长，资本家阶级与工人阶级有不同的认识，他们围绕着价值规律进行你死我活的斗争。

资本家以商品等价交换规律作依据，认为他们按照劳动力的日价值购买了劳动力，劳动力在一个工作日内的使用价值归他所有，所以，他有权要求工人在一日之内不停地为他做工。一个工作日当然比一个自然的生活日短。但是，短多少呢？马克思说："关于这个极限，即工作日的必要界限，资本家有他自己的看法。作为资本家，他只是人格化的资本。他的灵魂就是资本的灵魂。而资本只有一种生活本能，这就是增殖自身，创造剩余价值，用自己的不变部分即生产资料吮吸尽可能多的剩余劳动。资本是死劳动，它像吸血鬼一样，只有吮吸活劳动才有生命，吮吸的活劳动越多，它的生命就越旺盛。工人的劳动时间就是资本家消费他所购买的劳动力的时间。如果工人利用他的可供支配的时间来为自己做事，那他就是偷窃了资本家。"[1]可见，资本家是以商品交换规律作依据的。

而工人则认为，资本家购买了自己的劳动力，只能在他的正常耐力和健康发展所允许的范围内使用它，使它运动，转变为劳动，不能无限制地延长工作日，不能在一天内使用掉三天还恢复不过来的劳动力的量。如果使用了三天的劳动力的量，而只给一天的劳动力的代价，是违反契约精神和商品交换规律的。

于是，资本家所主张的权利与工人所主张的权利相对抗。马克思说："所以，在资本主义生产的历史上，工作日的正常化过程表现为规定工作日界限的斗争，这是全体资本家即资本家阶级和全体工人即工人阶级之间的斗争。"[2]这种斗争惊心动魄，持续了很长时间。

[1]中共中央马克思恩格斯列宁斯大林著作编译局译：《资本论》第一卷，北京：人民出版社，2004 年，第 269-270 页。
[2]中共中央马克思恩格斯列宁斯大林著作编译局译：《资本论》第一卷，北京：人民出版社，2004 年，第 272 页。

追求剩余劳动并不是资本所特有的。马克思说:"资本并没有发明剩余劳动。凡是社会上一部分人享有生产资料垄断权的地方,劳动者,无论是自由的或不自由的,都必须在维持自身生活所必需的劳动时间以外,追加超额的劳动时间来为生产资料所有者生产生活资料……"[1]无论是在奴隶社会,还是在封建社会和资本主义社会,劳动者都必须为生产资料所有者创造超过自身需要的剩余产品。不过,资本主义的剥削与其他剥削方式不同。一是其他剥削者比如奴隶主和封建主虽然野蛮地对待劳动者,把他们当成牲畜看待,但他们追求的是物质财富,这种自给自足的生产本身的性质,限制了可享受的财富的量,也限制了他们对剩余劳动的无限制需求。而资本主义则不同。资本家追求的是财富的一般性——价值,价值的代表是货币,货币可以化为任何财富,所以,他们对剩余劳动有无限的贪婪。二是在其他剥削形式中,必要劳动和剩余劳动在空间上是分开的,可以感觉到。比如,农民租种地主的土地,如果风调雨顺,粮食丰收了,他交够地主的地租,剩余下的粮食是自己的。如果粮食减产,则他们的生活无着。此外,农民还需给地主服一定时间的徭役。这些都是可以看得见的剥削。而资本主义生产则不同,劳动者在工厂里做工,必要劳动和剩余劳动黏合在一起,剥削非常隐蔽,工人分不清他到底应该为自己劳动多长时间,资本家到底剥削了他们多少剩余劳动。如果不是马克思以他的《资本论》层层剥茧式地论证了资本家的剥削,人们对资本家剥削的秘密可能至今还难以理清。

在社会主义社会里,人们的劳动仍然分为必要劳动和剩余劳动,即为自己生活所必需的劳动和超出自身需要的劳动。但是,由于人民是国家的主人,生产资料又是公有的,所以,人们通过劳动所创造的价值、财富,都为人民所享有,不存在剥削。如果有人利用职权贪污盗窃人民的财富、金钱、价值,那是封建特权式的掠夺。苏联解体前,其许多共产党官员,利用特权通过私有化改革,把国有企业据为己有,从共产党的官员蜕化成了非驴非马的社会官僚资本家,对我们是一种警醒和教训。因而,从严治党,在新时代始终保持共产党的先进性,构成习近平新时代中国特色社会主义思想的重要内容。

马克思说:"正常工作日的规定,是几个世纪以来资本家和工人之间斗争的结果。"[2]现在的 8 小时工作制,如果从第一个劳工法颁布算起,则是工人与资本家斗争了 537 年的结果,实际斗争的时间更长。马克思领导工人阶级为争取正常工作日的斗争费尽了心血。

资本的本性就是追求剩余价值。所以资本家认为,他既然购买了工人的劳动力,那么,工人理应 24 小时地劳动,至于个人受教育的时间,发展智力的时间,进行社交活动的时间,自由运用体力和智力的时间,以至于礼拜日的时间,与他无关。马克思说:"但

[1]中共中央马克思恩格斯列宁斯大林著作编译局译:《资本论》第一卷,北京:人民出版社,2004 年,第 272 页。
[2]中共中央马克思恩格斯列宁斯大林著作编译局译:《资本论》第一卷,北京:人民出版社,2004 年,第 312 页。

是,资本由于无限度地盲目追逐剩余劳动,像狼一般地贪求剩余劳动,不仅突破了工作日的道德极限,而且突破了工作日的纯粹身体的极限。它侵占人体的成长、发育和维持健康所需要的时间。它掠夺工人呼吸新鲜空气和接触阳光所需要的时间。它克扣吃饭时间,尽量把吃饭时间并入生产过程本身,因此对待工人就像对待单纯的生产资料那样,给他饭吃,就如同给锅炉加煤、给机器上油一样。资本把积蓄、更新和恢复生命力所需要的正常睡眠,变成了恢复精疲力竭的有机体所必不可少的几小时麻木状态。在这里,不是劳动力维持正常状态决定工作日的界限,相反地,是劳动力每天尽可能达到最大量的耗费(不论是多么强制和多么痛苦)决定工人休息时间的界限。资本是不管劳动力的寿命长短的。它唯一关心的是在一个工作日内最大限度地使用劳动力。它靠缩短劳动力的寿命来达到这一目的,正像贪得无厌的农场主靠掠夺土地肥力来提高收获量一样。"[1]

在资本主义生产早期,资本借助国家政权的力量强制延长工作日。资本家不仅残酷地剥削成年工人,他们还利用机器生产可以代替技术工人生产的特点,大量使用更加廉价弱势的童工和女工,加大绝对剩余价值的生产。他们认为6岁的儿童就是有劳动能力的人,甚至雇佣4岁的儿童做工。

马克思引用了英国工厂主约·菲尔登于1836年出版的《工厂制度的祸害》中对延长劳动时间的原因分析:"很明显,劳动时间长,是因为从全国各地获得了大量无家可归的儿童,这使工厂主可以不依赖于工人。工厂主就是靠这样搜罗来的可怜的人身材料延长劳动时间。一旦长时间劳动成为习惯,他们也就能更加容易地把这种长时间劳动强加在他们邻人的身上。"[2]马克思还引述了工厂视察员桑德斯在1843年的工厂报告中的话说明工厂主如何通过延长劳动时间对女工的剥削。桑德斯说:"在女工中,有些人接连好多星期,除了少数几天外,都是从早晨6点干到深夜12点,中间只有不到2小时的吃饭时间。因此,一星期当中有5天,都是每天24小时中只剩下6小时给她们上下班和睡觉。"[3]

由于资本疯狂地压榨工人所创造的剩余价值,致使工人大量死亡,资本家难以雇佣到一定数量的工人,于是,爱德华三世于1349年颁布英国第一个劳工法,1496年亨利七世时期的法令重申,所有手艺人和农业工人的工作日,3—9月,每天是14~15小时,其中吃饭时间是3小时,冬季是从早上5点干到天黑,中间的吃饭时间不变。1562年的伊丽莎白法令,工人的工作日长度不变,但吃饭的时间夏季减少了半小时,冬季减少了1小时。1833

---

[1]中共中央马克思恩格斯列宁斯大林著作编译局译:《资本论》第一卷,北京:人民出版社,2004年,第306-307页。

[2]中共中央马克思恩格斯列宁斯大林著作编译局译:《资本论》第一卷,北京:人民出版社,2004年,第464页注(144)。

[3]中共中央马克思恩格斯列宁斯大林著作编译局译:《资本论》第一卷,北京:人民出版社,2004年,第464页注(144)。

年,英国议会颁布了有关棉、毛、麻、丝工厂的工厂法,规定工厂的普通工作日是 15 小时,每人每天的吃饭时间应少于 1 个半小时;除某些特殊情况外,在白天的任何时间都可使用 13~18 岁的少年劳动,时间不超过 12 小时,9~13 岁的儿童每天劳动时间为 8 小时,禁止雇佣 9 岁以下的儿童。1844 年,补充工厂法规定,女工的劳动时间为 12 小时。尽管如此,资产阶级国家制定的法律也是一纸空文,资本家根本不管什么法律,国家也没有对法律的监督。工厂主和资产阶级经济学家还认为这样的法律对他们太不利,在他们的敦促下,在补充工厂法中规定,对童工的认定年龄从 9 岁降低到 8 岁。

资产阶级经济学家,为资本家不遵守国家的法律随意延长劳动时间寻找理论依据。他们谬论的核心是"人天生就是好逸恶劳的",不采用饥饿的方法,工人就不会好好工作。比如,英国经济学家约·肯宁安在《论手工业和商业》一书中就说:"人一般说来天生是好逸恶劳的,我们从我国工场手工业工人的行为就不幸地体验到这一点。除非生活资料涨价,不然他们每周平均顶多干 4 天活…… 假定 1 蒲式耳小麦代表一个工人的全部生活资料,价格为 5 先令,工人干一天活挣 1 先令,这样,他一周只需要劳动 5 天;如果 1 蒲式耳小麦为 4 先令,他就只需要劳动 4 天…… 但是本王国的工资比生产资料的价格高得多,因此工场手工业工人劳动 4 天,就可以有余钱维持一周其余几天的闲适生活…… 我希望,我说的这些已足以表明,一周进行 6 天适度的劳动并不是什么奴隶制。我国农业工人就是一周干 6 天活的,看来他们是工人中最幸福的人;荷兰人在手工工场每周也是劳动这么多天,而且看来是一个很幸福的民族。法国人也是这样劳动,只要不是中间插了许多假日的话…… 工人无论什么时候都不应当认为自己可以不依靠自己的上司而独立…… 在我们这样一个大概占总人口 7/8 的人只有一点财产或没有财产的商业国家里,怂恿不良分子是非常危险的…… 只有我们的工业贫民情愿做 6 天工而依旧领取现在做 4 天工所得的工资,情况才能根本好转。"[1]忠于资本的埃尔卡特提出"为了根除懒惰、放荡和对自由的奢望",也为了"减轻济贫税、鼓励勤勉精神和压低手工工场的劳动价格",把需要救济的贫民关进"理想的习艺所","这种习艺所应当成为恐怖之所"。在恐怖之所里每天应当劳动 14 小时,除过吃饭时间,净劳动时间应该是整整 12 小时。[2]

工人为实现正常工作日进行了不屈不挠的斗争。刚开始工人们认为是机器抢了他们的饭碗,他们捣毁机器。后来逐渐对资本的贪婪有所认识,1836 年,英国爆发了宪章运动,提出了普选权的政治诉求。1838 年以后,工人把 10 小时工作日当作自己的经济上的竞选口号。在工人的斗争下,1844—1847 年,工厂普遍实行 12 小时工作制。1848 年 5 月 1 日,英国议会通过的 10 小时工作法案生效。但是,资本家仍然不理会法律规定。他们对

[1]中共中央马克思恩格斯列宁斯大林著作编译局译:《资本论》第一卷,北京:人民出版社,2004 年,第 317-318 页。
[2]中共中央马克思恩格斯列宁斯大林著作编译局译:《资本论》第一卷,北京:人民出版社,2004 年,第 318 页。

工人的斗争进行反扑,克扣工人的工资,不改善恶劣的劳动条件和环境,很多工人因此而累死,或患上了职业病。马克思说:"被生产的隆隆声震晕了的工人阶级一旦稍稍清醒过来,就开始进行反抗,首先是在大工业的诞生地英国。但是30年来,工人所争得的让步完全是有名无实的。从1802年到1833年,议会颁布了5个劳动法,但是议会非常狡猾,它没有批准一文钱用于强制地实施这些法令,用于维持必要的官员等等。这些法令只是一纸空文。"[1]此后的几十年,法律仍然没有得到贯彻实行。马克思根据1860—1863年的《童工调查委员会报告》和《公共卫生报告》中的资料,列举了工人患职业病和因长时间工作累死的悲惨状况。调查员和医生指出了陶器业的工人阶级状况。在陶器业,童工占60%~70%。北斯塔福德郡医院主任医生阿利奇说:"陶工作为一个阶级,不分男女……代表着身体上和道德上退化的人口。他们一般都是身材矮小,发育不良,而且胸部往往是畸形的。他们未老先衰,寿命不长,迟钝而又贫血;他们常患消化不良症、肝脏病、肾脏病和风湿症,表明体质十分虚弱。但他们最常患的是胸腔病:肺炎、肺结核、支气管炎和哮喘病。有一种哮喘病是陶工特有的,通称陶工哮喘病或陶工肺结核。还有侵及腺、骨骼和身体其他部分的瘰疬病,患这种病的陶工占2/3以上。"[2]童工委员会的调查报告记载:威廉·伍德,9岁,从7岁开始做工,每天劳动15小时;约·默里,12岁,经常通宵干活,但不能多得一分钱;弗尼霍夫,10岁,吃饭时间往往只有半小时。

马克思根据童工委员会1863年的调查报告叙述了火柴制造业工人的悲惨状况:"火柴制造业是从1833年发明用木梗涂磷的办法之后出现的。自1845年起,它在英国迅速地发展起来,并由伦敦人口稠密的地区传到曼彻斯特、伯明翰、利物浦、布里斯托尔、诺里奇、纽卡斯尔、格拉斯哥等地,它同时也使牙关锁闭症蔓延到各地。维也纳的一位医生还在1845年就发现这种病是火柴工人的职业病。工人中有一半是13岁以下的儿童和不满18岁的少年。谁都知道,这种制造业有害健康,令人生厌,所以只有工人阶级中那些最不幸的人,饿得半死的寡妇等等,才肯把'衣衫褴褛、饿得半死、无人照管、未受教育的孩子'(马克思引用童工调查委员会报告的原话——本书作者注)送去干这种活。在委员怀特1863年询问过的证人当中,有270人不满18岁,40人不满10岁,10人只有8岁,5人只有6岁。工作日从12到14或15小时不等,此外还有夜间劳动,没有固定的吃饭时间,而且多半是在充满磷毒的工作室里吃饭。如果但丁还在,他会发现,他所想象的最残酷的地狱也赶不上这种制造业中的情景。"[3]

马克思引用当时的报纸新闻讲述了劳动者由于过度劳动所遭遇的苦难:"1863年6

---

[1]中共中央马克思恩格斯列宁斯大林著作编译局译:《资本论》第一卷,北京:人民出版社,2004,第321页。
[2]中共中央马克思恩格斯列宁斯大林著作编译局译:《资本论》第一卷,北京:人民出版社,2004年,第284页。
[3]中共中央马克思恩格斯列宁斯大林著作编译局译:《资本论》第一卷,北京:人民出版社,2014年,第285-286页。

月下旬,伦敦所有的日报都用《活活累死》这一'耸人听闻'的标题登载着一条消息,报道20岁的女时装工玛丽·安·沃克利是怎样死的。她在一家很有名的宫廷时装店里做工,受一位芳名爱利莎的老板娘的剥削。这里又碰到我们常常讲的那一类老故事了。店里的少女平均每天劳动 $16\frac{1}{2}$ 小时,在忙季,她们往往要一连劳动30小时,要不时靠喝雪莉酒、波尔图葡萄酒或咖啡来维持她们已经不听使唤的'劳动力'。当时正是忙季的最高潮。为了迎贺刚从国外进口的威尔士亲王夫人,少女们要为高贵的夫人小姐在转眼之间就变出参加舞会的华丽服装来。玛丽·安·沃克利同其他60个少女一起连续干了 $26\frac{1}{2}$ 小时,每30个人挤在一间屋里,空气少到还不及需要量的1/3,夜里睡在用木板隔成的一间间不透气的小屋里,每两人一张床。这还是伦敦一家较好的时装店。玛丽·安·沃克利星期五得病,星期日就死了,而使老板娘爱利莎大为吃惊的是,她竟没有来得及把最后一件礼服做好。"[1]

只要劳动者还有一块肉、一根筋、一滴血可榨取,资本这个吸血鬼就决不罢休。比如铁路员工的劳动时间每天长达20小时,在旅行季节,他们往往连续劳动40~50小时。[2]工厂主在工作时间内不给工人吃饭的时间,他们认为,工人必须干够法律规定的时间,吃饭喝水是工人自己的事。法律规定工作日缩短,资本家就相应地按原来的工作日长度按比例减少工资,使工人生活不下去,然后逼迫工人签请愿书,要求主动加班加点。他们发明了换班制度,同一批儿童和少年时而由纺纱车间调到织布车间,时而在15小时之内由这个工厂调到那个工厂,等等。

马克思、恩格斯领导工人阶级为缩短工作日与资本家进行了不屈不挠的斗争。马克思以他的雇佣劳动与资本所阐述的原理,对工人宣讲资本家延长工作日的目的是为了榨取更多的剩余价值。工人阶级认识到了这个问题的实质,展开了与资本家的长期斗争。马克思说:"因此,正常工作日的确立是资本家阶级和工人阶级之间长期的多少隐蔽的内战的产物。斗争是在现代工业范围内开始的,所以它最先发生在现代工业的发源地英国。英国的工厂工人不仅是英国工人阶级的先进战士,而且是整个现代工人阶级的先进战士,最先向资本的理论挑战的也正是他们的理论家。"[3]马克思在这里所说的理论家是指欧文。欧文不仅在理论上主张限制工作日的必要性,而且于1819年在自己新拉纳克的工厂内实行了10小时工作日。

1848年工人争取到了10小时劳动时间法案的通过。虽然工厂主根本就没有实行它,

---

[1]中共中央马克思恩格斯列宁斯大林著作编译局译:《资本论》第一卷,北京:人民出版社,2004年,第294-295页。
[2]中共中央马克思恩格斯列宁斯大林著作编译局译:《资本论》第一卷,北京:人民出版社,2004年,第293页。
[3]中共中央马克思恩格斯列宁斯大林著作编译局译:《资本论》第一卷,北京:人民出版社,2004年,第346页。

但这样的法案还是被 1850 年英国最高法院的财务法庭的判决取消了,他们宣布破坏法律的工厂主无罪。恩格斯为此写了《10 小时工作制问题》的评论。他说:"多年来为宣传 10 小时工作日法所耗费的时间和精力,虽然没有得到什么直接的结果,但是也并没白费。在这种宣传中,工人阶级得到了一个有效的办法来相互了解,认清自己的社会地位和利益,把自己组织起来,懂得自己力量之所在。工人经过了这种宣传,就和从前不一样了;整个工人阶级经过了这种宣传,就在力量、知识和组织方面比起初强过百倍。"[1]恩格斯指出,工人阶级取得政权后,要实行比 8 小时工作制更彻底得多的措施。

马克思不但是一个伟大的革命理论家,也是一个伟大的革命活动家,他不仅提出了争取 8 小时工作制是工人解放的先决条件,还参加并领导了工人为争取缩短工作日的斗争。1864 年,国际工人协会即第一国际成立,马克思被选为临时中央委员会委员(后改称"总委员会")。马克思是总委员会的灵魂,他为国际工人协会起草了《成立宣言》和《共同章程》。在《成立宣言》中,肯定了工人斗争所取得的成就,其一就是英国工人阶级经过长期斗争所争得的 10 小时立法,其二是工人创造的合作社运动,证明没有资产阶级,大规模生产仍照样进行。

美国工人在《共产党宣言》的影响下,不断举行集会和罢工争取 8 小时工作日。1866 年 8 月在巴尔的摩召开美国工人代表大会,提出:"为了把我国的劳动从资本主义的奴隶制下解放出来,当务之急是颁布一项法律,规定八小时工作日为美利坚联邦各州的正常工作日。我们誓以全力争取这一光荣的结果。"[2]1866 年 9 月,第一国际在日内瓦召开第一次代表大会。马克思在为总委员会写的《临时中央委员会就若干问题给代表的指示》中说:"限制工作日是一个先决条件,没有这个条件,一切进一步谋求改善工人状况和工人解放的尝试,都将遭到失败。它不仅对于恢复构成每个民族骨干的工人阶级的健康和体力是必需的,而且对于保证工人能够发展智力,进行社交活动以及社会和政治活动,也是必需的。我们建议把工作日在法律上限制为 8 小时。这种限制是美国工人的普遍要求;代表大会的表决将使它成为全世界工人阶级的共同行动纲领。"[3]第一国际通过了决议,号召全世界工人阶级要为争取 8 小时工作日而斗争,保护女工和童工。1886 年 5 月 1日美国芝加哥有 30 多万工人游行示威,5 月 4 日又在芝加哥秣市广场举行群众大会,这次集会遭到了政府的残酷镇压。有数名工人被打死,200 多人受伤,多人被捕。在被捕的人中,有 4 人被无辜判处死刑。美国工人为争取 8 小时工作制付出了血的代价。

任何权利都不是轻易得来的。尽管工人阶级依据马克思的劳动价值理论与资产阶级

---

[1]《马克思恩格斯全集》第 10 卷,第 2 版,北京:人民出版社,1998 年,第 286 页。

[2]中共中央马克思恩格斯列宁斯大林著作编译局译:《资本论》第一卷,北京:人民出版社,2004 年,第 348 页。

[3]《马克思恩格斯全集》第 21 卷,第 2 版,北京:人民出版社,2003 年,第 268 页。

进行斗争,要求 8 小时工作制,但是,由于资产阶级反动政府的强力镇压和共产党内小派别的活动,工人运动不断遭到挫折,第一国际的总委员会在欧洲活动困难,只好迁到纽约,停止了实际活动。根据马克思的建议,1872 年第一国际在美国费城召开了最后一次代表会议,通过了国际解散的决议。马克思逝世后,在恩格斯的领导下,1889 年在巴黎召开了国际社会主义者代表大会,即第二国际。这次大会通过决议,为纪念 1886 年 5 月 1 日美国工人为争取 8 小时工作制进行的斗争,把每年的 5 月 1 日定为国际劳动节。在这一天,各国工人同时举行游行示威,争取 8 小时工作制。又经过了 30 年,美国官方于 1916 年承认了 8 小时工作制。1917 年,俄国苏维埃政府在第一批法令中规定了 8 小时工作制。此后,8 小时工作制在世界各国实行。

马克思的绝对剩余价值理论为工人阶级争取缩短劳动时间提供了理论依据,它对工人阶级争取缩短工作日的斗争所起的作用是巨大的。不仅如此,马克思还把工人阶级创造的剩余价值视为社会发展的基础,这样就肯定了工人阶级在社会中的主人翁地位,对于提高工人阶级的自信心有巨大的影响。马克思认为,超出必要劳动的剩余劳动时间,表现为剩余价值,物化为剩余产品,从而保证了其他人有充裕的自由时间从事其他工作。他说:"并且这种剩余产品是除劳动阶级外的一切阶级存在的物质基础,是社会整个上层建筑存在的物质基础。同时,剩余产品把时间游离出来,给不劳动阶级提供了发展其他能力的自由支配的时间。因此,在一方产生剩余劳动时间,同时在另一方产生自由时间。整个人类的发展,就其超出对人的自然存在所直接需要的发展来说,无非是对这种自由时间的运用,并且整个人类发展的前提就是把这种自由时间作为必要的基础。可见,社会的自由时间的产生是靠非自由时间的产生,是靠工人超出维持他们本身的生存所需要的劳动时间而延长的劳动时间的产生。同一方的自由时间相应的是另一方的被奴役的时间。"[1]剩余产品是社会分工发展的前提,社会分工的发展是提高劳动生产率的有效途径。

马克思还从资本本身的矛盾分析了资本疯狂追求剩余价值必然引发经济危机。由于资本要求无限制的剩余劳动,因而它就必然要求无限制地缩小工人的必要劳动。所以,一方面必然要无限扩大生产力,提高劳动生产率,使剩余产品量大大增加;另一方面,工人的收入相对减少,购买力减弱,因而经常出现经济危机。只有当剩余产品为全体劳动者所享用时,这种危机才会消除。马克思的理论已经为资本主义国家至今不断的经济危机所证实。

(二)相对剩余价值的生产

马克思说:"我把通过延长工作日而生产的剩余价值,叫作绝对剩余价值;相反,我把

---

[1]《马克思恩格斯全集》第 32 卷,第 2 版,北京:人民出版社,1998 年,第 215 页。

通过缩短必要劳动时间、相应地改变工作日的两个组成部分的量的比例而生产的剩余价值,叫作相对剩余价值。"[1]由于工人的斗争和社会主义苏联关于8小时工作日的普遍性限定,迫使资本主义国家制定并实行了8小时工作日法律,迫使资本家不能再随意让劳动者延长劳动时间。于是,为了追求剩余价值,资本家想尽办法增加劳动者的劳动强度,生产相对剩余价值。比如,资本家在市场上付出的劳动力日价值为80元。劳动力在工厂里劳动时,资本家并没有强迫劳动者延长劳动时间,而是强迫劳动者增加劳动强度。正常情况下,劳动者如果每小时创造出10元的价值,劳动8小时就可以创造够80元的价值。但是,资本家为了获取更多的利润,强迫劳动者增加了劳动强度,在6小时内已经创造够了80元的价值,每小时创造的价值为 $13\frac{1}{3}$ 元。但资本家仍会要求劳动者劳动够8小时,劳动者继续劳动2小时创造的 $26\frac{2}{3}$ 元的价值,被资本家无偿占有。这便是相对剩余价值的生产。现在的资本家多是靠利用前人积累劳动的科学技术,以提高劳动生产率的方法,占有劳动者生产的更多的相对剩余价值。

　　马克思关于相对剩余价值的理论,揭开了政治经济学上久久未能揭开的一个谜:为什么只关心生产交换价值的资本家,总是力求降低商品的交换价值。马克思说:"……这也就是政治经济学奠基人之一魁奈用来为难他的论敌、而后者至今还没有回答的那个矛盾。魁奈说:'你们认为,在工业产品的生产中,只要不损害生产,越能节省费用或昂贵的劳动,这种节省就越有利,因为这会降低产品的价格。尽管如此,你们又认为,由工人劳动创造财富的生产,在于增大他们产品的交换价值。'"[2]因为市场价格是交换价值的表现,所以,魁奈诘问为资本家剥削辩护的资产阶级经济学家,你们不能一方面说各种费用的节约,降低了产品的价格,节约使资本家发了财;一方面又说,工人的生产,在于增加了它们的交换价值,从而提高了价格,使资本家获利。资产阶级庸俗经济学家没有人能够解答这个问题。马克思用相对剩余价值的理论,解决了这个问题:因为相对剩余价值的增加和劳动生产率的提高成正比,而商品价值的降低和劳动生产率的提高成反比,这样,同一生产过程,不但使商品便宜,而且也使商品中包含的剩余价值增加。表现在价格和利润上,商品的价格虽然降低,但资本家的利润却增加了。

　　关于劳动力创造两种剩余价值的论述,是马克思的一大功绩。马克思根据他所创立的劳动二重性学说,对剩余价值定性并定量,以极强的逻辑性进行了严密论证,使人信服,也符合实际。它揭破了资本家剥削工人的秘密,对于唤醒工人阶级的主人翁意识以反抗

---

[1]中共中央马克思恩格斯列宁斯大林著作编译局译:《资本论》第一卷,北京:人民出版社,2004年,第366页。
[2]中共中央马克思恩格斯列宁斯大林著作编译局译:《资本论》第一卷,北京:人民出版社,2004年,第372页。

资本家的剥削,促进社会的发展和进步有重要意义。马克思剩余价值论问世150多年来,资产阶级经济学家对马克思理论的诸多方面进行了攻击,对剩余价值理论的攻击尤为激烈。但是,他们的理由极其乏力。比如,他们说:"如果没有资本家办厂,工人怎么生活?"但是,他们忘记了,马克思论证的,正是资本家办厂的资本是由工人创造的剩余价值转化的,资本的原始积累,是靠权力掠夺和靠战争抢劫的。比如,自然资源是自然对人类的馈赠,人人应该平等地占有和使用;但是,由于资本家与官员相勾结即资本与权力相勾结,导致了人们权利的不平等和利益的不均等。官员利用职权为房地产开发商提供低价土地,开发商获利,官员受贿,就是典型的例子。现在最流行的说法是自动化机器可以创造价值和剩余价值,因而马克思的剩余价值理论不正确。谁都知道,机器是人通过劳动创造的,是由人操纵的,由此而认定自动化机器创造价值和剩余价值,等于说是机器养活了人类,是荒唐可笑的。马克思早就批判说:"罗德戴尔之流认为资本本身离开劳动可以创造价值,因而也可以创造剩余价值(或利润),对这种观点来说,固定资本——特别是以机器体系为其物质存在或使用价值的资本——是最能使他们的肤浅谬论貌似有理的形式。"[1]创造现代化机器的人所掌握的科技知识中,含有前人积累的劳动价值;现代化机器中,也含有前人积累的劳动价值。前人积累的劳动价值,只有通过人的劳动才能再现,因此,机器和资本并不能创造剩余价值。

马克思说:"机器体系表现为固定资本的最适当的形式,而固定资本——就资本对自身的关系来看——则表现为资本一般的最适当的形式。"[2]因而,自动工厂是适应机器体系的完善的生产方式。一方面,资本主义生产方式即它的雇佣劳动制以机器生产为支撑,资本招募科学家为自己服务,不断地使工业生产自动化,迫使反叛的工人就范;另一方面,劳动条件所表达的,是与之相适应的生产力。在工业化和电子化相结合的高度自动化基础上所产生的生产力,使劳动生产率极大提高,相对剩余价值急剧增长。如果剩余价值、剩余产品归大众所有,社会福利就会大幅增加,劳动者的劳动强度就会大幅下降,人们的自由时间就会更加充裕,它就为人的全面发展创造了更充分的物质条件。如果公共利用自然资源,公共利用前人的积累价值——人人都得到良好的教育便是它的重要表现形式之一——那么,资本主义生产力就是在为共产主义创造条件。所以,马克思所揭示的原理现在仍有很强的现实意义。

---

[1]《马克思恩格斯文集》第8卷,第1版,北京:人民出版社,2009年,第194页。
[2]《马克思恩格斯文集》第8卷,第1版,北京:人民出版社,2009年,第187页。

第五章　马克思关于等量资本获取等量利润与资本有机构成和资本积累理论

马克思以他的剩余价值理论为基础,环环相扣地论证并解决了等量资本获取等量利润的问题。资产阶级虽然在商场上进行你死我活的竞争,但在根本利益面前,是作为一个整体采取共同行动来对付无产阶级的。资本通过不断把剩余价值资本化,扩大再生产的规模。资本积累必然导致两极分化,同时也必然消灭自己。资本积累的趋势是实现个人所有制。马克思的这部分论述思路清晰,逻辑性强,具有很强的说服力。

一、剩余价值率和利润率

在马克思之前的经济学家中,最有成就的是李嘉图。但是,李嘉图有两个问题不能解决,该学派因之解体。这两个问题是:资本和劳动的交换如何同价值规律相符合? 等量资本如何获取等量利润? 第一个问题是说,工人付出劳动,创造了价值,资本家付给工人的工资就是工人劳动创造的价值。但是,如果是这样,劳动创造的价值都让工人拿走了,资本家还怎么发财? 或者说,劳动价值和劳动价值进行等价交换之后,资本家为什么还能发财? 这个问题是在马克思区分了劳动和劳动力价值之后解决的,在第三章我们已经介绍过了。本章我们介绍马克思如何解决第二个问题,即等量资本获取等量利润。

(一)等量资本获取等量利润是经济学的一个难题

等量资本获取等量利润是指社会资本所获得的利润量与资本量成比例。在全社会,无论哪一种行业,只要投入相同的资本,都必然按相同的比例获得利润。比如,有的资本家投资金融业,这种资本就是金融资本;有的资本家投资制造业,这种资本就是产业资本;有的资本家投资商业,这种资本就是商业资本。在竞争中,有一种人们司空见惯的现象,如果某一行业的利润量下降,则资本家对这个行业的投资就会减少;如果利润量增加,资本家的投资就会增加。这种现象是等量资本追逐等量利润引起的。例如,当机器制造业的利润高,而食品工业的利润低时,人们会把投资于食品工业的资本撤出,改投资机器制造业。当投资于机器制造业的资本增多,生产扩大,产品增多后,机器制造业的利润下降。此时,由于食品工业有大量资本撤出,生产萎缩,产品减少而致利润上升。这种资本在机器制造业和食品工业间的转移现象和资本家的撤资与改投资行为,一直到机器制造业与食品工业的利润大致相等时,二者的生产规模才会大致稳定下来。或者说,直到等量资本能够获得等量利润时才会稳定下来。产业资本要求等量资本获得等量利润,金融资本、商业资本也是资本,必然带着资本的天性,也要求等量资本获得等量利润。但是李嘉图学派解决不了这个问题。

(二)马克思解决等量资本获取等量利润的方法

马克思解决这个问题的方法巧妙而深奥。这个问题与剩余价值紧密联系着。马克思以他的剩余价值理论为基础,详细论述了剩余价值如何转化为利润和平均利润,从而解决了等量资本获取等量利润的问题。

1. 利润的来源——剩余价值。利润来自哪里?来自工人创造的剩余价值。按照马克思把商品价值划分为不变资本、可变资本和剩余价值三个部分的理论,不变资本即机器、厂房、原材料、劳动工具等,只能通过人的劳动转移至新产品中而不会增加;可变资本即劳动者工资部分的价值,由资本家付给了工人;超过工人工资的部分即剩余价值,是资本利润的来源。剩余价值多,利润就丰厚;剩余价值少,利润就少。资本家通过投资追逐利润,实质上是追逐剩余价值。等量资本获得等量利润,实质上是资本平均瓜分剩余价值。

2. 剩余价值率。既然利润是由剩余价值转化的,那么,剩余价值与预付资本的不同部分的比值就产生剩余价值率和利润率。剩余价值与可变资本的比值是剩余价值率。可用下式表达:

$$m' = \frac{m}{v} \times 100\%$$

式中:m′表示剩余价值率,m 表示剩余价值,v 表示可变资本。

如果资本家给予工人的工资 v 是 100 万元,工人创造的剩余价值 m 是 11 万元,那么,剩余价值率 $m' = \frac{m}{v} \times 100\% = 11/100 \times 100\% = 11\%$。

3. 利润率。剩余价值与全部预付资本的比值是利润率。可用下式表达:

$$p' = \frac{m}{c+v} \times 100\%$$

式中:p′表示利润率,m 表示剩余价值,v 表示可变资本,c 表示不变资本。

如果资本家购买机器、厂房、原材料等不变资本 c 的数额是 1000 万元,给予工人的工资即可变资本 v 是 100 万元,资本家预付的资本是 1000 万元+100 万元=1100 万元,工人创造的剩余价值 m 是 11 万元,那么,利润率 p′=11/1100×100%=1%。

4. 剩余价值率和利润率的不同意义。比较剩余价值率和利润率可以看出,剩余价值率的值比利润率的值高很多。如果从不同的角度看待剩余价值率和利润率,意义大不相同。

从工人的角度看,剩余价值率反映的是资本家对工人的剥削程度。剩余价值率越高,说明资本家的剥削越严重。比如,有甲、乙两个资本家,他们都雇佣了 1 万个工人,付给每个工人的工资 v 都是 100 元,总额都是 100 万元。但甲资本家雇佣的工人创造的总剩余价值 m 是 10 万元,剩余价值率 $m' = 10/100 \times 100\% = 10\%$;乙资本家所雇佣的工人创造的总剩余价值为 11 万元,剩余价值率 $m' = 11/100 \times 100\% = 11\%$。比较甲资本家和乙资本家的剩余价值率就可以知道,乙资本家对工人的剥削程度比甲资本家高。

但是,资本家可不这么看。资本家投资是为了赚钱,是为了获得更高的利润。假若上述甲、乙两个资本家的投资,其不变资本 c 都是 1000 万元,雇佣工人的工资即可变资本 v 都是 100 万元,$c+v = 1000$ 万元 $+100$ 万元 $= 1100$ 万元。甲资本家雇佣的工人创造的剩余价值 m 是 10 万元,则甲资本家的利润率$' = 10/1100 \times 100\% \approx 0.91\%$;乙资本家雇佣的工人创造的剩余价值是 11 万元,乙资本家的利润率 $p' = 11/1100 \times 100\% = 1\%$。上述情况显示,投资同样数额的资本,乙资本家的利润率高,甲资本家的利润率低,这是甲资本家所不能接受的。这种情况,可能使甲资本家一方面丧失良心和道德,在加重对雇佣工人的剥削度上下工夫;另一方面,他强烈要求利润平均化,以求投入等量资本获取等量利润。

二、平均利润率和平均利润

等量资本要求获取等量利润,不仅是产业资本的要求,也是其他非产业资本比如金融资本、商业资本的要求。此时,产业资本家必须把自己的剩余价值拿出一部分,分给金融、商业等资本家,于是就产生了平均利润率和平均利润。

(一)平均利润率

平均利润率是整个社会所获得的总剩余价值与社会投入的总资本的比值。可以用如下公式表达:

$$\overline{p}' = \frac{\sum m}{\sum (c+v)} \times 100\%$$

式中:$\overline{p}'$ 表示平均利润率,$\sum m$ 表示总剩余价值,$\sum (c+v)$ 表示总资本。

社会投入的总资本可以分行业统计,也可以在一定的范围内(一个国家或一个地区)统计。在自由资本主义时期,由于社会生产处于无政府状态,所以社会投入的总资本不容易被统计。现在各国投入的总资本都是可以统计的,因而平均利润率也是能够精确计算的。比如,某国的机械制造业资本总投入是 100 亿元,总利润是 10 亿元,机械制造业的平均利润率 $\bar{p}' = 10/100 \times 100\% = 10\%$。如果食品工业的资本总投入也是 100 亿元,它的行业总利润是 20 亿元,平均利润率 $\bar{p}' = 20/100 \times 100\% = 20\%$。机械制造业和食品工业的平均利润率 $\bar{p}' = (10+20)/(100+100) \times 100\% = 15\%$。也可以分行业计算出它们的平均利润率,再把各行业的平均利润率相加后除以行业数。比如,机械制造业的平均利润率为 10%,食品工业的平均利润率为 20%,它们的平均利润率为 $(10\%+20\%) \div 2 = 15\%$。

(二)投入的资本按比例获得平均利润

如果计算出了全社会的平均利润率,则用平均利润率与投入的资本量相乘,就是投入资本按比例获得的利润量。例如,如果全社会投入的总资本是 30 万亿元,总利润是 3 万亿元,则平均利润率 $\bar{p}' = 3$ 万亿元$/30$ 万亿元$\times 100\% = 10\%$。如果从全社会计算出的平均利润率为 10%,机械制造业资本总投入是 100 亿元,则机械制造业的平均利润 $p = 100$ 亿元$\times 10\% = 10$ 亿元;如果纺织工业投入的资本量是 20 亿元,则纺织工业的平均利润 $p = 20$ 亿元$\times 10\% = 2$ 亿元;如果电力工业投入的资本为 30 亿元,则电力工业的平均利润 $p = 30$ 亿元$\times 10\% = 3$ 亿元;如果金融业投入的资本是 10 万亿元,则金融业获得的平均利润 $p = 10$ 万亿元$\times 10\% = 1$ 万亿元……

在实际生产中,是先有不同部门的利润率和利润,之后才形成全社会的平均利润率和利润。正是由于不同行业的利润有差别,资本为了追逐更多的利润,才展开了激烈竞争,竞争引起利润率的平均。比如,钢铁业的利润率高,食品工业的利润率低,则食品工业的资本被抽去办钢铁厂,因而导致钢铁业的产量大大增加,钢铁的市场价格下降,利润率降低,利润减少。此时,食品工业由于不少资本被抽走,食品产量减少,价格上升,利润率提高,利润量增加,投资于钢铁业的资本又会有一部分重新投资食品业。最后,在达到利润率基本相等时,这种竞争才会相对平静下来。

由于在实际生产中是先有不同部门的利润率和利润,再形成全社会的平均利润率和利润,所以,在计算全社会平均利润率时,常常不是各部门利润率的简单平均,而是采用加权的方法计算的。

平均利润率的形成,一方面,说明各个行业的资本家在共同剥削劳动者,比如以利息形式表现的金融资本的利润,就是由劳动者创造的剩余价值转化的,它说明了资本家阶级与工人阶级是对立阶级,工人阶级要想改变自己的命运,必须消灭资本。消灭资本的根本办法,是变生产资料私有制为公有制,从而使剩余价值为公共占有,使货币恢复自己的本性,成为计量生产和商品交换的工具,而不是剥削的工具。在消灭资本的过程中,不是消灭资本家个人,而是消灭资产阶级;另一方面,平均利润率进一步掩盖了资本家的剥削。从表面上看,似乎利润与劳动者毫无关系,只与资本有关。但实际上,无论投入的资本收益如何,其收益都来源于劳动者创造的剩余价值。

列宁在评价马克思的这部分论述时说:"《资本论》第三卷所解决的是在价值规律的基础上形成平均利润率的问题。马克思把经济科学推进了一大步。"[1]

三、马克思的资本有机构成理论

资本有机构成理论是马克思独创的,在马克思劳动价值论中有特殊地位。资本有机构成与劳动生产率、利润率、平均利润率、超额利润、生产价格等都有关系。

（一）资本有机构成

马克思对资本有机构成是这样定义的,"我把由资本技术构成决定并且反映技术构成变化的资本价值构成,叫作资本的有机构成"。[2]

1. 资本的技术构成。通俗地说,在商品生产中,技术越高,同样的劳动力推动的生产资料越多,技术越低,同样的劳动力推动的生产资料越少,生产资料量和劳动量之间的这种比例,就叫资本的技术构成。比如,一个纺织技术高的工人,一天可以纺 100 千克棉花,一个纺织技术低的工人,一天只能纺 50 千克棉花。工厂主运来了 1000 千克棉花,需要在一天内纺完。如果用技术高的纺织工来纺,需要 10 个人。如果用技术低的纺织工,则需要 20 个人。这种纺一定量棉花和所需工人之间的比例,就是资本的技术构成。

2. 资本的价值构成。上述举例,在资本技术构成中,资本家投入的机器、原材料等不变资本都需要付出一定量的价值,资本家对所雇佣的劳动力所付出的工资,是资本家付出的可变资本价值,不变资本价值和可变资本价值之间存在着一定的比例关系,这种比例决定于工人技术的高低和劳动工具所具有的技术含量。也就是说,资本的价值构成取决于资本的技术构成。资本技术构成的变化引起资本价值构成的变化,资本价值构成的变化反映资本技术构成的变化,因此马克思把这两种情况的联系称为资本有机构成。

（二）资本有机构成与平均利润

马克思用百分比来表示资本技术构成与价值构成的比例关系。例如,在一个 100 的资本中,不变资本 c 占 80,可变资本 v 占 20,则资本有机构成表示为:80c+20v。

资本有机构成的高或低是相对的。在几个不同的资本有机构成中,如果不变资本所占的比例相对较高,可变资本所占的比例相对较低,马克思称之为高构成的资本。如果不变资本所占的比例相对较低,可变资本所占的比例相对较高,马克思称为低构成的资本。处于高和低之间的资本构成,是中等构成的资本。比如:若 90c + 10v 为高构成的资本,

[1]《列宁选集》第二卷,第 3 版修订版,北京:人民出版社,2012 年,第 434 页。

[2]中共中央马克思恩格斯列宁斯大林著作编译局译:《资本论》第一卷,北京:人民出版社,2004 年,第 707 页。

70c+30v 为低构成的资本,则 80c+20v 为中等构成的资本。

高构成的资本生产率高,低构成的资本生产率低。

有的读者可能产生疑问:生产率越高,单位时间内生产的产品数量也越多,生产商获得的利润也越多。马克思已经论述过,剩余价值都是劳动力创造的,不变资本如机器等劳动资料并不创造剩余价值,利润都是由剩余价值转化的,如果由于高构成资本的不变资本的比例高,可变资本的比例低,由可变资本所创造的剩余价值虽少但生产率高,因而实现的利润多;低构成资本的不变资本比例低,可变资本的比例高,由可变资本创造的剩余价值量虽多但生产率低,因而实现的利润少。那么,这不是说明,不变资本也会创造剩余价值吗?马克思不是自己把自己的理论推翻了吗?

读者产生的疑问,可用数字加以说明:假如剩余价值率都为100%。90c+10v 为高构成的资本,10v 创造的剩余价值为 10m;80c+20v 为中等构成的资本,20v 创造的剩余价值为 20m;70c+30v 为低构成的资本,30v 创造的剩余价值为 30m。那么,高构成的资本创造的剩余价值量少,因而利润也应该减少;低构成的资本创造的剩余价值量多,因而利润应该增多。这与现实情况不相符。实际情况是高构成的资本实现的利润多,低构成的资本实现的利润少,这是怎么回事呢?

马克思的平均利润率和平均利润理论是解决问题的钥匙。由于等量资本追求等量利润,所以,无论资本构成是高还是低,每 100 个资本都必须获得相等的利润。利润又是剩余价值转化的,所以,高、中、低 3 种资本所创造的剩余价值总和即 10m+20m+30m = 60m 必须相加并平均之后被三种资本所瓜分。60m÷3 = 20m,高、中、低 3 种资本各获得 20m 的剩余价值。在现实生产中,高构成的资本虽然雇佣的工人少,但实现的利润并不少;低构成的资本虽然雇佣的工人多,但实现的利润并不多。这说明了资本家是作为一个整体来共同剥削工人阶级所创造的剩余价值的。马克思的理论不仅符合实际情况,而且环环相扣,没有漏洞。

有不少经济学家对马克思的平均利润理论进行了解释。他们说,平均利润的形成,是由于低构成的资本所创造的剩余价值转移到了高构成的资本那里。有经济学家反驳说,这种剩余价值转移说,其蕴含的意思是,生产率高的劳动侵占了生产率低的劳动,高构成的资本剥削了低构成的资本。也就是说,勤快人侵占了懒惰人的劳动,高新技术和设备的资本占了落后的技术和设备的资本的便宜,这无论如何是说不过去的。如此,马克思主义劳动价值论怎么能够成为科学?

马克思本人并没有解释为什么会发生剩余价值平均的情况,只是说这是等量资本追逐等量利润的结果。我们对这个问题研究后发现,剩余价值并未转移,造成这种结果的原因是人们对前人劳动积累价值和自然价值通约所致。这个问题将在前人积累价值的计量

(第十一章)和价值转形与等价交换(第十四章)中予以详细论述。当然,影响利润实现的因素还有很多,比如说资本周转率、供需因素、垄断等等。由于马克思研究的是一般的生产规律、一般的生产关系,所以,一些具体的因素没有被放于主要位置予以研究。

四、马克思的资本积累理论

资本主义的各个企业是独立的,它们在各自的领域内生产剩余价值,又把剩余价值转化为资本投入生产。但从整个社会来说,各个独立的生产企业又是相互联系的,无论哪一个企业都不能脱离社会,否则它的产品价值就没有办法实现,生产也将进行不下去。所以,在资本主义社会里,各个企业的生产是有计划的,而在全社会的生产是无计划的。这种企业生产的有计划性和社会生产无计划性的矛盾造成生产混乱和产能过剩,使宝贵的资源浪费。在社会生产的无计划性造成生产混乱和不断发生经济危机时,资本主义生产为什么还能进行下去,资本主义的生产关系为什么还能再生产出来? 在什么条件下资本主义的生产关系才无法维持,资本主义才会转型? 要解答这些问题,就必须考察企业的生产和再生产,考察社会总资本的积累和积累的历史趋势。马克思在这方面进行了艰苦卓绝的研究。马克思的论证是严密的、科学的。

(一)企业的再生产

如果一个企业的生产能周而复始地进行,这个企业的生产就叫再生产。如果一个社会的生产模式能不断地复制,生产也能进行下去,它也就可以把这种社会关系再生产出来并维持下去,这个社会的经济形态就没有变化,也就无所谓社会转型。资本主义的企业再生产分为简单再生产和扩大再生产。

1. 简单再生产。假定一个生产企业是整个社会总资本的样本,这个企业要进行再生产,首先要把货币变为商品,即资本家要拿货币购买生产资料,经过工厂的生产,再把商品变为增多了的货币。因为货币是价值的代表,所以这两种变化,也是从价值转变为实物,从实物再转变为价值的变化。如果一个企业生产的剩余价值被资本家消费了,没有转变为下一次的生产资料,即资本家没有把这一次生产的剩余价值投入下一次再生产,生产的规模没有扩大,就叫简单再生产。简单再生产是资本主义生产的最基本功能。从简单再生产中,我们可以看到,资本家花天酒地的生活,消费的都是劳动者的血汗。经过一段时间以后,资本家原来投入的生产资料就全部由剩余价值转化而成。

比如,某资本家出资 1000 万元办了一个工厂,每年生产出价值 1200 万元的产品。资本家的生产规模并没有扩大,一直以这样的规模生产。每年多出的 200 万元是工人创造的剩余价值,被资本家消费掉了。资本家可以一掷千金,过醉生梦死的生活。在这个生产模式中,剩余价值被生产资料所有者所消费,生产规模没有扩大,但资本家仍然是资本家,劳动者仍然是劳动者,资本主义生产关系没有改变,社会没有转型。由于资本家每年用于个人消费 200 万元,经过 5 年之后,他所预付的 1000 万元就被他完全消费掉了。如果 5 年后他仍有 1000 万元的生产资本,这 1000 万元已经不是他原来的投资了,而是由剩余价值转化而成。也就是说,他的全部生产资料都是由工人的劳动剩余积累起来的。

2. 扩大再生产。实际上,在现实中,资本主义生产不是简单再生产,资本家会把剩余价值的一部分作为资本投入生产,以扩大再生产的规模,这就是资本主义扩大再生产。资本主义扩大再生产是把商品生产所有权转变为资本主义占有权,是资本积累的结果,反映了资本主义生产方式的实质。

资本积累是资本主义扩大再生产的基础。关于什么是资本积累,马克思对此有明确的定义:"把剩余价值当作资本使用,或者说,把剩余价值再转化为资本,叫作资本积累。"[1]

还以上例予以说明。资本家出资 1000 万元开办工厂,每年生产出价值 1200 万元的产品,多出的 200 万元是工人创造的剩余价值。如果这 200 万元不是被资本家完全消费,而是由资本家消费了 100 万元,另外的 100 万元被资本家又作为资本投入生产,这便是资本积累。随着资本积累量的增加,资本主义的经济基础稳固化,资本主义的生产关系得以维系。资产阶级在资本主义生产的基础上,建立了资本主义国家,制定了资本主义法律,构建了一整套维护资本主义生产秩序的强大机器,如监狱、军队、警察、法庭等等,培养了一大批为资本主义辩护的学者文人,资本主义的统治更加巩固了。

资本家投入的资本,从货币状态开始,经过商品阶段,又回到增大了的货币状态。货币和商品,并不是资本,因此,把商品生产等同于资本主义生产是错误的。但是,资本确实是在商品生产中产生,资本也在商品生产中积累。在商品生产中产生出资本是有条件的,这个条件就是必须私人占有生产资料,工人创造的剩余价值必须归私人所有,才能转化为资本。由资本催生的生产关系和社会关系,是生产资料私有权和劳动者出卖自身劳动力的自主权,马克思简要地概括为雇佣劳动制。

(二)资本原始积累

在上面的举例中,资本家为启动生产,投入了原始资本 1000 万元,如果没有这 1000 万元的启动资本,就不会有生产,工人也就不可能就业,不能从生产中获取收入,甚至连生存都成了问题。这样说来,资本家岂不是救世主?岂不是资本家养活了工人?人们想知道资本家刚开始办工厂的货币来源。资产阶级经济学家说,资本家开办工厂的资本,来源于自己的节省,或者是借贷来的。他们的说法欺骗了不少人。马克思在《资本论》第一卷

---

[1]中共中央马克思恩格斯列宁斯大林著作编译局译:《资本论》第一卷,北京:人民出版社,2004 年,第 668 页。

第二十四章中揭露了资本原始积累的秘密。不错,资本家中有的人是靠自己的劳动收入办工厂的,但这只是少数。靠这样少数人的行为是形成不了资本主义生产方式和社会制度的,他们的行为只是资本主义因素,不能说明资本主义的产生过程。如果我们弄清了资本的原始积累问题,就会对社会主义苏联的解体和资本主义化有一个清醒的认识。

什么是资本的原始积累呢? 马克思对资本的原始积累下过一个定义。马克思说:“因此,所谓原始积累只不过是生产者和生产资料分离的历史过程。”[1]

1. 商品和货币转化为资本的条件。商品和货币并不是资本,只有在一定的条件下才转化为资本。货币转化为资本,资本产生剩余价值,剩余价值又产生更多的资本,这种资本的积累,以剩余价值为前提。但是,剩余价值又以什么为前提呢? 剩余价值以资本主义生产为前提,而资本主义生产又以商品生产者手里握有大量的资本和雇佣劳动为前提。这是一种循环。因而,在资本主义生产建立之初,必然有一种在循环之外的原始资本存在。而原始资本从何而来? 如果是货币,货币又不天然是资本。如果是商品,商品生产在资本主义之前就存在着。商品和货币要转化为资本,不但需要有一定量的开办工厂的货币,还要有一定的稳定获得剩余价值的条件。

(1)商品和货币要转化为资本,生产资料私有制是必不可少的条件之一。生产资料私有制是维持资本主义剥削制度的必备条件。凡是人类的生产,都在追求剩余价值。但是,如果没有生产资料私有制,剩余价值归公共所有,人人互为资本家,就没有了资本主义剥削,也就从经济上消灭了资本主义生产方式。也不是所有生产资料私有制的社会都是资本主义。比如,奴隶社会、封建社会的生产资料是私有的,但其生产方式却不是资本主义的。资本主义生产,还需具备其他条件。

(2)资本主义生产与大机器生产相联系。虽然大机器生产是资本主义生产与奴隶制生产、封建制生产相区别的重要标志之一,但不是与社会主义生产相区别的标志。社会主义生产是比资本主义具有更高劳动生产率的生产,是建立在资本主义生产基础之上的,所以社会主义生产不但必须与大机器生产相联系,而且剩余价值必须为公共占有。

(3)劳动者必须有出卖自己劳动力价值的自由。劳动者没有任何生产资料,没有私有财产,只有在资本家所办的工厂里打工这一条路可走,他们只好到市场上出卖自己的劳动力。他们虽然是自由劳动者,但他们一进工厂,就受到资本家这个十足的独裁者的管制。马克思说:“自由劳动者有双重意义:他们本身既不像奴隶、农奴等等那样,直接属于生产资料之列,也不像自耕农等等那样,有生产资料属于他们,相反地,他们脱离生产资料而自由了,同生产资料分离了,失去了生产资料。商品市场的这种两极分化,造成了资本

---

[1]中共中央马克思恩格斯列宁斯大林著作编译局译:《资本论》第一卷,北京:人民出版社,2004年,第822页。

主义生产的基本条件。资本关系以劳动者和劳动实现条件的所有权之间的分离为前提。"[1]

由于资本主义生产方式是从封建生产方式转化的,所以,它必须把农民驱赶至工厂,剥夺他们的土地。这样,就完成了从封建剥削向资本主义剥削的转变。马克思说:"劳动者的奴役状态是产生雇佣工人和资本家的发展过程的起点。"[2]"在原始积累的历史中,对正在形成的资本家阶级起过推动作用的一切变革,都是历史上划时代的事情;但是首要的因素是:大量的人突然被强制地同自己的生存资料分离,被当作不受法律保护的无产者抛向劳动市场。对农业生产者即农民的土地的剥夺,形成全部过程的基础。"[3]这种对农民土地剥夺的过程,把劳动者抛向市场必须由资本家任意宰割的过程,在不同的国家,在不同的历史时期,有不同的方式,不同的顺序,在不同的历史时代通过不同的阶段。

2. 建立资本主义生产方式的原始资本来源。资本家的第一桶金是从哪里来的? 资本主义生产方式产生之初,多数资本家办工厂、办商业、从事各种经营活动的货币来源,是利用权力掠夺、欺骗、征服、杀戮等方法得来的。他们的罪恶,大部分被他们的辩护者掩盖了。资本原始积累以下列几种情况较为典型:

(1)封建新贵族的财产转型。资本主义是从封建社会中产生的,封建剥削的特点是被剥削者向剥削者交纳实物性无酬劳动产品。但当封建贵族从商人那里发现货币可以成为财富贮藏的手段后,开始追求货币。这是生产力发展的结果。工业生产和商品贸易的发展,为封建贵族和商人的结合创造了条件。于是,一部分土地所有者开始把土地变为牧场或工厂,他们以血腥的立法强迫农民脱离土地,成为无产者,强迫他们到工厂里劳动。

在英国,1455—1485年进行了封建家族的战争以后,代表新贵族的势力消灭了旧封建贵族的势力,新贵族相信"货币是一切权力的权力",在佛兰德毛纺织工场手工业繁荣引起羊毛价格上涨后,"把耕地转化为牧场就成了他们的口号"。他们把农民从土地上赶走,使农民成为流离失所无家可归的人。生活于那个时代的托马斯·莫尔由此写下了他流传千古的空想社会主义著作《乌托邦》。他在书中说:"于是,贪得无厌的人,自己家乡的真正瘟疫,几千英亩土地,统统用篱笆或栅栏圈围起来,或者通过暴力或不正当的手段迫使所有者不得不出卖一切。不择手段地迫使他们迁移——这些贫穷朴实的不幸者! 男人、女人,丈夫,妻子,孤儿,寡妇,抱着婴儿的绝望的母亲,以及钱少人多(因为农业需要许多劳动力)的家庭。我是说,他们被驱逐出熟悉的乡土,找不到安身之处;他们所有的家底用具虽然不很值钱,但在其他的情况下,还能卖一点钱;可是他们是突然被驱逐出来的,因

[1]中共中央马克思恩格斯列宁斯大林著作编译局译:《资本论》第一卷,北京:人民出版社,2004年,第821页。

[2]中共中央马克思恩格斯列宁斯大林著作编译局译:《资本论》第一卷,北京:人民出版社,2004年,第823页。

[3]中共中央马克思恩格斯列宁斯大林著作编译局译:《资本论》第一卷,北京:人民出版社,2004年,第823页。

此只好以极低的价格卖掉。当他们游荡到不名一钱的时候,除了偷盗以致被依法绞死以外,除了行乞以外,还能做什么呢?而他们去行乞,就会被当作流浪者投入监狱,理由是他们游手好闲,无所事事,虽然他们努力找工作,但没有人愿意给他们工作做。"[1]这就是莫尔第一次描述的英国历史上著名的"羊吃人"现象。"羊吃人"是莫尔在《乌托邦》中借旅行家希斯拉德的口所说的:"你们的绵羊本来是那么驯服,吃一点就满足,现在据说变得很贪婪很凶蛮,甚至要把人吃掉,把你们的田地、家园、城市要蹂躏完啊。"[2]

统治者用血腥的立法剥夺农民的土地,又用血腥的立法强迫他们到工厂工作。1530年英国立法,年老和无劳动能力的乞丐可获得一种行乞证,有劳动能力的人则无这种行乞证。如果有劳动能力的流浪者第一次被逮到,要遭受鞭打和监禁,他们被绑在马车后面,被鞭打到遍体流血为止,然后要其发誓回到原籍或近3年所居住过的地方去从事劳动。第二次被捕,受鞭打并被割去耳朵。第三次被捕,就要被当作重要罪犯和社会的敌人处死。后来的法律更加严酷,比如在流浪者的脸上烙印,等等。马克思说:"这样,被暴力剥夺了土地、被驱逐出来而变成了流浪者的农村居民,由于这些古怪的恐怖的法律,通过鞭打、烙印、酷刑,被迫习惯于雇佣劳动制度所必需的纪律。"[3]

(2)对殖民地财富的掠夺。由封建新贵族转向资本家的过程是缓慢的,于是,一些人开始寻找快速致富的方法。一种方法就是用血和剑掠夺殖民地的财富。殖民者有组织地使用国家暴力,加快了社会转型。马克思说:"殖民地为迅速产生的工场手工业保证了销售市场以及由市场垄断所引起的成倍积累。在欧洲以外直接靠掠夺、奴役和杀人越货而夺得的财宝,源源流入宗主国,在这里转化为资本。"[4]

在美洲发现了金矿以后,殖民者为了掠夺黄金,大肆屠杀当地的土著人——印第安人。"那些谨严的新教大师,新英格兰的清教徒,1703年在他们的立法会议上决定,每剥一张印第安人的头盖皮和每俘获一个红种人都给赏金40镑;1722年,每张头盖皮的赏金提高到100镑;1744年马萨诸塞湾的一个部落被宣布为叛匪以后,规定了这样的赏格:每剥一个12岁以上男子的头盖皮得新币100镑,每俘获一个男子得105镑,每俘获一个妇女或儿童得55镑,每剥一个妇女或儿童的头盖皮得50镑!……英国议会曾宣布,用警犬捕杀和剥头盖皮是'上帝和自然赋予它的手段'。"[5]"在美洲金矿发现后的300年中,仅西班牙殖民者就掠夺走黄金250万公斤,白银1亿公斤。他们把掠夺到的财富运回欧洲,

---

[1]中共中央马克思恩格斯列宁斯大林著作编译局译:《资本论》第一卷,北京:人民出版社,2004年,第845页注(221a)。

[2]高放著:《社会主义的过去、现在和未来》,北京:北京出版社,1982年,第19-20页。

[3]中共中央马克思恩格斯列宁斯大林著作编译局译:《资本论》第一卷,北京:人民出版社,2004年,第846页。

[4]中共中央马克思恩格斯列宁斯大林著作编译局译:《资本论》第一卷,北京:人民出版社,2004年,第864页。

[5]中共中央马克思恩格斯列宁斯大林著作编译局译:《资本论》第一卷,北京:人民出版社,2004年,第863页。

用来发展资本主义经济。"[1]

殖民者往往勾结当地的代理人——唯利是图者、土著王子、盗贼、土奸,以杀人、盗窃、抢劫的方式致富。马克思举例说:"荷兰人为了使爪哇岛得到奴隶而在西里伯斯岛实行盗人制度。为此目的训练了一批盗人的贼。盗贼、译员、贩卖人就是这种交易的主要代理人,土著王子是主要的贩卖人。盗来的青年在长大成人可以装上奴隶船以前,被关在西里伯斯岛的秘密监狱中。"在爪哇岛副总督的一份报告中说,这种监狱"一座比一座恐怖,里面挤满了不幸的人,贪欲和暴政的牺牲者,他们戴着镣铐,被强行和家人分离"[2]。荷兰人为了霸占马六甲海峡,曾向葡萄牙总督行贿。1641 年总督允许他们进城。他们为了对支付 21875 镑贿款进行"节欲",进城后就把总督杀了。"他们走到哪里,哪里就变得一片荒芜,人烟稀少。爪哇的巴纽旺宜省在 1750 年有 8 万多居民,而到 1811 年只有 8000 人了。"马克思讽刺说:"这就是温和的商业。"[3]

(3)公共信用制度(国债制度)。大规模的殖民扩张、海外贸易和进行商业战争,需要大量的金钱。由于垫付的金钱可以带回更多的金钱,所以,国家就让国民像股份制一样参股,这些股票就成为公债,公共信用制度因而产生。马克思说:"公债成了原始积累的最强有力的手段之一。它像挥动魔杖一样,使不生产的货币具有了生殖力,这样就使它转化为资本,而又用不着承担投资于工业甚至高利贷时所不可避免的劳苦和风险。"[4]国债制度使社会产生了一批食利者阶级,使金融家大发横财,使商人、私营工厂主获得从天而降的资本,也使证券交易和银行业兴盛起来。银行从政府那里取得特权,成为国民的永远债权人。

随着国际信用制度的出现,资本积累的原始罪恶被掩盖了。马克思举例,威尼斯给荷兰巨额贷款,威尼斯的劫掠制度的卑鄙行径就被掩盖了。其他国家如荷兰贷给英国,英国贷款给美国,都是如此。

(4)税收。国债是要付利息的。当政府大举借债时,如果债务和利息无法偿还,政府就会增加税收。税收是国家使用暴力强制性无偿拿走的一部分居民收入。如果不对低收入人群征税,如果税收是用于公共福利,是用于社会管理性支出,税收就是二次分配,对社会公平起重要作用。如果把税收用于偿还公债,而公债又贷给资本家,或把税收款直接贷给资本家,税收款就成为资本。马克思抨击当时的财政制度时说:"……与其说是这种制度对雇佣工人状况的破坏性影响,不如说是它所引起的对农民、手工业者,一句话,对一切中等阶级下

[1]姚森主编,肖敬若审订:《社会发展简史》下册,北京:人民教育出版社,1985 年,第2-3 页。
[2]中共中央马克思恩格斯列宁斯大林著作编译局译:《资本论》第一卷,北京:人民出版社,2004 年,第 862 页。
[3]中共中央马克思恩格斯列宁斯大林著作编译局译:《资本论》第一卷,北京:人民出版社,2004 年,第 862 页。
[4]中共中央马克思恩格斯列宁斯大林著作编译局译:《资本论》第一卷,北京:人民出版社,2004 年,第 865 页。

层分子的暴力剥夺。关于这一点,甚至在资产阶级经济学家中间也没有异议。"[1]

保护关税制度与税收制度一样,也成为资本积累的手段。对外国的商品征收关税,对本国的商品予以出口补助金,是国家利用强制手段为本国资本家提供资本、促进本国资本主义发展的措施。马克思说:"保护关税制度是制造工厂主、剥夺独立劳动者、使国民的生产资料和生活资料资本化、强行缩短从旧生产方式向现代生产方式的过渡的一种人为手段。"[2]

(5)掠夺儿童和贩卖黑人。通过殖民制度、国债、重税、保护关税制度以及商业战争,资本主义生产的因素具备了。机器的发明,使资本主义工场手工业进入了资本主义机器大工业生产的时期。这时,劳动的难度和强度相对减小了,原来需要成年人的工作,现在儿童也可完成。由于使用童工可以支付更少的工资,于是,大量使用童工成为工厂主发财的一种手段。马克思说:"大工业是以希律王式的大规模掠夺儿童来庆贺自己的诞生的。"[3]

希律王是《新约全书·马太福音》中所说的屠杀儿童的王。马克思在这里是指工业资本家为了发财,对儿童进行的屠杀式的劳动摧残。英国工厂主约·菲尔登于1836年出版的《工厂制度的祸害》中,曾对工厂为什么需求童工和童工的状况这样描述:"在德比郡、诺丁汉郡,尤其在兰开夏郡,沿着能够推动水车的河流修建的大工厂,采用了新发明的机器。这些远离城市的地方,突然需要成千上万的人手;其中以当地人口较少、土地贫瘠的兰开夏郡最需要人。特别需要手指细小而灵巧的儿童。于是,从伦敦、伯明翰等地的教区贫民习艺所招收学徒(!)之风盛行一时。成千上万这种从7岁到十三四岁的无依无靠的儿童,就这样被运到北方去。通常,主人(即掠夺儿童的人)要供给自己的学徒衣食,让他们住在工厂附近的徒工房里。监工被派来监督他们的劳动。这些监工的工资和从儿童身上榨取的产品量成正比,因此他们的兴趣是让儿童多干活。结果必然是残酷虐待……在许多工厂区,尤其是在兰开夏郡,这些任凭工厂主支配的无依无靠的无辜儿童,遭到了极其残忍的折磨。他们被过度的劳动折磨致死……他们被鞭打,戴上镣铐,受尽挖空心思的残酷虐待;他们大多饿得骨瘦如柴,但还得在皮鞭下干活……他们有时甚至被逼得自杀!……德比郡、诺丁汉郡和兰开夏郡的那些与世隔绝的美丽而浪漫的山谷,竟成为折磨人,甚至常常虐杀人的恐怖地方!……工厂主的利润是巨大的。但这只能燃起他们狼一般的贪欲。他们开始实行夜间劳动,就是说,在做日工的一批人精疲力竭之后,他们已经准备好另一批人去做夜工;夜班工人刚下床,日班工人就躺上去,然后再反过来,兰开夏郡

---

[1]中共中央马克思恩格斯列宁斯大林著作编译局译:《资本论》第一卷,北京:人民出版社,2004年,第867页。
[2]中共中央马克思恩格斯列宁斯大林著作编译局译:《资本论》第一卷,北京:人民出版社,2004年,第867页。
[3]中共中央马克思恩格斯列宁斯大林著作编译局译:《资本论》第一卷,北京:人民出版社,2004年,第868页。

流行一句俗语:床永不凉。"[1]

资本积累的另一种手段是奴隶贸易。由于地理大发现,美洲需要大量的劳动力去开矿、种植,无恶不作的资本家为了获得劳动力,疯狂地掳掠非洲黑人,把他们卖到美洲去做奴隶。资本主义国家把奴隶贸易作为国策来实施。马克思气愤地说:"随着资本主义生产在工场手工业时期的发展,欧洲的舆论丢掉了最后一点羞耻心和良心。各国恬不知耻地夸耀一切当作资本积累手段的卑鄙行径。例如,读一读老实人亚·安德森的天真的商业编年史。这本编年史把下面的事实当作英国国策的胜利而备加赞扬……"[2]学者亚·安德森赞扬的是什么呢? 是英国在与西班牙战争中,从西班牙手中夺走了经营非洲和西班牙美洲之间从事奴隶贸易的特权。这个特权体现在1713年3月26日两国签订的《阿西恩托条约》中,同年7月13日两国签订的《乌得勒支和谈协议》确认了此特权。在此以前,英国只经营非洲和英属西印度之间的这种买卖。马克思说:这个条约的签订,使"英国获得了到1743年为止每年供给西班牙美洲4800个黑人的权利。这同时又为不列颠的走私提供了公开的掩护。利物浦是靠奴隶贸易发展起来的。奴隶贸易是它进行原始积累的方法。直到目前为止,利物浦'上流人士'仍然是赞扬奴隶贸易的平达……利物浦用于奴隶贸易的船只,1730年15艘,1751年53艘,1760年74艘,1770年96艘,1792年132艘"[3]。马克思引用艾金医生1795年出版的著作中的话,奴隶贸易"使商业冒险精神达到了狂热,产生了出色的海员,带来了巨额的金钱"[4]。

殖民者掠夺黑人,先是用镜子、别针等物品骗取黑人的珍珠、宝石等,后来美洲种植业发展起来,他们又与当地的土著首领相勾结,掠夺黑人到美洲做奴隶。他们就像捕获野兽一样,看到强壮的男女,捕捉后装进袋子,秘密装船运到美洲。如若反抗,就被杀死。在运输途中,很多黑人被折磨致死。在美洲被卖的黑奴与死去的黑奴大约是四比一或五比一。"由于罪恶的奴隶贸易,使非洲在400年间损失了大约1亿5000万人口。"[5]

资本家不仅掠夺黑人,而且也掠夺华工。"19世纪后半期,美国奴隶贩子在我国沿海各地拐骗'华工'几十万人,运到美洲去当'苦力'。'华工'的命运非常悲惨。参加修筑巴拿马铁路的一千多人,绝大部分没有生还。"[6]

资本家的发家史是一部罄竹难书的罪恶史。马克思引用1860年在英国出版的《评论家季刊》上登载的托·约·邓宁的话说:"资本逃避动乱和战争,它的本性是胆怯的。

[1]中共中央马克思恩格斯列宁斯大林著作编译局译:《资本论》第一卷,北京:人民出版社,2004年,第868-869页。
[2]中共中央马克思恩格斯列宁斯大林著作编译局译:《资本论》第一卷,北京:人民出版社,2004年,第869-870页。
[3]中共中央马克思恩格斯列宁斯大林著作编译局译:《资本论》第一卷,北京:人民出版社,2004年,第870页。
[4]中共中央马克思恩格斯列宁斯大林著作编译局译:《资本论》第一卷,北京:人民出版社,2004年,第870页。
[5]姚森主编,肖敬若审订:《社会发展简史》下册,第1版,北京:人民教育出版社,1985年,第3页。
[6]姚森主编,肖敬若审订:《社会发展简史》下册,第1版,北京:人民教育出版社,1985年,第3页。

这是真的,但还不是全部真理。资本害怕没有利润或利润太少,就像自然界害怕真空一样。一旦有适当的利润,资本就胆大起来。如果有 10% 的利润,它就保证到处被使用;有 20% 的利润,它就活跃起来;有 50% 的利润,它就铤而走险;为了 100% 的利润,它就敢践踏一切人间法律;有 300% 的利润,它就敢犯任何罪行,甚至冒绞首的危险。如果动乱和纷争能带来利润,它就会鼓动动乱和纷争。走私和贩卖奴隶就是证明。"[1]但是,有的资产阶级学者却赞扬这种发家史,夸耀资本家的能干;有的学者掩饰这样的罪恶史,认为这是"自然的规律""上帝的规律""人民遭受的苦难是必要的"。马克思从理论上对他们进行了揭露。

1800 年,英国学者埃·伯克在其著作《关于贫困的意见和详情》中说:"贸易的规律就是自然的规律,因而也就是上帝的规律。"马克思评价他说:"这个献媚者,当他受英国寡头政治雇用时,扮演了反对法国革命的浪漫主义者的角色,就像在美洲动乱一开始,当他受北美殖民地雇用时,扮演了反对英国寡头政治的自由主义者的角色完全一样……"[2]

马克思、恩格斯气愤难平地抨击资本主义的罪恶,对罪恶宣战。为人民的幸福而斗争,绝不是一句空话,它是要放下一己私心,时刻做好为人民而献身的准备。但是,在资本主义全球扩张的情况下,为一己私利易,为大众幸福难。从大法官莫尔 1516 年写出《乌托邦》后,贵族出身的圣西门从 1802 年起发表了一系列关于社会主义的著作。出身于富商之家的傅立叶,1803 年发表《全世界和谐》,以后又陆续发表了许多关于理想社会的著作。学徒出身的欧文在 1791 年成为一家纱厂的经理,1800 年又担任一个大纱厂的经理后,在工厂进行职工福利改革试验,取得了很大成就,1818 年出版了《新社会观》一书,宣扬他的社会平等思想,并进行了社会主义试验。但上述几个人的结局都很悲凉。这些自己生活可以过得很好的人,为什么会放弃个人的幸福,为社会上的穷人说话? 是因为他们看到了资本主义的罪恶。马克思和恩格斯也是这样。当他们看到了资本主义的罪恶及前人的奋斗不成功的原因是因为理论准备不足所致时,他们放弃了自己的优裕生活,为人民的利益而奋斗不息。那些只追求个人发财的人是不能与为人民的利益和公众利益而奋斗的人相提并论的。

3. 资本原始积累在苏联解体过程中的再现。列宁依据马克思主义理论把社会主义变成现实,开创了人类实践社会主义的历史新阶段。但是,在社会主义实践 74 年之后,1991年,第一个社会主义国家政权——苏联——垮台,苏共失去执政地位,社会主义苏联解体,资本主义在苏联各加盟共和国复辟,掠夺性资本原始积累在现实生活中再现。

---

[1]中共中央马克思恩格斯列宁斯大林著作编译局译:《资本论》第一卷,北京:人民出版社,2004 年,第 871 页注(250)。

[2]中共中央马克思恩格斯列宁斯大林著作编译局译:《资本论》第一卷,北京:人民出版社,2004 年,第 871 页注(248)。

社会主义的胜利,使得一些企图升官发财的非马克思主义者、投机者、私利主义者、野心家、阴谋家、有严重资产阶级思想的人,趁机钻进共产党内部。他们抓住无产阶级领袖的某些错误,对社会主义的一切全盘否定。比如,20世纪80年代中后期,苏联领导人戈尔巴乔夫,在众人的吹捧中,高唱着理论新思维,自认为是一个前无古人的理论创新大家;他不断地批判着斯大林,割裂着苏联共产党的历史;他自以为资本已经改变了本性,自愿放弃共产党的领导,幻想实行"人道的民主的社会主义";让已经去世30多年的斯大林为他领导下的经济不景气负责,而自己却对如何建设社会主义无办法、无头绪;在他的主张受到党内成员的抵制时,1990年2月在苏共中央全会上提出实行总统制,这样,对党他可以用总统的名义发号施令,对人民可以用党的名义指手画脚。1990年苏共二十八大声明说:"苏共是志同道合者的自愿联盟。"这样就抽掉了共产党为劳动人民谋利益的阶级性,但接着唱高调说:苏共"仍然是社会主义选择和具有共产主义前景的党,它以自己的政策表达和捍卫工人阶级、农民、知识分子、全体劳动人民的利益。这同它忠于全人类的人道主义的价值观和忠于社会公正是不可分割的。多数共产党员过去和现在忠实地为人民服务"[1]。1991年3月,他还在说他生死都是共产党人,但到了当年的8月24日,在未召开中央委员会和党员代表大会的情况下,他宣布苏共中央委员会自行解散。1991年6月,苏联最高苏维埃讨论《企业非国有化和私有化的基本原则法》未获通过,但在8月10日,戈尔巴乔夫却签署法令,在苏联实行私有化;等等。他的行为直接促使苏联解体。在苏联解体后号称俄罗斯"民主之父"的第一任总统叶利钦,家族腐败人所共知。可见,损害社会主义制度的人,都是自私自利的人。正如列宁所说:"冒险家和其他危害分子乘机混进执政党里来,这是完全不可避免的。任何革命都有过这种现象,而且不可能没有这种现象。全部问题在于,以健康的强有力的先进阶级作为依靠的执政党,要善于清洗自己的队伍。"[2]从苏联社会主义国家变质的过程中,大家看得非常明白,苏联共产党的一些官员搞垮社会主义,完全是为了一己私利。在苏联解体的过程中,众多苏联共产党官员成为资本家,其原始资本的来源主要靠掠夺。这是马克思关于资本原始积累在现实生活中活生生的再现。

在苏联推行私有化的过程中和苏联解体后,很多私有企业是靠掠夺国有企业和集体企业而完成了华丽转身的。比如,在苏联经济体制改革的过程中,俄罗斯的首富霍多尔科夫斯基在银行高官的帮助下,办了一家靠挂在苏联银行莫斯科伏龙芝区分行的民办银行——科技进步银行。后来给掌握国家外贸大权的负责人大量好处后,获得苏联和古巴红糖贸易专营权发了财。1995年,政府推行国有企业私有化,霍氏乘机用银行的资产以

---

[1]中央党校科研部:《苏联剧变纪实》(内部资料),1991年。

[2]《列宁选集》第四卷,第3版修订版,北京:人民出版社,2012年,第21—22页。

极低价格买下尤科斯石油公司,随着国际油价的飙升,短短 8 年他即从靠工资吃饭的团干部成为一个身价超过 120 亿美元的俄罗斯首富。凭借财大气粗,他操纵国家杜马议员和新闻媒体,为"寡头经济"谋取更大利益,干扰国家的治理方略,最终因偷税漏税、侵吞国家财产等七项罪名,于 2003 年 10 月 25 日被捕入狱。[1]

时间是最好的法官。经过时间的沉淀,人们对那伙私利主义者的所作所为看得较为清楚了。在苏联解体 20 多年后,2016 年 3 月 15 日,俄罗斯有政党在国家杜马提交提案,认为戈尔巴乔夫和叶利钦作为国家领导人期间作出的决定,采取的行动让苏联解体,导致民族冲突,令民众的疾病发生率和死亡率升高,并让国家产生历史上最严重的危机:工业生产总值下降一半,农产品产量减产三分之一,几乎半数居民生活在贫困线以下。此外,民众科学、文化、教育水平下降,国防体系被摧毁,大量国家财产通过私有化被转到寡头手中,大笔资金外逃。议案认为,基于公正性原则,应该从国家层面对他们的政治活动给予评价,呼吁俄罗斯应牢记历史教训,实行深思熟虑的政策,避免再犯过去的错误。

(三)资本积累的历史趋势

马克思在考察了资本的原始积累即资本的历史起源后,指出资本主义是在封建主义生产力发展上的必然。这是因为,虽然劳动资料和劳动的外部条件的归属对生产力的发展有重要的影响,但最终还是生产力的发展改变了劳动资料和劳动条件的归属,使之适宜于生产力的发展。因此,虽然资本积累的罪恶罄竹难书,但我们不能认为,资本主义是靠暴力产生的。资本主义是生产力发展的结果,暴力只是资本主义的助产婆。苏联的资本主义复辟的政治原因,也应从经济环境中去寻找。我们所处的时代,是资本主义全球化扩张的时代,因而资产阶级思想在共产党内泛滥有其环境因素,关键是共产党能不能把握住新生的社会主义因素,能不能把握住如何在资本主义的汪洋大海中寻找到社会主义的正确航向,能不能正确理解马克思在《资本论》第一卷第二十四章第七节阐述的关于资本积累趋势的结论。这个结论可以简要地归结为一句话:人类社会必然发展到社会主义和共产主义。虽然马克思对这个问题的论述只有三页,但却极其重要。

1. 资本主义生产方式脱胎于封建社会生产方式。封建社会是一种私有制社会。这种生产是生产资料比如劳动工具、生产的原材料和生产的外部环境比如土地、林木、矿山属于私有,产品主要是为了自给,生产相对分散,社会联系不紧密。马克思说:"这种生产方式是以土地和其他生产资料的分散为前提的。它既排斥生产资料的积聚,也排斥协作,排斥同一生产过程内部的分工,排斥对自然的社会统治和社会调节,排斥社会生产力的自由发展。它只同生产和社会的狭隘的自然产生的界限相容……它发展到一定的程度,就产

---

[1]《时事报告》2003 年第 12 期。

生出消灭它自身的物质手段。"[1]马克思的这段话很深刻,说的是社会发展规律,说的是封建社会生产方式为什么必然被资本主义生产方式所替代。在封建社会,佃农给地主交地租,只是佃农和地主之间的事,与其他人无太多联系。而资本主义的商品生产,主要是为了别人的需要而生产,这个"别人"不是一个特定的人群,而是社会的人。联系社会人的纽带,是商品中所含的一般性、共同性的价值。因而资本主义生产首先是社会的,资本也必须在社会性生产中增殖。所以,资本主义生产与封建社会的生产发生矛盾,最后以资本主义生产的社会性消灭了封建生产的分割性。这种社会发展的趋势不是某一个人、某一个阶级所能左右得了的,这是人类社会生产力发展的结果。

2. 资本积累的趋势是资本主义生产方式被消灭。生产的日益社会化,社会公益事业的日益发展,是社会主义代替资本主义必然趋势的反映,马克思关于人类社会发展规律理论的正确性正被现实所证实。资本的原始积累是指资本主义生产方式的产生过程,资本积累是指剩余价值资本化,资本的本性——贪婪,决定了资本不择手段地增加剩余价值,因而必须不断地扩大再生产的规模,生存的竞争也迫使资本不断地扩大再生产的规模,所以,资本主义生产会以大规模的扩张进行下去。资本不断扩大再生产规模的过程也是资本不断增加积累的过程。资本积累的趋势是寡头人数越来越少,而他们积累的资本越来越多,两极分化也越来越严重,社会越来越不公平。当资本积累达到一定程度,最终导致资本主义生产方式被消灭,寡头统治的国家也最终会被人民民主的国家所替代。这一点不仅马克思主义者看得明白,而且连寡头们也看得较为明白。在叶利钦时代靠掠夺国有资产成为百万富翁、拥有很大影响力的俄罗斯公共电视台的金融寡头别列佐夫斯基曾说过如下一段话:"无论是1996年那样的寡头政治,即克里姆林宫在几个大的商业集团的利益之间搞平衡,还是1999年那样的寡头政治,即克里姆林宫与相处友好的寡头们一起联手反对那些不友好的寡头们,都不再存在。总之,通常概念意义上的寡头政治无论如何不会再有了。从寡头手中把国家抢回来所用的时间要比寡头们为把国家搞到手所用的时间少得多。现在大资本家已经不再是通过总统来管理国家,而只是羞答答地建议总统领导他们这些资本家。"[2]从别列佐夫斯基的话中可以得出如下结论:一是资本主义复辟后,国家政权是寡头之间协商统治民众的机关,并不是全民的国家。二是人民民主势力还可以从寡头手中夺回权力和财产。

3. 人们主观观念的影响。社会发展的规律虽然是不可抗拒的,但人的主观观念也不是毫无作用。马克思说:"对直接生产者的剥夺,是用最残酷无情的野蛮手段,在最下流、

---

[1]中共中央马克思恩格斯列宁斯大林著作编译局译:《资本论》第一卷,北京:人民出版社,2004年,第872-873页。

[2]徐向梅:《普京的政治治理和俄罗斯政治走势分析》,《当代世界与社会主义(双月刊)》2007年第1期。

最龌龊、最卑鄙和最可恶的贪欲的驱使下完成的。"[1]从马克思的论述我们可以得出如下结论:虽然企图阻挠社会前进的阶级在社会发展的规律面前最终并不能阻挡历史的车轮前行,但是他们的倒行逆施会使社会发展的步伐减慢。不过,由于商品生产所产生的平等观念、公平观念深入人心,而资本主义私有制生产企业的专制独裁和剥削,与人们日益增强的平等公平观念格格不入,所以,劳动者的觉醒对改变资本主义生产方式无疑起很重要的作用。无产阶级必须通过自己的努力,推动社会前进。这个结论已经被事实所证明。比如,两次世界大战以后,70多年来,虽然局部的战争不断,但没有发生第三次世界大战,这与人类社会的物质文明和精神文明的进步有直接关系。一些发达资本主义国家对工人的剥削程度减轻,与生产力的发展有关,更与马克思主义的宣传和社会主义的示范作用有直接的关系。

4. 资本集中、资本积聚和生产资料积聚与集中。为了扩大再生产,资本家在不断把剩余价值转化为资本(即进行资本积累)的同时,也进行资本集中和资本积聚。

资本集中是指若干分散的小资本合并成为少数大资本的过程。资本集中是资本主义信用发展的结果,也是资本家之间激烈竞争的结果。资本主义信用的发展,使社会上分散的货币被吸引到个别资本家手里,这也是资本主义股份制迅速发展的原因之一。由于竞争越来越激烈,使大资本吞并小资本,资本高度集中于少数资本家手里。这既是促进资本主义发展的因素,也是资本主义消灭自己的道路。

资本积聚是通过剩余价值资本化而增大资本总额的一种形式。资本家把获得的剩余价值的一部分增加为资本,增加的这部分资本又会获得新的剩余价值,新的剩余价值的一部分又被作为资本使用,再带来新的剩余价值……这种情况使单个资本家手中的资本越来越大,马克思称之为资本积聚。资本积聚以资本积累为前提。资本积聚,一方面,使单个资本增大;另一方面,个别资本的增长会受到其他资本的排斥。比如,某资本家出资1000万元办工厂,每年带来200万元剩余价值。如果这200万元不是被资本家完全消费,而是将其中100万元又作为资本投入生产,这是资本积累。如果新投入的100万元可带来20万元的剩余价值,资本家又把20万元中的10万元作为资本使用……如此不断地进行下去,资本家占有的剩余价值越来越多,资本量也越来越大,这便是资本积聚。

马克思在资本主义积累的历史趋势中说到生产资料的积聚和集中。如果从生产资料是固定资本、是物化劳动方面去理解,则生产资料的积聚和集中的意义与资本的积聚和集中相同。

随着资本的大规模积聚,生产资料日益集中,特别是金融业的发展,使资本的积聚

---

[1]中共中央马克思恩格斯列宁斯大林著作编译局译:《资本论》第一卷,北京:人民出版社,2004年,第873页。

越来越快。资本在大规模剥削剩余价值的同时,也使自身变得越来越带有社会生产的性质。比如,资本主义股份公司的出现,就是资本社会化的一个表现。当资本所带来的剩余价值为公共所有时,也就是当劳动进一步社会化,土地和其他生产资料进一步转化为全社会的公共生产资料时,资本才能归于自己的本源,作为价值的代表——货币——发挥作用。

5. 资本主义生产的全球化。马克思曾经指出,资本主义生产全球化,是资本积聚的不断扩大、劳动协作形式日益发展、科学日益被自觉应用于技术方面、土地日益被有计划地利用、生产资料日益节省和日益社会化、各国人民日益被卷入世界市场网从而使资本主义制度日益具有国际的性质的必然。随着资本主义全球化扩张,资本主义生产方式离灭亡也就不远了。现在的世界已经是你中有我、我中有你。在中国,出现了"一国两制"的情况,资本主义制度和社会主义制度共同存在于中国共产党领导下。一方面,这种情况说明了资本主义内部的社会主义因素增加,处于扬弃的过程中;另一方面,说明了中国的改革开放是适应世界市场网的举措,中国共产党对世界发展的规律性认识达到了新的水平。但是,我们必须清醒地认识到,发达资本主义国家见不得社会主义国家兴旺发达。目前,处于金融帝国主义垄断阶段的资本主义发达国家,为争夺商品销售市场,必然会不断挑起争端,会以各种方法和手段破坏社会主义国家的建设。苏联解体就是苏共领导人对资本主义的发展阶段、资本专政、实现人类平等与公正公平的道路和途径、在资本主义国家占多数的情况下如何实现人民民主和自由以及资本全球化时代新生产方式产生的条件、形式等认识不清造成的。

6. 劳动者的抗争对社会转型的加速作用。劳动者的抗争在社会转型中起非常重要的作用。资本的本性是带来更多的剩余价值,因此,指望资本家发慈悲主动给予劳动者更多的利益是不可能的。劳动者要摆脱资本的奴役,只有进行斗争。劳动者对资本的斗争过程,就是劳动者解除资本专制、实现社会民主化的过程。这种斗争有时表现为表面的和平或平静,但斗争中的每一步都充满着多变和凶险。斗争的方式需依当时当地的具体条件而定。

2013年逝世的南非前总统曼德拉,曾因反对白人种族歧视而被关进监狱27年。但当他被释放并被选为南非总统后,并没有对白人报复,他被全世界人民所尊重。如果没有他和他的战友们的抗争,就不会有他及他的种族的后来。有人只赞美他的非暴力抗争,而指责社会主义的暴力抗争。这种看问题的方法不是辩证的。曼德拉看问题的方法就与众不同。他身处斗争的旋涡中,最能体会抗争的重要性。他每年10月1日在狱中都要庆祝中华人民共和国国庆,说明了他对中国人民暴力抗争的赞同。采用暴力的或非暴力的合法的抗争,需依当时当地的情况而定。释放曼德拉并交出白人政权的南非前总统德克勒克,同样也是值得人们尊重的,因为他认识到了白人种族歧视是反人类的罪恶,他敢于面对这样的罪恶,勇于纠正这样的罪恶。

7. 劳动社会化的方向——个人所有制。马克思在《资本论》中有一段话非常著名:"从资本主义生产方式产生的资本主义占有方式,从而资本主义的私有制,是对个人的、以自己劳动为基础的私有制的第一个否定。但资本主义生产由于自然过程的必然性,造成了对自身的否定。这是否定的否定。这种否定不是重新建立私有制,而是在资本主义时代的成就的基础上,也就是说,在协作和对土地及靠劳动本身生产的生产资料的共同占有的基础上,重新建立个人所有制。"[1]

资本主义生产使生产资料高度集中,使劳动社会化的程度加深,为人类社会公共占有生产资料创造了条件,生产资料公有制是消灭资本主义剥削,实现真正的平等、公正、公平、民主、自由的平台,任何人都不能再无偿地占有他人创造的剩余价值,而只能从社会那里领回自己的劳动所得,作为自己的生活资料。这种生产方式和生活方式,显然与互相分割的自给自足的以自然经济为基础的封建社会私有制生产不同,也与相互紧密联系的以商品生产为基础的资本主义私有制不同,马克思称这种所有制为个人所有制。

关于个人所有制的内涵,100多年来人们一直争论不休。在马克思生前,就有杜林攻击说:"马克思先生安心于他那既是个人的又是社会的所有制的混沌世界,却让他的信徒们自己去解这个深奥的辩证法之谜。"[2]恩格斯在《反杜林论》中反驳说:"靠剥夺剥夺者而建立起来的状态,被称为重新建立个人所有制,然而是在土地和靠劳动本身生产的生产资料的社会所有制的基础上重新建立。对任何一个懂德语的人来说,这就是说,社会所有制涉及土地和其他生产资料,个人所有制涉及产品,也就是涉及消费品。为了使甚至六岁的儿童也能明白这一点,马克思在第56页设想了一个'自由人联合体,他们用公共的生产资料进行劳动,并且自觉地把他们许多个人劳动力当作一个社会劳动力来使用',也就是设想了一个按社会主义原则组织起来的联合体,还说:'这个联合体的总产品是一个社会产品。这个产品的一部分重新用作生产资料。这一部分依旧是社会的。而另一部分则作为生活资料由联合体成员消费。因此,这一部分要在他们之间进行分配。'"[3]恩格斯还说,社会的力量是一种自然力量,当我们还不认识它时,它会起盲目的破坏的作用,它好像是一种无法理解的自然力奴役我们。如果一旦我们认识了它的本性,它就会被我们所利用,来达到我们的目的。"这一点特别适用于今天的强大的生产力。"[4]资本主义私有制必然让位于社会主义公有制,"那时,资本主义的占有方式,即产品起初奴役生产者而后又

---

[1]中共中央马克思恩格斯列宁斯大林著作编译局译:《资本论》第一卷,北京:人民出版社,2004年,第874页。
[2]《马克思恩格斯选集》第三卷,第3版,北京:人民出版社,2012年,第508页。
[3]《马克思恩格斯选集》第三卷,第3版,北京:人民出版社,2012年,第509页。
[4]《马克思恩格斯选集》第三卷,第3版,北京:人民出版社,2012年,第667页。

奴役占有者的占有方式,就让位于那种以现代生产资料的本性为基础的产品占有方式:一方面由社会直接占有,作为维持和扩大生产的资料;另一方面由个人直接占有,作为生活资料和享受资料。"[1]也就是说,个人所有制是一种以个人劳动为基础的生产资料人人有份、生活资料依劳动所得归个人的所有制。

恩格斯把个人所有制说得相当清楚了,应该没有什么疑义。为什么后人争论不休呢?在分析了论述关于这个问题的文章后发现,不少学者仅仅从生产资料的归属方面理解个人所有制,而把消费品归属于分配范畴,与所有制无关。其实,消费品的分配与生产是紧密联系着的。马克思认为,分配只是生产条件的再分配。生产条件当然主要是指生产资料所有制的形式,所以,分配和消费也属所有制的内容。这样,个人所有制的内涵就清楚了:生产资料归公共所有,消费品归个人所有。

恩格斯在《反杜林论》第三编关于社会主义理论中,指出了社会变革的道路是:"无产阶级将取得国家政权,并且首先把生产资料变为国家财产。但是这样一来,它就消灭了作为无产阶级的自身,消灭了一切阶级差别和阶级对立,也消灭了作为国家的国家。"[2]可见,实现完全的社会主义生产方式、占有方式、分配方式,是有条件的,这些条件就是马克思在资本主义积累的历史趋势中所列举的。但是,我们遇到的实际情况是社会主义处于初级阶段,处于资本主义包围中,所以,我们遇到的问题是前所未有的,也是具体的,不能教条式地照抄照搬马克思主义理论。为探索社会主义建设道路,我国实行了改革开放,采用了商品生产,创新了社会主义市场经济体制。

从1917年俄国十月革命算起,马克思社会主义理论已经被实践了100多年。从1949年建立中华人民共和国至今已有70年的历史,中国的改革开放也已进行了40年。总结世界共产主义运动正反两方面的经验教训,总结中国社会主义建设的经验特别是改革开放的实践经验,我们认识到,中国特色社会主义开辟了一条通往"个人所有制"的现实之路。在无产阶级取得国家政权后,共产主义的第一阶段(即社会主义阶段),在把生产资料变为国家财产后,确实还如马克思所说,存在着资产阶级法权。马克思说:"权利决不能超出社会的经济结构以及由经济结构制约的社会的文化发展。"[3]社会主义为加快生产力的发展,需要大力发展商品生产,拓展世界市场,所以,资产阶级法权不能不讲条件地限制;由于资本主义固有的矛盾,资本主义国家不能避免经济危机的发生。而社会主义由于能够正确处理"看得见的手"和"看不见的手"的关系,能够避免资本主义生产的痛苦和痉挛;社会主义的改革开放是为了利用任何可以利用的内外部条件和资源发展生产力,而发

[1]《马克思恩格斯选集》第三卷,第3版,北京:人民出版社,2012年,第667页。
[2]《马克思恩格斯选集》第三卷,第3版,北京:人民出版社,2012年,第668页。
[3]《马克思恩格斯选集》第三卷,第3版,北京:人民出版社,2012年,第364页。

展生产力是为了提高人民的生活水平,达到共同富裕,实现真正的平等、公正、公平、民主、自由,而实现这个目标的前提就是人民通过共产党的领导掌握国家政权和财产权,并在民主的基础上集权和在民主监督下行使权力。只要我们坚定共产主义信仰,按照党中央经济建设、政治建设、文化建设、社会建设、生态文明建设的"五位一体"总体布局和全面建成小康社会、全面深化改革、全面依法治国、全面从严治党的"四个全面"战略布局努力奋斗,实现中华民族伟大复兴的中国梦、实现人民对美好生活向往的目的就一定能达到,"各尽所能、按需分配"的个人所有制目标也一定能实现。

第六章 马克思的生产价格和市场价格及资本主义地租理论

马克思以他的剩余价值理论为基础,以平均利润和资本有机构成理论为依托,阐述了生产价格形成的原理,说明了市场价格是依供求关系围绕生产价格上下波动的结果。他对生产价格不仅进行了定性研究,而且也进行了定量研究。马克思这个部分的论述十分独到。

一、马克思关于成本价格、生产价格、市场价值和市场价格理论

商品的价值转化为市场价格,在经济学界被称为"价值转形"。在现实生活中,为什么同一种商品在市场上会有多种不同的价格?马克思认为,价格是商品价值的货币表现,商品的价值在生产过程结束后转化为生产价格,在市场上,由于供求的影响,同种商品的市场价格会围绕生产价格上下波动。马克思在《资本论》第一卷论述了商品价值如何确定,在第三卷说明了商品价值如何转化为生产价格,市场价格围绕生产价格波动。

(一)马克思关于成本价格、生产价格的理论

价值转形问题是经济学中最难解决的问题之一。马克思的商品价值转化为生产价格和市场价格的理论,是建立在他的剩余价值理论和平均利润理论及资本有机构成理论基础之上的,所以,有必要对马克思的这些理论作一简要介绍。

1. 成本价格。马克思认为,商品价值 W 是由不同商品中所含的同一的东西——抽象劳动——形成的。商品价值构成中的不变资本(c)通过生产只会被转移,不会发生数量的增减。可变资本(v)经过劳动者的劳动会增殖,增殖的部分为剩余价值(m)。剩余价值与可变资本的比率就是剩余价值率。由于剩余价值是资本家没有付出任何报酬所获得的,所以,剩余价值率也表示剥削程度。

马克思把由资本技术构成决定并且反映技术构成变化的资本价值构成,叫作资本有机构成。如果社会平均资本构成用百分比表示为 $80c+20v$,则 $90c+10v$ 是高构成的资本,

而 70c+30v 则表示为低构成的资本。资本有机构成越高,雇佣的活劳动越少,创造的剩余价值也越少;资本构成越低,雇佣的活劳动越多,创造的剩余价值也越多。

剩余价值率与可变资本的乘积,是剩余价值量。一个部门的剩余价值量与这个部门的全部投入资本比率就是这个部门的利润率。例如,一个企业投入 70c 和 30v,剩余价值率为 100%,则剩余价值量＝30×100%＝30,利润率则＝30÷(70+30)×100%＝30%。

为了使人清晰明了,马克思以列表的形式列出了 5 个不同构成的资本来说明剩余价值与利润率的关系。

表 6-1 剩余价值与利润率

资　本	剩余价值率	剩余价值	产品价值	利润率
Ⅰ. 80c+20v	100%	20	120	20%
Ⅱ. 70c+30v	100%	30	130	30%
Ⅲ. 60c+40v	100%	40	140	40%
Ⅳ. 85c+15v	100%	15	115	15%
Ⅴ. 95c+ 5v	100%	5	105	5%

注:本表引自《资本论》第三卷,北京:人民出版社,2004 年,第 174 页。

在商品的价值构成中,企业主付出的不变资本与可变资本之和,即 c+v 构成生产成本。如果商品按成本出售,马克思称之为成本价格。

在生产中,一个资本的不变部分往往不是一次性转移的,比如一个资本的不变部分是 80c,可变资本 20v,剩余价值 20m,80c 不是一次性转移的,这种情况会影响商品的成本价格。假定在一次生产中只转移了 50c,剩余价值量不变,则商品的价值就是 50c+20v+20m＝90,成本价格就是 50c+20v＝70。马克思列表说明不变资本转移量的不同对商品成本价格的影响。

表 6-2 商品价值与成本价格

资　本	剩余价值率	剩余价值	利润率	已用掉的 c	商品价值	成本价格
Ⅰ. 80c+20v	100%	20	20%	50	90	70
Ⅱ. 70c+30v	100%	30	30%	51	111	81
Ⅲ. 60c+40v	100%	40	40%	51	131	91
Ⅳ. 85c+15v	100%	15	15%	40	70	55
Ⅴ. 95c+ 5v	100%	5	5%	10	20	15
合计 390c+110v	—	110	—	—	—	—
平均 78c+22v	—	22	22%	—	—	—

注:本表引自《资本论》第三卷,北京:人民出版社,2004 年,第 175 页。

2. 生产价格的形成。在现实中,不仅生产资本在追逐剩余价值,商业资本、金融资本等非生产性资本也都在追逐剩余价值,等量资本要求等量利润。社会资本通过竞争平均瓜分剩余价值的过程就成为社会平均利润形成的过程。社会平均利润率为社会总剩余价值与社会总资本之比。平均利润率与投入资本的乘积,就是平均利润。不论资本有机构成如何,每100资本与平均利润率的乘积就是平均利润量。商品的成本价格加平均利润,马克思称之为生产价格。

由于资本有机构成不同,在商品的生产价格形成后,会与其价值发生偏离。但是从社会总量看,商品的总价值等于总价格,总剩余价值等于总利润。马克思在表6-2的基础上,列表说明了商品生产价格形成的情况。

表6-3 生产价格与价值的偏离

资　本	剩余价值	商品价值	商品成本价格	生产价格	平均利润率	价格同价值的偏离
Ⅰ. 80c+20v	20	90	70	92	22%	+2
Ⅱ. 70c+30v	30	111	81	103	22%	−8
Ⅲ. 60c+40v	40	131	91	113	22%	−18
Ⅳ. 85c+15v	15	70	55	77	22%	+7
Ⅴ. 95c+ 5v	5	20	15	37	22%	+17

注:本表引自《资本论》第三卷,北京,人民出版社,2004年,第176页。

以上列举的5个资本,其构成不同,假若它们的剩余价值率均为100%,则它们的剩余价值量分别为20、30、40、15、5,总计为110。资本总量为500。平均利润率=110÷500×100%=22%,每100资本所获利润量都是100×22%=22。商品在市场上是按生产价格出售的,以上5个不同构成的资本所生产的商品的生产价格=成本价格+平均利润=100+22=122。

由于各生产部门的资本有机构成不同,而平均利润相同,这种情况导致一些部门获得的平均利润同本部门创造的剩余价值量不相等,所以,各部门商品的生产价格会偏离它们的价值。如果资本Ⅰ的80c在一次生产中转移了50c,假定剩余价值率为100%,剩余价值为20,它的价值=50c+20v+20m=90,成本价格=50c+20v=70。平均利润率为22%,平均利润量为22,其生产价格=成本价格+平均利润=70+22=92,比它的价值90多出2。而资本Ⅱ的70c只在一次生产中转移了51c,假定剩余价值率为100%,剩余价值为30,它的价值=51c+30v+30m=111,成本价格=51c+30v=81,平均利润率为22%,平均利润量为22,其生产价格=成本价格+平均利润=81+22=103,比它的价值111少8。其他资本的价值与生产价格也如此计算。资本Ⅲ生产的商品价值131,成本价格为91,生产价格为113,生产价格与价值偏离−18。资本Ⅳ生产的商品价值为70,成本价格为55,生产价格为77,

生产价格与价值偏离+7。资本v生产的商品价值为20,成本价格为15,生产价格为37,生产价格与价值偏离+17。资本有机构成高的部门生产的商品,生产价格比它的价值高;资本有机构成低的部门,生产价格比它的价值低。但如果从全社会看,价值与价格的偏离会相互抵消。全社会商品的总价值(422) = 总价格(312+110 = 422),总剩余价值(110) = 总利润(110)。

商品的市场价格有高有低。影响商品市场价格的原因很多,但商品市场价格的高或低都是围绕着生产价格上下波动的。马克思认为,生产价格是市场价格变动的中心。在商品供不应求时,市场价格会上涨到生产价格以上,此时,生产企业会加大生产能力,生产此种商品的企业数量也会增加,产品数量随之增加,从而使商品供应充裕,市场价格下降;在商品供大于求时,市场价格会降到生产价格以下,此时,生产企业会缩减生产规模,生产此种商品的企业数量也会减少,产品数量随之减少,从而使商品供应减少,市场价格上升。这种市场自发调节生产的作用,是价值规律发挥作用的表现,其原因在于生产价格是由商品的价值转化的。无论市场价格怎样波动,都不能违背等价交换的原则。

(二)马克思关于市场价值的理论

马克思在《资本论》第三卷中,谈到了市场价格围绕变动的另一个中心——市场价值。

1. 市场价值。马克思说:"市场价值,一方面,应看作一个部门所生产的商品的平均价值;另一方面,又应看作是在这个部门的平均条件下生产的并构成该部门的产品很大数量的那种商品的个别价值。"[1]

理解市场价值的一个要点是,市场价值是由部门内部的竞争形成的。通过内部竞争,每件商品的个别价值都平均化为一个社会价值,这个社会价值就是该类商品的市场价值。例如,有3个服装厂同时生产服装。甲工厂劳动生产率高,每件服装的生产时间是6小时。乙工厂劳动生产率为中等,每件服装的生产时间是12小时。丙工厂的劳动生产率低,每件服装的生产时间是18小时,每件服装的市场价值就是(6+12+18)小时÷3 = 12小时。因此,它们生产的服装通过内部竞争,使每件服装都形成一个社会平均价值12小时,这12小时的社会平均价值,就是服装的市场价值。也就是说,整个服装行业所生产的服装在市场上的价值都是12小时。这样,资本有机构成高、劳动生产率也高的企业生产的产品,其个别价值低于社会平均价值,实现由剩余价值转化的平均利润,还有可能实现超过平均利润的超额利润。资本有机构成低、劳动生产率也低的企业生产的产品,其个别价值高于社会平均价值,它所包含的一部分剩余价值将不能实现。马克思说:"只有在特殊

---

[1]中共中央马克思恩格斯列宁斯大林著作编译局译:《资本论》第三卷,北京:人民出版社,2004年,第199页。

的组合下,那些在最坏条件下或在最好条件下生产的商品才会调节市场价值,而这种市场价值又成为市场价格波动的中心,不过市场价格对同类商品来说是相同的。如果满足通常的需求的,是按平均价值,也就是按两端之间的大量商品的中等价值来供给的商品,那么,其个别价值低于市场价值的商品,就会实现一个额外剩余价值或超额利润,而其个别价值高于市场价值的商品,却不能实现它们所包含的剩余价值的一部分。"[1]

2. 市场价格围绕市场价值波动。在市场上,虽然同类商品的社会平均价值是相同的,但由于市场价格受到各种因素的影响,会与商品价值产生偏离。影响商品市场价格的因素很多,我们在这里暂且不讨论其他因素,只说供需对市场价格的影响。在社会有效需求的范围内,当商品供需平衡时,市场价格由资本有机构成为中等的企业生产的商品的市场价值决定,此时商品的价值与其市场价格相等,市场价格稳定。当商品供过于求时,市场价格由资本有机构成高的企业生产的商品的市场价值决定。由于资本有机构成高,劳动生产率高,商品的个别价值低,社会平均价值也随之降低,所以,市场价格也降低。当供不应求时,市场价格由资本有机构成低的企业生产的商品的市场价值决定。由于资本有机构成低,劳动生产率低,商品的个别价值高,社会平均价值也随之增加,市场价格也升高。

商品供过于求引起市场价值降低,市场价格也随之降低后利润减少,导致生产这种商品的厂家减少,商品供应量减少,使商品逐渐达到供求平衡,市场价格趋于稳定。但是,由于资本主义社会生产的无计划性,虽然商品的供求已经达到平衡,但生产企业仍然认为生产这种商品可以赚钱,仍在扩大生产规模或仍有资本进入这个生产领域,随着商品量的不断增加,又开始出现供过于求的情况,于是,商品的市场价格又开始下降,商品的利润随之下降,导致生产厂家减少,商品供应减少的新的循环。这种周而复始的市场价格围绕市场价值上下波动的表现以及周而复始的生产厂家的增减和市场商品量的增减,都是价值规律对商品生产者的强制。也就是说,都是价值规律的实现形式。不是市场决定商品的价值,而是市场决定商品价值的实现;也不是供求决定商品的价值,而是供求决定商品价值的实现程度。不论受何种因素影响的市场价格都受价值规律的制约。马克思说:价值规律"是商品平衡的自然规律"[2],而"自然规律是根本不能取消的。在不同的历史条件下能够发生变化的,只是这些规律借以实现的形式"[3]。研究市场价格,必须要研究价值规律如何发挥作用和如何实现。马克思说得明白:"科学的任务正是在于阐明价值规律是如何实现的。"[4]因此,单纯地采用市场手段,由市场盲目地调节生产,调节市场价格,是不可行的。要想减少生产过剩对生产资料的浪费,还必须要利用政府这只

---

[1]中共中央马克思恩格斯列宁斯大林著作编译局译:《资本论》第三卷,北京:人民出版社,2004年,第199页。
[2]中共中央马克思恩格斯列宁斯大林著作编译局译:《资本论》第三卷,北京:人民出版社,2004年,第209页。
[3]《马克思恩格斯选集》第4卷,第3版,北京:人民出版社,2012年,第473页。
[4]《马克思恩格斯选集》第4卷,第3版,北京:人民出版社,2012年,第473页。

"看得见的手"予以调节。如果对政府和市场的关系认识不清,会对经济产生较大的破坏性影响。

(三)市场价值与生产价格和市场价格

生产价格和市场价值都通过市场价格表现出来,因而需要理清它们之间的关系。

1. 市场价格。马克思说:"只要商品已经售出,并且用所得的货币又购买了新的商品,全部形态变化就摆在我们面前了,而商品价格究竟是低于还是高于它的价值,对这种形态变化本身来说是没有关系的。商品价值作为基础仍然是重要的,因为货币只有从这个基础出发才能在概念上得到说明,而价格就其一般概念来说,首先也只是货币形式上的价值。当然,当我们把货币作为流通手段进行考察时,假定所发生的不只是一个商品的一个形态变化。相反,我们考察的是这种形态变化的社会交错的现象。只有这样,我们才谈得上货币的流通,谈得上货币作为流通手段的职能的发展。但是,虽然这个联系对货币过渡到流通手段的职能以及由此引起的货币的形态变化来说,十分重要,但它对买者和卖者个人之间的交易来说,却是无关紧要的。"[1]马克思在这里说明了货币有多种职能,在不同人的眼中货币形态有不同的变化。比如,在其他社会的商品生产者那里,生产者是为了与别人交换商品而生产,目的是为了自己的消费,是为买而卖,遵循的是商品—货币—商品(W—G—W)的买卖规律,这时的货币,只是消费者相互交换商品的工具。而在资本主义社会里,资本家生产商品,是为卖而买,遵循的是货币—商品—增大了的货币(G—W—G′)的买卖规律,这时的货币就成为资本。商品的市场价格是商品价值的货币表现,货币在市场上表达的应该是也只能是商品的价值。

2. 市场价值和生产价格。商品在进入市场后,部门内部的竞争使同类商品的个别价值最终化为一个社会平均价值,即市场价值。市场上的商品种类千千万万,每一种类商品的生产厂家千千万万,不论每一种类商品的生产厂家有多少,最后,每一种类商品的个别价值都要通过竞争而平均化,成为一个同样的社会平均价值进入市场,成为市场价值。也就是说,市场价值是生产部门相同、种类相同、质量也基本相同的商品的个别价值的平均,即它们的成本加剩余价值的平均。而生产价格是由不同门类商品的生产者相互竞争形成的。每一类商品的市场价值一定,通过竞争,形成生产价格。生产价格是商品的成本价格加平均利润。

3. 市场价值和生产价格的形成。不论商品是按市场价值进行交换,还是按生产价格进行交换,都以商品的价值为基础。从同类商品的市场价格以市场价值为基础,不同类商品的市场价格以生产价格为基础来说,应该是市场价值先于生产价格。马克思说:"竞争

---

[1]中共中央马克思恩格斯列宁斯大林著作编译局译:《资本论》第三卷,北京:人民出版社,2004 年,第 215 页。

首先在一个部门内实现的,是使商品的不同的个别价值形成一个相同的市场价值和市场价格。但只有不同部门的资本的竞争,才能形成那种使不同部门之间的利润率平均化的生产价格。这后一过程同前一过程相比,要求资本主义生产方式有更高的发展。"[1]就生产价格是在剩余价值转化为平均利润的基础上形成这一点来说,生产价格只有在资本主义生产方式发展到一定程度后才是普遍的。社会主义商品生产是剩余价值全部归人民所有的比资本主义更高形态的商品生产,它仍然遵循商品生产的各种规律,也遵循生产价格形成规律。

4. 经济学家对市场价值和生产价格的错误认识。商品的价值转化为市场价值以后,在市场上,由于供求的平衡—不平衡—再在新的条件下达到新的平衡的波动,使同种商品的市场价格也随之升高或降低,这是价值规律发生作用的表现。价值规律也要求等量资本获得等量利润,不仅仅是产业资本家,而且商业资本家、金融资本家都要求投入相等的资本得到相同的回报,所以,剩余价值必须转化为平均利润,形成生产价格。这是资本的权力。资本家也因此而结成真正的共同体,共同对付工人。马克思说:"在资本主义生产中,问题不仅在于,要用那个以商品形式投入流通的价值额,取出另一种形式(货币形式或其他商品形式)的等量的价值额,而且在于,要用那个预付在生产中的资本,取出和任何一个同量资本所取得的一样多的或者与资本的大小成比例的剩余价值或利润,而不管预付资本是用在哪个生产部门;因此,问题在于,最低限度要按照那个会提供平均利润的价格,即生产价格来出售商品。在这种形式上,资本就意识到自己是一种社会权力,每个资本家都按照他在社会总资本中占有的份额而分享这种权力。"[2]

资产阶级经济学家为了抹杀剩余价值转化为平均利润从而掩盖资本家剥削活劳动的事实,常常否定商品的价值,否定商品的市场价值,而说商品在市场上的价格波动,都是围绕生产费用进行的。有时候,他们也把生产费用说成是生产价格。但他们并不知道,生产费用或生产价格中包含有工人创造的剩余价值转化的平均利润。如果不说明生产价格中的剩余价值转化的平均利润,就会产生资本家通过贱买贵卖发财的观念,这是庸俗经济学家的观念。马克思说:"生产价格包含着平均利润。我们把它叫作生产价格——实际上这就是亚当·斯密所说的'自然价格',李嘉图所说的'生产价格'、'生产费用',重农学派所说的'必要价格',不过他们中间谁也没有说明生产价格同价值的区别——因为从长期来看生产价格是供给的条件,是每个特殊生产部门商品再生产的条件。我们也理解了,为什么那些反对商品价值由劳动时间,由商品中包含的劳动量来决定的经济学家,总是把生产价格说成是市场价格围绕着发生波动的中心。他们所以会这样做,因为生产价格是商品价值的

---

[1]中共中央马克思恩格斯列宁斯大林著作编译局译:《资本论》第三卷,北京:人民出版社,2004年,第201页。
[2]中共中央马克思恩格斯列宁斯大林著作编译局译:《资本论》第三卷,北京:人民出版社,2004年,第217页。

一个已经完全表面化的,而且乍看起来是没有概念的形式,是在竞争中表现的形式,因而是存在于庸俗资本家的意识中,因而也是存在于庸俗经济学家意识中的形式。"[1]

5. 供求对市场价值和生产价格以及对市场价格的影响。供求变化对商品市场价值和生产价格产生相同的影响。在供求平衡时,市场价格由中等条件下生产的商品的生产价格来调节;在供不应求时,市场价格由最坏条件下生产的商品的生产价格来调节;在供大于求时,市场价格由最好条件下生产的商品的生产价格来调节。马克思说:"这里关于市场价值所说的,也适用于生产价格,只要把市场价值换成生产价格就行了。"[2]

二、商业资本和商业价格与市场价格

商品通过市场交换,到达消费者——不论是生产性消费者还是生活性消费者——手里,商品的循环才算完成。而商业,是消费者消费商品的重要环节,所以,研究市场价格,必须要研究商业资本在商品流通中的费用和价格的关系。

(一)商业资本与利润平均化

马克思在《资本论》中对商品经营资本作了详细论述。人们对这一部分争议较大。笔者经过研究,发现马克思的这一部分理论与生产价格相关联,这个问题并没有研究到底。原因有二:一是马克思对这部分没有研究完就去世了;二是他研究的只是一次性生产过程。尽管如此,他的论述也是天才的。只有在他的理论的基础上,扩展思维,才能把这个问题研究清楚。

1. 商业价格与市场价格。商业价格是商品在商业资本加入流通后所形成的生产价格,而市场价格则是商品在市场上交换时的最终成交价格。因此,如果某商品在市场上以商业价格最终成交,它的商业价格就是市场价格。如果商品的商业价格形成后,与在市场上的最终成交价格不一致,商业价格与市场价格的区别就显示出来。

2. 商业资本不创造剩余价值。马克思认为,商业资本不创造剩余价值。马克思把商业资本分为两种,一种是商品经营资本,另一种是货币经营资本。商品经营资本就是我们在日常生活中所理解的进行商业买卖的资本。货币经营资本不同于金融资本,货币经营者主要从事货币的收付、保管、记账、结算、汇兑等业务,收取一定的费用。这种费用也是剩余价值转化的平均利润的一部分。但是,它与利息不同。利息是不论在生产资本有无利润的情况下都必须支付的,而货币资本的费用只是在价值实现以后才支付。马克思把商品资本和货币资本称为商人资本。现在的银行业务多把金融资本和货币资本综合在一

[1]中共中央马克思恩格斯列宁斯大林著作编译局译:《资本论》第三卷,北京:人民出版社,2004年,第220-221页。
[2]中共中央马克思恩格斯列宁斯大林著作编译局译:《资本论》第三卷,北京:人民出版社,2004年,第200页。

起。我们这里只讨论商品资本,不讨论货币资本。以下说到商业资本,都只涉及商品资本。

马克思认为,商业资本比资本主义生产方式古老。只要有商品流通和货币流通,就有商业资本存在的可能。马克思说:"或者不如说,简单的商品流通和货币流通就是它的存在条件。作为商品而进入流通的产品,不论是在什么生产方式的基础上生产出来的——不论是在原始共同体的基础上,还是在奴隶生产的基础上,还是在小农民和小市民的生产的基础上,还是在资本主义生产的基础上生产出来的——都不会改变自己的作为商品的性质;作为商品,它们都要经历交换过程和随之发生的形态变化。"[1]因而,商业资本最早活跃于原始共同体、奴隶经济和封建经济中。在以自然经济为主要财富的社会,产品的生产者只是把供自己消费之外的少量的产品出售,以换取自己所不能生产的产品。在交换自己所需要的产品时,由于个人活动的范围有限,有些活动范围相对宽泛的人便成为交换的中介人。当这些中介人个人出资从事买卖的活动时,他们便成为商人,他们所付的资本便成为商人资本。在资本主义以前的社会里的买和卖,因为生产者不以商品生产为目的,而以使用价值为目的,他们出售的,是自己使用的必要剩余产品的一部分,因而商人可以用欺诈的手段获得这些剩余产品。随着生产的扩大和市场的扩展,以商品交换为目的的生产发展起来。此时,有商人把货币投入生产领域,成为生产商兼营销商。他们投入货币,通过商品生产和商品的买与卖,追求增殖的货币。在商品生产更进一步扩大后,一身多兼已经不可能了,于是,生产商与营销商分家,有一部分人专门从事营销工作,商业资本相对独立出来了。

商品如果只是生产出来而销售不出去,价值并不能实现,所以,生产、流通和消费是一个有机的整体,商业资本也是生产资本的一部分,产业资本必须从其利润中让渡出一部分归商业资本,商品才能最后到达消费者手中,商品的价值才能实现。但是,自从商业资本独立后,那些被马克思称为庸俗经济学家的人,只从表面现象看到商人在贱买贵卖中发了财,于是就认为剩余价值产生于流通领域,而且商品不是按照等价交换的。这当然是不科学的。马克思说:"对现代生产方式的最初的理论探讨——重商主义——必然从流通过程独立化为商业资本运动时呈现出的表面现象出发,因此只是抓住了假象。这部分地是因为商业资本是资本本身的最初的自由存在方式;部分地是因为它在封建生产的最初的变革时期,即现代生产的发生时期,产生过压倒一切的影响。真正的现代经济科学,只是当理论研究从流通过程转向生产过程的时候才开始。"[2]

由于商业资本替产业资本分担了销售的功能,所以,产业资本家可以集中精力进行生产,而商品的批发、零售所需的费用也不需增加产业资本。如果商业资本周转得快,会使

[1]中共中央马克思恩格斯列宁斯大林著作编译局译:《资本论》第三卷,北京:人民出版社,2004年,第362-363页。
[2]中共中央马克思恩格斯列宁斯大林著作编译局译:《资本论》第三卷,北京:人民出版社,2004年,第375-376页。

生产周期缩短,利润增加。马克思的理论符合现实。

3. 商业活动是为了实现产业资本创造的价值和剩余价值。商业活动为实现商品的价值而存在,因而成为产业活动的一部分。马克思认为,商业资本的利润是由产业资本雇佣的活劳动创造的剩余价值转化来的。马克思举了如下的例子加以说明:

假定一年中预付的产业总资本是 720c+180v＝900(比如说以百万英镑为单位),剩余价值率为 100%,则剩余价值为 180,利润率＝180÷900×100%＝20%,产品的总价值＝720c+180v+180m＝1080。为销售这个价值为 1080 的产品,产业资本家必须在计算、簿记、市场、通信等方面再投入一定的资本。现在有商业资本家愿承担销售这个价值为 1080 的产品并愿意替产业资本家投入这些开支,假定商业资本家投入的资本是 100,等于是产业资本又投入了资本 100。也就是说,产业资本家投入的总资本达到了 900+100＝1000,如果剩余价值率不变,则剩余价值仍为 180,此时的利润率将因总资本的增加而降低,利润率＝180÷1000×100%＝18%。产业资本实现的利润＝900×18%＝162,商业资本实现的利润＝100×18%＝18。产业资本家按 720c+180v+162m＝1062 的低于实际生产价格 1080 的价格把商品卖给商业资本家,商业资本家再加上商业资本的利润 18,以商品的实际生产价格 1080 卖给消费者。这样,商品的价值没有变化,只是剩余价值转化的利润在产业资本和商业资本之间进行了再分配。马克思说,这才是生产价格这个用语的更确切的意义。他说:"我们以后要在上述这个更确切的意义上使用生产价格这个用语。在这种情况下很清楚,产业资本家的利润等于商品的生产价格超过它的成本价格的余额,而和这种产业利润不同,商业利润等于商品的出售价格超过它的生产价格的余额,这个生产价格对商人来说就是商品的购买价格;但是,商品的实际价格＝商品的生产价格+商业利润。正像产业资本之所以能实现利润,只是因为利润作为剩余价值已经包含在商品的价值中一样,商业资本之所以能实现利润,只是因为产业资本在商品的价格中实现的并非全部剩余价值或利润。因此,商人的出售价格之所以高于购买价格,并不是因为出售价格高于总价值,而是因为购买价格低于总价值。"[1]"可见,商人资本虽然不参加剩余价值的生产,但参与剩余价值到平均利润的平均化。因此,一般利润率已经意味着从剩余价值中扣除了属于商人资本的部分,也就是说,对产业资本的利润作了一种扣除。"[2]

4. 商业固定资本和可变资本对商品市场价格的影响。商品流通费用既不会增加价值,也不会创造剩余价值,它是商业资本家为产业资本家预先支付的资本,帮产业资本家把商品送到消费者手里。当然它不是活雷锋,它的目的是通过商业活动,赚到平均利润。它包括哪些费用呢?

---

[1]中共中央马克思恩格斯列宁斯大林著作编译局译:《资本论》第三卷,北京:人民出版社,2004 年,第 319 页。
[2]中共中央马克思恩格斯列宁斯大林著作编译局译:《资本论》第三卷,北京:人民出版社,2004 年,第 319 页。

马克思认为,商业资本分为两类:一类是商品的生产性流通费用,如保管、发送、运输、分类、散装等,是属于创造价值和剩余价值的生产活动的继续,在售出商品后,商品价值得以实现,这部分价值得到补偿并获得平均利润。另一类是商品购买垫支资本和纯粹流通费用。因为商品的价值和剩余价值的生产我们已经讨论过了,所以在这里不再讨论第一类生产性流通费用,只讨论第二类商品购买垫支资本和纯粹流通费用。

商人必须先从产业资本家那里购买商品,这种购买商品所付出的资本,一方面,它替生产资本完成从商品资本转化为货币的职能,完成生产者的附带活动;另一方面,它是商人对消费者的垫支。商业资本这样做的目的,是实现资本的职能,即增殖。这是社会分工的结果。但是,它不是通过生产价值和剩余价值增加商品的价值量而增殖,也不是通过市场的贱买贵卖而获得利润,而是由产业资本的让利而增殖的。例如,一个商品经营者用3000元钱从纺织厂主那里购得3000米布料,每米为1元。如果年均利润率为10%,到年终时,他的3000元就变为3300元了。他如果把布料卖掉,工厂主可以不断地生产。如果布卖不掉,生产就会中断。所以,他是在替生产资本完成自己的职能。他把布料从工厂主那里买来,卖给消费者,是替消费者垫支。当消费者购买了他的布料之后,付给他货币,他把垫支的货币如数收回,再重新开始下一轮行动。他的3000元资本不参与生产,但参与利润的平均化。如前例所述,当一个900的生产资本创造的利润率为20%时,如果有一个100的商业资本替生产资本执行销售商品的职能时,利润率就降为18%。马克思批判了资产阶级经济学家萨伊等人商业资本也创造价值的错误认识。

在现实中,商人除向产业资本家购买商品外,还要为销售商品实现商品价值投入流动资本、固定资本和可变资本,这便是纯粹流通费用。商业资本家本人并不参加劳动,他们要雇佣工人劳动,付出工人工资,即可变资本,还要付出承租店面、开办事务所、广告、邮资等费用。马克思说:"纯粹的商业流通费用(因而发送、运输、保管等费用除外),归结为这样一些费用:为了实现商品的价值,使之由商品转化为货币或由货币转化为商品,对商品交换起中介作用所必需的。在这里,我们把那些会在流通行为中继续进行的并且可以和商人业务完全分开的生产过程撇开不说。正像例如真正的运输业和发送业事实上可以是而且是和商业完全不同的产业部门一样,待买和待卖的商品也可以堆在码头或别的公共场所,由此引起的费用,如果必须由商人预付,会由第三者记在商人账上。这一切都会在真正的批发商业中发生。在批发商业中,商人资本以最纯粹的形式出现,最少同其他职能交织在一起。运输业者、铁路经营者、船主,都不同'商人'。我们在这里考察的费用,是指买和卖方面的费用。以前已经指出,这种费用归结为计算、簿记、市场、通讯等方面的开支。为此必需的不变资本包括事务所、纸张、邮资等。另外一些资本则归结为可变资本,这是为雇用商业上的雇佣工人而预付的。(发送费用、运输费用、关税的预付等等,部分地可以这样看待:它们是商人在购买商品时预付的,因此,对商人来说,它们会加入购买价格。)"[1]"所有这些费用都不是在生产商品的使用价值时花掉的,而是在实现商品的价值时花掉的;它们是纯粹的流通费用。它们不加入直接的生产过程,但是加入流通过程,因而加入再生产的总过程。"[2]

他们投入的不变资本和可变资本会对商品价格产生什么影响呢?

关于商业固定资本。马克思在这里所说的事务所店面租金、纸张、邮资等固定资本,表现为房租、利息等,它们原来就是产业资本的职能所产生的费用,都是剩余价值转化的。马克思说:"资本家在计算利润率的时候,总是把这部分预付资本同预付在原料、机器等上的那部分预付资本一样地计算在内。"[3]随着商品经济的发展,商业资本家花钱把这部分职能连同它的费用买了下来,并把它加到商品价格上,待商品售出后再收回来。这对产业资本家也是很划算的。马克思还以上述 720c+180v+180m=1080 举例作了说明:

如果存在一个 100 的商人资本进入流通领域,以生产价格购买产业资本家生产的商品,则原来产业资本家生产的剩余价值是 180,按生产资本 900 计算,利润率是 20%,利润为 180。现在产业资本 900,加上商业资本 100,共计资本为 1000,剩余价值还是 180,所以,利润率下降为 18%,利润为 162,利润减少了 18。产业资本家虽然分了一些利润给商业资本家,但是还是很划算的。如果没有商人资本的加入并由商人资本去完成流通的职能,而是由产业资本家去做流通领域的事,则他们有可能会投入更多的资本,比如投入 200 资本去做流通工作,如此,则产业资本家预付的总资本就不是 900,而是 1100 了。如果是这样,按剩余价值 180 计算,产业资本的利润率就会从 18% 减为 $16\frac{4}{11}\%$。

商业资本家不仅要用 100 的资本购买商品,还要投入 50 的资本作为商业流通所需的店面承租、纸张、邮资等费用,这些费用是流通所必需的,需在产业资本家的利润中扣除。这时,全部剩余价值 180 就要按生产资本 900 加上商人资本 150,总共是 1050 来分配了。此时,平均利润率会从 18% 下降到 $\frac{180}{900+150}\times100\%=17\frac{1}{7}\%$,平均利润下降为 $900\times$

$17\frac{1}{7}\%=154\frac{2}{7}$,产业资本家把商品按 $900+154\frac{2}{7}=1054\frac{2}{7}$ 的价格卖给商人。商人所付出的资本是 150,所获平均利润 $=150\times17\frac{1}{7}\%=25\frac{5}{7}$,从产业资本那里购买的商品价值为

$1054\frac{2}{7}$,所以,商人将以 $1054\frac{2}{7}+25\frac{5}{7}+50=1130$ 的价格把商品卖掉。

[1]中共中央马克思恩格斯列宁斯大林著作编译局译:《资本论》第三卷,北京:人民出版社,2004 年,第 321-322 页。
[2]中共中央马克思恩格斯列宁斯大林著作编译局译:《资本论》第三卷,北京:人民出版社,2004 年,第 324 页。
[3]《马克思恩格斯全集》第 36 卷,第 2 版,北京:人民出版社,2015 年,第 84 页。

如果平均利润率是 $17\frac{1}{7}\%$，产业资本加商业资本 $=900+150=1050$，利润 $=154\frac{2}{7}+25\frac{5}{7}=180$，为什么商品的出售价格不是 $1050c+180v=1230$，而是 1130 呢？上面已经讨论过，商业资本所付出的 100 购买商品的资本，只是垫付，商品卖出后，垫付的资本会如数归还商人。而商业资本所付出的 50 的流通费用就不同了，它在商品售出后也无法收回，所以只有加入商品价值中收回，它是超出生产价格的一个部分。

商品的出售价格是 1130，但商品的价值是 $720c+180v+180m=1080$。为什么商品的出售价格会多于商品的价值？马克思说：商业资本"以不变资本形式预付的那一部分流通费用+相应的平均利润，在产业资本家手里，会比在商业资本家手里大"[1]。马克思的意思是说，如果不是商业资本付出这 50 的资本，产业资本家自己要销售商品，可能付出得更多。产业资本家不销售自己的产品，他的再生产活动就没办法继续进行，商业的 50 固定资本，等于是隐性冲销了产业资本的这部分开支，产业资本家的固定资本应该是 950，或者更多，他应该付而没有付出的 50 用于销售的费用，现在让商业资本家垫付了，所以要在商品销售时，加进市场价格中。

但是，如果这个问题只从道理上解释得通而不能定量，就说明这个问题还没有研究彻底。我们必须要求计算的精准性。否则，人们会产生疑问：如果商业资本增加的固定资本没有节制，比如广告费用和承租店面的费用很高，商业资本家要把这些费用加进商品价值中，商品市场价格因而提高，加价的环节越多，商品的价格越高，商品价格难道会无限制地升高？实际上，商品价格不会无限制地升高，否则，商品将会滞销，不仅影响商业资本家业务的运营，也影响到产业资本家的生产。通过研究，笔者发现这个难题的症结在于商品中所含的前人劳动积累价值在市场上有不同的通约率所致：由于生产商品所使用的工具不同，其中所含的前人积累的劳动价值不同，转移至商品中的前人积累价值也不同，受到社会必要劳动时间规律的制约，在通过市场交换实现商品的价值时，要对没有付出任何成本的前人积累价值进行通约，通约的量是根据相对平均积累率所决定的相对平均积累量确定的。通约后，如果商品价值仍有超过社会必要劳动时间的部分，将不被社会承认，因而不能实现（请参阅第十一章）。

关于商业可变资本不创造剩余价值的问题。商业资本家并不亲自劳动，他们要雇佣工人劳动，因此，商业资本家不但要支出固定资本，而且还要支出可变资本，即商业工人的工资。马克思认为，商人的可变资本不创造价值和剩余价值，只转移价值。商业资本家正是通过商业工人的劳动，实现商品的价值和剩余价值。商业工人的劳动也分为有酬劳动

[1]中共中央马克思恩格斯列宁斯大林著作编译局译：《资本论》第三卷，北京：人民出版社，2004 年，第331 页。

和无酬劳动,他们的有酬劳动获得工资,无酬劳动为商业资本家实现利润。马克思说:"商业工人不直接生产剩余价值。但是,他的劳动的价格是由他的劳动力的价值决定的,也就是由他的劳动力的生产费用决定的,而这个劳动力的应用,作为一种发挥,一种力的表现,一种消耗,却和任何别的雇佣工人的情况一样,是不受他的劳动力的价值限制的。因此,他的工资并不与他帮助资本家实现的利润量保持任何必要的比例。资本家为他支出的费用,和他带给资本家的利益,是不同的量。他给资本家带来利益,不是因为他直接创造了剩余价值,而是因为他在完成劳动———一部分是无酬劳动———的时候,帮助资本家减少了实现剩余价值的费用。"[1]商业工人不但不创造价值和剩余价值,而且连他们的劳动力价值即工资也不能创造出来。他们劳动的职能,是实现产业工人创造的价值和剩余价值。商业工人的工资和商业工人工作所需的费用以及商业资本家的生活费用和商业资本家的利润,只有在产业资本家生产的剩余价值实现后才能得到补偿。

　　这里出现了一个问题:如果商业工人的劳动不创造价值和剩余价值,只实现产业工人创造的剩余价值,那么,商业可变资本是否应当作为成本支出列入预付的商人资本中? 如果这部分资本不列入预付成本,那么,这部分资本由于没有参与利润平均化,它就与利润率平均化规律相矛盾。如果应当列入,这部分资本由于没有创造剩余价值,它就与资本的本质相矛盾,因为只有能够带来剩余价值或者利润的,才是资本。这部分商业资本作为社会总资本的一部分,如果参与生产,就应该参与利润率平均化,如果不参与生产,但只要参与商品价值的创造或实现过程,就应该得到平均利润,使自己增大。马克思也感到这是一个难题。他说:"正如工人的无酬劳动为生产资本直接创造剩余价值一样,商业雇佣工人的无酬劳动,也为商业资本在那个剩余价值中创造出一个份额。"[2]"困难在于:既然商人本身的劳动时间和劳动不是创造价值的劳动(尽管这种劳动为他在已经生产的剩余价值中创造出一个份额),他用来购买商业劳动力的可变资本的情况又是怎样的呢? 这个可变资本是否应当作为成本支出而列入预付的商人资本中呢? 如果不应当列入,那么,这看来是和利润率平均化的规律相矛盾;当一个资本家只能把100算作预付资本时,哪一个资本家会预付150呢? 如果应当列入,那么,这看来是和商业资本的本质相矛盾的,因为这一类资本所以能执行资本的职能,并不是由于它像产业资本一样推动了他人的劳动,而是由于它自己进行劳动,也就是说,执行买和卖的职能,并且正是由于这个缘故和通过这个途径,才把产业资本所生产的剩余价值的一部分转移到自己手里。"[3]这是商品市场价格研究的一个重要问题。为使读者更加明白马克思所说的这个矛盾,我们还以 $720c + 180v +$

[1]中共中央马克思恩格斯列宁斯大林著作编译局译:《资本论》第三卷,北京:人民出版社,2004年,第334—335页。
[2]中共中央马克思恩格斯列宁斯大林著作编译局译:《资本论》第三卷,北京:人民出版社,2004年,第327页。
[3]中共中央马克思恩格斯列宁斯大林著作编译局译:《资本论》第三卷,北京:人民出版社,2004年,第327—328页。

180m＝1080 的例子加以说明：

产业资本家投入了 900 资本,生产了 180 的剩余价值,利润率为 20%。如果没有商业资本家,这个产业资本家必须设立相应的机构,抽调人员销售商品,否则他的生产没办法进行。现在有商业资本家愿意替他分担销售工作,并且愿意垫支一定的资本,为的是得到与社会资本相等的平均利润。商业资本家所付的购买商品的资本为 100,这 100 的预付资本,是要参与利润平均化的,等于是产业资本家投入了 1000 的生产资本,生产资本创造的 180 的剩余价值没有变,因而利润率降低为 18%。为了销售商品,商业资本家还投入了不变资本 50,这个 50 的不变资本也是要参加利润平均化的,生产资本投入额等于 1050,剩余价值 180 没有变,因此,利润率又再下降为 $17\frac{1}{7}$%。商业资本家不劳动,假若又投入 50 的可变资本雇佣工人,这 50 的可变资本是列入预付资本参与利润平均化,还是不列入预付资本不参与利润平均化？ 如果不列入,既然商业是商品价值实现的一个必要过程,是商品生产职能的延续,凡是生产资本,都必须参与利润的平均化,因而它与利润平均化规律相矛盾；如果列入,可变资本又不创造价值和剩余价值,不能使自身增大,因而它就不是资本了,这与资本的本质相矛盾。

商业资本的这个矛盾,难倒了很多经济学家。与这个问题紧密相关的,是商品的市场价格问题。马克思论述了商业资本用于垫支的 100 购买商品的部分,不加进商品的市场价格中,在商品卖出之后,商业资本家就把它收回了,加进商品市场价格中的,只是商业资本应该得到的利润。马克思举例说："商品值 100 镑,利润假定是 10%。那么,商品就要卖110 镑。这个商品原来就已经值 100 镑；商人资本 100 只是给它加进了 10。"[1] 对于商业资本的不变资本的补偿问题,并不难解决。因为这部分资本实际是在产业资本家那里产生的,是要加到生产成本中从而加进商品市场价格中的,只不过随着资本主义生产方式的确立和发展,商业资本独立化后,这部分资本被商业资本家替产业资本家预付了,在商品卖出之后,这部分资本是要收回的。但商业的可变资本价值补偿问题,参不参与利润平均化,创不创造剩余价值问题,以及它对商品的市场价格产生的影响,是研究商品的市场价格问题所不能回避的。

马克思认为,商业资本的可变资本即劳动的有酬部分是商业工人的工资,与商业工人的劳动力价值等价,是必要劳动,劳动的无酬部分是商业资本家获得的利润。虽然商业工人的劳动实现的利润都是产业工人创造的剩余价值转化的,但是,商业工人的无酬劳动是商业资本家占有剩余价值的必要条件,是剩余劳动。有经济学家对这个问题想不通。他们认为,商业劳动为什么不创造剩余价值呢？ 如果商业的劳动不创造价值和剩余价值,其

[1]中共中央马克思恩格斯列宁斯大林著作编译局译：《资本论》第三卷,北京：人民出版社,2004 年,第 330 页。

他的服务业也是不生产商品的劳动,按逻辑推理,也不创造价值和剩余价值。但是,现实是,现代商业和服务业创造和实现的价值更多。是不是马克思的理论出现了问题呢?这是一个很难解决的问题。

有经济学家企图套用马克思关于生产工人创造剩余价值的公式解决问题。但他们发现,如果是这样,社会全部商品的总价值会大大高于总价格。产业资本家投入的成本价值$=720c+180v$,如果剩余价值率为100%,剩余价值为180m,产业的平均利润也是180,商品的总价值$=720c+180v+180m=1080$,商品的价格也是1080。总价值=总价格。现在,如果有100的商业资本参与商品的流通与销售,按照马克思的理论,这100商业资本参与到生产过程中,如果把它看作是生产资本中的不变资本,那么,商品的总价值$=(720c+100c)+180v+180m=1180$。商品的价格也是1180,总价值=总价格。但是,如果在100的商业资本中,有50是不变资本,50是可变资本,即$50c+50v=100$。套用马克思的价值与剩余价值的理论,假若商业工人的劳动力所创造的剩余价值率为100%,则他们创造的剩余价值为50m,则商业劳动加进商品的价值$=50c+50v+50m=150$。此时,商品的价值$=(720c+50c)+(180v+50v)+(180m+50m)=1230$。如果商品按1230出售,则明显地出现了在商业资本参与商品的流通后商品的价格升高的情况,它给人的感觉是:在商业资本参与流通的情况下,投入的商业资本越多,雇佣的商业劳动力越多,商品的价格就越高,市场价格不是围绕生产价格波动的,而是由流通领域中的资本量决定的,这似乎推翻了马克思的生产价格理论。如果商品不是按照1230出售,而是按它的生产价值1080出售,则商品的价值就不能全部实现,商业越发达,亏损也越多。这与现实严重背离。

有经济学家认为,应该按马克思所说的商业劳动力只转移生产商所生产的商品的价值和剩余价值进行计算。在实际生活中,工业产品也确实是以低于市场价格的出厂价格出售给商人的,工业资本确实让渡了一部分利润给商业资本。所以,商品应按它的价值$=(720c+50c)+(180v+50v)+180m=1180$出售。这样,既实现了生产利润180,又实现了商业工人的50的劳动力价值,只是商业工人的劳动力价值不创造剩余价值而已。这既符合马克思的利润平均化的理论,也符合马克思关于商业资本的可变资本不创造剩余价值的理论。这样的思路,因为商业工人的可变资本不创造剩余价值,不会使自身增殖,所以并没有解决与资本的本质相矛盾的问题

有经济学家认为,可以设想用在上面所举例子计算的基础上,用如下方法计算商业资本的可变资本创造的价值和剩余价值:商业资本投入的总量为100,产业资本为900,二者合计为1000。产业资本的可变资本是180,假定剩余价值率为100%,其创造的剩余价值是180。100的商业资本的不变资本和可变资本各是50,商业工人的劳动与生产工人的劳动效率一样,假定剩余价值率也为100%,则其50的可变资本转移50的利润。此时,商业

资本+利润＝50c+50v+50m＝150,商品价值＝产业资本900+产业利润162+商业资本100+商业利润50＝1212。这种计算,仅仅是增加了商品的市场价格,而与马克思的理论相一致。但是,上面我们计算的平均利润率＝180÷(900+100)＝18%,产业利润＝900×18%＝162,商业利润＝100×18%＝18,在这里,不仅商品市场价格增加,而且商业利润从18变成为50,显然计算有不正确的地方。

马克思对这个问题是这样解释的:产业资本家为了把产品卖出去,他必须设立一个部门,即产业资本家的商业事务所。这个事务所需要付出与各种商业活动有关的流通费用和工人工资。资本在生产领域内越集中,它在流通领域内就越分散。这时,产业资本家的商人业务增大,支出的费用增加。比如,以前生产规模不大时,产业资本家只需和100个商人打交道,现在因为生产规模的扩大,需要和1000个商人打交道。除了商业费用增加外,别的流通费用如分类、发送等等的费用也会增加。比如原来与10个小商人联络的支出,等于和一个大商人通信时的支出的10倍。但是,在商人承担了产业资本家的这部分职责后,从商业资本家方面看,由于商业活动的规模经营,所以在店面的租用上会减少,在人员劳动的效率上会增加,这样也会增快商品的周转速度、减少商人投入的资本量。比如,如果一个商业资本家要购买产业资本家生产的生产价格为1100的商品,出售价格为1200。假定一年内商品只周转1次,商业资本家需投入1200的资本,但如果一年周转12次,则只需投入100资本就可以了。资本主义的生产使商人资本从产业资本中独立出来,并使商业发展为资本主义大商业。商人投入资本量的减少,也等于是产业资本的投入量减少。这是一种资本的节约。商人本人不参加劳动,他雇佣商业劳动者进行劳动。商业工人的劳动,一方面帮助商业资本家实现利润,另一方面自己得到劳动力价值的等价,超过劳动力价值的部分,是他们帮助商业资本家减少了的实现剩余价值的费用。商业工人的劳动熟练程度越高,为商业资本家转移的平均利润越多,为产业资本家节约的费用也越多。商业工人的劳动熟练程度的提高,不需要资本家付出,一方面,这是由于业务的片面性发展导致的;另一方面,也是由于科学的发展和国民教育进步导致的。马克思的意思是:商业可变资本具有资本的本性,参与利润平均化过程,并得到平均利润,它是从产业资本家那里节省出来的,是用商业利润与产业利润之间的差额补偿的。商业劳动量的增加,是根据产业创造的价值和剩余价值的多寡进行的,它不是剩余价值增加的原因,而是剩余价值增加的结果。

马克思的解释虽然有道理,但是,正如马克思所说,问题在于发现可变资本的数学意义上的界限。[1] 因此,关于商业资本中的可变资本转移的剩余价值量即平均利润量问

---

[1]中共中央马克思恩格斯列宁斯大林著作编译局译:《资本论》第三卷,北京:人民出版社,2004年,第330页。

题,成为经济学价格问题中的一个难题。

实际上,商业资本所获得的平均利润,不会自动找上门来,需要通过商业的可变资本去赚回。马克思的理论是正确的。但是,仅用马克思现有的理论,解决不了全部问题,还需要深化研究。笔者原来也曾有与其他经济学家一样的想法,套用马克思关于可变资本创造剩余价值的理论,假设商业工人的剩余价值创造率为100%,但后来发现,计算不正确的原因,在于假设了商业工人无酬劳动的剩余价值创造率为100%。在进一步的研究中,以如下思路解决了问题:商业工人的无酬劳动,不创造剩余价值,只转移与商业资本投入量相等的应获得的平均利润。在一定社会的一定条件下,受社会必要劳动时间规律制约,商业资本投入的资本,其资本有机构成越高,雇佣的活劳动越少。由于劳动工具中含有前人积累的劳动价值,劳动生产率也越高,实现的商品的价值和剩余价值也越多,表现为转移的平均利润量增加。商业资本获得的平均利润量,由商业资本的剩余价值率决定;商业资本的剩余价值率,由产业资本创造的剩余价值转移量与商业可变资本之比来确定(参阅第十四章)。

(二)马克思关于资本主义经济危机和商品的运输、包装与仓储的论述

随着资本主义生产的发展和商业资本的独立,商品的批发、运输和销售也相对独立起来,资本主义经济危机与之相关。

1. 关于资本主义经济危机。马克思认为,资本主义经济危机的爆发是生产过剩。资本主义社会生产的无计划性和资本主义再生产规模的盲目扩大,使再生产的基本比例受到严重破坏时,就会发生经济危机。资本主义经济危机呈周期性爆发,每一个周期一般经过危机—萧条—复苏—高涨4个阶段。一般来说,当经济异常活跃时,就孕育着危机的到来。资本主义经济危机不仅与生活有关,也与批发商业和银行业有关。这有助于我们理解近些年来资本主义国家为什么频发金融危机。

资本主义经济危机就是商品生产相对过剩。马克思关于资本主义经济危机的如下一段话是简明的,也是深刻的:"因此,在危机中发生这样的现象:危机最初不是在和直接消费有关的零售业中暴露和爆发的,而是在批发商业和向它提供社会货币资本的银行业中暴露和爆发的。"[1]"的确,工厂主可以把产品卖给出口商人,出口商人可以再把它卖给他的外国主顾;进口商人可以把他的原料卖给工厂主,工厂主可以把他的产品卖给批发商人;等等。但是,在某一个看不见的点上,商品堆起来卖不出去了;或者是一切生产者和中间商人的存货逐渐变得过多了。消费正好是在这个时候兴旺到了极点,这部分地是因为一个产业资本家推动了一系列其他的产业资本家,部分地是因为他们雇用的工人由于充

---

[1]中共中央马克思恩格斯列宁斯大林著作编译局译:《资本论》第三卷,北京:人民出版社,2004年,第339页。

分就业,比平时支出多。资本家的支出也会随着他们的收入增加而增加,此外,正如我们以前已经说过的(第2册第3篇),不变资本和不变资本之间会发生不断的流通(甚至把加速的积累撇开不说也是这样)。这种流通就它从来不会加入个人的消费来说,首先不以个人消费为转移,但是它最终要受个人消费的限制,因为不变资本的生产,从来不是为了不变资本本身而进行的,而只是因为那些生产个人消费品的生产部门需要更多的不变资本。由于所期望的需求的刺激,这种生产在一段时间内能够安稳地进行下去,因此,在这些部门,商人和产业家的营业非常活跃。一旦那些把货物运销远处(或存货在国内堆积起来)的商人的资本回流如此缓慢,数量如此之少,以致银行催收贷款,或者为购买商品而开出的汇票在商品再卖出去以前已经到期,危机就会发生。这时,强制拍卖,为支付而进行的出售开始了。于是崩溃爆发了,它一下子就结束了虚假的繁荣。"[1]

马克思曾经历过多次资本主义经济危机。在资本主义初期,经济危机只在局部发生。例如,1788年,在纺织业最发达的英国首先发生经济危机,破产的纺织厂达50%。1793年、1797年在英国又发生过两次经济危机。随着资本主义的扩张,经济危机危害的范围越来越广。马克思逝世前,发生过10次大的经济危机。马克思逝世后的100多年里,资本主义又发生了十几次经济危机和金融危机。有时,资产阶级经济学家不把经济危机说成经济危机,而是称作金融危机。比如,1981年墨西哥金融危机,1987年日本金融危机,1990年芬兰、瑞典、挪威银行危机,1997年亚洲金融危机,2008年美国金融危机(又称次贷危机)。由于美元是世界货币,所以,美国发生的金融危机危害到世界各国,无一幸免。按照马克思关于经济危机的论述,经济危机首先发生于金融领域,所以,金融危机的实质就是经济危机。社会实际情况已经证明了马克思所揭示的经济危机的根本原因是资本的趋利性和资本主义私人占有与社会化大生产的基本矛盾所导致的生产过剩原理的正确性。

现在,资本主义国家利用自己掌握金融工具主导地位的便利,制造世界金融秩序混乱,目的就是为了转移自身的经济困难,进行国际剥削。所以,金融领域已经成为资本主义和社会主义激烈斗争的领域之一。形势迫使我们必须熟悉马克思关于价值工具的理论,熟悉资本主义金融操作手法,以挫败他们损人利己的图谋。

2. 关于商品的运输。马克思认为,商品的运输属于生产过程的继续,属于生产过程本身。马克思说:"商品在空间上的流通,即实际的移动,就是商品的运输。运输业一方面形成一个独立的生产部门,从而形成生产资本的一个特殊的投资领域。另一方面,它又具有如下特征:它表现为生产过程在流通过程内的继续,并且为了流通过程而继续。"[2]在现实生活中,人们往往把它与商人资本的职能相混淆。马克思说:"第一,那些不是在生产者

[1]中共中央马克思恩格斯列宁斯大林著作编译局译:《资本论》第三卷,北京:人民出版社,2004年,第339-340页。
[2]中共中央马克思恩格斯列宁斯大林著作编译局译:《资本论》第二卷,北京:人民出版社,2004年,第170页。

的工作场所发挥作用但属于生产过程本身的职能,同商人资本混淆起来,或者说实际上或多或少是同商人资本联系在一起的。"[1]"这些职能中的第一个职能,就是运输业(商品的转运)。商品的使用价值诚然是现成的,但是在这种使用价值方面还会发生变化。它的位置,空间存在会改变。这个过程属于生产过程本身。商品不发生这种位置变化,就不会出现在市场上,从而不会处于流通中。凡是与这个过程有关的都属于生产过程。"[2]运输业像其他产业一样,雇佣工人运输。马克思认为:"因此,投在运输业上的生产资本,会部分地由于运输工具的价值转移,部分地由于运输劳动的价值追加,把价值追加到所运输的产品中去。后一种价值追加,就像在一切资本主义生产下一样,分为工资补偿和剩余价值。"[3]同其他产业一样,商品生产的一般规律,也适用于运输业。马克思说:"在一定距离内运输商品所需要的劳动量——死劳动量和活劳动量——越小,劳动生产力就越大;反之亦然。"[4]"在其他条件不变的情况下,由运输追加到商品中去的绝对价值量,和运输业的生产力成反比,和运输的距离成正比。"[5]"在其他条件不变的情况下,由运输费用追加到商品价格中去的相对价值部分,和商品的体积和重量成正比。但是,引起变化的情况是很多的"[6]"运输费用追加到一个物品中去的相对价值部分和该物品的价值成反比,这成了铁路大王们按照和物品价值成正比对物品收费的特别理由。"[7]也就是说,运输业的雇佣工人也创造剩余价值,这些剩余价值不是从生产工人那里转移来的。

3. 关于商品的包装和仓储。马克思认为,商品的包装业和仓储业也属于生产过程的继续。他说:"第二,商品在真正作为商品存在以前,它的使用价值首先必须按照同它作为使用价值的存在相适应的数量进行分割、分离。例如,一夸特小麦只有在这一夸特被过秤并从小麦总量中分离出来以后等等,才作为一夸特存在。这种计量、过秤,即把商品实际上化为若干同它作为使用价值的存在相适应的,并且最初只在观念上存在的计量单位,这也属于商品的配备,属于它的生产过程。商品必须经过这个过程,才能在批发业中或零售业中作为商品而存在,所以这是使用价值本身在它作为商品的使用价值而准备就绪以前必须完成的一种程序。因为资本主义生产是大规模的生产,而个人消费是零星进行的,所以上述程序就构成零售商业的极为重要的部分。因为工作场所中的包装工、仓库管理员、过秤员等等同纺纱工、染色工等等完全一样,属于生产工人,而这样花费的资本也和直接投在纺纱等方面的资本一样,是生产资本,所以资本的这样的使用,即使是在流通领域内

[1]《马克思恩格斯全集》第36卷,第2版,北京:人民出版社,2015年,第41-42页。

[2]《马克思恩格斯全集》第36卷,第2版,北京:人民出版社,2015年,第42页。

[3]中共中央马克思恩格斯列宁斯大林著作编译局译:《资本论》第二卷,北京:人民出版社,2004年,第168页。

[4]中共中央马克思恩格斯列宁斯大林著作编译局译:《资本论》第二卷,北京:人民出版社,2004年,第168页。

[5]中共中央马克思恩格斯列宁斯大林著作编译局译:《资本论》第二卷,北京:人民出版社,2004年,第168-169页。

[6]中共中央马克思恩格斯列宁斯大林著作编译局译:《资本论》第二卷,北京:人民出版社,2004年,第169页。

[7]中共中央马克思恩格斯列宁斯大林著作编译局译:《资本论》第二卷,北京:人民出版社,2004年,第169页。

发生的并反复进行的,也完全属于商品的生产过程。"[1]不论是生产性消费的商品,比如纺纱工厂主把棉花贮存在仓库中,还是生活性消费的商品,比如为家庭贮存的粮油,都是生产过程的继续。因此,马克思说:"用于运输、零售(分装)(计量)和商品库存的资本,表面看来属于流通过程的资本,事实上与其他生产资本的差别仅仅在于,它形成一些特殊的领域,正如农业中、采掘工业中、加工工业中的资本以及它们的所属部门只是作为创造各种不同使用价值的各个特殊领域而互相区别完全一样。因此,从这里不会产生资本一般的任何新的形式差别,并且用不着考虑那种从资本所创造的使用价值的性质中引出的资本生产过程的特征。"[2]花在这方面的不定资本和可变资本,它们所获得的利润,"如同在资本的所有其他领域中一样,利润在这里部分地是来自直接在这些领域中剥削的雇佣劳动,部分地是——如果资本的有机构成不是平均构成,例如,如果资本包含较少的可变资本,较多的固定资本——来自其他生产领域中所生产的剩余价值的一个份额(与资本量的大小成比例)"[3]。

三、马克思关于资本主义地租理论

马克思认为,资本主义地租是劳动者创造的剩余价值的转化形式。马克思在论述了工业生产的利润和平均利润,批判了资产阶级经济学家关于资本产生利润、劳动产生工资的生产要素论的庸俗观点之后,又通过对资本主义地租的论述,批判了生产要素论关于土地也创造价值和剩余价值的观点。

马克思关于资本主义地租的理论非常精辟。恩格斯于 1851 年致马克思的信中,称赞马克思在地租研究中的伟大功绩时说:"毫无疑问,你对问题的解决是正确的,这使你有进一步的理由获得地租问题经济学家的称号。如果世间还有公理和正义的话,那么至少一年的全部地租现在应该归于你,其中,这还只是你有权要求的最低数目。"[4]马克思的地租理论非常深奥,鉴于马克思研究的只是资本主义地租,在此我们只作简略的介绍。

(一)资本主义地租的性质

地租是土地所有者凭借土地所有权获得的收入。土地所有权是获得地租的前提,依社会的经济结构不同而不同。封建土地所有权是封建地主利用权力强行占有农民创造的全部剩余产品,甚至包括一部分农民的生活必需品。马克思研究的资本主义地租的特征

[1]《马克思恩格斯全集》第36卷,第2版,北京:人民出版社,2015年,第42页。
[2]《马克思恩格斯全集》第36卷,第2版,北京:人民出版社,2015年,第45-46页。
[3]《马克思恩格斯全集》第36卷,第2版,北京:人民出版社,2015年,第46页。
[4]《马克思恩格斯全集》第48卷,第2版,北京:人民出版社,2007年,第171页。

是:资本主义生产发达国家的农业地租;随着农产品作为价值(商品)而发展的条件和它们价值实现的条件的发展,土地所有权在这个未经它参与就创造出来的价值中占有不断增大部分的权力也发展起来,剩余价值中一个不断增大的部分也就转化为地租。资本家向土地所有者租地用于工业生产或工业化的农业生产,支付地租的是剩余价值的一部分。所以,如果从全社会考察地租,则土地、矿山等等的产品就和工业生产的产品一样,出售价格是成本价格加上平均利润的生产价格。

(二)资本主义地租的形式和土地价格

按照地租的特征,资本主义地租产生的前提是土地所有权,它的来源是农业工人创造的剩余价值的一部分。资本家按等量资本获取等量利润的规则,把平均利润留给自己,把超额利润交给土地所有者。这里只简略介绍资本主义地租的两种基本形式:级差地租(级差地租Ⅰ、级差地租Ⅱ)和绝对地租。

1. 级差地租Ⅰ。级差地租Ⅰ是指资本投在肥沃程度不同的土地上,由于生产率不同,或因土地位置的远近不同产生的生产费用不同所获得的地租。

地租与工业生产不同,工业生产的产品如果卖不出去,会产生亏损。而土地所有者不论土地质量如何,都要获得地租。所以,地租不是由中等地的生产条件决定,而是由劣等地的生产条件决定。这是由土地的垄断性决定的。在工业生产领域,如果一种机器先进,生产率高,其他人也可以购进这种先进机器进行生产。但土地则不同,土地没有再生性,有不可复制性,所以,占有的即使是劣质土地,土地所有者也可获得地租。

土地肥沃程度不同,产量不同,收入不同,资本家获得的利润也不同。由于谷物的价格由劣等地的谷物生产价格决定,所以,中等地和优等地的收入多,超出平均利润的超额利润也多,交的地租也多。例如,在劣等地、中等地、优等地上投入相等的资本,各是1000元,总资本是3000元。劣等地收了400公斤谷物,中等地收了600公斤谷物,优等地收了1200公斤谷物。如果平均利润率是20%,则总利润量=3000元×20%=600元,每100元资本的平均利润是20,1000元资本所获得的平均利润都是200元。生产价格是生产成本加平均利润,肥沃程度不同的土地的生产价格都是1200元。由于收获的谷物产量不同,劣等地、中等地和优等地收获的每公斤谷物的生产价格也不同:劣等地的生产价格=1200元÷400公斤=3元/公斤,中等地的生产价格=1200元÷600公斤=2元/公斤,优等地的生产价格=1200元÷1200公斤=1元/公斤。

在市场上,谷物的社会生产价格由劣等地的生产价格决定,所以,谷物都将按每公斤3元计算。劣等地的收入=3元×400=1200元,中等地的收入=3元×600=1800元,优等地的收入=3元×1200=3600元。这样,中等地和优等地除获得200元的平均利润外,还可获得超额利润。中等地获1800元-1200元=600元的超额利润,优等地获得3600元-1200元=

2400 元的超额利润。这些超额利润便成为级差地租Ⅰ。如果列表可能看得更为清晰一些。

表 6-4　级差地租Ⅰ

土地等级	资本	平均利润	产量（公斤）	平均利润加资本	个别生产价格	社会生产价格	总收入	级差地租Ⅰ
劣等地	1000	200	400	1200	3	3	1200	0
中等地	1000	200	600	1200	2	3	1800	600
优等地	1000	200	1200	1200	1	3	3600	2400

地理位置对级差地租Ⅰ也产生影响。比如位置离市场远,运输费用高,反之运输费用就低。费用少可使资本家获得更多的超额利润,超额利润可转化为级差地租Ⅰ。

2. 级差地租Ⅱ。级差地租Ⅱ是指连续在一块土地上投入资本,增加土地肥力,或采用新技术,使谷物的收获量增加所产生的地租。谷物的收获量增加意味着生产率的提高。当然,耕作采用现代机械设备,也使资本的投入增加,与工业中的资本有机构成提高相似,使劳动生产率增加。总之,级差地租Ⅱ的原理和级差地租Ⅰ一样,都是由生产率不同引起的。未追加投资前的土地可以看作是劣等地,追加投资后的土地可以看作是中等地、优等地,由于产量不同,会产生不同的超额利润,进而转化为地租。在实际操作过程中,由于签订土地租赁合约时,土地的肥力一定,所以,在签约的最初几年,资本家会投入较多资本改善地力,增加产量。但到了签约期满,如果不再续签,则资本家会减少或不投资。

3. 绝对地租。上面所说的级差地租Ⅰ和级差地租Ⅱ,都是假定劣等地不交地租。但事实是,再劣等的土地,土地所有者都是要收地租的。无论土地好与坏都必须交的地租就是绝对地租。绝对地租的产生原理是农业的资本有机构成低,雇佣的农业工人多,因而创造的剩余价值多,但由于土地的垄断,农业工人创造的剩余价值不能像工业生产的剩余价值一样参加社会平均化。比如,工业部门的资本有机构成是 80c+20v,农业部门的资本有机构成是 60c+40v,如果剩余价值率都是 100%,则工业部门创造的剩余价值是 20,农业部门创造的剩余价值是 40。这时,工业生产部门产品的生产价值是 120,农业部门产品的生产价值是 140。如果按照工业部门的平均利润率生成原理,则它们的平均利润 =（20+40）÷2＝30,即工业部门和农业部门产品的平均生产价格都是投资成本加平均利润＝100+30＝130。如果没有土地垄断,则农业部门实现的产品价值是 130,与它的价值 140 相比,少实现价值 10;工业部门与它的价值 120 相比,多实现价值 10。但由于土地私有,农业部门创造的剩余价值不参与社会平均化,所以,工业部门只能实现产品价值 120,农业部门实现产品价值 140,如果把工业部门的产品价值 120 看作工业的社会平均样本,则农业部门除实现 120 的资本与平均利润外,还有 20 的剩余利润留在农业部门内,是为超额利润,成为绝对地租的来源。可见,绝对地租的形成是由土地垄断权所导致。上述情况列表可看得更为清晰一些。

表 6-5 农业部门产品参与社会平均化

生产部门	资本有机构成	剩余价值率	剩余价值	产品价值	平均利润	生产价格	偏差
工业部门	80c+20v	100%	20	120	30	130	+10
农业部门	60c+40v	100%	40	140	30	130	−10

表 6-6 农业部门的绝对地租

生产部门	资本有机构成	剩余价值率	剩余价值	产品价值	平均利润	生产价格	绝对地租
工业部门	80c+20v	100%	20	120	20	120	0
农业部门	60c+40v	100%	40	140	20	140	+20

马克思的地租理论说明了土地并不创造价值和剩余价值,只有农业工人的劳动才创造价值和剩余价值。工业工人创造的剩余价值被产业资本、商业资本、金融资本所瓜分,表现形式为利润或利息,而农业工人创造的剩余价值被农业资本和土地所有者所瓜分,表现形式为利润和地租。同时,马克思也指出了土地本是自然的产物,没有价值,也没有价格。土地价格不外是资本化的,因而是预期的地租。

4. 土地的价格。马克思说:"瀑布和土地一样,和一切自然力一样,没有价值,因为它本身中没有任何对象化劳动,因而也没有价格,价格通常不外是用货币来表现的价值。在没有价值的地方,也就没有什么东西可以用货币来表现。这种价格不外是货币化的地租。"[1] 土地是自然创造的,没有价值,但土地之所以可以被土地所有者出卖,是由于这种表面化的价格,是由土地垄断权引起的资本化的地租的表现。土地垄断权可为土地所有者提供超过平均利润的超额利润。资产阶级经济学家常常把地租看成是资本的利息,这样就掩盖了劳动者创造利润的事实,为作为生产要素的土地创造地租、资本提供利息制造理论根据。马克思举例说:"例如,如果地租是 20,而利息率等于 5,那就可以说,这 20 便是资本 400 的利息。实际上,这时土地就是按 400 出卖,这不过是出卖 20 年的地租。这种对预先实现的 20 年地租的支付便是这时土地的价格。这样,土地就转化为资本。每年支付的 20,只是为土地支付的资本的 5% 的利息。这样,'土地—地租'就变成'资本—

---

[1]中共中央马克思恩格斯列宁斯大林著作编译局译:《资本论》第三卷,北京:人民出版社,2004 年,第 729 页。

利息',而这又被幻想成对商品使用价值的支付,也就是说,被幻想成'使用价值—交换价值'这种关系。"[1]

根据马克思的理论,土地价格的表达式为:土地价格=地租÷利息率。土地价格与地租的量成正比,与利息率成反比。比如,一块土地一年可以提供200元的地租,而此时资本的利息率是5%,则这块土地的价格=200÷5%=4000元。如果利息率下降,则土地价格上涨。

100多年来,马克思的市场价格以生产价格为依据的理论,一直被资产阶级经济学家所诟病。分析他们质疑的原因,大致有如下三点:一是马克思的这一部分是在《资本论》第三卷中阐述的,而第三卷只是马克思的部分研究手稿,有些问题还没有研究彻底。比如,马克思认为,由劣等地产生的绝对地租,是由土地垄断权引起的,土地的垄断使农业工人创造的剩余价值不能参与社会的平均化。这有一定的道理。但是,这容易使人产生联想,认为工业生产中劳动生产率低的企业创造的剩余价值多,参加了社会平均化后,劳动生产率高的企业剥削了劳动生产率低的企业创造的剩余价值。笔者经过研究发现,劳动生产率低的农业企业所创造的剩余价值,固然可以被土地所有者依靠垄断权所攫取,但劳动生产率高的农业企业所获得的超额利润,则不仅是他们占有了劳动生产率低的农业企业工人所创造的剩余价值,而是土地本身有自然价值,它的自然价值也包含在农产品的价值中。在农产品的市场交换中,以劳动生产率低的农产品的价值为通约的基点,因而它们可以获得较多的利润和超额利润。它的原理同劳动积累价值的通约原理相同。读者在看完本书第十一章和第十四章后,可能会对这个问题有一个比较清晰的认识。二是马克思是只就商品一次性生产过程来论述商品生产价格的,实际上,商品生产是连续不断的,一次性生产与连续不断的生产所反映的市场价格有关联,但不完全相同。三是资产阶级经济学家并不了解马克思的研究范围,因此,拿马克思没有研究的不是劳动的产品的价格来诘难马克思,是没有道理的。比如,马克思土地价格的公式是只就劳动价值部分而说的,如果不是土地全部资本主义化的生产,则这个公式不一定适用。因此,我们应该把马克思没有研究到底的部分继续研究下去,在坚持马克思主义理论的基础上,发展马克思主义劳动价值论。

马克思关于地租的理论,对于我们思考如何落实党中央提出的乡村振兴战略,如何改造传统农业,有很重要的启示。启示一:中国共产党依据马克思主义理论,靠土地改革使农民获得了实实在在的利益,打败了国民党,建立了新中国。之后,又把土地收归国有,完成了社会主义改造。现在,农民平等地承包土地,以劳动获取收入。所以,一定要坚持土

---

[1]《马克思恩格斯全集》第35卷,第2版,北京:人民出版社,2013年,第384页。

地公有制,不搞土地私有化。坚持粮食生产的政府调控和保持资源配置的市场决定,既要保障粮食的总供给,也要把微观领域搞好搞活。启示二:鉴于农业经济需要快速发展的现实,需要提高农业的机械化耕作水平,这需要大量资本。可以在保持土地公有制的前提下,利用各种资本参与农业生产,提高农业领域的资本有机构成,搞工业型农业和农业型工业。启示三:在农村实行公司制,一村一公司,一村一特色,一村一专利,农民变工人,村民变股民。依靠集体和资本的力量,实现合作制、共享制、股份制,把青山绿水变为金山银山,加速实现农业现代化进程。

第七章　马克思主义劳动价值论需要创新和发展

任何正确的理论都是人们对客观存在的正确反映和认识,并以一定的范围和一定的条件为前提。由于客观存在的无限性、广泛性、联系性,因而任何正确的理论都需要创新和发展,马克思主义劳动价值论也不例外。这符合马克思主义的内在逻辑。在人类社会发展至电子信息与机器相结合的自动化时代的马克思主义劳动价值论的发展,概括来说,大致有三个方面:一是我们遇到的需要用马克思主义劳动价值论解释的重大现实问题;二是马克思劳动价值论体系尚未完善的方面;三是马克思主义劳动价值论虽未涉及但当前需要弄清的问题。

一、现实中遇到的几个亟待从理论上阐明的重大问题

目前,我们遇到了几个重大现实问题,需要用马克思主义劳动价值论给予有说服力的解释。

（一）自动化机器是否创造价值和剩余价值问题

自从发生了新科技革命,特别是电子信息与机械化相结合生产自动化后,人类社会财富的创造呈几何式增长,生产自动化也就成为形形色色否定马克思主义劳动价值论的主要理由,与之相关的一些问题也成为坚持与否定马克思主义劳动价值论者争论的焦点之一。

1. 马克思的剩余价值理论是否正确与剥削是否有功。马克思在《资本论》中论述了资本家以延长劳动时间剥削绝对剩余价值和增加劳动强度剥削相对剩余价值的两种剥削方式。有经济学家说,马克思关于资本家剥削的理论是错误的。因为现实的情况是:工厂主既没有延长劳动时间,也没有增加劳动强度;过去每周劳动 6 天,现在每周劳动 5 天,劳动时间非但没有延长,反而缩短了;过去盖高楼是用人工一层一层往楼上背砖、背水泥,现在只要一按电钮,高压泵就把水泥砂浆打压到上面去了,工人的劳动强度不是增加而是减轻了。不仅如此,资本家创办工厂,雇佣劳动者,解决了很多人的就业问题。如果说资本家有剥削,那么这种剥削不但无过,而且有功。

对于以上的说法,笔者曾征询过一些教授、副教授,博士、硕士、大学生,一部分厅局级、县处级、科级官员及一般干部,并特别注意征询了不少工人、农民、农民工,部分人的回答是一致的,即他们认为上述说法符合现实,是对的。也就是说,他们也认为马克思关于资本家剥削的理论是错误的,至少是过时了。有个别人较为谨慎,对以上问题没有作答。

如果还承认马克思关于资本家剥削的理论是正确的,而"限制"剥削是共产党人根据现实情况采取的措施,无疑是对马克思主义的灵活运用。但如果认为马克思关于剥削的理论是错误的,那么,共产党所担负的消灭剥削的神圣职责毫无意义。

2. 马克思主义劳动价值论是否过时。认为马克思主义劳动价值论已经过时的人很多,不仅有反马克思主义学派,而且马克思主义理论家也有不少人持这种看法。有些自诩为马克思主义者的学者,先是制造马克思主义理论的混乱,比如,波兰的布尔楚维斯基、匈牙利的卢卡奇等人,认为恩格斯的自然主义是与马克思的人道主义相对立的,对马克思主义予以否定。被誉为"新马克思主义的大师和明星"的西方马克思主义经济学家、法兰克福学派的马尔库塞认为,马克思认为机器只能转移旧价值,只有活劳动才创造新价值,说明马克思当时并没有充分预见到随着科学技术的迅猛发展,资本的有机构成、价值来源都会发生变化,他曾说过,"导致机器已不再作为个别的生产工具起作用的技术改革,似乎已使马克思的'资本有机构成'的理论不再适用了""随着马克思的'资本有机构成'的理论不再适用,马克思的剩余价值学说也告吹了""自动化从本质上改变了死劳动与活劳动的关系""自动化趋向于使生产率不再由'个人的生产量',而是由'机器'所决定"。[1] 在中国有重要影响的西方马克思主义学者哈贝马斯认为,由于自动化从本质上改变了活劳动与物化劳动的关系,所以受到历史条件的限制,马克思劳动价值论和剩余价值学说过时不可避免。他说:"科学技术成了第一生产力,导致马克思的劳动价值论成立的前提不存在了","既然马克思的劳动价值论过时了,马克思的剩余价值学说也失效了"。[2] 中国也有部分学者无视马克思经济学说的科学性,武断地说马克思主义劳动价值论已经过时。

在马克思主义经济学说过时论的鼓噪声中,资产阶级经济学说粉墨登场。比如,有人捡起几百年前资产阶级经济学家的"经济人假设"说事,奉西方新自由主义的"华盛顿共识"为圭臬,攻击共产党和社会主义。

如果不带偏见,在认真研究马克思的学说之后,就会得出马克思主义经济学说是科学的结论。而科学,只会发展,不会过时。

---

[1]复旦大学当代国外马克思主义研究中心编:《当代国外马克思主义评论(4)》,北京:人民出版社,2004 年,第129-130 页。

[2]复旦大学当代国外马克思主义研究中心编:《当代国外马克思主义评论(4)》,北京:人民出版社,2004 年,第130 页。

3. 社会主义公有制是否不如资本主义私有制。20世纪后半期,资本主义发生了包括电子信息技术在内的科技革命,美国社会学家贝尔认为,经过这场革命,世界将进入"后工业社会",工业产品将不再是社会主要产品,而电子信息产品将成为社会的主要产品。美国社会学家托夫勒认为,人类社会发生的由游牧社会进入农业社会的农业革命为第一次浪潮,以蒸汽机为标志的工业革命为第二次浪潮,这次以电子信息为标志的新技术革命为第三次浪潮。由于科技革命发生在西方发达资本主义国家,因而有人借此鼓吹社会主义不如资本主义,由第三次浪潮所催生的社会,是没有阶级对立的社会,马克思关于人类社会的发展是在阶级斗争中前进的论点过时了,或者说根本就是错误的。有人还把社会主义经济制度与政治制度联系起来,攻击社会主义制度不民主,说它是建立在财产不自由基础之上的。有人借此鼓吹私有化,他们说,由于公有制使人的收入单一化,所以人也没有了发言权和自由,而自由则是社会创造力的源泉,因而社会主义要想快速地发展经济,必须把私有制经过革命转化为公有制的过程反转过来,经过改革,重新恢复私有制。有的经济学家认为私有制的剥削能够促进生产力的发展,只有如此,经济才能充满活力,国家才能有大的发展。

重新私有化以发展经济,已经在苏联和原东欧社会主义国家试验过了。比如,匈牙利经济学家科尔奈曾以社会主义公有制和计划经济导致商品短缺为突破口,攻击社会主义经济制度,强调必须过渡到市场经济,必须实行私有化,政府必须放弃对经济的干预,实行自由市场竞争,经济才有活力。苏联前副总理、经济学家亚夫林斯基与他的哈佛大学老师们一起闭门造车,于1990年制定了苏联的私有化规划。当时绝大多数苏联领导人和经济学家都认为,只有实行私有化,才能打破国家对经济领域的垄断,才能健全有效的市场,才能直接把生产者同生产资料和劳动成果结合起来,才能刺激劳动者的积极性从而提高劳动生产率,才能消除管理混乱、贪污受贿和"影子经济"。事实是,私有化造成了大量国有资产被特权阶层掠夺,私有化的恶果也立刻显现出来:苏联的经济增长率1988年尚为5.5%,1989年为3.2%,1990年实行私有化后,当年的经济增长率为 - 2.2%,1991年为-9.0%。

有学者认为,资本主义私有制不一定产生剥削,社会主义公有制也不一定意味着与剥削无缘。比如社会主义国家的贪官污吏的贪腐行为就是剥削,但他们却不在经济学所界定的剥削之列,所以,不能以生产资料公有还是私有来区别社会主义和资本主义。这种看法是把个人的贪污受贿行为等同于阶级剥削,在学术上是不严肃的。

4. 劳动价值论是否应为知识价值论所替代。电子信息技术革命催生了电子计算机、机器人,加之生物工程、新材料、新能源、航空航天工程、激光技术、海洋技术等的新发现,不仅使人类社会财富创造的速度加快,而且使生产向无人化阶段迈进,这种情况与肩挑手提的财富创造方式有天壤之别。要发现和发展这些新科学技术，没有一定的知识是不行的，所以，有经济学家提出，应该以知识价值论取代马克思的劳动价值论。

有的马克思主义经济学家不同意因此而否定马克思劳动价值论。他们认为，在现实生活中，人们通过科学技术创造的社会财富越来越多，价值量越来越大，这是事实。但是，这种情况，可以用马克思关于复杂劳动是倍加的简单劳动的论述来解释。科技劳动体现的是脑力劳动，脑力劳动是复杂劳动，所以，科技劳动创造的价值是体力劳动的若干倍。但他们苦于无法精确计量脑力劳动创造的价值量。

无论否定还是肯定马克思主义劳动价值论的观点，都认同知识形成价值，或掌握知识的人创造比体力劳动者更多的价值。也有人据此认为，掌握了更多知识的人，应该成为资本家，他们为这样的资本家取了一个时髦的名字——"知本家"。

到底应不应该用知识价值论取代马克思主义劳动价值论？我的探讨结论是知识价值论根本不能取代马克思主义劳动价值论（参阅本书第十二章）。

（二）自然事物有无价值与劳动价值论是否应被生产要素价值论取代问题

自然事物有无价值，自然力创造不创造价值和剩余价值与机器创造不创造价值和剩余价值的问题交织在一起，成为坚持和否定马克思主义劳动价值论者争论的又一焦点。

1. 自然事物有无价值的问题。马克思认为，自然事物不是劳动创造的财富，因而没有价值。有不少经济学家注意到，实际情况并非如此。例如，中东不少国家的生产力很落后，但他们靠卖石油发了财。在苏联解体后的 20 多年里，俄罗斯也主要是靠卖自然资源发展经济。受马克思经济学说的影响，我们长期认为土地这种天然资源没有价值。后来，认识到土地可以卖，于是，卖土地就成为地方政府的一项重要收入。2013 年我国仅土地出让金收入就高达 4 万多亿元。从 2001 年到 2013 年的 13 年间，我国仅靠出让土地的收入总额就高达 19.4 万多亿元。[1] 有经济学家提出疑问，土地是自然生成的，如果土地没有价值，它怎么可能被出卖呢？马克思是用所有权的垄断，解释土地所有者所收的地租是由农业资本家榨取的农业工人创造的剩余价值转化的。如果这种说法是正确的，那么，现在普遍认为没有价值的东西，比如空气、阳光、水，也都在被出售，又该怎么解释呢？因而有的经济学家认为，马克思的劳动价值论的研究范围要扩大；有的经济学家认为，马克思在他的理论分析条件中事先排除了劳动以外的要素，即劳动以外的要素在商品交换中是无偿的，不索取代价，加之其他的缺陷，马克思主义劳动价值论扩大和拓展都没有前途。

2. 劳动价值论是否应被生产要素价值论所取代。生产要素价值论是指劳动、资本和自然三要素共同创造价值的理论，也有人把生产三要素说成是劳动、资本和机器。生产要

---

[1] 据新华社北京 2014 年 8 月 27 日电。

素论涉及自然事物有无价值、自然力创造不创造价值和剩余价值以及财富的效用问题,其中每一个问题都是复杂的。

生产要素价值论由资产阶级庸俗经济学家萨伊在学习并发展了亚当·斯密学说中的庸俗成分后创立。萨伊在世时,马克思主义政治经济学还没有诞生,因此不能说萨伊是反马克思主义的。马克思系统地研究过萨伊的学说,对萨伊进行了严肃批判。由于我们在改革开放中坚持和完善以按劳分配为主体、多种分配方式并存的分配制度,实行生产要素按贡献参与分配的原则,于是有人拿我们现阶段实行的分配政策来证明萨伊的生产三要素创造价值理论的正确性,否定马克思主义劳动价值论,为剥削有理制造理论根据,为私有制张目。

生产要素价值论能否代替马克思主义劳动价值论的问题不是一个小问题。如果承认自然物和物化劳动、资本也创造价值,也就意味着物质财富统治人、资本统治人是合理的。同时,也意味着我们建立社会主义是错误的。问题在于,我们的一些学者和官员有不少人认为以上说法是正确的。关于这个问题,请参阅第十一章张宇教授的解释。

(三)共产主义能否实现的问题

这个问题的实质在于有人怀疑马克思的经济学说和历史唯物主义是否科学,表现为人们对两个问题的认识困惑:

1. 共产主义是否很渺茫。持共产主义渺茫观点的人有两种:一种认为共产主义不是理想而是幻想;另一种认为共产主义虽然是理想,但它非常遥远。

理想是人们根据事物的规律并经过论证后对未来事物的前景作出的合理的想象和希望。因为人们的这种想象和希望,是经过理论论证的,是有根据的,所以,它实现的可能性很大,但不意味着人们不经过努力这种想象和希望就会实现,也不意味着这种想象和希望的实现与人们的期待完全一致,没有一点偏差。理想不是论断,也不是猜想,更不是幻想,而是一种可望也可及的前瞻性愿景。

幻想是没有根据地或只依个人经验对未来事物情景的一种想象。因为幻想没有经过理论论证,没有依据事物的规律进行想象,所以,它可能是合理的,能够实现,也可能是不合理的,不能实现。由于多数幻想都不能实现,所以,不少人把幻想当作虚无缥缈的代名词。

对于共产主义到底是理想还是幻想的问题,只要我们相信马克思主义的理论是科学,就会相信共产主义能够实现,共产主义是理想,不是幻想。但是,共产主义的实现,要经过人们的努力。共产主义社会具体是什么样子,没有人能够描绘出来。马克思和恩格斯也没有对共产主义作具体的描述,他们只是根据应该消除的现实社会的弊端,原则性地说了共产主义应具有的几个特征:生产资料公有制是消灭剥削实现平等公正公平民主自由的平台;实行计划经济以避免产生经济危机和浪费;消灭旧的社会强制性分工,以促进人的自由全面发展;劳动成为生活的第一需要,没有人强迫人的现象发生;各尽所能,按需分配;一个人是另一个人的发展条件,表现为生产组织是自由人联合体;发展公益事业以使人人获得教育、养老、住房、交通、医疗保障。如果有人一定要描绘出一幅共产主义的具体图景,那肯定是一种幻想性描绘。

但是,即使对以上的共产主义原则,人们也常常质疑。人们最不相信能够实现的是"各尽所能,按需分配"以及消灭分工;人们最为诟病的是实行计划经济。有人认为,按需分配是一个乌托邦,根本实现不了。

也有不少人相信马克思的理论是正确的,相信共产主义的理想能够实现。但是,需要很多代人的奋斗。这对当代人来说,当然是相当遥远的事了。不少人说,自己这辈子的事还管不过来,怎能管几百年以后的事? 于是,他们把共产主义理想抛诸脑后,花天酒地,得过且过,醉生梦死。有个别党员领导干部的腐败,与他们不相信马克思主义是人类社会发展的科学指南有关,与他们丧失共产主义理想有关。

2. 按需分配有无可能的问题。按需分配是马克思从他的理论推论的:随着社会生产力的发展,人类社会必然实现生产资料公有制。公有制的实现,使资本主义的剥削失去了存在的基础,为实现人人平等创造了条件。这时,人们创造的财富,一部分作为社会发展的基础,一部分作为个人生活的需要归个人支配。在生产力还不十分发达的社会主义阶段,人们创造的财富还很有限,只能实行按劳分配。随着社会生产力的发展,当人们创造的财富已经相当丰富时,就可以实行按需分配了。虽然马克思对这个问题已经给予了明确说明,但100多年来,有人一直怀疑按需分配是否能够实现。他们的理由是:人都是自私的"经济人",私欲无限,有了好东西,人们都会不顾一切地去抢。再说,产品会达到人人要什么有什么的地步吗? 因而这只是马克思的幻想。我对这个问题的探索,请参阅第八章和第十六章。

二、马克思劳动价值论体系尚未完善的方面

除了我们在现实中遇到的问题需要解答外,马克思劳动价值论本身尚有未完善的部分,这部分的研究也需深化。

(一)价值论与财富论统一问题

马克思虽然详细论述了价值由劳动创造,劳动是价值的唯一源泉,但劳动却不是财富的唯一源泉。马克思在《资本论》中说:"上衣、麻布等等使用价值,简言之,种种商品,是自然物质和劳动这两种要素的结合。如果把上衣、麻布等等包含的各种不同的有用劳动

的总和除外,总还剩有一种不借人力而天然存在的物质基质。人在生产中只能像自然本身那样发挥作用,就是说,只能改变物质的形式。不仅如此,他在这种改变形态的劳动本身中还要经常依靠自然力的帮助。因此,劳动并不是它所生产的使用价值即物质财富的唯一源泉。正如威廉·配第所说,劳动是财富之父,土地是财富之母。"[1]1875 年,马克思在《哥达纲领批判》中,又特别说明:"劳动不是一切财富的源泉。自然界同劳动一样也是使用价值(而物质财富就是由使用价值构成的!)的源泉,劳动本身不过是一种自然力即人的劳动力的表现。"[2]也就是说,自然界和劳动都是财富的源泉。但是,马克思认为,劳动创造的财富有价值,自然界形成的财富没有价值。

对于价值与使用价值的关系,马克思认为商品是使用价值和价值的物质承担者,没有离开使用价值而存在的价值,但他对价值与使用价值的统一没有进行论证和说明。这样一来,就造成了价值论和财富论的分立。不是说价值论和财富论不可以分立,分立有它的现实性,因为人们以价值来计量财富的多寡,所以,撇开财富研究价值问题,非常必要。统一也有它的合理性,因为使用价值构成财富的主要内容,价值不能离开使用价值而存在。所以,财富论与价值论应该统一。

有经济学家诟病马克思劳动价值论只研究了价值,而没有使财富论与价值论相统一,因而是不科学的。有不少经济学大师企图使财富论与价值论相统一,但始终不能成功。问题的症结在于,如果自然形成的财富只有使用价值而无价值,则劳动使用的天然原材料质地不同,即使投入的劳动量和其他生产条件均相同,产品的使用效果也会不同,市场价格会出现较大差异,因而它成为资产阶级经济学家攻击马克思主义劳动价值论的一个借口。

为什么马克思认为自然形成的财富只有使用价值而无价值?我们前面谈过,价值是不同财富的同一性。在人们对价值是什么探索了几千年后,是马克思发现了劳动价值是什么,说明了劳动产品的同一性是抽象劳动。虽然马克思的发现很伟大,但是,马克思却没有找到自然形成的财富与劳动创造的财富的同一性是什么。因而马克思认为,不是劳动的产品,没有由抽象劳动形成的同一的价值,因而不能交换,不能成为商品。马克思说:"但是,一种不是劳动产品的使用价值,不可能有价值,也就是说,它不能算作一定量社会劳动的对象化,一定量劳动的社会表现。它不是这种东西。使用价值要表现为交换价值,要成为商品,就必须是具体劳动的产品。只有在这种前提下,这种具体劳动才又表现为社会劳动,表现为价值。"[3]比如,土地是天然生成的,它是财富,但它没有价值。土地之所以有价格,是由于土地所有者可以利用土地的垄断权,获得由农业工人创造的剩余价值转

[1]中共中央马克思恩格斯列宁斯大林著作编译局译:《资本论》第一卷,北京:人民出版社,2004 年,第56-57 页。
[2]《马克思恩格斯选集》第3 卷,第3 版,北京:人民出版社,2012 年,第357 页。
[3]《马克思恩格斯全集》第35 卷,第2 版,北京:人民出版社,2013 年,第381 页。

化的地租。马克思说:"土地和价格是不可通约的量,不过它们彼此还是应当有一种关系。在这里,一个没有价值的物有着一个价格。"[1]与土地可以买卖的原理一样,有些自然形成的财富和无形的精神性的东西之所以能够在市场上进行交换,是由于私有权的垄断造成的。马克思说:"有些东西本身并不是商品,例如良心、名誉等等,但是也可以被它们的占有者出卖以换取金钱,并通过它们的价格,取得商品形式。因此,没有价值的东西在形式上可以具有价格。在这里,价格表现是虚幻的,就像数学中的某些数量一样。另一方面,虚幻的价格形式——如未开垦的土地的价格,这种土地没有价值,因为没有人类劳动对象化在里面——又能掩盖实在的价值关系或由此派生的关系。"[2]

自然财富能卖钱,有价格,而价格又是商品价值的货币表现,仅仅用垄断来解释这种现象,似乎还不够。但如果仅凭这一点就推翻马克思劳动价值论,是一叶障目。正是马克思用他创新的抽象劳动形成价值的理论,解决了人类社会最重要的劳动如何创造财富和如何积累财富的问题,而劳动创造与劳动积累正是社会进步的基础。如果没有劳动创造的社会财富积累,人类社会就不能发展到现在的信息与自动化时代。财富积累是通过价值积累来计算的,所以,财富论与价值论需要统一,而且能够统一。只要以科学的马克思主义劳动价值论为基础进行创新,就一定能够找到财富论和价值论统一的方法和途径。本书第九章以时间是什么为基础,探讨了财富论与价值论相统一的问题。

(二)不经过交换的劳动产品不是商品的问题

马克思认为,虽然是劳动产品,但不是为别人生产的,即不是为社会生产的,就不是商品。恩格斯解释说,即使为别人生产的,例如,中世纪农民为封建主生产的用为代役租的粮食,为神父生产的用为什一税的粮食,不经过交换,也不是商品。如果不是商品,就意味着这些劳动产品只有使用价值而没有价值。

不经过交换的产品真的没有价值吗? 恐怕没有人会认为自种自吃的粮食没有价值,自制自用的物品没有价值。这个问题涉及社会主义与商品生产问题。由于市场经济是商品经济的一个成熟阶段,所以它也涉及社会主义市场经济问题。传统社会主义的建立者和建设者认为,商品生产是资本主义生产方式,所以,为了防止资本主义复辟,必须减少商品生产和交换,结果造成了社会主义生产活力不强的状况。其实,马克思在这里,只是把不进行交换的产品排除在自己的研究范围之外,并不是真的认为不经过交换的劳动产品没有价值。有的产品原来是为自己生产使用的,后来因为种种原因自己用不了,又拿到市场上出卖,总不能说这种产品在生产时和生产后都没有价值,到拿去出售时忽然又有了价值吧。马克思把不是商品的产品舍弃掉,并不妨碍他对剩余价值的研究,也不妨碍他的研

---

[1]《马克思恩格斯全集》第35卷,第2版,北京:人民出版社,2013年,第381页。
[2]中共中央马克思恩格斯列宁斯大林著作编译局译:《资本论》第一卷,北京:人民出版社,2004年,第123页。

究结果的正确性。马克思在后来的地租研究中,也假定"资本主义生产方式已经统治生产的和资产阶级社会的一切部门"[1]。后人没有注意到马克思的研究范围问题,认为马克思的理论可以无条件地适用于一切国家、一切领域、一切时段,这是我们对马克思劳动价值论认识不深刻的反映。

（三）无效劳动产品有无价值的问题

马克思认为,无效劳动的产品没有价值。在现实中,我们会发现,由于某种劳动因生产了不合格产品而成为无效劳动,这种劳动对生产企业造成了一定的经济损失,所以劳动的产品不是没有价值,而是有负价值。再比如,某种劳动产品暂时没有用,它的价值暂时不能实现,后来这种产品又有用了,它的价值又可以实现了。因此,劳动的有效和无效是相对的。任何一种劳动,既然使用了劳动工具,消耗了原材料和劳动力,那么,劳动的产品就不是无价值,而是其价值为正价值、负价值或价值不能实现。在这里,马克思同样是规定了自己的研究范围,以使自己在一定的范围内所研究的问题更深入、更精准。

（四）简单劳动与复杂劳动的换算及体力劳动和脑力劳动的关系问题

马克思在论述资本家剥削工人的剩余价值时,把每一个劳动都当作社会的平均的简单劳动。马克思说:"为了简便起见,我们以后把各种劳动力直接当作简单劳动力,这样就省去了简化的麻烦。"[2]在现实中,每一个人的劳动都是不同的,有的简单,有的复杂。简单劳动和复杂劳动怎么换算? 马克思并没有论述。

马克思认为,简单劳动是每个没有任何专长的普通人的有机体平均具有的简单劳动力的耗费。简单劳动和复杂劳动是倍乘的关系,二者以其创造的价值的多少来区分。虽然一个商品可能是最复杂的劳动产品,但是它的价值使它与简单劳动的产品相等,因而只表示一定量的简单劳动。在马克思的理论中,简单劳动和复杂劳动不太容易明确地用定量的方法加以区分。马克思认为,各种劳动化为当作它们的计量单位的简单劳动的不同比例,是在生产者背后由社会过程决定的,因而在人们看来,似乎是由习惯决定的。虽然说简单劳动与复杂劳动区别的依据是其创造价值的多或少,但具体商品的价值量是由社会平均劳动决定的,社会平均劳动每时每刻都处于变化之中,所以简单劳动和复杂劳动之比也每时每刻处于变化之中,定量不易。

对于体力劳动创造价值以及价值的计量问题,马克思论述得很详细,也使人信服。对脑力劳动如何创造价值和价值计量问题,马克思论述得很少。关于脑力劳动者与体力劳动者的关系,马克思曾指出,他们都是"总体工人"的一部分,由于分工的不同,他们在资本主义生产中,担负着不同的职责。用形象的语言来形容二者的关系,科学家和工程师们如同人的大

---

[1]中共中央马克思恩格斯列宁斯大林著作编译局译:《资本论》第三卷,北京:人民出版社,2004年,第693页。
[2]中共中央马克思恩格斯列宁斯大林著作编译局译:《资本论》第一卷,北京:人民出版社,2004年,第58页。

脑,工人如同人的四肢,他们为商品生产共同工作。但马克思对此没有进一步的论述。

由于科学技术在人类财富创造中的贡献越来越大,所以,有人根据马克思关于复杂劳动是多倍的简单劳动的论述,认为科技人员的劳动是脑力劳动,脑力劳动是复杂劳动,普通劳动者的劳动是体力劳动,体力劳动是简单劳动,科技人员创造的价值是普通劳动者创造价值的若干倍。但到底是多少倍,人们还处于猜测状态。这也是有人企图以知识价值论取代马克思主义劳动价值论的支撑。

由于人们不知道脑力劳动与体力劳动的关系,不知道复杂劳动如何换算成简单劳动,于是产生了两种倾向:一种是体力劳动者认为,物质财富是经过他们的双手创造的,知识分子是不劳而获,产生轻视知识分子的倾向;另一种是脑力劳动者由于掌握的知识多,创造的价值也多,产生轻视体力劳动者的倾向。所以,对这个问题需要有一个明晰的认识。本书第十二章对科技劳动如何创造价值及其计量和体力劳动与脑力劳动的关系问题进行了探讨。

（五）商品的价值量确定问题

在马克思的理论中,每一件具体商品的价值量是确定的,但很快又有所变动。这是马克思主义劳动价值论遭到诟病的又一原因。

1. 商品的价值量与时间。用时间作为商品价值的计量单位,是经济科学发展的基石之一,是英国经济学家威廉·配第对经济学的巨大贡献,被多数经济学人所认可,也被马克思所采用。现在有个别人反对采用时间作为商品价值的计量单位,但他们又提不出新的价值计量单位。这种情绪性反对,在科学研究中是不足取的。

2. 商品的价值量与劳动生产率。在马克思主义劳动价值论中,商品的价值量与实现在商品中的劳动的量成正比,与这一劳动的生产率成反比。劳动生产率越高,生产一种物品所需的时间就越少,该商品的价值就越少。劳动生产率越低,生产一种物品的时间就越长,该物品的价值就越多。这样一来,每件商品的个别价值量都是确定的。如果用手工做一双鞋耗时 8 小时,该双鞋的价值就是 8 小时。如果采用机器生产,生产一双鞋用了 2 小时,该鞋的价值就是 2 小时。正因为马克思关于商品个别价值的确定性,才使他的剩余价值学说既有定性的论述,又有定量的计算,成为真正的科学学说。

3. 商品的价值量与社会必要劳动时间。因为商品是要拿到市场上出售的,在市场上出售商品,是按照等价交换原则进行的,此时,如果按商品的个别价值进行交换,一个人越懒、越不熟练,因为他制造商品需要花费的时间越多,他的商品就越有价值,他赚的钱也就越多,无疑是有问题的。还以上例说明:一双手工做的鞋与一双机制鞋的用材和质量都相同,但手工做的鞋费时 8 小时,机制鞋费时 2 小时。在市场上,购买者不知道两种鞋的具体用时,对手工鞋和机制鞋会出相同的价格,因而商品的个别价值在市场上必须化作社会平均价值。所以,马克思在确定了商品的个别价值之后,又认为这种个别价值并不是商品的真正价值,商品的价值是由社会必要劳动时间决定的。由于商品的价值是由时间计量的,因而商品的社会平均价值就表示社会平均劳动时间,即马克思所称的平均必要劳动时间或社会必要劳动时间。商品的社会平均价值是商品在市场上进行交换的基础。

如果商品的个别生产价值高于社会平均价值,在市场交换时实现的价值就少;如果商品的个别价值低于社会平均价值,通过市场交换实现的价值就多。上述举例手工制鞋的个别价值是 8 小时,机制鞋的个别价值是 2 小时,每双鞋的社会平均价值为(8+2)小时÷2=5 小时。如果手工鞋按 5 小时出售,将亏损 3 小时,而机制鞋按 5 小时出售,将赚 3 小时。所以,人们都会拼命提高劳动生产率以减少商品的个别价值,获得社会平均价值超过个别价值部分的利润。

社会必要劳动时间是指在现有的社会正常的生产条件下,在社会平均的劳动熟练程度和劳动强度下制造某种使用价值所需要的劳动时间。一方面,从生产者看,社会必要劳动时间是全社会商品总价值除以商品总量的平均值。例如,全社会商品总价值是 50 万亿元,商品总量是 100 万亿件,则 50 万亿元÷100 万亿件 = 0.5 元/件。这是社会必要劳动时间的一种意义。另一方面,从全社会有效需求看,社会必要劳动时间是对全社会商品生产的一种价值分配。只有按全社会的有效需求进行生产,生产的商品才不会被浪费。例如,全社会需要 50 万亿元的商品,如果每件商品的平均价值是 0.5 元,需要生产的商品总量是 50 万亿元÷0.5 元/件 = 100 万亿件。如果每件商品的平均价值是 1 元,需要的商品总量则是 50 万亿元÷1 元/件 = 50 万亿件。这是马克思所说的社会必要劳动时间的又一种意义,也是马克思主张实行计划经济的原因之一。如果生产的商品少了不够用,多了又会造成浪费,计划性生产是为了减少浪费。资本主义的生产是无计划的商品生产,经常发生生产过剩的情况,所以,他们加强了市场预测,实行计划性生产。社会主义在实行商品生产时,必然实行市场经济。实行社会主义市场经济体制是中国共产党的伟大创造,内含着计划与市场两种手段。

马克思关于社会必要劳动时间的规定,把他的研究限定在社会有效需求的范围内,超过社会需求的商品等于是无效劳动,其商品的价值不能实现,或者说商品无价值,这与他关于无效劳动生产的商品无价值的限定是一致的。另外,由于社会生产率是在不断变化的,使每一种商品的社会平均价值都处于不断变化之中,所以,马克思关于社会必要劳动时间的规定,使处于市场上的商品价值无法精准确定,在交换时,商品的市场价格似乎是由主观决定的。这也成为效用价值论和边际效用价值论者攻击马克思主义劳动价值论的靶点之一。深化研究马克思主义劳动价值论,必须解决这个问题。

4. 价值实现与价值转移。马克思因为"生产商品所需要的劳动时间随着劳动生产力的每一变动而变动"[1]，所以他特意对影响劳动生产率的情况作了说明。他说："劳动生产力是由多种情况决定的，其中包括：工人的平均熟练程度，科学的发展水平和它在工艺上应用的程度，生产过程的社会结合，生产资料的规模和效能，以及自然条件。"[2]可见，劳动生产力和劳动生产率在价值生产中起非常重要的作用。

马克思非常明白劳动生产力受多重因素比如科技水平、自然条件、自然力等的影响，他说："例如，同一劳动量在丰收年表现为8蒲式耳小麦，在歉收年只表现为4蒲式耳。同一劳动量用在富矿比用在贫矿能提供更多的金属等等。"[3]但是，马克思只研究了劳动对生产力的影响，其他影响劳动生产力的因素并没有研究。既然商品的价值与劳动生产力和生产率有直接的关系，那么，影响劳动生产力和生产率的因素肯定会影响商品的价值，从而也影响商品的市场价格。马克思虽然对这些影响商品价值的因素没有研究，但并不影响他的剩余价值理论的正确性。因为马克思用了一个高明的方法一揽子解决了这些问题，这就是他创立的资本有机构成理论。如果资本的有机构成高，则其所使用的机器先进，机器先进意味着使用了先进的科技成果，采用了先进的管理方法，充分利用了自然条件，使生产过程的社会结合更优，更能发挥生产资料的规模和效能。虽然资本有机构成高时，使用的活劳动少，创造的剩余价值少，但由于它的劳动生产率高，它所生产的商品的价值少，因而能实现更多的利润。这在理论上不但能说得通，也符合实际情况。

马克思留给我们的问题是：劳动生产率高的部门生产的商品价值少，生产率低的部门生产的商品价值多，在市场上进行社会价值平均后，生产率高的部门的商品可以获得较多的利润，是不是生产率低的部门生产的商品的价值转移到了生产率高的部门生产的商品上？100多年来，马克思主义经济理论家们多数持转移论，只有少数马克思主义经济学家提出，如果转移论成立，就是勤快人剥削了懒人，生产率高的部门剥削了生产率低的部门，显然这是不正确的。如果商品的价值不是相互转移，那么，商品价值少的部门多实现的利润是从哪里来的？显然，这个问题是需要用创新的理论来解答的。本书第十一章探讨并论述了这个问题。

（六）市场价格问题（市场价格一般）

价值规律是经济学的一个自然规律，它强制性地要求商品在市场上按相同的价值量进行交换。但是，商品的价值与在市场上出售的价格并不一致，人们经常看到的情况是，在市场上，同种类商品，市场的价格差别很大。即使同一个商品，由于不同买家的不同用途，所给出的价格也不同；或者由于商品稀缺，供求情况不同，也会对商品的价格产生较大

[1]中共中央马克思恩格斯列宁斯大林著作编译局译：《资本论》第一卷，北京：人民出版社，2004年，第53页。
[2]中共中央马克思恩格斯列宁斯大林著作编译局译：《资本论》第一卷，北京：人民出版社，2004年，第53页。
[3]中共中央马克思恩格斯列宁斯大林著作编译局译：《资本论》第一卷，北京：人民出版社，2004年，第53页。

影响。例如,同样的蒜头,春节临近时,可能从6元涨到8元、10元、16元或更高。在商品拍卖会上,同一件商品,购买人所出的价格不相同,有时价格差别还很大。

马克思关于价值转化为价格的理论主要有三点:一是在市场上,商品并不是按它的个别生产价值出售的,而是按在社会有效需求范围内的平均价值出售的。也就是说,商品的社会价值是由社会必要劳动时间决定的,按社会价值出售。二是由于不同种类的商品处于不断产生之中,劳动生产率处于不断变动之中,商品的社会平均价值也处于不断变动之中。在市场上,商品的价格也会不断变动。如果加上供求因素,市场价格的波动更为剧烈。但是,无论市场价格发生什么变化,都是围绕生产成本加平均利润形成的生产价格波动的。三是市场价格是市场价值的货币表现。市场价值是某一生产领域内生产的商品的平均价值,或某一领域内生产的很大一部分商品的价值。由于多种情况的影响,比如受供求的影响,市场价格会围绕商品的市场价值上下波动,这正是等价交换规律起作用的表现。

长期以来,很多人对马克思的这个理论不甚了解,弄不清什么是社会平均价值,弄不清由社会必要劳动时间决定的商品的价值,理不清马克思关于商品的个别价值、社会价值、市场价值、生产价格、市场价格的区别。本书第六章对这几个概念进行了区别。为了加深印象,下面我们再举例对这几个概念予以说明。

商品的个别价值。商品的个别价值由生产该商品劳动时间决定,与劳动生产率有很大关系。劳动生产率是被人们当作公理使用的,其表达式为劳动生产率=劳动产品数量÷劳动时间。例如,假定商品A、B、C、D由不同的厂家生产。由于劳动生产率不同,商品形成的时间不同,则其个别价值也不同。如果商品A的生产时间是1小时,商品B的生产时间是2小时,商品C的生产时间是3小时,商品D的生产时间是4小时,商品的生产时间就是它们的各自价值。

商品的社会价值。商品的社会价值由社会必要劳动时间决定,是社会必需的商品全部价值的平均。假如商品A、B、C、D为社会所必需,则它们的社会价值就是它们个别价值的平均,也就是(1+2+3+4)小时÷4=2.5小时。

商品的市场价值。市场价值的形成有两种情况:第一种,市场价值是一个部门的商品的平均价值。比如,在商品A、B、C、D中,假定商品A、B都是由纺织工业部门的两个不同的工厂生产的服装,其他条件如果都相同,只是因为生产商品A的工厂机器设备先进,生产率高,所以商品A的个别价值低,假定每件为100元。而生产商品B的工厂生产率低,商品B的个别价值高,假定每件为200元,那么它们的市场价值就是(100+200)元÷2件=150元/件。在服装进入市场前,先通过部门内部的竞争形成市场价值,而后再到市场上参与其他商品比如机电、汽车等商品的竞争,全部商品的价值平均化为社会价值后,市场价格才确定。第二种,一个部门的商品的很大的数量是由较好的或者较差的厂家生产的,此时,市场价值就不是部门内部产品的平均价值了,而是由数量最大的商品的个别价值决定了。

假如,上述举例生产商品 A 的工厂,生产量特别大,在一定时间内生产了 95 件服装,而生产商品 B 的工厂生产的产量很小,在同样的时间内只生产了 5 件服装,此时,服装行业就会以商品 A 每件 100 元的个别价值作为市场价值参与社会价值的平均化,而不是以 A 和 B 的价值的平均即(100×95+200×5)元÷(95+5)件 = 105 元/件参与社会价值的平均化。这与供求有关。马克思认为,在供求平衡时,市场价值由中等生产条件下所生产的商品的价值决定;在供大于求时,市场价值由生产好的条件下所生产的商品的价值决定;在供不应求时,市场价值由生产差的条件下生产的商品的价值决定。

社会价值是不同的市场价值的平均,它的值可能与市场价值相等,也可能不等。

商品的生产价格。在第六章,我们已经介绍了马克思的生产价格理论。生产价格与市场价值的不同是,市场价值是通过在相同的生产部门之间的竞争形成的,而生产价格是通过不同生产部门之间的竞争形成的。

商品的市场价格。市场价格是买卖双方在市场上对某种商品以货币为单位实现的结算额。这个数额与马克思所说的商品价值额差别很大,比如生产价值只有 5 元的商品,在市场上可能实现 5000 元的货币,是自身价值的 1000 倍。对这个问题的解释五花八门。马克思说:"价格是对象化在商品内的劳动的货币名称。"[1]马克思认为价值规律即等价交换支配着市场价格的运动,在市场上进行买卖,买卖双方必须按等价原则进行,买方出的价格,与卖方商品的价值相等。在有效需求的范围内,社会商品的总价值等于总价格。但是,在市场上有时出现的"黄土卖了黄金价"的情况,似乎推翻了马克思的理论。资本主义经济学家庞巴维克等人就是以价格问题来责难马克思的理论的。

市场价格与商品价值不一致的情况,与商品的市场价值决定以及供需、垄断等多种因素有关。如果某一种或某一类商品供给减少,这类商品的市场价值(经过部门内部竞争形成)由生产条件相对较差的企业生产的商品价值决定。生产条件优或差是相对的。可能有的企业的生产条件在本部门内相对较差,劳动生产率相对较低,但与社会其他部门相比较,劳动生产率可能还很高,整个部门生产的商品参与社会价值平均后,商品的出售价格就会远远高于它的价值。如果不是同类产品,比如服装和家电类的价格比较,就要考虑多方面因素。例如,商品甲和乙是由同类服装企业在不相同的条件下生产的。商品甲由生产条件好的企业生产,劳动生产率高,其个别价值是每件服装 60 元;商品乙的生产条件差,个别价值高,每件服装价值是 120 元,因为商品甲和乙是一类,它们的市场价值 = (60+

---

[1]中共中央马克思恩格斯列宁斯大林著作编译局译:《资本论》第一卷,北京:人民出版社,2004 年,第 122 页。

120)元÷2 件＝90 元/件。假如商品丙是另一类家用电器产品,它的个别价值代表同类产品的市场价值,为每件900元。虽然说商品乙的生产率低,但与商品丙相比较,生产率还是高的。因为生产率的高或低,是由单位资本比如每100资本所生产的产品数量表达的。家电每件900元,以每100资本生产的产品计数,其劳动生产率只是服装平均值的1/10,是商品甲的1/15、商品乙的1/7.5,不仅比服装类平均值低,而且比服装类中劳动生产率相对较低的生产率还低。家电和服装的平均社会价值是(900+90)元÷2＝495 元。900 元的家电卖495元,要亏405元,而服装每件要赚405元。但是,考察市场价格问题还要考虑如下因素:一是从社会有效需求和总量控制方面看,如果投资于家电业的资本都投资于服装业,则会产生许多大于需求价值不能实现的无效产品。社会要根据有效需求和价值总量进行计划性生产。二是从人的需求多元化方面看,最早开发的新产品往往成为人们的新需求,具有垄断性,可以实现较多的价值。三是从市场价值与生产价格的生成先后顺序方面看,市场价值先于生产价格,劳动生产率高的企业可以实现较多的利润。四是从资本的本性方面看,资本追求的是利润和超额利润。如果电脑过剩了,资本家宁肯销毁它,也不会以一件普通服装的价格出售电脑。五是从产品的功效方面看,就生产者来说,如果生产要素的功效时间短,生产的产品数量少,反之则多;就生活性消费者来说,使用功效时间长的产品,可以得到节约。这些情况,都影响到商品的市场价格。

由于资本有机构成的高或低影响劳动生产率,从而影响到商品的价值和市场价值,也影响到商品的生产价格和市场价格,为了利润和超额利润,资本家会不断提高资本有机构成,这是资本主义生产力发展的动力之一。又由于供求的不平衡,使得市场价格围绕生产价格上下波动,进而影响到利润和超额利润的实现。所以,追求供求平衡又成为资本主义企业的目标之一。前一种追求使社会生产力不断发展,后一种追求使社会越来越有计划性。这两种追求,都是资本主义自我扬弃的内生动力。

资产阶级经济学家拿市场上出现的各种各样的价格问题来诘难马克思,说明他们对马克思的研究范围并不清楚。马克思只就劳动创造价值和财富这一促进人类社会进步的根本性问题进行了较为彻底的研究,在他研究的范围内,他的理论显然是正确的,但他并没有研究自然生成的使用价值与市场价格的关系,没有研究资本有机构成对市场价格影响的深层次原因,没有解答资本有机构成高,为什么劳动生产率就高,实现的价值就多。本书第十四章对这些问题进行了探讨。

(七)商业劳动和服务劳动的价值与剩余价值创造问题

马克思认为,商业资本所获得的利润,由生产资本让渡,通过商业工人的劳动得以实现。商业工人的劳动不创造剩余价值,只实现平均利润。他们的劳动也分有酬劳动和无酬劳动。商业劳动者的工资,是他们的劳动力的价格,是他们劳动的报酬,而他们的无酬劳动部分,是实现生产商让渡的作为平均利润而存在的剩余价值。马克思说:"这些店员的无酬劳动,虽然不创造剩余价值,但能使他占有剩余价值;这对这个资本来说,就结果而言是完全一样的;因此,这种劳动对商业资本来说是利润的源泉。否则,商业就不可能大规模地经营,就不可能按资本主义的方式经营了。"[1]

人们对商业工人的劳动创不创造剩余价值的问题长期有争论。有学者说,工业资本确实让渡了一部分剩余价值给商业资本,这是事实。但是,如果说商业店员的工资和加班加点的无酬劳动部分,都是由生产工人创造的剩余价值转移来的,那么,商业店员的劳动为什么只生产劳动力的价值而不生产剩余价值? 如果商业劳动力的劳动只实现价值而不创造价值,怎样解释现在商业和服务业实现的巨量价值问题? 商业资本只从生产厂商那里得到一部分剩余价值,自己的投资和雇佣劳动不创造价值的说法,也似乎与现实不符。生产厂商虽然给商业资本让了利,但商业资本也会投入一定的资本并雇佣活劳动,以保证自己获得更多的利润。比如,菜农把蔬菜卖给批发商,批发商可能会投入资本建保鲜库,并雇佣工人保鲜蔬菜。批发商在把蔬菜卖给运输商时,运输商会投入资本购买运输工具,雇佣工人运输蔬菜。零售商也会投入资本建仓库贮存蔬菜,也会雇佣工人进行零售。这些资本都会加入蔬菜成本,与菜农的生产成本一起加在蔬菜零售价上。

还有,如果说商业剩余价值不是店员自己创造的,商业店员的劳动只实现生产工人创造的剩余价值,那么,金融业、其他服务业、教师、官员、士兵、警察等大量群体所得,更不是自己的劳动所创造的了,都应是产业工人所创造的剩余价值的转化。这样一来,产业工人创造的剩余价值就应该是个天文数字。卫兴华教授说:"这确实是一个需要探讨的新问题。"[2]西方资产阶级经济学根本无法解决这样的深层次问题。要解决这个问题,仍然应以马克思劳动价值论的科学原理为基础,进行深入细致的研究。

三、马克思劳动价值论中没有论述的问题

在马克思劳动价值论中,还有一些问题没有涉及,或仅仅提到但没有讨论。对这些问题的探讨,也是对马克思劳动价值论研究的深化。

（一）劳动力为什么能创造出超过自身价值的剩余价值问题

在马克思之前,虽然有不少经济学家特别是李嘉图等人都认为剩余价值来自于劳动,但是,他们解决不了资本家付给工人工资,工人为资本家劳动,工人如果以劳动创造的价值与资本家进行等价交换,工人得到工资,资本家收回他的投资,资本家赚的钱从何而来

---

[1]中共中央马克思恩格斯列宁斯大林著作编译局译:《资本论》第三卷,北京:人民出版社,2004年,第327页。
[2]卫兴华:《价值理论研究中的热点难点问题探讨》,《理论动态》2003年第1618期。

的问题。这个看似简单的问题,却非常复杂。

在第三章我们介绍了马克思在区分了劳动和劳动力之后解决了这个问题。但是,马克思与恩格斯都没有说明为什么劳动力会创造出超过自身价值的价值——剩余价值。100多年过去了,时至今日,这个问题并没有得到说明和解决。

有经济学家针对这个问题发表言论说:"我认为,劳动价值论中一个极其重要而又非常困难的问题,就是证明人的劳动(活劳动)为什么能够创造出大于自身价值的价值。马克思将劳动力作为一种特殊商品,资本家之所以雇佣工人,也正是看中了这一特点,并且说明了劳动力的价值应当如何计算,但并没有分析这种特殊商品之所以特殊的原因是什么。就我的认识来说,从理论上证明这一点是极其困难的。但我们可以从经验上承认这一点。"[1]"一个需要说明的问题是,笼统地说劳动力具有能够创造出大于自身价值的价值的特性与功能,并不准确。我认为,只有具有创新意义的劳动或复杂劳动等,才能发挥这样的职能。对于一般性的劳动来说,并不创造价值,他们的劳动所得,主要是由于自身消耗的转移与还原,工资就是折旧补偿,这与物化劳动转移自身的价值并无二致。所以人类社会的发展与前进,总是与作为创造性劳动或复杂劳动的科技进步等因素联系在一起,也正因为如此,体现创造性劳动和复杂劳动的科学技术活动、创新等,是在竞争中创造更多价值的主要手段与出路。相应地,我们要在开放竞争的环境中创造更多的价值,不是一般地依靠劳动,而是要依靠真正具有创造性或创新性的劳动。"[2]

如果按照这种说法,工人的劳动,只是像物化劳动工具一样,不创造价值,他们通过劳动,只是转移自己工资的等价,他们劳动所得的工资,只是一种工具性折旧。换句话说,他们只是会说话的工具。价值和剩余价值,都是知识精英们创造的。这种说法,有为精英统治张目之嫌,有贬低工人、农民、商业店员等广大劳动者之嫌,有否定马克思主义劳动价值论之嫌。

在马克思的理论体系中,马克思把劳动力视为自然力,因为自然事物没有价值,所以,马克思只论述并计量了劳动力的使用——劳动过程所创造的价值和剩余价值,只指出劳动力的价值由劳动力在成长过程中和在学习掌握劳动技能的过程中所消耗的生活资料价值决定,并没有论述劳动力为什么能够创造出超过自身价值的剩余价值。马克思对这个问题没有论述,并不等于马克思的价值理论和剩余价值理论不正确。马克思的理论,是工人阶级为什么在社会主义国家处于主人翁地位的理论依据,因此,它是如何建设社会主义必须回答的重大问题之一。本书第十三章对这个问题进行了探讨。

---

[1]刘解龙:《劳动价值理论研究必须正视的十大问题》,《山东社会科学》2001年第3期。
[2]刘解龙:《劳动价值理论研究必须正视的十大问题》,《山东社会科学》2001年第3期。

（二）价值为什么要采用时间作计量单位问题

自从威廉·配第提出劳动价值用劳动时间的长短来计量之后，后来的不少著名经济学家比如亚当·斯密、大卫·李嘉图都从劳动价值决定于劳动时间这一原理出发，试图构建政治经济科学大厦。李嘉图对于这一点最为坚持，因而他成为资产阶级经济学的完成者。但是，这并不等于说他是科学经济学的完成者，因为他没有解决"价值是什么"这个经济学元问题。

就像数学中的公理不需要证明一样，资产阶级经济学家没有人论证过时间是什么，为什么要用时间作为计量价值的单位。马克思虽然认为价值决定于劳动时间是理解资产阶级制度的基础和出发点，但他也没有论证时间是什么，为什么价值决定于劳动时间。时间为什么是价值计量单位的问题，成为发展经济科学的瓶颈。本书第九章对时间的本质和时间在价值研究中的作用进行了探讨。

（三）科学劳动为什么能够创造出巨量价值问题

马克思非常重视科学的作用。恩格斯在马克思墓前悼词草稿中写道："他把科学首先看成是一个伟大的历史杠杆，看成是按最明显的字面意义而言的革命力量。而且他正是在此意义上，并为此目的，运用他所掌握的渊博的知识，特别是有关历史的一切领域的知识"[1]。恩格斯在这里所说的科学，不仅包含自然科学，也包括社会科学，因为有关历史的一切领域的知识，包括了全部的自然科学和社会科学。后来在马克思墓前的讲话中，恩格斯又特别提到了马克思对自然科学的重视。恩格斯说："在马克思看来，科学是一种在历史上起推动作用的、革命的力量。任何一门理论科学中的每一个新发现——它的实际应用也许还根本无法预见——都使马克思感到衷心喜悦，而当他看到那种对工业、对一般历史发展立即产生革命性影响的发现的时候，他的喜悦就非同寻常了。例如，他曾经密切注视电学方面各种发现的进展情况，不久以前，他还密切注视马赛尔·德普勒的发现。"[2]

马克思对科学的作用非常重视是毋庸置疑的。第一，马克思指出了科学劳动的性质和产生的条件。科学劳动是一般劳动。科学劳动的条件是今人的协作和对前人劳动的利用。他在谈到不变资本由于发明而产生的节约时说："附带指出，应当把一般劳动和共同劳动区别开来。二者都在生产过程中起着自己的作用，并互相转化，但二者也有区别。一般劳动是一切科学劳动，一切发现，一切发明。它部分地以今人的协作为条件，部分地又以对前人劳动的利用为条件。"[3]第二，马克思指出了科学是生产力。马克思说："同价值转化为资本时的情形一样，在资本的进一步发展中，我们看到：一方面，资本是以生产力

[1]《马克思恩格斯全集》第25卷，第2版，北京：人民出版社，2001年，第592页。
[2]《马克思恩格斯全集》第25卷，第2版，北京：人民出版社，2001年，第597页。
[3]中共中央马克思恩格斯列宁斯大林著作编译局译：《资本论》第三卷，北京：人民出版社，2004年，第119页。

的一定的现有的历史发展为前提的——在这些生产力中也包括科学,另一方面,资本又推动和促进生产力向前发展。"[1]第三,马克思指出科学来源于分工,提出了总体工人的概念。马克思关于未来社会的人的全面发展、关于消灭强制性分工的设想都与科学的作用和地位有关。马克思说,独立的农民或手工业者的知识、智力和意志力都是和他们本人的劳动结合在一起的,但在生产发展到工场手工业时期,随着生产规模的扩大,脑力劳动与体力劳动分离了。体力劳动和脑力劳动的分离,造成了人的畸形发展,也促进了生产的快速发展。资本利用了这种分工,使局部工人成为总体工人的一部分。"局部工人作为总体工人的一个肢体,他的片面性甚至缺陷就成了他的优点。从事片面职能的习惯,使他转化为本能地准确地起作用的器官,而总机构的联系迫使他以机器部件的规则性发生作用。"[2]资本在摧残人的同时,提高了劳动生产力,资本家赚的钱越来越多,资本积累额越来越大,于是资本主义生产发展到机器大工业时代,资本主义生产方式也得到巩固。从科学发展中得到利益的资本家,也就对科学特别关注。马克思说:"……工场手工业使工人畸形发展,变成局部工人,大工业则把科学作为一种独立的生产能力与劳动分离开来,并迫使科学为资本服务。"[3]第四,马克思指出了科学在资本主义生产中的作用。马克思认为自然事物无价值,但如果使自然因素成为社会劳动的因素,可以使商品生产的成本降低,使资本家获得的利润增加。这是资本占有科学、利用科学,使科学同直接劳动相分离的结果。马克思说:"大生产——应用机器的大规模协作——第一次使自然力,即风、水、蒸汽、电大规模地从属于直接的生产过程,使自然力变成社会劳动的因素(在农业中,在其资本主义前的形式中,人类劳动只不过表现为它所不能控制的自然过程的助手。)这些自然力本身没有价值。它们不是人类劳动的产物。但是,只有借助机器才能占有自然力,而机器是有价值的,它本身是过去劳动的产物。因此,自然力作为劳动过程的因素,只有借助机器才能占有,并且只有机器的主人才能占有。"[4]"由于这些自然因素没有价值,所以,它们进入劳动过程,却并不进入价值增殖过程。它们使劳动具有更高的生产能力,但并不提高产品的价值,不增加商品的价值。相反,它们减少单个商品的价值,因为它们增加了同一劳动时间内生产的商品量,因而减少了这个商品量中每一相应部分的价值。只要这些商品参与劳动能力的再生产,劳动能力的价值就减少了,或者说,再生产工资所必需的劳动时间就缩短了,而剩余劳动则增加了。可见,资本之所以占有自然力本身,并不是因为它们提高商品价值,而是因为它们降低商品价值,因为它们进入劳动过程,而并

---

[1]《马克思恩格斯全集》第31卷,第2版,北京:人民出版社,1998年,第94页。

[2]中共中央马克思恩格斯列宁斯大林著作编译局译:《资本论》第一卷,北京:人民出版社,2004年,第404-405页。

[3]中共中央马克思恩格斯列宁斯大林著作编译局译:《资本论》第一卷,北京:人民出版社,2004年,第418页。

[4]《马克思恩格斯文集》第8卷,北京:人民出版社,2009年,第356页。

不进入价值增殖过程。"[1]"自然因素的应用——在一定程度上自然因素并入资本——是同科学作为生产过程的独立因素的发展相一致的。生产过程成了科学的应用,而科学反过来成了生产过程的因素即所谓职能。每一项发现都成了新的发明或生产方法的新的改进的基础。只有资本主义生产方式才第一次使自然科学为直接的生产过程服务,同时,生产的发展反过来又为从理论上征服自然提供了手段。科学获得的使命是:成为生产财富的手段,或成为致富的手段。"[2]"只有在这种生产方式下,才产生了只有用科学方法才能解决的实际问题。只有现在,实验和观察——以及生产过程本身的迫切需要——才达到使科学的应用成为可能和必要的那样一种规模。现在,科学,人类理论的进步,得到了利用。资本不创造科学,但是它为了生产过程的需要,利用科学,占有科学。这样一来,科学作为应用于生产的科学同时就和直接劳动相分离……"[3]第五,马克思指出了资本主义生产利用科学所产生的结果和状态。资本家利用科学提高劳动生产率,为的是更加隐蔽地剥削工人,得到更多的利润。马克思说:"科学通过机器的构造驱使那些没有生命的机器肢体有目的地作为自动机来运转,这种科学并不存在于工人的意识中,而是作为异己的力量,作为机器本身的力量,通过机器对工人发生作用。"[4]人类劳动价值的积累,有一部分表现为固定资本,机器是固定资本的一种存在方式(还有作为劳动材料的固定资本)。工人创造的剩余价值积累化为机器后,机器所有者就把工人变为机器的一个零件,人们更难发现剩余价值的来源了。马克思说:"提高劳动生产力和最大限度否定必要劳动,正如我们已经看到的,是资本的必然趋势。劳动资料转变为机器体系,就是这一趋势的实现。"[5]"因此,知识和技能的积累,社会智力的一般生产力的积累,就同劳动相对立而被吸收在资本当中,从而表现为资本的属性,更明些说,表现为固定资本的属性,只要后者是作为真正的生产资料而加入生产过程。……从机器体系随着社会知识的积累、整个生产力的积累而发展来说,代表一般社会劳动的不是劳动,而是资本。社会的生产力是用固定资本来衡量的,它以物的形式存在于固定资本中,另一方面,资本的生产力又随着被资本无偿占有的这种普遍的进步而得到发展。"[6]在以机器体系为基础的生产中,单个劳动能力创造价值的力量呈现出无限减小的趋势,只有这时,资本才能得到无限增多的利润。这是资本主义生产方式的鼎盛时期。马克思说:"固定资本在生产过程内部作为机器来同劳动相对立的时候,而整个生产过程不是从属于工人的直接技巧,而是表现为科学在工艺上的应用的时

[1]《马克思恩格斯文集》第8卷,北京:人民出版社,2009年,第356页。
[2]《马克思恩格斯文集》第8卷,第1版,北京:人民出版社,2009年,第356-357页。
[3]《马克思恩格斯文集》第8卷,第1版,北京:人民出版社,2009年,第357页。
[4]《马克思恩格斯全集》第31卷,第2版,北京:人民出版社,1998年,第91页。
[5]《马克思恩格斯全集》第31卷,第2版,北京:人民出版社,1998年,第92页。
[6]《马克思恩格斯全集》第31卷,第2版,北京:人民出版社,1998年,第92-93页。

候,只有到这个时候,资本才获得了充分的发展,或者说,资本才造成了与自己相适应的生产方式。可见,资本的趋势是赋予生产以科学的性质,而直接劳动则被贬低为只是生产过程的一个要素。"[1]

科学技术使资本得到了充分的发展,虽然这标志着资本造成了与自己相适应的生产方式,但是,决不可以说,资本主义是采用机器体系生产的最完善的生产关系。马克思说:"决不能从机器体系是固定资本的使用价值的最适合的形式这一点得出结论说:从属于资本的社会关系,对于机器体系的应用来说,是最适合的和最好的社会生产关系。"[2]因为:一是马克思认为,由于科学的发展,人们运用的动因的力量增加,使工人的劳动时间减少,物质财富的创造量却大量增加,工人的自由时间增加,个人由此可得到全面发展,这与资本主义生产的强制性分工相矛盾,使资本主义社会的两极对立不能持续下去。二是马克思认为:"现今财富的基础是盗窃他人的劳动时间。"[3]由于科学水平的提高和技术的进步,随着人的全面发展和社会财富的大量增长,劳动不再是谋生的手段,人们不再为资本的增殖卖命,强制性的社会分工也就不存在。这时,还想让别人为了生存而不得不出卖劳动力,还想继续剥削他人所创造的剩余价值,还想盗窃他人劳动时间的情况也就不能持续下去。马克思强调的意思是,科学技术是解放人的最伟大力量,是消灭不平等不公正不公平的最伟大力量。三是当科学技术使物质财富的生产大量增加时,当人们的自由时间大量增加时,当资本主义的剥削被废除时,"以致尽管生产将以所有的人富裕为目的,所有的人的可以自由支配的时间还是会增加"[4]。废除资本主义的人剥削人的制度后,社会将实行按劳分配,不但社会生产的目的——共同富裕——将实现,而且人们自由支配的时间也会大大增加,以致人们有时间做自己喜欢的事,成为全面发展的人。"那时,财富的尺度决不再是劳动时间,而是可以自由支配的时间。"[5]马克思说,到了人的全面发展的时代,"真正的经济——节约——是劳动时间的节约(生产费用的最低限度——和降到最低限度)。而这种节约就等于发展生产力。可见,绝不是禁欲,而是发展生产力,发展生产的能力,因而既是发展消费的能力,又是发展消费的资料。消费的能力是消费的条件,因而是消费的首要手段,而这种能力是一种个人才能的发展,生产力的发展。"[6]"节约劳动时间等于增加自由时间,即增加使个人得到充分发展的时间,而个人的充分发展又作为最大的生产力反作用于劳动生产力。从直接生产过程的角度来看,节约劳动时间可以看作

---

[1]《马克思恩格斯全集》第31卷,第2版,北京:人民出版社,1998年,第94页。

[2]《马克思恩格斯全集》第31卷,第2版,北京:人民出版社,1998年,第94页。

[3]《马克思恩格斯全集》第31卷,第2版,北京:人民出版社,1998年,第101页。

[4]《马克思恩格斯全集》第31卷,第2版,北京:人民出版社,1998年,第104页。

[5]《马克思恩格斯全集》第31卷,第2版,北京:人民出版社,1998年,第104页。

[6]《马克思恩格斯全集》第31卷,第2版,北京:人民出版社,1998年,第107页。

生产固定资本,这种固定资本就是人本身。"[1]四是当科学技术的发展使社会财富大量增加,使人们的自由时间增加后,直接劳动时间和自由时间就不再对立,人们利用自由时间学习知识,又把科学知识运用于直接劳动,创造财富,形成良性循环。马克思说:"自由时间——不论是闲暇时间还是从事较高级活动的时间——自然要把占有它的人变为另一主体,于是他作为这另一主体又加入直接生产过程。对于正在成长的人来说,这个直接生产过程同时就是训练,而对于头脑里具有积累起来的社会知识的成年人来说,这个过程就是知识的运用,实验科学,有物质创造力的和对象化中的科学。对于这两种人来说,只要劳动像在农业中那样要求实际动手和自由活动,这个过程同时就是身体锻炼。"[2]

100多年来的社会变化,证明马克思的论述是符合实际的。人们现在的劳动,对科学的依赖越来越大,科学的实际贡献率越来越高,人们的自由时间越来越多,个人的知识水平和技术水平大幅度提高,劳动生产率也随之提高。如果没有资本主义的剥削,如果创造的财富归全体人民所有,"生产以所有人的富裕为目的"的目标的实现还有什么困难吗?人的自由全面发展还有疑问吗?有的人以生产的自动化使财富创造量增加,使人的劳动时间缩短来否定马克思的剩余价值理论,也就是以马克思的基本理论论证的结果来否定马克思的基本理论,确实匪夷所思。

马克思没有论述为什么科学会有如此大的力量,也没有对科学技术创造的价值进行计量,以致有人误认为体力劳动是剩余价值的唯一源泉。这也是传统社会主义生产力发展不如资本主义的重要原因之一。当资本主义国家发生科技革命后,有人又以科学技术问题来否定社会主义制度,否定马克思主义劳动价值论。当前的资产阶级经济学说泛滥,与这个问题有莫大关系。因此,对这个问题的探索显得十分必要。

(四)关于积累价值的计量问题

虽然资本的原始积累,是资本家依靠暴力、掠夺、饥饿、血腥立法和欺骗等方法和手段进行的,但马克思绝不是说抢劫可以产生资本主义。资本主义生产方式是由人类社会生产力的发展水平和人们的文化水平决定的,暴力是资本主义的催化剂。马克思更为详细论述的是资本家如何在资本主义生产方式中将剥削工人创造的剩余价值不断积累和物化为固定资本。我们这里所谈的主要是剩余价值资本化、物质化问题。

马克思指出:"但是,一切生产剩余价值的方法同时就是积累的方法,而积累的每一次扩大又反过来成为发展这些方法的手段。"[3]积累的资本按其物质组成来看,可以分成劳动材料、劳动资料和活劳动三个要素。劳动材料是指原材料和可以用作生产的产品,劳

[1]《马克思恩格斯全集》第31卷,第2版,北京:人民出版社,1998年,第107-108页。
[2]《马克思恩格斯全集》第31卷,第2版,北京:人民出版社,1998年,第108页。
[3]中共中央马克思恩格斯列宁斯大林著作编译局译:《资本论》第一卷,北京:人民出版社,2004年,第743页。

动资料主要是指劳动工具,活劳动是指现实劳动中的劳动者。

人们可能对剩余价值资本化为劳动资料和劳动材料的理解较为容易,而对活劳动也可以成为剩余价值的积累不易理解。活劳动永远是活动着的人,而不是物。但是,人的生活是需要物质的。随着剩余价值积累的增加,活劳动所接受的教育和培训条件改善,掌握的知识增加,可享受的物质生活条件也得到相对的改善和提高,这都是剩余价值积累物化的表现。按照马克思主义经济学说,随着资本主义生产力的发展,资本家的积累越来越多,劳动者的生活也会有所改善,但永远处于相对贫困状态。这时,社会两极分化和社会不公程度加重。

马克思从机器是物化的剩余价值,价值是用劳动时间计量的原理出发,指出了自动化机器本身是物化的劳动时间。积累的资本的一部分物化为固定资本,物化在劳动工具中,特别是物化在机器中。自动化机器是一种特殊变化的资本形态,是资本总过程决定的资本的特殊的存在方式,代表资本的生产力。马克思说:"加入资本的生产过程以后,劳动资料经历了各种不同的形态变化,它的最后的形态是机器,或者更确切些说,是自动的机器体系(即机器体系;自动的机器体系不过是最完善、最适当的机器体系形式,只有它才使机器成为体系。)"[1]马克思在批判资产阶级经济学家罗德戴尔关于资本是一种与劳动无关的、特殊的利润源泉,因而也是财富的源泉时说:"由此可见,罗德戴尔把固定资本说成是和劳动时间无关的、独立的价值源泉,是何等荒谬。固定资本只有从它本身是对象化劳动时间来说,并且从它创造剩余劳动时间来说,才是这样的源泉。"[2]

马克思指出,固定资本标志着生产力的提高。"因此,以资本为基础的生产方式的已经达到的发展程度——换句话说,资本本身已经在多大的程度上成为它自己的生产的前提条件,即以自身为前提,——是以固定资本的现有规模来衡量的;不仅是以固定资本的量,而且是以固定资本的质来衡量的。"[3]之所以固定资本能够代表生产力,是因为在固定资本中,既包括科学的力量,又包括生产过程中社会力量的结合以及直接劳动转移到机器上的技巧。资本家通过固定资本即机器体系,占有更多的自然物质,占有科学技术,从而占有更多的剩余价值,更大地增加生产规模,更多地增加机器的量和改进机器的质。

马克思指出了资本积累的一般规律和历史趋势。一方面,随着固定资本即机器体系的发展,劳动得到解放:"是因为资本在这里——完全是无意地——使人的劳动,使力量的支出缩减到最低限度。这将有利于解放了的劳动,也是使劳动获得解放的条件。"[4]另一方面,随着资本积累的增加,将会产生两极分化。一极是资本的膨胀力越大,资本家越富有;另

[1]《马克思恩格斯全集》第31卷,第2版,北京:人民出版社,1998年,第90页。
[2]《马克思恩格斯全集》第31卷,第2版,北京:人民出版社,1998年,第97页。
[3]《马克思恩格斯全集》第31卷,第2版,北京:人民出版社,1998年,第111页。
[4]《马克思恩格斯全集》第31卷,第2版,北京:人民出版社,1998年,第96-97页。

一极是随着资本转化为固定资本,机器所代替的人越多,失业的人也越多,产业后备军的相对量也越大。或者说,官方认为需要救济的相对的贫民也越多。生产者阶级越来越受到贫困、劳动折磨。马克思指出:"这就是资本主义积累的绝对的、一般的规律。像其他一切规律一样,这个规律的实现也会由于各种各样的情况而有所变化,不过对这些情况的分析不属于这里的范围。"[1]"当经济学的智者们向工人说教,要工人使自己的人数去适应资本增殖的需要时,他们的愚蠢是很清楚的。"[2]"由于社会劳动生产率的增进,花费越来越少的人力可以推动越来越多的生产资料,这个规律在不是工人使用劳动资料,而是劳动资料使用工人的资本主义的基础上表现为:劳动生产力越高,工人对他们就业手段的压力就越大,因而他们的生存条件,即为增加他人财富或为资本自行增殖而出卖自己的力气,也就越没有保障。"[3]

马克思指出,随着资本主义生产的发展,资本进一步集中,生产规模不断扩大,科学技术广泛应用,市场国际化,生产资料的集中和劳动的社会化等情况的出现,资本主义私有制必然要被社会主义公有制所取代。

马克思关于这种未来社会的前景描绘,并不是乌托邦式的幻想,而是基于现实生产方式的分析所得出的结论。资本主义生产方式是一种人类历史上的进步,社会主义对资本主义的成就应该是继承,所抛弃的是资本主义人剥削人的罪恶。

虽然马克思认为财富的积累同时也伴随着价值的积累,价值的积累反映着财富积累的程度,机器体系就是财富与价值积累的结果,对社会发展起重要的作用,机器中所含的积累的价值是劳动时间,但是,马克思并没有对机器中所含的积累价值进行计量。后人对使用机器可以创造出巨量的价值不理解,以致不少经济学家从表象出发,误认为机器可以创造价值和剩余价值,否定工人是剩余价值的创造者,认为是资本家养活了工人。

恩格斯曾于1894年10月为《资本论》第三卷写的序言中谈到积累价值问题,但他对于积累的价值也没有进行论述和计量。他说:"价值规律从一开始就同那种由资本主义思想方法产生的见解相反。按照这种见解,构成资本的那种积累起来的过去劳动,不仅是一定数额的现成价值,而且因为它作为生产和利润形成的因素,也形成价值,所以是比它自身更大的价值的源泉;价值规律则确认,只有活劳动才具有这种属性。资本家期望按照自己资本的量的比例来取得相等的利润,因而把他们预付的资本看作他们利润的一种成本价格,这是大家知道的。但是,如果施米特利用这个想法,借此来把那个按平均利润率计算的价格同价值规律协调起来,那么,他就把价值规律本身抛弃了,因为他把一种完全同

[1]中共中央马克思恩格斯列宁斯大林著作编译局译:《资本论》第一卷,北京:人民出版社,2004年,第742页。
[2]中共中央马克思恩格斯列宁斯大林著作编译局译:《资本论》第一卷,北京:人民出版社,2004年,第742页。
[3]中共中央马克思恩格斯列宁斯大林著作编译局译:《资本论》第一卷,北京:人民出版社,2004年,第743页。

价值规律相矛盾的想法,作为共同起决定作用的因素合并到这个规律中去了。"[1]"或者是,积累的劳动同活的劳动一起形成价值。如果这样,价值规律就不适用了。"[2]"或者是,积累的劳动不形成价值。如果是这样,施米特的论证就同价值规律不相容。"[3]

当时德国的马克思主义经济学家和哲学家施米特认为,资本是积累的劳动,资本与活劳动一起创造剩余价值。总剩余价值除以资本家付出的总资本,就是平均利润,产品就是按照成本加平均利润出售的。实际上他所说的商品的市场价格就是马克思所说的平均利润形成以后的生产价格。他的理论与马克思理论最大的不同,是马克思认为剩余价值只有活劳动才创造,而他认为积累的资本如机器也创造剩余价值。这样,就把由活劳动创造剩余价值、资本家剥削剩余价值这个问题的实质掩盖了。恩格斯认为这是资产阶级的观点。如果剩余价值也由积累的劳动即资本或机器创造,那么,资本家从市场上买来的生产资料如机器,经过工厂之后价值变大了,与它们在市场上购买时的价值是不相等的,因而等价交换这个规律就不适用了。如果积累的劳动即资本不创造剩余价值,那么,经过工厂劳动加工后价值增加,这也与等价交换规律不相容。马克思的理论是,劳动力和生产资料在市场上均是按等价交换原则进行的,只有在工厂中,在劳动时,劳动力或被要求增加劳动时间,或被要求增加劳动强度而创造出剩余价值。这种剩余价值在资本家看来,是他的全部预付资本的产物,他的资本也是生产要素,与劳动力要素一样,也会产生剩余价值。因为施米特的理论与价值规律相矛盾,因而他写信给恩格斯,认为价值规律即等价交换是虚构的。恩格斯回信指出了他的错误(参阅第十四章)。

对于机器、资本等积累的劳动能不能创造剩余价值,涉及积累价值的计量问题,也涉及积累价值的范围、性质、功能、交换等问题,同时也涉及剥削合法与否、消灭剥削应不应该的问题。这是我们必须弄清的一个重大问题。本书第十一章对这个问题进行了较为详细的研究。

由于长期对资本主义积累、资本主义扬弃的问题认识不清,造成了我们在社会主义建设过程中,在世界资本主义国家占绝对多数的情况下,忽视了人所获得的自由度与生产力发展的程度相适应,与人的解放程度相一致,更与人类社会的财富积累程度相一致的问题,没有辩证地认识资本主义生产。资本主义的生产,一方面,为资本家个人积累财富,另一方面,也为社会主义创造条件。列宁曾指出:"因为,如果资本主义大企业成了垄断组织,那就是说,它面向全体人民。如果它成了国家垄断组织,那就是说,由国家(在革命民主制的条件下,国家就是居民的、首先是工人和农民的武装组织)来指导整个企业。但是

---

[1]中共中央马克思恩格斯列宁斯大林著作编译局译:《资本论》第三卷,北京:人民出版社,2004年,第16页。
[2]中共中央马克思恩格斯列宁斯大林著作编译局译:《资本论》第三卷,北京:人民出版社,2004年,第16页。
[3]中共中央马克思恩格斯列宁斯大林著作编译局译:《资本论》第三卷,北京:人民出版社,2004年,第16页。

为谁的利益服务呢?"[1] "或者是为地主和资本家的利益服务,那就不是革命民主国家,而是反动官僚国家,是帝国主义共和国。"[2] "或者是为革命民主派的利益服务,那就是走向社会主义的步骤。"[3] "因为社会主义无非是从国家资本主义垄断再向前跨进一步。换句话说,社会主义无非是变得有利用于全体人民的国家资本主义垄断,就这一点来说,国家资本主义垄断也就不再是资本主义垄断了。"[4]

（五）市场价格货币化问题（具体市场价格）

马克思对一般市场价格问题作了深入研究,但对具体的市场价格问题则没有考察。马克思主义劳动价值论问世100多年来,经济学界对市场价格问题的争论一直没有停止过。

马克思认为,市场价格是市场价值的货币表现,他虽然详细论述了市场价值问题,但对商品价值不变而只是它的货币表现发生变动的情形没有考察。千变万化的市场价格问题,应该属于价格学研究的任务,价值理论为价格学提供依据。本来在马克思科学的价值理论的基础上可以解决价格问题,但由于偏见,人们对科学的价值理论还没有达成共识,所以具体市场价格问题也就得不到解决。有人以一幅字画的价值以书画家一定的劳动时间为确定标准,但它可能卖到500元,也可能卖到500万元等类似的价格问题来否定马克思主义劳动价值论。本书第十四章,通过对劳动生产率的解析,发现了马克思的生产价格理论与市场价格的关系,探讨了具体价格确定的原则。

（六）关于权力在价值创造中的作用问题

权力在人们的生活和生产中作用非常大,权力结构问题涉及社会主义制度和资本主义制度在发展经济中的质的规定性,所以,作为上层建筑中的权力和经济基础中的生产关系问题,应是经济学研究的重大问题之一。

马克思和恩格斯在《德意志意识形态》中说过如下一段话:"社会活动的这种固定化,我们本身的产物聚合为一种统治我们、不受我们控制、使我们的愿望不能实现并使我们的打算落空的物质力量,这是迄今为止历史发展中的主要因素之一。受分工制约的不同个人的共同活动产生了一种社会力量,即成倍增长的生产力。因为共同活动本身不是自愿地而是自然形成的,所以这种社会力量在这些个人看来就不是他们自身的联合力量,而是某种异己的、在他们之外的强制力量。关于这种力量的起源和发展趋向,他们一点也不了解,因而他们不再能驾驭这种力量。相反,这种力量现在却经历着一系列独特的、不仅不

---

[1]《列宁选集》第三卷,第3版修订版,北京:人民出版社,2012年,第265页。
[2]《列宁选集》第三卷,第3版修订版,北京:人民出版社,2012年,第265页。
[3]《列宁选集》第三卷,第3版修订版,北京:人民出版社,2012年,第265页。
[4]《列宁选集》第三卷,第3版修订版,北京:人民出版社,2012年,第265页。

依赖于人们的意志和行为反而支配着人们的意志和行为的发展阶段。"[1]

马克思和恩格斯的这段话，一是说明了生产的力量产生于人们的共同活动。由于人只有活下去，才能创造历史，所以，人的第一项共同活动就是通过劳动创造衣、食、住、行及其他生活必需品。在劳动创造中，人们结合成家庭，进行自己生活需要的物质生产和人的生命的生产，进而人们又结成共同体，使生产力扩大。二是通过劳动创造，立即产生了交往关系、生产分工和社会分工——这是由个人利益或家庭利益与共同体之间的矛盾引发的，或者说是由私人利益与公共利益的矛盾引发的。分工是为了产生更高效率的协作，这既是生产的需要，也是人们的生活需要。这种分工协作的共同活动的力量产生成倍增长的生产力。三是社会生产力一经产生，便有自己的独特的发展阶段，不以人的意志为转移。但是，人们为了扩大生产而在共同活动中产生的成倍增长的生产力的本源是什么，可不可以计量，怎么计量，他们都没有论述，以致有人以为，只要发展生产力，社会就会自然进步，社会主义就会自动生成。恩格斯于1890年致约·布洛赫的信中谈到了这个问题。他说："根据唯物史观，历史过程中的决定性因素归根到底是现实生活的生产和再生产。无论马克思和我都从来没有肯定过比这更多的东西。如果有人在这里加以歪曲，说经济因素是唯一决定性的因素，那么他就是把这个命题变成毫无内容的、抽象的、荒诞无稽的空话。"[2]马克思主义认为，经济是基础，但上层建筑中的阶级斗争的各种政治形式，比如武装斗争、议会斗争等，都是为了夺取政权；政治斗争的成果，比如宪法及法权形式，都是为了巩固政权；政治的、哲学的、法律的理论，宗教观点以及教义体系的进一步发展，人们头脑中的传统观念等等，都将随着政权的改变而改变。反过来，这些政治的、经济的、文化的因素，也都会影响政权的存在。政权促进社会变革，促进经济的发展，社会变革和经济的发展也促进政权结构的改善和改变。包括权力在内的上层建筑的各种因素，由社会生产力的发展所决定。同时，上层建筑的各种因素，也阻挠或促进生产力的发展。它们交互作用，通过一系列的偶然事件表现出来，以致人们误以为这些事件只与经济或某一种因素有联系，而不是经济、政治、文化等等因素交互作用的结果。恩格斯举例说："恐怕只有书呆子才会断定，在北德意志的许多小邦中，勃兰登堡成为一个体现了北部和南部之间的经济差异、语言差异，而自宗教改革以来也体现了宗教差异的强国，这只是由经济的必然性决定的，而不是也由其他因素所决定的（在这里首先起作用的是这样一个情况：勃兰登堡由于掌握了普鲁士而卷入了波兰事件，并因而卷入了国际政治关系，这种关系在奥地利王室权力的形成过程中也起过决定性的作用）。"[3]

[1]《马克思恩格斯选集》第一卷，第3版，北京：人民出版社，2012年，第165页。
[2]《马克思恩格斯选集》第四卷，第3版，北京：人民出版社，2012年，第604页。
[3]《马克思恩格斯选集》第四卷，第3版，北京：人民出版社，2012年，第605页。

　　恩格斯曾提出过一个很有新意的创造历史的意志合力论。他说："历史是这样创造的：最终的结果总是从许多单个的意志的相互冲突中产生出来的，而其中每一个意志，又是由于许多特殊的生活条件，才成为他所成为的那样。这样就有无数互相交错的力量，有无数个力的平行四边形，由此就产生出一个合力，即历史结果，而这个结果又可以看作一个作为整体的、不自觉地和不自主地起着作用的力量的产物。因为任何一个人的愿望都会受到任何另一个人的妨碍，而最后出现的结果就是谁都没有希望过的事物。所以到目前为止的历史总是像一种自然过程一样地进行，而且实质上也是服从于同一运动规律的。但是，各个人的意志——其中的每一个都希望得到他的体质和外部的、归根到底是经济的情况（或是他个人的，或是一般社会性的）使他向往的东西——虽然都达不到自己的愿望，而是融合为一个总的平均数，一个总的合力，然而从这一事实中决不应作出结论说，这些意志等于零。相反，每个意志都对合力有所贡献，因而是包括在这个合力里面的。"[1]

　　恩格斯的这段话，虽然没有说明权力是什么，怎么计量，但他给我们指明了在现实中，不能只注重发展经济，也必须注意其他方方面面的情况，依实际情况制定出必要的有效的策略。恩格斯在说明了历史创造的合力论之后，又检讨了他和马克思由于在反驳论敌时强调经济基础在历史发展中的作用而对青年造成的错觉，即青年人只注重发展经济而忽视了其他的实际情况。由于至今部分人还弄不清权力是什么，所以造成了对社会主义和资本主义认识的混乱。因此，弄清权力是什么和权力在经济、政治生活中的作用，对于当前的社会主义民主政治建设来说十分必要。

　　笔者在研究马克思主义理论中，对权力问题进行了探讨，有不少新发现，并对权力进行了计量，说明了权钱交易的原理；探讨了社会主义和资本主义的制度性区别；探讨了有关权力的其他问题（参阅本书第十五章和笔者的《权力的起源、本质、发展和运行》）。

　　虽然马克思通过《资本论》，构建起了政治经济学科学大厦，但是，由于对资本主义生产方式的产生、运行和发展前途的研究难度大而深奥，马克思未必对资本主义的每一寸肌肤都研究得十分透彻，《资本论》的工程又十分浩大——直到马克思去世时尚未完成，况且它也有自己的研究范围，所以，《资本论》中既有未完成的部分，也有未涉及的部分，套用《资本论》的原理解决现实中遇到的一切问题十分幼稚，一成不变地看待《资本论》的原理，也十分糊涂。面对现实，我们不仅要熟知马克思主义的理论，对马克思理论中未完善的部分进行补充，对未涉及的部分进行新的探索，才能更加深刻地理解习近平新时代中国特色社会主义思想，分析现实，改造现实，不忘初心，牢记使命，为人民的福祉尽到我们的责任。

---

[1]《马克思恩格斯选集》第四卷，第3版，北京：人民出版社，2012年，第605-606页。

第八章　社会主义实践中对马克思主义经济学说的误解和否定性思潮

社会主义实践已历百年,成就非凡,挫折也大。因此,梳理对马克思主义经济学说的某些误解,批驳种种否定马克思主义劳动价值论的错误观点,创新和发展马克思主义经济理论,以保障社会主义沿着正确轨道前行,已成为当前共产党人的一项重大而紧迫的任务。

一、共产党人对马克思主义经济学说的误解和在实践中的失误

以马克思主义为指导进行的为世界绝大多数人谋利益的社会主义实践,是人类社会最为波澜壮阔的运动和共产党人最引为自豪的事业。在实践中,共产党人在取得骄人成就的同时,也出现过失误,有些失误与部分共产党人对马克思主义经济学说的误解有关。

（一）误认为以《资本论》为代表的马克思主义政治经济学是全息科学

长期以来,人们以为,以《资本论》为代表的马克思主义劳动价值学说囊括了建设社会主义的全部理论。其实,马克思主义政治经济学研究的只是资本主义生产方式、生产关系、社会关系及其前途。恩格斯说:"政治经济学作为一门研究人类各种社会进行生产和交换并相应地进行产品分配的条件和形式的科学——这样广义的政治经济学尚待创造。到现在为止,我们所掌握的有关经济科学的东西,几乎只限于资本主义生产方式的发生和发展:它从批判封建的生产形式和交换形式的残余开始,证明它们必然要被资本主义形式所代替,然后把资本主义生产方式和相应的交换形式的规律从肯定方面,即从促进一般的社会目的的方面来加以阐述,最后对资本主义的生产方式进行社会主义的批判,就是说,从否定方面来表述它的规律,证明这种生产方式由于它本身的发展,正在接近它使自己不可能再存在下去的境地。这一批判证明:资本主义的生产形式和交换形式日益成为生产本身所无法忍受的桎梏;这些形式所必然产生的分配方式造成了日益无法忍受的阶级状况,造成了人数越来越少但是越来越富的资本家和人数越来越多而总的说来处境越来越

恶劣的一无所有的雇佣工人之间的日益尖锐的对立；最后，在资本主义生产方式内部所造成的、它自己再不能驾驭的大量的生产力，正在等待着为有计划地合作而组织起来的社会去占有，以便保证，并且在越来越大的程度上保证社会全体成员都拥有生存和自由发展其才能的手段。"[1]

马克思和恩格斯指出了建立在资本主义社会生产力高度发展和资本主义生产资料高度集中之上的社会主义的某些原则性问题，没有涉及社会主义的具体问题。在建设社会主义过程中，由于没有经验，我们曾设计共产主义式的社会生活方式。比如，除了实行生产资料公有制，还曾把各家各户的粮食集中起来，吃大锅饭；实行票证制度、记工分制度；害怕商品生产使公有制解体，因而不敢发展商品生产，使关系国计民生的商品供给不充裕；等等。这些做法，不仅影响了社会主义经济发展，也影响了社会主义声誉。这是由于我们在建设社会主义的过程中没有前人的经验可以借鉴和没有结合实际对马克思主义政治经济学进行探索所致。

为了完善社会主义制度，我们实行改革开放，取得了举世瞩目的成就。但是，有人把由于后人的认识所犯的局部错误归咎于马克思主义、归咎于公有制、归咎于社会主义制度、归咎于共产党。他们违反或者攻击四项基本原则，鼓吹私有化是发展经济的良丹妙药，多党制是社会主义改革的方向。这种错误思想应该得到纠正。习近平同志说："我们在实践中要始终坚持'一个中心、两个基本点'不动摇，既不偏离'一个中心'，也不偏废'两个基本点'，把践行中国特色社会主义共同理想和坚定共产主义远大理想统一起来，坚决抵制抛弃社会主义的各种错误主张，自觉纠正超越阶段的错误观念和政策措施。只有这样，才能真正做到既不妄自菲薄、也不妄自尊大，扎扎实实夺取中国特色社会主义新胜利。"[2]

(二)机械理解唯物主义，轻视脑力劳动和精神产品的生产

马克思没有专门的关于阐述辩证唯物主义和历史唯物主义的哲学著作，但他在《黑格尔法哲学批判》《关于费尔巴哈的提纲》《德意志意识形态》《政治经济学批判》等著作中，对他的辩证唯物主义和历史唯物主义作了不同程度的表述，《资本论》是他运用辩证唯物主义和历史唯物主义观察、分析资本主义生产方式的典范。但是，长期以来，由于条件所限，人们对马克思主义辩证唯物主义和历史唯物主义的理解不够深入，对《资本论》研究的范围、内容、条件没有弄明白，以致在传播马克思主义的过程中，不少政治家甚至不少马克思主义理论家，用机械唯物主义的观点对待马克思主义经济学说。表现之一是有的人只把实体存在的物质当成认识世界和社会的依据，认为只有依据实体存在而得到的认识结果才是科学的，才是坚持了唯物主义，否则，就是唯心主义。这种机械唯物主义忽视了

[1]《马克思恩格斯选集》第三卷，第3版，北京：人民出版社，2012年，第528-529页。
[2]《习近平谈治国理政》第一卷，北京：外文出版社，2014年，第11页。

人的主观能动性,忽视了人的精神活动的重要性。比如,改革开放前,不少人认为从事科学研究的脑力劳动是精神性劳动,是不创造价值和财富的劳动,是依附于体力劳动的劳动,因而出现了普遍轻视脑力劳动者的情况,严重妨碍了社会主义财富的创造。改革开放后,一些人认为脑力劳动是复杂劳动,体力劳动是简单劳动,于是又出现了轻视体力劳动者的情况。这种在哲学观念上把脑力劳动者与体力劳动者割裂开来的偏颇认识,分裂了包括脑力劳动者和体力劳动者的"总体工人"队伍,动摇了我国国体的阶级基础。他们没有认识到,体脑分工是社会生产力不发达的结果,只有随着教育的普及,人们文化水平的普遍提高,城乡差别、工农差别和体力脑力劳动差别才会逐步消失。表现之二是在理论界,一些学者不了解抽象与具体,因而不理解马克思的劳动二重性学说。马克思正是解剖了商品的内在属性,才发现了商品二因素和劳动二重性,从而构建起了他的政治经济学理论大厦。马克思在《资本论》第一版序言中,解释第一章关于商品的分析为什么最难理解时曾说过,分析经济形式,必须用抽象力来代替。马克思所说的话,需要引起每一个研究马克思主义的学者的注意。抽象,并非虚无性的想象和幻想,而是从许多客观事物中,舍弃个别的非本质的属性,抽出共同的本质的属性,以概括性和概念的形式把握事物种类的一种认识方法。数学几乎就是纯抽象概念的演绎体系,但是,如果没有客观存在作依据,数学演绎就没法进行,而且也没有现实意义。在物理学和化学中,也常常运用抽象的方法,力、功、能、熵等概念都是既看不到也摸不着的抽象。但人们为什么不说这些概念是虚无的? 这是因为,这些概念的实际内容是客观存在的,概念之间的关系反映了某些规律,是客观见之于主观的东西。用抽象的方法把握客观事实,正是主观能动性的表现。如果人们不知道抽象的概念所蕴含的客观事物的本质或类的共同性是什么,他就不可能理解抽象的正确理论,也不可能以抽象的正确理论指导实践。比如,有一位经济学家说:"劳动二重性学说的偏颇在于,对'抽象劳动'这个原本属于思维范畴的概念不适当地赋予了实体范畴的意义,并将其视为劳动的独立属性。我们知道,实际存在的是各种不同形式和内容的劳动,不存在没有具体形式和内容的劳动,也就是说劳动总是具体的,不是抽象的。当然,这不妨碍对这些具体劳动的共同点加以概括,得出一种与'非劳动'相区别和相对应的'劳动'或'抽象劳动'概念。不过,应当明白这个概念只是人的思维对实际存在的劳动的一种把握和认识,并不意味着它是一种可以脱离具体劳动而独立存在的实体,更不意味着它居然还能作为一种独立实体同'具体劳动'共同构成'劳动'。劳动的存在及其性质,同人们是否有此种认识和把握是不相干的,它不以人的认识为转移,然而劳动二重性学说却将'抽象劳动'视为商品的另一个实际属性,并唯一地赋予它创造价值的功能。"[1] 为

---

[1]晏智杰著:《经济价值论再研究》,北京:北京大学出版社,2005年,第5—6页。

什么有的经济学家要否定马克思主义劳动价值论？其中一个重要原因，就是因为他们不理解马克思辩证唯物主义关于抽象认识和客观存在的关系，不理解主观能动的作用，不理解主观思维产生的一些正确反映客观存在的概念所表达的是一种实体，就像不理解商品这种抽象是一种实体，不理解抽象劳动是价值实体一样，他们不理解水果是一种实体，不理解一般和具体的关系。马克思在《资本论》第一章关于商品的第一个标题就是"商品的两个因素：使用价值和价值（价值实体，价值量）"[1]。也就是说，马克思明白无误地指出了看不见摸不着的劳动量是形成价值的实体，抽象劳动所形成的价值是一种实体。抽象劳动为什么会形成价值，为什么这种抽象是一种实体，与抽象的水果为什么是一种实体的道理是一样的。因为水果是可食的植物果实的一般性总体概括，这种一般性，是客观存在着的，只不过人们用抽象的方法把握它们而已。用抽象的方法把握的客观存在仍是客观存在，绝不能把这种客观存在着的一般性看作是虚无的，不存在的。戈尔巴乔夫就是犯了在阶级社会中可以实现抽象的无阶级性的人道民主的错误。在阶级社会里，如果放弃为多数人谋利益的政权和财产权，从思想上解除武装，没有底线，就是自杀。资产阶级攻击社会主义是极权政治，否定马克思主义劳动价值论，企图瓦解公有制经济，恢复私有制，就是他们促使社会主义自杀的手段。因此，提高马克思主义理论水平，是十分紧要的和迫切的。

（三）对无产阶级专政的内涵理解不深，忽视提高劳动生产率

马克思认为，无产阶级必须夺取政权，使自己上升为统治阶级，实行无产阶级专政，加快共产主义的社会进程。无产阶级专政是什么？简要地说，无产阶级专政就是无产阶级掌握政权以自己的观念和行动改造世界的历史阶段。无产阶级专政的基本内涵：一是无产阶级掌握国家政权。或者说，一切劳动者如工人、农民、知识分子和其他一切以劳动为生的人成为国家的主人。人民不仅拥有一切政治权力，而且一切生产资料财产权也属于人民，以使大多数人的利益得到保障。二是为了保障人民的政权不被反动阶级所动摇、所推翻，必须对被推翻了的剥削阶级进行镇压。因此，无产阶级专政包含着暴力镇压。但是，无产阶级专政的基本内涵并不是镇压，而是无产阶级在掌握政权的基础上，发展生产力，提高劳动生产率，使物质财富极大丰富。列宁曾说："我曾屡次指出……无产阶级专政不只是对剥削者使用的暴力，甚至主要的不是暴力。这种革命暴力的经济基础，它的生命力和成功的保证，就在于无产阶级代表着并实现着比资本主义更高类型的社会劳动组织。实质就在这里。共产主义的力量源泉和必获全胜的保证就在这里。"[2]他还说："劳动生产率，归根到底是使新社会制度取得胜利的最重要最主要的东西。"[3]"共产主义就是利

[1]中共中央马克思恩格斯列宁斯大林著作编译局译：《资本论》第一卷，北京：人民出版社，2004年，第47页。
[2]《列宁选集》第四卷，第3版修订版，北京：人民出版社，2012年，第9—10页。
[3]《列宁选集》第四卷，第3版修订版，北京：人民出版社，2012年，第16页。

用先进技术的、自愿自觉的、联合起来的工人所创造的较资本主义更高的劳动生产率。"[1]三是用无产阶级的世界观改造世界,同旧思想、旧文化、旧观念、旧风俗、旧习惯彻底决裂,同各种犯罪行为、流氓行为、贪污贿赂等行为进行斗争。这是一项艰苦的斗争。正如列宁所说:"无产阶级专政是对旧社会的势力和传统进行的顽强斗争,流血的和不流血的,暴力的和和平的,军事的和经济的,教育的和行政的斗争。千百万人的习惯势力是最可怕的势力。没有铁一般的在斗争中锻炼出来的党,没有为本阶级一切正直的人所信赖的党,没有善于考察群众情绪和影响群众情绪的党,要顺利地进行这种斗争是不可能的。战胜集中的大资产阶级,要比'战胜'千百万小业主容易千百倍;而这些小业主用他们日常的、琐碎的、看不见摸不着的腐蚀活动制造着资产阶级所需要的、使资产阶级得以复辟的那种恶果。"[2]

过去我们认为无产阶级专政就是动用国家权力,对一切反对社会主义的阶级和个人进行镇压,发生了许多过火的行为,比如在苏联就曾发生过肃反扩大化的错误,但后来又与资产阶级称兄道弟,重新把人民置于资本统治之下,没有注重以无产阶级世界观改造世界,把人们灵魂深处的魔鬼释放出来充当劳动的监工,等等。因此,重新认识和理解无产阶级专政显得十分必要和重要。

(四)对无产阶级政权面临的某些问题处置不当

无产阶级夺取政权,正如毛泽东所说:"这只是万里长征走完了第一步。"[3]在社会主义实践中,无产阶级面临着无数复杂的问题。由于我们对有些问题认识不清,处置不当,难免跌跤。

1.关于如何发展商品生产和逐步消除资本主义"胎记"。资本主义生产是以商品为媒介的价值和剩余价值的生产,共产主义社会商品生产已经销声匿迹,因此,无产阶级夺取政权后,面对的一个重要问题就是如何看待和利用商品生产,如何利用价值,如何处理内部和外部经济关系。或者说,如何消灭资本主义的"胎记"。恩格斯曾经说过:"价值概念是商品生产的经济条件的最一般的、因而也是最广泛的表现。因此,在价值概念中,不仅包含了货币的萌芽,而且还包含了商品生产和商品交换的一切进一步发展了的形式的萌芽。价值是私人产品中所包含的社会劳动的表现……在产品的价值形式中,已经包含着整个资本主义生产形式、资本家和雇佣工人的对立、产业后备军和危机的萌芽。企图用制造'真正的价值'的办法来废除资本主义的生产形式,这等于企图用制造'真正的'教皇

---

[1]《列宁选集》第四卷,第3版修订版,北京:人民出版社,2012年,第17页。

[2]《列宁选集》第四卷,第3版修订版,北京:人民出版社,2012年,第154-155页。

[3]《毛泽东选集》第四卷,第2版,北京:人民出版社,1991年,第1438页。

的办法来废除天主教……"[1]"如果生产商品的社会把商品本身所固有的价值形式进一步发展为货币形式,那么还隐藏在价值中的各种萌芽就显露出来了。最先的和最重要的结果是商品形式的普遍化。甚至以前直接为自己消费而生产出来的物品,也被货币强加上商品的形式而卷入交换之中。于是商品形式和货币就侵入那些为生产而直接结合成社会的共同体内部的经济生活中,它们逐一破坏这个共同体的各种纽带,把它分解为一群群私人生产者。"[2]恩格斯还说:"等量社会劳动的产品可以相互交换,这也就是价值规律,正是商品生产的基本规律,也就是商品生产的最高形式即资本主义生产的基本规律。"[3]恩格斯曾批判杜林说:"如果杜林的经济公社能实现的话,货币也必将以同样的自然必然性,不顾一切'法律和行政规范'而使它解体。"[4]社会主义建立后,人们对价值规律的作用认识不清,只根据马克思主义经典作家的论述,把商品生产、价值生产看作资本主义再生产的必要条件,认为要彻底消灭资本主义,就必须消灭资本主义生产方式,必须消灭商品生产,放弃价值利用。例如,斯大林说:"正如价值规律一样,价值是与商品生产的存在相关联的一种历史范畴。商品生产一消失,价值连同它的各种形式以及价值规律,也都要随之消失。"[5]这种需要货币又想消灭货币,欲限制对价值的利用和限制商品生产又需要利用价值和扩大商品生产的两难心态,影响了生产力的发展和社会主义的经济发展,也影响了与资本主义国家进行经济贸易和科学技术交流的深度和广度。我们没有认识到,价值是人发现的和创造的为人服务的工具,价值可以依附于资本权力,为资本家服务,也可以依附于人民政权,为人民服务。我们不能把价值看得过于神秘。我们没有弄清,社会主义从资本主义脱胎而来,还遗留有资本主义的痕迹,在短时间内还不能废除商品生产,不能废除依照等价交换规律实行的"按劳分配"这个"资产阶级法权"。我们忽略了社会主义是比资本主义更高的历史阶段,我们必须在资本主义文明的基础上,实现比资本主义更高的劳动生产率,才能消灭资本主义的剥削,消灭资本主义的不平等、不公正、不公平以及物本民主,实现比资本主义更进步的人本民主。在改革开放中,我们学会了如何利用价值工具、利用商品和资本,与资本主义国家进行经济交往,既不改旗易帜走邪路,又不固守成规走老路,既促进中国特色社会主义建设,又加速对资本主义的扬弃。

2. 关于如何限制资产阶级法权。这是马克思在《哥达纲领批判》中所提出的问题,也是人们最难理解的社会主义建设过程中必须探讨的重大问题之一。过去我们译为"资产阶级法权",现在的新译文为"资产阶级权利"。本文仍采用大家熟知的"资产阶级法权"。

[1]《马克思恩格斯选集》第三卷,第3版,北京:人民出版社,2012年,第698页。

[2]《马克思恩格斯选集》第三卷,第3版,北京:人民出版社,2012年,第698-699页。

[3]《马克思恩格斯选集》第三卷,第3版,北京:人民出版社,2012年,第700页。

[4]《马克思恩格斯选集》第三卷,第3版,北京:人民出版社,2012年,第699页。

[5]《斯大林选集》下卷,北京:人民出版社,1979年,第555页。

　　什么是资产阶级法权？简略地说,资产阶级法权是指以表面平等掩盖着的不平等的国家意志。马克思说的按劳分配之所以仍然是资产阶级法权的原则,是因为它在社会主义公益和福利事业覆盖面还不广泛不全面状态下以表面的平等掩盖了实际上的不平等。

　　理解这个问题,一是要弄清资产阶级法权的内涵。资本主义生产是商品生产和价值生产,遵从等价交换原则。但是,这种看似平等的等价交换掩盖着事实上的不平等。因为资本家在市场上以等价交换的方式购买了劳动力,在工厂里他们却用各种手段无偿占有劳动者创造的剩余价值。资本主义国家以各种立法的形式确定了这个原则,强迫人民遵守,这便是资产阶级法权。这是一种基于私有制产生的不平等、不公平、不公正。二是要弄清按劳分配的内涵。按劳分配是按相等的劳动量分配等量产品,其前提是生产资料公有制。在社会主义社会,由于生产资料已经公有,在生产资料私有制方面的资产阶级法权被取消,人们才有了实行按劳分配的条件。但是,由于每一个劳动者的身体强弱不同、技能不同、劳动能力不同,创造的价值多少也不同,但如果劳动时间相等,则获得的消费品就相等,这是不同等的人按不等量的劳动给予等量产品;由于社会还处于以家庭为生活单位的阶段,一个劳动者供养的人口多,与另一个供养人口少的劳动者相比,虽然他们的劳动付出与劳动获得的报酬都相等,但家中供养人口多的那个劳动者的个人消费,要少于家中供养人口少的那个劳动者,所以,这种看似公正、公平的分配,实际是不公正、不公平的,因而马克思称这种受到社会生产条件限制的按劳分配为资产阶级法权的原则。列宁说:"在共产主义社会的第一阶段(通常称为社会主义),'资产阶级权利'没有完全取消,而只是部分地取消,只是在已经实现的经济变革的限度内取消,即只是在同生产资料的关系上取消。'资产阶级权利'承认生产资料是个人的私有财产。而社会主义则把生产资料变为公有财产。在这个范围内,也只是在这个范围内,'资产阶级权利'才不存在了。"[1]"但是它在它的另一部分却依然存在,依然是社会各个成员间分配产品和分配劳动的调节者(决定者)。'不劳动者不得食'这个社会主义原则已经实现了;'对等量劳动给予等量产品'这个社会主义原则也已经实现了。但是,这还不是共产主义,还没有消除对不同等的人的不等量(事实上是不等量的)劳动给予等量产品的'资产阶级权利'。"[2]这是现实生活与按劳分配的矛盾所致,也是在实行按需分配的共产主义之前的一个必经阶段。

　　如何消除资产阶级法权？传统社会主义的做法是对其加以限制,实行平均主义,提倡义务劳动,提倡多干活,不拿或少拿报酬。刚刚从旧社会进入新社会,在人们的思想观念还没有彻底转变的情况下,这种做法会挫伤人们的积极性。要消除资产阶级法权,第一,必须实行生产资料公有制。这是消灭资产阶级法权的最重要的前提条件。第二,消除资

---

[1]《列宁选集》第三卷,第3版修订版,北京:人民出版社,2012年,第196页。
[2]《列宁选集》第三卷,第3版修订版,北京:人民出版社,2012年,第196页。

产阶级法权要大力发展生产力。由于刚刚从旧社会迈入新社会,人们的思想觉悟水平还达不到不计报酬进行工作的程度,因而还有必要采用一些资本主义的方法发展生产。比如,发展商品生产,进行以资本为纽带的国际贸易和国际交流等。列宁说:"既然在消费品的分配方面存在着资产阶级权利,那当然一定要有资产阶级国家,因为如果没有一个能够强制人们遵守权利准则的机构,权利也就等于零。可见,在共产主义下,在一定的时期内,不仅会保留资产阶级权利,甚至还会保留资产阶级国家,——但没有资产阶级!"[1]第三,随着生产力的发展,努力发展共产主义因素。在社会财富大大增加的基础上,逐步实行广泛的社会救济和福利,逐步扩大公益事业,比如实行免费教育、免费医疗、免费住房保障等。第四,必须大力宣传共产主义的新观念,改变旧观念,逐步使马克思主义在人们的头脑中生根。

3. 关于如何逐步实行共产主义原则。这个问题对于社会发展阶段的认识,对在社会主义经济和政治建设中的具体政策的制定有重要影响。

共产主义是一个运动,在运动的每一阶段,人们都会享受到共产主义运动的相应成果。但是,由于我们建设社会主义的经验不足,常常对社会发展阶段问题出现错误判断,以致影响了决策。例如,苏联在经济非常落后的情况下,建立了社会主义制度。在斯大林领导下,用了短短20年时间,就实现了国家的工业化、机械化和农业集体化。1936年斯大林宣布,苏联基本上实现了共产主义第一阶段,即社会主义社会。1957年,苏联的第一颗人造地球卫星上天,科技实力已经超过美国。赫鲁晓夫在1961年的苏共二十二大上,提出要在20年内,在一国建成共产主义。勃列日涅夫上台后,认为赫鲁晓夫在建设共产主义问题上过于轻率,1967年他提出苏联已经建成发达社会主义社会,苏联处于社会主义成熟期。勃列日涅夫死后,他的接任者安德罗波夫于1982年提出,苏联处于"发达社会主义的起点"。后来戈尔巴乔夫于1986年又提出苏联是"发展中的社会主义"。我国在社会主义改造基本完成后,1958年也曾提出共产主义在我国并不是遥远的事了,15年超英赶美,刮起了"共产风"。在纠正以往错误的时候,我们党提出了社会主义初级阶段论。对这个问题的认识我们将在本章后面讨论。

如何实行共产主义原则?我们需要运用马克思主义扬弃的观点看待和认识资本主义的发展阶段。一是从世界发展大势看,资本主义的扬弃有一个过程。如果从中世纪资本主义在封建制度内孕育发展至今,资本主义已有上千年的历史了;如果从资本主义生产方式基本确立的14世纪英国的圈地运动算起,至今资本主义已有600多年的历史了;如果从1649年英国建立资产阶级共和国算起,资本主义也有300多年的历史了。共产主义社

---

[1]《列宁选集》第三卷,第3版修订版,北京:人民出版社,2012年,第200页。

会是在资本主义的母体中孕育的，是在资本主义发展的基础上建立起来的。资本主义的灭亡是一个自我扬弃的过程，是一个经济发展的自然进程。马克思早就说过，即使人们认识到了资本主义发展的必然性是共产主义，人类社会还是"既不能跳过也不能用法令取消自然的发展阶段"[1]。也就是说，资本主义必须在成熟后，才能产生建立共产主义的条件。资本主义成熟的标志，应该是生产力提高，产品更加丰富；科学技术在生产上的应用更加广泛，生产社会化程度加深；国际市场建立，各国联系加强；马克思主义影响扩大，人们的意识形态、思想文化、政治要求达到新的高度；资本主义的固有矛盾加剧，两极分化严重；社会主义为解决资本主义基本矛盾提供示范。从大势分析，世界主要资本主义国家从第二次世界大战后到现在的70多年，生产力得到了长足的发展，加速了扬弃过程，但资本主义国际化的浪潮才刚刚开始。马克思恩格斯说过："交往的任何扩大都会消灭地域性的共产主义。"[2]东欧剧变、苏联解体绝不是偶然的。但也不是说，社会主义在这种大潮中，都必然要失败。我们应该看到，资本主义在世界性扩张中消灭着自己。那种认为资本主义进入共产主义的时间还需数百年的论调是悲观的；不经奋斗，资本主义可以自动进入社会主义的论调是自欺欺人。之所以在生产力不发达的国家可以建立社会主义制度，是由于社会主义代表着先进的社会发展方向，是在资本主义社会中自然孕育的；之所以社会主义国家能在资本主义的汪洋大海中生存，是由于社会主义一步步实现着人们幸福生活的向往——共产主义；等等。如果对资本主义的扬弃有所认识，对多数人的愿望非常重视，对多数发展中国家的要求有所把握，对本国的国情十分了解，对利用已经建立起的社会主义制度和公有制经济的优越性赶超发达国家充满信心，社会主义必然更加稳固，成为各国效仿的榜样。二是从我国社会主义的实践看，在生产力落后的国家建立社会主义制度，是调动人的主观能动性改造世界的制度性体现。1949年以前的旧中国是一个落后的半殖民地半封建社会，生产力十分落后，但我们采取了先夺取政权再进行社会主义建设的办法，即根据列宁先建立实现共产主义文明的前提，再采取建立共产主义的具体措施的理论，根据马克思"一个国家应该而且可以向其他国家学习"，以"缩短和减轻分娩的痛苦"[3]的理论，一方面，我们实行独立自主、自力更生的方针，充分发挥劳动者为国家主人翁的优势，发展生产；另一方面，我们实行改革开放，向资本主义国家学习，大力发展科学技术，用了70年的时间，就使一个贫穷落后的中国发展成为世界第二大经济体，2018年GDP总量已达90多万亿元，在工业、农业、国防、科技等领域，都站在了世界的前列，中国进入了一个崭新的时代。那些与中国几乎同时独立但选择了走资本主义道路的国家，发

[1]中共中央马克思恩格斯列宁斯大林著作编译局译：《资本论》第一卷，北京：人民出版社，2004年，第10页。
[2]《马克思恩格斯选集》第一卷，第3版，北京：人民出版社，2012年，第166页。
[3]中共中央马克思恩格斯列宁斯大林著作编译局译：《资本论》第一卷，北京：人民出版社，2004年，第9-10页。

展明显不如中国。这说明,社会主义制度是发展生产力迈向共产主义的必由之路。三是不论是从世界大势分析还是从本国的形势分析,最后都要从具体的个人所获得的利益上体现出来。共产主义虽然不是一夜间实现的,但也并非遥不可及。共产主义因素将慢慢地从一个领域进入另一个领域,一项一项地实现。比如,电脑和自动化机器的出现,使劳动方式发生变化,工人劳动时间缩短和强度减轻,人们的福利增加。我国由于实行社会主义制度,人民是国家的主人,人们享受生产的发展成果更加直接、更加丰富。在现阶段,我国已经实现了九年义务教育,将来还要实施更长年限的义务教育;2006 年,我国废止了延续两千多年的农业税;已经构建起中国历史上从来没有过的养老保障体系和农村及城镇居民的基本保障性医疗体系;公共交通的发展基本满足了人们出行的需要;住房保障制度正在探索中;男女平等问题在世界各国中,中国处理得最好;工农、城乡、体脑差别的消除速度在加快;高校不断扩大招生规模,这是实现高等教育普及的重要步骤;以工补农使工业与农业的联系加强,社会性的分工协作机制正在形成;于 2020 年在中国彻底消除贫困,全面建成小康社会,举世瞩目,具体体现了社会主义的共同富裕;等等。我们以前曾经犯过机械理解共产主义原则的错误,那是在社会主义实践探索中的失误,不应求全责备。在今后的探索中,还会出现这样那样的错误。但是,只要我们始终把人民的利益放在第一位,坚定共产主义方向,不讳疾忌医,不迷失方向,就会把社会主义中国建设得更好。

4. 关于如何改造社会意识成社会主义意识形态。意识是客观世界在人脑中的主观反映,是人脑特有的精神活动。马克思、恩格斯说:"意识在任何时候都只能是被意识到了的存在,而人们的存在就是他们的现实生活过程。"[1]意识有低级阶段、高级阶段之分。低级阶段的意识是人对客观存在的反射、感觉,高级阶段的意识是抽象、理性思维、分析与综合。意识形成的基本条件是语言和劳动。意识一经形成,就有它的独立性。我们平时所说的意识形态,指的是人类意识的高级阶段所形成的高级形式,比如人的思想、理论以及对情感、观念、宗教、法律、文化、道德等知识的认识。意识形态属于上层建筑,受经济基础的制约,但也对经济基础具有反作用。这就是马克思主义所说的人的主观能动性。毛泽东认为,在认识的高级阶段,当思想得到运用并经过实践的考验,精神也可以转化为物质。由于人们的行为规律是思想指导行动,所以,当意识形态相对独立时,对人的行为影响很大。

社会主义制度建立后,共产党人在努力建设社会主义的同时,也进行了意识形态方面的改造。比如,宣扬马克思辩证唯物主义和历史唯物主义,宣扬无神论和辩证法,宣扬劳动光荣,宣扬劳动人民当家作主的合理性,宣扬剥削的罪恶,宣扬人人平等、男女平等,宣

---

[1]《马克思恩格斯选集》第一卷,第 3 版,北京:人民出版社,2012 年,第 152 页。

扬社会主义民主和自由、公正和公平,宣扬人人为我、我为人人的精神,宣扬天下为公和大公无私,宣扬共产党的官员是人民的勤务员、人民的公仆,等等。但是,由于社会主义从旧社会脱胎而来,不仅保留着旧社会的经济痕迹,而且也保留着很多旧的意识形态。这样,在意识形态领域中的新旧碰撞不可避免。例如,有人持为多数人谋利益的思想,产生为人民服务的行为,雷锋、焦裕禄、王进喜、甘祖昌等就是这样的典型;有人持"人不为己,天诛地灭"的利己思想,产生损人利己的行为,比如官员的特权思想,以及贪污、腐败、偷盗、抢劫、官商勾结、制假售假等。

由于我们对意识形态的复杂性认识不足,只注意到了个别的、局限性的意识形态,例如对官僚主义思想、迷信思想、男尊女卑思想等的斗争,而没有注意意识形态对与社会主义制度相适应的文化艺术体系、法律体系、道德体系等的影响,我们的意识形态领域还有资本主义、封建主义的东西。由于意识形态的稳固性、能动性,对经济基础的反作用,加之世界上资本主义国家仍占多数,所以,共产党人在建立了社会主义基本制度后,很有可能由于意识形态的作用而使社会主义变质,重新回到资本主义。毛泽东注意到了这个问题。他认为,意识形态对于政权的得失影响甚大,共产党人应该在消灭剥削阶级、剥削制度和剥削阶级的意识形态方面,做一个彻底的革命派。他说:"要有信心,有勇气,去做前人所没有做过的事,因为我们的革命,是一次最后消灭剥削阶级、剥削制度,和从根本上消除一切剥削阶级毒害人民群众的意识形态的革命。"[1]但是,正如马克思、恩格斯所说:"意识的一切形式和产物不是可以通过精神的批判来消灭的,不是可以通过把它们消融在'自我意识'中或化为'怪影'、'幽灵'、'怪想'等等来消灭的,而只有通过实际地推翻这一切唯心主义谬论所由产生的现实的社会关系,才能把它们消灭……人创造环境,同样,环境也创造人。"[2]我们应该在逐步改变资产阶级经济、政治关系的同时,改变各种旧意识形态,同公然否定马克思主义,肆意对党的领袖、共产党、社会主义制度进行攻击,对共和国的烈士进行质疑、造谣和污蔑,为地主恶霸翻案,散布各种奇谈怪论,鼓吹私有化,甚至宣扬贪污腐败有利于经济建设等等剥削阶级的意识形态作斗争。历史已经证明,进行这种斗争是非常重要的。苏联共产党从赫鲁晓夫起,即对斯大林进行了长达数十年的全面批判,使苏共形象、社会主义形象受到巨大损害。1991年苏联解体前夕,由数十位专家学者编写的历史教科书,歌颂沙皇,攻击十月革命,认为沙皇做了很多好事,十月革命根本不是一场无产阶级革命,而是一场政变。这与共产主义思想教育完全相反。当然,这些专家学者还是很讲究策略的,他们给戈尔巴乔夫灌迷魂汤,称赞他是一位"非凡"的人物,从而牵着他的鼻子走,使他成为资产阶级的代言人。

---

[1]《人民日报》1967年5月30日。

[2]《马克思恩格斯选集》第一卷,第3版,北京:人民出版社,2012年,第172-173页。

资本主义、封建主义思潮在党内和国内泛滥,是导致苏联解体与资本主义复辟的重要原因之一。所以,为了巩固人民当家作主的社会主义制度,我们要做的,首先是要捍卫马克思主义。因为,理论对于人们选择正确的行为方向有至关重要的意义。正确的理论可使人们少走弯路,缩短向共产主义迈进的进程。革命先烈们之所以甘愿抛头颅、洒热血,宁可牺牲自己的生命,也要为多数人谋利益,就是由于他们相信共产主义是实现人类平等、公正、公平、民主、自由、幸福的社会,并且相信马克思主义关于共产主义的理论是正确的。其次,要建立巩固社会主义制度的法律体系,以固化社会制度。这是前一代人把自己奋斗的成果传承给后一代人的一个重要方法。要加强人民监督体系的建设。再次,文化有"润物细无声"的作用,要注意文化艺术教育体系建设。一般情况下,青少年的世界观,在初中至高中阶段已经初步形成,在这个时期,在进行文化教育的同时,不可忽视对他们的共产主义意识形态教育。最后,道德是符合人类社会共同行为原则的修养,社会环境对人的道德修养有重大影响,所以,当我们采用资本主义用过的方法发展生产力、建设社会主义的时候,千万不能轻视了社会主义道德体系的建设。

5. 关于如何建设社会主义民主。民主是个大问题。孙中山之所以伟大,就是因为他领导的辛亥革命推翻了中国延续两千多年的封建君主专制统治,建立了中国乃至亚洲历史上第一个资产阶级民主共和国;中国共产党之所以伟大,是因为共产党人在推翻了蒋介石的官僚资本主义统治后,建立了一个劳动人民当家作主的社会主义国家。1947年7月,毛泽东回答访问延安的民主人士黄炎培关于如何跳出"其兴也勃焉,其亡也忽焉"的历史周期率之问时说,共产党人已经找到了新路,可以跳出历史周期率,这就是民主。现在人们对这个对话仍津津乐道。关于民主与社会主义的关系,邓小平说得更为直截了当:"没有民主就没有社会主义,就没有社会主义的现代化。"[1]

长期以来,人们对于民主问题,争论不休。影响人们对民主问题看法的原因主要有:

一是没有弄清"人民"一词的含义,成为不少人理解民主问题的最大障碍之一。人民是一个阶级概念。在不同的社会里,人民所包含的范围是不同的。在古希腊民主的发源地,在雅典实行的民主制,只限于奴隶主和平民,而他们只占人口的少数,占人口多数的奴隶根本没有参加人民大会的权利。英国于1649年5月19日成立资产阶级共和国,过了259年,到1918年才通过《国民参政法》,给予30岁以上的妇女以选举权,1969年才把选民年龄从21岁降为18岁。美国1787年颁布的宪法和1789年的《权利法案》,没有规定人人享有平等的权利,但却规定了保留奴隶制、种族歧视、财产、年龄限制的条款。当时美国的居民为400万人,但享有选举权的还不到12万人,印第安人、奴隶、黑人、妇女都没有

---

[1]《邓小平文选》第二卷,第2版,北京:人民出版社,1994年,第168页。

选举权。直到 1920 年美国妇女才有了选举权。1863 年美国总统林肯签署《解放黑奴宣言》,1865 年美国国会通过宪法第十三条修正案,黑人名义上才算是公民,但他们因财产、文化等限制而长期被剥夺选举权。1971 年美国才把选民年龄从 21 岁降至 18 岁。而社会主义的宪法,从一开始就规定了不分种族、性别、财产等限制的 18 岁以上的公民的选举权及其他人权。社会主义民主是占人口绝大多数的劳动人民的民主。社会主义民主毫不掩饰它的阶级性。毛泽东在 1949 年中华人民共和国成立前夕曾说:"人民是什么?在中国,在现阶段,是工人阶级,农民阶级,城市小资产阶级和民族资产阶级。"[1]主张全盘西化者津津乐道西式民主,攻击社会主义为极权政治。他们没有看到,资本主义国家对选举人的种种限制的逐步放宽,显然是受到了马克思主义的影响,也是人民斗争的结果。他们更没有认识到,资产阶级的选举民主,作为上层建筑,必然要受到经济基础的制约,仍然是资产阶级的阶级民主。在资本主义国家,资本是一切权力的权力,"有多少钱就有多少民主"。以美国总统选举为例:美国总统竞选的费用,1964 年为 2 亿美元,1968 年为 3 亿美元,1972 年为 4 亿美元,1976 年为 5.4 亿美元,1980 年为 10 亿美元,1996 年为 11.4 亿美元,2012 年为 20 亿美元,如果不是百万、千万、亿万富翁,想竞选总统,是很困难的。在资本主义国家,如果没有钱,寸步难行。这便是资本主义民主与社会主义民主的实质不同。

二是很多学者研究民主问题不得要领的重要原因之一,是他们没有弄清民主的特性。他们往往把民主的一般含义和它的具体形式混为一谈。前面谈过,像"水果""人"等概念一样,民主作为不同阶级、不同人群的主权的一种观念反映,有人民主权的共同性、一般性。这种共同性和一般性的民主,只有在无阶级社会,它的概念与实际存在才是一致的。在有阶级存在的社会里,民主都是带有阶级特色的现实具体。西方国家总是宣扬他们的民主是普世的,要求全世界按他们的民主样式改造本国的政权。但是,西方各国的民主形式也不是一样的。比如,英国是君主立宪制国家,实行的是内阁制,日本也属于这种类型。美国实行的是联邦共和制,苏联解体后的俄罗斯也属于这种类型。社会主义宪法规定的选举条件优于资本主义国家的。虽然在实际操作中有的地方由于各种人为因素的干扰,使得民主选举走了过场,但不能以偏概全,对社会主义民主持全面否定的态度。戈尔巴乔夫就是在西方国家和本国的一些学者认为社会主义不民主,苏联与纳粹德国一样,是 20 世纪的两个"怪胎"的指责声中,自感他人的指责有道理,因而才提出了人道的民主的社会主义概念,用无阶级性的一般民主代替有阶级性的具体民主,葬送了社会主义苏联。当前,资本家要实现自己的全球利益,劳动群众要以自己的面貌改造世界,而民主则成为世界两大利益群体的博弈热点。社会主义民主的内容要比资本主义民主广泛得多、深刻得

---

[1]《毛泽东选集》第四卷,第 2 版,北京:人民出版社,1991 年,第 1475 页。

多,只要社会主义在改革中不断完善具体操作方式,就能成为世界可效仿的榜样。

三是没有弄清权力的本质,影响了人们对民主问题的看法。民主的本义既然是人民主权,那么,权力问题就必然成为解决民主的核心问题。但是,由于权力看不到摸不着,学术界至今对权力问题尚没有统一认识,影响到了对民主问题的研究。权力是什么? 与人民大众有什么关系? 人们对政党、组织、个人是如何授权的? 这都是必须要研究清楚的重大问题。只有这些问题解决了,关于民主的许多疑问比如直接选举制与间接选举制、多党轮流执政与多党合作执政孰优孰劣等问题也就解决了。

对于社会主义和资本主义民主的研究,弄清以下两点是必要的:

第一,资本主义的生产是资本独裁制,这个经济基础是稳固的。资本家在企业内是国王,雇佣劳动者必须无条件地听从于生产的独裁者,否则,就会丢掉饭碗。资产阶级政党是代表大大小小的独裁者利益的,所以,在现阶段,所谓竞选只在代表资产阶级利益的人之间进行,政权不会落到雇佣劳动者手里。不过,这种状况会随着人们觉悟的提高而改变。当多数人终于认识到资本主义私有制不合理时,企业形式会改变,雇佣劳动者也可能会通过选举而掌权。

社会主义是人民当家作主的社会,有比资本主义更高的民主。但是,由于在现阶段,社会主义国家还不能跳过商品生产阶段,还必须采用资本主义用过的某些方法发展生产,使得资产阶级思想在社会主义国家具有一定的社会基础,资本主义复辟有可能发生。社会主义的经济基础和政治基础都不稳固,作为中国工人阶级和中华民族的先锋队,中国共产党坚定支持人民当家作主,要进一步完善人民主权的具体方法和形式。社会主义建设初期,中国曾用"大鸣、大放、大辩论、大字报"方式,发挥群众的主动性等,广泛发扬民主,但在实践探索中失败了。在改革开放中,我们在民主的方式方法上有很大改进,比如,改等额选举为差额选举,任命官员前进行民意测评,等等,以习近平同志为核心的党中央以铁腕治腐,改革国家监察体制,设计多重预防腐败体系,得民心,合民意,这是巩固人民民主专政的具体体现。

第二,实现社会主义民主必须循序渐进。如果像戈尔巴乔夫那样天真地认为,在现阶段可以不顾具体情况实行多党竞争的民主制,则代表各种利益群体的政党就会陷入不停的争斗之中,因而,这种民主就成为动乱的代名词。解体后苏联的一些原加盟共和国,解体后的南斯拉夫的一些原加盟共和国,从英属殖民地独立的国家埃及以及肯尼亚,被美国以独裁的名义推翻了合法政权的伊拉克、利比亚,以不民主的名义遭到打击的叙利亚等国的情况,都证明了这一点。国内发生动乱,受苦受难的是广大劳动群众,受益的是那些私利主义者、官僚、内外勾结的卖国者、买办和投机者。

当前,如何让人民对公权力实施有效的监督是支持和完善人民当家作主的一个重要方面。以习近平同志为核心的党中央已经领导我党取得了反腐败斗争的压倒性胜利,实现了多党合作的监督、人民代表大会的监督、党的纪律检查委员会的监督、舆论监督、审计监督、行政监察监督、公检法系统的监督等,对腐败现象产生了有效的遏制作用。十九大以来国家监察委员会的设立,实现了对公职人员监督全覆盖,这是习近平新时代中国特色社会主义思想的一个极其重要的方面,是对马克思主义的一大贡献。将来还可以建立更广泛的让广大普通劳动者参与的全民监督体系。

上层建筑中的军队、政府、法院、监狱等是权力行使的强力部门,如何组建好、运用好这些强力部门,对保障社会主义制度极其重要,"为人民的利益而存在",是这些强力部门的唯一使命。

为人民掌好权、用好权,是分别真假社会主义的试金石。习近平一再教育全党要以人民为中心,所以,我们必须对权力进行研究,使我们对社会主义民主问题有一个更加清醒的认识(请参阅本书第十五章)。

(五)关于社会主义初级阶段是否比资本主义高级阶段低的问题

在改革开放中,我们采用了一些资本主义国家发展生产的办法,原因是我国现在还处于社会主义初级阶段,还需要采用资本主义的一些文明成果。由于多数社会主义国家没有经历过发达的资本主义阶段,所以,一方面,社会主义带有旧社会比如封建主义和资本主义的痕迹;另一方面,社会主义的生产力还不发达,世界某些发达资本主义国家还在政治、经济和文化等领域占主导地位,社会主义要发展生产,需要与他们打交道。所以,改革开放是完全正确的。

但是,有人却说,社会主义初级阶段比资本主义阶段低得多,因而我们采用资本主义的方法发展生产力,必须从经济到政治,都要补一补资本主义的课,实行私有制、多党轮流执政、三权分立,才能赶上发达资本主义国家。这种认识,是完全错误的,苏联解体就是我们的前车之鉴。在认识我国社会主义初级阶段这个最大国情上,要坚持正确的认识。习近平总书记说:"认识和把握我国社会发展的阶段性特征,要坚持辩证唯物主义和历史唯物主义的方法论,从历史和现实、理论和实践、国内和国际等的结合上进行思考,从我国社会发展的历史方位上来思考,从党和国家发展大局出发进行思考,得出正确结论。"[1]

从理论上讲,社会主义是人类历史上一个比资本主义更高阶段的社会形态,因而,即使是社会主义初级阶段,也要比资本主义高级阶段先进。社会主义初级阶段之所以比资本主义高级阶段先进,是由于:第一,因为生产资料是公共所有的,任何人都不能凭借生产资料占有权剥削他人,因而实现了比资本主义更高的真正的平等。第二,人民是国家的主

---

[1]《习近平谈治国理政》第二卷,北京:外文出版社,2017年,第61页。

人。一方面,由于人民掌握了国家政权,人民成为国家的主人,因而社会主义实现了比资本主义更广泛、更真实的民主;另一方面,由于生产资料公有,人民成为生产资料的主人,成为生产的主人,因而劳动创造力更强。第三,与这种生产方式相适应,人人按劳动量取得报酬,消灭了特权和寄生者。为了绝大多数人的幸福,党和政府充分利用计划和市场两种手段调控生产,因而减少了资源浪费。第四,劳动者阶级用自己的世界观改造世界,促进了人类社会的文明进步。

从生产力上说,社会主义初级阶段还与资本主义高级阶段有差距。但从政治上说,社会主义初级阶段比资本主义高级阶段还要高;从文化上说,社会主义有比资本主义更加先进的思想、观念、文学、艺术,否则,就不能解释为什么实行改革开放才只有短短的 40 年,我国的科技水平、综合国力、人民生活水平就达到了一个新高度,在某些领域甚至超过了发达资本主义国家。2020 年在全国消除贫困,将成为中国共产党在世界舞台上最为光彩夺目的成就。经过改革开放的洗礼,人们已经对社会主义与资本主义认识得较为清楚了,改革开放不是一句口号,而是共产党人利用资本这个纽带在全球扩大社会主义影响力、在社会主义初级阶段实现自己目的的手段。共产党人认识到,社会主义可以以自身制度的优越性,影响资本主义国家逐渐自我扬弃,使之在今后的时间里发生巨变。

（六）关于在把握社会发展规律中前进的问题

马克思的辩证唯物主义和历史唯物主义,就是关于社会发展规律的理论,它经过马克思以劳动价值论为基础的充分论证,是我们认识社会发展规律,制定正确的路线、方针、政策的指导。

中国革命斗争史和社会主义建设史已经证明,把握社会发展规律以制定政策和策略极其重要。1840 年中国在鸦片战争中战败,人们想不通,为什么一个人口众多的泱泱大国,竟然败于万里之外的不大的英国。人们不知道,资本主义制度之所以比封建制度先进,是由于资本主义有比封建主义更多的自由、更高的民主,可以更好地发挥人的创造力,更好地促进科学技术的发展等,从而创造更多的财富。而封建主义的专制,禁锢了人们的思想和行为,从而窒息了科学技术和文化,使生产力发展缓慢。1840 年以后,中国沦为半殖民地半封建社会,人们只知道生活日艰,难以生存,有志者想改变现状,但由于他们不知道社会发展有规律,不了解中国社会的性质,主张建立"天下为公"的社会,失败是必然的。封建官僚中的洋务派,以为只要学到西方的技术,就可以振国兴邦,但帝国主义岂能容忍他国富强？在帝国主义的联合压迫下,他们的幻想破灭了。资产阶级改良派以为只要效仿西方的政体,实行君主立宪,就可以强国富民,于是发动了"戊戌变法",但他们不知道,他们与封建顽固派之间的斗争是你死我活的阶级斗争,所以,他们惨遭镇压。孙中山想效法西方建立一个资产阶级共和国,但各帝国主义国家为了把中国变成他们的原料供应地和商品倾销地,岂容中国与他们平起平坐? 在中国两千多年的封建专制制度被推翻后,帝国主义国家在中国各支持一派军阀争权夺利,连年混战,陷中国人民于水深火热之中。中国人民倍感迷茫,爱国爱民的仁人志士也百思不得其解,中国的症结在哪里? 中国的出路何在?

俄国十月革命的成功,使中国知识分子开始关注马克思主义。当中国的知识分子用马克思主义考察了中国的问题后,心中豁然开朗。原来社会发展是有规律的,人类社会发展规律是由生产力的发展水平决定的,人民是物质财富和精神财富的创造者,是历史的缔造者,人类社会最终必然要进入共产主义社会。1921年,在马克思列宁主义同中国工人运动的结合中,中国共产党应运而生。从此,中国人民在马克思主义指导下,在中国共产党领导下,使革命从自发转为自觉。共产党创始人之一的李大钊详尽地研究了马克思主义,即使站在绞刑架前,仍然坚定地认为:"试看将来的环球,必是赤旗的世界。"[1]中国人民选择了马克思主义,马克思主义也选择了中国人民。这种选择,是由中国社会的历史状况决定的,也是由中国人民在改变自己命运的革命斗争中,不断地探索—失败—再探索—再失败—再探索的过程决定的。在中国共产党成立后的短短28年间,中国人民在中国共产党的领导下,就推翻了压在中国人民头上的帝国主义、封建主义和官僚资本主义三座大山,建立了人民当家作主的中华人民共和国。中国共产党与其他资产阶级政党的根本区别是,中国共产党是按照马克思主义关于人类社会发展有规律,最终必然发展至共产主义社会的理论建立起来的顺应社会规律前进的党,而其他资产阶级政党则是只为自身谋利益的党。

由于人类社会的变革,涉及不少人的利益,会遇到既得利益者的拼死反抗,所以,即使共产党认识到了人类社会发展有规律,顺应社会规律前进,但在现实中也不是一帆风顺的。为求在总体的部署中取得每一局部的胜利,共产党还需按照社会发展规律的要求,制定正确的灵活的路线方针和政策。中国共产党在以毛泽东同志为主要领导的第一代领导集体的领导下,走适合中国特点的农村包围城市的道路,运用党的建设、武装斗争、统一战线三大法宝,制定满足广大农民渴望的土改政策,在第一次国内革命战争和抗日战争中实行国共合作等现实有效措施,终于把一个四分五裂、军阀混战的旧中国改造成了一个统一的各族人民大团结的新中国。如果没有对社会规律的把握,没有一个明晰的纲领,就不会有在这个纲领指导下的正确的宗旨、路线、办法和手段。

共产党是依马克思主义关于人类社会最终必然发展至共产主义社会的理论建立起来的,如果否定了马克思主义历史唯物主义,共产党就不可能存在。历史唯物主义是建立在

---

[1]《李大钊》传编写组:《李大钊传》,北京:人民出版社,1979年,第44页。

马克思主义劳动价值论基础之上的,如果否定了马克思主义劳动价值论,共产党也不可能存在。共产党在掌握政权后,根据马克思主义原理,实现了生产资料公有制。生产资料公有制是马克思主义关于人类社会发展前途的结论,如果否定了公有制,共产党的存在就名不副实。因此,要坚持马克思主义,必须坚持和完善以公有制为主体、多种所有制共同发展的基本经济制度不动摇。

共产党在执政后,大力发展生产力,使社会财富急剧增加,人民生活大大改善,这些成就都是以马克思主义为指导取得的。当较长的社会和平时期来临时,我们果断实行改革开放以发展社会主义生产力,这也是马克思和恩格斯在《共产党宣言》中所嘱托的:无产阶级在上升为统治阶级后,要尽可能快地增加生产力的总量,为"各尽所能,按需分配"准备条件。这说明了中国共产党是世界各政党中最有希望从自为到自觉的党。

马克思恩格斯在《共产党宣言》中说:"当阶级差别在发展进程中已经消失而全部生产集中在联合起来的个人手里的时候,公众权力就失去政治性质。原来意义上的政治权力,是一个阶级用以压迫另一个阶级的有组织的暴力。"[1]最后的结果是,"代替那存在着阶级和阶级对立的资产阶级旧社会的,将是这样一个联合体,在那里,每个人的自由发展是一切人的自由发展的条件。"[2]马克思恩格斯的话指明了共产党和社会主义的发展方向。但我们不是教条主义者,不会不顾现实情况生搬硬套马克思主义的词句。我们也不是经验主义者,不会不要理论指导随波逐流。我们既是科学主义者,相信马克思主义揭示的人类社会发展规律的正确性;又是实践主义者,相信经过正反两方面的实践所验证的真理。我们坚持以马克思列宁主义、毛泽东思想、邓小平理论、"三个代表"重要思想、科学发展观、习近平新时代中国特色社会主义思想为指导,紧密结合新的时代条件和实践要求,以新视野深化对共产党执政规律、社会主义建设规律、人类社会发展规律的探索,实现中华民族伟大复兴的中国梦。

二、经济学界对马克思主义劳动价值论的否定

我国有经济学家说,马克思主义创始人大无畏的革命精神和追求理想社会的美好愿望是应当加以肯定的,然而他们的思想仍包含着很多空想的成分,历史和现实生活业已证明,他们的许多主张也显得过于激进了。言外之意,是马克思主义不完全科学。这是目前国际国内出现的否定马克思主义劳动价值论思潮的具体反映。我们必须明辨是非,纠正反马克思主义劳动价值论的情绪,从而纠正对中国共产党、社会主义的怀疑情绪。

---

[1]《马克思恩格斯选集》第一卷,第3版,北京:人民出版社,2012年,第422页。
[2]《马克思恩格斯选集》第一卷,第3版,北京:人民出版社,2012年,第422页。

（一）企图以资产阶级经济学说取代马克思主义劳动价值论

目前西方经济学家的经济学说，多是关于技术性和具体应用性的理论与方法。比如，投入与产出、通货膨胀与通货紧缩、经理人采购指数、汇率等等，这些具体的应用性的科学成就是需要我们学习和采用的。但是，经济学一般的理论，即支撑经济科学发展的基础理论，却少之又少。自从马克思解决了价值是什么，又根据价值是什么解决了剩余价值问题之后，在一般经济理论方面经济学界几乎没有什么建树。虽然目前西方经济学最惹人眼球，被称为显学，但其基础理论中的科学成分并不多。由于我国实行社会主义商品生产，与资本主义商品生产有共同性，在改革开放后采用了资本主义的某些办法，某些资产阶级经济理论有了扩展的气候和土壤。有的经济学家大肆宣扬资产阶级的非科学的经济价值理论，是需要我们关注的。

1. 肯定生产要素价值论。自萨伊提出生产三要素即劳动、资本、土地（现在一般指机器）共同创造价值的理论至今，已经有200多年了。我国的一些经济学家认为，应该放弃马克思主义劳动价值论，转向生产要素价值论。如，有学者说："面对历史演变和当前社会经济改革和发展的现实，这种理论（指马克思主义劳动价值论——本书作者注）的先天性缺陷和根本性局限已经日益明显地暴露出来，在'深化和扩大'该理论上做文章是没有出路的，应当从劳动价值论转向包括劳动在内的各种生产要素价值论或财富论。"[1]

2. 迷信主观效用价值论和边际效用价值论。效用价值论是萨伊从亚当·斯密关于商品效用的基础上发展而来的。萨伊说，只有一个物有用时，人们才会承认这个物有价值，没有用的东西，谁也不会认为它有价值。所以，效用决定价值。因为萨伊意识到，如果不知道效用是什么，在现实中，就无法衡量其大小，所以，他提出用价格来测量价值。而价格是价值的转形，用价格衡量价值，就是用变了形的价值衡量原来的那个未变形的价值，这当然不科学。对于效用是什么，人们探索了100多年，至今也没有解决。有经济学家认为，效用是商品满足人的欲望的能力。但如何衡量效用，经济学家们始终没能找到答案。效用价值论者坚持认为，效用价值由消费者对商品效用的主观评价决定。也就是说，人们认为这种商品对人的用处大，这件商品的价值就大；认为这件商品对人的用处小，它的价值就小。比如，在市场上，同是一双鞋，对于穿上它合适的人来说，它有用，就会出钱买；而对于穿上它不合适的人来说，白给也不要。有的有钱人买一双鞋可能会出几千元，有的没钱人买一双鞋可能只愿出几元，两种鞋的价格可能相差上千倍，但效用则是相同的。这种情况，只能用人对鞋的效用的主观评价来说明。但是，我们也可以反问：你去买鞋，尽管你说人家的鞋只值几分钱，卖方是否就真的把价值几百元的鞋按几分钱就卖给你了？如果

---

[1] 转引自朱妙宽：《马克思两大发现新探》，哈尔滨：黑龙江人民出版社，2006年，第203页。

商品的价值真的是由人的主观评价来决定,那么,市场上的同类商品就不会有一个大致相同的价格。

有的经济学家从效用无法精确计量而只能从人的主观判断出发,认定效用就是商品的使用价值,因而把使用价值等同于效用。也就是说,使用价值就是价值。如此一来,还谈什么价值研究,还谈什么经济科学?

可能是由于主观效用价值论的缺陷太大,于是有的经济学家企图借助马克思对劳动进行抽象的方法,从不同的使用价值中抽象出一个同一的效用来。但是,长度的基本单位是米,重量的基本单位是千克,力的基本单位是牛顿,功的基本单位是焦耳,马克思抽象劳动的价值单位是时间的"时、分、秒",效用单位是什么? 效用价值论者解决不了这个问题。

效用价值论的基本问题即如何计量的问题不能解决,于是,有资产阶级经济学家又提出了边际效用价值论。他们说,商品的价值是由人们所需要的最后一个商品的效用决定的,最后一个即是"边际",所以叫边际效用价值论。

效用价值论和边际效用价值论,受到了某些马克思主义者的称赞。例如,伯恩斯坦(1850—1932年)就曾认为马克思主义劳动价值论抽象掉了商品的效用,边际效用价值论者庞巴维克抽象掉了商品由劳动创造这一事实,因此应该把他们二人的学说结合起来,互补缺陷。我国有经济学家认为,斯密在《国富论》中说,水是生活必需品,对人的价值极高,但价格极低;钻石是奢侈品,对人的价值并不高,但价格很高。这一矛盾现象,被称为"价值之谜",或"斯密难题"。边际效用价值论可以解决斯密在《国富论》提出的"水与金刚石的价值悖论"难题,因而价值之谜就不是谜了。因为尽管水是必需品,效用大,但其数量极多,边际效用几乎是零,如果不是在沙漠这类缺水的地方,水的供给大于需求,价格低是正常的。钻石虽然效用不大,但数量极少,边际效用高,钻石供给小,总供给远远少于总需求,价格高当然正常。

3. 赞同均衡价值论。均衡价值论是英国经济学家马歇尔(1842—1924年)在1890年出版的《经济学原理》一书提出的。他认为供给和需求平衡时的那个价格,就是商品的价值。商品的价值由需求与商品效用以及人的主观因素共同决定。市场上的讨价还价现象就是需求者的主观因素的表现,买卖双方讨价还价,最后的价格双方都满意,此时的价格就是商品的价值。实际上,马歇尔是以价格代替价值,即使这样的价值,也是由主观、效用、供求几个方面决定,既不科学也与事实相悖。假如商品的市场价格是由卖家和买家的主观因素决定的,没有内在规律的强制作用,则卖家都想卖极高价,买家只想出极低价,二者可能永远谈不出一个均衡价格来。

资产阶级经济学家如凯恩斯,为了反对马克思主义劳动价值论,非常赞赏马歇尔的均衡价值论,不过他主张用国家干预的办法,使商品的供求达到均衡状态。1929—1933 年资本主义经济大危机之后,美国总统罗斯福对经济进行国家干预,实行国家宏观调控,这就是罗斯福新政。这也是对凯恩斯理论的验证。实际上,国家对商品生产实行宏观调控就是对商品的计划性生产,这是马克思在《资本论》中指出的资本主义生产发展的趋势,这从另一方面证明了马克思主义劳动价值论的正确性。这次大危机使资本主义国家的生产倒退了 20 年,相反,同期的社会主义苏联的经济却高速发展,罗斯福新政受到了苏联经济的影响是不争的事实。因此,对社会生产进行宏观调控、微观放活,表达了计划经济和市场经济相结合的时代特征。

我国的一些经济学家,也很推崇马歇尔的均衡价值论。比如,有人在肯定生产要素决定供给侧商品的价值后,又说它的另一个侧面是包括生产需求和消费需求的价值决定,供给和需求的均衡才是商品价值的完整法则。在市场上,一个商品在卖家来说,是供给,它有一个价值;这个商品,在买家来说,是需求,它又有一个价值。同样是这个商品,可以因此而具有不同的价值,难道这也是科学?

4. 鼓吹知识价值论与科学技术价值论。科学技术和管理劳动在价值创造中的贡献越来越大,活劳动耗费越来越小,因而有一些学者提出知识价值论和科学技术价值论。他们认为,作为第一生产力的科学技术劳动,是一种高智能的劳动,不但可以生产出自身的价值,还可以创造出更多的新价值。但他们仅仅是以一种论断的方式提出了问题,并没有对此进行论证。也有学者认为,马克思的劳动价值论是假定生产商品的劳动是简单劳动,其中没有知识、科技和管理。有学者反驳说,马克思对于科学技术和管理劳动、复杂劳动是倍加的简单劳动,脑力劳动者与体力劳动者是受资本家剥削的"总体工人"等论述,都说明了马克思主义劳动价值论并不排斥科学和知识,要对其进行挖掘和拓展。于是,有学者进行再反驳:试图通过拓展内涵来扩大马克思主义劳动价值论的适用范围,是不足取的。"持此观点的少数人显然认为,这样的'拓展论'两全其美,既能肯定科学技术工作和经营管理的作用,从而使现实需要得到了某种满足;又可坚持劳动价值论,因为所涉及的只是劳动概念内涵和外延的扩展。"[1]"人们面对此类论证的感觉与其说是可喜,不如说是可悲。就算这种拓展真是想要承认科学技术工作者和经营管理工作者也应列入价值创造者之列,这种承认也来得够晚的了。就承认经营管理者的地位来说,比西方经济学要晚至少100 年,因为早在 19 世纪 90 年代,英国新古典经济学最大代表者马歇尔就已经系统地论证了这一点并被西方主流经济学所接受和继承。如果就肯定科学技术工作的作用来说,则至少晚了 200 年,因为早在 1803 年法国经济学家萨伊就论证了这一点,虽然是在比较

---

[1]晏智杰著:《经济价值论再研究》,北京大学出版社,2005 年,第 79-80 页。

原始和粗糙的形态上。"[1]这种否定马克思主义劳动价值论的认识,对人们的共产主义信仰的影响不可低估。

5. 主张以价格论取代价值论。有人认为价值就是价格。持这种观点的人过去有,现在也有。比如瑞典经济学家卡塞尔于1926年在《经济学之数量研究论》中,主张把价格当作价值研究。现代也有很多著名经济学家认为价格就是价值,比如美国的经济学家萨缪尔森认为,价格就是生产成本,生产成本就是价值。也就是说,价格就是价值。他认为,国内生产总值(GDP)是一大发明,各国都以GDP作为衡量经济发展的标准,世界通用,很简便也很实用,而GDP就是以价格为基础进行统计的。所以,与其大费精力考查虚构的价值,不如直接考查价格。

6. 散布其他流派的经济学说。还有不少经济学流派企图否定马克思主义劳动价值论。比如,垄断价值论者认为,拥有垄断权力者可以垄断商品的生产和商品的价格以获取垄断利润,这时,其他的商品垄断者会与之竞争,与垄断权力相抗衡的力量如消费者、劳动者会联合起来对之反击,如进行罢工、组织消费者协会等与之对抗,结果会使市场价格保持在均衡状态,这个处于均衡状态的价格就是价值。这种说法其实是均衡价值论的另一种说法。虽然利用权力可以造成垄断,这种垄断是造成社会分配不公的一个重要因素,但它没有说明价值是如何产生的,商品的价值是如何决定的,又把价格、价值相混淆,当然也不科学。

以加尔布雷斯为代表的美国新制度经济学派认为,美国的社会经济存在着"二元体系",即"市场体系"和"计划体系"。大公司规模大,拥有生产主动权,可以用计划原则代替市场竞争,可以挤垮受市场支配的众多中小企业。所以,在当今资本主义社会里,两大体系之间的矛盾成为经济生活中的主要矛盾。这个学说涉及了权力对经济生活的影响,但没有说明权力与价值创造、价值决定和价值实现的关系。有学者以垄断经济学和新制度经济学为依据,攻击我国关于以公有制经济为主体、多种所有制经济共同发展的基本经济制度。

凯恩斯把生产要素价值论、劳动价值论、均衡价值论综合起来,提出了国家干预经济的宏观调控学说,试图解决资本主义国家经过若干年就要发生一次大的经济危机。实际上,这不是关于价值的学说,而是价值学说与权力如何结合起来在实际生产生活中的应用。国家干预下的宏观调控也是计划。凯恩斯是反对马克思主义的,但经济发展的规律逼迫他不得不按马克思主义办事。

萨缪尔森曾在20世纪60年代担任过美国总统经济委员会委员,还得过诺贝尔经济

---

[1]晏智杰著:《经济价值论再研究》,北京大学出版社,2005年,第80页。

学奖,他的经济理论对美国和我国的许多经济学家影响很大。

萨缪尔森的理论,是把要素价值论、边际效用价值论、均衡价值论、劳动价值论结合起来,解决资本主义生产遇到的现实问题。如他认为可以通过财政赤字增加投资,使不充分就业达到充分就业,国民收入的增加,导致消费的增加,又会影响下一轮投资。国家的宏观调控需要和市场经济相结合,使市场供需均衡,形成均衡价格。因为他认为价格就是价值,因而他也就认为马克思主义劳动价值论是多余的,与其大费精力考察虚构的价值,不如直接考察价格。也就是说,没有必要研究价值,只要研究价格就可以了。

尽管萨缪尔森和他所代表的资本家们不知道这种表象背后的实质,但他们是实用主义者,一切有利于剥削的手段他们都会运用的。他的这种理论为资本家利用价值进行国内剥削和世界性剥削提供了一种手段和便利。不过,萨缪尔森想不通,抽象劳动怎么会是同质的劳动,为什么要下大力气研究价值。既然想不通,就应该去思索其中的道理。但是,他却不是这样,而是攻击科学的马克思主义劳动价值论,这说明他带有阶级偏见。我国的经济学界有些人在推崇凯恩斯和萨缪尔森的同时,对马克思主义经济学说予以否定,这是没有远见的表现。其实,越是对经济学研究得透彻,就必然越能感受到马克思主义劳动价值论的科学和伟大。萨尔缪森在他的晚年,可能是对价值问题研究得较为深入的缘故,终于带着崇敬的心情,称马克思为伟大的经济学家,并借用另一史学家的话说:"马克思对全人类有如此坦率、准确和强有力的影响。"

7. 推崇新自由主义。在经济领域,新自由主义是相对旧自由主义而言的,也是相对于国家干预主义而言的。旧自由主义是指以亚当·斯密为代表的古典经济自由主义和以马歇尔为代表的新古典经济自由主义,其经济主张是自由竞争、自由市场,由看不见的手即在自由竞争中由市场按价值规律进行资源配置,反对政府对经济生活的干预。直到1929—1933年爆发资本主义经济大危机之前,旧自由主义一直处于主流地位。经济大危机爆发后,凯恩斯否定了传统的经济理论,否定了"供给自行创造需求"的萨伊定律,提出了国家干预和扩大财政赤字增加投资以创造就业岗位的理论。第二次世界大战后,凯恩斯理论成为西方主流经济学,成为各主要资本主义国家推行经济政策的指导思想。但是,进入20世纪70年代后,各主要资本主义国家推行的凯恩斯主义经济政策的问题显现出来,财政赤字急剧上升,失业增加,经济增长停滞不前,通货膨胀恶化,即所谓"滞胀",凯恩斯理论受到质疑。在社会主义国家,苏联计划经济的黄金时代也已结束。此时,一直反对凯恩斯国家干预主义和社会主义公有制与计划经济,主张市场经济和自由主义经济的奥地利经济学家、新自由主义学派的代表人物哈耶克(1899—1992年),货币主义学派的代表人物、美国经济学家弗里德曼(1912—2006年)粉墨登场。哈耶克于1974年获得诺贝尔经济学奖,弗里德曼于1976年获得诺贝尔经济学奖,因而他们的思想迅速成为国际性潮流。由于西方经济学没有一个基本理论支撑，学派众多，后来人们把凡是基于个人主义的"经济人"假设、主张自由市场经济、反对政府干预，主张私有化、反对公有制的理论都称为新自由主义，比如，把以拉弗为代表的供给学派，以卢卡斯为代表的理性预期学派，以科斯为代表的另一新制度经济学派等都归于新自由主义经济学派。

新自由主义理论的试验基地是英国和美国。20世纪70年代末英国撒切尔政府组建后，掀起了一股私有化浪潮。1980年美国里根政府开始实行供给学派的主张。虽然撒切尔夫人的自由经济政策造成了严重失业和贫富不均，但也缓解了英国的经济危机，经济也有所发展。里根政府抑制了通货膨胀，经济也获得了增长。20世纪80年代，由国际货币基金组织、世界银行和美国政府针对拉丁美洲的金融危机，提出了尽快私有化、最大自由化的结构性改革主张，这便是"华盛顿共识"。"华盛顿共识"不仅影响了第三世界发展中各国，对社会主义国家的影响也是巨大的，东欧剧变、苏联解体就是这一思潮主导经济体制改革的直接后果。

我们应该清醒地认识到，马克思主义的一个重要原理是，经济是基础，经济问题可以化为政治问题，新自由主义也不例外。新经济自由主义也逐步地演变为资本主义国家的意识形态和价值观，它与古典政治自由主义结合，产生了新政治自由主义思潮。新经济自由主义与新政治自由主义结合形成的新自由主义思潮的特点是，宣扬私有化、市场自由化，以资本自由流动、自由剥削为核心，以强调人权为前提，以强权、战争为依托，以民主化为借口，以摧毁社会主义为目标，肆意干涉别国内政，以实现资本的利益。经济自由主义的发展与资本主义的发展阶段相吻合：在自由资本主义阶段，是古典的经济自由主义；在垄断阶段，是凯恩斯主义；在资本主义世界性扩张阶段，是新自由主义。新自由主义在20世纪80年代之所以还能取得一些效果，是因为它适应了资本全球化扩张初期冲破各国壁垒的要求。它之所以现在会遭到挫折，一方面，仍然由资本主义私有制与生产社会化的基本矛盾所引发的；另一方面，因为国际性金融垄断集团不希望别国的金融自由化。资产阶级经济学家把价值问题搞得越复杂，他们就会利用货币工具把世界经济搞得越糟，更会利用强权把世界秩序搞得越乱。不过，由于他们的理论不是科学，他们的各种骗术终将随着马克思主义经济理论的发展而被人们所识破，社会主义也会被越来越多的国家所效仿。

（二）对马克思主义劳动价值论基本原理的直接否定

因为马克思主义劳动价值论是实实在在的科学，所以，马克思主义劳动价值论成为劳动人民战胜资本主义的强大思想武器。但是，由于我们建设社会主义的经验不足，生产力发展不尽如人意，于是我们实行改革开放，发展商品生产，允许民营经济的发展，商品增多，极大地丰富了人们的生活。这是中国共产党人对马克思主义的坚持和发展。然而，有些经济学家利用我们创造性地运用马克思主义理论解决现实问题取得的成就，作为否定马克思主义劳动价值论的依据,宣扬资产阶级经济学说,否定马克思主义劳动价值论的基本原理。

1. 否定马克思的劳动二重性学说。马克思的劳动二重性学说被否定,则马克思主义劳动价值论立论的基础被否定,马克思主义劳动价值论便不复存在。有人质疑说:"劳动二重性学说是建立劳动价值论的重要理论依据,马克思的劳动价值论其实就是抽象劳动创造价值论。恕我直言,劳动二重性学说是难以成立的,我早就对此提出了质疑。'劳动'是对各种不同劳动所具有的共同点的概括,它已经是一个抽象概念,而且是劳动这个领域中最高级的抽象。可以在劳动这个概念之下,依据不同标准或角度对它作出具体的划分和分析,例如依据部门划分为工业劳动、农业劳动、商业劳动等;依据形态划分为体力劳动和脑力劳动等;依据同自然资源的距离划分为不同梯次的产业部门的劳动等。然而却不能在劳动范畴之内对劳动本身再作抽象,例如得出所谓具体劳动和抽象劳动之类的划分,否则就会导致抽象过分而失去其合理性,成为空洞的没有意义的抽象。试以'人'这个概念为例。'人'已是一个抽象概念,它概括了各种不同人的共同点,可以在这个概念之下依照人种、性别和国别等对人作出不同的分类,但却不能在人的范畴之内对它再进行抽象,得出什么具体人和抽象人一类不合理的概念。问题的症结在于,劳动总是实际的而不是空洞的,总是由人运用工具(哪怕是原始的简单工具)加工劳动对象生产产品或提供生产和生活服务的过程。没有离开这些实际内容和具体过程的'抽象劳动',也没有不花费人的脑力和体力支出的'具体劳动',两者总是合而为一和不可分割的,分割开便失去了意义,更不可能设想它们还会各司其职。在市场经济条件下,劳动可能具有私人性和社会性一类的二重性,但是没有具体和抽象这样的二重性,更没有前者只管转移旧价值,后者专管创造新价值这回事。"[1]

马克思对劳动是否抽象过度?当然不是。因为劳动可分为许多层次,许多方面,但要把握某一层次和某一方面的共性,必须用抽象的方法。马克思为了使人们明白无误地知道他所说的劳动是用抽象方法把握的具体劳动的最高层次的共同性,所以用"抽象劳动"来概括,并与具体劳动联系起来认识劳动创造财富的过程,很正常也很合理,没有什么不妥。

关于哲学的不少原理,并不是学习了一点书本知识的人都必然懂得。事物的一般性、共性必须与具体相联系而存在,但一般性、共性也可以作为抽象概念独立存在。有的人割裂了一般性和具体性,有的人认为事物只有具体性而没有一般性,他们都分不清一般性和具体性的关系。这种情况在日常生活中常常遇到。比如,有人质问不负责任、态度恶劣的

[1]晏智杰著:《经济价值论再研究》,北京:北京大学出版社,2005年,第67页。

官员：“你口口声声说为人民服务，但你这是啥态度？”官员回答：“我是要为人民服务，但不是为你这样的人服务。”官员就是把“人民”概念独立化了，把“人民”这个抽象与具体人的联系割断了。他不知道我党“为人民服务”的宗旨，是为千千万万个具体的人服务的。我们说，共产党是无产阶级的先锋队，共产党员要忠于党。这里的“党”，就是一个抽象概念，是千千万万个具体的共产党人的共同点的抽象，是共产党员不同于其他政党党员的特点的抽象。不联系具体的党员，党就什么也不是；只有具体的党员，没有这些党员共同点的抽象，也就没有党。那些党内的腐败分子，是具体的个人，但是，由于他们失去了与众多党员所具有的共同性，因而他们已经把自己清理出党了。因此，党既是独立的又是与具体党员相联系的概念。当我们说，党领导中国人民推翻了压在中国人民头上的三座大山时，就是说千千万万个具体的党员按照共同的理想、信念，共同行动所取得的结果。我们难道可以质问：抽象的“党”怎么还会有领导能力？具体的党员与抽象的党还会各司其职？

对于马克思关于价值新发现的否定，不仅有质疑马克思主义劳动价值论的学者，也有坚决维护马克思主义劳动价值论的学者。例如，一位著名的坚持马克思主义的理论家在回答记者关于《资本论》的价值论让人搞不懂的问题时，他说价值是马克思抽象出的“幽灵”，“价值理论是《资本论》的基石。但是在写作方法上，马克思使用了所谓黑格尔的‘辩证逻辑’——实际上是误用。因此这一章格外晦涩而难懂。”[1]“马克思认为，黑格尔逻辑的特征是认为抽象的东西（理念）创造具体的东西。而正确的认识原则，则是由具体的东西，创造抽象的东西。他将这一原则用于价值分析，从具体的价值中分离出抽象的价值。又用抽象的价值去说明资本主义的发生史。”[2]“实际上，价值分析完全不必要采用这种抽象神秘（故弄玄虚）的叙述方法。”[3]在回答关于马克思的劳动二重性原理时他说：“所谓‘具体劳动’与‘抽象劳动’。事实上，哪有什么‘抽象劳动’？这里也有一个语言的陷阱。”[4]“所谓语言陷阱，就是说，并不是真的存在什么抽象劳动。马克思所谓‘抽象劳动’，其真实含义是指社会分工，以及由于社会分工而造成的劳动产品的交换过程。正是这种交换过程，使具体劳动被通约为抽象的，即可以交换的。”[5]这样的说法又回到了斯密的价值概念有两种含义上去了。价值虽然独立存在，但已不是一种实体，而是一种虚幻，一种符号，可以有多种意义，经济价值也就成了交易价格。显然，这种既同意资产阶级经济学价值理论，又反对资产阶级经济学说，把马克思的《资本论》只当成道义之作的说法，是错误的。

［1］何新著：《思考：新国家主义的经济观》，北京：时事出版社，2001年，第159页。

［2］何新著：《思考：新国家主义的经济观》，北京：时事出版社，2001年，第159页。

［3］何新著：《思考：新国家主义的经济观》，北京：时事出版社，2001年，第159-160页。

［4］何新著：《思考：新国家主义的经济观》，北京：时事出版社，2001年，第161页。

［5］何新著：《思考：新国家主义的经济观》，北京：时事出版社，2001年，第161-162页。

2. 否定用劳动时间做价值的计量单位。有学者企图用知识经济来否定用时间计量价值这个经济学基础,如此,则马克思主义劳动价值论就失去了计量的科学性,马克思主义劳动价值论当然也不复存在。比如,有位学者说:"当一些人预言西方正走向衰落之际,一场在二战后兴起的以计算机技术、生物技术、原子核能等为标志,涵盖了生命、能源、海洋、空间、材料、环境各技术领域的新的科学革命,却使西方经济峰回路转,已在美国创造了96个月的持续增长。人们惊奇地发现,一种新型经济即以高科技为主导的'知识经济'已悄然问世。更重要的是,这次科学革命,由于很好地解决了科学由潜在生产力转变为现实生产力的中间环节问题,已把科学技术由一般生产力提升为'第一生产力',脑力劳动正在取代体力劳动成为获取财富的巨大源泉,劳动时间已不再是并且必然不再是判断价值的尺度。这就向世人宣示:几千年来人类主要以直接劳动作为财富的巨大源泉的时代正在悄然逝去,一个新的以知识生产力为伟大动力的时代正在到来。"[1]"这样看来,刚刚开始的'高科技革命'就不仅是要对过去1000年的发展作出总结,也是要与以往的历史揖别,以便踏上新的征程。"[2]

宣扬"知识经济"以否定人民群众是创造历史的动力的马克思主义原理,成为一种潮流。脑力劳动者对人类财富的创造贡献巨大,这是不可否认的。但是,脑力劳动如果不与体力劳动相结合,人们头脑中的抽象思维如何变为人们可吃可用的现实物品?科学研究是进行抽象思维的工作,而技术是进行操作的工作,人类现在的高科技,正是人类有史以来知识积累的结果,也是体力与脑力相结合的劳动所产生的结果。科学研究工作和技术工作是两种劳动方式。技术工作是一种新型的体力劳动。把科学与技术混同于纯科学研究,以贬低技术工人的地位,否定马克思主义劳动价值论,从而否定社会主义制度,是肤浅的。

企图利用"知识经济"、脑力劳动和科学技术对财富创造的贡献,来否定劳动价值用劳动时间计量的马克思主义劳动价值论,也是轻率的。价值问题是经济学科学的基本问题之一,要使经济学成为真正的科学,价值就必须有一个计量单位。因为时间是一切使用价值的同一性,劳动时间的长短能够衡量劳动创造的使用价值的多少。人们用劳动生产率=劳动产品数量÷劳动时间这个公式,比较劳动功效的大小。离开了劳动时间,得不出劳动效率的高低。不论科学技术如何发展,劳动时间都是衡量劳动效率的依据。如果劳动时间不再是并且必然不再是判断价值的尺度,那么,经济学界还有其他的工具可用吗?该文的作者并没有提出新的价值计量单位,因而他的这种说法只能说是一种论断。笔者不否认,价值可能还会有别的计量单位,但这样的单位需要通过艰苦的探索去发现。迄今

[1]何顺果:《劳动时间不再决定价值——千年经济回眸》,《人民日报》1999年12月10日第7版。
[2]何顺果:《劳动时间不再决定价值——千年经济回眸》,《人民日报》1999年12月10日第7版。

为止,人们还没有发现另外的价值计量单位是什么,在这种情况下,怎么能否定用时间计量价值呢? 即使人们发现了适合其他情况的另外的价值计量单位,时间作为价值的计量单位也不会过时,更不是错误。

资本主义的新科技革命,使资本主义发生了许多变化,但不能因此说资本主义优于社会主义。当代西方发达国家科技的迅猛发展,是资本主义自我否定扬弃过程的必经阶段。固然社会不能跳过也不能用法令取消其自然发展阶段,但人也不是在社会的发展进程中无所作为的。人们如果认识到社会发展的进程,可以在顺应社会发展进程中采取措施,加快社会的发展。从现存世界看,社会主义正在实践中,资本主义正处于自我否定阶段,二者的相同点、相近和相似点越来越多,世界最后发展至更高形态的社会阶段不可避免。截至 1999 年,美国曾有 96 个月的经济增长,但新中国 50 年(1949—1999)的经济快速增长从未停止。改革开放以来,中国没有放弃社会主义制度,经济增长更快。1949 年 12 月,全国全部工业资金只有 91 亿元(不包括手工业),[1]到 2015 年,经济总量已达世界第二。中国没有靠掠夺、战争、屠杀发家,也没有发生经济危机,更没有利用世界货币的便利操纵利率、汇率发财。中国人没有掠夺的细胞和基因,美国则不然,有学者统计,在美国的推动下,2007 年全球金融衍生品达 676 万亿美元,相当于全球 GDP 的 12 倍。[2] 2002 年到 2007 年美元贬值 20.6%,5 年中仅美元贬值一项,全球就有 1.3 万亿美元的财富无形中流入美国。[3] 美国的经济发展方式和它的民主自由模式,不是世界其他国家可以复制的。我们实行改革开放的一个重要任务,就是要探索出一条中国式的经济发展和民主自由之路。马克思认为,资本会调动科学、自然界和社会结合与交往的一切力量,缩短创造财富的必要劳动时间,增加剩余劳动时间,这种剩余劳动时间应该是劳动者个人自由发展的时间,但是在资本主义制度下,被资本占有了。随着生产力的发展,社会财富巨大涌流,人们自由时间的增加,人的全面发展,由少数人奴役多数人的情况将发生改变,那时,实行"各尽所能,按需分配"的共产主义原则成为必然,人们也才不再用时间计量价值进行等价交换。马克思说:"一旦直接形式的劳动不再是财富的巨大源泉,劳动时间就不再是,而且必然不再是财富的尺度,因而交换价值也不再是使用价值的尺度。群众的剩余劳动不再是一般财富发展的条件。同样,少数人的非劳动不再是人类头脑的一般能力发展的条件。于是,以交换价值为基础的生产便会崩溃,直接的物质生产过程本身也就摆脱了贫困和对立的形式。个性得到自由发展。因此,并不是为了获得剩余劳动而缩减必要劳动时间,而是直接把社会必要劳动缩减到最低限度。那时,与此相适应,由于给所有的人腾出了时间

---

[1]马齐彬、陈文斌等:《中国共产党执政四十年》,北京:中共党史资料出版社,1989 年,第 9 页。
[2]《学习时报》2008 年 11 月 3 日第 2 版。
[3]杨玉玲:《金融危机与国家安全的历史审度》,《光明日报》2008 年 12 月 11 日第 9 版。

和创造了手段,个人会在艺术、科学等等方面得到发展。"[1] 显然,社会目前还没有发展到这一阶段,劳动时间仍然是衡量财富创造的尺度。马克思还认为:"即使交换价值消灭了,劳动时间也始终是财富创造的实体和生产财富所需要的费用的尺度。"[2] "不言而喻,随着雇主和工人之间的社会对立的消灭等等,劳动时间本身——由于限制在正常长度之内,其次,由于不再用于别人而是用于我自己——将作为真正的社会劳动,最后,作为可以自由支配的时间的基础,而取得完全不同的更为自由的性质。这种同时作为拥有可以自由支配的时间的人的劳动时间,必将比役畜的劳动时间具有高得多的质量。"[3] 即使在阶级对立消灭后,时间仍然是计量劳动成果簿的工具。马克思的预言已经逐步成为现实。虽然各国的劳动时间都在缩短,人们的自由时间增加,文化水平提高,但各国无一例外地都还在采用劳动时间计量财富。

3. 否定马克思关于雇佣劳动与资本的根本命题。资本家如何剥削雇佣劳动是马克思主义的根本命题。马克思穷毕生精力所研究的《资本论》所论证的,就是资本家的财富不是节欲节省的,而是通过生产资料占有权剥削来的。生产资料私有制是有利于资本家获得剩余价值的最佳制度,是实现社会平等、公正、公平、民主、自由的最大障碍。资本主义不是永恒的,必然要被共产主义所代替。如果马克思的命题不正确,一个必然的逻辑推论就是:马克思主义经济学是胡说,社会主义不应该出现,共产党不应该为人民群众翻身做主人进行艰苦卓绝的斗争,工人阶级不应该与资本家平起平坐,人世间根本就没有什么平等、公正、公平、民主、自由。有学者以探讨"是什么因素决定市场经济中企业委托权即所有权的安排"立论,企图证明马克思关于雇佣劳动与资本命题的荒谬性。问题是这样提出的:"为什么资本雇佣劳动而不是劳动雇佣资本?为什么企业家监督工人而不是工人监督企业家?为什么资本所有者选择经营者而不是工人选择经营者?什么因素决定在均衡中什么人将成为企业家?"[4] 然而,回答这些关于资本主义现状的问题,如果站在资本家的立场上,必然肯定这些现状是合理的,探讨的结果也必然是维护资本主义私有制,认定资本家剥削合理,工人受穷应该。如果站在广大劳动人民的立场上,就会肯定是劳动创造了世界,探讨的结果必然是资本主义剥削不合理。如果以科学的态度对不合理剥削的原因进行探讨,必然得出马克思的结论:这种不平等、不公正、不公平是由生产资料私有制造成的。

该文认为,在市场经济中,制定经营决策是最重要的,企业家是最善于制定决策的人,

[1]《马克思恩格斯全集》第31卷,第2版,北京:人民出版社,1998年,第101页。
[2]《马克思恩格斯全集》第35卷,第2版,北京:人民出版社,2001年,第230页。
[3]《马克思恩格斯全集》第35卷,第2版,北京:人民出版社,2013年,第230-231页。
[4] 张维迎著:《企业的企业家——契约理论》,第2版,上海:上海人民出版社,2015年,前言第7页。

而人群中具有高超决策能力的人并不多。企业家在制定决策的同时,还必须承担决策的风险,这个风险就是拿剩余收入而不是合同收入。那么,哪种企业决策者是真正具有企业家素质的人?该文说:"我们所观察到的资本主义企业制度就是自由市场为解决这个问题而作出的制度安排,它不是法律的选择,而是竞争演化的结果。简单地说,'资本雇佣劳动'是一种能够保证只有合格的人才会被选做企业家(经营者)的机制。"[1]该文认为,企业家是企业最有价值的人,占有剩余价值天经地义,企业家成为资本家,是历史自然演化的结果。既然资本主义制度这么合理,因而"解决国有企业的经营者选择问题和长期激励问题的唯一出路是对国有企业实行民营化,创造出真正的所有者"[2]。也就是说,社会主义国有企业必须私有化才有出路。对于马克思主义政治经济学,该文说得很直白:"在中国,政治经济学是主流,并不是因为它的解释能力最强,经济学家都可以应用它来对经济学作出贡献,而是因为特殊的制度约束使经济学家不可能选择其他理论。"[3]

否定马克思主义经济学为资本家辩护的观点理所当然地遭到马克思主义者的反驳。余斌教授撰文说:"马克思早就指出:'正是非劳动者对这种生产资料的占有,使劳动者转化为雇佣工人,使非劳动者转化为资本家。'(注:《资本论》第三卷,人民出版社,2004年,第49-50页。)这本来是一个早已解决的问题。但是受资本支配的西方经济学却无法接受,于是,为什么是资本雇佣劳动而不是劳动雇佣资本,这样一个完全等同于同样简单的为什么是奴隶主奴役奴隶而不是奴隶奴役奴隶主的问题,竟成了一个长期困扰西方经济学家和其他西方学者的重要问题。"[4]该文作者企图用现代数学手段证明资本雇佣劳动是合理的,但这样的证明是不成立的。余斌教授从历史逻辑即马克思所指出的资本原始积累的血腥,说明了资本家和雇佣工人的命运绝不是自然选择的结果,资本主义私有制,是以劳动者被剥夺为前提的。这个问题,只要看一看《资本论》第一卷的资本"所谓原始积累"一章就会明了。从现实逻辑即资本家之所以成为资本家、工人之所以成为工人看,并不是只凭自身经营能力这一个因素所决定,经营能力也不因富人的富有就比穷人更强。这位学者的数学模式不但是在既定的资本雇佣劳动的基础上自我循环论证,而且根据其模式反而推导出"越是收益好的项目,越借不到款;而收益率仅相当于市场利率的项目,却是人人争相放款的香饽饽。这一结论与现实如此相悖,以致不得不宣布它在现实逻辑上的破产"[5]。

有人可能疑问:社会上有那么多个体户和私有企业,有的发达了,有的破产了,难道不

[1]张维迎著:《企业的企业家——契约理论》,第2版,上海:上海人民出版社,2015年,序言第2-3页。
[2]张维迎著:《企业的企业家——契约理论》,第2版,上海:上海人民出版社,2015年,序言第3页。
[3]张维迎著:《企业的企业家——契约理论》,第2版,上海:上海人民出版社,2015年,第310页。
[4]余斌:《资本雇佣劳动的逻辑问题——与张维迎先生商榷》,《东南学术》2003年第1期。
[5]余斌:《资本雇佣劳动的逻辑问题——与张维迎先生商榷》,《东南学术》2003年第1期。

是因为个体的能力差异造成的？难道企业家不是稀缺资源吗？这里有几个问题需要弄清楚。一是在马克思那里，资本家与企业家二者是分得很清楚的。在《资本论》第九章，马克思专门谈了这个问题。"货币或商品的占有者，只有当他在生产上预付的最低限额大大超过了中世纪的最高限额时，才真正变为资本家。"[1]马克思用演算的方法说明了一个货币持有者必须雇佣一定数量的工人，才能使自己的生活资料和生产资料全部由剩余价值所转化，只有这时他才成为资本家。资本家是依靠占有生产资料剥削雇佣劳动的人，是不劳而获者。资本家可以不劳动，不参与经营活动。而企业家或经理，则可能是资本家雇佣的，是资本家雇佣的高级工人。如果是资本家兼经理，则资本家既是剥削者，又是劳动者。马克思所反对的是资本的剥削，是不劳而获的资本家，而不是一般的经营者，包括参加管理劳动的资本家。企业家是人才，就像科学家和社会管理者一样，按照社会主义按劳分配原则，依据生产经营状况获得收入，但绝不捞取由包括经营者在内的多数劳动者创造的剩余价值。因此，企业家并不必然演化为资本家，更不等同于资本家，不能把资本雇佣劳动混同于企业家聘用劳动者。二是在现阶段，并不是每个人都有充裕的创业资金。比如，银行并不是无条件放贷，并不是每个人都处于自由的平等竞争的创业环境中。善于经营只是成功的一个因素，并不是只要善于经营就可以成为企业家，进而成为资本家，不善于经营就必然成为雇佣劳动者。在现今社会，人生的起点不同、过程不同所导致的结果不相等是客观存在，人的成功与否不能说与个人天赋没有关系，但与社会分工、家庭环境、社会环境关系更大，更为直接。或者用马克思主义经济学的术语说，是社会生产方式、生产关系、社会关系决定着人生起点。社会环境并不是人所能选择的。有的人起点低，比如穷人家的孩子上不起学，并不是因为他的智力水平低，而是他没有与别人一样的学习条件；有的人可能因家庭遭遇突发事件而处于与别人不平等竞争的地位，使他失去了创业的机遇；有人因掌握人、财、物大权，给子女创造了发财的机会；有人因贪污受贿而积累创业资本；有人因为造假售假、拐卖妇女儿童、欺行霸市、强买强卖掘了第一桶金而成为资本家；等等。绝大多数的打工仔，即使有经营才能，也因为他们要养家糊口而积存不下足够的创业基金，不能成为企业家，进而成为资本家。社会主义现阶段，由于进行商品生产并采用商品生产的原则，所以，并不排斥人们自主创业成为企业家，对于利用生产资料私有权进行剥削雇佣劳动的资本家也没有限制；但是，人民政府限制损害劳动者利益的行为，防止国有资产流失，打击以假冒伪劣产品损害消费者利益，尽量在创业阶段给人们提供平等、公正、公平的社会环境。三是社会上每个人的天赋不同，能力不同，兴趣不同，爱好不同，有人善于搞企业经营，有人善于搞技术革新，如果他们按个人的意愿从事自己喜爱的工

---

[1]中共中央马克思恩格斯列宁斯大林著作编译局译：《资本论》第一卷，北京：人民出版社，2004年，第357-358页。

作,那只是分工不同而已,并不是所有的人都梦想去当企业家,进而做资本家。善于搞企业经营的人不因此而必然成为资本家,搞技术革新的人不因此而必然成为被雇佣者。比如,有人善于造飞机,有人善于绘画,有人喜欢考古,有人喜欢教育工作,有人喜欢医疗工作……工程师、教师、医师的地位与善于搞企业经营的人是平等的。如果他们在各自的领域取得了成就,他们就是对人类社会的发展作出了贡献。在资本主义社会里,有的人奋斗了一生,很有成就,他们受雇于资本家,资本家给予他们高工资,生活相对富裕一点,但他们仍然是资本家所雇佣的打工仔。他们被资本家雇佣,是由于社会制度造成的。在社会主义社会,有的人不计报酬地工作,比如钱学森、袁隆平、屠呦呦、吴仁宝、王宏彬、许振超等等,不是他们没有能力成为企业家或资本家,而是因为他们不是私利主义者,他们都是具有无私奉献精神的人。

该文作者是用数学模式来证明自己的经济观点的。对于这种风行欧美的做法,即使一向对"反对资本主义"之说免疫的《21世纪资本论》的作者、法国经济学家托马斯·皮凯蒂也说:"坦率地说,目前的经济学科不惜牺牲历史研究,牺牲与其他社会科学相结合的研究方法,而盲目地追求数学模型,追求纯理论的、高度理想化的推测。这种幼稚的做法应该被摒弃了。"[1]

4. 把马克思主义劳动价值论贬低为"抽象假说"。把马克思主义劳动价值论归于假说,抹杀马克思主义劳动价值论的科学性和现实意义,是否定马克思主义劳动价值论的又一种手法。比如,有人说:"在经济学说史上,马克思的劳动价值论纯粹是一种黑格尔式的抽象的科学假说。"[2]该文认为,对于这一科学假说,从理论到实践,从历史到今天,都要求我们去进一步探索,其探索的结果是:"对于'劳动价值论'的深化,从概念上看,应从'价值论'转为'财富论';从决定上看,应从'劳动论'转为'要素论';从实现上看,应从'价值论'转为'价格论',而'价格论'的实质也就是'要素所有权'的实现。"[3]

关于价值概念,该文作者认为,马克思自己说得很清楚,价值不能脱离使用价值而存在。而商品交换必须以满足对方的需要为目的,所以,交换价值的实体就是使用价值,现实生活中的价值就是财富本身。因此,马克思的价值概念并非哲学上的价值判断与取向,也并非经济生活中的财富象征与标志的价格表现,而纯粹是一种经济学上的抽象。该文作者的意思是说,本来商品只有使用价值这一个因素,马克思硬要抽象出一个价值来,使商品具有了二因素。马克思这样做的目的,仅仅是为了特定地把劳动价值论所体现的基本规律——价值规律——表述为商品按生产它所需要的社会必要劳动时间来进行等价交

---

[1] [法]托马斯·皮凯蒂著,巴曙松等译:《21世纪资本论》,北京:中信出版社,2014年,第33页。
[2] 苏东斌:《价值的"概念""决定"及"实现"——读马克思劳动价值论的笔记》,《学术研究》2001年第11期。
[3] 苏东斌:《价值的"概念""决定"及"实现"——读马克思劳动价值论的笔记》,《学术研究》2001年第11期。

换。也就是说,马克思为了构建自己的理论体系,编造了商品的二因素。这样一来,马克思的劳动创造价值的理论还有一点科学的味道吗? 因而作者说,应该从价值论转为财富论。

关于价值决定,该文作者说,马克思自己也认为,劳动不是物质财富的唯一源泉,自然界也是使用价值(而物质财富就是由使用价值构成的!)的源泉。但是,马克思为什么一方面论证劳动创造价值,一方面又强调劳动不是一切使用价值的源泉呢? 马克思这样做,是为了让无产阶级认识到创造财富的生产要素的重要性,让社会主义政党把掌握创造财富的生产资料作为自己的奋斗纲领。该文作者说:"在马克思主义经典作家看来,'劳动的物质条件'不仅作为创造财富的重要生产要素,而且也是社会主义政党的奋斗纲领,这也是马克思主义的阶级功利性。"[1]如果要强调劳动在财富创造中的伟大作用,在人力资本中(一般体力与脑力的支出),知识、科技、管理的比重也愈来愈大。"对于这种科技与管理的劳动,从性质上看,已经不是一般的脑力的复杂劳动,而是一种特殊的创新风险劳动;从数量上看,也不再是倍加的简单劳动,而是不可比较的异质的劳动;从量化的标准上看,已经不是一种时间经济,而是一种质量经济。"[2]"从价值'决定'上看,由于科技水平的巨大动因力量,由于效用的决定性功能作用,所以,价值决定也应由单要素转化为多要素。"[3]"马克思的特殊的劳动价值论,也就同时演变为现代经济学一般的'要素财富论。'"[4]也就是说,马克思主义劳动价值论没有存在的必要了,需用要素财富论来取代;价值不是由劳动决定,而是由多种要素决定。该文作者的这个结论,以价值概念是假说为前提,价值概念的假说又以商品只有使用价值一种因素为前提。

关于价值实现,该文作者说,马克思自己认为,每一个商品的价值不是由它所包含的社会必要劳动时间,而是由再生产所需要的社会必要劳动时间确定。商品按照它们的价值或接近于它们的价值进行交换,比按照它们的生产价格进行的交换所要求的发展阶段要低得多,而按照它们的价格进行交换,则需要资本主义发展到一定的高度。商品价值实现的最终根据来自产权。在商品经济中,价值与价格仅仅是所有权的交换条件,价值实现的核心是等价交换。该文作者分析说,马克思原始而纯粹的劳动价值论的前提条件就是假定供求关系必须是一致的。根据马克思的理论,马克思并没有解决古典经济学的两个难题,即劳动与资本相交换为什么还会有价值剩余、等量资本怎么获取等量利润;马克思用区别劳动和劳动力的理论不能解决资本与劳动相交换的等价问题。一是与资本相交换的不仅仅是劳动力价值一项,还有生产资料的价值。只有全部预付资本都得到补偿后,资

[1]苏东斌:《价值的"概念""决定"及"实现"——读马克思劳动价值论的笔记》,《学术研究》2001 年第 11 期。
[2]苏东斌:《价值的"概念""决定"及"实现"——读马克思劳动价值论的笔记》,《学术研究》2001 年第 11 期。
[3]苏东斌:《价值的"概念""决定"及"实现"——读马克思劳动价值论的笔记》,《学术研究》2001 年第 11 期。
[4]苏东斌:《价值的"概念""决定"及"实现"——读马克思劳动价值论的笔记》,《学术研究》2001 年第 11 期。

本所有者才有利润,即成本不等于不变资本,而等于不变资本和可变资本之和。二是马克思用成本加平均利润形成生产价格的方法来解决价值向价格转形的问题,也是有问题的。因为"作为实体的总生产价格和作为虚体的总价值相等公式是一个根本无法被证明的例子。一个是现实中的理论抽象,一个是理论中的现实假设,二者在量上根本无法比较。正如凤凰与孔雀的比较只能是在观念上而不会是在现实中一样。同时,在实际生活中,一旦出现了不是等量劳动获得等量利润,而是等量资本获得等量利润,那么,在这一特定点上就已经不再是劳动价值论而是资本价值论了。"[1]该文作者断言,马克思在解决古典经济学的两个问题时陷入了新的理论困境。究其原因,是因为马克思要证明资本对劳动的剥削而抽象出价值概念,但马克思所讲的价值和现实财富并不是一回事,财富是由多要素创造的;马克思企图证明总利润等于总剩余价值,价格仅仅是价值的货币表现。但是,一旦进入市场,进入了供求关系,进入了科技发展,价格就不是价值的货币表现了。因为利润不仅来源于劳动,还来源于资本,不仅来源于成本,更来源于供求关系。马克思的问题出在哪儿呢?该文作者认为,一是从商品交换的实体看,其中的共同物"并非仅仅是凝结的'抽象劳动一般'一个,还可能有'抽象物质一般',即人们所说的'生产资料消耗',还可能有'使用价值一般',即人们所说的效用比较。所以,仅仅假设只有一个共同的东西——人类劳动的抽象,也就过于简单化了。"[2]二是从商品交换的形式看,马克思"关于工资等于劳动力价值的论断也仅仅是其中的一种情况,还可能发生的情况是工资与劳动力价值完全可以不等价交换,更可能出现商品的价格是在流通中加价形成的"[3]。也就是说,价格问题很复杂,用马克思的价值转化为生产价格,市场价格围绕生产价格上下波动的理论解决不了价格问题。况且,马克思"关于工资等于劳动力价值的理论抽象仍然是在数量上缺乏和得不到证明的,尤其是认为劳动力价值还是一个'历史和社会因素范畴'"[4]。既然价值是一个理论抽象,价格才是实在的,既然在理论和现实中,各种各样的价值与价格问题又区分不清,那么,"显然这里的结论就是:在现实经济生活中,价值论其实就是价格论。"[5]"当用全部预付资本说明利润率时,当用生产价格来说明交换价格时,一句话,当等量资本而不是等量劳动获得等量利润时,劳动价值论也就不能作为全部问题的唯一答案了。"[6]既然从概念上,马克思的价值论其实就是财富论;在价值决定上,并不只是劳动创造价值,而是由各种要素共同创造价值;在价值实现上,并不是只有劳

[1]苏东斌:《价值的"概念""决定"及"实现"——读马克思劳动价值论的笔记》,《学术研究》2001年第11期。
[2]苏东斌:《价值的"概念""决定"及"实现"——读马克思劳动价值论的笔记》,《学术研究》2001年第11期。
[3]苏东斌:《价值的"概念""决定"及"实现"——读马克思劳动价值论的笔记》,《学术研究》2001年第11期。
[4]苏东斌:《价值的"概念""决定"及"实现"——读马克思劳动价值论的笔记》,《学术研究》2001年第11期。
[5]苏东斌:《价值的"概念""决定"及"实现"——读马克思劳动价值论的笔记》,《学术研究》2001年第11期。
[6]苏东斌:《价值的"概念""决定"及"实现"——读马克思劳动价值论的笔记》,《学术研究》2001年第11期。

动创造的剩余价值才是利润的源泉;马克思的价值理论、剩余价值理论、生产价格理论不能说明价格问题,也无法证明其理论的正确性;价格由多种情况决定,"要素所有权"构成了实现的结果,那么,马克思的劳动价值论也就没有值得肯定的了。该文作者说,这就是现实对原理的检验。

该文作者不知道经济学概念"价值"是什么。固然经济学家们对价值的概念争论颇多,但多数学者包括资产阶级经济学家对价值是各不相同的商品的同一性还是有共同认识的。只要不同的使用价值能够相互交换,它们中必然有一种等量的共同的东西,这种同一的东西就是价值。只不过,马克思认为这种同一性是劳动量,由抽象劳动所形成,而效用价值论者认为是"使用价值一般",或者是"效用",但是,他们都没有认为价值就是使用价值本身,就是财富本身。而该文作者却认为,价值就是使用价值。如果将价值与使用价值合二为一,就没办法探索市场价格问题,怎么办?该文作者要人们用价格论来代替价值论,这在经济学价值研究上是一种倒退。

否定马克思主义劳动价值论者,并不是为否定而否定。这位学者说:"这表明,就资本主义制度而言,历史唯物主义所确认的历史合法性也同样适用于'资本主义占有规律'。"[1]该文作者还引用了马克思的一段话说明资本家有权利获得剩余价值:"马克思认为,'资本家只要付给工人以劳动力的实际价值,就完全有权利,也就是符合于这种生产方式的权利,获得剩余价值'。"[2]他没有引用马克思紧接在这段话后面的一段:"但是所有这一切并不使'资本家的利润'成为价值的'构成'因素,而只是表明,在那个不是由资本家的劳动'构成的'价值中,包含他'有权'可以占有的部分,就是说并不侵犯符合于商品交换的权利。"[3]这位学者认为,随着科技的进步,市场经济中的重要趋势不再是"资本雇佣劳动",而是相反,即"劳动雇佣资本"。虽然这里的"劳动"已经不是一般的、普遍的、体力的劳动,而是企业家的风险劳动和科学家的创新劳动将起主导作用。接着,该文作者又论证了资本家剥削的功绩:"如果从人类的经济目的与经济手段两方面研究,那么,作为目的,资本所有者是社会成员的一部分,他们走向富裕状态不仅是个人的也是整个社会的根本目的中的一部分,所谓共同富裕目标也只能而且必须通过一部分人先富裕起来才能最后实现。作为手段,对于社会来讲,这种剥削是一种经济代价;对于个人来讲,这种剥削则是动力。从一定的意义上看,如果完全取消了这种剥削,也就同时丧失了由此可能给社会带来的全部利益,如产品的扩大、就业的增加、税收的提高等等。"[4]

[1]苏东斌:《价值的"概念""决定"及"实现"——读马克思劳动价值论的笔记》,《学术研究》2001年第11期。
[2]苏东斌:《价值的"概念""决定"及"实现"——读马克思劳动价值论的笔记》,《学术研究》2001年第11期。
[3]《马克思恩格斯全集》第19卷,第1版,北京:人民出版社,1963年,第401页。
[4]苏东斌:《价值的"概念""决定"及"实现"——读马克思劳动价值论的笔记》,《学术研究》2001年第11期。

否定马克思主义劳动价值论关于剥削的理论,已经成为当前的一股潮流、一种时髦。该文作者所说的"劳动雇佣资本"的意思很明白,就是劳动离不开资本,更离不开企业家和科学家。在这里,他把企业家、科学家与资本家混为一谈了。被资本家雇佣的企业家和科学家都不必然是资本家。资本家是依靠生产资料占有权剥削劳动者(包括被雇佣的企业家、脑力劳动者和体力劳动者)所创造的剩余价值的人。剥削现象在一定时期内不能完全消除,但剥削毕竟是一种历史的丑恶现象,暂时不被消灭,不等于永远不被消灭。

这位学者最后告诉人们,对于马克思主义劳动价值论"这一科学假说,从理论到实践,从历史到今天,都要求我们去进一步探索,有时候,也许我们都应向恩格斯判断马克思那样:'在前人认为已有答案的地方,他却认为只是问题所在。'(注:《资本论》第二卷,人民出版社,2004 年,第 21 页。)因为解放思想所面对的,并不仅仅都是对马克思主义的错误的理解和教条主义的应用。"[1]这句话谁都明白,认为马克思主义劳动价值论,进而马克思主义,不仅仅是我们以前对它的理解有误,对它的教条主义的应用,而是因为它原本就是一种科学假说。

5. 把马克思主义经济学解释为以革命为目的,从而否定它的科学性。有的学者否定马克思主义劳动价值论是科学,进而提出要把它从社会主义的课堂上请出去。比如,有经济学家说:"将经济学叫做'西方经济学',就是将人引入歧途的一块路牌。一门学问和地域怎么联系上的? 我们从来没有听说过西方几何学或东方物理学。如果用学问产生的发源地来标明它属于哪个学派,那么《资本论》就是第一本西方经济学。严格的理论经济学应是放之四海皆准的一门学问。当代经济学多半只研究市场制度下的经济规律,如果称之为市场经济学是可以的,这可以说明它不适用于计划经济和封建经济,但对如今中国的市场经济是完全适用的,要改革经济学的教育,首先要彻底放弃'西方经济学'的名称。"[2]该文作者的这段话说得对,凡是科学,都没有阶级性。几何学或物理学是不分东西方的,因为它是科学。而我们为什么把经济学分为西方经济学和马克思主义经济学? 是因为这两种经济学在理论上存在着较大分歧,经济学界又难以在短时间内取得认识上的统一,姑且以各自的特点命名。但是,这位学者在发表了以上正确的言论之后,话锋一转,把矛头指向了马克思主义经济学。他说:"学经济学的目的是什么? 不同的目的会选用不同的教材,解放前学经济学是为了革命,所以经济学的核心内容是告诉工人阶级,资本家如何剥削了我们,革资本主义的命是理直气壮的。解放之后革命已经成功,学经济学

---

[1]苏东斌:《价值的"概念""决定"及"实现"——读马克思劳动价值论的笔记》,《学术研究》2001 年第 11 期。
[2]茅于轼:《花费巨大精力学"革命"经济学是当今最大浪费》,见京伍编:《言论中国——观点交锋 20 年》,北京:中国检察出版社,1999 年,第 397 页。

的目的也应变为发展经济。可是我国绝大多数大专院校,不论是经济类型或其他类型的系科,仍旧教以革命为目的的经济学。"[1]按照这位学者的逻辑,马克思主义经济学以革命为目的,有阶级性,因而失去了科学性。这是一种巧妙地否定马克思主义经济学科学性的做法。仅从逻辑思维来推论马克思主义经济学不科学,怕有人思维迟钝,于是,他干脆直截了当地说:"经济学家最反对浪费。全国各类学校中几百万人花费巨大精力去学革命的经济学是当今最大浪费之一。它不但无用,而且误导,因为它妨碍了建立市场经济的基本概念。不学经济学还懂得供需决定价格,物以稀为贵,学了革命的经济学反而只知道劳动量决定价值,价格围绕那个劳动量上下波动。他们无法理解为什么土地能值钱,石油资源能值钱。"[2]土地和石油是自然物,自然物的价值问题不在马克思主义劳动价值论的研究范围,不能抓住马克思没有研究的问题,来否定马克思主义整个理论大厦的科学性。在改革开放中,有学者以同样的观点,呼吁把马克思主义经济学逐出大学讲台。他们提出的问题需要我们去探讨,他们的观点也理应得到澄清。

经济学界出现否定马克思主义经济学说的思潮,有一定的客观和主观原因。从国际环境看,世界上资本主义国家占绝大多数,资本主义正向全球扩张,资产阶级经济学说随之扩展。从国内环境看,社会主义国家采用了资本主义发展生产力的某些方法,新自由主义和私有化思潮有了市场。一些学者对马克思主义劳动价值论了解不深,不了解价值是什么,有的人除了不懂得马克思主义劳动价值论是科学,也不懂得计划与市场、经济与政治、民主与集中的关系,不懂得共同富裕是社会主义改革的目标之一。有人对西方经济学说、政治学说盲目崇拜,从而否定马克思主义劳动价值论,这些学者一般没有自己的新看法和新观点,大多是转述西方学者的要素价值论、主观效用价值论和边际效用价值论、知识价值论、均衡需价值论等观点,但他们还以为传播的就是真经。比如,有人说:"断定两种不同的商品能够交换即表明在两者之中必有某种共同物,这是对的;指出这种共同物必须是性质相同而数量各异的东西,这也是对的;但断定这种共同物只能是抽象劳动而不能是其他,这就有问题了。各种商品的共同点不止是抽象劳动,一般的抽象的效用也是其中之一,如果可以将商品交换的基础归结为抽象劳动(且不说将抽象劳动视为商品实际属性是否合理),那么为什么不可以归结为一般的抽象的效用呢(同样,且不说将抽象效用这个概念视为商品实际属性是否合理)?"[3]这不是学者自己的发现,而是在转述效用价值论者的话。

---

[1]茅于轼:《花费巨大精力学"革命"经济学是当今最大浪费》,见京伍编:《言论中国——观点交锋 20 年》,北京:中国检察出版社,1999 年,第 397 页。

[2]茅于轼:《花费巨大精力学"革命"经济学是当今最大浪费》,见京伍编:《言论中国——观点交锋 20 年》,北京:中国检察出版社,1999 年,第 397-398 页。

[3]晏智杰著:《经济价值论再研究》,北京:北京大学出版社,2005 年,第 6 页。

　　在现阶段,两种制度的存在,生产力的发展引起的经济和政治的变化,反映在人们的思想上,表现为没落的资产阶级私利思想和先进生动的无产阶级公益思想的对立。如果任由资产阶级私利主义思潮占上风,那么人们的思想蜕变导致行为的蜕变就不可避免。经济学是一门与老百姓日常生活密切相关的科学。因此,坚持和发展马克思主义经济学,战胜私利主义,实现人民的根本利益,是中国共产党人不忘初心的题中应有之义。

第九章 弄清时间的本质是创新和发展
马克思主义劳动价值论的关键

　　劳动价值是用时间做计量单位的。时间是什么? 为什么劳动价值要用时间做计量单位? 这是劳动价值论的基本问题之一,也是发展马克思主义劳动价值论的关键。

一、采用时间作劳动价值计量单位是构建政治经济学学科的基点之一

　　只有在价值既可定性又可定量时,政治经济学才有可能以价值这个元问题为基础,发展成为一门真正的科学。劳动价值的定量问题是由资产阶级经济学家解决的,而劳动价值的定性则是由马克思解决的。

　　(一)劳动量与劳动时间

　　由于人们在劳动中付出了一定的劳动量,而劳动量又以劳动时间的长短来衡量,所以,劳动时间的长或短,就表示人们在劳动中付出劳动量的多或少,成为计量劳动价值的标准。马克思在《资本论》第一章第一节说:"使用价值或财物具有价值,只是因为有抽象人类劳动对象化或物化在里面。那么,它的价值量是怎样计量的呢? 是用它所包含的'形成价值的实体'即劳动的量来计量。劳动本身的量是用劳动的持续时间来计量,而劳动时间又是用一定的时间单位如小时、日等作尺度。"[1]由于货币是价值的代表,也可以这样说,人的劳动所持续的时间——时、分、秒,与人们所使用的钞票——元、角、分,在本质上是同一的。在商品经济条件下,"时间就是金钱,效率就是生命"的口号,符合马克思主义劳动价值论原理,抓住了马克思主义劳动价值论的实质。这也说明,用时间计量劳动价值,是符合实际的,是科学的。

　　关于劳动量是什么,人们还可以进行更深入的研究。本章所要探讨的,是劳动持续的时间为什么可以用做价值计量单位。

　　(二)马克思对坚持劳动价值用劳动时间计量的经济学家的评价

　　构建经济学科必须要解决的问题,一是价值是什么,二是价值用什么做计量单位,三

---

[1]中共中央马克思恩格斯列宁斯大林著作编译局译:《资本论》第一卷,北京:人民出版社,2004年,第51页。

是商品交换按什么原则进行,四是价值工具在生产中的应用。在马克思之前,资产阶级经济学家威廉·配第最先提出了劳动价值用劳动时间做计量单位,后来亚当·斯密、大卫·李嘉图对此进行了系统论证,魁奈提出了商品按等价原则进行交换。马克思吸收了资产阶级经济学家的科学成分,提出了劳动价值由抽象劳动所形成,并揭示了资本主义在生产资料私有制条件下如何利用价值工具进行生产。马克思对采用时间做价值计量单位的资产阶级经济学家给予了很高的评价。

在马克思之前,经济学家们就在寻找用什么做价值计量单位。他们知道,只有满足价值的两个特性,才能作为计量价值的单位,才能对价值进行定量分析。价值的第一个特性是,价值是不同使用价值的同一性,是千差万别的商品的共同性;价值的第二个特性是,在交换时可以通约。价值的第二个特性以第一个特性为前提。只有是同质的,才可以通约。经济学家们发现,时间具有这两个特性:一是无论何种具体劳动创造何种使用价值,都需持续一定的时间,时间为不同劳动创造的使用价值的共同性;二是如果人们进行商品交换,以时间为价值计量单位,可以通约。所以,用时间做价值计量的单位,不仅马克思认为是科学的,凡是以科学的态度对价值进行研究的资产阶级经济学家,多数人也是认可的。

任何一门科学都是从零散的研究成果经过逐步积累而系统化的,政治经济学的研究也不例外。同任何一门科学一样,人们对采用劳动时间作为劳动价值计量单位的认识,并不是一下子就认识到位的,也是经过了长期的探索过程。

1662年,英国经济学家威廉·配第在《赋税论》中提出了关于劳动价值的两个关键性问题:一是商品的价值决定于生产商品的劳动量,即生产商品所耗费的劳动时间;二是商品的价值与劳动生产率有关。他的研究受到了马克思的高度赞扬。除了赞扬威廉·配第之外,马克思还赞扬了多位以科学的态度进行经济学研究采用劳动时间计量劳动价值的经济学家。

法国的皮埃尔·布阿吉尔贝尔(1646—1714年)是在论述农业在法国国民经济中的重要性时,无意地把交换价值归结于劳动时间,但马克思评价布阿吉尔贝尔说:"……虽然不是有意识地,但是事实上把商品的交换价值归结于劳动时间,因为他用各个人的劳动时间在各个特殊产业部门之间分配的正确比例来决定'真正价值',并且把自由竞争说成是造成这种正确比例的社会过程。"[1]布阿吉尔贝尔认为,在交换时,商品的价格必须与生产商品的劳动时间成比例。只有这样,社会生产才会协调。但是,商人为了追求货币,经常破坏交换的这种比例,使交换脱离比例价格,这是造成劳动者贫困的原因。所以,他主张没有货币的商品经济。这说明他对价值的实质并不了解。

---

[1]《马克思恩格斯全集》第31卷,第2版,北京:人民出版社,1998年,第448页。

虽然布阿吉尔贝尔与威廉·配第在用劳动时间计量价值方面认识一致,但与威廉·配第关于社会问题的看法和解决的方法完全相反。马克思虽然高度评价威廉·配第在政治经济学研究中的科学发现,但对威廉·配第狂热地颂扬求金欲的观念进行了批评,对布阿吉尔贝尔进行了赞扬。马克思说:"布阿吉尔贝尔攻击路易十四的宫廷、包税人和贵族的具有盲目破坏作用的求金欲,而配第则把求金欲当作鼓舞一个民族去发展产业、征服世界市场的强大动力加以颂扬……"[1]马克思还说:"配第是个轻浮的、掠夺成性的、毫无气节的冒险家,而布阿吉尔贝尔虽然身为路易十四的地方经理官之一,却既热情又勇敢地替被压迫阶级声辩。"[2]

美国政治家本杰明·富兰克林曾在青年时代的一本著作中谈到过交换价值与劳动时间,马克思对他大加赞誉。马克思说:"第一次有意识地、明白而浅显地把交换价值归结于劳动时间的分析,我们是在新大陆的一个人那里发现的。在新大陆,资产阶级生产关系同这种关系的承担者一起输入进来,并且在这块由于土质肥沃而补救了历史传统贫乏的土地上迅速生长起来。这个人就是本杰明·富兰克林,他在1729年所写而在1731年付印的一本青年时代的著作中,表述了现代政治经济学的基本规律。他说必须撇开贵金属而寻找另一种价值尺度。这种尺度就是劳动。"[3]在引述了富兰克林关于为什么劳动是价值尺度的例证后,马克思说:"于是,劳动时间在富兰克林那里就以经济学家的片面性立即表现为价值尺度。"[4]但由于富兰克林分不清实在劳动(即具体劳动)和抽象劳动,不知道货币代表的是价值,价值是抽象劳动的存在形式,所以,他认为货币是为了技术上的方便而从外面搬进交换中来的一种工具。或者说,富兰克林认为货币只是人们为了交换的方便而创造的一种与价值没有联系的交换工具。

英国资产阶级经济学家詹姆斯·斯图亚特在1767年出版的著作中,说明了在价值决定上,商品的实在价值决定于劳动时间,资产阶级的生产是商品生产,把资产阶级价值生产的劳动同其他形式的劳动相区别。虽然他没有说明价值是什么,并把商品中所含的劳动时间叫作商品的使用价值,但他还是受到了马克思的赞誉。

亚当·斯密坚持了威廉·配第关于商品价值决定于商品中所包含的已耗费的劳动量和劳动时间的学说,认识到剩余价值是资本家加到材料上的、超出工人工资的价值之上的价值,因而他对剩余价值来源的认识是坚定的。马克思高度评价亚当·斯密的这个发现,说这是他的巨大功绩。但是,也正是这个发现,使斯密认识到,工人在工厂中以时间计量的劳动价值多,而资本家付给工人的工资少于工人创造的价值,价值规律失效了。这是因

[1]《马克思恩格斯全集》第31卷,第2版,北京:人民出版社,1998年,第448页。
[2]《马克思恩格斯全集》第31卷,第2版,北京:人民出版社,1998年,第448页注③。
[3]《马克思恩格斯全集》第31卷,第2版,北京:人民出版社,1998年,第449页。
[4]《马克思恩格斯全集》第31卷,第2版,北京:人民出版社,1998年,第450页。

为他没有弄清劳动力通过劳动可以创造出多于劳动力价值的价值。由于他解决不了这个问题，于是他说，如果资本家的利润不同预付资本的量成比例，资本家就没有兴趣用较大的资本来代替较小的资本。马克思说："这里，已经不是用剩余价值的本质，而是用资本家的'兴趣'来说明利润了。这是庸俗的和荒谬的。"[1]马克思认为："斯密本人非常天真地活动于不断的矛盾之中。"[2]一方面，斯密深入研究资本主义制度的内在联系，研究资产阶级制度的本质；另一方面，他只把社会外部表现出来的现象加以描写、分类、叙述并归入简单的概念中。因为本质是从表象中提炼出来的，与表面现象不是同一的，如果事物的任何本质都与其表象一致，就不需要进行科学研究了。正因为如此，斯密的著作充满矛盾，马克思既肯定了他的著作中的科学成分，又指出了庸俗成分。

斯密的后继者、法国的经济学家萨伊把斯密学说中的庸俗成分发展成为生产要素决定价值论、生产费用决定价值论、供求关系决定价值论。正当关于价值的科学研究停滞不前时，马克思说："但是，李嘉图终于在这些人中间出现了，他向科学大喝一声：'站住！'资产阶级制度的生理学——对这个制度的内在有机联系和生活过程的理解——的基础、出发点，是价值决定于劳动时间这一规定。"[3]李嘉图从价值决定于劳动时间这一点出发，使价值研究沿着正确的道路前行。他认为，劳动时间不同，创造的价值不同，这与劳动强度和劳动的熟练程度有关。他认为直接劳动即工人的现实劳动创造新价值，间接劳动即劳动工具中所含的积累劳动只是转移自己的价值。他从资本主义生产的现有事实出发，认为劳动的价值小于劳动所创造的产品的价值，即产品的价值大于工资的价值。产品的价值超过工资的价值余额，就是剩余价值。马克思指出："在李嘉图看来，产品的价值大于工资的价值，这是事实。这个事实究竟是怎样产生的，仍然不清楚。"[4]

马克思认为，李嘉图坚定地认为价值决定于劳动时间，使经济学的研究有了一个科学基础。不仅如此，与这个功绩紧密相联系的，是他揭示了现实阶级之间的经济对立。这样一来，"历史斗争和历史发展过程的根源被抓住了，并且被揭示出来了"[5]。

李嘉图从商品的价值决定于劳动时间这一规定出发，指出了斯密有时认为商品的价值决定于已耗费的劳动量，即用劳动时间来计量的劳动量，有时认为商品的价值决定于用这个商品可以购买到的劳动量，这就犯了价值决定二元的错误。他从商品价值决定于劳动时间这一规定出发，导引出了资产阶级的生产关系，研究了交换价值与效用的关系；认为效用虽然对于物的交换来说是不可缺少的，但不能成为交换的尺度，不能把效用等同于

---

[1]《马克思恩格斯全集》第33卷，第2版，北京：人民出版社，2004年，第68页。
[2]《马克思恩格斯全集》第34卷，第2版，北京：人民出版社，2008年，第182页。
[3]《马克思恩格斯全集》第34卷，第2版，北京：人民出版社，2008年，第183页。
[4]《马克思恩格斯全集》第34卷，第2版，北京：人民出版社，2008年，第459页。
[5]《马克思恩格斯全集》第34卷，第2版，北京：人民出版社，2008年，第184页。

价值。所以,李嘉图的学说在科学史上就有了很大的意义。马克思对李嘉图坚持以劳动时间计量价值进行价值研究的方法,给予了高度评价,同时也指出了他的研究的不足。马克思说:"李嘉图的方法是这样的:李嘉图从商品的价值量决定于劳动时间这个规定出发,然后研究其他经济关系是否同这个价值规定相矛盾,或者说,它们在多大的程度上使这个价值规定发生变形。人们一眼就可以看出这种方法的历史合理性,它在经济学史上的科学必然性,同时也可以看出它在科学上的不完备性,这种不完备性不仅表现在叙述的方式上(形式方面),而且导致错误的结论,因为这种方法跳过必要的中间环节,企图直接证明各种经济范畴相互一致。"[1]

李嘉图因其理论上的一些缺陷受到了资产阶级经济学家的攻击。马克思说:"李嘉图作为古典政治经济学的完成者,把交换价值决定于劳动时间这一规定作了最透彻的表述和发挥,经济学界发生的争论自然就集中到他身上。"[2]

科学是发展的。马克思汲取了自威廉·配第以来资产阶级经济学家关于价值理论的正确方面,抛弃了他们理论的错误方面,对以严肃的态度进行学术研究的人进行了赞扬,不仅把政治经济学向前推进,更重要的意义在于,他无情揭露了资产阶级剥削劳动者的隐秘,论证了劳动者在推动社会历史发展中的地位,为劳动者争取解放提供了理论根据。因此,马克思主义劳动价值论受到资产阶级经济学家的激烈攻击也是必然的。

二、时间观念的产生

马克思本人及在马克思之后的 100 多年里,没有人论述过价值为什么要用劳动时间来计量。因此,弄清时间是什么和时间为什么是价值的计量单位,是发展马克思主义劳动价值论的入手点和着力点。

时间是什么,即时间的本质问题,不仅是政治经济学中的一个重大问题,也是当今哲学、物理学中的一个重大问题。杨河教授曾说:"自然科学的发展表明:在时间观念上的突破,往往预示着一个新的科学理论的出现,时间概念越来越表现出对其他许多概念的统摄性和在物理世界统一性问题上的重要意义。"[3]在哲学界、物理学界对时间的本质没有弄清的情况下,时间问题成为发展马克思主义劳动价值论的拦路虎。

时间很特殊,虽然它看不到摸不着,但人人都能感受到它的存在,人人都有时间观念。这说明,时间是一种客观存在,而这种客观存在只有通过人的抽象力才能把握。或者说,

---

[1]《马克思恩格斯全集》第 34 卷,第 2 版,北京:人民出版社,2008 年,第 182 页。
[2]《马克思恩格斯全集》第 31 卷,第 2 版,北京:人民出版社,1998 年,第 455-456 页。
[3]杨河著:《时间概念史研究·自序》,北京:北京大学出版社,1998 年,第 4 页。

时间是人们通过抽象思维把握的一种客观存在。

"时",就是"现在","间"就是"现在"持续的长短。从"现在"持续到又一个"现在",前一个"现在"就成了"过去",于是,过去—现在,就形成了一个间隔。按照同样的原理形成的不同的间隔,就是时间。

人们的时间观念应该起源于人与天象的关系。杨河教授说:"人类的时间意识是如何起源的呢?这或许是一个永远值得探索的问题。自然现象特别是天象的影响,是应该首先考虑到的因素,日月星辰的运行,四季的变化,昼夜的更替,使人首先受到了流变的必然性,因而对每一现象和事件的发生,都不得不联系'什么时候'来确定。"[1]

时间的基本单位是年、月、日、时、分、秒。年、月、日是客观存在在人的头脑中的反映,时、分、秒则是人们基于年、月、日的抽象均等化。所以,时间既是客观存在在人们头脑中的反映,也是被人的头脑改造过的映像。

可见,人们所说的时间基本单位年、月、日,都与地球运动过程有关。地球公转一周是一年,月球绕地球自转一周是一月,地球自转一周是一天。地球的运动过程是一种客观存在,人们的时间观念不是生来就有的,而是通过对太阳、地球、月球运动的感受得到的。人类社会在地球上出现的数十万年里,一直弄不清时间形成的道理。在哥白尼于1543年出版《天体运行论》后,这个道理才被人们知晓。

在哥白尼之前,人们虽然不知道年、月、日是怎么形成的,但人们在日常生活中经过对太阳、月亮、地球运动的观察,比照天体其他星球和其他星座的情况,制定了计时的历法。

从历法的产生我们能确切地感受到,年、月、日的时间观念来源于地球自转和围绕太阳的公转及月球围绕地球的运动和自转,那么,时、分、秒的时间概念就是人们在年、月、日的基础上的观念的产物,是人们对"日"的均等化分割。

三、人们对时间问题的探索

德国哲学家黑格尔是第一个系统阐述了唯心论辩证法的学者。黑格尔认为,在自然界和人类世界之外,存在着一种"绝对精神",现实世界的一切,都是由"绝对精神"转化来的,时间和空间也不例外。黑格尔把时间和空间与运动联系起来,认为运动过程使时间和空间不断变化。黑格尔说:"时间是对于过程的抽象的直观。"[2]他所说的过程,是指一切事物的过程。

现在科学界对时间问题进行的探讨,最著名的代表人物莫过于现代物理学的开创者、

[1]杨河著:《时间概念史研究·自序》,北京:北京大学出版社,1998年,第1页。
[2]杨河著:《时间概念史研究·自序》,北京:北京大学出版社,1998年,第12页。

德国学者爱因斯坦(1879—1955年)和英国的理论物理学家史蒂芬·霍金(1942—2018年)。现在多数学者认为时间和空间是密不可分的,对时间下定义也常与空间联系在一起,多把时间和空间定义为运动着的物质存在的基本形式,是事物之间的一种秩序。时间描述的是事物变化的顺序性和持续性的存在形式,空间则是事物的广泛性、结构性和并存性的存在形式,描述的是事物的位置和形状。这种思想与爱因斯坦和霍金不无关系。

现代物理学的创始人爱因斯坦利用在瑞士伯尔尼专利局的业余时间,钻研物理学。他突破了当时在科学界占统治地位的关于在宇宙空间充满着静止的"以太"假说,挣脱了牛顿关于时间和空间是绝对的上帝创造的观念束缚,于1905年发表了著名的狭义相对论,后来又提出了时间是相对的观点。通俗地说,在这里某件事发生的时间与在另一个地方同时发生的时间不一定一致,因为时间与运动有关,与计时者所处的位置有关。运动时尺子会缩短,时钟会变慢,时间和空间是一个整体。1916年,爱因斯坦发表广义相对论,指出了时间和空间、万有引力之间的关系。实质上,这是一个关于如何利用时间的问题,而没有对时间的本质予以认定。人们发现,根据爱因斯坦的理论,时间则是可逆的。也就是说,人类还可以回到奴隶社会,但这是不符合事实的。后来,一些科学家通过大量的理论论证和试验,发现时间不可逆。比如,德国物理学家克劳修斯利用热力学第二定律阐述了时间不可逆性;比利时化学家普利高津以时间不可逆性为基础,研究了远离平衡态的不可逆过程,确立了时间有方向性和永远向前的观念。爱因斯坦说,时间不可逆问题与相对论无关。爱因斯坦的时间相对性理论开创了现代物理学的新时代,是由于他对时间的正确运用以及他提出的质能关系式、光电效应等,但他并没有探索到时间的本质。可见,时间是人们进行创造活动所能利用的工具之一。人们在不知道时间的本质时,不一定不能很好地利用时间,但这绝不是说探索时间的本质不重要。

霍金写过一本很有影响的书——《时间简史》,他是从量子力学的角度来解释宇宙如何诞生的。量子论首先由德国物理学家普朗克(1858—1947年)于1900年提出。所谓量子,就是能量最小的单元。后来经过爱因斯坦、丹麦物理学家尼尔斯·玻尔(1885—1962年)、法国物理学家德布罗意(1892—1987年)、德国物理学家海森堡(1901—1976年)、奥地利物理学家薛定谔(1887—1961年)的发展,量子力学成为物理学中关于物质存在的一个重要理论,影响了人们对物质世界的传统看法。既然人们长期认为时间和空间是一种物质存在,那么,这个理论对时空的认识产生巨大的影响也是必然的。霍金利用量子力学解释宇宙大爆炸有一个奇点(也就是一个局部区域),恒星坍缩形成黑洞,黑洞引力巨大,连光都不能逃逸。既然宇宙大爆炸有一个奇点,那么,它就有时间性。霍金没有说明时间是什么,他认为:"当人们试图统一引力和量子力学时,必须引入'虚'时间的概念。'虚'时间是不能和空间方向区分的。如果一个人能往北走,他就能转过头并向南走;同样的,如果一个人能在'虚'时间里向前走,他应该能够转过来并向后走。这表明在'虚'时间里,往前和往后之间不可能有重要的差别。另一方面,当人们考察'实'时间时,正如众所周知的,在前进和后退方向存在非常巨大的差别。"[1]

很多人不理解霍金的"虚"时间到底是指什么。结合霍金在《时间简史》中的论述,简略地概括霍金的时间观,"虚"时间是人们不能感知的时间。因为时间和空间原本就存在着,是可逆的、对称的,因为人们只能生活于释放热量的宇宙膨胀期。根据热力学第二定律,人们只可感知不可逆的"实"时间,不能生活于宇宙收缩期,也就不能感知与"实"时间相对称的"虚"时间。总之,霍金没有说时间是什么,而说时间是对称的、可逆的,用人类"不能知"来解释为什么人类感受不到时间的可逆性和对称性。它的科学性还有待论证。

由于哲学家、现代理论物理学家对时间问题尚在争论,经济学界也没有人研究时间问题,所以与时间问题有关的马克思主义劳动价值论的深化研究也几乎停滞不前。

四、时间的本质及人们对时间本质误解的原因

时间到底是什么? 我们可以从时间概念的产生进行探索。

大家知道"一年"是地球围绕太阳公转一周的过程,"一日"是地球绕太阳公转时自转一周的过程,"一月"是月球绕地球公转一周的过程,这说明年、月、日都是与地球运动有关的过程,是人对客观过程的抽象把握,而时、分、秒则是人们对地球自转一周过程的抽象均等化。把抽象的过程均等化,虽然完全是人的观念,但被均等化的抽象依据却是客观的。可见,时间既是客观的,因为地球绕太阳公转与自转的过程是客观的;也是主观的,因为人们把地球自转一周的过程在抽象的形式上使之均等化。这是一种现实运动过程的反映,也是一种观念绝对。人对时间的把握,充分体现了人的主观能动性,是生动的能动的辩证唯物主义。缺少了人的主观能动性的唯物主义不是马克思主义的辩证唯物主义。

人们为什么要把"日"这个最基本的时间单位均等化为时、分、秒? 这是由于地球的自转运动过程不均匀的缘故。地球自转的速度有时快,有时慢,这对于人们运用时间造成不方便。如果把地球自转的过程抽象后再等分化为时、分、秒,则这1小时与另1小时、这1分与另1分、这1秒与另1秒就都完全相等了。

人们对地球自转运动过程抽象均等化是人们的现实需要。当人们把地球自转一周的过程抽象并均等化之后,会把它当作一个相对独立的抽象具体来看待。我们所说的抽象具体,不仅包括黑格尔所说的由多种抽象按其内在联系组成的具体,而且包括人们把抽象的东西

---

[1][英]史蒂芬·霍金著,许明贤、吴忠超译:《时间简史》,长沙:湖南科学技术出版社,2012年,第132-133页。

当成具体来对待的情况。当人们把地球的运动过程抽象化、均等化并把它当作具体来看待后，就可以利用这个抽象具体来衡量其他事物运动过程的快或慢。世界是由不同运动着的事物构成的，任何事物的运动都有一个过程，它们的运动过程都可以与地球运动过程相比较，都是以地球运动过程抽象均等化为标准所表达的运动过程快慢的状态，因而任何事物也就有了时间性。因此，我们可以为时间下个定义：时间是地球运动过程的抽象均等化。

在现实中，人们常常用表来看时间。钟表不是时间，是计时工具，它的运动代表时间，这是人们用现实具体代表时间从而把握时间的一个很高明的方法。为了在研究问题的过程中增强人的直观性，人们把抽象具体用一个现实具体来代表，这是把研究引向深入的一种常用的科学方法——抽象具体实代法。笔者运用了这个方法，又深入地研究了时间是什么。

为什么哲学家、物理学家长期弄不清时间是什么呢？一是他们把时间看成是一种客观存在的物质，而时间不是物质，只是事物的运动过程。二是有的人已经认识到了时间是事物的运动过程，但他们没有把时间看成仅仅是地球的运动过程，而是看成了一切事物的运动过程。三是有人认识到了时间是人们对客观事物运动过程的抽象把握，比如人们对年、月、日的把握，但不了解人们在抽象地把握了年、月、日后，又把年、月、日中的"日"进行了均等化、等份化。也就是说，他们不了解人会对抽象进行改造。四是不了解时间是人们计量其他事物运动的工具，而把它看成是自然现象，认为运动就是事物的变化和过程，时间是变化和过程的存在形式，事物的变化和过程之间怎么能相互计量呢？比如，对时间问题研究非常深入的杨河教授曾说过如下一段话："运动就是变化和过程，变化和过程的存在形式就是时间，它们之间的关系严格地讲，不是计量关系。"[1]任何事物变化的内容都不相同，但过程的持续性则是相同的。变化与过程不是计量关系，但过程与过程则是可以比较的。可能是这种想法阻碍了杨河教授对时间问题更加深入的研究。

顺便在这里说一下空间的本质。恩格斯曾说："因为一切存在的基本形式是空间和时间，时间以外的存在像空间以外的存在一样，是非常荒诞的事情。"[2]也就是说，空间和时间都是物质存在的基本形式。列宁坚持恩格斯的看法，他说："正如物或物体不是简单的现象，不是感觉的复合，而是作用于我们感官的客观实在一样，空间和时间也不是现象的简单形式，而是存在的客观实在形式。世界上除了运动着的物质，什么也没有，而运动着的物质只能在空间和时间中运动。……正如关于物质的构造和运动形式的科学知识的可变性并没有推翻外部世界的客观实在性一样，人类的时空观念的可变性也没有推翻空间和时间的客观实在性。"[3]

[1]杨河著：《时间概念史研究》，北京：北京大学出版社，1998年，第35页。

[2]《马克思恩格斯选集》第三卷，第3版，北京：人民出版社，2012年，第428页。

[3]《列宁选集》第二卷，第3版修订版，北京：人民出版社，2012年，第137页。

如何理解恩格斯和列宁所说的空间和时间与物质存在的关系？有学者认为，时间和空间与物质有一种天然的联系，任何物质的存在，都具有时间性和空间性。空间描述的是物质的位置和形状，由于任何物质存在都具有一定的规模，大到星球，小到微观粒子包括量子，都占有一定的位置，并与其他事物有一定的位置关系。因此，空间是表示事物的广泛性、结构性和并存性的存在形式，长度、距离等表示空间的概念，也就成为绝对，有无限延伸性。比如，在牛顿力学中，时间和空间就是绝对的，只有位置和速度才是相对的，这是基于事物在空无一物的无限中具有占位性的思维。也有学者认为，时间和空间本身就是物质，空间有三维性，即长、宽、高。也有人认为空间有四维性，即长、宽、高时间。物体在运动中，由于引力的影响，时间和空间也在变化，时空可以因此而弯曲。爱因斯坦的广义相对论说的就是这个问题。其实，空间和时间一样，其本质并非像微观粒子那样复杂。如果说时间是人们对地球运动过程的正确认识，那么，空间则是人们对物质存在的错误理解。人们总认为空间是空无一物，或者认为空间是事物的一个特性，因此才有了一事物与他事物有一定的位置关系的思维。其实，人们生活于大气层中，根本没有所谓空空如也的空间，无论哪个地方，都被各种气体、各种微观粒子和能量所占据、所充斥，只不过人们看不到这些气体、微观粒子和能量罢了。有形的宏观物质可以排挤无形的微观物质，各种物质又在不停地运动、转化，比如人由各种化学元素构成，死亡后又转化为化学元素。在大气层之外的太空，也被微观物质充斥，否则，如果太空没有电子，则人类发射的太空探测器就不可能向地球发回探测的图片、信息等等。大的星球占有一定的位置，小的粒子也占有一定的位置，任何事物都占据一定的位置，占位性就是事物存在的基本形式。我们可以用四个字来概括空间的特点，那就是"空间不空"。现在有的科学家正在寻找人们看不到的暗物质，可能他们也认为空间不是空的吧！前面我们说，时间是地球运动过程的抽象均等化，是客观见之于主观的东西，是人们用来衡量一切事物运动的工具。对于空间，则不是用抽象思维把握的，它与我们的视觉有关。因此，我们可以这样定义空间：空间是一切事物的存在通过人们视觉的反映。目前我们对于空间的认识，基本可以说都是基于视觉反映的错误判断。

五、时间与价值

时间为什么可以成为计量经济价值的标准？这是我们要探讨的重点问题之一。

（一）时间可以成为计量经济价值标准的理由

用时间作为计量经济价值的标准，可以通过逻辑推理和实践经验确定。

1. 逻辑推理。根据我们对时间本质的阐述，可以运用逻辑推理推导出时间和价值的同一性和关联性。因为时间是地球的运动过程,劳动是人创造财富的过程,所以,时间与劳动过程的本质都是过程,因而是相同的、同一的;因为时间是人们对地球运动过程的抽象均等化,是衡量其他事物运动过程快或慢的工具,所以,时间可以衡量劳动过程的快或慢;因为劳动是人付出劳动量进行创造财富的过程,每一财富的形成都经历一定的过程,在劳动过程结束时,也创造出一定量的财富,因而可以用时间的多少计量人的劳动创造财富的多寡;因为人们把财富形成的过程持续的时间称为价值,价值与时间的本质是相同的、同一的,所以,时间可以用作价值的计量标准。

如果再进行推理,不论是劳动的还是非劳动的事物,只要它们具有生成过程、转化过程、湮灭过程等运动过程,都可以与地球的运动过程相比较,都可以用时间来衡量其快或慢,所以它们也都有价值,因而,价值研究必须以时间为基点。

2. 实践经验。用某类事物的某一部分衡量同类事物的多或少,是人们常用的一种方法。为了衡量其他事物运动过程的快或慢,人们把地球运动过程抽象化、均等化、绝对化,使之成为一种时间工具后,不仅用于衡量其他事物运动过程的快或慢,也用于衡量劳动创造财富过程的快或慢。由于抽象劳动就是劳动过程,马克思把抽象劳动视为价值,劳动过程形成价值,从而劳动时间或劳动价值就成为此种劳动与彼种劳动创造财富多或少的比较标准。

虽然都是过程,但以时、分、秒等单位表示的时间,只是地球运动过程的一个片断。为什么作为过程片断的时间,可以成为经济价值的计量单位?用某一事物的某一部分衡量同类事物的多或少,是人们在实际生产生活中的一种发明。人们把地球绕太阳公转与自转的过程抽象化均等化后,作为衡量其他事物过程的快慢标准并不是特例,而是人们认识世界、把握世界、改造世界的重要方法。例如,人们用一定的长度、距离作为标准,来衡量其他物体的长度、距离。现在国际上通行用"米"做长度单位,"米"本身就是长度、距离单位中的一个部分。再比如,我们平时所说的质量单位"克",也是以某一物质质量的一部分作为衡量其他物质质量多或少的标准。质量是物体所含物质的多少。质量的主单位1千克,就是人们规定在4℃时1升纯水的质量。

人们用某类事物同一性的局部、一部分作为衡量同类其他事物某一部分的标准一经确定,经过一代代人的传承,具有相对稳定性。价值也如此。价值事物必须由其他价值事物来量度。马克思说:"因为价值尺度本身是商品,而且必须是商品,否则它和其他商品就没有共同的内在尺度了。"[1]因此,用过程的一部分,即地球绕太阳公转和自转过程的抽象均等化——时间——来度量劳动过程,把时间用作度量人在劳动过程中创造了多少对

---

[1]《马克思恩格斯全集》第35卷,第2版,北京:人民出版社,2013年,第143页。

人有用事物的工具,即价值工具,是人类智慧的结晶。

（二）时间也可以成为哲学价值标准

如果时间可以用作哲学价值标准,则哲学价值与经济学价值即可统一,价值则可从二元变成一元,这对价值研究和建立价值科学无疑有重要意义。那么,时间可不可以成为哲学价值的衡量标准呢?

哲学是研究自然界、人类社会和人的思维普遍规律的科学。用哲学的观点研究价值问题时,就形成关于价值的哲学,或者说哲学价值。哲学观点有唯物主义和唯心主义之分,唯物主义又有辩证唯物主义、机械唯物主义之分,唯心主义又有客观唯心主义和主观唯心主义之分,等等,所以,用不同的哲学观点研究价值问题,会形成很多流派。我们对哲学价值问题的研究,应该采用马克思主义能动的辩证唯物主义观点。

马克思主义劳动价值论是马克思用能动的辩证唯物主义研究物质价值问题的典型代表,其特点:一是使用价值与价值是统一的,价值不能离开使用价值而单独存在。马克思说:"把价值的纯粹象征性的表现——价值符号——撇开,价值只是存在于某种使用价值中,存在于某种物中。(人本身单纯作为劳动力的存在来看,也是自然对象,是物,不过是活的有意识的物,而劳动本身则是这种力在物上的表现。)因此,如果使用价值丧失,价值也就丧失。"[1] 二是研究的对象是对人有用的商品,并在人的有效需求范围之内。三是商品的价值量依劳动时间确定,劳动过程就是劳动时间。四是在市场上商品按价值量进行交换,既要遵守价值规律,也要解释市场价格差异。虽然马克思主义劳动价值论是目前唯一的关于物质财富价值的最全面最深刻的理论,但是,尚未囊括自然事物的价值、无效劳动产品的价值、不是商品的劳动产品的价值。哲学价值不仅包括了全部的经济物质价值,也包括了世界上的全部事物的价值,比如宏观的、微观的事物的价值,有形的、无形的事物的价值,物质的、非物质的、精神的事物的价值,等等。所以,研究哲学价值不容易。

哲学价值有什么特点呢? 一是哲学价值与物质财富价值一样,与使用价值是统一的。无论是物质的抑或精神的事物,必须能够产生满足人们某种需要的效用（功效）,才是有价值的。亚里士多德说:"凡是可欲的皆是值得追求的,凡是值得追求的皆是有价值的。"[2] 雅典伊壁鸠鲁学派认为,至善或最高理想是快乐或幸福,这是唯一有价值的目的。其余的东西,如果能够带来快乐,成为幸福的手段,才有价值。斯多葛学派则认为最有价值的东西不是幸福,而是品格、德性、律己、职责,以个人的利益服从全局的目的。[3] 价值哲学创始人、德国哲学家威廉·文德尔班说:"每种价值首先意味着满足某种需要或

---

[1] 中共中央马克思恩格斯列宁斯大林著作编译局译:《资本论》第一卷,北京:人民出版社,2004 年,第 235 页。
[2] 邬昆如主编:《哲学概论》,北京:中国人民大学出版社,2005 年,第 288 页。
[3] [美] 梯利著,伍德增补:《西方哲学史（增补修订版）》,北京:商务印书馆,1995 年,第 94 页。

引起某种快感的东西。"[1]我国有学者认为："'价值'这个概念所肯定的内容，是指客体的存在、作用以及它们的变化对于一定主体需要及其发展的某种适合、接近或一致。"[2]有学者说："价值是标志主客体之间意义、效应和状态的范畴。"[3]还有学者说："从通常意义上说，价值就是一事物对另一事物的积极效应；或者说，价值就是在主客体对象性活动中的客体主体化，客体对主体的积极效应，促进主体生存发展完善，主要是促进主体发展完善，使主体特别是使人类社会更美好。正因为如此，人们才珍惜价值，追求价值，努力创造价值，实现价值。"[4]二是哲学所说的有价值的使用价值，虽然对人有用，但不一定看得见摸得着。比如空气中的氧气，人们看不见摸不着，但人人都需要它，都能感知到它的存在。空中的电子，尽管人们看不见摸不着，但人们须臾也离不开它。在没有发现氧气和电子前，人们可能会认为它们是一种鬼神创造的虚无。因而人们对哲学价值的理解，就更加虚无缥缈了。三是哲学价值所承担的使用价值，可能是有形的，也可能是无形的，发挥功效的过程可能长，也可能短。比如，如果一种思想影响了你，那么，这种思想必然要通过眼、耳、鼻、舌、身作用于你，必然经历一个微观物质相互作用并变化的过程。这个过程可能长也可能短。四是由于价值是对不同有用事物多或少的衡量，因而它就与经济价值有了联系。经济价值先于哲学价值最早被人们所认识，哲学价值从对经济价值的认识扩展而来。人们对于经济价值的认识，已经历了两千多年，而对哲学价值的认识，如果从德国哲学家威廉·文德尔班和亨利·李凯尔特创立价值哲学起，才经历了100余年。日本学者牧口常三郎说："价值最初是在经济现象中被认识到的，所以，价值概念最初为经济学家所系统阐述。然后，它被逐渐扩展到其他密切相关的知识学科，如美学、伦理学、哲学等等，成为今天为人们所接受的那样。"[5]目前我国学者大多认为，哲学价值反映的是主客体之间的关系。有人干脆说，哲学价值就是客体与主体的关系。"反映了主客体之间的关系"和"就是主客体之间的关系"的意义当然是不同的。

价值的客体是客观存在着的事物。价值的主体是人，包括个人、人群、社会。客体只有满足人的某种需要，才能被人判断它对人的意义，才能获得价值性。这种价值判断是人对客体与人的某种作用或者说是人对客体与人的相互关系的反映。但是，如果说价值就是客体与主体的关系本身，就不正确了。关系是事物与事物相互联系的方式、条件与规则。如果说价值反映了主体和客体之间的关系，那么，主体和客体都必须与价值发生关系，价值就必须是一种独立的中介，通过价值的量度，才能知道主体对客体的需要度和客

［1］王玉樑：《当代中国价值哲学》，北京：人民出版社，2004年，第329页。
［2］李德顺著：《价值论》，北京：中国人民大学出版社，1987年，第13页。
［3］庞井君：《社会价值论的理论定位及意义》，《光明日报》2007年5月15日第11版。
［4］王玉樑：《论价值与和谐》，《光明日报》2007年7月31日第11版。
［5］［日］牧口常三郎著，马俊峰、江畅译：《价值哲学》，北京：中国人民大学出版社，1989年，第79-80页。

体对主体的作用度,才能知道客体对主体有无价值和价值的多或少。所以,价值不是关系本身,而是一种客观存在。

目前我国学者虽然对有些问题还在不断争论,但多数学者认为,价值是人对客观存在的某种属性的概括,是一种抽象;人对某些客观存在的需求,使这些客观存在以其使用价值获得了价值性。正因为哲学价值的客观性、所依附的使用价值的功效性、各种不同使用价值可以用抽象把握的共同性以及从经济价值而来的扩展性,使得哲学价值与经济价值一样,有用时间计量的可能性。因此,不是用"价值是主客体之间的关系论"来改造劳动价值论,而应该是用劳动价值论的原理来研究哲学价值。

前面我们已经探讨了时间是地球运动过程的抽象均等化,用以衡量各种事物的运动过程。劳动价值是劳动过程,劳动价值用劳动时间来计量,任何事物的运动过程,都可以用时间来计量。如此一来,与使用价值相统一的哲学价值,也可以用时间来计量。学者们目前的分歧,一是有的哲学价值,不容易用时间来计量,比如,幸福、快乐、善很难用时间来衡量。但是,人不会无缘无故产生幸福、快乐、善,凡可以使人产生幸福、快乐、善的物质对人的影响过程,可以用时间来衡量。良心是一种对是非对错的认识形成的思想状态,这种思想状态受客观的或物质或环境或人的影响,其形成有一个过程。出卖良心,必然有一种可以与良心相交换的物质。因此,良心也是可以度量的,只不过人们目前还没有研究到那个精细程度。不论是宏观的还是微观的、物质的还是非物质的、有形的还是无形的使用价值,它们发挥效应即功效都必然有一个过程。只要有过程,就可以用时间来衡量。二是有的学者把效用和价值混为一谈。比如,雷锋精神的效用和雷锋精神的产生过程是不一样的。雷锋精神的效用是他的精神影响了千百万人的行为,就像一项发明被千百万人掌握会创造出更多的财富一样,雷锋精神会使社会的善举倍加而促进社会进步。而雷锋精神本身产生的过程则是雷锋同志思想变化的过程和他在善的思想状态指导下做好事的过程。显然,二者是不能混为一谈的。但是,这两种情况都会产生过程,只要产生过程,就可以用时间来计量。

恩格斯认为,自然界的一切变化都处于运动过程中。他称赞黑格尔:"黑格尔第一次——这是他的伟大功绩——把整个自然的、历史的和精神的世界描写为一个过程,即把它描写为处在不断的运动、变化、转变和发展中,并企图揭示这种运动和发展的内在联系。"[1]过程就是事物运动、转化和发展的连续性状态。一切事物的过程都是同一的。过程有两种特性:一是延伸性,二是结构性。事物的过程有快有慢,有长有短,各不相同。不论具体事物的具体过程如何不同,过程本身就是它们的一般性、普遍性和共同性,可以被人们用抽象的方法所把握。尽管事物有包含性,依据同一层次事物的共同性可以把事

---

[1]《马克思恩格斯选集》第三卷,第3版,北京:人民出版社,2012年,第793页。

物进行分类,每一类事物的共同性都不相同,但过程却是万事万物的共同性、一般性。人们把事物过程抽象后,用地球运动过程在人脑中被抽象被加工的均等化时间来衡量,来表达,任何事物就都有了时间。人们在现实生活中所说的时间长或时间短,实际是用具体事物的过程与地球运动过程相比较所得出的结果。

马克思曾指出,时间是事物运动的同一性。他说:"正如运动的量的存在是时间一样,劳动的量的存在是劳动时间。"[1]引发事物运动过程的量和推动人的劳动过程的量是什么? 应该是能量。过程形成时间,有用事物的过程形成价值,时间与价值是同一的。所以,作为衡量经济价值的时间也可以成为衡量普遍哲学价值的标准。但是,时间与价值应用的范围还是有区别的。一是时间仅仅以过程存在为依据,不涉及这个过程对人有利还是有害。价值则不然,它是衡量对人有利还是无利或者有害无害的事物过程的标准。二是时间可以衡量一切事物过程的长短快慢,价值则仅仅衡量对人有用事物形成过程的长短快慢。三是时间经过人的头脑加工,使之均等化,可以用钟表之类来表达。价值经过人的头脑加工,使之同一化,可以用货币之类来表达。

效用,或者说效应,或者说功效,不是价值,也不是时间,效用是使用价值在使用时产生某种效果的特性。使用价值在使用时,会持续一定的时间,产生效用的时间即过程形成价值。在第十章我们将专门讨论效用和价值的关系问题。在这里我们想指出的是,有的学者认为使用价值就是价值,他们不是把使用价值与价值看作是一种事物的两种不同性质的客观存在的统一,而是把使用价值与价值看作是一种无差别的同一,这是错误的。

哲学价值的实质,是把世界上万事万物都纳入了能够满足人的需要程度的衡量体系。客观存在的自然状态并不都能满足人的需要,只有进入人的需要视野的客观存在才被人视为价值客体。没有进入人的有用视野的客观存在虽然暂时不能获得价值性,但并不等于它永远不能获得价值性,可能是由于人的认识的局限性,它的潜价值暂时还没有被发现。人有改变事物的形态使之适合人使用的能力。如果客观事物的自然状态不能被人使用,人就会对自然客体进行改造,使之适合被人利用,这时,自然客体的价值便被并入人的劳动过程,哲学价值就与经济价值合而为一。人有各种各样的愿望和需求,客观事物可以用其五彩缤纷的多样性来满足人的无限性的愿望和需求,人也可以依人对自然的认识,无限制地改造自然,把多样性的自然改造为人所需要的自然。人类社会就是在这种不断发现、不断创造中发展进步的。

(三)时间本身的变化

上面我们讨论了时间是地球运动过程在人们头脑中改造过了的抽象。事物的运动过

---

[1]《马克思恩格斯全集》第31卷,第2版,北京:人民出版社,1998年,第422页。

程也是事物变化的过程,事物运动的过程有快有慢、有长有短,如果人们不选择地球运动过程的抽象均等化作为时间标准,而是选择另外一种事物的具体运动过程作为时间标准,则它也可以成为新时间标准。不论选择什么事物的运动过程作为时间标准,只要事物在变化,时间也就会变化,因而,时间标准本身也是变化的。

爱因斯坦的时间相对性原理,是以光速每秒30万千米(更精确的数字为每秒29.9792458万千米)不变为前提的,他寻找到了一个万事万物新的过程发展衡量标准——光速标准,打破了人们几千年来关于地球运动过程的抽象均等化标准。

不论事物发展过程的衡量标准怎么变化,不论是以地球运动过程均等化的传统标准为依据,还是以相对论的光速标准为依据,依据的都是事物的客观过程。尽管传统的时间观念加进了主观因素,认为时间是绝对的,不会变化,我们用这种不变的时间,作为衡量其他事物过程快慢长短的标准,但它的根据始终是事物的客观运动过程,不是凭空想象。例如,速度=距离÷时间,速度就是其他物体运动的快或慢。距离=时间×速度,距离就是物体运动过程的长或短。随着对客观存在认识的不断加深,对于价值问题的研究也会有新的发现,对于价值的衡量标准也将有所变化,有可能不再采用时间标准而采用其他标准,比如采用距离作为计量价值的标准,但这需要科学的进一步发展。

六、光速时间标准和价值创造与价值实现

当人们把衡量事物运动过程的标准从地球运动过程提高到光速时,人类社会就进入了微观经济的新时代。

(一)微观财富创造并未推翻马克思主义劳动价值论

在微观经济时代,马克思主义劳动价值论并未被推翻,只不过计量经济价值的标准提高至光速时间标准。

1. 微观财富创造。这里所说的微观经济概念,不同于微观经济学所说的微观经济。微观经济学是考察具体的经济单位比如一个企业或一个家庭的经济行为的学说,它的主要特点是用价格代替价值对一个企业或一个行为的市场分析,因而也被称为"价格理论"或"市场经济学"。与微观经济学相对应的是宏观经济学,它的主要特点是考察国民经济中各种相关的经济总量变化及其规律。或者说,微观经济学研究的是经济具体,宏观经济学研究的是经济一般。宏观经济学必须以微观经济学为基础,微观经济学也离不开一般经济规律的指导和约束。之所以现在宏观经济学与微观经济学相分离,是由于还没有一种宏观经济理论被经济学界认可。比如,马克思主义劳动价值论研究资本主义生产方式一般规律,属于科学的宏观经济学范畴,但被资产阶级经济学家所反对。资产阶级经济学

家凯恩斯的经济理论也属于宏观经济学,但它在实践中碰了壁,被资产阶级新自由主义经济学派所反对。

我们在这里使用的微观经济的概念,是指创造微观物质财富的经济。微观物质指电子、原子、能量、波、光子、量子等微观粒子和微观存在。随着人们对这些微观粒子和微观存在认识的不断加深,对这些微观粒子和微观存在的利用范围不断扩大,人类创造的财富大量增加。在原始社会,人们主要依靠采集天然的野果和猎取野生动物维持生存,只把野果和野生动物视为财富。农业经济时代,人们依靠自身的能量,使天然物质在人的劳动作用下,质量提高,数量增加,这时,财富虽然大大增加,但人们还主要是把自然的宏观有形物质视为财富。工业革命之后,人类进入了工业经济时代。工业经济的最主要特点在于人们利用天然能量所产生的巨大力量代替人力和利用前人积累的劳动价值使财富创造的过程大大加速,但这时人们的财富观念仍然是有形的、物质的、宏观的。在爱因斯坦相对论和普朗克的量子论提出并应用后,人们才对高速运动着的事物有了新的认识,财富的范畴急剧扩大,人们的财富观念随之改变,财富创造方式也随之变化。例如,信息工程把人类看不到摸不着的电子、电磁波、电磁场作为财富的新形态。这时,人们不仅仅认为有形的、宏观的物质是财富,而且把微观的粒子、无形的知识、地球之外的太空,都视为财富。有经济学家说:"从获取天然的果实和猎物,到依赖地球表层的物种繁殖,到直接从地球矿物资源能量中获取效用,再到微观、高速世界以及海洋、空间、人类思维等领域的高级运动形式和能量来源方式的把握——人类历史的一个最伟大的侧面就是财富拓展的历史。"[1]在微观财富创造过程中,人们创造的财富所增加的量与投入的量不成比例。这位经济学家说:"就投入产出而言,虚拟世界、知识和信息世界、金融世界的投入产出完全同低速宏观的物理世界不同。发送一条电子邮件同群发一万条电子邮件所付出的'社会必要劳动时间'没有本质的差别;不同价值的软件、美术作品、演奏产品的制造成本也没有本质差别;不同金融产品的制造过程其投入和产出也非物理成本所能描述。"[2]

2. 微观财富创造并未推翻马克思主义劳动价值论。由于微观财富的出现,人们很难用传统的时间观念把握劳动创造的财富的价值,所以,有经济学家认为,马克思主义劳动价值论过时了:"如同牛顿理论在宏观、低速的物理世界仍然正确一样,李嘉图、马克思、萨伊、门格尔等流派的传统价值论对于宏观、低速的物理世界和商品世界也仍然是有效的。但是对于高速、微观的物理世界和商品世界,比如互联网虚拟世界、金融虚拟世界、知识和信息产品世界,传统价值论的所有哲学基础、思维方式、定价理论以及相关的决策模式,都是错误

---

[1]滕泰著:《新财富论》,上海:上海财经大学出版社,2006年,第27页。
[2]滕泰著:《新财富论》,上海:上海财经大学出版社,2006年,第9页。

的。"[1]主要理由是:时间和空间都是动态和变化的,不存在商品的绝对价值;价值不是客观的,也不是主观的,而是介于特定供求双方的群体性认识和评价;人类的思维本质上是与物质世界相同的微观粒子和波的高速复杂运动形式,所以,人的思维本身也可以直接创造财富,如语言、文字、音乐、美术、程序、网络等。信用创造货币,货币是真实财富。虚拟资产虽然不是物质财富,但它同纸币一样,是信用财富,是真实财富的构成部分和表现形式。一句话,价值不是客观存在的实体。虽然这位经济学家依据微观财富创造的特点,提出的关于人民币的世界结算、汇率、利率等方面的措施是正确的,但对于价值的认识却是错误的。

人脑中微观物质的运动与外界微观物质的运动原理虽然相同,但不能因此推翻劳动价值论的一般原理。一是只要可用于等价交换的事物,都必然有一种同质的东西,只有同质,才可以在量上进行比较。这种同质性的东西就是价值。劳动价值是各种具体劳动的同一性,不同具体劳动的同一性是劳动过程,马克思称为抽象劳动,以劳动时间来计量。自然界的各种自然存在的同一性就是自然运动过程。不论这种运动过程速度慢还是快,都可以用时间来计量。比如互联网的数据传输计价单位,可以是流量,也可以用时间来计量。质量涉及事物的效用,而效用也是用时间来计量的。比如,文字的效用在于对使用文字的人的影响,人的寿命是有时间期限的,所以,文字对人的影响也是可以用时间计量的。二是微观物质和微观存在是一种自然存在,电子、原子、光、波、能量等自然存在了不知多少亿年,只有通过人的劳动,这些客观存在才被认识、被利用,只有被利用的部分,才进入人的视野,才具有了商业性、可交换性,才有了价值。价值的工具性并不因自然微观存在被利用而被推翻。货币是价值的代表,并不是信用创造价值、创造货币,而是人们在使用货币时,采用了信用的形式。从金银到纸币再到电子货币,都因为先有了各种财富的同一性、一般性,才有了代表这种同一性的物质,人们才采用了利用这些物质的信用形式。三是人本身就是一种自然存在,人的一切活动必然遵照自然规律。正是人脑的活动,使人的劳动创造由低级到高级,由简单到复杂。人脑认识事物和创造非宏观物质财富的细节尽管目前我们还知之甚少,但它的这种创造要持续一定的时间,则是可以肯定的。因此,它们也是可以用时间来衡量的。人类发展到微观财富时代,是由劳动时间计量的劳动过程积累的结果,或者说是人的价值创造和价值积累的结果。四是用相对论的原理来解释价值,本身就是错误的。时间是经过人脑改造过了的地球的运动过程,相对论实质上说的是运动过程的相对性,从时间本身在不断地变化方面来说,时间是相对的。但是,地球运动过程经过人脑的改造之后,时间在人的观念上就成为绝对,人们用观念时间衡量各种运动过程的快或慢,如果把相对论的原理到处套用,则是不合适的。比如,按照相对论进行推

[1]滕泰著:《新财富论》,上海:上海财经大学出版社,2006年,第8页。

论,一个坐飞船绕地球高速运动的双胞胎哥哥,绕地球飞行几圈后,会比在地球上不动的弟弟年轻若干岁。虽然现在卫星已经上天,但没有出现航天员在天上过了一年,回来后地面上的人老了几十年的情况。价值与时间虽然都是事物的过程,广义的价值是一切事物的运动过程,但价值不是用来衡量运动过程快慢的,而是用来衡量用于交换的有用事物的多或少的。价值的衡量标准一旦固定于某种物,比如金或银,它的值就在人们的头脑中确定了。尽管价值的固定衡量标准会随着可使用财富范围的增大而变化,使这种标准成为相对,但"变化"就是对固定标准的肯定,只有用某个"基点"做参照物,才能显示"变化"。这个"基点",就是变化中的不变。

(二)光速时间标准与价值创造和价值实现

在资本主义商品生产阶段,虽然微观物质和微观存在的新财富的大量涌现,使采用新的手段计量价值成为必然。比如,电子计算机、互联网的发明和应用及航空航天工程,都需要用光速时间标准来计量和衡量它们的过程。电子货币的出现,就是这种时代要求的反映。但是,马克思主义劳动价值论的一般原理依然适用,微观物质财富的创造与实现仍然可以用价值的形式进行计量。

1. 微观物质的功效与价值。财富之所以成为财富,是由于财富中蕴含着使用价值,使用价值的使用产生功效(即效用价值论所称的效用)。劳动产品是形态变化了的适合人的需要的使用价值,价值是各种使用价值的同一性,与使用价值相统一,以使用价值的功效为前提。

功效是事物在使用中产生的效果,功效价值是事物被使用时发挥作用的时间,二者是不同的。主观效用价值论者把效用和效用价值混淆了,致使他们找不到使用价值的同一性,找不到价值了,只好求助于主观,使价值论走入歧途。这个问题将在第十章专门论述。其实,与任何事物被使用一样,发生功效的过程都是消费过程,功效价值也与任何价值一样,都是过程的特殊表达方式。劳动力的功效,是劳动力的使用过程。劳动力的价值,是劳动力的成长、形成与持续存在过程。这两个过程不一样,因而价值也不一样。

在宏观物质财富时代,马克思已经注意到在生产时有形物质转变为微观物质的过程及这种转变对价值形成的影响。他说:"辅助材料或者被劳动资料消费,例如煤被蒸汽机消费,机油被轮子消费,干草被挽马消费;或者加在原料上,使原料发生物质变化,例如氯加在未经漂白的麻布上,煤加在铁上,染料加在羊毛上;或者帮助劳动本身的进行,例如用于劳动场所的照明和取暖的材料。"[1]物质不灭。只要事物的使用价值存在,价值就会随使用价值的存在而存在,也随使用价值状态的转变而变化。有的从有形事物转化为有

---

[1]中共中央马克思恩格斯列宁斯大林著作编译局译:《资本论》第一卷,北京:人民出版社,2004年,第212页。

形事物,有的从有形事物转化为无形事物,有的从动态转化为静态,有的从静态转化为动态。从有形事物到有形事物的变化,我们都很熟悉。从有形事物到无形事物的变化,只有在质能变化日益被人们了解时才会被人们熟悉,也只有在光速时间标准提出后才能被人们精确计量,因而功效发挥作用过程的价值,将随着人们对质能转化规律的认识加深而被肯定。

很多服务类的劳动价值计量,也需要采用光速时间标准。比如,有的服务劳动创造的产品被别的劳动力直接消费,或者劳动的产品本身可能就是无形的,或者创造产品的过程时间很短,既是生产过程又是消费过程,如唱歌这样的服务性劳动过程,需要采用光速时间标准来计量。在只把有形事物看作使用价值的年代,在价值只用传统时间标准衡量的年代,似乎这种劳动不创造价值。进入微观光速经济时代,服务劳动的价值凸显,人们的财富观念和对价值的创造、实现、计量、功效都有了新认识。虽然目前对有些微观事物价值的计量可能还有困难,但这并不能阻碍人们最终精确计量它们。

2. 光速时间标准与价值实现。随着微观财富创造和光速时间标准的采用,价值创造方式随之改变,价值实现的范围也随之改变和扩大。

(1)更多的自然存在实现为价值。以光速时间单位计量的微观存在作为价值存在物后,价值实现从劳动事物扩大到自然事物,从有形事物扩大到无形事物。例如,在以前看来似乎是取之不尽用之不竭的水资源,也要付出一定的货币额才能取得使用权。自然界广泛存在的电磁波,也必须付出以货币为代表的价值物才能被使用。随着人们对价值概念内涵的深入了解,原来关于哲学价值是主客体之间关系的认识将得到纠正。例如,说某事物有一定的历史价值,可能指的是某事物在历史研究中有一定的使用价值。使用价值不是价值。如果出于对历史研究的动机购买某事物,那么,付出的就是某事物产生过程形成的价值的等价,或它的使用价值发挥作用的过程所形成的功效价值的预期。在第十三章,我们将看到,价值与功效价值是同一的。因此,哲学价值所蕴含的使用价值与价值的面目将越来越清晰,比如原来被当作遵守经济等价交换规则的行为被归于道德范畴的信用后,也就具有了经济意义,原来被认为是道德范畴的良心、荣誉等也如此。哲学价值不再是虚幻的,某些原来属于精神范畴的东西,现在如同经济价值一样,具有可交换性、可实现性和可计量性。正因为如此,有些产业才有可能成为实实在在用价值计量的产业,如文化产业、教育产业、信息产业等等。有些被认为与人的劳动毫不相干的客观存在,其价值也被实现为价格。

(2)价值实现的速度加快。价值标准的变化,不仅影响着价值创造的速度,也影响价值的实现。在宏观物质财富时代,价值的实现速度以地球的公转和自转速度为标准,以秒、分、时、日、月、年来计算。例如,如果在某地发生了一件事,要使处于很远地方的人知道这件事的信息,需靠人步行或骑马送信,需要几天、十几天、几十天或者更长的时间。而采用现代通信技术或互联网技术,可以在几秒钟内让处于几千千米、几万千米、几十万千米甚至更远的人知道,效率提高了几倍、几万倍、几十万倍甚至更多,价值实现的速度极大地提高了。

(三)微观物质财富创造深刻影响人类社会的发展进程

马克思主义劳动价值论揭示,随着生产力由低级到高级发展,微观物质财富的价值创造将对人类社会的发展产生深刻的影响。

1. 加快人类社会化进程。微观物质财富的一个显著特征是加快了人类的社会化进程。劳动是人的本能。人类劳动所创造的财富,都是为了满足人的需要。首先是满足人的生命的需要。人若要维持自己的生命,必须时时与外界进行物质交换,这种交换是以质量和能量相互转换的方式进行的。食物是可与人进行质量、能量相互转化的物质,追求吃饱是人类的生物性需要。因此,人把食物当成人类第一需要的财富。其次是满足人适应环境的需要。人们动手制作衣服,建造房屋,制造出行工具,人们的这些劳动创造都是为了创造出满足人的衣、住、行需要的财富,即构成人类适应环境需要的财富。再次是满足人认识自然和认识人自身的需要。人在不断的劳动创造中,不断地进行知识积累和劳动积累,于是,人类创造出了用于传承积累的文字。后人在前人知识积累和劳动积累的基础上,转换自然物质财富的能力大大增加。随着财富形态的转化速度加快、范围扩大,财富满足人的需要的层次不断提高,在满足人的生命需要、适应环境需要的基础上,创造出的财富还支持人们认识自然和认识人自身的需要,于是发展起医药学、数学、哲学等等自然科学和社会科学。最后是满足人类社会化也就是满足人的全面发展的需要。人对自然的认识和予取,使人们认识到集体的力量、社会的力量是个人全面发展的保证。于是,最先认识到这个道理的先贤们,努力探讨人类社会化的规律。马克思的探讨最有成就,并且抓住了人类社会化的实质。能够满足人类在社会化中需要的财富,不是鬼神创造的,而是人在协作劳动中逐步创造积累的。在协作劳动中,人们逐渐社会化。人的社会化过程是个体人的力量逐步聚合、结合起来,控制、改变自然使之满足人的需要的过程。获得财富以满足人的各种需要是人们相互联合的最主要目的,是人类社会化的动力。随着人类社会化的进程,人类劳动的联合方式、协作方式都将改变。人类社会劳动方式的改变,财富积累的加快,知识积累的增速,也促进了人类的社会化进程。

微观物质成为财富,标志着人类社会发展的一个全新阶段。互联网的发展,使人们的地域缩小,各种信息以光速传播。大量的太阳光能被利用,太空正被开辟成为人类新产品新工艺的试验场,纳米材料、基因工程、计算机技术、量子通信技术、核磁技术等等的应用,都促进了人类的社会化进程。

人的劳动改变着社会,也改变着人自身。当多数人为人类社会的发展、人类的联合、人类的协作、人类的知识和财富积累而献身时,人类的文明程度就随之不断提高。这时,助人为乐、无私奉献、"老吾老,以及人之老,幼吾幼,以及人之幼"蔚然成风,多数人都将成为"一个高尚的人,一个纯粹的人,一个有道德的人,一个脱离了低级趣味的人,一个有益于人民的人"[1]。而为了一己私利、为了集团的利益损害别人、对别人进行掠夺等等丑恶行为将随着社会化程度的加深而减少。侵略战争是国家规模的集体掠夺,是破坏人类社会化进程的自私行为,是对人类社会发展的反动,必将随着人类社会化程度的加深而被消灭。

2. 加速消灭资本主义生产方式。人们在不满足中创造,在创造中获得满足。后人生活于前人创造的环境中,他们的起点是前人的终点。前人的满足是他们的不满足,于是他们又在不满足中创造,直至达到他们的满足。这样一来,人们就会把需要的视野扩大到一切自然存在,不断地发现着一切自然事物的有用性。用什么来衡量不同使用价值有用性的多或少? 在交换的产品为私人生产、社会使用的情况下,人们发现了不同使用价值的同一性作为衡量不同使用价值有用性的工具——价值。因此,从确切的意义上说,价值不是人所创造的,而是被人发现的。价值在人利用事物的有用性时得以实现,人们以拥有价值的多或少作为衡量拥有财富多或少的标准。

因为资本主义的生产是以价值为特征的生产,也因为现在的微观物质财富创造是资本主义生产力发展到一定阶段的结果,所以,微观物质财富创造不能不打上资本主义价值生产的烙印。在微观物质财富的创造采用光速时间标准时,这种时间标准也必将成为物质的价值标准。光速时间标准不但影响了人们财富和价值创造的方式,也影响了人们的生产方式和生产关系,对私有制的影响更为深刻,将加速它的灭亡。一是因为价值交换普遍化是由人类的社会化和私有制之间的矛盾引发的。马克思主义劳动价值论认为,在私有制下,私人劳动产品的价值实现,必须通过交换才能成为社会的产品,由此商品也就承担起了人类社会化中介的责任。商品流通的速度、手段都影响着人类社会化进程。当微观物质成为人类的财富时,在采用光速时间价值标准后,商品流通的时间大大缩短,人们的交换更加快捷方便,因而使人类的社会化进程加速,最后将消除这个矛盾。二是因为社会分工是人类获得更多财富的方法之一,也是阶级产生的原因之一。由于人们对权力是什么的问题认识不清,于是掌握权力进行生产管理和社会管理的人,从利己的动机出发,利用权力占有社会剩余财富,并编造出种种谎言欺骗人们。恩格斯说:"人类社会脱离动物野蛮阶段以后的一切发展,都是从家庭劳动创造出的产品除了维持自身生活的需要尚有剩余的时候开始的,都是从一部分劳动可以不再用于单纯生活资料的生产,而是用于生

---

[1]《毛泽东选集》第二卷,第2版,北京:人民出版社,1991年,第660页。

产资料的生产的时候开始的。劳动产品超出维持劳动的费用而形成剩余,以及社会的生产基金和后备基金靠这种剩余而形成和积累,过去和现在都是一切社会的、政治的和智力的发展的基础。在迄今为止的历史中,这种基金都是一个特权阶级的财产,而政治统治权和精神指导权也和这种财产一起落到这个特权阶级的手里。即将到来的社会变革将把这种社会的生产基金和后备基金,即全部原料、生产工具和生活资料,从特权阶级的支配中夺过来,把它们转交给全社会作为公有财产,这样才真正把它们变成了社会的基金。"[1]权力保护下的私有制,分割了人们的相互联系,使人的社会化进程受阻,并产生强制性社会分工。在财富包括了宏观的、微观的、有形的、无形的、物质的、精神的等方面内容,在采用光速时间标准来衡量微观物质的价值后,不仅流通速度加快,而且交换范围扩大,垄断也被打破,消除强制性分工的速度也在加快,社会的阶级分化受到社会化进程的制约,受到新的生产方式即以财富生产而非价值生产为主要目的的社会文明的制约。一方面,财富的大量涌现使两极分化加剧;另一方面,由于道德、良心的价值可以被衡量——它们既然有价值,自然也就有价格——使人们能够一眼看出谁的道德水平高,谁的道德水平低,因而对抑恶扬善,促使人类社会文明水平提高,抑制私有制的剥削,有特别重要的意义。人们将不再为资本家的剥削辩护,不再将资本家作为自己的榜样。因此,科学技术的进步和微观财富的创造,逐渐消灭着资本主义生产方式。

---

[1]《马克思恩格斯选集》第三卷,第3版,北京:人民出版社,2012年,第574页。

第十章 劳动生产率与使用价值的功效和功效价值

——兼驳主观效用价值论

经济学是研究生产、交换、分配的条件和形式的科学。没有生产,就没有交换和分配。人类社会的任何一种生产关系与社会关系都与生产有关。任何生产都与效率即劳动生产率有关,劳动生产率与劳动力和生产资料使用的功效和功效价值相关联。经济学研究避不开劳动生产率,研究马克思主义劳动价值论必须研究劳动生产率。

一、什么是劳动生产率

劳动生产率是劳动者使用劳动工具转换自然或人工自然物质形态使之适合人类使用的劳动效果。劳动生产率所表达的意义,是劳动力的劳动功效。功效有大有小。劳动功效必须表现为一定的产品数量,即劳动的结果。同时,每一劳动必然经过一个过程,即持续一定的时间。产品的数量和持续的时间之比反映了劳动功效的大小。劳动力的劳动功效和在一定时间内生产的产品数量的关系,用文字表述为:劳动生产率=劳动产品数量÷劳动时间。人们通常用下式表达:

$$P = \frac{N}{t}$$

式中:P 表示劳动生产率,N 表示劳动产品数量,t 表示劳动时间。

从劳动生产率公式可以看出,用劳动者在单位时间内生产了多少产品,或者单位产品耗费了多少劳动时间来表示劳动生产率。劳动生产率可以用百分比表示。生产 1 件产品用的劳动时间越少,则表示劳动生产率越高,反之则表示劳动生产率越低。比如,甲生产 20 件衣服用了 20 小时,乙生产 20 件衣服用了 40 小时。如果以 1 小时生产的件数为基数,则甲的劳动生产率=20÷20=1,用百分比表示为 100%。乙的劳动生产率=20÷40=0.5,用百分比表示为 50%。比较二者,甲的劳动生产率比乙的劳动生产率高 1 倍。

上述举例,是个别的劳动生产率,也就是个别的劳动功效。不同企业有不同的劳动生产率,如果以全社会计算单位产品所消耗的社会平均必要劳动量,称为社会劳动生产率。

　　劳动生产率与劳动时间有关,劳动价值也与劳动时间有关,那么,劳动生产率与劳动价值就有了必然联系。马克思对价值既有定性分析,又有定量分析。对价值的定性分析是:价值是任何使用价值的同一性,劳动价值由抽象劳动所形成。对价值的定量分析是:劳动价值用劳动持续时间的长短来计量,单位产品的价值量与劳动生产率有关。

　　在对价值的定量分析中,一方面,马克思始终依据的是由劳动生产率所决定的商品价值;另一方面,马克思在进行价值总量的平衡研究中,在价值规律对商品价格影响的论述中,运用了社会必要劳动时间决定商品价值量的理论。有人因此责难马克思,认为马克思关于商品的价值量是不确定的。对于这个问题,我们在第三章已经作了简略介绍。在本章我们将对马克思关于商品价值的理论和意义进行深入探讨。

二、马克思主义劳动价值论与劳动生产率

（一）商品的价值量、劳动量、劳动时间和劳动生产率的关系

　　马克思对商品的价值构成、剩余价值生产、平均利润等的研究,都是以劳动生产率所确定的商品价值量进行分析的。

　　1. 商品的价值量与劳动生产率。马克思在《资本论》开篇即说:"总之,劳动生产力越高,生产一种物品所需要的劳动时间就越少,凝结在该物品中的劳动量就越小,该物品的价值就越小。相反地,劳动生产力越低,生产一种物品的必要劳动时间就越多,该物品的价值就越大。可见,商品的价值量与实现在商品中的劳动的量成正比地变动,与这一劳动的生产力成反比地变动。"[1] 在这里,马克思谈的是商品价值量变动规律,继承了威廉·配第的科学发现。配第在提出商品价值由劳动量决定,劳动量由劳动时间计量的同时,也提出了商品的价值量与劳动量成正比,与劳动生产率成反比。马克思说:"配第在他的《赋税论》中,对商品的价值作了十分清楚的和正确的分析。"[2] 马克思关于商品价值量由社会必要劳动时间决定是建立在商品价值量变动规律之上的。

　　2. 劳动量与价值和劳动生产率。马克思认为,劳动量是价值的实体,劳动量的结晶就是价值。那么,劳动量又是什么呢? 马克思说:"如果把生产活动的特定性质撇开,从而把劳动的有用性质撇开,劳动就只剩下一点:它是人类劳动力的耗费。……商品价值体现的是人类劳动本身,是一般人类劳动的耗费。"[3] 人类劳动的耗费是什么? 以现代科学观点看,人在劳动中消耗的应该是能量。体力和脑力劳动支出的能量形成商品价值的质,一

[1]中共中央马克思恩格斯列宁斯大林著作编译局译:《资本论》第一卷,北京:人民出版社,2004年,第53—54页。
[2]《马克思恩格斯选集》第三卷,第3版,北京:人民出版社,2012年,第614页。
[3]中共中央马克思恩格斯列宁斯大林著作编译局译:《资本论》第一卷,北京:人民出版社,2004年,第57页。

定的劳动时间代表一定的劳动量。马克思说:"作为价值,一切商品都只是一定量的凝固的劳动时间。"[1]

消耗能量做功,影响到事物的形态转变过程。在具体的劳动中,能量转化的多或少以及转化方式,影响劳动生产率。

在现实的具体劳动中,每一个人所拥有的能量可能是相同的,也可能是不同的,因而在劳动中所付出的劳动量可能相同也可能不同,但在进行理论计算时,应该把他们的劳动量化为社会平均劳动量。比如,甲与乙生产同一种产品,付出的劳动量可能相等也可能不相等。如果乙做1件衣服付出的劳动量是甲的1倍,其所做衣服的个别价值也是甲所做衣服的个别价值的1倍,他的劳动生产率就比甲低50%,商品的价值量与体现在商品中的劳动量成正比。甲所做的1件衣服的价值量小,是因为他的劳动生产率高,商品的价值量与劳动生产率成反比。劳动生产率体现的是生产能力,也可以说,商品的价值量与劳动生产力成反比。有人说,马克思在《资本论》中,把劳动生产率和劳动生产力混同使用。其实不然,马克思的劳动生产率是指具体的劳动功效和结果,而劳动生产力是指社会劳动生产的水平和状况。

3. 社会必要劳动时间和商品价值决定。马克思认为,商品的价值量由社会必要劳动时间决定。但是,商品的个别价值量与生产商品的个别劳动时间成正比,与生产这一商品的劳动生产率成反比,据此,商品的个别价值量应依劳动生产率而确定。有经济学家据此认为,马克思劳动价值论中的价值度量问题没有得到彻底解决。我们有必要对这个问题作较为深入的分析。

马克思在谈了商品的个别价值量与劳动生产率成反比后,说:"因此,不管生产力发生了什么变化,同一劳动在同样的时间内提供的价值量总是相同的。"[2]马克思在分析了商品的价值量由社会必要劳动时间决定后,又说:"生产力特别高的劳动起了自乘的劳动的作用,或者说,在同样的时间内,它所创造的价值比同种社会平均劳动要多。"[3]经济学界有人认为这两种说法是矛盾的。

如果理解了马克思关于商品价值决定的具体内容,就不会认为它是矛盾的。假若生产者A用两种劳动工具生产同一种产品,用第一种工具生产,生产率低,每小时生产5件产品,每件产品的价值为12分钟,产品的总价值为60分钟。用第二种工具生产,生产率高,每小时生产10件产品,每件产品的价值为6分钟,产品的总价值也为60分钟。所以,不论生产力发生了什么变化,在同样的时间内,生产的产品总价值量是相同的,但商品的

---

[1]中共中央马克思恩格斯列宁斯大林著作编译局译:《资本论》第一卷,北京:人民出版社,2004年,第53页。
[2]中共中央马克思恩格斯列宁斯大林著作编译局译:《资本论》第一卷,北京:人民出版社,2004年,第60页。
[3]中共中央马克思恩格斯列宁斯大林著作编译局译:《资本论》第一卷,北京:人民出版社,2004年,第370页。

个别价值不相同。

要实现商品的价值,必须拿到市场上出售,每个产品的价值也必须平均化为社会价值。假若生产者 A 和 B 生产同种商品,A 的劳动生产率高,在 60 分钟内生产了 10 个产品,B 在 1 小时内生产了 5 个产品,他们的总生产时间是 120 分钟,总产品有 15 个。A 和 B 两个生产者所生产的商品价值平均化为社会价值,单位产品价值 = 120 分钟 ÷ 15 个 = 8 分钟/个。此时,A 的产品的总价值 = 8 分钟/个 × 10 个 = 80 分钟,B 的产品的总价值 = 8 分钟/个 × 5 个 = 40 分钟。这就是马克思所说的商品的价值由社会必要劳动时间决定的意义。也就是说,生产率高的劳动,在同样的时间内,创造的价值比同种社会平均劳动要多。马克思说得明白:"但是商品的现实价值不是它的个别价值,而是它的社会价值,就是说,它的现实价值不是用生产者在个别场合生产它所实际花费的劳动时间来计量,而是用生产它所必需的社会劳动时间来计量。"[1]

社会必要劳动时间决定商品的社会价值,符合现实逻辑。商品的价值如果仅由生产商品的个别劳动时间决定,那么,必然会产生一个现象,即劳动生产率越低,人越懒,技术越不熟练,生产一件产品用的时间越长,这件产品的价值越多。但是,在市场上,人们不知道同样的商品生产的时间是多少,会根据同质同价的原则进行等价交换。这样一来,便使所含价值多的商品与所含价值少的商品的价值平均化,从而形成商品的社会价值。比如,同是编竹筐,甲 1 小时编了 2 个,乙 1 小时编了 1 个,甲的劳动生产率是乙的 1 倍。在市场上,人们只会以相同的价值购买竹筐,并不会追问甲、乙二人的劳动生产率有无差别。假如每只竹筐的价值是 10 元,则甲 1 小时的劳动可实现 20 元的收入,而乙 1 小时的劳动只能收入 10 元。

显然,商品的价值实现是以社会劳动生产率而不是以个别劳动生产率为前提的。所以,马克思认为,商品的价值量由社会必要劳动时间决定。虽然商品的个别价值量随社会劳动生产率的变动而变动,但进入市场以后,商品的个别价值量因社会劳动生产率的变化而被确定。产生这种现象的原因:一是任何个别劳动都必须转化为社会劳动;二是劳动生产率处于不断变动中,致使商品价值的社会平均值也处于不断变动中。这种变动给人的印象是商品的价值不确定,而实际上虽然商品的价值处于不断变动中,但以社会必要劳动时间所决定的商品价值量在市场的一瞬间的平均值还是确定的,是以个别劳动生产率所决定的商品价值为基础的。

比如,有甲、乙、丙 3 个服装生产工厂。甲厂劳动生产率高,每小时生产 3 件衣服。乙厂劳动生产率次之,每小时生产 2 件衣服。丙厂生产率最低,每小时生产 1 件衣服。依个别劳动生产率,三个厂生产的衣服的价值是确定的。如果三个厂把生产的衣服拿到市场上出售,每件衣服在市场上将会按 3 小时÷(1+2+3)件＝0.5 小时/件的价值出售。0.5 小时是每件衣服的社会平均价值。此时,甲厂生产的 3 件衣服将实现 1.5 小时的价值,盈利 0.5 小时;乙厂生产 2 件衣服实现 1 小时的价值,不盈也不亏;丙厂生产 1 件衣服实现 0.5 小时的价值,亏损 0.5 小时。丙厂和乙厂为了盈利,或强迫劳动者增加劳动强度,或提升设备的性能,改进生产工艺,提高劳动生产率。所以,笔者认为,商品的个别价值量随个别劳动生产率的变化而变化,依社会平均价值而实现。超过社会需要的商品,其价值不能实现,制造产品的劳动是无效劳动。

马克思依据劳动生产率确定的商品个别价值分析了剩余价值是如何产生的,平均利润是如何形成的,又依据社会所必需的商品量及其价值量由社会必要劳动时间决定分析了商品市场价格的形成和价值的实现,这两种分析是相互联系的。马克思关于商品个别价值和剩余价值及平均利润的分析,是根据商品生产的一次性过程和个别劳动生产率进行的,对劳动生产率的运用和对商品价值实现的分析,是以社会劳动生产率为前提的。个别劳动生产率影响具体的商品价值,社会劳动生产率决定商品的社会价值,马克思关于两种商品价值量的决定并不矛盾。

(二)马克思的理论创新与劳动生产率

马克思所创新的关于剩余价值理论、资本有机构成理论、生产价格理论、市场价格理论、超额利润理论、共产主义理论都与劳动生产率有关联。

1. 资本家剥削相对剩余价值的理论与劳动生产率。资本家为了占有工人创造的剩余价值,必然要劳动者在劳动中创造出超过劳动力价值的价值。如果劳动生产率低,生产一件产品的时间长,生产一定数量的产品,必然要通过延长劳动时间才能达到。这时,拥有生产资料所有权的资本家,便会强迫工人延长劳动时间以生产绝对剩余价值。这就是在资本主义早期,劳动者的劳动时间每天都在 15~20 个小时的原因。

现在虽然还有少数资本家用延长劳动时间、强迫劳动者增加劳动强度的办法,以生产更多的剩余价值,但多数资本家则是靠提高资本有机构成的办法以提高劳动生产率,剥削工人创造的相对剩余价值。现在工人的劳动时间大大减少,但产品数量和价值量都大大增加,这不是资本家的良心发现,而是由多种原因造成的。产品中既有前人劳动积累价值的转移,也有现实活劳动创造的剩余价值,这是前人和后人、脑力劳动者和体力劳动者协作劳动的结果。物化于机器中的前人劳动积累价值如何计量,人们如何利用自然能量创造价值,脑力劳动者与体力劳动者如何通过协作劳动创造更多的价值等问题,是经济学必须探讨的重大问题。

2. 资本有机构成理论与劳动生产率。资本有机构成理论为马克思所独创,在《资本论》中占有重要地位。马克思指出,资本有机构成是对工人阶级命运产生重要影响的重要因素。资本有机构成在第五章已经作了简略介绍,为加深读者印象,这里稍作重复。一个生产资本包含生产资料和劳动力要素。比如,人们要进行生产,不能缺少劳动力、机器、原材料、厂区、厂房、水、电或其他能源等要素。要生产产品,必须有活劳动通过劳动利用劳动资料和设备,对生产材料进行加工。因为生产资料和劳动力都是有价值的,生产资料是不变资本,劳动力是可变资本,在一定的技术条件下,一定量的劳动力推动一定量的生产资料的情况也可用不变资本和可变资本的比例来表示。这种由资本技术构成决定并且反映技术构成变化的资本价值构成便是资本有机构成。根据不变资本与可变资本所占比例的高低,资本构成可分为高、中、低不同的层次。资本有机构成越高,即不变资本占比大,设备先进,资本家所雇佣的活劳动越少,生产率也越高,资本家获得的利润也越多,资本的积累也越快。马克思说:"如果撇开土壤肥力等等自然条件,撇开单独地进行劳动的独立生产者的技能(这种技能更多地表现在质量即制品的优劣上,而不是表现在数量即制品的多寡上),那么,社会劳动生产率的水平就表现为一个工人在一定时间内,以同样的劳动力强度使之转化为产品的生产资料的相对量。工人用来进行劳动的生产资料的量,随着工人的劳动生产率的增长而增长。在这里,这些生产资料起着双重作用。一些生产资料的增长是劳动生产率增长的结果,另一些生产资料的增长是劳动生产率增长的条件。例如,由于有了工场手工业分工和采用了机器,同一时间内加工的原料增多了,因而,进入劳动过程的原料和辅助材料的量增大了。这是劳动生产率增长的结果。另一方面,使用的机器、役畜、矿物质肥料、排水管等等的量,则是劳动生产率增长的条件。以建筑物、炼铁炉、运输工具等等形式积聚起来的生产资料的量,也是这样。但是,不管是条件还是结果,只要生产资料的量比并入生产资料的劳动力相对增长,这就表示劳动生产率的增长。因而,劳动生产率的增长,表现为劳动的量比它所推动的生产资料的量相对减少,或者说,表现为劳动过程的主观因素的量比它的客观因素的量相对减少。"[1]"资本技术构成的这一变化,即生产资料的量比推动它的劳动力的量相对增长,又反映在资本的价值构成上,即资本的价值不变组成部分靠减少它的可变组成部分而增加。例如,有一笔资本,按百分比计算,起初50%投在生产资料上,50%投在劳动力上。后来,随着劳动生产率的发展,80%投在生产资料上,20%投在劳动力上,等等。资本的不变部分比可变部分日益相对增长的这一规律,在每一步上都由商品价格的比较分析所证实(像前面已经说过的),不管我们比较的是同一国家的不同经济时代,还是同一时代的不同国家。"[2]

　　马克思的这段话说明了劳动生产率及其增长对人类社会的影响,对工人阶级的影响

---

[1]中共中央马克思恩格斯列宁斯大林著作编译局译:《资本论》第一卷,北京:人民出版社,2004年,第718页。
[2]中共中央马克思恩格斯列宁斯大林著作编译局译:《资本论》第一卷,北京:人民出版社,2004年,第718-719页。

尤其显著。劳动生产率提高了,工人在一定的时间内,以同样的劳动强度使之转化为产品的生产资料的相对量增加,明显的结果是产品的数量增加。生产条件对劳动生产率的影响也很大。

马克思特别指出,劳动生产率的提高是劳动的量比它所推动的生产资料的量相对减少。马克思的解释指明了劳动生产率提高是一种历史趋势,指出了只有活劳动推动的生产资料的量相对增加与活劳动的量相对减少,才是劳动生产率的增长。马克思指出了劳动生产率提高的原因:"商品的价值,取决于加入商品的总劳动时间,即过去的劳动时间和活劳动的时间。劳动生产率的提高正是在于:活劳动的份额减少,过去劳动的份额增加,但结果是商品中包含的劳动总量减少;因而,所减少的活劳动大于所增加的过去的劳动。"[1]在这里,马克思指出了采用机器致劳动生产率提高的衡量标准,他说:"因此,机器的生产率是由它代替人类劳动力的程度来衡量的。"[2]由于机器是固定资本,机器的价值,就是过去的劳动的物化。如果机器的价值增加,活劳动的份额减少,或者用机器生产机器,这两种情况都会使机器的价值降下来,表现为较高的劳动生产率,机器的服务"就越接近自然力的服务"[3]。也就是说,机器就像自然力一样被利用,机器所代替的活劳动越多,生产者付出的成本会越来越少。资本家采用新机器,是由于这种机器能给其带来利润。如果采用新机器并不能给资本家带来利润,他就不会采用新机器。马克思说:"因此,加入商品的劳动总量的这种减少,好像是劳动生产力提高的主要标志,无论在什么社会条件下进行生产都一样。在生产者按照预定计划调节生产的社会中,甚至在简单的商品生产中,劳动生产率也无条件地要按照这个标准来衡量。但是资本主义生产的情况又怎样呢?"[4]"因此,对资本来说,劳动生产力提高的规律不是无条件适用的。对资本来说,不是在活劳动一般地得到节约的时候,而是只有在活劳动中节约下来的有酬部分大于追加的过去劳动部分的时候,这种生产力才提高了。……资本主义生产方式在这里陷入了新的矛盾。它的历史使命是无所顾忌地按照几何级数推动人类劳动的生产率的发展。如果它像这里所说的那样,阻碍生产率的发展,它就背叛了这个使命。"[5]

马克思主义经济学家在解释自动化机器如何创造出巨量价值时,往往以马克思的这几段话为依据进行探讨,认为使用自动化机器可以节省下来许多活劳动,节省下来的活劳动报酬大大高于过去的物化劳动即机器的价值。从现实看,机器节省的活劳动确实很多,比如一台挖掘机可以抵成千上万个劳动力的劳动,成千上万个劳动力的报酬可以购买几

[1]中共中央马克思恩格斯列宁斯大林著作编译局译:《资本论》第三卷,北京:人民出版社,2004年,第290页。
[2]中共中央马克思恩格斯列宁斯大林著作编译局译:《资本论》第一卷,北京:人民出版社,2004年,第449页。
[3]中共中央马克思恩格斯列宁斯大林著作编译局译:《资本论》第一卷,北京:人民出版社,2004年,第448页。
[4]中共中央马克思恩格斯列宁斯大林著作编译局译:《资本论》第三卷,北京:人民出版社,2004年,第290-291页。
[5]中共中央马克思恩格斯列宁斯大林著作编译局译:《资本论》第三卷,北京:人民出版社,2004年,第291-292页。

台甚至几十台挖掘机。这也是资本家采用机器的原因之一。但是,这里有两个问题有待解决:一是一台机器究竟能替代多少活劳动?活劳动的报酬在不断变化,而机器可以使用很长时间,如果用机器所替代的活劳动价值不能精确计量,则也无法计量活劳动创造的剩余价值量,反而因为使用机器可创造出巨大价值,可能会得出机器也创造剩余价值的结论来。二是如何理解过去的劳动?一种看法是,马克思关于商品的价值形成是指一次性生产的形成时间,因而商品中所包含的劳动总量减少,应是指现实劳动过程中活劳动的劳动量减少;过去的劳动份额增加,应是指制造机器的那一次劳动时间增加。制造机器的劳动在机器制造出来后已经物化了,成为过去的劳动。机器越先进,其中的物化劳动越多,在生产中使用的活劳动越少。制造机器的劳动与使用机器的劳动,都属于总体工人的范畴。另一种看法是,人类几十万年的劳动积累,不也是过去的劳动吗?这些过去的劳动积累,在生产中肯定也起作用,不能把这些积累劳动排除在商品生产之外。如果是这样,价值计量就非常复杂了。

劳动生产率的增长对工人阶级的影响如何呢?随着资本积累的增加,劳动生产率增长得也越来越快,使用的工人数量也越来越少,工人失业率提高,相对越来越穷,资本家相对越来越富,两极分化不可避免。马克思说:"因此,生产资料和劳动生产率比生产人口增长得快这一事实,在资本主义下却相反地表现为:工人人口总是比资本的增殖需要增长得快。"[1]"这一规律制约着同资本积累相适应的贫困积累。因此,在一极是财富的积累,同时在另一极,即在把自己的产品作为资本来生产的阶级方面,是贫困、劳动折磨、受奴役、无知、粗野和道德堕落的积累。"[2]

我们应该联系实际理解马克思关于劳动生产率的提高和发展趋势的论述。一是活劳动的活动是劳动生产率提高的决定性因素。二是劳动生产率的提高是一种历史趋势。生产的自动化,能够代替更多的活劳动,这是生产力发展的必然。三是资本家为了利润,也可能采用新机器、新技术——这是资本主义生产方式的历史使命,但也可能不采用新机器、新技术——只要他们没有利润可图。四是社会主义的生产,是为了人民的日常生产生活需要进行的,一切提高劳动生产率的新机器、新技术、新方法都会被采用,即使没有利润。比如,预防某些疾病的疫苗、用于改进公共交通能力的设施等等,只要人民需要,都会采用新技术、新方法进行生产。

为什么马克思强调要实现生产资料公有制?就是为了实现天赋人权。无论什么生产都离不开自然条件,而自然条件对于每一个人来说都是天赋的。"天赋人权"中的一项重要内容就是人人生下来都拥有一份相应的自然财产,人人都平等地参与社会管理。但是,

---

[1]中共中央马克思恩格斯列宁斯大林著作编译局译:《资本论》第一卷,北京:人民出版社,2004年,第743页。
[2]中共中央马克思恩格斯列宁斯大林著作编译局译:《资本论》第一卷,北京:人民出版社,2004年,第743-744页。

人人应该拥有的一份自然财产包括前人的积累价值,被资产阶级人为地剥夺了,资产阶级标榜的公正和公平的虚伪性,在私有制面前暴露无遗。

资本有机构成随资本积累的增加而提高,资本有机构成的提高使工人数量相对减少,工人的就业难度加大,从而保证资本家能够随时雇佣到工人。这一切,都是生产资料掌握在资本家手里造成的。所以,实行生产资料公有制,人人都只能靠劳动得到生活资料,是人类社会发展的方向。人类劳动价值的积累,应该用于劳动人民。一方面,用于扩大再生产;另一方面,用于改善人民生活。如果用强迫工人失业的办法驱使他们到资本家的工厂里劳动,不但会遭到工人的反抗,而且生产力也肯定发展不起来。马克思曾批判意大利经济学家奥斯特"把资本主义生产的对抗性理解为社会财富的普遍的自然规律"[1]。马克思还引用了经济学家唐森的话来揭露他们露骨地宣扬贫困是财富的必要条件,用饥饿法强迫工人劳动的可憎面目。唐森说:"用法律来强制劳动,会引起过多的麻烦、暴力和叫嚣,而饥饿不仅是和平的、无声的和持续不断的压力,而且是刺激勤勉和劳动的最自然的动力,会唤起最大的干劲。"[2]社会主义是一种可以逐步实现消灭剥削、消除两极分化、实现共同富裕的社会制度。要实现这一目标,需要靠发展生产力来实现,靠在共产党领导下劳动人民的自觉自愿的努力来实现。

马克思没有说明为什么当不变资本增加后,资本有机构成提高后,劳动生产率会大幅提高。现在利用机器生产,几乎达到了无人的程度,机器代替了数不胜数的活劳动。由于经济学家对机器所代替的活劳动价值的计量不甚明白,于是,有经济学家用生产要素价值论即资本、机器、土地和劳动一起创造价值和剩余价值,来否定马克思主义劳动价值论。他们不知道,资本主义生产内含的矛盾的对抗性发展到一定的程度,社会就会发生深度危机,处于动荡之中,这对人民无疑是一种巨大的灾难。所以,探讨资本有机构成提高后劳动生产率提高的原因,也是一个迫切需要解决的课题。笔者对这个问题的研究思路是:机器不是一次性劳动的产物,而是无数代人劳动的凝结。马克思的剩余价值理论只计算了机器生产的商品的一次性价值,我们应该把思路扩展到连续性生产和积累的过程(参阅第十一章)。

3. 生产价格理论与劳动生产率。在第六章,我们介绍了马克思的生产价格理论,这里不再详述。马克思对生产价格的论述是严密的,也是符合现实的,但也给人们留下了一个谜团。

关于生产价格与劳动生产率的关联性,我们可以举例说明:某资本家投入 30 万元办厂,其中有 20 万元是不变资本,10 万元为可变资本。如果通过生产,这个资本家的产值增

[1]中共中央马克思恩格斯列宁斯大林著作编译局译:《资本论》第一卷,北京:人民出版社,2004 年,第 744 页。
[2]中共中央马克思恩格斯列宁斯大林著作编译局译:《资本论》第一卷,北京:人民出版社,2004 年,第 744 页。

加到40万元,则这个资本家的剩余价值=40万元-30万元=10万元。由于剩余价值只能由劳动力的价值10万元的可变资本带来,所以剩余价值率=(10万元÷10万元)×100%=100%。但资本家会以10万元剩余价值与30万元的投入之比计算他所获得的利润率,即利润率=10万元÷30万元×100%=$33\frac{1}{3}$%。假若资本家办厂所获得的资本,来自于金融资本的贷款,出售商品也离不开商业资本的参与,则这些与生产有关的资本也必须得到与资本数量相等的利润。所以,生产资本的10万元所产生的剩余价值与这些社会资本的比值,就是平均利润。假若金融资本是400万元,商业资本是70万元,加上生产资本30万元,社会资本的总量是500万元,则平均利润率=10万元÷500万元×100%=2%。金融资本所获利润=400万元×2%=8万元,商业资本所获利润=70万元×2%=1.4万元,产业资本所获利润=30万元×2%=0.6万元。从上述计算可以看出,金融资本可以轻松获利多多,所以马克思说:"因此,从人类精神的一般劳动的一切新发展中,以及这种新发展通过结合劳动所取得的社会应用中,获得最大利润的,大多数是最无用和最可鄙的货币资本家。"[1]从现在国际资本不断兴风作浪造成的金融危机从而引发经济危机、政治危机的现实看,马克思所述千真万确。

生产价格是成本价格加平均利润。我们也可以把生产价格理解为出厂价格。产品在出厂时,生产商要给批发商、运输商、零售商预留利润,也要给银行支付以利息形式表现的利润。

生产价格的形成与劳动生产率密切相关。劳动生产率越高,在一定时间内生产的产品数量越多,单位产品的价值量越少。由于产品的价值是由社会必要劳动时间决定的,单个产品的价值在市场上是按社会平均价值出售的,所以生产率高的实现的利润也越多。

马克思的劳动生产率与商品的个别价值有关、社会必要劳动时间决定商品的社会价值、资本有机构成的高低决定劳动生产率的高低从而也决定利润实现的多少的理论,是一个相互联系的整体。资本家为什么拼命提高资本有机构成,说到底,是因为劳动生产率的高低对实现利润的多少起决定性作用。

提高资本有机构成,主要是提高不变资本的量和比例,除了给人以机器等不变资本也创造剩余价值的假象外,还因为由于资本有机构成高,雇佣的活劳动少,生产的剩余价值少;资本有机构成低,劳动生产率低,雇佣的活劳动多,生产的剩余价值多。利润是剩余价值的转化物,所以,留给人们一个谜团是:劳动生产率高的商品生产者多实现的利润是否从劳动生产率低的劳动者那里转移来的?不少经济学家都持转移说。卫兴华教授提出问题:"按此逻辑,既勤快又有技术水平的劳动者,同既懒惰又无技术的劳动者,会以同量个

[1]中共中央马克思恩格斯列宁斯大林著作编译局译:《资本论》第三卷,北京:人民出版社,2004年,第119页。

别劳动创造出同量社会价值。先进企业之所以比落后企业效益高、盈利多，是因为占了落后企业的便宜；落后企业效益低、盈利少甚至亏损，是因为它创造的价值的一部分被先进企业侵占了。按此逻辑，从对社会的价值贡献来说，不管劳动者偷懒还是勤快，不管其劳动强度、熟练程度和技术水平高低，都是一样的。同理，先进企业与落后企业对社会的贡献也一样。显然，这是说不通的。如果真是那样的话，我国在经济体制改革中，就不存在先进企业效益高对国家贡献大的问题了。亏损企业与盈利企业贡献一样大，工资奖金待遇也不应有差别，甚至亏损企业有权利要求盈利大的企业返还自己一部分利润，因为自己创造的一部分价值通过盈利大的企业实现了。显然，这样看问题是悖理的，是鼓励落后、打击先进的歪理。"[1]

4. 市场价格与劳动生产率。马克思对市场价格的论述集中在《资本论》第三卷。其主要的论点是，市场价格围绕市场价值或生产价格上下波动，成本价格加同类商品生产企业的剩余价值的平均值是市场价值，成本价格加上在全社会范围内形成的平均利润是生产价格。

市场价格到底是围绕生产价格波动还是围绕市场价值波动？从总趋势上，市场价格是围绕生产价格波动的。但从时间顺序上，市场价格先是围绕市场价值波动，而后围绕生产价格波动。因为市场价值是由企业内部竞争形成的，在商品进入市场前，企业产品的价值是该企业产品价值的平均。比如，企业甲与企业乙都生产服装，他们是生产同类商品的企业，可以把二者的竞争看作是企业内部的竞争。假定企业甲的资本有机构成是 $80c+20v$，企业乙的资本有机构成是 $60c+40v$，他们的成本价值都是 100。假定他们的剩余价值率均为 100%，企业甲创造的剩余价值为 20m，企业乙创造的剩余价值为 40m，则甲的生产价值为 120，乙的生产价值为 140。由于甲的资本有机构成高，劳动生产率高，在单位时间内生产了 4 件产品，乙的劳动生产率低，在同样的时间内生产了 2 件产品，则甲的每件产品的价值为 $120\div4=30$，乙的每件产品的价值为 $140\div2=70$。甲与乙竞争的结果使他们的产品形成市场价值，用总价值除以总产品数来计量，每件衣服的市场价值 $=(120+140)\div(4+2)=43\frac{1}{3}$。$43\frac{1}{3}$ 不是商品的社会价值，商品的社会价值是由不同部门的竞争形成的，比如是由服装、钢铁、水泥、种植等行业产品的价值经过竞争而平均化后所形成。

商品进入市场时的价值，是各行业经过内部竞争形成的市场价值，再经过竞争，形成生产价格，通过等价交换，生产、金融、商业等资本才能够得到相应份额的平均利润。如果企业的资本有机构成高，生产率高，则企业不但能获得平均利润，还能获得超额利润，这是由于市场价值、社会价值，最终都必将化为成本价格加平均利润。也就是说，最终它们都

[1] 卫兴华：《价值理论研究中的热点难点问题探讨》，《理论动态》2003 年第 1618 期。

将以生产价格为基础计算出成本和利润。这与社会必要劳动时间决定商品价值量的规律有关,如果供不应求,商品市场价值将由资本有机构成低、生产率低的企业生产的商品的个别价值决定,这时,资本有机构成高的企业由于生产率高而获超额利润;如果供过于求,则商品的市场价值由资本有机构成高、生产率高的企业生产的商品的个别价值决定,此时资本有机构成低的企业由于生产率低而亏损。在上述举例中,在市场供求平衡时,甲与乙所生产的衣服将以每件 $43\frac{1}{3}$ 的价值参与社会平均价值的形成。如果市场供不应求,则甲与乙所生产的服装将以乙的每件 70 的价值出售,此时,企业甲不但获得平均利润,而且获得超额利润;如果市场供过于求,则甲与乙的服装将以甲的每件 30 的价值出售,此时,企业乙将亏损。企业甲与乙的每件商品的市场价值不能以(30+70)÷2 = 50 的方式确定,因为它们属于同一行业。但在行业内部,可以用这种方式计算生产率不同的生产者的盈亏。

马克思的这个理论可以运用于社会主义国家内部的效益核算。那种认为国有企业无法进行有效核算,无法进行竞争,只有私有制企业才能进行竞争的说法,都是对马克思主义劳动价值论理解不深的缘故。如果创新与社会主义市场经济相适应的公有制企业模式并改变运行方法,竞争就毫无障碍。

5. 马克思关于利用自然力可以提高劳动生产率获得超额利润的论述。如果商品供不应求,资本有机构成高、劳动生产率高的企业不但获得平均利润,而且获得超额利润。如果供求处于平衡状态,资本构成也处于中等水平,企业只能获得平均利润。但如果有的企业资本利用并垄断了自然力,因而生产成本低,使其商品的个别价值低于同类商品的市场价值,个别生产价格因而低于社会生产价格,也可以获得超额利润。但不能认为自然力也创造剩余价值,自然力也创造超额利润。自然力只有被人利用,才会获得利润和超额利润。在资本主义社会里,是自然力被资本利用。资本利用自然力的自然功效,提高劳动生产率获得利润和超额利润。马克思说:"自然力不是超额利润的源泉,而只是超额利润的一种自然基础,因为它是特别高的劳动生产力的自然基础。这就像使用价值总是交换价值的承担者,但不是它的原因一样。"[1]

马克思认为,自然力不是劳动产品,因而无价值。但是,自然力能够使劳动生产率提高。其原因是自然力能够产生一定的功效。马克思说:"如果一个使用价值不用劳动也能创造出来,它就不会有交换价值,但作为使用价值,它仍然具有它的自然的效用。"[2]

自然力由自然能量转化,自然力所产生的功效影响劳动时间,这是能量做功可以加快劳动过程从而创造价值的观点的印证。如何转化能量、利用能量以提高劳动生产率,是劳

---

[1]中共中央马克思恩格斯列宁斯大林著作编译局译:《资本论》第三卷,北京:人民出版社,2004 年,第728 页。
[2]中共中央马克思恩格斯列宁斯大林著作编译局译:《资本论》第三卷,北京:人民出版社,2004 年,第728 页。

动价值论研究的又一重要课题。

6. 马克思认为科学技术可以提高劳动生产率。马克思非常重视科学技术。他说："活劳动同对象化劳动的交换,即社会劳动确立为资本和雇佣劳动这二者对立的形式,是价值关系和以价值为基础的生产的最后发展。这种发展的前提现在是而且始终是:直接劳动时间的量,作为财富生产决定因素的已耗费的劳动量。但是,随着大工业的发展,现实财富的创造较少地取决于劳动时间和已耗费的劳动量,较多地取决于在劳动时间内所运用的作用物的力量,而这种作用物自身——它们的巨大效率——又和生产它们所花费的直接劳动时间不成比例,而是取决于科学的一般水平和技术进步,或者说取决于这种科学在生产上的应用。"[1]

事实证明,什么时候重视科学技术,社会主义建设就突飞猛进,什么时候不重视科学技术,社会主义建设就遭受挫折。1988年,邓小平同志根据当代科技发展趋势和现状,提出了"科学技术是第一生产力"[2]的论断。在改革开放中,中国共产党人始终把学习外国先进技术、提高自主创新能力作为国家发展战略的核心,这是中国特色社会主义取得巨大成就的重要原因之一。

7. 马克思的共产主义理论与劳动生产率有密切关系。马克思关于人类社会一定要进入共产主义的论述,就是以劳动生产率的提高为前提的。马克思说:"资本的文明面之一是,它榨取这种剩余劳动的方式和条件,同以前的奴隶制、农奴制等形式相比,都更有利于生产力的发展,有利于社会关系的发展,有利于更高级的新形态的各种要素的创造。因此,资本一方面会导致这样一个阶段,在这个阶段上,社会上的一部分人靠牺牲另一部分人来强制和垄断社会发展(包括这种发展的物质方面和精神方面的利益)的现象将会消灭;另一方面,这个阶段又会为这样一些关系创造出物质手段和萌芽,这些关系在一个更高级的社会形式中,使这种剩余劳动能够同物质劳动一般所占用的时间的更大的节制结合在一起。因为,依照劳动生产力发展的不同情况,剩余劳动可以在一个小的总工作日中成为大的,也可以在一个大的总工作日中成为相对小的。如果必要劳动=3,剩余劳动=3,总工作日就=6,剩余劳动率就=100%。如果必要劳动=9,剩余劳动=3,总工作日就=12,剩余劳动率就只=$33\frac{1}{3}$%。不过,在一定时间内,从而在一定的剩余劳动时间内,究竟能生产多少使用价值,取决于劳动生产率。也就是说,社会的现实财富和社会再生产过程不断扩大的可能性,并不是取决于剩余劳动时间的长短,而是取决于剩余劳动的生产率和进行这种剩余劳动的生产条件的优劣程度。事实上,自由王国只是在必要性和外在目的

---

[1]《马克思恩格斯全集》第31卷,第2版,北京:人民出版社,1998年,第100页。
[2]《邓小平文选》第三卷,第1版,北京:人民出版社,1993年,第274页。

规定要做的劳动终止的地方才开始;因而按照事物的本性来说,它存在于真正物质生产领域的彼岸。像野蛮人为了满足自己的需要,为了维持和再生产自己的生命,必须与自然搏斗一样,文明人也必须这样做;而且在一切社会形式中,在一切可能的生产方式中,他都必须这样做。这个自然必然性的王国会随着人的发展而扩大,因为需要会扩大;但是,满足这种需要的生产力同时也会扩大。这个领域内的自由只能是:社会化的人,联合起来的生产者,将合理地调节他们和自然之间的物质变换,把它置于他们的共同控制之下,而不让它作为盲目的力量来统治自己;靠消耗最小的力量,在最无愧于和最适合于他们的人类本性的条件下来进行这种物质变换。但是,这个领域始终是一个必然王国。在这个必然王国的彼岸,作为目的本身的人类能力的发挥,真正的自由王国,就开始了。但是,这个自由王国只有建立在必然王国的基础上,才能繁荣起来。工作日的缩短是根本条件。"[1]

这段话含义深刻。资本主义是以价值生产为基础、以追求剩余价值为目的的一种生产方式,相对于以前的社会,资本主义生产方式更有利于生产力的发展。它的罪恶是它用强制的方法剥削劳动者创造的剩余价值。但是,随着劳动生产率的提高,人类社会将进入一个更高级的社会。这个社会是人类社会发展的必然。在这个社会里,生产者是联合起来的劳动者,人与自然是和谐的,人们可以消耗最小的资源和劳动力,创造出尽可能多的物质财富。这个社会不是空中掉下来的,而是建立在现实生产基础之上的。马克思所揭示的原理给我们的启示是:我们进行社会主义建设,可以采用资本主义的方法发展生产,但要限制剥削的程度和范围;要合理地利用资源,做到协调可持续发展;坚持联合生产,实现共同富裕。

马克思说:"如果共同生产已成为前提,时间的规定当然仍有重要意义。社会为生产小麦、牲畜等等所需要的时间越少,它所赢得的从事其他生产,物质的或精神的生产的时间就越多。正像在单个人的场合一样,社会发展、社会享用和社会活动的全面性,都取决于时间的节省。一切节约归根到底都归结为时间的节约。正像单个人必须正确地分配自己的时间,才能以适当的比例获得知识或满足对他的活动所提出的各种要求一样,社会必须合乎目的地分配自己的时间,才能实现符合社会全部需要的生产。因此,时间的节约,以及劳动时间在不同的生产部门之间有计划的分配,在共同生产的基础上仍然是首要的经济规律。这甚至在更加高得多的程度上成为规律。然而,这同用劳动时间计量交换价值(劳动或劳动产品)有本质区别。"[2]马克思说,在共产主义社会,计划性是共同生产的首要规律,它不仅可以消灭资源浪费,更可以有计划地节约时间,为人们提供更多的物质产品,也为人们提供更多的发展精神文明比如科技、文化、艺术、绘画、体育等等的时间。

---

[1]中共中央马克思恩格斯列宁斯大林著作编译局译:《资本论》第三卷,北京:人民出版社,2004年,第927-929页。

[2]《马克思恩格斯全集》第30卷,第2版,北京:人民出版社,1995年,第123页。

在共产主义社会实行计划性生产主要是为了减少浪费。我们不应该把一个生产性措施上升为社会制度存废之争，而应该辩证地看待计划与市场手段的关系。

列宁曾指出，无产阶级夺取政权并基本巩固之后，"必然要把创造高于资本主义的社会结构的根本任务提到首要地位，这个根本任务就是：提高劳动生产率，因此，（并且为此）就要有更高形式的劳动组织。"[1] 高于资本主义的社会结构，应该是劳动人民不仅掌握了政权同时也享有财产权的社会关系形式，是消灭了一部分人利用生产资料占有权剥削另一部分人的社会。至于这种社会关系形式和劳动组织形式具体是怎样的，需要人们根据他们所处的社会环境、生产力发展状况、人类文明发展的状况来确定。

三、主观效用价值论不能否定马克思主义劳动价值论

由于用马克思主义劳动价值论不能完全解答某些商品的市场价格问题，所以有人试图用主观效用价值论和边际效用价值论代替马克思主义劳动价值论，然而，这是不可取的。

（一）主观效用价值论和边际效用价值论

主观效用价值论者认为，效用是物品满足人的欲望的能力，价值是消费者在消费时对物品满足人的欲望度的主观评价。也就是说，效用是客观的，价值是主观的，所以人们称这种价值论为主观效用价值论，简称效用价值论。

边际效用价值论是效用价值论的发展，认为超过满足人的欲望边界的物品就是价值的边界，随着人对需要的物品的欲望的减少，物品的价值也随之递减。

1. 主观效用价值论。13 世纪，欧洲经院哲学的代表托马斯·阿奎那，在传播亚里士多德的哲学观点的过程中，提出了价格是人对使用价值效用的主观评价的观点。主观效用价值论者继承了阿奎那的观点，认为价值就是使用价值的效用。

后来，亚当·斯密对劳动创造价值的问题进行了深入研究，有许多正确的发现，但他不知道价值是什么，不能正确理解价值与效用的关系，所以，他的《国富论》中有不正确成分，效用价值论就是他的不正确成分发展的结果之一。现在还有很多经济学家拿亚当·斯密的"经济人假设"和如下两段话来反对马克思主义劳动价值论。其一，"应当注意，价值一词有两个不同的意义。它有时表示特定物品的效用，有时又表示由于占有某物而取得的对他种货物的购买力。前者可叫做使用价值，后者可叫做交换价值。"[2] 很明显，他的这段话是把使用价值与价值混为一谈了，但他的这个思想被后人所发展，成为效用价值

---

[1]《列宁选集》第三卷，第 3 版修订版，北京：人民出版社，2012 年，第 490 页。

[2]［英］亚当·斯密著，郭大力、王亚南译：《国民财富的性质和原因的研究》，北京：商务印书馆，1972 年，第 25 页。

论的根据。其二,"使用价值很大的东西,往往具有极小的交换价值,甚或没有;反之,交换价值很大的东西,往往具有极小的使用价值,甚或没有。例如,水的用途最大,但我们不能以水购买任何物品,也不会拿任何物品与水交换。反之,金刚钻虽几乎无使用价值可言,但须有大量其他货物才能与之交换。"[1]亚当·斯密的这段话被称为"斯密难题",被边际效用价值论者所津津乐道。现在边际效用价值论者还经常拿"斯密难题"来诘难马克思劳动价值论的市场价格问题。亚当·斯密举水和金刚钻的例子本来是要证明交换价值是由劳动决定的,不是由效用决定的,交换价值的多少与使用价值无关;但是,由于他分不清价值与效用的关系,所以,他在谈到价值由什么决定时,往往陷入矛盾之中。比如,他在谈价值决定时,先是说价值由劳动决定,又说由购买的劳动决定;还说价值分为工资、利润和地租三个部分,资本创造利润,土地创造地租,劳动创造工资,丢掉了社会总产品和总价值中的不变资本,被马克思称为"斯密教条"。马克思说:"亚当的混乱、矛盾、离题,证明他既然把工资、利润、地租当作产品的交换价值或全部价格的组成部分,在这里就必然寸步难行、陷入困境。"[2]斯密的这个思想,被法国经济学家萨伊发展为生产要素价值论。萨伊认为,生产就是创造效用,而效用是价值的基础,效用依主观判断为转移。萨伊是主观效用论者的先驱之一,效用价值论是萨伊解决不了产品的效用是什么和怎么计量而求助于"随心所欲"的创造。

2. 边际效用价值论。边际效用价值论是效用价值论的发展。从效用价值论发展到边际效用价值论有一个过程。在 19 世纪以前,在萨伊提出效用价值论之后,很多经济学家对效用问题进行研究。但是,他们发现,效用价值论不能解决价值问题。到了 19 世纪 30 年代,英国经济学家威廉·福斯特·劳埃德(1795—1825 年)提出了边际效用价值论的某些观点。效用价值论者和边际效用价值论者从经济学是研究人的快乐与痛苦的关系的基本思想出发,认为价值是指人的心理感受,它会在被满足的欲望和未被满足的欲望之间的边际上表现出来。1854 年,边际效用价值理论的坚定支持者、德国的经济学家赫尔曼·海因里希·戈森出版了《人类交换规律与人类行为准则的发展》一书,在该书中他系统地阐述了边际效用价值论的两个规律。

戈森阐述的第一个规律是效用递减规律。如果连续不断地满足同一种享受,那么这一种享受的量就会不断递减,直至最终达到饱和。举例说明:人在饥饿时,吃第一个面包很香,所以第一个面包的价值最大。吃第二个面包时,就感觉不如第一个那么香,第二个面包的价值比第一个面包的价值小。人的主观感受随着享受的量的增加而递减。假若吃到第五个面包吃饱了,之后再吃面包,人不仅不会感到快乐,反而感到痛苦。这第五个面包就是人所需

---

[1][英]亚当·斯密著,郭大力、王亚南译:《国民财富的性质和原因的研究》,北京:商务印书馆,1972 年,第 25 页。

[2]《马克思恩格斯全集》第 33 卷,第 2 版,北京:人民出版社,2004 年,第 81 页。

要吃的面包的边际。第五个面包的价值在五个面包中是最小的,第五个面包之后的面包就没有价值了,面包的价值由第五个面包决定,因而被称为边际效用价值决定。

戈森阐述的第二个规律是边际效用相等规律。人们在享受商品时,虽然对商品的感受不同,第一个商品的价值最大,达到人的满足的最后一个商品的价值最小,但每一个人在享受商品时,必须把所有能够享受的商品按总量预先分成相等的份额,以保证在享受每一份额时,商品对人的满足度都是一样的。这样,商品的效用就均等化了。这种均等化的效用就是商品的价值。举例说明:人吃 5 个面包可以吃饱,第一个面包的价值比第五个面包的价值大。但人在享受面包时,必须把面包等份化,比如把 5 个面包分成 1000 份。人在享受每一份时,都和吃第一份面包时享受一样,使每一份的价值都一样,因而 5 个面包的价值也是一样的。

马克思的《政治经济学批判》第一分册问世于 1859 年,《资本论》第一卷出版于 1867 年,显然,戈森的理论不是为反对马克思主义劳动价值论而构建。在戈森活着的时候,没有人注意他的理论。马克思关于工人创造剩余价值的理论是建立在严密的数理演绎的基础之上的,无懈可击,因而在《资本论》出版以后,马克思主义在工人阶级中迅速传播,引起了资产阶级的恐慌,他们迫切需要一种价值理论来对抗马克思主义劳动价值论。英国经济学家杰文斯发现了戈森的著作后,给予很高的评价,于是,人们把戈森捧为边际效用价值论的奠基人,把他的两个定律称为"戈森定律"。

19 世纪 70 年代和 20 世纪初,奥地利经济学家卡尔·门格尔于 1871 年出版了《国民经济学原理》,奠定了边际效用价值论的基础。几乎与门格尔同时而又各自独立提出边际效用理论的还有英国洛桑学派的杰文斯和瓦尔拉斯等人。杰文斯于 1871 年出版了《政治经济学理论》,瓦尔拉斯于 1874 年出版了《纯粹政治经济学要义》,他们在各自的书中系统地论述了边际效用价值论的观点。杰文斯用数学的方法研究人们对享乐和痛苦的心理变化,所以人们称他的学派为数理学派。瓦尔拉斯以价格代替价值,在边际效用价值论的基础上,用数理方法论证了市场供求相等时,市场的竞争达到均衡,从而形成一般均衡价格。他认为,商品的价值由一个单位商品的消费所能满足的最后的欲望强度决定,商品满足欲望强度随着商品供给量的增加而递减。门格尔的追随者、奥地利经济学家维塞尔(1851—1926 年)首先提出了"边际效用"这个词。

奥地利经济学家欧根·庞巴维克(1851—1914 年)在 1884 年出版了《资本与利息》,1889 年出版了《资本实证论》,1896 年出版了《马克思体系的崩溃》,把人对物的效用的主观评价决定价值、物的有用性、稀少性和市场价格结合起来,集边际效用价值论之大成,完整、系统地论证了边际效用价值论,并大肆攻击马克思的理论,影响很大。

庞巴维克攻击马克思主义劳动价值论的主要观点是:物品的价值建立在效用之上,效用是物品满足人的欲望的能力;在物品形成价值时,必须具备两个条件,即它的有用性和稀少性。无用的物品无价值,不稀少的物品也无价值。比如人对水取之不尽时,水就无价值;价值决定于个人对商品效用的主观评价,决定物品价值量的是能够满足人的最后的最小的欲望的物品的效用,称为边际效用。边际效用价值量由供求决定。如果一种物品有多种效用,它的价值量就由其具有最高效用的边际效用决定。生产资料的价值,由生产的产品的边际效用价值决定。他承认价值是不同商品中的一种共同性,但他不同意马克思所说的劳动量是价值实体、抽象劳动形成价值的观点。他认为,马克思犯了把类概念与类概念特殊形式混淆的错误。劳动是一个大类的抽象,抽象劳动、具体劳动都是劳动这一类的抽象的特殊形式,不能说劳动这个抽象中还可再抽象出一个抽象劳动。他认为,商品的共同性很多,比如自然的产物、稀少性、供求的对象等等,应该按照特殊性和一般性的原理,从使用价值中抽象出一个使用价值一般来说明价值,而不应该是抽象劳动。他说,他可以抽象出一个效用一般来,使之成为计量价值的基础。但他始终没有完成这一工作,他的拥护者们也无一人完成这一工作。他主要诘难的是马克思的市场价格问题。他认为马克思的理论与社会事实不符,使用价值不仅仅是劳动物品,因此,马克思说只有劳动才决定商品的价值在逻辑上是错误的。比如,土地并不是劳动产品,但是它有价格。一些物品因为稀缺而价格很贵,像文物、字画、艺术品等,投入的劳动少而价格贵,价格贵说明其价值多。稀有物品如文物、艺术品等等的价格与其劳动不成比例。供求不同,商品的价格不同,与劳动时间没有关系。在同一时间内,因为工人的熟练程度不同,创造的价值也不同。劳动工具不同,在同一时间内创造的价值也不同。他认为马克思的平均利润率和生产价格理论与劳动价值理论相矛盾,马克思的劳动价值原理在经济生活中的例外太多,马克思的一般原理难以成立。他说马克思的《资本论》第三卷平均利润率和生产价格理论与第一卷的矛盾不可调和,马克思的体系同事实毫不相干。资产阶级对于庞巴维克对马克思主义劳动价值论的攻击齐声叫好,庞巴维克因此名声大噪。

边际效用价值论用人对事物的效用的主观感受确定商品价值量,当然很荒谬。不同的人购买不同的商品,购买的是它们的使用价值的效用,效用是客观的,不是主观的评价,价值也不由主观决定。另外,不同的人对同一商品有不同的感受,商品最后一个的"边际"怎么确定?社会是由无数人组成的,这个人需要的边际,可能正是另一个人需要的起点,一件商品不可能同时既有边际又无边际,不可能有无数个不同的价值。

因为人们对商品的主观评价各不相同,商品的价值量无法确定,因此,庞巴维克在他的著作里解释说,他说的边际效用是指市场边际交换者的主观评价,也就是说,商品的价值由市场上最后一个交换者的主观评价决定。这样一来,就产生了两个问题:第一个问题是,市场上最后一个交换者怎么确定?第二个问题是,市场最后一个交换者的主观评价所决定的价格就是商品的价值吗？如果这种价格就是价值，那么，这种价格显然是由市场决定的，而市场是客观的，所以价值又成为是由客观决定的，这与价值由主观决定相矛盾。庞巴维克先说价值是价格，而后一边说价值由主观决定，一边又说价值由客观决定，这当然是不科学的。

效用价值论和边际效用价值论的最大缺陷是商品的价值量不可确定。商品的价值没有标准，没有计量单位，一件商品有没有价值，价值量大还是小，都由消费者随心所欲决定。这样的价值论，很难说它有科学性。虽然这样非科学的价值论有很大的缺陷，但它还是得到了一些人的认可。在庞巴维克之后的许多影响很大的经济学家如英国的凯恩斯（1883—1946 年）、美国的萨缪尔森（1915—2009 年）等都采用边际效用价值论杂合其他理论解释价值问题。现在边际效用价值论还很有市场，不断被人用以攻击马克思主义劳动价值论。

尽管资产阶级经济学家提出了效用价值论和边际效用价值论，但由于效用和效用价值都是主观的，不能进行数学运算。即使可以进行数学运算，但基于主观想象的数学运算也是非科学的。资产阶级经济学家在数学运算方面煞费苦心，他们先是企图用效用加总的方法解决效用价值的运算问题，企图找出一个像长度单位米、重量单位千克一样的效用计量单位来计算效用价值，效用可以像数字 1，2，3……一样加总求和，称为基数效用论。生活于 19 世纪末 20 世纪初的英国资产阶级经济学家马歇尔是基数效用分析法的创始人。后来因为效用单位问题始终无法解决，到了 20 世纪 30 年代，意大利经济学家帕累托提出了用等级顺序第一、第二、第三……来表示效用，并用无差异曲线分析法来考察消费者的消费行为，称为序数效用论。资产阶级经济学家们企图把关乎人们生产生活的经济学，逐步引上任由少数精英玩弄的数学游戏的道路。

3. 马克思、恩格斯、列宁对主观效用价值论的评价。

（1）马克思的评价。马克思认为，事物的使用价值及其效用不反映生产关系，不在政治经济学的研究范围。马克思在《政治经济学批判》中说："不论财富的社会形式如何，使用价值总是构成财富的内容，而这个内容最初同这种形式无关。我们从小麦的滋味中尝不出种植小麦的人是谁，是俄国的农奴，法国的小农，还是英国的资本家。使用价值虽然是社会需要的对象，因而处在社会联系之中，但是并不反映任何社会生产关系。例如，这个商品作为使用价值，是一颗钻石。从钻石本身看不出它是商品。当它作为使用价值时，不论是用在装饰方面还是机械方面，在娼妓胸前还是在玻璃匠手中，它是钻石，不是商品。成为使用价值，对商品来说，看来是必要的前提，而成为商品，对使用价值来说，看来却是无关紧要的规定。同经济的形式规定像这样无关的使用价值，就是说，作为使用价值的使用价值，不属于政治经济学的研究范围。只有当使用价值本身是形式规定的时候，它才属于后者的研究范围。它直接是表现一定的经济关系即交换价值的物质基础。"[1]

马克思在《资本论》中重申了这个观点:"商品首先是一个外界的对象,一个靠自己的属性来满足人的某种需要的物。这种需要的性质如何,例如是由胃产生还是由幻想产生,是与问题无关的。这里的问题也不在于物怎样来满足人的需要,是作为生活资料即消费品来直接满足,还是作为生产资料来间接满足"[2]"物的有用性使物成为使用价值。但这种有用性不是悬在空中的。它决定于商品的属性,离开了商品就不存在。因此,商品本身,例如铁、小麦、金刚石等等,就是使用价值,或财物。商品的这种性质,同人取得它的使用属性所耗费的劳动的多少没有关系。……商品的使用价值为商品学这门学科提供材料。使用价值只是在使用或消费中得到实现。不论财富的社会的形式如何,使用价值总是构成财富的物质的内容。在我们所要考察的社会形式中,使用价值同时又是交换价值的物质承担者。"[3]

马克思不谈使用价值的效用,只谈使用价值的价值,与他研究的目的、对象和范围有关。他研究的是资本主义生产关系,而使用价值并不反映这种关系。

(2)恩格斯的评价。恩格斯在《国民经济学批判大纲》中,针对李嘉图的生产费用论和萨伊的效用论进行了批判。他说:"关于实际价值的本质,英国人和法国人萨伊进行了长期的争论。前者认为生产费用是实际价值的表现,后者则说什么实际价值要按物品的效用来测定。这个争论从本世纪初开始,后来停息了,没有得到解决。这些经济学家是什么问题也解决不了的。"[4]恩格斯在这里所说的英国人是指李嘉图和麦克库洛赫,在这里所说的实际价值是争论双方误认为的商品的价值。马克思评价麦克库洛赫在彻底发展李嘉图理论的外衣下使李嘉图理论庸俗化和完全解体,肆无忌惮地为资本主义生产辩护,目的是为了捞取好处。他说:"麦克库洛赫纯粹是一个想利用李嘉图的经济理论来捞取好处的人,而他也确实令人吃惊地做到了这一点。"[5]

恩格斯认为,生产费用价值论是不对的。如果按照李嘉图学派所言,人们在没有竞争的情况下,谁也不会把物品卖得比它的生产费用还低。恩格斯说,李嘉图学派所说的价值,是一种抽象价值,他们所说的商业,也是一种抽象商业,世界上不存在没有竞争的商业。恩格斯说:"起初我们有一种抽象价值,现在又有一种抽象商业,一种没有竞争的商业,就是说有一个没有躯体的人,一种没有产生思想的大脑的思想。难道经济学家根本没有想到,一旦竞争被撇开,那就保证不了生产者正是按照他的生产费用来卖自己的商品

[1]《马克思恩格斯全集》第31卷,第2版,北京:人民出版社,1998年,第420页。
[2]中共中央马克思恩格斯列宁斯大林著作编译局译:《资本论》第一卷,北京:人民出版社,2004年,第47-48页。
[3]中共中央马克思恩格斯列宁斯大林著作编译局译:《资本论》第一卷,北京:人民出版社,2004年,第48-49页。
[4]《马克思恩格斯全集》第3卷,第2版,北京:人民出版社,2002年,第449-450页。
[5]《马克思恩格斯全集》第35卷,第2版,北京:人民出版社,2013年,第187页。

吗？多么混乱啊！"[1]李嘉图学派的生产费用论不仅遇到了商业竞争这个问题，而且也遇到了效用的问题。恩格斯说："假定某人花了很大的力气和巨大的费用制造了一种谁也不要的毫无用处的东西，难道这个东西也具有生产费用的价值吗？经济学家回答说，绝对没有，谁愿意买这种东西呢？于是，我们立刻不仅碰到了萨伊的声名狼籍的效用，而且还有了随着'买'而来的竞争关系。经济学家是一刻也不能坚持他的抽象的——这是做不到的。不仅他所竭力避开的竞争，而且连他所攻击的效用，随时都可能突然出现在他面前。抽象价值以及抽象价值由生产费用决定的说法，恰恰都只是抽象的非实在的东西。"[2]为什么恩格斯认为萨伊的效用论是"臭名远扬"？因为萨伊的效用论是主观的，也是不符合实际的。恩格斯说："如果我们转向萨伊的学说，我们也会发现同样的抽象。物品的效用是一种纯主观的根本不能绝对确定的东西，至少它在人们还在对立中徘徊的时候肯定是不能确定的。根据这种理论，生活必需品应当比奢侈品具有更大的价值。在私有制统治下，竞争关系是惟一能比较客观地，似乎能大体确定物品效用大小的办法，然而恰恰是竞争关系被撇在一边。但是，只要容许有竞争关系，生产费用也就随之产生，因为没有人会卖得低于他自己在生产上投入的费用。因此，在这里也是对立的一方不情愿地转到另一方。"[3]

恩格斯认为，需要把李嘉图学派的关于价值是生产费用的观点和萨伊的价值是效用的观点结合起来，他说："让我们设法来澄清这种混乱吧！物品的价值包含两个因素，争论的双方都要强行把这两个因素分开，但正如我们所看到的，这是徒劳的。价值是生产费用对效用的关系。价值首先是用来决定某种物品是否应该生产，即这种物品的效用是否能抵偿生产费用。然后才谈得上运用价值来进行交换。如果两种物品的生产费用相等，那么效用就是确定它们的比较价值的决定性因素。"[4]

恩格斯在这里提出了一个重要的思想：物品的价值取决于生产费用和效用两个方面。在生产时，生产者要看一看生产的产品的效用能不能抵偿生产费用。如果能，他就会生产，如果不能，他就不会生产。并且，在交换时，也要进行这样的比较。这是生产和交换的基础。

恩格斯认为："这个基础是交换的惟一正确的基础。可是，如果以这个基础为出发点，那么又该谁来决定物品的效用呢？单凭当事人的意见吗？这样总会有一人受骗。或者，是否有一种不取决于当事人双方、不为当事人所知悉、只以物品固有的效用为依据的规定呢？这样，交换就只能强制进行，并且每一个人都认为自己受骗了。"[5]恩格斯的这段话

[1]《马克思恩格斯全集》第3卷，第2版，北京：人民出版社，2002年，第450页。
[2]《马克思恩格斯全集》第3卷，第2版，北京：人民出版社，2002年，第450页。
[3]《马克思恩格斯全集》第3卷，第2版，北京：人民出版社，2002年，第451页。
[4]《马克思恩格斯全集》第3卷，第2版，北京：人民出版社，2002年，第451页。
[5]《马克思恩格斯全集》第3卷，第2版，北京：人民出版社，2002年，第451页。

说得很清楚,效用决定价值,价值不是主观的。恩格斯认为,这种客观的价值既不以生产费用为转移,也不以主观为依据。以价值为依据的等价交换,对于买卖双方都是必须遵守的私有制社会的规律。在私有制被消灭后,价值就只被人们用以解决生产问题了。恩格斯说:"不消灭私有制,就不可能消灭物品固有的实际效用和这种效用的规定之间的对立,以及效用的规定和交换者的自由之间的对立;而私有制一旦被消灭,就无须再谈现在这样的交换了。到那个时候,价值概念的实际运用就会越来越限于决定生产,而这也是它真正的活动范围。"[1]

如果说恩格斯进行的是理论探索,那么,从社会主义的实践看,事实证明恩格斯的探索是正确的。比如,我们利用土地是为了养活我们的国民,那么,我们就只关注土地的效用,即在一定面积的土地上生产的问题,而不关注土地的价值。但是,我们必须利用价值计算我们的投入和产出比例,争取以最小的投入获得最大的产出。教育、医疗、住房、出行莫不如此。

恩格斯认为,价格是竞争时价值的表现,与价值是有差别的。他说:"实际价值和交换价值之间的差别基于下述事实:物品的价值不同于人们在买卖中为该物品提供的那个所谓等价物,就是说,这个等价物并不是等价物。这个所谓等价物就是物品的价格,如果经济学家是诚实的,他就会把等价物一词当作'商业价值'来使用。"[2]李嘉图学派为什么会产生生产费用就是实际价值的错觉,恩格斯分析说:"说价格由生产费用和竞争的相互作用决定,这是完全正确的,而且是私有制的一个主要的规律。经济学家的第一个发现就是这个纯经验的规律;接着他从这个规律中抽去他的实际价值,就是说,抽去竞争关系均衡时、供求一致时的价格,这时,剩下的自然只有生产费用了,经济学家就把它称为实际价值,其实只是价格的一种规定性。但是,这样一来,经济学中的一切就被本末倒置了:价值本来是原初的东西,是价格的源泉,倒要取决于价格,即它自己的产物。大家知道,正是这种颠倒构成了抽象的本质。"[3]把价格当价值,把供求均衡时的价格当成价值,是资产阶级经济学的通病。

马克思提出了抽象劳动形成价值的科学观点,显然与恩格斯的效用决定价值论是有区别的。恩格斯对马克思的理论是认可的,也是赞赏的。恩格斯是否修正了自己的观点? 在以后的论述中,恩格斯并没有修正自己的观点。马克思批驳过恩格斯的观点吗? 也没有。因为马克思没有把物品的效用纳入自己的研究范围。但马克思用他的劳动价值论,正确地分析了资本主义生产,得出了人类社会必然发展到消灭私有制进入共产主义社会的结论。

---

[1]《马克思恩格斯全集》第3卷,第2版,北京:人民出版社,2002年,第451-452页。
[2]《马克思恩格斯全集》第3卷,第2版,北京:人民出版社,2002年,第452页。
[3]《马克思恩格斯全集》第3卷,第2版,北京:人民出版社,2002年,第452页。

恩格斯在去世前，对边际效用价值论也有所关注。他认为在马克思逝世后出现的建立在庸俗的主观效用价值论基础上的边际效用价值论也是庸俗的，建立在边际效用价值论基础上的社会主义更是庸俗的。在1894年为《资本论》第三卷写的序言中，恩格斯说："……就像在英国这里在杰文斯—门格尔的使用价值论和边际效用论的基础上建立起庸俗社会主义一样，在克莱西斯的理论的基础上可以建立起至少同样似乎有理的庸俗社会主义。"[1]

（3）列宁的评价。列宁认为，边际效用论是只限于分析个别偶然现象或竞争的表面现象的理论，与马克思分析一般规律的科学是不相同的，马克思把经济科学推向前进，"这表现在他是根据普遍的经济现象，根据社会经济的全部总和来分析问题，而不是像庸俗政治经济学或现代的'边际效用论'那样，往往只根据个别偶然现象或竞争的表面现象来分析问题。"[2]列宁击中了边际效用价值论的要害。

（二）主观效用价值论并不能否定马克思主义劳动价值论

主观效用价值论不能对价值定性，更不能对价值定量，否定不了马克思主义劳动价值论。

1. 效用价值论者不知道效用是什么。效用价值论者说："效用是物品能够满足人们某种需要的能力。"这其实是一句多余的话。任何商品都必须可以使用，而且是为某种目的被使用。比如，锅可以做饭。人们制造锅，是为了做饭。锅被制造出来，就是为了满足人的某种需要，它们的这种能力是人通过劳动赋予的。一种物品不只有一种使用价值，如果人们拿锅来盛水也未尝不可，因而物品就不仅仅有一种满足人的需要的能力，难道这种物品还会有多种价值？如果说以此可以解释物品因不同用途可以有多种市场价格，那么，怎么解释生产者生产某种商品只有一种主要用途？如果生产商生产锅是为了做饭，当然会只按人的这种需要和生产费用定价，不会还考虑锅当盛水器的问题。所以，效用并不是主观的，而是使用价值在使用中产生的客观效果。

2. 效用价值论者不知道事物的具体性和一般性的表达方式。效用价值论者和边际效用价值论者不知道价值是一切使用价值的同一性，不知道他们所说的"使用价值一般"就是价值，反而指责马克思不能抽象出"使用价值一般"进而否定马克思主义劳动价值论。他们的认识是低俗的。事物的具体性和一般性，表达方式可以是多种多样的。比如，张三、李四，因为他们都是现实中具体的人，都具有人的共同性、一般性，因而他们都是人。在日常生活中，我们表达的方式是简洁明了的，不必称呼"人张三""人李四"，而只需称呼张三、李四即可。人们认为，"能够制造并使用劳动工具进行财富创造"就是人的共同性、

[1]中共中央马克思恩格斯列宁斯大林著作编译局译：《资本论》第三卷，北京：人民出版社，2004年，第14页。
[2]《列宁选集》第二卷，第3版修订版，北京：人民出版社，2012年，第434页。

一般性,凡具有这种一般性的动物才被抽象为人。在日常生活中,我们不必把人说成是"能够制造并使用劳动工具进行财富创造的动物",而只用"人"这个概念表达即可。同样的道理,马克思用"价值"一词表达使用价值的一般性,没有什么不妥。效用价值论者用"效用"表达的到底是抽象的"使用价值一般"还是客观的使用价值的效果,亦或使用价值的潜在能力? 我们不得而知。

3. 效用价值论者不知道价值是客观存在。边际效用价值论创始人之一的门格尔说:"价值既不是附属于财货之物,也不是财货所应有的属性,更不是它自身可以独立存在的。经济人所支配的财货,对其生命与福利,必具有一定的意义。价值就是经济人对于财货所具有的意义所下的判断。因而它绝不存在于经济人的意识之外。"[1]门格尔说得明白,价值是人对事物意义的判断,是人的主观评价,从而否认价值的客观存在。如果说价值取决于人的主观判断,那么,对同一件物品的用途和效用大小,100 个人会有 100 个不完全相同的判断,这件物品就会有 100 个价值。显然这对科学构建价值理论并无用处。由于效用价值论者和边际效用价值论者始终找不到使用价值的效用是什么和用什么量度,只好把价值说成是主观的任意想象。显然,因此而企图另立炉灶以推翻科学的马克思主义劳动价值论,为资本主义剥削制度辩护,也只能归于徒劳。科学只能向前发展而不可能被推翻,能够被推翻的都不是科学。

4. 效用价值论和边际效用价值论不能对价值定量。效用价值论者也清楚,由于各不相同的使用价值不能进行通约和运算,所以,不仅效用价值论在现实中没有实用性,而且对构建经济学学科也没有任何帮助,因此,他们虽然试图仿效马克思,从使用价值中抽象出一个效用一般来,但这只是一种想象,至今也没有人说明一般效用是什么,在现实中也找不到用"一般效用"做交换的例子。虽然他们试图用供求关系、物品的稀缺性、"边际"来说明效用的量,但还是不能确定商品的价值量。如果商品的价值量始终不能被确定,一切演绎的结论都只能归于假设、猜想、错想和论断,那么,它就与科学差距太远了。

5. 效用价值论和边际效用价值论不能解决市场价格问题。效用价值论者认为,人们在市场上讨价还价,就是依人对商品效用的主观评价进行的,这似乎符合实际情况。但是,价值论的研究,正是从市场转入生产领域后,配第、斯密、李嘉图才发现了劳动创造价值,马克思才发现了价值就是抽象劳动。效用价值论者反过来又在市场上找价值,除了混乱,除了用供求论、效用论、费用论、均衡论等来说明市场交换的某些现象,又能得到什么呢?

6. 效用价值论和边际效用价值论对我们的启示。效用价值论虽然不科学,但也给我们一定的启示:一是既然马克思认为价值不能脱离使用价值而单独存在,因为使用价值有

[1]王志伟编:《经济学说史》,第 2 版,北京:中国财政经济出版社,2000 年,第 331 页。

效用,人们才会相互交换它们,因此,效用与价值之间必然存在某种联系。马克思只研究了商品的价值,没有研究使用价值,而价值与使用价值是统一的,这种统一是否通过使用价值的效用联系在一起? 二是在市场上,效用大的物品价格高,效用小的物品价格低,是一个不争的事实。那么,商品的市场价格与效用有没有关系? 人们对有用事物的需要是有限度的,也就是说有一个边际。这个边际怎么确定? 边际之外的可能的有用事物真的没有价值吗? 三是自然物质有价格,越来越被事实所证明。例如,有的国家靠卖自然资源致富、有人大肆捕捞海洋生物致富、同一牲畜的不同部位的肉有明显的差别,等等。这说明,自然物质也有价值,这种价值是否与效用有关? 四是不同效率的机器,价格更是差别巨大。科学技术之于普通劳动,显然有更大的价值。效率与效用以及价值到底是什么关系?

要想弄清这些问题,我们应该以科学的态度审视马克思主义劳动价值论,应该以马克思主义的基本理论为指导,审视其他价值理论;根据历史和现实逻辑,审视效用价值论有没有正确的成分,分析效用价值论与马克思主义劳动价值论有没有联系。如果有联系,我们就可以对效用与价值问题进行进一步的探讨。劳动生产率是解决使用价值的效用与价值问题的一把钥匙。当我们发现了什么是效用及效用价值之后,就可以对马克思主义劳动价值论进行深化研究,把马克思在价格问题上的研究向前推进一步,并向哲学价值和经济学价值的统一迈进。

四、马克思主义劳动价值论与功效价值

任何使用价值的使用,都产生功效,产生功效的过程形成功效价值。功效价值与劳动生产率有关,与马克思所说的价值是同一的。效用价值论者所说的效用价值应该就是功效价值,难怪 100 多年来他们始终找不到效用价值到底是什么。

(一)功效和功效价值的实质。有用事物的功效和功效价值,都是客观的

1. 功效。功效就是使用价值在使用时产生的效果。所以,功效不是事物能满足人的欲望的能力,而是客观存在。事物只有被使用,才会产生某种效果,不被使用,就不会产生任何效果。劳动生产率就是劳动产生的效果,表达的就是包括劳动力在内的一切生产要素的功效。劳动生产率高,说明不变资本和可变资本的功效大;劳动生产率低,说明不变资本和可变资本的功效小。

2. 功效价值。价值是用时间来计量的。劳动生产率=劳动产品数量÷劳动时间,公式中的劳动时间,既是劳动价值,也是参与生产的一切生产要素的功效价值。功效价值和功效不是一回事。功效价值指劳动时间,劳动生产率代表功效。与其他生产资料相比较,如果某种生产资料使用的时间长,说明这种生产资料的功效价值大;如果其使用的时间短,

说明这种生产资料的功效价值小。

劳动生产率是人的劳动能力的表现,表达的是劳动的功效和结果。产品数量表达的是劳动的结果,劳动时间表达的是劳动过程,也是劳动的价值。如果劳动过程持续的时间被众多产品所分摊,则每一个份额就成为每一个产品的价值。

从消费者来说,功效价值就是商品使用的时间。消费者为什么要消费,选择什么商品才能满足消费的目的,这要看商品的特质和特性。特质是商品的自然品质,特性是商品所表现出的可被使用的性质。比如,桌子是木质的,也可能是铁质的,如果人们在桌子上读书写字,桌子称为书桌;如果在桌子上打麻将,称为麻将桌;如果在桌子上吃饭,称为饭桌;等等。桌子被人们使用的次数和效果,则是桌子的功效。功效与特质有关,但特质不是功效。功效是财富使用后的结果。消费者要使用多少商品才能达到目的,与商品的用量有关。比如,如果是两个学生用 1 张课桌,一个班有 50 个学生需要 25 张课桌,如果是 1 人 1 桌则需要 50 张课桌。消费者知道了商品的特质和特性后,挑选商品的关注点就会放在商品被使用的时间上。商品的消费时间对消费者目的的实现有重要意义。所以,消费者以功效价值为获取商品的标准。

(二)马克思主义劳动价值论与功效价值

马克思在《资本论》开篇,在提出了商品的价值是什么之后,接着说明了商品的价值量与劳动量(用时间计量)成正比,与劳动生产力成反比。因为劳动生产率反映了劳动生产力的发展程度,与劳动生产力成反比和与劳动生产率成反比的意义相同。在这里,个别商品的价值量,就是劳动生产率表达式中的时间。这个时间实际是生产资料和劳动力的功效价值。因此,马克思主义劳动价值论演绎的依据就是功效价值。大致来说,效用价值论者所说的效用,就是我们所说的功效,他们所说的"效用一般",或者说效用价值,就是我们所说的功效价值。我们所说与他们所指的最大区别,是我们所说的是有客观依据的,不是主观想象的。

由劳动生产率决定的商品的个别产品价值量是确定的,在商品的个别生产价值中,既包括生产资料的转移价值,也包括劳动力价值和剩余价值。马克思依据商品在生产中形成的这个确定的价值量进行演绎,直到平均利润和生产价格的形成,前后逻辑一致,都是依客观存在进行的,是科学的。

由于《资本论》第三卷没有写完,所以,马克思没有把市场价格问题研究彻底。如果对劳动生产率有了正确的认识,认清了劳动生产率公式中的劳动时间就是马克思主义劳动价值论中的价值,即使用价值的功效价值,那么,这个发现不仅可使主观效用价值论推翻马克思主义劳动价值论的企图成为徒劳,也可把市场价格问题研究到底。在本书第十四章将详述市场价格问题。

五、使用价值的自然价值与功效价值

价值的特性在于它的同质性和通约性。只要可用时间来表达的使用价值，不管是自然生成的，还是劳动创造的，都有价值。劳动价值与自然价值是同质的且是可以通约的。

（一）自然创造使用价值和价值

不论是马克思主义者，还是反马克思主义者，都承认自然界可生成自然财富，即自然界可生成使用价值。承认自然创造使用价值，是马克思的一贯观点。但是，马克思认为，自然事物虽然可以使用，但它们并不像劳动产品一样，有同一的抽象劳动凝结在里面，可以在交换中比较和通约。现在，我们找到了自然事物与劳动产品的同一性是自然事物形成的时间，劳动生产率表达式中的劳动时间是劳动的功效价值，它与自然形成的自然价值是同质的。

1. 自然价值是自然的功效价值。因为财富也是按照自然生成率的规律生成的，所以，可用时间表达的自然事物都有自然价值，这种自然价值都是自然因素创造的功效价值。比如，水、阳光、各种化学元素等，都可发挥其综合功效，参与财富的生成，财富的生成时间就是其自然价值，也是自然因素的功效价值；再如，有的地方以放牧为主，依赖草场生存，但草场的荣枯与四季天气的关系很大。由于气温的差异，在南方一年可种植 2～3 季水稻，在北方则只能种植一季。所以，任何使用价值的自然价值都是自然的功效价值，它与劳动价值即生产要素的功效价值相同，因而可以通约。因为自然生成的事物价值的性质与人的劳动过程创造的财富价值性质相同，因而在生产中，自然事物的自然价值可以转移到劳动产品中。

天然形成的财富是自然使用价值，劳动产品是人造使用价值。马克思说明了自己的价值研究范围只包括劳动产品中用于交换的商品，没有涉及自然事物的价值。但是，马克思说过，人的劳动只改变自然物质的形态。这说明，任何人所制造的产品都与自然物质有关。马克思揭示了劳动价值是不同劳动创造的使用价值的同一性，但没有揭示自然物质与劳动产品的同一性。如果使用价值的功效是人们视其为财富的唯一理由，那么，自然生成的使用价值就与劳动产品没有二致。比如，人们发现在生荒土地上长出了野生的玉米，既没有施肥，也没有中耕，总之，没有投入任何生产性劳动，但秋后却收获不菲。这些靠天收获的庄稼可以用来充饥，也可以进行交换，与靠劳动收获的庄稼的使用效果是一样的。只要可以拿到市场上出售的物品，就一定有价值。因此我们可以说，这些非劳动产生的粮食也有使用价值和价值。

关于自然物质有没有价值和自然创造不创造价值的问题争论已久。例如，为什么陈

年葡萄酒比新酿葡萄酒贵的问题,一直是经济学界关于劳动创造价值还是时间创造价值争论的一个重要问题。时间创造价值实质上指的是自然创造价值。李嘉图坚持劳动创造价值,反对李嘉图学说的人认为,时间也创造价值。他们举例说,葡萄酒在放置时间内,没有劳动参与其中,但葡萄酒放置时间越久,售价越高。李嘉图学说的拥护者、英国经济学家詹姆斯·穆勒认为:"时间什么也做不出来……因此,它怎么能够增加价值呢?时间只不过是一个抽象的术语。它是一个词、一种音响。无论把一个抽象的单位说成是价值尺度,还是把时间说成是价值的创造者,在逻辑上同样是荒谬的。"[1]穆勒对这个问题的解释是:陈葡萄酒增加的价值,是积累的劳动资本创造的。马克思评论说:"只要理解剩余价值和利润的关系,其次理解利润平均化为一般利润率,这种现象是十分简单的。但是,如果想不经过任何中介过程就根据价值规律去理解这一现象,就是说,根据某一特殊行业的特殊资本所生产的商品中包含的剩余价值即无酬劳动(也就是根据直接耗费在这些商品本身中的劳动)来解释这一资本所取得的利润,那么,这就是一个比用代数求解化圆为方更加无能为力的问题。这简直就是企图把无说成有。"[2]马克思的意思是,当不同企业所创造的剩余价值化为平均利润后,由于等量资本要获取等量利润,而保存陈年葡萄酒需要占有一定的资本,这些资本也要分得一定的利润,所以,陈年葡萄酒的价值大,售价也会高。如果不从平均利润去理解,只从个别利润去理解,肯定是无解的。

但是,如果从另外一个方面提出问题,这个问题就显得复杂了:有些物品比如某些中草药,随着保存的时间增长,会慢慢地丧失功效。时间越长,效果越差,它的售价也会越低。此时,投入的资本越多,损失也越大。可见,价值、市场价格都与功效有关。

最早提出劳动创造价值、劳动价值用劳动时间来衡量的科学观点的威廉·配第,曾试图把自然价值与劳动价值统一起来。他举了一个小牛自然增重的例子:如果把一头小牛放在一块两英亩的未开垦的土地上放牧,小牛一天天长大,一年后,假如牛肉可供人吃50天,但这并不是人的劳动所致,而是纯自然的作用。如果一个劳动者在同一块地上劳动一年,他通过劳动所收获的粮食,够人吃60天,人的劳动收获的粮食超过自然放牧所收获的牛肉的10天的口粮,就是人的劳动价值。威廉·配第在这里谈到了自然价值和劳动价值的关系问题。也就是说,自然也创造价值。但他无法解决自然价值与劳动价值统一的问题。他提出的小牛自然增重的问题至今还困扰着经济学家。如果坚持劳动创造价值,显然小牛增重是自然的作用。如果承认自然也创造价值,劳动力也就成了与其他劳动工具一样的生产要素。效用价值论和生产要素价值论者正是从生产要素也创造价值出发反对科学的马克思主义劳动价值论的。

---

[1]《马克思恩格斯全集》第35卷,第2版,北京:人民出版社,2013年,第91页。

[2]《马克思恩格斯全集》第35卷,第2版,北京,人民出版社,2013年,第91页。

　　小树增价的问题与这个问题相类似:有人花5元钱买来一棵小树,种到地里以后,既没有浇水,也没有施肥,但经过5年后,这棵小树长大了,能卖100元钱,增加了95元。这增加的95元,没有任何活劳动和积累劳动的身影。如果说它不是由自然创造的,那么,它是怎么来的?有人说,这95元是投入的5元的利息。但是,5元在5年内有高达19倍的利息吗?如果再假设,某家的房屋前自己生出来了一棵小树,房屋的主人对它同样没有进行过任何管理,没有任何资本投入,但它长大后,卖了100元。这100元表示一定的价值,是自然创造的。这棵长大后的树之所以能卖钱,是由于它有一定的功效。

　　小牛增重、小树增长和葡萄酒增价问题,都说明了功效与价值存在着必然的联系。只要有功效,就必然产生功效价值。葡萄酒长期放置之后,由于自然力影响了葡萄酒的功效,葡萄酒对人的健康的功效提高,使陈酒产生了较高的价格。对于这类现象的结论应该是,自然创造价值,但不创造剩余价值。因为葡萄酒长时间放置后所产生的利润,归结于人的有目的的劳动,是人有目的地把酒长期放置,是人在利用自然力以增加葡萄酒的功效。药品、食品会失效,人们就会规定保质期。人正是利用自然创造使用价值和价值的特性,投入一定的劳动和资本,以获得利润。在这里,劳动生产率与自然生成率是混合在一起的。

　　2.劳动生产率包含了自然生成率。不仅仅是小牛增重、小树和葡萄酒增价问题涉及自然生成率,任何劳动都混合着自然力,都是劳动力和自然力的结合,人们的劳动生产率都包含着自然生成率。

　　李嘉图曾针对斯密关于价值问题的混乱观点说过这样一句话:在政治经济学"这门科学中,造成错误和分歧意见最多的,莫过于有关价值一词的含糊观点"[1]。他试图用劳动时间作为价值的唯一尺度衡量劳动价值,在他的著作中对于劳动工具的耐久性问题的论述已涉及自然价值。他说:"没有某种武器,就不能捕猎海狸和野鹿。所以这类野物的价值不仅要由捕猎所需的时间和劳动决定,而且也要由制备那些协助猎人进行捕猎工作的资本(武器)所需的时间和劳动决定。"[2]他的原意是捕猎者和捕猎工具制造者协同劳动的时间决定捕猎劳动的价值,但在这里出现了两个问题:一是劳动工具的制造是在前人劳动积累的基础上进行的,他把过去劳动价值的物化部分弄丢了。马克思说明了不变资本就是过去劳动价值的物化,解决了过去劳动积累价值再现的问题,但没有更详细地论述这些积累的价值如何物化于工具中,如何计量。二是关于劳动工具的自然基质问题。李嘉图说:"在前节中,我们假定猎捕鹿和鲑鱼所必需的用具和武器耐久性相同,并且是等量劳动的产品;同时我们也看到鹿和鲑鱼的相对价值的变动完全取决于渔猎所需的劳动量的变动。但在每一种社会状态中,不同行业所使用的工具、用具、厂房和机械的耐久性可

---

[1][英]大卫・李嘉图著,郭大力、王亚南译:《政治经济学及赋税原理》,北京:商务印书馆,1962年,第9页。
[2][英]大卫・李嘉图著,郭大力、王亚南译:《政治经济学及赋税原理》,北京:商务印书馆,1962年,第18页。

能是彼此不一的,生产它们所需的劳动量也可能各不相同;维持劳动的资本和投在工具、机器、厂房上的资本的比例也可能有各色各样的配合方式。固定资本耐久性的这种差别,两种资本配合比例的这种变化,在商品生产所需劳动量的增减之外,又引进了另一个使商品相对价值发生变动的原因,这就是劳动价值的涨落。"[1]在这里,李嘉图把劳动工具的耐久性作为影响商品价值变化的原因之一。实际上,劳动工具的耐久性与其自然基质有关,自然基质是自然生成的,也就是说,是由自然创造的。李嘉图并不认为自然可以创造价值。后来李嘉图与萨伊论战时,虽然认为阳光、空气等自然因素在生产中与人类协同会增加使用价值,但认为不会增加交换价值,也就是不增加价值。关于劳动工具的耐久性问题,在李嘉图之后的研究者均没有涉及。马克思把这个问题归于使用价值的效用问题,认为这是商品学研究的问题,不在政治经济学的研究范围之内,所以也没有研究。

马克思曾谈到过自然生产率:"在资本主义生产发达的地方,自然生产率的差别——土壤、气候以及一切有关的东西——造成所使用资本的相对生产率的差别,因为劳动的自然生产率也完全和它的社会生产率一样,表现为资本的生产率,所以,这一生产率的程度表现为资本生产率的程度。但是,并不是这一自然生产率促进资本的发展或引起资本对自身关系方面的发展。这一点使我们能深刻地理解剩余价值(即剩余劳动)的性质,从而立即发现重农学派(部分地是斯密)的臆造以及马尔萨斯为土地所有权辩护的观点,即似乎剩余价值是自然界的某种恩赐。假定某一个国家有很多野兽。如果猎人满足于猎获或者捕获他所遇到的野兽,他便不会生产剩余的野兽。如果人都满足于从丰富的自然界取得他所必要的东西,那么他便不会生产出资本。土地的肥沃会使他少劳动并把自己的劳动用在 1/40 英亩的面积上。在这种场合,他生产的剩余不比他整日劳动去耕种 40 英亩贫瘠的土地多。生产无论在哪里都不是从资本开始。资本开始于其他生产方式下——无论它们是怎样的生产方式——工业人口已经发展了的地方。这取决于自然需要的量,从而取决于对劳动的自然推动。这种推动同土地的自然生产率成反比,取决于行动的必要性,取决于必须克服的障碍。当然,如果土壤和气候过于恶劣,那结果就像它们过于肥沃的情况一样。"[2]

马克思这一段话明白无误地说明了人的劳动离不开自然界的物质和自然力。既然物质的基质是自然创造的,劳动力也是自然力,那么,自然创造价值就是合乎逻辑的结论。马克思说明了自然界会产生自然物质,有自然生产率,自然生产率与劳动生产率成反比,自然生产率可被并入资本的生产率。劳动生产率,说到底,是自然生产率和劳动生产率的混合物,人们不可能把二者截然分开。比如,如果在一块土地上自行长出粮食,只要有产出,那么,粮食的自然生产率就等于粮食的自然产量除以粮食的自然生长时间。这表明,

[1][英]大卫·李嘉图著,郭大力、王亚南译:《政治经济学及赋税原理》,北京:商务印书馆,1962 年,第 23-24 页。
[2]《马克思恩格斯全集》第 48 卷,第 1 版,北京:人民出版社,1985 年,第 475-476 页。

自然力产生自然生成率。人通过精耕、施肥、浇灌、培育良种等,使粮食增产,最后的总收获,人们多视为单纯的劳动创造。其实,总收获的产量中包含了自然生产的粮食在内。工业生产也如此,一堆钢铁,放置久了,会发生锈蚀,这也是自然力的作用,是自然力的功效。锈蚀的时间,形成自然价值,不过,对人来说,这是负价值。

但是,自然力不会创造超过自身价值的剩余价值,这是因为:一是价值只是人对使用价值进行衡量的一种工具,自然不会利用价值这个工具来衡量使用价值的多或少。二是自然力不会生产资本,不是超额利润的源泉,而只是超额利润的一种自然基础。三是只有劳动者的劳动才能转变大量的自然物质的形态为人所用,自然没有这样的目的性,不会有意识地积累价值,也不会使前人积累的价值再现。四是自然生成率离开了人,就只是一种自然现象。自然与自然之间没有相互衡量的实际意义。深山无人区的果树结的果子再多,如果没有人享用,它也只能在成熟后烂掉,再成熟后再烂掉,如此循环。自然没有计算自然力的功效和果树生产率的活性。

在现实生产中,劳动生产率的提高既包括自然因素,比如土地、风、雨、水及其他因素,也包括前人劳动积累的物化,比如机器、前人的科学技术,还包括今人的科学技术、生产工人的技能,等等;但这些综合因素都必须在活劳动的作用下,才能使自然存在的物质(宏观和微观的)转化为为人所使用的财富。所以,劳动生产率是各种生产要素在人的主观能动作用下功效的综合表达。人是首要的生产力。

在现实生产中,人们往往把自然生产率与劳动生产率融合在一起当作劳动生产率来看待。自然的温度、湿度、阳光、各种矿物质等,对任何人都是一样的。如果人们仅仅满足于从自然界索取,与其他动物一样就不可能有劳动剩余。没有劳动剩余,也不可能有劳动积累,没有劳动积累,人类社会也不会发展到上天入地的时代。吃自然,是人与其他动物的共同性;会劳动,是人类区别于其他动物的特殊性。正因为如此,马克思的劳动价值论才有非同一般的地位。

马克思始终认为,自然事物没有价值,也没有价格。他说:"劳动价格和土地(或一切自然力)价格——是两个特别的不合理的说法。适当的价格是价值的货币表现,在不存在物化在物中的劳动的地方,不可能有价值,就这一点来说,土地价格是不合理的。因此,研究这一价格的秘密是政治经济学的主要问题之一。"[1]马克思详细研究了劳动价格的不合理性,即劳动没有价格,只有从事劳动的劳动力才有价格。因自然物中没有劳动物化在里面,所以对自然物的价格没有研究。马克思对土地的价格曾经有一个公式,但那只是从资本的角度研究土地的价格,没有说明土地的自然价格。我们不能要求马克思把不在他

[1]《马克思恩格斯全集》第48卷,第1版,北京:人民出版社,1985年,第477页。

的研究范围的东西也都研究清楚。任何人都不可能研究完一门科学的所有问题。研究自然物的价值和价格,是马克思之后的人应该承担的任务。

自然物虽然有价值,但是,由于人们没有付出劳动,所以在交换中,人们往往把自然物的价值按社会平均自然价值量通约掉。正因为如此,这部分价值才对价格发生影响。如果某一地区因天旱而粮食减产,而另一地区因风调雨顺而粮食增产,人们在粮食市场上,会将粮食中所含的自然价值按社会平均价值量通约,这样,粮食减产的地方会亏损。正因为劳动生产率同自然生产率成反比,所以,越是依靠自然生产力生产的地方,生产力越落后,越是劳动生产率高的地方,自然生产率越低,资本积累越快,生产力发展也越快。劳动推动了资本的发展,工业生产由于劳动过程短,它的自然生产率几乎达到可以忽略不计的程度,所以,按工业品的劳动生产率通约自然价值量,自然生产率占比越大产品的价值越大,按社会平均价值实现的个别劳动价值越少,亏损也越严重。马克思关于劳动生产率与自然生产率成反比的论述长期被人们所忽视。

任何自然事物的自然价值都是它的形成时间。事物的生成过程越长,价值越多;生成过程越短,价值越少。例如,金刚石的自然生成过程长达几十亿年,它的自然价值就是几十亿年。人们把水循环一周的时间看作它的生成过程的自然价值(在这里不说水本身的生成期)。计量自然物的自然价值,都以自然物投入使用的时间为基础。不论自然事物的自然价值有多少,在使用中,这些自然价值转移到产品中的价值,只与它们的使用时间有关。由于自然价值没有经过人的劳动而形成,所以人们在市场交换时把它们通约了。这也是有的经济学家认为马克思理论的前提条件之一是劳动之外的要素无偿获得的原因。

自然物价格的高低,与它们的功效和功效价值有关。水为什么不如金刚石的市场价格高?根据公式"劳动生产率=劳动产品数量÷劳动时间"来解释这种现象,就会发现,因为效率就是功效,所以金刚石的使用频率低,也就是说它的功效小,但它使用的时间长,所以它的功效价值多。水的量多,超出了社会必要的量,超出的部分,价值不能实现,似乎是无价值。一定量的水在使用中循环很快,它的效率很高,也就是它的功效很大,被使用的时间短,所以一定量水的价值少。由于功效价值决定市场价格,所以,金刚石的市场价格高而水的市场价格低。但是,在有效需求范围内和供求平衡的情况下,少量的金刚石和多量的水的价值总量是相等的。

交换是由功效价值决定的。如果在相同的时间内形成的自然物,由于质不同,使用期限不同,功效价值不同,市场价格也就不同。比如,在相同的时间内形成的小麦、果子,虽然自然价值相同,但由于功效不同,所以交换价值也不同。这个道理与产品形成的价值不同于它的功效价值是一样的。有的微观物质的生产价值即它的自然价值与它的功效、功效价值的关系还没有被揭示,比如微量元素对人体细胞的影响人们还不清楚,所以还不能精确计量它们的功效价值。但有一点是可以肯定的,即事物的质与功效有关,也与功效价值有关。人的劳动以自然生成的物质为基础。商品稀缺,可能是由于劳动生产的商品量少所致,也可能是由于自然生成率低造成的。

一切自然,都不依人的意志为转移。人也是自然的产物,可以能动地改变其他自然物的形态为人所用,所以,人们研究经济学,就是要研究人如何改造自然创造财富,研究自然和人的关系,研究在生产中人与人的关系,研究在某种生产条件下人们之间的社会关系。其中,人如何利用自然为人类服务,同时又不破坏人与自然的和谐,是经济学中不可忽视的问题之一,与生产关系、社会关系、生产方式处于同等重要的地位。所以,习近平总书记关于绿水青山就是金山银山的思想,是十分宝贵的。

（二）使用价值的有效使用期和功效价值

在现实中,并不是任何使用价值都时刻处于使用中,而是有使用期限的。笔者把使用价值被使用的时间称为实际功效价值,简称实效价值。把使用价值的有效使用期简称为期效价值。比如,一台电视机设计寿命是 10 年,每年 365 天,每天为 24 小时,这是它的有效使用期,也就是它的期效价值。然而,电视机并不是 24 小时开机,如果平均每天开机 6 小时,也就是平均每天开机时间仅为 1/4 天,那么,电视机的实际使用时间为 2.5 年。也就是说,它的功效价值是 2.5 年。人们在市场上购买的,就是这个 2.5 年的功效价值。

土地的自然价值与地球相同,有几十亿年的价值。土地被使用的时间是土地的功效价值。如果用于盖房屋,则土地被占用多少年,它的功效价值就是多少年。虽然土地有几十亿年的价值,但由于人们只使用其几十年,所以,土地的其他的自然价值都不被计算在功效价值内。

有些自然物的自然价值现在不被人们认识,不等于将来不被人们认识。有的自然物现在看似没有用,但将来人们可能会发现它的用途非凡。

各种自然物由于所含的化学元素不同、功效不同,功效价值也不同。比如,如果土地被用于种庄稼,庄稼的实际生长期就是土地的功效价值。土地中所含的化学元素不同,对庄稼的品质生成不同,庄稼的质量也不同。人们在使用相同时间内不同土地上生长的不同收获物时,由于功效不同,功效价值不同,所以市场价格也就有了差异。

肯定自然形成价值,也就是肯定自然创造价值,并不否定马克思主义劳动价值论。尽管马克思多次批判过萨伊、麦克布洛赫、罗雪尔等关于自然创造价值的观点,比如,他说:"照罗雪尔的看法,自然本身就具有价值。……这就是说,罗雪尔根本不知道什么是价值。"[1]马克思是在他们把剩余价值说成是自然界的恩赐时,对他们的观点进行批判的,

---

[1]《马克思恩格斯全集》第 34 卷,第 2 版,北京:人民出版社,2008 年,第 144 页。

马克思从来没有否定自然形成使用价值,不否认使用价值有其自然的效用即功效。如果没有使用价值,也就没有了价值。马克思认为,自然力不是超额利润的源泉,而只是超额利润的一种自然基础,因为它是特别高的劳动生产力的自然基础。如果一个使用价值不用劳动也能创造出来,它就不会有交换价值,但作为使用价值,它仍然有它的自然的效用。

马克思为什么坚持自然物有使用价值而没有交换价值?是因为交换价值是价值在商品交换时的表现形式,是不同使用价值的同一性。劳动产品的同一性是抽象劳动,自然价值的同一性是什么呢?这个问题在我们发现了时间的本质及与不同的物质生成或运动过程的关系后得到解决。也就是说,自然价值与劳动价值的同一性都是过程,自然价值是自然过程,劳动价值是劳动过程,时间是衡量不同事物过程的工具。

马克思认为,劳动力是自然力。他认为劳动本身不过是一种自然力的表现。因为劳动力是自然力,所以没有价值,也没有价格,就像瀑布、土地、一切自然力一样,因为它本身没有任何对象化劳动,因而没有价值,也没有价格。这也是马克思没有论证劳动力为什么能创造出超过自身价值的价值——剩余价值——的原因。但是,这里有一个矛盾,即劳动力既然是自然力,没有价值,为什么它又能在市场上买卖呢?马克思是用劳动力是特殊商品来解释的。他认为,劳动力的价值由他的生活资料价值所决定。如果用自然物有自然价值和功效价值的观点来看待劳动力这种特殊商品,我们就会发现,它也和其他自然物一样,有其自身的自然价值和功效价值,在交换中也遵循一切商品交换的价值规律。

(三)生产资料的自然价值和价值转移

如果生产要素有自然价值,那么生产要素的自然价值是如何转移的?这是我们需要研究的问题之一。

前面已经谈过,根据劳动生产率公式,商品的个别价值是确定的,但在商品进入市场后,价值量又每时每刻处于变化中,显得不可捉摸。社会生产的商品品种和数量不计其数,每个人、每个企业的劳动生产率也不尽相同,所以,要计量商品的价值就非常困难。这也是马克思说明市场价格随着供求变化而变化的一个巧妙之处。社会供求在变化,社会必要劳动时间在变化,所以市场价格也在变化。这虽然说得通,但总给人以不解决问题的感觉。何况,按照马克思的理论,虽然使用价值是价值的物质承担者,但使用价值与价格方面却没有关系。

在确定劳动生产率公式中的劳动时间就是马克思所说的商品的价值,从而也是生产要素的功效价值后,不但价值可以定量,也使生产要素中的生产资料的自然价值与劳动价值合为一体。在生产中,生产资料的自然价值和劳动价值是通过劳动力的劳动转移至新产品中的。

生产资料的价值由两部分构成:一部分是生产资料的自然价值,即作为基质的价值。

比如,木质机器的木、铜质机器的铜等。一部分是劳动价值,即制造这些生产资料的劳动的物化。比如,机器在使用前,制造机器的各种劳动都物化在工具里了。在劳动力被使用的过程中,生产资料的这两部分价值被转移至新产品中,不会增加也不会减少,是不变的,这便是马克思所说的不变资本。

生产资料的自然价值进入生产的部分,虽然与劳动力使用的过程即劳动价值的性质相同,都是功效价值,由于生产资料的自然价值不是人的创造,谁也没有付出任何成本,所以,在交换时人们把这部分价值通约掉了。但是,生产资料由于其自然形成的时间不同,所含的化学元素不同,因而质地也不同,在它们被使用时,其功效各异,被转移至新产品中的自然价值量也不同。比如,机器的基质有的是铁,有的是木,有的是复合金属或其他材料。其基质有的自然形成时间长,有的自然形成时间短,多数形成时间不能确定,由复合材料制成的机器有多种自然基质,它们的形成时间更无法确定。但是,我们可以依据事物的自然价值通过它们的功效而被转移的原理对它们进行计量。

假定铁质机器的使用期为 20 年,铝质机器的使用期为 10 年,木质机器的使用期为 6 年。这是它们的有效使用期。有效使用期包含它们的实际开机时间,也就是它们的实际功效价值。虽然有效使用期和实际开机时间可以分得清,但为了计算简便,在这里我们把有效使用期看作实际功效时间。铁、铝、木的自然价值通过它们的功效被转移到产品中,转移量与它们的实际开机时间相等。

人们在市场上按照等价交换的原则,付出机器生产价值的等价,也就是生产机器的劳动力和生产资料的综合功效价值的等价,获得新机器的预期实际功效价值。由于机器基质的自然价值是大自然创造的,人们没有付出劳动,所以,人们利用价值同质且可通约的特性,在进行等价交换时,把它们按社会平均功效价值通约了。比如,人们把铁质机器功效价值 20 年、铝质机器功效价值 10 年、木质机器功效价值 6 年相加并进行平均,进而通约,也就是按(20 年+10 年+6 年)÷3=12 年通约。这样一来,如果机器基质的功效价值多于平均通约值,则在通约后还有部分剩余,机器所有者因此可获得额外的价值,例如铁质机器所有者可获 20 年-12 年=8 年的额外价值。如果机器基质的功效价值少于平均通约值,则机器所有者会亏损,例如铝质机器所有者亏损 10 年-12 年=-2 年的价值,木质机器所有者亏损 6 年-12 年=-6 年的价值。这样,铝质机器和木质机器会被淘汰,或参与没有铁质机器的市场竞争。同理,其他生产资料如土地、原材料的自然价值也是通过其功效价值被转移并被通约的。一切商品,如果其质量不一样,实际功效价值就不相同,实现的价值量也会不同。

生产资料中其他的不变价值部分,通过劳动力的劳动被转移到新产品中,既不会增加,也不会减少。马克思对此论述得十分清楚,也十分正确。

笔者把马克思的不变资本又细分为自然价值和积累价值两部分。自然价值的转移通过自然物质的自然使用期(即实际功效期的)长短来表现。积累价值通过缩短劳动过程,提高劳动生产率来表现。

马克思的可变资本是指劳动力价值,劳动力能够创造剩余价值。由于劳动力也是自然力,所以,劳动力价值也会像不变资本的自然价值一样被转移至新产品中。剩余价值包含在新产品中,如果这些产品又被购买用作生产资料,则劳动力自然价值和剩余价值都会被当作不变资本进入下一个生产过程。

生产资料中包含有自然价值(包括上一劳动过程的劳动力自然价值)和积累价值(包括上一劳动过程创造的剩余价值),在市场交换时,它们都是按功效价值的等价进行的。

(四)连续性商品生产与一般利润率的下降

马克思说"劳动的生产力是劳动的自然力"[1]。作为天然的使用价值的劳动力,是现实的劳动生产率的自然基础。

1. 劳动力的自然价值和劳动力功效的特殊性。劳动力是自然力,与其他自然物一样,也有自然价值。在劳动力的使用中,也产生功效和功效价值。在使用中,劳动力的功效与能量有关。与其他自然物不同的是,劳动力在劳动中,不但会创造出自身的价值,还会创造出超过自身价值的剩余价值。劳动力在市场上进行等价交换的是它的功效价值。如果我们对于劳动生产率有了一个正确的认识,明白了劳动生产率就是劳动力运用生产要素转变物质形态的功效,明白了劳动时间就是功效价值,也就是马克思所研究的价值,弄清了劳动力价值与生产资料价值及自然使用价值和人工使用价值的关系,我们就可以使价值论与财富论相统一。

劳动力的使用就是劳动,以劳动生产率的形式表现出来的是劳动力使用的功效。劳动力有其使用的特殊性,不同于其他的天然的使用价值,不同于无生命的物和有生命的其他动物。人的劳动的特殊性在于它不仅可以创造价值、转移价值,还可以使生产资料中所含的前人积累的价值再现;不仅可以转化自身的能量,而且可以转化并使用自然界的其他能量用于劳动创造;不仅可以进行具体劳动,还可以进行科学劳动;不仅可以进行自我创造性劳动,还可以进行继承性劳动;不仅可以进行单独性劳动,还可以进行联合性劳动。人不仅仅进行劳动,而且在劳动中进化,在进化中改变观念和自我,因而劳动促进了人类文化和文明的发展。所以,生产力革命是促进人类文化和文明进步的源泉和动力,文化革命是促进人类思想解放和生产力发展的利器。

利用生产资料的私有制进行剥削,是马克思主义劳动价值论所揭示的重大问题之一。

---

[1]《马克思恩格斯全集》第30卷,第2版,北京:人民出版社,1995年,第303页。

按照我们的探索,既然劳动力价值与其他生产要素价值一起作为综合功效价值被转移,那么,如果商品生产者没有把劳动者的生活资料压到社会平均水平以下,如果没有让劳动者加班加点延长劳动时间,也没有增加劳动者的劳动强度,只是利用了科学与任何具体劳动结合的一般性,利用了自然力,转化了自然能量做功等等提高了劳动生产率,则他们就没有对劳动者进行剥削,而是对自然资源的掠夺,或者对前人积累劳动价值的独占。这种减轻对活劳动的剥削度增加对公共资源占有度的生产,正是资本主义生产方式终结的尾曲。在这个进程中,科学技术始终是人们对价值工具利用得最彻底的显示。马克思认为,科学劳动是人类的一般劳动,只有当资本赋予生产以科学的性质时,资本才能得到充分的发展,资本才造成了与自己相适应的生产方式。马克思的论述是金玉良言。所以,20世纪发生于资本主义国家的科技革命,正是资本得到充分发展的体现。不要以资本主义生产对活劳动剥削的减轻就宣称马克思主义劳动价值论过时,从而宣扬资本主义制度永恒。按照辩证法的观点,资本主义在充分发展之后,便是衰老和死亡。

2. 劳动生产率表达的是生产要素的综合功效。有功效的事物才被人们视为财富,才会被人们拿到市场上进行交换。但是,财富没有灵性,必须经过对有灵性的人的运用才会产生效果,才会显现出它的功效。劳动生产率所表达的,是投入生产的包括劳动者、劳动工具、生产资料等要素在人的劳动活动主导下的综合功效。

马克思主义劳动价值论,始终没有脱离生产要素,更没有脱离生产要素的功效。马克思主义劳动价值论与生产要素价值论和效用价值论的主要不同,是马克思认为只有活劳动能够创造剩余价值,其他生产要素的价值都要在活劳动的作用下转移到新产品中去。这个道理多数人都是明白的。但是,为什么有的马克思主义学者也相信生产要素价值论和效用价值论,认为马克思主义劳动价值论不正确呢? 可能与以下三个问题有关:

一是生产要素的功效价值分次转移和商品购买时一次性付费的关系。生产商从市场上购买了生产某种机器的工具机、原材料、动力(石油、电力等),盖了厂房,修了道路,接通了水源,还有环境保护设备和消防设备,等等,然后雇佣活劳动进行商品生产。生产的工具机、原材料、生产辅助设施、活劳动等是生产要素,它们的价值通过活劳动的活动转移到新产品中。

由于劳动生产率不同,在相同的时间内生产的使用价值数量不同,其总功效价值也不同。例如,有两个生产商生产某种相同的机器。假如生产商甲在100个小时内生产了1台机器,生产商乙在100个小时内生产了2台同样的机器,由于新机器的生成价值就是生产要素的综合功效价值的转移,生产商乙生产的机器所含的生产要素的功效价值是生产商甲的1/2,而购买者在市场上按同样的功效价值付费。这样一来,生产商乙将获得2倍于生产商甲的收入。这是生产商竞相提高劳动生产率的动因之一。

马克思、恩格斯认为,资本主义生产方式的历史使命是无所顾忌地按照几何级数推动人类劳动生产率的发展。如果按功效价值来计量使用价值的生产,则对马克思、恩格斯的理论理解更容易。假定生产商甲购买了 1 台机器生产同类机器,还付出了生产辅助条件所需的其他生产资料,总共生产了 100 台同类机器,生产每台机器用了 100 个小时,总价值是 1 万小时。现在,这 100 台机器被另外 100 个生产厂商所购买。他们也付出了与原生产商相同的生产工具机和生产辅助条件所需的其他生产资料,也各生产了 100 台机器,生产每台机器用时也为 100 小时,总价值也是 1 万个小时。那么,这 10001 台机器创造的价值是 101 万个小时。这说明,如果机器的价值一定,劳动生产率提高,在单位时间内生产的使用价值数量增加,按商品生成价值计量的社会价值总量会大幅增加。如果按功效价值计量,社会价值量增加得更多。假如 1 台机器实效价值为 1 万小时,则 10001 台机器的总功效价值为 100010000 小时。可见,按商品一次性生成价值和功效价值付费差别巨大。

二是商品的功效价值与商品的生成价值与市场价格的关系。马克思认为,新商品的形成时间,就是商品的价值,是生产价格的依据,也是商品在市场上出售的依据。实际上,马克思所说的新商品中包含的生产资料转移价值和劳动力价值以及劳动力创造的剩余价值,就是生产资料综合功效价值的分次转移。活劳动在生产资料综合功效价值的转移中起统领作用。马克思研究的是商品一次性生产所转移的生产要素的功效价值,即商品的生成价值。但是,商品的生成价值比商品在使用中的功效价值要少许多。既然消费者是按商品的功效价值给付市场价格,生产商为什么不按商品的功效价值出售商品,而是按商品的生成价值出售商品? 商品按生成价值,进而按生产价格出售是因为,一方面资本主义的生产是过剩性商品生产,剧烈的竞争使生产商必须以生产价格出售产品;另一方面,由于任何商品中都含有未付出成本费用的自然基质的自然价值和前人劳动积累价值。在市场上,生产商也是消费者,也要求对自然价值和积累价值通约。

三是一次性商品的生产价格形成和连续性商品市场价值与市场价格的关系。劳动生产率表达的是生产要素的功效,劳动时间表达的是生产要素功效价值的转移,马克思只研究了一次性商品生产的形成价值与劳动生产率即生产要素功效的联系,研究了一次性商品生产的生产价格是商品的成本价格加平均利润,没有研究连续性社会性商品生产的特点和价值构成。

马克思对一次性商品的生产价格研究得很深入。但是,如果是连续性社会性生产,利润处于不断地产生—不平衡—平均—再产生—再平衡—再平均—又产生—又不平衡—又平均的过程中。生产商从市场上所购买的生产资料,已经包含了平均利润,如果进行再生产,显然,这个平均利润必须资本化。但是,在连续性社会化生产中,有的平均利润还没有资本化,有的还在形成中,有的还没有形成,所以,购买生产资料的生产商,其购买的生产资料的生产价格是不相等的。因为其生产资料的价值不相等,从而产品的成本价格也不相等。如果成本价格不相等,再生产的商品的生产价格必然也不相等,因而影响到了市场价格。这便是经济学界争论了 100 多年的"用商品生产商品"问题。有不少经济学家认为,"用商品生产商品",商品的总价值与总价格不相等。我国学者丁堡骏教授和程恩富教授分别证明了社会性总体性静态的和动态的生产价格化后的总价值与总价格、总剩余价值和总利润相等(参阅本书第十四章),说明马克思的理论没有错。但是,用商品功效价值的观点看问题,我们就会发现,"用商品生产商品"的市场价格问题,反映的不仅是一次性商品价值形成和商品功效价值的关系,也反映劳动生产率与商品价值实现的关系,即劳动生产率和利润率的关系。

假定生产商甲购买的一台机器花费 15 万元,购买的其他生产资料(包括购买生产辅助材料所需的一切价值)为 15 万元,雇佣工人的工资为 10 万元,总资本是 40 万元,生产了 100 台同类机器,每台机器的成本价格是 4000 元。假若剩余价值率为 100%,则剩余价值为 10 万元,利润率=10 万元÷40 万元×100%=25%。假定这个利润率是社会平均利润率,则每台机器的平均利润=4000 元×25%=1000 元。每台机器的生产价格=成本价格+平均利润=4000 元+1000 元=5000 元。市场价格将围绕生产价格上下波动。

如果劳动生产率不变,工人创造的剩余价值不变,则随着生产的发展,资本家的平均利润率增加。假若上例中,这 100 台机器被 100 个生产厂商所购买。他们每个人购买的机器是每台 5000 元,付出的其他生产资料和生产辅助材料所需的价值为 11 万元。由于生活资料价值也随社会商品价值的下降而下降,他们雇佣的工人的工资也下降为 8.5 万元,总资本是 20 万元,在相同的时间内也生产了 100 台机器,剩余价值率与第一个生产商相同,也为 100%,则剩余价值=8.5 万元。他们所生产的每台机器的成本价格=(0.5+8.5+11)万元÷100(台)=2000 元,平均利润率=8.5 万元÷20 万元×100%=42.5%,每台机器的平均利润=2000 元×42.5%=850 元,生产价格是 2000 元+850 元=2850 元。相对于生产商甲,后来的其他生产商由于购买的机器的成本降低,利润率提高。生产商甲的利润率为25%,其他的生产商的利润率提高到 42.5%。

如果生产率不断提高,使用价值量不断增加,作为生产资料的商品,包括劳动力越来越便宜,则资本家获得的利润也会越来越丰厚。这便是资本在全世界扩张过程中在世界各地追逐廉价原材料和廉价劳动力的原因。

由于资本主义生产方式的基本矛盾是生产资料私有制与社会化大生产的矛盾,一方面,社会化生产的发展使资本家不断扩大再生产规模,劳动生产率不断提高,财富数量急剧增加,商品越来越便宜,按社会平均价值实现的资本的利润增加;另一方面,为了追逐利润,在竞争中资本家不断提高资本有机构成,提高劳动生产率,使资本雇佣的活劳动越来越少,由于活劳动是剩余价值的唯一来源,因而在资本有机构成不断提高后,剩余价值也减少,使平均利润率下降。所以马克思说:"因此,一般利润率日益下降的趋势,只是劳动的社会生产力的日益发展在资本主义生产方式下所特有的表现。"[1]这个矛盾,只有在社会生产力极大发展,广大劳动者不再成为资本的雇佣者,社会把满足人民日益增长的美好生活需要的财富功效的生产放在首位才能解决。

由于社会生产是连续的不间断进行的,多数的生产商不会等到社会平均利润形成从而生产价格形成才会出售产品,消费者也不知道社会平均利润与生产价格是如何形成的。因此,生产商要抢时间销售产品,这样,他就会在社会性生产价格尚未形成时,以他的产品的价值作为市场价值进入市场,劳动生产率高的企业就会获得超过平均利润的超额利润。比如,上述举例中,生产商甲生产的 100 台机器,不是以 5000 元的生产价格出售,而可能是以 15 万元、10 万元、5 万元等的市场价格出售。

市场行为从来都不是单一的,而是买卖双方的。从消费者方面来说,这件商品对他必须有用,在有用的前提下,他所付出的商品的市场价格以使用的功效价值为标准。生活性消费以这件商品可以使用多长时间和使用的频率为标准,生产性消费者以这件商品能够使用多长时间,比如一台机器的寿命有几年,在这几年中,他能利用这台机器生产出多少件产品。按照我们的定义,使用的频率,也就是使用率加效果即功效,所以,消费者所付出的市场价格,决不是心理的,而是客观的。有的同种类同劳动时间的商品,在市场上有不同的价格,也可能是因其质量的原因所导致的。质量好,使用期限长,市场价格会贵一些。质量差,使用期限短,就会便宜一些,因而效用价值论者与边际效用价值论者对于效用的概念和价值的概念都是模糊不清的,他们的理论不能成为科学也是必然的。

劳动生产率不只是劳动力的功效,而是劳动力、劳动工具、劳动资料、劳动环境和自然力等等生产要素的综合功效。这里没有资本。资本,在马克思那里,专指带来剩余价值的价值,是指一定的生产关系。因此,把生产要素分为资本、生产资料和劳动力,或分为资本、机器和土地等等都是不科学的。只有在资本主义生产条件下,才把生产要素分为生产资料和劳动力资本,才从价值的角度把生产资料和劳动力价值称为不变资本和可变资本。

效用价值论者集中攻击的是马克思主义劳动价值论的市场价格问题。攻击一点,不计其余,以枝节否定根本,注定是徒劳的。要发展一门科学,不仅需要遵循逻辑运用这门科学的基本理论探索他人尚未涉及的领域,而且往往要从这门科学的反对者所攻击的环节入手。我们关于商品的价值就是劳动生产率公式中的劳动时间,是客观的生产要素的功效价值分次转移的分析,既可证明马克思依据商品价值演绎的剩余价值、利润、平均利

---

[1]中共中央马克思恩格斯列宁斯大林著作编译局译:《资本论》第三卷,北京:人民出版社,2004 年,第 237 页。

润、超额利润、生产价格等理论的正确性,也符合恩格斯关于价值首先是用来解决物品的效用是否能抵偿生产费用问题的思想,可以解决马克思主义劳动价值论中商品的价值决定问题,可以在马克思的一次性生产演绎的基础上,把连续性生产的市场价格问题研究得更深入,为解决市场价格问题提供一个新方法。

第十一章 前人劳动积累价值与生产自动化

——兼驳生产要素价值论

机器是否创造价值和剩余价值是个极为前沿的现实问题,庸俗经济学和西方经济学在当前之所以大行其道,与马克思主义经济学家还没有找到解决这个问题的钥匙有关。本章将讨论这个问题。

一、马克思关于自动化机器是否创造价值和剩余价值的论述

马克思认为,机器是人的劳动的产物,是前人劳动的物化。使用机器生产可以把自然力和科学并入生产过程,因而大大提高劳动生产率,但机器并不创造价值和剩余价值。

（一）资本积累是扩大再生产的前提和生产自动化的必要条件

资本主义生产的特点是扩大再生产。斯密认为,社会要扩大再生产,必须节约开支,才能增加利润,扩大的再生产是工厂主节约开支的结果。他的错误在于他不知道利润是工人创造的剩余价值的转化。李嘉图认为,资本的积累是收入增加和消费减少的结果。他说:“积累资本有两种方法:增加收入,减少消费。……在一种情形下,储蓄是由于收入增加而来的,在另一种情形下,则是由于支出减少而来的。”[1]李嘉图也不知道,资本家的收入增加是由工人创造的剩余价值增多所致。他认为,取得新的商品销售市场,获得低价原材料,改良机器,都可使商品价格降低,利润增加。他说:“如果由于对外贸易的扩张,或由于机器的改良,劳动者的食物和必需品能按降低的价格送上市场,利润就会提高。如果我们不自己种植谷物,不自己制造劳动者所用的衣服以及其他必需品,而发现了一个新市场可以用更低廉的价格取得这些商品的供应,工资也会低落,利润也会提高。”[2]李嘉图在这里没有说明为什么使用改良后的机器会使利润增加,但他说到了资本家要赚钱,就必须进行贸易扩张。从他的论述中可以看出,资本为了利润,为什么会不惜发动战争去争

---

［1］［英］大卫・李嘉图著,郭大力、王亚南译:《政治经济学及赋税原理》,北京:商务印书馆,1962 年,第 110-111 页。

［2］［英］大卫・李嘉图著,郭大力、王亚南译:《政治经济学及赋税原理》,北京:商务印书馆,1962 年,第 111-112 页。

夺别国的市场和自然资源。

马克思指出了斯密、李嘉图关于资本积累理论的错误:资本积累并不是资本家节欲的结果,也不是生产节约的结果,而是资本家剥夺工人创造的剩余价值转化为资本的结果。不论是资本主义简单再生产还是扩大再生产,都离不开劳动者创造的剩余价值。如果说资本家没有完全把剩余价值消费掉是一种节欲,那么这种节欲与资本家的挥霍都是建立在剥削基础上的,只是程度不同罢了。资本积累是资本对剩余价值追求的必然结果,任何资本家都不可能不追求剩余价值。

从马克思的理论可以看出,资本主义剥削,也可以发展生产力,突出地表现在不变资本的增加上,表现在机器的改进上,但这种发展,是建立在剥夺广大劳动人民、社会不平等不公平、社会群体之间机会不均等基础之上的。资本家利用饥饿法则逼迫劳动者为他们创造剩余价值,资本家把自己的幸福建立在别人的痛苦之上。马克思的共产主义思想,就是要在改变社会经济制度和政治制度的基础上,以劳动阶级的世界观改造世界,从而激发人们进步的思想意识,不断提高道德水平,以促进劳动生产率的不断提高,加速人类社会化进程,实现人类在更高水平上的平等、公正、公平,实现人们的更广泛的民主、自由。

从马克思的理论还可以看出,资本积累虽然以劳动者创造的剩余价值转化为前提,但也以不变资本的增长为必要条件。正是不变资本的高速增长,才使资本主义生产发展到自动化阶段。这也是资本主义商品经济演进的必然。但是,资本主义生产的自动化,并没有消除资本主义生产的社会化和生产资料私人占有的基本矛盾。在资本主义生产方式建立以前,就有商品生产。商品生产以个人劳动为基础,商品所有权属于个人,但商品是为别人生产的,是为社会生产的,所以,商品必须通过交换,才能成为社会产品。商品这种既是个人产品又是社会产品的矛盾性质,在资本主义社会,达到了不可调和的地步。这是因为,资本不断积累,生产不断扩大,生产力急剧发展。一方面,在生产企业内,生产是有计划的,而在全社会范围内,需求则是无计划的,于是便产生了企业生产的有计划性和社会生产无计划性的矛盾;另一方面,劳动者的购买力并不随生产力的提高而提高,民众的消费力赶不上资本的生产力,便产生了生产的快速发展和民众购买力相对下降的矛盾,于是资本主义不断发生以生产过剩为特征的经济危机。事实证明了马克思主义劳动价值论原理的真理性。

(二)马克思关于机器生产和自动机器体系的论述

使用机器生产,可以大幅度提高劳动生产率,于是有人认为,机器特别是自动化机器创造价值和剩余价值。

马克思对机器生产和自动化机器体系有过系统论述。马克思认为,机器是人的劳动的产物,是劳动工具的结合,本身是一定量的物化劳动时间,含有科学技术因素。因为机器可以利用大量的自然要素、自然能量,这些自然要素没有价值,科学又是一般的价值,所以,用机器生产出来的商品便宜。马克思关于机器是一定量的物化劳动时间的观点非常重要,是解决自动化机器创造还是不创造剩余价值问题的钥匙。

1. 机器是劳动工具的结合。1847年马克思在《哲学的贫困》中就对蒲鲁东在《贫困的哲学》中提出的机器是分工操作组合的观点进行了批判。马克思说:"把机器看做分工的反题,看做是被分散了的劳动重归统一的合题,真是荒谬之极。机器是劳动工具的集合,但决不是工人本身的各种劳动的组合。"[1]马克思认为:"所有发达的机器都由三个本质上不同的部分组成:发动机、传动机构、工具机或工作机。"[2]动力机可以产生自己的动力,如蒸汽机、热力机、电磁机等,或者接受外部某种现成的自然力如风力、水力的推动。传动机构由飞轮、转轴、齿轮、皮带等组成,用以调节运动,把运动传送到工具机上。马克思说:"机器的这一部分——工具机,是18世纪工业革命的起点。"[3]马克思认为,单台的机器协作不等于机器体系。单台的机器协作与工人的分工协作类同,工人的分工协作是主观的、局部的,但机器体系是各种特殊过程的连续性,它是直接社会化的、共同的劳动才出现的。我们可以这样认为:机器体系是社会化劳动的产物,也是社会化劳动的催化剂。

2. 机器是物化的知识力量。马克思说:"自然界没有造出任何机器,没有造出机车、铁路、电报、自动走锭精纺机等等。它们是人的产业劳动的产物,是转化为人的意志驾驭自然界的器官或者说在自然界实现人的意志的器官的自然物质。它们是人的手创造出来的人脑的器官;是对象化的知识力量。固定资本的发展表明,一般社会知识,已经在多么大的程度上变成了直接的生产力,从而社会生活过程的条件本身在多么大的程度上受到一般智力的控制并按照这种智力得到改造。它表明,社会生产力已经在多么大的程度上,不仅以知识的形式,而且作为社会实践的直接器官,作为实际生活过程的直接器官被生产出来。"[4]机器是劳动的产物,它有价值,在生产过程中,把自身的价值分次转移到新产品中去,也就是我们所说的逐步折旧,并不创造价值和剩余价值。使用机器可以大大提高劳动生产率,因而可以通过市场实现更多的价值。

使用机器为什么能大大提高劳动生产率?马克思认为,由于机器成为固定资本后,就把自然力和科学并入了生产过程,而自然力和科学是不费资本家一分钱的。马克思说:"我们已经知道,由协作和分工产生的生产力,不费资本分文。它是社会劳动的自然力。用于生产过程的自然力,如蒸汽、水等等,也不费分文。可是,正像人呼吸需要肺一样,人

[1]《马克思恩格斯选集》第一卷,第3版,北京:人民出版社,2012年,第245页。
[2]中共中央马克思恩格斯列宁斯大林著作编译局译:《资本论》第一卷,北京:人民出版社,2004年,第429页。
[3]中共中央马克思恩格斯列宁斯大林著作编译局译:《资本论》第一卷,北京:人民出版社,2004年,第429页。
[4]《马克思恩格斯全集》第31卷,第2版,北京:人民出版社,1998年,第102页。

要在生产上消费自然力,就需要一种'人的手的创造物'。要利用水的动力,就要有水车,要利用蒸汽的压力,就要有蒸汽机。利用自然力是如此,利用科学也是如此。电流作用范围内的磁针偏离规律,或电流绕铁通过而使铁磁化的规律一经发现,就不费分文了。但是要在电报等方面利用这些规律,就需要有极昂贵的和复杂的设备。我们已经知道,工具并没有被机器排挤掉。它由人的有机体的小工具,通过扩大规模、增加数量,发展成为由人创造的机构的工具。现在资本不要工人用手工工具去做工,而要工人用一个会自行操纵工具的机器去做工。因此,如果说大工业把巨大的自然力和自然科学并入生产过程,必然大大提高劳动生产率,这一点是一目了然的,那么生产力的这种提高并不是靠增加另一方面的劳动消耗换来的,这一点却决不是同样一目了然的。像不变资本的任何其他组成部分一样,机器不创造价值,但它把自身的价值转移到由它的服务所生产的产品上。就机器具有价值,从而把价值转给产品来说,它是产品价值的一个组成部分。机器不是使产品变便宜,而是按照它自身的价值使产品变贵。很明显,机器和发达的机器体系这种大工业特有的劳动资料,在价值上比手工业生产和工场手工业生产的劳动资料增大得无可比拟。"[1]

马克思非常重视科学的作用。马克思认为,固定资本吞并科学,与资本吞并劳动一样,并不妨碍资本的剥削,因为这是由资本主义的私人占有导致的。他说:"科学根本不费资本家'分文',但这丝毫不妨碍他们去利用科学。资本像吞并他人的劳动一样,吞并'他人的'科学。但是,对科学或物质财富的'资本主义的'占有和'个人的'占有,是截然不同的两件事。尤尔博士本人曾哀叹他的亲爱的、使用机器的工厂主们对力学一窍不通。李比希也曾述说英国的化学工厂主们对化学惊人的无知。"[2]

3. 自动机器体系是资本主义生产力发展的标志。资本的本源是价值,只有在生产资料私人占有的资本主义制度中,价值才会转化为资本,才表达资本主义的生产关系,才是劳动过程的各种物质条件的总和。在资本发展壮大的同时,劳动的物质条件即劳动材料(如生产原料、厂房等)、劳动资料(主要是劳动工具)和活劳动也发生变化,劳动资料变为固定资本的形态即机器。马克思早在100多年前就已经揭示,资本通过占有科学技术使生产自动化,从而成为压迫工人的异己的力量。

马克思还揭示,利用机器体系进行生产,是科学和技能积累的结果,它代表了一般社会生产力的发展。他说:"劳动资料发展为机器体系,对资本来说并不是偶然的,而是使传统的继承下来的劳动资料适合于资本要求的历史性变革。因此,知识和技能的积累,社会

---

[1]中共中央马克思恩格斯列宁斯大林著作编译局译:《资本论》第一卷,北京:人民出版社,2004 年,第 443–444 页。

[2]中共中央马克思恩格斯列宁斯大林著作编译局译:《资本论》第一卷,北京:人民出版社,2004 年,第 444 页注
　　(108)。

智力的一般生产力的积累,就同劳动相对立而被吸收在资本当中,从而表现为资本的属性,更明确些说,表现为固定资本的属性,只要后者是作为真正的生产资料加入生产过程。"[1]"从机器体系随着社会知识的积累、整个生产力的积累而发展来说,代表一般社会劳动的不是劳动,而是资本。社会的生产力是用固定资本来衡量的,它以物的形式存在于固定资本中,另一方面,资本的生产力又随着被资本无偿占有的这种普遍的进步而得到发展。"[2]资本充分利用科学进行生产,资本也因此而充分发展。马克思说:"在机器体系中,对工人来说,知识表现为外在的异己的东西,而活劳动则从属于独立发生作用的对象化劳动。只要工人的活动不是资本的需要所要求的,工人便成为多余的了。"[3]"因此,只有当劳动资料不仅在形式上被规定为固定资本,而且扬弃了自己的直接形式,从而,固定资本在生产过程内部作为机器来同劳动相对立的时候,而整个生产过程不是从属于工人的直接技巧,而是表现为科学在工艺上的应用的时候,只有到这个时候,资本才获得了充分的发展,或者说,资本才造成了与自己相适合的生产方式。可见,资本的趋势是赋予生产以科学的性质,而直接劳动则被贬低为只是生产过程的一个要素。同价值转化为资本时的情形一样,在资本的进一步发展中,我们看到:一方面,资本是以生产力的一定的现有的历史发展为前提的——在这些生产力中也包括科学,另一方面,资本又推动和促进生产力向前发展。"[4]

4. 机器本身是一定量的物化劳动时间。虽然固定资本代表了社会生产力的发展程度,但资本主义生产关系并不是最完善的社会生产关系。马克思说:"但是,如果说资本只有在机器体系中以及固定资本的其他物质存在形式如铁路等等中(关于这一方面我们以后再谈)才取得自己在生产过程内部作为使用价值的适当的形式,那么这决不是说,这种使用价值,这种机器体系本身就是资本,或者说它作为机器体系的存在同它作为资本的存在是一回事。正像黄金不再是货币时,它不会丧失黄金的使用价值一样,机器体系不再是资本时,它也不会失去自己的使用价值。决不能从机器体系是固定资本的使用价值的最适合的形式这一点得出结论说:从属于资本的社会关系,对于机器体系的应用来说,是最适合的和最好的社会生产关系。"[5]同样,也不能因为资本主义生产促进了机器体系的发展而认为资本主义剥削合理。

马克思曾经明确地指出:"生产力(固定资本)所以能把价值转给生产出来的产品,只

---

[1]《马克思恩格斯全集》第31卷,第2版,北京:人民出版社,1998年,第92—93页。
[2]《马克思恩格斯全集》第31卷,第2版,北京:人民出版社,1998年,第92页。
[3]《马克思恩格斯全集》第31卷,第2版,北京:人民出版社,1998年,第93页。
[4]《马克思恩格斯全集》第31卷,第2版,北京:人民出版社,1998年,第93—94页。
[5]《马克思恩格斯全集》第31卷,第2版,北京:人民出版社,1998年,第94页。

是因为它具有价值,因为它本身是被生产出来的,本身是一定量的对象化劳动时间。"[1]马克思的这段话极其重要,因为他给我们研究机器价值的计量指明了方向。马克思在这里所说的机器的价值是指生产机器的劳动价值,包括智力劳动的价值。在采用机器生产时,机器会把自身的价值转移到新产品中,马克思没有考察机器所能利用的自然力、自然能量等自然要素的价值,也没有考察前人劳动的积累价值。因为马克思研究的是资本主义的生产方式、生产关系和社会关系,机器生产所利用的自然要素和其他不是劳动产品的生产要素的价值不反映资本关系,不在他的研究范围。他说:"本身不是劳动产品的那些生产资料,它们的价值还不属于这里讨论的范围,因为这些生产资料不是从考察资本本身得出来的。"[2]

把机器体系的生产推向更高阶段,利用机器体系获得更多的利润,这是资本主义生产的内在要求。资本主义 100 多年生产的发展历程证明了马克思理论的前瞻性。资本主义生产不是为了全体人民的利益,而是为了个人发财。马克思揭示:"机器体系的出现,不是为了弥补劳动力的不足,而是为了把现有的大量劳动力压缩到必要的限度。"[3]其结果必然是资本作为生产的统治形式随着资产阶级社会的发展而解体。工人劳动强度减轻,劳动时间缩短,并不是工人与资本家分享利益。只要是生产资料私人占有,工人就不可能与资本家平起平坐、共同富裕。马克思说:"固定资本在它作为生产资料(机器体系是生产资料的最适合的形式)的规定中,只是从两方面生产价值,即增加产品的价值:(1)由于固定资本具有价值,就是说,它本身就是劳动产品,是对象化形式上的一定的劳动量;(2)由于固定资本通过提高劳动的生产力,使劳动能在较短的时间内创造出更大量的维持活劳动能力所必需的产品,从而提高剩余劳动对必要劳动的比例。可见,说什么由于资本家利用固定资本(况且,固定资本本身就是劳动的产品,并且不过是被资本占有的他人劳动的产品)使工人的劳动减轻了(相反,资本家利用机器使工人的劳动失去了一切独立性和吸引力),或者使工人劳动的时间缩短了,所以工人就和资本家分享劳动产品了,这种说法是极其荒谬的资产阶级滥调。"[4]马克思的这段话就好像是针对总是在不断重复 19 世纪资产阶级经济学家观点的经济学家所说。

二、生产要素价值论的庸俗性和马克思主义劳动价值论的深化

要驳倒自动化机器能够创造剩余价值的生产要素价值论,必须深化马克思主义劳动

[1]《马克思恩格斯全集》第 31 卷,第 2 版,北京:人民出版社,1998 年,第 110 页。
[2]《马克思恩格斯全集》第 31 卷,第 2 版,北京:人民出版社,1998 年,第 110 页。
[3]《马克思恩格斯全集》第 31 卷,第 2 版,北京:人民出版社,1998 年,第 97 页。
[4]《马克思恩格斯全集》第 31 卷,第 2 版,北京:人民出版社,1998 年,第 96 页。

价值论。

（一）生产要素价值论是庸俗的

马克思认为，虽然亚当·斯密在对劳动价值论确立的过程中作出了巨大贡献，但他关于商品的价值由工资、利润和地租决定的说法是庸俗的。深受斯密《国富论》影响的法国经济学家萨伊在斯密逝世23年后提出了资本、劳动和自然创造价值和剩余价值的生产要素价值论。马克思曾详细研究了萨伊的学说。萨伊的经济学有庞杂性、歌颂性、庸俗性三大特点。

萨伊经济学的庞杂性表现在他的经济学说价值决定的复杂。第一，他首先提出效用决定价值。萨伊说："当人们承认某东西有价值时，所根据的总是它的有用性。这是千真万确的，没有用的东西，谁也不肯给予价值。"[1]他认为，效用要依主观判断为依据。他的这个思想被后人发展为主观效用价值论。第二，他提出资本、土地和劳动三要素创造价值。他说："价值是劳动（或不如说人类的勤劳）的作用、自然所提供的各种要素的作用和资本的作用联合产生的成果。"[2]第三，他提出生产费用决定商品的价值。生产三要素中的劳动要支付工资，资本要支付利息，土地要支付地租，所以，商品的价值由生产费用决定。他说："产品的全部价值分解为各种人的收入，因为任何产品的总价值，都是由促成它的生产的土地所有者、资本家和勤劳者的利润相加而成的。"[3]第四，他提出商品的价值由市场供求决定。他认为，价格测量价值，价值测量效用，价格由市场供求决定，市场供求平衡会使价格与生产费用相一致。因此，商品的价值由市场供求决定。第五，他以生产三要素为基础，提出他的分配理论。既然劳动、资本和土地三种生产要素参与商品的生产，产生相应的费用，当然也必须从生产成果中取得相应的报酬。这就是：劳动获得工资、资本获得利息、土地获得地租。马克思把劳动—工资、资本—利息、土地—地租称之为"三位一体"的公式。

萨伊的理论是为资本主义唱赞歌的理论。其一，萨伊的理论把劳动与资本、自然（土地）完全等同，认为价值及剩余价值是三者共同创造的，这样就把劳动者归结为"会说话的工具"，既贬低了劳动者的地位，又掩盖了雇佣劳动问题的实质，否定了剥削。其二，萨伊的分配理论，回避了生产资料所有权在资本主义生产中的地位，抹杀了阶级矛盾，为资本主义生产的永恒性与资本主义社会是和谐社会提供理论依据。其三，萨伊认为，资本主义的自由竞争，使市场的总供给与总需求趋向于相等和均衡，商品的总供给会创造出本身的总需求，也就是说，供求总是一致的，因而资本主义不会发生经济危机。这个思想被后来的经济学家称为"萨伊定律"。

---

[1]何炼成主编：《价值学说史》，西安：陕西人民出版社，1984年，第191页。

[2][英]大卫·李嘉图著，郭大力、王亚南译：《政治经济学及赋税原理》，北京：商务印书馆，1962年，第242页。

[3]《马克思恩格斯全集》第33卷，第2版，北京：人民出版社，2004年，第135页。

萨伊的理论是庸俗的。所谓庸俗，就是对现象的描述和肤浅的解释。庸俗经济学有两个特点：一是就表象说表象，不探讨表象下掩盖的实质、规律和联系。二是为某个利益集团辩护。庸俗不庸俗，不是以拥护不拥护马克思主义经济学为标准的。虽然有的资产阶级经济学家不赞同马克思主义劳动价值论，但如果他的经济学说还能够深入探讨一些经济问题并有所发现，就不能说他的学说是庸俗的。马克思说得明白："庸俗经济学家——应该把他们同我们所批判的经济学研究者严格区别开来——实际上只是翻译了受资本主义生产束缚的资本主义生产承担者的观念、动机等等，在这些观念和动机中，资本主义生产仅仅在其外观上反映出来。他们把这些观念、动机翻译成学理主义的语言，但是他们是从进行统治的那一部分即资本家的立场出发的，因此他们的论述不是素朴的和客观的，而是辩护论的。对必然在这种生产方式的承担者那里产生的庸俗观念的偏狭的和学理主义的表述，同诸如重农学派、亚当·斯密、李嘉图这样的政治经济学家渴求理解内在联系的愿望，是极不相同的。"[1]马克思在《政治经济学批判》和《资本论》第三卷中，对生产要素价值论进行了批判。马克思认为，只有活劳动的劳动活动才创造价值和剩余价值，资本是被用作剥削劳动力所创造的剩余价值的可流动可变形的生产资料、生产材料，它不会创造价值和剩余价值，土地是自然界本身，自然事物不会创造价值和剩余价值。

萨伊关于价值决定于产品的效用、决定于生产费用、决定于生产要素价值、决定于市场供求，用价格测量价值、价格由市场供求决定等等，是典型的由表面现象论表面现象，围绕着价值由价值决定、价值测量价值绕圈子。所以，马克思认为，萨伊是一个庸俗经济学家。马克思说："把价值了解为什么也不是，当然方便多了。这样，就可以随便把任何东西都包括到这个范畴中去。例如，让·巴·萨伊就是这样做的。'价值'是什么？答：'物之所值。''价格'是什么？答：'以货币表现的物的价值。'为什么'土地的劳动……具有价值？因为人们赋予它一个价格。'这就是说，价值是物之所值，而土地之所以有'价值'，是因为人们'用货币表现了'它的价值。总之，这是理解事物'因何'和'为何'问题的非常简便的方法。"[2]

萨伊不仅不知道价值是什么，价值由什么决定，还不知道人们的生产会产生剩余价值。他把社会总产品与社会总收入等同。他认为产品的价值等于生产费用，如果把生产费用扣除，就是生产者的总收入。马克思认为他的有些说法是胡言乱语。"萨伊把亚当·斯密的不一贯的说法和错误的意见化为十分一般的词句，来掩饰他自己的陈腐的浅薄见解。我们在他的著作中读到：'从整个国家来看，根本没有纯产品。因为产品的价值等于

<hr />

[1]《马克思恩格斯全集》第35卷，第2版，北京：人民出版社，2013年，第302页。
[2]中共中央马克思格斯列宁斯大林著作编译局译：《资本论》第一卷，北京：人民出版社，2004年，第616页注（26）。

产品的生产费用,所以,如果我们把这些费用扣除,也就把全部产品价值扣除……年收入就是总收入。'"[1]如果创造出来的价值,刚好与生产三要素的价值相等,既然劳动得到了工资,资本得到了利息,土地得到了地租,那么,还有什么可以留下来呢?

因为萨伊的理论被后来的资产阶级经济学家用来为资本主义辩护,所以萨伊的学说影响日益增大。他的效用决定价值论,后来被发展为主观效用价值论和边际效用价值论;他的三要素决定价值论,后来被发展为生产要素价值论;他的供求决定价值论,后来被发展为供求平衡价值论。特别是他关于自由竞争可以自动使市场达到供求平衡,资本主义不可能出现商品生产过剩危机的理论,为资产阶级经济学家所推崇。现在的新自由主义思潮,崇尚经济私有化和自由竞争,不能说与这种理论无关。

不过,萨伊的思想也有可取之处。比如,他提倡政治经济学应该成为一种没有阶级性的科学,虽然他的这种思想在当时是想抹杀阶级矛盾、麻痹工人的斗志。如果一门科学有阶级性,也就是说,它对一部分人适用,对另外一部分人不适用,就不是科学。科学是反映自然规律的人的认识的系统化的知识。你认识它,它是这样,不认识它,它还是这样。谁认识到了事物、社会发展的规律,谁就会少走弯路。谁认识不到这种规律,谁就会碰壁。我们说马克思主义劳动价值论是科学,正是因为它所揭示的规律,是任何阶级和任何人都必须遵守的客观规律。

(二)我国学者关于生产要素价值论的主要观点

生产要素价值论涉及资本——主要是不变资本——的作用,特别是自动化机器的作用;涉及土地即自然以及劳动在价值创造中的作用。劳动在价值创造中的作用问题已经被马克思详细论证;马克思对自动化机器即固定资本在价值创造中的作用有所提示,但没有详细研究;对自然在价值创造中的作用没有研究。有的经济学家由于对价值创造中的某些问题迷惑不解,但不是以马克思主义为指导去发展马克思主义劳动价值论,而是从马克思批判过的资产阶级经济学家那里找答案,并用以否定马克思主义劳动价值论。

1. 生产要素概念的扩大。200多年过去了,生产要素价值论非但没有消亡,反而使某些熟读《资本论》的马克思主义者也陷入了困惑,原因是现实对我们提出了挑战。一是自然事物有无价值的问题。比如,拥有丰富自然资源的国家虽然生产力不发达,但他们富裕了。天然的土地也曾成为政府财政收入的一大来源。二是资本确实在生产中起着巨大作用。比如,劳动力资源非常丰富的国家依靠人力发展经济,经济发展并不如人意,而资本主义国家依靠资本,以资本引领科技,反而使经济迅速发展。我们在改革开放中招商引资,确实促进了经济发展。三是生产工具的改进,确实对提高劳动生产率有现实意义。比

[1]《马克思恩格斯全集》第33卷,第2版,北京:人民出版社,2004年,第81页。

如,机器越先进,人的劳动时间越少、劳动强度越小,但财富和价值却创造得越来越多。有经济学家认为,机器、土地和资本等生产要素都创造价值和剩余价值,马克思关于只有活劳动才能创造出超过自身价值的价值——剩余价值,而机器、原材料等的价值只能通过活劳动被转移至新产品中而不创造剩余价值的理论不正确。因为生产商品和财富,虽然离不开活劳动,但更离不开机器、原材料、厂房等各种生产要素。现实的情况是,同一个劳动者运用不同的机器,可以创造出不同的价值和剩余价值。有人认为没有活劳动机器就不能运转,但反过来说,没有机器,任何活劳动也创造不出那么多的价值。四是管理和科学在生产中起的作用越来越大,现在的生产要素不仅包括资本、劳动力和土地,还包括管理、科学技术。管理和科学技术成为生产中的独立要素,参与生产的活劳动、机器、厂房、原材料等生产要素,都是管理和科学技术赋予的。在现实生产中,机器有时比劳动者更重要。如一个重物使用 100 个、1000 个甚至上万个劳动者也无法把它搬运到一定高度,而一台起重机则可以轻而易举地完成这项工作。在无人工厂里,工人只需按电钮,自动化机器就可以工作,生产出又多又好的财富来。资本既可以买到活劳动,也可以买到机器等生产工具以及其他生产资料。既然活劳动、机器等生产要素可以创造价值和剩余价值,那么,资本无疑也是可以创造价值和剩余价值的生产要素。

2. 我国学者关于生产要素价值论的主要观点。我国学者关于生产要素价值论的观点大致有以下几种:第一种观点是用二分法对待生产要素价值论。既承认生产要素价值论有正确的方面,又指出它不正确的地方。比如,有人认为:"生产要素论强调土地、资本在财富创造中的作用,无疑是对的,是有很大意义的。但这个理论的致命之处在于,它把人等同于物。资产阶级经济学的生产要素价值论,是生产资料私人占有制的价值论;生产要素分配论,是生产资料私人占有制的分配理论。这些理论,是与马克思的劳动价值论相对立的。"[1]第二种观点认为,生产要素价值论特别是扩展了的生产要素价值论是正确的。有学者提出,马克思批判过"劳动是一切财富和一切文化的源泉"的观点。既然社会财富的源泉是多元的,为什么与使用价值相统一的价值却是一元的? 有学者认为,社会财富有两种形式:一种是实物和服务形式,表现为各种工农业产品和服务业产品;另一种是非实物形式或价值形式(通常是货币),表现为各种产品或服务的价格。这二者是等价的,是同一事物的两种表现,这两种财富形式的创造源泉应是一致的。"没有理由相信,同一社会财富,如论及其不同的形式,便要认可其创造源泉截然不同;没有理由相信,实物或服务形式的财富的源泉不可能只有劳动,还必须有土地等自然资源、资本、科学技术和经营管理要素,但是价值形式的财富的源泉却唯有劳动,而不可能有其他。"[2]因此,论者说:

[1]李铁映:《关于劳动价值论的读书笔记》,《理论动态》2003 年 1599 期。
[2]晏智杰著:《经济价值论再研究》,北京:北京大学出版社,2005 年,第 19 页。

"我质疑劳动价值论是适用于一切商品生产的普遍法则,我认为它只是一种特例。但我承认劳动是商品的供给价值的源泉之一,即商品供给价值决定于各种生产要素,包括劳动、以土地为代表的自然资源、资本、经营管理和科学技术等,生产要素论是商品供给价值的通则。需要指出的是,生产要素法则只是商品价值法则的一个侧面即供给价值决定法则,它的另一个侧面是需求(包括生产需求和消费需求)价值决定,供给和需求的均衡才是商品价值的完整法则。"[1]生产要素决定供给侧商品的价值,需求侧商品的价值则由其他因素比如收入水平、消费倾向、各种风俗习惯的差异等因素决定,但这还不是商品的最后价值决定,只有在市场供给和需求均衡时,商品的价值才最后被确定,市场价格就是最后被确定的商品价值。如果说价值是不同商品的同一性的话,那么,马克思关于商品的价值就只能在物物交换的情况下才存在,在资本主义商品生产中就不会存在。第三种观点认为,必须把资本与物化劳动区别开来。如果作为经营要素理论,生产三要素价值论是一种客观存在,也就是说,是合理的;但作为生产要素理论,它是错误的。资本作为经营要素,形成生产关系,不创造价值。物化劳动指先进的设备、材料和工艺,对发展生产、提高劳动生产率发挥着巨大的作用,创造价值和剩余价值。因此,分清资本和物化劳动的不同,非常重要。论者说:"可是我国理论界,不少同志把物化劳动与资本相混同,讲物化劳动创造价值就是讲资本创造价值。要深化劳动价值认识,对此必须从理论上加以澄清,把资本与物化劳动区别开来。"[2]论者解释说,物化劳动不是过去活劳动的物化,而是本期活劳动的物化。为什么? 因为上期的劳动手段和劳动对象作为"期初存量",经过本期生产,到期末必须进行实物补偿和价值补偿后作为"期末存量"留到下期,以保证简单再生产的顺利进行。这表明上期留下的原材料、辅助材料等物化劳动,并没有被本期耗用。因而,人们在生产中使用的物化劳动肯定是本期生产的,是本期活劳动的物化。"这样,活劳动是本期的,物化劳动又是本期活劳动的物化,因此讲物化劳动创造剩余价值,归根结底还是活劳动创造的。"[3]这是一个把生产要素价值论和马克思主义劳动价值论掺杂在一起的绝妙的解释。但是,从前面引用的马克思关于自动机器体系的论述中我们知道,固定资本是活劳动创造的剩余价值的物化;从马克思关于生产资料价值的转移的理论中我们知道,随着劳动资料、原材料、辅助材料被消耗,价值被转移至新产品中;从现实生产中我们知道,只要有新产品下线,就必须时时补充原材料,机器也需要折旧,哪有不需补充原材料的产品和不消耗折旧的机器? 第四种观点是从按生产要素分配的政策来肯定生产要素价值论。改革开放中,我们实行按生产要素分配的政策。于是,有人以此来否定马克思主义劳动价值论。张宇

[1]晏智杰著:《经济价值论再研究》,北京:北京大学出版社,2005年,第64页。
[2]钱伯海:《关于深化劳动价值认识的十个问题》,《理论前沿》2002年第7期。
[3]钱伯海:《关于深化劳动价值认识的十个问题》,《理论前沿》2002年第7期。

教授认为,所谓生产要素的"报酬"或"价格",不过是生产资料所有权的实现形式。只要承认非劳动生产要素的合法性,它就必然要求在经济上获得实现,就要参与收入分配。按生产要素分配的依据不是生产要素价值论,不能以庸俗的经济学观点来解释党的政策。[1]

（三）关于自动化机器是否创造价值和剩余价值的争论

目前,经济学界关于生产要素创造不创造价值和剩余价值的争论,集中在生产要素中的固定资本即自动化机器是否创造价值和剩余价值的问题。这是一个大问题。如果马克思主义劳动价值论关于财富主要靠劳动者的劳动创造的原理被否定,我国以工人阶级领导的、以工农联盟为基础的人民民主专政的社会主义国家的国体和党的群众路线就失去了理论支撑。关于自动化机器创造价值和剩余价值与否的主要观点有以下几种:

第一种观点是以两种价值理论为基点,肯定物化劳动创造价值。持这种观点的学者认为,自动化机器在生产中的作用越来越大,与马克思论述的体力劳动创造剩余价值形成了巨大反差。工人的劳动时间减少和劳动强度减轻,主要是由于科技劳动和管理劳动能够有效提高劳动生产率,自动化机器创造出了大量的价值和剩余价值所致。理由有:一是价值有两种内涵,一种是理论价值,一种是实物价值。马克思所说的抽象劳动创造的价值,是政治经济学进行理论分析的理论价值。用货币计算的产品数量,形成产值指标。产值指标既是价值指标,也是使用价值指标,反映所产产品的使用价值量,即实物总量,称为实际价值或实物价值。实际价值应用很广,例如 GDP,但理论界却不予承认。这是影响深化马克思主义劳动价值论的一个障碍。论者说:"道理很明显,如果仅有理论价值,以劳动时间计量,那再先进的科技劳动和管理劳动,都和一般劳动一样。以劳动时间计量,不能增加劳动时间,也就不能创造价值。但如用实际价值考查就不同了。高科技劳动和管理劳动,通过改进设备、材料和管理,可以大幅度地提高劳动生产率……多出几十倍、几百倍的产品,用产值表示,就会增加几十倍、几百倍的产值,即几十倍、几百倍的实际价值。这不是天上掉下来的,而主要是靠科学的力量、技术的力量。这充分说明,科学技术和经营管理作为劳动的重要形式,它创造价值、创造巨额价值。严格的逻辑和铁一般的事实,会得到社会包括理论界的广泛认可。"[2]二是亚当·斯密说过,"价值"一词有两个不同的含义,一个是使用价值,一个是交换价值。马克思讲价值一般是指劳动时间的理论价值,但有时也指实物内容的实际价值。论者说:"众所周知,马克思在论述复杂劳动是简单劳动的倍加时就指出,复杂劳动'它也就表现为较高级的劳动,也就在同样长的时间内对象化为较多的价值。'（注:《资本论》第一卷,第 2 版,北京:人民出版社,2004 年,第 230 页）在同样的劳动时间内,复杂劳动比简单劳动创造较多的价值,这里的价值,显然是指实际

[1]张宇:《中国特色社会主义政治经济学》,北京:中国人民大学出版社,2018 年,第 123 页。
[2]钱伯海:《关于深化劳动价值认识的理论思考》,《厦门大学学报（哲学社会科学版）》2001 年第 2 期。

价值,或实物价值,而不是指以劳动时间计量的理论价值。否则,那就表明制造同一产品,复杂劳动所费时间要几倍于简单劳动的所费时间,复杂劳动比简单劳动的效率更低,这肯定是反乎常理,反乎逻辑了。十分可惜,马克思这个十分著名的'倍加'的实际价值内涵,长期被理论界疏漏了,从而成为正确认识科技劳动和管理劳动创造更多价值的理论障碍,并且对马克思劳动价值论的阐明增加了很多矛盾和困难。"[1]三是物化劳动是剩余产品、相对剩余价值的源泉。剩余价值有三种:绝对剩余价值、相对剩余价值和超额剩余价值。绝对剩余价值是活劳动创造的,而相对剩余价值和超额剩余价值,则依靠提高劳动生产率。论者说:"物化劳动的装备愈高超,愈能提高劳动生产率,创造愈多的剩余产品与剩余价值。所以相对剩余价值包括超额剩余价值,来源于先进的设备材料和工艺,即物化劳动。当然也离不开人,所以在企业,物化劳动与活劳动共同创造剩余产品和相对剩余价值。或者说物化劳动是剩余产品、相对剩余价值的主要源泉。这是与绝对剩余价值的根本区别。"[2]读者可能有疑问:论者不是说科技劳动和管理劳动能够有效地提高劳动生产率,怎么又说物化劳动是相对剩余价值的主要源泉呢? 论者说:"科技作为知识形态存在于人们脑子里,或者写成报告文章发表在刊物上,并不能形成现实生产力,提高劳动生产率。要使科技成为现实生产力,提高劳动生产率,有一个前提条件,就是要把科学技术的研究成果,凝聚在劳动手段、劳动对象上(这是应用科研),体现为先进的设备、材料和工艺。设备、材料和工艺统称为物化劳动。先进的物化劳动,可以大幅度地提高劳动生产率,压缩必要劳动时间,延长剩余劳动时间,从而创造剩余价值。故物化劳动应该是创造剩余价值的主要源泉。"[3]"如果科学技术和经营管理作为劳动的重要形式,离开物化劳动——先进的设备、材料和工艺,就无法提高劳动生产率,既不能创造理论价值,也不能创造实际价值,更不能在推动经济发展中,起越来越重要的作用。"[4]"可以想象,科技人员再多,水平再高,就是把全世界各国的顶尖科学家、工程师、设计师、诺贝尔奖获得者都集中到中国来,如不把他们高精尖的科研成果凝聚在物化劳动上,体现为先进的设备、材料和工艺,那只能是纸上谈兵、想入非非,无法形成先进生产力,提高劳动生产率。所以,物化劳动创造价值,是科技生产力、第一生产力的理论基础和依据,否定物化劳动创造价值,科技作为生产力、第一生产力的命题就失去依据,就不能成立。"[5]"所以要使社会确认科学技术工作和经营管理劳动能创造价值,并且是巨额价值,就必须把物化劳动只能转移

[1]钱伯海:《关于深化劳动价值认识的理论思考》,《厦门大学学报(哲学社会科学版)》2001年第2期。
[2]钱伯海:《关于深化劳动价值认识的十个问题》,《理论前沿》2002年第7期。
[3]钱伯海:《关于深化劳动价值认识的理论思考》,《厦门大学学报(哲学社会科学版)》2001年第2期。
[4]钱伯海:《关于深化劳动价值认识的理论思考》,《厦门大学学报(哲学社会科学版)》2001年第2期。
[5]钱伯海:《关于深化劳动价值认识的理论思考》,《厦门大学学报(哲学社会科学版)》2001年第2期。

价值这个长期存在的理论扭曲矫正过来。"[1]奇怪的是,在论述了物化劳动创造价值后,论者又说活劳动是价值形成的唯一源泉。因为先进的设备、材料和工艺是由其他有关企业的活劳动生产的,并且是由本期的活劳动生产的,不是过去的活劳动生产的。从企业看,其剩余价值是物化劳动即劳动手段、劳动对象和活劳动即劳动力创造的,但从社会看,只是社会活劳动创造的。

　　问题出在哪儿呢?出在论者对价值是什么不甚了解。论者所说的理论价值,就是我们所说的不同使用价值的同一性——价值,论者所说的实际价值,就是使用价值。把使用价值混同于价值,是非科学的价值理论的通病。货币是价值的代表。用货币计量实物价值,也就是用价值计量使用价值的多或少。如果分不清价值与使用价值的关系,不理解货币的本质,就不可能得出正确的结论。例如,马克思所说复杂劳动是倍加的简单劳动问题,按照马克思关于价值按社会必要劳动时间实现的原理,不会得出复杂劳动比简单劳动的效率更低的结论。假若甲用手工做 1 双鞋需 9 小时,乙采用机器生产做 1 双鞋只需 1 小时,9小时做了 9 双鞋,甲的劳动相对于乙的劳动来说是简单劳动,乙的劳动相对于甲的劳动来说是复杂劳动。马克思主义劳动价值论认为,劳动价值由社会必要劳动时间决定。他们所做的每双鞋的社会必要劳动时间是(9+9)小时÷10＝1.8 小时。也就是说,每双鞋的价值都是 1.8 小时。甲的劳动价值是 1.8 小时,乙的劳动价值是 1.8 小时与 9 相乘的积,是16.2 小时。在社会平均以后,乙的劳动不仅从物质上还是从价值量上来说,都是甲的 9倍。马克思所说的生产力特别高的劳动在同样的时间内所创造的价值比同种社会平均劳动要多,就是这个意思。如此,怎么能说以时间计量的复杂劳动比简单劳动效率更低呢?

　　第二种观点认为,是科学技术的效用致物化劳动创造价值和剩余价值。有人举例说:"科学赋予了这些不变资本以参与创造价值的作用,它使得活劳动大大减少。最有说服力的是水电站,它的价值增殖主要不是靠人的活动,而是靠水力加设备,其中设备最重要,活劳动的作用在于建成前的修筑、安装和建成后的看管、调节、维修设备。假定某地对当地有利的地理条件投资 2 亿元,建成一个 2 万千瓦的水电站,每年运行和维修成本为 1000万元(包括人员工资,约 400 万元),使用期 20 年,每年发电量为 1.752 亿度(千瓦时),20年共发电 35.04 亿度。每度电按 0.3 元计算,可收得电费 10.512 亿元,扣除成本 4 亿元,纯收入为 6.512 亿元,升值率为 262.8%,升值系数为 2.628,其中活劳动的支出占全部收入的0.76%,占净收益的 1.22%。这里创造价值的主要是设备加自然力,主要来源于科技劳动创造的效用。"[2]"也许有人会这样提出问题:没有活劳动,任何机器也不会运转。但反

[1]钱伯海:《关于深化劳动价值论的理论思考》,《厦门大学学报(哲社版)》2001 年第 2 期。
[2]杨承训、聂伟:《运用"第一生产力"深化劳动价值论的尝试——沿着恩格斯的思路对现实问题的研究》,《马克思主义与现实》2001 年第 4 期。

过来说,没有机器,任何活劳动也创造不出这样多的价值。在这个范围内,人和机器都是不可缺少的。"[1]"这会不会导致'资本家养活工人'、'资本创造价值'的结论?不会。因为这是'科学的力量',是科技赋予的效用。只能证明效用是形成价值的一个重大因素。归根结底,源于科技工作者的创造性智力劳动。所以,不能简单地把在一定条件下不变资本(物化劳动)创造价值同劳动价值论对立起来,因为归根结底都是劳动创造的。"[2]

第三种观点是坚持马克思主义劳动价值论,不同意物化劳动创造价值的观点。不过,对如何解释利用现代化劳动工具创造出更多的价值问题则有不同的思路。

卫兴华教授按照马克思的有关论述认为:"在价值创造中,工具、机器设备等的作用,同劳动资料并不完全相同,原材料虽然会成为财富或使用价值的构成部分,但它们对新价值的产生和增殖并无直接作用。棉布在制成衣服时,除转移其原有价值于衣服外,不会创造新价值,是显而易见的事。至于厂房、道路、照明设备等,与财富和价值的创造关系更远一层。但先进生产工具和机器设备的利用,则可以几倍、几十倍乃至几百倍地提高劳动生产率,可以使个别或少数企业获得超额价值(或超额剩余价值、超额利润)。超额价值的来源是什么?当然,可以简单地回答:来源于使用先进工具或机器的劳动。没有劳动,再先进的工具或机器也是一堆废物,生产不出一个价值原子来。还可以进一步说,由于先进的工具或机器提高了'劳动'的效率,降低了生产单位商品的劳动耗费,按照由社会必要劳动时间决定的社会价值出售,便获得了超额价值。这也是政治经济学的一般说明。然而,别人依然可以提出质疑,没有工具或机器,光有劳动,同样生产不出一个价值原子来。没有先进的工具或机器设备,光凭劳动能获得一个超额价值原子么?"[3]"农业生产也有同样的问题。即使不谈先进农业工具和农业机器,也可提出问题。两个劳动力拉犁耕地,远远赶不上一头牛的效率。人拉犁的劳动创造价值,牛拉犁的劳动为什么就不创造?要知道,牛的劳动也是'活'劳动呀!农民用背篓或肩挑箩筐往田里送粪,创造价值,而用马拉大车送粪,可提高效率20倍,即一匹马的劳动效率相当于20个农民的劳动效率。为什么马的劳动不创造价值?如果把农业机械加进来,一台收割机的功能,可以抵得上几十个农民的劳动。怎么说明农业机器不创造价值?"[4]"的确,要很有说服力地讲清和回答这类问题,并不容易。但总不能回避。需要思考和理出个思路来。哪怕是虽有些粗浅但敢于面对实际问题的探讨,总是在理论发展中所需要的。"[5]卫兴华教授解决这个问题的初

[1]杨承训、聂伟:《运用"第一生产力"深化劳动价值论的尝试——沿着恩格斯的思路对现实问题的研究》,《马克思主义与现实》2001年第4期。

[2]杨承训、聂伟:《运用"第一生产力"深化劳动价值论的尝试——沿着恩格斯的思路对现实问题的研究》,《马克思主义与现实》2001年第4期。

[3]卫兴华:《价值理论研究中的热点难点问题探讨》,《理论动态》2003年第1618期。

[4]卫兴华:《价值理论研究中的热点难点问题探讨》,《理论动态》2003年第1618期。

[5]卫兴华:《价值理论研究中的热点难点问题探讨》,《理论动态》2003年第1618期。

步思路是:"个别或少数企业,利用先进工具和机器设备获得超额价值,是因为,这种'利用'节省了活劳动的耗费。也可以说是利用物化劳动节省了活劳动,被节省的活劳动,在商品价值关系中会被当作实际耗费的劳动看待,从而形成更多的价值即超额价值。虽然再先进的工具、机器,都构不成价值的实体或源泉,但劳动对先进工具与机器的利用,却在超额价值创造中起了关键性作用。在劳动生产率的提高中,在财富的生产和价值的创造中,生产工具、机器设备的作用功不可没。同样,农民的牛、马、大车、收割机等,在节省农业活劳动中,起了重要作用。它们在财富和价值的创造中,也占有重要地位和作用。"[1]

程恩富教授等人认为:物化劳动不创造价值。因为物化劳动是一个物,不具有活劳动能够劳动而产生一个劳动过程的特性,说生产资料也能产生一个劳动过程,违反常理;劳动者进行一次劳动创造一次价值,一次劳动过程也随之结束。物化劳动即生产资料是以前劳动者的劳动成果,如果说物化劳动也创造价值,也就等于说劳动者以前的一次活劳动可以多次创造价值,而且这个过程可以连续不断地进行下去。这样的结论显然是错误的。物化劳动即生产资料的种类极多,这些不同质的东西如何创造价值,以及每种生产资料创造了多少价值,是一个根本无法确定的问题。如果本身涉及数量分析的经济学问题却不能进行准确的数量分析,也就谈不上科学性了。[2]

自动化机器是否创造价值与剩余价值呢? 因为自动化机器也是机器,是死的生产资料,与其他生产资料不创造价值和剩余价值的道理一样,自动化机器并不能创造价值和剩余价值。但在自动化工厂里,为什么在工人大量减少的情况下,会创造出大量的产品价值和剩余价值? 程恩富教授等人说明了六个方面的理由:一是由于自动化程度高,意味着资本有机构成高。"在剩余价值总量一定的情况下,资本有机构成低的部门工人创造的一部分剩余价值会在利润率平均化规律作用下转移到资本有机构成高的部门,因此自动化工厂较高的价值不是机器本身创造的,而是来源于工人创造的剩余价值。"[3]二是虽然自动化工厂的工人数量越来越少,"但是企业中其他部门的脑力劳动者数量会越来越多,这里变化的不是资本主义生产方式,而是具体的劳动方式有了变化。所以,执行总劳动过程的并不是机器身边的工人,而是企业中科技劳动者、管理人员和生产工人的集合体,生产工人的范围扩大了"[4]。三是自动化工厂中除要求高素质的科技人员外,对监视作业者和其他人员的素质要求也越来越高,"这种高素质的劳动是更为复杂的劳动,因此这种劳

[1]卫兴华:《价值理论研究中的热点难点问题探讨》,《理论动态》2003年第1618期。
[2]程恩富、汪桂进、朱奎著:《劳动创造价值的规范与实证研究——新的活劳动价值一元论》,上海:上海财经大学出版社,2005年,第92-93页。
[3]程恩富、汪桂进、朱奎著:《劳动创造价值的规范与实证研究——新的活劳动价值一元论》,上海:上海财经大学出版社,2005年,第106页。
[4]程恩富、汪桂进、朱奎著:《劳动创造价值的规范与实证研究——新的活劳动价值一元论》,上海:上海财经大学出版社,2005年,第106页。

动在同样的时间内所创造的价值,就比同种社会平均劳动要多得多,从而在一线工人人数绝对减少的情况下,自然能创造出更多的价值和剩余价值"。[1] 四是"自动化部门所运用的自动化机器体系是科技劳动者劳动的结晶。对这种机器的价值,不仅包括直接研究的科技人员,而且包括前人的科研成果。但由于科技产品价值实现的特殊性,这些理论的研究人员的劳动价值只能通过曲折迂回的途径实现。这些劳动创造的价值只是被拥有自动化机器体系的人无偿占有。自动化体系造就了极高的生产率,但是,'作为资本关系的基础和起点的现有的劳动生产率,不是自然的恩惠,而是几十万年历史的恩惠'。(注:《资本论》第一卷,第2版,北京:人民出版社,2004年,第586页)因此,对自动化程度较高部门的价值创造,不应局限于某个企业的劳动方式,而是历史地、全面地看待与此有关的人的劳动价值"[2]。五是由于自动化工厂率先采用了有较高劳动生产力的生产资料,"从而使生产单件商品的个别价值要低于社会价值;但是商品还是按照社会价值实现,这样,企业的个别价值与社会价值的差额部分即超额剩余价值就被自动化工厂所有者拿去。自动化工厂形成的较高劳动生产力的结果是个别劳动时间的减少,其超额剩余价值的来源不是因为自动化机器体系本身,而是来源于其他部门工人创造的价值和剩余价值的转移"[3]。六是自动化工厂运用先进机器可以大大提高劳动生产力和产量,"这样在同样的劳动时间里工人能转移更大价值的劳动对象和劳动资料,使得产品价值大大增加。但这个增加的总产值不是机器创造的,而是工人的活劳动吸收了更多的生产资料价值。因而是转移了更多的价值。这说明自动化程度提高后,工人的劳动强度和复杂程度更大,活劳动创造了价值,吸收了更大的资本。"[4]

朱妙宽教授认为:科技进步使产品中包含了高额的知识剩余价值和系统剩余价值,"而科技进步并非自然恩赐,也非凭空发生,乃是人类长期科技劳动和集体智慧的结晶,是人类'几十万年历史的恩惠',特别是近几百年、近几十年科技劳动的恩惠。因此这种高额价值可以而且应该用劳动价值论来解释。"[5]"物化劳动、生产资料、科学技术包括机器人并不创造价值,但它们本身都凝结着人类劳动,都有价值,它们的价值都在生产过程中全部或部分地转移到产品价值中。这种转移可分为有偿(显性)转移和无偿(隐性)转

---

[1]程恩富、汪桂进、朱奎著:《劳动创造价值的规范与实证研究——新的活劳动价值一元论》,上海:上海财经大学出版社,2005年,第106-107页。

[2]程恩富、汪桂进、朱奎著:《劳动创造价值的规范与实证研究——新的活劳动价值一元论》,上海:上海财经大学出版社,2005年,第107页。

[3]程恩富、汪桂进、朱奎著:《劳动创造价值的规范与实证研究——新的活劳动价值一元论》,上海:上海财经大学出版社,2005年,第107页。

[4]程恩富、汪桂进、朱奎著:《劳动创造价值的规范与实证研究——新的活劳动价值一元论》,上海:上海财经大学出版社,2005年,第107页。

[5]朱妙宽著:《马克思两大发现新探》,哈尔滨:黑龙江人民出版社,2006年,第333页。

移两个部分:有偿转移形成成本价值,无偿转移形成剩余价值。这种无偿转移价值,来源于当代和历代人们的科学发现、技术发明、知识传承等方面的劳动,归根到底还是劳动创造的。任何新材料、新设备、新技术都是人类科学技术劳动发明创造的,而不是自然界发明创造的。一切科学工作,一切发现,一切发明,'部分地以今人的协作为条件,部分地又以对前人劳动的利用为条件'。(注:《资本论》第三卷,第 2 版,北京:人民出版社,2004年,第 119 页)这种对前人劳动的利用往往是无偿的,形成知识剩余价值;这种今人的协作(以及与前人的协作)又会形成系统效应和系统剩余价值。正如马克思所说:'被活劳动抓住并赋予生命的过去劳动的这种无偿服务,会随着积累规模的扩大而积累起来。'(注:《资本论》第一卷,第 2 版,北京:人民出版社,2004 年,第 702 页)由于科学技术呈现出加速度发展的历史趋势,20 世纪以来,科学技术迅速发展,新材料、新能源、新设备、新技术大量涌现,在经济增长中,在劳动生产率的提高和商品价值的提高中起着越来越大的作用。但这并不等于说科学技术创造价值,更不等于说技术设备、物化劳动、生产资料创造价值,而是说科学技术、技术设备、物化劳动、生产资料本身有较高价值,并全部或部分地、有偿或无偿地转移到产品中去,形成了产品的较高价值,主要是较高的知识剩余价值和系统剩余价值。这种较高的价值归根到底还是劳动创造的,不过这种劳动不仅是直接劳动和当代劳动,还有大量间接劳动和历代积累的劳动。"[1]

(四)生产要素价值论提出的问题与马克思主义劳动价值论的深化

生产要素价值论提出的自动化机器如何创造价值和剩余价值的问题,是当前遇到的现实问题,我们需要对这个问题进一步深入探索,以深化马克思主义劳动价值论。

1. 需要确定的两个前提。在探索生产要素价值论提出的问题前,需要确定两个前提。一是要确定机器的性质。要弄清楚机器(包括机器人)到底是物还是人。如果承认机器是物不是人,那么,说某物可以创造价值和剩余价值就是荒诞的。马克思认为,机器是人的劳动的产物,是人造的"人的器官",它像人的手脚等器官一样被人使用,是人工自然。由于自然不创造价值和剩余价值,所以与自然界一样,机器也不会创造价值和剩余价值。二是要确定创造价值和创造剩余价值是不是一回事。有人把创造价值看作是整个生产过程所形成的价值,包括转移价值和剩余价值。有人把创造价值看作是创造剩余价值。马克思主义劳动价值论认为,价值形成和剩余价值不是一回事。

2. 需要探索的主要问题。坚持马克思主义劳动价值论的学者认为,机器不创造价值和剩余价值;机器是人制造的;科学技术是高级的复杂劳动;机器是人类劳动积累的结果;死的机器不能创造出一个劳动过程;科学技术的积累和劳动积累形成了高价值,故而也转

[1]朱妙宽著:《马克思两大发现新探》,哈尔滨:黑龙江人民出版社,2006 年,第 331-332 页。

移高价值。无疑,这些理由是站得住脚的。但人们对有些问题还存在许多疑问。这些问题在马克思之前及之后的 100 多年里,学界一直争论不休。

一是使用自动化机器提高劳动生产率的原理是什么? 马克思说:"在固定资本中,劳动的社会生产力表现为资本固有的属性;它既包括科学的力量,又包括生产过程中社会力量的结合,最后还包括从直接劳动转移到机器即死的生产力上的技巧。"[1] 马克思的这段话有三层意思。第一层意思是,采用机器生产,利用了科学的力量。第二层意思是,采用机器生产,不仅体现了人的协作,更体现了完善的新的结合的劳动过程。第三层意思是,劳动者技巧提高,所以,采用机器生产可以提高劳动生产率。我们需要继续探索的,是如何体会马克思的这些意思,并使之细化。比如,机器与科学的关系问题。机器是利用自然力的科学设备,资本通过机器无偿获得自然力和科学。现在的生产发展,使自然力和科学不能全部无偿获得,在这种情况下,采用机器生产为什么可以获得更高的利润? 有人说,科技劳动创造了高效用,科技是如何创造高效用的? 二是机器在生产过程中的价值转移问题。马克思论述了机器通过劳动过程,逐步将自己的价值转移到新产品上。我们需要探讨的是,加入自然因素和科学技术因素后,机器的价值构成有什么新变化? 机器的价值是怎么转移到新产品上的? 三是机器中物化劳动时间的计量问题。马克思认为,机器中的物化劳动价值是时间。机器的价值在生产中可以逐步转移,转移的价值可以计量。但他并没有说明物化在机器中的劳动价值如何计量。所以,这个问题是关系解决自动化机器是否创造剩余价值的关键。如果从科技劳动使劳动生产率大幅度提高,这种劳动生产率的提高是通过机器实现的,由于机器是物化劳动,所以推论,物化劳动必然创造价值和剩余价值,这是没有看到事物内部规律的简单推理。这种推理并不正确。科技劳动创造出机器,而机器则是无数代人的劳动创造和积累的结果。这种积累,不仅包括脑力劳动的成果——知识的积累,也包括体力劳动的结果——具体器物和技巧的积累;不仅是剩余劳动的积累,也是总劳动过程的积累;不仅是总劳动积累的物化,也是总劳动价值的沉淀。马克思对总劳动过程的积累并没有深入研究,但并不能因此说,他已经研究透彻的理论是错误的。后人应该沿着马克思的足迹前行。我们需要回答:这些前人积累的劳动价值是什么? 前人积累的劳动价值如何表达? 对前人积累的劳动价值如何进行精准的数量分析? 四是资本主义生产方式与大机器生产的关系问题。机器是劳动的物化,是衡量社会生产力发展的标志,资本主义生产方式的最高境界是以机器为载体的科学的充分利用。如果是这样,难道资本主义生产方式真的是最适宜于人类的生产方式吗? 历史性积累的劳动价值凝结在科学技术、新设备、新材料中,从而成为剩余价值的来源之一后,资本家利

[1]《马克思恩格斯全集》第 31 卷,第 2 版,北京:人民出版社,1998 年,第 111 页。

用积累的价值,是不是不剥削工人反而是养活了工人?五是资本主义灭亡后的问题。人类利用越来越多的积累价值进行生产,对社会发展将会产生什么影响?资本主义的生产方式是占有他人的劳动,是不合理的,这种社会关系为什么要随着机器生产的发展而灭亡?资本主义生产方式灭亡后,更高的生产方式又是什么,社会将进入什么形态?共产主义可不可能实现,是不是很渺茫?

以上的问题,与前人劳动价值积累的物化有关。本章所要探讨的,是解决以上疑问的基本理论问题,即前人劳动的积累价值是如何通过活劳动再现的,表现形式是什么,与剩余价值和利润的关系,人们如何对待无付出等物的再现的积累价值和自然价值等。关于市场价格是对前人积累价值和自然价值通约后价值的货币表现,则在第十四章讨论。

三、自动化机器是前人劳动积累价值的物化

在第九章我们论述了任何事物都有一个形成的过程,过程是千差万别的事物的同一性。不同财富的同一性是价值,价值用时间来度量,因此,价值与时间是同一的,都是过程的抽象。自然价值是自然事物形成过程的抽象,劳动价值是劳动过程的抽象。价值是人们用以衡量使用价值多或少的工具;在运用这个工具时,不能忘记价值是过程的抽象这个根本。

（一）机器的自然价值创造

机器这种人工自然与自然界一样,会产生自然的变化,这种变化过程形成价值。自然形成的价值,可能是正价值,也可能是负价值。比如:风调雨顺,粮食增产,是自然创造的正价值;天旱时造成庄稼减产,甚至绝收,是自然创造的负价值。河水自流灌溉,粮食增产,树木生长茂盛,是自然创造的正价值;河水决堤,洪水摧毁房屋、淹死人畜,是自然创造的负价值。机器这种人工自然也创造价值,它所创造的价值就是机器材料的自身变化过程和机器动力材料的自然能量转化过程。当机器本身对生产起正作用时,加速劳动过程,创造正价值;比如,将木材做成船,可运输更多的货物,在船的有效使用期内,对生产起正作用,创造正价值。当机器本身对生产起负作用时,冲减劳动过程,机器创造负价值;如机器的锈蚀过程就是自然创造负价值的表现,经过一段时间的自然侵蚀,木船不能使用了,对人来说是一种损失,也可以说是自然的负价值创造。所以,机器本身的自然变化过程,归于自然的价值创造。人的劳动也会创造正价值和负价值,比如,生产出合格的产品,是人的劳动所创造的正价值;若生产出废品,则是人的劳动创造的负价值。无论是自然还是机器,都不创造剩余价值。只有劳动力的劳动,才可能使劳动过程形成的价值多于劳动力的价值,形成剩余价值。人若创造负价值,则价值就没有剩余。马克思主义劳动价值论只研究劳动创造的正价值。不是劳动产品、是劳动产品但不经过交换、无效劳动产品,都不

在马克思的研究范围。当我们说自然也创造价值时,就把研究范围扩大了。所以,肯定自然和人工自然——机器——创造价值,并不否定马克思主义劳动价值论,而是对马克思主义劳动价值论研究对象和范围的扩展。

(二)机器不创造剩余价值

剩余价值是超过劳动力自身价值的剩余,是就两个过程比较而言的。劳动所创造的价值,是劳动的过程,劳动力的价值,是劳动力的形成过程。显然,在一个劳动过程中包含着另一个不同的过程。剩余价值是劳动过程减去劳动力形成过程后的价值剩余。自然过程一经形成,即处于固化状态,数量不会发生变化。当我们把机器的价值创造归于它的自然变化过程后,自然不创造剩余价值,机器也不创造剩余价值就比较容易理解。如果发生变化,就是另一个自然过程。同一个过程绝不可能既是 1 又是 2。

有人可能这样说,利用机器生产,机器的生产过程与生产机器的过程相比较,如果利用机器生产的过程创造的价值减去生产机器的过程的价值形成剩余,不是机器创造的剩余价值吗?这种说法是不对的。生产机器和机器生产,都是人的劳动过程,而不是机器的自主生产过程。即使自动化机器,也是人的劳动特别是科学工作者和技术工人的劳动创造。所以,生产机器的过程可以与生产机器的劳动力形成过程相比较,机器生产的过程可以与操作机器进行生产的劳动力形成过程相比较,而不是撇开不同劳动力的形成过程进行两种生产过程的比较。

有人可能说,借风行船,顺风时船的行进速度快,逆风时船的行进速度慢,船的行进速度与风力有关,与人力无关。行进速度快就是行进的过程快,行进速度慢就是行进的过程慢,这时的快慢差额不就是剩余价值吗?不是自然也创造剩余价值吗?这种说法也是不对的。风的这种价值创造,是两个过程。在每一个过程内,并不包含另一个与本过程可以比较的过程,因而风不可能创造剩余价值。自然的价值创造与人的劳动价值创造意义不能等同。自然的价值创造固然对人有很重要的意义,但没有特殊的意义。人在远古时期的生活,靠的就是自然创造的财富。如果没有自然创造的财富,人类就不能生存,这是人作为动物的种群之一去面对自然的创造。当人凭借劳动脱离了动物界之后,正是由于人类掌握了自然规律,才产生了科学。人对风的利用,与人对风的科学认识有关。也就是说,与人的智力劳动有关。正是由于人对风产生了科学认识,人才会利用风力行船,由此产生的剩余价值,也只能归于人。

(三)机器是人类现实劳动和积累劳动物化的存在方式

人之所以为人,是因为人会劳动,会进行抽象思维,并有把思维的结果用语言、文字、图画等方式传承下去的能力和把抽象还原为具体的能力,有把前人以抽象的形式比如以科学理论的形式存在的价值和以具体的形式比如以机器的形式存在的价值通过活劳动再现于新产品中的能力。机器是人类实物财富的存在方式,是人类现实的和积累的体力与智力劳动的物化。一是不同质的机器代表了不同的能够被人使用的实物财富。这些财富,有的是天然的,有的是经过人的劳动被改变形态的。不论是天然的或被劳动改变形态的物质,其基质都是天然的。机器的材料,都是物质的。随着人类历史的发展,人们通过劳动,不断地改进自然事物的形态,累加起来,这些被不断改进的自然物就面目全非了,成了机器。机器对人有用,是财富,它是人经过劳动加工过的自然,即人工自然。不同质的机器是不同的物质财富。比如,磨面机可以用石料做,也可以用铁料做。二是机器的不同性能代表了不同的智力。机器有不同的性能,它是人们根据实际需要创造的。人们在制造机器时,需要不同的知识。比如,建造水电站,需要电力和水力知识,制造枪支弹药需要火药知识和动力知识。三是机器代表了前后代人的传承和现实劳动者之间的协作。由于人类有其他动物所不具备的特殊本领,可以在前人思维的基础上再思维,可以在前人劳动的基础上再创造,所以,人类的物化劳动形态会在原有的基础上再改进。前人已经走过的发明创造的历程,后人不需要再重新走了;前人已经用体力劳动改变了的物质形态,后人不需要重新再从头改变了。后人在前人劳动积累的基础上再创造,于是,劳动价值便以物化的形态再积累。比如,人们发明了炼铁术,发明的过程可能很长,但后人继承这种炼铁术,则只需几年、几个月或几天的时间。这种前人为后人节省的时间,在现实生产中表现为较高的劳动效率。关于知识传承的问题,是得到了多数人的认可的。比如大科学家牛顿就说过:"我之所以比别人看得远,那是我站在巨人肩上的缘故。"[1]制造机器的理论知识的积累和继承,代表了前后代人的认识协作;制造机器的技术技巧的积累和继承,代表了前后代人的实践协作。机器的制造和改进,往往涉及多方面的知识。由于人的生命的有限性和认识的局限性,机器的设计和制造需要今人与前人以及现实劳动者之间的协作。四是机器代表了现实劳动的结果。机器被设计出来之后,仅仅是几张图纸,是一种抽象具体。要使它成为现实具体,需要技术工人按照图纸,把抽象具体变为现实具体。这时,需要体力劳动者分工协作,按图纸生产出机器的各个部件;需要智力劳动者与体力劳动者协作,以完成机器的各零部件的安装和调试;最后,由操作者操作机器,投入实际应用。五是机器代表了人类的社会化程度。由于机器是人类协作劳动的结果,所以,机器的自动化程度愈高,表明人类协作劳动的水平愈紧密;人们协作劳动愈紧密,表明人类的社会化水平愈高。但是,由于人类的这种协作劳动的结果可以以价值形态存在,智能化的高科技机器,不仅包括现实的科技人员的劳动价值,而且也包括前人的科研劳动积累价值;不仅包括现实的体力劳动者的劳动价值,也包括前人的体力劳动积累的劳动价值。正因

---

[1]庄葳、吴慈生、金永华编著:《古今中外三百名人》,上海:学林出版社,1985年,第451页。

为机器的价值构成复杂,又不能被人们直观地看到,因而人们对机器能不能创造价值和剩余价值不知所以,误以为机器能够创造剩余价值,产生无生命的机器等同于有生命的人类的荒唐结论。六是先进的机器或自动化机器中所包含的前人的积累价值,既包括剩余价值,也包括一般劳动价值在内的全部劳动价值。在现代,只要超过了 20 年的专利保护期可被无偿使用的科学技术和发明创造,都归于前人积累劳动价值的范畴。在数十万年的人类社会发展进程中,前人为后人积累了数不清的劳动价值,表现为劳动时间的缩短和再缩短,所以人类社会才得以快速发展。最先的积累价值的主要载体是人本身,人通过师徒间的言传身教进行财富技艺创造的传承,后来机器才发展为积累价值的主要载体。

自动化机器生产的意义在于:一是自动化机器生产为共产主义按需分配创造条件。机器使现实活劳动的劳动过程不断缩短,产品形成时间不断缩短,产量不断提高,财富大量涌流,使人类的财富呈现出几何级数增长。这正是共产主义按需分配的前提条件。二是自动化机器生产为消除社会强制性分工创造条件。人类改变自然物质形态的劳动过程有长有短,付出的劳动量有大有小。一般来说,劳动过程长的,付出的劳动量大;劳动过程短的,付出的劳动量小。不同的机器体现着不等量的物化劳动时间。自动化机器生产大大减轻了人们的劳动强度,缩减了人们的劳动时间,使人们从繁重的为生活所需的劳动中解放出来,有更多的时间从事学习、休闲、社交、体育运动和艺术活动,有更多的时间从事精神财富的创造活动,有更多的时间从事自己喜爱的物质财富创造活动,有更多的时间从事公益事业的活动,等等。社会需要分工,但不是饥饿性强制性分工,而是自愿性、协作性分工。自动化机器生产是消除社会强制性分工的前提条件。三是在现实条件下的自动化机器生产,一方面,使资本主义剥削程度减轻;另一方面,使用机器生产的商品的个别价值,大大低于社会价值,可为资本带来更多的利润和超额利润,社会的两极分化更加严重,社会不公程度加深。四是自动化机器生产可以为资产阶级文人和学者提供为资本主义辩护的事实根据,资产阶级也可以从超额利润中拿出更多的金钱收买更多的为本阶级服务的文人和学者。只有当自动化机器生产促进了人类观念进步,人们对价值创造和个人享受的认识达到了新的高度时,人类才会迈进全面实行"各尽所能,按需分配"的社会,才会真正实现平等、民主、自由、公正和公平。生产力革命是人类共同追求的目标,而文化革命则随着生产力革命在绵长的新旧思想斗争中得以进步。

四、前人积累价值的计量(以时间为计量单位)

不同的机器体现着数量不等的物化劳动。在活劳动使用机器进行的使积累价值再现的劳动中,即使没有未超过专利保护期的智力劳动的参与,也会产生不同的效率。只要能够计量出机器中所含前人的相对积累劳动量,物化劳动能不能创造剩余价值的问题就迎刃而解了。人们对前人劳动积累价值计量问题的探索不能有效突破的重要原因之一,是人们不知道机器中含有大量物化劳动时间,不知道时间是什么,不知道生产规律和消费规律,因而弄不清前人劳动积累价值在现实生产中如何再现,如何对前人积累的价值进行计量。

（一）生产规律

生产规律就是产品形成的规律。在劳动生产率＝劳动产品数量÷劳动时间的表达式中,劳动时间就是产品形成的时间,马克思用它来表示产品的生产价值,也就是商品的个别价值。产品生产规律是:生产者追求产品形成过程的时间不断缩短。这是生产者普遍希望的和必须遵守的规律。

要使产品形成的时间缩短,有多种办法。比如,增加劳动量;利用自然能量;依靠对自然规律的认识,顺应自然规律,使劳动时间缩短;使用性能良好的机器;等等。产品形成时间的缩短突出地表现在劳动生产率的提高上。现代劳动生产率提高的最重要的方法:一是人们对前人积累劳动的继承和运用。二是对自然规律的新认识,表现为新的发明、新的创造。三是劳动技能的改进。新的发明、新的创造和劳动技能的改进,也都是建立在对前人积累劳动的基础之上的。所以,对前人劳动积累价值的继承和利用,是人类生产力发展的必要条件。

前人及前人的前人在生产过程中是如何使产品形成的时间缩短的? 也就是说,人类的最初发明和创新的本源是什么? 人类的最初的发明和创新,是人们在劳动实践中,通过观察、思考、总结、提高,通过体力与智力结合的劳动,逐步认识了自然规律,并在实践中检验这种认识的正确性。如果认识是正确的,那么,在生产中就可以使产品形成的时间缩短。前人的使产品形成时间缩短的方法,可以通过言传身教或通过语言、文字、图画等方式传给后人,后人通过对前人缩短产品形成时间方法的继承,在生产中使产品形成时间缩短。前人对某项已经验证过的正确认识,已经实践过的生产过程,对于后人来说,等同于自身的认识和实践,他们不必再重复前人已经验证过了的正确认识和已实践过的生产过程。每个人所处的环境不一样、生产条件不一样,他们有时需要用实践的方法验证前人的经验、理论、方法的正确性,但这种验证,毕竟与没有任何参考资料的发明创造过程不一样,验证的过程也会比发明创造的过程短得多。前人已经验证过的认识和已经实践过的生产过程越多,他们为后人积累的价值也越多。由于人的认识过程和生产过程都是以时间的形式表达的,所以,积累价值也都是以生产时间缩短的形式再现的。因此,计量前人积累的劳动价值量,就是计量前人劳动的积累时间。比如,要计量一个铁锅的生产时间,必须考虑前人如何发现铁砂、如何炼铁、如何制成锅的时间。当我们使用纸的时候,不仅要考虑造纸的树木的生长期,还要考虑人们是如何发明纸的,人们对纸的工艺的改进过程等。由于各种各样的物品所含的积累价值都不一样,所以,用不同的材质和含有不同积累价值的劳动工具和生产材料进行再生产时,其效率也是不一样的。

在现实生产中,由于生产者使用各种各样的劳动工具,各种劳动工具中的积累价值都不相同;生产者使用各种各样的生产材料,各种生产材料的积累价值也都不相同,各个劳动力的价值也不相同,各种劳动工具、生产材料、劳动力的自然价值转移到新产品中的份额也不相同,因而,这个问题看起来似乎难以解决。但是,我们不要忘记了,价值有两个不同的特性:一是价值是不同使用价值的同一性,可以衡量使用价值的多或少。二是价值在交换中可以通约。产品生产出来之后,人们计量其价值时,只按它的形成时间进行计量,这个形成时间也是生产要素的综合功效价值,构成商品的成本。生产成本加上平均利润,形成商品的生产价格。商品在交换时按功效价值进行交换。由于商品中含有大量的超过其生产价格的积累价值和自然价值,生产商对这部分价值并没有付出任何成本,所以交换双方将以生产价格为基准,对积累价值和自然价值按社会平均最大通约值进行通约。受各种因素的影响,同样的商品的通约量可能会不相同,于是便产生了市场价格围绕生产价格上下波动的情况。这便是我们对前人劳动积累价值进行计量的依据。

马克思已经把现实劳动过程形成的新产品的价值研究得非常透彻。新产品的个别价值,含有不同的积累价值和自然价值;新产品的市场价值,是在对前人积累价值、生产资料基质的自然价值进行通约后的价值。马克思把前人积累的劳动价值看作物化劳动,物化劳动的具体体现是机器等固定资本。固定资本的价值被活劳动转移至新产品中。由于不同固定资本所含的前人积累价值和自然价值不同,所以,含积累价值多和自然价值多的固定资本转移至新产品中的价值量多,表现为现实产品形成的时间短,劳动生产率高,在同样的时间里使用同样的劳动量,可以生产出更多的产品;反之,含积累价值少和自然价值少的固定资本,转移至新产品中的价值量少,表现为现实产品形成的时间长,劳动生产率低,在同样的时间里使用同样的劳动量生产的产品少。这就是商品的价值量与实现在商品中的劳动量成正比,与这一劳动生产力成反比的理由。理解这一原理,需要把握以下几点:一是劳动量就是劳动时付出的能量,能量转化的过程用时间来计量。因此,劳动强度越大,劳动时间越长,商品的价值量也越大。二是前人付出的劳动量也是前人付出的能量,其转化的过程也用劳动时间来计量。由于后人在继承前人积累劳动的基础上进行劳动,前人劳动的过程不需重复,所以劳动时间缩短,劳动生产率提高。这不是固定资本所致,而是前人劳动积累所致。三是后人在前人劳动的基础上生产,对于超过专利期的劳动,不用付费,无偿获得,后人学习继承前人的知识时的费用,被加在了劳动力价值上,当社会进行免费教育时,这部分费用被看作社会公共开支,所以现实生产的费用降低。但是,在私有制的资本主义生产方式中,社会教育越普及,活劳动的技能越高,资本家获得的利润越多,两极分化愈严重,全社会都在为资本家服务。四是前人的积累劳动,本来是公共的,但是,资本家通过占有生产资料,通过固定资本,通过雇佣活劳动,占有了前人的物化劳动,使之成为获得更大利润的手段,这是不公正的。在生产资料公有制的社会,社会应该占有全部利润,为全社会成员所使用。在生产资料私有制的社会,应该通过高税收的办法,使资本家把前人积累的价值所转化的利润的相当一部分,转化为公共价值,为人们服务。

马克思指出了后人利用前人的物化劳动是得到了人类几十万年历史的恩惠。虽然他没有详细说明人类的积累价值如何物化为机器,但为后人的研究指明了方向。

(二)消费规律

生产是为了消费。分配、交换是生产和消费的中间环节。生产有规律,消费也有规律。消费规律与生产规律密切关联。生产规律是生产者追求商品生产时间的缩短,消费规律是消费者追求商品实用期的延长。例如,生产者生产一台电视机,希望从每10小时生产一台,缩短到每小时生产一台。与生产的情况相反,如果人们购买一件商品是为了生活性消费,那么他所追求的就是消费时间的延长。例如,人们购买一台电视机,希望能从使用10年延长至使用12年甚至更长时间。

从表面上看,生产规律与消费规律相反。实际上,生产规律与消费规律是同一问题的两个方面,它们是消费的两种表现:一种是生产性消费,一种是生活性消费。生产性消费和生活性消费都以商品的功效和功效价值为依据。在前面我们已经论述过,新商品生成的时间,就是生产资料在使用过程中的使用时间,也就是它们的消费过程。用商品生产商品,作为生产资料的商品的全部使用时间,即它的全部功效价值,在能动的活劳动的劳动过程中,分次地一部分一部分地转移到新产品中去。商品的功效,体现在新产品的生产过程中,以劳动生产率的形式表达;商品的功效价值,体现在新产品的形成过程中,以产品形成时间表达。从生产性消费方面看,为了减少产品的形成时间,在一定的时间内生产更多的产品,现实的生产不仅以分工协作的方式进行,而且充分利用了前人的积累劳动,呈现出高度集中的特点:从生活性消费方面来看,商品的功效和功效价值,仅仅体现在消费者的个体使用过程中,呈现出分散性的特点。这种生产的高度集中协作和劳动工具的自动化与个体消费的高度分散性的特点,给人们一种表面印象,即生产过程和消费过程是互不相干的。社会主义市场经济就是利用"看得见的手"和"看不见的手"对生产和消费进行综合调节的经济制度,可以防止自动化大机器生产与消费的严重脱节,防止经济危机的发生,防止社会出现较大的动荡。

由于在每件商品中,都含有前人积累的劳动价值,与生产资料、劳动工具所含的积累价值一样,在消费者使用某种商品时,前人通过言传身教或通过文字、语言等方式,把消费过程怎样延长的方法传给后人,后人会依前人的方法,使产品使用时间延长,使产品的实际使用期超过社会平均使用期,形成相对价值积累,积累价值会被后人无偿利用。生产规律和消费规律为前人积累价值的计量提供依据。

(三)人类劳动价值的积累

使用价值是价值的承担者。使用价值的创造量超过消耗量,形成财富积累。使用价值通过自然和劳动两种方式创造,那么,价值积累就有自然价值积累和劳动价值积累两种方式。

自然使用价值和自然价值是人和一切动物的自然生存条件。不仅人能利用自然创造的使用价值,其他生命也可以利用自然创造的使用价值。自然价值积累是人们对已经存在的自然物质的保护,使自然物质增量而其价值随之增加。

劳动价值积累对人类具有特殊意义。只有人能够通过劳动转化自然物质,利用价值来量度使用价值的多或少,量度人通过劳动变无用事物为有用事物的多或少。人们把自然产生的使用价值与劳动创造的使用价值合在一起计算劳动生产率,把自然过程与劳动过程合在一起计算价值积累率。正因为如此,价值才成为衡量使用价值多或少的标准,也成为表达人们的生产关系和社会关系的标准。价值只有被创造出来,才能被积累。"前人栽树,后人乘凉",是人类积累劳动惠及后人的最通俗说法。正是人类的积累劳动,才使人类社会在一代代人的劳动创造中发展进步。我们现在所享受的一切,都与前人的积累劳动分不开。

人类生产能力的积累和财富积累通过价值积累反映出来。

1. 财富积累。劳动转换自然物质的存在形态,变不能为人类所用的形态为可被人所用的形态。例如,把自然生长的树木制成桌子、凳子、床;把铁矿石炼成铁,再制成锅、锄、锹;等等。

具有使用价值的事物消费剩余的数量不断增加就是财富积累。价值随财富的积累而积累,使用价值积累随实体存在,价值也随使用价值存在。人们制造桌子、锅等的过程,形成价值,与实物桌子、锅等一起存在。随着人类积累劳动的增加,一方面,人们可利用的自然物质的品种和数量大大增加,原来受诸多因素的制约不被人所认识的自然资源使用价值被发现,比如,煤炭不仅可以燃烧,其提取物还可用作化工原料;另一方面,社会生产力提高,财富创造的速度越来越快,财富数量也大幅增加,当人们消费使用价值的速度小于创造速度时,使用价值被积累,价值也随之被积累。例如,一台洗衣机用 1 天时间生产出来,可使用 10 年,1 年按 365 天计,生产速度是消费的 3650 倍。生产的速度快,消费的速度慢,正因为如此,才有了洗衣机的普及。但是,如果某种商品的生产超过了社会需要的界限,就会产生过剩,造成浪费。这也是马克思强调的社会计划性生产的意义之所在。

财富积累还表现在,人类不断地有科技新发现,不断地转化蕴含使用价值的自然事物的数量,不断地实现自然事物的价值。自然存在的价值被实现为现实的价值,价值量随使用价值的增多而积累。例如,1669年德国布朗特(Henning Brand)在炼金过程中,把尿液与砂、木炭、石灰混合,加热蒸馏,没有得到黄金,却得到了磷。之后,经过100多年时间,磷已被广泛应用于人们的生产和生活之中,含磷物也被广泛地开发。大家熟知磷肥对植物生长发育和新陈代谢起重要作用。磷已在现代化学工业中占据相当重要的地位。目前全世界生产的无机磷化合物达300种以上。[1]

人通过劳动转变物质状态,劳动过程完结后,对人无用的劳动对象转化成对人有用的劳动产品,这是劳动者通过能量转化做功实现的。动态的劳动过程结束后,其结果是静态的事物,是新的产品。对事物不同的认识、参与形成劳动过程的不同的劳动能量、采用的不同转化事物状态的方法,影响了新产品形成过程的时间。不断缩短的新产品的形成过程的时间,成为价值积累的基础。

财富的增加是量的增多,是财富积累的基础,但不一定发生积累。消费后有剩余才发生积累。财富增长率可用下式表达:

$$q = \frac{f_1 - f_0}{f_0}$$

式中:q为财富增长率,f_0为原有的财富量,f_1为增加后的财富量。

例如,一家有6口人,原来只有2张床,床不够用。后来又做了4张床,家里有了6张床,一人有1张床,满足每个人的需要。假若床的质量相同、大小相同、用料相同,则家里的床从2张增加到6张,财富的数量增多。每张床都是有价值的。假若每张床价值为500元,原来只有2张床,总价值为1000元。随着床的数量增加,价值也增加,6张床的价值为3000元。这个家庭床的数量从2张增加到6张,增长率 $= \frac{6-2}{2} \times 100\% = 200\%$;价值也随之增加,增加率 $= \frac{3000-1000}{1000} \times 100\% = 200\%$,与使用价值增长率相同。

假若床的消费年限与人的寿命相同,则床虽然增长率达200%,但不发生积累。如果在6张床之外又增加了1张床,这个家庭有7张床,这张多余的床可以留给他人或后人消费,则发生财富积累。如果这家人的床足够结实耐用,还可以留给后人使用,则也发生财富积累。财富积累可用下式表达:

$$\Delta f = f_1 - f_x$$

式中:Δf为积累的财富,f_1为新的财富量,f_x为消费的财富量。

财富积累率可用下式表达:

$$f' = \frac{f_1 - f_x}{f_x}$$

[1]赵玉芬:《带你走进磷的世界》,《光明日报》2007年2月5日第10版。

式中:f′为财富积累率,f_1为新的财富量,f_x为消费的财富量。

2. 价值积累。财富积累必然伴随着价值积累,但价值积累不一定伴随财富积累。如果使用价值实体不存在,但创造使用价值过程的时间缩短的方法存在,这种方法作为一般生产力可以被后人继承。当后人再现这种使用价值时,前人创造这种使用价值过程缩短的时间以价值积累的方式再现。这是因为,作为事物的一般性,虽然是人用抽象的方法把握的,但它们是客观存在。当这种一般性在实际生产过程中,在某些情况下与具体相结合时,可以使财富创造过程时间缩短,这种缩短了的时间,就成为人类特有的一种价值积累。

人类生产能力的积累,主要以知识价值积累的形式存在。知识价值是人脑对客观事物认识的过程和结果。脑力劳动创造的价值是抽象的,其价值创造过程可以直接计量,因为这种价值是具体事物的一般性,所以,它可以产生乘数效应。这里所说的乘数效应,是指一项劳动成果,可以被很多人所掌握并用于实际生产,从而产生创造的财富和价值成倍增长的效果。按照过程的观点,某一个人的价值创造过程,经过转化,可以转移至另一个人的劳动过程。这种无形的转化和转移,随着生产的发展,逐渐被人们所认识。专利就是对这种无形劳动成果的价值补偿。智力劳动价值的载体一般是文字、图画等,价值转化、转移也多通过这些载体。后人会在继承前人认识的基础上进行再认识。前人的认识成果,成为一种可以继承的价值,在生产中被计算为本人的劳动价值。

有些科学工作者终其一生,创造的价值还没有他消费的价值多,他是否也为社会积累财富? 只要他的科研成果是符合客观规律的真理,就会被他人运用于价值的创造,并且因为科研成果的乘数效应被更多的人所运用,创造更多的价值。如果他的科研一无所用,他的劳动当然不会被积累。

人们利用事物过程的不可逆性和同一性特征,通过上下代人的传承,后人学习了前人积累的科技知识,便获得了一定生产能力,人类的劳动生产率便有了提高的基础。后人不仅继承前人创造的财富,也会继承前人财富创造过程时间缩短的方法,后人用创造财富的方法再创造财富,再创造财富的过程是在已经缩短了时间的基础上的再缩短。所以,使用价值积累和价值积累与前后代人相互传承有极大关系。一方面,人所创造的有形劳动成果会保存较长的时间,在发明创造人死后,这些有形成果被后人继承。另一方面,人们利用事物过程的同一性,把人所创造的无形劳动成果——一般生产力通过书籍和其他媒介留给后人,使后人继承创造使用价值的方法。例如,只有古人发明并制造出青铜器,后人才有青铜器可用;只有前人发明了冶铁技术,后人才有铁器使用;只有前人发明了电子计算机,后人才有互联网的应用。如果每一种事物的使用价值都要从头重新发明和创造,恐怕人类现在还处于茹毛饮血时代。

价值积累是可以计量的。例如,原来生产一辆汽车用时 10 天,由于采用了超过专利保护期的新生产方法,生产 1 辆汽车用时 1 天,比原方法减少了 9 天,后人用新生产方法制造汽车,是在前人积累的基础上进行的。前人的积累价值为 10 天减去 1 天的值,即 9 天,这种情况可用下式表达:

$$\Delta b = b_0 - b_1$$

式中:Δb 为生产性积累价值,b_0 为原生产过程的价值,b_1 为新生产过程的价值。

　　由于前人为后人积累了数不清的价值,所以,以现在的生产过程为基础计算的积累价值,是相对积累价值。

　　上述举例的价值积累率 $= \dfrac{10-1}{10} \times 100\% = 90\%$。这种情况,可用下式表达:

$$q' = \frac{b_0 - b_1}{b_0}$$

式中:q' 为价值积累率,b_0 为原价值量,b_1 为新价值量。

　　社会总价值积累,是社会各种使用价值生产过程缩短的总和。例如,原来生产 1 个锅用时 4 天,生产 1 个碗用时 2 天,生产 1 张床用时 6 天,生产 1 台彩色电视机用时 10 天,生产 1 台影碟机用时 18 天。生产锅+碗+床+彩色电视机+影碟机总用时 = 4 天+2 天+6 天+10 天+18 天 = 40 天,40 天就是这些使用价值的总价值,也表示这些使用价值的总量。

　　生产方法的改进,可使生产使用价值的劳动过程缩短,缩短的时间之和就是价值量的积累。假如生产锅、碗、床、电视机、影碟机的生产时间各缩短一半,总使用价值生产时间为 20 天,与原生产时间相比较,生产时间减少了 20 天。如果把生产使用价值缩短的时间看作是价值积累,则价值积累量为 20 天。这种情况可用下式表达:

$$\sum \Delta b = \sum b_0 - \sum b_1$$

式中:$\sum \Delta b$ 为总积累价值量,$\sum b_0$ 为原生产商品所用总时间,$\sum b_1$ 为新生产商品所用总时间。

　　社会平均价值积累率为总积累价值量与原生产总时间的比值,或者为原生产总时间与新生产总时间的差与原生产总时间的比值。上述举例的平均价值积累率 $= \dfrac{40-20}{40} \times 100\% = 50\%$。这种情况可用下式表达:

$$\overline{q'} = \frac{\sum b_0 - \sum b_1}{\sum b_0}$$

式中:$\overline{q'}$ 为平均社会价值积累率,$\sum b_0$ 为原生产商品所用总时间,$\sum b_1$ 为新生产商品所用总时间。

　　生产使用价值过程的时间越短,积累率越高。有人可能置疑:如果不论劳动生产率高低,在相同的时间里创造的价值是相等的原理来认识积累价值,则以上的计算是正确的。

但是,如果以马克思关于社会必要劳动时间决定商品的价值量,劳动生产率越高,在相同的时间里创造的社会平均价值量也越多的原理来认识积累价值,则以上的计算就有问题。在本书前后笔者一贯申明,我们是按确定的劳动生产率决定的商品价值计量的,我们把马克思关于社会必要劳动时间视为价值实现的规律以及实现的界限。

采用价值工具不仅可以计算物质财富的多或少,也可以计算精神财富的多或少。人们采用价值的方法对财富进行计量,采用时间作为价值计量标准,是很高明的。当人们把价值这种抽象事物以货币来代表,使货币担当起衡量使用价值数量多或少的重任之后,财富的增长和财富的积累就以货币的增加和积累为标识了,这是人类文明进步的标志。

通过对财富积累和价值积累的计算,我们也认清了为什么财富论与价值论可以分立。尽管在现实中,价值离不开财富,以财富为承载体,但是,人们可以单独以价值进行演绎,就像数学演绎一样,完全在抽象把握一般性的基础上进行演绎。所以,企图以价值论与财富论不可分立为由否定马克思主义劳动价值论的科学性,是不懂得事物的一般性是客观存在、人们可以用抽象的方法把握事物的一般性、可以按照一般性发生发展的客观规律进行演绎的表现。

3. 消费性价值积累。在实际消费中,如果采用了新方法,使商品的实际功效价值超过预期,则产生消费性价值积累。消费性价值积累有两种情况:一是消费时间延长,二是使用效率提高。

如果采用新方法使消费时间延长,实际使用过程大于预期过程,则发生绝对消费性价值积累,可用下式表达:

$$\Delta b' = b_1' - b_0'$$

式中:$\Delta b'$ 为消费性积累价值,b_1' 为商品的实际功效价值,b_0' 为商品预期功效价值。

例如,火车的车头、车皮原设计的使用寿命为 20 年,即预期功效价值 b_0' 为 20 年。如果使用效率不变,实际使用了 30 年,这是火车车头、车皮的实际功效期延长,即 b_1' 为 30 年。根据公式 $\Delta b' = b_1' - b_0'$,则消费性积累价值 $\Delta b'$ 为 10 年。

如果火车的运输效率提高,运输的速度加快,致单位货物运输时间缩短,这种价值积累是相对生产性消费价值积累。这种情况可用下式表达:

$$\Delta y = y_0 - y_1$$

式中:Δy 为相对生产性消费积累价值,y_0 为采用新科技前使用价值的功效时间,y_1 为采用新科技后使用价值的功效时间。

例如,火车原来运输速度为 60 分钟 100 千米,现在提高到 60 分钟 300 千米,运行 100 千米现在只需 20 分钟,其价值积累 $\Delta y = y_0 - y_1 = 60$ 分钟 $- 20$ 分钟 $= 40$ 分钟。

以上两种消费价值积累都与科学技术有关。效率不变时,实际功效价值增多,可使消费价值产生绝对积累。效率提高时,在相同的功效时间内形成的使用价值数量增多,可使功效价值发生消费性相对积累。这两种价值积累也可视为价值创造。

在市场上,销售者按商品的社会平均生产价值出售,购买者按商品的平均预期功效价值购买,因为他们把预期功效价值看成与实际功效价值相等,所以他们是按实际功效价值购买。因为商品的生产价值也是生产要素实际功效价值的分次转移,所以,商品的实际功效价值与生产要素实际功效价值是同质的,可以通约。但是,从表面上看,商品的生产价值小于商品的预期功效价值即商品的实际功效价值,在市场上,商品是按预期功效价值或实际功效价值交换的,这是不是违背了等价交换规律? 这是一个非常重要的问题。如果生产价值与功效价值不相等,二者的交换就违背了价值规律。如果相等,似乎与实际不符。假若 24 小时生产 1 只电饭锅,这只电饭锅可使用 2 年,一年按 365 天计,一天使用 4 小时,实际使用时间为 2920 小时,2920 小时 ≠ 24 小时。生产者按 24 小时出售电饭锅,消费者按 2920 小时购买电饭锅,他们的交换明明是不等价的,为什么说他们的交换是等价的? 这是因为,在生产电饭锅的生产要素的转移价值中,含有较多的前人劳动积累价值和商品基质的自然价值,如果没有前人的劳动价值积累,就没有生产力和生产率的提高,也就没有生产价值小于实际功效价值的情况发生。由于前人积累的劳动价值和商品基质的自然价值看不见摸不着,商品生产者也没有为其付出任何成本,所以,生产者以商品的实际功效价值出售电饭锅,但购买者要对生产者没有付出任何代价的前人劳动积累价值和自然价值进行通约。另外,生产者也是消费者,生产者之间还存在激烈的竞争,因而对前人积累劳动价值和商品基质的自然价值进行通约也是生产性消费者的愿望。在活劳动创造的剩余价值中,有很大一部分是前人积累价值和商品基质自然价值的再现。生产率越高,按照社会必要劳动时间规律制约的价值实现量也越多,表现为剩余价值量的增加。所以,一方面,人们拼命缩短价值创造过程;另一方面,人们又尽力延长价值消费总过程,因而社会积累的价值越来越多。随着社会积累价值的增加,生产资料私有者获得的利润也越多。劳动者的劳动强度和劳动时间也因此可以减轻或缩短。

假冒伪劣产品就是用较短的功效价值冒充合格的有较长功效价值的产品,生产者以欺诈的方法获得较多的利润。

对于生产者来说,关心的是商品的生产要素价值、活劳动价值和剩余价值能不能实现,剩余价值中包含着超过劳动力(科学工作者和技术工人)价值的价值和自然价值与积累价值。而对于消费者来说,关心的是预期功效价值能不能实现和怎样实现。商品只有通过消费才能实现使用价值。消费者只有把购买的商品投入使用,商品的预期功效价值才能实现。所以,生产者必须考虑消费者关心的功效和功效价值,向消费者说明商品功效和功效价值预期。

商品的有效使用期不是商品的实际功效时间,人们在计算消费性价值积累时,是以实际功效价值计量的。在实际生活中,人们往往把有效使用期与实际功效时间相混淆,把预期功效价值看作是有效使用期。为了使人们区别二者,有的商品说明书上标明了实际功效价值。例如,一辆汽车的设计使用年限为 15 年,这是汽车的有效使用期。在这个有效使用期内,包含有汽车的实际功效时间。比如汽车的有效使用总里程为 150 万千米,每年若行驶 10 万千米,则它的有效使用期为 15 年。

商品的市场价格,反映商品的生产价值与功效价值。例如,一辆汽车设计寿命为 15 年,有效使用总里程为 150 万千米,价值 30 万元。30 万元是汽车 15 年预期功效价值或实际行驶千米数价值的货币表现。每年平均 2 万元,是年均消费价值的价格。计算消费性价值积累,以此为基础。

积累价值之外的消费剩余,可能是产品的自然价值和前人劳动积累价值的一部分,而非我们所说的消费性积累价值。例如,一辆汽车的设计使用寿命为 15 年,有效使用总里程为 150 万千米,价值为 30 万元,平均每年价值 2 万元。在使用 15 年后,汽车报废,这时它的价值应该为零。但它的残值即废钢材等假若还值 3 万元,这 3 万元不是消费价值的积累,而是自然价值和前人劳动积累价值一部分的显现,是因汽车质材的自然价值和前人积累价值的通约量不同造成的。它的残值不是功效价值的积累。

从社会平均价值来说,商品的平均预期消费价值与实际平均功效价值是相等的。从具体商品的价值来说,商品的个别价值是不等的,这是人们在市场上进行讨价还价的重要原因之一。例如,劳动力价值一定,资本家要购买劳动力的实际功效价值,劳动力要按一生的平均价值出卖。在所有权的限制下,劳动力最后必须以资本家的要求出卖劳动力价值,否则,劳动者决不会以低于自身一生的平均价值出卖自己的劳动力。随着社会的发展和所有制的变化,劳动力可能会以劳动力在有效使用期内的平均价值成交,以后还会逐步接近劳动力一生的平均价值成交,但这要在马克思主义普遍普及的情况下逐步实现。

因为消费性价值积累随使用价值的功效价值的变化而变化,人们进行使用价值和价值的创造和创新,是为了更好地满足人们的消费需要,所以,只有消费才能刺激使用价值和价值的创造与创新。但是,不能因此而采取加大消费量的方法来刺激生产。生产也好,消费也好,都是为了更好地利用财富的使用价值,使人的生活更便利、更幸福、更舒适、更美好。既不能为了延长消费期而延缓新产品的开发和研究,比如放着电脑不用而用算盘,因为有算盘使用而不去开发电脑;也不能单纯为了追求生产的量而鼓励不合理的消费,比如为了拉动 GDP 的增长而鼓励无限制的不合理消费;等等。我们应该为了幸福而创造和创新,应该为了幸福而生产和消费。幸福是人在物质和精神满足后的愉悦,是人与环境的和谐共处。人在不同的环境里感受是不同的,幸福应该贯穿于人的一生,而不是只存在于一时或人生的某一阶段。人们的休闲性消费是一种心情的调适,是为了延长人的生命,而延长生命是为了更好地创造和创新,无压力的创造和创新又被人们看作是休闲,这是人的自由本性的充分体现。社会主义生产方式适合人的本性,它建立在生产力充分发展的基础之上,反过来又能促进生产力的更充分发展。但这决不是说,在生产力落后的国家不能建立社会主义制度。生产力落后的国家同样可以建立社会主义制度并通过对先进生产力的学习,实现跨越式发展。

消费并不创造使用价值。我们之所以把使用价值使用期的延长视为使用价值创造和价值创造是因为:一方面,使用价值的功效价值是在消费过程中实现的,可以引起价值积累;另一方面,使用价值在短期内发挥最大功效,意味着劳动生产率的提高,意味着更多使用价值的创造。延长使用价值使用期并不是消费的主要功能,消费的主要功能是充分发挥使用价值的功效,满足人类生产、生活的需要,使产品的价值得以实现。使用价值被创造出来后,如果不被人使用,最终是要自然转化的。自然转化就是自然创造。自然转化的结果,有的形成对人有用的事物,如酒水放置的时间长,可能变得更好喝、更有营养,但很多使用价值通过自然转化成为对人无用甚至有害的事物,所以,人们要尽可能快地投入使用使用价值。马克思说:"机器不在劳动过程中服务就没有用。不仅如此,它还会受到自然的物质变换的破坏力的影响。铁会生锈,木会腐朽。纱不用来织或编,会成为废棉。"[1]马克思在这里所说的是机器使用价值的自然物质变化而不是机器被人使用过程的消费。价值随使用价值的变化而变化。生产性消费是价值转化、价值转移,为价值实现提供现实的基础。

人类的许多服务活动,分属不同的价值消费范畴,也以不同的方式进行价值积累。为生产服务的劳动,比如广告、运输、供水等,并归于生产。为劳动力服务的劳动,有的是为了延长劳动者的生命,延长劳动力的劳动期,比如医疗、餐饮、旅游;有的是为了提高劳动生产率,比如教育、技术培训等。不论哪一种服务,都必须以劳动力的实际劳动价值创造为补偿。因此,服务性价值积累,适用生产性积累表达式。价值只有被创造出来,才能实现;只有实现价值,生产才有意义。服务性劳动,是实现价值的劳动。因此,人们常说的第三产业创造了多少价值,准确地说,应是实现了多少价值。这是由于人们在前人积累的基础上进行创造,速度越来越快,加之资本主义对剩余价值的追逐和私有制及消费环境的限制,使消费速度远远低于生产速度。为避免无效商品的过量生产和财富的损失,人们越来越重视价值实现工作。服务业从事的正是价值实现工作,受到重视是理所当然的。

4. 综合劳动价值积累。使产品生产时间缩短和使产品消费时间延长的时间总和,就

---

[1]中共中央马克思恩格斯列宁斯大林著作编译局译:《资本论》第一卷,北京:人民出版社,2004 年,第 214 页。

是前人为后人积累的价值总量,可用(Ⅰ)式表达:

$$\Delta m_b = \Delta b + \Delta b'$$ （Ⅰ）

式中:Δm_b 为综合积累价值,Δb 为生产性积累价值,$\Delta b'$ 为消费性积累价值。

例如,原来生产一台电视机的时间是 100 小时。由于采用了新技术,生产一台电视机的时间缩短为 60 小时,生产时间缩短了 40 小时。后人再生产电视机时,不会以 100 小时为基础,而会以 60 小时为基础。如果生产时间缩短的方法超过了专利保护期,则 40 小时就是前人为后人积累的生产价值。假若每台电视机的平均预期寿命是 10 年,每年为 365 天,每天开机 6 小时,则电视机的平均消费价值为 21900 小时。如果使用者在使用中采用了新方法使电视机的寿命延长了 2 年,实际使用期为 12 年,按以上的设定,则 2 年增加了实际使用时间 4380 小时。如果新的使用方法超过了专利保护期,则 4380 小时就是前人为后人积累的消费价值。生产与消费共积累价值 4420 小时。

也可采用(Ⅱ)式表达:

$$\Delta m_y = \Delta y + \Delta b'$$ （Ⅱ）

式中:Δm_y 为综合积累价值,Δy 为相对性生产积累价值,$\Delta b'$ 为消费性积累价值。

$\Delta y = y_0 - y_1$,表示体现在生产率中的劳动要素商品功效价值的积累。$\Delta b' = b_1' - b_0'$,表达的是商品的实际功效价值大于预期功效价值的积累。这里所说的功效价值,均指它们的实效价值。在现实生活中,价值积累和价格常常纠缠在一起。但是,由于价格是价值的货币表现,价格问题不影响我们对积累价值的计量。

例如,原来 10 天生产一辆汽车,设计寿命为 15 年,实际使用了 20 年。不计残值,其价值积累为 20 年−15 年=5 年。如果以货币计,假若每辆汽车价值为 30 万元,年均价值=30 万元÷15 年=2 万元/年。在使用效率不变的情况下,汽车实际使用了 20 年,不计残值,则它的价值积累=2 万元/年×5 年=10 万元。

价值积累量与劳动生产率成正比,也与使用价值积累量成正比。如果生产率提高,则积累价值增加。比如上例由于劳动生产率的提高,生产一辆汽车的时间由 10 天缩短为 2 天,10 天可生产 5 辆汽车,假若每辆汽车的设计使用年限仍为 15 年,实际使用年限仍为 20 年,不计残值,5 辆汽车的消费性价值积累=(20−15)年×5=25 年,以货币计,每辆汽车的积累价值为 10 万元,5 辆汽车积累价值为 50 万元。

由社会必要劳动时间决定的价值实现量增加,消费价值积累量也随之增加。假若生产汽车厂家不是一家,而是有甲、乙两家。甲厂 10 天生产 1 辆设计使用年限为 15 年、实际使用时间为 20 年的汽车,价值 30 万元。乙厂 10 天生产 5 辆设计使用也为 15 年、实际使用也为 20 年的汽车,每辆汽车的生产价值因生产率的提高而降低,比如每辆汽车价值为 24 万元。如果按社会必要劳动时间决定的价值实现量计算,甲厂每辆汽车的价值为 30

万元,乙厂每辆汽车价值为 24 万元,其社会平均价值为(30 万元+24 万元)÷2 = 27 万元,年均价值 = 27 万元÷15 = 1.8 万元。分别计算,甲厂的积累价值 = 1.8 万元×5×1 = 9 万元,乙厂积累价值 = 1.8 万元×5×5 = 45 万元。二者合计的出厂汽车为 6 辆,积累价值为 54 万元。可见,按社会必要劳动时间实现的价值量,随劳动生产率的提高而提高。提高劳动生产率,不仅可以使商品物美价廉,而且也会使社会积累价值增多。

5. 财富积累和价值积累对人类社会发展的影响。由于价值是无形的、非物质的,而人的存在又需要有形的物质的使用价值来满足,所以,人们只看到了现实的物质生产和现实的物质生产条件,而忽略了前人、他人的无形的积累价值。这是人们在信息科技革命前只看重物质财富生产和体力劳动创造的重要原因之一。

前人为我们积累了数不清的财富,也为我们积累了价值创造过程缩短的方法,使我们进行财富和价值创造的速度加快。价值创造时间的缩短,就是劳动者生命的相对延长。把原来创造的使用价值量看作 1,如果现在创造的使用价值量为 2,使用价值的数量就增加了一倍,即增长 100%。如果人们的消费水平不变,这时使用价值的增长量就是积累量。如果人们把节省出的时间用作休闲,则社会的财富不会有直接的积累。休闲虽然不创造价值,但可以愉悦身心延长人的生命,可以使人的有效使用期延长,使人的一生创造出更多的使用价值和价值,使个人在生存消费之后还有剩余,形成使用价值和价值的积累。

从人类社会发展史来看,使用价值和价值的积累是人类社会发展的基石之一。例如,原始人没有锅,吃生食。后来发现了火,可以用天然的凹石来煮食物,天然凹石就是锅,其价值是凹石的天然价值。再后来人们发明了冶炼技术,制造出青铜器作为煮食物的器具,名之为"锅",青铜器中含有劳动量,有劳动价值。假若以时间来计量制成一件青铜器的价值,制一件青铜锅需要 200 天(包括采矿、冶炼的时间,下同),不计它的天然价值,则它的价值是 200 天,一天为 24 小时,折算为 4800 小时。后来采用铁做成锅煮食物,并改进了工艺,做一只铁锅需时 50 天,折算为 1200 小时(采矿、冶炼的时间与青铜器相同),不计铁的天然价值,则铁锅的价值比青铜锅少了 3600 小时。对于后人来说,这 3600 小时就是前人的价值积累。再后来人们用机器做锅,做一只锅只需 1 小时,则价值积累达 4799 小时,约折算为 199.958 天。这种积累是前后代人联合劳动的结果,是在科学技术进步的基础上发生的。

原始社会末期,人们开始种植粮食作物。假若每亩收获 20 千克稻谷,一年一熟,每千克稻谷平均生长 18.25 天。后来随着科技进步,每亩地收获量逐渐增多,直到每亩地收获 600 千克,一年两熟,每千克稻谷平均生长 0.304 天,假若先进的稻谷育种等科学技术已经超过专利保护期,则每千克稻谷前人为我们积累了约 18.25 天-0.304 天 = 17.946 天的价值。

穿衣的问题也是如此。在原始社会,人们用树叶遮体,后来又用树皮做衣。树皮要从树上剥取,树要生长到一定年限才可用,树的生长过程就是树的自然价值。假若一棵树需要生长 20 年才能够做一件衣服,它的自然价值就是 7300 天。人们制作衣服需要经过一定的过程,这个过程持续的时间是人的劳动价值。假若做一件衣服的时间是 10 天,人的劳动价值就是 10 天。一件衣服的自然价值和劳动价值合起来为 7310 天。假若人们发现用蚕丝做衣服又舒适又耐用,人们会放弃用树皮做衣服,采用蚕丝做衣服。一方面,养蚕的自然周期短,蚕丝的自然价值减少。假若一年养一季蚕,收获的蚕丝可以做两件衣服,则一件衣服的自然价值为 182.5 天。做一件衣服的劳动时间为 20 天,一件衣服的自然价值和劳动价值合起来为 202.5 天。尽管用蚕丝做衣服的劳动价值比用树皮做衣服的劳动价值多用了 10 天时间,但一件衣服的总价值要比用树皮做衣服的过程缩短,节省 7107.5 天(7310 天-202.5 天),这个节约的时间就是价值积累。另一方面,人们可以大规模地养蚕,使养蚕从一年一季变为一年几季,同时改进做衣服的方法,用科学技术的方法提高做衣服的速度,减少单位衣服的价值,这是科学技术导致的价值积累。

用同样的原理,我们可以计算出人们住房、出行、通信等等的价值积累。

现在,由于科学技术的进步,人们进行价值创造的速度大大加快,价值积累量也不断增加。例如,出行坐汽车、火车、飞机,每小时达几百千米;盖房材料主要用钢筋、水泥,其生产的速度比自然生长的树木快很多;虽然吃的粮食、肉类还处于以自然进程状态为主的阶段,但也是大大进步了。粮食品种的改进使粮食大幅度增产,饲养方法的改进使肉食类产品大大增加。例如,原来养一头猪,从猪崽到出栏宰杀,可能需要 1 年时间。但由于科技人员的努力,对猪的品种进行改良,结果是用同样的成本饲养,出栏一头猪可能只用半年时间,可节省半年即 182.5 天。后人养猪时直接使用经过改良的猪,还有可能对前人已经改良过的猪进行再改良,后人在前人劳动积累的基础上再进步、再积累。可见,是社会结合的人(前人和后人,此人与他人)创造并积累了价值,才使社会进步发展的。劳动价值积累是以自然价值为前提,以劳动为基础,以科学技术为手段,以功效为目的而进行的。因此,我们必须坚持以集体的力量、社会的力量发展经济、发展生产力。这也是社会主义的基本含义。

有的同类物品由于品种不同、规格不同,使用价值也不同,这时可以把它们化为同度量标准。例如把石油、电、太阳能都按每千克产生的热量化成标准煤来计算它们的价值量,从而计算它们的价值积累量。

(四)劳动积累和资本积累

引起劳动价值积累的情况,是一般劳动过程的缩短。劳动过程的缩短使活劳动创造的剩余价值增加。活劳动是价值积累的唯一因素。

在马克思的理论中,剩余价值转化为资本,就是资本积累。通过对前人积累价值的分析可以看出,剩余价值中包括了一部分积累价值。因此,劳动积累与资本积累也就有了区别。

首先,要区别剩余价值和再现的劳动积累价值。剩余价值是超过劳动力价值的价值。劳动过程不仅创造剩余价值,而且使前人的积累价值再现。马克思详细论证了体力劳动创造的剩余价值的情况,简略论证了科技劳动者和体力劳动者即"总体工人"创造剩余价值的情况,但没有详细区分在劳动过程中活劳动创造的剩余价值和再现的积累价值。其次,要区别资本积累和劳动价值积累。积累价值包括剩余价值。积累价值可能转化为资本,也可能不转化为资本。只要剩余价值、积累价值的全部或一部分转化为私有财产并被用作剥削的手段,就构成资本积累。由于资本表达了资本主义的生产关系,所以资本积累蕴含着剥削,而劳动价值积累则没有这种含义。这种区别,对于认识现代资本主义的剥削和社会主义以及人类社会的发展有重要意义。

资本主义社会产生于价值积累,它的前提条件是私有制。由于价值是使用价值的同一性,可以转化为任何使用价值,所以,资本可以以使用价值同一性即货币的身份转化为任何状态的使用价值。比如,货币可以转化为生产资料、劳动力、机器、厂房、各种动力资源、劳动环境和劳动条件等生产要素。各种生产资料也可通过货币相互转化,比如人们可以卖掉树木购买机器,卖掉羊购买劳动力,卖掉钢材购买能源物质,等等。在生产前,人们把投入的价值转化为生产要素。在生产中,通过活劳动,这些生产要素形成新的使用价值,新的使用价值中包含有人们未付等价物的劳动力创造的剩余价值和前人积累的价值及其基质的自然价值,所以,新产品通过市场交换会增值。但这不是资本的功劳,而是活劳动的功劳。只有当货币转化为某种现实的使用价值之后,通过活劳动的劳动活动,才有可能发生质变,异化为资本。资本是生产资料所有者依靠生产资料所有权无偿占有的增殖的价值。

资本增殖的部分一是劳动力创造的超过劳动力价值的剩余价值部分,二是前人、他人积累价值的再现部分。当人们把货币投入生产,转化为生产资料时,货币还不是资本。但生产资料中包含有前人的积累价值,经过劳动者的劳动,生产资料转化为新产品,前人的积累价值也随新产品再现。这时,如果生产资料所有者利用生产资料所有权无偿占有劳动力创造的剩余价值和前人积累的价值,价值才成熟为资本。这样,就给人以假象,似乎是资本创造了更多的价值,似乎是资本创造了剩余价值。其实,价值反映人的社会关系,是人所利用的工具,价值根本不会自行创造价值和剩余价值。那种认为资本创造价值的观点是肤浅的。由于人们弄不清通过人的劳动会使积累价值再现的道理,所以生产资料所有者利用生产资料所有权剥削劳动力创造的剩余价值,占有前人的积累价值,把货币转化为资本,还说是资本创造了价值,使人们崇拜资本,为他们的剥削制造正当理由。当马克思揭破了资本家剥削劳动者的秘密后,他们又大肆攻击马克思。

作为转化为资本前身的货币,在生产前,它要转化为使用价值,需要通过市场交换。

在生产中,它从一种使用价值转化为另一种使用价值,需要劳动力的参与,需要劳动力通过做功使它静止、稳定、物化,这个过程形成新产品的价值。在生产中人的劳动力像自然力一样起作用,对事物做功。一方面,再生产出使用价值;另一方面,再生产出积累的价值。由于劳动力的能量有限,做的功有限,形成的剩余价值也有限,而且还要消耗生活资料,所以,在积累的价值增大,对自然能量利用度增大的情况下,活劳动的作用被一再贬低。人们忘记了,如果没有活劳动,就不会有使用价值形态的改变和价值的再现,也没有前人、他人积累价值的再现;如果没有活劳动,根本就不会有价值积累,科学技术是价值积累的重要因素,而科学技术是人们分工合作的结果。人们应该知道,如果没有在私有制条件下生产资料私有者利用权力对活劳动的压迫,价值的代表货币就不会成为资本。随着社会的不断发展,人的社会化程度逐步加深,劳动力被剥削的程度会随之逐步减轻。在劳动力不再被剥削时,资本就会恢复价值的本来面目,也就不再称其为资本了。

人们在前人劳动积累的基础上劳动,再现前人积累的价值,利用前人积累的价值,使社会进步,是人类社会发展的常态。因此,通过活劳动再现前人积累的价值,把投入的价值转化为生产资料,使新产品增值,是任何一种社会生产都努力追求的,这种被投入的可以带来更多价值的价值,不是资本,因为它没有依靠权力进行剥削,只有那种依靠权力侵占劳动力创造的剩余价值的行为,才造就资本。

目前,资本主义生产方式已经扩张至全球。如果说 20 世纪是资本主义向全球扩张的初期,以侵略战争为主要方式,以两次世界大战为主要表现。那么,现代的资本主义全球扩张已至中期,以资本输出为主要方式,以金融垄断为主要表现,以直接价值掠夺为资本积累的手段,辅之以战争手段等。不过,现在剩余价值在资本积累中仍占重要地位。这是因为,广大发展中国家,仍以雇佣劳动为主要生产方式。因此,马克思关于活劳动创造剩余价值的理论并没有过时。有的经济学家指责马克思关于剩余价值的理论不正确,其原因之一是他们不知道前人积累的价值会通过活劳动的劳动再现,而他们为了贬低活劳动的作用,把自动化机器说成是会创造剩余价值的活人。原因之二是他们不知道科学工作者如何与体力劳动者一起创造价值和剩余价值。原因之三是他们只看到了发达国家的自动化生产,而没有看到多数发展中国家遭受到的金融垄断性剥削和世界工厂性剥削。

发展中国家之所以忍受资本主义的剥削是因为:一是发展中国家的生产力还较为落后,而先进的现代化生产,可以转化本国可利用的自然资源为可用的财富,从而改变人们的生活;二是现代化机器中,包含有更多的前人积累价值,除了为资本主义国家生产剩余价值外,通过劳动再现的积累价值可以以各种形式比如以税收的形式存留,为本国所用;三是发达资本主义国家还利用军事强力推行霸权政治,颠覆其他国家的合法政权,培植卖国的私利主义傀儡政权;四是资产阶级仍然掌握着世界话语权,文化因素使不少人还对资本主义剥削认识不到位。

现阶段,科学劳动在劳动积累和资本积累中占重要地位。科学劳动者通过劳动创造出一般劳动产品。一般的劳动产品有两大特点:一是以抽象的形式存在,可直接用时间计量;二是可与本领域中的具体劳动相结合,从而产生乘数效应。科学成果的乘数效应是指某一项科研成果被众多的生产工人所掌握,使劳动生产率普遍提高,生产商通过市场实现更多的利润。例如,数学公式、物理学定理等等,都是以抽象的形式存在,它们可以与任何与之有关的具体劳动相结合。前人创造这些科学原理时,付出了劳动,他们所付出的劳动量用劳动时间的长短来计量。掌握了这些原理的后人,对相关的事物进行再探讨,以致有了再发明、再创造。再发明、再创造的科学工作者所付出的劳动量,仍然以他们的劳动时间为计量的依据。他们创造的价值,是他们从事研究的时间。

科学工作者的劳动是在前人积累的科学劳动价值基础上的劳动,它再现前人的积累价值,同时也创造剩余价值。

凡是可以导致劳动时间缩短的劳动方法和使消费时间延长的消费方法,都可形成价值积累。如果我们把价值看作是计量财富的工具,则价值积累标志着财富积累。财富的积累达到一定的程度,便可进入共产主义社会。马克思说:"在共产主义社会高级阶段,在迫使个人奴隶般地服从分工的情形已经消失,从而脑力劳动和体力劳动的对立也随之消失之后;在劳动已经不仅仅是谋生的手段,而且本身成了生活的第一需要之后;在随着个人的全面发展,他们的生产力也增长起来,而集体财富的一切源泉都充分涌流之后,——只有在那个时候,才能完全超出资产阶级权利的狭隘眼界,社会才能在自己的旗帜上写上:各尽所能,按需分配!"[1]马克思在这里说了共产主义实现的条件:一是马克思认为,在共产主义社会,迫使人们奴隶般地服从分工的情形已经消失,从而脑力劳动与体力劳动的对立随之消失。马克思在这里所说的分工,主要是指从事物质活动的人群与从事精神活动的人群之间的分离与对立。这种分工,使享受和劳动、生产和消费由不同的人来分担。这种分离和对立,与生产力的发展程度相适应。与这种分工同时出现的不平等分配,是私有制产生的根源。从事精神活动的人成为统治者,从事物质活动的人成为被统治者,马克思所说的分工消失,就是阶级消灭。因此,共产主义社会是无阶级社会。马克思虽然反对把人像机器零件一样对待的分工,但不反对人在劳动中的自愿分工协作。不能把马克思所说的消灭分工,看作是消灭社会劳动行业中一般的工种的分别。马克思所说的脑力劳动与体力劳动的对立消失,指劳动者有知识,他不仅可从事劳动,也可从事科学研究。两种劳动的对立消失不仅要靠个人知识的增加,也要靠科学工作者与技术工作者的紧密

---

[1]《马克思恩格斯选集》第三卷,第3版,北京:人民出版社,2012年,第364—365页。

结合。个人知识的增加既要靠个人奋斗,也要靠社会为个人提供获得知识的环境。100多年的社会发展,已经证明了马克思的论述是正确的。现在人们的文化水平显著提高,劳动者大多都受过一定的教育,教育大众化正是消灭体力劳动与脑力劳动对立的必由之路。二是马克思认为,在共产主义社会,劳动成为生活的第一需要,而不仅仅是谋生的手段。人与其他动物相区别的重要标志是人会使用生产工具劳动。生产工具有两种:一种是自然生产工具,例如水、木棒、石块等。使用自然工具劳动,个人受自然界的支配。另一种是使用由文明创造的工具劳动,例如使用机器、化学合成的生产材料进行生产等。此时,生产力发展了,个人与社会的联系主要靠产品的交换,脑力劳动与体力劳动的分工成为必然。随着社会分工程度的加深和劳动积累的发展,私有制产生。马克思、恩格斯说:"私有制,就它在劳动的范围内同劳动相对立来说,是从积累的必然性中发展起来的。"[1]生产力发展之后,产品的私人占有与社会需要之间的矛盾日趋尖锐,于是,人们之间的联系越来越依靠交换,而交换必须依靠货币这种媒介,人们便产生了对商品和货币的崇拜。当资本主义生产方式建立后,价值生产即以货币为媒介的生产占据统治地位,以追求剩余价值为目的的资本也就成为世界的主宰。这时,金钱成为一切权力的权力。此时的劳动,对于劳动者来说,仅仅是一种谋生的手段;对于生产资料私有者来说,成为压迫别人的工具。随着劳动的积累增多,资本积累的速度加快,劳动者受剥削的程度相对加深。对于劳动者来说,原本是人的本性表现之一的劳动,成为一种痛苦。所以,共产主义必须消灭这种扭曲了人的本性的劳动,消除资本积累,消除私有制,使劳动成为一种符合人的本性需要的快乐。也就是说,劳动成为人的第一需要。三是马克思认为,共产主义社会的实现必须随着个人的全面发展,生产力不断发展,从而使集体财富的一切源泉都充分涌流。结合社会主义的实践,我们对个人的全面发展应该有更深刻的理解。个人的全面发展靠生产力的发展和社会变革来实现,同时,个人的全面发展又促进生产力的发展。由于国民教育的普及,人们的文化水平大大提高,不仅创造的财富增多,人们的劳动职业选择灵活度也大大增加,人们的休闲时间也大大增加。马克思、恩格斯曾说:"当分工一出现之后,任何人都有自己一定的特殊的活动范围。这个范围是强加于他的,他不能超出这个范围:他是一个猎人、渔夫或牧人,或者是一个批判的批判者,只要他不想失去生活资料,他就始终应该是这样的人。而在共产主义社会里,任何人都没有特殊的活动范围,而是都可以在任何部门内发展,社会调节着整个生产,因而使我有可能随自己的兴趣今天干这事,明天干那事,上午打猎,下午捕鱼,傍晚从事畜牧,晚饭后从事批判,这样就不会使我老是一个猎人、渔夫、牧人或批判者。"[2]如果说在几十年前我们还认为这是一种臆想的话,在生产力发展后,

---

[1]《马克思恩格斯选集》第一卷,第3版,北京:人民出版社,2012年,第208页。
[2]《马克思恩格斯选集》第一卷,第3版,北京:人民出版社,2012年,第165页。

在国民教育的水平普遍提高后,在人们的休闲时间增加后,这种情况就不是想象了。马克思所说的共产主义实现的条件,是在《哥达纲领批判》中谈的,是针对德国工人党的纲领谈的,所以,还有没有说明或不必要说明的前提。其一是这一切的实现,必须依靠生产力的发展使财富的一切源泉充分涌流。生产力的发展,一方面要靠现实的活劳动的创造,另一方面要靠对前人劳动积累的利用。利用人类几十万年的价值与财富积累,既是人类社会过渡到共产主义的基础,又是现实活劳动创造的前提。其二是必须消灭资本主义私有制,消除剥削和一切不平等、不公正、不公平现象。资产阶级利用生产资料所有权,无偿占有劳动者创造的价值和剩余价值以及再现的前人积累价值,是不合理的。要实现人的本质,要占有一切人类劳动成果,必须消灭资本主义生产方式,建立社会主义生产方式。其三是必须靠集体的力量,必须给予个人充分的自由。人民当家作主的标志,是人民掌握国家政权,实现生产资料公有制。只有在人民既掌握政权又掌握财产权的情况下,人的自由才是真实的。马克思、恩格斯说:"个人力量(关系)由于分工而转化为物的力量这一现象,不能靠人们从头脑里抛开关于这一现象的一般观念的办法来消灭,而只能靠个人重新驾驭这些物的力量,靠消灭分工的办法来消灭。没有共同体,这是不可能实现的。只有在共同体中,个人才能获得全面发展其才能的手段,也就是说,只有在共同体中才可能有个人自由。"[1]

转变资本主义生产方式,消灭资本积累,并不意味着剩余价值会随着资本主义生产方式的消亡而消失。剩余价值在任何社会都存在,并形成积累,否则,社会再生产就无法扩大,社会生产力就难以发展。前人积累的劳动价值,既包括剩余价值的积累,也包括劳动一般过程的积累。在《资本论》中,马克思只论证了资本主义社会的剩余价值积累,没有论证劳动一般过程的积累,但在马克思的共产主义理论中,已经包含了一切劳动价值积累和财富积累。只有在前人劳动积累的基础上,人类才能过渡到共产主义。有些人认为按需分配的共产主义社会是不可能实现的,多是基于眼前的劳动条件和人们目前的思想状况而产生的。不过,这种状况将随着生产力的发展、社会积累增加、社会公益度增加以及马克思主义的深入人心而改变。1949 年新中国成立,在中国共产党领导下,中国人民掌握了自己的命运,不仅在一穷二白的基础上建立起门类齐全的现代化工业体系,而且在改革开放中,汲取资本主义的文明成果为我所用,自力更生,艰苦奋斗,使生产力得到极大发展,人们的劳动强度减轻,休闲时间增多,互联网、手机、电脑得以普及,汽车进入寻常百姓家,人们的生活发生了翻天覆地的变化。随着生产力的发展,公益事业随之发展,教育、医疗、养老等的按需分配成分越来越多。社会主义中国的变化使我们有理由相信,在前人为

---

[1]《马克思恩格斯选集》第一卷,第 3 版,北京:人民出版社,2012 年,第 199 页。

我们设计的道路上,只要坚持不懈地努力奋斗,就会一步步地进入共产主义社会。

(五)前人劳动积累价值的计量

如果劳动时间一定,产品越多,单位产品中所含的劳动时间越少,产品的价值也越少,活劳动含量也越少,表现为劳动生产率的提高。但是,在价值实现时,在市场上,商品的价值要按社会平均价值计算。按照马克思的理论,社会平均价值才是商品的价值。社会平均价值中含有超额剩余价值,这种超额剩余价值既不是劳动工具的创造,也不完全是由于未超过专利保护期的科技工作者的劳动所致,而是劳动工具中和科技成果中积累有相当数量前人劳动价值的缘故。例如,一个人步行,如果每小时走 4 千米,要走完 600 千米的路程,需要 150 小时。如果改用骑自行车,每小时可走 15 千米,要走完 600 千米的路程,需要 40 小时,与 150 小时相比,省了 110 小时。如果乘汽车,每小时可走 100 千米,要走完 600 千米的路程,需要 6 小时,与 150 小时相比,节省了 144 小时。如果乘高速火车,每小时可行 300 千米,要走完 600 千米的路程,只需要 2 小时,与 150 小时相比,节省了 148 小时。人使用各种不同的交通工具所节省的时间,绝不是交通工具创造的,而是历代人的劳动积累物化为不同的交通工具并通过交通工具表现出来的。交通工具中物化的劳动时间越多,交通工具的效率越高,节省的时间也越多。

由于不同工具中所含的积累价值量不同,所以,要计算前人劳动积累价值量,需先求出相对劳动价值积累率。相对劳动价值积累率是运用某一劳动工具进行劳动的时间减去运用他种劳动工具进行劳动的时间的差与运用这种工具进行劳动的时间的比率。可用下式表示:

$$c_n' = \frac{t_1 - t_n}{t_1} \times 100\%$$

式中:c_n'为相对劳动价值积累率,t_1为计算起点的劳动工具进行劳动的时间,t_n为用其他劳动工具进行劳动的时间。

依据上式,如果其他条件相同,活劳动使用的劳动工具效率越高,表明有更多的前人劳动价值物化在工具里。例如,某人用石臼加工小麦面粉,加工 600 千克小麦需 120 小时,用分钟计,为 7200 分钟。如果采用手推磨加工,需 60 小时,用分钟计,为 3600 分钟。如果采用小型铁质电动磨面机加工,需 10 小时,用分钟计,为 600 分钟。

如果以石臼加工小麦为计算劳动积累价值的起点,劳动时间 $t_1 = 120$ 小时,劳动工具中所含前人劳动相对的价值积累率 $c_1' = (120-120)$ 小时 $\div 120$ 小时 $\times 100\% = 0$,手推磨加工劳动所需时间 $t_2 = 60$ 小时,所含前人劳动相对的价值积累率 $c_2' = (120-60)$ 小时 $\div 120$ 小时 $\times 100\% = 0.5$(为方便计算,以下不换算成百分比,下同)。电动磨加工劳动所需时间 $t_3 = 10$ 小时,所含前人劳动相对的价值积累率 $c_3' = (120-10)$ 小时 $\div 120$ 小时 $\times 100\% = \frac{11}{12}$。如果劳动者没有增加劳动强度,以石臼加工为基础,则手推磨和电动磨表达的就是机器的效率,高效率的机器是由历代人的劳动创造的。如果制造劳动工具的技术都超过了专利保护期,劳动工具体现的就是前人劳动价值的积累,是积累价值的物化。

由于前人的劳动积累价值是公共的,可被后人无偿利用,所以在商品交换中人们会对不同劳动工具所含的积累价值以最大通约值进行通约。没有通约掉的积累价值中的一部分,会成为采用先进工具进行劳动的劳动者或工具所有者的利润。这是因为,人们对前人劳动积累价值的通约,不是按某一具体的个别相对劳动价值积累率所决定的积累量进行的,而是按社会平均相对劳动价值积累率所决定的积累量进行的。社会平均相对劳动价值积累率为各种工具中所体现的相对劳动价值积累率的平均。可用下式表示:

$$\overline{c'} = (c_1' + c_2' + c_3' + \cdots + c_n') \div n \times 100\%$$

式中:$\overline{c'}$ 为社会平均相对劳动价值积累率,c_1' 为计算起点的劳动工具中包含的劳动价值积累率,c_2'、$c_3'\cdots c_n'$ 为其他劳动工具中所含的劳动价值积累率,n 为使用并参与计算的劳动工具的数量。

例如,上述举例中加工面粉的劳动,劳动工具石臼中所含的前人相对劳动价值积累率为 c_1',手推磨所含的前人相对劳动价值积累率为 c_2',电动磨面机所含的前人相对劳动价值积累率为 c_3',它们的社会平均相对价值积累率 $\overline{c'} = (c_1' + c_2' + c_3') \div 3 \times 100\% = (0 + \frac{1}{2} + \frac{11}{12}) \div$

$3 \times 100\% = \frac{17}{36}$。

因为前人积累的劳动价值被后人无偿利用,所以,在价值实现时,社会将按社会平均相对劳动价值积累率所决定的积累量进行通约。社会平均相对积累率与所使用的为计算起点的劳动工具的相对积累率进行劳动的时间的乘积,就是社会平均相对积累量,也是其通约量。可用下式表示:

$$\triangle c' = t_1 \overline{c'}$$

式中:$\triangle c'$ 为社会平均相对劳动价值积累量,t_1 为使用的并作为计算起点的劳动工具的劳动时间;$\overline{c'}$ 为使用的多种劳动工具进行劳动的社会平均相对劳动价值积累率。

上述举例中,三种劳动工具的平均相对劳动价值积累量 $\triangle c' = 7200$ 分钟 $\times \frac{17}{36} = 3400$ 分钟。在各种工具中也按这个平均量通约积累价值。

由于劳动工具中所含的积累价值不同,积累率不同,积累率高的工具中所含的积累价值在按社会平均通约量通约后,还有剩余。相对积累价值剩余量为个别工具中所含劳动价值积累率减去社会平均相对劳动价值积累率的差与积累价值为计算起点的工具的劳动时间的乘积。可用下式表示:

$$\triangle m' = t_1(c_n' - \overline{c}')$$

式中：$\triangle m'$ 为使用某一含有积累价值的劳动工具按社会平均相对价值积累率所决定的积累量通约后的相对积累价值剩余量，t_1 为使用含有相对积累价值为计算起点的劳动工具进行劳动的时间，c_n' 为某一劳动工具中所含劳动价值积累率，$\overline{c}'$ 为使用多种劳动工具进行劳动的社会平均劳动价值积累率。

上述举例中，由于以石臼加工劳动为计算的起点，其积累率为 0，所以，它的积累价值剩余量 $\triangle m' = t_1(c_n' - \overline{c}') = 7200$ 分钟 $\times (0 - \frac{17}{36}) = -3400$ 分钟；用手工磨加工劳动的价值积累率为 $\frac{1}{2}$，其积累价值剩余量 $\triangle m' = 7200$ 分钟 $\times (\frac{1}{2} - \frac{17}{36}) = 7200$ 分钟 $\times \frac{1}{36} = 200$ 分钟；用电动磨加工劳动的价值积累率为 $\frac{11}{12}$，其积累价值剩余量 $\triangle m' = 7200$ 分钟 $\times (\frac{11}{12} - \frac{17}{36}) = 7200$ 分钟 $\times \frac{4}{9} = 3200$ 分钟。积累价值剩余将会实现为利润或超额利润。

在市场上，用以上三种劳动工具进行加工劳动的产品价值的实现，以通约后的积累价值剩余与它们各自的劳动时间之和为基础。可用下式表示：

$$w' = \triangle m' + t_n$$

式中：w' 为价值实现量，$\triangle m'$ 为积累价值剩余量，t_n 为使用某种工具的劳动时间。

上述举例中，用三种劳动工具进行加工劳动的产品的价值实现，即它们的市场实现价值分别为：石臼加工产品的实现价值 $w' = 7200$ 分钟 $+ (-3400$ 分钟$) = 3800$ 分钟；用手工磨加工产品的实现价值 $w' = 3600$ 分钟 $+ 200$ 分钟 $= 3800$ 分钟；用电动磨加工劳动产品的实现价值 $w' = 600$ 分钟 $+ 3200$ 分钟 $= 3800$ 分钟。

不论劳动工具所含的积累价值是多还是少，都可以作为计算劳动产品价值实现的通约量的基础。例如，上述举例中，如果以手推磨加工为产品价值实现的计算基础，根据劳动价值积累率表达式 $c_n' = \frac{t_1 - t_n}{t_1} \times 100\%$，则石臼加工产品的劳动积累率 $= (60 \text{ 小时} - 120 \text{ 小时}) \div 60 \text{ 小时} \times 100\% = -1$，手推磨加工的劳动积累率 $= (60 \text{ 小时} - 60 \text{ 小时}) \div 60 \text{ 小时} \times 100\% = 0$，电动磨加工产品的劳动积累率 $= (60 \text{ 小时} - 10 \text{ 小时}) \div 60 \text{ 小时} \times 100\% = \frac{5}{6}$。

根据社会平均相对劳动价值积累率表达式 $\overline{c}' = (c_1' + c_2' + c_3' + \cdots + c_n') \div n$，则它们的社会平均相对劳动价值积累率 $\overline{c}' = (-1 + 0 + \frac{5}{6}) \div 3 = -\frac{1}{18}$。

因为计算以手推磨为基础，所以手推磨的劳动时间为 t_1。根据相对积累价值剩余量表

达式 $\triangle m'=t_1(c_n'-\overline{c}')$，石臼加工劳动产品的相对积累价值剩余量 $\triangle m'=3600$ 分钟×[$-1-(-\dfrac{1}{18})$] = 3600 分钟×($-\dfrac{17}{18}$) = -3400 分钟。手推磨加工产品的相对积累价值剩余量 $\triangle m'=3600$ 分钟×[$0-(-\dfrac{1}{18})$] = 3600 分钟× $\dfrac{1}{18}$ = 200 分钟。电动磨加工劳动产品的相对积累价值剩余量 $\triangle m'=3600$ 分钟×[$\dfrac{5}{6}-(-\dfrac{1}{18})$] = 3600 分钟× $\dfrac{8}{9}$ = 3200 分钟。

根据利用含有不同积累价值的劳动工具生产的产品的价值实现量基础表达式 $w'=\triangle m'+t_n$，石臼加工产品的价值实现量 $w'=-3400$ 分钟+7200 分钟=3800 分钟，手推磨加工产品的价值实现量 $w'=200$ 分钟+3600 分钟=3800 分钟，电动机加工劳动产品的价值实现量 $w'=3200$ 分钟+600 分钟=3800 分钟。

如果以电动磨加工劳动作为计算相对积累价值的基础，也会得出同样的结果。根据相对劳动价值积累率表达式 $c_n'=\dfrac{t_1-t_n}{t_1}×100\%$，则石臼加工产品的相对劳动价值积累率=（10 小时−120 小时）÷10 小时=−11，手推磨加工产品的相对劳动价值积累率=（10 小时−60 小时）÷10 小时×100%=−5，电动磨加工产品的相对劳动价值积累率=（10 小时−10 小时）÷10 小时=0。

根据社会平均相对劳动价值积累率表达式 $\overline{c}'=(c_1'+c_2'+c_3'+\cdots c_n')÷n×100\%$，则它们的社会平均相对劳动价值积累率 $\overline{c}'=[-11+(-5)+0]÷3×100\%=-5\dfrac{1}{3}$。

因为计算以电动磨为基础，所以使用电动磨进行加工产品的劳动时间为 t_1。根据相对积累价值剩余量表达式 $\triangle m'=t_1(c_n'-\overline{c}')$，石臼加工产品的相对积累价值剩余量 $\triangle m'=600$ 分钟×[$-11-(-5\dfrac{1}{3})$] = 600 分钟×($-5\dfrac{2}{3}$) = -3400 分钟。手推磨加工产品的相对积累价值剩余量 $\triangle m'=600$ 分钟×[$-5-(-5\dfrac{1}{3})$] = 600 分钟× $\dfrac{1}{3}$ = 200 分钟。电动磨加工产品的相对积累价值剩余量 $\triangle m'=600$ 分钟×[$0-(-5\dfrac{1}{3})$] = 600 分钟×5 $\dfrac{1}{3}$ = 3200 分钟。

根据利用含有不同积累价值的劳动工具生产的产品的价值实现量基础表达式 $w'=\triangle m'+t_n$，石臼加工产品的价值实现量 $w'=-3400$ 分钟+7200 分钟=3800 分钟，手推磨加工产品的价值实现量 $w'=200$ 分钟+3600 分钟=3800 分钟，电动磨加工产品的价值实现量 $w'=3200$ 分钟+600 分钟=3800 分钟。

由于按社会平均相对劳动价值积累率所决定的通约量通约后，在市场上用含有不等量的劳动工具加工的小麦面粉的价值实现量均为3800分钟，用石臼、手推磨加工产品，付出的劳动量大,劳动时间长,劳动生产率相对低。用电动磨加工产品的劳动量相对小,劳动时间短,劳动生产率相对高,因而用石臼、手推磨加工面粉的劳动会被淘汰,或参与没有电动机加工劳动的竞争。

按照马克思关于社会必要劳动时间决定价值量的理论,上述三种劳动的社会必要劳动时间是:(120 小时+60 小时+10 小时)÷3 = 63 $\frac{1}{3}$ 小时。如果用分钟计,则为 3800 分钟,与上面的计算一致。

马克思的计算很简便,但隐匿了其中蕴含的某些道理。以上关于前人积累价值通约量和剩余量的计算较为复杂,但它揭示了如下奥秘:一是通过以上计算,人们认清了有一部分剩余价值来源于前人的积累价值。二是纠正了人们对利用自动化机器生产创造更多的价值和剩余价值的错误认识。自动化机器不会创造剩余价值,剩余价值来源于现实活劳动即科学工作者和技术工人的协作劳动。有一部分前人积累的价值通过现实活劳动使之再现后,会被人当作剩余价值,会使一些经济学家产生自动化机器创造剩余价值的错觉。三是通过分析和计算,使我们认识到生产率高的劳动实现的超额价值不是从生产率低的劳动那里转移来的,而是前人劳动积累价值的部分再现。四是说明了商品价值实现的基础是社会必要劳动时间,相对通约率是一定的,任何人不能随意对商品无限制加价,否则,商品将滞销。

上述关于前人劳动积累价值通过活劳动再现的理论,与马克思关于资本有机构成的理论也是一致的。上述的计算,不仅解决了超额利润来源于生产率低的劳动的错误认识,而且也解决了人们关于资本有机构成低的劳动创造的产品价值转移到了资本有机构成高的劳动产品中去的错误认识。马克思认为,技术越先进,不变资本的价值量越多,使用的可变资本越少,创造的剩余价值量减少,但按社会平均利润率实现的利润却增多。通过计算,我们明白了,由资本有机构成不同导致实现的利润不同的一个重要原因,是前人劳动积累价值按平均通约率所决定的通约量进行通约后,资本有机构成高的劳动产品中还有部分前人劳动积累价值未被通约掉,所以其实现的价值多。虽然生产率低的劳动和资本有机构成低的劳动实现的价值少,但其未实现的价值还存在于产品中,不会转移。

在垄断的情况下,垄断者不按积累价值的最大通约值进行通约,而是使更多的积累价值再现,成为垄断利润。

有人可能会有疑问:如上所述,如果前人积累劳动再现的一部分表现为剩余价值,是不是否定了马克思的剩余价值理论?当然不是。任何劳动工具,既是前人劳动的物化,也是现实人的劳动创造。不仅前人劳动积累价值的再现需要现实的活劳动,而且机器的设计、制造和使用,更需要现实的活劳动。马克思所说的剩余价值,虽然可能包括了前人积累价值再现的一部分,但更主要的是指现实劳动创造的价值剩余。马克思的资本有机构成理论清楚地告诉我们,虽然在资本有机构成高的劳动产品中,固定资本所含的前人积累劳动多,但是,剩余价值并没有随资本有机构成的增高而增加。因为资本有机构成高,使用的活劳动少,创造的剩余价值也少。剩余价值是随着资本有机构成的提高而减少的。这说明,马克思所说的剩余价值,主要是由现实活劳动创造的。现实的活劳动,既指科学工作者,又指技术工人。关于他们怎样创造剩余价值,将在第十三章中详细论述。

前人劳动积累价值计量问题的解决,是对生产要素价值论的有力批判,是对为资本主义剥削辩护的有力批判。那种认为无论谁离开了生产资料都创造不出任何价值,所以拥有生产资料的资本家的剥削有其正当性的观点,是不正确的。自动化机器的自然价值创造,是机器的自然变化过程,机器不会像人一样创造价值和剩余价值。如果自动化机器可以创造剩余价值,那么,资本家就可以不再是剥削者,相反,资本家还是工人的养活者。这样一来,一个必然的逻辑推理就是:资本主义制度是合理的;马克思主义劳动价值论是错误的;社会主义革命是逆历史潮流而动的,是反动的。这都与历史和现实事实不符。在资本、机器、劳动力、生产资料等生产要素中,既包含前人积累的劳动价值,也包含现实活劳动创造的价值;既有剩余价值,又有一般劳动过程。积累的劳动价值,表示前人已经走完了用时间表达的劳动过程,后人在前人劳动的基础上进行劳动不必要再重复这些过程了。现实的劳动,既再现前人的积累价值,又有现实活劳动创造的价值和剩余价值。现实的活劳动,指脑力劳动与体力劳动的结合。自动化机器的出现,既是后人对前人劳动价值继承的结果,也是现实活劳动创造的结果。资产阶级经济学家说,自动化生产的实现是资本的功劳,广大劳动人民是被资本家所养活的"群氓"。这是无视广大劳动者通过劳动再现前人的劳动积累价值和自然基质的价值、实现科学工作者的劳动力价值与脑力劳动创造的价值、实现劳动者自身的劳动力价值的胡言乱语。作为劳动资料的机器,既是现实脑力劳动者与体力劳动者的现实劳动的结果,也是前人的劳动积累价值的物化。前人的积累价值,只要超过一定的年限,就属于公共的;生产资料的基质是大自然的恩赐,也是公共的,所以,化公为私,资本家利用生产资料私有权进行剥削,既不合理又不公平。共产党为建立一个人人平等、自由联合、各尽所能、生产资料归公共使用、消灭剥削、公正公平的社会而奋斗的主张,无疑是正确的。至于生产资料公有制的实现形式,须依具体情况的不同而不同。

对前人积累价值的定性和定量研究,不仅使生产要素价值论破产,也为政治经济学的研究开辟了一条新路。

第十二章　科技劳动价值创造与计量

——兼驳知识价值论

在现实的价值和财富创造中,科技贡献率已达 70%~80%,有人因为科学归于知识的范畴而提出以知识价值论取代马克思主义劳动价值论。机器与人的关系,在上一章已经讨论过了。知识价值论能替代马克思主义劳动价值论吗? 科技价值创造的原理是什么? 科技创造的价值如何计量? 这是本章要讨论的问题。

一、科学研究和技术操作的区别和联系

科技,是科学和技术的合称。科学和技术是两个不同的概念。

（一）科学

科学是人对自然和社会客观存在正确认识的知识体系,它是一种主观的观念,只存在于人的头脑中。人们把偏重于以脑力劳动获得对自然和社会客观存在正确认识的劳动者称为科学家。

（二）技术

技术是转变客观事物存在状态为人所用或检验科学认识是否正确的规范性操作方法。现代技术操作活动主要分为科学实验型技术操作和普遍财富创造型技术操作两种。科学实验型技术操作是科学工作者获取对自然界正确认识的方法和手段,主要在实验室进行。人们获取科学知识是为了在生产实践中应用,以加快创造财富的速度,因而科学实验型技术操作为普遍财富创造型技术操作提供依据。有效的技术操作方法被后人所继承,久而久之,便成为规范的技术。在社会分工体系中,人们往往把在科学实验室进行实验操作者和在生产中运用科学知识创造财富的操作者称为技术人员或技术工人。

在现实生产中,技术依赖于科学,科学也离不开技术,科学和技术的融合度也越来越高。在技术操作中,技术设备是完成操作活动必不可少的条件。这些技术设备是前人积累劳动的物化,其中既有科学的积累,也有技术的积累,是前人科学和技术的完备结合。

于是,人们在生产中往往把二者合称为科技。

（三）科学研究和技术操作是两种不同的劳动方式

科学和技术概念的差别,是由从事科学研究和技术操作的两种不同的劳动方式引起的。这两种不同的劳动方式是由人与其他动物显著不同的特性决定的。

在第二章我们已经谈过,人会抽象思维并会把思维的结果用文字或其他方法描述下来并传给他人或后人。他人或后人不仅能读懂这些用文字或其他方法所描述的内容,而且还有在继承的基础上进行深度思维的能力,这是人与其他动物显著不同的特性之一。专门从事抽象思维工作认识自然和社会规律,并把这种认识用语言、文字、图画或其他方法描述下来,思考如何顺应自然或社会规律解决人们在现实中遇到的问题的人,为自然科学理论家或社会科学理论家。这是一种以抽象思维活动为主的特殊的方式,决定了科学研究工作的特性。人不仅会抽象思维,还有把抽象具体还原为实际具体的能力。如果某位科学家进行抽象思维设计出一款机器,他用文字对机器的制造方法加以说明并绘成图纸,他人或后人就会根据文字说明和图纸制造出具体的机器来。这种专门把解决问题的办法付诸实践,把思维具体还原为现实具体的劳动,也是一种特殊的劳动方式,从事这种劳动的劳动者成为技术工人。如果只有科学家对自然和社会的科学认识而无技术人员把这种科学认识付诸实践的活动,认识就只能是存在于人的头脑中的抽象;如果生产工人不掌握一定的科学知识而只是蛮干,则财富与价值创造就不可能大幅度增加。生产工人的素质集中地表现在他们掌握科学技术的多寡。科学家的重要性,集中表现在他们的理论研究与生产的结合对劳动生产率的影响有多大。

（四）脑力劳动和体力劳动差别消失的趋势

本来四肢和头脑是不可分割的人体器官,体力劳动和脑力劳动是人同时具备的两种能力,因而这两种劳动方式的结合是人的天性。但是,由于社会生产力的发展,生产规模的扩大和私有制的出现,分工范围不断扩大。资本主义生产方式的出现,不仅使分工规模更加扩大,而且使分工日益固定;不仅使从事体力劳动的劳动者成为机器的固定"零件",而且使体力劳动和脑力劳动相对立。资本家利用生产资料占有权,让脑力劳动者进行科学研究,体力劳动者在工厂进行生产技术操作,并利用科研成果的乘数效应,为他们创造绝对剩余价值或相对剩余价值,排挤越来越多的劳动者,以达保持这种剥削制度长久性的目的。

随着社会生产力的发展和人的全面发展,体力劳动与脑力劳动的分工界限越来越模糊,最后它们之间的差别将消失。这是人们创造财富的需要,也是社会发展的必然。科学研究和技术操作这两种劳动方式的结合,使前人的劳动积累价值和自然资源价值都归于社会,而不再是私人发财的资本,社会主义生产方式由之产生。马克思主义认为,在共产主义社会里,工农、城乡、脑体三大差别将消失。从现实情况看,工农、城乡的差别已经处于人们看得见的消失过程中,体力劳动和脑力劳动差别的消失也初现端倪。现在科学研究和技术操作已成为人类创造财富和创造价值的重要劳动方式,人们称其为科技劳动。科技、劳动在价值和财富的创造中已经成为一个整体。一是在科学实验中,科学家要借助技术手段,运用技术设备对科研设想进行验证,验证的过程必须是科学和技术的结合。有些科学家亲自在实验室里和在生产中进行技术操作,身兼科学家和技术员两种角色。二是工人在普遍的生产中,必须掌握一定的科学知识,按照操作规程进行劳动创造。有些技术员还在实验室和生产过程中进行思考并获得了正确认识的知识,身兼技术员和科学家两种角色。现实中,人们不仅把以体力和脑力这两种劳动方式进行劳动的人员统称为科技人员,把他们的劳动称为科技工作,还把他们的劳动成果在全部劳动成果中所占的比例称之为科技贡献率。凡此种种,都说明了这两种劳动方式合而为一的趋势。现阶段,由于人们的文化水平仍不高,体力劳动和脑力劳动之间的界限还很明显。人们需要认识清楚社会生产力发展的趋势,顺应历史的趋势,提高人们的科学技术文化水平,促进社会进步。

二、科技价值创造与马克思主义劳动价值论

马克思认为,科学是人类历史上最革命的力量。但是,马克思没有对科技劳动如何创造价值进行系统论述,也没有对科技创造的价值予以计量。目前,经济学界对科技价值创造与计量有很多迷惑,并进行了激烈争论。

(一)科技价值创造观点与马克思主义劳动价值论

有西方经济学家提出,马克思主义劳动价值论产生于资本主义生产的早期,现在,时过境迁,科学技术在生产中的作用越来越突出,马克思主义劳动价值论已经过时了。他们提出,用创新价值论或知识价值论替代马克思主义劳动价值论。

1. 创新价值论和知识价值论。创新价值论是美籍奥地利经济学家熊彼特(1883—1950年)在1942年出版的《资本主义、社会主义和民主》一书中提出的。他认为,资本主义社会会建立一种新的生产函数,这种新组合包括引进新产品、引进新技术、采用新的生产方法、开辟新市场、引用新的原材料、实现企业的新组织等。这时,一切经济过程都非人化和自动化了,因而劳动者不再是价值的主要创造者,自动化成为价值的决定者。[1] 熊彼特的创新价值论说了价值的两个来源:一是来源于自动化机器的创造;二是由资本家的活动和资本的投入实现的,是资本家领导、组织了科学技术创新活动。因此,利润就是对

---

[1]何炼成主编:《价值学说史》,西安:陕西人民出版社,1984年,第369页。

资本家领导、组织这种创新活动的报酬,资本家的活动是价值和剩余价值的源泉。

随着科技对生产力的影响越来越大,因而否定马克思主义劳动价值论的思潮一浪高过一浪。比如,美国学者约翰·奈斯比特在其1982年出版的《大趋势》一书中提出"我们必须创造一种知识价值理论来代替马克思的陈腐过时的劳动价值理论"[1],"马克思的'劳动价值论'诞生于工业经济的初期,必将被新的'知识价值论'所取代"[2],"在信息社会里,价值的增长是通过知识实现的,知识是一种不同于马克思所认为的劳动"[3]。由于新科技的财富创造主要体现于自动化机器,所以,有人认为自动化机器会独立创造价值和剩余价值。"原联邦德国法兰克福学派的哈伯尔梅即宣称(大意):技术和科学已成为主要的生产力,马克思主义劳动价值论的应用前提不存在了。因为,科学的进步已经成为独立的剩余价值源泉,直接生产者的劳动越来越不重要了。又如,英国的安乐尼·卡特勒等在《马克思的〈资本论〉和今天的资本主义》一书中写道:'马克思在〈政治经济学批判大纲〉中已看到科学技术的发展会消灭价值形成的条件。现在,直接劳动者已不是生产过程的主体了,劳动价值论的基础已不复存在了。'"[4]

虽然科技创新劳动在人类劳动中所起的作用越来越大,创新价值论和知识价值论据此提出了很多尖锐的现实问题,但这些问题并不能否定马克思主义劳动价值论。相反,创新价值论和知识价值论却证明了马克思主义劳动价值论的正确性。一是熊彼特的创新价值论的最大缺点是,没有说明价值是什么,机器人与人的关系是什么。在生产中,人到底是机器的主人还是机器是人的主人?按照他的逻辑,机器应该是人的主人,这显然是荒谬的。任何先进的机器都是人运用科技手段创造的,其他动物不会创造出自动化机器,自然界也不能像生长树木那样生长出自动化机器,说到底,自动化机器是由人的劳动创造的,它怎么能成为超人反客为主去创造价值和剩余价值呢。二是资本家的活动和资本的投入促进了科技创新,而由科技创新带来的利润应该归资本家所有,显然也说不过去。因为科技人才是科技创新的主体,资本家给予资本支持,但资本家不能因此成为科技创新的主体。资本家的资本来源于劳动者创造的剩余价值,资本的原始积累来源于剥夺,不仅在马克思那个年代如此,在苏联解体的过程中产生的资本家也如此,他们的资本是利用权力掠夺国有资产得来的。三是企业家不等同于资本家。我们撇开不劳动的资本家不说,只说参与管理活动的资本家。如果资本家亲自参与管理活动,则他的管理活动具有二重性。一方面,他参与生产的策划、资本运作、购买新机器、创造适合劳动的环境、劳动力调配以

---

[1]高放著:《马克思主义与社会主义》,哈尔滨:黑龙江教育出版社,1994年,第114页。

[2]高放著:《马克思主义与社会主义》,哈尔滨:黑龙江教育出版社,1994年,第114-115页。

[3]高放著:《马克思主义与社会主义》,哈尔滨:黑龙江教育出版社,1994年,第115页。

[4]吴易风主编:《马克思主义经济学与西方经济学比较研究》第2卷,北京:中国人民大学出版社,2009年,第534-535页。

及监督等事务,他与其他劳动力一样,是一个劳动者,创造价值和剩余价值。另一方面,他利用生产资料占有权进行剥削的活动,通过他的劳动把其他劳动者创造的剩余价值占为己有。他可能是一个具有企业家素质的资本家,但他仍然是资本家。而企业家只参与生产的管理而不占有劳动者创造的剩余价值。四是不能把全体劳动者创造的价值和剩余价值与企业家创造的价值和剩余价值等同。企业家通过管理劳动创造的剩余价值,兼有科技劳动创造的剩余价值和管理劳动创造的剩余价值两种特性。管理是一种科学工作。它的对象主要是社会的人。人的有效的协作劳动会提高劳动生产率。管理也涉及机器和人的结合性劳动,劳动者使用机器进行劳动,也会提高劳动生产率。所以,管理者可能是一位科学家,他会在实际工作中创立出科学的管理理论;生产管理者也像官员一样,是生产管理实践家。在社会变革中,仅有理论家还不够,还需要社会活动家通过具体活动,把理论运用于实践,以促进社会的发展和进步。企业家也如此,他们往往把科学工作者创新的管理理论,运用于生产实践活动。企业家的价值和剩余价值创造问题,只有在对科学工作者和官员创造的剩余价值的计量问题探讨清楚后才能被人们明白地认识。现在人们对企业家的劳动性质、价值和剩余价值创造、劳动量等等问题认识不清,认为企业的利润都是企业家创造的,这不仅否定了广大劳动者在价值创造中的地位和作用,也不符合事实。只有以马克思主义劳动价值论为指导进行认真思考,才能解决这些问题。我们在本章和第十三章将对科学工作者如何创造价值和剩余价值问题进行探讨,在第十五章将对官员的价值创造问题进行探讨,以求对这个问题的解决有一个基本思路。五是不能把社会主义国家国有企业的企业家与资本主义国家的私有企业的企业家混为一谈。在社会主义公有制条件下的监督劳动报酬与资本主义社会资本家的监督劳动报酬性质是不一样的,不能相提并论。由于社会主义企业的所有权是全民的,企业全体职工创造的价值和剩余价值都归社会所有,除去生产资料不变部分的补充和扩大再生产所需生产资料的添加,其余的剩余价值所转化的利润,用于社会的生产建设和人民的生活福利,现在国家把国有企业的一部分股资划归社会保障基金就是明证。企业家的报酬,只能是他的劳动力价值的等价。在现阶段,可根据他们对企业经营管理情况给予一定的奖罚。在资本主义国家,资本家给予科学家以高薪,或者让科学家持股,一方面,一项科研成果因其具有乘数效应可以通过技术工人的劳动创造更多的剩余价值,科学家的工资仅是剩余价值的九牛一毛;另一方面,资本家这样做可以在脑力劳动者与技术工人之间制造对立,使资本主义剥削秩序得以巩固。

抛开为资本主义剥削辩护的方面不说,按照创新价值论和知识价值论的内在逻辑,如果说科学技术的创新活动是破坏经济均衡而又在新的基础上引起新的均衡的力量,那么新的均衡是什么呢?只能是社会变革。如果说科学技术的创新必然引起生产组织的变化,新的生产组织的变化又是什么呢? 只能是生产组织的创新。生产组织创新和社会变革,使社会发展为一种新形态。这种新形态是什么? 有西方学者基于科技价值创造的特殊作用,于 20 世纪 90 年代提出了知识经济概念,并且把知识经济作为一种社会经济形态来看待。美国管理学家彼得·德鲁克在 20 世纪 90 年代谈论下一个社会时说:"下一个社会将是一个知识社会,知识将是其主要资源。而知识工人将是其劳动力中的占优势群体。这个社会的主要特征将是:没有边界,因为知识的流动比资金更容易;向上流动,每一个人通过不难获得的正规教育都能享受这个社会的利益;失败和成功的可能性相等,人人都能获得'生产手段',即工作所需的知识,但并非人人都能成功。"[1]德鲁克所描述的新的社会经济形态中,脑体差别基本消失,这正是马克思所论证的未来社会的一个重要特征。

2. 马克思主义劳动价值论与生产力论脱节论。自邓小平提出科学技术是第一生产力的论断之后,有人以科学技术在生产中的实际贡献为依据,提出马克思主义劳动价值论与生产力论脱节论,这样就否定了列宁所说的劳动者是首要生产力的论断。有人说:"不能将劳动价值论误解为劳动生产力论,它们在马克思学说体系中不属于同一范畴,因而将'两论'对立起来是站不住的。但'两论'在马克思学说体系中互不统一却说明了一个事实,即马克思劳动价值论同社会生产力论是脱节的,它说明不了生产力发展的动力和规律,它也从不以此为宗旨。这种情况对资本主义来说算不算劳动价值论的缺陷,人们见解不一,但对于社会主义来说肯定不能说是一个优点。"[2]

大家知道,生产力始终只能是劳动生产力,是劳动者在劳动过程中的生产能力,不可能是猴子的生产力,所以,不能脱离生产力来谈论马克思的劳动价值理论。相反,马克思始终是以生产力为依据来谈劳动价值的。他在《资本论》的开篇说商品的价值与劳动时间成正比,与劳动生产力成反比,就是把价值论牢牢地与生产力捆绑在了一起。任何生产资料和劳动产品,都是劳动者创造的。所以,从这个意义上说,劳动者确实是首要的生产力。科学技术这种人所创造的东西,还能比人更重要吗? 邓小平关于科学技术是第一生产力的论断暗含的前提是,在人所创造的劳动生产力中,在人的劳动能力中,科学技术处于第一位。

马克思没有研究如何发展生产力,但他正是在对生产力发展历史考察的基础上,发现了人类社会发展的规律,发现了与生产力相适应的生产关系,发现了资本主义生产力发展的历史趋势,否则,科学社会主义还能称为科学吗? 如果马克思主义劳动价值论与生产力论脱节,那么,马克思主义劳动价值论对建设社会主义就没有什么指导意;如果把科学技术放在一切生产要素的第一位,那么,人民群众的历史创造者地位将被彻底否定;如果

[1]顾信文译自英国《经济学家》周刊,2001 年 11 月 3 日,载《国外社会科学文摘》,2002 年第 1 期。
[2]晏智杰著:《经济价值论再研究》,北京大学出版社,2005 年,第 76 页。

把劳动力与机器等生产资料等同,那么,劳动者将不是劳动过程的主导,而是会说话的"工具"。因此,马克思主义劳动价值论与生产力脱节论这种说法既不符合马克思的劳动价值理论,不符合实际,也不科学。

3. 资本品创造价值的"新经济价值"论。我国有学者认为,现代科技之所以能够创造出巨大的价值和剩余价值,是由于科学技术物化为资本品所致。什么是资本品?"资本品指实际的或物理的资本,像建筑、机器、仪器等可触摸之物,被生产出来又被用于生产其他物品和服务。这里的'资本'概念主要是指资本品,亦即那些自身是劳动产品、又为进一步生产劳动产品服务的物品。它们既非自然的恩赐,又可以独立于人而存在。"[1]论者指出,资本品与马克思的资本概念不完全相同,它不包括可变资本,大致相当于不变资本,但与劳动工具的概念也有所不同。简要地说,资本品是通过人的劳动生产出来的物,它既是科学技术的物化,又是科技的承载体。

论者认为,市场经济不仅是一种资源(广义的,包括劳动、自然资源和资本)配置方式,更是社会化生产的现代组织形式。市场经济固然不是唯一的,也不是绝对完美的体制,但迄今为止的人类实践证明,它是目前最主要、最有效的社会化生产组织形式。借助市场经济的力量,科技—生产—经济统一体已经成为当代经济社会的重要构建,因而人类社会的生产方式发生了改变,生产力的性质也发生了改变。一体化的生产过程拒绝了那种把生产看成仅仅与劳动过程相联系的观点,这种观点使许多人不承认科学技术已是直接的生产力,因为它不属于狭义的生产过程(即劳动过程)。劳动只是现代生产大系统的要素之一,科学技术不仅是这个大系统中的一个内禀要素,而且是首要的要素;不仅是直接生产力,也是首要生产力。与科技生产力紧密相关的,是劳动、资源和资本品三个概念。

论者认为,劳动是指人类在生产财富中所提供的有价值的服务(不是积累和提供服务,也不是承担经营企业的风险)。一切劳动都必须有两大因素——体力的付出因素和技巧因素,技巧因素在劳动中比体力因素居于更核心的地位。技巧包括技能和技艺两种。技能是具有创造性和天赋性的东西,比如你可以学习爱因斯坦的物理知识,但你无法学到他的创造技能。技艺可以在劳动过程之外习得,可以用书面符号如文字、图像等表达,在不同的劳动者之间进行传授,然后再应用于劳动过程的技巧。技艺可以被推广、共享和积累。以书面形式存在的技艺不但独立于具体的劳动过程,而且独立于具体的劳动者。例如,草药的配方就是一门技艺,拥有了配方的人不需要专门的技能就可以配制出具有同样效力的草药。在现代,一个新产品的使用说明书也可以被视为客观技艺。客观技艺可以成为认识的独立客体,由此可能上升为理论化的知识体系。这些独立于劳动过程和劳动

---

[1]刘大椿:《现代科技何以创造经济价值》,《复旦学报(社会科学版)》2002年第3期。

者的知识体系又能按自身逻辑独立地发展,不断增殖出新的、更高级的客观技艺——事实上,这已经是一种科技活动。也就是说,客观技艺渐渐长成为现代科技中不可分割的一部分。而当这些从现代科技中汲取营养的客观技艺再返回到劳动过程中去时,将产出更大的效益。因此,客观技艺的体系化,意味着生产它的脑力劳动成为科技活动的一个重要类别。另一方面,它又直接是一种生产活动。科技活动以生产客观技艺的方式直接并入生产过程,这是现代社会中"科技—生产"一体化的一种重要方式。虽然科学技术在现代社会中主要以技艺和客观技艺的形式对劳动起作用,然而,一切科学技术的进步包括客观技艺的进步,都依赖于科技工作者的创造性技能。所以,科技工作者是最活跃因素中的最活跃者。

论者认为,科学技术可以作用于自然资源,不断地改变人和自然关系,因而也改变着资源的外延。例如,炼铁技术使铁矿石成为资源,空间技术使外层空间也成为资源。科技作用于自然资源的质料、能源和信息。科技价值之革命性的体现,主要在开发资源方面。开发是比转移更有前景的资源技术。

论者认为,资本品本身是劳动产品,又进一步为生产劳动产品服务。如果资本品的积累不单单是物的积累,而是作为新技术的承载物而投入生产过程,则社会生产就会有成倍乃至成百倍的增长。"由此可见,资本品的巨大魔力不是在于构成它的物自身,而在于它是科学技术的物的承载者。资本品不仅仅是物,而且是科学技术的物化。体现在资本品中的,不是物的资源的积累和转移——马克思称之为'不变资本'——而是科学技术,是一种生产力,是一种能创造价值的东西。"[1]简略地说,资本品就是科学技术的物化,机器是动力机、部件、技具按一定工序的组合,自动化流水线和无人工厂是大机器体系的代表。"把资本品——从技具、工序、机器直到大机器体系——视为科学技术的物化,而不仅仅是一般的物,这一认识极为重要。它要求我们重新考虑一个问题:资本品能否创造价值。在经典理论中,资本分为不变资本和可变资本两部分,前者在生产过程中是不增殖的。后者虽然能增殖,但它仅仅是指购买劳动力的那部分资本,即人力资本,基本不包含资本品。但是,在今天的社会经济条件下,如果坚持上述论断,就无法解释由资本品积累带来的社会生产能力的数十倍、数百倍提高,并且它并不伴随着人力劳动投入的增加;相反,越是发达的国家,投入的劳动总量反而有所下降,劳动复杂程度也并不更高。资本品正替代劳动,使后者转向服务性行业。因此,在当代社会经济条件下,有必要把可变资本的外延扩大,使之包含资本品中物化了的科学技术的那一部分。当然资本品中直接作为物的那一部分,如生产原料、初级产品等等,仍然属于不变资本。但总的来看,资本品是创

---

[1]刘大椿:《现代科技何以创造经济价值》,《复旦学报(社会科学版)》2002 年第 3 期。

造财富的。当应用劳动价值于科学技术产品时,困难也很明显,因为科技创造活动是极为高级的脑力劳动,几乎无法约化为一般的简单劳动。爱因斯坦发现相对论时,用于苦苦思考的1小时时间,相当于一个普通焊工多少时间的劳动呢? 这样的问题找不到定量的回答。同样,在实用性技术发明与非实用性科学发现之间如何比较,也是个令人头疼的问题。更重要的是,劳动价值中不包含风险收益。然而,科技活动也是一项风险极大的活动。一个世界性难题可能令几代科技工作者殚精竭虑,却空手而归。按劳动价值论,它们的活动是'无用劳动',不创造价值。这显然是不公平的。如果我们改变态度,假定一切科技活动无论出成果与否,都是有用劳动,这样做又不利于打击科技界那些'南郭先生'。"[1]"既然市场经济条件下的经济价值不能等同于劳动价值,那么资本品能够创造经济价值也就是可以理解的了。"[2]

根据上述理由,论者得出结论:"现代经济的基本原则之一是按生产要素分配,这也蕴含着:包括劳动、资本、资源和科技(或说知识)在内,各种生产要素都创造着经济价值。现代科技通过对劳动、资源和资本品的作用和变革,可以创造出巨大的财富。这不能简单地归结为传统的劳动价值论,而应当扩展为新的经济价值论。"[3]

上述的"新的经济价值论"与简单地仅凭现象观察就否定马克思主义劳动价值论不同,论者对科学技术为什么是第一生产力、马克思主义劳动价值论是否过时进行了理论思考。论者提出的关于技能的见解,涉及天才的思维物质基础的深层次问题,这些问题需要随着生命科学、化学等科技进步去解决。但是,很显然,上述论述不能否定马克思主义劳动价值论。一是科技劳动既然是人的一种高级脑力劳动,它就仍然是劳动。作为科技承载体的资本品,是劳动的产物,是劳动积累的产物。如果说人类劳动的产物能够自行创造价值和剩余价值,无疑说的还是物化劳动可以创造价值和剩余价值。二是资本品本身是劳动产品,也是体力劳动和脑力劳动结合的产物。人们可以依据对客观事物的认识进行财富创造,但人们的认识是否与客观相符,需要经过实践的检验。而实践检验的方法,不论是通过实验室进行,还是通过生产车间进行,都需要相当数量高素质工人来完成。科技工作者与体力劳动者不是对立的。不论爱因斯坦思考问题的1小时等于普通劳动者劳动多少小时,爱因斯坦的思考也是脑力劳动,爱因斯坦的劳动成果如果不与普通劳动者的劳动相结合,就只是存在于头脑中的观念,形不成使用价值,也就没有价值。如果有的科学家思考某个问题几十年终一无所获,他的劳动是无效劳动。社会对他是否应该给予一定的补偿,是另外一个问题,与他的劳动效果不应该混为一谈。三是科技工作者对客观存在

[1]刘大椿著:《现代科技何以创造经济价值》,《复旦学报(社会科学版)》2002年第3期。
[2]刘大椿著:《现代科技何以创造经济价值》,《复旦学报(社会科学版)》2002年第3期。
[3]刘大椿著:《现代科技何以创造经济价值》,《复旦学报(社会科学版)》2002年第3期。

认识结果的科研成果是抽象的。如果把客观事物的抽象作为像人一样能自我发展的独立客体,显然是不可理解的。如果科学家把科研成果作为一种客观存在,以某一科研成果为基础进行抽象演绎,那么,这些科研成果还是由人使用的,不是科研成果自身能演化出新的科研成果。所以,把前人和后人的合作(即后人在前人科学技术积累基础上的研究)与价值和剩余价值创造看作是科学技术本身创造价值与剩余价值的观点肯定是荒谬的。四是论者所述的资本品创造价值和剩余价值的说法不能进行定量研究,因而只是一种假说。假说否定不了马克思通过严密逻辑论证和数理演绎的劳动价值理论。

(二)坚持马克思主义劳动价值论的学者对科技劳动价值创造的探讨

不少坚持马克思主义劳动价值论的学者,根据马克思关于复杂劳动"只是自乘的或不如说多倍的简单劳动"的论述,认为科技劳动主要体现的是脑力劳动,与体力劳动相比较,是复杂劳动,所以科技劳动创造的价值是体力劳动创造的价值的若干倍。

为什么脑力劳动是复杂劳动? 脑力劳动有什么特性? 怎样计量科技劳动与体力劳动创造的价值的倍数关系? 关于这些问题学者虽然已进行了艰辛的探讨,得出了不少难能可贵的结论,但问题并没有得到解决。

1. 知识商品的价值比物质商品和服务商品的价值大。有学者认为,知识劳动创造价值,是由于知识是脑力劳动的凝结。在市场上,知识已经成为一种独立的商品,可以多次出售。论者说:"当一个拥有知识的人把他所拥有的知识出售给一个购买者以后,他自己手里还有这种知识,如果没有限制,他可以再一次出售,而第二次、第三次出售却几乎不需要花费什么成本。对购买者而言,也是一样的,即购买者在买到这种知识以后,他可以使用,同时也可以出售(如果没有限制),因为他使用这种知识,并不会使这种知识本身磨损或消耗掉,知识在他手里照样还是完好的商品。这就是知识商品与物质商品、服务商品的一个根本不同。正因为这一点,知识商品的价值要比物质商品、服务商品的价值大得多。"[1]

论者说的是事实。知识确实可以多次使用,因而可以被多次出售。但是,为什么知识价值可以被多次出售? 它是否违背了等价交换原则? 这些问题是需要回答的。

2. 科技劳动所转移和补偿的劳动力价值多。有人认为,效率较高的复杂科技劳动,其劳动力的价值也较高,转移、创造和补偿的价值也多。"科学技术和经营管理劳动是受过较多的专门教育和训练的高素质劳动力的耗费,从而能形成更多的价值。教育训练费用是劳动力价值的一个构成要素,它随着劳动力性质的复杂程度而不同。各种发达的专门的劳动力的造就,需要较长时间系统的专门的教育和训练,相应地也就需要投入相当多的

---

[1]张泽荣:《劳动价值论需要有新的发展》,《改革》2002 年第 2 期。

教育训练费用,并在劳动力价值构成中占有相当大的比重。这种劳动力的较高的价值,要从其所创造的价值中得到补偿,这也就决定了这类劳动力的劳动会比普通劳动创造更多的价值。正如马克思所指出的:'比社会平均劳动较高级、较复杂的劳动,是这样一种劳动力的表现,这种劳动力比普通劳动力需要较高的教育费用,它的生产要花费较多的劳动时间,因此它具有较高的价值。既然这种劳动力的价值较高,它也就表现为较高级的劳动,也就在同样长的时间内对象化为较多的价值。'(注:《资本论》第一卷,第 2 版,北京:人民出版社,2004 年,第 230 页)科学技术和经营管理劳动就是这种需要较多的教育和训练费用的劳动力的表现,因而它在单位时间内创造的价值也较多。"[1]或者说,劳动力为了掌握现代科学技术知识需要支出大量的学习费用,进行科学研究需要一定的物质设备等原因,使科学劳动力价值大于一般劳动力价值,通过科学劳动转移的科学劳动力的价值大大高于一般劳动力被转移的价值。

如果劳动力本身的价值很高,但由于娇生惯养、不学无术,他通过劳动创造和转移的价值量也很高吗?有人可能说,如果不学无术,他的劳动是低效率的劳动,通过社会平均之后,他创造的劳动价值实现得少。这与懒人创造的价值多而勤快人创造的价值少,通过社会平均后懒人创造的价值转移到勤快人那里是一样的道理,意味着勤快人剥削了懒人,这种观点无论如何是说不过去的。

3. 科技劳动的贡献在于大幅度增加社会财富。有学者认为,要把马克思主义劳动价值论和劳动财富论既相统一又区分开来:"科学技术在生产中的贡献,要区分两个方面,一方面,科技工作作为生产劳动,参与价值的创造,而且,科技工作是一种复杂劳动,它比普通工人的劳动可创造更多的价值。因此,科技人员应获得较多的劳动报酬。高级科技工作或高新科技工作,应获得更高的报酬。另一方面,是不断创新的科学技术在创造社会财富中的巨大作用。一个国家的富有程度、人民生产水平的提高程度,不是简单取决于劳动者和劳动时间的增加(并不排除多劳动多收入),而是取决于同等的和较少的劳动耗费,生产出日益增加的社会财富即使用价值。这就要依靠科技进步。科技越发展,直接劳动在创造社会财富中的作用便相对越小。"[2]论者认为,科技工作者的复杂劳动,可以创造出较多的价值。一是科技发明出性能更高的机器和设备比原有的机器和设备的价值大,其中包含了科技人员创造的更多的价值。二是科技发明最初是由个别企业实现的,其企业的劳动生产率高于部门平均劳动生产率,其商品的个别价值低于社会价值,按社会价值出售,可获超额利润。超额利润的产生就归于科技人员的劳动与发明。三是科学技术的发明及应用,使整个部门的劳动生产率普遍提高,这时,单个商品的价值会降低。但在同

---

[1]易培强:《关于马克思劳动价值论的两个认识问题——与晏智杰同志商榷》,《经济学动态》2001 年第 10 期。

[2]卫兴华:《深化对劳动和劳动价值论认识的几个问题》,《新视野》2001 年第 2 期。

量的价值中,一般工人的劳动耗费会相对减轻,因而在形成价值中所占的比重相对减少,而科技人员的劳动贡献及其在形成价值中所占比例会相对增加。这是因为,在财富即使用价值的生产中,越来越多地取决于科技进步及其在生产中的应用。科技劳动在财富生产中的作用增大,在价值生产中所起作用的比重也相应提高。四是科技发明与创新在巨大建设工程中可节约大量资金,降低建设成本,也等于他们创造了巨大的价值。科学发明和技术创新比如以精神产品形式出现的各种设计如建筑设计、新产品设计,为什么能转化为物质生产力,是由于科学既是观念的财富,又是物质的财富。"马克思把科学既看作是'观念财富'即精神财富,又看作是'实际财富'即物质财富。他说:'科学这种既是观念的财富同时又是实际的财富的发展,只不过是人的生产力的发展即财富的发展所表现的一个方面,一种形式。'(注:《马克思恩格斯全集》第 30 卷,第 2 版,北京:人民出版社,1995年,第 539 页)可见,科学的发展同生产力的发展和财富的发展是一致的。"[1]

上述关于科技价值创造的观点,基于马克思关于价值论和财富论分立以及复杂劳动是多倍的简单劳动的理论。论者认为,不能否定马克思关于劳动生产率与单位商品的价值量成反比变化的商品生产的一般规律,但科技发明与创新在提高劳动生产率和大幅度增加社会财富的同时,也增加商品的价值,所以,商品价值的降低并不必然伴随价格的同比降低。科学之所以能够转化为财富,是因为科学具有二重性,既是精神财富又是物质财富。这无疑是对马克思主义劳动价值论基本原理的坚持和深入诠释。马克思的基本理论涉及共产主义的原理。共产主义社会是一个财富巨量增长后按需分配的社会。社会财富的巨大增长,要靠社会生产力的快速发展,靠劳动生产率的极大提高。社会生产力和劳动生产率的提高以及社会财富的急剧增加,都依赖于科技的进步,科学技术的巨大进步必然导致直接的劳动即体力劳动不再是财富的巨大源泉。劳动者占有自己的剩余劳动时间,生产以所有人的富裕为目的成为社会发展的必然。那时,财富的尺度不再是劳动时间,而是可以自由支配的时间。人们有充分的时间从事科学技术工作,从而使物质财富创造力极大地提高,这样才能满足人们的需要,才能实现按需分配。在资本主义社会,社会生产力的发展和社会财富的增加,不是为人民大众服务,而是大量增加的剩余劳动被资本家占有,使两极分化更加严重。从马克思主义诞生后的一百多年人类社会发展的进程看,人类社会确实在按马克思所说的情况发展,马克思关于共产主义的理论是正确的。不过,社会主义还在实践中,科技劳动如何创造价值和剩余价值,科技劳动这种复杂劳动与简单劳动的比例如何确定,科技劳动创造的价值和剩余价值如何计量等,都还需要进一步深入探讨。

4. 科技劳动使人类劳动不断地起着自乘的作用。有学者认为,科技劳动是复杂劳动

---

[1]卫兴华:《关于深化对劳动和劳动价值理论的研究与认识之我见》,《南开经济研究》2001 年第 5 期。

和极具创造性的劳动,科技劳动创造的价值不仅是简单劳动的倍数,而且是简单劳动的幂方。科技劳动价值有二重性,即自身价值和转化价值。学者说:"科技劳动成果的自身价值是在科技劳动过程中创造的,表现为成果具有的科学价值,逻辑真理性、创造性和实用性,其自身价值的大小就取决于成果作为理论体系,知识产品的科学真理性。"[1]科技劳动成果的核心在于其理论方法、设计方案等知识体系,但这只是潜在的生产力,只有把它具体运用到生产过程中才会转化为直接的生产力,才能获得效益。所以,科技成果具有转化价值。学者认为:"科技成果的转化价值,即是成果自身价值在实际应用时的体现,表现为成果转化为直接生产力时带来的经济效果和发挥的社会作用。一个科技成果得不到转化,也即这种劳动得不到社会的承认,因而也算是无效劳动,转化的过程就是把科技成果转移到劳动资料中去,实现在机器上、生产方法中、化学过程里等等,借以提高劳动者的文化素质,拓展劳动对象的深度和广度,为企业带来巨大的经济效益。"[2]科技劳动价值本身不创造价值。这是因为,根据马克思的论述,知识形态的科学技术成果是一般生产力。当科技成果被资本吸收,表现为固定资本的属性,应用于实际生产过程时,才成为直接的生产力。科技劳动成果只是活劳动创造价值的一个因素。论者提出:"这是因为决定劳动生产力的因素和决定价值的因素是完全不同的,必须严格予以区分。决定劳动生产力的因素是多元的,它包括劳动者的平均熟练程度、科学的发展水平和它在工艺上的应用程度、生产过程的社会结合、生产资料的规模和效能以及自然条件等;而决定价值的因素是一元的,它只取决于生产商品所耗费的一般无差别的人类劳动,即抽象劳动。科学技术在当代生产活动中作为第一生产力,具有日益突出的地位和作用,但离开了活劳动仍然不能创造价值。"[3]"第一,科学技术的运用使人类的劳动不断地起着自乘的作用。科学技术在生产过程中的运用之所以能够生产出更多的使用价值和价值,是因为科学技术的运用提高了劳动者的劳动生产率,提高了活劳动的复杂性,从而使人类的劳动不断地起着自乘的作用。因此,把握这一关系就成为理解全部问题的枢纽。所以说,直接创造价值的是人类的活劳动,而不是科学技术本身,或者说,从广义文化角度观察,作为创造使用价值和价值的主体只能是劳动者。在商品交换中不包含任何一个使用价值的原子。新技术无论多么先进,尽管它能大幅度提高劳动生产率,但它终究是生产资料。科技本身是物化的知识体系,本身却不是价值。即使是自动化程度再高的机器设备也还需要人的操纵才能发挥

[1]程恩富、汪桂进、朱奎著:《劳动创造价值的规范与实证研究——新的活劳动价值一元论》,上海:上海财经大学出版社,2005年,第217页。

[2]程恩富、汪桂进、朱奎著:《劳动创造价值的规范与实证研究——新的活劳动价值一元论》,上海:上海财经大学出版社,2005年,第217-218页。

[3]程恩富、汪桂进、朱奎著:《劳动创造价值的规范与实证研究——新的活劳动价值一元论》,上海:上海财经大学出版社,2005年,第218-219页。

其效能,它的价值由劳动者的活劳动逐步把旧价值转移到新产品中去。先进的科学技术与更多的使用价值和价值之间的中间环节是劳动者的活劳动效率的提高,对问题的分析是不能跳过劳动者活劳动效率提高这一环节的,否则很容易陷入科学技术本身也创造价值的误区。从逻辑上分析,如果认为科学技术也能创造价值,实际上也就否认了不同劳动生产率的活劳动对价值创造的重要性。"[1]"第二,说科技本身不创造价值,并不否认科技对价值创造起着重要作用。这是因为,科学技术在生产过程中的运用不仅是创造出更多的使用价值的前提,而且也是创造出更多的价值的必要条件。在现代化生产过程中,科学技术对使用价值和价值的创造作用比任何以往时候都更加突出、更加重要。但是,科学技术在生产过程中作为一个生产要素其自身性质并没有改变,因而它本身也不能成为价值创造的源泉和主体,尽管科技对价值创造的作用越来越重要,但并不能赋予它在生产过程中具有创造价值的功能。在现实的生产过程中,科技往往包含在先进的机器设备中,如果说科学技术能够创造价值,那么,由此推导的逻辑结论必须是先进的机器设备也能创造价值。所以,实际上主张科学技术创造价值的观点与机器设备创造价值的观点是有着内在联系的。"[2]也就是说,科技成果本身不创造价值,只是较高的劳动生产力的前提和条件。

对于科技劳动价值的计量,根据马克思的理论,论者认为:"诚然,由于科技劳动本身的特殊性和其成果的特殊性,在现实中要找到一个精确计量科技劳动价值的方法是不可能的,我们只能近似地作出估计。其实,在现代社会由于生产过程的复杂性,计量物质产品的平均劳动量同样是难以精确计算的。马克思说:'在一定的生产条件下,人们能准确地知道,做一张桌子,需要多少工人,制成某种产品,需要的某种劳动量应多大。许多非物质产品的情况却不是这样。这里,达到某种结果所需要的某种劳动量多大,和结果本身一样,要靠猜测。'(注:《马克思恩格斯全集》第 26 卷 1 分册,北京:人民出版社,1972 年,第 276 页)马克思的这个论断对于我们今天认识科技劳动的价值创造具有重大的指导意义。"[3]论者认为科技劳动创造的价值计量不易,他还介绍了对科技劳动成果的成本法、市场法、收益法和期权定价模型等 4 种估价方法。这种对于科学技术劳动和劳动价值的探讨性研究,无疑是深刻的。

[1]程恩富、汪桂进、朱奎著:《劳动创造价值的规范与实证研究——新的活劳动价值一元论》,上海:上海财经大学出版社,2005 年,第 219 页。

[2]程恩富、汪桂进、朱奎著:《劳动创造价值的规范与实证研究——新的活劳动价值一元论》,上海:上海财经大学出版社,2005 年,第 219-220 页。

[3]程恩富、汪桂进、朱奎著:《劳动创造价值的规范与实证研究——新的活劳动价值一元论》,上海:上海财经大学出版社,2005 年,第 224-225 页。

三、区别简单劳动与复杂劳动的标准

科技劳动使劳动生产率提高,使劳动由简单变复杂,因而,人们说科技劳动是复杂劳动。为什么科技劳动是复杂劳动? 什么是简单劳动? 什么是复杂劳动? 简单劳动和复杂劳动的区别是什么? 这些问题需要我们依据马克思主义劳动价值论的基本原理进行创新性研究。

（一）马克思关于科技劳动的性质与简单劳动和复杂劳动的论述

马克思肯定脑力劳动是人类劳动的一种形式。马克思说:"尽管缝和织是不同质的生产活动,但二者都是人的脑、肌肉、神经、手等等的生产耗费,从这个意义上说,二者都是人类劳动。这只是耗费人类劳动力的两种不同形式。"[1]马克思不仅为脑力劳动定性,还为科技劳动者和监督劳动者定性,肯定以脑力劳动为主的科技劳动者和管理者如经理、工程师、工艺师等是总体工人的一部分。马克思说:"第一,因为随着劳动对资本的实际上的从属或特殊资本主义生产方式的发展,变成总劳动过程的实际执行者的并不是单个工人,而是日益社会地结合起来的劳动能力;互相竞争的和构成为总生产机器的各种劳动能力,以极其不同的方式参加商品形成直接过程,或者在这里不如说参加产品形成的直接过程:有的人多用手工作,有的人多用脑工作,有的人当经理、工程师、工艺师等等,有的人当监工,有的人当直接的体力劳动者或者做简单的辅助工,于是劳动能力的越来越多的职能被列在生产劳动的直接概念下,这些劳动能力的承担者也被列在生产工人的概念下,即直接被资本剥削的和从属于资本价值增殖过程与生产过程本身的工人的概念下。如果考察组成工场的总体工人,那么他们结合起来的活动在物质上就直接实现在同时是商品总量的总产品中,而单个工人作为这个总体工人的单纯成员的职能距直接体力劳动是远还是近,那都完全没有关系。"[2]

马克思曾论述过简单劳动和复杂劳动的关系,但没有明确指出科技劳动就是复杂劳动。马克思说:"但是,商品价值体现的是人类劳动本身,是一般人类劳动的耗费。正如在资产阶级社会里,将军或银行家扮演着重要的角色,而人本身则扮演极卑微的角色一样,人类劳动在这里也是这样。它是没有任何专长的普通人的有机体平均具有的简单劳动力的耗费。简单平均劳动本身虽然在不同的国家和不同的文化时代具有不同的性质,但在一定的社会里是一定的。比较复杂的劳动只是自乘的或不如说多倍的简单劳动,因此,少量的复杂劳动等于多量的简单劳动。经验证明,这种简化是经常进行的。一个商品可能

---

[1]中共中央马克思恩格斯列宁斯大林著作编译局译:《资本论》第一卷,北京:人民出版社,2004年,第57页。
[2]《马克思恩格斯文集》第8卷,第1版,北京:人民出版社,2009年,第521-522页。

是最复杂的劳动的产品,但是它的价值使它与简单劳动的产品相等,因而只表示一定量的简单劳动。各种劳动化为当作它们的计量单位的简单劳动的不同比例,是在生产者背后由社会过程决定的,因而在他们看来,似乎是由习惯决定的。"[1]

马克思的这段话可以从以下几个方面去理解:一是简单劳动是没有任何专长的人的劳动力耗费。也就是说,简单劳动没有科技含量。二是这种简单劳动是指社会简单劳动力的平均。就人与人之间来说,一个人与另一个人的体力是不等的;就每个人来说,每天、每小时、每分钟付出的劳动量的大小都是不等的,因此,马克思在这里把社会人在全社会付出的简单劳动力的耗费平均化,说的是社会性的简单劳动。三是随着社会的不断进步,劳动的科技含量增加,简单劳动和复杂劳动的区分,需要按劳动者在一定的时间内创造的价值量的多少来衡量。如果一个很复杂的劳动产品的价值量与简单劳动的价值量相等,它也只能表示为简单劳动。四是复杂劳动与简单劳动的关系是倍乘的或等比的关系。复杂劳动有科技含量,但人的科技水平不一样。马克思说,比较复杂的劳动只是自乘的或不如说多倍的简单劳动,因此,少量的复杂劳动等于多量的简单劳动,可见简单劳动与复杂劳动是倍乘的关系。不仅简单劳动是一种社会平均化的劳动,复杂劳动也是一种社会平均化的劳动,所以,也应该把复杂劳动与简单劳动理解为等比关系。五是在计量时,是以简单劳动作为计量单位的。马克思所说的商品的价值量,是由社会必要劳动时间决定的,所以,社会必要劳动量以简单劳动量作为计量单位。六是简单劳动和复杂劳动是相对的。各种劳动化为简单劳动的不同比例,是由生产者背后的社会过程决定的。也就是说,社会必要劳动决定了复杂劳动和简单劳动的倍数关系。随着人类社会的发展、知识的积累和技术的进步,那种单纯地没有任何技术专长的情况逐步消失。因此,马克思说,简单平均劳动在不同的国家和不同的时代具有不同的性质。马克思在这里进一步说明,简单劳动和复杂劳动是相对的,在不同的国家、不同的时代都是不一样的,但在一定的社会里是一定的。

(二)简单劳动和复杂劳动的现实考量

有人认为,依马克思所说,如果把简单劳动看作是没有任何技术含量的劳动,则这种简单劳动只存在于原始社会。若以简单劳动来计量价值,在科学技术越来越发达的今天,在现实中不可能再有简单劳动,因而马克思的假设没有实际意义。其实不然,看待简单劳动与复杂劳动,要用相对的观点。

一是简单劳动和复杂劳动需要通过其创造价值量的多少进行比较后确定。判断劳动是复杂的还是简单的,不能抛开价值量。如果一个木工每天工作 8 小时,两天做了一个凳

---

[1]中共中央马克思恩格斯列宁斯大林著作编译局译:《资本论》第一卷,北京:人民出版社,2004 年,第 57-58 页。

子;另一个制瓷工每天也工作 8 小时,两天做了一件瓷器。由于价值量是用时间计量的,所以他们的产品价值相等。尽管制瓷过程很复杂,经过了多道工序,但用价值衡量,制瓷工的劳动与木工的劳动是一样的。如果瓷器在市场上的价格高于凳子,则涉及供求、前人积累价值的通约等因素,这是另外一个问题。

如果某种劳动方法被普遍推广后,又有新的更好的劳动方法出现,被推广的劳动方法与新的劳动方法相比较,就可以得出哪一种是简单劳动,哪一种是复杂劳动。例如,在一个落后的原始部落,一个劳动力平均每天能采集 1 千克野谷物,每年可采集 365 千克野谷物。我们把它看作是简单劳动,一个劳动力用人工种植的方法,一年收获了 730 千克谷物,平均每天为 2 千克,那么,种植者的劳动就是采集者的两倍。采集者的劳动是简单劳动,种植谷物者的劳动就是复杂劳动。复杂劳动是简单劳动的两倍。

二是简单劳动和复杂劳动要在社会生产的动态中确定。简单劳动和复杂劳动的比例常常处于动态变动之中。仍以上述部落为例,当这个部落里的大多数人都开始种植谷物而不再采集时,每个劳动者种植谷物每天收获的谷物量平均为 2 千克。此时,有人发现了一种较为先进的种植方法,使谷物的收获量达到平均每人每天 4 千克,那么,这些采用先进种植方法的人的劳动就是复杂劳动,而平均每天收获 2 千克谷物量的劳动者的劳动就是简单劳动。

三是简单劳动和复杂劳动的比例要根据社会平均生产状况确定。简单劳动和复杂劳动以相对社会平均价值量作比较,处于经常变动之中。例如,新中国刚成立时,水稻的产量为平均每亩 150 千克左右。后来,人们采用先进的方法,比如合理密植、合理施肥,使水稻亩产平均达到 300 千克左右。这时,新中国刚成立时种植水稻的劳动就是简单劳动,用先进的方法种植水稻的劳动就是复杂劳动。再后来人们采用水稻杂交技术,使水稻平均亩产从 300 千克提高至 1000 千克,甚至更高,这时平均亩产为 300 千克时的水稻种植劳动就是简单劳动,采用杂交科学技术种植水稻的劳动就是复杂劳动。当杂交水稻种植技术被多数人接受并被全面推广后,如果又出现了新的更高级的水稻种植方法,使平均亩产有了新的提高,则采用杂交科学技术种植水稻的劳动又会被称为简单劳动,新的水稻种植劳动会被称为复杂劳动。因此,个别的相对的简单劳动或复杂劳动,只有化为社会的平均的价值才有实际意义。我们现在常常以某种科技新方法大面积推广后所取得的效益计算科技贡献率,实际上就是用社会平均价值创造的方法计算相对复杂劳动的价值创造,也是把复杂劳动简单化的方法。以后再计算相对的复杂劳动,现有的社会平均价值创造即为简单劳动,成为又出现的相对复杂劳动的计量基础。

四是相对复杂的脑力劳动必须与相对简单的体力劳动相结合,才能创造出更多的物质财富。在现代社会里,看似单纯的简单的体力劳动者,都或多或少地掌握着一定的科学知识和技术。比如,农民种地,需要有一定的种地知识;工厂的操作工,也必须具备一定的专业知识。同样,脑力劳动者也都有一定的体力的耗费。比如科技工作者不仅需要书本知识,也需要调查研究,更需要实验室实验。比如,世界杂交水稻之父袁隆平说自己是一个地地道道的中国"知识农民",还说自己即使发现了高产超级稻的方法,但如果没有农民的种植,也不可能产出高产的水稻来。他的话揭示,一方面,科技劳动是复杂的,如果没有高、精、尖的知识,是创造不出更好的使用价值和更多的价值的;另一方面,说明体力劳动与脑力劳动是统一的,简单劳动与复杂劳动是相对的。

如果划分简单劳动和复杂劳动既以创造价值量的多少又以社会平均生产状况为标准,那么,就不能简单地说以脑力为主的劳动就一定是复杂劳动,以体力为主的劳动就一定是简单劳动。不论是脑力劳动者还是体力劳动者,不论他们的劳动力价值是高还是低,社会都必须按创造使用价值和价值量的多少、按贡献大小取酬,这样才能避免饱食终日、无所用心的人混日子,才能鼓励创造、创新,才能增加社会财富。官员是社会管理者,企业家是生产管理者,管理虽然是一种劳动,但不能把他们的劳动简单地划入复杂劳动或简单劳动范畴之中,他们的劳动也要随着社会发展与社会平均劳动按比例变动而变化。

在现实中,在人们的头脑中,因为简单劳动和复杂劳动是相对的、动态的,计算起来很麻烦,但人们对它们的区分还是比较清晰的。例如,当我们说这个人很高时,绝对不会将他和摩天大楼比,而是将他与别人比较。更进一步说,是将他与其他众多人的平均身高比。人们的平均身高是多少? 是 1.65 米、1.70 米,还是 1.80 米? 谁也不会刻意追求这个精确的绝对平均数。人们只是大约知道平均身高,心目中有了一个大概的标准,然后把一个人的身高与心目中的大概标准作比较后,得出个大概的结论就够了。但是,我们一定要了解简单劳动和复杂劳动理论的现实意义。因为当人们把简单劳动理解为单纯的体力劳动时,可能产生轻视知识分子的倾向,当把复杂劳动理解为单纯的脑力劳动时,可能产生轻视工人、农民的倾向。这两种倾向都是不对的。体力劳动和脑力劳动的结合才是人们生产和生活的现实需要。

(三)以社会平均劳动生产率区别简单劳动和复杂劳动

虽然简单劳动与复杂劳动是抽象的、相对的、变动的,以社会平均价值量为基础,按比例联动,看似精确,但很难计量。除非特殊需要,人们不会刻意去计算它。根据马克思的论述和马克思主义劳动价值论的基本原理,我们还是可以找到一个区别简单劳动和复杂劳动的标准,即以社会某一时期的平均劳动生产率为标准。等于或低于社会平均劳动生产率的劳动是简单劳动,高于社会平均生产率的劳动是复杂劳动。不同的地区、不同的国家、不同的时期,社会平均劳动生产率是可以统计与计算的。

根据劳动生产率表达式 $p = \dfrac{N}{t}$(N 为劳动产品数量,t 为劳动时间),社会平均劳动生产率＝社会总产品数量÷社会总劳动时间。可用下式表达：

$$\bar{p} = \frac{N_1 + N_2 + N_3 + \cdots + N_n}{t_1 + t_2 + t_3 + \cdots + t_m} = \frac{\sum\limits_{i=1}^{n} N_i}{\sum\limits_{j=1}^{m} t_j}$$

式中：$\bar{p}$ 表示社会平均劳动生产率，N_1，N_2，$N_3 + \cdots + N_n$ 表示全社会不同生产者的劳动产品，t_1，t_2，$t_3 \cdots t_m$ 表示全社会不同生产者的劳动时间，$\sum\limits_{i=1}^{n} N_i$ 表示社会总劳动产品，$\sum\limits_{j=1}^{m} t_j$ 表示社会总劳动时间。

根据马克思的理论，商品的价值量与劳动时间成正比，如果劳动生产率一定，劳动时间越长，商品的价值量越大；商品的价值量与劳动生产率成反比，如果劳动时间一定，劳动生产率越高，商品的价值量越小。这样，就难以用价值量来计算和衡量简单劳动与复杂劳动。因为复杂劳动是劳动生产率相对较高的劳动，简单劳动是劳动生产率相对较低的劳动，但劳动生产率高的劳动在相同的时间内与劳动生产率低的劳动创造的价值量是一样的，只是创造的产品数量不一样，这样，怎么能判断出哪种劳动是复杂劳动，哪种劳动是简单劳动呢？

马克思说，决定商品价值的，不是具体的个别劳动时间，而是社会必要劳动时间。在社会平均以后，商品具体的个别价值越少，通过市场实现的价值越多；商品具体的个别价值越多，通过市场实现的价值会减少。在一定的时间内，生产率高的劳动可以创造出更多的价值，生产率低的劳动创造的价值相对较少。

马克思的这个理论，与事实相符合。但是，商品的价值量时时处于变动之中。

根据我们的研究，马克思所说的价值，就是财富的功效价值。商品进行市场交换，按功效价值进行。生产者进行商品生产，也按功效价值计算成本。劳动生产率越高，创造的使用价值数量越多，每一个具体的使用价值的使用时间是一定的，把这些商品的使用时间相加，其总使用时间就多。劳动生产率越低，创造的使用价值数量越少，这些商品的总使用时间就少。而在市场上，则是按照社会必要的商品量计算功效价值量的。社会不需要的商品，其价值不被承认。这与马克思的理论是一致的，也是符合现实的。所以，如果以商品的价值量来区别简单劳动与复杂劳动，无论从价值量还是从产品数量来说，都是可计量的。具体到某个行业或单位，如果要精确计算复杂劳动与简单劳动的倍数关系，就要根据本行业的资本有机构成和其他因素并参考基本数据以及社会平均劳动生产率来计算。

如果以社会平均劳动生产率区别简单劳动和复杂劳动，那么，从事科学研究的工作是不是复杂劳动，要以提高劳动生产率与否为标准。科技工作者创造剩余价值与否，要以科研成果的价值与科研工作者的劳动力价值相比较。如果科研成果的价值超出了科研工作者的劳动力价值，则科研工作者的劳动既创造价值，也创造剩余价值。如果科研成果的价值少于科研工作者的劳动力价值,则科研工作者只创造价值而不创造剩余价值,也可能他所从事的劳动是无效劳动,或创造的是负价值。虽然单纯的科学研究与科学和技术相结合的劳动不是一回事,但在现实生产中,由于科研新成果是劳动生产率提高的依据和前提,因而人们把单纯的科学研究也看作是复杂劳动。

四、科技劳动价值创造的一般原理

人类通过劳动创造财富,追求劳动生产率的不断提高,以达到在同样的时间内创造出更多的财富。劳动生产率的提高意味着劳动过程的缩短,表现为劳动时间的缩短。任何科技活动的目的都是追求如何在遵循自然规律进行财富创造活动时劳动时间的缩短。

(一)劳动价值创造是人利用内能量和外能量做功的过程

在本章前面我们谈过,科学工作和技术工作是两种不同的劳动方式,马克思是把科学工作与技术工作分开论述的。虽然科技劳动是脑力和体力结合的劳动,但是,由于人们习惯于把科技工作等同于科学工作,因而我们在这里把科技价值创造权且当作科学工作,把普通劳动者的劳动归于体力劳动。劳动价值创造的一般原理,是劳动者利用内能量和外能量做功的过程。

1. 功和能。人在劳动时利用能量做功。任何价值创造或者说财富创造活动,都与能量做功有关。人们进行科学研究和把科研成果运用于实践活动的目的,是追求付出更少的能量以缩短劳动过程,在相同的时间内创造出更多的财富。

在物理学中,功和能是两个非常重要的概念。劳动生产率与人在劳动过程中付出的体内能量或利用体外能量做功有直接关系。所以,我们需要简略地介绍一下功和能这两个概念。

物理学对功的定义是:功是能转化的量度。能量是守恒的,既不能凭空产生,也不能无影无踪地消失。在一种能量转化为另一种能量时,可以产生做功现象。比如,当汽车发动机的牵引力做功时,汽油被消耗,汽油的化学能转化为机械能。发动机的牵引力做多少功,就有多少化学能转化为机械能。

如果一个物体能够对外界做功,这个物体就具有能量。人们测定一个物体所含的能量,就是根据它所做功的多少确定的。比如,汽油燃烧后推动活塞做多少功,汽油的能量就减少多少。或者说,汽油就有多少化学能转化为机械能。

功是对能进行定量研究的重要概念。人在劳动中或使用机械工作时,有力作用于劳动对象,使劳动对象发生位移,也就是位置的变动,这是人或者机械对劳动对象做了功。功由力的大小和物体在力的方向上发生的位移的大小所确定。力越大,位移越大,功也越大。功等于力的大小和位移大小的乘积。力可以对物体做正功,也可以做负功。例如,人用力推车前进时,人的推力对车做正功,前进的车子在摩擦力的作用下逐渐停下来,摩擦力对车子做负功。功没有方向,是一个标量。功的单位是焦耳。

功与力紧密相联。力是什么?人们对力的认识,是从人的日常生活和劳动得到的,是与人自身的力密切相关的。要想使物体发生位置变化,需要力气。当人制造出机械后,机械对物体进行加工时,就对物体施加了力。所以,人们把力定义为:力是物体对物体的作用。一个物体受到力的作用,这个物体被称为受力体。一个物体对另一个物体施加了力,这个物体被称为施力体。力有大小,也有方向。在国际单位制中,力的单位是牛顿。1 焦耳就是 1 牛顿的力使物体在力的方向上发生 1 米位移所做的功。1 焦耳 = 1 牛×1 米 = 1 牛·米。

不同物体做相同的功,用的时间不同,也就是做功的快慢不同,物理学上把功跟完成这些功所用时间的比值,叫作功率。在国际单位制中,功率的单位是瓦特,1 瓦特 = 1 焦/秒。

在作用力和物体位移方向相同的情况下,功率也可以用力和速度来表示。功率等于力和速度的乘积,力越大,速度越快,功率也越大。如果功率一定,则速度与力成反比,速度越快,力越小;速度越慢,力越大。例如,汽车在上坡时,为了获得较大的牵引力,司机必须换挡,减小速度。

一个物体对另一个物体做功,发生位移,也就是产生运动,物体由于运动而具有的能量,叫作动能。动能与运动着的物体的质量和速度有关:质量越大,速度越大,动能就越大。可用公式表示为:

$$E_k = \frac{1}{2} m_z v^2$$

式中:E_k 表示动能,m_z 表示质量,v^2 表示速度的平方。

在自然界,动能和势能统称为机械能。在重力做功的情况下,机械能是守恒的。但是,物体受到的力是不同的,其他力对物体做了多少功,物体的机械能就增加多少;物体克服其他力做了多少功,物体的机械能就减少多少。

能量做功时,从一种形式转化为另一种形式,功的大小由力的大小和物体在力的方向上发生的位移的多少确定。由于物体运动而具有的能量叫动能。动能等于物体的质量和它的速度平方的乘积的一半。外力对物体所做的总功等于物体动能的增加,势能包括重力势能和弹力势能,是物体被举高或下落以及具有弹性变形所具有的能量,能量在相互转化做功时是守恒的。能量、功、动能、势能,都是标量,没有方向,而力和速度是矢量,有方向。其中,力是最主要的一个因素。那么,力是怎么来的?

在自然界中,物体相互间存在着不同的作用力。到目前为止,人们发现自然界存在着

4种基本的相互作用力。第一种是引力,是在17世纪由牛顿提出的,牛顿提出了万有引力定律。第二种是电磁力,是英国物理学家麦克斯韦在19世纪60年代提出来的。第三种是弱力,它是由意大利物理学家费米在20世纪30年代提出来的。第四种是强力,它是由日本物理学家汤川秀树于20世纪30年代提出的。

计算能量转化所获得的力需要引入动量和冲量的概念。物理学中,称质量和速度的乘积为动量。动量是一个矢量,它的方向就是速度的方向。动量用冲量来量度。冲量是力和力的作用时间的乘积。冲量是一个矢量,有方向性,它的方向就是力的方向。一个物体的合外力的冲量,等于它的质量和速度的乘积,冲量和动量的单位都是牛·秒。1牛·秒=1千克·米/秒。在相互作用的物体构成的系统里,每个物体既可受到系统内部其他物体的内力的作用,也可受到来自系统外的外力的作用,如果系统不受外力或受到的外力的合力为零,这个系统的动量不变,这便是动量守恒定律。由于物体在相互作用前后的总动量不变,所以,可以直接求出物体运动的速度。

动能是描述物体运动状态的物理量,动量是描述物体机械运动传递状态的物理量,二者是不同的,但二者都与物体的质量和速度有联系,所以二者也就有了联系。动量用冲量来量度,冲量又是力和力的作用时间的乘积,所以动量与力就有了联系。能量在转化过程中能够做功,功又是力和物体在力的方向上的位移的乘积,所以能量也与力有了联系。但是,力是外界自然存在的,能量在做功时并不产生力,反而是力在做功时消耗能量,给人的印象是能量转化为力,比如汽车靠燃烧汽油获得一种动力,电机靠电能获得一种电力等。

虽然能量不能转化为力,但能量在转化过程中,可以获得一种力。其原理是:人们使含能物质的能量转化为动能和压力势能,利用其在密闭的容器中膨胀推动活塞或从喷口喷出时所具有的动量,获得与这个动量大小相等、方向相反的动量,从而克服自然界中存在的外力,获得一种与被克服的外力大小相等方向相反的力。

利用能量在密闭的容器中转化所具有的动量克服外力获得一种反作用力的情况被人们广泛使用。例如,火箭发动机的推力,是由能源推进剂在燃烧室内经燃烧反应或催化反应将其含有的化学能转换成反应物的热能和压力势能;然后,高温高压燃气通过喷管膨胀加速,使热能和压力势能转换成为燃气的动能;最后,高速燃气从喷管出口截面喷出。由于喷出的燃气具有动量,通过它的反作用,就使火箭获得了一个与燃气动量大小相等、方向相反的动量,从而使火箭获得了一个推力。火箭发动机的推力等于有效喷气速度与推进剂质量流量的乘积。[1] 火箭能源推进剂的能量,原来就是自然存在着的,只是由于人采用科学的方法认识了它,并采用了一定的技术利用了它,才使它为人类的目的服务。这

---

[1]李大耀编著:《遨游太空》,长沙:湖南师范大学出版社,2001年,第18-19页。

是人的劳动的结果。

2. 体力劳动是人利用能量做功的过程。人的体力,是人通过与外界的物质交换,获取外界的物质能量转化获得的。如果把人的智力因素除去,则人体仅仅是质能转换的装置,体力劳动过程仅仅是人利用能量做功的运动,它遵循物理规律。因而当人们制造出质能转换的机器时,机器就代替了人的体力劳动。

人是从自然界获得能量的。例如,人以动物或植物为食物,获得化学能。所以,人的最基本需求从外界获取维持生存能量物质的需求,不论这种物质是宏观的还是微观的。

据科学家研究,生命的能量是在细胞中转化的,转化率高达80%以上。俄国一位科学家说:"肌肉是一台奇异的发动机。"[1]美国生物学家阿尔伯特·圣捷尔吉(1893—1986年)是系列肌肉收缩理论的创始人,他对能量以什么方式使"生物机器"运转起来等问题进行了探讨。人体像内燃机燃烧汽油释放能量做机械功时一样"燃烧"食物做功,进行运动和工作,而且不用点火,这是很奇异的。科学家们梦想能够制造出一种装制,像人体利用能量做功一样不用点火,以最低的损耗把化学能转变为机械能。

人转化能量对事物做功是依人的愿望进行的。一般情况下,人做正功时力的方向与事物运动的方向相同,也与人的愿望相同,形成正价值。如果力的方向与事物运动的方向相反,做的功为负功。如果与人的愿望相反,则负功形成负价值。

大自然可以利用自己的能量创造使用价值,但这种创造是盲目的,大自然创造的使用价值可能对人有利,也可能对人无用甚至有害。例如光能是地球上动植物都不可缺少的能量,但过量的光能可引起干旱,使庄稼绝产、树木枯死。在海上,风力可以吹动船的风帆,把船送到目的地。但是,风也可以传播病源微生物从而传播疾病,台风不受人的控制,可毁物伤人。不论大自然的能量是创造出对人有用的还是无用的甚至有害的使用价值,这种使用价值的形成都有一个过程,这个过程一结束,就凝结为价值,成为人们相互交换使用价值的工具。

人在对自然规律认识的基础上,为了更好地利用自然能量,转换自然能量,改变自然事物的存在状态,生产更好更多的有用事物供人使用,制造出了专门利用自然能量对其他事物做功、代替人的劳动、改变事物的存在状态、使无用事物变为有用事物的工具,这种工具就是机器。人的脚和手,是天然的生产工具,机器是代替人的天然生产工具的人工生产工具。

世界上的万事万物都是自然形成的,是自然创造的,包括人。不过,人与其他无生命的或有生命的自然物不同,人会劳动。人用自己的劳动,影响自然事物的价值形成过程。

人与机器的关系如同自然与人工自然的关系。机器如果不是人的创造,它就只是自

---

[1][俄]АЛ.A. 列昂诺维奇著,刘智慧、王建华、邢燕国译,赵秋长校译:《大自然的奥秘》,北京:中国财经出版社,2001年,第104页。

然存在的物质。机器的自然价值创造,只是机器的自然存在过程,比如风化、氧化过程。使用机器创造价值,是人的劳动的结果。因此,生产只能是人的生产,而不是机器的生产。人利用自动化机器进行生产,转变自然物质状态的过程形成价值,看似自动化机器会自主进行生产价值创造,但归根到底还是人的创造。人们制造机器,就是要把机器作为延长的人的四肢、作为扩展的人的功能代替人的劳动创造价值。马克思认为,机器的生产率由它代替人类劳动力的程度来衡量。例如,一个人搬重物,用于做有用功的能量为 5 万千卡,一台起重机搬重物做的有用功的能量是 500 万千卡,起重机就代替了 100 个劳动力。

机器把复杂劳动简单化。例如,制造汽车是很复杂的劳动。但是,人们用机器制造汽车,在生产流水线上的工作者只需要操作机器就可以了,因为人们把制造汽车这种复杂劳动通过机器简单化了。汽车被制造出来后,人们把汽车看成是一个简单的整体,开车的人只需操纵方向盘就可以了。再比如,电脑、手机的工作原理非常复杂,制造电脑和手机的劳动是复杂劳动。但是,在生产流水线上的劳动者只需要操作机器就可以了,使用电脑和手机的人也不必知道电脑和手机的制造原理和工作原理就可以使用,人们通过机器把复杂劳动化为简单劳动。在很多领域,人们都可以看到通过机器不断简化复杂劳动的情况。

机器工作的动力机所需的动力,是由自然物质的能量转化来的。自然物质如煤、石油、核燃料、光、电等都是有自然价值的,只不过有的自然物质因为自然生产率高,单位使用价值的价值少,甚至少到忽略不计的程度,比如自然和光。有的自然生产率低,如金刚石的生成率很低,生成年限很长,单位使用价值的价值就多。动力机的动力之所以能够转化为自然能量,是科学技术在实践中应用的结果。无论机器多么先进,比如机器人,都是一般知识在生产中的应用。无论人们从自然界获得的能量多么巨大,也都是一般知识在生产中应用的结果,必须并归于劳动价值创造过程之中。

人们既然把自然能量在生产中的应用归于人的劳动,但由于自然能量存在形式多种多样,各种物质所含的能量大小不一,因而需要有一个统一的计量标准。在实际应用中,人们多采用热能的计量单位卡或焦耳作为能量的计量标准,把各种能源按其产生的热卡进行折算。1 卡就是 1 克纯水温度升高 1℃所需要的热量。1 焦耳 = 0.24 卡。按热卡或按焦耳可折算成标准煤。我国把含 7000 千卡热量的燃料,定为 1 千克标准煤。水电每千瓦时电力按当年火力发电的实际耗煤量折算成标准煤。各种燃料可按平均发热量折算成标准煤。我国陆地表面每年接收到的太阳辐射能相当于 17000 亿吨标准煤。我国的风能资源量是 10 亿千瓦。2006 年我国的能源消费总量约为 25 亿吨标准煤。[1] 当人们把各种含能物质折算成标准煤之后,含能物质的价值也就可以计算了。机器消耗多少含能物质,

[1]王海滨:《中国的目标还太保守》,《学习时报》2007 年 6 月 25 日第 12 版。

从而转移、创造多少价值,也就可以计算了。

机器的传动装置和工具机,也由物质基质价值和人的劳动积累价值所构成。它们不涉及消耗含能物质的问题,它们在自然作用下和在劳动过程中消耗自身。它们的价值,一部分可能被通约,一部分可能被转移。

3. 劳动力创造价值所付出的劳动量就是劳动时做功的能量。劳动量不是价值,但可使劳动对象转化为价值。马克思说:"劳动量没有价值,不是商品,而是使商品转化为价值的东西,是商品的统一体,而商品作为这个统一体的表现,在质上相同,只是在量上不同。"[1]根据马克思的提示,根据爱因斯坦相对论及普朗克量子论发展起来的现代物理学的新发现以及大量的生产实践,可以基本认定劳动量就是劳动力在劳动时所付出、支配和转化的能量。能量在质上是相同的,劳动者只有运用能量做功,才能转化商品的存在状态,创造使用价值。劳动者运用能量做功的过程形成价值。

劳动力不仅运用能量对劳动对象做功创造使用价值和价值,还利用科学技术转变劳动对象形态,使无用事物转变为有用事物。

在劳动力利用能量进行劳动时,有两种方式:第一种是集中释放大量能量使劳动时间缩短,第二种是缓慢释放能量使劳动时间延长。无论采用哪一种方式,都会产生劳动结果,产生劳动效率。如果把劳动量看作是劳动时的能量转化,则不同的能量利用会产生不同的劳动结果和效率。劳动量与劳动生产率成正比,也与一定时间内生产的产品的总价值量成正比。

一是劳动量与使用价值的功效成正比。在前面我们已经说过,使用价值的功效与其功效价值是两个不同的概念。功效用效率来表达,生产率高,表示使用价值的功效大;生产率低,表示使用价值的功效小。而使用价值的功效价值是使用价值发挥作用的时间。虽然劳动生产率与使用价值的功效价值成反比,劳动生产率越高,使用价值发挥作用的时间越短,单位产品所含的时间越短;但是,由于在一定的时间内,劳动的成果数量越多,生产的使用价值数量增多,而同种类的使用价值,其实际功效价值是相同的,如果劳动生产率高,则生产的使用价值数量增加而使总功效价值增加。例如,甲一天织2件毛衣,乙一天织1件毛衣。如果每件毛衣可穿1年,由于甲劳动生产率高,他所织的毛衣的使用价值的功效价值是2年;乙生产率低,他所织的1件毛衣的功效价值为1年。从总功效价值来说,投入劳动量大、生产率高的劳动创造的价值多。

二是增加劳动量可以加快劳动过程,使劳动生产率提高。由于劳动是一种运动,它遵从事物运动的规律。如果劳动的条件(包括劳动者的劳动技术和劳动熟练程度)都相同,

---

[1]《马克思恩格斯全集》第35卷,第2版,北京:人民出版社,2013年,第144页。

劳动者利用能量做功的效率在生产中表现为劳动过程的进度。运用较大能量做功转变劳动对象的过程,表现为劳动强度增加。高强度的劳动,可使劳动过程加快。在相同的时间内,劳动过程越快,劳动成果越多,劳动生产率也越高。如果把原来的劳动过程看作是在使用一定能量的基础上的劳动速度,把增大了强度的劳动看作是增加了能量的劳动,则这种现象可用物理学公式表示:

$$\Delta E_K = \frac{1}{2}m_z(v_2^2 - v_1^2)$$

式中:ΔE_K 表示增加了的能量,m_z 表示劳动力推动的劳动者、劳动工具、劳动资料的质量,v_1 为原来的劳动速度,v_2 为增加劳动强度后的劳动速度。

在能量增加时,v_1 不变,v_2 增加。在劳动时,表现为劳动速度在原有的基础上增快,即劳动生产率的提高。

由于劳动过程是一个复杂的过程,不可能用某个公式说明全部问题,但其基本原理是相通的。对于以上基本原理,我们还可以这样理解:在一定的力做功的情况下,劳动过程通过一定的距离。如果时间一定,速度快的过程通过的距离比速度慢的过程通过的距离增多。如果对价值的计量采用过程长短计量法,则距离增多表示价值量增加,因而劳动量与价值量成正比。人们之所以要利用自然能源所产生的能量在劳动中加快转变自然事物的状态为人所用,就是因为能量利用是增加劳动量的一种方法,增大能量是为了增加价值量。

三是生产率高的劳动通过市场实现的价值量多。具体的个别产品单位价值量与劳动生产率成反比。如果单位产品的价值不参与社会的平均,不采用相对时间标准,不考虑连续性生产,即不考虑生产要素的全部功效价值,则劳动生产率越高,在一定的生产时间内,单位产品的价值量越少;但是,通过市场平均后,劳动生产率高的产品实现的价值多,换句话说,投入劳动量大的劳动产品实现的价值多。因为劳动量与劳动生产率成正比,从而与产品总价值量成正比的原理,以及单位产品的价值量与劳动生产率成反比的原理与生活实际相符。当人们消耗大量能源物质创造价值时,社会价值量大增,单位产品价值量下降。

马克思如下的一段话有助于我们对劳动力通过做功的方式影响劳动过程的理解:"现在,计量劳动时间的,除了它的'外延量'以外,还有它的密度。现在,十小时工作日中一个强度较大的小时,同十二小时工作日中一个较松弛的小时相比,包含相同的或者更多的劳动,即已耗费的劳动力。因此,强度较大的一小时的产品同较松弛的 $1\frac{1}{5}$ 小时的产品相比,具有相同的或者更多的价值。"[1]马克思所说的时间外延量,就是劳动时间延长;所说的时间的密度,就是劳动强度提高。劳动时间缩短,生产的使用价值数量增加,劳动效率提

[1]中共中央马克思恩格斯列宁斯大林著作编译局译:《资本论》第一卷,北京:人民出版社,2004年,第472页。

高。提高劳动强度之所以会创造更多的价值,是由力的作用程度引起的。马克思说:"劳动力的活动能力同它的活动时间成反比。因此,在一定的限度内,力的作用的持续时间上的损失,可由力的作用程度来弥补。"[1]力的作用程度是用力做功的大小快慢来衡量的。

正因为劳动力在劳动时所投入的内外能量的大小是劳动量,劳动力利用自身的能量或外能量对劳动对象做功,劳动量虽不是价值,但可使劳动对象转化为价值,在单位时间内,投入的劳动量越大,劳动速度越快,使用价值形成的速度也越快,劳动创造的价值总量也越多,价值创造与劳动量成正比。如果把一定的时间看成一定的总价值,那么,劳动所促进的事物过程发展速度越快,劳动效率越高,个别产品的过程形成的时间越短,个别产品的价值量就越小,劳动生产率与个别产品的价值量成反比,所以,人们才拼命寻找自然能源物质,转化能量做功,以求加大"时间的密度"。

(二)脑力劳动与价值创新

人的劳动是转换自然物质为人所用的过程。人的劳动过程越短,在单位时间内创造的使用价值数量越多。我们把人通过劳动使自然状态下不能为人所利用的事物转化为能够被人所利用的活动称为生产;把这种转化过程称为价值形成;把有用事物的生活性使用称为消费;把在生产过程中新的价值形成过程与原过程相比较而缩短的时间称为价值创新。人不断追求使用价值形成过程的缩短,追求价值创新。人的脑力劳动是价值创新的根源。剩余价值创造问题将在第十三章专门讨论。

1. 人脑的认识过程是一种自然过程。人的劳动,不仅仅是运用体力与自身的能量做功,不仅仅是通过质能转化对外界的自然对象施加影响,更有意义的是人会进行脑力劳动,会进行抽象认识从而把握自然规律,在顺应自然规律的前提下进行价值创造。

人的脑力劳动即人的思维过程非常复杂,现在的生命科学对它的认识还非常有限,因此,要想阐述它还缺乏科学材料。但是,有一点是可以肯定的,即人脑的思维过程是由质能转化引起的。人在进行脑力劳动时,需要大量的葡萄糖和蛋白质,需要氧气和其他有机物质和无机物质。人脑对客观存在的认识需要能量,能量需要人通过与外界的物质交流来获取。在思维过程中通过神经系统指挥人的四肢及器官活动时,产生化学物质如多巴胺、五羟色胺等,通过细胞内外的离子交流,产生电位差和电现象等等。人通过脑力劳动,通过人脑中细胞分子运动,对外界的现象进行复写、记忆、分析、整合。这个过程是自然过程,是人脑与外界事物相互作用时发生的自然质能转化。

人通过脑力劳动认识事物的特点和规律,是人转变自然物质状态的劳动行为的前提。正因为人脑的认识过程是一种自然过程,所以人才能模仿这个过程制造出电子计算机,由

---

[1]中共中央马克思恩格斯列宁斯大林著作编译局译:《资本论》第一卷,北京:人民出版社,2004 年,第 472 页。

电脑代替人脑认识事物自然过程的某一方面;正是由于人脑的认识过程是一种自然过程,才会有认识天才的出现。天才的脑结构、脑内质能变化、对外界的刺激发生的反应、得出的符合自然规律的认识,都不是一般人所能达到的。但是,天才如果不以前人所创造的知识为基础,一切都依靠自身的经验,他就不可能创造出高于他所处时代的成果。人类在几十万年的发展中,创造出了浩瀚如海的知识,吸收这些知识,需要付出努力。有的知识,还需要结合现实的条件进行再检验、再实践。所以,社会不可能使每个人都成为天才,但可使许多人成为精英。正因为人脑的认识过程是一种自然过程,人们才可以用各种知识影响自然,改变自然存在的状态,缩短或者延长自然过程;正因为人脑的认识是一种过程,所以人脑的认识形成价值。教育工作者所从事的是知识价值转移工作。知识教育就是把前人的认识价值转移给后人,目的是为了缩短后人对自然认识过程的时间。教育工作者除了兼任科学研究工作外,他的劳动价值,是利用科研成果的乘数效应,让更多的人掌握已经经过实践检验的成熟的科学知识,以便将来运用于实践,创造更多的财富和价值。

如果撇开人脑的思维、前后代人的知识传承和人对自然的认识,单纯地看待人,人就是一架精密的自然机器。在资本主义生产方式建立之初,资本家就是把人当作机器来使用的。

2. 自然过程与劳动过程。脑力劳动本身虽然也形成价值,但它改变不了外界事物的存在状态,要改变事物的状态,还需要人付出体力对事物做功。所以,人们在认识了事物的特点和规律之后,还需要与人的体力劳动相结合,使人的体力作用于劳动对象,加速劳动对象的转化过程。

质能转化过程使事物的状态发生变化。例如,太阳把水晒热,使一部分水变为水蒸气上升到空中形成云,在一定的条件下以雨、雪的形式降落到地面,汇入江河,太阳能就转化为机械能。这是自然质能转化。如果人们利用这种机械能的转化,比如把江河水流的机械能转化为电能加以利用,就是人的主观能动性的表现,是人利用自然能转变自然事物状态的过程,这个过程形成价值。如果我们把自然的过程视为自然价值创造,那么,由于人的作用使这种自然过程时间缩短或延长,就是人的劳动创造价值和价值创新的过程。庄子曾讲过一个"庖丁解牛"的故事:庖丁解牛时,刚开始用刀砍骨头,一月用坏一把刀。后来他认识了牛的组织结构,按牛的自然结构来分解牛,将刀捅进大的骨缝,顺着大空隙进刀,游刃有余,所以一把解牛刀用了十几年还像新的一样。庖丁由于认识了解牛的规律,他的解牛刀使用期延长了,他对一头牛肢解的时间缩短了,他的劳动是一种价值创新。

3. 协作劳动或联合劳动与"总体工人"。已经认识到脑力劳动是价值创新的根源,但是人的认识只是人改变事物形态的前提,人若要真正改变事物形态,必须付出体力,利用自身能量对事物做功。体力劳动和脑力劳动是人体转化自然能的不同形式。体力劳动以脑力劳动为前提,脑力劳动以体力劳动为依托。由于社会分工的需要,体力劳动和脑力劳动分家了,但在生产和现实中人们必须把脑力劳动者和体力劳动者当成"总体工人"来看待。人需要在能量转化的过程中,在利用脑力和体力的劳动中改变事物的形态,从而创造价值,因此,除了那些只消费不创造的人和对社会有危害行为的人之外,凡是以不同方式进行劳动的人都对社会发展作出了贡献。

"总体工人"实行协作劳动或联合劳动。如果科学工作者研究出了一种新的增加财富的创造方法,由某些技术工作者把它变为现实的财富,使财富实际增加,这便是社会性的协作劳动。如果把某一工种固定化,如机器零件一样发挥自身的功能,这便是工厂性的联合劳动。马克思所说的消灭分工,主要是消灭把人像机器零件一样固化的劳动,而不是消灭总体工人的协作或者必要的联合劳动。人的全面发展,是消灭固定分工的基础,教育普及是人的全面发展的基础。在以脑力劳动为主的社会里,机器代替人的体力,才真正发展到了大众创新的时代。

现实中人与人之间的协作和联合、前人与后人之间的协作与联合,是人们进行价值创新的必要条件。既然人的劳动是人利用自身或外部能量做功改变事物状态的过程,那么,加深人们对这个过程的认识,加深人们对于人类协作劳动和联合劳动的认识,以加快价值创造的步伐,就显得十分必要和迫切了。现在人们正在努力加深对这些问题的认识。将来人们会越来越依靠脑力劳动进行价值创造和价值创新,可能会发明创造出更多的机器,但这都要在前后代人的知识传承中,在脑力和体力结合的劳动中实现。所以,体力和脑力结合的劳动、社会的协作和联合的劳动,在价值创造和价值创新中,是极其重要的。

4. 机器不创新价值。在第十一章,我们谈了机器为什么不创造剩余价值。因为剩余价值在同一生产过程中蕴含着生产过程和劳动力价值形成过程两个过程,其中生产过程即劳动价值形成过程与劳动力价值即劳动力生成过程相比较,劳动力价值小于生产过程,如果生产过程减去生产资料转移价值与劳动力价值之和还有剩余,即为剩余价值。同样,机器也不创新价值。因为人们利用机器进行转换自然物质存在状态的生产,机器的运转过程完结后,过程凝固,如果新过程比原过程短,缩短的部分是价值创新。有人可能会产生疑问:如果使用这台机器生产一件产品用 2 小时,在这款机器改进后,生产同样的产品用时为 1 小时,是不是机器也会进行价值创新? 这个看似简单的问题,却蕴含着不简单的道理。

从表面上看,似乎机器也会进行价值创新,其实,不是机器进行价值创新,而是人的劳动进行了价值创新。一是自然界的力量再强大也造不出现代意义上的机器。因为自然不能以抽象的方式把握事物,不能继承任何别的生产力,不能把一般抽象的生产力转化为具体的生产力。机器是人利用自然能量创造使用价值的科学技术产物,是人工自然。人只有认识自然,才能创造出人工自然——机器。机器是人对自然利用的一种方式、一种手段,机器只有并入人的劳动,才有意义。机器作为人制造的代替人利用自然能量做有用功的装置,在劳动价值创造中,按照人设计的程序,在人的操纵下,进行使用价值和价值的创造。机器不会自主地使价值形成过程比原过程时间缩短或延长。即使是智能机,它也是按照人的设计工作的。二是机器生产从表面看缩短了生产过程,其实不然,机器中含有大量前人劳动积累的时间,这种积累劳动时间以抽象的形式存在——因为价值本身就是抽象的,人们看不见摸不着这种积累价值,所以误以为机器使生产过程缩短。只有活劳动才能使积累的价值再现,才能形成可能只是价值转移的所谓价值创新。三是机器是推广科学技术成果的工具。科学是一般生产力,科学通过技术转化为现实生产力。但是,科学技术本身的价值需要在现实生产中、在价值实现中得到补偿,而这种补偿需要科学技术的推广。例如,电视机的研制和开发需要投入大量的人力物力,这些人力物力都是有价值的,这些价值需要在电视机的价值实现中得到补偿。当千家万户使用电视机时,科学技术的成果被推广,价值实现量增加,研制电视机的价值可以得到补偿。科学技术之所以能够被大面积推广,就是因为科学技术是一般生产力,可以被某一具体行业与之相关的所有可利用它的生产所利用而转化为具体的生产力。

五、科技劳动价值创造的方法和价值计量

科研成果的价值计量问题是发展马克思主义劳动价值论需要解决的重大问题之一,我们将以马克思基本理论为指导对这个问题进行深入探索。科研工作的性质如前述,它是一种与技术操作不同的劳动方式。由于在实际生产过程中科学研究和技术操作结合得很紧密,人们习惯于把二者合称为科技劳动。马克思把脑力劳动者和体力劳动者称为"总体工人"。我们在研究中,把科研成果看作是脑力劳动的结果,把在实际生产中运用科研成果进行价值创造的活动看作是科学研究和技术操作两种劳动的结合。

(一)科研成果价值计量的单位与价值决定

科学研究工作的成果具有价值,这是人们的共识。但是,科研成果的价值怎么计量,却使人们感到为难。要解决这个问题,必须弄清科研成果价值的特性,确定科研成果价值计量的单位,弄明白科研成果的价值由谁决定。

1. 科研成果以抽象的价值状态存在。劳动产品多种多样。在劳动价值物化后,作为有形的物质存在,人们容易看得清,也容易计量。但是,科学研究是一种特殊生产,是脑力劳动的生产,科学工作者从事的是抽象思维性研究,他们的研究成果不同于物质产品,在没有寄附于有形物之前,始终作为抽象价值状态存在。

科研成果的价值需要与人的某种具体行为相结合,才能产生出结果,价值才能通过结

果而显现。一种是与具体的生产过程相结合加入产品形成过程的抽象价值,比如数学、电学、化学、物理学的各种原理、公式、工艺流程、工序、设计图纸等等。这些价值,可以影响生产过程,提高劳动生产率,从而影响产品的价值,自身的价值也通过产品而显现。另一种是加入人的劳动过程与具体的人相结合的抽象价值,比如语言、文字、音符等等。因为价值本身就是人们创造的衡量相互交换使用价值多或少的抽象工具,所以,这些价值也成为人们进行某种智力劳动的一种工具。文学、戏剧、歌曲等都是具体人利用这些工具进行脑力劳动所产生的智力成果。我们在这里研究的科研成果的价值,是指可以与具体生产过程相结合的抽象价值。

2. 科研成果价值的计量单位。对于科研成果的价值计量到底以什么为标准,采用什么单位进行计量,目前人们还没有统一的认识。有人说根据科研成果价值的性质,应依马克思主义劳动价值论,以劳动量为标准,采用时间计量法。持主观效用价值论观点的人说,科研成果的计量应以它的效用为标准。但由于主观效用价值论并不能说明效用是什么,所以,效用论者也就不可能提出具体的科研成果价值的计量单位。根据我们的研究,劳动生产率就是使用价值的功效,劳动生产率表达式中的劳动时间就是功效价值,与马克思主义劳动价值论中的价值是同一的,因而,按照马克思主义劳动价值论,价值的计量单位是时间,所以,科研成果的价值,也应该采用时间作为计量单位。

3. 科研成果的价值决定。按照马克思主义劳动价值论,具体的个别产品的价值,在社会需求范围内,由社会必要劳动时间决定。

(1)我国学者对科研成果价值决定问题的探讨。有人认为科技产品的价值(按笔者的论述,视为科研成果价值,以下不再一一指出)由科技生产者的个别劳动时间决定。也就是说,具体的科技工作者创造出一项科技产品,用了多长时间,其价值就是多少。在价值实现时,个别价值会被当作社会价值来计量。有人认为,因为科技劳动产品的个别价值量如同生产物质商品的个别价值量一样,有高有低,有的有效有的无效,因而其价值由社会必要劳动时间决定。有人认为,科技劳动价值决定于在生产中节约的社会劳动。有人认为,科技劳动产品价值无法用抽象劳动来衡量,因而有价格无价值;有人认为,科技劳动产品的价值量由第一个生产出来的个别劳动时间决定。

(2)科学研究的劳动遵循的规律。科学研究的劳动价值创造也是生产,应用科研成果进行生产也是消费,所以,科学研究的劳动也遵循一般的生产和消费规律:在生产领域,人们追求产品价值形成时间的缩短;在消费领域,人们追求产品使用时间的延长。科学工作者在进行科学研究时,希望以最短的时间取得最多的科研成果。使用者在购得一项科研成果后,希望科研成果不要很快失效,而是长期发挥功效。

(3)科研成果价值决定和交换遵循的规律。既然科学劳动是脑力劳动,科研成果是特殊劳动产品,那么,它遵从劳动价值论的一般原理。一是科研成果的价值决定,遵循劳动生产率的规律。二是科研成果必须是社会所需要的劳动产品,遵循社会必要劳动规律。三是科研成果的市场交换,遵从等价交换规律和市场价值形成规律。

科研成果的价值决定,遵从劳动生产率规律。由于一般劳动就是劳动过程的抽象,所以科研成果的价值是直接的价值。也就是说,任何一项科研成果的形成时间,就是这项科研成果的价值。比如,有人在30天内研究出一项科研成果,有人在60天内研究出一项科研成果,60天的科研成果的价值比30天的科研成果的价值多1倍。这是科研成果的形成价值。科研成果是劳动产品,科研成果是科学家的脑力劳动的结果,既然是劳动,便也遵循劳动生产率的规律:在单位时间内,科研成果越多,获得科研成果所用的时间越少,科研成果的价值量就越小;反之,科学研究的时间越长,获得的成果越少,科研成果的价值越大。

科研成果的市场交换,遵从价值规律和市场价值形成规律。科研成果的市场交换,必须遵从价值规律,进行等价交换。同时,也遵从市场价值形成规律。谁先研究出某一项科研成果,授予谁某项科研成果的专利,这是马克思主义劳动价值论的市场价值形成原理的实际运用。马克思的市场价值理论认为,同部门内部生产的商品的价值,或者平均化为市场价值,或者以同部门生产量最大的商品的价值为市场价值。因而,最先研究出的某项科研成果的价值就成为该项科研成果的市场价值。这是因为,同一科研成果谁先研制出来被授予专利后,其他的同类研究属于无效劳动,自然形不成市场价值。专利科研成果具有同部门最大的市场价值,具有市场垄断性价格。

科研成果的价值实现由社会必要劳动时间决定。如果科研成果按社会必要劳动时间进行交换,可能会有人提出疑问:在上述举例中,两项科研成果的价值如果按45小时〔(30小时+60小时)÷2〕的社会价值进行交换,就与专利授予的事实相矛盾。这种认识,是把科研成果本身的价值与科研成果的价值实现混淆了。科研成果是社会必要的有用的认识成果,是一般的人类劳动,它本身的价值是它形成的时间。授予科研成果以专利,是给予它在同类科研成果中以垄断的形式保证它的价值的社会有用性的地位,而它的价值的实现,必须在运用于具体的生产过程后,通过实际的客观产品表达出来,通过实际的客观产品完成社会平均化过程。也就是说,它本身不直接参与社会平均化,必须通过加入具体生产过程而后形成社会价值。

在相同的科研成果中,被授予专利的科研成果,构成科研成果的市场价值。许多拥有专利的科研成果,即不同领域的科研成果价值,通过与实际生产过程相结合,通过影响劳动生产率,通过具体产品的价值把自己表达出来,通过参加产品价值的社会平均化过程,使自身的价值得以实现,并且显示出科研工作者创造的剩余价值。

目前,发明专利的期限为20年。在20年的时限内,有的科研成果超过专利期,就成为积累价值。授予某项科研成果以专利，是为了鼓励创新。投入资金进行科研的企业可因成果专利获得垄断性价格，进行科学研究的人员也可因成果专利而获得较多的报酬。在公有制和私有制社会里，科研成果专利获取的实际意义是大不相同的。由于科研成果的价值按社会必要劳动时间计量，因而才有大量的科研成果落后或过时。

（4）基础性科研成果的价值决定遵循的原则。由于基础性科研成果不应用于具体生产过程，所以，它的价值不能在短时间内实现，从而沉淀为积累价值。一项基础理论研究成果虽然没有投入实际生产，但它作为有用的抽象状态存在的价值，被人们无偿使用。在长期的生产实践中，人们发现基础性科研成果对人类的生产生活有巨大的影响，所以，给予基础性科研工作者以优厚的报酬，以补偿他们的劳动付出。基础性科研工作者的价值补偿以不超过专利期的那一次劳动的劳动时间作为计量的基础。在现实科研中，不仅需要许多人的协作性劳动，也需要前人和后人的联合性劳动。科技的发展特别是基础性科研成果的积淀，越来越证明人类实行生产资料公有制的必要性。

人类社会的发展史就是一部科技史。科学技术使人们创造财富的速度加剧，有很多人为人类社会的发展作出了贡献。后人在前人劳动积累的基础上劳动，推动着科技的发展。以电的发现和应用为例，人们虽然在公元前6世纪已经发现了电现象，但直到1745年荷兰物理学家马森布洛克才偶然发现了储电的方法。美国政治家、哲学家和科学家富兰克林在马森布洛克发现的基础上对电的研究又有很多新发现，他在1752年7月用实验证明了天上的电与地上的电是一样的，从而破除了人们对雷电现象的迷信。虽然富兰克林等人揭开了很多电之谜，但要想使人们获得稳定的、长时间的电供应，就必须有能够持续提供电的方法。意大利生理学家伽伐尼在解剖青蛙时偶然发现了引起青蛙腿抽搐的电现象，引起了意大利物理学家伏打的兴趣。经过无数次实验，1799年，伏打制成了能产生持续电流的电池，人们称它为伏打电池。有了伏打电池这样稳定的供电源，才使电学研究突飞猛进地发展。我们今天的生活几乎处处离不开电，电脑和机器人更是创造着神奇。这是人们在科研领域不懈劳动探索的结果。只有当人们充分认识到无偿利用前人的基础性科研成果对个人创造财富的巨大作用时，社会才不会指责给予科学家的报酬太多。也只有把无数人的贡献当作全人类的财富时，生产资料公有制的观念才会更加深入人心。

（5）科研工作者的无效劳动。科研工作者的无效劳动有三种：第一种是解决同一问题的科研成果已经被授予专利，其余的同一科研成果的劳动属于无效劳动。第二种是如果一项研究未能获得应用性成果，比如有人研究了一辈子永动机，最终一无所获，只能是无效劳动。第三种是有些科研成果虽然被授予专利，但最终未被应用，这样的科研劳动也为无效劳动。但是，如果科研成果超过了专利期仍可被应用于实际生产，则这样的科研成果的劳动不是无效劳动。社会为不可预见的无效科学研究给予风险性价值补偿，不关乎科研成果的价值决定。

4. 科研成果乘数效应的原理。由于科研劳动是一般劳动,是任何具有某一共同特征的具体劳动的一般性、同一性,所以,某一领域的某项科研成果可与该领域的任何具体劳动相结合并被重复利用,从而产生乘数效应。比如,任何具体的发电行为都可运用有关电的理论,有关电的理论也可被无数次重复利用。

因为科技发明是一般劳动,所以它可以与有同一性的劳动的所有要素相结合。既可以与劳动者结合,被更多的人所掌握应用,也可以与劳动工具如机器结合,或与劳动材料结合。它可以物化在生产力的要素里,产生实际效果。

因为科学是一般劳动,它本身就是用劳动时间来计量的价值,当它与劳动要素结合后,增加了生产要素的价值,如果它被物化在不变资本内,就可以在生产过程中被转移,所以,科研成果的价值实现,既可以被授予专利后进入市场进行交换,也可以由通过该项科研成果所产生的实际效果的产品承担并实现。

学习是充分利用科研成果的乘数效应的最好方法。虽然劳动者在学习科学知识的过程中必须付出一定的代价,但从长远和社会进步的方面看,绝不能因此而忽视劳动者接受教育的工作。人类的社会财富的生产,本身是以缩短劳动过程为特征的生产。科学是一般劳动,要变为具体的财富创造过程,必须使劳动者掌握它。在劳动者掌握了科学原理后,可以使劳动时间缩短,因而科学成为人类创造财富的一种必要手段,学习成为人类利用科研成果创造大量财富的有效途径。

把科学变为具体财富创造过程的方法,就是技术。科学与技术,就像抽象劳动和具体劳动一样,是一般性和具体性的统一。正因为科研成果中含有大量的人类劳动价值,劳动工具中、生产材料中也含有大量的人类劳动价值,这些价值表现为时间,时间就是过程,别人已经走过的劳动过程,后人不需要再走了。所以,掌握了科学技术的人通过劳动转移的积累价值是巨大的。从表面看,是科学技术转化为具体的生产力,创造出了巨量价值,使劳动生产率大幅度提高,其实这是一种认识的颠倒。

由于认识一种客观规律比较困难,用时较长,而通过学习掌握前人或他人的认识成果则相对容易,用时较短,所以人类用文字或其他方法向他人或后人传递的知识对人类社会的发展就有了十分重要的意义。马克思注意到了这种情况。他说:"对脑力劳动的产物——科学——的评价,总是比它的价值低得多,因为再生产科学所必要的劳动时间,同最初生产科学所需要的劳动时间是无法相比的,例如学生在一小时内就能学会二项式定理。"[1]这是人们为什么十分重视教育的重要原因之一。后人学习到的知识,是前人劳

[1]《马克思恩格斯全集》第26卷1分册,第1版,北京:人民出版社,1972年,第377页。

动的结果,是直接的价值。由于超过专利期的科研成果归公共所有,所以,教育事业也成为公益事业。教师传播知识,就是在转移前人的劳动积累科研成果的价值。不过,人们看重的是科研成果的乘数效应,这是人们发展教育的目的。所以,学生必须要学以致用。

因为专利具有垄断性,所以有人利用科技成果的乘数效应出卖同一成果获取多次报酬;因为科研成果的价值必须通过具体产品实现,因而科研成果发明者在生产资料私有制条件下与产业资本家相结合,在收回投入的成本和自己的劳动力价值之后还获得了大量的利润,并把利润投入生产,进行剥削,则他们转化为资本家;如果在生产资料公有制的社会主义社会,科研专利为社会所使用,则乘数效应产生的利益为全体人民所享有,无疑是人类的进步。

5. 科研成果的交换价值。科研成果的市场交换很复杂。对科研成果的计量,人们觉得无从下手,虽然想了很多方法,但多数还是采用猜测的估价方法。到目前为止,还没有一种方法得到普遍认可。原因很多,比如没有认清科研成果的价值是一种抽象,虽然其价值可直接计量,但必须运用于具体生产过程才有实际意义;没有认清科研专利的实质,混淆了科研成果的乘数效应与科研成果本身的价值;等等。根据马克思主义劳动价值论的原理和科研成果的特性,我们可以探索解决科研成果市场交换的具体思路。

(1)直接交换。科研成果的价值是抽象的、直接的价值,可以直接在市场上进行交换。例如,有人研制棉花采收机用时 100 天,棉花采收机的研制者可以以 100 天的科研价值加其他研制费用出售他的机器。

由于天才的创意具有首创性,专利给这种首创性以唯一性保护,形成垄断性价格。有人利用科研成果的乘数效应,把一项科研成果多次出卖,而不是按照他所进行研究的那一次劳动取得报酬。这两种情况并不是完全合理的。

(2)按功效价值交换。科研成果除了按其生产价值直接交换外,更多的是按其实际功效价值交换。前面我们已多次谈到,劳动生产率表达功效,产生劳动效率的持续时间是功效价值。即使是直接交换的科研成果,最后也必须参与具体生产过程。只要参与具体生产过程就必然产生功效,并产生功效价值。我们也论述过,马克思的商品价值理论,实际上是建立在商品功效价值之上的。马克思主义劳动价值论中研究的商品价值形成过程,是生产要素的综合功效价值转移过程。

商品在市场上按功效价值进行交换,似乎给人一种错觉,即按功效价值进行的交换是不等价交换。因为一种商品的形成过程很短,而这种商品使用的时间很长,怎么能是等价交换呢?比如,一台微波炉的生产时间是 24 小时,而它的有效使用期为 10 年,1 年按 365 天计,假若平均每天实际使用 1 小时,实际可使用 3650 小时。24 小时 $\neq$ 3650 小时。如果按 24 小时进行交换,岂不是不等价交换?各种非难马克思主义劳动价值论者,无一不是以市场价格问题发难。在第十一章,我们已经对这个问题作过简要说明。由于这个问题对理解市场价格很重要,在这里再作进一步说明。

要理解这个问题,必须弄清以下几点:第一,商品的形成价值。在商品的形成价值中,包含有劳动者的劳动力价值、生产资料转移价值、前人的劳动积累价值和商品基质的自然价值。科研成果的价值在生产过程开始前,蕴含于劳动力或生产资料中。由于科研条件不同,或者资本有机构成不同,科研工作者创造的价值和剩余价值也不同。商品的形成价值中所包含的各种价值,以抽象的、看不到摸不着的状态存在,人们只看到了现实生产过程时间的缩短,而没有意识到除科研成果因素外,商品中还有使劳动时间缩短的因素存在。马克思的商品价值表达式是 $W=c+v+m$。c 为固定资本,其中包括物化形态的科研成果的价值和制造固定资本的劳动价值,即生产商在市场上所付出的费用。而按照我们的分析,固定资本中不仅含有前两种物化劳动价值,还含有基质的自然价值和前人积累价值。现在,我们把科学工作者和技术工人的劳动价值即制造固定资本的物化劳动价值分离出去,则 c 的价值构成就发生了变化,仅剩下基质的自然价值和前人劳动积累价值。如果用 c_1 代表商品基质的自然价值,用 c_2 代表积累价值,则 $c=c_1+c_2$。对劳动力价值 v 再细分,用 v_1 代表科研工作者的劳动力价值,用 v_2 代表技术工人的劳动力价值,则 $v=v_1+v_2$。对剩余价值 m 再细分,用 m_1 代表科研工作者创造的剩余价值,用 m_2 代表技术工人创造的剩余价值,则 $m=m_1+m_2$。用 U 代表科研成果的价值,则 $U=v_1+m_1$。用 E 代表技术工人的劳动创造的价值,则 $E=v_2+m_2$。也就是说,在商品价值 W 中的不变资本 c,包含了自然价值 c_1 和积累价值 c_2;可变资本 v,包含了科研工作者的劳动力价值 v_1 和技术工人的劳动力价值 v_2;剩余价值 m,包含了科研工作者创造的剩余价值 m_1 和技术工人创造的剩余价值 m_2;科研成果价值 U 中含有科研工作者劳动力价值 v_1 和他们创造的剩余价值 m_1,技术工人创造的价值 E 中含有技术工人的劳动力价值 v_2 和他们创造的剩余价值 m_2。所以,商品价值表达式 1:$W=c+v+m$,可以写为表达式 2:$W=(c_1+c_2)+U+E$,或表达式 3:$W=(c_1+c_2)+(v_1+m_1)+(v_2+m_2)$,或表达式 4:$W=(c_1+c_2)+(v_1+v_2)+(m_1+m_2)$。

第二,决定商品交换价值的,是商品的功效价值。如果用 a 代表商品的功效价值,a 与商品形成价值 W 的比例就是解决商品交换价值的关键性问题。

决定商品的功效价值即商品实效期的,是商品的质量和性能。商品的质量取决于商品的基质材料,商品的性能取决于生产商品的组合技巧。商品基质材料的价值,在商品形成过程和使用过程中,都是一样的。比如制造铁锅的铁的自然价值,无论在使用前还是使用中,它的自然价值 c_1 是不变的。

在生产商品的组合技巧中,含有前人积累的劳动价值 c_2 和未超过专利期的科研成果价值 U。这是通过技术工人的劳动,从参与生产过程的生产资料那里转移来的。利用前人积累价值和科研成果的目的,是为了制造某种商品以利于使用。也就是说,为了某种功效。比如,生产化肥,是为了让化肥发挥作用,增加粮食产量。所以,在商品的功效价值中,必然包含前人积累价值和科研成果价值。这是在商品生产前就已经设计好了的。所以,在商品功效价值 a 中,既包括与商品价值形成时从生产资料那里转移来的等量的积累价值 c_2,也包括与商品价值形成时从生产资料那里转移来的等量的未超过专利期的科研成果价值 U。技术工人的劳动,是一切商品形成要素发生有效组合和进行有效生产的技巧的实施过程,因为科研成果具有乘数效应,所以劳动力价值通过劳动转移的科研成果价值和积累价值至每一新产品中的量是生产资料功效价值的按比例转移,其量是相等的。在前述举例中,虽然一台微波炉的生产时间是 24 小时,但它所含的积累价值、自然价值高达 3626 小时(3650 小时-24 小时)。24 小时只是科研成果价值、技术工人的劳动力价值和剩余价值以及其他生产设施价值的分次转移中的 1 次等量转移额。

第三,商品在出售时,要按商品的功效价值出售。实际上,生产商是按商品的形成价值出售的。很明显,商品的形成价值大大低于商品的功效价值。为什么生产商不按商品的功效价值定价,而要按商品的生成价值出售?这是因为,生产者对商品基质的自然价值和积累价值付出的费用很少。一方面,消费者得到了自然和前人的恩惠。生产商也是消费者,他也希望用低价买到生产资料。另一方面,生产商为了使商品能够卖出去,由于竞争的原因,在定价时,必须对一部分无偿的自然价值和积累价值在社会范围内,按社会平均值进行通约。而对未超过专利期的科研成果的价值,则不能通约,因为其中含有科技工作者的劳动力价值。对于技术工人的劳动力价值,也不能通约。

第四,不是任何商品的基质自然价值和积累价值都完全被通约掉。由于商品基质的自然价值和商品所含的积累价值量是不等的,商品的功效价值与其所含的自然价值和积累价值有密切关联。自然基质的质量决定了商品的使用期,积累价值的多寡决定了商品的使用效率,商品的功效价值即它的实效期,受到了商品基质和科技水平的限制,表现为不同的劳动生产率,同时,也受到社会必要劳动时间的制约。商品的交换按社会劳动生产率所生产的社会需要的劳动产品的功效价值进行,所以,才有了商品功效期的有限性和商品的不断更新换代。因此,在商品的功效价值中,既含有看得见的商品生成价值,也含有看不见的科研成果价值、技术工人的劳动力价值、自然价值和积累价值,它们的通约也有各自的特点。

商品的基质材料所含的自然价值 c_1 的通约按社会劳动生产率所决定的社会平均功效价值进行。商品中所含的基质材料的自然价值,有的多,有的少,比如,铁质商品的铁的自然价值可能长达几十亿年,铝质商品的铝的自然价值也可能为几十亿年,木质商品的材料的自然价值可能只有几十年。即使木质材料,其自然价值也不相同。有的木材生成的年份多达数百年,或者数千年,有的速生林的材质才有几年。人们制造商品都有其目的性,也就是使用的功效。人们在商品的实效期内,按社会平均实效期对商品的自然价值进行通约。在商品形成后的商品价值 W 中所含的这一部分价值,与商品的使用期有极大关系。社会按不同使用期的平均,对这部分价值通约(参阅第十章)。有的商品基质材料的自然价值在通约后还有剩余,有的在通约后需要用其他价值充抵补偿。

有的商品中所含的积累价值多,有的含积累价值少。比如,铁质机器的铁,从铁矿石到冶炼成铁,人类不知经过了多少年的劳动过程,用铁制成机器,又不知经过了多少代人的劳动,特别是科技劳动过程。铝质机器的铝的冶炼也如此。木质的木,则不需冶炼;但木被制成机器,也是经过了漫长的劳动过程特别是科技劳动才实现的。人们的长期积累的价值,被不等量地转移至不同的劳动工具、劳动材料里。商品积累价值的通约也按社会劳动生产率决定的社会必要平均价值进行。有的商品的积累价值在通约后还有剩余,有的在通约后需要用其他价值充抵补偿。

(3)商品价值按社会平均价值实现。经过对自然价值和积累价值的通约,最终对商品价值起决定作用的因素,就是科技成果的价值和技术工人的劳动价值,技术工人的劳动起到运用科研成果、转移价值、运用组合技巧生产商品的作用。科研成果是由脑力劳动创造的,包括脑力劳动者的劳动力价值 v_1 和超过劳动力价值的剩余价值 m_1;技术工人的劳动价值包括他们的劳动力价值 v_2 和超过他们的劳动力价值的剩余价值 m_2。商品的价值在通约后,商品还按社会必要劳动价值决定,进行社会平均,形成社会平均价值,商品价值按社会平均价值实现。商品的社会平均价值,在马克思那里,是按商品的一次性形成过程进行平均的。在我们这里,是按商品的功效价值平均的。由于商品的功效价值与它们的形成价值相等或成比例,所以,这两种计量方法是一样的。比如,生产一台机器需 60 小时,用这台机器生产同样的机器,不是这台机器只能生产一台机器就报废了。假设它可以按照设计生产 100 台同样的机器,也就是用它可以生产 6000 小时(60 小时×100)。为什么形成价值只有 60 小时的机器可以生产出 6000 小时的产品?这是因为,在产品形成过程中,有看不见摸不着的自然价值、积累价值和科研成果价值在里边。如果没有积累价值和科研成果价值进入生产过程,生产过程就不会缩短,劳动生产率也不可能提高。也就是说,它们是生产过程缩短或劳动生产率提高的唯一决定性因素。在交换商品时,按等量劳动的原则进行交换。这个原理充分说明,马克思主义劳动价值论是正确的。

商品的最终成交价,是买者和卖者讨价还价的结果。在商品进入市场后,具体的讨价还价行为,仍然是对商品的无偿价值进行再通约。这种情况是由供求关系决定的。因此,供求并不决定商品的价值,而只决定买卖双方对无偿价值的再通约量。如果商品供应充足,商品价值的实现由生产率高的企业生产的商品市场价值决定,这时,买卖双方就会对无偿的价值进行再通约。

（4）科研成果价值的市场交换。如同普通的商品价值一样，一项科研成果的价值，也由科研工作者的劳动力价值、科研设备价值和作为科研条件要素的转移价值、科研设备基质的自然价值、前人的劳动积累价值所组成。因而，在市场上进行科研成果交易时，买卖双方对前人的劳动积累价值和生产商品的劳动资料基质的自然价值通约后，按照等量劳动相交换的原则进行。由于这种交易多是在经验的基础上进行，所以，人们对科研成果的功效和功效价值进行预测性评估。这与普通商品在市场上的买卖的道理是一样的。

（5）批发商、运输商、零售商等的利润预留。由于市场竞争激烈，生产商不仅要在社会范围内按最大通约值进行通约，而且还要给批发商、运输商、零售商等预留利润。这些利润要在商品的功效价值中扣除（参阅第十四章）。

许多质疑马克思主义劳动价值论者没有想到，看似简单的商品中，包含有这样深刻的道理。这个道理也揭示了只有劳动，更重要的是科技劳动，才是人类社会发展的不竭源泉。也说明了马克思主义劳动价值论的科学性不容置疑。

（二）科技劳动价值创造的方法和价值计量

人们创造财富的多寡，在于是否提高劳动生产率。影响劳动生产率的因素很多，比如劳动量、科学技术、过去劳动的积累、自然生产力、劳动的熟练程度、分工和协作等等。在影响劳动生产率的诸多因素中，有两个因素最为重要：一是增加劳动量，增加做功的能量；二是采用一定的科学技术。因为在人的天然能量一定的情况下，利用其他事物的能量也需要采用科学技术，所以，在现实中，人们往往采用加大能量与科学技术相结合的方法，使劳动生产率得到提高，在一定的时间内生产出更多的使用价值和价值。

1. 在顺应事物规律基础上进行的价值创造与价值计量。如果劳动量相等，由于利用科学知识，可以对事物本体、结构、数量、相互联系、发展规律深入认识，在顺应事物规律的基础上进行价值创造，使劳动速度加快，劳动生产率提高，劳动产品增多，价值量增加，使单位产品所含的劳动时间缩短。如果把采用科学技术成果前创造财富的过程视为原过程，把采用了科学技术新成果后创造财富的过程视为新过程，新过程的时间短，原过程的时间长，原过程减去新过程的时间差，就是采用科学技术新成果创造的价值。这种情况可用下式表达：

$$\Delta K = K_0 - K_1$$

式中：ΔK 为采用科学新成果前后生产使用价值的时间差，即新创造的价值；K_0 为采用科学新成果前使用价值的原生产时间；K_1 为采用科学新成果后使用价值的新生产时间。

新价值 ΔK 不是通过增加劳动量创造的，而是人们在加深了对自然规律的认识后，运用了科学技术新成果使劳动过程缩短的时间。这种情况在生活中比比皆是。例如，人们用一定的力推动一个质量为 10 千克的物体向前滑动 50 米,用时 5 分钟。后来人们认识到滚动摩擦系数小于滑动摩擦系数,在这个物体的下面装上轮子,结果用相等的力使这个物体向前运动 50 米,用时只有 3 分钟,比原来用同样的力使同样重的物体向前滑动同样距离缩短了 2 分钟,这个缩短了的 2 分钟时间,就是人们采用科学新方法所致。人们把这种科学新方法运用于生产实践活动,比如运输,就会使劳动生产率大大提高。

2. 加大劳动量的价值创造与价值计量。人们利用能量创造价值量的多或少,通过创造的使用价值的多或少表现出来,通过劳动生产率表现出来。人们要提高劳动生产率,必然要千方百计地转换自然能量、想方设法利用自然能量,对能量的利用成为人们价值创造的最重要方法之一。马克思认为,商品的价值量与生产商品的劳动量成正比。投入的劳动量越多,生产的价值也越多。劳动时间一定,通过加大劳动量的方法进行价值创造,使用价值形成的时间缩短,劳动生产率提高。在前面我们已经论述过,投入的劳动量越多,可以加大做功的效率,使劳动生产率提高。如果劳动时间一定,通过加大劳动量以缩短劳动过程提高劳动生产率的情况可用下式表达:

$$\Delta Z = Z_0 - Z_1$$

式中:ΔZ 为加大劳动量前后生产使用价值的时间差,即加大劳动量后新创造的价值;Z_0 为加大劳动量前使用价值的生产时间;Z_1 为加大劳动量后使用价值的生产时间;

加大劳动量就是加大劳动力的能量耗费做功创造价值和使用价值。劳动者在劳动中不仅可以加大内能量的耗费做功,也可利用外能量做功,如利用自然界的机械能、光能、电能、热能、化学能等能量做功,把各种自然力如瀑布力、风力、电力、蒸汽力、畜力等都归并于劳动力进行价值创造。这种利用外能量的方法,本身就是科学技术活动。比如,火车原来运行的速度是每小时通过 120 千米的距离,后来采用了新的科学技术,使火车提速至每小时 300 千米。提速后火车通过 120 千米的距离,只需用 24 分钟。原过程(Z_0)需时 60 分钟,新过程(Z_1)需时 24 分钟,60 分钟 − 24 分钟 = 36 分钟。也就是说,新的科学技术方法创造出了 36 分钟的新价值。这个 36 分钟新价值,不是制造火车的价值,是人们利用科学技术创造的火车新功效价值。

进行科学研究也需要消耗能量,不过,这种能量的消耗是在人体内进行的,是一种微观过程,这个过程所形成的价值,就是科研成果的价值。一切人都是科技人。在劳动中,一切人都在用脑思维,用各种方法转化能量做功。在人们利用体外能量做功的机器未被广泛使用之前,每一个人都既是科学与技术结合的劳动的人,又是一台精密的做功的机器。

人利用畜力做功与利用外能量做功的道理是一样的。如果说人的活劳动力可以创造剩余价值,马或牛也是活劳动力,它们为什么不创造剩余价值? 这是因为,自然力、畜力等等都可以改变事物的存在状态,改变事物转化的过程。只要有过程,就有时间,只要有时间,就有价值。也就是说,自然力和外力都会创造价值。但是,价值是人的社会关系的产物,是人所发明的利用事物的同一性进行使用价值交换的工具,价值只属于人类。其他任何自然物和任何动物包括马、牛、大象等,虽然它们会在人的驱使下干活,但其创造的价值,都只能并归于人对外能量的利用范畴。

人对外能量如何利用,是人的重要的科技活动内容。有的外能量利用很直观,不需要很深层次的认识,不需要耗费人的过多的时间,比如人对使用畜力的认识。有的认识就很不容易,比如人对电力的认识,人从认识自然的电现象到可以利用电做功提高劳动生产率,经过了 1000 多年。

人在利用自然力包括畜力做功以提高劳动生产率时,能不能创造出剩余价值,要看劳动产品的总价值与投入的生产资料总价值相比较有没有增加。如果产品的总价值多于投入的生产资料总价值,则人的劳动就创造出了剩余价值。但是,如果人们在生产时大量地攫取自然能源物质,把自然能源物质当成无成本或低成本的使用价值来使用,从而获取更多的价值,这不是科学技术的进步,而是利用科学技术对自然的破坏。在过去的 100 多年里,占世界人口 15% 的发达国家相继完成了工业化,但其能源和全球矿产资源消耗量占全球同期的 60% 左右。这是由于资本主义的私人占有制造成的。资本主义把"经济人"的私利性发挥到了极致。而社会主义则是全面地、有效地、协调地、有计划地利用资源,最大限度地保持科学技术与资源利用的一致性。人的科技水平发展到什么程度,对自然资源的利用就达到什么程度。比如,人们不能为了少数人发财,而对煤矿进行乱挖乱采,只采富矿,丢弃贫矿;不能为了少数人的利益,把有害工业废水排入江河,毒害其他生物,破坏环境。20 世纪法西斯德国发动世界大战和军国主义日本发动的侵华战争,无不是为了抢劫别国的资源以发展本国的经济。马克思没有论述为什么商品的价值量与劳动量成正比。有人在分析了中国和美国的劳动量和价值量的情况之后提出质疑:中国投入的劳动量比美国的多,为什么创造的 GDP 比美国的少?只就个人拥有的能量来说,个人的能量在生产中是微乎其微的。人对自然界巨大的能量利用,在生产中越来越重要。美国对自然界能量的利用,是他们创造出大量 GDP 的重要原因。

3. 认识规律和加大能量做功相结合的价值创造与价值计量。在现实中,人们常把在科学认识客观规律的基础上进行价值创造和加大能量通过做功进行价值创造结合起来,使劳动生产率大幅度地提高。

在科学认识自然规律的基础上创造价值和剩余价值,重点在发现;在加大能量的基础上进行价值和剩余价值的创造,重点在利用,二者的不同是一目了然的。比如,当人步行时,利用的是自身的能量。一般人步行的速度是每小时 5 千米,这是人借助内能量创造价值和剩余价值。如果人骑自行车,若每小时可走 15 千米,这还是人利用自身的能量走路,但骑自行车比步行要快,是人步行的 3 倍。这是人认识到空气有浮力,因而发明了自行车的气胎,利用气胎托起人的重量;还认识到滚动摩擦阻力小,所以把气胎装在自行车的轮子上;人们还认识到力可以通过传动装置作用于自行车的轮子,于是发明了自行车链条。总之,自行车是人对自然规律认识的产物,是科学技术的产物。这种情况我们在以上的论述中用 $\Delta K = K_0 - K_1$ 表示。当人们发现马的能量比人大,马的奔跑速度比人步行快,人就借助马的能量骑马走路。假定人骑马每小时走 50 千米,是人走路速度的 10 倍。这种情况我们在以上的论述中用 $\Delta Z = Z_0 - Z_1$ 表示。

虽然利用对自然规律的认识创造价值和剩余价值的方法与利用外能量加大做功的功率创造价值和剩余价值的方法不同,但二者的目的相同,都是为了提高劳动生产率,以便在同样的时间里创造出更多的价值和剩余价值,所以人们把二者结合起来进行价值和剩余价值的创造。这种情况可用下式表达:

$$\Delta X = X_0 - X_1$$

式中:ΔX 为利用科学新方法和加大能量相结合生产使用价值的时间差,即创造的新价值;X_0 为使用价值的原生产时间;X_1 为使用价值的新生产时间。

例如,某个人走一段路程,原来是步行,用了 10 小时。后来再走这段路程改用骑自行车,用了 4 小时。骑自行车消耗的是自身的能量,但同样大的能量使骑自行车的速度比人行的速度快,时间缩短,这是采用了科学新方法所致,适用等式 $\Delta K = K_0 - K_1$。原时间减去新时间的差,即 10 小时-4 小时=6 小时,6 小时是利用科学新方法创造的新价值。

假若这个人走这段路不是骑自行车,而是改用骑马,马的能量比人的能量大,速度快,走完这段路用了 2 小时,适用等式 $\Delta Z = Z_0 - Z_1$,原时间减去新时间的差,即 10 小时-2 小时=8 小时,8 小时就是利用马的能量新创造的价值。

假若这个人走这段路既不是骑自行车,也不是骑马,而是改坐汽车。汽车既是科学新方法的产物,又是利用外能量的装置,速度比骑马更快,走完这段路程仅用了 1 小时,适用等式 $\Delta X = X_0 - X_1$,原时间与新时间的差,即 10 小时-1 小时=9 小时,9 小时既是利用科学新方法又是加大能量所创造的新价值。

利用外能量必须依靠科学技术。因为人们的科学水平有高有低,对能量的利用有大有小,所以利用顺应规律的科学方法与加大能量的方法相结合创造的价值不是简单代数和的关系,即 $\Delta X = X_0 - X_1 \neq (K_0 - K_1) + (Z_0 - Z_1)$,即 $\Delta X \neq \Delta K + \Delta Z$。

上述举例中,人骑自行车与人步行相比较,走完同样的路程可节省 6 小时,骑马与人步行相比可节省 8 小时,坐汽车可节省 9 小时,显然,坐汽车节省的 9 小时不是 6 小时与 8 小时之和。这是因为人所采用的科学技术不同,利用的外能量不同造成的。

采用科技新方法与加大能量相结合创造价值的情况可用下式表示：

$$X = F(\triangle K, \triangle Z)$$

式中：X 为两种方法创造的新价值；F 表示函数；$\triangle K$ 表示采用科学技术成果的劳动创造的新价值；$\triangle Z$ 表示加大外能量的劳动创造的新价值；$\triangle K$ 和 $\triangle Z$ 是函数 F 的两个参数，X 的值受 $\triangle K$ 和 $\triangle Z$ 两个参数的影响。

人们对科学技术的利用程度与能量利用的情况，是通过劳动生产率来计量的，最终还是通过产品的价值计量的。现在，世界上通行用国内生产总值即 GDP 来计量一个国家创造的财富的总价值，因为财富以使用价值为主要内容，使用价值又以价值的多或少来衡量，GDP 虽然以生产总价格来计量，但价格是价值的货币表现，总体来说也还是可以反映一个国家在一定时期内创造的总价值的。如果世界各国都采用这样的标准，也还是大致可以进行国家之间劳动生产率的情况对比的。劳动生产率反映了包括科学技术、劳动力、能源物质利用等综合因素创造财富的情况，所以 GDP 也大致反映了科学技术利用的情况。但是，它反映不出能源物质利用合理与否、科技新成果转化为生产力的程度、能源物质的来源等情况。至于在利用能源物质和科技成果创造价值的过程中，是否对别人产生了伤害，也不在 GDP 反映之列。所以，只有在改变资本主义私有制之后，人们才有可能制定出真正反映合理利用能源物质、促进科技成果快速转化、人与环境相协调的反映人类价值生产的新标准。

4. 消费方法改进的价值创造与计量。在消费时，如果效率一定，由于使用方法的改进，使用价值的使用时间延长，社会财富相对增加。

我们在前面论述过，不论生产者把从市场上买到的商品作为生产资料进行生产性消费，还是作为最终的消费品消费，都是以商品的功效价值为基础的。人们创造使用价值是为了使用，是为了使事物发挥其功效。但是，功效本身不是价值，事物发挥功效即使用价值的使用过程形成价值，这个价值是对使用价值功效多或少的量度。有用事物的使用过程是消费过程。在消费中，一方面，是有用事物本身价值的消耗。如果在消费过程中有用事物本身消耗过程时间延长或缩短，则形成价值积累。另一方面，是有用事物发挥功效。人们制造、创造财富，要使其坚固耐用，这是消费者的愿望。消费者在消费时，在使用中爱惜财富，期望延长其功效价值。因此，事物功效价值的延长或缩短，都可被视为价值创造。一件商品的使用期限是一定的，人们总是想方设法使商品的使用期延长。使商品的使用期在原有基础上延长的方法，也是使社会财富增加的科学技术。这种情况可用下式表达：

$$\triangle U = U_1 - U_0$$

式中：$\triangle U$ 为采用科学新成果前后某种使用价值被使用的时间差，即新创造的价值；U_0 为没有采用科学新成果前某种使用价值的使用时间；U_1 为采用科学新成果后该使用价值的使用时间。

例如,一台电视机的原设计寿命为 8 年(U_0)。由于采用了新的使用方法,使实际使用时间达 10 年(U_1),10 年-8 年 =2 年,即科学新方法所创造的新价值($\triangle U$)为 2 年。

使用价值功效的效率,与使用价值功效时间成反比。使用价值发挥作用形成的价值的实现,以社会平均功效时间为标准。有的使用价值发挥作用的时间长,有的时间短。社会平均功效时间是在现有的技术条件下,不同使用价值不同功效发挥作用形成的不同时间的平均值。慢于即超过社会平均功效时间的功效价值,不能实现;快于即低于社会平均功效时间的功效价值,能够实现。如果科学技术发明的周期缩短,有的使用价值未被使用即被淘汰,使用价值的功效发挥不出来,其功效价值也不能实现。因此,对使用价值的使用,一方面要尽可能使其发挥最大功效,产生最大效果和效率;另一方面要尽可能快地把使用价值投入使用。例如,专利产品要尽快地产业化。运输业要多拉快跑,在提高运输工具载重量的同时提高其运输速度;研发的电脑、手机等产品的新机型要尽快地推广使用;等等。

商品的形成时间或使用时间并无显著地缩短或者延长,但由于组合的技巧使商品的性能改变,这种科技创新的价值计量,也以使用效率为标准。比如,一款新手机,功能增加,效率提高。因为功效以效率为评价标准,所以它的功效大。功效大表示在短时期内办的事情多而快,与旧手机的办事效率相比较,由此所节省的时间,就是使用新手机的新价值创造。

5. 科研成果的乘数效应与价值计量。因为科研成果可以与科研成果所覆盖的具有同一性的具体创造财富的劳动相结合,被与这项科研成果所涉及的多项具体劳动所利用而具有乘数效应,所以,当一项科研成果被应用于生产过程后,会创造更多的财富,这也是科研成果受到人们青睐的原因之一。科研成果的乘数效应可用如下价值计量表达式表达:

$$H_t = n \cdot \Delta X$$

式中:H_t 为多次利用某项科研成果所创造的新价值,ΔX 为利用某项科研成果一次所创造的新价值,n 为利用某项科研成果的次数。

因为,$\Delta X = (X_0 - X_1)$,所以,$H_t = n \cdot \Delta X = n \cdot (X_0 - X_1)$。假定有 1000 个人在工厂生产某种产品。每个人生产出 1 个产品需要 24 小时,总劳动时间为 24000 小时。由于这 1000 个人中有一个人是科技人员,他对劳动工艺进行了科技创新,使产品生产过程缩短,劳动生产率提高,他制造 1 个产品只需 12 小时,他使生产 1 个产品的时间缩短了 12 小时。假如这个科技人员的研究成果未被推广,另外的 999 个工人并未掌握他的科技新发明,那么,他们节省的时间就只有 12 小时,他们的总劳动时间为 23988 小时(24000 小时-12 小时)。假如他的研究成果推广并被其他 999 个工人所接受,每个工人都可以在 12 小时内生产出 1 个产品,那么,根据科技劳动创新价值的时间表达式,$H_t = 1000 \times (24$ 小时 $-$ 12 小时 $) = 12000$ 小时。他们的总劳动时间为 12000 小时,由科技创新节省的时间为 12000 小时。节省的时间也可视为运用科研成果的价值新创造。

如果一项科研成果的研制时间为 100 小时,运用这项科研成果节省的时间为 12000 小时,那么,按照专利,科技工作者获得 12000 小时的价值,是不是不等价交换?回答是肯定的,这种交换是不等价的。这是因为,专利是科研成果的垄断性价格,它将前人积累的无数的劳动价值作为科研活劳动价值的等价,被科研成果的活劳动占有了。科技活劳动的劳动报酬只能取之于他本人所从事的科研成果的那次劳动。

由于科研成果的价值必须通过产品才能显现,所以,科研成果的乘数效应也可通过产品数量来表达。科研成果乘数效应的产品计量表达式:

$$H_s = n \cdot \Delta X'$$

式中:H_s 为采用某项科技新成果增加的产品总数,$\Delta X'$ 为采用某项科技新成果一次增加的产品数,n 为采用某项科技新成果的次数。

例如,上述举例中,1000 个工人 24 小时可生产 1000 个产品。由于他们中的一个科技人员创新了工艺,使产品形成时间缩短,在 24 小时时间里生产了 2 个产品,产品增加数为 1 个(2 个 − 1 个)。那么,在 24 小时的时间里,这 1000 个工人的产品数增加了 1 个,总共生产出 1001 个产品。当这个科技人员创新的工艺被推广后,被另外的 999 人所掌握,那么,包括科技人员在内的这 1000 个工人在 24 小时内,每个人都将增加 1 个产品。根据产品计量表达式,新增加的产品数 = 1000 × (2 − 1) 个 = 1000 个。在 24 小时内,产品总数达 2000 个。这便是科技的乘数效应。社会财富的生产在科学的乘数效应中激增。

在现代化的生产中,科技在财富和价值生产中的贡献越来越大。一方面这种现象表明了人类财富的积累和知识的积累越来越多,随着财富和知识的积累,人类社会化程度越来越高;另一方面,它表明人类的体力劳动与脑力劳动结合得越来越紧密,人们为生存而生产和社会强迫性分工的阶段即将成为历史,"各尽所能,按劳分配"的社会主义原则将成为普遍现象。

第十三章　劳动力与价值和剩余价值创造

——兼驳剥削有功论

劳动力能够创造出超过自身价值的价值,即剩余价值,是马克思主义劳动价值论的一个重要支点。本章我们探讨的是从事体力劳动和脑力劳动的劳动力为什么能够创造出剩余价值。

一、劳动力价值的特殊性和一般性

马克思说,劳动力是特殊商品。根据哲学一般性和特殊性原理,特殊性中蕴含着一般性,那么,劳动力有没有一般商品的属性? 劳动力价值与一般商品的价值有什么不同? 这是我们探讨劳动力创造价值和剩余价值所必须回答的问题。

(一)以哲学价值否定马克思的劳动价值的不当性

在目前的学术研究中,人们大致把价值分为"哲学价值"和"经济价值"两大类。哲学界倾向于把哲学价值定义为客体对主体的关系。人们普遍认为,哲学价值是个大概念,它包含了经济价值。到底是以哲学价值概念定义经济价值,还是以研究经济价值的方法研究哲学价值,成为人们争论的一个焦点。

有经济学家用哲学价值定义来套经济价值,并以此来否定马克思的劳动价值概念,从而否定马克思主义劳动价值论。比如,有论者说:"'价值'这个概念,就其最一般的意义来说,应是指作为客体的外界物与作为主体的人的需要之间的关系。任何东西有无价值及其大小,总要以它是否以及在多大程度上能满足人们的某种需要和欲望为转移。马克思说过:'价值这个普遍的概念是从人们对待满足他们需要的外界物的关系中产生的。'(注:《马克思恩格斯全集》第 19 卷,第 1 版,北京:人民出版社,1963 年,第 406 页)人们在自己的日常生产和生活实践中也是这样看待价值问题的。"[1]"商品价值同样应该是一

---

[1]晏智杰:《经济学价值理论新解——重新认识价值概念、价值源泉及价值实现条件》,《北京大学学报(哲学社会科学版)》2001 年第 6 期。

个'关系'概念,即商品的效用同人的需要之间的'关系'。这样看待商品价值概念,是上述一般价值概念的具体化。"[1]

论者认为,根据哲学特殊性和一般性的原理,根据中国改革开放中实行商品经济和市场经济的实践,马克思的经济价值概念应该被否定。论者说:"我认为,由于传统价值论的局限和缺陷始于对价值定义的不当规定,所以价值论的重建应从重新规定经济学价值概念开始,然后及于价值源泉、价值规律的实现条件,以及依据新价值论对新分配制度的论证等。"[2]"经济学中的价值概念应是一般意义的价值概念,即主体与客体关系的具体化,就是说,商品价值是指财富和商品同人的需求的关系,价值有无及其大小,均以是否能够满足需求以及满足的程度为转移。可见价值是一个关系范畴,不是实体范畴;既不是单纯的客体概念,也不是单纯的主体概念,更不是纯粹的主观概念;它是一个包含供给和需求在内的综合概念,而不是一个单纯的生产领域的概念。有的学者不同意对价值概念作不同于传统政治经济学概念的理解,他们认为:'这里所谈的价值,不是哲学意义上的价值概念。它仅仅是指经济学意义上的商品的价值。离开商品,就不是马克思《资本论》中所论述的价值概念。'(注:李铁映:《关于劳动价值论的读书笔记》,见何秉孟主编:《劳动价值论新论》,北京:社会科学文献出版社,2003年,第19页。)在我看来,经济学意义的价值概念同哲学意义的价值概念应当是特殊与一般的关系,而不是互不相干,这是经济学价值概念能否成立的一个前提。如果经济学的价值概念、商品的价值概念,离开了哲学意义的价值概念,不能同哲学意义的价值概念相吻合,那它就脱离了价值论的一般轨道,也就脱离了社会经济生活的一般实践,这样的价值概念还能有什么一般的科学依据呢? 当然,我们对商品价值概念的上述界定,最根本的依据还是实践,是商品经济和市场经济社会的实践。离开价值论的一般科学依据,是不可能同实践相吻合的。"[3]

用哲学价值概念否定马克思的劳动价值概念,是一种生搬硬套,当然是不合适的。然而不少为马克思价值概念辩护的文章认为,哲学价值与经济学价值不相关,恐怕也不合适。

第一,哲学的特殊性和一般性的原理,是客观真理,因此,经济学价值与哲学价值的关系,正如论者所说,应该是特殊和一般的关系。经济价值中蕴含着哲学价值,经济价值包括在哲学价值之内。但是,经济价值的系统研究已经长达2000多年,而哲学价值的系统研究不足200年,人们对哲学价值的研究比对经济价值的研究不仅时间短得多,而且也肤浅得多。配第对经济价值定量,马克思对经济价值定性,使经济学成为一门真正的科学。

[1]晏智杰:《经济学价值理论新解——重新认识价值概念、价值源泉及价值实现条件》,《北京大学学报(哲学社会科学版)》2001年第6期。
[2]晏智杰著:《经济价值论再研究》,北京大学出版社,2005年,第9页。
[3]晏智杰著:《经济价值论再研究》,北京大学出版社,2005年,第9页。

哲学价值距离定性和定量还有相当一段路程,何况哲学界对哲学价值和价值哲学的认识尚未统一,对于经济价值和哲学价值同一性的探讨还不深入,怎么能轻言以哲学价值的定义代替经济价值呢?

第二,关系的反映并不是关系本身。论者引用马克思关于价值概念产生于人们对待能满足他们需要的外界物的关系来说明商品价值也应该是一种关系,这种推理的逻辑是错误的。价值产生于人们所需要的物的关系,并不等于价值就是人们所需要的物的关系。这是很容易理解的。比如,张三和李四是夫妻关系,二人生下一个孩子,这个孩子是夫妻关系的产物,反映了夫妻关系,但孩子决不是夫妻关系本身。

第三,中国的改革开放进行了40年,取得了巨大成绩,但改革开放并没有否定马克思主义劳动价值论的基本原理。我国的社会主义脱胎于半殖民地半封建社会,还有很多不如人意的地方。我们对建设社会主义缺乏经验,犯过一些错误,但我们的错误不能证明马克思主义劳动价值论是非科学的,就像造不出原子弹不能说物理学关于原子核变的理论是错误的一样,这个道理是浅显易懂的。在改革开放中,我们党始终支持人民当家作主,坚持发展以人民为中心,我们进行商品生产,实行社会主义市场经济,汲取西方经济学说中的科学成分,利用资本主义发展的文明成果,利用国内外资源,都是我们党适应当前具体情况活学活用马克思主义对如何建设社会主义的有益探索。

笔者认为,在理解马克思经济价值原理的基础上,从经济价值是使用价值的同一性入手,探讨哲学价值问题,是一条可以尝试的途径。一是用研究经济价值的方法研究哲学价值,符合哲学一般性寓于特殊性之中,特殊性中蕴含着一般性的哲学原理。作为哲学价值中的一个部分,经济价值是特殊的价值。在经济价值这个特殊的价值中,蕴含着一般的哲学价值。由于经济价值是哲学价值的一部分,经济价值中蕴含着价值的一般性,因此,在哲学价值概念尚无定论时,不妨用经济价值是劳动产品的同一性来探讨哲学价值是否是各种价值的同一性,探讨这种同一性是什么,哲学价值与经济价值能不能逐步达到统一。二是用研究经济价值的方法研究哲学价值,以事物的有用性为前提。经济价值以事物对人有无使用价值为前提,哲学价值也应如此。凡是某种适合人的需要的对象,凡有使用价值的东西,都具有哲学意义上的价值。由于人们认定某事物有没有经济价值,主要依据的是该事物有没有使用价值,能不能满足人的某种需要,所以哲学价值与经济价值的意义应该是相同的。它们的不同点是,作为承载经济学意义价值的使用价值,是能够看得见摸得着的有形物,而世界上能满足人的需要的作为哲学意义价值承载者的使用价值,不仅有物质的、有形的,还有非物质的、无形的、抽象的,甚至是一次、二次和多次抽象所形成的概念性抽象具体。经济价值反映的是人们之间的社会经济关系,哲学价值反映的是人们之间的广泛的不仅仅是经济的社会关系。哲学价值所说的客体,是自然界存在着的一切事物,所说的主体就是人,包括个人、人群和社会。事物只有满足人的某种需要,才能被人判断为有意义,才能获得价值性。如果事物没有用,人们就会认为它没有价值。但是,事物有价值不等于它可自动显示其价值。知道了这个事物有价值,但要探索到它的价值是什么,还有很多的路要走。事物对不同人的需要的满足度不同,人们对这种事物的价值判断不同,但这并不能说明同一事物的价值是随心所欲的。比如,一个馒头对一个饥饿的人来说十分需要,这个饥饿的人会认为这个馒头的价值很大;而对于一个吃得很饱的人来说,可能会认为这个馒头的价值很小或无价值。这也是效用价值论者的立论依据。但是,事物的效用是客观存在着的,不是你认为它效用大,它的效用就大;你认为它效用小,它的效用就小。主观效用价值论者正是离开了客观实际陷入了唯心论不能自拔才使其理论成为谬论。哲学价值由于涉及非物质的效用,因而更能使人陷入唯心主义。例如,有人说:"生命诚可贵,爱情价更高,若为自由故,二者皆可抛。"就是说,人可以为爱情抛弃生命,为自由抛弃生命和爱情。这里有一个立场问题。如果站在个人的立场,抛弃了生命,爱情和自由都没有了存在的依附,爱情和自由还有价值吗?如果站在人民大众的立场,舍弃了个人生命和爱情为自由而奋斗,换来大众的爱情自由和其他自由,从价值的一般性所产生的乘数效应来讲,当然是值得的。三是用研究经济价值的方法研究哲学价值,是脑力劳动的功效被广泛认识的必然。经济价值的突出表现是人会对事物进行改造,使之被人利用,哲学价值也有这种特点。只不过哲学价值中的事物,不仅有物质产品,更有非物质产品特别是寓寄于微观的大脑中的精神产品。精神产品也是客观的物质活动。人们常说的思想工作,就是改变人的思维程序、思维结果的工作。比如,有人认为通过向社会索取,能为个人捞钱,过上花天酒地的生活就是幸福,就是快乐。但是,经过别人做他的思想工作之后,他改变了这种认识,认为为人民的幸福而工作、付出、贡献,才是幸福和快乐。这种思想工作的过程,对于做思想工作的人来说,他的工作有价值;对于工作的对象来说,他的思想转变过程,形成价值。这种价值寓寄于思想认识之中,思想认识的转变,就是产品。这时,客体就获得了价值性。这种价值性被并入人的脑力劳动过程,哲学价值与经济价值就合而为一了。人类的一切都可用价值来衡量,包括人的行为、精神、欲望、情绪等等。由于现在人们对微观世界的认识尚欠缺,所以对哲学价值的认识也不可能深刻。有的客观存在虽然暂时不能获得价值性,但并不等于它永远不能获得价值性。由于人的认识有局限,某些事物的潜在价值可能暂时未被发现。随着人们认识层次的提高,事物的潜在价值会逐步被发现。四是用研究经济价值的方法研究哲学价值,在于两种价值都具有交换性。任何哲学价值都有经济学意义。经济价值统一于使用价值体,使得使用价值体具有等价交换性。哲学价值也如此。不论是物质的、精神的、有形的、无形的事物,凡是有使用价值的,都有价值,都具有等价交换性。而这一点,成为人们争论的焦点。有人认为,具体事物形态多种多样,人们把事物的使用价值的真实性、形态、功效和对人的意义概括为真善美,人们对价值的判断决定人们的价值取向,这就是哲学意义上的普遍价值。哲学意义上的价值绝对不能等价交换,否则,将会导致社会上拜金主义、斤斤计较盛行。比如,一个大学生为救一个落水的小学生牺牲了,有人说这位大学生的行为有价值,但也有人说大学生已经成才,而小学生正在成长,大学生的行为是得不偿失,没有价值。这位大学生的行为到底有没有价值? 如果有,其价值有没有经济学意义? 能不能用等价交换的观点来衡量? 这里也有个看问题的角度问题。如果从个体的角度看问题,则大学生的价值大于小学生的价值,大学生因为救小学生而牺牲,肯定是得不偿失。但如果从社会进步的角度看问题,就不一样了。大学生救人的行为,可以感染很多人,与脑力劳动的科研成果一样,产生乘数效应,产生巨大的社会正能量,促进社会进步,有很大的价值。只不过这种感染力影响的是人的大脑加工厂,人们看不见大脑加工厂对思想的加工过程。能不能以等价交换的观点来看这个问题? 能。因为等价交换的前提是功效价值,即产品使用的时间,这个大学生行为影响的持续时间,就是他的行为的巨大功效价值。再比如,经济价值的交换要遵守信用,信用就是良心与良心的等价交换。经济价值因为交换而被发现,哲学价值因为其形态多样,有的目前尚无法用于交换,增加了人们研究的难度。人有各种各样的愿望和需求。人的需求是无限的,客观事物可以其五彩缤纷的多样性来满足人的多样性的愿望和需求,人也可以依人对自然的认识,多方位多角度地改造自然,把多样性的自然改造为人所需要的自然。人在改造自然时,自然也影响人,人总是受到自然的制约。所以,人对有使用价值的自然或人工自然的需要的满足是相对的,是在相互比较中获得的。例如,在没有汽车的年代,相对于步行来说,人们只要有了马骑,就很满足了。有了汽车,相对于骑马来说,人们感到只有坐汽车才能满足。只有同质,才可以进行比较。不论交换与否,哲学价值都是衡量不同使用价值多或少的具有可比性的同一性,与使用价值统一于某一具体事物中,如同经济价值一样,是使用价值同一性的量的反映。

(二)价值概念的统一

在马克思主义劳动价值论中的劳动价值,仅仅指劳动产品的价值,而在各种不同的生产要素中,还存在着自然物质的自然价值,在我们的研究中,还出现了功效价值。一门科学,不能使概念的含义相互矛盾或混乱。因此,我们需要对本书所涉及的价值概念作一整理,使各种关于价值的概念归于统一。

1. 以过程的观点研究并定义价值。以过程的观点研究价值是一种新的发现,对于促进价值研究的进展,意义重大。

(1)经济价值的定义。根据我们的研究,任何一个使用价值都有其形成及发展的过程,而过程就是不同使用价值的同一性。人们把一切使用价值的一般过程的抽象称为价值,把地球运动过程的抽象均等化称为时间。任何使用价值的形成过程和使用过程都可以用时间来衡量,都可以与地球运动过程相比较,以确定其过程的快或慢,确定其量的多或少,因而以时间为计量单位的价值,就成为人们量度使用价值多或少的工具。人们利用价值工具进行等价交换,于是经济价值的计量问题率先被突破。因为价值是事物的同一性,所以它在交换中可以通约,价值所具有的通约性在市场价格的形成中占有很重要的地位。因此,可以把经济价值定义为:经济价值是不同使用价值在交换中以其通约性表达的可计量的同一性。

人们把一切事物的过程与时间相比较后,就会发现哪个事物的过程快,哪个事物的过程慢,也可发现哪种使用价值使用的过程长,哪种使用价值使用的过程短。使用过程长的使用价值,其价值多;使用过程短的使用价值,其价值少。这也说明了一个道理,在市场上进行商品的等价交换,必须以使用过程的长或短为标准。这对于理解劳动力商品的价值和价值创造很重要,对于理解等价交换和价值转形也很重要。

(2)哲学价值的定义。经济价值的定义有了,那哲学价值是什么呢? 虽然学者们普遍认为,哲学价值是人对客观存在的某种属性的概括,人对某些客观存在的需求,使这些客观存在有了某种特定的意义,即这些客观存在以其使用价值获得了价值性。在现实世界中,不论是物质的,有形的,非物质的,无形的,精神的,只要对人有使用价值,就是财富。不论是何种财富,都有一个或长或短的生成和使用过程,这种过程就是它们的同一性,都可以抽象为价值。因为哲学价值也指事物的有用性,也是以它们的功效价值表达的,因而任何哲学价值就都有了经济学意义,也像经济价值一样,是量度事物使用价值多或少的同一性。据此,我们可以把哲学价值定义为:哲学价值是不同使用价值的同一性。

2. 功效价值、劳动价值和自然价值。在前面的论述中,我们从不同的角度论述了三种经济价值概念。比如,我们说自然事物有自然价值,劳动产品有劳动价值,商品在使用过程产生功效价值。这三种经济价值,是从不同的角度对价值研究后的不同称谓,其本质是相同的,它们都是过程的抽象,都符合经济价值的特征,符合经济价值的定义。我们再深入考察这三种不同名称的价值,发现它们都是马克思主义劳动价值论中所说的价值。

(1)使用价值的使用过程和功效价值。一切使用价值的功效价值,都是使用价值的使用过程。也就是说,功效价值的本质也是过程。人们创造财富是为了使用,财富的使用过程用时间来计量,功效价值只有在使用价值使用时才显现,不使用时不显现。人们在市场上进行等价交换的依据,就是功效价值。这时候,功效还没有真实发生,功效价值还没有显现,是人们预估的,是功效价值预期,所以,也就不可避免地掺进了主观因素,这是反马克思主义劳动价值论的主观效用价值论猖獗的原因之一,也是按照等价要求进行的市场交换并不能避免欺诈行为发生的重要原因之一:欺诈者把商品没有的功效说成有,把功效小的说成大功效,以提高交换价值,欺骗消费者。

(2)劳动过程与劳动价值。马克思认为,抽象劳动形成价值。实际上,劳动价值与功效价值的本质是同一的,抽象劳动就是劳动过程。在马克思主义劳动价值论中,商品的价值就是新商品形成的过程。劳动要素在使用中产生功效,其使用过程持续的时间为功效价值。生产要素的功效价值被转移至新产品中,形成新产品的价值。新产品价值的实质是生产要素的功效价值,是生产商品时劳动力、劳动材料、劳动工具的综合功效价值的分次转移。生产者可根据新商品的价值计量自己的成本,以获得剩余价值。因此,马克思所说的劳动价值就是功效价值。

(3)自然过程与自然价值。任何自然事物都有一个自然形成的过程,任何自然形成过程都是事物的变化过程,任何变化过程都是动态的、运动的。如果以时间来表达自然事物形成过程的长或短,这种价值就是自然价值。所以,自然价值的本质也是过程。

自然形成的使用价值也有使用的功效和用时间计量的特性。虽然它们不是劳动产品,但它们与马克思主义劳动价值论中的价值一样,具有同一性,可以按价值规律进行交换。只不过人不是只利用天然事物的动物,劳动是人类具有的特殊本领,因而马克思对劳动如何创造价值的研究,在人类社会财富创造中具有特殊地位。

由于在以往的研究中,人们不知道时间是什么,当然也就不知道自然事物为什么会有自然价值,不知道自然价值与劳动价值是同一的。马克思在《资本论》中没有研究自然事物的价值、无效劳动产品的价值和不经过交换的劳动产品的价值,我们不能因为马克思没有研究,就说马克思经过缜密演绎的劳动价值论不科学。也不能因为马克思没有研究,我们也不去研究。

(三)劳动力价值的特殊性和一般性

在马克思的理论体系中,劳动力是特殊商品,因而,劳动力的价值问题也就有了特殊性。劳动力商品和劳动力价值的特殊性是什么? 特殊的劳动力商品和劳动力价值蕴含的一般性是什么?

1. 劳动力商品和劳动力价值的特殊性。马克思曾为劳动力定性,认为劳动力是自然力。劳动力的使用是劳动,劳动力的价值和劳动都有其特殊性。

(1)劳动力价值的特殊性。马克思在《资本论》第一卷第六章谈到,价值只是存在于某种使用价值中,存在于某种物中,如果使用价值丧失,其价值也就丧失。作为劳动力的存在,人本身也是自然对象,是活的有意识的物,劳动本身是这种力在物上的表现。马克思谈到人的劳动时认为,人在生产中只能像自然本身那样发挥作用,只能改变物质的形式,即使人在这种改变物质形态的劳动本身中,还要经常依靠自然力的帮助。马克思在《哥达纲领批判》中谈到自然界和劳动一样是使用价值的源泉时,再一次重申,劳动本身不过是自然力的表现,即人的劳动力的表现。既然劳动力是自然力,那么,根据马克思的理论,自然物质没有价值,自然力当然也没有价值,作为自然力的劳动力应该也没有价值。但是,马克思认为,劳动力有其特殊性,劳动力有价值,劳动力在市场上可以被资本家购买。马克思认为,劳动力的价值由劳动力所需的生活资料价值决定。一个人从生下来到成长为能劳动的劳动力,需要生活资料、教育费用和学习科学技能的费用,这些费用构成了劳动力的价值。

(2)劳动力使用的特殊性。不仅仅是劳动力的价值有特殊性,马克思还认为,劳动力在使用中也有它的特殊性。资本家在市场上购买了与劳动力价值等价的劳动力,但是,在工厂里,他们却强迫劳动力通过劳动,创造出超过劳动力自身价值的价值——剩余价值——归己所有。

马克思认为,劳动是劳动力的使用过程。他说:"劳动力的使用就是劳动本身。劳动力的买者消费劳动力,就是叫劳动力的卖者劳动。"[1]马克思认为,劳动是人以自身的活动来中介、调整和控制人与自然之间的物质变换的过程。因为人也是自然的产物,所以人的劳动也是自然力与自然物质之间相对立的过程。他说:"人自身作为一种自然力与自然物质相对立。为了在对自身生活有用的形式上占有自然物质,人就使他身上的自然力——臂和腿、头和手运动起来。当他通过这种运动作用于他身外的自然并改变自然时,也就同时改变他自身的自然。他使自身的自然中蕴藏着的潜力发挥出来,并且使这种力的活动受他自己控制。"[2]

劳动力使用的特殊性,表现在人的劳动是促进人类社会发展的根本;人有认识客观规律的抽象思维能力和把抽象具体变为现实具体,利用客观规律创造财富的能力;人类有传承精神和物质成果的能力;后人有在前人积累基础上再创造的能力,因而使财富创造更加快捷简便、丰富多样,这是其他动物所不具有的。比如,蜘蛛会织网,可能比人织得还精细,但再精明的蜘蛛也不能与纺织工相比。纺织工可以根据人的需要织出各种各样的布,但再高明的蜘蛛也做不到这一点。马克思主义认为,是人的劳动创造了世界。劳动力使用特殊性的突出表现,是劳动力在使用中,不仅会创造价值、转移价值,而且会进行价值创新,就是使劳动过程在原来的基础上缩短。

劳动是人的活动,活动没有价值,活动的过程形成价值。劳动过程形成的价值与劳动力价值的差,形成剩余价值。私人占有生产资料购买劳动力的是资本家,出卖劳动力给资本家的是工人。工人的劳动创造了剩余价值,却不占有剩余价值,这很不公平、很不合理。

2. 劳动力商品和劳动力价值的一般性。劳动力商品和劳动力价值与一般商品一样,

---

[1]中共中央马克思恩格斯列宁斯大林著作编译局译:《资本论》第一卷,北京:人民出版社,2004年,第207页。
[2]中共中央马克思恩格斯列宁斯大林著作编译局译:《资本论》第一卷,北京:人民出版社,2004年,第208页。

特殊性中蕴含着一般性：像其他商品一样，有自身的自然价值，即它的自然生存年限；在成长中获得他人的劳动积累价值，即获得社会和父母给予的生活资料价值和前人的知识积累价值；在使用中，劳动力会产生功效，即劳动效率。劳动持续的时间为功效价值；劳动力价值的市场交换，按功效价值进行。资本家在市场上支付的是劳动的功效价值的等价。

而要弄清劳动力如何创造价值和剩余价值，必须探讨劳动力的价值怎么决定。

二、劳动力的价值

探讨劳动力的价值由什么决定和劳动力为什么会创造出超过自身价值的价值——剩余价值，需要对劳动过程形成的价值构成进行分析。

（一）劳动过程形成的价值构成与正负

劳动力通过劳动创造的价值，其构成是复杂的。不仅如此，按劳动力创造的使用价值对人的作用，劳动力创造的价值有正负之分。

1. 价值论与财富论统一的基础。劳动产品中蕴含着劳动过程，劳动过程消失于产品中。马克思认为，劳动过程的简单要素是：人的有目的的活动（或者说是劳动本身）、劳动对象和劳动资料。这是劳动的三要素。劳动力可以从事劳动，是劳动过程的第一要素；劳动对象是指被加工的物质；劳动资料是指劳动工具。劳动对象和劳动工具合称为生产资料。马克思说："可见，在劳动过程中，人的活动借助劳动资料使劳动对象发生预定的变化。过程消失在产品中。它的产品是使用价值，是经过形式变化而适合人的需要的自然物质。劳动与劳动对象结合在一起。劳动对象化了，而对象被加工了。在劳动者方面曾以动的形式表现出来的东西，现在在产品方面作为静的属性，以存在的形式表现出来。劳动者纺纱，产品就是纺成品。"[1]

人们付出了一定的能量进行劳动，劳动与劳动对象结合在一起，转化为被加工过的使用价值，从动的形式转化为物的存在的静的形式。也就是说，看似可以被使用的物，实质上是人的劳动的结晶，是劳动过程的凝结。作为万事万物过程之一的劳动过程，是人把自然状态的无用事物变为某种有用事物的过程。劳动持续的过程，用劳动时间来计量。

在发现了时间是什么之后，更加证明了马克思学说的正确性。因为，世界上的任何事物都有一个发生发展的过程。过程是一种客观存在，是一切事物的普遍性、共同性、同一性。过程可以被抽象。地球运动过程是诸多过程中的一种。人们把地球运动过程进行抽象并均等化，称之为时间，用作衡量其他事物过程快或慢的标准，是一种了不起的创造。

---

[1]中共中央马克思恩格斯列宁斯大林著作编译局译：《资本论》第一卷，北京：人民出版社，2004年，第211页。

用劳动时间计量劳动价值,就是以地球运动过程为标准衡量劳动过程。只要发生劳动,只要劳动持续一定的时间,劳动所创造的事物就具有了同一性。人们把这种不同使用价值的同一性称为价值,那么,劳动过程就成为价值的实体,价值就成为不同使用价值进行量的比较和相互交换的工具。这又是人们如何运用时间的伟大创造。发现劳动价值的同一性是抽象劳动,是马克思的伟大功绩。劳动价值随被劳动加工、转化的使用价值的产生而产生,随其转化而变化,使用价值和价值统一在劳动过程中。这样,价值论与财富论就有了一个统一的基础。

2. 劳动过程形成的价值构成。对于劳动过程形成的价值构成的分析,有一个不断发展的过程。

(1)劳动价值不是工人工资的等价。在马克思之前的许多优秀经济学家分不清劳动价值和劳动力价值。他们认为工人的工资就是工人的劳动价值。这样一来,根据等价交换原则,工人以工资的形式拿走了他们的全部劳动价值,资本家就得不到任何价值,这与实际情况不符。有人说,剩余价值是由劳动资料如机器和劳动材料如土地等创造的,这与实际情况也不符。因为机器等劳动资料也是由劳动创造的,土地也不会有意识地创造出资本家所追求的剩余价值。

(2)马克思把劳动价值分为三个部分。马克思关于劳动过程形成的价值构成的分析是他的经济学研究深化的前提。

在详细考察了劳动力的价值和劳动过程形成的价值后,马克思发现,劳动力价值和劳动价值是有区别的,工资是劳动力的价值,不是劳动的价值。劳动过程形成的价值,由不变资本价值 c、可变资本价值 v(即工人的工资)和剩余价值 m 三部分组成。劳动力的价值 v,与其他商品一样,在市场内按等价交换原则进行交换,资本家在劳动前已经预付给工人了。当资本家从市场上买到劳动力这种特殊商品后,在消费劳动力的使用价值时是在工厂消费的,已离开了流通领域。"劳动力的消费过程,同时就是商品和剩余价值的生产过程。劳动力的消费,像任何其他商品的消费一样,是在市场以外,或者说在流通领域以外进行的。"[1]虽然活的劳动力是人,但资本家却不把他当人看,而是把他当成有意识的物,当成生产的一种要素来看待。资本家要生产商品,只有把生产资料加到劳动力上才能消费劳动力。因此,马克思说:"劳动过程是资本家购买的各种物之间的过程,是归他所有的各种物之间的过程。"[2]劳动力有意识、有主观能动性,其他生产资料没有意识,没有主观能动性,在劳动过程中,原材料的价值在劳动力的作用下被转移到新产品中,这部分价值,便是不变资本 c。劳动力在劳动过程中,不但转移了原材料的价值,还创造出了

---

[1]中共中央马克思恩格斯列宁斯大林著作编译局译:《资本论》第一卷,北京:人民出版社,2004 年,第 204 页。
[2]中共中央马克思恩格斯列宁斯大林著作编译局译:《资本论》第一卷,北京:人民出版社,2004 年,第 216-217 页。

超过劳动力自身价值(即工资)的价值——剩余价值 m。剩余价值 m 被资本家利用生产资料私有权无偿占有。

(3)对劳动过程形成的价值的再划分。我们深入地分析了劳动过程所形成的价值构成。劳动过程形成的价值很复杂,其中包括了劳动力的价值 v、生产资料的转移价值 c 和科研成果的价值 U。在生产资料的转移价值 c 中,包括有生产资料基质的自然价值 c_1 和前人的积累价值 c_2。在劳动力价值 v 中,包括科学工作者的劳动力价值 v_1 和技术工人的劳动力价值 v_2,相应的,也包括科学工作者创造的剩余价值 m_1 和技术工人创造的剩余价值 m_2。进一步地研究,就是要确定劳动力的价值的量,确定劳动力在市场上如何进行等价交换,确定劳动力如何通过劳动,创造出超过自身价值的价值——剩余价值。

3. 劳动价值的正与负。有人认为,有的劳动创造价值,有的劳动不创造价值,这种说法在马克思设定自然事物没有价值、不是商品的劳动产品没有价值、无效劳动不能算作劳动不形成价值的前提条件下是对的。价值概念扩展后,当确认自然力也创造价值之后,必然要突破马克思设定的前提。劳动是人付出能量做功的过程,功是有正负之分的,劳动也一样。只要劳动持续一定过程,就都形成劳动价值。劳动的有效与无效并不影响劳动价值的形成。无效劳动是指劳动的结果——劳动产品——没有用。劳动产品虽然没有用,但其形成会持续一定的过程,因而具有价值。至于这种价值能不能实现,是正价值还是负价值,则要看劳动创造的使用价值最终是否被人们使用,对人是有利还是有害。

劳动创造的使用价值如果没有用,不被使用,或使用后对人有害,它的价值还存在,但不能实现。对于生产者来说,消费了生产资料,生产的产品不能被使用,实现的是负价值,并不是他生产的产品无价值。对有的人来说是正价值的东西,而对其他人可能是负价值。比如,在打篮球时,有人进了一个球。对于进球的一方来说,意味着赢了一个球,是正价值;对于对方来说,意味着输了一个球,是负价值;而对于大众来说,这是一种娱乐,这个球的进球过程实现了价值,它的价值没有正负之分。

(二)劳动力的价值决定

当我们对商品的价值进行了划分后,作为特殊商品的劳动力,其价值组成也需要细分。

1. 劳动力的个别自然价值和社会平均自然价值。劳动力商品与其他商品一样,也有自然价值。劳动力的自然价值分个别自然价值和社会平均自然价值。

(1)劳动力的个别自然价值。具体的个人的自然寿命就是劳动力的个别自然价值。比如张三的自然寿命是 100 岁,他的自然价值就是 100 年;李四的自然寿命是 90 岁,他的自然价值就是 90 年。

(2)劳动力的社会平均自然价值。人既是自然人,又是社会人,所以,在一定的国家、地区和时期内,人们会按社会平均价值来计量劳动力自然价值。把每个人的自然生存时间相加,再除以总人数,所得的结果就是劳动力的社会平均自然价值,即人的社会平均寿命。例如,中国人在 1949 年以前的平均寿命是 35 岁,他们的自然价值也是 35 年;2018 年中国人的平均寿命上升到 77 岁,因而他们的自然价值也上升到 77 年。由于女性的孕期都是 10 个月,可以通约,所以劳动力的平均价值是从人出生到死亡的社会平均时间。上述情况可用下式表达:

$$\bar{n} = \frac{(n_1 + n_2 + n_3 + \cdots + n_m)}{(r_1 + r_2 + r_3 + \cdots + r_m)} = \frac{\sum\limits_{i=1}^{m} n_i}{\sum\limits_{i=1}^{m} r_i}$$

式中:$\bar{n}$ 为劳动力社会平均自然价值,即社会总人口的平均寿命;n_1,n_2,n_3…n_m 为第 1,2,3…m 个自然人的自然价值,即他们的自然寿命;$n_1 + n_2 + n_3 + \cdots + n_m$ 为一个国家或地区某一时期总人口的总自然价值,即总人口的总生存年限;r 代表人,$\sum\limits_{i=1}^{m} r_i$ 为总人数;n 为自然人的自然价值,$\sum\limits_{i=1}^{m} n_i$ 为其总价值。

2. 以家庭为单位计量的劳动力平均价值。未成年是潜在劳动力。人是没有贵贱之分的,生育平等也是人人平等的基点。但是,由于对孩子的抚养是以家庭为单位进行的,而社会是以家庭子女数量的平均为基础承认生育平等的,所以,劳动力的个别自然价值从一出生可能就有了差异。这种情况影响到了劳动力的价值。

(1)以家庭为单位抚养潜在劳动力的社会平均价值。假如人的平均寿命为 81 年,以时间计算的价值也为 81 年。但是,如果一个家庭生育了 1 个孩子,另一个家庭生育了 3 个孩子,两个家庭共计生育了 4 个孩子,按照生育平等原则,则每个家庭平均应有 2 个孩子。假如一个孩子的社会平均价值为 81 年,从抚养方面来说,每个家庭抚养孩子的平均价值应该 = 81 年×2 = 162 年。这种情况可用下式表达:

$$\bar{W} = \bar{n} \frac{\sum r_b}{\sum j}$$

式中:$\bar{W}$ 为每个家庭抚养的潜在劳动力的平均价值;$\bar{n}$ 为劳动力的社会平均自然价值,即社会总人口的平均寿命;$\sum r_b$ 为社会潜在劳动力总数;$\sum j$ 为家庭总数。

(2)潜在劳动力个体的社会平均价值。上例中,只有一个孩子的家庭,社会承认其家庭的社会自然价值是 162 年,而有 3 个孩子的家庭,社会也承认其社会自然价值为 162 年。这样一来,多子女家庭的每个子女的平均价值实际 = 162 年÷3 = 54 年。这种情况可以用下式表达:

$$J_i = \frac{\bar{W}}{L_i} (i = 1, 2, 3, \cdots, n)$$

式中:J_i 为以第 i 个家庭为单位的潜在劳动力的平均价值;$\bar{W}$ 为每个家庭抚养潜在劳动力

的平均价值；L_i 为第 i 个家庭的潜在劳动力数。

（3）以家庭为单位计算劳动力平均价值的意义。从社会角度看，少子女家庭孩子的社会平均价值增加，并不意味着他们应该从社会获得更多的价值，也不意味着他们必须创造出更多的价值。多子女家庭子女的社会平均价值降低，也不意味着他们应该从社会获得更多的价值和必须创造出更多的价值。其意义在于：一是潜在劳动力出生于不同的家庭，其社会平均价值不相同，这是违背人人生而平等原则的。因此，社会发展的方向应该是，一方面，逐步改变子女由家庭抚育为社会抚育；另一方面，一个国家劳动力价值的高低，与这个国家的自然生育率及子女抚养方式有很大关系，社会也按劳动力的个数配备教育、医疗、体育、住房、防疫、交通等公益设施。二是它影响了劳动力的获得性价值。因为劳动力获得性价值越多，劳动力的价值越大，在价值创造中扣除的部分也越多，所以，在价值创造中，影响了劳动力创造的剩余价值。三是保持适当的人口增长，这是防止社会价值补偿链断裂的有效措施。社会价值补偿的原理是：潜在劳动力在成长期间，他所需要的生活资料的价值，由上一代人创造并给予。在家庭，主要由父母等给予；在社会，主要由社会给予，也就是大众给予。在劳动力丧失了劳动能力后，他的生活所需的生活资料的价值，在家庭，主要由子女创造并给予；在社会，主要由社会给予。不论采取何种方式补偿，劳动力都要在生存期间，把自身所需的价值创造出来，社会才能保持现状；如果还有剩余，社会才能进步。如果不能保持适当的人口增长量，而且在孩子成长期，由于家庭溺爱孩子，给予孩子的生活资料价值过多，成长起来的劳动力价值过高，创造的总价值不足以保证对前辈付出的总价值的补偿，则价值链断裂，影响社会的发展。四是同一种使用价值的功效价值是一样的，劳动力的使用价值也是这样。子女越多，未成年子女成年后，劳动力使用价值的功效价值也越多。如果劳动力的价值都能实现，则社会总价值大大增加，社会劳动力总价值与生育率成正比。但是，因为未成年子女成长为成年劳动力需要消耗前人创造的价值，所以，如果劳动力的价值不能实现，则劳动力越多，社会已有的价值会被大量消耗。在一定时期内财富的数量一定，多子女带来的只能是贫穷。人们的生育率如果太低，则劳动力的社会平均价值增加，在以财富占有量为主要目的的社会里，高价值的劳动力显然缺乏竞争力。如果潜在的劳动力在未成年期的生活条件太优厚，使他们得到了太多的社会获得性价值，导致劳动力的自身价值增高，可能的劳动力又在成长的过程中不能很好地学习前人的知识，成长为劳动力后又不能创造出超出自身价值的价值，社会就不会发展。所以，劳动力太多了不行，劳动力太少了也不行，病残劳动力的数量太多不行，劳动力的消费超出劳动力的创造也不行。因此，既要保持足够的潜在劳动力的数量，又要使劳动力的消耗与一定的财富数量成比例。五是劳动力问题的关键是提高劳动力价值的实现程度，在现实生活中表现为提高就业率和加大价值创造的速度和数量。劳动力的价值创造率为劳动力创造的总价值除以劳动力总价值。可用下式表达：

$$w' = \frac{\sum G}{\sum R_g} \times 100\%$$

式中：w′表示劳动力价值创造率，$\sum G$ 表示劳动力创造的总价值，$\sum R_g$ 表示劳动力总价值。

如果计算的结果小于1，则说明劳动力的价值大于创造的价值，人们生存困难，可能引起社会动荡；如果计算的结果等于1，则说明劳动力价值与创造的价值相等，社会停滞不前；如果计算的结果大于1，则说明社会的价值创造大于劳动力价值，社会发展，人民生活水平不断提高。假定劳动力总价值不变，随着自动化水平的提高，劳动力创造的总价值大大增加。

（4）劳动力自然价值与社会获得性价值的数量界限。劳动力的自然价值，是指劳动力的自然生存时间。任何劳动力在生存期间都是消耗生活资料的，生活资料都是有价值的。这样一来，劳动力的自然价值是不是不存在？当然不是。劳动力体内细胞的不断生长分裂，使潜在的劳动力成长为可使用的劳动力。同样，劳动力体内细胞的不断衰老，使劳动力失去了劳动能力。给予一个劳动力再多的生活资料，再好的医疗条件，劳动力也不会长生不老。这就是劳动力的自然性，它遵从自然规律。

劳动力在成长时期和衰老时期，都不能进行劳动创造。维持劳动力的生存，需要消耗最低的生活资料，这种生活资料可能是天然的、自然创造的，也可能是劳动创造的。劳动价值论的意义就在于，它说明了劳动创造对于人类社会进步的意义。维持劳动力生存的生活资料的数量界限，有绝对和相对之分。如果少于某种数量界限，劳动力的生命就会终结，这个数量界限就是生活资料的绝对量；如果以社会平均生活资料为维持劳动力生存的界限，这便是生活资料的相对量。随着人类社会生产力的发展，人们的相对生活资料价值量将不断提高。

3. 马克思对劳动力社会获得性价值的论述。马克思不认为劳动力有自然价值，但对劳动力的获得性价值作了说明。

（1）劳动力的价值由维持劳动力生存的生活资料的价值决定。马克思说："同一切其他商品一样，劳动力也具有价值。这个价值是怎样决定的呢？"[1]"同任何其他商品的价值一样，劳动力的价值也是由生产从而再生产这种独特物品所必要的劳动时间决定的。就劳动力代表价值来说，它本身只代表在它身上对象化的一定量的社会平均劳动。劳动力只是作为活的个人的能力而存在。因此，劳动力的生产要以活的个人的存在为前提。假设个人已经存在，劳动力的生产就是这个个人本身的再生产或维持。活的个人要维持自己，需要有一定量的生活资料。因此，生产劳动力所必要的劳动时间，可以归结为生产这些生活资料所必要的劳动时间，或者说，劳动力的价值，就是维持劳动力占有者所必要

---

[1]中共中央马克思恩格斯列宁斯大林著作编译局译：《资本论》第一卷，北京：人民出版社，2004年，第198页。

的生活资料的价值。"[1]

马克思在这里虽然论述了维持人的生存和劳动能力的生活资料的价值就是劳动力价值,也就是我们所说的人的社会获得性价值。但他同时指出,由于一个国家的气候条件和历史文化的不同,一个劳动力的所需不同,劳动力的价值也不同,这是劳动力商品与其他商品不一样的地方。他说:"因此,和其他商品不同,劳动力的价值规定包含着一个历史的和道德的要素。但是,在一定的国家,在一定的时期,必要生活资料的平均范围是一定的。"[2]

(2)劳动力的价值包括劳动力的子女的生活资料价值。马克思说:"劳动力所有者是会死的。因此,要使他不断出现在市场上(这是货币不断转化为资本的前提),劳动力的卖者就必须'像任何活的个体一样,依靠繁殖使自己永远延续下去。'(注:这是马克思引用威廉·配第在 1691 年伦敦版《爱尔兰的政治解剖》中的一句话)因损耗和死亡而退出市场的劳动力,至少要不断由同样数目的新劳动力来补充。因此,生产劳动力所必要的生活资料的总和,包括工人的补充者即工人子女的生活资料,只有这样,这种独特的商品占有者的种族才能在商品市场上永远延续下去。"[3]

(3)劳动力的价值包括劳动力的教育和培训费用。马克思说:"为改变一般人的本性,使它获得一定劳动部门的技能和技巧,成为发达的和专门的劳动力,就要有一定的教育和训练,而这又得花费或多或少的商品等价物。劳动力的教育费用随着劳动力性质的复杂程度而不同。因此,这种教育费用——对于普通劳动力来说是微乎其微的——包括在生产劳动力所耗费的价值总和中。"[4]

(4)马克思对劳动力的价值计量作了简略说明。马克思说:"劳动力的价值可以归结为一定量生活资料的价值。因此,它也随着这些生活资料的价值即生产这些生活资料所需要的劳动时间量的改变而改变。"[5]

马克思对劳动力的价值、价格作了说明。他认为,劳动力一年所需的物品,比如食品、燃料、衣服、家具等等的价值总量,除以 365 天,就是劳动力的日价值量。这些物品在市场上购买所花费的货币量,就是劳动力的日价格。劳动力的日价值占社会劳动的日价值的比例,就是劳动力价值在整个商品生产中所占的份额。由于商品的现实价值不是它的个别价值,而是它的社会价值,不是用生产者在个别场合生产它所花费的劳动时间来计量,而是用生产它所必须的社会劳动时间来计量,所以,这里所说的社会劳动,是指商品的社会价值。

---

[1]中共中央马克思恩格斯列宁斯大林著作编译局译:《资本论》第一卷,北京:人民出版社,2004 年,第 198-199 页。
[2]中共中央马克思恩格斯列宁斯大林著作编译局译:《资本论》第一卷,北京:人民出版社,2004 年,第 199 页。
[3]中共中央马克思恩格斯列宁斯大林著作编译局译:《资本论》第一卷,北京:人民出版社,2004 年,第 199-200 页。
[4]中共中央马克思恩格斯列宁斯大林著作编译局译:《资本论》第一卷,北京:人民出版社,2004 年,第 200 页。
[5]中共中央马克思恩格斯列宁斯大林著作编译局译:《资本论》第一卷,北京:人民出版社,2004 年,第 200 页。

例如,假如一个人一年用于购买吃穿住用等的花费总额是7300元人民币,那么,他的每天花费是7300元÷365天=20元。这是劳动力的日价值。如果日常用品是从市场上购买的,20元也是劳动力的日价格。资本家在市场上购买劳动力时,付出的就是这个劳动力日价值20元。假定当时的全社会商品的日平均价值是400元,那么,劳动力的日价值就是社会劳动的5%。

马克思认为,劳动力价值的最低限度或最小限度,是劳动力维持其生命过程的那个商品量的价值,也就是维持身体所必不可少的生活资料的价值。如果劳动力得不到维持其劳动能力的生存资料,劳动力生产就不能正常进行。但是,"每种商品的价值都是由提供标准质量的该种商品所需要的劳动时间决定的"[1]。

正因为劳动力的价值是由维持劳动力的生活资料价值决定的,所以,资本家在付出了劳动力价值的等价购买了劳动力之后,在工厂里强迫劳动者劳动,劳动所创造的价值,与劳动力的价值是不相等的,超出劳动力价值的剩余价值,被资本家无偿占有。凡是影响商品价值的因素,也都影响劳动力的价值,影响劳动力的生产和再生产。凡是影响劳动生产率的因素,都是影响商品价值的重要因素。

资本家可以通过多种办法比如强迫工人延长劳动时间、增加工人劳动强度、压低工人的工资、延迟给工人发工资的时间、采用新科学技术提高劳动生产率以降低商品的价值等方式、减少工人的收入以获得剩余价值。工人之所以对资本的剥削反抗乏力,是由于他们没有生产资料所有权。因此,马克思把劳动者争得生产资料所有权置于解放他们自身的特别重要的地位。

在马克思对劳动力价值的计量说明中,没有涉及劳动力的休闲娱乐费用,这与当时的劳动环境有关。马克思所处的时代,工人的劳动时间长、劳动强度大,基本上没有休闲和娱乐。现在我们需要加上这部分费用。

4. 劳动力的获得性自然价值。当我们认为自然物有自然价值,劳动力也有自然价值后,马克思关于劳动力价值的理论无疑被大大发展了。劳动力的自然价值不仅与生育率有关,与子女由家庭抚养有关,也与劳动力获得的自然资源价值有关。如果社会生产和福利一定,少子女家庭潜在劳动力的个别价值高于社会平均价值,多子女家庭的潜在劳动力的个别价值低于社会平均价值,从而使潜在的劳动力的价值产生差别。这对理解资本主义早期的剥削有一定的帮助,也对理解现在的剥削有一定的启发。

人在维持自身生命的过程中,维持劳动力存在的能量物质并不是都需要从市场获得,并非全部从市场上购买,有一部分是无偿从外界获取的。自然物质的自然价值,只有在它

---

[1]中共中央马克思恩格斯列宁斯大林著作编译局译:《资本论》第一卷,第2版,北京:人民出版社,2004年,第201页。

们不能满足人的需求的时候，它们的价值才会被计量。比如，水和阳光是人维持生命所需要的，使用它们不需要付出货币，人们不计量它们的价值，并不表明它们没有自然价值。水和阳光如此，很多野草被当作食用菜或被当作治病的中草药时也是这样。野菜和树叶类物质，并不是劳动产品，而是自然物质，这些自然物质有其自然价值。人吃这些自然物质以维持生命，把外界的能量物质从宏观变为微观，并入人自身，以维持自身的存在和劳动的能力，就是把自然价值并入自身的价值。

人的社会获得性价值随生产力的发展而变化。如果社会生产力不发达，使用的生产工具很简陋，生产满足不了生活需要，人们只能向自然界索取，吃自然生长物如野草、一般植物的根茎等行为增多，也就是人的获得性自然价值增多。随着生产力的发展，生产满足生活需要的程度加大，人的社会获得性价值随之增加，获得性自然价值也随之减少。

虽然每个人因其生活条件不同，从外界获得的含自然能量的自然物质不同，但随着社会生产力的发展，人用自然物质的自然能量补充自身能量以求生存的情况越来越少，所以，这部分自然价值在并入人的自然价值时，一般不单独计量。在计量劳动力价值时，依人的自然寿命计量人的自然价值，一般不再单独计量人的获得性自然价值。比如，人的自然寿命是 100 年，他的自然生存价值也是 100 年。在这 100 年中，除去生存所需的阳光、空气不说，他可能曾因生活窘迫吃过野菜、草根，这些野菜和草根没有花钱购买，在一般情况下，我们只计量他在 100 年中花钱购买的商品价值，即吃、穿、用、行等生活所需的物品的价值以及学习培训费用的价值、医疗费用的价值等，不再计量他吃的野菜、草根的价值。

5. 劳动力的获得性积累价值。从物质的观点看，劳动力的获得性价值只限于物品的数量及用货币表现的物品的价值。如果用过程的观点看，劳动力的社会获得性价值就不仅仅是物的价值，不仅仅是使可能的劳动力成长为现实的劳动力的生活资料的价值以及给予可能的劳动力的学习、培训等费用的价值，更主要的是让可能的劳动力获得前人积累的知识和技能、技巧。这些知识、技能、技巧，是前人智力劳动的积累，如同机器中积累了许多前人的劳动价值一样，可能的劳动力通过学习，把前人的智力劳动价值并归于自身，在劳动过程中，使这些价值再现，表现为劳动过程的缩短。劳动力这种获得前人智力劳动积累价值并在前人劳动的基础上进行再创新的特殊能力，是任何自动化机器所没有的。下棋的机器人曾经打败了顶尖棋手，但是，人们无论如何也不应忽视一个事实，即棋的发明、棋的规则都属于人，机器人的生产、程序设计、安装以及比赛胜负等情况，都是人操控的。利用外物代替或超过人的某一器官的功能，是人类的不懈追求，但这并不是说，人类会自废自身的整体功能，也不是说，一部分人利用人造机器人取代人从而压迫人是合理的。自动化机器人的出现，是人获得解放的条件，也是资本主义生产方式终结的征兆。如果人不能获得解放，社会私利阶级利用自动化机器人强制和压迫自然人也是必然的。

三、劳动力的功效和功效价值

马克思区分了劳动力价值和劳动,指出了劳动形成的价值不是劳动力价值。那么,劳动与劳动力价值的深层次联系是什么? 在市场上怎么进行交换和计量? 这是我们要探讨的。

(一)人的自然生命的分期

人的一生可划分为生产期和消费期。人的未成年期和老年期是消费期。一般来说,人从出生到 18 周岁之前为未成年期,未成年期还可再分为婴儿期、幼儿期、少年期。从劳动创造价值的角度看,在 18 周岁后,多数青年还在求学,一般到 25 周岁左右才参加劳动,所以我们把不创造价值的消费期延长至 25 周岁。今后我国的退休年龄将延长到 65 岁,我们把退休后的时期划为老年期。在消费期,人消费了社会获得性价值,维持了生命过程。从价值消耗方面看,人的消费期所创造的是负价值。

青中年期是生产期,即人的劳动价值创造期。人在价值创造期,在劳动中结成一定的社会关系,分工协作,利用和改造自然事物,进行价值创造和价值创新,目的是为了从社会发展中获得自己生活更美好的条件和环境。人的自身利益始终是与社会发展相联系的,所以,人在价值创造期必须创造出一生所需的全部价值并有剩余。人不能只从社会索取而不为社会的发展做贡献。

(二)劳动力的期效价值和实效价值

在第十章,我们说明了使用价值的有效使用期和实际功效期,以下我们将较为详细地论述劳动力的功效、期效价值和实效价值。

1. 劳动力的功效与功效价值。劳动力与其他生产要素一样,在使用中产生功效。劳动力功效的特殊性在于,任何生产要素的功效,都要通过劳动力的功效来体现。劳动力的功效就是劳动生产率,劳动持续的时间就是劳动力的功效价值,它也是商品形成的时间,是生产要素共同发挥作用的时间,也是商品的生成价值和生产要素的功效价值。

由于人对使用价值的使用有明确的目的性,所以功效有正功效和负功效之分,功效价值也就有了正价值和负价值之分。能够满足人的愿望的使用价值所产生的功效是正功效,由正功效产生的价值是正价值;不能满足人的愿望的使用价值所产生的功效是负功效,由负功效所产生的价值是负价值。比如,人们利用原子能的巨大能量发电,满足了人们利用原子能的愿望,所以它的功效是正功效,用它发电的持续时间是正价值。如果由于原子能材料使用不当泄露了,成了杀人工具,造成人员的伤亡,它的功效便是负功效,它的泄露对人的危害存续时间是负价值。所以,功效的正与负与人的愿望有关,与造成的事实对人的利害有关,与造成事实的事物的功效和功效价值的客观存在无关。原子能在发电时具有多么大的能量和能力,泄露时还是具有同样的能量和能力,原子能的功效是客观存在,它本身的功效和功效价值没有正负之分。人的主观因素在这里突出地表现出来。

一种物,比如电视机,可以使用 10 年,它的功效价值就是 10 年,这是生活性消费。一台刨床,可以使用 20 年,它的功效价值就是 20 年,这是生产性消费。不论是生活性消费还是生产性消费,消费者都可以一次性购买。劳动力的功效价值不是一次性消费,资本家也不是一次性购买劳动力。劳动力处于活动中,能力处于不断变化中。追求自由是人的本性之一,劳动力也不愿意一次性把自己卖给资本家。这是劳动力消费不同于物的消费的特殊性。

2. 劳动力的期效价值和实效价值。劳动过程是劳动力的使用时间,也是功效价值。劳动力功效价值可再分为期效价值和实效价值。

(1)劳动力的期效价值。劳动力劳动能力的存续时间是劳动力的期效价值。劳动力的自然价值和社会获得性价值构成劳动力的自身价值,即劳动力的生成价值。由潜在的可能的劳动力成长为可使用的劳动力,由可使用的劳动力再发展为不可用的劳动力,与价值创造与消耗有极大关系。我们把劳动力可以随时发挥功效参加价值创造的有效使用期称之为期效价值。例如,如果人活 100 岁,人的生存价值就是 100 年,假如前 25 年是不工作的成长学习期,65 岁退休闲赋至 100 岁的 35 年也不工作,那么,人的一生可工作的时间是 40 年,40 年即为劳动力的有效使用期。也就是说,劳动力的期效价值为 40 年。

(2)劳动力的实效价值。劳动力在生产期内,即功效期内,并不是时刻都在劳动,所以,在劳动力的功效期即期效价值内的实际劳动时间是劳动力的实效价值。劳动力通过劳动,把自身的价值和其他生产要素的价值转移到新产品中。实际劳动时间有多长,通过劳动转移的劳动力价值就是多少。人的自然价值大于期效价值,期效价值大于实效价值。例如,人活了 100 岁,可工作的时间是 40 年。在这可工作的 40 年里,人并不是每时每刻都在工作,假如每天工作 8 小时,每周工作 5 天,平均每天工作 $5\frac{5}{7}$ 小时。假如按每月 30 天计,为 $5\frac{5}{7}$ 小时/天×30 天 = $171\frac{3}{7}$ 小时,$171\frac{3}{7}$ 小时÷24 小时 = $7\frac{1}{7}$ 天。按每年 365 天减去法定节假日 11 天和带薪休假日 10 天计,除去生病的时间不说,每年实际功效时间 = $5\frac{5}{7}$ 小时/天×344 天 = $1965\frac{5}{7}$ 小时,$1965\frac{5}{7}$ 小时÷24 小时 = $81\frac{19}{21}$ 天。在 40 年里,实际劳动时间 = $5\frac{5}{7}$ 小时/天×344 天×40 = $78628\frac{4}{7}$ 小时,$78628\frac{4}{7}$ 小时÷24 小时 = $3276\frac{4}{21}$ 天。如果折合为年,则为 $3276\frac{4}{21}$ 天÷365 天 = $8\frac{1496}{1533}$(年) ≈ 8.9759 年。这就是劳动力的实际使用时间,即实效价值。人通过劳动,每天只转移与实效价值相等的 $5\frac{5}{7}$ 小时的劳动力价值。在 40 年的时间里,只转移约 8.9759 年的劳动力价值。

3. 劳动力的市场交换价值。像其他自然事物一样,劳动力的自然价值即劳动力的自然寿命也是温度、湿度、化学元素等自然要素的综合功效价值,是自然过程。劳动力在使用中的功效价值是劳动过程,因而劳动力的自然价值与劳动价值都是过程,是同质的,所以它们能够进行市场交换。在市场上,资本家按劳动力的实效价值、期效价值或生存价值 3 种方式与劳动力进行等价交换。它反映了资本主义生产方式发展的程度。

早期的或现存的资本主义血汗工厂的企业主,都是初级资本主义生产的代表。他们与劳动力在市场上进行的等价交换,都按劳动力的实效价值进行。计件工资、计时工资等都是这种交易的典型表现。在早期资本主义阶段,为什么资本家会让劳动者劳动 16~20 小时,是因为他们认为,按照等价交换原则,他们购买了劳动力,劳动力就应该不休息地劳动。资本家要求工人不停地工作,甚至不让上厕所。有的工人为了少上或不上厕所,不喝水或少喝水。有的实在憋不住小便,不只好在众目睽睽之下拿瓶子接尿。

随着生产力的发展,特别是由于工人的抗争,劳动力的劳动时间从 15~17 世纪的16~20 小时,缩短为 18—19 世纪的 12 小时。19 世纪后半叶,美国工人以鲜血和生命,为劳动者争得了 8 小时的劳动权。此时,资本家在市场上按劳动力的期效价值进行等价交换。劳动力可以在 24 小时内劳动 8 小时,资本家给予工人的工资是劳动力期效价值的等价。这是劳动者阶级与资产阶级斗争的结果,这种斗争促进了社会文明进步,使资本主义从血汗工厂阶段过渡到资本主义生存工厂阶段。

20 世纪初发生于俄国的十月社会主义革命,使劳动者阶级的抗争达到了一个空前的规模。劳动者阶级作为联合起来的阶级整体行动,不仅掌握了国家政权,而且掌握了财产权。在生产力十分落后的国家,在人民当家作主以后,迸发出极大的建设自身家园的热情。马克思主义的宣传,使资本主义国家的人民越来越多地拥护带有左翼色彩的政党,有的国家的共产党上台执政。在马克思主义宣传力度较大的地区,资产阶级感受到了他们的剥削方式的存续危机。同时,随着生产力的发展,人类积累的价值越来越多,劳动生产率提高了,资本的利润增加了。因此,资本家为了自身的利益,向劳动者妥协,按劳动力的生存价值进行市场交换。劳动者的劳动时间再次缩短,劳动者有了些许休闲时间,资本主义从生存工厂阶段开始向福利工厂阶段过渡。

生产力的发展最终使劳动者的劳动方式发生了重大变化,体力劳动的比重减轻,智力劳动越来越成为劳动的主要方式,这是价值积累和生产力发展的结果,也是劳动者斗争的结果,并不是资本改变了本性。体力和脑力结合的劳动即科技劳动,是在前人积累的基础上的劳动,可以使劳动生产率大大提高,创造出大量的价值,是人类社会发展的必然,是人类从谋生劳动中解放出来的必然,是劳动者改变自身命运的黄金时期。但是,由于在第一个社会主义国家——苏联——的领导人中,有的梦想资产阶级花天酒地的生活,有的以为资本已经改变了本性,于是,资产阶级抓住这个时机,攻击马克思主义劳动价值论,从资本的利润中给某些智力劳动者和管理者以高薪,分化劳动者阵营。那些共产党内的资产阶级分子如愿以偿,成了掠夺人民财富的资本家。这种现象的发生,情况虽然复杂,但其中一个重要的原因,与经济学不能揭示资本主义的生产从占有公共自然资源以残酷剥削体力劳动为主,发展到占有公共积累价值以剥削脑力劳动为主的阶段性转变有关。

4. 劳动力在生产中创造出自身全部的生存价值和剩余价值。不论资本家在市场上是按劳动力的实效价值交换,还是按劳动力的期效价值或生存价值交换,劳动力都必须把自身所需的价值生产出来,还要为资本家生产出剩余价值。

劳动者在生存期间,包括在成长的过程中和丧失劳动能力后所消耗的生活资料的价值,都要加进劳动力的总价值之中,通过劳动转移到新产品中。在上述举例中,劳动力通过劳动不仅要转移与其实效价值相等 8.9759 年的价值,还必须通过劳动创造出超过 8.9759 年的剩余价值,使实效价值与剩余价值之和,达到 40 年的劳动力的期效价值,这样才能保证劳动力的生存。不仅如此,劳动力还必须通过其实际工作时间,创造出超过 40 年的期效价值,达到 100 年的劳动力价值之和,人才能幼有所教、老有所养。要促进社会的发展,劳动力还要创造出超过全社会各类非物质财富创造人员生存的平均价值的剩余价值,并为资本生产剩余价值。

科学在价值创造中的地位极其重要,但科研成果必须运用于实际劳动,加入劳动过程,才能形成为实际的生产力。否则,科学只能是停留在人的头脑中的抽象。管理劳动是一门科学,管理劳动者是科学工作者中的一部分,即科学地使用权力,使企业的人员协作劳动,充分利用空间和缩短劳动时间,在价值形式上,表现为价值创造或者价值创新。但是,这种价值创造或价值创新,是由劳动者实现的。劳动者与生产管理者相结合创造价值和剩余价值。企业家与劳动者(包括科学工作者与技术工作者)之间是合作关系,企业家的科学劳动成果必须与具体劳动者相结合,才能形成为具体的价值。管理劳动与一般科学劳动不同的地方是,管理劳动的对象是活动着的人,管理劳动不仅利用科学,运用生产知识,还使用权力进行生产性协调。权力是一种力,力有方向性,按人的愿望运行,有正负之分。所以,管理劳动创造的价值可能为正价值,也可能是负价值。正、负价值的判定,依他们的活动对企业生产的发展情况而定。目前由于对价值的研究还不够深入,对于管理者劳动力价值的交换,只能参照社会上其他人的情况并依本人的现实表现进行经验性概估,因而也就有了不干事、干不成事或干坏事的懒人、庸人或坏人成为企业管理者的情况出现。由于资本不认可无剩余价值或负价值的劳动,所以,在资本主义社会里,一方面,懒人、庸人将无情地遭到资本的淘汰;另一方面,那些没有良心的对劳动者异常苛刻的企业管理人员会受到资本家的青睐。资本家从具体劳动者创造的剩余价值中拿出一部分,以高薪收买他们,离间他们与劳动者的关系,以保持资本主义剥削的长治久安。

社会管理官员的价值创造,与企业管理者的价值创造原理大致相同,只不过社会管理者运用的是社会知识,进行的是大范围的社会性、协调性工作。由于他们运用了权力,其创造的价值也有正负之分,如教师的价值创造与他们利用前人知识的乘数效应传播的知识量和人数以及被教育者的素质有关,医生的价值创造与他们通过劳动减少了多少疾病,减少了多少损失,延长了多少人的生命等情况有关。文学家、艺术家、歌唱家、旅游工作者的劳动,形成价值,其创造价值的多寡,以受众的情绪娱悦导致价值增加为标准。凡是不创造价值或创造负价值的现象,都在被取蒂之列,比如,种毒贩毒吸毒、卖淫嫖娼、赌博诈骗等等。社会中的任何群体之间,都不是奴役和被奴役的关系。随着物质财富和精神财富的增加,劳动者在社会大家庭中,相互依存,分工协作,共同创造财富,共同促进个人的全面发展和社会发展。

在现阶段,人的未成年期的社会获得性价值主要是由家庭负担的,少子女家庭未成年劳动力的价值可能大于多子女家庭的未成年劳动力。在子女成年并参加工作后,在劳动力成为商品的条件下,由于市场的竞争,社会并不知道每个劳动力的价值差异,按劳动力社会平均价值交换,给予同等劳动力以相等的报酬。如果劳动力在成长期间,勤奋努力,掌握了许多前人的知识,参加工作后又辛勤劳动,创造出的价值不仅能够实现自身的价值,还能补偿社会获得性价值并有剩余,他的一生就创造了正价值,就对社会作出了贡献。如果劳动力在劳动期间不能实现自身的价值,不能补偿社会获得性价值,他创造的就是负价值。

四、劳动力与价值创造

当我们探讨了劳动力的特性和劳动力价值的构成以及劳动力的交换价值后,我们将继续探讨劳动力价值创造的基础、价值再现等,并专论劳动力如何创造剩余价值。

(一)劳动力价值创造的基础

在第十二章,我们谈了科技劳动创造价值的一般原理。科技劳动价值创造与一般劳动力价值创造的原理基本相同,即劳动价值创造是劳动力利用人的内能量和外能量做功的过程。这里不再赘述。我们在这里探讨的是劳动力价值创造的基础。

1. 自然基础。劳动力价值创造的基础之一是,劳动过程与自然过程紧密联系在一起,劳动力在自然的基础上进行劳动创造。劳动力本身是自然力,在使用劳动力过程中,还需要其他自然力的帮助。人的劳动是在自然的基础上改变事物状态的活动,所以,价值是由自然和劳动共同创造的。例如,农业学家发现,生长季节中,若气温比正常生长所需气温每升高1℃,小麦、水稻和玉米的产量将下降10%。2002年的高温天气和旱灾使美国和印度的农作物产量减产;2003年,欧洲谷物产量减少了3000万吨,相当于美国小麦产量的一半。[1] 因为自然界的创造对一切动物的意义都是一样的,只有人的劳动才使人脱离了动物界,所以,肯定自然创造价值,是不损劳动价值论分毫的,人类社会的发展也绝不是由自然界决定的,而是由人的劳动决定的。自然是自然变化,自然事物是自然变化的结果,说自然也创造价值,并不意味着物统治人的必然性。这是遵循了科学原则的,并不是置科学于不顾的辩护。

2. 积累基础。劳动力价值创造的基础之二是,后人在前人劳动价值积累的基础上进行创造。前人为后人积累了无数的劳动价值,但这种劳动价值长期不被人们认识。可能的劳动力即处于学习期的青少年若掌握了前人关于价值创造的方法和知识,在实际生产劳动中,可使积累的价值再现,加速劳动过程,使劳动生产率提高。社会愈发展,通过劳动再现的过去积累的价值量愈多,劳动生产率提高的幅度也越大。在公有制条件下,这部分积累价值会成为每个人自由发展的条件。在私有制条件下,资本家通过现实劳动力的劳动,无偿占有了劳动力创造的剩余价值和前人积累的价值。如果资本家不是按劳动力总价值的社会平均付给劳动者工资,而是按社会劳动力有效使用期内的实效价值付给劳动力工资,或低于劳动力有效使用期内的实效价值给付工资,劳动力所得就不能补偿社会获得性价值,资本家就不只是剥削劳动者个人,而是剥削劳动者的全部家庭成员和整个社会。有的国家大量引进高科技人才,这些人才的成长消费费用、学习费用、培训费用等,大多不被购买高科技劳动力的国家和企业所补偿。这是一种高明的剥削。

(二)劳动力与价值创造

人们把转换自然物质状态的劳动过程视为价值创造过程,劳动力价值创造包括自然事物自然价值的再现、前人积累价值的再现、劳动力通过质能转化做功转移价值、或在使用价值的使用中对财富的节约从而使价值节余等等。体力劳动和脑力劳动的结合是价值创造的基本劳动方式。

1. 自然价值再现。价值再现就是价值随使用价值形态的转变而出现。天然财富由自然所创造,是一种自然存在。自然因素对财富的积累起重要作用。天旱时会造成粮食减产,甚至绝产,使人类可加工的对象减少;风调雨顺时可使粮食增产,使人类可加工的对象

---

[1]郭久亦:《环境影响粮食供应》,《人民日报》2008年11月25日第6版。

增多。如果人们在消费后还有剩余,就会产生积累。人通过劳动,把不适合人类使用的事物转变为适合人类使用的事物,劳动过程结束后,劳动对象形成使用价值,劳动过程凝结为价值。在劳动过程中,人的活动借助劳动资料使劳动对象发生预定的变化。随着一代代人的发现、发明、传承,天然财富越来越被打上劳动的烙印,天然自然越来越多地被改变为人工自然,越来越多的无用事物被转变为有用事物。

商品会因不同的使用目的而被多次加工,因而构成商品的原材料的自然价值,会随每一次的加工而显现。这是劳动力通过劳动使然的。虽然有的商品已失去了功效,但如果商品自然价值尚存,还可被加工,它就还可利用废物。随着生产力的发展,构成商品的基质的部分不断地被加工,它们因此也成为人工材料。例如,人们把树木做成纸张,自然生长的树木的自然价值、人工种植的树木的自然价值与劳动的混合价值,都将随着纸张的成形而再现。如果废旧的纸张不能再用于写字,人们把它收集起来,再做成其他用纸,比如包装用纸,包装用纸的木质自然价值将随着包装用纸而再次显现。

2. 积累价值再现。前人积累的价值也通过劳动力的劳动而再现。人类生产能力的积累和财富积累是社会发展的基础。马克思说:"人们不能自由选择自己的生产力——这是他们的全部历史的基础,因为任何生产力都是一种既得的力量,是以往的活动的产物。可见,生产力是人们应用能力的结果,但是这种能力本身决定于人们所处的条件,决定于先前已经获得的生产力,决定于在他们以前已经存在、不是由他们创立而是由前一代人创立的社会形式。后来的每一代人都得到前一代人已经取得的生产力并当作原料来为自己新的生产服务,由于这一简单的事实,就形成人们的历史中的联系,就形成人类的历史,这个历史随着人们的生产力以及人们的社会关系的愈益发展而愈益成为人类的历史。"[1]后人在继承前人创造的物质财富和精神财富的基础上进行再创造,才有了电器、电脑、飞机等,人类社会才发展到今天这样的文明程度。

3. 价值转移。价值转移是指价值通过质能转化从一种使用价值转移至另一种使用价值而原价值量不变。劳动力通过劳动,转移生产资料的自然价值、积累价值、科学工作者的劳动价值、其他技术工人的劳动价值。由于在生产开始前,这些价值都蕴含在生产资料中,所以,在资本主义生产中,劳动力通过劳动转移的这些价值,表现为转移不变资本的价值。例如,制造一台挖掘机,钢材的自然价值、前人发明炼钢的积累价值,都是不费生产者分文的。钢材中含有炼钢的智力劳动者的劳动价值、炼钢工人的劳动价值及炼钢的煤炭、电力等等的价值,在制造挖掘机的过程中,这些价值都会通过技术工人的劳动,被转移到新的挖掘机中。

---

[1]《马克思恩格斯全集》第47卷,第2版,北京:人民出版社,2004年,第440页。

4. 价值创新。价值创新是在劳动改变使用价值存在状态的过程中,劳动新过程的时间比原过程的时间缩短。在使用价值的使用中,过程比原来延长。价值创新在价值创造中具有特殊地位和作用,是人类社会发展进步的重要原因之一。人类劳动所发生的价值积累,大多是由价值创新引起的。

价值创造的过程是价值形成的过程,价值创造包括价值创新。不是任何一种劳动都形成价值创新。只有这一劳动新过程与这一劳动的原过程相比较,才能确定是不是价值创新。价值是使用价值的形成或使用过程,是人们量度使用价值数量的多或少、使用价值发挥作用产生的功效大或小的工具。使用价值的使用产生功效,在使用中发挥作用的时间形成功效价值。自然事物的质量与它的功效价值密切相关。比如,金刚石的生成价值是几十亿年,它的自然价值就是几十亿年,金刚石能使用多久,它的功效期就是多久,在功效期内实际使用的时间就是它的功效价值。但是,人类并不是使用自然的使用价值的功效,而是不断地创新使用价值的功效。比如,在原始社会,人们用木棒打击野兽,击打的效果与人的能量有关,也与木棒的质地有关,密度低的木棒击打的效果差,使用它打死打伤野兽的概率低、功效小。当人发现了弯曲的树木可产生强大的弹力势能后,创造了新的使用价值——弓箭,捕获的野兽数量增加,效率提高,也就是树木的功效增加。树木的功效增加,是人的智力劳动的结果。人捕获的野兽的数量增加,就是缩短了人的捕获过程,这种利用自然能量制造弓箭的劳动,是创新性劳动。当这种劳动凝结为实物时,使人们可使用的财富增加;当这种劳动过程被后人继承后,就凝结为积累价值。一代一代人的创新,使价值积累呈现为天文数字。积累价值使劳动生产率不断提高,表现为在生产过程中,新产品形成的过程时间比原过程时间缩短,在相同的时间内,生产的产品数量增加,单位产品的价值减少。人们如果只看到事物的表象,就会认为单位产品的价值量减少。其实,单位产品的价值量并未减少,只是由于前人积累的劳动价值压缩至单位产品的新价值中,人们看不到而已。

价值创新的具体方法我们已经在第十二章作了探讨,这里不再重复。

根据创新的价值和原价值,可求得创新率。创新率为新创造的价值与原价值的比值。可用创新(Ⅰ)式表达:

$$u' = \frac{\triangle u}{u_0} \times 100\% \qquad\qquad (Ⅰ)$$

式中:u′表示价值创新率,$\triangle u$ 表示创新的价值,u_0 表示原价值。

创新(Ⅰ)式也可用创新(Ⅱ)式表达:

$$u' = \frac{u_0 - u_1}{u_1} \times 100\% \qquad\qquad (Ⅱ)$$

式中:u′表示价值创新率,u_0 表示原价值形成过程(时间),u_1 表示新价值形成过程(时间)。

任何可以使事物形成过程的时间缩短或延长的因素,都是价值创新的因素。如果原来的过程时间长,新过程时间短,它们的价值差是正数,表示新创造的价值是正价值。例如,某缝纫工原来用手工做一件上衣用了 48 小时,后来改用缝纫机,做一件上衣用了 12 小时,二者差等于 36 小时,这 36 小时就是新创造的价值。如果原来的过程时间短,新过程时间长,它们的差是负数,表示生产力倒退。例如,上述的缝纫工原来使用缝纫机做一件上衣用 12 小时,由于缝纫机坏了,改用手工做一件上衣用了 48 小时,二者差等于 -36 小时,这表示他的生产力下降或倒退,在一定的劳动时间内不能给社会提供更多的使用价值,但不表示创造了负价值。负价值仅表示人们的损失。

人在生产和生活中,总是希望用最短的时间获得较多的使用价值,以满足人的多种需要,所以,人们拼命提高生产率,以增加使用价值量,缩短使用价值形成过程。因而社会进步表现为原来过程的时间总是大于新过程的时间。也就是说,劳动不仅表现为价值创造,更重要的是表现为价值创新。创新的价值或价值节余是价值积累的起点。

积累价值可能随实物的、有形的使用价值被保留,也可能作为抽象的、无形的、精神的、关系的、规律的、抽象的一般生产力形态被保留。例如,前人留下来的各种有形工具,后人可以继续使用,这是有形的、物质的使用价值积累和价值积累。前人用书本或其他载体记录的关于某种工具的制造方法,对某种事物或规律的认识,后人可依据前人的认识进行价值再创造,前人传给后人的就是精神的以文字为载体以抽象的一般生产力形态存在的价值;由于这种价值必须经过具体生产才能再现,所以,这种积累的价值在前人表现为价值创新,在后人则表现为价值再现或价值转移。后人也可在前人一般生产力形态的积累价值基础上进行价值再创新。

5. 价值节余。生产性价值创新表现为产品形成过程时间的缩短,实质就是全部生产资料功效价值的相对或绝对延长,也称为生产性价值节余。在生活性消费领域,新的使用过程时间比原使用过程时间延长的部分可视为价值创造,称为生活性价值节余,也是价值创新。

6. 价值实现。价值创新与价值实现有密切的关系。一般说来,价值创新可以使生产产品的时间缩短,通过市场实现的价值增多。如果商品的个别价值与社会平均价值相比较,多于社会平均价值,价值不能全部实现;如果少于社会平均价值,就会实现超额利润。资本为追求超额利润,不断加大生产性价值创新的力度,社会可使用的使用价值量也不断增加。如果创造的使用价值没有用,则其价值不能实现;如果使用价值的使用结果与人的愿望相反,或者对人有害,则其价值的实现为负,但不能说负价值一定对人有害。

价值创造是指使用价值的形成过程,以个别劳动时间为依据;价值实现是指已经创造出来的价值是否被使用;生产者的付出能否得到回报,以社会平均劳动时间即社会必要劳动时间为依据。例如甲用手工缝一件衣服为 48 小时,乙用缝纫机缝一件衣服为 12 小时,因为社会必要劳动时间是(48 小时+12 小时)÷2＝30 小时,所以用手工缝的衣服只能实现30 个小时的价值。如果甲由手工缝纫改为机器缝纫,其创造的价值为 36 小时,这是价值创新。如果乙由机器缝纫改为手工缝纫,其创造的价值为−36 小时,这也是价值创新。价值创新正 36 小时表示进步,价值创新−36 小时表示落后。但价值创新与社会必要劳动时间 30 个小时的意义不一样。36 小时或−36 小时表示价值创新的程度和效率,而 30 小时则表示价值实现的界限。

价值创新是由人的劳动产生的。由价值创新引起的价值积累,是人类社会发展进步的决定性因素。但是,由于私有权的限制,使积累的价值成为剥削阶级野蛮剥削和压迫劳动者的物质力量。在现阶段,资本家从以剥削体力劳动者为主,转为以剥削脑力劳动者和体力劳动者的总体劳动者为主。维护剥削制度的经济学人大力鼓吹私有制的合理性,为资本家的剥削歌功颂德,他们的学说之所以还有一定的市场,是由于社会生产力还不十分发达,劳动还是人们谋生的手段,从而劳动时间排挤了人们的自由发展时间等原因造成的。

五、劳动力与剩余价值创造

剩余价值是劳动力创造的。下面我们要研究的是劳动力如何创造出超过自身价值的价值——剩余价值。

（一）劳动力通过劳动创造广义的或狭义的剩余价值

随着经济学研究的深入,对剩余价值的概念的研究需要深化。

1. 广义的剩余价值和狭义的剩余价值。在马克思的理论中,生产资料的价值是被劳动力转移的不发生量变的价值,即不变资本 c。而在我们的研究中,这部分价值分为生产资料的自然价值 c_1、积累价值 c_2,还可能含有未超过专利期的科研成果价值 U。这些价值都是看不见摸不着的,蕴含于生产资料中。劳动工具中的自然价值越多,劳动工具越耐用;劳动工具中的积累价值越多,劳动生产率越高;劳动工具的组合技巧越高,它的科研成果价值越多。自然价值、积累价值,都是不花生产者任何费用的。生产者购买生产原材料和劳动工具,付出的是未超过专利期的科研成果价值、生产劳动工具和其他生产资料及技术工人的劳动力价值。商品生产者购买的生产资料含有较多自然价值和积累价值,通过技术工人的劳动,这些不费资本家分文的价值,以剩余价值的形态出现,这便是广义的剩余价值。

狭义的剩余价值是指不包括积累价值和生产资料自然价值的超过劳动力价值的价

值,即劳动力通过透支自身或由于其他因素的影响,缩短商品的形成过程,使劳动创造的价值超过自身的价值。脑力劳动者创造的剩余价值体现在科研成果中,使用科研成果后使劳动生产率提高,商品形成的过程缩短,缩短的部分构成智力劳动者创造的剩余价值。马克思所说的剩余价值,既包括广义的剩余价值,也包括狭义的剩余价值。我们区分广义的和狭义的剩余价值,是让人们理解资本家利用生产资料占有权占有公共资源和剥削工人创造的剩余价值的时代性变化,反驳资产阶级经济学家关于资本家没有剥削工人反而养活了工人的谬论。

2. 劳动者在实效期创造超过自身价值的价值——剩余价值。劳动者通过不断缩短商品的价值形成过程,以创造价值和剩余价值。劳动力关于剩余价值的创造,只发生于劳动力的实际功效时间。前面讨论过,假定一个人活了100岁,他的期效价值是40年,实效价值是一周平均每天工作 $5\frac{5}{7}$ 小时,每月 $7\frac{1}{7}$ 天,每年 $81\frac{19}{21}$ 天,一生劳动40年,实效价值为 $8\frac{1496}{1533}$ 年。资本家在市场上购买的,是他的实效价值。劳动力每天工作8小时,资本家只付给他8小时的工资。但是,劳动力在劳动中,必须创造出超过8小时的价值。一方面,是自身生存的需要。如果这个劳动力一天只创造出8小时的价值,他连自身的生存都维持不了。所以,劳动力必须在8小时内,创造出维持自身生存1天的价值,一生必须创造出超过 $8\frac{1496}{1533}$ 年的价值。在这里,我们不谈劳动力养家糊口,假定劳动力在成长学习期和老年期所需的价值已由家庭和社会补偿。如果劳动力在一天的8小时内创造出劳动力24小时所需的价值,或者在一生的 $8\frac{1496}{1533}$ 年的实际工作时间中,创造出了他的全部生存期100年的价值,则这个劳动力只是一个自给的生存者。在资本主义生产中,资本家是不允许这种情况发生的。资本家办工厂,是为了赚钱,而不是为了劳动者的幸福。所以,资本家利用生产资料所有权,强迫劳动者在一天的8小时的实际工作时间内,创造出超过劳动力24小时所需的价值。在劳动力一生的 $8\frac{1496}{1533}$ 年实际工作时间内,创造出超过100年的生存价值。在市场上,是按照实际劳动8小时还是按24小时,或按 $8\frac{1496}{1533}$ 年还是按100年进行劳动力的等价交换,劳动者与资本家进行了博弈。

资本主义生产方式的不合理之处在于,资本家利用占有生产资料的特殊地位,占有劳动者创造的剩余价值并归个人所有。为个人谋私利是资本主义生产方式绝对的规律,也是资本主义生产方式最突出的特点。资本家雇佣了活劳动后,只付给劳动力实效价值的等价,却强迫劳动力增加劳动时间或增加劳动强度,以剥削劳动力创造的剩余价值,使自己发家致富。马克思所处的时代,是资本主义生产方式的血汗工厂时期。马克思所看到的,是资本家血腥压榨工人的情况。马克思在苦苦思考中,终于发现并揭示了资本主义罪恶现象背后的制度性根源,揭露了资本家剥削工人的秘密,指出了资本主义制度被社会主义制度代替的必然性,指出了实现社会平等、公正、公平、民主、自由的途径。社会主义与资本主义的根本区别是,在资本主义社会里,资产阶级是社会的主人,资本家是企业内的主宰者,他们疯狂追求超过劳动力价值的剩余价值,占有这些剩余价值;而在社会主义社会里,劳动者成为社会的主人,人民管理国家,劳动者创造的超过劳动力全部生存价值的剩余价值,被社会所占有,剩余价值转化为一切劳动者共同享受的物质财富。

马克思的研究和揭示,并不是阶级的偏见,而是符合历史逻辑、现实逻辑和辩证逻辑的科学。科学没有阶级性,但掌握科学的人有阶级性。如果社会主义国家放弃了人民民主和生产资料公有制,资产阶级就会联合起来,在国际资本的配合下,使劳动者重新回到被压迫被奴役的时代。现在之所以有资本家肯按劳动力一生价值的等价付给劳动者报酬,一是与劳动者的斗争有关,二是与人类无偿使用的积累价值增加导致劳动者创造的广义剩余价值大量增加有关,三是与马克思主义的宣传使人们对资本主义的认识加深有关。

(二)劳动力创造剩余价值的基本方法

劳动力创造剩余价值的方法大致有以下几种:

1. 通过增加劳动强度创造剩余价值。由于商品的价值量与实现在商品中的劳动量成正比,劳动量就是能量,所以,劳动者要想在一定的时间内生产出更多价值,必须提高劳动强度,增大做功的能量。狭义剩余价值不涉及劳动力对外能量的利用,只涉及劳动力的内能量。

加大劳动量使劳动时间压缩,表现为生产率的提高,在同样的时间里生产的产品数量增多,使劳动时间相对延长;同品种同质量的使用价值的功效价值是相等的,因而生产的使用价值的数量增加,可以实现更多的功效价值;商品价值的实现是以社会必要劳动时间所体现的社会平均价值为标准,劳动生产率的提高可以实现更多的价值。这样,劳动力创造的价值就会超过资本家给予劳动力价值的等价,超过部分就形成为相对剩余价值。例如,某工人一天原来生产 1 件产品,现在由于加大了劳动量,增加了劳动强度,一天内生产了 2 件产品,则其劳动一天就等于劳动了 2 天。如果资本家只给工人一天的工资,则工人多创造的价值就被资本家占有了。

2. 使用含有大量前人积累价值的劳动工具进行价值创造。由于前人为后人积累的大量劳动价值物化在劳动工具里,劳动者使用含有前人物化劳动的工具后,即使不增加劳动强度,生产率也会提高,使劳动时间相对延长。例如,要运输 40 千克重的物品,假如原来是靠人拉肩扛,人走的速度是每小时 5 千米,后来换用自行车运输,假如速度是每小时 15

千米,比人行走的速度快 3 倍,如果采用汽车、火车、轮船、飞机等方式运输,速度更快。自行车、汽车、火车、轮船、飞机中物化有前人的劳动积累价值和科学技术,人们利用这些劳动工具进行劳动,可以节省大量的时间进行其他劳动,人的劳动时间无疑相对延长了。

3. 运用科技手段进行价值创造和创新。科学劳动是一般劳动,是人在认识自然规律的基础上进行的可以缩短劳动过程实现价值创新提高劳动效率的劳动,某一领域的科研成果可以与该领域中的所有与之有关的具体劳动相结合,产生乘数效应,普通人经过学习可掌握并使用某项科学成果,使财富创造量增加。

劳动力通过科技手段使劳动生产率提高后,单位产品的价值与劳动生产率成反比,通过市场实现的价值量与劳动生产率成正比,生产率高的劳动通过市场实现的价值会比生产率低的劳动实现的价值多,使劳动时间相对延长。例如,在 12 小时内,甲做了 1 件衣服,乙做了 2 件衣服,丙做了 3 件衣服,乙比甲的生产率高,丙比乙和甲的生产率都高。在市场上,甲、乙、丙所做的 6 件衣服将按(12 +12+12)小时÷6 = 6 小时的社会必要劳动时间出售,甲的 1 件衣服实现的价值为 6 小时,亏 6 小时;乙的 2 件衣服实现的价值为 12 小时,不亏不盈;丙的 3 件衣服实现的价值为 18 小时,意味着丙的劳动时间相对延长了 6 小时。

4. 劳动力通过节约减少自身价值。如果需求一定,劳动力通过生活日常用品的节约减少自身价值。由于通过再生产转移的功效价值与使用价值数量成正比,使劳动者为维持自身价值的劳动时间减少,从事其他劳动的时间相对增加。

随着劳动生产率的提高,市场上商品价值下降,劳动力的价值也随生活需要的商品价值下降而下降。但是,由于劳动生产率的提高,劳动力创造的总价值增多,而劳动力获得的报酬却没有改变,劳动时间也没有改变,因而剩余价值量增加,这些增加的剩余价值被资本家无偿占有。马克思举例说:"在货币价值不变的情况下,一个十二小时社会平均工作日总是生产 6 先令的价值产品,而不管这个价值额以怎样的比例分割为劳动力价值的等价物和剩余价值。但是,如果由于生产力的提高,每天的生活资料的价值,从而劳动力的日价值,从 5 先令下降到 3 先令,那么剩余价值就从 1 先令增加到 3 先令。为了再生产劳动力的价值,从前需要 10 个劳动小时,现在只需要 6 个劳动小时。有 4 个劳动小时空了出来,可以并入剩余劳动的范围。因此,提高劳动生产力来使商品便宜,并通过商品便宜来使工人本身便宜,是资本的内在的冲动和经常的趋势。"[1]

5. 企业主为劳动者交纳的各种生存保障金相对减少。生育率下降和劳动者的平均寿命延长,使劳动力的社会必要时间延长,劳动者的自身价值增加。但企业主只购买劳动力有效使用期中的黄金期,只付给他们在这个时期内的实效价值的等价工资,不给劳动者交

---

[1]中共中央马克思恩格斯列宁斯大林著作编译局译:《资本论》第一卷,北京:人民出版社,2004 年,第 371 页。

纳养老金、医疗保险金、失业保险金等,则劳动者就必须从维持自身生命的生活资料价值中拿出一部分用于非最佳劳动期和丧失劳动时的生活支出,此时,企业主所获得的剩余价值实质上就是劳动者的生存价值。

6. 货币贬值使劳动力的报酬和购买力下降。出于剥削的目的,代表资本家联盟的资本主义国家还会不断地使货币贬值,从而使劳动力报酬不断贬值。货币贬值引发的通货膨胀也使劳动者的购买力下降,这种方式还会剥夺劳动者以货币的方式储蓄的价值。在凯恩斯主义盛行的今天,这种方法被多数资本主义国家所采用。企业主在劳动后才给工人发工资或拖延发工资,由于货币已经贬值,等于劳动力的劳动所得减少。这是一种普遍现象。所以,劳动力创造出高于自身价值的价值——剩余价值——也是普遍现象。

人的认识、继承、积累和创新的能力是不同的,不同劳动能力收入不同。如果有的劳动者把超出生活所需的多余部分变为生产资料,投入生产,这样,货币借助于生产资料占有权,就会变成为剥削其他劳动者的资本。这就是资本主义生产方式以平等的假象得以维持的原因之一,也是特权阶层不断蜕变为资本家的制度性原因之一。如果能力不同,个人获得的生活资料虽然不同,但个人并不把多余的积累货币用于剥削性的生产活动,不利用权力对生产者进行压迫,那么,这种个人的能力就只会起促进社会进步的作用,而不会成为人剥削人、人压迫人的前提。

7. 劳动力把自然力并入自身从而加快劳动过程。虽然自然力、畜力也可以创造价值,但价值始终属于人,自然力、畜力都必须归于劳动力才有意义。古人对这个问题早有认识,荀子说:"水火有气而无生,草木有生而无知,禽兽有知而无义。人有气、有生、有知,亦且有义,故最为天下贵也。"[1]人们利用畜力进行生产,也是对自然力的借用。从牛的使用价值来说,牛可能会创造出超过自身价值的价值,但牛不知道价值是什么,不会利用价值进行生产,不会借助价值发展社会关系。

人对各种自然力、畜力的利用,是建立在科学技术发展基础之上的。在生产资料公有制社会里,人们对一切自然力、畜力的利用,是为了减轻人的劳动量,提高劳动生产率,创造更多的使用价值,为大家所共享。而在私有制社会里,自然力、畜力并入劳动力创造的价值,被生产资料所有者无偿占有,自然力反而加大了权力压迫的力度。

8. 劳动力通过向自然界索取相对减少社会获得性价值。如果人不能通过劳动补偿自身的全部价值,或因创造的剩余价值被人侵占而不能补偿自身被消耗的价值,那么,人就只有像其他动物那样通过向自然界索取,比如吃树皮、草根等以维持自身的生存,以其他物质的自然价值补偿自身的价值,以保持自身的生存和劳动能力。

---

[1]《荀子·王制》。

能够通过劳动创造剩余价值,这是劳动力具有的特殊能力,其他动物不能,其他生产资料更不能。随着劳动积累价值的增多、投入自然资源的增加和科学技术的进步,它的直接后果是机器的改进,劳动力通过自身的功效——劳动,新创造的剩余价值越来越多,再现的积累价值、转移的自然价值也越来越多,于是,人类社会不断地向前发展。

资本主义的发展史也说明了这个问题。在资本主义生产方式建立的早期,资本家利用生产资料占有权,只支付劳动者在劳动期的实效价值,劳动者生存困难。随着生产的发展,劳动者创造的剩余价值增加,特别是在马克思主义诞生后,工人认识到了自己的历史地位和作用,在工人的斗争下,资本家开始对劳动者的全部有效使用期的价值进行补偿,劳动者结合向自然界索取,可以勉强生存。再后来,随着科技进步和生产的进一步发展,劳动者创造的剩余价值、再现的积累价值、利用的自然资源价值进一步增加,不仅超过了劳动力的有效使用期价值,而且超过了劳动力的自然生存期价值。资本家在补偿了劳动者的全部自然价值后,还有钱可赚。此时,马克思主义也日益深入人心,加速了世界文明的进程,在工人的不断斗争中,资本家开始给工人发失业救济金,给工人交纳最低生活保障金,资本主义国家也实行免费教育、免费医疗,给劳动者发退休金,注重发展公益事业等。这时,虽然资本家仍对劳动者进行剥削,但可使劳动者在全部生存期的生活得到保障。将来的社会,必然要进入到马克思所论述的人人互为资本家、没有剥削、公正公平、民主自由的共产主义社会。

人民民主是社会主义的前提条件,也是社会主义的显著特点。在人民民主、生产资料公有的前提下,人们生产的目的是为了实现公共的利益,人们创造的剩余价值也是公共的,个人通过劳动,拿回自己全部劳动力价值的等价,剩余全部用于公益事业。平等、公益、公正、公平、民主和自由是社会主义的题中应有之义。人们在集体中实现自我,在公益中实现着个人利益。

目前的社会处于这样一个转型时期:从劳动者方面来说,要在劳动力使用的黄金期创造出自身一生所需的价值,创造出促进社会发展的剩余价值;从企业主方面来说,需要为劳动者交纳一生的社会平均生活保障价值,并以税金的形式交纳一定的社会公益金。转型完成后的社会,将是一个消灭了私有制和剥削,实现了人人平等、和谐、互为自由发展条件的社会。这样的社会,不仅是人类所希望的,也是合乎社会发展规律的。实现这样的社会是人类共同的责任、目标和任务。

六、劳动力创造剩余价值的计量

脑力劳动与体力劳动是一对连体婴儿,任何体力劳动中都包含有智力成分。但是,现代社会分工的严密性和强制性,致使脑力劳动者与体力劳动者不仅分家,甚至相互对立。有人说,马克思只研究了体力劳动者如何创造价值和剩余价值,并对体力劳动者创造的剩余价值进行了计量,这种说法是不准确的。马克思虽然重点研究了体力劳动如何创造价值和剩余价值,但是,体力劳动者转移、创造和实现的价值,包括脑力劳动者创造的价值和剩余价值,因而马克思是把体力劳动与脑力劳动放在一起进行研究的。下面,我们把体力劳动者和脑力劳动者创造的价值和剩余价值予以分解,分别计量,以便深刻理解马克思的剩余价值理论。

(一)总体工人的劳动力价值及其创造的价值和剩余价值的分解

长期以来,人们对脑力劳动者创造的价值和剩余价值的计量不能取得进展的原因,是人们不知道脑力劳动者创造的价值和剩余价值如何计量。由于科学工作者创造的价值须通过技术工人的劳动转化,技术工人劳动生产率的提高依赖于科学新发现,所以马克思理论中的剩余价值 m,是由科学工作者和技术工作者共同创造的。马克思把科学工作者和技术工人合称为"总体工人"。在第十二章,我们分析了总体工人的劳动力价值,发现了科学工作者的劳动力价值及其创造的剩余价值与技术工人的劳动力价值及其创造的剩余价值的区别。在马克思的理论中,劳动力价值 v 包括两个部分,一部分是科学劳动力价值 v_1,另一部分是技术工人劳动力价值 v_2,$v = v_1 + v_2$。与 v 相对应的剩余价值 m,也应分为两个部分,一部分是科学工作者创造的剩余价值 m_1,另一部分是技术工人创造的剩余价值 m_2,$m = m_1 + m_2$。

(二)技术工人创造的剩余价值 m_2 及其计量

相对于科学工作者,技术工人在现代社会中被看作是体力劳动者。技术工人的劳动力价值,分自然价值和社会获得性价值。自然价值是他的自然生存期价值,获得性价值是他在自然生存期的生活费用、学习培训费用等。如果用 v_2 表示技术工人的劳动力总价值,用 v_2' 表示技术工人的自然生存价值,用 v_2'' 表示技术工人的劳动力社会获得性价值,则 $v_2 = v_2' + v_2''$。

前面所述的关于劳动力创造剩余价值的基本方法,也适用于技术工人的剩余价值创造。关于体力劳动者创造的剩余价值,分不同情况予以计量。

第一,通过加大自身的劳动量付出创造的价值,是技术工人加大劳动量后创造的新价值超过未加大劳动量前创造的价值的部分,适用第十二章的表达式,即 $\Delta Z = Z_0 - Z_1$。

计算技术工人创造的剩余价值,先求出剩余价值率,再求出剩余价值量。用式(Ⅰ)表达:

$$m_2 = v_2 \cdot \frac{\Delta Z}{Z_0} \qquad\qquad (Ⅰ)$$

式中:m_2 为技术工人创造的剩余价值量;v_2 为技术工人的劳动力价值;ΔZ 为技术工人加大劳动量前后的生产使用价值的时间差,即创新价值,也即 Z_0 和 Z_1 的差(Z_0 为加大劳动量前使用价值的生产时间,Z_1 为加大劳动量后使用价值的生产时间)。

上式也可用式(Ⅱ)表达:$m_2 = v_2 \cdot \dfrac{Z_0 - Z_1}{Z_0}$。   (Ⅱ)

例如,技术工人一天生产 8 小时,计 480 分钟。原来生产 1 件产品用时 96 分钟(Z_0),一天可生产 480 分钟÷96 分钟 = 5 件产品。假如资本家给付的日工资与 5 件产品的价值相等,1 件的工资即与 96 分钟相等。由于技术工人使尽全力工作,使生产过程缩短,现在生产 1 个产品用时 80 分钟(Z_1),一天可生产 480 分钟÷80 分钟 = 6 件产品。1 件产品的创新价值 $\Delta Z = Z_0 - Z_1 = 96$ 分钟-80 分钟 = 16 分钟。根据表达式(Ⅰ),则体现于 1 件商品中的技术工人创造的剩余价值 $m_2 = v_2 \cdot \dfrac{\Delta Z}{Z_0} = 96 \times \dfrac{16}{96} = 16$(分钟),1 个工作日创造的剩余价值

$m_2 = 480 \times \dfrac{16}{96} = 80$(分钟)。

如果技术工人通过外能量创造的价值超过自身价值的剩余价值 m_2,则属于科学创造价值的范畴,我们在后面进行讨论。

第二,在价值创造不变的条件下,技术工人通过节约减少自身的价值,或通过向自然界索取降低自身的价值,或企业主不予代缴或克扣劳动力的生存保证金,或资产阶级政府使货币贬值,在劳动力价值降低的情况下创造超过自身价值的价值——剩余价值 m_2,是比较容易理解的。假如劳动力没有创造额外的剩余价值,资本家付给了与技术工人的劳动力价值 v_2 等额的工资,从表面看,资本家没有剥削工人创造的剩余价值。由于技术工人养家糊口、生病或货币贬值等原因致自身生活水平下降,使 v_2' 减少,或因没有接受教育、培训的条件致 v_2'' 减少,导致 v_2 总量减少。这种劳动力自身价值减少的情况,仍然可以产生剩余价值 m_2,所减少的量就是剩余价值量。如果减少的剩余量为 ω,则剩余价值可用式(Ⅲ)表达:

$$m_2 = v_2 - \omega \qquad\qquad (Ⅲ)$$

例如,市场上的技术工人按自身价值 100 元出售给资本家,其中 80 元是自然价值,20 元是社会获得性价值比如学习培训费用。在生产中,假若他的劳动价值刚好等于他的劳动力价值,资本家只是利用他转移前人积累价值和无偿的自然价值以及科学工作者的科研成果价值获利。但由于资本家没有给这位技术工人交纳失业保险金,这位技术工人曾为找工作花费了数天时间,使他的自然价值减少了 10 元。又因家庭负担过重,使他的自身价值减少了 5 元,货币贬值使他的收入购买力下了 2 元,他的自然价值下降为 80-10-5-2 = 63。又因他没有接受学习更多知识的教育和培训的机会,他的社会获得性价值比社

会平均值减少了 8 元,为 20-8＝12。他减少的总量＝10+5+2+8＝25,便作为剩余价值被资本家或资产阶级政府占有了。如果知道他的劳动力价值 v_2 从 100 减少到 63+12＝75,则他生产的剩余价值为 100-(63+12)＝25。

有的资本家专门雇佣有一技之长的技术人才,而这些人才的培训费用已经被社会所承担或为劳动者家庭所承担,如果他们只给技术人才普通工资,则可占有与技术工人自身价值和普通劳动者劳动力价值的差额相等的剩余价值。例如,一个受到较多教育和培训的劳动力价值为 100 元,假设他创造的价值与自己的劳动力价值相等(一般情况下,劳动力都会创造出高于自身价值的价值),而资本家只付给他 80 元的普通员工劳动力价值的等价,则资本家就占有了受过较多教育和培训的劳动力的 20 元的剩余价值。

第三,价值创造条件不变,技术工人在劳动中节约劳动资料创造剩余价值的情况,如同技术工人减少自身价值一样计量。只不过剩余价值的量不是与 $v_2-\omega$ 相等,而是与生产资料节约量相等。如果用 c_E 代表技术工人在生产中对生产资料的节约量,则以式(Ⅳ)表达:

$$m_2 = c_E \qquad\qquad (Ⅳ)$$

第四,技术工人通过劳动,以转移前人积累价值,实现科学工作者的劳动价值,把自然力并入自身以提高劳动生产率等方式创造剩余价值的情况,前面已经多次述及,这里不再赘述。

(三)科学工作者的剩余价值创造

根据马克思的理论,科学劳动是抽象的一般劳动,因而科研成果的价值可以直接用科学工作者的劳动时间来计量。例如,一个科学工作者用 10 年时间研究出一项成果,这项科研成果的价值就是 10 年。但是,由于科研成果是抽象劳动价值,所以科研成果不可以直接被使用,而是必须附着于具体的使用价值,被应用于具体的劳动过程,才可以被转移到新产品中,并通过市场实现。由于在私有制条件下,脑力劳动者与体力劳动者被强制分家,所以,当科研成果不被企业购买,不被应用于具体生产时,科研成果、创造发明就只能存在于科学工作者的头脑中,或存在于书本中。有的科研工作者用了几十年时间研究出的成果被搁置,科研工作者的劳动价值得不到补偿,这对科学工作者是不公平的。

由于科研成果是一般抽象劳动,可以与它所相关联的那个范围的所有具体相结合,具有乘数效应,被多人继承和掌握而被重复利用。在私有制条件下,进行科学研究的人的劳动,可能因此得不到应有的回报,有人也可能因为掌握了别人的科研成果而发财致富,所以人们创立了专利保护制度。如果科研成果超过了专利保护期,则它可被任何人无偿使用,这时,科研成果的价值归属劳动积累价值,归于不变资本。未超过专利保护期的科研成果价值,归于可变资本。一项专利成果的价值与从事这项研究的科学工作者的劳动力时段价值相等,企业主须在市场上付出它的等价予以购买。

科学工作者通过劳动创造价值,也创造剩余价值,其创造剩余价值的原理与体力劳动者的劳动相同。如果科研工作者创造的科研成果的价值超过了科研工作者劳动力的价值,则他就创造了剩余价值。与其他劳动者一样,科学工作者的劳动力总价值,是他的自然生存价值和社会获得性价值之和。例如,一个科学家活了 100 岁,他的自然价值就是100 年。在这 100 年中,他的生活资料费用、学习培训费用等,是社会获得性价值,要加进他的生存价值之中。如果用 v_1 表达科学工作者的劳动力总价值,用 v_1' 表达劳动力的自然价值,用 v_1'' 表达劳动力的社会获得性价值,则 $v_1 = v_1' + v_1''$。

人在生存中所需的阳光、空气、水等,是大自然给予的,是大自然的恩赐,所以,人们把这部分自然价值看成是人人相同的,在计算人的自然价值时,把它通约了。人的生存年限是不同的。假若按社会平均寿命计算劳动力的自然价值,v_1' 是相同的。由于人的生活条件不一样,有的生活条件好些,有的生活条件差些;有的学习培训费用高些,有的低些。所以,每个劳动力的社会获得性价值是不同的。如果一个科学工作者的社会获得性价值的价格是 200 万元,人们就会把 200 万元看作是他的劳动力的总价值,把他的科研成果价值超过其总价值的部分看作是他创造的剩余价值。在商品生产条件下,科研工作者与其他体力劳动者一样,其劳动力总价值可均分成很多相等的时段份额在市场上进行等价交换。

在市场上,按等价交换原则进行的科学工作者劳动力价值的交换,是按两个不同的标准进行的。假如劳动力的自然价值相同,在劳动力总价值一定的情况下,劳动力总价值的年均生存期与年均有效使用期就是两个不相等的量。由于劳动力生存期大于劳动力有效使用期,所以劳动力年均生存期价值小于劳动力年均有效使用期价值。例如,劳动力的总价值为 100 年,社会平均寿命为 80 年,则他的年均生存期价值 = 100 年÷80 年 = 1.25 年。如果社会平均生产期为 40 年,则他的年均期效价值 = 100 年÷40 年 = 2.25 年。因此,科学工作者和购买他们的劳动力的企业之间会进行讨价还价。如果是迫于就业压力,科学工作者会妥协,可能会按照企业主的标准出卖自己的劳动力,按年均劳动力总价值成交;如果是迫于用工短缺的压力,企业主会妥协,可能会按科学工作者的要求,按年均劳动力期效价值成交;或者双方都妥协,按高于劳动力总价值的年均价值和低于劳动力年均期效价值成交。由于劳动力与劳动者身体的不可分割性,所以,在企业主购买了科学工作者的劳动力价值,谈好了付给科学工作者以多少薪金后,科学工作者为企业主工作,进行价值和剩余价值的创造。

1. 企业主占有科学工作者劳动力不同时期的价值差。企业主给科学工作者的年薪可能是科学工作者年均劳动力的总价值,也可能是科学工作者年均劳动力的期效价值。比如,一位科学工作者的寿命是 100 年,但他只有 40 年的有效劳动期。如果他的生活和学习培训费用价值的市场价格为 200 万元,则劳动力的年均价格为 2 万元,而他的 40 年的有效劳动期的价格＝200 万元÷40 年＝5 万元/年。如果科学工作者在可工作的时间里创造出的年均期效价值是 5 万元,而企业主只付给科学工作者 2 万元年薪,则另外的 3 万元就作为剩余价值被企业主占有了。这时,劳动力在成长过程中的价值补偿问题就得不到解决,退休后的生活也没有着落。如果企业主付给科学工作者每年 5 万元的报酬,或者是企业主付给科学工作者 2 万元后,还为科学工作者交纳养老、医疗等保障金,企业主就是按科学工作者的期效价值给予劳动者报酬。如果科学工作者创造的价值超过了 5 万元,但企业主仍按 5 万元给予科学工作者报酬,则超过部分便作为剩余价值被企业主占有了。

2. 企业主将科学工作者的期效价值变为实效价值。前面已经说过,劳动力的有效使用期即期效价值与实效价值是不同的,科学工作者也不例外。如果一个科学工作者的劳动力有效使用期为 40 年,每周工作 5 天,每天工作 8 小时,每天平均实效价值为 $5\frac{5}{7}$ 小时,每月为 $7\frac{1}{7}$ 天,每年为 $81\frac{19}{21}$ 天,40 年为 $8\frac{1496}{1533}$ 年。在市场上,如果企业主和科学工作者所商定的每小时的酬金一定,但科学工作者要按每天 24 小时的生存价值即按期效价值出卖自己的劳动力,而企业主只按 8 小时的实效价值购买,则二者商讨的实际上就是剩余价值问题。例如,企业主每小时付给科学工作者的酬金是 10 元,科学工作者要按 24 小时出卖自己的劳动力,每天就是 240 元——他不可能是漫天要价,而是根据自己的能力对自己科研工作的估价。企业主只按每天实际劳动 8 小时付给科学工作者报酬,每天只给 80 元。实际上 160 元的差就是企业主企图得到的剩余价值。而这仅仅是在市场上交换时的一种情况。在实际工作中,企业主为了获取更多的剩余价值,利用劳动力与劳动者不可分割的特性,在劳动中企图把科学工作者的劳动力期效价值全部变为实效时间。

马克思认为,当劳动不再是谋生的手段,而成为生活的第一需要时,也就是说,从事科学研究工作,不是迫于生活的压力,而是出于兴趣和责任时,人类社会就发展到了共产主义社会。这是至理名言。新中国成立后,有很多科学家不是为了自己发财而进行科技攻关,原因是他们心中有对人民造福的沉甸甸的责任。

3. 企业主利用科研成果的乘数效应获得更多的剩余价值。企业主可以利用科研成果的乘数效应获得更多的剩余价值,这种企业主以科学工作者的劳动为基础的占有,实际上是占有了总体工人创造的剩余价值。这种情况,不仅是资产阶级经济学家为资本家剥削辩护的主要理由之一,也是导致某些人轻视体力劳动者的重要原因之一。

4. 企业主利用积累的劳动获得剩余价值。前人积累的价值属于公众所有,是一种公共资源,科学工作者用他们的劳动使之有了再现的可能,技术工人的劳动使之真实再现,表现为劳动生产率提高,创造出更多的使用价值,实现更多的价值和剩余价值。如果企主利用科研成果获得了不菲的前人积累的劳动价值,因此给予科学工作者以维持或超过整个生存期的价值,则企业主就是利用了科学工作者创造的价值,占有了技术工人转移的积累价值。如果企业主给予技术工人的报酬不足以补偿劳动价值,则他们不仅占有了技术工人转移的积累价值,也剥削了技术工人创造的剩余价值。

资本家的劳动,起了整合生产要素的作用,他们的劳动也应得到报酬,但只能是得到与他们付出的劳动量相等的报酬。如果因他们整合了一下劳动要素就可以占有全部的前人积累价值和科技工作者创造的剩余价值,显然是不合理的。这也是资本家离间科学工作者和技术工人的手段之一,也是资产阶级经济学家为资本家剥削辩护的理由之一。

有的科学工作者的研究虽然获得了可实际应用的成果,例如有人进行基础理论研究,对人类社会发展的影响很大,但限于条件,人们当时没有认识到它的意义,后来才被人们所认识并加以利用,这样的科研成果价值归于前人积累价值。如果这种情况是发生于科学工作者被企业主雇佣的时期,则归于资本家的投入得不到回报;如果这种情况发生于科学工作者自己投入经费进行研究,则科学工作者付出了代价而没有得到补偿,这是资本主义私有制的弊病之一。比如,被誉为美国理论科学第一人的吉布斯,一生过着清贫的生活,他的热力学论文在生前并没有引起人们的重视,人们认为他的研究没有实用价值,直到他逝世近50年后,他的理论才被人们认同,才被应用于实际。他所创造的价值被后人视为积累价值,他的科研成果的乘数效应也为现实社会创造了巨大的价值。

5. 企业主无偿享用科研成果。科学工作者以及科技发明家的培养培训等费用,技术工人的培养培训费用均由国家负担,国家用全体人民所缴纳的税金支付科研费用,但科学工作者的科研成果则由企业主享用,这是现代资本主义企业主发财致富的重要途径之一。对于广大纳税人来说,这是不合理也是不公平的。一切自然资源和一切公共积累,包括科研成果的公共享用,只有在实现了以公有制为主体的社会主义国家才是积极的。

6. 企业主利用劳动力价值地区间的不平衡获得高额利润。不同国家和地区的劳动力社会平均价值是不同的。与体力劳动者一样,科学工作者的劳动力价值也参加社会平均价值。如果企业主在科技劳动力社会平均价值低的国家和地区建工厂并招聘科学工作者,生产出的商品销往科技劳动力平均价值高的国家和地区,则企业主可获得更多的利润,这些利润是科学工作者和技术工人创造的剩余价值转化的。

在私有制条件下,占有劳动力创造的剩余价值,是货币依附于权力而形成的资本的天性。以资本为生存条件的资产阶级占有剩余价值进行剥削,动用的是私有权基础上的社会权力。在劳动者掌握了属于自己的生产资料即实现了生产资料公有制的地方,无论是科学工作者和技术工人,都把自己所创造的剩余价值交给了社会,每个人的自由发展都是他人自由发展的条件。

（四）科学工作者创造的剩余价值 m_1 的计量

计量科学工作者创造的剩余价值，一是用单项计量法计量单个科学工作者创造的剩余价值。用科学工作者个人创造的科研成果的价值减去他的劳动力价值的差，即为他所创造的剩余价值。如果科学工作者的劳动力价值比科研成果的价值少，则科学工作者就是为资本家创造了剩余价值；如果科学工作者的花费大于科研成果的价值，则资本家就赔了钱。二是用总体计量法计量包括科学工作者和体力劳动者相结合的"总体工人"创造的剩余价值。即使科学工作者的研究费用多于科研成果的价值，形成负价值，资本家还是可以通过科学成果的乘数效应，在生产中，让更多的生产工人掌握某项科研成果，利用众多的掌握了科研新成果的工人进行生产，创造出更多的剩余价值归私人所有。三是用产品计量法计量科学工作者创造的剩余价值。科研成果的存在状态虽然是抽象的，但把它应用于实际生产后，通过体力劳动者的劳动，科研成果便从抽象状态转化为物质状态。在转变过程中，科研成果的价值以使产品在生产过程中形成的时间缩短或在消费过程中使用的时间延长的形式表现出来。当因科研成果的使用使劳动效率增加，体现于产品中的科学劳动价值实现量超过科学劳动力价值本身时，超出的部分就是科学工作者创造的剩余价值。科学工作者创造的价值和剩余价值，如果超过专利期，都可以作为前人的劳动积累价值沉淀下来。在资本主义社会，这些积累价值可以为资本家的剥削创造条件。在社会主义社会，这些积累价值可以为公益事业的扩张创造条件。

由于科学工作者的科研成果是在前人劳动的基础上进行的，所以，用以上的方法计量的剩余价值量是相对的。具体的方法有以下几种：

1. 采用专利前后产品形成的时间差计量 m_1。企业主通过市场购买科学工作者的发明专利，在工厂生产中，利用科研成果可被无限重复利用的特性和乘数效应，通过技术工人的劳动生产更多的产品，使专利的等价被更多的产品所分摊；或利用科研新成果提高劳动生产率，使单位产品的价值降至社会必要劳动时间以下，通过市场实现更多的价值。在同等条件下，采用专利前产品形成的时间与采用专利后产品形成的时间的差，便是科学工作者创造的剩余价值 m_1。这种情况可用式（Ⅰ）表达：

$$m_1 = (X_0 - X_1) - m' \cdot v_2 \qquad\qquad (Ⅰ)$$

式中：m_1 为科学工作者创造的剩余价值，X_0 为原生产过程，X_1 为劳动生产率提高后的生产过程，m' 为剩余价值率，v_2 为技术工人的劳动力价值。

例如，没有采用专利前生产每个产品的时间是 12 分钟，采用专利后生产每个产品的时间为 4 分钟，每个产品的生产时间缩短了 8 分钟，缩短的 8 分钟价值是由科学工作者和技术工人共同创造的剩余价值。假若资本家付出的技术工人劳动力 v_2 的等价为 3 分钟，假定剩余价值率是 100%，那么，由 v_2 创造的剩余价值 m_2 也是 3 分钟。科学工作者创造

的剩余价值 $m_1 = 8 - 3 = 5$ 分钟。假若资本家没有让生产工人加班加点延长劳动时间,也没有强迫生产工人增加劳动强度,即生产工人没有创造狭义的剩余价值,则科学工作者的劳动创造的剩余价值 m_1 就是新产品与没有采用专利技术前的产品相比较缩短的 8 分钟。

2. 通过产品所含专利量计算科学工作者创造的剩余价值 m_1。由于科学工作者研究一项新成果花费的时间是一定的,即它的价值量一定,因此,我们还可以通过计算每一件产品中所含的专利成果价值量来计算科学工作者创造的剩余价值量。设科研新成果的专利价值为 Y,Y 的量是一定的。科研新成果所致的生产率越高,产品数量就越多,产品中所含的专利价值量 Y 就越少,剩余价值量就越多。例如,技术工人利用科研新成果进行生产,单位产品的生产时间是一定的,假若生产的总产品为 1 个,则这个产品所含的专利价值与 Y 相等,我们可用 Y_1 来表示。如果生产的总产品为 2 个,则每个产品所含的专利价值为 $0.5Y$,用 Y_2 来表示。如果生产的总产品为 3 个,则每个产品中所含的专利价值为 $\frac{1}{3}Y$,用 Y_3 来表示……如果生产的总产品为 n 个,则每个产品中所含的专利价值为 $\frac{1}{n}Y$,用 Y_n 来表示。由于单位产品的生产时间一定,因而每一单位产品中所含的专利价值将随产品数量的增加而减少,资本家获得的相对剩余价值量会随产品数量的增多而增加。这种趋势可用式(Ⅱ)表达:

$$m_1 = \Delta Y_n = Y_1 - Y_n (n = 1, 2, 3, \cdots) \qquad (Ⅱ)$$

式中:ΔY_n 是单位产品中所含的科学工作者创造的剩余价值 m_1;Y_1 为生产 1 个产品时,产品中所含科研专利的价值;Y_n 为生产 n 个产品时,单位产品中所含科研专利的价值。

从上式可以看出,专利的购买者或专利的拥有者可随产品的增多而获取更多的剩余价值。

例如,某企业主花费 10 万元购买了一项科技专利,并把这项科技专利应用于生产。如果企业生产 1 个产品,这个产品所含的专利价值就是 10 万元;生产 2 个产品,则每个产品所含的专利价值是 $\frac{1}{2} \times 10$ 万元 = 5 万元;生产 3 个产品,每个产品所含的专利价值是 $\frac{1}{3} \times 10$ 万元 = $3\frac{1}{3}$ 万元;生产 4 个产品,每个产品所含的专利价值是 $\frac{1}{4} \times 10$ 万元 = 2.5 万元;生产 5 个产品,每个产品所含的专利价值是 $\frac{1}{5} \times 10$ 万元 = 2 万元……生产 5000 个产品,每个产品所含的专利价值为 $\frac{1}{5000} \times 10$ 万元 = 20 元。

如果把企业生产 5000 个产品开始赢利作为起点,假若企业只生产 1 个产品,企业主会损失 100000 元 - 20 元 = 99980 元。企业主只有从第 5000 个产品开始,每增加 1 个产品,才会获得利润,这些利润就是科学工作者创造的剩余价值转化而成的。

如果从企业主获得利润即从生产第 5000 个产品开始计量科学工作者创造的剩余价值 m_1,假定每个产品的售价为 100 元,其中企业主投入的机器、厂房、原材料等其他成本为 80 元,专利的成本就为 20 元,即 $Y_1 = 20$ 元。Y_n 为生产的数量不同的产品的专利价值。比如生产 10000 个产品,每个产品的专利成本是 10 元,即 $Y_n = 10$ 元。这时,科学工作者创造的剩余价值 $m_1 = \Delta Y_n = Y_1 - Y_n = 20 - 10$ 元 $= 10$ 元。如果生产 10 万个产品,则每个产品所含的专利价值 $= 1$ 元,$\Delta Y_n = 20$ 元 $- 1$ 元 $= 19$ 元。如果生产 100 万个产品,则每个产品中所含的专利价值 $= 0.1$ 元,科学工作者创造的剩余价值 $m_1 = \Delta Y_n = 20$ 元 $- 0.1$ 元 $= 19.9$ 元。生产的产品数量越多,产品所含的专利价值越少,实现的剩余价值越多。

3. 通过提高劳动生产率计算专利价值补偿量和剩余价值量。由于采用专利后劳动过程缩短,劳动生产率提高,计算科学工作者创造的剩余价值,可用式(Ⅲ)表达:

$$m_1 = U - \frac{N_0}{N_1} \cdot U \qquad\qquad (Ⅲ)$$

式中:m_1 为科学工作者创造的剩余价值,U 为科研成果的价值,N_0 为单位时间内原生产的产品数,N_1 为单位时间内新生产的产品数。

例如,假定一个科学工作者是自由劳动者,他对一项科学成果的研究用时 100 天,每天为 24 小时,共计 2400 小时,科研成果的价值 $U = 2400$ 小时,企业主需付出 2400 小时的等价价值购买这项科研新成果专利。如果企业在采用科研新成果前每小时生产 5 个产品,$N_0 = 5$。在采用科研成果后,生产条件没有改变,如果每小时可生产 15 个产品,$N_1 = 15$,劳动生产率提高,现在的生产需要的时间 $= \frac{N_0}{N_1} \cdot U = \frac{5}{15} \times 2400$ 小时 $= 800$ 小时,相对节省了 $U - \frac{N_0}{N_1} \cdot U = 2400$ 小时 $- 800$ 小时 $= 1600$ 小时,1600 小时便是科学工作者创造的剩余价值 m_1。

在未采用科研成果前,生产的产品与专利价值等价的产品数量是一定的。采用科研成果后,劳动生产率提高,生产的产品比专利价值等价的产品数量增加。用新生产的产品总数量减去原来的产品总数量,除以劳动生产率提高后的单位产品数,即为科学工作者创造的剩余价值 m_1。这种情况,可用式(Ⅳ)表达:

$$m_1 = \frac{N_1 U - N_0 U}{N_1} \qquad\qquad (Ⅳ)$$

比如,要补偿 2400 小时的等价,需生产 $N_0 U = 5$ 个/小时 $\times 2400$ 小时 $= 12000$ 个产品。在采用科研成果后,劳动生产率提高,在 2400 小时内,可生产出 $N_1 U = 15$ 个/小时 $\times 2400$ 小

时 = 36000 个产品,科学工作者创造的剩余价值 $m_1 = \dfrac{N_1U - N_0U}{N_1} = \dfrac{15 \times 2400 - 5 \times 2400}{15} = 1600$ 小时。

在市场上,与任何商品的价值实现一样,专利价值的实现也由社会必要劳动时间决定。因此,如果企业主购买了高于社会必要劳动时间的专利价值,则其价值不能全部实现,企业主可能会亏本;反之,企业主将会实现更多的利润。

4. 科学工作者的劳动价值超过预付的劳动价值。企业主如果不是购买专利而是像雇佣技术工人一样,每月付给科学家工资,让科学工作者为其工作。在雇佣期内,如果采用科学工作者的科研新成果生产的产品价值,减去不变资本价值、技术工人的劳动力价值和技术工人所创造的剩余价值 m_2,其余的超过科学工作者报酬的部分,就是科学工作者所创造的剩余价值 m_1。这种情况可根据第十二章商品价值表达式 $W = (c_1 + c_2) + (v_1 + m_1) + (v_2 + m_2)$ 计量,用式(V)表达:

$$m_2 = W - (c_1 + c_2 + v_1 + m_1 + v_2) \qquad\qquad (V)$$

(五)企业主对公共资源的占有和剥削

随着生产自动化的发展,资本家对劳动者的剥削方式改变。本章关于企业主占有技术工人和科学工作者创造剩余价值的论述,说明了资本主义剥削的现实性。因此,在这里只简略说明经济学界对剥削的几种观点,简要总结一下关于现代剥削的特征。

1. 现代学者关于剥削的主要观点。(1)关于剥削的概念。有人认为,剥削有广义和狭义之分,广义的剥削指一切损人利己的行为,狭义的剥削仅指利用经济手段获取别人无酬劳动的行为。美国经济学家萨缪尔森认为,剥削的概念来源于马克思的劳动价值论,是一个劳动者对产出量的贡献和他的工资之间的差额。(2)关于剥削的条件。有人认为,剥削以生产力发展的一定阶段为条件,以生产资料私有制为基础,是私有者利用生产资料所有权占有劳动者剩余价值产品的一种关系。有人认为,剥削与私有制没有必然的联系,在公有制社会也存在利用权力的剥削。有人认为,符合法律规定的收入不存在剥削。(3)关于剥削的作用。有人认为,剥削是一种丑恶现象,共产党必须担负起消灭剥削的历史责任。美国经济学家罗默认为,剥削是与激励相互联系、相互作用的,消灭了剥削,也就可能消灭了某种生产要素中的激励因素和生产活力。我国学者也有人持与之相同的观点。(4)关于剥削的存在是否有其合理性问题。有人认为,剥削具有历史的正当性,也具有长期现实普遍性。有人认为,剥削问题与马克思主义的理论基础密切相关,消灭剥削是社会主义的本质,同时也代表着人类发展的目标。对剥削的研究不能模糊这一目标。(5)关于剥削与阶级。有人认为,有剥削行为的人,并不一定属于剥削阶级成员,应遵从马克思划分阶级的标准:剥削阶级是凭借生产资料所有权占有劳动者无酬劳动的集团。

有人认为,不能分离政治斗争和阶级斗争。马克思曾说过,一切阶级斗争都是政治斗争。在现实生活中,掌握政权的阶级可以用非经济手段剥削被统治阶级的财产,个人权力也可以化为私人财富。

2. 现代剥削的主要特征。现代剥削的特征主要从依靠延长劳动时间、增加劳动强度的剥削转变为依靠科学技术的剥削,也就是从通过强化劳动者的劳动占有自然价值到通过科学技术工作者的劳动占有前人积累的公共价值;通过货币贬值、通货膨胀等方法使劳动者收入相对减少;通过增加潜在劳动力成长的家庭负担获得超过社会平均劳动力价值的超额价值;通过全民负担性公益事业减少生产性成本支出等方法获得更多的剩余价值,从而使这种剥削更具隐蔽性,同时,使资产阶级经济学家为资本主义辩护更具欺骗性。现阶段,企业主对劳动力剥削方式的改变,除了政治因素和文化因素外,与企业主占用公共自然资源与公共积累资源、利用科研成果的乘数效应有很大关系。

在现实中,企业主利用科研成果须经技术工人的劳动才能转化为现实的价值和使用价值的特性,占有脑力劳动者和体力劳动者创造的剩余价值 m_1 和 m_2。

如果企业主没有让技术工人加班加点,只通过技术工人的劳动占有了作为公共资源的人类几十万年的劳动积累价值,占有了自然公共资源的价值,通过科研成果的乘数效应占有了科学工作者创造的剩余价值,对技术工人进行的现实剥削度减轻,对科学工作者也给予高报酬,那么,企业主会因此得到为维护资本主义剥削的辩护人的赞誉,从而使他们的说词更具欺骗性。

如果少数科技工作者因为创造发明了某项专利技术而不断地收取专利费,并把这些专利费用于扩大再生产,在再生产中剥削工人,并雇佣其他科学家为其研究新的可以发财的成果,这样的科技工作者就成为新的资本家。新中国的科学家们,为了中国人民和整个人类的幸福,无私奉献了自己的研究成果,这种精神与日月同辉,是人类永远的需要。

如果企业主利用科学技术制造出先进机器进行生产,并没有让工人加班加点,没有减少职工工资和职工福利,只获得积累价值的情况,会给人以假象,似乎剩余价值是由先进的机器设备创造的。这是有些经济学家产生自动化机器创造价值和剩余价值的错误认识的根源之一。

如果企业主利用自动化机器排挤体力劳动者,因此获得巨额利润,他们就是利用科学工作者的劳动,获得并占有前人积累的巨大价值,置广大劳动群众于死地,利用"死人"吃活人。

如果企业主没有让科学工作者加班加点,并给予科学工作者以足够的福利,只让技术工人加班加点,利用科学工作者创造的科研成果获得利润,则资本家未占有科学工作者的剩余价值 m_1,只占有和剥削了技术工人创造的剩余价值 m_2。

如果企业主购买了未超过专利保护期的科研新成果进行生产,没有强迫技术工人加班加点,则资本家就只剥削了科学工作者创造的在每个产品中以 ΔY_n 形式存在的剩余价值 m_1。

如果企业主既采用了科学新成果,又强迫工人加班加点,则资本家既剥削了科学工作者创造的剩余价值 m_1,又剥削了技术工人创造的剩余价值 m_2。

剥削在历史上曾经有其正当性,但随着人类生产力的发展,公共的自然资源和积累资源将会越来越多地被社会所占有,科研成果的乘数效应越来越被用于为人民所需的财富创造,剥削和私有制越来越失去了正当性,必将逐步被消灭。科学工作者和技术工人的协作将更加紧密,从而产生新的劳动方式,同时也改变着人们之间的关系,社会主义的劳动方式将越来越普遍化,科学工作者与技术工人分工协作创造价值和使用价值的劳动方式将随社会的发展而发展,一切为私有制剥削的辩护,都是徒劳的。

在现阶段,根据现实情况,我们对剥削加以限制而不是消灭,是对马克思主义的灵活运用,但不能因此否定马克思主义劳动价值论。无论是公共的自然资源,还是公共的积累价值,都必须归全民所有,必须为全体人民的福祉服务,决不能为少数人所垄断,不能成为少数人奴役多数劳动者的工具。社会主义为科学工作者与生产工人的结合劳动提供了平台,为人人既能动脑进行科学发明,又能动手进行具体操作的全面发展提供了平台,为消除体力劳动和脑力劳动的强制性分工提供了平台,也为消灭剥削提供了平台。我们所处的阶段,是一个脑力劳动者与体力劳动者联合起来共同创造、共同富裕、为实现人类共同的幸福而共同奋斗的共享共建的新时代。习近平新时代中国特色社会主义思想是这个时代的理论总结,为我们学习和运用马克思主义解决社会主义发展问题指明了方向。

第十四章　价值转形与等价交换

——兼驳均衡价值论

经济学界将价值转化为价格称为价值转形。马克思在《资本论》第一卷论述了商品的价值量由社会必要劳动时间决定,同一商品的价值是一定的,人们在市场上遵从价值规律按相同的价值量进行交换。但是,为什么有相同价值的商品在市场上却有不同的价格?马克思在《资本论》第三卷回答了这个问题:商品价值转化为生产价格,因供求的原因,市场价格围绕生产价格上下波动。马克思主义劳动价值论自诞生以来,资产阶级经济学家企图利用价值转形问题否定马克思主义劳动价值论,赞同马克思主义劳动价值论的经济学家对他们的诘难进行了反驳,双方争论激烈。正如有的经济学家所说:"劳动价值论是马克思主义经济学的基石。价值转形的理论基础是劳动价值论,如果否定了价值转形,也就否定了劳动价值论,进而也就否定了整个马克思主义经济学体系。"[1]"非马克思主义经济学往往通过批评马克思的转形理论,有的甚至直接用价格取代价值,进而取消了转形问题,来攻击马克思经济学体系。"[2]因此,关于价值转形问题的探讨意义重大。

一、经济学家对马克思价值转形理论的质疑

经济学家对马克思价值转形理论的争论,主要集中在以下四个方面:

（一）价值规律是否虚构,有无普遍性和现实性

由于商品按相同的价值量进行等价交换的价值规律发生作用的方式不是显性的,只能以抽象力来把握,所以,有的经济学家便认为价值规律不存在,商品交换不一定要按等价原则进行。1895 年 3 月 1 日,德国马克思主义经济学家施米特致信恩格斯,认为价值规

---

[1]程恩富、汪桂进、朱奎著:《劳动创造价值的规范与实证研究——新的活劳动价值一元论》,上海:上海财经大学出版社,2005 年,第 302 页。

[2]程恩富、汪桂进、朱奎著:《劳动创造价值的规范与实证研究——新的活劳动价值一元论》,上海:上海财经大学出版社,2005 年,第 303 页。

律是一种虚构。恩格斯曾针对这种说法指出:"价值规律对于资本主义生产来说远比单纯的假说,——更不用说比虚构,即使是必要的虚构,——具有更重大得多、更确定得多的意义。"[1]100多年后,我国仍有经济学家认为,马克思没有说明价值规律在历史上的直接现实性,价值规律只适用于简单商品生产时期,不适用于资本主义商品生产,更不适用于社会主义商品经济。即使如此,也是有条件的,即假定劳动以外的其他要素不索取代价。

经济学家之所以会产生价值规律无现实性的看法,一是他们不了解价值规律作用的范围。马克思曾指出,价值规律所影响的不是个别商品或物品,而是各个特殊的因分工而互相独立的社会生产领域的总产品。二是他们不了解价值规律作用的形式。马克思说:"总的说来,在整个资本主义生产中,一般规律作为一种占统治地位的趋势,始终只是以一种极其错综复杂和近似的方式,作为从不断波动中得出的,但永远不能确定的平均数来发生作用。"[2]三是他们直接把从现实中的抽象概念当成现实本身。恩格斯于1895年3月12日回信施米特说:"您对价值规律的责难,从现实的观点来看,涉及一切概念。思维和存在的同一性(用黑格尔的话来说)完全符合于您举的圆和多边形的例子。换句话说,这两者,即一个事物的概念和它的现实,就像两条渐近线一样,一齐向前延伸,彼此不断接近,但是永远不会相交。两者的这种差别正好是这样一种差别,由于这种差别,概念并不无条件地直接就是现实,而现实也不直接就是它自己的概念。由于概念有概念的基本特性,就是说,它不是直接地、明显地符合于它得以抽象出来的现实,因此,毕竟不能把它和虚构相提并论,除非您因为现实同一切思维成果的符合仅仅是非常间接的,而且也只是渐近线似的接近,就说这些思维成果都是虚构。"[3]"一般利润率的情况不就是这样吗? 它在任何时候都只是近似的存在着。如果一般利润率某个时候在两个企业中分毫不差地实现了,如果这两个企业在某一年内获得完全相同的利润率,那么这是纯粹的偶然性,实际上,利润率是根据各个企业、各个年度的各种不同情况而变化的,一般利润率只是作为许多企业和许多年度的平均数而存在。但是,如果我们想要求利润率(比如说是14.876934……)在每一个企业和每一个年度直到第一百位小数都完全一样,不然就把它贬为虚构,那我们就严重地误解了利润率和一般经济规律的本质。它们全都没有其他任何的现实性,而只是一种近似值,一种趋势,一种平均数,但不是直接的现实。其所以如此,部分地是由于它们所起的作用被其他规律同时起的作用打乱了,而部分地也是由于它们作为概念的特性。"[4]恩格斯举例说,工资规律、现实的超额利润和现实的地租、剩余价值通过利润率分配等情况都是如此。"概念和现象的统一是一个本质上无止境的过程,

---

[1]中共中央马克思恩格斯列宁斯大林著作编译局译:《资本论》第三卷,北京:人民出版社,2004年,第1013页。
[2]中共中央马克思恩格斯列宁斯大林著作编译局译:《资本论》第三卷,北京:人民出版社,2004年,第181页。
[3]《马克思恩格斯选集》第四卷,第3版,北京:人民出版社,2012年,第666页。
[4]《马克思恩格斯选集》第四卷,第3版,北京:人民出版社,2012年,第666页。

这种统一无论在这个场合还是在其他一切场合都是如此。"[1]四是他们用供求价值论和主观效用价值论的错误观点看待商品价格。

(二)马克思的价值理论与价格理论是否矛盾

1896年,奥地利经济学家庞巴维克发表《马克思体系的终结》一文,攻击马克思在《资本论》第一卷中商品交换是以价值为基础,但在第三卷中却说商品在市场上交换以价格为基础,价格与价值又不一致,所以马克思的《资本论》第一卷和第三卷是相互矛盾的,马克思主义劳动价值论难以成立。1904年,德国马克思主义经济学家希法亭针对庞巴维克的非难予以了反驳。希法亭认为,马克思先论述商品的价值,再论述价值如何转化为价格,这是合乎逻辑的,没有什么矛盾的地方。[2]

不少经济学家认为,如果从科学研究的一般过程来考察,马克思先论述商品价值的一般理论,再论述商品价值的具体表现形式,符合任何一门科学的逻辑,是完全正确的。马克思是从最基本、最重要的社会总量生产的角度,从价格一般的角度对价值如何转化为价格进行说明的。马克思通过层层剥茧式的分析,揭示出资产阶级整体是如何剥削活劳动的。正像人们只看到了一个个人的活体生命而看不到人体的血液循环,只看到了人在吃东西而不知道人的消化吸收一样,通常人们看到的是资本家通过市场买卖,通过市场价格获取利润,认为资本家是通过贱买贵卖发财的,而对利润的来源不清楚,不知道剩余价值转化为平均利润,再转化为生产价格,所以也就认不清资本主义的剥削。马克思说:"这个利润究竟在多大程度上由总资本,即由他的全体资本家同伙对劳动的总剥削产生,——这对他来说完全是一个秘密,因为连资产阶级的理论家、政治经济学家,直到现在也没有揭露这个秘密。"[3]因为他们总认为"节省劳动——不仅节省生产某种产品所必要的劳动,而且也节省所雇佣的工人人数——和更多地使用死劳动(不变资本),都表现为经济上完全合理的行为,看来决不会损害一般利润率和平均利润。既然生产上所必要的劳动的量减少,看来不仅不会损害利润,而且在某些情况下反而会表现为增加利润的直接源泉,至少对单个资本家来说是这样,那么,活劳动又怎么能是利润的唯一源泉呢?"[4]马克思如果不解决剩余价值如何转化为平均利润从而转化为生产价格的问题,他的理论就很难说服人,也不会成为科学。由于《资本论》没有写完,所以从生产价格到市场价格之间应该还有发展空间。

---

[1]《马克思恩格斯选集》第四卷,第3版,北京:人民出版社,2012年,第668页。

[2]参阅吴易风主编:《马克思主义经济学与西方经济学比较研究》第3卷,北京:中国人民大学出版社,2009年,第1165页。

[3]中共中央马克思恩格斯列宁斯大林著作编译局译:《资本论》第三卷,北京:人民出版社,2004年,第190页。

[4]中共中央马克思恩格斯列宁斯大林著作编译局译:《资本论》第三卷,北京:人民出版社,2004年,第190-191页。

（三）商品价值转形后总价值与总价格、总剩余价值与总利润是否同时相等

这个问题涉及马克思关于价值转形后，商品的价值可否计算清楚和价值转形是否有实际意义。如果价值转形没有实际意义，则马克思主义劳动价值论就是多余的。马克思说过如下一段话："我们原先假定，一个商品的成本价格，等于该商品生产中所消费的各种商品的价值。但一个商品的生产价格，对它的买者来说，就是它的成本价格，因而可以作为成本价格加入另一个商品的价格形成。因为生产价格可以偏离商品的价值，所以，一个商品包含另一个商品的这个生产价格在内的成本价格，也可以高于或低于它的总价值中由加到它里面的生产资料的价值构成的部分。必须记住成本价格这个修正了的意义，因此，必须记住，如果在一个特殊生产部门把商品的成本价格看作和该商品生产中所消费的生产资料的价值相等，那就总可能有误差。对我们现在的研究来说，这一点没有进一步考察的必要。"[1]例如，当资本家从市场上购买生产资料时，由于本次购买的生产资料中已经包含了前一个生产过程的利润，所以本次的不变资本价值 c 需要加上前一个生产过程的利润 p，本次不变资本的价值不是 c，而是 c+p。在市场上购买的可变资本价值也如此。因为可变资本劳动力价值由劳动力消费的生活资料所构成，当生活资料中包含有上一个生产过程的利润 p 时，劳动力的价值 v 也会以劳动力的生产价格为基础，即以 v+p 加入本次生产过程。每一个产业部门的利润都会加入另一个产业部门的生产价格，前一生产过程的价值 c+v 与本次生产过程的价值(c+p)+(v+p)是不相等的。

资产阶级经济学家认为，如果以此来进行商品交换，就违反了价值规律。如果用商品生产商品，作为原料的商品价值与生产出来的商品价值永远都处于一种不相等的状态，马克思无法计算清楚这个问题。20 世纪初，有经济学家企图用纯数学描述来否定马克思的价值转形理论。1907 年，德国经济学家博特凯维茨用数学的方法计算出马克思关于商品价值在转形后的两个等式即总价值等于总价格、总剩余价值等于总利润不能同时成立。1971 年，美国经济学家萨缪尔森用投入产出的数学模型推算出价值体系与价格体系是两个互不相容的体系，他讽刺马克思："如果你解开代数的迷惘并开始明白将是发生什么事情，你就会发现，转形的步骤恰恰是这样的方式：你的眼睛注视着两个可以互换的而又不相协调的系统，写下其中的一个。现在，你要开始进行转形了，你就用橡皮擦子把它擦掉，然后再填写另一个。再没有了！你已经完成了你的转形的工作步骤。用这样一种方法，人们可以从燃素'转化'为熵，从托勒密'转化'为哥白尼，从牛顿'转化'为爱因斯坦，从《创世纪》'转化'为达尔文，而且，倒过来，再从熵'转化'为燃素，等等。"[2]萨缪尔森不

---

[1]中共中央马克思恩格斯列宁斯大林著作编译局译：《资本论》第三卷，北京：人民出版社，2004 年，第 184-185 页。

[2]吴易风主编：《马克思主义经济学与西方经济学比较研究》第 3 卷，北京：中国人民大学出版社，2009 年，第 1182 页。

仅认为价值与价格两个体系不相容,而且还认为马克思没有说明转形的步骤。他计算的结果是,两个等式只有在特殊情况下才成立。但是,如果以价格计算价值,也就是逆转形,两个等式是成立的。因而萨缪尔森说,只要从价格出发就可得出剥削与否的结论,马克思的劳动价值论完全是多余的。

关于后一生产过程使用前一生产过程的商品作为生产资料的问题,英国经济学家皮尔·斯拉法将之归结为"用商品生产商品"。1960 年,斯拉法出版了《用商品生产商品》一书,企图解答用商品作为生产资料进行循环生产的问题,但他的研究是从实物量关系开始的,即是从使用价值的比例关系开始的。正如丁堡骏教授所说:"斯拉法本末倒置,他不是从价值分析出发,研究社会再生产的比例关系,而是相反,他从社会再生产的比例关系出发,反推价值关系。"[1] 丁堡骏教授还指出:"包括萨缪尔森这样资产阶级经济学的头面人物,他对马克思劳动价值论的批判也是一直以实物量关系分析为依据的。"[2] 这也难怪,资产阶级经济学家多信奉边际效用价值论,而各种效用价值论都是以使用价值为依据的,即以实物为依据。任何使用价值的交换都以其中所蕴含的同一的价值为量度的依据,价值是什么、由什么决定、价值交换遵循什么原则,才是政治经济学的最基本、最核心的问题。如果对价值的基本问题不理解,就不可能有正确的计算。之所以有些反马克思主义的经济学家还能成为人物,是由于他们反对马克思。他们中有些务实的人,也会依据价格进行计算解决一些实际问题,虽然他们不知道价格是价值的外在表现形式,就像人们虽然不知道重量是由地球引力所致,还能发明秤来正确比较各种物体的重量一样。但如果因此而否定马克思的劳动价值论,就使得他们从取得了某些成绩而极端的自尊变为狂妄和庸俗了。

英国经济学家斯蒂德曼根据 1960 年斯拉法出版的《用商品生产商品》一书中的方法研究马克思,也认为马克思的劳动价值论多余。我国也有学者赞同他们的观点。他们认为,总价格和总利润是现实的、具体的、可以确定的量,而总剩余价值和总利润却是抽象概念,不能从绝对数量上加以确定和衡量,因而怀疑两个等式本身没有合理性和现实性,更不用说证明它们的真实性了。

考察认为两个等式不能同时成立的经济学家的观点,我们发现,一是他们不能正确理解价值的本质。如果不懂得虽然使用价值是价值的物质承担者,但作为不同使用价值的一般性、同一性,价值可以独立计算,因而即使像斯拉法、萨缪尔森这样的人物,也极有可能在价值基础理论研究方面出丑。如果像有的经济学家那样认为商品的价值是主体和客

[1] 吴易风主编:《马克思主义经济学与西方经济学比较研究》第 3 卷,北京:中国人民大学出版社,2009 年,第 1255 页。
[2] 吴易风主编:《马克思主义经济学与西方经济学比较研究》第 3 卷,北京:中国人民大学出版社,2009 年,第 1258 页。

体的关系,他们的价值研究不可避免地将进入歧途。二是他们不懂得价值在交换中可以通约,所以他们也就不可能懂得等价交换。三是他们忽略了用商品生产商品,在商品没有到达消费终点时,无论中间经过多少次再利用、再生产,其利润只能计算一次。马克思说:"从总的计算来看,只要一个生产部门的利润加入另一个生产部门的成本价格,这个利润就已经算在最终产品的总价格一方,而不能再算在利润一方。如果这个利润算在利润一方,那只是因为这个商品本身已经是最终产品,它的生产价格不加入另一种商品的成本价格。"[1]四是他们没有弄清当前一个生产过程结束,从总量计算的利润平均化需要经过一段时间才能完成。在另一个生产过程开始时,前一生产过程的平均利润就化为生产资料的价值,此次生产的利润又是下一个生产过程的起点,不同生产过程的价值不能混同。如果生产是动态的,即前一个生产过程结束后,商品的平均利润还没有形成,下一个生产过程已经启动,此时的商品总价值与总价格一般不会相等。五是他们忽略了不论市场价格如何,在投入生产时,生产资料和劳动力的价值在进入市场前已经确定了,不变资本与可变资本都以其已定的价值量计入成本,而不是以其当时的市场价格计入成本。如果前一生产过程的利润已经平均化,则不变资本和可变资本的生产价格就是其价值,再生产也必然以此量进行。

关于价值转形后的两个相等问题,马克思已经作了算术解答。例如在第六章复制的《资本论》第三卷第176页的表6-3中所列的I、II、III、IV、V等五个不同构成的资本,生产A、B、C、D、E五种商品,A的成本价格可以包含B、C、D、E的利润,A的利润也可以再加入到B、C、D、E的成本价格中。假如表中所列资本的剩余价值率相同,资本I 80c+20v生产的商品A的价值为120,生产价格为122,价值与生产价格偏离+2;资本II 70c+30v生产的商品B的价值为130,生产价格为122,价值与生产价格偏离-8;资本III 60c+40v生产的商品C的价值为140,生产价格为122,价值与生产价格偏离-18;资本IV 85c+15v生产的商品D的价值为115,生产价格为122,价值与生产价格偏离+7;资本V 95c+5v生产的商品E的价值为105,生产价格为122,价值与生产价格偏离+17,此时的总价值为120+130+140+115+105=610,总生产价格也是122+122+122+122+122=610,总剩余价值为110,总利润也是110。

丁堡骏教授把马克思关于价值转化为生产价格称之为简单的马克思价值转化模型,用现代数学方程组予以证明:以c_i和$v_i(i=1,2,3,\cdots,n)$分别代表第i个生产部门中耗费的按价值计算的不变资本和可变资本,以$S_i(i=1,2,3,\cdots,n)$代表第i个生产部门生产的剩余价值,以$p_i(i=1,2,3,\cdots,n)$代表第i个生产部门产品的价格——价值系数,再以r表示平均利润率,则n个生产部门简单的马克思价值转化模型可用数学方程组表示为:

---

[1]中共中央马克思恩格斯列宁斯大林著作编译局译:《资本论》第三卷,北京:人民出版社,2004年,第179-180页。

$$\begin{cases} p_1(c_1+v_1+S_1) = (1+r)(c_1+v_1) \\ p_2(c_2+v_2+S_2) = (1+r)(c_2+v_2) \\ \cdots \\ p_n(c_n+v_n+S_n) = (1+r)(c_n+v_n) \\ r = \dfrac{\sum S_i}{\sum(c_i+v_i)} \end{cases} \qquad (\text{I})$$

在方程组（I）中，c_i、v_i 和 S_i 是已知量，其余的 $n+1$ 个变量（即 $p_1, p_2, \cdots, p_n$ 和 r）是未知量，这是一个由 $n+1$ 个方程所组成的含有 $n+1$ 未知量的方程组。这个方程组显然有唯一的一组解，通过这组解可以将价值体系转化为生产价格体系。

将（I）式中的第 n+1 个方程式两端都乘以 $\sum(c_i+v_i)$，则有：

$$r \cdot \sum(c_i+v_i) = \sum S_i \qquad (\text{II})$$

（II）式左端为平均利润总额，右端为剩余价值总额，利润总额与剩余价值总额是相等的。

根据（II）式可作如下推导：

$$\begin{aligned} (1+r) \cdot \sum(c_i+v_i) &= \sum(c_i+v_i) + r \cdot \sum(c_i+v_i) \\ &= \sum(c_i+v_i) + \sum S_i \qquad (\text{III}) \\ &= \sum(c_i+v_i+S_i) \end{aligned}$$

（III）式左端为生产价格总额，右端为商品价值总额，二者相等。所以，马克思关于价值转化为生产价格的模式是科学的。[1]

丁堡骏教授把要素投入生产价格化称之为扩大的价值转化模型，分别按不变资本投入生产价格化、可变资本投入生产价格化和不变资本与可变资本投入同时生产价格化进行了数学演绎，结果证明了马克思关于价值向生产价格转化的理论是正确的。

程恩富教授等人又用数学方程证明了商品价值还没有完全社会平均化时就被投入再生产的情况，此时的总剩余价值和总利润相等，虽然总价值和总价格会不相等，但这只能说明商品价值的社会平均化过程没完成，并不是马克思的理论有瑕疵。

（四）商品生产到底是从价值始还是从价格始

关于价值先于价格还是价格先于价值的问题，似乎是一个类似于先有鸡还是先有蛋的问题。马克思主义经济学的基础是价值，《资本论》第一卷是从商品价值起论的，正如英国经济学家米克所说，这是一个十分重要的问题。如果商品生产是先从价格开始的，那么，研究商品的价值自然是多余的，马克思的劳动价值论也是多余的。马克思说："生产价

---

[1]吴易风主编:《马克思主义经济学与西方经济学比较研究》第 3 卷,北京:中国人民大学出版社,2009 年,第 1223-1224 页。

格以一般利润率的存在为前提;而这个一般利润率,又以每个特殊生产部门的利润率已经分别化为同样多的平均率为前提。这些特殊的利润率在每个生产部门都 $=\dfrac{m}{c}$,并且像本册第一篇所作的那样,它们要从商品的价值引申出来。没有这种引申,一般利润率(从而商品的生产价格)就是一个没有意义、没有内容的概念。"[1]

为什么价值先于价格? 马克思说:"撇开价格和价格变动受价值规律支配不说,把商品价值看作不仅在理论上,而且在历史上先于生产价格,是完全恰当的。"[2]马克思认为,在生产资料归于劳动者的社会,商品是按照价值进行交换的;产品发展成为商品,是由不同共同体之间的交换引起的。比如在原始社会、奴隶社会、封建社会,商品的交换都是以接近于它们的价值进行的,而商品"按照它们的生产价格进行的交换,则需要资本主义的发展达到一定的高度"[3]。关于商品生产是从价值始还是从价格始的问题,赞成马克思主义的学者只是重复马克思的话,而没能提出更有说服力的论据。

恩格斯在《资本论》第三卷的补充说明中,详细论述了商品价值先于价格的历史过程。但反对者如日本籍英国经济学教授森岛通夫等人认为,历史上价值先于价格时期从来没有过。我国也有学者认为,资本主义以商品生产商品是生产价格的起点。

通过研究,笔者发现,如果从劳动和自然的关系出发,价值先于价格不证自明。因为时间是任何事物的形成过程,是任何事物的同一性,凡是可用时间衡量的自然事物都有自然价值。由于自然价值是一种天然的客观存在,人类只是发现和利用了价值,把价值当作衡量使用价值多少的工具。人们把通过劳动在调整、控制、改变、改造自然物质过程中缩短或延长的劳动时间视为劳动创造的价值。而货币是价值的代表,价格则是价值的市场货币表现,市场是人们利用价值交换商品达到一定程度才出现的,所以,是人们先发现了价值,再利用了价值,用货币代表价值,而价格是价值形式的进一步发展,因此,价值必然先于价格而存在。

二、商品的市场价格决定

马克思用资本有机构成理论说明了商品生产价格的形成过程,但马克思对以下两种价格形式没有考察:一是马克思认为,如果在一个特殊生产部门把商品的成本价格看作和该商品生产中所消费的生产资料的价值相等,可能有误差,但没有进一步考察的必要。二

---

[1]中共中央马克思恩格斯列宁斯大林著作编译局译:《资本论》第三卷,北京:人民出版社,2004 年,第 176 页。
[2]中共中央马克思恩格斯列宁斯大林著作编译局译:《资本论》第三卷,北京:人民出版社,2004 年,第 198 页。
[3]中共中央马克思恩格斯列宁斯大林著作编译局译:《资本论》第三卷,北京:人民出版社,2004 年,第 197 页。

是生产价格的变化要由生产商品所必须的劳动时间的总和的变动来说明,价值不变而只是它的货币表现发生变动的情形,不予考察。为什么马克思不考察这两种价格形式? 因为在市场上,影响价格的因素五花八门,马克思研究的是市场价格的一般原理,而没有对各种因素影响下的具体市场价格进行研究,资产阶级经济学家企图以具体市场价格问题为突破口,用供需均衡价值论取代马克思的劳动价值论。

（一）均衡价值论

均衡价值论的提出者马歇尔认为,价值这个名词是相对的,表示在某一地点和时间两样东西之间的关系。由于人们采用货币来表示商品的价值,并把这种用货币表示的价值称为价格,所以,价值就是价格。这样,马歇尔在后来的分析中,直接分析价格,他认为这就是在分析价值。

马歇尔建立均衡价值论的依据有三个:一是以商品的供给和需求平衡为基础,二是以边际效用论为基础,三是以生产费用论为基础。马歇尔先用边际效用论说明需求价格均衡,再用生产费用论说明供给价格均衡,最后得出需求和供给的综合均衡价格,这个价格就是价值。

关于需求价格均衡,马歇尔认为,市场对商品的需要多而商品的供给少时,商品的价格就高,反之则价格低,当需求和供给均衡时,这时的价格就是商品的价值。市场的商品供求为什么会均衡呢? 这是由商品的边际效用决定的。需求者购买的第一件商品的量就是边际效用量,这时的商品数量少,边际效用大,价格也就高;之后随着商品数量的增加而边际效用递减,价格也随之下降。商品的数量与价格成反比。

关于生产价格均衡,马歇尔认为,商品价格由生产商品的生产要素的边际生产费用决定,商品的边际生产费用就是刚刚满足市场需求的生产总额所耗费的生产要素的费用。资本家为了获得利润,总是在加大商品生产量的同时减少生产成本。所以,在商品价格高时,资本家生产的商品数量多,费用减少。反之,在商品价格低时,商品生产数量少,费用增加。这样一来,商品生产量总是在市场价格的调节下,处于均衡状态。

马歇尔论证了需求价格均衡和生产价格均衡,然后说当需求均衡与生产均衡相平衡时,这时的商品产量稳定,市场价格也稳定,这种稳定的价格就是价值。

上述论点使人们产生三个疑问:一是资本家怎么减少成本? 二是刚刚满足市场需求的边际生产总额怎么确定? 三是市场上有那么多的商品相互影响,一种商品往往是另一种或几种商品的原料,一种商品价格的变动,会影响到许多种商品的生产费用,怎样才能做到商品的生产费用均衡?

马歇尔说,资本家减少成本,是靠节约。他说的生产费用均衡,是假设生产一种商品的费用不受其他商品的影响。关于边际商品量,他也没办法确定。

实际上,他绕了那么大个弯子,还是什么也没说。商品的生产费用既然由生产要素费用决定,生产要素是通过市场买来的,有市场价格,生产费用由市场价格决定。也就是说,商品的生产价格由市场价格决定。简单地说,就是商品的价格由价格决定。因此,均衡价值论的前提就是不科学的。

但是,为什么不科学的理论竟然被经济学界大肆吹捧? 固然有资产阶级反对马克思关于资本家占有劳动者创造的剩余价值,为维持资本主义剥削制度而辩护的原因,但也有价值和价格问题研究十分困难、十分复杂的原因。

后来,瑞典经济学家卡塞尔(1866—1945 年)认为边际效用不可捉摸,马歇尔的均衡价值论没有说明价值是什么,只是说明了价格。而人类有史以来都是用货币为媒介进行交换,货币可使一切财货的价值都用价格来计量,那么,不如干脆用价格代替价值,岂不省事? 所以,卡塞尔在否定了价值之后,把马歇尔假设的一种商品的价格均衡价值论发展为全部商品都处于均衡状态的一般均衡价值论。也就是说,不管商品相互影响也好,不相互影响也好,都会出现一个均衡的状态,这时的价格就是价值。这纯粹是一种不用费力的设想。[1]

供需均衡价值论或一般均衡价值论都把价格当成了价值,描述了市场价格变化的某些现象,最终也没有说明价值是什么,价值也不可被计量。虽然设计了一大堆公式,但也难掩其肤浅。

马克思为了把剩余价值问题演绎到底,从劳动生产率的角度论述了资本如何瓜分剩余价值,而没有从劳动生产率的角度研究市场价格与生产价格的偏离。马克思对市场价格还没有充分论述就去世了,要考察马克思没有考察的领域,解决马克思留下的问题,需要我们以百折不挠的毅力,遵循马克思的方法,扩展思考面,并突破马克思研究的范围去探讨。如果从劳动生产率的角度按照马克思的理论考察市场价格,需要突破马克思研究价值问题所设置的自然事物无价值、不经过交换的劳动产品无价值、无效劳动产品无价值三个前提条件,需要考虑商品的价格随着商品功效的变化而变化的因素,还需要考察生产过程的连续性。

(二)商品交换的依据

要研究商品的市场价格问题,需要确定商品在市场上进行交换的依据。

1. 依据价值规律。等价交换是商品交换的基本规律。马克思认为,价值规律是商品交换的自然规律。既然是自然规律,它就必然在商品交换中自然而然地起作用。经济基础决定上层建筑,久而久之,等价交换也促进了人类社会平等观念的发展,因而马克思说:

---

[1]参阅何炼成主编:《价值学说史》,西安:陕西人民出版社,1984 年,第 330-357 页、359-367 页。

"商品是天生的平等派……"[1]我们在思考等价交换问题时,要扩大视野,不仅要从总产品交换,而且要从个别产品的交换也遵循价值规律进行研究。

2. 依据功效价值。在第十三章我们论述过,商品的价值有不同的名称,比如商品的自然价值、劳动价值即生产过程形成的价值、使用过程形成的功效价值等,其实质是同一的,但数量可能是不相等的。我们应该确定,等价交换是按哪种价值进行的。经过研究发现,马克思所说的商品的价值,正是生产要素包括劳动力的功效价值的转移或转化。商品的功效是客观的,它们的功效价值也是客观的。等价交换是依据商品的形成价值也就是按劳动转移的生产要素的功效价值进行的。例如,一台机器的有效使用期是 10 年,每年 365 天,每天 24 小时,其中每天有 4 小时是停机时间,实际每天开机 20 个小时,10 年实际开机时间为 20×365×10＝73000 小时。假若企业主用这台机器在 10 年时间里共生产出 73000 件产品,每件产品中所含机器的转移价值就是 1 小时。假若用货币来表示,购买这台机器花费了 73000 元,那么,每件产品中也就含有 1 元的机器费用。

其他生产要素比如劳动力、厂房、土地、生产原料等的价值也如机器的价值转移的道理一样。生产者在市场上购买商品用作生产资料,通过生产过程把生产要素的功效价值分次转移至新产品中。单位产品的价值随劳动生产率的变化而改变。这种情况可用下式表达:

$$W = \frac{A}{N}$$

式中：W 为新产品的价值即被转移的生产要素全部功效价值的一部分；A 为生产要素如劳动力、机器、厂房、生产原材料、土地等的总功效价值；N 为新产品的数量。

从上式可以看出,A＝WN,即生产要素在生产过程中被转移的功效价值等于单位产品的价值与产品数量的乘积。如果 A 的值一定,新产品的数量越多,则单位产品的价值就越少；反之,新产品的数量越少,单位产品的价值则越多。单位产品的价值与劳动生产率成反比,产品数量与劳动生产率成正比。

3. 依据劳动量。马克思说,商品的价值量与凝结在商品中的劳动量成正比。在第十二章我们指出,劳动量就是能量。劳动力使用能量做功的过程形成价值。人使用自身的能量进行劳动,也利用外部的能量进行劳动。加大劳动量,劳动生产率提高,商品的形成过程缩短,价值量减少。

与其他生产要素一样,任何可以产生能量并被人利用的物质都有自然价值,如煤炭、石油、天然气、核能物质等。人们进行市场交换,只计量开采这些可以产生外能量的物质

---

[1]中共中央马克思恩格斯列宁斯大林著作编译局译：《资本论》第一卷,北京：人民出版社,2004 年,第 104 页。

资源时所付出的劳动量,把没有付出任何劳动的自然价值通约了。自然资源属于公共资源,应该由公共占有,但在私有制社会里,往往被私人占有,这对于其他人来说,是不公平的。资本主义国家往往因为争夺能源而发动战争。因而,公共占有公共资源的社会主义,蕴含着比资本主义更多的公平与和平。

因为运用外能量使其发挥功效,只有通过活劳动才能实现,也只有通过活劳动,生产要素的功效价值才能被转移至新产品中,只有活劳动才能通过提高劳动生产率,使新产品的生成时间缩短,所以,不论机器的自动化发展至什么水平,人们对能源物质的利用发展到什么程度,都不能贬低人的作用。活劳动使劳动生产率提高,使生产过程缩短后,如果缩短的时间超过了劳动力价值,则超过的部分就是狭义的剩余价值。如果缩短的时间不仅超过了劳动力价值,而且还含有未被通约的积累价值和自然价值,则超过的部分就是广义的剩余价值。提高劳动生产率以追求更多的剩余价值不仅是资本家的目的,也是全人类的共同愿望。在资本主义制度下,剩余价值被私人占有;在社会主义制度下,剩余价值成为人们共同富裕的手段,成为人们追求平等、公平、公正、民主、自由的物质基础。马克思对资本主义生产如何依据价值规律配置生产资料,等量资本如何瓜分剩余价值获取等量利润的论证高度,至今尚无人迄及。

(三)商品功效价值的实现与市场价格

马克思所论述的商品价值,是一次性生产过程终结后生产要素功效价值的转移,我们这里需要考察连续性生产过程生产要素全部功效价值的转移。这部分内容在马克思主义劳动价值论创新中有很重要的地位,是理解价值转形问题的关键。

1. 商品的生成价值与它的功效价值。产品的形成价值即它的生产价值,是生产要素总功效价值通过生产转移的一部分。在商品价值表达式 $W = \dfrac{A}{N}$ 中,生产要素的总功效价值为 A,W 仅仅是转移的生产要素全部功效价值 A 中的一部分。

如果从生产性消费和生活性消费两方面分别考察,生产要素的总功效价值和产品的总功效价值是不同的。

从生产性消费方面看,生产要素的总功效价值应该等于产品数量与单位产品形成价值 W 的乘积,即 $A = WN$。

从生活性消费方面看,设单位新产品的功效价值为 a,消费者购买的是商品的功效价值 a,如果有 N 个商品,则新产品的总功效价值为 aN。

比较商品的形成价值 W 与其功效价值 a,二者不相等,W 仅仅相当于 a 中的一部分,除去负价值等特殊因素,W 总是小于 a。所以,WN 和 aN 不相等,aN>WN。

在市场交换中,依据的是商品的功效价值 a。这样一来,似乎出现了违背价值规律的现象,也产生了资本家的利润不是剥削总体工人创造的剩余价值,而是通过贱买贵卖发财的假象。我们在第十二章对商品的实际功效价值与生成价值按比例决定商品交换价值的情况作了说明。因为这个问题对理解商品市场价格问题很重要,这里再予以举例说明并作必要的分析:

假若购买的用于生产的机器的市场价值是1000,含有积累价值和自然价值若干;购买的原材料价值是500,也有积累价值和自然价值若干;厂房、土地、水、电等的生产辅助设施价值是500,也有积累价值和自然价值若干;购买的劳动力市场价值是1000,其掌握的前人的知识为积累价值,数量也未知。从市场上购买的生产要素总价值＝1000(机器价值)+500(原材料价值)+500(生产辅助设施价值)+1000(劳动力价值)＝3000+数量未知的自然价值和积累价值。

假若用生产机生产的产品是一种消费机。如果生产者用生产机只生产1台消费机,则产品消费机的价值是3000+数量未知的自然价值和积累价值。如果生产100台消费机,则每台消费机中所含生产资料的转移价值是3000÷100＝30的成本价值+未知的自然价值和积累价值。

假若生产机10小时生产一台消费机,生产100台后报废,那么,这台生产机的实际总功效价值＝WN＝10小时/台×100台＝1000小时。

假若每台消费机的实际使用时间即其功效价值为3000小时,则这台生产机生产的新产品的总功效价值＝aN＝3000小时/台×100台＝300000小时。显然WN和aN不相等。商品按W交换和按a交换将产生巨大差额。

分析商品的形成价值W。W是生产要素功效价值的按比例转移,$W=(c_1+c_2)+U+E$,c_1为商品基质的自然价值,c_2为积累价值,U为科学工作者的劳动力价值和在前人价值积累的基础上创造出的包括剩余价值在内的新科研成果价值,E为技术工人的劳动力价值和剩余价值。

关于自然价值c_1。从原材料到形成新产品,由于其自然基质相同,自然价值也相同。关于积累价值c_2。假若商品中没有任何科学技术含量,则它的作用近乎自然状态,功效也不会有多大变化。功效就是人使用某种使用价值所达到的效率,功效价值就是人们利用使用价值时在自然的基础上取得效果的时间。比如,人用竹竿打野兽,取决于人的力气的大小和竹竿的硬度。如果将竹制成弓箭,就加入了科学技术因素,加入了劳动价值。虽然弓箭的自然材质没有变,自然价值也没有变,但它的性能变了,因而功效也变了。也就是说,当商品未加进科学技术因素时,它的功效和功效价值只取决于劳动者使用它取得效果的时间和它的自然价值,当加进科学技术因素后,它的功效价值不仅取决于劳动者使用它取得效果的时间和自然价值,还取决于生产它、使用它的科技劳动。科技劳动的成果的方法日积月累,成为积累价值。由于科学成果及方法的积累价值具有乘数效应,所以每个新产品中所含的科技劳动积累价值与生产中被劳动者通过劳动转移的生产资料积累价值量都相同或成比例。未超过专利期的科研成果价值 U 和技术工人劳动价值 E,也按比例转移至新产品中。

商品是商品的生成价值和功效价值的物质承担者。商品功效价值 a 的多少,决定于商品的质量和性能。决定商品质量的,是商品的自然基质;决定商品性能的,是制造商品的科学技术。可见,商品的形成价值与它的功效价值有内在的联系。商品的自然价值以积累价值的形式存在或以未超过专利保护期的价值存在的科学技术成果价值制约着商品功效价值 a 的多少,即商品使用期的长短。由于自然价值和积累价值不费生产者分文,所以在商品进入市场后要被通约。也就是说,a 不仅受自然价值、积累价值、科技价值的限制,而且还要将未付出成本的部分按比例约简。虽然商品功效价值中所包含的大量的自然价值和积累价值数量未知,但在市场上进行等价交换时,可以用已知的商品形成价值计量其功效价值,可以把未付出费用的积累价值和自然价值按社会平均最大通约值进行通约,按确定的社会平均价值量进行等价交换。

如果把在同一条件下生产的同质量的商品的价值 W 视为在社会平均条件下所形成,则它们的值虽然表面上看是相同的,但其中所含的数量巨大的自然价值和积累价值是不同的。例如,铁矿石的形成过程非常漫长,可能是几十亿年,其自然价值就是几十亿年。从铁矿石到炼成铁,过程也非常漫长,可能是几千年或几万年,其积累价值就是几千年或几万年。但是,我们在计算商品的自然价值和积累价值时,只计量生产要素在使用过程中与其功效价值有关的新产品中的转移量和与提高劳动生产率有关的部分。比如,土地有几十亿年的自然价值,但进入计量的只是它被使用的时间。如果用于盖房,房屋可用 70年,土地在房屋的功效价值中的自然价值就是 70 年。房价的疯涨,是开发商把土地的自然价值加进了房屋的价格。产品中含有的自然价值和积累价值以及产品的功效价值,遵从各种经济规律。房价泡沫破裂,是包括土地自然价值在内的房价受总商品社会必要劳动时间决定的价值实现规律即社会平均价值的限制的结果。

商品形成价值是生产要素功效价值的按比例转移,与新产品的功效价值成比例,是我们解决市场价格问题的基础。

如此一来,为什么上述举例中生产商不是按每台消费机 3000 而是按 30 出售他的产品呢?商品为什么要按社会平均价值进行交换呢?这是因为:一是在市场上,生产者也是消费者。由于各种生产要素所含的自然价值和积累价值不同,导致劳动者通过劳动转移的价值不同,人们都不知道商品中含有多少自然价值和积累价值,所以都希望以一个统一的标准进行交换,即以产品形成的价值为标准进行交换。具体的办法是,以相对劳动生产率所体现的由相对劳动价值积累率决定的相对平均积累量,对积累价值进行通约后在市场上进行交换(参阅第十一章)。二是由于生产是社会性生产,也由于竞争等因素,决定了生产商必须竞相提高劳动生产率,并按现实活劳动的劳动功效,遵照价值规律和社会必要劳动时间决定规律,把商品的功效价值平均化为社会价值后出售。这样,在价值实现时,生产率高的企业,由于其产品的个别价值低于社会平均价值使自然价值和积累价值的一部分再现,获得利润或超额利润。马克思以活劳动转移和创造的价值为基础研究生产价格问题的思路正确,也符合实际。

这个问题涉及剥削。既然机器中含有积累价值和自然价值,那么,资本家就可能不必剥削活劳动,而只通过机器占有自然价值和积累价值。比如,一台铁质机器在购买时费用为 10 万元,但它在 10 年内生产了 7.3 万个产品,每个产品售价 10 元,资本家没有延长劳动时间,也没有增强劳动强度和克扣工人的福利,除去其中包括劳动力在内的其他生产要素的价值 8 元,这台机器转移到产品中的自然价值和积累价值是每个 2 元,总计为 2 元/个×7.3 万个 = 14.6 万元。除去购买它时所花费的 10 万元,这台机器还实际为企业主带来了利润 4.6 万元。根据马克思的理论,这种差别是由劳动者通过劳动创造的价值和劳动力价值不相等造成的。我们进一步深化研究后发现,是活劳动在转移现实生产过程中的生产要素价值时,也转移了一定量的自然价值和积累价值。占有生产资料的资本家,通过活劳动占有了自然资源的自然价值、前人劳动的积累价值和科学工作者与技术工人的剩余价值三部分无偿价值。马克思没有研究自然价值和积累价值的通约问题。价值之所以可以被通约,是因为价值是同质的、同一的。同一性和通约性是价值的两大特性。

关于资本主义剥削程度的逐步减轻问题,我们也不必回避。尽管资本主义剥削程度逐步减轻的情况在当前还不是普遍的现象,世界上的资本家还在用各种办法剥削活劳动的必要生存价值,比如让工人加班加点、无故克扣工人工资、拖欠工人工资等。但是,随着生产力的发展,剥削程度逐步减轻是资本主义生产发展的必然。正因为如此,共产主义才可能会在资本主义的自我扬弃中诞生。劳动者的斗争和社会文明的进步,以及人们在发现了社会发展的必然后的自觉、有意识地把一切天然物质的自然价值和一切前人积累的价值归公共占有,实行按劳取酬,消除通过生产资料私有权力或者公共权力占有社会财富的不劳而获,是社会加速前行的催化剂。因而,生产资料公有,乃是人类社会发展的趋势。

2. 商品功效价值的实现。虽然在市场上,商品是按现实活劳动生产的产品在其功效价值通约后的价值出售的,但是,通约的量如何确定,商品的价值如何实现,则是我们需要研究的。

产品的功效价值不是一次性实现的,而是分期分段实现的,比如按 $a = a_1 + a_2 + a_3 + a_4 \cdots$ 的形式实现。

（1）生产要素的功效价值补偿。生产要素功效价值的转移价值,构成产品的生成价值,也是劳动过程形成的价值,就是马克思所说的抽象劳动形成的价值。生产要素价值补偿的问题也是产品的价值实现问题,即 WN 的价值实现问题。这个问题马克思已经论述得十分严密而清晰了。商品的生产价值 W,相当于商品功效价值 a 的一部分,除生产外,批发、运输、零售各环节的成本和利润都要在商品功效价值 a 中扣除。也就是说,商品功效价值 a 除补偿生产要素的功效价值转移量外,也会在诸如批发、运输、零售等环节分段实现。

（2）商品功效价值的实现。商品功效价值 a 是在市场上经过等价交换实现的。一是生产者购买商品作为生产要素,付出生产要素功效价值的等价。实际上,他付出的只是生产要素功效价值中的一部分,即产品经过劳动过程生成的价值。为了获得利润,生产者一方面追求生产要素使用时间的延长和新商品生成时间的缩短,要做到这一点,就必须使生产要素中包含有更多的自然价值、积累价值和科研成果价值,努力改进生产工具;另一方面,他们强迫生产要素中活劳动或延长劳动时间,或提高劳动强度,或掌握一定的前人积累的科学技术。这样,科学工作者和技术工人创造的剩余价值,劳动工具、劳动资料中所含的自然价值和积累价值,都被生产者不付分文以利润的形式占有了。二是消费者购买商品时,付出商品功效价值的等价。实际上,他付出的也只是商品功效价值中的一部分,即与产品经过劳动过程形成的价值相等的价值。消费者与生产者不同的是,生产者购买生产资料和劳动力,是为了生产,生产要素作为生产资料,其功效价值分段转移至新产品中。而消费者购买消费品,是为了消耗它的功效价值。生产者和消费者的共同愿望,都是追求商品消费时间即它的功效价值延长。要使商品消费时间延长,消费者也需要掌握科学的使用方法。利用科学的方法使消费品的最终消费时间延长,也是价值创新。

生产者与消费者在市场上按比例付出商品功效价值的等价,商品的功效价值得到实现。商品按功效价值进行等价交换时的通约是经常进行的。

生产者追求生产资料消费时间的延长和新产品生成时间缩短的生产规律,与消费者追求商品消费时间延长的消费规律,使生产者对商品的定价与消费者的购价心理产生巨大差别。这是经济学界对主观效用价值论的非科学性长期认识不足的重要原因之一。

一般情况下,生产厂商会以生产成本为基础,按照马克思所揭示的生产价格形成机制确定市场价格。造成这种情况的原因很多,比如竞争、供求关系、垄断、经验等。生产过剩是资本主义生产的总体趋势。一方面,生产厂家为了追求剩余价值,不断地扩大生产规模;另一方面,有人出于发财的动机,不断地加入到利润高的生产中来,使产品数量不断增加。所以,生产总是处于过剩状态。刚生产出来的新产品,尽管成本很低,也可能卖出天价。但随着产品数量的增加,价格会不断地降低;劳动力的生存压力,迫使他们不得不为付很低工资的生产厂商劳动。利用低廉劳动力的生产厂商所生产的产品有低成本的竞争力;人们对商品生产知识的了解程度影响了他们对自然价值和积累价值通约量的认识。所以,一定程度的价格管制不是对客观规律的违背,反而是对客观规律的遵守。管理者可利用对商品成本的估算,对商品中所含的自然价值和积累价值的通约量进行估算,制定出一个按现实劳动和生产资料生产的价值为依据的市场价格,并允许生产厂商根据供求情况上下浮动,这是社会经济发展的规律所要求的。既然生产厂商在对市场价格的制定中具有至关重要的作用,所以马克思关于生产价格的理论也就非常重要。

(四)供求关系对市场价格的影响

1. 供求关系影响市场价值从而影响市场价格和利润。马克思认为,部门内部的竞争形成市场价值。受供求关系影响,市场价格围绕价值上下波动。由于高构成资本的劳动生产率高,生产的商品数量多而单位商品价值少,按社会平均价值出售,将实现较多的利润。例如,生产商甲、乙、丙各投资于同一部门,比如都生产服装。他们的资本有机构成不同,在同样的时间内,甲生产 6 件服装,乙生产 4 件服装,丙生产 2 件服装,他们实现的价值和利润见表 14-1。

表 14-1 供求关系影响市场价值从而影响市场价格和利润

生产者	资本有机构成	剩余价值率	剩余价值	生产价值	产量	单位产品价值	单位产品社会价值	供求平衡		供过于求		供不应求		
								价值	利润	价值	利润	价值	利润	超额利润
甲	90c+10v	100%	10	110	6	$18\frac{1}{3}$	30	180	80	110	10	390	290	270
乙	80c+20v	100%	20	120	4	30	30	120	20	$73\frac{1}{3}$	$-26\frac{2}{3}$	260	160	140
丙	70c+30v	100%	30	130	2	65	30	60	-40	$36\frac{2}{3}$	$-63\frac{1}{3}$	130	30	—
合计	240c+60v	—	60	360	12	—	—	360	60	220	-80	780	480	410

表 14-1 中,甲企业的资本有机构成高,它所生产的服装的单位产品价值为 $110÷6=18\frac{1}{3}$。乙企业的资本有机构成为中等,它所生产的服装的单位产品价值为 $120÷4=30$。丙企业的资本有机构成低,它所生产的服装的单位产品价值为 $130÷2=65$。它们所生产的服装的平均价值为 $360÷12=30$。它们生产的服装的社会价值也是它们的市场价值。受供求关系影响的不同资本有机构成企业的利润实现情况如下:

若供求平衡,商品的市场价值由资本有机构成中等的乙企业所生产的服装的价值调节,每件服装的市场价值都是 30。此时,甲企业可实现价值 $6 \times 30 = 180$,除去它的成本 100,可实现利润 80。乙企业可实现价值 $4 \times 30 = 120$,除去成本 100,实现利润 20。丙企业可实现价值 $2 \times 30 = 60$,实现的利润为 -40。甲、乙、丙三家企业共实现价值 360,实现利润为 60。

若供过于求,市场价值由甲企业所生产的服装的价值 $18\frac{1}{3}$ 调节。此时,甲企业可实现价值 $6 \times 18\frac{1}{3} = 110$,实现利润 10;乙企业可实现价值 $4 \times 18\frac{1}{3} = 73\frac{1}{3}$,实现利润 $= 73\frac{1}{3} - 100 = -26\frac{2}{3}$,即亏损 $26\frac{2}{3}$;丙企业实现价值为 $2 \times 18\frac{1}{3} = 36\frac{2}{3}$,实现利润 $= 36\frac{2}{3} - 100 = -63\frac{1}{3}$。甲、乙、丙三家企业共实现价值 $110 + 73\frac{1}{3} + 36\frac{2}{3} = 220$,实现的利润为 $10 + (-26\frac{2}{3}) + (-63\frac{1}{3}) = -80$。也就是说,服装企业共投入资本 300,但只实现了价值 220,不但剩余价值 60 不能实现为利润,而且还亏本 80。此时,有的服装企业将退出该行业,市场的服装量因此减少,市场价格上升,逐步达到新的供求平衡。

若供不应求,市场价值由乙的产品价值 65 决定。此时,劳动生产率高的企业不仅实现由剩余价值转化的利润,还将实现超过社会平均价值的超额利润。甲企业实现的价值为 $6 \times 65 = 390$,实现利润 290,其中,实现超过平均价值的超额利润为 $390 - 120 = 270$。乙企业实现价值 $4 \times 65 = 260$,实现利润 160,其中,实现超过平均价值的超额利润为 $260 - 120 = 140$。丙企业实现价值 $2 \times 65 = 130$,实现利润 30。甲、乙、丙三家企业共实现价值 780,实现利润 480,其中,实现超额利润 410。也就是说,服装业投入的资本是 300,生产的剩余价值是 60,不仅全部价值 360 都可实现,而且还实现额外利润 410。此时,由于服装行业利润丰厚,很多资本大量涌入,使服装产量大增,服装市场价格降低,服装利润减少,有生产厂家开始退出,市场的服装量开始减少,逐步达到新的供求平衡。

2. 供求关系影响生产价格从而影响市场价格和利润。不同部门的竞争使剩余价值转化为平均利润,平均利润加成本形成生产价格。受供求关系影响,高有机构成的资本不仅可实现平均利润,还可实现超过平均利润的超额利润。假若有机械制造、服装、食品三个行业,其资本有机构成不同,供求关系对它们实现的利润和超额利润的影响见表 14-2。

表 14-2 供求关系影响生产价格从而影响市场价格和利润

生产企业	资本有机构成	剩余价值率	剩余价值	产品价值	平均利润率	平均利润	生产价格	实现的利润和超额利润			
								供求平衡	供过于求	供不应求	
								利润	利润	利润	超额利润
机械制造业	90c+10v	100%	10	110	20%	20	120	20	10	30	10
服装业	80c+20v	100%	20	120	20%	20	120	20	10	30	10
食品业	70c+30v	100%	30	130	20%	20	120	20	10	30	10
合计	240c+60v	—	60	360	—	60	360	60	30	90	30
平均	80c+20v	100%	20	120	20%	20	120	20	10	30	10

在表 14-2 中,机械制造业的资本有机构成高,雇佣的活劳动少,假若剩余价值率均为 100%,则其创造的剩余价值为 10,其产品的价值为 110。服装业的资本有机构成为中等,创造的剩余价值为 20,其产品价值为 120。食品业的资本有机构成低,创造的剩余价值为 30,其产品价值为 130。三者的总剩余价值为 10+20+30 = 60,总价值为 110+120+130 = 360。假若平均利润率为 20%,则它们的平均利润均为 20,总利润为 60。三个行业产品的生产价格均为 120,总价格为 360。此时,总价值等于总价格,总剩余价值等于总利润。

如果供求平衡,则机械制造业、服装业和食品业的产品都将按生产价格 120 出售,它们均获平均利润 20。机械制造业创造的剩余价值为 10,实现的平均利润是 20,超过它创造的剩余价值 10。服装业实现的利润与它创造的剩余价值 20 相等。食品业实现的利润是 20,它创造的剩余价值是 30,剩余价值不能全部实现。但从总体上来说,三者实现的价值为 360,总价格也为 360,总价值等于总价格。它们实现的总利润为 60,创造的总剩余价值也是 60,总利润等于总剩余价值。

如果供过于求,将按机械制造业生产的产品价值 110 确定市场价值和市场价格。此时,机械制造业实现的利润为 10,它所创造的剩余价值能够实现。服装业实现利润 10,它所创造的 20 的剩余价值只能实现 10,还有 10 不能实现。食品业实现的利润也为 10,它所创造的剩余价值为 30,有 20 的剩余价值不能实现。此时,三者实现的价值为 330,实现的利润为 30,有剩余价值 30 不能实现。

如果供不应求,将按食品业生产的产品价值 130 确定市场价值和市场价格。此时,机械制造业实现的利润为 30,其中,超过平均利润 20 的超额利润为 10。服装业实现利润 30,其中,超过平均利润 20 的超额利润为 10。食品业也实现利润 30,它所创造的剩余价值得以完全实现,其中,也实现超过平均利润 20 的超额利润 10。合计三行业实现总价值

390,实现利润 90,其中有 30 是超额利润。

表 14-1 和表 14-2 均显示,在市场商品供求平衡时,生产者实现的总价值与总价格、总利润与总剩余价值是相等的。也就是说,不论是通过部门内部竞争形成的市场价值,还是通过部门之间的竞争形成的市场价格,与它们的总价值相一致。但是,在供大于求时商品的价值不能全部实现,供不应求时实现的价值超过总价值。

(五)超额利润的来源

超过平均利润的超额利润的来源问题,需要我们以创新性思维来研究。

1. 马克思关于超额利润来源的论述。马克思对在供不应求时实现的价值超过商品社会平均价值和生产价格,实现为超额利润的情况,阐述了两个原因。一是如表 14-1 和表 14-2 所列,由于资本有机构成不同,劳动生产率不同,商品的个别价值与社会平均价值之间存在差额。通过竞争,资本在各部门之间的转移有一个过程,利润的平均化也有一个过程,所以,个别资本可以通过商品获得超额利润。但从社会商品总价值来说,市场价值与市场价格是一致的。因为一方所得就是另一方所失,资本家因此而竞相提高劳动生产率。二是由于人为垄断或自然垄断造成的。马克思说:"此外,超额利润还能在下列情况下产生出来:某些生产部门可以不把它们的商品价值转化为生产价格,从而不把它们的利润化为平均利润。"[1]马克思在地租理论中曾谈到,由最差土地生产的农产品市场价值决定市场价格时,由于土地垄断权和私有权的存在,会产生一种超出总价值的虚假的社会价值。马克思说:"这是由在资本主义生产方式基础上通过竞争而实现的市场价值所决定的;这种决定产生了一种虚假的社会价值。这种情况是由市场价值规律造成的,土地产品受这个规律支配。产品(包括土地产品)市场价值的决定,是一种社会行为,虽然这是一种不自觉的、无意的行为。"[2]其原理是,一般农业领域的资本有机构成低,雇佣的活劳动多,创造的剩余价值也多。按照马克思的利润平均化理论,这些较多的剩余价值要参与利润平均化。但是,由于土地是一种特殊资源,是由土地所有者垄断的,垄断阻碍了利润平均化,使农业创造的较多的剩余价值留在了农业领域,从而形成了超额利润。在土地所有者那里,超额利润表现为绝对地租,即最差土地也必须交的地租。马克思对这个问题论述得较为明白:"绝对地租的本质在于:不同生产部门内的各等量资本,在剩余价值率相等或劳动的剥削程度相等时,会按它们的不同的平均构成,生产出不等量的剩余价值。在工业上,这些不同的剩余价值量,会平均化为平均利润,平均分配在作为社会资本的相应部分的各个资本上。在生产上要用土地时,不论是用在农业上还是用在原料的开采上,土地所有权都会阻碍投在土地上面的各个资本的这种平均化过程,并攫取剩余价值的一部分,

---

[1]中共中央马克思恩格斯列宁斯大林著作编译局译:《资本论》第三卷,北京:人民出版社,2004 年,第 221 页。

[2]中共中央马克思恩格斯列宁斯大林著作编译局译:《资本论》第三卷,北京:人民出版社,2004 年,第 744-745 页。

否则这一部分剩余价值是会进入平均化为一般利润率的过程的。这样,地租就成了商品价值的一部分,更确切地说,成了商品剩余价值的一部分,不过它不是落入从工人那里把它榨取出来的资本家阶级手中,而是落入从资本家那里把它榨取出来的土地所有者手中。这里的前提是,农业资本比非农业资本的一个同样大的部分推动更多的劳动。差额有多大,或者这个差额是否一般存在,这取决于农业和工业相比的相对发展程度。按照事物的本性来说,随着农业的进步,这个差额必然会缩小,除非工业资本中可变资本部分同不变资本部分相比减少的比例,比在农业资本中更大。"[1]"这种绝对地租,在真正的采掘工业中起着更为重要的作用,在那里,不变资本的一个要素即原料是完全不存在的;并且在那里,除了其中很大一部分资本是由机器和其他固定资本构成的部门以外,占统治地位的必然是最低的资本构成。正是在那里,在地租似乎只是由垄断价格产生的地方,需要有非常有利的市场状况,才能使商品按它们的价值出售,或使地租同商品的剩余价值超过商品生产价格的全部余额相等。例如,渔场、采石场、野生林等等的地租,就是这样。"[2]

2. 超额利润研究的深化。如果以马克思的理论为基础,对超额利润的来源进行进一步探索,我们发现,超额利润与积累价值、自然价值和科学技术有关。

(1)"虚假的社会价值"与劳动积累价值和自然价值及科技劳动价值。马克思关于资本主义地租理论中谈到的"虚假的社会价值",是资本主义生产中的普遍现象,也适用于工业生产。当商品供不应求时,由于此时商品的市场价值由生产条件最差的企业的产品价值决定,这时,生产条件好的企业的商品价值也按生产条件差的企业的产品价值出售,全社会产品的价值便会超过其真正的价值,超过的部分是虚假的。例如表 14-1 所列,如果商品供不应求,则生产的价值为 360,而实现的价值为 780,超过 360 的部分即虚假的社会价值。但是,马克思认为,虽然超过的部分是虚假的,是负数的东西,但对于土地所有者和资本家来说,却是实实在在的收入,是超额利润,是正数的东西。

马克思认为,形成虚假价值的原因,在于市场价值决定规律的影响。马克思的市场价值理论认为,市场价值是由部门内部资本有机构成不同的企业所生产的产品的价值通过竞争形成的。资本有机构成高的企业生产的产品价值低于该部门内资本有机构成低的企业生产的产品的价值,可以获得超额利润,直到资本有机构成低的企业赶上它为止。此时,可能又有新的企业采用了先进的机器或技术,使资本有机构成提高,又可获得超额利润。因而马克思说:"资本的趋势是,只容许这样一种超额利润,这种超额利润在一切情况下都不是来自于商品的价值和生产价格之间的差额,而是来自于调节市场的一般生产价格和它相区别的个别生产价格之间的差额;所以超额利润不是发生在两个不同的部门之

[1]中共中央马克思恩格斯列宁斯大林著作编译局译:《资本论》第三卷,北京:人民出版社,2004 年,第 872-873 页。
[2]中共中央马克思恩格斯列宁斯大林著作编译局译:《资本论》第三卷,北京:人民出版社,2004 年,第 873 页。

间,而是发生在每个生产部门之内;因此,它不会影响不同生产部门的一般生产价格,也就是说,不会影响一般利润率,反而以价值转化为生产价格和以一般利润率为前提。但是,正如前面已经指出的,这个前提是建立在社会总资本在不同生产部门之间的不断变动的成比例的分配上,建立在资本的不断流入和流出上,建立在资本由一个部门转移到另一个部门的可能性上,总之,建立在资本在这些不同生产部门(对社会总资本各独立部分来说,就是同样多的可使用的投资场所)之间的自由运动上。"[1]如果资本的自由流动受到了限制,资本只能局部克服或完全不能克服这种限制,剩余价值不能完全或只能部分平均化,商品的价值超过生产价格,就会产生超额利润。概括马克思所说,有三点需要引起我们注意:一是资本有机构成是决定商品生产价值的决定性因素。马克思说:"一个商品的生产价格和它的价值的比率,完全是由生产它所用的资本的可变部分和不变部分的比率,即生产它所用的资本的有机构成决定的。"[2]二是剩余价值量的多寡的影响。剩余价值是利润和超额利润的唯一来源。三是垄断因素的影响。如果资本因为垄断而不能自由流动,利润平均化就会受到阻碍,剩余价值的一部分就会转化为超额利润。马克思的理论具有很强的说服力,逻辑也是严谨的。我们要在马克思理论的基础上进一步探讨资本有机构成高的企业为什么能获得超额利润。

如果根据前面我们所论述的关于资本有机构成高是由于物化劳动工具中含有较多的积累价值、自然价值、科学劳动价值的观点看待超额利润,除马克思所揭示的超额利润形成的原理外,超额利润的来源还有另外的原因。

一是劳动积累价值的再现。因为劳动积累价值是超过专利期可被无偿使用的价值,表示前人已经走完了用时间计量的不再用现实劳动表达的物质财富创造过程的某一阶段,因而使用含有较多积累价值的工具进行生产,表现为高资本有机构成,生产率也显著提高。此时,产品中所含的现实的劳动价值量虽然减少,但在全社会的商品价值平均中,是以中等资本有机构成条件下生产的商品的价值为基础的,所以,在供求平衡时,人们依据社会平均价值在市场上进行等价交换,资本有机构成高的企业生产的商品价值低于社会平均值,其与社会平均值的差额部分是无形存在的积累价值;资本有机构成低的企业生产的商品的价值高于社会平均价值,它的一部分价值不能实现。不能实现的商品价值还存在于商品中,不会转移到其他产品中去。过去关于资本有机构成低而生产的商品价值高,在社会平均化时高价值会转移到低价值的商品中去的看法是错误的。马克思的理论认为,活劳动可使不变资本价值在劳动过程中转移到新产品中去,但这种不变资本价值的转移是有条件的,即转移价值的过程必须通过一个活劳动的使用过程,还必须有一个使原

[1]中共中央马克思恩格斯列宁斯大林著作编译局译:《资本论》第三卷,北京:人民出版社,2004年,第861页。
[2]中共中央马克思恩格斯列宁斯大林著作编译局译:《资本论》第三卷,北京:人民出版社,2004年,第858页。

材料改变形态的过程。在商品被生产出来后，虽然有批发、运输、零售等劳动过程，但没有商品被改变形态的过程。如果没有商品的形态改变过程，价值便不会被转移。

在商品供过于求时，商品按资本有机构成高的企业生产的产品价值进行交换，此时资本有机构成中等和资本有机构成低的企业生产的商品价值均高于社会平均价值，它们的产品价值有一部分不能实现。不能实现的价值仍旧存在于商品中，没有转移。

在商品供不应求时，商品按资本有机构成低的企业生产的产品价值进行交换。此时，资本有机构成高、资本有机构成中等和资本有机构成低的企业生产的商品价值均能实现。因为全社会的商品价值的实现都是以资本有机构成低的企业生产的商品价值为标准，所以资本有机构成中等和资本有机构成高的企业生产的商品价值与资本有机构成低的企业生产的商品价值的差额部分便是无形存在着的积累价值，实现的超额利润便是积累价值的再现。

为什么积累价值再现的量会随供求情况的变化而变化？这是因为，积累价值与自然价值一样，是在现实的劳动过程中谁也没有付出劳动的价值，人们把它们通约了。价值在交换中以其通约性所表达的同一性的本质在这里表现得淋漓尽致。在以往的经济学研究中，人们很少注意到价值的通约性这个特性。在市场上买者和卖者的讨价还价，就是在寻求包括积累价值在内的商品价值的平均通约值。因此，平均利润只与剩余价值有关，超额利润不仅与剩余价值有关，而且也与积累价值有关。

科技劳动是发现并利用自然规律的劳动，它本身是直接的价值，表示某一劳动过程已被科技人员走完，因而可使劳动生产率显著提高，从而使利润增加。但是，如果科技劳动成果已经超过专利保护期，则可归于积累劳动。如果未超过专利保护期，则归于创造剩余价值的劳动。

二是自然价值的反映。自然价值是自然事物形成的时间。事物自然性的突出表现是质的差别。基质不同，功效价值也不同。比如，消费者 A 和消费者 B 所使用的燃气灶的生产时间、成本、价格都一样，只是质量有别。假若消费者 A 的燃气灶使用了 6 年，每年按365 天计，每天使用 2 次，每次 1 小时，实际共使用了 4380 小时就不可用了。消费者 B 的燃气灶也使用了 6 年，每天使用 3 次，每次 1 小时，实际使用了 6570 小时才不可用了。消费者 B 比消费者 A 的燃气灶多使用了 2190 小时。多使用的时间与其他因素无关，与燃气灶的质量即与燃气灶的基质的功效价值所反映的自然价值和组装技巧有关。由于自然价值不是由人的现实劳动创造的，所以，人们在市场上以生产要素基质的功效时间即实效时间为依据通约其自然价值。由于商品是按功效价值进行等价交换的，所以，基质好、功效价值大的商品所表达的自然价值也多。组装技巧归于科学技术，科学技术含量高的商品使用时间也越长。

在生产商看来,由于基质好、科技含量高的生产要素使用的总时间长,如果生产费用一定,使用时间长的生产要素生产的产品多,可被看作是劳动生产率提高,此时,单位产品的价值量减少。在供求平衡时,商品按社会平均价值出售,通过剩余价值平均化,商品不仅可实现平均利润,而且也可能产生超额利润。假定商品中所含的社会积累价值相同,如果商品生产者通过商品实现了超额利润,则超额利润就只与商品自然价值及科技积累价值有关。商品个别价值少于平均价值的部分,是无形存在着的自然价值和积累价值。在供过于求时,商品的市场价值由质量好的个别价值决定,质量为中等的和质量差的商品的价值有一部分不能实现,但不能实现的商品价值还在,并不转移。在供不应求时,市场价值由质量差的商品的个别价值决定,此时,质量好的和质量中等的商品都会实现超额利润。这个超额利润与自然物质基质及科技价值有关,与其功效价值有关。

有些经济学家由于不知道不变资本中所含的积累价值、自然价值和科技价值都是时间,不知如何对其计量,所以产生了两种错觉:一是自动化机器会创造剩余价值,二是生产率低或懒惰者创造的剩余价值转移到了生产率高或勤快者那里。这些认识对人们的影响长达 100 多年。

虚假的价值并不虚,不是对马克思理论的否定,而是在马克思理论基础上研究的深化。

(2)平均利润是剩余价值的社会平均化。可能有人会对上述的超额利润与不变资本中的积累价值、自然物质的自然价值有关,商品个别价值在社会平均化后,个别价值少于社会平均价值的差额部分是无形存在着的积累价值和自然价值,个别价值多于社会平均价值,商品的价值将不能完全实现,商品价值不会从生产率低的劳动创造的价值转移到生产率高的劳动者那里的问题产生疑问。如果价值不会转移,那么,马克思关于剩余价值转化为平均利润形成生产价格的理论也是错误的?当然不是。剩余价值在不同资本构成的企业生产的商品价值中可能是转移的,也有可能是不转移的。

一是有一部分剩余价值可发生预付预留性转移。如果在生产尚未开始时,资本就要求预付平均利润,比如,金融资本、土地所有者都要求在生产前预付利息或地租,在生产后,产业资本也要给商业资本预留利润。所以,在商品生产出来后,商品的利润平均化过程实际已在进行中,剩余价值通过预付的形式转移,但成本价值不会转移,因为谁也不会只亏本不生产。生产者所付的利息,是预算利润的一部分,而利润是由剩余价值转化的。

二是狭义的剩余价值可在转化成利润并实现后发生转移。超过科学工作者和技术工人现实劳动力的劳动价值部分,随商品价值的实现,转化为利润,被资本瓜分。现实劳动力进行的是现实生产过程,尽管活劳动的个体功效价值差别很大,但马克思是把他们当作平均样本来计算的。马克思说:"可能会有人这样认为,既然商品的价值由生产商品所耗费的劳动量来决定,那么一个人越懒,越不熟练,他的商品就越有价值,因为他制造商品需要花费的时间越多。但是,形成价值实体的劳动是相同的人类劳动,是同一的人类劳动力的耗费。体现在商品世界全部价值中的社会的全部劳动力,在这里是当作一个同一的人类劳动力,虽然它是由无数的单个劳动力构成的。每一个这种单个劳动力,同别一个劳动力一样,都是同一的人类劳动力,只要它具有社会平均劳动力的性质,起着这种社会平均劳动力的作用,从而在商品的生产上只使用平均必要劳动时间或社会必要劳动时间。"[1]作为平均样本的劳动力在劳动中创造的剩余价值是相同的。不论资本有机构成如何,雇佣的活劳动多,创造的剩余价值多;雇佣的活劳动少,创造的剩余价值少。这些剩余价值蕴含在商品中,不会自动转移,而是通过生产商制定生产价格,在商品的价值实现后,再通过生产商的利息付出、地租付出等方式转移。但是,这种转移与前人积累的价值随资本有机构成的高或低再现的性质是不一样的。前人积累价值的再现,是人们在进行等价交换时对通约值取舍不一时出现的现象。而狭义的剩余价值转化为平均利润,则不是一种通约,而是一种必须和必然。如果劳动者的技能不同,在相同的时间里创造的剩余价值不同,则是因为他们对前人积累的科学技术掌握的程度不同,这种积累的科学技术价值也是可以通约的,因而马克思关于剩余价值转化为平均利润进而转化为生产价格的理论是一种天才性的论述,是价值转化中的理论瑰宝。

三是广义的剩余价值中的积累价值和自然价值是不转移的。机器等劳动工具都是劳动价值积累的结果。劳动价值积累是以活劳动为基础的,没有活劳动就没有积累,没有劳动过程和科学技术的积累,就没有先进机器的较高的生产率。机器的背后,既有活劳动的现实劳动,也有前人的积累劳动。因此,积累价值与劳动生产率有关,自然价值与商品的耐用性有关,它们在市场交换中与通约值的大小有关,而与是否转移无关。

马克思天才地论述了现实生产过程剩余价值的创造、分配及生产价格的形成,但对商品的价值不变而只是它的货币表现发生变动的情形没有考察。我们在马克思理论的基础上,进一步研究并明确区分和说明了若没有活劳动创造的剩余价值,就没有利润和平均利润,利润和平均利润与活劳动有关;若没有劳动价值的积累和通约,就没有超额利润,超额利润与资本有机构成有关,资本有机构成与积累价值、自然价值有关。所以,超额利润不仅仅是垄断的结果。若交换不以功效价值为依据,价值论与财富论就不能统一。哲学原理告诉我们,价值论与财富论,既可分立,也可统一。因而,这是对马克思劳动价值基本理论和价值转形理论的坚持、补充和发展,对批驳生产要素价值论、主观效用价值论、边际效用价值论、均衡价值论,对深入研究马克思主义劳动价值论有重要意义。

[1]中共中央马克思恩格斯列宁斯大林著作编译局译:《资本论》第一卷,北京:人民出版社,2004年,第52页。

3. 商品功效价值与市场价格和生产价格的关系。前面我们已经谈过,商品按照生产要素的功效价值生产,生产诸要素的功效价值通过活劳动转移到新产品中,新产品的价值就是生产要素的功效价值的分次转移。这些生产要素都是通过市场购买的,买者和卖者进行等价交换的依据是生产要素的功效价值。这样一来,通过生产所形成的新商品的总价值和总生产价格就可能与投入生产的生产要素的总价值和总价格不一致,但最终必然会趋于一致。

(1)人类文明进步使劳动力功效价值的报酬加大,寻求积累价值与自然价值的最大通约值也成为必然。随着人类文明进步,人们对社会生产特别关注并进行研究。马克思主义劳动价值论的诞生,使人们对资本主义生产方式的认识不断加深,对生产资料的公共性质的认识加深,资本家企图以垄断的方式销售产品以获取高额利润的手法越来越被人们所识破,于是,人们进行反抗和斗争,使得劳动力功效价值的报酬加大。与此同时,人类文明进步也使产品的积累价值和自然价值的通约值增大,因而决定了商品以生产价格为基础进行销售。现在工人劳动时间减少的趋势,无疑是人类文明进步的一种现象。马克思主义劳动价值论的传播是促进人类文明进步的重要因素。

资本家付出了劳动力功效价值的数倍工资,资本家是否无利可图了? 因为劳动力的自然价值就是劳动力的生存价值,即劳动力的生存时间。劳动力只有生存,才有可能进行劳动。在可能的劳动力成长为现实的劳动力的过程中,要消费生活资料,要付出学习各种知识和技能的费用,这些费用构成了生产劳动力的成本。劳动力的成本价值需要通过劳动力的劳动创造出来,劳动力丧失劳动能力后的生存,也需要劳动力在劳动能力存续期间创造出来,所以,资本家付出了超过劳动力功效价值的工资,只是对劳动力自然价值的补偿。在补偿了劳动力的自然价值后,劳动力还创造出了许多剩余价值并转移了大量的积累价值和自然价值,资本家还是有钱赚。这是资本主义生产方式维持下去的重要原因之一。依靠战争掠夺原材料,依靠生产资料私有权占有前人积累价值,依靠科学技术的乘数效应给科学工作者以高薪,是资本主义维持下去的重要原因之二。不过,当资本家主要依靠积累价值(包括知识和现实财富)发财时,资本主义就已经进入了一个新的阶段。社会主义吸收资本主义的一切文明成果,加速从福利工厂阶段进入共享工厂阶段,最后进入"各尽所能,按需分配"的共产主义阶段。

在劳动力的功效价值期的创造超过其自然价值,其报酬逐步接近于全部自然价值的同时,人类文明进步也使产品的积累价值和自然价值的通约值增大。这是因为,作为生产资料的天然的原材料,其所蕴含的自然价值是公共的,人们在相互进行等价交换时把它们通约了。作为非天然的经过劳动加工的原材料和劳动资料,其中所蕴含的前人积累价值也是公共的,生产者也没有付出任何成本,人们在进行等价交换时也对其进行通约。人们在通约时,寻求最大通约值。人们对最大通约值的寻求是不断的经验积累和试验过程。有的人可以寻求到最大通约值,而多数人则不可能寻求到最大通约值,这是对同一样商品不同的买家出不同的市场购买价格的原因之一。但是,生产厂商对他们的生产成本却是了如指掌的,所以,生产成本加上平均化的剩余价值即平均利润,就是他们制定生产价格的依据。这是把积累价值和自然价值全部通约以后的定价。马克思也是以假设最有良心的资本家的情况进行一般理论说明的。这是一般科学应该遵循的逻辑。如果按照"经济人假设",即人都是自私的假设进行研究,科学便没有了立足之地。但是,在现实中,只要一有机会,资本家还是会趁机加价,以获取高额利润。

(2)竞争等因素决定了商品以生产价格为基础进行销售。资本追求剩余价值和利润的本性,使生产商不断扩大再生产规模,产品急剧增加。在竞争的压力下,资本必须占有市场才能生存,于是,资本家不断地通过给批发商、运输商和零售商让利,以求降低市场价格,扩大商品市场占有份额,并对自然价值和积累价值以最大的数值通约,以生产成本加平均利润的生产价格销售商品。在供求平衡时,他们对自然价值和积累价值按最大通约值通约;在供过于求时,他们按含积累价值和自然价值最多、生产率最高、商品的市场价值最小的商品价值通约;在供不应求时,他们按含积累价值和自然价值最多、生产率最低、商品市场价值最多的商品价值通约。于是,便有了似乎是不合价值规律的交换,有了供求不平衡时的商品总价值与总价格不相符的情况,因而便有人误以为马克思的价值转形理论不正确,有人则企图以此来全盘否定马克思主义劳动价值论。

资本主义国家的职责,就是为资本获得利润保驾护航。资本的生产力无限扩张造成生产过剩发生经济危机时,在资本不能获取利润时,资本主义国家甚至不惜以发动战争来扩大市场,倾销商品。由于资本主义国家使殖民地成为商品倾销市场后,可以使便宜的商品进入殖民地,因而有人便抛出"殖民进步论"。因为资本主义国家进行殖民统治,不仅仅是倾销商品,还要掠夺殖民地国家和地区的原材料,剥夺被殖民国家和地区人民的尊严,损害殖民地国家和地区人民的利益,这激起了殖民地国家和地区人民奋起反抗,这就是为什么在20世纪资本主义殖民体系会在全球土崩瓦解的根本原因。

(3)主观因素对以生产价格为基础的市场价格的影响。人的主观因素对市场价格的影响表现在几个方面:一是人的经验不同,对商品的积累价值和自然价值的通约值的判断不同,在市场上进行讨价还价时达成的成交价不同。二是人们对有同一生产价格商品的预期功效价值的判断不同,在市场上所付出的市场价格也不同。三是商品出售者的主观故意欺诈。四是政府的不诚信行为,比如货币贬值。货币是价值的代表,价值是事物一般过程的抽象,是客观存在,所以货币本身不是信用的产物。信用是保证货币的一致性、量的多或少、市场交换以价值规律为基础的契约。政府是货币信用的公意。如果政府丧失信用,则货币与其所代表的价值分离,用相等的货币购买不到相等价值的商品。现在,资本主义国家以凯恩斯的经济学作指导,把这种主观故意发挥到极致。因此,对外要打破资本主义国家的货币垄断,倡导以购买力为标准的浮动汇率;对内要采取利率浮动和生活补贴相结合的制度,以保证人民的生活水平逐步提高。五是人们对商品的潜价值认识不清,造成价格虚高或价格偏低。比如,对某些文物的认知度不同,会使文物出售价格或购买价格与其价值严重偏离。要揭示这种现象的本质,必须提高人们对马克思主义劳动价值论的认识。

4. 市场价格问题的复杂性。商品的市场价格问题是复杂的。马克思阐述了商品通过一次性生产形成的价值如何转化为生产价格,生产价格成为市场价格波动的中心。我们又以马克思的理论为基础,通过人们常用的劳动生产率=劳动产品数量÷劳动时间表达式,从生产要素的全部功效价值出发,从单位商品的功效价值出发,考察了商品市场价格围绕价值波动的影响,又进一步说明了商品的市场价格受到积累价值、自然价值、科学技术、供求等因素的影响。我们的研究,把商品价格理论向前推进了一步,对理解某些商品的市场价格的意义是不言自明的。以水果为例对此加以简略说明:水果中含有果树的自然生长价值和投入管理的价值,人们在买卖水果时,会评估水果对人体的微观功效,在对其自然价值按平均通约值进行通约后,把投入的劳动与成本价值加入市场价格中。例如,一棵杏树约需 4 年才结,但人们在市场上买杏子,不会问生产者的杏树是几年才结的果,投入的成本多少,只会看杏子的质量。很显然,没有前 4 年的投入,杏树是不会结果的,每一枚杏子中都包含有杏树前 4 年的自然生长价值、劳动价值和生产资料转移价值。其中,杏树生长的自然价值会被通约,如果通约后还有剩余,自然价值才会显现出来,成为超额利润。

由于目前人们关于事物对于人体功效的评估仍是经验的,不同消费者对商品的使用目的不同,经验不一,会对同一商品付出不同的价格,但这不是纯由主观决定的。将来价值的研究,与之相联系的财富生产的研究,要在人利用能量做功和人的生命与自然物质存在的关系上下功夫。如果价值研究达到粒子水平,人类的财富创造就与物理科学、生命科学、化学科学紧密地联系在一起,哲学价值与经济价值也就合而为一。

三、商业资本和市场价格

马克思对生产价格的论述详细而科学。但是,马克思的论述,一是只考察了一次性劳动创造价值和剩余价值的过程;二是虽然以其独创的资本有机构成理论说明了前人积累价值在提高劳动生产率中的作用,但未对前人的积累价值予以精确计量;三是假设自然物质没有价值。我们的任务,是要考察生产资料功效价值全部耗尽的生产连续过程,并考察前人积累价值与劳动生产率的关系,同时又把自然物质的自然价值加进生产过程中。所以,我们需要对商业资本、商业价格和市场价格进行深入研究。

（一）以马克思理论为基础研究商业价格和市场价格

马克思对商业资本和市场价格已经研究得相当深入(参阅第六章),马克思的理论是我们研究市场价格问题的基础。不过,需要说明的是,我们这里所说的商业价格,包括商品在流通过程中各阶段的价格,而市场价格仅仅指商品在零售阶段的成交的最终价格。

1. 马克思商业价格理论的正确性。马克思关于商业是产业的继续,商业利润来自于产业利润的转让的观点是符合实际的。在现实中,生产者以出厂价把商品卖给商人,商人再加价出售商品,但他们的加价不是随意的。马克思说:"如果把商人是垄断者并且同时垄断着生产的情况,比如荷兰东印度公司当时的情况撇开不说,那么,再也没有什么东西比下面这种流行的看法更为荒唐的了,按照这种看法,就单个商品来说,是薄利多销,还是厚利少销,完全取决于商人自己。他的出售价格有两个界限:一方面是商品的生产价格,这是不由他做主的;另一方面是平均利润率,这也是不由他做主的。他能够决定的只有一件事情,就是他愿意经营昂贵的商品还是经营便宜的商品;但即使在这件事情上,他可以支配的资本量和其他一些情况也在起作用。因此,商人怎么干,完全取决于资本主义生产方式的发展程度,而不是取决于商人的愿望。"[1]商业价格的高或低,与生产资本的剩余价值量和生产价格有关,与平均利润率和平均利润量有关,也与商品中所含的积累价值有关,与商品基质中所含的自然价值有关。

马克思关于在一次生产过程结束后的生产价格形成和商业价格形成的理论是正确的,但需要发展。例如,有一个生产资本的有机构成为 2000c+1000v,假定剩余价值率为 100%,则其生产的剩余价值为 1000m,生产的商品价值 W = 2000c+1000v+1000m = 4000。假定对一个 300 的商业资本进行商品销售。商业资本家也雇佣工人,那么,这 300 商业资本可分为固定资本和可变资本,假定它们按 200c+100v 划分,它的 100 可变资本所创造的剩余价值是不确定的,要看从生产资本那里转移来的平均利润的多少而定。

平均利润率=剩余价值总额÷总资本×100% = 1000(m)÷(2000c+1000v+200c+100v)×100%=$30\frac{10}{33}$%。

产业资本所获得的平均利润 $\bar{p}$=(2000c+1000v)×$30\frac{10}{33}$%=$909\frac{1}{11}$,商业资本获得的平均利润 $\bar{p}'$=(200c+100v)×$30\frac{10}{33}$%=$90\frac{10}{11}$。产业资本和商业资本所获的平均利润之和=

[1]中共中央马克思恩格斯列宁斯大林著作编译局译:《资本论》第三卷,北京:人民出版社,2004 年,第341-342 页。

$909\frac{1}{11}+90\frac{10}{11}=1000$，与生产资本创造的剩余价值 1000 相等。

产业资本的生产价格＝生产成本＋平均利润＝（2000c+1000v）+909$\frac{1}{11}\overline{p}$=3909$\frac{1}{11}$。

商业雇佣劳动转移的剩余价值所转化的平均利润是 90$\frac{10}{11}$，所以，商业价格是商业成本和商业可变资本转移的平均利润之和＝200c+100v+90$\frac{10}{11}\overline{p}$=390$\frac{10}{11}$。

产业资本与商业资本的生产成本＝2000c+1000v+200c+100v＝3300，产业资本创造的剩余价值为 1000，商品的总价值＝2000c+1000v+200c+100v+1000m＝4300。在商品离开生产领域进入商业流通后，产业资本的生产价格＝（生产成本＋平均利润）＋商业价格（资本的运营成本＋转移的平均利润）＝3909$\frac{1}{11}$+390$\frac{10}{11}$=4300。二者是相等的。马克思的理论是正确的。那种认为如果商业资本雇佣了活劳动，活劳动也创造了剩余价值，因而马克思关于生产价格+商业价格会比商品总价值多的认识是错误的。发生这种错误的原因可能是他们把商业可变资本转移的剩余价值率也假设为 100% 了，而实际商业雇佣活劳动平均利润转移率为 90$\frac{10}{11}$÷100×100%＝90$\frac{10}{11}$%。

这样，也就较好地说明了第六章所遇到的难题，即商业工人的无酬劳动如何创造剩余价值问题。在第六章的举例是：一个生产资本为 720c+180v，假定剩余价值率为 100%，则剩余价值 m＝180，利润率＝20%。产品的总价值为 720c+180v+180m＝1080，产业资本实现的利润为（720c+180v）×20%＝180。

为销售这 1080 的产品，商业资本家投入 100 的资本，如果剩余价值量不变，则利润率下降为 180÷（720c+180v+100m）×100%＝18%。此时，产业资本实现的利润量为（720c+180v）×18%＝162，商业资本实现的利润量为 100×18%＝18。商业资本实现的利润 18，是产业资本的预留。如果商业资本家雇佣劳动，则他的 100 资本可分为固定资本和可变资本，假若按 1∶1 的比例分为 50c+50v，50v 转移 18 的平均利润，如果把它看作商业工人创造的剩余价值，则它的剩余价值率为 18÷50×100%＝36%。所以，商业工人的剩余价值率由生产资本的平均利润量决定，不能假设。但是，此时的商品价值总量扩大了，原来是 720c+180v+180m＝1080，现在由于商业资本 100 的加入，不论这 100 是按 50c+50v 分配还是按其他的比例分配，商品的总价值增至 1180。如果商品按 1180 的价格出售，与 1080 不相符，出现了虚假的价值，违背了价值规律。如果商品流通环节越多，商品加价也越多。这是马克思留给我们的难题之一。

2. 马克思的商业价格理论还需深化和发展。要解决马克思给我们留下的难题，需深入研究如下几个问题:一是商业资本预付的不变资本补偿问题。马克思认为,商业资本投入的不变资本,例如承租店面、办公费用、广告费用等,加上商业资本从产业资本那里转移来的平均利润,会多于商品的生产价值。多出来的这个部分,是商业资本家替产业资本家预付的费用,应该加进产业资本家的成本中去(参阅第六章)。但是,如果这部分费用加进产业资本中,必然要改变平均利润量,如此,市场价格将会受到怎样的影响? 二是商业资本中的可变资本到底创造不创造剩余价值? 马克思认为,商业资本中的可变资本只转移价值,不创造剩余价值。有人一直对此存在疑问。三是如果说商业的可变资本不创造剩余价值,而包装、运输、仓储、保管、分装这些作为商业活动的可变资本却创造价值和剩余价值,那么,这些活劳动创造的价值和剩余价值在商业活动中是怎样的?

(二)以功效价值为基础研究商业价格和市场价格

劳动生产率=劳动产品数量÷劳动时间表达式中的劳动时间,既是马克思所说的商品的价值,也是商品的生成价值,还是生产要素的综合功效价值的一部分。如果生产要素的功效价值未尽,则生产过程不算结束。在市场上,人们是按功效价值进行商品交换的,所以,应以功效价值为基础研究商品的商业价格和市场价格。

1. 商品的生产、批发、运输、销售链不可分割。商品只有销售出去,才算生产过程的完结。商品在市场上按功效价值交换,人们把商品价值中所含的自然价值、积累价值进行了通约,生产商以通约后的生产价格为基础进行定价。此时的生产价格中,不但包含着金融资本所获得的以利息形式被生产商预付的平均利润,同时,因为商品只有通过商业资本的运作,比如通过批发、运输、零售诸环节,才能最终到达消费者手中,所以,生产商还要为商业资本即批发、运输、零售诸商预留平均利润。资本主义的私人占有制,使这种链条断裂。生产者为了利润,只顾生产;批发商为了利润,不断扩大市场,因而不断进行商品屯积;运输商为了利润,多拉快跑;零售商为了利润,不断扩大营业场所。商业各个经营相同的商品的部门间、经营不同商品的部门间、商业资本家与产业资本家间的竞争,使得全社会生产和批发、运输、销售互不协调,因而发生生产过剩、商品积压、商品滞销等情况,导致经济危机的发生。所以,马克思关于计划生产的真正意义就是避免浪费。

如果商品按功效价值销售,设功效价值为 a,则 $a = a_1 + a_2 + a_3 + a_4 + \cdots$,生产商将获得 a_1,批发商将获得 a_2,运输商将获得 a_3,零售商将获得 a_4,……

(1)生产商获得功效价值 a 中的 a_1。功效价值 a 中的 a_1 与马克思所说的生产价格等值。假定生产企业劳动者的剩余价值率为100%,生产资本经过竞争形成的平均资本有机构成是 $80c+20v$,商品的价值 $W = 80c+20v +20m = 120$,利润率为20%,平均利润为20,我们用 $\bar{p}$ 来表示平均利润,则生产价格=120。商品功效价值 a 中的 $a_1 = 120$。按照马克思的理论,市场价格只围绕 a_1 波动。

商业比如批发、运输、零售诸商只转移生产商创造的价值和剩余价值，也就是说，商业店员的有酬劳动使自己获得工资，无酬劳动转移生产商给商业资本预留的平均利润。如果商业资本的投入也为100，那么，生产的平均利润20就将与商业资本均分。假若批发、运输、零售诸商各投入资本100，加上生产商的资本100，共同分享20的利润，每100资本将分得平均利润5。

在马克思的理论中，运输属于生产性企业。这不影响我们对问题的探讨。如果运输业的资本有机构成是90c+10v，假若剩余价值率与生产资本一样，是100%，则它可创造10的剩余价值。按照马克思剩余价值平均化为平均利润的理论，运输商和生产商的剩余价值先平均化为平均利润，然后由批发和零售商雇佣的店员通过劳动转移等量资本应获得的利润量。生产商投入资本100，创造的剩余价值是20，运输商投入资本100，创造的剩余价值是10，共计投入的资本为200，剩余价值为30，平均利润率为30÷200×100%＝15%，每100资本可获得15的平均利润。如果批发商、零售商也各投入100的资本，那么，每100资本将获得30÷400×100%＝7.5%的平均利润。

因为运输业是商品在生产出来后流通领域中的重要一环，我们这里把运输作为商业对待，与批发、零售业一起转移生产企业的每100资本获得的平均利润5。这样可能使研究的问题更符合实际。

（2）假定批发商获得商品功效价值a中的a_2。批发商自己不劳动，要获得从生产商那里转让来的平均利润，需投入不变资本c和可变资本v，雇佣活劳动，通过活劳动的无酬劳动转移生产企业的平均利润。现代大商业显示，他们要投入大量资本建设仓库，运用机械设备进行商品的搬运，对有些水果蔬菜类的商品还要进行保鲜处理，比如建冷库、防虫害等。批发商投入的资本的有机构成不断提高，转移率也不断提高。假如他们投入的不变资本与可变资本之比也为80c+20v，平均利润的转移量为5，商品的商业批发价格为$80c+\overline{20v}+5p=105$。平均转移量一定，转移率不同，商品的批发期段价格可用下式表达：

$$a_2 = c + v + \overline{p}$$

式中：a_2为商品批发期段的价格，c表示批发商投入的不变资本，v表示批发商投入的可变资本，$\overline{p}$表示从产业资本家那里转让的平均利润量。

商业资本家投入的资本各不相同，采用的机械、设备、技术手段也不相同，可变资本转移的平均利润也不相同。也就是说，他们的转移率不同，或者说，他们的劳动生产率不同。上述批发商的平均利润转移率＝$5\overline{p} \div 20v \times 100\% = 25\%$。可用下式表达：

$$\overline{p}' = \frac{\overline{p}}{v} \times 100\%$$

式中：$\overline{p}'$表示平均利润个别转移率，$\overline{p}$表示被转移的平均利润，v表示可变资本。

由转移率可计算出资本如何构成。例如,假若有批发商的转移率为50%,则每100资本转移$5\bar{p}$需要的可变资本为$5(\bar{p}) \div \dfrac{1}{2} = 10(v)$,也就是说,它的资本有机构成为90c+10v。这种情况可用下式表达:

$$v = \frac{x\,\bar{p}}{\bar{p}'}$$

式中,v为每100资本所需的活劳动,$x\,\bar{p}$为可被转移的平均利润量,$\bar{p}'$为商业活劳动的转移率。

批发商业内部的竞争,使商业资本平均有机构成逐步提高。由于产业的平均利润转移量一定,所以,商业欲得到更多的利润,可根据预估的转移率进行资本有机构成配置。

等量资本为获得等量利润,产业资本家与商业资本家会展开竞争。如果生产商看到批发商利润高,则会进入批发领域,或兼营批发业务,竞争的结果,将逐步达到批发商业饱和。此时,产业资本有机构成与批发商业资本有机构成达到平衡,利润平均。在产业资本进入批发商业领域过多时,商业利润下降。一方面,使资本离开批发领域;另一方面,可促使生产企业采用含有更多积累劳动价值的机器,以提高劳动生产率、提高竞争力。它是促使社会进步的动力之一。

批发商业内部的竞争,不仅可促使批发商提高资本有机构成,采用先进的机械和科学技术,减少商品的损耗,加快批发速度,提高资本周转率,并根据市场供求情况,向商品供不应求的地区增加批发业务,以获取更多利润。批发商业利润的增加,可使商业网点增加,就业人数增加,社会购买力增强,加快消化资本主义大工业生产过快增加的产能,从而减轻资本主义经济危机发生的频率和程度。

(3)假定运输商获得商品功效价值 a 中的 a_3。运输业资本家不参加劳动,他要雇佣工人劳动,可投入不变资本 c 和可变资本 v,转移由生产资本创造的剩余价值转化的平均利润$\bar{p}$。在现代,运输业已经成为国民经济中的重要支柱之一,运输商投入的不变资本的量是很大的,他们要投入大量资本购买运输工具如火车、飞机、汽车、轮船、装卸机械等。假如运输商投入的不变资本与可变资本为90c+10v,所转移的平均利润也为5,转移率为50%,则商品的运输价格 $= 90c+10v+5\bar{p} = 105$。

从事运输业的资本家们投入的资本各不相同,他们采用的机械、设备、技术手段也不相同,资本有机构成不同,转移率不同,因而所获得的利润也不相同。通过运输业内部的竞争,资本有机构成高的运输企业,由于转移率高,可获得较多的利润。

如果商业领域转移率一定,由于资本有机构成不同,雇佣的活劳动数量不等,可根据商业领域转移率计算出商业个别活劳动对总平均利润的转移量。假定批发商的平均资本有机构成为80c+20v,运输商的平均资本有机构成为90c+10v,零售商的平均资本有机构成为70c+30v,批发商从生产商那里获得的包括运输、零售诸商的总平均利润量为15,那么,转移率=平均利润转移量÷总可变资本×100%=15÷(批发可变资本20+运输可变资本10+零售可变资本30)=15÷(20+10+30)×100%=25%。可用下式表达为:

$$\bar{p}'' = \frac{\sum \bar{p}}{\sum v} \times 100\%$$

式中,$\bar{p}''$表示商业社会平均利润转移率,$\sum \bar{p}$表示总平均利润转移量,$\sum v$表示总可变资本。

商业领域平均利润转移率与商业个别可变资本的乘积,就是商品流通至某一期段由商业个别活劳动转移的平均利润量。例如,批发期段的转移量$\bar{p}=20v×25\%=5$,运输期段的转移量$\bar{p}=10v×25\%=2\frac{1}{2}$,零售期段的转移量$\bar{p}=30v×25\%=7\frac{1}{2}$。

在平均利润形成后,批发期段商品价格增加的部分$=80c+20v+5\bar{p}=105$,运输期段商品价格增加的部分$=90c+10v+2\frac{1}{2}\bar{p}=102\frac{1}{2}$,零售期段商品价格增加的部分$=70c+30v+7\frac{1}{2}\bar{p}=107\frac{1}{2}$。

批发、运输、零售诸商的平均资本有机构成$=80c+20v$,按此计算的平均利润转移量等于5。由于商品首先到达批发商那里,生产商转让给商业的总平均利润完全由批发商代为处理。批发商将自己应获得的平均利润转移量5留下,余下的平均利润10交由运输商,运输商的资本有机构成高,所以,当他获得平均利润转移量后,除获得与雇佣的活劳动相一致的$2\frac{1}{2}$利润外,还将获得$5-2\frac{1}{2}=2\frac{1}{2}$的超出它的价值的利润。零售商将获得平均利润转移量5,将有$7\frac{1}{2}-5=2\frac{1}{2}$的利润不能实现。所以,争相降低商业成本,加快商品流通速度,并加快商业自动化的步伐,成为商业领域发展的方向。

上述原理说明商业资本在参与商品的价格形成后不仅使商品零售价格上涨,而且仍使等量资本获取等量利润。

由于商品的价值是由商品的生产过程决定的,而过程是以时间来计量的,商品的批发、运输又都是商品的生产环节的继续,所以,运输过程越长,商品的价值增加越多,价格也随之增加。另外,商品是有使用期限的,如果超过商品的功效期,商品会失去其功效价值,所以,追求商品运输时间的缩短就成为生产商、批发商、运输商、零售商的共同心愿。有时,生产商会为零售商承担运输费用,有时零售商会为生产商承担运输费用,但他们会同时把这些费用加在消费者身上。由于商品的运输在生产、生活中起着重要的作用,会大大减少财富因过期失效、霉变、腐烂和其他因素导致的损失,所以,运输业率先成为关乎公共利益的行业并受到社会的重视。公路建设、铁路建设、机场建设、码头建设、快速运输工具的研发和建造,成为公共财政支出的重点领域。这是社会生产发展的需要和趋势。

(4)假定零售商获得商品功效价值 a 中的 a_4。商品零售业是商品到达消费者手中的最后一环。有些零售商自己不参加劳动,为获得从生产商那里转让来的平均利润 $\bar{p}$,除投入不变资本 c,以建造零售场所、建设仓库等以外,还要投入可变资本 v 雇佣活劳动。假若零售商投入的不变资本和可变资本是 $70c+30v$,活劳动转移的平均利润是 $5\bar{p}$,则商品零售价格将变为 $70c+30v+5\bar{p}=105$。

在零售业里,各个不同的零售商投入的不变资本和可变资本的比例是不同的,有的资本有机构成高,有的资本有机构成低。如果零售商的资本有机构成低于平均有机构成,则生产商预留给他的平均利润不能全部实现。所以,零售商需要采用先进机械和采用先进科学技术,缩短商品滞留时间,增加资本周转率,根据市场供求情况,销售紧俏商品,以获取更多的利润。

对于商品流通各期段价值影响最大的因素还是资本有机构成和转移率与转移量。表14-3 是投入的资本量相同,平均利润转移量相同,有机构成不同,转移率不同,商品流通经过的各期段价格。

表 14-3 平均利润转移量相同、转移率不同,商品流通各期段的价格情况

类 别	资本有机构成	剩余价值率	剩余价值	平均利润率	平均利润	平均利润转移率	平均利润转移量	各期段价格
生 产	$80c+20v$	100%	20	5%	5	—	—	105
批 发	$80c+20v$	—	—	5%	5	$\frac{1}{4}$	5	105
运 输	$90c+10v$	—	—	5%	5	$\frac{1}{2}$	5	105
零 售	$70c+30v$	—	—	5%	5	$\frac{1}{6}$	5	105
合 计	$320c+80v$	—	20	—	20	—	—	420
平 均	$80c+20v$	—	—	5%	5	$\frac{1}{4}$	5	105

表 14-3 显示,生产商、批发商、运输商、零售商投入的总资本为 400。生产商生产的剩余价值是 20,此为总剩余价值。总资本与总剩余价值相加,总价值为 420。平均利润率为 $20\div400\times100\%=5\%$,每 100 资本获得的平均利润为 $100\times5\%=5$。批发业、运输业、零售业的资本有机构成不同,由于资本量相同,其转移的平均利润也相同,都为 5,但是转移率不同。资本有机构成高,转移率高,表示劳动生产率高。资本有机构成高的运输业,转移

率 $=5(\bar{p})\div10(v)\times100\%=\dfrac{1}{2}$（为了计算方便，此处转移率不换算为百分比，下同）。资本有机构成中等的批发业，转移率 $=5(\bar{p})\div20(v)\times100\%=\dfrac{1}{4}$。资本有机构成低的零售业，转移率 $=5(\bar{p})\div30(v)\times100\%=\dfrac{1}{6}$。可见，资本有机构成的高低对商业利润有较大影响。

如果投入的资本量相同，资本有机构成不同，平均利润转移率相同，则转移量不同，商品流通各期段的价格见表14-4。

表14-4　平均利润转移率相同、转移量不同，商品各期段的价格情况

类　别	资本有机构成	剩余价值率	剩余价值	平均利润率	平均利润	平均利润转移率	平均利润转移量	各期段的价格
生　产	80c+20v	100%	20	5%	5	—	5	105
批　发	80c+20v	—	—	5%	5	$\dfrac{1}{4}$	5	105
运　输	90c+10v	—	—	5%	5	$\dfrac{1}{4}$	$2\dfrac{1}{2}$	$102\dfrac{1}{2}$
零　售	70c+30v	—	—	5%	5	$\dfrac{1}{4}$	$7\dfrac{1}{2}$	$107\dfrac{1}{2}$
合　计	320c+80v	100%	20	—	20	—	—	420
平　均	80c+20v	—	—	5%	5	$\dfrac{1}{4}$	5	105

表14-4显示，如果转移总额一定，批发商、运输商、零售诸商的资本有机构成不同，商业各期段的平均利润转移率相同，均为 $\dfrac{1}{4}$，则转移量不同。由于资本有机构成不同，雇佣的活劳动人数不同，所以，资本有机构成高，雇佣的活劳动少，转移的利润量少；资本有机构成低，雇佣的活劳动多，转移的利润多。雇佣的活劳动数量与转移量成正比。但是，由于等量资本要求等量利润的规律决定了每100资本必须获得相同的利润；商品流通呈现的是正向性，按出厂—批发—运输—零售，或按出厂—运输—批发—零售的方向运动，商业诸商将按资本量留下等量利润。所以，资本有机构成高的商业企业将获得超过本期段价值的超额利润。例如，运输业的资本有机构成高，为90c+10v，虽然转移量为 $2\dfrac{1}{2}$，但运输商不是留下 $2\dfrac{1}{2}$ 的利润，而是留下5的平均利润，从而获得了 $2\dfrac{1}{2}$ 超额利润。零售业的资本有机构成低，为70c+30v，零售商应该获得 $7\dfrac{1}{2}$ 的利润，但他只能得到5的平均利润，将有 $2\dfrac{1}{2}$ 的利润不能实现。这是商业企业竞相提高资本有机构成、减少活劳动的雇佣量

的动力之一,也是资本主义商业发展从小商业变为大商业的内在原因之一。

2. 零售商担负着实现商品功效价值的任务。商品的最终零售价 ≠ a_4。a_4 仅是商品功效价值 a 中的一部分,是商品零售期段价值。零售商担负着实现商品全部功效价值 a 的任务,所以商品的零售价 = $a = a_1 + a_2 + a_3 + a_4 + \cdots\cdots$,也就是说,商品的生产价格、批发价格、运输价格、零售价格的总和等于商品的功效价值。这就是商品的市场零售价格。

表 14-3、表 14-4 均显示商品的最终零售价是 420。商品经过批发、运输、零售各环节,层层加价。商品按功效价值进行等价交换,层层加价也在其功效价值范围内进行。所以,商品的功效价值也是 420。如果商品流通过程能够减少层级,则商品处于某一期段的商业实现的利润量增加。比如,有的商品减少了批发环节,运输和零售商的利润增加。

按照马克思的生产价格理论,商品的生产价格是 120。如果把商业的 300 资本加入生产资本,则生产资本为 400,共同分享生产资本创造的 20 的剩余价值,剩余价值率从 100% 一下缩小为 20÷400×100% = 5%,意味着商业越发达,生产越无利可图。笔者以马克思的生产价格理论为基础进行深化研究后发现,商业担负着实现生产性价值的任务,商业的加价,与商品的功效价值有关,与商品中含有大量的前人劳动积累价值和商品基质的自然价值有关。马克思的生产价格理论建立在商品在市场交换中对积累价值和自然价值按最大通约值通约后的基础之上,马克思的理论是正确的。因为马克思认为市场销售价格问题不在他的研究范围,所以没有研究各种类商品的具体市场价格问题。

3. 对商品销售价格科学性的考察。上述关于商品销售价格的研究是否科学,要看是否违背了以下三个原则:一是等量资本是否获得等量利润;二是在供求平衡时,总价值是否等于总价格、总剩余价值是否等于总利润;三是交换是否遵从价值规律。

关于等量资本是否获得等量利润。表 14-3 显示每 100 资本都转移平均利润 5。表 14-4 显示资本有机构成不同,转移的利润量不等,但是,按每 100 资本实现平均利润 5 计算,也符合等量资本获取等量利润的原则。

关于商品的总价值是否等于总价格,总剩余价值是否等于总利润。从表 14-3 和表 14-4 都看到,商品的总价值为 420,总价格也为 420,总价值 = 总价格。商品的总剩余价值为 20,总利润也为 20,总剩余价值 = 总利润。这是供求平衡时的情况,即商品按各期段价格 105 加总。

如果供过于求,则商品按资本有机构成高的产品的价值实现。以表 14-4 为例,商品的零售价格会按运输业的期段价值 $102\frac{1}{2} \times 4 = 410$ 确定。包括生产商在内,都会损失 $2\frac{1}{2}$ 的平均利润。虽然说商品的流向性不能逆转,但如果商业盈利减少,商业资本家会减少进货,生产商的产品积压,影响到他的利润的实现。

如果供不应求,则商品按资本有机构成低的产品的价值实现。还以表14-4为例,商品的零售价将按零售业的期段价值 $107\frac{1}{2}×4=430$ 确定。生产商可能因为利润增加,提高生产价格,此时,包括生产商在内,都将获得 $2\frac{1}{2}$ 的超额利润。如果生产商不提高生产价格,则可能因他的生产力加大、库存减少使库存费用节约而得到超额利润。

供求以社会对商品的需要量为前提,超过社会的需要量,产品的价值便不能实现,于是,产品在数量的扩张中,不断降低市场价格,直至接近成本价格。

供求不平衡所引起的商品价格波动,受价值规律制约。商品价值的实现,受资本有机构成的制约。如果供不应求,加价过高,商品的零售价格过高,利润和超额利润增加,会导致生产企业加大生产力度,增加产品数量,将有更多的资本投资办厂,最终使平均利润减少,达到商品供求平衡的利润度为止。相反,如果供过于求,利润太薄,会导致资本撤出生产领域,使商品供应减少,利润增加,最后达到商品供求平衡的利润度为止。所以,供求不平衡时商品总价值与总价格不相等以及总利润与总剩余价值不相等,不能否定供求平衡时两个相等的结论。

不论商品的最终零售价格与价值有多大的背离,都必须遵守等价交换原则。如果违背了价值规律,就是不科学的。商品销售的常态是 $a > a_1 + a_2 + a_3 + a_4 + \cdots\cdots$,也就是说,商品的功效价值常常大于商品的销售价格。或者说商品经过生产、批发、运输、零售诸环节以后,经过层层加码,商品销售价格还是小于商品的功效价值,人们便会认为物有所值。此时,人们会因商品的功效价值大而市场价格低不断购买商品,商品便会畅销。虽然表14-3和表14-4中的420不一定是商品的真正的功效价值,是经过通约后的功效价值,但若商品销售价格小于420,商品就会畅销。

在市场上,同类商品的交换是按照功效价值的社会平均价值进行的。如果 $a < a_1 + a_2 + a_3 + a_4 + \cdots\cdots$,也就是说,商品的功效价值小于生产、批发、运输、零售的加价,或者说商品经过生产、批发、运输、零售诸环节以后,经过层层加码,商品销售价格大于商品的功效价值,这便是物不所值,人们会因商品的功效价值小而市场价格高不购买商品,商品便会滞销。商品滞销会使商品的一部分价值不能实现或完全不能实现,商品生产便超出了社会必要的限度。如果商品大量滞销,便会发生经济危机。另一方面,它会促使零售商逐步提高资本有机构成的水平,向零售自动化前进。因为如果商品不是按流通领域的平均化的资本有机构成形成价格,则资本有机构成低的商品流通期段的价格高,资本家可能减少投资,降低资本有机构成,不再投入高效率的机械和现代化设备;也可能从利润少的流通领域转入利润高的流通领域,比如从运输业转入零售业。这会造成一种结果,即利润高的领域的投资超过了社会有效需求的范围,使一部分投资成为无效投资,这样,一些投资亏损的资

本家会退出这个领域,最终使资本有机构成逐步平均化。

表面上看,上述原理揭示商品的销售常态是销售价格小于其功效价值,似乎违背了价值规律。但是,商品的生成价值中含有前人的积累价值和自然价值。商品的功效价值表达的是商品的实效期,实效期与自然价值有关,也与科学技术的进步有关,超过了专利保护期的科学技术会沉淀为积累价值。商品在生产时,生成的时间短,是因为其中相当数量的生成时间被前人解决了,后人已经不需要再重复这个过程了。还因为前人积累的价值和自然价值是无偿的,人们把它们通约了。从表面上看,商品是与其功效价值不相等的价值量进行交换,这种交换似乎违背了价值规律,但是,其背后尚有看不到的价值在起作用。这种交换,是人们在对商品中所含的未付出现实劳动的无偿价值——积累价值和自然价值——进行通约后进行的。这种表象迷惑了不少人。由于被通约的价值看不见摸不着,而且由于人们对这种通约成为代代相传的习惯性方法后,也就不再去追究其中所蕴含的复杂原因了。

在生产阶段,因为资本有机构成不同,导致的生产率不同,各生产企业商品价值的通约量不相同,各企业获得的利润也不相同。但经过竞争,整个行业形成了平均利润,而后形成企业生产价格。生产价格是调节生产企业生产量的中心,是社会必要劳动即有效劳动调节的中心。商品生产出来以后,如果销售不出去,生产价值是不能实现的,所以,商品流通的各环节也归并于生产过程。这样就产生了两重作用:一是商业资本要参与利润的平均化过程,要获得平均利润;二是商业流通资本也雇佣活劳动,实现从生产资本那里转移的价值和平均利润。随着社会的进步,前人为后人积累的价值越来越多;随着耐用材料的不断发现,商品的使用寿命不断延长,实效价值期越来越长;随着科学技术的不断进步,劳动生产率的不断提高,单位产品的生产价值与功效价值之间的差额越来越大;随着社会调节力度的增大,人们对商品价值中所含的公共积累价值和自然价值的通约量也越来越大。这些情况和趋势,表现为商品的零售价格越来越低。如果商品零售价格不降反升,则说明资本家为了发财,人为地干扰了市场价格;或者是政府失信,货币发行过多,造成通货膨胀;或者是政府失职,没有对商品的最大通约值进行计量并向社会公布。现在,人们对积累价值和自然价值的最大通约值一直是经验性的。在计算机发达的今天,政府完全可以通过科学技术来确定每一种商品的最大通约值。马克思的理论可以为价格管理部门提供实际需要的价格管制标准。

商品流通的中间环节越多,商品的零售价越高。社会发展的趋势,是减少商品流通的中间环节。比如商品不经过批发商而直接由运输商运到零售商那里,这是生产商兼营了批发商业务。不上规模的运输业,不雇佣工人,运输工具也较简单,比如运输个体户只有一辆运输汽车,则他有可能只挣到从生产商那里转移来的平均利润。如果他把商品运到该商品紧俏的地区,则为他的运输价格的加价创造了条件。

商品在生产、批发、运输诸商那里是集中的,但在零售商那里,却是分散的,因此,零售是最不容易实施生产资料公共占有的领域,是产生资本主义小私有观念最强的一个领域。

(三)影响市场价格的其他因素

除资本有机构成、劳动生产率以及供求关系对市场价格影响较大外,还有很多影响商品市场价格的因素。

1. 规律性制约。规律是事物发展的强制性内在要求。规律是客观的,不依人的意志为转移。商品市场价格即它的最终零售价格受以下几个规律的制约:一是受价值规律的制约。我们的论述都是严格按照等价交换的原则进行的。凡是不符合等价交换原则的价值理论都是错误的。二是受社会必要劳动时间决定规律制约。供不应求时商品价格上涨,是社会必要劳动时间规律决定了商品价值的通约量减少所致;供大于求时商品价格下跌,是社会必要劳动时间决定了商品价值的通约量增加所致。在理解供求与商品市场价格的关系时,要认识到社会需求是有限和无限的统一,不能从孤立的个人需求看待社会必要劳动时间决定规律。三是受通约规律制约。商品以现实的劳动量进行交换和对非现实劳动价值予以通约,是通约规律。这个规律在经济学界长期被人们忽视,这与人们对价值的特性了解甚少有关。自然事物的自然价值、前人积累的劳动价值、商品的功效价值,在交换中有一部分被通约掉了,而且通约的量常因个体经验、地区的经济发展状况、运输业的发展程度、生产率的高低等等而显现出差别,因而也影响到商品的市场最终零售价格。

2. 竞争。资本主义的竞争是由资本的趋利性所致。一方面,竞争使人类把弱肉强食的“丛林法则”发挥到极致,资本雄厚的生产者可以吞并小生产者,造成强者恒强、弱者更弱,使资本集中,形成垄断;另一方面,商品生产部门的内部竞争可使商品的价值转化为市场价值,社会各部门之间的竞争可使全社会的利润平均化,使等量资本获取等量利润,继而使商品价值转化为生产价格。商业部门内部的竞争使商业资本家采取薄利多销的方法加快资本周转的速度,使商品价值下降。商业资本同产业资本的竞争可使商品的生产和销售从不平衡到平衡,周而复始,使商品市场价格不断地波动。无序竞争可使商品的部分价值不能实现,甚或实现的价值为负,可使商品生产者亏损,也对商品的销售价格产生影响。为避免市场价格出现较大的波动从而影响人们的日常生活,竞争需要法律的规范和政府的适当干预。竞争不仅可影响商品价值社会化、利润平均化、使商家在销售中降低价格,而且竞争也是使商家产生通约积累价值与自然价值意愿的重要原因之一。但是,具体生产者实现价值的多或少、正或负,并不影响全社会商品价值的计量的总量。

3. 资本的周转。马克思说:“资本的循环,不是当作孤立的过程,而是当作周期性的过程时,叫作资本的周转。这种周转的持续时间,由资本的生产时间和资本的流通时间之和决定。这个时间之和形成资本的周转时间。"[1]马克思不仅为资本的周转下定义,也指出了如何计量资本周转。马克思说:"假定我们用 U 表示周转时间的计量单位——年,用 u 表示一定资本的周转时间,用 n 表示资本的周转次数,那么 $n=\dfrac{U}{u}$。举例来说,如果周转时间 u 等于 3 个月,那么,$n=\dfrac{12}{3}=4$;资本在一年中完成 4 次周转,或者说,周转 4 次。如果 u=18 个月,那么,$n=\dfrac{12}{18}=\dfrac{2}{3}$,或者说,资本在一年内只完成它的周转时间的 $\dfrac{2}{3}$。如果资本的周转时间等于几年,那么,它就要用一年的倍数来计算。"[2]

生产资本的固定资本周转速度慢,可变资本周转速度快,预付资本的总周转,是它们不同部分周转的平均。但是,固定资本的周转与可变资本的周转有本质的差别。这是因为,固定资本不创造剩余价值,而可变资本创造剩余价值。加快资本的周转,可以节约可变资本的预付量,并增加年剩余价值量和提高年剩余价值率。比如,一个可变资本为 500,假定剩余价值率为 100%,在生产中可以创造 500 的剩余价值。假若一年这个 500 的可变资本周转 4 次,就可得到剩余价值 2000。不仅剩余价值量增加了,而且年剩余价值率也提高了 3 倍。所以,资本家总是要加快资本的周转速度。不过,年剩余价值率的提高,并不意味着剥削程度的提高。剩余价值率与年剩余价值率是有区别的。剩余价值率表示资本家对工人的剥削程度,年剩余价值率表示可变资本的增殖程度。

商业流通是生产过程的继续。产品如果卖不出去,资本就不能回笼,也无法周转。商品销售的速度越快,资本回笼和周转的速度也越快。但是,马克思认为,由于商业资本不创造价值和剩余价值,只转移产业资本创造的价值和剩余价值,商业资本只能获得从产业资本家那里转移来的平均利润,所以,资本周转加快后,商品的出售价格会越来越低。马克思在《资本论》第三卷第 341 页举了一个例子予以说明(马克思用的是英国的货币单位镑、先令、便士。1 镑=20 先令,1 先令=12 便士。有的读者对英镑、先令、便士等货币单位较为陌生,所以我们不引用马克思的原话,只说明他所举例的大意,并把货币单位变为"元")。

一个商人花了 100 元购买了 100 斤糖。如果一斤糖的生产价格是 1 元,年平均利润率是 15%,每斤糖的平均利润=1 元×15%=0.15 元,商业价格=1 元+0.15 元=1.15 元,商人的 100 斤糖出售价格为 115 元。商人出售 100 斤糖获得的 15 元的利润,不是由商人决定的,而是由生产价格和平均利润率决定的。

如果每斤糖的生产价格下降 50%,这个商人花 100 元可以购买 200 斤糖,每斤糖的生

---

[1]中共中央马克思恩格斯列宁斯大林著作编译局译:《资本论》第二卷,北京:人民出版社,2004 年,第 174 页。
[2]中共中央马克思恩格斯列宁斯大林著作编译局译:《资本论》第二卷,北京:人民出版社,2004 年,第 174 页。

产价格是 0.5 元,平均利润率仍是 15%,则每斤糖的平均利润 = 0.5 元×15% = 0.075 元,商业价格是 0.5 元+0.075 元 = 0.575 元。

生产资本的周转速度影响剩余价值,从而影响平均利润,进而影响生产价格,也影响商业价格;商业资本的周转速度不影响平均利润和生产价格,但由于平均利润是由商业资本实现的,商业资本获得的平均利润,是从生产资本那里分得的,所以,商业资本的周转影响商业价格。

上例的商业资本家从产业资本家那里购买 100 斤糖需要花费 100 元。如果商业资本一年只周转一次,平均利润率是 15%,每斤糖按 1.15 元卖出,可获利 15 元。假若资本一年周转 5 次,则商业资本家只需投入 20 元,每次购买产业资本家生产的糖 20 斤,一年销售 100 斤,就可获得 15 元的利润。可见,按年计算的平均利润率,使得周转快的商业资本一年所获的平均利润不增加,但资本预付量减少。

假若上述商业资本家购买 100 斤糖的花费仍是 100 元,一年周转 5 次,他在一年内可以销售 500 斤糖。此时,他遵循的是薄利多销的原则,商业资本出售商品的商业加价率是 3% 而非 15%,他的行为可使商品的商业价格降低。100 元购买 100 斤糖,每斤糖的生产价格是 1 元,当他一年销售 500 斤糖时,他仍然获得 15 元的利润,此时每斤糖的利润是 15 元÷500 斤 = 0.03 元/斤,糖的商业价格是 1.03 元。马克思说:"如果情况不是这样,商人资本就会随着它的周转次数的增加,比产业资本提供高得多的利润,而这是和一般利润率的规律相矛盾的。"[1]

马克思一再强调,这是从总生产过程、商品生产总量来考察所得出的一般的规律。马克思说:"因此,就产业资本来说,如果我们更精确地考察一下周转时间对价值形成的影响,我们就会回到商品价值由商品中包含的劳动时间决定这个一般规律和政治经济学的基础上来,但是,商人资本的周转对商业价格的影响却会呈现出各种现象,如果不详细地分析各个中间环节,这些现象似乎是以价格的纯粹任意决定为前提,也就是说,所以这样决定价格,似乎只是由于资本已决定要在一年内获得一定量的利润。特别是由于周转的这种影响,似乎流通过程本身会在一定范围内不以生产过程为转移而独立地决定商品的价格。一切关于再生产总过程的表面的和颠倒的见解,都来自对商人资本的考察,来自商人资本特有的运动在流通当事人头脑中引起的观念。"[2]由于平均利润一定,所以马克思说:"一定量商品资本周转一次获得的利润,同实现这个商品资本的周转所需的货币资本的周转次数成反比。薄利快销,特别对零售商人来说是他原则上遵循的一个

---

[1]中共中央马克思恩格斯列宁斯大林著作编译局译:《资本论》第三卷,北京:人民出版社,2004 年,第 347 页。
[2]中共中央马克思恩格斯列宁斯大林著作编译局译:《资本论》第三卷,北京:人民出版社,2004 年,第 348 页。

原则。"[1]

商品流通规律决定于商品价值生产规律,也是经济学的一般商业价格决定规律。商业价格问题很复杂,中间环节很多,只看表面现象,会出现颠倒的见解。比如,商业行业很多,他们的资本周转数量和速度都不相同,因而会出现周转速度快的商业企业不仅获得平均利润,还可能获得超额利润,而周转速度慢的商业企业获得的利润低于平均利润的情况。商业行业内部的竞争、商业部门之间的竞争、商业资本与产业资本的竞争等情况,都影响商业价格和利润。资本的周转会受很多因素的影响,比如受流通渠道的影响、运输能力的影响、流通环节的影响、营销方式的影响,等等。流通过程越长,环节越多,在商品的生产价格上附加的价值也越多,商品的市场价格会因此而大大提高,人们可能以为是商人在任意决定商品的价格。这也可能是主观效用价值论产生的原因之一。

可能有人认为,如果按照马克思的理论,资本周转越快,商品销售的价格越低,商品一年周转一次和商品一年周转 n 次所获得的利润相等,那么,商业资本家仅仅是为了少预付资本,或者为了纯粹的竞争,而非为了获得更多的利润去加快资本的周转,这种加快资本周转速度的冲动是不会持续太久的。经过研究,我们发现,当商业资本周转速度增快时,等于生产资本量增加,平均利润率下降,生产价格随之下降,商业的市场价格也随之下降。产业资本和商业资本的周转速度都影响商品的市场价格,并不只是商业资本的周转速度影响了市场价格。商品市场价格的高低并不表明商品价值的变化,也不表明商品没有按其价值进行交换。但商品以自身的价值为基础的价格波动,不仅不违反价值规律,反而是价值规律发生作用的反映。马克思的这个理论是正确的。更进一步深入研究,我们还发现,商品在市场上如果按功效价值进行交换,其出售价格还与前人积累的劳动价值、商品基质的自然价值的通约率和通约量有关,通约率越高,通约量越大,商品的市场零售价格越低,反之则越高。

4. 垄断。利用权力垄断获取较高的利润,或利用天然垄断获取较高利润,是资本主义私有制的特征之一。马克思认为,自然的或人为的垄断能使立约双方的一方高于价值出售商品,或迫使一方低于价值抛售商品。垄断是利用权力的强制性实现商品的利润和超额利润的手段。垄断使商品交换不通过竞争实现,进行的是不等价交换,违背了价值规律。例如,黑恶势力用威胁人的生命的办法,逼迫人们购买他们的商品,而他们对商品的定价可能是随心所欲的。如果因为土地短缺而建造的住房少,房地产商就会在房屋出售时无限加价;如果不为国家和人民的利益着想,有的学校就会变相高收费,使一部分孩子因家庭贫困而受不到良好教育;等等。

5. 信用制度。现在的经济学界,对于货币和信用的看法五花八门。比如,有人认为货

---

[1]中共中央马克思恩格斯列宁斯大林著作编译局译:《资本论》第三卷,北京:人民出版社,2004 年,第 349 页。

币就是信用。有学者探讨了信用货币说的缘由：“这种说法基本上秉承了从巴师夏到波普尔再到哈耶克的自由主义思想，强调货币是人类合作秩序不断自发扩展的进程。”[1]信用货币说认为，货币产生的前提是分工，分工协作使人们产生相互信任，在人们相互信任程度还很脆弱时，需要金银充当货币。随着社会的发展，“每个人已经不可能脱离社会和他人而存在，人与人之间的合作和信任已经大大提高，所以价值货币自然地就过渡到了法定货币，借助国家信用这个最可靠的社会信用形式，金银退出了历史舞台。说穿了，货币本质上不是物，而是人与人之间的相互信任和依赖，空调彩电可以和几张纸片相交换，是因为我们高度依赖于和信任于他人。当然，极为睿智之士还是会发现信用货币说的缺陷：信用货币虽然代表人类社会信用，可是执行这个信用总需要特殊的群体，就像法律的普遍性和权威性需要具体的法官来体现一样，难道代行国家信用的中央银行就不会像道德沦丧的法官一样用滥发钞票窃取百姓的财富吗？这种危险的现实性已经为过去老百姓承受通货膨胀的苦难所证实；信用货币虽然以国家信用为宿主，可是国家体系间的信用难道没有强弱之分吗？这种残酷的竞争性已经为我们对美元的崇拜、以及对发展中国家弱币的抛弃所证实；信用货币既然是人类社会信用的最高体现，那么比国家信用更可靠的国际信用就不能成为货币的基础吗？这种广阔的可能性也已经为欧元在今年年初的问世所证实”[2]。有人认为，财富的三个来源是：“人类对自然资源认识能力的提高可以创造财富、人类对自然资源的加工（劳动）可以创造财富、人类的主观世界的创造活动也能够创造财富。”[3]“显然纸币作为财富，并不在于印刷纸币的过程，也不在于通过再贷款方式增加货币投放，而在于信用创造。纸币最初并不是由各国的中央银行创造的，而是因为原始钱庄、早期商业银行发行的银票——这种银票的价值在于其本身承载的信用，是人类主观世界创造的财富形态。当大部分国家的纸币发行都集中到中央银行时，纸币承载的就是国家信用。”[4]有些人以西方非科学的价值理论为依据对马克思的货币学说进行责难，是他们对价值和信用制度缺乏认识的表现。把价值研究推进到微观粒子和波的水平，固然是价值研究的正确方向，但是，把金银、纸币、电子币作为货币，作为价值的代表，不是因为人脑思维的粒子和波与外界粒子和波的一致性所致，而是因为价值是有用事物过程的抽象，而过程是同一的。正因为价值是一切有用事物的同一性，所以才有价值的代表——货币——的出现。这是人们用高明的认识世界的方法——抽象具体实代法——认识价值的表现。也正因为货币本身制作有成本，又考虑到携带的方便，货币才有可能不是固定在一种物品上，才有了纸币、电子币的出现。信用制度确实是社会发展的产物，但信

[1]钟伟：《钱到底是什么——货币本质探微》，《中国市场经济报》1999年7月31日第2版。
[2]钟伟：《钱到底是什么——货币本质探微》，《中国市场经济报》1999年7月31日第2版。
[3]滕泰：《新财富论》，上海：上海财经大学出版社，2006年，第44页。
[4]滕泰：《新财富论》，上海：上海财经大学出版社，2006年，第44页。

用货币必须以财富的同一性为前提,如果没有不同财富的同一性,再有信用也不会有货币。比如,一个乞丐一无所有,但他非常诚信、非常有信用,如果他因此去超市拿货物、去食堂吃饭、去服装店拿衣服,尽管人们也相信他的为人,相信他如果发家后会还回货物、食物和衣物,但商家还是不可能时时满足他的需要,因为他的诚信不等于他的能力,他不一定能够发家致富。更为重要的是,诚信不是货币,不能充当等价物,虽然诚信是货币流通的前提条件之一。现在人们去银行贷款,要拿房屋或其他物品作抵押,就是因为实物与货币有同一性。以国家信用所发行的货币,也以实物财富为依据。信用只是从属于商品交换和货币流通的一种经济关系,是以偿还为条件的价值的特殊运动形式。马克思说:"这个运动——以偿还为条件的付出——一般地说就是贷和借的运动,即货币或商品的只是有条件让渡的这种特有形式的运动。"[1]货币的发行量必须与价值相等。如果政府信用缺失,无限量地发行货币,将使币值与实际价值不符。当币值与实际价值不符时,以货币为交换单位的价格就表现为虚高的现象,这便是通货膨胀,商品的市场价格升高。通货膨胀导致货币贬值,是一种政府剥削行为。例如,从 1945 年 8 月起的 3 年中,为了打内战,代表资产阶级利益的蒋介石集团每年的财政支出超出预算的两三倍甚至三四倍,财政入不敷出,他们就大肆发行货币,引起通货膨胀,物价上涨了 14000 倍。总计自 1937 年 6 月以后的 12 年中,国民党政府的纸币发行增加了 1400 多亿倍,同期物价上涨了 85000 多亿倍。1937 年的 100 元法币可买 2 头黄牛,到 1949 年 5 月,就只能买 1 粒米的千万分之二点四五了。[2]资产阶级经济学家凯恩斯关于扩大财政赤字刺激经济的理论,就是这种赤裸裸剥夺方法的现实反映。让货币贬值,使物不所值,是资本主义国家政府的无信用的表现。

个人信用缺失,不依功效价值进行等价交换,会发生以次充好、假冒伪劣等市场欺诈行为。

6. 汇率。汇率是一国货币单位用另一国货币单位所折算出来的比价。我国外汇汇率采用直接标价法,即用 1 单位或 100 单位的外国货币为标准,折算为一定数量的人民币。

由于一国的国内货币对内贬值和对外贬值在时间上并不一致,所以资本主义国家常常用货币贬值的方法进行国际剥削。比如,美国近年来不断地发动战争,由于战争耗费太大,波及美国经济,美国政府为转嫁危机,使美元大肆贬值,剥削本国和世界人民。据专家估计,2008 年 4 月前的一个月间,美元对国际主要货币跌了 2.6%,如果假定 2007 年底一国外汇储备的 1.528 万亿美元中有 90% 是美元,由于美元贬值,过去的一个月即蒸发 357 亿美元。美国 2008 年发生的金融危机,就是美国政府开支过度、发行美元过量、美元贬值、金融衍生物大量增加、金融极端自由化等的结果。现阶段,世界各国要想避免更大的损失,必须结束美元独统的国际结算局面,开展多元货币结算,各国应按实际购买力协商

[1]中共中央马克思恩格斯列宁斯大林著作编译局译:《资本论》第三卷,北京:人民出版社,2004 年,第 389 页。
[2]况浩林编著:《简明中国近代经济史》,北京:中央民族大学出版社,1994 年,第 367-370 页。

各币种的汇率。虽然 2008 年的金融危机来势凶猛,但对主要发达资本主义国家的冲击,还没有达到 1929—1933 年世界资本主义经济危机的程度。因为在经济全球化时代,世界各国都在为美国的金融危机买单。有学者指出:美元每贬值 10%,就有相当于美国经济 5.3% 的财富从世界各地转移至美国;2002—2007 年,美元贬值 20.6%,按 2006 年美国 GDP 为 13.19 万亿美元算,意味着在过去 5 年中仅美元贬值一项,全球 1.3 万亿美元的财富无形中流入美国。这种状况既有助于缓解美国的经济困难,又打击了新兴国家的经济升幅。在美国金融危机中,美元贬值已经使一些国家上万亿美元蒸发于无形。[1]

并不是任何一个国家的货币贬值都可以像美国那样为本国带来财富。这是因为,美元是国际货币,这是在第二次世界大战后确定的布雷顿森林体系造成的。一般国家的货币贬值,一方面,因为降低了本国货币对外国货币的比价,汇率跌落,所以外国货币的购买力增强,可以使本国的实物出口增加,在国内扩大生产,增加就业,同时改善国际收支;另一方面,由于货币贬值,本币在外国的购买力减弱,原材料进口价格上涨,再生产的商品价格也随之上涨。这种由于经济情况恶化—货币贬值—购买力下降—通货膨胀—人民受害—失业增加—经济情况再度恶化—货币再贬值的循环,使钱不值钱,工资虽然在上涨,但实际购买力却没有提高的情况,是资本主义国家的政府失去信用的表现,也是资本主义制度的根本缺陷之一,因为资本主义国家不是以劳动人民的福祉为目的,而是以资本的增殖为目的。有人总是企图拿几个主要的发达资本主义国家的福利来证明资本主义国家也是以人民的福祉为目的,但他们总是看不见几个主要发达资本主义国家是如何靠战争、霸权等等手段发财致富的。而社会主义经济的发展,则是主要建立在人民以勤劳、智慧和自力更生精神的财富创造上。

由于目前资本主义国家占多数,社会主义国家仅靠一国之力建设社会主义的高级阶段是困难的,所以,也需要采取商品生产,制定恰当的货币和汇率政策,以减少资本主义的货币剥削,并使货币成为国家经济建设的一种有力工具。因此,我国的汇率改革应有新思路,要建立一套新体系。根据马克思关于货币本质的论述,我们应该认识到,一国的货币发行量与本国的实际价值如果相符,本国的物价就表示本国生产的商品的社会必要劳动时间。但是在与他国交易时,他国货币与本国的商品并不一定等价,可能他国的币值低于本国的实物价值,也可能高于本国的实物价值。在用他国货币进行结算时,需要进行测算,以确定他国货币的币值。可用在日常生活中对吃、穿、住、用、行物品的购买力进行评估,折算为货币,然后把两国的货币购买力作一比较,以此来确定本国的汇率。我们不能以汇率确定价格。当然,这是一项艰苦细致的工作,也是货币研究中的一个重要课题。

---

[1] 杨玉玲:《金融危机与国家安全的历史审度》,《光明日报》2008 年 12 月 11 日第 9 版。

7. 剥削度。如果生产资料所有者过度剥削劳动者，比如让劳动者加班加点地工作而不付报酬，或者让劳动者一个人干两个人的活，则剩余价值量增加。此时，商品生产的平均利润增加，生产价格提高。随着商品生产价格的提高，商品的商业价格也随之提高，商品的市场出售价格就会提高。

由于资本的使命是增殖，资本主义生产是以追求剩余价值为目的的生产，所以，资本主义生产必然是不断提高剥削度从而提高剩余价值量的生产。因为在资本主义的生产中，资本有机构成高的企业生产的剩余价值少，在社会资本有机构成没有普遍提高之前，这样的企业的商品按平均利润形成的生产价格出售，可获得超额利润。而资本有机构成低的企业实现的利润少，甚或有一部分剩余价值不能实现，由于资本趋利的本性，资本有机构成低的企业都向往超额利润，纷纷提高资本有机构成。这样一来，使社会平均利润率降低，生产价格也随之下降。随着生产价格的下降，商品的商业价格也会下降，最终使商品的市场销售价格下降。也就是说，商品利润率下降的规律，通过商品的价格表现出来。可见，商品特殊的价格表现包含着马克思所阐述的一般规律，一切对马克思主义劳动价值论的责难和误解，都与不能正确理解表象和本质的关系有关。

根据马克思的论述和我们对于前人劳动积累价值的研究，可以得出这样的结论：随着科学技术的发展进步，随着资本有机构成的提高，商品的生产价格必然下降，劳动者的被剥削程度必然降低。如果商品的价格不降反升，劳动者的被剥削度不降反高，则是社会的病态存在，原因不外是货币工具被人为操纵，或者资本的无道德性对人的影响增强等。此时，企图靠道德说教是不行的，经济所产生的结果还需要靠经济手段来解决，正确的经济手段需要正确的理论来指导，否则，就会通过社会的激烈动荡来强制性地进行纠偏。

8. 税收和利息。税收是国家强制向企业和公民征收的费用，起初，其目的是为了维护国家机器如监狱、警察、法院、军队等的正常活动。马克思在《哥达纲领批判》中说："赋税是政府机器的经济的基础，而不是其他任何东西的经济的基础。"[1]随着社会发展和进步，税收也用于公共需要开支，如发展公共交通、用于医疗和教育费用的支出、最低生活保障费用的支出等，因而税收有了收入再分配的调节作用。因为征税对企业的利润有影响，所以税收也对商品的市场价格产生影响。如果对商业活动的征税不合理，则会影响商业的繁荣。

利息是货币经营者向贷款人收取的超过原贷款额的一部分货币。按照马克思的理论，利息是剩余价值的特殊转化形式，是平均利润的一部分。从生息资本发展到借贷资本有一个过程。马克思说："利息形式比利润形式古老。"[2]在奴隶社会和封建社会，有钱人发放的高利贷，就是生息资本。高利贷的利息，不仅包括生产者所生产的剩余产品，也

---

[1]《马克思恩格斯选集》第三卷，第3版，北京：人民出版社，2012年，第375页。
[2]《马克思恩格斯全集》第31卷，第2版，北京：人民出版社，1998年，第265页。

包括一部分必要的产品。随着资本主义生产方式的建立,生息资本为了使自身增值,便归于生产资本,货币经营者凭借货币本身从生产资本那里获得利润,生息资本便发展为借贷资本,货币作为资本变成了商品。商品都有价值和使用价值。货币的价值是它本身,货币的使用价值是它能执行资本的职能,为生产者带来剩余价值,剩余价值转化为利息和企业主收入。马克思说:"贷出者和借入者双方都是把同一货币额作为资本支出的。但它只有在后者手中才执行资本的职能。同一货币额作为资本对两个人来说取得了双重的存在,这并不会使利润增加一倍。它所以能对双方都作为资本执行职能,只是由于利润的分割。其中归贷出者的部分叫作利息。"[1]金融资本获得利息是等量资本获得等量利润的体现。由于利息是平均利润的一部分,所以,利息也对商品的市场销售价格产生影响。

根据马克思的理论,商业只实现产业资本所创造的由剩余价值转化的平均利润,商业利润随产业资本剩余价值的变化而变化,而生息资本则不论产业资本创造多少剩余价值,都要按事前的约定获得利息,所以,生息资本可能会以最无耻的手段比如制定不合理利息、随意涨息等方法获得不合理收入,造成生产企业可能因负债付息过多使生产价值低于市场价值而亏损。生产企业可能因此而加重对自然资源的掠夺,以增加其无偿付出的或付出很少的自然价值以降低生产成本;也可能更加重视科学技术在生产中的作用,以求更多地利用前人的积累价值,降低生产成本;或者因此而加重对劳动者的剥削。因而,在利润一定的前提下,生产企业自有资本必须达到一定的数量。政府必须担负起自身的职责:一要科学设计税率。二要根据生产情况制定利息率。三要鼓励企业生产有更多的含有积累价值和高科技含量的产品。四是科学征税。征税可使物价降低,如果因征税而致物价上涨,说明商人向消费者转嫁负担,政府要加强对物价的监管。五是税金的利用和投向必须细致谋划。税金用于公共管理和公共设施建设,是利润的再平衡,对社会发展有重要作用。六是商品在商业流通各阶段,为取得高额利润,批发诸商都会争相提高资本有机构成,采用积累价值较多的设备进行商业活动,政府应鼓励商业向自动化发展。

9. 地租、原材料价格上涨等因素。这些因素对商品最终市场价格也有影响,但可归结于上述各种影响商品最终市场价格的机理中。

(四)商品价值的实现度

制造出来的产品在被使用后,其价值得以实现,表现为生产和流通投入的成本得以回收,并实现一定的利润。商品的价值实现受很多因素的影响,实现度与商品的功效价值密切相关,影响商品的市场价格。商品价值实现度可用下式表达:

$$s=\frac{Q'}{W'}\times100\%$$

[1]中共中央马克思恩格斯列宁斯大林著作编译局译:《资本论》第三卷,北京:人民出版社,2004年,第395-396页。

式中:s 表示价值实现度,Q′表示价值实现量,W′表示创造的价值量。

例如,某蕉农收获了 10 万公斤香蕉,每公斤香蕉的生产价格(成本价格+平均利润)为 2 元人民币,总价值(总价格)为 20 万元人民币。但是,由于受天气的影响,香蕉成熟后有 2 万公斤没有卖出去,因腐烂丧失了功效价值,实现的价值量＝20 万元−2 元/公斤×2 万公斤＝16 万元,其价值实现度 s＝16 万元÷20 万元×100%＝80%。

计量商品价值实现度的意义:一是可以计量商品的生产与消费的比例,指导生产,避免浪费;二是商品的实现度可以反映市场供求对市场价格的影响,用作价格指导性参考指标;三是破除 GDP 崇拜,为建立生产性价值和实现性价值两个统计体系提供依据。

四、等价交换与等量资本获取等量利润

商品如果按功效价值进行交换,市场价格由其功效价值决定,那么,商品交换是否仍按等价交换进行? 等量资本是否仍获等量利润? 这个问题在前面已简略讨论,这里再继续深入探讨。

（一）按商品的功效价值交换必须遵循的原则

在生产性消费者购买商品时,按功效价值进行交换是一目了然的。因为生产性消费者要使作为生产资料的商品在使用中改变形态,成为具有新的使用价值的产品,新产品中所含的价值,是生产资料的综合功效价值的分次转移。任何一种作为生产资料的商品,如果功效价值没有用尽,生产者是不会放弃它的。新产品在出售时,是按生产资料的综合功效价值分次转移的价值进行交换的。

对商品的生活性消费者来说,注重的也是商品的功效价值。所谓假冒伪劣产品,就是产品的功效价值未达到一定的标准,不能达到预期值,但商品却按其功效价值标准预期值出售。生活性消费者是一次性购买商品功效价值的,商品的生成价值与其功效价值是否相等,是发展马克思主义劳动价值论的价格理论必须解决的问题。与之紧密相关的另一个问题是,等量资本是否仍然获得等量利润?

在本章前面我们指出了影响商品市场价格的众多因素。有些因素不具规律性,比如垄断性价格。但是,有些规律性影响还是不能回避的。我们这里特别要强调的是商品的生产者和销售者对商品价值的通约规律。按照我们的研究,对商品价值的通约,主要是对商品中所含的积累价值和自然价值通约。这种通约主要受社会必要劳动时间决定商品价值实现的规律、竞争规律和供求规律的影响。

如果商品的销售者对他销售的商品的功效价值非常了解,虽然他会按商品的功效价值要价,但由于受社会必要劳动时间规律的制约,他必须使他的商品价值化为社会价值;

受竞争规律制约,他必须按最大通约值进行通约;受供求的影响,他不得不按由供需决定的生产价格实现价值。所以,他并不是随心所欲地加价减价。消费者购买商品时的讨价还价,实质上是在与售卖者商讨最大通约值。

(二)商品交换时的积累价值与自然价值的通约率和通约量的计量

随着社会的进步和发展,商品的市场销售价格不是直接按功效价值确定的,而是在对前人劳动积累价值和自然价值进行通约后确定的。对于积累价值和自然价值,我们不知道它们数量的上限和下限,但是,我们知道生产的商品的形成价值和商品的功效价值,我们也知道投入的生产要素的价值,因此,我们可以根据这些已知因素的价值,来确定积累价值和自然价值的通约量。如果用货币单位来表达商品价值通约后的剩余量,这个剩余量便是市场价格。

1. 以产品数量、生产价值和功效价值为基础,计量产品未通约前的价格。生产价值是生产要素包括劳动力功效价值的转移过程的抽象,产品数量与生产要素的功效价值成反比。生产要素的功效价值一定,产品数量越多,单位产品所含的生产要素的功效价值越少。被劳动力在生产中转移至新产品的功效价值中,包含了多量的积累价值、自然价值和剩余价值。产品都有一定的成本,如果生产成本+平均利润形成生产价格,则单位产品以货币表达的未通约前的价格可用下式表达:

$$k' = g' \cdot \frac{a}{w}$$

式中:k'为单位产品以货币表达的未通约前的价格,g'为单位产品的生产价格,$\frac{a}{w}$为产品的功效价值与生产价值的比值。

例如,某生产商生产高压锅,假如机器、原材料和劳动者的工资等生产要素的价值为400万元人民币,有效使用期为10年,每天24小时都在生产,每年365天,合87600小时,10年内生产2万个高压锅,它的生产价值为87600小时÷20000个=4.38小时/个,用货币计量为4000000元÷20000个=200元/个,即4.38小时=200元,这是每个锅所含的生产价值,即生产要素转移的功效价值。如果没有部门之间的竞争,平均利润也未形成,锅的生产价值就是它的市场价值,生产商将按生产价值出售高压锅。如果平均利润已经形成,200元中包含了平均利润,则200元就是锅的生产价格。在消费者看来,如果一个锅可使用6年,每天使用3次,每次使用1小时,6年共计使用6570小时,购买一个锅需付出6570小时的等价,是4.38小时的1500倍。也就是说,高压锅的功效价值 $a = 6570$ 小时,如果没有其他制约因素,一个锅未通约前的市场价格为它的生产价格与功效价值和生产价值之比的乘积,即$k' = g' \cdot \frac{a}{w} = 200$ 元×(6570 小时÷4.38 小时) = 300000 元。生产、批发、运输、零售诸商的成本和利润都要在商品功效价值 a 中扣除,即都要在 30 万元内扣除。

一个高压锅的功效价值是 6570 小时,可以卖价 30 万元,而生产商的生产价格或生产价值只有 200 元,生产商可以在 30 万元与 200 元之间随意定价。如果消费者不知道高压锅的生产价格,就只能处于被动地位。

2. 工业品价值的通约率和通约量。本章表 14-4 显示,商品经过生产、批发、运输和零售阶段,最终销售价格是 420,但这 420 并不是商品真正的功效价值,而是通约后的价格。这涉及商品的市场功效价值通约率问题。

一般来说,工业品的生产时间短,功效时间长,计算其市场价值通约率,主要通约的是与功效价值成比例的生产价值中所含的无代价的积累价值和自然价值,其通约率可用商品的功效价值减去生产价值与其功效价值的比值进行计算。功效价值通约率可用公式(Ⅰ)或公式(Ⅱ)表达:

$$\Phi = \frac{a-w}{a} \times 100\% \qquad\qquad (Ⅰ)$$

$$\Phi = \left(1 - \frac{w}{a}\right) \times 100\% \qquad\qquad (Ⅱ)$$

式中:Φ 表示商品的功效价值通约率,w 表示商品的生产价值,a 表示商品的功效价值,$\frac{w}{a}$ 表示商品一次生产形成的价值与功效价值的比值。

例如,上例中一个高压锅以货币表示的生产价值或生产价格是 200 元,它的功效价值或价格是 30 万元,它的通约率 $\Phi = (1 - 200\ 元 \div 300000\ 元) \times 100\% = 99\frac{14}{15}\%$。

通约率与功效价值的乘积就是实际通约量,可用公式(Ⅲ)表达:

$$T_1 = \Phi \cdot a \qquad\qquad (Ⅲ)$$

式中:T_1 表示实际通约量,Φ 表示通约率,a 表示商品功效价值。

例如,上述举例,一个高压锅如果按生产价值或生产价格 200 元出售,其实际通约量 $T_1 = 99\frac{14}{15}\% \times 300000\ 元 = 299800\ 元$。批发、运输、零售诸商经过层层加码,通约率和通约量降低,商品的最终市场出售价格增高。

我们求通约率,不仅可以对社会生产利用积累价值的程度作出估价,而且也可以对自然资源的消耗程度,对商品流通诸环节的科技进步程度作出估价。一般来说,通约率越高,说明社会生产越进步,流通诸环节也越少,流通渠道越通畅,市场发育越充分,可能形成较为合理的市场价格。在市场上,除生产商外,人们一般不知道商品的实际生产价格,所以,政府不需要为每件商品定价,只需向消费者发布通约率,即可达到宏观调控物价的目的。

3. 质量与平均功效价值和通约率。由于商品的基质不同、结构不同、科技含量不同、效率不同,所以,即使是同类商品,因为质量不同,它们的功效价值不同,市场价格也不同。

(1)生产时间相同,功效价值不同,市场价格不同。例如,上例生产商甲生产每个高压锅的时间是 4.38 小时,生产价值或生产价格是 200 元,每个锅可以使用 6 年,每天使用 3 次,每次 1 小时,一年 365 天,共计 6570 小时,消费性功效价值与生产性价值之比为 1500∶1。如果生产商乙也生产高压锅,投入的生产要素的价值与前者相同,但由于材质不同、科技含量不同,每个锅只能使用 2 年,共计使用 2190 小时。由于功效价值不同,后者的功效价值与生产价值之比为 2190 小时÷4.38 小时=500,二者之比为 500∶1,而非 1500∶1,因而它的最高价只有 200 元×500=10 万元,而非 30 万元。通约率 $\Phi=(1-200$ 元÷100000 元$)\times100\%=99.8\%$。前者的通约率 $\Phi=99\frac{14}{15}\%$(约为 99.93%),高于乙的通约率,说明生产效率越高的厂家的商品中所含的积累价值、自然价值和科技价值越多,通约率也越高。但是,在市场上,除非厂家出于低价竞争的故意,同类商品的通约率是相同的,即把商品的功效价值平均为社会功效价值后,依社会平均价值计算通约率。甲、乙生产的商品的功效价值平均后为(6570 小时+2190 小时)÷2=4380 小时,功效价值与生产价值之比为 4380 小时÷4.38 小时=1000∶1,最高价为 200 元×1000=200000 元,平均通约率 $\Phi=(1-200$ 元÷200000 元$)\times100\%=99.9\%$。这样,质量好、使用时间长的商品在通约后,积累价值和自然价值还有剩余。这也成为厂家加价的基础。这种情况可用公式(Ⅳ)或(Ⅴ)表达:

$$S=a-T_1 \qquad\qquad (Ⅳ)$$
$$S=a-\Phi\cdot a \qquad\qquad (Ⅴ)$$

式中:S 为以积累价值为主的包含有少量自然价值的混合价值通约后的剩余量,a 为功效价值,T_1 为通约量,Φ 为通约率。

例如,上例由于生产商甲生产的锅质量好、使用时间长,按平均通约率 99.9% 通约,则通约剩余量=300000 元-99.9%×300000 元=300 元。由于生产商乙生产的锅使用时间短,通约剩余量=100000 元-99.9%×100000 元=100 元。如果甲的锅以每只 300 元的价格出售,则乙的每只锅只能卖 100 元。后者亏损,他的生产将被淘汰。

现实中,随着科技进步,质量好、使用时间长的商品不断涌现,使有些产品很快在市场上被淘汰,成为人们不需要的产品,等于它已经丧失了功效价值。这是一种趋势。在实际生活中,也有人需要虽然质次但价廉的商品。如果商家因此还能获得利润,则是他们没有按最大通约值进行通约的缘故。

(2)劳动生产率不同,商品的生产时间不同,功效价值相同,市场价格不同。生产同类产品,有的厂家劳动生产率高,有的劳动生产率低,所以,商品价值形成的时间不同,虽然功效价值相同,但按相同的通约率通约,商品的市场价格也会有差异。

例如,高压锅生产商甲和乙都投入 400 万元办厂。甲在 87600 小时内生产出 2 万个高压锅,每个锅用时 4.38 小时,用货币计量的价格是每个锅 200 元,功效价值为 6570 小时,功效价值与生产价格或生产价值之比为 1500∶1,通约率 $\Phi=99\frac{14}{15}\%$。乙的生产效率低于甲的,在 87600 小时内生产出 1 万个高压锅,每个锅用时 8.76 小时,用货币计量的每个锅的价格是 400 元,功效价值还是 6570 小时,功效价值与生产价格或生产价值之比为 6570 小时÷8.76 小时=750∶1。通约率 $\Phi=[1-400\ \text{元}÷(400\ \text{元}×750)]×100\%=99\frac{13}{15}\%$。

二者的平均通约率 $\Phi=(99\frac{14}{15}\%+99\frac{13}{15}\%)÷2=99.9\%$。如果二者均按 99.9% 的通约率通约,则甲的通约剩余量=200 元×1500-200 元×1500×99.9%=300 元。甲以 300 元的市场价格出售商品,由于其生产价值为 200 元,则甲可获得利润 100 元。乙的通约剩余量=400 元×750-400 元×750×99.9%=300 元。乙若以 300 元的市场价格出售商品,因其生产价值为 400 元,则乙将亏损 100 元。劳动生产率高的企业可获得较多的利润,于是企业争相提高劳动生产率。

(3)商品的生产成本不同,生产时间相同,功效价值相同,市场价格不同。在现实中,生产同类商品,有的企业生产成本低,有的企业生产成本高,即使劳动生产率相同、产品的质量相同、功效价值相同,但市场价格也会不同。

例如,生产商甲在 87600 小时内生产 20000 个高压锅,投入的资本是 400 万元,生产 1 个锅的时间 4.38 小时=200 元。生产商乙在相同的时间内生产同样数量的锅,投入的资本是 500 万元,由于成本高,生产 1 个锅的时间 4.38 小时=250 元。锅的功效价值都是 6570 小时。二者的平均通约率 $\Phi=(1-4.38÷6570)×100\%=99\frac{14}{15}\%$。甲的通约剩余量= 200 元×(6570÷4.38)-200 元×(6570÷4.38)×$99\frac{14}{15}$%=200 元。乙的通约剩余量=250 元× (6570÷4.38)-250 元×(6570÷4.38)×$99\frac{14}{15}$%=250 元。在竞争中,二者的价值将化为社会平均价值,按(200+250)元÷2=225 元的市场价格出售产品,甲将获利 25 元,乙将亏损 25 元。

4. 资本有机构成与通约率。马克思假设资本量相同,资本有机构成不同,论述了等量资本如何获得等量利润,但没有涉及劳动生产率。表 14-5 假设资本量相同,资本有机构成不同,劳动生产率不同,商品的功效价值不同时,对市场价格通约率和通约量的影响(假定剩余价值率均为 100%,平均利润率均为 20%)。

表14-5 资本有机构成不同、劳动生产率不同、功效价值不同对市场价格通约量的影响

类别	资本有机构成	剩余价值	生产价值	产品数量	单位产品价值	平均利润	生产价格	单位产品生产价格（以货币计）	单位产品功效价值（以时间计）	单位产品功效价值与生产价值比	以功效价值为交换标准的单位产品市场价格（以货币计）	通约率	通约量	通约剩余量
A类	90c+10v	10	110	6	$18\frac{1}{3}$	20	120	20	2000	$109\frac{1}{11}:1$	$2181\frac{9}{11}$	$\frac{1189}{1200}$	$2161\frac{9}{11}$	20
B类	80c+20v	20	120	4	30	20	120	30	1000	$33\frac{1}{3}:1$	1000	$\frac{97}{100}$	970	30
C类	70c+30v	30	130	2	65	20	120	60	600	$9\frac{3}{13}:1$	$553\frac{11}{13}$	$\frac{107}{120}$	$493\frac{11}{13}$	60
合计	240c+60v	60	360	12	$113\frac{1}{3}$	60	360	110	3600	$31\frac{13}{17}:1$	$3494\frac{2}{17}$	$\frac{523}{540}$	$3384\frac{2}{17}$	110
平均	80c+20v	20	120	4	30	20	120	30	1200	$40:1$	1200	$\frac{39}{40}$	1170	30

表 14-5 中，A 类产品生产商的资本有机构成为 90c+10v，B 类产品生产商的资本有机构成为 80c+20v，C 类产品生产商的资本有机构成为 70c+30v。假定剩余价值率均为 100%，则 A 类的生产价值为 90c+10v+10m＝110，B 类的生产价值为 80c+20v+20m＝120，C 类的生产价值为 70c+30v+30m＝130。他们生产的剩余价值 m＝10+20+30＝60。假定平均利润率＝20%，每 100 资本获得的平均利润为 20。经过竞争，形成的生产价格为 120。

A 类产品的资本有机构成高，在相同的时间内，生产了 6 件产品，每件产品的生产价值是 $110 \div 6 = 18\frac{1}{3}$，生产价格为 $120 \div 6 = 20$。单位产品的功效价值为 2000 小时，功效价值与生产价值之比为 2000 小时 $\div 18\frac{1}{3}$ 小时 $= 109\frac{1}{11} : 1$。以功效价值为交换标准的单位产品市场价格 $= 20 \times 109\frac{1}{11} = 2181\frac{9}{11}$。通约率 $\Phi = (1 - 18\frac{1}{3} \div 2000) \times 100\% = (1 - \frac{11}{1200}) \times 100\% = \frac{1189}{1200}$（以下为计算方便，不换算为百分比，下同），通约量 $T_1 = 2181\frac{9}{11} \times \frac{1189}{1200} = 2161\frac{9}{11}$，通约剩余量 $= 2181\frac{9}{11} - 2161\frac{9}{11} = 20$。剩余量与单位产品生产价格相同。

B 类产品的资本有机构成为中等，在相同的时间内生产 4 件产品，每件产品的生产价值 $120 \div 4 = 30$，生产价格为 $120 \div 4 = 30$。单位产品的功效价值为 1000 小时，功效价值与生产价值之比为 1000 小时 $\div 30$ 小时 $= 33\frac{1}{3} : 1$，以功效价值为交换标准的单位产品市场价格 $= 30 \times 33\frac{1}{3} = 1000$。通约率 $\Phi = (1 - 30 \div 1000) \times 100\% = \frac{97}{100}$，通约量 $T_1 = 1000 \times \frac{97}{100} = 970$，通约剩余量 $= 1000 - 970 = 30$。剩余量与单位产品生产价格相同。

C 类产品的资本有机构成低，在相同时间内生产了 2 件产品，每件产品的生产价值为 $130 \div 2 = 65$，单位产品的生产价格为 $120 \div 2 = 60$。单位产品的功效价值为 600 小时，功效价值与生产价值之比为 $600 \div 65 = 9\frac{3}{13} : 1$，以功效价值为交换标准的单位产品市场价格 $= 60 \times 9\frac{3}{13} = 553\frac{11}{13}$，通约率 $\Phi = (1 - 65 \div 600) \times 100\% = \frac{107}{120}$，通约量 $T_1 = 553\frac{11}{13} \times \frac{107}{120} = 493\frac{11}{13}$，通约剩余量 $= 553\frac{11}{13} - 493\frac{11}{13} = 60$。剩余量与单位产品生产价格相等。

合计三类生产商共创造的总价值为 360，在单位时间内生产产品 12 个，单位产品价值之和为 $113\frac{1}{3}$，生产总价格为 360，平均单位产品生产价格之和为 110，单位产品功效价值之和为 3600。功效价值与生产价值之比为 $31\frac{13}{17} : 1$，以功效价值为基础的单位产品市场

价格 $= 31\frac{13}{17} \times 110 = 3494\frac{2}{17}$，通约率 $\Phi = (1-113\frac{1}{3} \div 3600) \times 100\% = \frac{523}{540}$，通约量 $T_1 = 3494\frac{2}{17} \times$

$\frac{523}{540} = 3384\frac{2}{17}$，通约剩余量 $= 3494\frac{2}{17} - 3384\frac{2}{17} = 110$。剩余量与单位产品生产价格相等。

三类产品生产商的平均资本有机构成为 $80c+20v$，平均产品数量为4。平均生产价值120，单位产品平均价值为30。平均利润为20，单位产品平均生产价格为30。平均功效价值为1200，功效价值与生产价值之比为 $40 : 1$，单位产品平均市场价格为 $30 \times 40 = 1200$。

通约率 $\Phi = (1-\frac{1}{40}) \times 100\% = \frac{39}{40}$，通约量 $T_1 = 1200 \times \frac{39}{40} = 1170$，通约剩余量 $= 1200-1170 = 30$。剩余量与单位产品生产价格相等。

表14-5说明，资本有机构成不同，生产率不同，功效价值不同，虽然通约率不同，但剩余量与单位产品生产价格相等。这说明三个问题：一是马克思的生产价格理论是正确的，生产价格是以最大通约值通约后的市场价格；二是市场价格是以功效价值为基础的；三是产品中所含的积累价值和产品基质的自然价值是商品生产者和经营者得以加价的基础。由于多种因素，市场价格有时大幅度偏离生产价格，但是，不能因此怀疑马克思生产价格理论的正确性。企图以价格问题否定马克思主义劳动价值论，是以武断的猜测替代严肃的学术研究。

5. 供求关系对通约率和通约量及市场价格的影响。供求关系影响商品的积累价值和自然价值的通约量，从而影响商品价值的实现和商品的市场价格。

市场价值、社会价值、生产价格是人们比较容易弄混的三个概念。市场价值是部门内部经过竞争形成的商品的平均价值，或者说是一个部门在平均生产条件下生产的数量很大的产品的价值，这也是商品的社会价值。各种类商品在进入市场后，首先遭遇的就是同类商品的竞争，所以，市场价值与社会价值形成于前。生产价格是在不同部门之间经过竞争平均化后的利润加成本形成的，生产价格形成于后。本章表14-1所列的供求关系对市场价格和利润的影响就是部门内部竞争的情况。表14-5所列是不同部门经过竞争后，以利润平均化形成的生产价格为依据的。商品的价格不仅受部门内部的竞争所制约，也受全社会必要商品总量的制约。这是因为，商品生产不是孤立进行的，有的商品就是别的商品的原材料，生产商品的机器也与人的劳动相关。

(1)供求平衡。产品的市场价格按各自的通约率通约，按各自的生产价格出售。如果是某一类产品供过于求，则通过部门内部的竞争，使其达到供求平衡，其价值实现如表14-5所列，利润实现如表14-1所列，这里不再列表赘述。

(2)供过于求。如果供给的数量超过了社会必要的界限，超过的部分，产品的价值不能实现，将会造成大量的财富浪费，这是资本主义经济危机的根源。生产者创造的剩余价值依然存在，利润平均化过程则会中断。此时的市场价格，将以高构成资本所生产的低生

第十四章　价值转形与等价交换

产价值的产品为各类产品价值实现的依据。由于各种产品的功效价值不同，它们仍将以各自的功效价值为依据进行通约。还以表 14-5 所列的三类产品的相关数据列表14-6说明供求关系对市场价格的影响。

同表 14-5 一样，由于平均利润率为 20%，A、B、C 三类资本的平均利润均为 20，生产价格均为 120。故表 14-6 显示，A 类生产 6 个产品，每个产品的生产价格为 20；B 类生产 4 个产品，每个产品的生产价格为 30；C 类生产 2 个产品，每个产品的生产价格为 60。

A 类产品生产商的资本有机构成高，劳动生产率高，单位产品的生产价值为 $18\frac{1}{3}$。由于供过于求，社会商品的价格调节将以 A 类产品的价值为实现的基础，它的生产价值也是它的市场实现价格。A 类产品将实现自己的全部价值，包括剩余价值 10 转化的利润，6 个产品将实现 $18\frac{1}{3}\times6=110$ 的生产价值。单位产品的功效价值为 2000，功效价值与生产价值之比为 $109\frac{1}{11}:1$，以功效价值为交换标准的单位产品市场价格 $=20\times109\frac{1}{11}=2181\frac{9}{11}$，通约率 $\Phi=(1-18\frac{1}{3}\div2000)\times100\%=\frac{1189}{1200}$，通约量 $T_1=2181\frac{9}{11}\times\frac{1189}{1200}=2161\frac{9}{11}$，通约剩余量 $=2181\frac{9}{11}-2161\frac{9}{11}=20$。剩余量与单位产品生产价格相同。

B 类产品的生产价格为 30，由于供过于求，只能按 A 类产品的生产价值作为实现其产品价值的基础，产品的市场实现价格为 $110\div4=27\frac{1}{2}$。功效价值与生产价值之比为 $33\frac{1}{3}:1$，以功效价值为交换标准的单位产品市场价格 $=27\frac{1}{2}\times33\frac{1}{3}=916\frac{2}{3}$，通约率 $\Phi=(1-30\div1000)\times100\%=\frac{97}{100}$，通约量 $T_1=916\frac{2}{3}\times\frac{97}{100}=889\frac{1}{6}$，通约剩余量 $=916\frac{2}{3}-889\frac{1}{6}=27\frac{1}{2}$。它的 4 个产品共实现价值 $27\frac{1}{2}\times4=110$。它将实现利润 10，有 10 的剩余价值不能实现。

C 类产品的生产价格为 60，因供过于求，它按 A 类产品的生产价值作为实现其产品价值的基础。其单位产品的生产价值为 $110\div2=55$，这也是它的市场实现价格。功效价值与生产价值之比为 $9\frac{3}{13}:1$，以功效价值为交换标准的单位产品市场价格 $=55\times9\frac{3}{13}=507\frac{9}{13}$。通约率 $\Phi=(1-65\div600)\times100\%=\frac{107}{120}$，通约量 $T_1=507\frac{9}{13}\times\frac{107}{120}=452\frac{9}{13}$，通约剩余量 $=507\frac{9}{13}-452\frac{9}{13}=55$，它的 2 个产品共实现价值 110。它创造的剩余价值为 30，但只能实现 10，另外的 20 不能实现。

表14-6　商品供过于求对市场价格的影响（假定剩余价值率为100%，平均利润率为20%）

类别	资本有机构成	剩余价值	生产价值	产品数量	单位产品价值	平均利润	生产价格	供过于求商品价值实现量（元）								
								单位产品生产价格（以货币计）	单位产品功效价值（以时间计）	单位产品实现价格（以A类生产价值110为准）	单位产品功效价值与生产价值之比	以功效价值为交换标准的单位产品市场价格（以货币计）	通约率	通约量	通约剩余量	价值实现量
A类	90c+10v	10	110	6	$18\frac{1}{3}$	20	120	20	2000	$18\frac{1}{3}$	$109\frac{1}{11}:1$	$2181\frac{9}{11}$	$\frac{1189}{1200}$	$2161\frac{9}{11}$	$18\frac{1}{3}$	110
B类	80c+20v	20	120	4	30	20	120	30	1000	$27\frac{1}{2}$	$33\frac{1}{3}:1$	$916\frac{2}{3}$	$\frac{97}{100}$	$889\frac{1}{6}$	$27\frac{1}{2}$	110
C类	70c+30v	30	130	2	65	20	120	60	600	55	$9\frac{3}{13}:1$	600	$\frac{107}{120}$	$452\frac{9}{13}$	55	110
合计	240c+60v	60	360	12	$113\frac{1}{3}$	60	360	110	3600	$100\frac{5}{6}$	$31\frac{13}{17}:1$	$3202\frac{16}{17}$	$\frac{523}{540}$	$3102\frac{11}{102}$	$100\frac{5}{6}$	330
平均	80c+20v	20	120	4	30	20	120	30	1200	$27\frac{1}{2}$	$40:1$	1100	$\frac{39}{40}$	$1072\frac{1}{2}$	$27\frac{1}{2}$	110

合计产品价值创造量为 360,只能实现 330,有 30 的价值不能实现。

（3）产品供不应求。在商品供不应求时,对市场价格的影响见表 14-7。

同表 14-5 一样,由于平均利润率为 20%,A、B、C 三类资本的平均利润均为 20,生产价格均为 120。故表 14-7 显示,A 类生产 6 件产品,每件产品的生产价格为 20;B 类生产 4 件产品,每件产品的生产价格为 30;C 类生产 2 件产品,每件产品的生产价格为 60。

表 14-7 中,A 类产品的资本有机构成高,劳动生产率高,在同样的时间内生产 6 件产品,每件产品的生产价值为 $18\frac{1}{3}$,功效价值为 2000,功效价值与生产价值之比为 $109\frac{1}{11}$: 1。由于产品供不应求,所以它的每件产品的实现价格将由资本构成低的 C 类产品的生产价值决定,单位产品的实现价格为 $130÷6=21\frac{2}{3}$。单位产品功效价格 $=21\frac{2}{3}×109\frac{1}{11}=2363\frac{7}{11}$,最大通约率 $Φ=(1-18\frac{1}{3}÷2000)×100\%=\frac{1189}{1200}$,最大通约量 $T_1=2363\frac{7}{11}×\frac{1189}{1200}=2341\frac{32}{33}$,通约剩余量 $=2363\frac{7}{11}-2341\frac{32}{33}=21\frac{2}{3}$。6 个产品实现价值量为 130,实现平均利润 20,超过其创造的剩余价值 10,超额利润为 10。

B 类产品的资本有机构成中等,劳动生产率为中等,在同样的时间内生产 4 件产品。由于产品供不应求,产品的价值实现以资本有机构成低的 C 类商品的价值 130 为基础,每件产品的实现价格为 $130÷4=32\frac{1}{2}$,单位产品的生产价格为 30,产品的功效价值为 1000,它们之比为 $33\frac{1}{3}$: 1。单位产品功效价格 $=32\frac{1}{2}×33\frac{1}{3}=1083\frac{1}{3}$,通约率 $Φ=(1-30÷1000)×100\%=\frac{97}{100}$,通约量 $T_1=1083\frac{1}{3}×\frac{97}{100}=1050\frac{5}{6}$,通约剩余量 $=1083\frac{1}{3}-1050\frac{5}{6}=32\frac{1}{2}$。4 件产品将实现价值 130,超过其创造的剩余价值 10,是超过其生产价格的超额利润。

C 类产品的资本有机构成低,生产价值为 130,在相同时间内生产 2 件产品,单位产品的生产价值为 65,单位产品功效价值为 600,功效价值与生产价值之比为 $9\frac{3}{13}$: 1。由于产品供不应求,因而市场价格将以它的价值为实现的依据。单位产品功效价格 $=65×9\frac{3}{13}=600$,通约率 $Φ=(1-65÷600)×100\%=(1-\frac{13}{120})=\frac{107}{120}$,通约量 $T_1=600×\frac{107}{120}=535$,通约剩余量 $=600-535=65$。2 件产品实现利润 130,其创造的价值全部实现。

合计创造的总价值为 360,实现的价值为 390,多实现的 30 是产品中所含量的积累价值和自然价值。

表14-7 商品供不应求对市场价格的影响（假定剩余价值率为100%，平均利润率为20%）

类别	资本有机构成	剩余价值	生产价值	产品数量	单位产品价值	平均利润	生产价格	单位产品生产价格（以货币计）	单位产品功效价值（以时间计）	单位产品价格实现价值（以C类生产价值130为准）	供不应求商品价值实现量（元）					
											单位产品功效价值与生产价值之比	以功效价值为交换标准的单位产品市场价格（以货币计）	通约率	通约量	通约后剩余量	价值实现量
A类	90c+10v	10	110	6	$18\frac{1}{3}$	20	120	20	2000	$21\frac{2}{3}$	$109\frac{1}{11}:1$	$2363\frac{7}{11}$	$\frac{1189}{1200}$	$2341\frac{32}{33}$	$21\frac{2}{3}$	130
B类	80c+20v	20	120	4	30	20	120	30	1000	$32\frac{1}{2}$	$33\frac{1}{3}:1$	$1083\frac{1}{3}$	$\frac{97}{100}$	$1050\frac{5}{6}$	$32\frac{1}{2}$	130
C类	70c+30v	30	130	2	65	20	120	60	600	65	$9\frac{3}{13}:1$	600	$\frac{107}{120}$	535	65	130
合计	240c+60v	60	360	12	$113\frac{1}{3}$	60	360	110	3600	$100\frac{5}{6}$	$31\frac{13}{17}:1$	$3202\frac{16}{17}$	$\frac{523}{540}$	$3102\frac{11}{102}$	$100\frac{5}{6}$	390
平均	80c+20v	20	120	4	30	20	120	30	1200	$32\frac{1}{2}$	$40:1$	1300	$\frac{39}{40}$	$1267\frac{1}{2}$	$32\frac{1}{2}$	130

供求关系对市场价格的影响很大,但市场价格也不是随心所欲地制定。如果商品价值中尚有自然价值或积累价值未被通约尽,则为商品加价留下了空间。如果批发、运输、零售等流通环节在它们未通约尽的范围内加价,则市场价格上升。不论何种商品,如果它的功效价值多,按社会平均的功效价值通约率通约后,剩余量也多,市场价格也高。科技越进步,资本有机构成越高,商品的价格越低。商品的价格降低,对商品的销售有利。

如果产量超过了社会需求,超过部分的产品的劳动属于无效劳动,造成损失,属于负价值创造。如果超过社会需求的产品数量巨大,便发生经济危机。如果是某些领域的产品超过社会需要,便是局部产能过剩。如果把负价值创造也统计为 GDP 的增长,是十分不合理的。因此,应该改变价值创造的统计方法,把价值创造和价值实现联系起来统计。

(4)产品的功效价值短而生产价值长,或者功效价值未明的物品的市场价格。这类产品很多,比如粮食、蔬菜、肉禽蛋类、水果、茶叶、中草药等。这类产品与工业产品不同,它们的共同特点在于它们的生产期长。生产期长是由于它们的自然生长期长,自然价值多,未通约前的价格适用公式(Ⅵ)表达:

$$k'' = g' \cdot \frac{c'_1}{a} \qquad (Ⅵ)$$

式中:k''为单位产品以货币表达的未通约前的价格,g'为单位产品的生产价格,$\frac{c'_1}{a}$为产品的生产价值与功效价值的比值。

自然价值多并非实际劳动期长,所以在通约时,人们主要通约未付出劳动的自然价值。因此,以自然价值为主要通约对象的通约率为自然价值(包括少量的积累价值)与功效价值的差除以自然价值。自然价值通约率可用公式(Ⅶ)或(Ⅷ)表达:

$$\Phi' = \frac{c'_1 - a}{c'_1} \times 100\% \qquad (Ⅶ)$$

$$\Phi' = (1 - \frac{a}{c'_1}) \times 100\% \qquad (Ⅷ)$$

式中:Φ'为以自然价值为主的包含有少量积累价值的混合价值的通约率,c'_1为以自然价值为主的包含少量积累价值的混合生产价值,a为功效价值,$\frac{a}{c'_1}$为功效价值与以自然价值为主的混合生产价值的比值。

通约率与功效价值的乘积就是自然价值通约量。可用公式(Ⅸ)表达:

$$T_2 = \Phi' \cdot a \qquad (Ⅸ)$$

式中:T_2表示实际通约量,Φ'表示通约率,a表示商品的功效价值。

有的产品的实际功效价值人们知道,有的不知道。对于知道的,计算得相对精确;对于不知道的,人们往往根据已知的生产价值、投入成本,对功效价值估价,最后确定它们的市场价格。

例如,一亩地种植的某粮食作物生长期为 3 个月,每个月平均 30 天,计 90 天,每天 24 小时,共计 2160 小时,这是它的生长期价值。最终收获了 720 千克粮食。假若农民在这段时间内投入的肥料费、水费、除草费、收割费用、人工工资等为每亩 1440 元。经过贮藏 85 天,计 2040 小时,费用 360 元。人若要食用这些粮食,需要加工成食品。假若磨面加工为 30 小时,费用 720 元。厨师加工为 90 小时,费用 360 元。以上共计用时 4320 小时,费用为 2880 元。由于混合生产价值=自然价值+劳动价值,所以平均每千克粮食用时间计算的混合生产价值=4320 小时÷720 千克=6 小时/千克,用货币计算的生产成本价值=2880 元÷720 千克=4 元/千克。如果 4 元/千克是经过同类商品的竞争形成的社会价值,或利润已经平均化,则 4 元/千克便是这种粮食的生产价格。

粮食的功效在于人吃下粮食做成的食品被人体消化吸收后,可以给人提供活动能量。假若消化吸收 1 千克食品后提供给人的能量可维持人的活动时间为 3 小时,这是它的功效时间。每千克的这种粮食的市场价格是多少呢?

粮食的非常确切的功效,人们还不完全清楚。比如,它提供给人的能量为 3 小时,就是根据人们吃过饭后的精气神估计的。由于功效价值少而自然价值多,所以我们计算生产期的自然价值的通约量,不能像工业品那样以功效价值和生产价值之比即 $k' = g' \cdot \dfrac{a}{w}$,而是以生产价值与功效价值之比即以 $k'' = g' \cdot \dfrac{c_1'}{a}$ 作为计算的依据。

上述举例,这一粮食作物生产价值是 6 小时/千克,生产价值与功效价值之比即 $\dfrac{c_1'}{a} =$ 6 小时÷3 小时=2,生产价格是 4 元/千克,未对自然价值进行通约前的价格 $k'' = g' \cdot \dfrac{c_1'}{a} =$ 4 元×2=8 元,它的通约率 $\Phi' = (1 - \dfrac{a}{c_1'}) \times 100\% = (1 - 3 \div 6) \times 100\% = \dfrac{1}{2}$,通约量 $T_2 = 8$ 元/千克×$\dfrac{1}{2} = 4$ 元/千克,通约剩余量=8 元-4 元=4 元,与它的生产价格相等。

由于粮食作物的生长期太长,也就是说,它的生产率太低,功效价值又是一定的,功效期太短,大幅度增加粮食产量又不容易,种粮多数会亏损。

农产品、中草药等的自然价值多,生产价值少,商品的功效价值也很短,把它们的自然价值通约后,只剩下生产它们时付出的劳动和成本,它们出售时依此制定市场价格。但是,这里需要对它们使用的特殊情况加以说明。如果农产品和中草药这些依靠自然的恩惠生产率低的产品满足不了社会需求,甚至影响到人的生命,那么,它的自然价值就会显现,成为利润。因此,一方面,人们要想方设法提高单位面积产量,降低生产成本,使农业生产工业化,并且要提高粮食品质,使之对人体产生更大的功效;另一方面,这些与人的生命有关的产品,往往会出现垄断性价格,所以,必须对这些产品进行控制性生产,并对它们的价格实行监管。

6. 水、能源类、军工类、字画类、金刚石等物品的市场价格。通过以上的分析和计算,我们可以对水、能源类、军工类、字画类、稀有金属等物品的市场价格进行解释和计量。

(1)水的市场价格。水是天然物,不是由劳动所创造,可根据自然价值通约率表达式 $\Phi' = \frac{c'_1 - a}{c'_1} \times 100\%$ 计量其市场价格。虽然水的自然价值很大,但功效时间很短。一般情况下,人们把水循环一个周期看作水的生成时间。人喝下水后,水在人体内发生功效的时间若为 1 小时,不论它的自然价值是功效价值的多少倍,人们在获取并使用它时,如果没有投入生产成本,水就没有生产价格,自然价值与功效价值的倍数与生产价格为零的乘积仍为零,所以水也就没有市场价格。水若不能完全满足人们的需要,如果人们获得一定量的水也付出了一定量的劳动,假定劳动时间为 3 小时,又假若水循环一个周期为 50 天,它的自然生成时间可以计为 24 小时×50 天 + 3 小时 = 1203 小时,通约率 $\Phi' = \frac{c'_1 - a}{c'_1} \times 100\% = \frac{1203 - 1}{1203} \times 100\% = \frac{1202}{1203}$。如果没有垄断因素,对其自然价值通约后,只剩下劳动价值,因为劳动价值少,所以它的市场价格也很低。假若受其他因素的影响,水的市场价格就会很高。例如,若投入的成本+平均利润 = 1 元,为生产价格,一定量的水的市场价格最高可达 $k'' = g' \cdot \frac{c'_1}{a} = 1$ 元×(1203 小时÷1 小时) = 1203 元。由于水的功效时间短,表示其效率高,效率就是功效,所以它的功效大而价值小。

有相同生产时间但市场价格不同的农副产品,比如肉禽蛋、动物的肌肉与内脏形成的时间相同但售价不同,是因为它们所含的微观物质和产生的能量对生命的功效价值不同造成的。

(2)自然价值大,劳动价值小,功效时间短的工业产品的市场价格。汽油类工业产品的自然价值也很大,而功效时间很短,依农产品的通约式 $\Phi' = \frac{c'_1 - a}{c'_1} \times 100\%$,或 $\Phi' = (1 - \frac{a}{c'_1}) \times 100\%$ 通约,通约后只剩下开采它们的劳动价值。但是,这类能源产品,如果有特殊用途,它会将自身的部分自然价值转移到新产品中,新产品将成为利用能源类产品获得较多利润的载体。

（3）功效价值大而生产价值小的产品是利润较高的产品。一般来说，高品质的耐用品多属此类，比如机械类、电器类、汽车类、房地产类等。铁路、公路、船舶、码头等产品，虽然功效期很长，但如果效率不高，等于它们的功效价值小，也会发生亏损。

（4）军工类产品。此类产品较为特殊。它的生产时间与机械类产品的相同，虽然它的功效时间与汽油类相似，但是，它却是一项生产出来即视为具有功效价值的产品，所以，它的功效价值大，军工企业是可以获得高额利润的行业。如果不发生战争，军工产品又是一种无效价值的产品。据统计，2016年世界各国的军费开支总计是1.69万亿美元，仅美国一国的军费，就超过了6000多亿美元。如果军火商们不能赚钱，他们肯定不搞军工生产。如果没有战争，武器的功效价值就显现不出来。如果世界进入共产主义，世界永久和平，仅这些军费就会使人们的生活水平提高很多，这是人们所向往的。

（5）功效价值未定。有些商品的功效价值暂时不易确定，比如，某些中草药只有在使用中才能确定其功效价值，对它们的自然价值的通约，可以参照化学药品的功效价值进行。目前，人们对化学药品的功效价值研究得较为精细，药物在人体内的代谢过程、作用过程和疗效等情况一般在药品投入临床前已经搞清。药品与军工产品一样，它的保质期被视为功效价值期，因而它的价值的计量和通约与普通工业品相同。但是，以人的健康和生命为参照系的事物的功效价值，也可以比照这些事物对人的生命延长的时间来确定其功效价值。这些问题需要随着科学研究的进展而逐步解决。

（6）精神产品和休闲产品的市场价格。有的过去称之为精神产品的东西，比如歌曲，创作的时间很长，功效时间却很短，假若创作一首歌需要1000小时，但演唱者几分钟或十几分钟就演唱完了。歌曲的市场价格也遵从功效价值决定规律，创作者得到的报酬不会多。演唱者之所以能够得到较高的报酬，是由于歌曲是抽象产品，像科研成果一样，产生乘数效应，每一个听众给予演唱者一定的报酬，听众多了，演唱者的收入自然也会水涨船高。所以，歌曲创作者可根据歌曲的功效，按预估的乘数效应向演唱者收取一定的创作费用。

体育比赛类休闲产品的市场价格，与它使人产生的愉悦功效有关。它们对人的身体健康的功效，还不十分清楚。但参与表演者的收入，类似于歌曲创作者和演唱者的收入，与产品的乘数效应有关。

观光旅游等休闲产品，除了可使人的身心愉悦和健康而表现出其功效价值，还与垄断有关。大自然的创造，谁也不应该垄断性收费。如果投入维护成本，应该以成本价格（包括人工费用）定价。水、空气、阳光等自然产品，与观光等休闲产品一样，人们没有投入成本，获得也就不需要付出任何代价。如果能够垄断它们，唯利是图的资本是绝对不会放过这种发财机会的。

（7）字画类和工艺品的市场价格。字画类商品价格高，是因为字画的劳动时间很短，但很高艺术水准的字画则是后世人欣赏和学习的艺术典范，因此人们很用心地保存它。保存的时间越长，它的功效价值越大，市场价格就越高。有的当代字画作品有时也会有很高的市场价格，那是它的功效预期价格。由于这些字画作品极少，所以，产生垄断价格也是可能的，在这种情况下，对它的功效价值通约减少。

如果工艺品的工艺水平高，市场价格也高。艺术珍品的价值分质地和工艺两部分。质地部分的价值是自然形成的，由于它没有任何人类劳动在里面，所以，人们在交换中会把自然价值进行通约。先是在本品范围内进行通约，而后在本类中进行通约，之后在社会必要商品的范围内通约，通约不尽的部分，会形成额外利润。工艺部分与前人积累的价值有关，也与工艺师的科学创造有关。

（8）文物。一些文物的价格，是由它所承载的信息的功效价值决定的。人们重视文物和工艺品的原因：一方面，是想研究人类社会的发展过程，以便找出社会发展规律，使人们在建设现实的社会中少走弯路；另一方面，是想找到一种创造财富的方法，以便更好地进行财富的创造。如果一种文物承载的信息量大，功效价值高，它的市场价格就高；由于它的不可再生性，因而会产生垄断价格；它的自然保存过程有长有短，也会影响到它的市场价格。自然保存时间，相当于自然物质的自然形成价值，可以通约。如果保存的时间长，通约后的剩余可使价格增加。至于数量对文物价格的影响，从社会平均价值方面是容易理解的。

（9）稀有金属。如果把稀有金属比如金刚石用于生产，由于其使用的频率低，表示其功效小。由于它是自然形成的，自然价值很大，但由于它的质地坚硬，易保存且不易损坏，可被长时间使用，所以它的功效价值也很大，因而它的功效小而价值大。如果要通约它的功效价值，适用通约率表达式 $\Phi=(1-\dfrac{w}{a})\times100\%$，生产价格适用表达式 $k'=g'\cdot\dfrac{a}{w}$。例如，假若挖掘每克金刚石的劳动用时 10 天，计 240 小时，费用为 3 万元，每小时为 125 元。现在，金刚石用作装饰品，拥有者预期使用 30 年，则它的功效价值为 30 年，计 $365\times24\times30=262800$ 小时。如果平均利润为每小时 5 元，则生产成本 125 元+5 元＝130 元为生产价格，未通约前的功效价格 $k'=g'\cdot\dfrac{a}{w}=130$ 元×（262800 小时÷240 小时）＝142350 元。通约率 $\Phi=(1-\dfrac{w}{a})\times100\%=(1-240$ 小时÷262800 小时）$=\dfrac{1094}{1095}$，通约量 $T_1=142350$ 元×$\dfrac{1094}{1095}=$ 142220 元，通约剩余量为 130 元，与它的生产价格相等。所以，金刚石价格可以在它的生产价格 130 元和功效价格 142350 元之间浮动。

如果通约它的自然价值,适用通约率表达式 $\Phi' = (1 - \frac{a}{c'_1}) \times 100\%$,生产价格适用表达

式 $k'' = g' \cdot \frac{c'_1}{a}$。例如,把金刚石用于生产,比如用于雕刻,1 年共使用了 100 小时,是它的

功效价值。此时要通约的是金刚石的自然价值。事物的自然价值是以它的使用时间计量

的,所以金刚石自然存在 1 年 9000 小时[8760 小时(自然价值)+240 小时(劳动价值)]即

是它的生产价值,其生产价格 $k'' = g' \cdot \frac{c'_1}{a} = 130$ 元×(9000 小时÷100 小时)= 11700 元。通

约率 $\Phi' = (1 - \frac{a}{c'_1}) \times 100\% = (1 - 100$ 小时÷9000 小时$) \times 100\% = \frac{89}{90}$,通约量 $T_2 = 11700$ 元 $\times \frac{89}{90}$

= 11570 元,通约剩余量为 130 元,与它的生产价格相等。假若金刚石在某个人的手中保

存了 30 年后还完好无损,则它又可以进入下一个阶段的市场交易。另外,金刚石的稀缺

性,极易产生价格垄断。

其他稀有金属的市场价格形成原理与金刚石相同。

(10)土地。土地不是劳动产品,是自然形成的,有自然价值。与其他产品一样,它的

自然价值只与它的功效价值有关,人们使用它的目的决定了它的功效价值的实现。如果

土地用于种植粮食作物,土地上所生产的粮食的价格中就包含土地的功效价值。由于土

地是自然的产物,没有人类劳动在里面,所以人们把它的自然价值通约了。土地的质地不

同,粮食产量不同,被转移到单位粮食中的功效价值不同,交换时的通约量不同,加上人们

在种粮时采用的科学技术和劳动工具中所含有的前人积累的劳动量不同,粮食的价格也

不同。正因为土地是天然的,正因为人们在交换时对自然价值进行了通约,所以土地在马

克思那里是没有价值的。马克思考察了土地的资本主义生产的价格问题,在土地由土地

所有者垄断后,产生地租,土地的价格是地租的表现形式。马克思关于资本主义地租的理

论是前无古人的,至今尚无人超越。我们只是简略地说明了在一般情况下土地的功效价

值决定它的价格问题,尚没有像马克思那样对其进行更加详细的研究。

(11)不同的劳动者在不同的时间创造出相同价值的原因。两个不同的劳动者,比如

画家和木匠可以在不同的劳动时间内,创造出数量相等的价值,这是由于,画家所用纸、

笔、颜料中含有自然价值,画家画技中有向前人学习的艺术积累价值;木匠的劳动工具和

劳动对象质地中含有自然价值,工具中含有前人积累价值,木匠工艺中有向前人学习的积

累价值。如果把自然价值和积累价值除去,那么,他们的劳动时间不同,创造的价值也不

会相同,若劳动时间相同,创造的价值也会相同。画家在作画时的创新和木匠在劳动中的

技术创新,则属于复杂劳动与倍加的简单劳动的关系。

(12)产品的残值。有些产品,在它的功能完全丧失后,有的零部件还能用,或者不能

用的零部件还有回收再利用的价值。比如,汽车报废后,它的一些部件还是可使用的,它的钢材也可以在经过重新加工后再利用,就是因为这些汽车零部件和钢材还有其功效价值,并且还包含有前人积累价值。如果某种产品的功效在没有完全失去前,已经被功能更先进的产品所取代,因为它整体还能用,所以有的人不舍得抛弃它。这是因为,新产品的功效期使老旧产品的功效期缩短。例如,一部电视机,设计寿命为 10 年。如果 10 年后电视机不能使用了,它的功效价值也就尽了。如果电视机在使用了 5 年后,出现了更好功能的新产品,旧的电视机被淘汰,被淘汰的产品的功效价值就等于只有 5 年。如果 10 年后旧电视机还能使用,这就是价值节约,等同于财富增长。如果采用了新技术新方法使电视机的寿命延长,便是价值创新。如果开机时间短,这只是延长了它的功效期,并没有延长它的实效时间,不能视为价值创造或财富增长。如果不能使用的旧电视机的废金属还能回收,这便是它的残值。有资料显示,旧手机就是一座金矿。一吨废旧手机中,含有 200克黄金、2000 克白银、80 克钯和 120 千克铜,而品位在每吨 3 克的金矿,就有开采价值。随着社会文明发展,废物利用将越来越成为人们生产资料的重要来源。

商品按功效价值出售,商业层层加码致商品最终市场价格增高,并不违背等价交换规律,也不违背等量资本获得等量利润规律。

五、商品交换时的讨价还价

商品经过生产、运输、批发、零售等一系列过程到达消费者手里的一个重要环节,是买者和卖者在市场上进行讨价还价,确定成交价格。这个表面看似简单的现象,综合了非常复杂的各种因素。

(一)讨价还价是人们追求最大通约值的表现

主观效用价值论者认为,人们在市场上进行讨价还价,纯由人的主观因素决定。从表面上看,商品的市场最终出售价格似乎是由人的主观愿望决定的。经过我们的探索已经明白,商品的市场价格由商品的功效价值决定。商品功效价值的实现过程,曲折而复杂,受到很多因素的干扰。人们在市场上的讨价还价,主要是人们在对商品中所含的前人劳动积累价值和自然价值的非现实劳动价值进行通约的表现。现实劳动创造的价值是人们通约的依据,追求最大通约量是人们的普遍愿望。但由于社会经验不同,人们对生产的成本情况和商品流通情况不了解,对商品的供求情况不掌握等等,使人们对同一商品的通约量出现程度不一甚至很大的差别,这也是在市场上不同的买者和卖者对同一商品最终达成的成交价不同的重要原因。

人们在市场上的讨价还价可用下式表达:

$$Q = (c_1 - d_1) + (c_2 - d_2) + U + E - X_w$$

式中:Q 为商品的最终成交价,c_1 为商品的自然价值,d_1 为自然价值已通约值,c_2 为积累价值,d_2 为积累价值已通约值,U 为科研成果价值,E 为技术工人的劳动价值,X_w 为产品买卖双方讨价还价的通约值。

生产商如果按生产价格出售商品,商品中包含有科学工作者创造的科研成果价值 U(其中包括科研工作者的劳动力价值和狭义剩余价值)、技术工人创造的劳动价值 E(其中包括了技术工人创造的劳动力价值和狭义剩余价值)。虽然生产商会依据商品市场价值或生产价格对自然价值 c_1 通约掉一部分,用 d_1 表示;对积累价值 c_2 也通约掉一部分,用 d_2 表示,但商品购买者还是可以与商品出售者讨价还价,如果再能够通约掉 X_w,则剩余部分为最终成交价。

生产商对脑力劳动的科研成果价值和技术工人的劳动价值是不会通约的,对生产资料的价值也必须补偿。这是生产商定价的原则和依据。但因为各种企业的劳动生产率不同,通约率不同,自然价值和积累价值剩余不同。因为通约是在社会范围内进行的,所以,劳动生产率越高,商品中所含的无偿价值越多,获得的利润或超额利润也越多。如果人们对商品价值特别是功效价值还不十分清楚,通约就会遇到困难。此时,人们多根据对商品实际功效的经验判断进行通约。

例如,某种茶叶,饮用后有清心去燥的功效,为优质茶叶。另一种茶叶次之,为次优茶叶。茶叶都是一年一采,茶树自然生长期相同,也就是茶叶所含的自然价值相同。一年按 365 天、一天按 24 小时计,合计为 8760 小时。假若种植茶树和管理费用都为 132.5 万元,收获量也相同,假若都收获了 5000 千克茶叶,每千克茶叶的种植管理成本为 1325000 元÷5000 千克＝265 元/千克。如果都使用人工采摘,工资相同,假若都为每千克 20 元,制茶工艺相同,假若每千克付给制茶工艺师的工资都为 30 元,假定剩余价值率均为 100%,则采摘工的剩余价值为 20 元,制茶工艺师的剩余价值为 30 元,每千克茶叶的生产价格＝265 元+(20+20)元+(30+30)元＝365 元。此时,茶商如果按 365 元出售他的茶叶,他们就是把生产价值等同于生产价格,并把自然价值和积累价值按照一定的通约量通约了。但是,茶叶中也还含有自然价值,即 $c_1 - d_1$ 并不为零。因为没有自然的恩赐,茶叶也不成其为茶叶,更没有优劣之分。不过,这涉及茶叶的微观分子了。由于管理茶树使用了机械作业,如中耕、除草、农药除虫等,茶叶中就还含有积累价值,即 $c_2 - d_2$ 也不为零。制茶工艺师的工艺 U 中含有科研成果价值,技术工人创造的价值和剩余价值即 E。因而,即使茶叶生产商按茶叶的生产价值出卖茶叶,在茶叶的市场价格中,还含有一定量的自然价值和积累价值。

在市场上,由于两种茶叶的功效不同,所以它们的市场价格也不同。如果饮用 1 千克优质茶叶能延长寿命 24 小时,那么,它的功效价值为 24 小时。如果饮用 1 千克次级茶叶能延长寿命 12 小时,那么,它的功效价值为 12 小时。按照功效价值决定市场价格的原理,如果把茶树的自然生长期作为生产期,要通约生产期的自然价值,需要求出优质茶叶的生产价值与功效价值之比,即 8760 小时÷24 小时 = 365:1,所以,它的生产价格可以高达 365 元×365 = 133225 元。之所以茶叶商按 365 元出售自己的茶叶,是他按 $\left(1-\dfrac{1}{365}\right)\times$

$100\% = \dfrac{364}{365}$ 的通约率把自然价值通约了,即通约掉了 133225 元×$\dfrac{364}{365}$ = 132860 元,通约剩余量 = 133225 元-132860 元 = 365 元。次优茶叶的生产价值与功效价值之比为 8760 小时÷12 小时 = 730:1,每千克的茶叶生产价格 = 365 元×730 = 266450 元。他若按 $\left(1-\dfrac{1}{730}\right)$

$\times 100\% = \dfrac{729}{730}$ 的通约率通约,则通约量 = 266450 元×$\dfrac{729}{730}$ = 266085 元,通约剩余量 = 266450 元-266085 元 = 365 元。他们各自按自己的生产价值对自然价值进行了通约。如果把土地的价值和茶树的自然生长期不算作生产期,则按生产价格计算的就是茶叶的市场价格,即不论品质如何,每千克的茶叶都将按 365 元的价格出售。

事实上,市场上的优质茶叶与次优茶叶的售价是不同的。这是由于,按照竞争的规律和马克思的社会必要劳动时间规律决定价值实现的理论,茶叶的价值实现,由平均社会价值决定。在我们的研究中,由平均功效价值决定。两种茶叶的平均功效价值 = (24 小时 + 12 小时)÷2 = 18 小时,两种茶叶的平均生产价值 = (365 元 + 365 元)÷2 = 365 元,每小时的平均价值 = 365 元÷18 小时 = $20\dfrac{5}{18}$ 元/时,这是茶叶的社会平均价值,也是它们的市场价值。茶叶按市场价值出售,便是它们的市场价格。因此,优质茶叶售价 = $20\dfrac{5}{18}$ 元/时×

24 小时 = $486\dfrac{2}{3}$ 元,高出它的生产价值 $120\dfrac{1}{3}$ 元,高出的部分就是自然价值和积累价值的再现。次优茶叶的售价 = $20\dfrac{5}{18}$ 元/时×12 小时 = $243\dfrac{1}{3}$ 元,低于它的生产价值 $121\dfrac{2}{3}$ 元,低于社会平均价值的部分是由于对生产价值和积累价值的通约量大于它的生产价值所致,而不是价值在优质茶叶和次优茶叶间互相转移。由于茶叶类的功效是人们不十分清楚的,所以,次优茶叶的价格也可能会以生产价值 365 元出售,把自然价值当成利润来实现。不仅如此,漫天要价也是常见的,坑蒙拐骗也是可能的。人们在购买茶叶时,讨价还价,就是要继续通约未按最大值通约的自然价值和积累价值。

果树结的果子的售价也如上述原理,果子的生产价格与茶叶相同。人们在出售果子时,往往把果树的自然生长期价值通约了,只考虑果树的投入和管理的生产价值。同一棵树上的果子,也分大小和品质优次出售,其原理就是功效价值决定市场价格。这个原理与马克思的生产价格理论是一致的,是在马克思生产价格的基础上对生产价格和市场价格的关系进行的更深层次的探讨。

影响商品市场价格的因素很多,供求关系和社会必要劳动时间决定商品价值实现规律对商品的市场价格影响特别突出,这从表14-5、表14-6和表14-7已经看得较为清楚了。

由于商品的购买者在市场上购买商品,在对商品的自然价值和积累价值通约时,是靠经验进行的,所以,再精明的买家,也不可能对商品的最大通约值计算得十分清楚。俗语"北京到南京,买家没有卖家精",说的就是这个道理。不过,随着科技的进步,政府可以为广大消费者提供各类商品的通约率和通约值。在共产主义社会,由于生产基本实现自动化,广大人民群众既是消费者又是生产者,除了成本核算的必要,商品价值的通约问题就显得不那么重要了。

(二)主观效用价值论关于讨价还价"边际对偶说"的非科学性

集效用价值论和边际效用价值论之大成的庞巴维克,曾提出了"边际对偶说",以否定马克思主义劳动价值论。他在1889年出版的《资本实证论》中,设计了一张马匹买卖表,集中表达他的主观边际效用价值论观点。

买主		卖主	
对一匹马的评价(低于此价格才愿意购买)		对一匹马的评价(高于此价格才愿意出卖)	
A1	30 镑	B1	10 镑
A2	28 镑	B2	11 镑
A3	26 镑	B3	15 镑
A4	24 镑	B4	17 镑
A5	22 镑	B5	20 镑
A6	21 镑	B6	21 镑 10 先令
A7	20 镑	B7	25 镑
A8	18 镑	B8	26 镑
A9	17 镑		
A10	15 镑		

表中,买马者和卖马者对这匹马的主观评价都不相同。庞巴维克认为,只有交换给人带来利益时才会进行,因此,必须买主对马的评价大于卖主的评价时,买卖才会成功。对买方来说,如果有一买者出钱少、另一个买者出高于这一买者的价格,对马的评价会提高。对卖方来说,如果一个卖者要多卖钱,另一些卖者要少卖钱,结果会导致对马的评价下降。

比如,如果马匹的价格在 15 镑以下,则 A1 至 A10 都愿意买进,而卖主只有 B1 和 B2。由于买的人多,经过竞争,马匹价格不断上升。当价格上涨至 20 镑和 22 镑之间时,只有 A5、A6 和 B5、B6 之间的估价相近,才有可能成交。庞巴维克为之起个名称,叫作"边际对偶"。如果价格低于 20 镑,则 B5 被淘汰;如果价格高于 22 镑,则 A5 被淘汰。这时平衡被打破。B5 要求的价格是 20 镑,稍低于 B6 的 21 镑 10 先令。A6 出价 21 镑,稍少于 A5 的 22 镑。所以,B5、A6 是市场价格的边际。市场出卖价格稍稍提高至 B5 的 20 镑,B5 就会出卖;市场价格稍稍降低至 A6 的 21 镑,A6 就会购买。这样,B6 与 A5 决定了市场价格的上限,B5 与 A6 决定了市场价格的下限。市场价格不能超过 A5 的估价 22 镑和低于 B6 的估价 21 镑 10 先令,也不能超过 B5 的估价 20 镑和低于 A6 的估价 21 镑。这种上限和下限之间的价格,就是商品的价值。如果市场价格超过了 A5 的估价 22 镑,A5 不肯买但 B5 却愿意卖了,卖者多于买者,结果造成供过于求,会导致市场价格下降;如果市场价格低于 A6 的 21 镑和 B6 的估价 20 镑 10 先令,A6 就愿意购买但 B6 却不愿意卖了,买者多于卖者,供给减少,结果造成供不应求,会导致市场价格上升。庞巴维克说,他这一简单的公式,说明了市场价格是由两对边际对偶的主观评价所限制和决定的。

庞巴维克的理论并不科学。第一,他所说的价值,就是价格。把价值混同于价格,当然不科学。第二,他关于这匹马的买卖价格,完全是一种想当然。现实中的竞拍,都是取高价成交。他所说的卖主 B1 所估价 10 镑,等于是起拍价。如果买方 A10 报出的价格为 15 镑,会有另一个买者 A9 报出高于 A10 的价格,为 17 镑,A10 被淘汰,依此类推,直至 A1 的 30 镑成交,哪里还有 A5 与 B6 的成交?哪里还有 B5 与 A6 的边际对偶?如果是按 A7 的 20 镑成交,只有 B5 能与他达成交易,哪里还有 B6 的 21 镑 10 先令的上限?如果是按 A5 的 22 镑成交,只有 B6 可能与他达成交易,哪里还有 B5 20 镑的下限?第三,他说的是一匹马在市场上的交易情况。对这匹马,可以有 A1 至 A10 10 个买主,哪里有 B1 至 B8 8 个卖主?马的成本和马在使用中的功效,决定了卖马者的价格底线,也决定了买马者出价的底线。如果是一个卖主与多位买主讨价还价,他会尽量涨价。如果是一个卖主与一位买主进行讨价还价,他会根据底线决定他按什么价格出售他的这匹马,买主会根据他的底线决定他出到什么价位购买这匹马。庞巴维克的理论,与现实生活不沾边。

庞巴维克诘难马克思,说马克思主义劳动价值论与这样一些实际问题相违背:一切稀少性物品如文物、艺术珍品的价格总是和消耗的劳动不相等,其价格大大高于其价值;土地、专卖权等不是劳动产品,但却有价格;不同的劳动,比如木匠的劳动和画家的劳动,在不同时间内能够创造数量相当的价值;熟练程度不同的工人在同一时间内会生产不同量的价值;工资低的生产部门生产的商品价格低;在相同的时间内,使用的工具不同,创造的价值也不同;价格会随供求变动而变动;等等。他说:"可以证明劳动原则在经济生活上的局限性的例外……真是太多,以致使一般原则很难成立。"[1]

庞巴维克企图用价格问题全盘推翻马克思的理论,是为了替资产阶级的剥削辩护。一些资产阶级经济学家推崇庞巴维克,不是因为庞巴维克的学说是科学,而是因为庞巴维克反对马克思主义、反对社会主义。100多年来,他们不断重复着庞巴维克对马克思关于价格问题的诘难,用马克思未研究的问题否定马克思主义理论体系。马克思把商品分析到生产价格,又进一步从商品的生产价格分析到商业价格和一般市场价格,正是他用自己的劳动价值理论、剩余价值理论、平均利润率和平均利润理论逐步深入分析进行逻辑推理的结果,至今还没有任何一个经济学家对价格一般分析得这样透彻。马克思没有进一步分析更具体的市场价格。马克思在论述一般利润率的形成和商品价值转化为生产价格时说过这样一段话:"一般利润率的实际变化,在不是例外地由异常的经济事件引起的时候,总是由一系列延续很长时期的波动所造成的、很晚才出现的结果,这些波动需要经过许多时间才能巩固为和平均化为一般利润率的一个变化。因此,在任何一个较短的时期内(把市场价格的波动完全撇开不说),生产价格的变化显然总是要由商品的实际的价值变动来说明,也就是说,要由生产商品流通所必需的劳动时间的总和的变动来说明。价值不变,而只是它的货币表现发生变动的情形,在这里当然完全不予考察。"[2]因为马克思认为,价格是商品价值的货币表现,所以马克思在这里明白地说明了他没有考察商品在市场上的具体货币表现,即商品的具体的价格。马克思只是指出了劳动价值转化为价格的一般规律,如何运用马克思的一般理论解决具体价格问题,犹如牛顿、爱因斯坦为我们解决了天体运动的基本规律,至于卫星如何上天等具体问题,需要后人以他们的理论为指导,以发展的眼光进行深入细致的再探索。

庞巴维克所说的工资低的部门生产的商品价格低的问题,马克思已经作了详细的论述。李嘉图以前的经济学家都认为,工资的提高会使商品的价格上涨。现实中也是只要一涨工资,商品的价格就会上涨。实际上,这种只要涨工资,商品价格就会上涨的现象,其实质是货币贬值。马克思的利润平均化理论认为,工资的提高,只会引起利润率的降低,而不会影响商品的价值和价格的变动。马克思以平均构成的资本为例,说明了工资的提高不会引起生产价格的变化。马克思说:"因为平均资本生产的商品的生产价格是和它们的价值一致的,所以这种商品的生产价格不变:因此,工资的提高,虽然引起利润的降低,但不会引起商品价值和价格的变动。"[3]李嘉图只研究了工资的提高对商品生产价格的

[1][奥]庞巴维克著,何崑曾、高德超译:《资本与利息》,北京:商务印书馆,1959年,第321页。
[2]中共中央马克思恩格斯列宁斯大林著作编译局译:《资本论》第三卷,北京:人民出版社,2004年,第186页。
[3]中共中央马克思恩格斯列宁斯大林著作编译局译:《资本论》第三卷,北京:人民出版社,2004年,第222页。

影响,但没有研究工资降低对商品生产价格的影响。马克思仍对李嘉图给予了很高评价。马克思说:"第一章第四节、五节关于劳动价值的变动对'相对价值'的影响这个问题——这同价值因平均利润率而转化为费用价格的问题相比,(在理论上)是一个次要问题——的考察尽管有很大缺陷,但李嘉图由此却得出了十分重要的结论,推翻了自亚·斯密以来一直流传下来的主要错误之一,即认为工资的提高不是使利润降低,而是使商品的价格上涨。"[1]如果工资降低,马克思说:"这样,我们看到,只要按相反的方向重述以上的说明并加上必要的修改就行了;工资一般降低的结果,是剩余价值和剩余价值率的一般提高,并且在其他条件不变的情况下,还有利润率的一般提高,虽然比例不同;对低构成的资本所生产的商品来说,生产价格会降低,对高构成的资本所生产的商品来说,生产价格会提高。这和工资一般提高时的结果恰好相反。"[2]在这里马克思特意加了一个注脚,说:"非常奇怪的是:李嘉图(他当然按照和这里不同的方法来论述,因为他不理解价值平均化为生产价格的问题)从来没有想到这种情况,只是考察了第一种情况,即工资的提高和它对商品生产价格的影响。一群只会模仿的奴仆甚至没有想到作出这个非常明显的、事实上只是同义反复的应用。"[3]马克思的注脚好像是针对庞巴维克和他的追随者说的。李嘉图没有考察的东西,他们连模仿也模仿不来。

只看表面的价格现象,而不去探讨它的实质,是最省力的研究。正如马克思所说:"如果事物的表现形式和事物的本质会直接合而为一,一切科学就都成为多余的了……"[4]

---

[1]《马克思恩格斯全集》第34卷,第2版,北京:人民出版社,2008年,第220-221页。
[2]中共中央马克思恩格斯列宁斯大林著作编译局译:《资本论》第三卷,北京:人民出版社,2004年,第225-226页。
[3]中共中央马克思恩格斯列宁斯大林著作编译局译:《资本论》第三卷,北京:人民出版社,2004年,第226页注(34)。
[4]中共中央马克思恩格斯列宁斯大林著作编译局译:《资本论》第三卷,北京:人民出版社,2004年,第925页,。

第十五章 权力和制度与价值创造

新中国在贫穷落后的基础上,仅仅用了 70 年时间,就走过了西方发达国家几百年走过的路程,改革开放 40 年来中国的发展更是日新月异。这是中国共产党以马克思主义为指导,利用社会主义制度优势,支持人民当家作主,建立法治社会,采用符合权力运行机理的组织制度——民主集中制,使全党全国人民高度团结、艰苦奋斗所取得的成果。我们这里探讨其深层次原因——权力、制度及价值创造的关系。

一、权力的运行机理和制度对价值创造的影响

习近平同志说:"中国共产党的领导是中国特色社会主义最本质的特征。没有共产党,就没有新中国,就没有新中国的繁荣富强。坚持中国共产党这一坚强领导核心,是中华民族的命运所系。中国共产党的领导,就是支持和保证人民实现当家做主。"[1] 习近平同志的这一论述,与社会权力的来源、运行结构、社会制度与价值创造有关。我们应该从更深层次理解习近平同志的这一思想。

(一)权力的本质和运行机理

权力是政治学的"元问题",对社会制度和价值创造影响巨大,经济学界对这个问题的研究起步较晚。在传统的政治经济学理论中,人们研究了商品的生产、流通、交换和消费,研究了价值创造和分配,尚有官员、科技人员、教师、文艺工作者、文学家、社会科学家等如何创造价值的问题没有研究。虽然笔者在本书的有关章节对某些问题作了简略说明,但没有详细研究。1999 年,笔者在《权力的本质、起源、发展和运行》中对权力进行了初步探讨;2009 年,在《自然价值与劳动价值的同一性——马克思主义劳动价值论的新发展》中对官员、企业家如何利用权力进行价值创造进行了探讨,但深感要弄清中国共产党为什么能够在较短的时间内领导中国人民取得社会主义事业的伟大胜利,还需下大功夫研究权力和制度与价值创造关系。在这里,笔者对关于权力问题的研

---

[1]《习近平谈治国理政》第二卷,北京:外文出版社,2017 年,第 18 页。

究作一简要概括,并对权力与人民大众、权力与社会制度、权力与民主和自由、权力与价值创造以及权力对经济、政治、文化以及社会的影响作一简明论述,对权力与我们的重要组织制度——民主集中制——的关系以及权力对我们生活于其中的社会主义制度的维系和影响进行探讨。

1. 中西方学者对权力问题的研究。被誉为后现代主义的哲学大师福柯说:"直到10世纪,我们才开始明白剥削的本质,然而直到今天,我们还未能全面理解权力的本质。"[1]人们对权力问题的研究,在古代,有柏拉图的主观唯心主义权力论,亚里士多德的客观唯心主义权力论,孔子、孟子、庄子的权力道义公平论,君权神授论,马基雅弗利的人性邪恶权力起源论;在近代,有霍布斯的社会契约授权论,洛克的自由共存授权论,资产阶级思想家孟德斯鸠、伏尔泰、卢梭等人的公民主权论,尼采的权力意志论;在现代,有韦伯的权力暴力支配论,罗素的欲望冲动权力论,福柯的微观关系与结构权力论,丹尼斯·朗的权力能力说,纳伊姆的微权力行为体说,哈耶克的天赋差异自由主义权力观,阿伦特的平等商谈公开权力论,中国学者的权力法授论、人民授权论,等等。

马克思、恩格斯没有专门研究权力,但他们在《德意志意识形态》中对权力问题作了提示性说明。他们说,受分工制约的不同个人的共同行动产生了一种社会力量,即成倍增长的生产力,支配着人们的意志和行为。如果从历史唯物主义的观点看待这种扩大了的生产力应该就是权力。恩格斯于1890年9月21日写给约·布洛赫的信中,谈到了权力意志合力论。他们关于权力的论述,为我们计量权力指明了方向。

2. 权力的本质和生成。

(1)权力的本质。权力是一种力。西方的权力一词源于拉丁语"anerieas",有两个基本涵义:一是意志、法令,二是权威。按照权力的原意,对于权力可作如下理解:一是从权力的获得看,个人或者组织可以根据统治阶级的意志(国家意志)或多数人的意志(人民意志)所形成的法律法令成为权力行使者,也可以根据自身的权威获得多数人的拥护而成为掌权者。二是从权力行使看,掌权人需要按照人民的意志和法令行使权力。在权力行使的过程中,需要一定的权威才可能达到预期的效果和目的。

考察权力的特征发现,权力完全符合物理学中"力"的特点。一是力是抽象的,是一种实体。人们看不到力,但能感觉到力的客观存在。同样,人们虽然看不到权力的存在,但人能强烈地感受到权力的强制性、支配性和暴力性。二是力是物体间的相互作用,有作用与反作用,有受力体和施力体。力的相互作用可使物体的运动状态和自身的形态发生改变。权力也如此。军队、监狱、法庭等部门是专门的暴力机构,掌握这些机构是统治者

---

[1]引自周穗明著:《当代西方政治哲学》,南京:江苏人民出版社,2016年,第169页。

实行统治的前提。三是力有大小、方向、作用点和功效,权力也与此相似。掌握总权力的人或组织的权力大于下属的权力,社会权力大于个人权力。人们运用权力的目的,是产生一定的社会功效。四是力可以合成,也可以分解。力的合成和分解都遵循平形四边形原则,权力也遵守这个原则。授权意味着力的合成,分权意味着力的分解。五是凡自由体受到一定的限制而为非自由体时,阻碍物体运动的限制物为约束。当物体沿着约束的方向运动或有运动趋势时,必然有阻碍物体运动的约束力存在,权力也遵从这个规则。人们在一定的社会中,在一定的环境中,不是完全自由的。人的活动受到一定的约束,也就是控制。人也对这种约束产生反约束力,也就是反控制力。

人们对力的认识,是根据人在日常生活中的手提肩扛现象得到的,较为肤浅。虽然目前对引力、电磁力、强相互作用和弱相互作用的认识有所深化,但力的种类和特性还有待人们通过艰苦的探索才能发现。虽然权力是一种力,具有力的特点;但是,人是不同于自然界其他有机物和无机物的特殊存在,不能机械地套用物理学中力的概念。人们要在文化、意识、思想、行为、交往、利益、劳动以及多种科学的相互联系的多因素环境中考察权力,因此,权力的研究非常艰难。我们说权力有物理学中力的特性,是要为权力的研究确定一个大前提,即权力是一种相互作用的力。

(2)权力的生成。权力是一种力,这种力是怎么生成的?是我们研究权力必须解决的一个重大问题。观察动物,比如狮、虎、豹、狼、鸟、虫等,当它们组成一个群体时,种群中的雄性首领往往经过与其他雄性的生死搏斗,凭借强健的体魄或硕大的体型,依靠暴力获得食物的优先权和与种群中雌性的交配权,凭借暴力抵抗外来入侵者,也使用暴力管理它的种群成员。动物在迁徙运动中,只有那些体格健壮者才能达到目的地。很显然,它们强健的体魄储存着巨大的能量,而能量则是动物生存的基础。这些能量在动物体内的转化,可能如第十二章所揭示的能量转化所获得的力的原理,由克服外界阻力而获得一种力,作用于其他对象和目标,实现自己的目的。因而,可以认为,动物首领的权力是由能量转化而获得的一种强制力。

个人权力。人也是动物的一种,也必然具有动物的某些特性。虽然人进食之后食物的热能如何使人获得动力的原理目前还不得而知,但从机械发动机的能源物质的能量在转化过程中由于克服外力从而可获得一种与外力大小相等、方向相反的力的情况,可以推测人会把能量在人体内转化所获得的力作用于其他对象,以满足自己的欲望和实现自己的某种利益。人不仅会利用自身的能量,而且还可利用外能物质加大自己的获得力作用于对象,达到自己的目的。因此,我们可以给个人权力作如下定义:个人权力是个人在意识支配下利用自身的能量或外能量在转化过程中所获得的一种强制力。

欲望不是权力。人的欲望只是人们获得权力的动因之一,而不是权力本身。食欲、性欲、权力欲、财富欲、劳动欲、创造欲等,都必须建立于人依靠能量成为活体的基础之上。一些学者,比如亚里士多德、罗素等人,都误以为权力是一种欲望。其实,就像人的财富欲望不是财富本身,权力是一种力,是实现个人欲望或意志的工具,而不是欲望或意志本身。

权力并非神授。权力由人的能量转化获得。人若没有食欲,不能进食,不能从自然界获得能量,也就不能转化为权力。人的食欲和性欲是天生的,因此才产生了统治人类数千年的君权神授说。我们知道,有生命的生物都是元素的不同的结构性存在,人同样是多种元素的结构性存在。如果缺少了某些化学元素,或化学元素的结构不适合人体的运行,人就会生病,也就可能没有了食欲,甚至活不下去。这样一来,派生于元素和能量的权力欲也就没有了依托,君权神授论也就没有了基础。

人的性善与性恶没有根据,人生而自私的"经济人假设"也没有根据。在动物界,很多动物在捕食过程中积累了不少技巧,但那都是不超过其先天构造的有限技巧。人在生活和生产中也积累了很多生活和生产技巧,任何动物的技巧都不能与人的技巧相提并论。人的生活和生产技巧的提高,标志着人的能力的提高,使人在获得生活资料和实现自己的愿望时事半功倍。人的能力是在学习前人、他人的思想、方法,经过自己的大脑进行分析和思考后,在严密逻辑思维的过程中提高的。这是任何动物都做不到的。所以,不能仅拿动物的食欲和性欲以及能量转化所获得的权力欲来类比人类的权力欲。有的人掌握权力是为了满足自己的食欲和性欲,这些人与其他动物种群的首领没有什么差别。但有的人掌握权力是为了共同体的利益和人民大众的利益。在古代,有人性善与人性恶之争;在现代,有人生而自私与人人为我、我为人人两种观念之争。亚当·斯密的"经济人假设"经过美国管理学家麦格雷戈的系统化,把人的自私性提高到了人类社会构建的高度,这是一种观念倒退。

掌权人的能力不是社会权力。权力只与能量有关,与合成权力的人力和物力有关,而与谁可以掌握它无关。掌握权力者能力的大小,只表明他运用权力所能达到的目的和程度,而不能证明能力就是权力。

权力是一种关系的说法也不能成立。由于权力由人的能量转化获得,所以,个人的能量只能从自然界获得并与自然界进行物质交换才能不断得到补充。个人为了生存,他的第一个活动,就是把自身能量在转化过程中所获得的力,作用于自然事物,控制、转换自然事物,使之适合于人的使用。这样,人就和自然界产生了关系。但是人与自然界的关系不是权力本身。人在生活和生产中,都必然要与他人交往,从而产生人与人的关系。在交往中,人若不把自己拥有的能量转化所获得的力交与他人使用,他人便无法获得支配别人的力量。所以,人与人的交往是产生权力的前提,但不是权力本身。

权力与生产力密切相关,但它本身不是生产力。人类为了生存,在与自然界发生关系之后,采摘野果,捕捉野兽,这些活动如同其他动物一样,需要付出能量,但这并不就是完整意义上的生产劳动。人类的生产劳动,也是个人的能量在转化过程中所获得的力对劳动对象的作用过程,这个过程是转变自然物的自然状态的过程。经过几十万年的劳动,很多自然物被多次加工,人的劳动对象也就成了还没有改变自然状态的自然物和已经改变了自然状态的劳动物。人的这种由天然能量的转化所获得的用于生产劳动的力,是个人生产力。个人在生产中,不仅会使用自身的能量在劳动中转化所获得的力,也会利用外能量在劳动中转化所获得的力作用于劳动对象。生产力是人利用能量在劳动做功过程中所获得的生产能力,包括能量和科学技术两个方面。个人生产力只是个人的权力在生产中的应用,它是权力的组成部分而不是权力的全部。个人的权力包括生产力、与别人的交往力、抗击外部入侵力、行动的合力等。

权力的社会契约论只是说明了人们为什么要授权给某些人或组织,微观权力论和微权力行为体论则试图证明权力是由微小人群决定的,人民主权论则直接说明了权力与个人有关。只有弄清了权力的来源和主体,才能设计出合理的权力运行模式。民主制、代议制民主或协商民主制都是在肯定权力的主体是个人的基础上设计的。

3. 社会权力合成法则。人们在探讨权力问题时,大多没有区分个人权力与社会权力。很多学者所说的权力仅指社会权力。当我们探讨了个人权力是个人在意识支配下利用自身能量或外能量于做功过程中所获得的一种强制力之后,我们已经明白,没有个人权力就没有社会权力。社会权力是许多个人权力的合力。因此我们说,社会权力是个人利用自身能量或外能量在转化过程中获得并按一定法则生成的强制合力。

在探讨完个人权力和社会权力之后,我们可以给包括个人权力和社会权力在内的权力作一简要定义:权力是在意识支配下、能量转化过程中所获得的一种强制力。

社会权力按照力的平行四边形法则合成。个人与个人的力的合成可用图 15-1 表示。

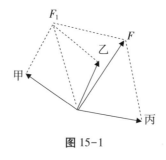

图 15-1

从图 15-1 可以看出,甲力与乙力合成力 F_1,力 F_1 与丙力合成力 F,力 F 就是甲、乙、丙三者的合力。个人与个人的力的合成,需要在人的意志支配下由人去实现。合力 F 大于甲、乙、丙的单个的力,可以做更多的功,从而创造更多的使用价值。这种合力是人在目标一致、思想一致、行动一致的前提下进行的,所以这种合力是一种权力。打夯就是大家以合力抬起重物砸地,被砸实了的地可作为某建筑物的基础。为了使打夯者们在抬起和放下重物时同步,有一个喊号子的人,他是指挥者,他的指挥得到了全体打夯者的授权,因而他获得了指挥打夯者同时行动的权力。

4. 社会权力产生的动因、前提和纽带。当我们明白了个人权力和社会权力合成的道理之后,对权力的认识也逐步清晰起来。但是,社会权力的起源是什么呢? 或者说,人们为什么要把自身拥有的权力交给命运共同体呢?

(1)社会需要是社会权力产生的动因。社会契约论者卢梭以人的大脑指挥人的四肢做比喻,说明了人为了自己的利益,把自身的权力让予公众,受公意的指挥,每个人都是公众中的一分子。卢梭所说的是人由于生活和生产的需要结成政治社会的必然性。尽管他不知道人们交出的是什么,但他朦朦胧胧地猜到了自身交出去的是在意识支配下的东西。因为这种东西受意识的支配,所以他称众人交出的东西为"公意"。实际上,人们交出去的是在意识支配下能量转化所获得的力。不过,这种力还是存在于个人的身上,只有当社会需要时,才通过共同行动,使分散的力合成为合力,以强制别人。比如,当外敌入侵时,共同体内的人,会共同行动起来,每个人都会利用自身的能量和可以利用的物的能量在转化中所获得的力,抗拒外敌;当内部有人利用约束反力破坏内部秩序和利益时,人们也会为维护共同体的秩序和利益,运用自身的能量和可以利用的物的能量在转化中所获得的力,对抗约束反力,达到内部控制的目的;如果是掌握权力的人滥用权力以权谋私,从而损害公共利益,人们同样会运用自身的能量和可以利用的物的能量在转化过中所获得的力,反抗掌权者,或让他们改正错误,或剥夺他们的权力。

人为什么要结成利益和命运共同体? 这是由于,从人与自然的关系看,个人在自然中很渺小,为了获取更多的物质,使更多的事物为个人所利用,个人要认识自然规律,制造工具,利用天然能量获得的力,加大个人生产力;从人与人的关系看,人与人之间最初的最简单的分工协作,是在男人和女人之间进行的。男女的分工协作,一方面使生产力扩大,另一方面使人的生命得以延续。在子女成年后,产生了各种关系,其中最重要的关系是生产协作关系。在生产协作中,人与人利用各自的能量在转化过程中所获得的力,按照人的意愿进行合成,形成一种比个人的力更为强大的合力,这种合力作用于劳动对象,比个人的力的运用能够生产和获得更多的有用物质。

由于人的需要是多方面的,在满足了吃喝等基本生存需求后,人需要接受教育,以便继承前人创造的一般生产力;人要研究自然、认识自然,为人的全面发展创造条件,于是有人就去研究哲学、数学、物理学、医学、化学等,还有人从事文艺创作、唱歌,使人们幸福、愉快、长寿,于是就有了在社会领域内的分工和协作。人们在生产和生活中看到了社会性分工协作的良好效应,于是,人们有意识地扩大这种分工协作,结合成氏族、部落、部落联盟、民族、国家、国家联盟。人们在全社会范围内的分工和协作所产生的合力,作用于社会活动的对象,这是一种更加扩大了的协作生产力。随着命运共同体的逐步扩大,社会权力的合成也随之由小变大。

(2)人的生命的生产是社会权力生成的前提。生产力与社会权力由人的能量和人所能利用的物的能量在转化过程中获得,因而生产力的发展是社会权力发展的共生性因素,而非社会权力发展本身,也非社会权力发展的前提,人的生命的生产才是社会权力生成的前提。

社会权力是人的生产活动不断扩大的结果,但这种扩大有一个前提,即人口的正增长。如果没有人口的正增长,就形不成社会,没有社会,也就没有社会权力。一个国家、一个民族,如果人口增长始终是负数,它的社会权力就会削弱。但是,如果人口增长过快,没有足够的可供人们消费的食物,有人就会饿死,这也会削弱社会权力。所以,人口增长要与可使用的财富均衡同步,社会生产力理应包括人口的生产力。人口从自然生产的阶段转向计划生产阶段,是人类的进步和社会发展的必然。

如果我们作如下假设,将使我们较易理解社会权力形成的前提。假若有一群同性别的人在一起劳动,他们创造了很高的生产力,由于他们无法进行生命的生产,没有人继承他们所创造的生产力,在他们最终都死掉后,他们创造的生产力也就完结了。假若一群人中男女在一起进行生产,就会是另一种情况:他们不但进行物质财富的生产,还进行人的生命的生产。这样,不但他们创造的物质生产力和财富被继承下来,他们创造的一般生产力也被继承下来。经过一代代人的努力,社会就会不断地向前发展。在生产和生活中,个人按照共同意志的要求,把个人权力结合为社会权力,人数越多,社会权力就越大。家庭→氏族→部落→部落联盟→民族→国家→国家联盟产生的道路,就是个人权力依照一定的规则合成为社会权力并逐步扩大的道路。

(3)劳动是社会权力合成的纽带。人之所以为人,就是人会把自己的能量在转化过程中所获得的力投入劳动过程,形成生产力。如果人类不会劳动,不会继承,人类也不会脱离动物界,始终像其他动物种群一样,只有群大群小的分别,而无文明进步。人在劳动中,分工、协作、交往、结成共同体、扩大共同体,同时也扩大着社会权力。所以,马克思非常重视生产力在社会权力发展中的作用。

有人说,马克思把权力理解为人对人的统治关系,在资本主义生产条件下,权力就是人对人的一种剥削关系。这是对马克思关于权力问题的误解。从马克思关于权力是人们共同活动力量的论述,得不出马克思认为权力是人对人的剥削关系的结论。马克思的权力理论,与生产力有关,而生产力与剥削无关。马克思说:"同一切君主的权力一样,封建主的权力不是由他的地租的多少,而是由他的臣民的人数决定的,后者又取决于自耕农的人数。"[1]在阶级社会中,一些阶级产生了,一些阶级没落了,这是生产力发展的结果,不是剥削的结果。促进生产力发展的,是人们的劳动分工协作方式,或者是今人与今人的协作,或者是今人与前人的协作。人的观念、思想、意识都随着生产力的发展而变化,协作方式、生产方式也随着生产力的变化而变化。哪个阶级代表先进的生产力,哪个阶级就获得社会权力。当资产阶级把价值生产作为本阶级的生产方式之后,这是一种较封建社会更先进的生产方式,于是,货币就成为一切权力的权力;当资产阶级把货币转化为资本之后,作为资本代表的资本家阶级掌握社会权力,也就是理所当然的了。如果社会主义代表先进的生产力,把人的因素放在第一位,那么,社会主义生产方式的确立就是必然的。因此,共产主义不是应当确立的状况,也不是现实应当与之相适应的理想,而是消灭现存状况的现实运动。只有当资本主义竞争成为世界性,只有竞争的关系以世界市场存在为前提,只有资本主义的腐朽性和不断发生的经济危机对社会生产力发展的破坏性被人们所理解时,共产主义才能作为世界性的存在而实现。

人出生后,就处于一定的社会环境中:有一定的发展的生产力;有与生产力的发展水平基本适应的生产关系;社会分工较为固定,协作劳动的形式也有一定的发展;社会共同体具有一定的规模,社会权力也已存在;教育、科学也有一定的发展;家庭形态较为稳定;等等。后人会认为这些都是个人生活和生产的前提条件,他们服从这些条件,适应这些条件,因而他们把权力看成先天存在的力量也就不足为奇了。

5. 个人和社会权力的计量。当我们明白了权力是人的能量在转化过程中所获得的力,人与物的合力可以计量时,毫无疑问,较为复杂的个人权力和社会权力的计量问题将得到解决。

(1)人与物的关系。劳动是人的最主要的生产活动,在劳动中进行合作是为了获取更多的财富,因此,扩大劳动生产力也就成为人们结合为命运共同体的主要目标之一。所以,协作使个人权力发展为合作生产权力,扩大了的生产权力构成人类社会权力的主要内容。

人有能量,物也有能量。一方面,人类在生产中,既可以使用自身的能量做功,也可以利用外能量做功,人利用内能和外能在转化过程中做功所获得的力,作用于劳动对象,可以加快劳动对象的形态转变,同样,个人也可以使用自身的能量和外能物质的能量在转化过程中所获得的力作用于他人,以增大自身的强制力。由于社会权力是由个人的权力合成的,所以,掌握社会权力的人或组织,不仅可以利用共同体内的人的力量,也可以利用其所掌握的外能物质的力量以增大对共同体内的人或共同体外的人进行控制。例如,有人

[1]中共中央马克思恩格斯列宁斯大林著作编译局译:《资本论》第一卷,北京:人民出版社,2004年,第824页。

用枪强制别人,利用的是火药的能量在转化过程中所获得的打击力;有人用核武器威胁别人,利用的是核原料的能量在转化过程中所获得的打击力。

人的能量和物的能量在转化过程中所获得的力,分别叫人力和物力。人力与物力也可以按照平行四边形法则合成。由于人有意识,物没有意识,所以人力与物力的合成并被利用,是在人的意识支配下进行的。

(2)用坐标法计量个人权力和社会权力。设人力为横坐标 X 轴,物力为纵坐标 Y 轴,一定的人力支配一定比例的物力,人力与物力会按照平行四边形法则合成,平形四边形的对角线就是人力与物力的合力,如图 15-2。

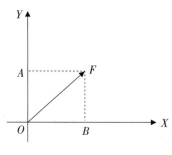

图 15-2

图 15-2 中,OB 为人力,OA 为物力,OF 是人力与物力的合力。OF 可以根据勾股定理被计算出来。因为三角形 OBF 为直角三角形,$BF = OA$,所以,$OF = \sqrt{OA^2 + OB^2}$。

如果掌握了合力 OF,就可以利用力的反作用原理,既支配人也支配物,OF 就是个人权力或社会权力。个人权力和社会权力是人自己创造的。

力的单位是牛顿,简称牛,1 牛 = 千克·米/秒^2。OF 可用牛顿来表示。

(3)用余弦定理计量个人权力和社会权力。如果已知人力和物力,或此一人力和另一人力的大小,也知道它们的夹角,则可用余弦定理计量个人权力或社会权力。用余弦定理计量权力的原理如图 15-3 所示。

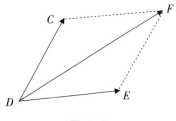

图 15-3

图 15-3 中,力 DC 与力 DE 的夹角为 60°,力 DF 为二者的合力。当 $\angle CDE = 60°$ 时,在 ΔDCF 中,$\angle DCF = 120°$,设 $DC = DE = 1$,由余弦定理得:

$$DF^2 = DC^2 + CF^2 - 2DC \cdot CF \cdot cos120° = DC^2 + CF^2 - 2DC \cdot CF \cdot \left(-\frac{1}{2}\right) = DC^2 + CF^2 +$$

$DC \cdot CF = 3$, $DF = \sqrt{3} \approx 1.732$

6. 授权。人们把个人的行动支配权交给某个人或者某个组织就是授权。人们根据自己的愿望选择某个人或某个组织掌握人们行为的合力以协调大家的行动的过程就是授权过程。

（1）人们授权的目的。因为权力首先是个人的，之后才发展为社会的生产权力和社会权力。生产权力和社会权力都是通过人授权产生的。人们授权的目的，是想让掌权的人或组织来协调意志不同、行为各异的人的活动，以保障人们的生产和社会活动有序化。在分散的小农经济条件下，农民起义推翻旧政权之后，为什么要再拥立一个新皇帝？就是为了生产和社会秩序稳定。专制政权和无政府状态是权力的两个极端。人们对这两种状态的接受度，要看这两种状态对人们的危害性大小。当社会处于无政府状态，强盗横行，人们的生命财产都得不到保障时，就会强烈希望有一个人或一个组织来组织大家共同行动以结束这种状态，于是产生授权。此时人们愿意把自身的人力和自身所能支配的财力物力交给某一个人或者某一个组织支配以建立起一个用强制力维持秩序的政权。但当一个政权极其专制，损害了人们的生命和财产时，人们又会进行选择性授权，让另一个人或者组织来结束专制政权的统治。无政府主义者常常指责政府对人们自由的限制——这当然是不可忽视的问题，但是，如果任由一些人自由地奴役另一些人，任由一些人任意剥削另一些人，人们是不会置之不理的。人们希望建立的是一个既有相对充分的自由，又相对公平与平等的社会，所以，专制与无政府状态都不为多数人所赞同。人类为建立平等公正公平自由民主的社会进行的努力从来都没有间断过。但是，由于人们对权力的本质认识不清，又由于人们出生后即生活于一定社会权力的强制下，所以，人们常常会误认为，掌权者个人是拯救他们的恩人，或者说是上帝给他们派来的救世主。即使在现代，也有很多掌权人如官员认为自己权力的获得是由于上级授予。从掌握权力的个人来说，确实如此，但从权力体来说，并非如此。也有人认为，个人能够获得社会权力是依靠自己的本事和能力。持有这两种认识的人，对权力的认识都不正确。

（2）人们授权的方式。人们选择某个人或者某个组织进行授权的方式多种多样。从授权主体的愿望来说，授权方式主要有以下三种：

一是自觉主动授权。人们认识到某人或某个组织确实能为他们谋利益，并有能力为他们谋利益，发自内心地想把个人权力授给某人或者某个组织，这便是自觉主动授权。现在很多国家通过一人一票选举制选择被授权人。但是，从西方国家参加选举国家领导人的投票率来看，多数国家的参选率很低，大多在65%左右，当选的国家领导人超过选民人数一半以上的不多。

二是自愿被动授权。指授权人因受外在条件的限制而授权。比如，授权人不了解被授权者的情况,授权时随大流;明知某个人或某个组织不是最佳授权对象,但找不到更合适的人选或组织而勉强授权等。这时的授权虽是自愿的,却是被动的。

三是强迫被动授权。授权人并不想授权给某人或者某个组织,但由于恐惧而授权,便是强迫被动授权,如授权人在受到胁迫、威胁和报复等情况下授权。目前广泛采用的无记名投票方式选择被授权人是消除强迫被动授权的有效方法之一。

随着人们对权力问题认识的逐步加深,被动授权现象会逐渐被消除,最终实现多数人的自觉主动授权,但它取决于人们的共同行动和生产力的发展,人们文化水平和对社会权力认识的水平达到一定高度。在强大的社会权力面前,个人是渺小的,何况,当物的能量被人利用后,有时许多人的行动力也成为渺小的了。所以,在高科技时代,依靠暴力改变社会制度已非首选,而依靠先进文化、先进理论的影响改变权力运行方式进而改变社会结构、社会制度已成为重要的手段,它标志着一个新的文明改造世界方式的诞生。如果话语权成为这种方式的障碍,那么,随着科技的不断进步,这种障碍终将会被消除,比如互联网就对话语垄断权提出了今非昔比的挑战。

(二)权力、制度与价值创造

习近平指出:"坚持不忘初心,继续前进,就要坚持中国特色社会主义道路自信、理论自信、制度自信、文化自信,坚持党的基本路线不动摇,不断把中国特色社会主义事业推向前进。"[1]中国特色社会主义制度是当代中国发展进步的根本制度保障,是具有鲜明中国特色、明显制度优势、强大自我完善能力的先进制度。这个制度之所以有如此大的优势,有其内在的根据。

1. 人们在既定的权力和社会制度下生活。马克思指出:"社会——不管其形式如何——是什么呢?是人们交互活动的产物。人们能否自由选择某一社会形式呢?决不能。在人们的生产力发展的一定状况下,就会有一定的交换和消费形式。在生产、交换和消费发展的一定阶段上,就会有相应的社会制度、相应的家庭、等级或阶级组织,一句话,就会有相应的市民社会。有一定的市民社会,就会有不过是市民社会的正式表现的相应的政治国家。"[2]马克思的这段话说明了生产力与社会制度的关系。

男人和女人结合为家庭,是为了进行财富的生产和人口的生产。这种结合和分工协作,在促进生产力的发展的同时,也使人们的交往增加。人们意识到,分工协作的力量远远超过个人的力量,于是,人们把个人的权力通过意志表达合成为社会权力。当人类社会从氏族发展到部落和部落联盟的时候,权力便作为一种既定的东西被部落酋长或部落联盟首领掌握。这样,国家的出现也就顺理成章了。这可以从人类历史中找到根据。

---

[1]《习近平谈治国理政》第二卷,北京:外文出版社,2017年,第36页。

[2]《马克思恩格斯全集》第47卷,第2版,北京:人民出版社,2004年,第440页。

据考证,地球已经存在了 45 亿年之久,但人类的远古祖先古猿仅仅出现在 1000 多万年前,原始人类从动物界分离出来,仅有 100 多万年。又经过了几十万年的发展,人类才从原始社会发展到了母系氏族公社阶段。在这个阶段,每个部落都有一个酋长、一个军事首领。酋长和军事首领都握有一定的权力。在生产力发展之后,产生了农业和畜牧业、农业和手工业的社会大分工,劳动有了剩余。一方面,男性的体力适于重、累的生产劳动;另一方面,在劳动有了剩余之后,抢劫就成为不劳而获的重要手段。在抢劫中,男子由于生理的原因,成为最重要的骨干,军事首领的地位越来越重要。于是,母系氏族让位于父系氏族。这种转变,实际上就是权力转移。通过掠夺战争,战功卓著者分得的财富多,俘虏也不再被杀死而成为奴隶。部落酋长和军事首领利用手中的权力大量占有属于氏族的公共财富,特权阶层出现了,社会也开始出现贫富两极分化。当富有的剥削者联合起来,霸占了既有的权力后,对内利用权力制定制度和法律,把剥削固化;对外利用权力进行抢掠,争夺地盘。这样,阶级代替了亲情,原始社会解体。以那个时代的生产力为主要特征的一系列规则规范逐步形成,奴隶制度的国家出现了。

在通信和交通极不发达的时代,考察世界各地,在谁也没有和谁商量的情况下,几乎都是沿着家庭→氏族→氏族公社和部落→部落联盟→民族→国家的道路发展的。命运共同体内部生产和分配的矛盾,剥削者与被剥削者的矛盾,统治者内部的矛盾,共同体外部资源占有的矛盾,抢掠和自卫的矛盾,等等,使得不论是小的部落,还是大的部落联盟,乃至国家,都有必要保持一定的强制权力,也有必要使这种公民意志支配下的强制性权力保留在一个人或者一个组织的手中。比如,希腊曾在公元前 8 世纪到公元前 6 世纪建立过奴隶制城邦社会,即以一城为中心,包括周围一些村落,形成一个城邦,但城邦之间战争频繁。在中国也是如此。约在公元前 21 世纪,传说中的黄帝也曾利用权力东征西讨。春秋战国时期,更是战争不断。谁若没有权力,谁就会被消灭。这说明权力在社会发展中的重要性。生产力和权力,是人的能量这根藤上结出的两个大瓜。但是,由于人们长期认不清权力的实质,所以,权力被巫师的歪理邪说罩上神秘的光环,认为是上天给予某个人或某个组织的,于是,客观存在的能量在人的意识支配下,在做功的过程中由个人所获得的力的合力——社会权力,随着封建生产方式的建立,被世袭了。在社会主义之前一切社会的权力行使的弊端和罪恶,差不多全是特权阶层丑恶灵魂的展示。

人们对自己生存环境中既存的权力和社会制度的认识是艰难的。自然和社会环境不仅决定着人的生产和生活,也决定着人们的认识水平。人的认识是自然和社会存在的反映。自然和社会环境是物质的,人脑也是物质的。人通过眼、耳、鼻、口、舌、身,通过光、波、电、热、气、能等微观物质与人体的交流,在人脑中形成一种映像,而后被人脑加工、分析、归纳、综合,并对映像进行处理,通过演绎,形成经验性认识或片断性理性认识,再与人脑中储存的其他方面的映像相联系,去除同类事物映像的不同点,求得它们的同一性,于是,这种脱离了具体事物的同一性,便成为抽象。抽象是人形成系统性理性认识的基本方法。人们用这种方法形成的理论,指导人们的行动。人们对权力和社会制度的认识也如此。在漫长的人类发展史上,人们看到了太多的封建王朝的交替,看到了太多的被压迫者的反抗和剥削者、压迫者的灭亡,于是,人们开始思考权力、法律、政府和民众的关系。直到 18 世纪,资产阶级有识之士才提出了共和制、代议制、司法独立、司法审查等等关于权力与制度的理论,是关于权力和社会制度的重大发现。在 20 世纪发生了两次世界大战后,随着资本主义在全球的扩张,国际联盟机构不断出现,使人们有理由相信,人人不分贵贱,国家不分大小,都拥有和享有平等的权力和权利,是天经地义的。21 世纪必然是合作的世纪。但是,由于权力和制度结合的紧密性,在旧制度依然存在的情况下,旧的思维依然顽固,抢劫性战争随时都有可能发生。因此,正如生产力不是自我发展,而是在人的科学思想导引下发展一样,研究权力离不开现实的社会环境、文化水平和现实的生产力。

2. 社会制度和权力。制度的核心是权力及其结构,制度的基本功能是生产力和财富与价值创造,制度的内容是人们的交往及形式。

(1)制度和社会制度的概念。制度是在实践中形成的,以一定形式表现的对生活于其中的人们具有约束力的约定与规范。权力是制度的支撑,凡是有社会权力存在的地方都有约定,因而也就都有制度。制度有大小之分,小的制度包含于大制度之中。社会制度是广泛的制度中的一种,仅仅指在生产力发展过程中形成的人们交往的形式及具有约束力的规定与规范。制度经济学派把制度定义为人际交往中的规则及社会组织的结构和机制。

制度和社会制度有如下特征:一是制度(包括社会制度)的内容是客观的。制度的内容包括生产力的状况、权力的结构和运行模式、各阶级的生存状况和相互关系、生产和交换的内容和形式等等。二是制度(包括社会制度)具有约束力。这种约束力一方面来自制度内容的客观性,另一方面来自大家共同意志的合力,即权力。任何个人的意志都参与了合力的形成,被束缚于合力的轨道。纵的合力产生纵向制度,横的合力产生横向制度,使人的自由受到限制。比如,国家的法律法规是纵向制度,横向制度是社会组织依据国家的法律法规制定的本层级组织行动规则。具体的人,必须既遵守纵向制度,也遵守横向制度。三是制度(包括社会制度)受人们意识的制约。由于权力是人在意识支配下能量转化中所获得的强制力,权力的结构受人们的意识支配,所以,制度包括社会制度的创建不仅与生产力的发展程度有关,也与人的认识程度有关。比如,有了宗教,就有政教合一的制度和社会制度。正因为意识在制度中起重大作用,所以才有法律这种规范人们行为的意识形式。人的意志合力创造着制度,同时制度也约束着人们的意志和行为,个人的意志在制度面前往往是渺小的。四是制度(包括社会制度)随生产力和人们的交往形式以及意志合力的变化而改变。有些制度被破坏,是由于新的情况的变化使人们的意志合力改变了方向。在这一方面的约束力消失,在另一方面的约束力出现,就会形成新的制度。比如,即使在资本主义生产方式下,只要人们的认识提高,意志合力的共同方向一致,就可以改变资本主义制度,实行人民主权、生产资料公有制和按劳分配的社会制度,而不必等资本主义完全崩溃再建立新的社会制度。但是,新的社会制度建立之后,要尽快地发展生产力,否则,资本主义制度还会复辟。五是制度(包括社会制度)如同生产力可被一代代人继承一样,制度因其内容的客观性以及使用文字作为载体和其具有的惯性,而使制度具有继承性。如果在社会主义制度建立后,不能迅速清除旧社会制度的痕迹,并清除旧社会制度的旧观念,在强大的旧观念的作用下,新的社会制度将难以生存。

(2)制度与制度经济学。评价一项制度特别是社会制度的优劣,主要看共同体内人的政治和经济地位的平等度、自由度和财富创造的多寡以及分配是否公平。

原来的经济学并没有注重社会制度与财富创造关系的研究。19世纪末到20世纪20年代,美国的经济学家凡勃伦、康芒斯、米切尔等人开始关注非市场因素对经济财富的影响。1932年美国经济学家贝利和米因斯出版了《经理革命》,艾尔斯于1944年出版了《经济进步论》,使人们对社会的经济、政治、法律制度、风俗、心理因素、社会伦理因素等社会环境对经济的影响有了新的认识。这个时期的制度学派认为,经济制度只是社会文化制度的一个部分,人类社会关系和经济关系交织在一起,一同演进和发展;科技进步对人类社会的进步具有推动意义,因而在研究经济关系时,应提出对制度的改进措施,研究经济关系要有演进观念和整体观念。以上关于制度与经济的认识,称为凡勃伦传统。1952年,美国的加尔布雷斯出版了《美国资本主义:抗衡力量的概念》。1953年,包尔丁出版了《组织革命》,标志着新制度学派的确立。1973年,加尔布雷斯出版了《经济学和公共目标》,提出了美国经济的"二元体系",即美国的企业由"市场体系"和"计划体系"两个体系组成。大公司由计划原则代替市场竞争,小公司则受市场支配,这与大公司拥有广泛的权力有关。他把生产要素与权力联系起来,认为大公司拥有一个技术结构阶层,掌握着知识这个生产要素,如同地主因拥有土地而拥有了巨大的权力一样,大公司掌握了知识要素,就获得了广泛的权力。他认为,美国的改革,要消除二元体系,实现权力均等化,必须从"信念的解放"入手,改变根深蒂固的旧观念,政府才能成为公共政府,才能制定公平的政策。美国学者艾伦·格鲁奇曾把当代经济制度分为美、英等国家的成熟资本主义经济模式,挪威、瑞典的成熟的民主社会主义经济模式,苏联的社会主义或共产主义的经济模式,中国、印度等不发达的经济模式,并对之进行分析,指出自然环境、人口、资源、气候、文化、历史、观念、科技、公共机构的组合对经济制度的影响;他强调国民经济的计划作用,提出了经济制度必然趋同。他的经济制度思想的突出特点是用演进的、动态的观点补充和发展了传统的静态发展均衡观,用"文化人"代替"理性经济人"来分析经济问题。

应该说加尔布雷斯注意到了权力问题,注意到了物与人的关系,研究方向是正确的。但是,由于他对权力是什么的问题没有解决,而人又是最活跃的因素,所以,他没办法确定人与物的关系,于是,人们开始关注科斯的研究。科斯主要说明了任何制度的运行都是需要成本的,人们认为他的最主要贡献在于用边际交易成本分析制度和发明了产权理论。明确产权,可以降低交易费用,从而产生产权的自愿交易。1991年,科斯获诺贝尔经济学奖。新制度经济学派的另一个重要人物道格拉斯·诺斯说,有了边际交易成本这个发现,才加深了人们对于制度变迁的认识,使人们选择更经济的方式来组织生产和交换活动。他提出了制度变迁理论,用产权理论研究制度与经济的关系,把产权制度看成经济增长的决定性因素。他认为,国家通过界定产权使统治者收入最大化,通过降低交易费用使社会产出最大化,但二者之间常常会引起矛盾和冲突,导致国家内部不稳定,而意识形态则是维护这种冲突的力量。诺斯于1993年获得诺贝尔经济学奖。

因为原制度经济学派认为制度是一种自然存在,制度涉及面广,虽然制度对人的经济活动有影响,但制度无成本运行。新制度经济学派以人与人之间的关系作为研究的出发点,认为产业组织、社会制度以一定的成本运行,并采用了边际成本分析法,使不可捉摸的制度经济分析可以进行下去。所以,人们把以加尔布雷斯、格鲁奇等为代表的学派称为新制度主义,把以科斯为代表的学派称为新制度主义经济学。

虽然制度经济学对制度与经济的研究是粗糙的,其产权理论建立在剥削的合法性之上,回避了财产来源的不合理性,但毕竟他们开创了制度研究的先河,是难能可贵的。

我们说现存的资本主义制度是不合理的,是因为它表现出资本家与劳动者的不平等、两极分化和对生产力的破坏。资本家用饥饿法则强迫劳动者劳动,原因是他们在权力的支撑下,建立了一整套剥削制度。由于经济是基础,生产资料私有的世袭导致政治权力的世袭。在资本主导下的私有制度中,劳动者为了生存,不得不受资本家的剥削,也没有话语权。几年一次的投票选举,人们无力改变既有的权力结构,也无法改变既定的制度框架,因而也就改变不了自己的命运;资本主义的两极分化人尽皆知,有的人利用生产资料私有权,靠剥削的财富,过醉生梦死的生活,劳动者却劳苦终日,不得温饱。资本主义的经济危机对生产力的破坏也人尽皆知,2008年发生的金融危机使世界经济至今仍未喘过气来。与之形成鲜明对比的是,由于中国共产党坚持人民民主专政和生产资料公有制,经济发展却是一支独秀。人们在社会主义大家庭中,相帮相扶,共建共享,和谐相处,合理利用资源,创造财富,实现着共同富裕。虽然处于初级阶段的社会主义还有不尽如人意的地方,但社会主义正处在不断改进的过程中。改革开放后,人们的行动和言论更加自由,自主创业和自由择业为社会创新增添了活力。

3. 管理权力和制度与价值创造。虽然加尔布雷斯非常关注权力与制度,但他无力解决这个问题,原因是他对权力的本质不了解。他不知道,制度依赖于权力,一种社会制度创造价值和财富的方式,与它的权力结构、权力运行特点关系极大。我们先分析管理权力和制度,再分析制度与价值创造。

(1)管理权力与制度。马克思说:"凡是直接生产过程具有社会结合过程的形态,而不是表现为独立生产者的孤立劳动的地方,都必然会产生监督和指挥的劳动。不过它具有二重性。"[1]一方面,指挥劳动为协作劳动所必须。这种劳动可使人们的行动一致,可提高人们的协作合力,也使人力与物力成比例,可减少浪费。人们设置指挥劳动的目的,是为了创造更多的价值。为达目的,必须制定一些对生产者的限制性措施,这些措施如果固化,就成为制度。为保证这些制度被有效贯彻,必然产生监督劳动。监督劳动的职能,一是采用各种手段包括强制手段,保障生产秩序,保证劳动按既定的方式进行,这是各种社会形态中所共有的;二是在资本主义制度下,劳动者创造出更多的剩余价值,被生产资料私有者所有,占有劳动者创造的剩余价值的人也就成为剥削者。不论指挥劳动制定的制度,还是监督劳动所执行的制度,都必须依靠权力即强力、暴力来维持。

社会管理者的劳动职能与企业管理者的劳动职能相同。在工厂中,生产的管理是以厂长、经理为主的管理集团;在社会中,社会的管理者是社会权力掌握者即官员。因为人的行为和需要的多样化,决定了社会并不仅仅是生产,除了生产之外,还有老人的赡养、小孩的抚养、残疾人的救助,以知识继承为主要内容的教育,以治疗和预防疾病为主要目的的医疗卫生,还有科学研究、技术创新、环境保护、社会治安、防备抢劫性战争的发生等等的需要。这些需要是消费性需要,因而社会管理要解决的第一个问题,就是如何使生产和消费成比例和生产如何满足需要的问题,而后是种种需要的比例问题。现在,各国政府都有不同的部委,每一个部委都负责一个方面的管理任务。各部委一方面进行指挥劳动,进行社会性协调,并制定相应的制度;另一方面,依照总权力和分权力制定的制度,进行监督劳动,以保证社会的协作劳动效果最大化。

由于任何权力的形成无一不是在人的意志支配下进行的,任何管理劳动与被管理的活劳动之间必须成比例,所以,以受力原理分析总权力、分权力、制度、个人权力的相互关系时,要加入人的主观能动因素。以教育为例,国家制定国民教育计划的根据是国民的愿望,国民把自己的意志合力授予国家,由国家制定教育纲要,教育部又根据国家的总制度制定稍次一级的制度,具体的教育单位又制定更细的制度。国家的纵向制度和各部门的横向制度,使每一个教育工作者的自由受到了限制,使他们把个人的能量用于教育方面而

---

[1]中共中央马克思恩格斯列宁斯大林著作编译局译:《资本论》第三卷,北京:人民出版社,2004年,第431页。

不消耗于其他方面。如果每一个部委制定的制度都能使个人的能量使用于本职工作,则国家的发展就会较为迅速。具有广泛性和长期性的制度成为法律,所以,法律是规范的制度,也是制度的补充。当人们的思想混乱、行动不一时,社会总权力受到削弱,制度不易制定,制定后也不易被贯彻执行。

(2)管理权力价值创造的原理。管理者的劳动力只是作为支配众人合力的力起作用,并不直接创造价值。由于众人的合力是在众人的意识支配下合成的,所以管理者最有效的方法是说服和引导众人按既定目标行动,使分歧减少,使力的合成的角度达到最小化,从而使合力增大。如果科学技术等其他条件一定,则合力越大,做的功越大,生产的效率越高,形成的使用价值和价值也越多,管理者劳动力的功效价值随众人创造的价值增加而增大。如图15-4:

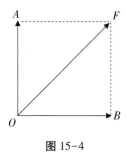

图 15-4

图15-4中,*OA*代表此部分人力,*OB*代表彼部分人力,*OF*代表此部分人力与彼部分人力的合力。当∠*AOB*=90°时,在△*AOF*中,设*OA*=*OB*=1。因为*OB*=*AF*,由勾股定理得:

$$OF = \sqrt{OA^2 + AF^2} = \sqrt{2} \approx 1.414$$

假若此部分人力与彼部分人力的合力夹角变小,说明人们的行动方向趋于一致。如果抛开人们的自觉行为,则是管理者通过做思想工作,或者是利用权力强制,或者是用其他方法促进的结果。假若其他条件不变,当众人的合力增大时,则做的功也增大,人们创造的价值增多。如图15-5:

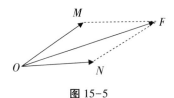

图 15-5

图15-5中,*OM*代表此部分人力,*ON*代表彼部分人力,它们的夹角为30°,*OF*表示它们的合力。∠*MOF*=15°,在△*OMF*中,∠*OMF*=150°,设*OM*=*ON*=1,由余弦定理得:

$$OF^2 = OM^2 + MF^2 - 2 \cdot OM \cdot MF \cdot \cos 150°$$

$$= OM^2 + MF^2 - 2 \cdot OM \cdot MF \cdot (-\frac{\sqrt{3}}{2})$$

$$= OM^2 + MF^2 + \sqrt{3} \cdot OM \cdot MF$$

$$= 2 + \sqrt{3}$$

$$OF = \sqrt{2+\sqrt{3}} = \sqrt{3.732} \approx 1.932$$

比较图 15-4 和图 15-5，它们的分力的大小都相等，但因为角度不同，合力也不同。它们的分力合成的角度越小，越趋于一致，合力就越大。图 15-5 的合力约为 1.932，图 15-4 的合力约为 1.414，图 15-5 的合力比图 15-4 的合力大 0.518，这说明众人的力在合成时由于夹角减小而增大，即众人的合力夹角从 90° 减小到 30° 能够增加 0.518 的力。如果这个力是由于管理者协调众人行为趋于一致的结果，那么，这个力通过做功所形成的价值，是众人在管理者的指挥协调与监督下创造的。

如果管理劳动者因各种原因比如以权谋私把人心搞散，使人们的合力减小，或成为负值。比如，原来人们的行为合力的夹角为 30°，现在为 90°，合力从 1.932 减为 1.414，减小 0.518，则创造的价值也减少，表现为生产下降、利润减少。这里减小的 0.518 的力只表示力的减小，不表示力的存在为负。

与企业管理劳动的价值创造相同，社会官员的价值创造也以全社会合力的增大或减小为创造价值的根据。

社会权力的合成不仅仅是人力，还有物力也参与权力的合力。但是，物是在人的支配下进行的，所以，人的合力是权力形成中的决定性因素。

4. 管理权力间接创造的价值计量。不论是企业管理权力，还是社会管理权力，其创造的间接价值是可以计量的。

(1)管理权力通过管理间接创造价值。管理者间接创造价值，一是通过做人的工作，或启发人的思想使人自觉奋发工作，使人的行为合力角度减小，使做功的力增大。因力的增加而使创造的价值增加的情况与管理者所作的思想工作有关，也意味着管理者间接创造价值。社会主义国家多采用这种方法发展生产。共产党领导的军队的政委制，工厂的党委制，就是这种方法的突出应用。二是管理者用暴力强迫工人工作，其增加的价值与管理者的暴力有关，意味着管理者间接创造价值。资本主义的血汗工厂就是采用的这种方法。三是管理者用饥饿方法强迫工人工作。这是资本主义国家普遍采取的方法。四是通过合理调配人与物的比例，使人与物的合力角度减小，使做功的力增大。五是通过充分利用空间，使价值生产的损耗减少，产生节约。假若其他条件不变，由于管理权力的作用使众人的合力增大，做的功增大，表现为较高的劳动生产率，创造的使用价值量增多。如果总劳动时间一定，单位产品的社会必要劳动时间降低，实现的价值量将增加，利润增加。虽然增加的价值仍然是由直接生产劳动创造的，不是由管理劳动直接创造，但与管理权力有关。管理权力使单个的劳动力合成为较大的劳动力，等于产生了一种新的自然力，这是协作的结果,从而使通过单个的力无法完成的生产得以完成,也使劳动生产率提高。马克思说:"我们把协作看作是一种社会劳动的自然力,因为单个工人的劳动通过协作能达到他作为孤立的个人所能达到的生产率。"[1]"或者说通过协作能够生产出在另一些情况下是根本不可能生产的使用价值。"[2]凡使劳动生产率提高的劳动,都可增加使用价值量;凡使劳动过程时间缩短的劳动,都是创造新价值的劳动。由于管理权力可使众人的劳动生产率提高,可使众人通过劳动创造新价值,所以,管理权力虽然本身不直接创造价值,但间接参与众人的劳动价值创造。如果管理劳动者运用已有的管理科学知识进行指挥劳动,他也就成为一名管理技术工人或管理科学家。

(2)管理权力间接创造的价值的具体计量方法。管理权力间接创造的价值量计量方法有多种,主要的方法有:

一是以新旧合力创造的价值差为基础计量。力通过做功创造价值,新增加的力所创造的价值,是在原有的力创造的价值基础上的增加。例如图 15-4 的约为 1.414 的合力是原有的劳动力合力,这个合力创造出的一定数量的价值为 β_1,图 15-5 的约为 1.932 的合力是一种新合力,这个合力创造出的一定数量的价值为 β_2,则它们的差为:

$$\beta = \beta_2 - \beta_1$$

式中:β 是新增加的合力创造的。在上述举例中 β 是 1.932-1.414 的差即 0.518 的力所创造的。

二是以劳动生产率提高为基础计量。比如,某权力集团通过做人的工作,使人们心往一处想、劲往一处使,使人们的合力增加,新增加的力投入劳动过程,新增加的劳动力的功效通过新增加的劳动生产率反映出来。假若劳动生产率提高 20%,原创造的价值总量为 100 万元,则原价值量乘以提高的劳动生产率,即 100 万元×20% = 20 万元,20 万元为新增加的价值量。除去其他影响价值创造的因素,即为管理权力间接创造的价值量。

三是其他计量方法。仍以图 15-4 和图 15-5 为例。比如,先计算出新增加的 0.518 的力所占原力的比值,再计算出管理权力间接创造的新价值。设新增的力与原力的比值为 P_k,则 $P_k = \dfrac{0.518}{1.414} \approx 0.366$,化为百分数约为 36.6%。如果用这个比值乘以原价值总额 β_1,就是管理权力间接创造的价值量。如果新增加的力与新力的比 $P_k = \dfrac{0.518}{1.932} \approx 0.268$,化为百分数约为 26.8%,$\beta_2$ 与 26.8% 的乘积,即为管理权力间接创造的价值量。

如果管理权力集团由于贪污腐败、决策失误等原因致企业人心涣散,使人们的行为合

[1]《马克思恩格斯全集》第 32 卷,第 2 版,第 291 页,北京:人民出版社,1998 年。
[2]《马克思恩格斯全集》第 32 卷,第 2 版,第 292 页,北京:人民出版社,1998 年。

力由正变负,则减少的力与原来的力的比值为负,$P_k = -\dfrac{0.518}{1.414} \approx -0.366$,化为百分数约为$-36.6\%$,$P_k = -\dfrac{0.518}{1.932} \approx -0.268$,化为百分数约为$-26.8\%$,分别与原力所创造的价值或新力所创造的价值的乘积,就是管理权力集团所造成的损失。

以上几种方法计算的管理权力创造的间接价值量不等于剩余价值量。管理权力创造的间接剩余价值量仍用马克思的方法来计量。不过,在可变资本中,包括了管理集团的劳动力价值。

管理权力集团对价值的间接创造是综合的,比如注重节约、对市场需求的预判等,需要依据具体情况确定最能反映管理权力发挥作用的价值计量方法。

(3)影响管理权力间接创造价值的因素。不论用何种方法计量管理权力间接创造的价值量,都必须注意剔除以下几种因素的影响:一是科学技术因素的影响。科技进步体现于资本有机构成中,一般由直接劳动者创造的价值予以补偿。非领导集团成员对生产的合理化建议也是科学技术,显然,这种建议不是管理集团自己探索出来的,是非领导集团的科学技术劳动成果。采用这种合理化建议是行使管理权力者的职责,不能认为采用这种合理化建议所增加的价值量是管理权力创造的。二是垄断因素的影响。垄断可致价值实现增多,但增多的部分与管理权力无关。三是资源不合理占用的影响。四是货币利率变化的影响。五是因实施管理劳动的不是一个人,而是一群人,即管理集团,人们习惯称之为领导集团。管理权力不是直接形成使用价值和价值的劳动,使用价值和价值的创造者仍是脑力劳动者和体力劳动者,所以,管理权力者的报酬是普通劳动者报酬的数千倍甚至上万倍无疑是不合理的。

(4)管理权力者的报酬定量原则。管理劳动力本身也有价值,但管理劳动力本身的价值要在新创造的价值实现后得到补偿。管理劳动力本身的价值与其他劳动力的价值一样,由自然价值和社会获得性价值所构成,这两部分价值需要由劳动力在使用过程中创造的价值来补偿。管理劳动者与其他劳动者一样,通过科学技术进行价值创造、价值创新和价值积累。

在管理权力指挥下,社会或企业的协作协调,可以更有效地节约时间和空间,提高效率。如果管理劳动者不仅管理劳动,而且在管理劳动中研究社会或者企业各要素结合的方式和规律,研究各种要素的比例关系,研究社会或企业成员的物质与精神需求,研究劳动创造与自然的关系,等等,他们就既是一名管理科学工作者,又是一名管理技术工作者;他们不仅要进行管理劳动,而且还要通过自身的行为,影响具体直接创造价值的劳动者,使劳动者们的行为一致,合力增大。所以,管理权力行使者虽然不直接创造价值,但他们是科学技术工作者,他们的劳动基本报酬,应参照科学技术工作者的标准。他们的称谓,可参照科学技术工作者的称谓,企业的管理者可称之为高级、副高级、中级、初级、助理级企业管理协调师,社会官员可称为高级、副高级、中级、初级、助理级社会管理协调师。

管理权力者担负着价值实现和公平分配的任务。如果创造出的价值不能实现,劳动就是无效的,企业增加不了利润,甚至可能创造零价值或负价值,导致企业亏损;社会若不能实现公平分配,就会造成社会不平等、不公正,甚至社会动乱。因此,应付给管理权力者特别的报酬。由于在原有基础上的价值增溢部分是人们共同创造的,所以,管理权力者的特别报酬量应是除去各种非管理因素后净利润增溢部分按参与价值创造人数平均后的平均值。如果企业亏损或社会生产下降,则社会和企业管理权力者不能获得特殊报酬。

(5)管理权力与剥削和权钱交易。有人认为,资本家的管理劳动也创造价值,因而要为剥削正名,这是把企业的协作劳动需要管理劳动与依靠生产资料私有权占有剩余价值混淆了。马克思对此作过批判:"这种由奴役直接生产者而产生的职能,常常被人们用作替这种关系本身进行辩护的理由,而对他人的无酬劳动的剥削即占有,也同样常常被人们说成是资本所有者应得的工资。"[1]

在社会管理中,要看掌握社会权力者依据什么人的意志行使职权。在资本主义国家,由于权力在资本主义的框架内行使,掌握权力者维护资本的统治。纳伊姆在《权力的终结》中对这个问题有明晰的说明:第二次世界大战后,大型组织控制了所有领域,控制了人们生活的方方面面,使权力集中在统治集团和统治阶级手里,从而引发了一些社会批评家的担忧。这些担忧与马克思、恩格斯在《共产党宣言》中指出"国家政权不过是管理整个资产阶级共同事务的委员会"相呼应。全球化只是在加剧各产业和经济部门的权力集中,市场领导者继续牢牢占据着顶尖位置。少数人不成比例地控制着大量财富与资源,他们的利益与政府的政策或明或暗地紧密交织在一起。2009年,曾任国际货币基金组织首席经济学家的麻省理工学院教授西蒙·约翰逊在《大西洋月刊》发表文章说:"寡头政治是新兴市场的一个普遍特证,但它不只存在于新兴市场。"[2]他指出,美国是这方面的领头人。"我们拥有全世界最先进的经济、军事和技术,也拥有全世界最先进的寡头政体。"[3]他举了游说、金融自由化和华尔街与政府之间"旋转门"的例子,并主张瓦解原有的精英阶层。劳动者为什么不进行反抗以改变权力结构呢?这是由于,当资产阶级掌握了大量的物力时,他们的强制力会增大到无以复加的地步。一个亿万富翁的力量大过千千万万个普通劳动者,精英阶层的寡头政治不易被推翻。但是,财富毕竟是人民创造的,

[1]中共中央马克思因格斯列宁斯大林著作编译局译:《资本论》第三卷,北京:人民出版社,2004年,第433页。
[2]莫伊塞斯·纳伊姆著,王吉美、牛筱萌译:《权力的终结——权力正在失去 世界如何运转》,北京:中信出版社,2013年,第58页。
[3]莫伊塞斯·纳伊姆著,王吉美、牛筱萌译:《权力的终结——权力正在失去 世界如何运转》,北京:中信出版社,2013年,第58页。

当人们的文化水平普遍提高后,当人们认清了权力的本质和产生的机理后,多数人共同行动起来,寡头政治的末日也就到了,人民主权的社会主义时代也就随之而来。

5. 权钱交易原理。如果官员利用权力进行权钱交易,是权力的异化。其原理是:由于在社会活动和生产中,一定的人力可以支配一定的物力。如果把社会权力看作是社会人的总合力,这个总合力所支配的物力就是社会纳入使用视野可被劳动力转变其存在状态的总物力。当劳动力做功时,劳动过程形成价值。这样,劳动力即人力有价值,物也有价值,所以,在图 15-4 中,OF 也就可以用价值来表示。如果用 G 表示价值,则公式 $OF = \sqrt{OA^2 + OB^2}$ 可以换写为 $OF(权) = \sqrt{G_人^2 + G_物^2}$。

由于货币代表价值,权力可用价值来表示,所以在现实生活中,有人可以不通过人们授权,直接用金钱从掌权者那里买到一部分权力,这是一种等价交换行为。金钱持有者用金钱买到权力之后成为掌权者,这种掌权人可以利用权力的强制特性和权力支配人和物的特性,捞取更多的钱财。搞权钱交换的人的目的,是为了自己拥有更多的私人享受资料。因为权钱交换行为是私有制的伴生物,所以,为了保证这种享受的长久性,他们必然竭力宣扬私有制的合理性,破坏人们长期努力打造的公正、公平环境。

二、权力与民主、民主集中制及经济模式创新

资产阶级思想家竭力攻击社会主义制度,攻击社会主义民主集中制,宣扬在私有制基础上的选举才是真正民主的选举,并以此为武器,分裂发展中国家的民意,搞垮了不少国家的合法政权,造成了自第二次世界大战以来最大的动乱和普通百姓的灾难。民主集中制是中国共产党的根本组织原则,符合权力生成原理和运行机理,是党的群众路线在实际生活的运用,既保证了人民的广泛民主权利,又维护了党和国家权威,保障了全党全国的团结统一。习近平同志说:"面向未来,发展好各项事业,巩固国家安定团结的政治局面,促进政党关系、民族关系、宗教关系、阶层关系、海内外同胞关系和谐发展,一个很重要的条件就是必须通过民主集中制的办法,广开言路,博采众谋,动员大家一起来想、一起来干。正所谓'以天下之目视,则无不见也;以天下之耳听,则无不闻也;以天下之心虑,则无不知也'。"[1]我们在这里探讨民主集中制的合理性以及如何在实践中继续完善和发展这一制度。

(一)关于民主

民主集中制是由民主和集中两个方面组成的,要加深对民主集中制的理解,首先要对

---

[1]《习近平谈治国理政》第二卷,北京:外文出版社,2017 年,第 296 页。

民主有一个清晰的认识。如果我们弄清了权力的本质和社会权力生成原理,理解了管理权力如何创造价值,知道了权力和制度与价值创造的关系,我们就会正确认识民主问题,就不会把资本主义的民主当成真民主加以追求。

1. 民主的含义。民主一词来源于古希腊,由希腊文 democ 和 kratoc 两个字组合而成。前一个字是"人民"和"地区"的意思,后一个字是"权力"和"统治"的意思。合在一起,就是"人民实施地区的统治权"。在国家尚未消亡阶段,人民掌握国家政权进行统治,便是民主最初最基本的含义。民主以人人平等为前提。在产生民主这个词的古希腊,产生过体现奴隶制社会"民主"概念的"雅典民主制"。雅典城邦的全体公民都可以参加定期召开的人民大会,对重大事项发表意见和投票。平时执行政府职责的人员由分区选举的500 名代表组成,每 50 名代表为一组,用抽签的办法选出一人为主席,按组定期轮流处理政府事务。在决定问题的时候,通行的一个重要原则是少数服从多数,因而有人也把民主解释为"多数人的统治"。

实际上,民主不难理解也不难表述。民主就是人民主权,就是人民当家作主。民主的核心是人民群众参与国家和社会事务管理。由对民主扼要的理解,派生出很多民主词语,比如,经济民主——由某一经济共同体内的全体人民对经济问题实施决策和管理,政治民主——由某一政治共同体内的人民对政治问题出主意想办法,学术民主——由某一科学学科领域内的学者们共同决定有关的科学研究问题,民主管理——由某一范围内的人民平等地参与管理和解决管理中出现的问题,民主作风——遇事与人民商量的作风,民主监督——在某一范围内人民对行使权力者的所作所为依法律或者制度进行监察和督察,民主国家——人民当家作主的国家,民主制度——保证人民当家作主的制度,等等。

民主是实现人民愿望和权利的保障。学者张扬金考察了权利一词的来源:"'权利'一词最早来源于拉丁文'JUS',本意为公平、正义和法,是'人因其为人而享有的权利'。自近代出现权利概念以来,在实证层面,权利更多地以法律形式体现出来,由此,无论是自然权利论者、道德权利论者还是法律权利论者,他们的研究起点都是'实在法所具体规定的主体权利',主体权利成为学者研究权利的普识性起点。"[1]根据权力生成的原理,可以认定,权利来源于法律的观点是不正确的。权利是权力体因对利益的期望和要求而让出权力以使自己的愿望得以实现的契约性保障。其要点有三:一是权利与权力密切相关,没有权力就没有权利。二是权力体授出权力是为了得到某种利益。三是微观权力体的利益实现和保障需要由多数人的契约决定。人民授予官员以权力,是为了通过官员的管理实现自己的各种利益和愿望。因此,人民渴望保障实现自己愿望的权力有效运行。

---

[1]张扬金著:《权利观与权力观重塑:哈贝马斯协商民主思想研究》,北京:中国社会科学出版社,2012 年,第78 页。

2. 资本主义民主和社会主义民主的本质区别。真正的国家民主制——共和国,最早是由资产阶级思想家提出并实践的,卢梭是他们中的佼佼者。马克思在资产阶级民主共和国的基础上,提出了在阶级社会中,掌握国家权力的是某个阶级,民主只能是那个阶级的民主。马克思关于民主的理论,使得人们对现存国家的民主制的认识更为清晰。

世界上现存的民主制度,从授权的方法上来说,对于国家的总掌权人的授权,有直接选举制、间接选举制、直接选举与间接选举结合制。从掌握社会权力的集团来看,有君主立宪制、议会君主制、总统制、议会内阁制、人民代表大会制。从民主运行的方式上来说,有三权分立、议行合一。即使是直接选举制,也有多种形式。有的国家直接选举国家总掌权人,有的选举掌权的集团,即掌权的政党。

如果从权力的形成看,因为权力是个人通过拥有的能量在转化过程中所获得的强制力,社会权力是个人的力的合力,所以,要实现真正的民主,人人必须身份平等、权利平等,而后才能谈其他。生存权是第一位的权利,也是人们授权的主要目的。任何人当他投票选举掌权人时,当然是希望掌权人能够协调众人的行为,为自己的生存提供保障。与生存权紧密相联的是发展权,即自己与其他社会成员获得同等的居住权、受教育权、医疗权、合法财产权、相对自由权、不受压迫权、监督权、自愿主动授权权和收回授权权。如果自己的生存权攥在别人手中,即使是投票选举,也是非自愿或者强迫被动授权。

标榜为"全民民主"的资本主义国家,从来就没有实行过全民民主。资本主义制度如果不把多数人变为雇佣劳动者,资本主义就无法存在下去。所以,资产阶级利用自己掌握的权力,建立起保护私有财产的制度和法律。至于私有财产是怎么来的,是抢劫来的,还是剥削来的,亦或贪污来的,人们没有追问的权利。如果人们整日为生活而奔波,又没有钱去学校读书,不能继承前人积累的知识,怎能改变命运? 如果资本家给他们一点福利,还要他们感恩戴德,哪里还有什么独立的尊严和人格? 怎么能参与国家的管理? 因此,要么他们对资本主义的选举不感兴趣,不去参加,要么随大流去投票,这种授权显然是被动的。在资本主义国家,真正自愿主动授权的,只有资产阶级而已。资本主义国家的三权分立制度的阶级内容限定了它不是人民权力的运行方式。现在,人们对资本主义国家的金钱选举弊端看得越来越清楚。随着社会的发展,广大人民群众要求参与政治的呼声越来越高,资本主义的寡头政治出现了合法性危机;人民投票率的降低,使权力执行力度越来越小,以致使有的人感到权力正在终结。

社会主义国家是人民主权的国家,人民不仅掌握了国家政权,也有在财产平等权基础上的选举权。也就是说,人民不仅有了生存权,也有了发展权。人民选举的总掌权人或掌权集团为人民谋利益,人民可以平等地享受社会发展的福利,在平等生存权的基础上享有平等的受教育权、居住权、医疗权、合法财产权、相对自由权、选举权和监督权。由于人民是国家的主人,这种选举应该是自愿主动授权。但是,由于社会主义在实践中还有不如人意的地方,所以资产阶级趁机攻击社会主义制度是独裁、极权、不民主、不自由的制度。他们是想借攻击社会主义制度,掩盖他们资本专政的实质。

3. 西方学者的协商民主理论的进步性和局限性。对于直接选举民主和代议制民主以及资本主义民主和社会主义民主所产生的问题,学者们进行了不懈探索。有人为消除阶级民主的弊端,提出了协商民主的概念。哈贝马斯的观点具有代表性。

于尔根·哈贝马斯,是对马克思主义劳动价值论进行否定和对马克思主义历史唯物主义进行修正的西方马克思主义者。他的代表作为 1962 年出版的《公共领域的结构转型》、1976 年出版的《历史唯物主义的重建》和 1992 年出版的《在事实与规范之间》。他否定了马克思的劳动价值论和剩余价值论。他认为,科学技术成了第一生产力,导致马克思的劳动价值论成立的前提不存在了。由于自动化从本质上改变了活劳动与物化劳动的关系,所以马克思受到历史条件的限制,劳动价值论和剩余价值学说过时不可避免。他认为:马克思的历史唯物主义是"以生产力的发展为轴心来重复直线型进步和用辩证的思维方式表述生产关系的发展"[1]具有一定的合理性。但是,它试图以"劳动"的概念解释人类社会和自然两个不同的认识领域,落入自然研究方法的陷阱,只能解释社会制度与外界自然的自我控制的交换问题,而在"社会制度同人的内部自然的自我控制的交换问题"[2]方面存在空白。他认为,马克思的历史唯物主义有科学主义的倾向,是一种历史客观主义;在批判资产阶级的规范和价值时,否定了有用的因素,其批判所诉求的传统的理性规范和否定这一规范的伦理社会主义没有超出资产阶级社会的范围;对于社会进化局限于生产力方面,忽视了文化和道德因素及社会组织的内在逻辑在社会进化中的作用。他的主要观点是,用交往的实践代替劳动的实践,以交往行动为核心的社会进化体系取代马克思的以生产力为核心的历史唯物主义。哈贝马斯看到了自诩为权为民所授的资本主义国家政权的合法性危机,公民投票之后,政治权力自我运行,从而产生各种社会危机,而人民则只能听之任之。如何解决这一问题?哈贝马斯认为,把人们的物质交往转化为话语交往,主张重建社会文化系统,提出了协商民主的主张。其主要观点是:社会有很多系统,系统内部、系统与系统之间,经过交往与协商,形成两个领域,即社会的非组织化公共领域和组织化正式公共领域。非组织化公共领域主要是指众多的公民。公共领域是指由货币和行政权力整合而来的管理的权力。公民要有话语权。公民在自由、平等、公开、真实的情况下,遵照宪法,经过商谈,使实用问题、道德问题和伦理问题得到解决,达成妥协

[1]张扬金著:《权利观与权力观重塑:哈贝马斯协商民主思想研究》,北京:中国社会科学出版社,2012 年,第 38- 39 页。

[2]张扬金著:《权利观与权力观重塑:哈贝马斯协商民主思想研究》,北京:中国社会科学出版社,2012 年,第 39 页。

和一致,形成合理的结果,哈贝马斯称其为交往的权力。管理的权力和交往的权力要进行协商,形成合法性的法律,作为民主实现的基础。

哈贝马斯知道国家是公共管理机器,国家掌握着政治权力、行政权力,公民的交往产生社会权力。社会权力与政治权力都产生于公民的交往权力。这样,他就把一切权力看成是同源的,即人民的意志。他说:"在民主法治国家中,人民主权不再体现在一种自主公民有形聚集之中。它被卷入一种由论坛和议会团体所构成的可以说是无主体的交往循环之中。只有以这种匿名的方式,它的处于交往之中的权力才能把国家机器的行政权力同公民的意志连接起来。"[1]他的这个思想与阿伦特的权力观基本一致,也与马克思、恩格斯所指出的权力来源相一致,是值得肯定的。但是,由于他不知道权力是什么,人民把什么东西授予了掌权者,人民的意志为什么能限制继承的既得性权力,所以,他求助于法律。他看到了当前的社会矛盾,看到了现存权力的自我编程和肆意妄为,看到了资本主义经济危机,看到了资本主义普选的权力民众不认同的合法性危机,他想拯救现存世界。他强调把公民的意见上升为法律,他说:"一方面通过极为多样的、多多少少是自主的公共领域,另一方面通过宪法框架中建制化的民主的意见形成和意志形成过程而形成起来,并能够通过法律媒介而顶住另外两种社会整合机制——货币和行政权力——的压力而保持独立。"[2]也就是说,从公民的权利出发,通过协商,产生合法性的法律。一方面,公民依法行动;另一方面,政府依法行政。正如很多著述的中心思想可以归结为简单明了的一句话一样,哈贝马斯的协商民主可以归结为"协商成法,依法行为"。尽管哈贝马斯的民主协商理论有不少可取之处,但他想抛开马克思主义去实现拯救现实世界的勃勃雄心,只能是雄心而已。其实,正如马克思的历史唯物主义所揭示的,人民大众是历史的创造者,也是社会的主人,人民掌握社会权力特别是政治权力并把人民的意志上升为法律是天经地义的。人民群众的民主意识,是随着生产力的发展和文化水平的提高而提高的。当人民群众越来越难以欺骗时,统治者就会感到社会在分崩离析,而人民则会感受到即将解放的曙光。

中国共产党领导的多党合作和政治协商制度已经实践了70年,内容要比哈贝马斯的主张丰富得多,需要我们认真地进行理论总结。

4. 人民主权的再解读。如果知道了权力是一种现实的力,社会权力是个人的力的合力,人民授权是把强制力授予个人或者组织。授权分自愿主动型、自愿被动型、强迫被动型之后,我们就可以认清社会权力的分型、来源、变迁,政治权力与人民意志的关系,从而分析目前我们的权力运行的结构、模式等等,从而不断改进社会主义民主路径和方法。

---

[1]张扬金:《权利观与权力观重塑:哈贝马斯协商民主思想研究》,北京:中国社会科学出版社,2012年,第193页。
[2]张扬金:《权利观与权力观重塑:哈贝马斯协商民主思想研究》,北京:中国社会科学出版社,2012年,第51页。

(1)社会权力和民主的阶级性。资产阶级学者对人民主权论述得最多,他们也身体力行得卓有成效。但是,由于他们不知道权力这个政治的"元问题"是什么,所以一遇到阶级利益的冲突,就毫不犹豫地站在自己的阶级立场上解释人民主权,说什么国家权力以维护人民既得利益和现存秩序为目的。他们避开资产阶级的既得利益是利用生产资料私有权剥削这个事实,避开广大劳动群众的既有状况是被剥削这个事实,避开既有现实是贫富不均这个事实,避开既存秩序是维护现有状况这个事实,大谈反对现状的违法性,大谈全民选举民主的合理性。实际上,"人民"既是抽象的,又是实体的。在阶级社会里,由"人民"产生并掌握的社会权力总是以阶级为基础建构并行使的。资本主义社会的一人一票选举制似乎打破了阶级界限,但是,任何政党都是某个阶级利益的代表,现阶段社会权力的发展仍未跨出阶级政治阶段的泥淖,政党政治就是权力阶级性的标志。所以,在现阶段任何"全民民主""人道主义民主"等等都是骗人的昏话。

(2)社会权力所包含的权力和权利类型。人们的社会生活有多少种类,由个人的权力结合而成的社会权力就有多少类型。比如,社会权力包括政治权力、经济权力、文化权力、监督权力、教育权力、环境保护权力……与这些由个人付出的结合权力相对应的,是个人应有的权利。比如,生命保障权利,参政议政的政治权利,享有经济发展红利的权利,公平的受教育权利,平等的就医权利,以及居住权利,名誉权利,相对的言论、结社、出版、文字使用等等自由的权利……这些权利,构成人权的主要内容。其中最主要的是生命保障权利和人人平等参与国家事务管理的权利。所谓人权,就是个人对由个人权力所合成的社会权力保障个人生存的所有要求。人权是人民民主的具体内容。

(3)政治权力的继承性和民主性。社会权力是在众人的意志支配下产生的。众人的意志表现形式有两种:一种是意志共识,它形成法律;另一种是意志行为合力,它形成社会权力。在阶级社会中,社会权力中的政治权力往往由一定阶级的代表人物或集团掌握,常常以全社会的权力自居,把本阶级的意志说成全社会的意志,把维护本阶级利益的法律说成是维护全社会利益的法律。政治权力与社会权力一样,有它的继承性。也就是说,有人可以不经过人民授权而获得既有政治权力。这是由于社会权力是在人们的意志支配下合成的,在一定条件下形成的意志不会轻易改变,所以,当掌握了一定权力的人或者集团结束自己的掌权生涯后,会把既有的维护自己所在阶级利益的人、财、物,特别是强力性权力工具比如军队、监狱、法庭及维护既有权力的各级组织交给能够保障自己所在的阶级利益的人。如果要打破这种权力的继承,必须从思想上瓦解既有权力的基础,破坏众多意志趋于一致的权力合成的方向,最终破坏众人的行为合力,使既有权力无存。这便是民主的力量。

(4)分权与民主。由于权力是一种力,掌握了权力的人或者集团可对内部人实施暴力,所以,如何防止掌权者滥用暴力就成为政治家们冥思苦想的问题之一。在这方面,卓有成效的探讨者有洛克和孟德斯鸠,他们的以权力制约权力的立法权、行政权和对外权的理论,是对人类社会的一大贡献。但是,他们仅仅说明了分权以制衡既有权力,没有说明最常见形式的分权的性质。

常见的分权形式,是掌握总权力者给下属一定的自主运用权力的权利,以处理所辖领域中的事务,有人把这种分权称为民主。其实,这不是民主,而是掌握权力者运用权力的一种方法,或者称为权力的一种运行模式。这是由于,人数众多、地域辽阔的统治权力,需要达到一定的强度,所以,掌权者会将总权力分给下属,使下属具有一定的分权力,以实现总权力的目的。这样的分权原理也是按照平行四边形法则进行分解的。实现总权力目标的分权力,要运用自己所辖范围内的人力、财力、物力,利用人财物的合力进行价值创造、社会协调,实现总权力的社会目标。资产阶级的三权分立制中的分权,既是总权力的一部分,执行总权力的任务,实现总权力的目标,也是对政府行政权力的监督权力,这种权力的职能是二元的,因而会造成相互扯皮的现象,影响总权力目标的实现。根据权力形成的原理,执行权力不宜分散,监督权力应该另设。

(5)经济权力的民主是人民民主的基础。习近平同志说:"一个国家的政治制度决定于这个国家的经济社会基础,同时又反作用于这个国家的经济社会基础,乃至于起到决定性作用。"[1]由于社会权力和经济权力都源自于人的能量,同根同源,所以,经济权力的民主是人们的基本要求,是人民民主的基础。如果笼统地要求保护财产权而不区分财产来源的正当性和合法性,这是资产阶级民主而不是人民民主。经济民主之所以是人民民主的基础,是由于人们结成社会并通过行为合成社会权力的主要目的是为了更好地实现自身的生存权、获得权、发展权和自由权;由于人人平等是人们结成社会的共识,无论任何人都不能利用既得的社会环境条件和自身的先天构造条件压迫奴役别人,所以,人们不仅在政治上一律平等,在经济上也应该一律平等。对于大自然创造的财富,任何人不能霸占;对于别人的财富,任何人不能抢夺;对于公共的知识积累、价值积累和财富积累,任何人不能独占;对于别人的劳动创造,任何人不能剥夺并占为己有;人们的劳动创造,一部分归己所有,供自己生存、生活、发展、自由活动所需,一部分交给社会,由社会权力根据社会发展的需要进行再分配,以满足个人与别人共同的需要,并满足社会发展的需要。

(6)人民参与国家管理是民主的实现形式。由于政治权力有继承性,由于分权是总掌权人实现权力目标的需要,所以,要实现真正的民主,不能只是改变权力运行的方法。符合以下条件的民主才是真实的:一是人民真诚地自愿主动授权。例如,中国共产党真心

---

[1]《习近平谈治国理政》第二卷,北京:外文出版社,2017年,第288页。

实意地为老百姓办好事而得到多数人的拥护,这种拥护就是自愿主动授权。二是人民不但自愿主动授权,而且能够直接参与国家的管理。例如,中国共产党十九大党章把切实保障人民管理国家事务和社会事务、管理经济和文化事业的权利提到了很高的地位。三是人民可以授权,也可以随时撤换贪污腐败者,这就要求建立健全民主监督机构。由于人民代表与被代表的人的意志可能有偏差,还由于掌权人的意志可能变异以及总掌权人下属的分掌权人的意志与人民的意志出现背离等,所以人民应该能够及时地通过撤换个别不称职的掌权人以消除这些偏差和背离,因而监督权和及时的罢免权是现阶段人民民主的具体体现。习近平提出的对国家民主政治的评价标准是需要我们认真研究的。他说:“评价一个国家政治制度是不是民主的、有效的,主要看国家领导层能否依法有序更替,全体人民能否依法管理国家事务和社会事务、管理经济和文化事业,人民群众能否畅通表达利益要求,社会各方面能否有效参与国家政治生活,国家决策能否实现科学化、民主化,各方面人才能否通过公平竞争进入国家领导和管理体系,执政党能否依照宪法法律规定实现对国家事务的领导,权力运用能否得到有效制约和监督。”[1]

(二)权力与民主集中制

民主集中制是维护中国共产党的统一、全国各族人民大团结的制度性保证,是坚持中国共产党领导的制度性保证,是维护党中央权威的制度性保证,是具有鲜明中国特色的、区别于其他政党、其他国家的组织制度,我们应该坚持这个制度,也应该在实践中完善它。习近平指出:“制度自信不是自视清高、自我满足,更不是裹足不前、故步自封,而是要把坚定制度自信和不断改革创新统一起来,在坚持根本政治制度、基本政治制度的基础上,不断推进制度体系完善和发展。”[2]习近平认为,要坚持和完善民主集中制的制度和原则,以形成治国理政的强大合力,切实防止出现相互掣肘、内耗严重的现象。下面我们用新的权力观对民主集中制原理进行探讨。

1. 民主集中制理论符合权力生成原理。民主集中制是民主基础上的集中和集中指导下的民主相结合的制度。马克思、恩格斯没有提出共产党的组织原则是民主集中制,只说是民主制。民主制的核心是各层级的领导人都必须经过选举产生,并可随时被罢免。恩格斯在1885年回顾《关于共产主义者同盟的历史》时说:“组织本身是完全民主的,它的各委员会由选举产生并随时可以罢免,仅这一点就已堵塞了任何要求独裁的密谋狂的道路。”[3]民主集中制是列宁正式提出的。在共产党斗争初期,因为党还十分弱小,敌人疯狂地屠杀共产党人,斗争十分艰苦,要求党的活动要十分隐秘。若各层级党的领导人都由

[1]《习近平谈治国理政》第二卷,北京:外文出版社,2017年,第287页。
[2]《习近平谈治国理政》第二卷,北京:外文出版社,2017年,第289页。
[3]《马克思恩格斯选集》第四卷,第3版,北京:人民出版社,2012年,第207页。

各级代表大会选举产生,则党的各级领导人将会被敌人发现,党的活动将无法开展。这是有惨痛教训的。1898 年 3 月,俄国社会民主工党在明斯克秘密举行了第一次代表大会,选举出由 3 人组成的中央委员会,但会后不久,沙皇警官就逮捕了两名中央委员和多名党员,党的活动受到极大削弱。另外,党组织处于互不相干的分散状态,形不成战斗的合力。根据这种情况,列宁在 1902 年写了《怎么办》一书,批判了经济派提出的"对每一个卢布工资增加一个戈比,要比任何社会主义和任何政治都更加切实而可贵"的跪求资本家可怜施舍的奴隶雇佣主张,批判了他们反对建立一个统一的有严密组织的政党的思想,提出必须建立一个无产阶级革命家组织并实行集中制,以领导工人运动从自发向自觉转变。1904 年,列宁写了《进一步,退两步》,阐述了党是无产阶级的先进部队,党是无产阶级有组织的部队,党是无产阶级的最高组织形式,党必须按照集中制原则建立起来,少数服从多数,部分服从整体。经过完善,1906 年 3 月,列宁在《提交俄国社会民主工党统一代表大会的策略纲领》中提出了党的组织原则是民主集中制;同年 4 月,俄国社会民主工党第四次代表大会把民主集中制正式写入党章。1920 年,列宁把民主集中制原则作为各国共产党组织加入共产国际的条件。当时中国共产党作为共产国际的一个支部,也实行了这个原则。

在列宁提出民主集中制之初,民主集中制的核心是集中,即党必须有统一的党章、统一的纲领、统一的法规、统一的纪律、统一的组织、统一的领导机关、统一的斗争策略,最重要的是要有一个统一的思想理论作指导,即马克思主义。列宁的如下一段话是非常值得人们思考的。他说:"无产阶级在争取政权的斗争中,除了组织,没有别的武器。无产阶级被资产阶级世界中居于统治地位的无政府竞争所分散,被那种为资本的强迫劳动所压抑,总是被抛到赤贫、粗野和退化的'底层',它所以能够成为而且必然会成为不可战胜的力量,就是因为它根据马克思主义原则形成的思想一致是用组织的物质统一来巩固的,这个组织把千百万劳动者团结成一支工人阶级的大军。在这支大军面前,无论是已经衰败的俄国专制政权还是正在衰败的国际资本政权,都是支持不住的。"[1]在这里,列宁说明了他提出这个组织原则的依据,是思想统一、组织统一、行动统一。众多劳动者的一致行动,任何人、任何势力也无法抵挡。这符合社会权力是由众多个人的权力在意志支配下合成的原理。由于总合力大于单个人的力,总合力大于分合力,一方面,在权力合成时,也就是在集中的过程中,要尽可能多地发扬民主;另一方面,总权力要指导某一方面的工作,需要行动一致,因而需要委派某人或某一集团使用分权力去实现总权力的目标。所以,民主集中制把选举领导人和罢免领导人放在了同等重要的地位。如果人民群众选择的领导者变质腐败,人民可以随时收回他们的授权,罢免不称职的、腐败变质的领导者,堵塞密谋狂的

[1]《列宁选集》第一卷,第 3 版修订版,北京:人民出版社,2012 年,第 526 页。

道路。所以,民主集中制的理论没有什么不正确的地方。

2. 民主集中制实践的成就与不足。在社会主义国家,民主集中制也成为国家政权的组织原则。列宁在十月社会主义革命前夕的 1917 年 8—9 月写的《国家与革命》中,认为苏维埃政权也必须实行民主集中制。他说:"恩格斯同马克思一样,从无产阶级和无产阶级革命的观点出发坚持民主集中制,坚持单一而不可分的共和国。他认为联邦制共和国或者是一种例外,是发展的障碍,或者是由君主国向集中制共和国的过渡,是在一定的特殊条件下的'一个进步'。"[1]"但是,恩格斯绝对不像资产阶级思想家和包括无政府主义者在内的小资产阶级思想家那样,从官僚制度的意义上去了解民主集中制。在恩格斯看来,集中制丝毫不排斥这样一种广泛的地方自治,这种自治在各个市镇和省自愿坚持国家统一的同时,绝对能够消除任何官僚制度和任何来自上面的'发号施令'。"[2]恩格斯并没有说过"民主集中制"这个词,为什么列宁说恩格斯是坚持民主集中制的呢? 原因是恩格斯坚持集中制的单一共和国,而这种集中是在民主基础上的集中,所以列宁有时候又把民主集中制说成是民主制,有时候又称之为民主制和独裁制的结合。比如,他在 1918 年 3—4 月写的《苏维埃政权的当前任务》一文中说:"苏维埃民主制即目前具体实施的无产阶级民主制的社会主义性质就在于:第一,选举人是被剥削劳动群众,排除了资产阶级;第二,废除了选举上一切官僚主义的手续和限制,群众自己决定选举的程序和日期,并且有罢免当选人的完全自由;第三,建立了劳动者先锋队即大工业无产阶级的最优良的群众组织,这种组织使劳动者先锋队能够领导最广大的被剥削群众,吸收他们参加独立的政治生活,根据他们亲身的体验对他们进行政治教育,从而第一次着手使真正全体人民都学习管理,并且开始管理。"[3]在这里,他说苏维埃政权实行的是民主制,在同一篇文章中又说,苏维埃政权也必须实行独裁制。毫无疑问,他说的民主制和独裁制就是民主集中制。他说:"无可争辩的历史经验说明:在革命运动史上,个人独裁成为革命阶级独裁的表现者、体现者和贯彻者,是屡见不鲜的。个人独裁同资产阶级民主制,无疑是彼此相容的。"[4]"所以苏维埃的(即社会主义的)民主制和实行个人独裁权力之间,根本没有任何原则上的矛盾。"[5]"任何大机器工业——即社会主义的物质的、生产的泉源和基础——都要求无条件的和最严格的统一意志,以指导几百人、几千人以至几万人共同工作。这一必要性无论从技术上、经济上或历史上看来,都是很明显的,凡是思考过社会主义的人,始终认为这是社会主义的一个条件。可是,怎样才能保证有最严格的统一意志呢? 这就只有使千

---

[1]《列宁选集》第三卷,第 3 版修订版,北京:人民出版社,2012 年,第 175 页。
[2]《列宁选集》第三卷,第 3 版修订版,北京:人民出版社,2012 年,第 175-176 页。
[3]《列宁选集》第三卷,第 3 版修订版,北京:人民出版社,2012 年,第 504 页。
[4]《列宁选集》第三卷,第 3 版修订版,北京:人民出版社,2012 年,第 499-500 页。
[5]《列宁选集》第三卷,第 3 版修订版,北京:人民出版社,2012 年,第 500 页。

百万的人的意志服从于一个人的意志。"[1]"在参加共同工作的人们具有理想的自觉性和纪律性的情况下,这种服从就很像听从乐团指挥者的柔和指挥。如果没有理想的自觉性和纪律性,那就可能采取严厉的独裁形式。但是,不管怎样,为了使按大机器工业形式组织起来的工作能够顺利进行,无条件服从统一意志是绝对必要的。"[2]列宁的这个思想与权力合成原理相符。社会主义是在民主基础上的集中与集中指导下的民主的结合:群众以人人平等和利益普惠为统一意志的前提来选择领导者,之后,要根据领导者的统一意志建立起严格的制度,以把全体劳动者团结成为一个像钟表一样准确工作的经济机关,以适应大机器生产的需要。资产阶级民主制是独裁与民主相结合:在工厂里的绝对独裁者——资本家们,在选择国家领导者时,实行以资本增殖为统一意志和前提的民主。

民主集中制在实践中被证明是有效的组织制度。1898 年俄国社会民主工党成立时只有 9 名代表,到 1917 年就夺取了俄国政权,建立起世界上第一个社会主义国家。到 1939 年第二次世界大战爆发,只用了短短的 22 年,就基本实现了工业化。

中国共产党是共产国际的一个支部,1927 年党章第三修正案第一次明确提出了"党部的指导原则为民主集中制"。党的七大通过的党章表述为"民主的集中制,即是在民主基础上的集中和在集中领导下的民主",并且具体化为"党员个人服从所属党的组织,少数服从多数,下级组织服从上级组织,部分组织统一服从中央",简称为"四个服从"。党的八大党章把"集中领导下的民主"改为"集中指导下的民主"。党的十二大通过的党章取消了"在集中指导下的民主"这句话,表述为"在民主的基础上实行高度的集中"。党的十四大通过的党章又表述为"民主集中制是民主基础上的集中和集中指导下的民主相结合"。此后的党章都延续了这种表述。同样,中国共产党在实践民主集中制的过程中,也取得了巨大成就。中国共产党于 1921 年召开第一次全国代表大会时,只有代表 13 人,全国党员只有 53 人,经过短短的 28 年,1949 年就夺取了全国政权。我国的宪法也规定,在国家机构中实行民主集中制。中国共产党领导和团结全国各族人民取得的社会主义革命和建设的辉煌业绩,与实行民主集中制的组织制度有莫大关系。

党章表述的变化,说明我党对民主集中制一直进行着理论探索。但是,由于人们对权力的理论研究不深入,所以,虽然在民主集中制的实践中取得了很大成就,但也出现了不少问题。有人对于任命制有意见,认为是独裁。其实,在总掌权人选举产生之后,总掌权人任命下级掌权人符合权力运行原理。例如,中央领导集团掌握总权力,要实现人民的利益,全国各地必须协调行动,因而总权力委派各部委各地区的掌权人运用分权力,按照统一的意志以实现总权力的目标和目的,这没有可指责的地方。资本主义国家的总统或总

---

[1]《列宁选集》第三卷,第 3 版修订版,北京:人民出版社,2012 年,第 500 页。
[2]《列宁选集》第三卷,第 3 版修订版,北京:人民出版社,2012 年,第 501 页。

理,有任命各部部长的权力,也是这个道理。资本主义国家各州州长,需要竞选,但他们同样脱离不了统一意志——资本增殖和雇佣劳动以及维持这种秩序的宪法。官员既然是上级任命的,官员就要对上级负责,这也符合权力运行规律的。

既然民主集中制符合权力生成的原理,那么,官僚主义盛行,贪污腐败成风,官员在运用权力时,不按授权人和总权力的要求而自行其是,甚至严重侵害人民群众利益的现象大量出现,其原因又是什么呢?

共产党是没有私利的只为劳动人民利益奋斗的党,因而党与人民群众是一体的,人民的愿望就是党的工作的目标。所以,无论是党和国家的领导者,还是地方和单位的领导者,都必须为人民的利益而工作,他们都是人民雇来服务于人民的,都在为人民打工,他必须对上级负责,更要对人民负责。如果有人胆敢侵害人民的利益,授权人——人民——有权罢免他。在共产党领导下的社会主义国家,人民通过人民代表大会选举国家领导人,标志着人民已经参与了国家的管理工作,人民已经当家作主;人民通过民主程序,选择被授权人,在被授予权力者的统一指挥下,人民的行动高度一致,可以创造更多的财富,以实现人民日益增长的美好生活需要的愿望,这也是社会主义实行民主集中制可以集中力量办大事的内蕴之所在。但是,由于社会权力一旦合成,当人们把个人的权力授出之后,当广大人民群众的合力形成之后,权力就成为一种客观的既有力量,如果被授权人不按授权人的意愿办事,人民如果不能随时罢免不称职的领导者,有的领导者就会恣意妄为。对于这种情况,应该怎么办?

认识不到规律的内蕴,后果是严重的。列宁去世后,斯大林强调集中,他认为,苏共中央全会是最高权力机关,由中央全会选出的中央政治局拥有全权,各个组织必须服从中央。人民管理国家和人民可以随时罢免不称职的领导者这一核心问题没有得到理解。人们一旦把权力授出,掌握合权力的领导人不受约束或约束不力,如果领导者素质高,在国际国内错综复杂的环境中不迷失方向,人民的事业就蒸蒸日上;如果领导者素质差,就会葬送社会主义事业。在苏联解体前1990年7月召开的苏共第二十八次代表大会上,民主集中制受到了猛烈攻击,党内反对派把民主集中制视为独裁制。但是,他们一方面责骂独裁,一方面又实行独裁。比如,他们无视绝大多数人民要求保留苏联的呼声,几个人为了实现自己的野心,密谋之后签署了《别洛韦日协议》,使苏联解体。1991年,戈尔巴乔夫不顾多数苏共党员的反对,宣布苏共中央"自行解散",一个有近百年历史和拥有1900多万党员的大党从此烟消云散。不是苏共党员对党没有感情,是他们没有办法制止悲剧的发生,这与人们没有全面理解民主集中制的内涵并将之付诸实践有很大关系。如果那些贪污腐败分子,内外勾结的卖国者,对英雄人物造谣污蔑分子,只谋私利而不顾群众利益的野心家、阴谋家可以及时被人民罢免和撤换,就不会出现人民从资本的压迫下解放出来又重新被资本压榨的情况。

3. 全民民主监督——民主集中制的题中应有之义。在人民民主的基础上授权,在人民的监督下工作,人民可以及时罢免不称职的领导人,这应该是民主集中制的完整内涵。因此,我们对民主集中制应该这样理解:民主集中制是在民主基础上的集中和在民主监督下的权力行使相结合的制度。

习近平新时代中国特色社会主义思想的一个重要方面,就是要把保证人民当家作主落实到国家政治生活和社会生活之中。继中国共产党的纪律检查委员会从受同级党委领导改变为受上级纪律检查委员会和同级党委双重领导收到巨大效果之后,又成立国家监察委员会,同党的纪律检查机构合署办公,实现对所有行使公权力的人员监察全覆盖。为落实习近平新时代中国特色社会主义思想,继续完善人民通过人民代表大会行使国家权力的制度,可设想建立全民参与的中国特色社会主义全民监督民主制:在全国各级政权机关、街道、社区、企事业单位、医院、学校、商店等,建立"人民民主监督委员会",隶属于各级人民代表大会,受同级人民代表大会和上级人民代表大会的民主监督委员会双重领导。民主监督委员会成员由竞争选举产生。只要是中华人民共和国的公民,没有经济、政治问题和其他犯罪,都可参加竞争选举。人民代表大会及其常务委员会审查参选者的资格,但不提名参选人。"人民民主监督委员会"有依照国家法律法规和党纪党规,对各级官员进行监督、质询、弹劾的权力;有提请各级党组织、各级人民代表大会及其常务委员会罢免不称职者的权利;有依法对公务人员、公职人员和以纳税人的税金为收入的一切人员监督的权利;有对中华人民共和国境内一切公民和外国在华活动的人遵纪守法情况监督的权利。对监督过程中发现的问题,可提交各有关执法执纪部门予以处理,各部门必须把处理情况在规定的时间内给予反馈,如有敷衍塞责,同级人民代表大会和上一级人民代表大会的民主监督委员会可对执法执纪部门问责。"人民民主监督委员会"应严格按照职责范围进行监督,不能侵犯公民隐私,不做道德审判。"人民民主监督委员会"依党的意志形成的法律法规和党的政策进行监督,本身就是加强党的领导的具体体现;除各级党委通过人民代表大会中的党组织对"人民民主监督委员会"实施领导外,可在"人民民主监督委员会"中设立党组。

"人民民主监督委员会"拥有质询权、弹劾权和提请罢免权。它将有效整合党的纪律检查委员会的党纪监督、人民代表大会和国家行政监察机关的权力监督、人民法院和人民检察院的法律监督、舆论的泛民意监督以及审计监督等,充分体现社会主义人民当家作主的特性。

社会主义在建立之初,列宁就不断探讨民主监督问题。列宁逝世后,斯大林没有解决这个问题。戈尔巴乔夫企图用抽去阶级内容的人道主义来解决社会主义民主问题,结果导致苏联解体。究其原因,就是对权力问题研究不深,因而对民主集中制的内蕴理解不深,对"集中指导下的民主"的解释不到位。所以,解决民主问题必须从理论上弄清权力的本质和授权方式,民主的形式必须与现阶段的情况相符合。

（三）经济模式创新

经济是政治的基础。随着社会生产力的发展,社会主义国有企业的模式也需要创新。

1. 社会主义国有企业改革中遇到的问题。在社会主义国家实行生产资料公有制之后,一方面,人民主人翁意识增强,意志合力增大,财富创造速度加快;另一方面,某些社会主义的建设者机械理解马克思主义,加上官僚主义的管理,使得国有企业的生产活力降低,而此时随着新技术革命的推动,资本主义的生产力却得到了长足的发展,于是,社会主义国家实行改革开放。这本来是社会主义依据马克思主义原理对社会主义的完善,但资产阶级却趁机污蔑社会主义,使得资本主义和各种旧的意识泛起。在苏联,历史逆动主义者把恢复资本主义私有制视为改革,实行"休克疗法",结果是除了产生一批官僚资本家和掠夺性资本家以外,并未出现经济奇迹。我国的国有企业改革,也遇到了三大问题:一是产权问题,二是管理权问题,三是投融资问题。其核心是如何处理国家与经营者、所有者与劳动者、管理者与劳动者的关系问题。企业的管理性质与社会管理性质相同,当生产力发展到主要以活劳动使用自动化工具再现大量积累价值的阶段,企业理所当然地应该成为社会的主要财富创造场所。在社会官员被强力监督之后,国有企业必然也要求被强力监督,所以,实行民主监督是解决国有企业经营管理问题的有效方法之一。但是,强化监督并不能解决企业的全部问题,如何调动企业管理者、生产者、投资者的积极性才是最重要的。

2. 创建新的企业模式。任何经济模式都是生产方式的具体形式,既与生产力发展状况相适应,也与社会制度相一致。社会主义既然是人民当家作主的社会,那么,一切自然资源都是人民的,一切劳动成果也属于人民。在人民掌握政权并享有经济权力之后,将逐步消灭剥削和消除两极分化,社会将更加公正公平。

自由地进行物质财富和精神财富的创造是人的本性。自由创造需要个人拥有一定的财产。根据人们拥有更多财产和有更多相对创造自由的意愿,根据目前社会的发展阶段,根据权力合成的原理,我们可以尝试创建一种"一元化群体经营和多元化投资主体相结合"的企业模式。这种企业模式是在资本主义私有制和股份制企业模式被扬弃过程中向马克思所说的个人所有制的过渡,是劳动者"互为资本家"的合作企业。马克思曾说:"工人自己的合作工厂,是在旧形式内对旧形式打开的第一个缺口,虽然它在自己的实际组织中,当然到处都再生产出并且必然会再生产出现存制度的一切缺点。但是,资本和劳动之间的对立在这种工厂内已经被扬弃,虽然起初只是在下述形式上被扬弃,即工人作为联合体是他们自己的资本家,也就是说,他们利用生产资料来使他们自己的劳动增殖。这种工厂表明,在物质生产力和与之相适应的社会生产形式的一定的发展阶段上,一种新的生产方式怎样会自然而然地从一种生产方式中发展并形成起来。没有从资本主义生产方式中产生的工厂制度,合作工厂就不可能发展起来;同样,没有从资本主义生产方式中产生的信用制度,合作工厂也不可能发展起来。信用制度是资本主义的私人企业逐渐转化为资本主义的股份公司的主要基础,同样,它又是按或大或小的国家规模逐渐扩大合作企业的手段。资本主义的股份企业,也和合作工厂一样,应当被看作是由资本主义生产方式转化为联合的生产方式的过渡形式,只不过在前者那里,对立是消极地摒弃的,而在后者那里,对立是积极地扬弃的。"[1]

创建一元化群体经营和多元化投资主体相结合的企业模式应该注意三个问题:一是投资主体多元化。人们可以自由融资,把所融的资本用于投资创办企业。投资人身份不限。但投资人要选举成立资产审理委员会,以监督资产的流向。二是经营一元化。投资人创办的企业,可交给所在企业的员工群体经营。企业全体员工选出企业管理委员会,再由企业管理委员会聘任厂长,以形成一个厂长对企业管理委员会负责、管理委员会对工人负责、工人对厂长负责的经营管理机制。三是政府依照法律,利用财政金融等手段协调出资人与经营者的关系。企业职工选出的企业管理委员会与出资主体产生的资产审理委员会的各自职责、相互经济关系,由法律规定。政府可成立专门的投资创业指导机构,承担法律监督、社会协调、指导创业的责任。

随着人民生活水平的日益提高,人民手中的货币积累增多。据统计,2016 年 11 月末,中国居民存款余额为 150.42 万亿元。在不少人有房有车并有了高档消费品之后,他们找不到货币增殖的渠道,炒股又亏本,于是一窝蜂地买房炒房。如果有 1/3 的存款化为投资,将会对经济产生巨大的推动作用。2016 年,中国的发明专利申请量达到 133.9 万件,授权发明专利达到 40.4 万件,连续 6 年位居世界第一。截至 2016 年底,我国(不含香港、澳门和台湾地区)发明专利拥有量共计 110.3 万件,是继美国、日本之后第三个拥有量超过 100 万件的国家。这些专利技术亟须转化为现实生产力。如果有 1/2 的授权发明专利被利用,中国的创新水平和生产力发展水平将会达到一个新高度。如果上述企业模式试验成功,不仅将会充分吸收人们手中的货币,大大提高专利技术转化率,刺激人们的创业积极性、增加就业,而且也会对共产主义运动产生巨大影响。

---

[1]中共中央马克思恩格斯列宁斯大林著作编译局译:《资本论》第三卷,北京:人民出版社,2004 年,第 499 页。

第十六章 马克思主义劳动价值论与科学经济学科的构建及社会发展阶段观察

经济利益是人们的根本利益,正因为如此,经济学才成为显学,经济学的研究才受到利益集团的人为干扰。现在,各种经济学说层出不穷,一方面,说明了人们对经济学研究的热情;另一方面,说明了建立科学的经济学科的急迫性。科学的经济学科只有以马克思主义劳动价值论为基础予以构建,才能得以稳固发展。作为马克思主义理论大厦支撑的《资本论》基础理论,亦是指导我们观察人类社会发展阶段从而把握社会发展方向的锁钥。

一、马克思主义劳动价值论为构建科学的经济学科奠基

马克思主义劳动价值论之所以能够成为构建科学的经济学科的基础,是因为它不仅符合科学学科的标准,而且经过了实践的检验。

（一）马克思主义劳动价值论的科学性

经过了100多年的理论考验和实践检验的马克思主义劳动价值论,符合科学学科的标准。

1. 马克思主义劳动价值论是历史的科学。任何一门科学,都是关于那个特定领域中的历史科学,经济学也不例外。经济学与自然科学不同的地方是,经济学研究人类社会的生产、交换和生产关系发生发展的历史和趋势。具有不同利益关系的人既是经济学认识的主体,也是经济学认识的客体,因而即使真正探索到了一定社会的经济发展规律和趋势,出于利益的考量,这种探索也不一定被某些学者所承认,他们甚至会动用一切手段进行责难和攻击。马克思以《资本论》为代表作的劳动价值论关于资本主义生产方式的产生和发展过程,资本主义经济运行特征、发展方向,关于经济一般规律的研究深度,依据史料的丰富度、真实度,论证逻辑的严密度都无人能比,其科学地位无可替代。

2. 否定马克思主义劳动价值论的各种理论均不成立。虽然马克思主义劳动价值论

自诞生以来遭受到的攻击前所未有,但它的原理,至今没有被驳倒。综观反马克思主义的经济理论,比如,以主观想象来决定商品价值的效用价值论和边际效用价值论当然不是科学;要素价值论说机器也创造价值和剩余价值,就像说石头会跳舞,桌子会做饭一样可笑;知识价值论说知识创造价值和剩余价值,实际上说的是人脑只要想一想,就会有吃又有喝,自然与科学无缘;均衡价值论说价格就是价值,价值又决定价格,等于什么也没说……反马克思主义劳动价值论的理论,有的逻辑推理有问题,有的假设有问题。有的经济学家避开理论问题研究解决具体实际问题的方法虽然正确,但任何解决实际经济问题的具体方法,比如用一部历法代替不了天文学一样,都代替不了一般性系统的科学学科理论。

在分析了许多否定马克思主义劳动价值论的说法后,深感否定者无知和胆大。比如,有人之所以要否定马克思的剩余价值理论,是因为他们不知道前人劳动积累的价值是时间,误认为机器会创造剩余价值;有人之所以要否定马克思的价格理论,是因为马克思考察的是价格一般,没有考察具体的价格问题,而否定者们又没有能力解决价格问题,只好以攻击别人来掩盖自己的肤浅;有人企图以自然价值否定马克思的劳动价值学说,注定是徒劳的,因为马克思规定了自己的研究范围,任何科学研究都是有范围界限的;有人对马克思主义经济学说予以否定,多是从政治扩展而来的,比如从自由、民主等方面否定共产党的领导,由政治波及马克思主义经济学。

3. 马克思主义劳动价值论符合构建科学经济学科标准。马克思主义劳动价值论已经具备了构建科学经济学科的要素,符合建立经济科学的标准。

(1)常规科学及标准。什么是常规科学? 美国物理学家、科学哲学家、科学史学家托马斯·库恩说:"'常规科学'是指坚实地建立在一种或多种过去科学成就基础上的研究,这些科学成就为某个科学共同体在一段时期内公认为是进一步实践的基础。"[1]一门具体的科学符合什么条件才能建立起来? 需要用什么样的标准来衡量? 库恩列举了亚里士多德的《物理学》、托勒密的《天文学大全》、牛顿的《原理》和《光学》、富兰克林的《电学》、拉瓦锡的《化学》和赖尔的《地质学》之后,提出了自然科学的衡量标准。他说:"这些著作和许多其他的著作,都在一段时期内为以后几代实践者们暗暗规定了一个研究领域的合理问题和方法。这些著作之所以能起到这样的作用,就在于它们共同具有两个基本的特征。它们的成就空前地吸引一批坚定的拥护者,使他们脱离科学活动的其他竞争范式。同时,这些成就又足以无限制地为重新组成的一批实践者留下有待解决的种种问题。"[2]

---

[1][美]托马斯·库恩著,金吾伦、胡新和译:《科学革命的结构》第四版,北京大学出版社,2012年,第8页。
[2][美]托马斯·库恩著,金吾伦、胡新和译:《科学革命的结构》第四版,北京大学出版社,2012年,第8页。

库恩对科学学科的标准说得过于简单了。一门科学,不只有得到一批坚定的拥护者和为新的实践者留下种种有待解决的问题两个方面,也不仅指自然科学。在第二章和第三章我们谈过,像经济学这样的社会科学,只要具备构成科学的条件,就可以成为像自然科学一样的科学。为增强读者对这个问题的认识,在这里再重复谈一谈这些条件。一是必须对该学科的"元问题"有一个清晰的认识,必须以"元问题"为核心经过严密的逻辑推理发展起来。不论是自然科学学科,还是社会科学学科,都是围绕着某一个概念展开的。人们要弄清这个概念的含义和实质,这个概念与其他方面的联系,涉及这个概念的重要规律,这个概念对人们实践的意义,等等,形成一个严密的逻辑理论体系。世界上有多少种概念就有多少门科学。由于客观事物不断变化和人们知识积累的不断增多,所以,与实际有差距的以抽象静态所构成的科学学科也就不断地深化和发展。二是必须是逐步发展和积累起来的正确的系统化知识。三是演绎必须有精准性。也就是说,既可定性,又可定量。很多社会科学之所以不能与自然科学比肩,多半是因为它的精准性稍逊。有的理论论证的前提不正确,或其假设不正确,自然也就谈不上精准。四是如库恩所说,要有一批拥护者和为实践者留下了有待解决的种种问题。五是实践检验。经过众多的学者检验,确认它的论证符合认识规律,结论符合客观实际。通过实践,人们在原有认识的基础上,又可以有新的发现。

(2)马克思主义劳动价值论符合构建科学经济学科标准。马克思主义劳动价值论研究了资本主义制度是一个什么样的制度,它是怎么来的,有什么优点,有什么缺点,以及发展的方向。这是经济学最宏大的研究。马克思的研究成果,符合科学经济学科的建构标准。一是马克思主义劳动价值论,是通过解剖"商品"这个概念展开的,但"商品"不是经济学的"元问题"。马克思通过解剖商品概念,发现了经济学的"元问题"——"价值"是什么,科学地解决了经济科学构建的基本点。二是马克思利用了前人几千年在经济学上积累的成就——从亚里士多德到威廉·配第、亚当·斯密、大卫·李嘉图等等,剔除了其不合理的成分,保留了其合理成分,解决了经济科学建立的积累联结性。三是马克思在此基础上,寻找到了社会发展的决定因素是生产力的发展,解决了社会发展的观察点。四是马克思分析了商品中所包含的矛盾,研究了资本主义的产生过程,指出了资本主义的合理性在于它是以价值生产和机器生产为特征的社会,可以促进生产力发展。资本主义利用这种生产,建立了社会的广泛联系,使生产成为世界性。它的不合理性在于生产资料私有制与社会化大生产引发的矛盾——企业生产的有计划性与社会需求无计划性的矛盾、社会生产无限扩大和人民群众购买力相对不足的矛盾。前一种矛盾的外在表现是不断产生的经济危机,后一种矛盾的外在表现是不断扩大的两极分化。资本家利用生产资料私人占有权进行剥削,导致阶级斗争尖锐化。这样,马克思就解决了社会发展的动力源。五是马克思以自然科学的精准性演绎了资本家是如何剥削活劳动的,剩余价值是如何在资产阶级中分配的,商品的生产价格是如何形成的,地租是如何产生的,解决了经济科学的困难点。六是马克思指出,生产力的发展是劳动者劳动财富包括精神财富和物质财富积累的结果,人民群众是推动社会发展的决定性力量,资本主义发展到一定阶段,必然会被更高形式的社会形态——共产主义——所替代,因而马克思解决了社会发展的核心点和进向点。七是马克思解剖抽象具体的方法,极具特殊性。因为抽象是人对客观存在的混沌的静态把握,客观存在的具体事物,很多内部结构尚不为人知,解剖抽象具体,是深入事物内部探索事物内部结构的方法。只不过自然科学的物理学是探索物质的宏观和微观结构,马克思探索的是社会的宏观和微观结构。《资本论》以它的精致性诠释了马克思的创新点。八是任何科学理论,都是要被人类应用的,不能被应用的理论,不是正确的理论;被实践检验不正确的理论,是无用的理论。而马克思的经济学经过了世界性大规模的长时间实践检验,证明其原理的正确性,成为社会科学中最耀眼的明珠。

(二)马克思主义劳动价值论的实践检验

有人以苏联共产党政权的垮台和中国改革开放实行市场经济为例,企图证明马克思主义经济学说在实践中已经失败。实际上,这是一叶障目,不见泰山。

1. 社会主义深刻影响了人类社会的历史进程。20世纪,劳动者依据马克思主义理论,进行民族民主解放斗争,使社会主义从理论变为现实,这既是人类史上的大事件,也是实践对马克思主义理论的初步检验。从1917年十月社会主义革命起到1937年,苏联以马克思主义经济学说为指导,仅仅用了20年,就完成了工业化,走过了西方几百年的路程。苏联之所以能够成为打败法西斯德国的主力军,与他们的工业化成就分不开。工业化和打败纳粹德国是东西方史学家公认的两个奇迹。十月革命胜利后,社会主义的俄国曾遭到14个帝国主义的侵略,国内白匪也趁机叛乱,企图推翻新政权。但俄国社会主义政权是工农劳动者自己的政权,劳动群众奋起保卫自己的政权,最终取得了胜利。随着社会主义加盟共和国的增多,1922年12月,国名定为"苏维埃社会主义共和国联盟",简称"苏联"。资本主义国家是战争的策源地,而社会主义国家则是世界和平的维护者。苏维埃政府即人民委员会在十月革命胜利当日深夜的成立会议上,通过了《土地法令》和《和平法令》,祖祖辈辈渴望土地的农民获得了土地,受压迫的工人成为工厂的主人。苏维埃政府随后颁布了一系列法令,实行男女平等、民族平等;实行普遍选举制,吸收优秀的工人、农民、士兵参与国家的管理;1917年12月,又颁布罢免权法令,规定人民有随时罢免国家工作人员的权利;采取了多种形式的人民监督办法。人民群众建设社会主义的积极性因之空前高涨。最初的3年是极端困难的,先是德国的进犯,后是14国武装侵略和本国反革命叛乱。1918年,敌人曾占领了俄国3/4的领土。1920年,战争的破坏使农业总产值只及 1913 年的 1/2,大工业总产值比战前减少 6/7。但是,在共产党领导下,他们不但打败了英、法、日、美、意等 14 国的武装侵略,平息了国内反革命叛乱,而且还在经济建设方面取得了举世瞩目的成就。1913 年的沙皇俄国,工业总产值仅占世界的 2.7%,只及美国的 6.9%、德国的 17.2%、英国的 22%、法国的 40%。苏联从 1928 开始第一个五年计划。"一五"期间,工业总产值增加 19%,"二五"期间增长 17.1%。到了 1937 年,苏联的工业产值已经超过了英、法、德等国,跃居欧洲第一位,世界第二位;社会主义的经济成果不是被资本家所占有,而是被广大人民群众所共享,人民的劳动权、休息权、受教育权、医疗权、管理国家事务权等权利得到了保障;工人的工资增加了 1.5 倍,物价降低,多数人民摆脱了贫困;全国实行了 7 年制教育,中小学生增加到 2800 多万人,大学生达 55 万人。到 1953 年,也就是在社会主义建立 36 年后,苏联的工业总产值较 1913 年增长 20 多倍,农业增长 46%。从 1947 年到 1952 年,政府 5 次降低生活日用品价格,在城市工人住宅区修建 15 亿多平方米的新住宅,在农业区修建了 380 多万幢住宅;在校学生达 5700 多万,高等学校的学生数比欧洲资本主义国家的总和还多 50%。这在人类历史上是绝无仅有的。苏联的高福利深刻影响了世界各国。苏联之所以能在短时间内成为工业强国,并在第二次世界大战中成为打败纳粹德国的主力军,就是人民当家作主后的激情迸发的现实写照。社会主义国家也是真正爱好和平的国家。1917 年 12 月,苏维埃政府宣布沙皇俄国瓜分土耳其的条约无效。列宁因此获得了 1917 年诺贝尔和平奖提名,但因为提议超过了规定期限未成为现实。1918 年 1 月,宣布废除反对伊朗独立的一切协议;1919 年 8 月和 1920 年 9 月,两次发表宣言,宣布俄国历届政府同中国订立的条约无效,归还沙皇政府从中国掠夺的一切,但后来由于种种原因这个事情没有成为现实。1941 年 6 月 22 日苏德战争暴发,苏维埃政权仅仅用了 3 个月的时间,就从西部搬走 1523 家大企业,6 个月内向后方运输 1000 多万人。到了 1943 年,苏联的大炮比德军多 2.2 倍,坦克多 1.8 倍,飞机多 6.4 倍。正是这些物质力量和用马克思主义武装起来的苏联红军,才战胜了不可一世的纳粹德国。史学界对此是推崇备至。由于社会主义是新生事物,在社会主义的实践中,虽然出现了一些问题,出现了这样或那样的错误,但瑕不掩瑜,并不能说明社会主义是罪恶的。相反,资本主义国家正是受到社会主义国家的影响,才不得不对工人阶级作出一定让步。资本主义国家采取的一定社会保障和福利措施,多是在社会主义国家苏联的影响下和本国人民的斗争中被迫采取的。20 世纪 20—30 年代,资本主义发生经济危机,与苏联的情况形成了鲜明对比。资本主义国家为了求生存,也开始向苏联学习,政府干预经济,在重要的领域实行生产资料国有制,实施高福利政策,等等。二战后出现了一批社会主义国家,在 20 世纪 50—60 年代,这些国家的社会主义建设也如火如荼。这是实践对马克思主义理论的进一步检验。

中国的社会主义建设也是按照马克思主义经济学说进行的,尽管有不尽如人意的地方,但谁也不可否认新中国的建设成就。1949 年,蒋介石集团逃往台湾,掠走了中国银行408 万两黄金、数千万银圆、1364 箱精品文物。中华人民共和国成立后,中国共产党面临的是老百姓日常生活必需品都不能制造的工业,吃饭都成问题的农业,是一个火柴被称为洋火,煤油被称为洋油,肥皂被称为洋碱,布匹被称为洋布,一切日用品靠洋人生产的烂摊子,帝国主义又对新中国实行经济封锁、武装讹诈。但是,仅仅过了 15 年,1964 年 10 月16 日,中国第一颗原子弹爆炸成功。今日中国能够扬眉吐气,与我们拥有核武器不无关系。其间还经过人所共知的抗美援朝战争、抗美援越、中印边境自卫反击战、国内围剿数百万土匪和国民党军队残余部队的战争。中国共产党人取得的伟大成果,是坚持以马克思主义理论为指导,坚持人民当家作主,实行生产资料公有制的结果。人民成为国家的主人后,热情洋溢地工作,使中国工业从无到有,并建立了门类较为齐全的工业体系。新中国建设的成就,证明了马克思主义关于人民是推动历史前进根本动力原理的无比正确性。到了 20 世纪 80 年代以来,中国共产党深刻分析国际国内形势,实行改革开放,实行有计划的商品经济和社会主义市场经济制度。这不是对马克思主义经济学的否定,而是在资本主义世界性扩张的过程中,发展社会主义经济,为人民谋福利的手段。中国共产党人立志要探索出一条在资本主义占绝对多数的情况下如何建设社会主义的道路。现在,中国已经成为世界第二大经济体,这是中国共产党人坚持马克思主义不动摇、坚持社会主义道路不动摇、不搞私有化、支持人民当家作主的结果。

现在,世界进入了后工业化时代,马克思的很多预言已经成为现实。比如,经济全球化就是马克思关于资本主义市场世界性的写照,工业自动化是马克思关于人的解放前提的体现,福利增多是马克思关于资本主义自我扬弃理论的证明,资本主义仍然不断发生的金融危机和经济危机,使人们有理由相信马克思关于资本主义基本矛盾的理论没有过时。

资产阶级经济学家的经济学说,大多是纸上谈兵,没有经过实践的检验。已经经过实践检验的资产阶级经济学理论主要有:一是凯恩斯的经济学。其主要内容,是通过扩大财政赤字,增加投资,扩大再生产,从而增加就业。从理论上说,这种办法是不可行的。因为资本主义生产力的急剧扩大而人民的购买力相对不足是资本主义不断发生经济危机的根源,如果政府再增加赤字,扩大再生产,产品更多,将会加剧经济危机的发生。从现实来说,政府增加财政赤字,使货币贬值,人民名义的收入增加,实际并未增加或增加不多,更加剧了资本主义生产和消费的矛盾。但是,有两个原因可使凯恩斯主义得逞于一时。第一个原因是,发达资本主义国家是少数,他们可以通过对广大的生产力不发达的国家进行商品倾销而暂时化解这种矛盾。第二个原因是,人民群众的收入暂时增加,而货币贬值是在人们的不知不觉中发生的,对人民群众可以起到暂时安慰和麻痹的作用。所以,发达资本主义国家利用凯恩斯经济学制定政策,确实能收到一时的作用和效果。从 20 世纪 40 年代罗斯福新政开始实践凯恩斯经济学起,到 20 世纪 70 年代资本主义发生滞胀止,经过了约 30 年的实践,凯恩斯经济学失败。二是亚当·斯密的自由主义及以哈耶克为代表的新自由主义,其主要内容是私有化和极端自由化。他们认为,只有私有化、自由化、市场化,才能增加人们的创造力。从 20 世纪 80 年代起,美、英等国对之进行实践,最后因私有化、自由化、市场化导致严重的两极分化而被迫放弃。三是马歇尔的均衡价值论,也被一些国家所实践。抛开他的价值论并不科学不说,仅说供求平衡,也是说起来容易做起来难。供求平衡就意味着计划。新自由主义经济学派要求抛弃一切计划,供求平衡学派要求实行供需计划,因而至今仍未见哪个资本主义国家做到了供求平衡。

2. 社会主义的危机是违背马克思主义劳动价值论的结果。苏联的解体,不是马克思主义经济学说的危机,恰恰相反,它是苏共领导人违背马克思主义经济学说的结果。有人说,苏联因生产力落后而解体。这种认识是不正确的。苏联是在民主化和私有化的过程中解体的。苏联解体前的生产力要比中国高得多,但是,我们经过改革开放,生产力从落后变为先进,人民的生活水平得到了很大提高,原因就是我们坚持了马克思主义,坚持了共产党的领导,坚持和完善了以公有制为主体、多种所有制经济共同发展的基本经济制度,坚持发展以人民为中心,没有搞多党制和私有化。

虽然说社会主义的危机不是马克思主义经济学说的危机,但是,面临社会主义的实践,马克思主义经济学说确实需要发展,发展的难点在于价值问题。价值是用时间来计量的,那么,很显然,弄清时间是什么就是发展马克思主义经济学说的关键。劳动生产率对价值的生产举足轻重,因而劳动生产率公式中的生产时间就有了特殊意义。价格问题是经济学的重要研究内容之一,把价格的主要问题研究清楚,也就把经济学的问题研究得更加深入了。只有做完了这些工作,才能在此基础上进一步研究经济学的其他问题,比如官员的管理劳动与价值创造的问题,教师的劳动与价值创造的问题,环境对价值创造的影响,以及社会各类劳动与价值创造问题,等等。科学研究都是为人类的实际应用服务的,有正义感的资产阶级学者,对于马克思的按劳分配的社会主义原则和按需分配的共产主义原则也是赞赏的。比如美国著名的新自由主义哲学家罗尔斯在他的《正义论》中,在谈到分配正义的时候说:"对分配份额的解释恰恰详细地说明了这样一种尽人皆知的观念,即一旦一种(可行的)竞争价格制度恰当地得到组织且体现在一个正义的社会基本结构中,那么收入和工资便将是正义的。这些条件是充分的。作为结果的分配是背景制度的正义的一种情况,类似于一种公平游戏的结果。但是我们需要考虑这个观念是否符合我们有关正义与不正义的直觉观念。具体地说,我们必须询问它符合常识性正义准则的程度怎样。"[1]"密尔正确地论证说：只要一个人停留在常识性准则的水平上，那么这些正义准则的和谐就是不可能的。例如，在工资的例子中，每个人按照他的努力来取酬和每个人按照他的贡献来取酬的这两个准则，其本身就是相反的命令。而且，如果我们想要评价这些准则的话，它们自身并不能提供办法来决定如何确定它们的相对价值。所以，常识性准则不能表现一种关于公正或公平工资的确定理论。可是，我们不能由此推论说，（密尔看来是这样假设的）一个人只要采取功利原则就能找到一种满意的观念。某些更高的原则确实是必需的；但是除了功利原则之外，还存在着其他的选择对象。甚至可以把例如从按能力分配到按需分配这些常识性准则中的一个或它们的某种组合，提高为一个第一原则。从正义论的观点来看，两个正义原则制定了正确的更高标准。因此我们的问题是要考察：常识性的正义准则是否会在一个组织良好的社会中产生，以及它们会得到何种方式的评价。"[2]罗尔斯的这段话是说，按照常识性的正义观念来看，价格竞争性制度在一个被认为是正义的社会中，其分配制度也是正义的。但是，它是功利主义的观念，不符合正义的直觉观念。而马克思的按劳分配和按需分配是更高的正义原则标准。罗尔斯在《正义论》第 305 页注明，马克思在《哥达纲领批判》中，把按劳分配和按需分配组合为第一原则。罗尔斯对马克思的分配原则尚有如此认识，我们共产党人应该对马克思主义分配原则有更深刻的认识。自然界给予人类的资源，人人应该平等地占有；前人劳动的积累价值，人人也应该平等地占有。而既有的资本主义制度，恰恰破坏了这两个平等。有人用权力占有，有人用欺骗占有，有人贪污，有人盗窃，有人抢劫，这是社会产生不公平、不公正的重要原因。译者在对罗尔斯的《正义论》所作的长篇《译者前言》中，曾引用了帕斯卡尔《思想录》中的一段话说明了这种不公："贵族身份是一种极大的便宜，它使一个人在十八岁上就出人头地、为人所知并且受人尊敬，就像别人要到五十岁上才配得上那样。这就不费力地赚了三十年。"[3]分配制度与生产条件相统一。雇佣劳动制是产生两极分化的分配制度。生产资料公有制是产生相对公平的分配制度。但是，我们也应该认识到，按劳分配是承认不平等的特权。人的天赋不同，劳动能力自然不同，创造的价值和财富也不同。如果用劳动量作为分配的同一尺度去衡量不同劳动者，能力强的人就会多得，就会生活得更好。即使具有同样的劳动能力，但家庭负担不一样，个人的享受也会不一样。这在社会主义社会里是不可避免的，权利不会超出社会的经济结构以及由经济结构制约的社会的文化发展。我们承认人的天赋，但是，除了少数天才以外，人和人的先天性差别到底有多大呢？天赋和努力，是个人价值与财富创造的两个决定性因素。天才也是在社会既有的

---

［1］［美］约翰·罗尔斯著，何怀宏、何包钢、廖申白译：《正义论》，北京：中国社会科学出版社，1988 年，第 304 页。
［2］［美］约翰·罗尔斯著，何怀宏、何包钢、廖申白译：《正义论》，北京：中国社会科学出版社，1988 年，第 305 页。
［3］［美］约翰·罗尔斯著，何怀宏、何包钢、廖申白译：《正义论》，北京：中国社会科学出版社，1988 年，第 23 页。

环境中创造。他们的才能既受到社会环境的影响,也受到前人、别人创造的知识的浸润。他们的创造,既需回报社会,也需回报别人,因而也就既解放着自己,也解放着他人。人类社会财富的涌流,是人类共同奋斗的结果,与每一个人有关,与集体更有渊源。所以,平等和自由、公平和正义,都是相对的。马克思所说的共产主义社会,是平等和自由的统一、民主和公平的统一,是实现人类最高正义原则的制度。马克思在《哥达纲领批判》中说得明白:在资本主义和共产主义社会之间,有一个过渡时期,也就是我们现在身处其中的社会主义社会。这个社会的灵魂,是无产阶级的革命专政。马克思这里所说的无产阶级专政,就是人民主权。马克思说,既然德国工人党明确地声明,它是在现代民族国家内活动,"那么,它就不应当忘记主要的一点,就是说,这一切美妙的玩意儿都建立在承认所谓人民主权的基础上"[1]。不能空谈平等、自由、民主、权利。马克思对资本主义的解剖,是艰苦的,也是符合实际的、合理的。所以,要以科学的态度来审视马克思主义,不能简单地以自己的喜好来否定它。我们要发展马克思主义,就要研究社会主义、共产主义的合理性。人类的经济活动,既是集体的,又是个人的。所以,我们还需研究人的自由、民主在经济结构中的地位,社会经济制度对人的自由、民主、平等、公平、公正的影响及对策等。

以马克思主义观点研究社会主义中出现的问题,主要有:一是民主问题。有的社会主义国家没有抓住人民当家作主这个根本问题,没有找到人民参与国家管理的具体办法,没有找到在政党执政阶段全民监督的有效方式,在资产阶级攻击社会主义不民主时感到理亏,拱手把人民的政权让给党内的资产阶级野心家、阴谋家和资产阶级代理人。二是民生问题。20世纪70—80年代,资产阶级利用科技革命所获得的超额利润中的一部分,给予本国人民以较高福利;而大多数社会主义国家因种种原因,不注重发展生产力去提高人民生活水平,使人产生了社会主义不如资本主义的印象。不少人相信了资产阶级对马克思主义经济理论的攻击,对马克思主义经济理论产生怀疑。于是,在苏联,实行多党制,推行私有化,结果是资本主义复辟,劳动人民重新沦为资本的奴隶。20多年过去了,解体后的苏联各加盟共和国无一出现经济腾飞,反而是人民的生活水平下降,社会动荡。社会主义的中国虽然也遇到了其他社会主义国家遇到的问题,但是,中国的改革开放没有走多党竞争执政和生产资料私有化的路子,因而取得了巨大成就。在改革开放中,也曾有人拼命宣扬亚当·斯密的"经济人假设",鼓吹在中国要建立"完全的市场经济"必须走私有化道路。他们忘记了邓小平所说:市场和计划都是发展经济的手段,中国要坚持走社会主义道路,要坚持公有制和共同富裕。其实,早在1944年,旅美学者波兰尼就通过大量的史实,在《巨变——当代政治与经济的起源》一书中揭示,人并不都是自私的,斯密的经济人假

[1]《马克思恩格斯选集》第三卷,第3版,北京:人民出版社,2012年,第374页。

设和卢梭基于野蛮人的政治心理学上的自由契约论是假的。比如,家庭中的有些成员为了家庭而付出,并不一定是为了得到回报,有些有技艺的人为集体作出了很大贡献,也不一定是为了得到回报。所以,人的一切活动,固然都与利益有关,但也不一定完全是为了个人私利,为他人、为社会、为公益而奋斗的人大有人在。这种见解符合现实。钱学森、雷锋、焦裕禄、袁隆平、屠呦呦等人,都是为了国家和人民的利益只知奉献不知索取的人。美国的诺贝尔经济学奖得主斯蒂格利茨教授和布洛克教授也对完全性市场经济学派进行了批评。现在,我们应该对我国改革开放的成就与经验进行总结,努力发展生产,解决社会主义民生中的具体问题,提高人民生活水平。三是企业制度创新问题。新型的企业形式要成为与社会主义制度相适应的生产形式,要能够较为合理地解决公与私、集体与个人、自由与民主等问题,必须不同于资本主义的雇佣制,突出地表现出社会主义新型的生产关系。四是思想文化建设问题。在社会主义国家,当资产阶级失去了过去作威作福时的快感后,他们愤愤不平,于是,他们对社会主义进行污蔑,把传统社会主义同纳粹德国相提并论,从文化上对社会主义进行围剿。国际资本在经济上封锁社会主义,代表旧思想旧文化的旧势力乘机向劳动群众反攻倒算,他们利用正在成长的新生的社会主义在探索中不可避免的挫折和社会主义制度的不完善,与掌握权力的蜕变者、特权者相互勾结,企图搞垮社会主义政权。如果不对他们的进攻予以回击,社会主义岌岌可危。鉴于现代社会仍然处于资本主义扩张时期,社会主义社会这个在资本主义社会内生的新事物的力量还不够强大,为帮助广大群众识别资本主义和社会主义、真假马克思主义、捍卫劳动人民的政权和根本利益、巩固社会主义制度,必须深化研究马克思主义理论,深入宣传习近平新时代中国特色社会主义思想,加快马克思主义经济学科建设的步伐,深入研究社会主义的生产方式,得出关于社会主义经济运行的特征、发展方向的一般规律,建立以马克思主义劳动价值论为核心的科学经济学科。

二、马克思主义劳动价值论为我们提供了观察社会历史发展阶段的方法

《资本论》不仅为我们提供了认识资本主义的方法,奠定了科学经济学科的基础,也为我们提供了观察社会历史阶段的方法。

(一)观察社会发展阶段的基本要求和要点

虽然社会形态的结构极其复杂,认识社会发展的历史阶段非常困难,但是,我们可以根据马克思在《资本论》中提供的观点和方法,对我们所处的历史阶段作出一个基本判断。

1. 观察社会发展阶段的基本要求:一是对马克思主义要抱有科学的客观的态度。如

果对马克思主义非常反感,就不可能运用马克思主义观察社会。二是要站在劳动人民的立场上看问题。如果没有对劳动人民的感情,说得再多也没用。三是要用历史唯物主义的阶级分析法看问题。四是要用矛盾的观点看问题。资本主义的基本矛盾是贯穿始终的,但一个时期有一个时期的主要矛盾和矛盾的主要方面。五是要用辩证的、发展的观点看问题。既不能绝对地、对立地看问题,不能非此即彼;又不能僵化地、孤立地、静止地看问题,看不到任何事物都在变化,比如社会主义和资本主义的变化;也不能不依据事实而想当然地看待事物,比如现阶段的和平幻想主义。六是要用能动的唯物主义反映论看问题,既要重视事物的客观性,又不忽视思想对行动的指导作用。

2. 观察社会发展阶段的要点。一是要明白一个道理:社会发展阶段与劳动价值和财富积累成正比。人类的劳动和价值积累越多,社会发展速度越快。二是要弄清两个问题:弄清什么是资本主义生产方式,什么是社会主义生产方式;弄清不同人群生产和占有财富的状况。三是要注重七个方面:(1)经济方面,注重观察生产力的发展水平和生产关系。生产力的发展水平主要看人们用什么劳动工具生产和怎样生产;生产关系的变化主要看人们对生产资料占有的形式和人们在生产中的地位,人们在生产和生活中的相互关系、分配关系和两极(富人和穷人)状况。(2)政治方面,注重观察权力结构,权力掌握在什么人手里,权力的授予、监督和褫夺的方法和程序。社会管理部门主要为谁服务,强力部门在维护谁的利益。(3)文化方面,注重观察主流文化的内容,什么样的文化代表了什么人的思想,反映了什么人的利益。先进的思想政治文化和科技文化对社会发展如何引领,社会主义的理论扩展度,意识形态对人的影响度。(4)占有公共资源方面,看谁占有和利用了自然资源及前人的劳动积累价值,自然资源消耗量和科技贡献率。(5)金融方面,主要看其运行符合不符合价值的科学本质。(6)对外关系方面,主要观察战争、共识度、合作度。(7)社会价值观方面,主要看平等、公平、公正、民主、自由的实现度。

社会是复杂的,对以上所谈的方方面面,要用联系的观点进行分析。观察人的历练不同,观察的角度不同,得出的结论也不同。

(二)运用马克思历史唯物主义观察社会发展阶段

历史唯物主义关于人类社会随生产力的发展而逐步演进,生产方式、生产关系、社会关系及思想政治文化随生产力的发展和社会演进而变化的原理,是马克思独特的观察社会的方法,我们应该熟练掌握。

生产工具的变化引起社会形态的变化,要经过很长一段时间才表现出来。因此,观察社会发展阶段主要看随生产工具变化的生产关系变化。

原始社会经过了几十万年,生产工具是石器和简单加工的自然工具,生产关系主要是氏族部落所有制,政治特征是部落和部落联盟形成,思想文化特征是文字的创造和自然崇拜思想的产生。在发展演进中,后人为了方便研究从不同的角度将其又区分为几个阶段。例如,从生产工具区别,分为新旧石器时代;从生产关系区别,分为母系氏族和父系氏族;从政治特征区别,分为部落酋长制与军事民主制。

大约在公元前 4000 多年,原始社会解体,人类社会过渡到奴隶社会。奴隶社会的生产工具以青铜器为代表;生产关系主要是私有制出现并得到巩固,奴隶成为会说话的工具,部落成员因各种原因分化,剥削和压迫现象产生;在生产力发展基础上的贸易的发展成为人们交往的重要途径之一;政治特征是国家的出现和部落首领成为统治阶级,奴隶和奴隶主阶级形成,军队成为奴隶主阶级的专政工具,国家制度逐步完善;思想文化特征是王权思想初步形成和法律的出现。在文字发明后,思想与科学有了积累,科学文化从自然崇拜到探索自然的奥秘,天文、历法、数学、文学、建筑艺术等有了一定的发展,并出现了原始货币。

公元前 1 世纪,奴隶制社会发展到封建社会。生产工具以铁器为代表;生产关系主要是奴隶成为自由民,自给自足的自然经济成为封建社会生产的主要特征;地主占有土地,把土地租给无土地的人,地主依靠收取地租生活,地主阶级和农民阶级两大对立阶级形成;对外贸易量加大,货币的作用凸显;从政治特征看,中央集权的专制式封建制度建立起来,国家机器更加完备;从政治文化看,关于封建君主的理论系统化,与之相适应的封建礼义文化得到发展。科学文化有了长足进步,能工巧匠增多。

从公元前 1 世纪到 1640 年英国发生资产阶级革命止,经过了 1000 多年,人类社会过渡到了资本主义社会。生产工具主要是大机器;生产关系主要是资本家占有生产资料、劳动者一无所有的雇佣式生产,无产阶级和资产阶级两大阶级对立;从政治特征看,资本主义国家实行资本主义民主制、三权分立制和普选制;从政治思想看,资产阶级的法治思想、宪政思想、社会契约思想和自由思想形成为一个完整的体系。科学的发展极大地促进了社会生产力的发展。

从 1640 年到 1917 年俄国十月革命胜利,第一个社会主义国家建立,经过了 277 年。信息化与自动化机器结合性生产成为新生产力发展阶段的标志;生产关系主要是生产资料公有制和按劳分配,发展以人民为中心,共同富裕成为社会主义生产关系的具体标识;政治特征是人民当家作主,目前阶段是通过共产党的领导来实现;思想政治文化特征是以马克思主义为指导。社会主义脱胎于资本主义,不可避免地带有资本主义的胎记,社会主义在改革中如何逐步消灭这种胎记,需要人们普遍接受马克思主义。

从社会演进情况看,一种社会形态过渡到另一种社会形态的时间越来越短。

(三)以马克思主义的世界观和方法论认识社会主义、共产主义的客观性和必然性

社会主义和共产主义的客观性与必然性是一个争论极大、影响极广的问题。如果对

这个问题没有一个准确的认识,必然影响对社会历史阶段的观察。从 1917 年至今,社会主义实体已经存在 100 年了,我们需要结合实际,以马克思主义能动的辩证唯物主义、历史唯物主义及劳动价值论、剩余价值论认识社会主义与共产主义。

1. 从历史唯物主义的角度理解社会主义的客观性。人类社会,既是社会的政治存在,也是自然的物质存在,因此,必须以自然存在的客观性看待人类社会。人的最主要的活动——劳动,是人生的第一需要,也是人对自然的改造过程,因而人类的生产力,就成为考察人类社会的主线。

"社会人"的观点,是马克思的一个重要观点。人不是孤立的,任何孤立的人都难以生存下去,因此,唯心主义和机械唯物主义从孤立的个人出发,认为人的自私性是固有的、不可克服的观点是不对的。他们从人的呱呱坠地就要吃奶去证明人的私利性,这是把人当成了一般动物。人不同于一般动物的地方,正在于人的社会性、政治性。社会主义的原意就是同伙的、集体的,所以,从人类在生产生活中相互协作开始,就有了社会主义因素存在。人类社会虽然有原始共产主义阶段,但却没有发展到共产主义而发展出私有制,这是因为,人虽然是一种特殊动物,但仍然具有动物性。当生产力还很原始,还需靠自身的能量获取生存食物的时候,人们如同狼群、狮群捕猎一样,虽然协同行动,猎物共享,但没有剩余财物可被独占,因而也就没有私有制。当生产力有了发展,产品有了剩余,个人有了财物独占的可能之后,如果人们的社会共享观念还没有建立起来,在人的动物性特征支配下,人们将剩余财物据为己有,私有制出现。人的动物性和私利性,正是现在某些经济学家津津乐道的亚当·斯密的"经济人假设"的依据。这是一种蜕化性思维。现在的腐败分子生活糜烂,男盗女娼,就是人的蜕化性的充分展露。

人类社会向私有制演变的道路很漫长。人虽然具有动物性,但从通过劳动生产自己的生活资料那一刻起,人就把自身同其他动物区别开来。人在一定阶段生产自己所需的生活资料的方式、一定的活动方式,或者说他们谋生的生活方式,就是那个阶段的生产方式。生产方式由生产力的发展水平决定。人类社会的生产,一种是物质生活资料的生产,一种是人口的生产。随着这两种生产规模的扩大,人们在生产中的关系也发生变化。变化的第一个特征是社会分工的扩大,第二个特征是家庭的稳定,第三个特征是所有制的形成,第四个特征是阶级的产生。分工的扩展为生产更多的剩余生活资料奠定了基础,家庭的稳定为私有制的产生提供了温床。生产剩余是私有制产生的前提,贸易和战争是私有制的催化剂。贸易是分工扩展的结果,一方面,促进了人类社会化;另一方面,获利被看作自身的能力。随着人类文明进步,婚姻关系较为稳定的家庭的出现,使脱离了动物界的人在社会化的进程中顽固地表达动物的习性。因而,在人们对人的社会性认识还低下时,日益发展起来的私有制代替了古典公社所有制和国家所有制,这也使我们理解了为什么生活于公元前 427 年至公元前 347 年的柏拉图和生活于公元前 551 年至公元前 479 年的孔子会产生社会大同的思想。私有制形成后,由于人们对生产资料占有的形式和人们在生产中的地位不同,获得生活资料的方式不同,社会关系不同,人群便分裂为阶级。

私有制的出现不是人类社会的倒退,而是人类生产力发展的结果。人类的社会化随生产力的发展而发展。虽然奴隶主对奴隶像对待牲畜一样,但战争俘虏不被杀死毕竟是一种进步,劳动的剩余和贸易的盈利被当作个人劳动的结果而被个人占有,家庭中的奴隶制——父权制,也随着人口和需求的增长发展起来。当奴隶和家庭隐性奴隶要求自由的呼声在生产力发展中可以得到满足时,社会进入封建制。资产阶级用价值生产加速人类社会化进程,这是他们的历史使命。同样的道理,社会主义提倡人类的直接性社会化,不仅与人类的生产力水平相适应,也与人的发展要求、人的本性相适应。因此,以生产力为基础的生产关系的变化对我们的观察和判断更具实际意义。在生产关系中,人与人的关系、所有制和分配制度是核心。同时,由于人所具有的主观能动性,我们还需要观察思想政治文化特别是关于权力的授予、监督和褫夺的方法和程序,科学文化对生产力发展的促进和人们利益实现的公平公正度。

从单个的人到家庭,从家庭到氏族、部落、部落联盟、民族、国家、国家联盟;从单个人的生产,到师傅带徒弟,再到手工业作坊、手工业工场、家族企业、股份制企业、国家企业;从雅典民主制到君主制、资产阶级民主制、人民民主制等,无不说明了人的逐渐社会化是人类社会的必然,因为生产的不足和人们认识水平的限制,在产生了私有制和两极分化后,统治阶级掌握了话语权,社会主义因素被贬低、被压制,因而马克思历史唯物主义就成为理解人类社会发展的钥匙,马克思关于历史唯物主义的经典表述,就成为千古不朽的名言。

任何新的社会要素都是在旧的社会母体中孕育的。在封建社会中孕育的资本主义,扬弃了封建主义。同样的,在资本主义社会中孕育的社会主义,也必然扬弃资本主义。

2. 从辩证法的角度理解和认识社会主义的历史必然性。辩证法认为,任何现实存在的事物都是合理的,也是必定要死亡的。在新事物产生和旧事物灭亡的过程中,遵循对立统一规律、质量互变规律、否定之否定规律。马克思在《资本论》中,把辩证法运用得炉火纯青。马克思先是分析了商品中体现的私人生产和社会需要的矛盾,尔后分析了资本主义的商品生产将这个矛盾扩大为社会性矛盾,这种生产资料私人占有和社会化大生产的资本主义的基本矛盾,在资本主义社会里是无解的;由资本主义的基本矛盾产生了工人阶级与资本家阶级的对立和两极分化,这种对立和两极分化的趋势在资本主义社会里也是无解的。但是,资本主义为解决这个基本矛盾创造着条件,最重要的条件是生产力的高度发展引发的高度的两极分化所产生的生产资料高度集中和企业生产的高度计划性。这时,生产资料归全社会所有的条件成熟了。不过,这要经过阶级斗争。马克思又说,个人所有制是在资本主义对封建主义否定的基础上对资本主义的再否定,是否定的否定。在否定资本主义的过程中,资本主义扬弃丑恶,保留先进。马克思以无可辩驳的辩证逻辑证明了社会主义的必然性。

3. 从辩证唯物主义的主观能动性方面理解马克思主义对社会主义的指导性。在《资本论》中体现的辩证唯物主义的能动性,对认识和建设社会主义有很重要的作用,但它常常被人们所忽略。

(1)什么是能动性? 简略地说,能动性是指人的行为的意识支配性。有人把辩证唯物主义仅仅理解为人的实践活动,但是他们忘记了人的实践活动的主观能动性。也就是说,他们忘记了实践活动的理论指导。具体地说,辩证唯物主义的能动性,是指环境影响人的意识,意识支配人的行为,人的行为改变环境,新的环境又使人产生新的意识。这种周而复始的运动,使人类社会不断进步和发展。

怎么理解辩证唯物主义的能动性? 马克思在《关于费尔巴哈的提纲》中指出,旧的唯物主义对事物、现实、感性,不是把它们当作人的感性活动,当作实践去理解,不是从主观方面去理解,结果却是唯心主义发展了能动的方面。结合《资本论》的研究,我们可以从以下几个方面理解马克思的这个思想:

一是现实世界与人的认识的矛盾性决定了人的认识的能动性。人无时无刻不在认识现实世界。作为认识的主体,环境与感受是人的意识产生的第一因素。人既生活于自然环境中,也生活于社会环境中,对自然的感受是自然科学形成的前提,对社会的感受是社会科学形成的前提。自然因其无思想性,不能成为感受的主体。因此,人作为唯一的感受主体,可以截取自然的一个个片断,将其解剖,从静态上观察、把握自然。社会科学的感受主体是思想着的人,人与人、人群与人群的感受各不相同,因而感受是相互影响的和不确定的,始终处于流变之中。人们把握社会和社会中的人,多是把社会和社会人活动的轨迹作为静止的片断进行解剖。

现实是运动着的,而认识的对象是现实的一个片断,并且仅仅是一个静止的片断,这种运动着的现实同认识的静止片断是矛盾的。芝诺提出的飞箭不动说,说的就是这种静止的认识和运动着的事物的矛盾性。芝诺说,物体在一个点上,占据一个与自身相等的空间,是静止,那么,飞箭在飞行的任何一个瞬间都在一个点上,都占据一个与自身相等的空间,因而它是静止的。事实上,一个物体的静止,是人们对物体的一种认识,是一种想象,世界上没有绝对静止的东西,所以,必须以运动的观点认识事物。也就是说,能动性的认识,是由客观存在决定的。

我们以能动的观点观察资本主义,资本主义就是一个不断变化的社会。它的生产力在不断进步,它的剥削方式在不断翻新,它的统治方法也在不断变化。社会主义内生于资本主义。因此,我们不能以固化的两极对立思维和眼光看待资本主义和社会主义。

二是人的活动的目的性决定了人的认识的能动性。人的活动,都是有目的的。人在所处的环境和对事物的认识过程中活动。人要认识事物和所处的环境,首先要对事物和环境进行考察,考察的目的性和出发点,体现了辩证唯物主义的能动性。人们对自然的最初观察,是人们常见的现象,比如太阳、月亮、植物、动物、水、风、雨、雷、电等。人们对社会的最初观察,是人的基本生存,比如食物、性、生育、人群、猎食、协作、住、穿、避寒、避暑等等。人在最初观察后,会思考他所观察的对象是什么。当人对感受对象的感受达到一定程度,或引发人的感受的现象不断重复时,有的人会分析"为什么"。相同的分析结果达到一定的量,会引起人对感受对象的综合。比如对太阳、月亮运动的分析,会引发人们对与它们相关性的综合;对于四季变化的分析,会引发人们与太阳相关性的综合;对于社会的观察和分析,会引发人们关于人所结成的社会与人的关系以及与人的本性的联系等的综合。人的观察与思考,分析与综合,当然不是为了认识而认识,而是为了指导生产和生活,这便是人的认识的目的性。

任何理论都是人的有目的的活动和人的主观能动的感受的表现和结果。资本家的主观能动性就是如何创造更多的剩余价值使自己快速发财。企业的新形式比如股份制,金融的新形式比如信用制,金融新工具比如虚拟货币等都是资产阶级主观能动性的突出表现。资本家们不相信任何说教,只相信实实在在的利益。为了自己的利益,他们在不断编造着欺骗别人的谎话。马克思主义劳动价值论之所以引起资产阶级的愤怒,就是马克思揭穿了资本家掩盖剥削工人阶级的谎言。

三是人的思维活动的真理性要求人的认识的能动性。人经过观察与思考、分析与综合,进行归纳与分类,寻找各种类事物之间的联系,形成各种各样的判断。当一代代人的判断所形成的对自然界和社会的认识被后人所继承,便成为积累起来的知识片断。知识片断是人们进行推理性演绎的前提和材料。演绎根据人的认识和思维的规律即逻辑进行。经过推理性演绎,知识片断系统化,并被相当一部分人所接受,形成学说、理论、思想体系。也有在不断重复的现象归纳中,直接发现规律、公理、定理。

人的认识所形成的知识、学说、理论、思想体系,能不能指导人的行动,人的思维活动的结果是否具有真理性,需要通过人的活动即人的实践进行检验。通过实践得到的理论再通过实践加以检验,是人的主观能动性的生动写照。各种学说、思想体系如果被实践证明与客观规律相符,便是正确的理论,又称为真理。如果多次反复被实践证明与客观规律不符,就是错误的理论。

(2)正确理解辩证唯物主义的能动性。有人疑问:既然马克思主义劳动价值论是真理,又经过了实践检验是正确的,为什么现在在经济学界被冷落?既然世界是变化的,马克思分析的是静态的资本主义,他得出的关于资本主义的一般性结论还适不适用于现代资本主义?如果能够正确地理解马克思辩证唯物主义的能动性,这些疑问就能得到较为满意的解答。一是要正确认识事物的变与不变。世界上的万事万物,时时处于变化之中。平时人们认为不变的东西,比如铁路、房屋、城市,实际上时时在变。只不过对于人生来说,那些东西可能是相对不变的。中国进行断代工程时,费尽九牛二虎之力寻找夏朝的国都,就是因为当时的城市,经过几千年后变了。所以,人们进行理论探索的,是那些相对不变的东西。所谓规律,就是近似性重复。因此,马克思关于资本主义一般规律的论述,就是指资本主义生产方式存续期间相对不变的东西,比如资本主义的基本矛盾、资本主义的剥削和两极分化。资本主义的扬弃,正是资本主义日益变化的结果。资本主义发展到共产主义,是人类社会在较长一段时间内变化的结果。相反,倒是那些认为资本主义制度是最好的制度,将会长期存在的观点,是不符合能动的辩证唯物主义的错误观点。二是要正确认识不同人的认识的真理性问题。正因为人的认识是能动的,有一定的目的性,所以,才有了不同人的不同认识所产生的真假真理问题。如果从自私自利的立场出发,比如资本家认为凭借生产资料私人占有的剥削是合理的,从资产阶级来说,这种认识符合他那个阶级的真实,是他那个阶级的真理。马克思寻找的是创造财富的多数劳苦大众的真理。资产阶级经济理论家说,资本家的财产是节欲的结果,或者说由于生产要素创造剩余价值,资本家由于拥有生产资料,所以应该得到较多的财富,这是就表面现象论表面现象的庸俗,而不是真理。比如前面我们谈过的效用价值论、均衡价值论关于价值由购买的生产要素的价格决定就是庸俗的。有的人是思维性错误,他们的结论当然也不是真理,比如,前面我们谈到的芝诺的"飞箭不动"的例子。因此,对于马克思《资本论》的结论,我们一定要站在劳动者的立场上去理解,站在人类社会发展的高度去理解,一定不能站在个人主义的立场上去理解。三是要正确认识理论与意识形态的意义。理论、意识形态有相对的独立性,因而资本家和刽子手相信宗教,是实践和意识分裂的表现,也是思维能动性的表征之一。理论和意识形态之所以可对人们的实践产生影响,也正在于人们有主观能动性。在第十五章我们介绍过的哈贝马斯认为,马克思对于社会进化局限于生产力方面,忽视了文化和道德因素及社会组织的内在逻辑在社会进化中的作用,他要用交往的实践代替马克思劳动的实践,重构马克思的历史唯物主义。他说的不是事实。实际上,马克思为什么要拼命写作《资本论》,就是他特别重视理论对于人们实践的指导意义。马克思主义理论家和实践家都非常重视理论对实践的指导作用。共产党人在为劳苦大众奋斗的过程中,为什么视死如归,在敌人的严刑拷打面前坚贞不屈,就是由于他们有坚定的信念,这就是主观能动性的表现。毛泽东正是正确地运用了辩证唯物主义的主观能动性原理,才提出了在思想上建设党,才能把中国农民改造成具有共产主义觉悟的优秀人才。

（3）正确区别能动的辩证唯物主义与其他的各种错误认识。唯心主义也有其能动性,有的唯物主义也与能动的辩证唯物主义无缘,正确区别它们,对于正确认识事物是很重要的。

区别能动的辩证唯物主义与唯心主义的能动性。马克思在《关于费尔巴哈的提纲》中说,和唯物主义相反,唯心主义却发展了能动的方面,但只是抽象地发展了。马克思所指是唯心主义关于认识的创造性活动。比如苏格拉底的从特殊求一般,但他把一般看作先于和高于特殊的唯心论;柏拉图的把普遍的共性绝对化的"理念"创造一切的先验论;黑格尔的"绝对精神"的辩证法;等等。马克思辩证唯物主义并不排斥人的主观抽象性思维,也不排斥唯心主义者的看似主观的实则是符合人的认识规律的发现,所反对的是人的无任何客观依据并可以把人引入歧途的主观想象。马克思把有现实依据的抽象性发现,依据这种发现能够指导人的行动并可以得到成功的认识,看作辩证唯物主义的能动性。需要指出的是,抽象是人的认识的极重要的方法,抽象并不仅仅属于唯心主义。世界上的事物千千万万,每一个具体事物都有自己的特点。在经过感受、观察、思考、分析、综合的基础上,人们发现,不少现实具体都有其共同性,于是,人们根据它们的共同性创造出一个概念把握它们,这就是抽象。黑格尔深刻地论述了抽象。他认为,抽象是割裂,具体是整体,抽象把握的是共同性、同一性。一般来说,共同性和同一性多是看不到摸不着的,所以,人们往往会把抽象看成是纯主观的东西。这个问题在中世纪欧洲经院哲学中曾进行过争论。唯实论者认为,共性是先于个别事物的独立存在,它比个别事物更根本、更实在,因而称为"唯实论"。唯实论为上帝的存在提供依据。唯名论者认为,共性是事物的名称或普遍概念,后于个别事物而存在,因而称为"唯名论"。马克思、恩格斯在《神圣家族》中曾说过,唯名论一般来说是唯物主义的最初表现。但唯名论者认为普遍概念没有任何客观的内容和意义的观点是不正确的。现实中,事物的共同性和同一性,都是一种客观实在。共性只是事物的一部分,与个别事物处于一个统一体中,不能脱离客观事物而存在。但是,当人们把它像解剖人体一样从整体中分割下来进行研究,并用一种现实具体代表它时,它会成为一种特别的独立实在性的存在,这与唯心主义无关。抽象所割裂下来的部分是静态的,而现实的一切都是发展的。如果用发展和运动的观点看问题,就没有抽象的同一性。恩格斯认为,抽象的同一性无论在有机界或无机界中都是不存在的。他说:"植物,动物,每一个细胞,在其生存的每一瞬间,都和自身同一而又和自身相区别……就是在无机自然界中,这样的同一性实际上也是不存在的。每一个物体都不断地受到力学的、物理的、化学的作用,这些作用不断使它们发生变化,使它们的同一性变形。只是在数学中,即在一种研究思想之物(不管它们是不是现实的摹本)的抽象科学中,才有抽象的同一性及其与差异的对立,而且甚至在这里也不断地被扬弃。同一性自身中包含着差异,这一事实在每一个命题中都表现出来,因为在命题中谓词必须不同于主词。"[1]抽象的内容是片面的、静态的、割裂的,而现实是发展的、动态的、整体的、联系的。我们在这里强调的是,运用抽象法是发挥人的主观能动性的表现,如果不运用抽象法,则无法形成概念,也就无法形成科学学科。但是,运用抽象法不能陷入绝对思维中,从而陷入偏执和极端,使形成的理论对现实实践活动无指导作用,这也是辩证唯物主义发挥主观能动性的要求。

区别能动的辩证唯物主义和其他几种唯物主义。机械唯物主义坚持唯物主义的反映论,但它认识不到主观的积极作用,凡是主观的认识成果,它都认为是唯心主义的。这样,也就否定了理论对实践的指导性,其后果,要么是陷入不可知论,要么是陷入经验主义,要么是随着感觉走,这对于领导群众进行伟大社会变革的政党来说,危害性是不言而喻的。

主观唯物主义虽然也坚持唯物主义反映论,承认理论对实践的指导作用,但它却照搬照抄唯物主义的书本理论,以为这些理论是医治百病的灵丹妙药,以唯心主义的态度对待正确的理论,大多陷入教条主义,故可以称其为主观唯物主义。实际上,他们不懂得世界是变化的,理论是不变的,只是大致地反映世界某一领域的一般情况,运用任何正确的理论,都必须以当时当地的历史条件变通地应用。自然唯物主义即自然进化论者,虽然也坚持唯物主义的反映论,但他们否定辩证唯物主义的主观能动原理,在事实面前不作为,倡导无为而治,缺乏积极的进取精神。

4. 从历史逻辑和辩证逻辑看,社会主义和共产主义有其进步性。社会主义、共产主义不是从人们的头脑中凭空想象出来的,而是从人类社会的产生、发展过程的历史中总结、推演出来的。由于生产力发展的不足,在产生了弱肉强食的私有制后,固然统治阶级对权力的垄断和对文化的垄断对私有制和私有观念占据主导地位起决定作用,但私有化理论、君权神授等理论,对于巩固私有制、奴隶制、封建制也起了极其重要的作用,充分显示出了人的主观能动作用的强大。资产阶级建立资产阶级的生产方式和资产阶级共和国,也是伴随着一场大喊大叫的。社会越发展,社会主义的因素越多。马克思是集社会主义理论之大成者,并赋予社会主义以科学的内涵。现在,人们看到的社会主义因素更多,资产阶级的很多理念,比如民主、自由、平等、公正、公平等,也与劳动群众相通,只是内容不同罢了。所以,为私有制辩护,为剥削阶级张目,攻击社会主义,都是没落阶级的主观能动性的表现。学者们要投身于伟大的社会主义实践中,坚定共产主义信念,发挥主观能动性,为人民谋利益,千万不要成为历史的逆动者和人民的反动者。

5. 从现实生活看,社会主义有其局限性。我们现在生活的社会主义国家生产力还是

---

[1]《马克思恩格斯选集》第三卷,第3版,北京:人民出版社,2012年,第913-914页。

没有资本主义国家发达,生产还是商品生产,通行的原则还是等量劳动获得等量产品,价值工具还在人们生活中占据主要地位,且社会主义国家数量少,国际市场中打交道的更多的是资本主义国家,旧思想、旧观念、旧文化、旧风俗、旧习惯还根深蒂固,社会主义时刻面临着被资本主义国家消灭的危险,面临着变质的危险。所以,在发展生产力的同时,马克思主义的指导思想不能丢,也不能削弱。

6. 从发展过程看,社会主义和共产主义呈现出渐进性。马克思、恩格斯在《德意志意识形态》中说:"共产主义对我们说来不是应当确立的状况,不是现实应当与之相适应的理想。我们所称为共产主义的是那种消灭现存状况的现实的运动。"[1]共产主义的实现是一个过程,共产主义原则体现在逐步实现的具体中。在共产主义运动的每一个阶段,都会产生并实现某些共产主义的因素,每一代人中的每一个人都会体验到共产主义因素的美好。随着人类社会生产力的发展和社会化程度的提高,按需分配在人类的生活资料中所占的比重越来越大。比如,现在世界各国实行的义务教育,逐步实行的全民免费医疗制度,不仅是共产主义的措施,也是按需分配的现实表现。需要受教育的人群接受教育,有病的人接受治疗,这就是按需分配。全民养老制度、失业救济制度、脱贫攻坚等,无不是共产主义因素的体现,只不过在各个历史阶段程度不同而已。

要实现共产主义分配制度,现实的紧迫任务,就是加速资本主义扬弃的过程。资本主义内部的社会主义因素,在马克思主义之前就已经不断产生并扩大。比如,资本主义国家普遍采取的强制性税收制度,就是对私有制的否定。恩格斯说:"纳税原则本质上是纯共产主义的原则,因为一切国家的征税的权利都是从所谓国家所有制来的。的确,或者是私有制神圣不可侵犯,这样就没有什么国家所有制,而国家也就无权征税;或者是国家有这种权利,这样私有制就不是神圣不可侵犯的,国家所有制就高于私有制,而国家也就成了真正的主人。后面这个原则是大家公认的。"[2]在日常生活中,共产主义的因素也随处可见。恩格斯曾举例说,集中供暖要比各家各户的分散取暖经济便宜和简单,公共食堂和公共服务要比单个家庭做饭减轻较多的工作量和减少较多的人力,等等。因此,不能因为还没有实行全面的按需分配就认为共产主义渺茫,也不能用一项按需分配措施代替全面的按需分配。按需分配是在运用科学、依靠集体力量、采取多种措施发展生产力后一步步实现的。关键在于,我们要有一个前进的方向。恩格斯说得好:"我们谈的不是不顾民族的意志立即实行财产共有,而是首先确定目标和保证我们能够向这个目标迈进的办法和途径。至于共产主义的原则是将来的原则这一点,一切文明国家的发展进程可以证明,迄

[1]《马克思恩格斯选集》第一卷,第3版,北京:人民出版社,2012年,第166页。
[2]《马克思恩格斯全集》第2卷,第1版,北京:人民出版社,1957年,第615页。

今存在的一切社会制度的迅速瓦解可以证明,人的良知、首先是人的良心可以证明。"[1]

人们对于按需分配的质疑,一是因为马克思主义所论述的是一种全面的不需经过等价交换的按需分配。二是因为某些人把按需分配想象为想拿什么就拿什么的随意挥霍,而不是基于人的工作和生活需要从社会的领取。从字面上解释,按需分配就是按需要分配,而不是随意挥霍性分配。因此,按需分配的实现,不仅在于社会财富的充分涌流,而且也在于人们观念的改变。在生产高度自动化的今天,面对巨大的财富创造,两种思想、两种观念正在发生激烈的碰撞。一种是共产主义思想,即用巨大的财富创造来造福人民,实现人民的福祉;另一种是资本主义思想,即利用巨大财富创造的契机,实现更多的由剩余价值所转化的利润归个人所有,过花天酒地的生活。从实际生活来看,整个人类社会,正处于向共产主义的进程中。每个人的基本生活开支逐步下降就是证明。恩格尔系数是表明居民消费结构的指标,它的值越低表明居民生活必要性开支在收入中所占的比重越小,而娱乐性发展性开支所占的比重增大。2013 年我国的恩格尔系数为 0.312,2014 年为 0.31,2015 年为 0.306,说明我国居民的生活基本开支,只占不到收入的 1/3,而人们的发展需求、娱乐需求等开支所占的比重越来越大,人们的生活质量逐步提高。现在免费开放的场所和项目比如公园、博物馆越来越多,国家对公共交通、公共卫生和医疗的补贴性开支也逐年增多,这些都是按需分配的政策和措施。可见,按需分配不是幻想,是人人都可以触摸到的现实,也是可以实现的未来。我们一定要坚持马克思主义经济理论,关注目前新的生产方式和生产关系的变化。要正确认识电子信息化与机械化的结合、"互联网+"和采用自动化机器生产,劳动者是社会的主人、国家的主人、国家财产的主人,要坚持共产主义目标不动摇,坚定不移地去寻找实现目标的途径和办法。

社会主义不是在全世界一齐进入的,共产主义也不是一夜之间实现的。社会主义是根据各国的不同情况,以不同方式进入的,是一个渐变渐进的过程。社会主义是共产主义的第一阶段,只要我们踏进社会主义,就是踏进了共产主义的门槛。我们走的每一步,都是在向美好的共产主义继续前进,每时每刻我们都在建设着社会主义,同时摒弃着资本主义。每个人既是社会主义的建设者,也是共产主义的完成者,同时也是共产主义的享受者,只不过每一代人所享受的共产主义因素比例不同而已。因此,社会主义是一个时时处于变动中的社会,它的每一变动,都是在消灭资本主义私有制,向共产主义迈进。共产主义是分不同阶段实现的,全面小康社会的实现,只是社会主义的一个阶段性目标,也是共产主义的阶段性成就。因此,那种认为共产主义遥不可及的看法是错误的。

在社会主义阶段,资本主义复辟也不是没有可能,它告诫人们,提醒人们,不要以直线

---

[1]《马克思恩格斯全集》第 2 卷,第 1 版,北京:人民出版社,1957 年,第 615-616 页。

思维看问题,因为那不符合能动的辩证唯物主义。共产党人必须发挥主观能动性,主动解决社会主义建设中遇到的问题,要逐步完善人民参与国家事务、社会事务、经济和文化管理的方式方法,促进社会主义民主的发展,坚持习近平总书记提出的"以人民为中心的发展"思想,解决人民日益增长的美好生活需要和不平衡不充分的发展之间的矛盾。社会主义改革中的一个重要方面,是学会利用商品生产、资本工具,同资本主义国家打交道,争得国际话语权,宣传马克思主义,团结世界人民,实现世界人民的利益和幸福。

7. 从现实要素看,社会主义有其独特特征。对于什么是社会主义,我们必须有一个明晰的认识。一是按照马克思的观点,生产工具是观察社会生产力发展的指示器。马克思这个重要观点之所以正确,是由于生产工具中蕴含着较多的积累劳动。任何社会创造财富和发展生产力的目的,都是为了人们生活得更美好,在劳动中得到解放。但是,资产阶级却利用自动化减员,使劳动者失业,利用饥饿和恐惧,达到自己发财的目的,这是与人们通过劳动得到解放的要求相背离的。所以,从生产力要素的劳动工具看,在自动化大机器生产向信息化与自动化机器结合性生产过渡的过程中,社会主义将逐步代替资本主义。二是从政治要素的权力结构看,社会主义国家的人民在国家中有至高无上的地位,他们决定如何建设自己的家园,决定如何发展生产,决定如何管理自己的财产,决定如何进行分配,决定如何选举官员和监督、罢免官员。仅这些就足以使资本主义的生产独裁制汗颜,使资本主义的民主逊色。三是从生产关系要素看,社会主义的生产资料公有制,消灭了剥削赖以存在的经济基础。人与人的关系,不再是雇佣与被雇佣的关系,而是平等的关系。教育、卫生、医疗、住房、交通、养老等公益事业日益扩大,公园、图书馆、体育馆、博物馆等都为人们免费开放,贫困现象被消除,人人有工作,人人生活有保障,等等,都体现着社会主义制度的优越性。四是从文化、思想、伦理和价值观念要素看,社会主义实现着比资本主义更高的平等、民主、自由、公平、正义。在私有制社会里,剥削阶级把自己的幸福建立在别人的痛苦之上,他们的理论家,宣扬这种不平等是"天意",是上帝的安排。资产阶级以平等、自由为武器,经过了几个世纪的斗争,争得了他们那个阶级的民主,破除了宗教和迷信,建立起以价值生产为核心、以宪政为框架、以议会民主制为特征的资产阶级民主共和国,资产阶级革命家、理论家把人类社会的公平正义向前推进了一大步。这是人类财富积累和思想文化积累的结果。但是,资本主义的私有制和对工人阶级的剥削,造成了两极分化,而资产阶级理论家却大肆宣扬由于人的能力不同,所以处于低层的人活该受穷受罪的能力原罪论,为剥削辩护。社会主义则以实际具体驳斥着这些谬论,马克思主义的公有制意识、按劳分配意识、人民主权意识、共产党人的"为人民服务"意识等扎根在人们的思想深处,"共同富裕"成为人人共识。

(四)当前社会主义因素的成长和壮大

社会主义体现着人类相互依存度更高阶段的社会化。虽然世界上第一个社会主义国家苏联解体,社会主义运动遭到严重挫折,但是,这并不表示社会主义不合理。我们可从以下几个方面观察并分析从资本主义制度中内生的社会主义,怎样越来越克服它的外在形式而充分显示它的内在灵魂。

1. 维护世界和平的力量显著增长。人们对战争的本质未必看得清楚,但对战争的破坏和对人们的伤害则看得很清楚。战争有侵略战争和反侵略战争之分。侵略战争是非正义的战争,反侵略战争是正义的战争。侵略战争的实质是抢劫,抢劫财物,抢占地盘,抢夺劳动力、原材料和别人的一切财富,倾销商品,是人的动物性野蛮的极端表露。消除侵略战争是人类的当务之急。

战争是一种政治行为。从战争的性质可以判明权力掌握在什么阶级手里、为什么人服务和权力怎样运行。通过战争观察社会发展阶段,实质上是在分析权力结构,分析权力是掌握在无产阶级手里还是掌握在私利阶级手里。这两个阶级力量的对比,可以看出社会主义因素增长的程度。根据马克思主义原理,无产阶级是受压迫的阶级,全世界的无产阶级需要团结起来,为建立平等、公平、公正、民主、自由的社会共同行动。社会主义就是权力掌握在劳动人民手里的社会,社会主义的本质决定了它必然要求和平。这样的社会,没有理由,也没有必要以战争的手段抢劫别人的财富。和平力量的增长,表示损人利己的私利者人数的减少,为集体、为社会、为人类谋利益的人数增加,也就是社会主义的力量在增加。

从 1945 年第二次世界大战结束至今,在世界整体和平已持续长达 70 多年的时间里,虽然没有发生世界性战争,但局部的战争却从来没有中断。在过去的 70 多年中,共发生大大小小的战争 470 多起,较大的战争有 17 起:1946—1949 年的中国人民解放战争、1950—1953 年的抗美援朝战争、1948—1982 年的 5 次中东战争、1955 年 11 月至 1975 年 3 月的美国侵略越南战争、1980 年 9 月至 1988 年 8 月的两伊战争、1990—1991 年的海湾战争、1992 年 4 月至 1995 年 12 月的波黑战争、2001 年 10 月至 2014 年 12 月的阿富汗战争、2003 年 3 月至 2011 年 12 月的伊拉克战争,等等。还有一些规模较小的战争,如 1962 年中印边境自卫反击战,1947 年、1964 年美国入侵古巴的战争,1964 年美国入侵巴拿马的战争,1965—1971 年的 3 次印巴战争,1965 年美国入侵多米尼加的战争,1966 年美国入侵危地马拉的战争,1968 年苏联入侵捷克斯洛伐克的战争,1975 年西沙群岛自卫反击战,1979 年苏联入侵阿富汗战争,1979 年中国对越自卫反击战,1981 年美国入侵尼加拉瓜的战争,1982 年的马岛战争,1983 年美国入侵格林纳达的战争,1986 年美国入侵利比亚战争,1989 年美国入侵巴拿马战争,1994 年美国入侵海地战争,2011—2012 年美、英、法等国推翻利比亚卡扎菲政权的战争,2012 年至今的美国等西方国家意图推翻叙利亚阿萨德政权的战争,以及局部的冲突和战争,如俄罗斯与格鲁吉亚的冲突、车臣内战、索马里内战、刚果(金)内战、苏丹内战等。

第二次世界大战以后发生的局部战争,由美国发动或参与的有一半还多。自 1950 年美国入侵朝鲜以来,1953 年只是与中朝两国签订了停战协定,至今仍与朝鲜处于战争状态。因而也可以说,美国没有一天不处于战争状态。为什么美国要保持强大的军事力量? 为什么美国总是在发动战争? 这是因为,美国要实行霸权。现代科技的发展,一方面,促进了生产力的发展;另一方面,也为人们分析战争、相互交流提供了方便,加深了人们对于战争的认识。随着资本主义的世界性扩张,全世界人民的联系增强,马克思主义关于资本主义的剥削观念、人民主权观念、按劳分配观念、人人平等及各国各民族不分大小强弱一律平等的观念、民主自由公平公正观念、和平观念等被越来越多的人所接受;随着人们文化水平的提高,人们对是与非的认识也越来越清晰,对于战争越来越厌恶;资本主义内部爱好和平的人数增加,使资产阶级统治者依靠强权和损人利己获取利益的办法越来越受到质疑;世界人民爱好和平的人数增加,使人们反干涉、反霸权的力量增强。

2. 资本主义的自我扬弃加速。资本主义是不择手段地保障私人自由发财的社会,也就是公然宣布"以权谋私"的社会,所以,贩毒、赌博、卖淫、嫖娼、坑蒙拐骗、制假售假、囤积居奇、哄抬物价、贪污受贿、偷盗抢劫、通奸诱奸、包二奶等违反人类社会公德的事,司空见惯。但是,随着人类文明程度的提高,这些曾经在资本主义社会里被认为是天经地义的事情,现在也被人们所不齿,有的被正义打压,有的还被明令禁止,例如禁毒。人们熟知,1840—1842 年,英国因在中国贩卖鸦片受到中国人民的抵制而对中国发动了可耻的第一次鸦片战争,1856 年发动了第二次鸦片战争。在过了 53 年之后,由美国提议,中、美、英、法、日、德、俄、意、荷、葡等 13 个国家于 1909 年 2 月 1 日在上海召开了万国禁烟大会,通过了九款禁烟公约。此后禁毒日益受到世界各国的关注。1912 年 1 月 23 日,中、美、日、英、德等国在海牙召开禁毒国际会议,签署了世界上第一个国际禁毒公约《国际鸦片公约》。这个公约于 1925 年由国际毒品委员会于日内瓦修订。1987 年 6 月,138 个国家的 3000 多名代表在奥地利首都维也纳举行的联合国部长级禁毒国际会议上,决定从 1988 年起,将每年的 6 月 26 日定为"国际禁毒日"。现在,世界各国都把禁毒列为政府的一项要务。再比如,种族歧视问题历来是美国等国家的重大社会问题。美国著名的黑人民权领袖马丁·路德·金(1929—1968 年)曾于 1963 年觐见时任美国总统约翰逊,要求通过新的民权法,给黑人以平等的权利,因遭到种族主义者的仇恨,1968 年被刺杀。但是,在过了 18 年后,1986 年,他即被人们肯定,美国政府还将每年 1 月的第三个星期一,定为马丁·路德·金的全国纪念日。南非黑人领袖曼德拉的事迹更为人们所熟知。还有,原来产生于意大利和法国,后来猖獗于美国和其他资本主义国家的黑手党、美国的三 K 党、一些邪教组织等,都受到了各国政府的打击或取缔。

在对待俘虏问题上,资本主义社会有了一定进步。瑞士人亨利·杜南在 1859 年目睹了法、意对奥战争的惨状,写下了《索尔费里诺回忆录》。1863 年 2 月 9 日,他与日内瓦知名家族中的另外 4 人成立了"五人委员会",8 天后又更名为"伤兵救护国际委员会",同年 10 月 26—29 日,委员会召集国际会议,讨论改善战地医疗服务条件的可行措施。1864 年 8 月 22 日,瑞士、法国、比利时、荷兰、葡萄牙等 12 国在日内瓦签订公约,规定医务人员在战地中的中立地位和伤病军人不分国籍均应受到接待和照顾。1906 年,对首部《日内瓦公约》进行修订。1929 年,将保护对象扩大到战俘。1949 年 8 月 12 日,由中、苏、美、英、法等 21 个国家在日内瓦签订的国际公约于 1950 年 10 月 21 日生效,是国际人道法的标志性事件;其第一公约是关于改善武装部队伤病者待遇条件的,第二公约是改善海上武装部队伤病者待遇条件的,第三公约是关于俘虏待遇的,第四公约是战时保护平民的。1977 年,又通过了 2 个附加议定书:第一附加议定书是保护国际性武装冲突中受难者的,第二附加议定书是保护非国际武装冲突中受难者的。2005 年,通过了第三个关于新增标志性徽章的附加议定书。到 2014 年,已有 196 个国家和地区成为《日内瓦公约》的缔约方。这个问题,也显示人类社会的进步不是个人所能阻挡的。人是人类社会的共同要素,人不能把自己的幸福建立在别人的痛苦之上。

资本主义最显著的变化莫过于劳动者劳动条件的改善和劳动强度的减轻以及企业模式的变化。随着科学技术的发展,生产工具的自动化程度提高,马克思所描述的资本主义工厂中的童工现象受到禁止,让工人超时加班的现象也大大减少,工人的工作时间缩短,从每周工作 6 天到工作 5 天,并有不断减少的趋势。由于信用制度的建立,家族式企业多数改变为股份制企业,资本主义国家也有许多政府出资创办的国有企业,这些企业多是从 1929 年资本主义经济大危机后创立的,也有的是为公共利益创立的。有的企业由政府投资设立,由政府完全控制,有的由政府投资控股。比如,19 世纪后期,许多资本主义国家的矿山、铁路、公路、邮政、港口、河道等涉及自然资源、公共生产资料及公益性交通、电力、核工业、航空航天、军工等企业由政府控制,建立了不少国有企业。第二次世界大战后,资本主义世界曾掀起一股强劲的国有化浪潮。有的国家比如奥地利在上述行业的国有化比重,1978 年曾达 100%。英国、法国也采取国有化措施,法国还把大型商业银行收归国有,美国也投资设立联邦公司。这种情况,完全符合马克思主义经典作家对资本主义的预言。恩格斯在 1880 年所写的《社会主义从空想到科学的发展》一文中说:"无论在任何情况下,无论有或者没有托拉斯,资本主义社会的正式代表——国家——终究不得不承担起对生产的领导。这种转化为国家财产的必然性首先表现在大规模的交通机构,即邮政、电报和铁路方面。"[1]恩格斯专门注释说,"不得不"的意思是,只有在生产资料或交通手段真

---

[1]《马克思恩格斯全集》第 25 卷,第 2 版,北京:人民出版社,2001 年,第 406-407 页。

正发展到不适于由股份公司来管理,因而国有化在经济上已成为不可避免的情况下,才意味着在由社会本身占有一切生产力方面达到了一个新的准备阶段。不能无条件地把任何一种国有化都直截了当地当作社会主义。恩格斯的这段话,一是说资本主义发展到社会主义,这是由资本主义的基本矛盾决定的。二是说资本主义的国有化是表象,要分析其实质。为资本家服务的国有企业不是社会主义的,只有为全体人民的企业才是社会主义性质的。三是这种国家财产的转化首先发生在公共需要的领域。在第二次世界大战后资本主义的国有化浪潮中,有的是属于"不得不"的情况,有的则不是。资本主义的国有企业集中于交通、能源、通信等领域,有的国家就是拿公民的钱为资本家提供商品经营的便利,为私人谋取更多的利益。当国有企业有利可图时,资本家阶级的代表——政府——即把国有企业私有化。如果国有企业亏损、企业破产,政府就以全体人民的税金收购企业,让全国人民为企业埋单。正因为资本主义不少国有企业仍然具有资本主义性质,所以经营不善成为资本主义国有企业的通病。20 世纪 80 年代,英国首相撒切尔夫人和美国总统里根奉行哈耶克的新自由主义,对国有企业实行了私有化。因此有一些经济学家大肆宣扬新自由主义,攻击社会主义制度,攻击共产党的领导,否定马克思主义经济学说,鼓吹私有化,反对"社会主义市场经济",鼓吹不要社会主义的"完全市场经济"。美国加州大学教授弗雷德·布洛克为波兰尼的《巨变——当代政治与经济的起源》一书所写的导论中曾针对这种思潮说:"自由市场学者试图将经济从社会中脱嵌,却注定面临失败。但自由市场这种空想的社会观却有惊人的学术复苏力。由于每当全面实施自由市场试验时,社会就会反弹并退缩,这些理论家便理直气壮地辩称:失败的理由并非其理论上有缺陷,而是因政客们缺少足够的执行决心,且自律市场的信念不能用历史的失败经验来否定。此派学者有完整的托词来辩解其失败。近来的此类狡辩,可见诸试图用'休克疗法'将市场资本主义强加到俄罗斯头上。虽然这次试验的失败有目共睹,但休克疗法的辩护者仍将过错归罪于政客头上。他们坚称,若非政客们太快向政治压力屈服,或者要是他们能坚持得更久,快速转向市场经济的预期利益就会马上降临。"[1]

3. 公益性社会福利普遍增加。近些年来,资本主义国家的社会福利也得到了发展。这种情况,符合马克思主义关于随着生产力的发展,社会的公益事业也随之发展,人们的福利将会增加的论述和预期。资本主义福利事业发展的原因,一是两种制度竞争的结果。因为社会主义生产资料由公共占有,在社会主义经济体中,人与人的地位平等度最高,人人都按自己的劳动量分得可享受的生活资料,生产力发展也最迅速,社会经济发展成果为人民所享有。20 世纪 20—30 年代,虽然苏联社会主义建设时间很短,但人民享受的义务

---

[1]卡尔·波兰尼著,黄树民译:《巨变——当代政治与经济的起源》,北京:社会科学文献出版社,2013 年,第30-31 页。

教育、免费医疗、免费住房等高福利,对被压迫人民、被压迫民族产生了巨大的影响。如果资本主义再不提高福利水平,必然被社会主义所吞没。为免于覆灭的命运,在 20 世纪 50—70 年代,资本主义也"不得不"实施社会主义所实施的福利政策和措施。这一点,连西方学者也承认。英国学者吉登斯在《第三道路》中曾说,创立福利国家的目的之一,就是驱散社会主义的威胁。二是劳动者阶级和资产阶级两大阶级矛盾激化和斗争的结果。例如,在马克思的故乡德国,由于 19 世纪 80 年代工人失业严重,生活艰难,工人起而抗争。为缓和阶级矛盾,资产阶级政府在血腥镇压工人阶级的同时,于 1883 年、1884 年、1889 年先后通过了《疾病保险法》《工伤事故保险法》和《老年及残疾保险法》,欧洲许多国家纷纷效法。1911 年,英国通过了《失业保险法》和《国民健康保险法》。1929 年资本主义经济大危机之后,资本主义国家工人阶级的罢工斗争与殖民地国家的解放斗争相重叠,加上苏联社会主义国家的福利政策的影响,使资本主义国家的福利立法进入了一个新阶段。比如,美国于 1935 年通过了第一部社会保障法、英国 1944 年制定的教育法规定了中学实行免费教育。后来,各主要资本主义国家实行失业救济、贫困救济、医疗保险、住房补贴、退休金、养老金等普享式福利。德国实施全免费教育,并对多子女家庭进行补贴,第一个和第二个孩子每月补贴 220 马克,第三个孩子每月补贴 300 马克,第四个及以上的孩子每月补贴 350 马克。现在,主要资本主义国家的福利开支达国民生产总值的 20%左右,占政府开支的 50%左右。三是经济发展和科技进步的结果。第二次世界大战后的 30 年间,人类的科学新发现和技术新发明的数量,超过了人类以往 2000 年的总和。特别是电子计算机技术和机器的结合,使人类的生产发展到无人化阶段,电子计算机和光纤通信技术的结合,使人类的生产发展到无地域分界的阶段。生物工程和空间技术,使人类生产领域扩大。资本主义国家利用这些科学技术提高了劳动生产率。1951—1977 年,美国工业劳动生产率平均每年增长 3.2%,日本为 8.8%,联邦德国为 4.4%,英国为 2.6%,法国为 4.3%。资本主义国家的财政收入增加,为社会福利事业的发展创造了条件。这也说明,资本主义的发展,在不断否定着自我。四是政治文化进步的结果。马克思主义的传播和政治文化的进步,也是资本主义国家实行高福利政策的一个重要推手。只要翻一翻资本主义国家的工人斗争史,就会发现,资本主义健全福利制度的时期,正是工人运动在马克思主义指导下蓬勃发展的时期。据统计,1919—1939 年,资本主义国家参加罢工的人数是 7400 万人;1945—1959 年,参加罢工的人数是 1.5 亿人;1960—1970 年,参加罢工的人数是 3.6 亿人。1931—1932 年,美国发生了两次人数超过百万的工人大游行,他们向华盛顿进军,提出反饥饿的口号,要求政府提供失业救济。由于长期受资产阶级平等、自由、博爱理念的浸润,特别是马克思主义的影响,欧洲很多国家的人们,利用手中的选票,把社会民主党人推上台执政。不少社会民主党由共产党脱胎而来,他们除了不宣传马克思主义关于阶级斗争、关于无产阶级专政、关于废除生产资料私有制之外，他们也宣传马克思主义关于社会主义是比资本主义更加公正、公平的社会理念，关于工人阶级团结起来共同行动改变自己的命运等内容。他们既维护资本家的剥削秩序，也为工人争取实实在在的利益。这也是一种进步。社会主义中国的改革开放，使人民享受到的生产力发展红利更多，对世界产生的影响更大。

4. 社会主义制度的巩固和完善。20世纪，社会主义与资本主义两大阵营对峙对抗，势不两立。事实证明，企图用谁吃掉谁的办法达到目的是不现实的。在资本主义社会中，生长着社会主义因素，资本主义如果不采取社会主义的一些原则求生存，资本主义制度就会土崩瓦解。社会主义也刚从资本主义母胎中发育成熟，带有资本主义的痕迹和胎记，社会主义国家还需要利用商品生产联系世界劳动者阶级。生产关系虽然因为生产资料公有制而有了根本的改变，但还在许多方面存在着旧有的痕迹，例如，还实行等级工资制，实行等价交换的原则，旧有的思想观念比如封建主义、官僚主义、享乐主义、等级观念、私利观念等还占有较大领地，处于资本主义包围中的社会主义还必须与资本主义国家进行交往、进行贸易，还要学习并采取资本主义的文明成果完善自己。

中国共产党人明白，作为人类，处于一个共同体中，需要相互取长补短，合作共赢，因而才有了中国共产党适应当前形势所采取的积极主动地建设社会主义的改革开放。一是在经济制度上，实行商品生产，发展商品市场，允许个体和私营经济的存在。这是解决商品短缺的有效办法。私有经济用工灵活，雇主与雇工双向选择，增加了人的自由度，增加了创造的灵活性。二是通过积极发展同资本主义国家的贸易、引进外资、允许外国资本到本国办企业，一方面增加了就业，另一方面学习资本主义的各种管理特别是金融资本管理方法，强化以资本为纽带的国际合作。三是在国际事务中，通过各种经济的、文化的、民间的交流渠道，了解资本主义，以社会主义国家的和平理念、为人民服务理念、共同富裕理念、发展为民理念、合作共赢理念，特别是人人平等地享有政治权利，也平等地享有经济权利的平等公正理念等，影响资本主义国家的人民，以促进资本主义向更高的社会形态过渡。在改革开放中，最容易导致人们迷失方向的观念是，有人认为资本主义制度比社会主义制度优越。他们不讲资本主义已经发展了数百年，不讲资本主义原始积累的罪恶，不讲资本主义的"以权谋私"和两极分化，不讲资本主义的穷兵黩武和掠夺，不讲资本主义表象民主掩盖着的雇佣与独裁，只看资本主义的福利和自由，就认为社会主义不如资本主义。不错，福利和自由是人人所追求的，但是，任何事物都不是无条件的。我们如果不加分析地一切都照搬照抄资本主义的方法发展社会主义，跟在别人后面爬行，那么，希望的福利不会得到，原有的福利也会失去。所以，在社会主义和资本主义共存阶段，人民的政权不能丢，人民的财产权也不能丢，共同富裕的方向不能变。如此，社会主义才能成为引领人类社会前进的航标。

社会主义与资本主义共处共容的另一个重要标志，是协商性事件增加，领域扩大。比如，世界性的维持和平的行动、共同打击恐怖组织、世界贸易规则的谈判和协定、应对世界气候变化的共同协定和行动、共同反对贪污腐败的公约、相互引渡刑事犯罪分子、共同应对自然灾害等。地区性或世界性组织的增加，一方面标志着资本生产力的世界性扩张，另一方面也标志着全世界人民的命运的关联度增强。尽管在不少国际性组织和地区性组织中，发达资本主义国家还起着主导作用，但随着发展中国家和社会主义国家实力的增强、先进观念的扩展、促进人类进步的声音和话语权的增强，那些强盗逻辑、双重标准、资本的掠夺本性、不平等不公正的行为，将越来越多地受到人们的质疑和否定。社会主义一步步走向胜利不可避免。

（五）对自然资源的争夺和对前人积累价值的利用

自然资源是自然界产生的不经过劳动加工或经过劳动加工后可对人们的生产生活产生较大功效的使用价值。自然资源与劳动资源是相对的。通过科学技术加工的原始劳动对象都是自然的，通过科学技术多次加工的劳动对象的基质也是自然的。所以，自然资源在人类的生产生活中占有重要地位。把对自然资源的占有方式、占有份额作为观察社会发展阶段的一个重要指标，是因为它与社会生产、社会福利有巨大的关联，体现了社会的公平公正度。自然资源有水资源、土地资源、矿产资源、气候资源、生物资源、海洋资源等。在这些自然资源中，有的是可再生的，有的则不可再生。人类的生存和社会发展，与自然资源的利用和占有方式密不可分。科学和技术的进步扩大了人们利用自然资源的方法和手段。人类生活的地球上的自然资源是一定的，如果有人占用得多，另外的人占用得必然就少。

能源在各国经济发展中起着举足轻重的作用。美国是世界头号强国，人口只有约 3 亿，约占世界人口的 5%，但是，其能源消耗却占世界总消耗的 25%。在传统能源中，石油、天然气、煤等占重要地位，这些能源都具有不可再生性。全世界各国的经济发展，不可能走美国的道路，美国也不可能让别人走它的道路。据估计，战后发达国家从石油输出国组织成员国掠夺的石油财富达 2000 亿美元以上。当他们的能源紧缺时，资本主义的资本本性就会赤裸裸地暴露出来。2003 年 3 月，以美国为首的资本主义国家借口伊拉克藏有大规模杀伤性武器和化学武器，绕开联合国安理会，入侵伊拉克，推翻了萨达姆政权，但至今也没有找到大规模杀伤性武器和化学武器。美国的入侵，导致几十万伊拉克人死亡，他们战前的安定生活不复存在。截至目前，伊拉克仍处于动荡中。美国为什么不顾世界舆论的指责，执意要发动伊拉克战争？其战争的目的有两个：一个是伊拉克盛产石油，美国看上了伊拉克的石油；另一个是萨达姆政权不亲美，他对外出售石油不用美元结算，美国要维护美元的霸权地位,就必然会对他动手。2011年发生的利比亚战争也是如此。当时美、英、法等国以利比亚领导人卡扎菲独裁和腐败为由,发动了支持利比亚国内反对派推翻卡扎菲的统治建立民主政权的战争,得到了联合国在利比亚设立禁飞区的授权。在战争进行的5个多月中,美、英、法等国炸死了5万多人,炸伤数万人。卡扎菲被美、英、法的飞机炸伤后,被反对派抓住,不经审判,就被处死。总人口600多万人的利比亚,有300多万人出逃,造成了空前的难民潮。据2016年1月10日解密的美国前国务卿希拉里·克林顿的文件显示,美国发动利比亚战争的原因:一个是利比亚的石油(利比亚日产160万桶石油,相当于美国原油消费量的8%);另一个是美国政府获悉,利比亚政府持有143吨黄金储备,卡扎菲想借此建立一个泛非货币,与美元对抗,这是美国绝对不能容忍的。当前以美国为首的多国联盟正在进行的叙利亚战争也是为了石油。现在在叙利亚已经死亡了数十万人,有100多万难民无家可归。美国赤膊上阵也好,支持代理人战争也好,往往先喊口号,指责别国不民主。但是,真正的不民主的世袭制,他却不反对。原因是只要给他资源,给他利益。

除了赤裸裸的战争掠夺之外,通过不断挑起世界局部争端售卖军火发财也是资本的本性表现之一。据瑞典斯德哥尔摩和平研究所2017年2月20日报告,2012—2017年美国的武器出口占全球军火市场的33%,比前一个五年增长了21%,稳居世界第一。

发达资本主义国家还通过高科技占有一切可占有的人类资源。比如占有空间资源、极地资源、海洋资源等。有人可能认为,利用高新科学技术占有原始自然,是应该的。这种认识是糊涂的。这种思维,是中世纪贵族式的圈地思维。人类没有涉足的地方的自然资源,是人类所共有的,而不是谁先开垦就归谁所有。谁先开垦,他可以从开垦中获得相应的利益,但不能霸占资源地。

科学技术问题,涉及前人的劳动积累问题。任何一种科学技术,都以前人的劳动积累为基础。超过专利期的积累劳动,是公共资源。由于公共的自然资源可以被私人无偿占用,因此而形成的稳固的私有观念,使有人理直气壮地认为,积累的劳动这种以价值形式存在的公共资源,可以而且应该被他人无偿占有。其实这是不公正的。正是后人对自然资源和前人劳动积累的公共资源的占有,才导致了普遍的自然环境和历史环境以及社会环境的不同,才导致了人出生后的机会不平等。罗尔斯在《正义论》中提出了正义的两条原则:一是任何人在任何社会体系中都拥有自由的平等权利;二是虽然财富和分配无法做到平等,但权力职位的进入机会必须平等,不平等的分配也必须合乎每一个人的利益。他解释说,第二个原则仅仅要求在社会的各个阶层中有类似天赋和动机的人具有平等的生活前景。在与正义的储存原则一致的情况下,适合于最少受惠者的最大利益。正义的储存原则是指,每一代人必须保持自己生活于其中的社会的文化和文明成果,还必须储备适当数量的资金积累,以保证社会最低受惠值确定在什么水平上。这种储存的方式包括从对机器和其他生产资料的纯投资到学习和教育方面的投资等。这个正义储存原则不仅涉及当代人,也涉及后代人。它要求某一代为后代的福利储存的可能数量方面提出了一个上限。罗尔斯所说的储存和积累率,是指现实的生产结果的积累份额,或者说是资本的积累,而不是指看不见的前人积累的劳动价值。即使如此,资产阶级经济学家也认为资本主义的剥削和资本积累是正当的。罗尔斯批评凯恩斯说:"他们认为:虽然财富和权威的不平等侵犯了第二个正义原则,但是如果它们所带来的经济和社会利益足够大,那么这种侵犯就是合理的。为了论证他们的观点,他们可能举出这样一种例证:即为了后代的福利,我们看来要接受这类不平等和积累率。例如,凯恩斯评论说,在第一次世界大战前建立的那种巨大的积累决不会发生在一个平等地分配财富的社会中。他说,19世纪社会的安排使那些最不可能浪费财产的人手中掌握了不断增长的财富;这些新富翁不是为了大量的消费而成长的,他们更喜欢投资所赋予的权力而非享受直接的消费。正是财富分配的这种不平等使资本的急剧增大成为可能,使每个人的一般生活水准的或多或少的稳定提高成为可能。在凯恩斯看来,正是这一事实为资本主义制度提供了主要证明。如果富翁们自己花掉了新财富的话,那么一种这样的制度就可能为人们所不可忍受而遭到反对。当然,还有比凯恩斯所说的更有效、更正义的提高福利和文化水平的方法。仅仅在某些特殊情形(包括对立于贵族的自我享受的资产者的节俭情形)中,社会才可以为获得资金而赋予富人以比他们感觉是在正当地花自己挣来的钱更多的东西。但是关键在于,不管凯恩斯辩护的前提是否合理,这种辩护可能会导致完全反对改善工人阶级的状况。虽然工人阶级的处境显得恶劣,但凯恩斯可能会坚持认为:尽管在制度中存在着许多明显的不正义,但却不可能真正排除这些不正义和改善获利较少者的条件。"[1]事实确如罗尔斯所说,如果机会不平等,比如农民工的孩子即使是天才,但他不能平等地与有钱人的孩子享受同等的教育,也就是不能平等地利用前人劳动积累的财富,他也不可能有所作为,即不可能成为科学技术专家而在实际工作中创造出更多的财富。因此,后人在既定的环境中受教育以继承前人的劳动积累,在前人劳动的基础上进行财富再创造,应该在新的财富中,把前人的劳动积累价值的再现并通过市场实现的部分,把为了自己的成长所垫付的价值还给社会,为自己的劳动创造,在做了各项扣除之后,可以归自己享用。如中国的水稻专家袁隆平,发明青蒿素治疗疟疾的专家屠呦呦,为了新中国的安定贡献了自己才智的钱学森及他们那一代的科学家们如朱光亚、周光召、吴文俊、李四光、华罗庚、王淦昌等人,把科学事业当成改变人类命运的社会公益事业而非私利事业,不计报酬,他们的人格是伟大

---

[1][美]约翰·罗尔斯著,何怀宏、何包钢、廖申白译:《正义论》,北京:中国社会科学出版社,1988年,第299页。

的。在现阶段,虽然有的人是为了自身的享受而发明,但在他们的创造发明专利过期后,其发明成果就成为人类共同的遗产了,所以,他们还是社会贡献者。问题的关键是,人们要认识清楚,人人都是在前人的劳动积累基础上进行创造,回报社会是应该的。社会应该客观地公正地对待那些毫不利己、一心为公的科学家和主观为自己、客观有贡献的科学家,使依科研成果应用后的结果的分配更加合理和公正,以促进社会生产力的更快发展,实现人们共同富裕的愿望。在社会主义国家,由于实行生产资料公有制,国家投入科研经费,科研人员从事的科研事业是公共事业,科研成果成为人民生活水平提高的促进剂。在资本主义国家,科学研究与开发的投入大幅度增长,比如美国从 20 世纪 80 年代每年增长16.1%,1990 年联邦德国的研发经费占国民生产总值的 2.9%,1995 年日本的研发经费占 GDP 的 3%,但是,拿全国人民的劳动价值投入科学研究,其成果应用的红利却被资本家所得,不能不说是资本主义制度的缺憾。现在,随着科技在财富创造中的贡献率增高,资产阶级利用高科技获得的剩余价值率更高。据统计,1950 年美国的剩余价值率为 230%,联邦德国为 181.4%。到了 20 世纪 80 年代,美国的剩余价值率上升为 330%,联邦德国上升为 300%。人们需要明白,科学技术活动既然是在前人劳动积累的基础上进行的,科学技术就应该为实现广大人民群众的幸福服务。连资产阶级革命家都知道,私有制是人类社会不平等的根源,作为共产主义者,还有什么理由选择私有化道路呢? 马克思、恩格斯早就说过:"对我们说来,问题不在于改变私有制,而只在于消灭私有制,不在于掩盖阶级对立,而在于消灭阶级,不在于改良现存社会,而在于建立新社会。"[1]现阶段,在资本主义国家,要鼓励获得了巨大利益的科学家作慈善事业。比如美国的计算机科学家比尔·盖茨与他的妻子成立梅林达·盖茨基金会,救助穷苦人治病,就很值得提倡。不论是什么人,只要他做了有利于人民利益的事,就应该受到赞扬。这样有利于加速资本主义的扬弃过程。

(六)金融工具与金融资本

在商品生产中,任何金融工具比如货币、票据、证券、债券、电子货币、信用卡等等都是人们为了交换商品而创造的。在资本主义社会中,资本家利用金融工具获得平均利润和超额利润,金融工具就成为金融资本。不追求实体财富的生产以提高人民的生活水平,却以金融资本在全球化过程中剥削发展中国家和人民,是资本主义发展到了一个新阶段的标志。一方面,它标志着资本主义在全球的发展;另一方面,标志着资本主义的腐朽。

不理解价值就不能全面理解资本主义的金融工具和利用金融工具的剥削。资本主义生产是追求剩余价值的生产,剩余价值以商品为载体,通过市场交换实现。货币是价值代

---

[1]《马克思恩格斯全集》第 10 卷,第 2 版,北京:人民出版社,1998 年,第 389 页。

表、价值符号。价值虽然看不见摸不着,但它不是人的想象的产物,而是一种实体,因而人们可以用现实具体即用现实中的某一具体事物作为货币来代表它。

金融领域是关于价值代表例如货币、证券、债券的经营管理专门领域,金融机构比如银行、证券公司是价值经营管理的专门机构。价值如果不是一种实体,就不可能出现金融行业和金融经营管理机构;价值若不能被现实的具体所代表,就不可能有各种金融创新产品的出现。但是,价值与使用价值统一在商品中,价值如果离开了使用价值,价值就成为无意义的符号;使用价值如果撇开了价值,商品便无交换的尺度。既然资本主义是追求剩余价值的商品生产,既然等量资本要求等量利润,既然资本追求利润的冲动是要求最大的资本积聚,既然资本追逐利润必至天涯海角,那么,它就必然把金融业视为最重要的行业,以便进行价值积聚、价值储存、价值结算、价值增殖。当资本主义还处于实体经济时代,金融给予资本主义简单再生产和扩大再生产以有力的支持;当资本主义全球化将触角伸向世界各地时,金融就成为促进资本主义全球化的工具;当资本主义利用金融工具进行投机,也就是俗语所说的直接用钱赚钱,对各国造成直接的巨大的经济损失时,资本主义的没落性和腐朽性暴露无遗。有人常常拿资本主义的繁荣来嘲笑列宁关于资本主义的垂死性。他们不知道,正是在苏联社会主义福利和人类社会文明进步的逼迫下,资本主义才无奈提高了人民的福利。他们应该知道,正是由于苏联那些只知教条式地理解马克思主义关于社会主义理论、不读书不研究不理解马克思主义价值理论的政治家和经济学家们,幻想从以消灭社会主义为宗旨的资产阶级经济学那里寻找建设社会主义的灵丹妙药,才在资产阶级经济学家的指导下,在摧毁社会主义公有制的私有化浪潮中,埋葬了人民主权的社会主义。苏联社会主义事业遭到挫折,是资本主义在向全球扩张、金融全球化的过程中,社会主义不适应这种形势以及政治家与经济学家的无知等造成的。

金融全球化标志着资本主义发展到了一个新阶段,即金融帝国主义阶段,以资本为纽带的帝国主义,把世界紧紧地联系在了一起。在这个阶段,资本主义内生的社会主义因素成长的突出表现是:劳动条件改善,社会福利增加,人们受教育的程度提高,受教育普及面增大,国有企业增多,家族式企业减少,股份制企业成为普遍现象。但在这个阶段,资本主义的腐朽性也大面积扩散,其突出表现是:利用生产资料的私人占有剥削全世界人民,两极分化更加严重,贫富差距增大,资本主义以使用武力或以武力威胁为后盾,利用金融工具谋取私利,扰乱全世界的生产秩序和人民的生活。

利用金融工具推进资本主义全球化进程,始于 20 世纪 70 年代。资本主义国家全球化扩张,使国际贸易快速发展,促进了国际结算、货币汇兑和融资业务的发展。在全球化进程的早期,发达资本主义国家主要以资本输出获得高额利息,以不平等国际贸易获得高额利润。有资料显示,美国自 1950 年至 1973 年,对发展中国家的直接投资为 252.66 亿美元,利润高达236%,为596.31亿美元。发达资本主义国家通过不平等国际贸易,剥削发展中国家。据估计,从1951年至1973年,发达国家通过不平等贸易获得的利润达1000亿~1500亿美元。在资本输出的同时,资本主义将它的两极分化扩展到世界各地。1950年,发达国家的人均收入是低收入国家的22倍,1980年扩大到39倍,1983年扩大到42.8倍。[1] 后来,国际资本的一部分成为投机游资,直接扰乱发展中国家的金融,以钱生钱,获得超额利润,打击了实体经济,也使不设防的金融自由化国家发生从未经历过的金融危机。马克思用极精练的语言概括了资本主义经济危机的实质是生产过剩。那么,资本主义金融危机的实质是什么? 根据马克思关于价值的理论,我们可以简明地说,金融危机的实质是在资本主义条件下货币发行过度引起的金融产品的大幅度贬值而回归原值的现象。也就是说,金融危机是由于货币发行过多,币值严重脱离实物价值,超出实物价值过多,形成货币和金融产品的泡沫,在某种因素刺激下,泡沫破裂,强制性地使货币回到与实物价值基本相符的过程。

金融危机发生的前提是金融私有化、货币泡沫化、汇率浮动和资本投资投机自由化。可以说是新自由主义经济学和凯恩斯主义经济学合力催生的产物。在私有化和自由化的前提下,资产阶级政府以举债、赤字、通货膨胀维持经济繁荣,货币超发,币值与实物价值严重不符。在1973年美元脱离"金本位"的固定汇率改为浮动汇率后,在国际贸易额急剧扩大的情况下,有些国家的币值和汇率被人为自由操纵,金融危机的发生也就成为资本主义制度的必然。

实行固定汇率制是资本世界性扩张的需要。实行浮动汇率主要有两方面的原因:一方面是资本主义衰落的表现,是不得已而为之;另一方面是资本主义国际剥削的需要。美国作为世界头号资本主义国家,其本国货币担当了向世界渗透的资本符号。

1944年7月,美、英、苏、中、法等44个国家在美国的新罕布什尔州雷顿森林的华盛顿山大旅社举行会议,通过了关于货币金融的决议,通过了成立国际货币基金组织的协定和成立国际复兴开发银行(即世界银行)的协定,确定美元为国际储备货币,美元与黄金挂钩,其他国家的货币与美元挂钩,保持固定汇率的"金本位"制,35美元可兑换1盎司(28.3495克)黄金,美国承担各国政府或中央银行以美元兑换黄金的义务,从而确立了以美元为中心的资本主义世界货币体系和美国在国际金融领域中的支配地位。这是资本主义世界扩张的前提。1945年的美国国际贸易量占世界的34%,工业产品占世界的48%,黄金持有量占世界的75%。但是,从20世纪60年代起,美国的经济危机不断发生,加之美国发动的越南战争的失败,美国黄金储备减少了3/4,美元无力与黄金按固定比价挂钩。

---

[1]参阅赵曜主编:《科学社会主义论纲》,北京:中共中央党校出版社,1991年,第51-52页。

1973年,美国政府宣布,不再维护美元与一定量的黄金的比价关系,也不再维护与其他国家的货币的固定汇率,以美元为中心的国际货币体系宣告瓦解。1976年1月,国际货币基金组织理事会在牙买加首都开会,正式实行浮动汇率制度,即汇率根据市场供求关系自由涨跌,货币当局不加干涉。虽然有的国家提议进行世界性的汇率和利率的协调,但收效不大。

1994年资本主义金融危机发生在墨西哥。在发生金融危机前,墨西哥政府根据新自由主义经济学说,宣布银行私有化、汇率自主化、外资流动自由化。资料显示,1994年外资流入墨西哥为250亿~300亿美元。1994年10月底,墨西哥的外汇储备仅为170亿美元。墨西哥政府还根据凯恩斯经济学说,实行赤字政策,大肆举债。1994年,墨西哥仅短期债务就达300亿美元。1994年12月19日,墨西哥政府为减少贸易赤字,宣布新比索贬值15%,引起外资出逃和比索挤兑风潮,比索兑换美元的汇价3天内下跌42.17%,股票狂跌。3周之内,比索贬值40%,按美元计算的股票市场下跌40%。这场金融危机还波及阿根廷、智利、巴西等国。至1995年3月,金融动荡才逐渐平息。

1997年在东南亚暴发了又一场金融危机。泰国的经济危机发生前的状况与墨西哥金融危机发生前基本相同。1997年泰国的外债规模高达860亿美元,1996年国际外贸收支经常项目赤字为203亿美元,银行放贷宽松,呆账坏账增加。泰国政府于1997年7月2日宣布放弃固定汇率制,实行自由浮动汇率,给国际资本炒家乔治·索罗斯等投机者提供了可乘之机,当天泰国货币泰铢兑换美元即下跌了17%。8月,印尼、新加坡、马来西亚货币也受到冲击。10月,国际货币炒家移师香港。但由于香港已经回归中国,在中央政府的支持下,香港特区政府对股市汇市实施干预,结果炒家没有得手。11月,他们又进攻韩国和日本。韩元兑美元跌至1008:1,韩国政府不得不向国际货币基金组织求救。日元汇率也一路猛跌,1998年5月,日元兑美元跌到150:1。这次金融危机也波及刚刚实行资本主义私有制的俄罗斯。由于苏联解体,政局动荡,俄罗斯财政困难,通过发行债券和对外借债度日。1997年底,对外负债1280亿美元;1998年,俄罗斯财政缺口达180亿~190亿美元。在东南亚金融危机后,油价下跌,对于依靠石油收入的俄罗斯更是雪上加霜,俄罗斯政府于8月17日,宣布放弃卢布对美元的最低限价,将浮动汇率区间从5.3%~7.1%扩大到6.0%~9.5%,并宣布延期90天偿还到期国外债券,从而引发金融危机,卢布贬值70%。金融危机演变为经济危机。1998年,俄罗斯的经济回落5.7%,消费物价上涨26%。

如果说金融全球化是资本主义全球化的必然,那么,金融危机也是伴随着资本主义全球化的必然。可以肯定地说,从金融危机演变为经济危机,再到政治危机,最后资本主义在不断的痉挛中死亡也成为必然。有人只注意到了国际游资对某些国家的恶意攻击造成金融危机,而没有探索金融危机正是新自由主义者鼓吹的完全私有化、自由化的市场经济和凯恩斯主义者无限度地吹大货币泡沫的结果。只要符合这两个条件,即使世界第一强国的美国也不可避免地发生金融危机。这一点被 2007 年 8 月美国暴发的次贷危机所证实。

所谓次贷危机,是指"次级"贷款危机。"次级"贷款与"优级"贷款相对应,是还贷能力相对低的贷款。在美国,由于金融自由化,不少私人金融机构从事次级贷款购房业务。还款能力弱的人购房,在银行不容易贷到款,就向次级抵押金融机构申请购房贷款。从事次贷业务的金融机构的贷款利率要比一般抵押贷款高很多,实行固定利率与浮动利率。申请人在购房的头几年以固定利率还款,其后则以浮动利率还款。由于美国联邦储备委员会从 2006 年起,通过 17 次加息,使利息从 1% 提高至 5.25%,次贷机构的还款利率也相应提高。那时由于房价连年上涨,有些人开始以房屋抵押买房炒房。2007 年,美国房价下降,有的购房者和有的炒房者因为还款困难,或欲出售住房,或欲抵押住房再融资也都不顺利,不能按期还款,金融机构即收回买房者所抵押的房屋拍卖还款。因为房价低,金融机构拍卖抵押房也卖不到一定的价位,因而导致金融机构大面积亏损。2007 年 4 月 2日,美国的第二大次贷抵押公司新世纪金融公司破产,接着又有很多次贷机构和银行相继破产,并波及欧洲各国和日本、韩国及世界其他国家。国际货币基金组织宣称,截至 2008年 4 月 8 日,美国的次贷危机令全球亏损 1 万亿美元。美国的次贷危机继续向其他领域蔓延,公司裁员,大批职员、工人失业。2008 年 7 月,美国的房利美和房地美两家房贷机构股票暴跌,引起股市大跌,金融危机进一步恶化。美国政府不得已出面救市,美元大幅度贬值,世界各国都受到冲击,包括中国也没能幸免。但由于中国没有实行完全的资本自由开放,政府调控有力,所以冲击有限。

从美国的次级贷款危机表面上看,是由于房价问题引起的金融危机,实质上,它是一场更深刻的经济危机和政治危机,是资本主义私有制和经济全球性的社会化矛盾引发的。新自由主义经济学和凯恩斯主义经济学是为解决资本主义的基本矛盾而产生的反马克思主义的学说。马克思主义认为,资本主义的社会化生产有无限扩大的趋势,而工人的购买力则相对减少,资本主义生产是相对过剩性生产,因而将会不断产生过剩性经济危机。新自由主义信奉亚当·斯密的消费主义,他们主张过度消费、预期消费、借贷消费,以化解资本主义固有矛盾;主张资本自由化,为资本主义的全球化扩张清除障碍。他们的主张,可能一时有效,但蕴含着极大风险。如果工人工作不稳定,收入减少,则过渡消费就成为脖子上的绞索,还承担信用风险;资本自由化可使金融机构为所欲为,或不断地钻政府监管的空子以谋取暴利。有资料显示,金融机构于 1995 年以来大肆投机信用违约掉期合同(CDS),即某一金融机构以少量的资本抵押高出自身几十倍的资本以谋利,求另一金融机构予以担保,许诺高额保险金。在金融危机爆发前,CDS 的市值达到了 62 万亿美元,一旦在某一环节的某一机构违约,就会形成连锁反应,因为市值太大,金融机构还不起合同约定的金额,只好倒闭。凯恩斯主义者虽然主张政府干预经济,看似与新自由主义大相径庭,但它与新自由主义维护资本家利益的目的相同。他们主张赤字政策,超发货币。一方面,可以为企业提供更多的资金,刺激生产,增加就业;另一方面,表面工资增加,可以减少工人的不满情绪。有资料显示,在美国的次贷危机爆发时,扣除通货膨胀因素,平均工资与35年前持平。不论是新自由主义还是凯恩斯主义,有一个共同的特征就是无节制地发行货币或货币衍生物。金融危机不过是市场强制性地使超发的货币或货币衍生物与实物价值基本相符罢了。

本来金融危机是由资本主义的基本矛盾引发的,但发达资本主义国家往往利用人们对金融危机根源不了解而做损害发展中国家的事。例如,在东南亚发生金融危机的1998年2月16日,印尼盾与美元的比价跌破10000∶1,此时,印尼政府宣布印尼盾与美元保持固定汇率的联系汇率制,但是遭到美国、西欧和国际货币基金组织的反对。他们提出了援助印尼的苛刻条件,其核心是让外资控制印尼的金融机构。美国哥伦比亚大学经济学教授、2001年诺贝尔经济学奖得主、曾出任世界银行资深副总裁及克林顿总统的首席经济顾问约瑟夫·斯蒂格利茨因此对国际货币基金组织及美国财政部中的新自由主义吹鼓手提出了尖锐批评。根据100多年的历史事实,我们可以断定,只要资本主义的基本矛盾存在,金融危机和经济危机就必然还会不断发生。

资本主义的衰亡是一个过程,需要社会主义国家通过示范来影响资本主义。因此,社会主义国家在改革开放中,在经济领域需要坚持以下原则:一是积极参与全球化的进程。在经济上,要利用资本这个纽带联系世界人民;在政治上,要宣传马克思主义这个人类伟大的文明成果,宣传社会主义基本原则、社会主义本质特征,摒弃新自由主义、凯恩思主义或其他的资产阶级经济理论,坚持马克思主义特别是马克思经济理论在改革开放中的指导地位。二是逐步打破美元的垄断地位,由中国倡议设立、总部位于北京的亚洲基础设施投资银行就是一个很好的开端。三是要充分计算货币流通量、沉淀量和自然资源的投入量,以确定币值,保持金融稳定;债务要适当。四要以购买力为准,与有关国家协商汇率,以求贸易公平,使国际贸易、股市等服务于提高国内人民的生活水平。五要对金融机构、内外投资、游资、税收、财政等,实行全民监督与专门机构监督相结合的监管机制。

在发达资本主义国家无力对别国进行经济制裁时,预示资本主义将要寿终正寝,社会主义革命的大潮将要到来。

(七)先进文化和意识形态对社会发展的重要意义

综观人类历史,凡是在社会大变革前,都有一个舆论过程。有人认为,宗教超越了多个社会形态,无阶级性。其实不然,宗教也是产生于社会变革中的文化领域的一种意识形态。在反对罗马帝国的反动统治中,产生了基督教,它暴露奴隶社会的黑暗,反对罗马皇帝的统治,因而其教徒受到迫害。虽然它宣扬的忍受苦难的思想后来被统治阶级所利用,但它宣扬的人人平等的思想却得到了人民的拥护和响应。恩格斯在《论原始基督教的历史》中说:"原始基督教的历史与现代工人运动有些值得注意的共同点。基督教和后者一样,在产生时也是被压迫者的运动:它最初是奴隶和被释奴隶、穷人和无权者、被罗马征服或驱散的人们的宗教。基督教和工人的社会主义都宣传将来会从奴役和贫困中得救;基督教是在死后的彼岸生活中,在天国里寻求这种得救,而社会主义则是在现世里,在社会改造中寻求。"[1]欧洲在资产阶级革命前,先有 14—16 世纪的文艺复兴运动,后有 17 世纪思想家们比如英国的霍布斯、洛克对人类社会自然状态和进一步发展的理论探讨,提出了社会契约学说;18 世纪的启蒙思想家们把前人的社会理论发挥得淋漓尽致,把资产阶级理想社会描述得栩栩如生。这种理论成为封建主义的统治者及其卫道士们面前一道不可逾越的铜墙铁壁。如果没有马克思主义理论作指导,也不会有列宁根据马克思主义举行十月社会主义革命的创举,不会有中国共产党领导中国人民改变受帝国主义侵略和欺侮命运的创举。因此,理论对于劳动者改变命运的斗争,是至关重要的。社会主义制度的建立,劳动者只是取得了初步胜利。要巩固社会主义,就必须紧密联系实际,进行两方面的斗争。一方面,要发展生产力,提高劳动生产率,提高人民的生活水平。改革开放正是中国共产党发展生产力的战略布局。另一方面,必须积极宣传马克思主义,并在实践中发展马克思主义。由于社会主义在实践中出现了一些问题,导致了我们对于资产阶级的诘难感到难以回答,以致动摇了对马克思主义的信念。比如,资产阶级学者与马克思主义理论工作者之间关于公有制与私有制、计划与市场、战争与和平、剥削与贡献、社会主义民主与资本主义民主、传统文化与外来文化、劳动群众政治与精英政治以及政治文化、伦理文化、科技文化、人文文化、环境文化等等方面的争论,涉及面既广又多,既深又艰。马克思主义理论工作者如果不理直气壮地以马克思主义理论批驳资产阶级谬论,在理论战线敢于斗争、善于斗争,社会主义红色江山也不是没有褪色的可能。正如毛泽东所说:"无产阶级要按照自己的世界观改造世界,资产阶级也要按照自己的世界观改造世界。在这一方面,社会主义和资本主义之间谁胜谁负的问题还没有真正解决。"[2]

捍卫马克思主义,是我们每一个共产党员的责任,也是我们的光荣使命,我们必须以翔实的史料、科学的方法、细致的研究,以一定的理论深度,回答资产阶级学者的诘难。在这一方面,资产阶级学者倒是有坚强的毅力。1944 年,资产阶级经济学家哈耶克写了《通往奴役之路》一书,攻击社会主义计划经济是通向奴役之路,主张实行自行演进的自律性的市场经济。有的经济学家把邓小平关于"把计划经济和市场经济结合起来,就更能解放

---

[1]《马克思恩格斯选集》第四卷,第 3 版,北京:人民出版社,2012 年,第 327 页。
[2]《毛泽东选集》第 5 卷,第 1 版,北京:人民出版社,1977 年,第 389 页。

生产力,加速经济发展"[1]的话和习近平关于在市场和政府作用的问题上要讲辩证法、两点论的话抛置脑后,相信哈耶克的理论,提出以私有化和自由主义为前提不要社会主义前缀的市场经济主张。其实,从哲学观点看,哈耶克的理论是荒诞不经的。市场只是商品交换的场所,市场经济只是利用价格杠杆进行资源配置的方法,是由人创造的,怎么能决定人的一切呢? 决定市场的,还是操纵商品生产和操纵市场的人,也就是利用商品生产追求剩余价值的那个阶级。但是,我们没有一本深厚的著作批驳哈耶克的理论。2013 年 1 月,社会科学文献出版社出版了由台湾黄树民译、匈牙利旅美学者卡尔·波兰尼所著的《巨变——当代政治与经济的起源》一书,原来波兰尼早就对完全性私有化市场经济进行了深度批判。波兰尼指出了私有化市场经济的本质:"市场经济意味着一个自律性的市场制度;用更专门的名词来说,这是一个由市场价格——而且只由市场价格——来导向的经济。这样一个能不依外力之帮助或干涉而自行组织整个经济生活的制度,自然足以称之为自律性的。"[2]波兰尼分析了亚当·斯密关于社会分工有赖于市场的存在,也就是有赖于人类的以物易物、买卖和交换的禀性,即哈耶克的老师米塞斯等新自由主义学派将之归结为"经济人假设"的观点是一种谬误。他说:"与人类社会一样古老的职业分工现象,实际上是因性别、地理环境及个人禀赋之不同而来的;而将人类以物易物、买卖及交易等看作自然禀性是全然无稽的。"[3]他详细地研究了市场发展的历史,研究了欧美各国各阶级之间经济与政治斗争的历史及社会立法,认为社会主义是市场制已被证实为不可信赖到几至完全崩溃的地步所产生的对经济的干预。他说:"本质上,社会主义是工业文明的先天倾向,这种倾向试图使自律性市场服膺于民主社会的方法,以超越自律性市场。这一解决方案对产业工人来说是极自然的,他们看不出有什么不直接调节生产的理由,也看不出有什么理由在一个自由的社会中要把市场置于一个有用但从属于这个社会这样的地位之上。从整个社会的观点来看,社会主义只是使社会中人与人之间有一种人性关系之努力——这在西欧历史中经常是跟基督教传统结合在一起的——的延长。另一方面,从经济体系的观点来看,它是一种对晚近历史之激烈的转变,在经济的范围内,它打破了私人金钱利得为生产活动之一般诱因的想法,并且不承认私人有处置主要生产工具之权利。终极而言,这就是社会主义政党对资本主义经济的改革充满困难——即使当他们决心不干预财产制度——的原因。"[4]他认为,法西斯主义是在市场社会无法运转时,由于群体利益的冲突所导致产业机构或国家机构的瘫痪使人们在产生了恐惧情势下出现的一种社

[1]《邓小平文选》第三卷,第 1 版,北京:人民出版社,1993 年,第 148-149 页。
[2]卡尔·波兰尼著,黄树民译:《巨变——当代政治与经济的起源》,北京:社会科学文献出版社,2013 年,第 109 页。
[3]卡尔·波兰尼著,黄树民译:《巨变——当代政治与经济的起源》,北京:社会科学文献出版社,2013 年,第 111 页。
[4]卡尔·波兰尼著,黄树民译:《巨变——当代政治与经济的起源》,北京:社会科学文献出版社,2013 年,第 388 页。

会救济的尝试,不过,这种尝试是一种退化方式,是文明枯萎死亡的方式。他说:"法西斯主义在政治上担当的角色,实际上是由一个因素决定的,也就是市场制的条件"[1]"1930年之后,市场经济已经成为世界性的危机。在几年之内,法西斯主义成为一个世界性的力量。"[2]波兰尼通过广博的史料,得出了关于市场经济的结论,也是他的著作的主题:"这种自律性市场的信念蕴含着一个全然空想的社会体制。假若不放弃社会之人性的本质及自然的本质,像这样的一种制度将无法存在于任何时期,它会摧毁人类,并将其环境变成荒野。而无可避免的,社会将采取手段来保护它自己,但不论社会采取哪一种手段都会伤到市场的自律,扰乱到工业生活,进而以另一种方式危害社会。正是这种进退两难的困境使得市场制度发展成一种一定的模式,并且最终瓦解了建立在其上的社会组织。"[3]波兰尼认为,市场经济建立在"自利"的观念之上,如果有闲阶级享受完全的自由,勉强维生的人只能享受局部的自由。权力和经济价值都是社会现实的基础,人类的将来是如何以它们作为工具,在社会中获得更多的自由。波兰尼关于市场经济的认识是深刻的,但他把社会主义与法西斯主义相提并论则是不恰当的。

　　在社会主义苏联被完全性自律性市场经济的神话搞垮之后,出现了两种截然不同的声音。一种是,哈耶克关于计划经济是通向奴役之路和新自由主义的理论是正确的。哈耶克与他的老师米塞斯以及1976年诺贝尔经济学奖得主米尔顿·弗里得曼受到吹捧。而另一种则认为,新自由主义的理论使苏联解体,造成了苏联人民的苦难,以致人们关注起波兰尼70多年前的著作《巨变——当代政治与经济的起源》。约瑟夫·斯蒂格利茨分析了拉美国家的金融危机、东南亚金融危机、苏联改革失败的原因,认为这些问题无不是新自由主义经济学的恶果。他引用波兰尼的话说:"俄国人民被告知:一旦能释放市场的力量,经济就会腾飞。此论述的背景乃因旧有无效的中央计划经济常会歪曲资源分配,且无法催生社会财富的诱因,所以此时计划经济应被地方分权、自由化与私有化取代。"[4]"但经济腾飞并未出现。俄国经济体萎缩过半,贫民人数(按每日4美元生活费的标准)从总人口的2%增为近50%。虽说私有化在少数政客中造就了几个亿万富翁,但政府却无钱支付养老金给退休者。"[5]斯蒂格利茨认为,变迁的本质,所影响的乃是社会整体,而绝非限于经济面。"假若共产主义在苏联和东欧的失败,证明市场制的优越性胜过社会主

---

[1]卡尔·波兰尼著,黄树民译:《巨变——当代政治与经济的起源》,北京:社会科学文献出版社,2013年,第401页。

[2]卡尔·波兰尼著,黄树民译:《巨变——当代政治与经济的起源》,北京:社会科学文献出版社,2013年,第401页。

[3]卡尔·波兰尼著,黄树民译:《巨变——当代政治与经济的起源》,北京:社会科学文献出版社,2013年,第52页。

[4]卡尔·波兰尼著,黄树民译:《巨变——当代政治与经济的起源》,北京:社会科学文献出版社,2013年,第10-11页。

[5]卡尔·波兰尼著,黄树民译:《巨变——当代政治与经济的起源》,北京:社会科学文献出版社,2013年,第10-11页。

义,那么东亚的成就也充分证明,一个政府积极参与介入的经济体,绝对优于自律性市场。"[1]斯蒂格利茨认为波兰尼的著作是一部名著,它的主轴有两个:其一是市场只是广义经济体的一部分,而经济体又是更广义社会体的一部分,市场只是达到目标的手段。波兰尼关注的是人类社会更根本的价值。其二是波兰尼讨论了在复杂社会中的个人自由。这种自由不止是古典的言论自由、新闻自由、聚会自由、信仰自由等,还包括免于饥饿与恐惧的自由。斯蒂格利茨引用波兰尼《巨变——当代政治与经济的起源》中的话说:"各种各样的社会管制可能剥夺一些个人的自由,但它却同时能增进其他人的自由。自由地将资本从一个国家转移到另一国家对某些人而言是种自由,但对他人却可能有极大伤害。用经济学的术语来说,这都是大规模的'外部性'所致。不幸的是,这种自律性经济的神话,不论是披着自由放任主义的旧外衣,还是现在华盛顿共识的新外衣,都无法平衡这种不同自由的需求。这乃是因为贫民面对的不安全感远大于其他人。"[2]现代国际社会所面临的挑战,就在于重建这一平衡。弗雷德·布洛克教授批评了托马斯·弗里德曼鼓吹新自由主义思想,批评了他对投机炒卖外币及金融市场的人的赞扬。

在资本主义国家,也有很多充满正义感的学者。他们正视现实,同情下层人民,能够写出有力驳斥资产阶级无视两极分化的不公正现象的书籍或文章,比如波兰尼的《巨变——当代政治与经济的起源》。在资产阶级世界观体系的著作中,也有一些正视客观存在的正确观点,比如罗尔斯的《正义论》中对于消除经济不平等、对于马克思按需分配理论的肯定等。在工人阶级学者中,有生吞活剥马克思主义的人,也有照抄照搬资产阶级观点的人。作为马克思主义理论工作者,应该剔除各种著作中的不正确的成分,采撷其正确部分,应该时刻牢记,文化和理论,能够深深地影响人们的思想,影响人们行动的方向。

不可否认,对于在改革开放中否定马克思主义、否定共产党的领导、否定党的领袖、否定社会主义革命和建设英雄人物的思潮,我国的马克思主义专家学者与之进行了坚决的斗争,他们是社会主义的中坚,是人民利益的忠诚卫士。但是,由于对资产阶级的学说驳斥乏力,我们面临的文化理论学术危机依然存在。大变革大动荡的资本主义全球化时代,需要反映这个时代变化的一整套全新的理论,构成全新的文化思想体系。中国有五千多年的文明和多彩多姿的古老文化,经过马克思主义文化的浸润,形成了马克思主义与中国文化相结合的不同时期的思想体系,比如毛泽东思想、邓小平理论、"三个代表"重要思想、科学发展观、习近平新时代中国特色社会主义思想,这都是中国共产党人对人类的巨大贡献。但是,这些理论的深刻内涵,还需要从哲学的、经济的、政治的、伦理的等方面去阐述,形成科学学科,以利于后代人的传承。

---

[1]卡尔·波兰尼著,黄树民译:《巨变——当代政治与经济的起源》,北京:社会科学文献出版社,2013年,第13页。
[2]卡尔·波兰尼著,黄树民译:《巨变——当代政治与经济的起源》,北京:社会科学文献出版社,2013年,第16页。

中国人民曾长期受西方国家的欺侮,经历过多种战争的苦难,在社会制度大变迁的历史进程中,在中国共产党的领导下,建立了社会主义,这是中国人民之福。现阶段,在全球化进程中,中国人民占据社会制度优势,正在改变着自身的命运,新事物层出不穷。新生事物的根基存在于现实中,我们的学者应该根据中国的社会主义实践,撰写出反映社会主义伟大成就和反映时代潮流与规律的比如《民主论》《自由论》《和平论》《社会主义经济论》等著作,全面地全方位地驳斥改革开放以来涌入的各种不健康的西方文化和资产阶级错误学说和谬论,为巩固我国的社会主义制度,为中国人民的福祉,为世界人民作出贡献。

（八）平等、公正、公平、民主和自由的实现度

平等、公正、公平、民主和自由概念,是对社会现象的高度抽象性概括,在这些概念中,含有丰富的实在内容。有些人可能不能从理论上详细说明这些概念的含义,但他们往往能从自身的感受中体会到社会平等、公正、公平、民主、自由的实现度。如果理论能够满意地解释人们所看到的现象的背后所隐藏的道理,就能抓住人。当多数人依据理论所指示的方向行动时,理论就成为改造社会和现实的巨大力量。

公平和公正均涉及"公"。许慎在《说文解字》中解释:"公,平分也。从八,从厶。八犹背也。韩非曰:'背厶为公。'"[1]"厶"的读音和意思与"私"同。"公"的本意,是平均分配,与"私"相背离就是"公"。"公"以众人、集体为前提,也就是说,公平与公正,必须是在处理众人与集体的事务中,做到"平"和"正"。"平"就是不倾斜,不偏倚;"正"就是合情理,合规律。具体什么是公平、公正,不同的阶级、不同的人群有不同的理解。平等是指个人的身份相等、地位相等、机会均等。平等是公正、公平的充要条件,只有在人人平等的基础上,才有可能做到公正、公平。有人认为,人与人之间的不平等不是由于个人的家庭条件不同、个人所面临的社会环境不同、个人在生产关系中所处的地位不同所造成的,而是由于人的先天才能不同造成的,这也是精英政治的理论基础。资产阶级理论家霍布斯对此进行过批判:有的人体力比别人强一些,有的人脑力比别人敏捷一些,"但这一切总加在一起,也不会使人与人之间的差别大到使这人能要求获得人家不能像他一样要求的任何利益"[2],"至于智力,除了以语词为基础的文艺,特别是称为科学的根据普遍和颠扑不破的法则处理问题的技能（这种技能很少人具有,而且也只限于少数事物;它既不是一种天生的能力,也不像慎虑那样是在我们关注其他事物时得到的）。我还发现人与人之间更加平等,因为慎虑就是一种经验,相等的时间就可以使人们在同样从事的事物中获得相

[1][汉]许慎撰,（宋）徐铉校定:《说文解字》(影印本),北京:中华书局,1963年,第28页。
[2][英]霍布斯著:《利维坦》,北京:商务印书馆,1985年,第92页

等的分量。可能使人不相信这种平等状况的只是对自己的智慧的自负而已"[1],"由这种能力上的平等出发,就产生达到目的的希望的平等。因此,任何两个人如果想取得同一东西而又不能同时享用时,彼此就会成为仇敌"[2]。霍布斯认为,自然人出生后的体力与智力差别不大,并不是人类不平等的原因,不能使人成为主仆关系。他说:"主仆之分不是由于人们同意而产生的,乃是由于智力的差别而产生的。这种说法不但违反理性,而且也违反经验;因为世间很少人会愚蠢到不愿意自己管自己的事而宁愿受制于人的。当智者满心自傲地和不相信自己智慧的人以力相争时,并不能始终或经常获胜,甚至几乎在任何时候都不能获胜。因此,如果人生而平等,那么这种平等就应当予以承认。如果人生而不平等,那也由于人们认为自己平等,除了在平等的条件下不愿意进入和平状态!因而同样必须承认这种平等。因此,我便制定第九自然法如下:每一个人都应当承认他人与自己生而平等,违反这一准则的就是自傲。"[3]后来,资产阶级思想家卢梭论证了人类不平等的根源是私有制和专制权力。数千年来,人人平等只是人们特别是贫穷人和雇佣劳动者的梦想。社会主义的生产资料公有制,仅仅是为广大劳动群众消除了通向平等之路的一个障碍,要真正实现人人平等,还有很多障碍需要消除,比如社会管理中的官本位制所造成的不平等,教育资源不均等造成的不平等,自然地理位置的优劣造成的条件不均等,文化差异造成的条件不均等,等等,这些都是妨碍平等的因素。只要还存在着阶级差别,存在着人为差别,平等就是一句空话。但是,无论如何,消灭生产资料私有制是迈出了实现人人平等的重要一步。天分的差别只涉及个人享受资料的多寡,只要生产资料不成为剥削别人的手段,按能力分配就不可能造成新的压迫和剥削的不平等。

民主和自由是涉及个人行为的概念。按照我们的权力新论,民主就是个人把自己所拥有的能量在转化过程中所获得的力自愿地授予某个人或某个组织并可以自由地收回。自由是个人的活动少受限制地享有最大的空间。民主和自由都以平等为前提。如果没有人的身份平等、地位相等、机会均等,也就没有真正的民主和自由。有了资产阶级按照民主原则组织起来的政府,就没有贫穷者和雇佣劳动者的民主;有了资本家剥削的自由,就没有雇佣劳动者不受剥削的自由;有了社会管理中的官本位制,如果劳动群众不能随时撤换不称职和贪污腐败的官员,就没有人民的真正民主和自由;在家长独裁制的私人企业里,员工和雇佣工人不可能有民主和自由;在把集体和国家财产视为个人私有或半私有的企业里,也不可能有真正的民主和自由。

在现阶段,人们从价值观念和伦理观念来看待社会主义国家和资本主义国家,主要看

[1][英]霍布斯著:《利维坦》,北京:商务印书馆,1985年,第92-93页
[2][英]霍布斯著:《利维坦》,北京:商务印书馆,1985年,第117-118页。
[3][英]霍布斯著:《利维坦》,北京:商务印书馆,1985年,第97页。

谁实现了更多的公平和公正,谁实现了更多的民主与自由,至于平等,人们似乎还没有过多地考虑。

社会主义苏联的解体,决非偶然的意外,而是偶然中的必然。社会发展的必然是,社会主义要实现高于资本主义的平等,要实现在集体和众人利益平等基础上的公正、公平,要实现在消灭剥削和两极分化基础上的平等、富裕,即共同富裕。在平等的基础上,实现人民对国家事务的管理。这种人民当家作主的民主,要比资本主义的表象民主高得多。这种高得多的民主,表现在生产资料已经化为人民的财产,公有制和集体所有制是人民财产权的实现形式。一方面,人民利用生产资料所有权发展生产,发展公益事业,提高人民的生活水平;另一方面,在消灭了剥削和压迫的前提下,人们可以把自己按劳分配所得,除了自己生活所需外,剩余部分可以自由合作,投资办厂,人人互为"资本家",大大增加了人们的自由度。在 20 世纪 60 年代前,社会主义的公益事业和福利事业的快速发展,充分显示出社会主义的公正、公平、民主、自由要优于资本主义,社会主义制度因此而深入人心,因而才有了世界上许多国家都欲实行社会主义制度,才在国际上掀起了一股企业国有化浪潮。但是,在 20 世纪 70 年代后,情况发生了一些变化。一是由于在探索社会主义建设的过程中,出现了一些偏差,于是一些对失去天堂生活无限眷恋的人,兴风作浪,歪曲历史,编造谎言,攻击共产党及其领袖,攻击社会主义不民主、不自由,损害了社会主义的声誉。二是对权力形成的原理知之甚少,特别是对民主集中制的理解不到位,党内有的人搞特权,他们高高在上,做官当老爷,欺压百姓,作威作福,侵吞国有资产,贪污腐败,大搞权钱权色交易,影响了共产党的形象,影响了社会主义形象。三是社会主义国家没有时刻紧盯提高劳动生产率,使人民的福利水平提高不快。而这时的资本主义国家,却抓住了高新科技发展的有利时机,大力发展生产力。一方面,资本主义迅速向世界扩张;另一方面,在生产力提高之后,社会公益事业和社会福利水平大幅提高。因此,哈耶克之流才大声呼喊,他们的自由化、私有化理论是正确的,随之才有了 20 世纪 80 年代撒切尔夫人和里根政府对经济的去管制、自由化、私有化,才有了全球国有企业的私有化浪潮,才有了新自由主义的"华盛顿共识"。于是,苏联的掌权者迷惘了,他们实行不分阶级的民主的人道的社会主义,实行 500 天私有制计划,实行"休克疗法",以人民的血汗堆积的好端端的国有企业被人为搞垮了、贱卖了,人民的政权被葬送了。相信资产阶级的歪理邪说,不相信马克思主义,从而让主人重新沦为资本雇佣的奴隶。这种情况使人迷惑:社会主义比资本主义的优越性体现在什么地方? 社会主义比资本主义先进表现在哪里?

我们坚持社会主义比资本主义优越的理由:一是社会主义比资本主义更平等、更公正、更公平。虽然社会主义有特权阶层,有以权谋私分子,有贪污腐败分子,但是,他们被人民盯梢,日子过得并不坦然,随时有被党和人民清算的可能。而在资本主义国家,企业是私人的,私有企业主就是特权阶级,他们的天职就是以权谋私。政府的公职人员都是他们的奴仆。从这方面说,社会主义有资本主义无法比拟的优越性。二是社会主义虽然多是在经济文化比较落后的国家实现的,但社会主义国家从建立之日起,就致力于实现人民更多的福祉,努力实现教育、医疗、住房、养老的社会化,努力消灭贫困。中国这样一个极其贫穷落后的大国,在短短的70年里,实现城乡人口医疗保险全覆盖、养老保险全覆盖,实现九年制义务教育,2020年使贫困人口全部脱贫,实现全面小康。如果没有共产党的领导,没有社会主义制度,没有人民当家作主所产生的建设社会主义的积极性,这些是不可能做到的。三是我们通过艰苦奋斗、自力更生,建立起了一整套国民工业体系,许多科研成果已经进入了世界先进行列。如果没有共产党的领导和社会主义制度,要取得这样的成就也是不可能的。四是我们正在进行有效的反腐败斗争,正在思考我们所遇到的问题,正在改进我们的工作。在资本主义的包围中,以习近平同志为核心的党中央的战略方针越来越成熟,中国正走向世界舞台中央。如果没有中国共产党的领导,没有社会主义制度,中国也不会有如此成就。如果走资本主义道路,如果贫富两极分化,中国就会重蹈过去受帝国主义欺侮和蹂躏的覆辙,就会四分五裂,就会成为帝国主义的附庸。如果是那样,中国还有前途吗?

只要有全心全意为人民服务的中国共产党的领导,有以人民主权、公有制、按劳分配为骨架的社会主义制度,也就是说,只要我们还有平等的实现条件,我们的民主就会不断改进,我们就能实现更多的自由,我们的公平公正度就可以不断提高,我们的目标就一定会达到。而在资本主义社会里,仅平等就不可能做到。资本家与雇佣工人的平等是天方夜谭,富翁与穷人的平等也是纸上谈兵。最为资产阶级自豪的,莫过于一人一票的竞争选举。但是,如果没有金钱,谁想当选政府首脑,也是望梅止渴,何来政治上的平等?在资本主义国家,要想实现真正的平等,实现真正的民主和自由,实现真正的公正和公平,需要资本主义国家的劳动人民和他们的马克思主义理论家坚持不懈地斗争。虽然说社会主义的大潮不可阻挡,虽然说在资本主义母腹中孕育的社会主义因素终究要取代资本主义,但当代人的幸福还要靠自身的奋斗。那些以私有化、自由化、自律市场等搞垮了苏联和东欧社会主义政权的人,只能得逞于一时,不可能得意于一世。历史会审判那些搞垮社会主义的罪人,不论他们戴着什么桂冠。

(九)比较样式和结语

一个世纪以来,世界上发生了翻天覆地的变化。通过观察和分析,我们对以下比较样式的认识是强烈的。

1. 苏联在解体过程中出现的掠夺性亿万富翁使人们对社会主义的前途产生了可比较的样式。马克思、恩格斯在《共产党宣言》中说:"共产党人的理论原理,决不是以这个或那个世界改革家所发明或发现的思想、原则为根据的。这些原理不过是现存的阶级斗争、我们眼前的历史运动的真实关系的一般表述。"[1]在人民当家作主的社会主义成为现实之后,资产阶级并不甘心于他们的失败,帝国主义的别动队在苏联解体前,兴风作浪,颠倒是非,抹黑共产党的领袖,攻击社会主义,污蔑人民群众,鼓吹精英统治,宣扬资本独裁的合理性……苏共党内的机会主义者、私利主义者、冒险家和阴谋家、特权阶层的各色人物,宣扬资产阶级学说,麻痹劳动群众,做着升官发财的迷梦。列宁说过:"实际证明,由工人运动内部机会主义派别的活动家来维护资产阶级,比资产阶级亲自出马还好。"[2]因而,习近平关于全面从严治党、培养接班人的思想就显得特别珍贵。马克思说:"在政治上为了一定的目的,甚至可以同魔鬼结成联盟,只是必须肯定,是你领着魔鬼走而不是魔鬼领着你走。"[3]面对波谲云诡的国际形势,习近平关于共产党人要有风险意识和底线思维,要敢于担当、敢于斗争的思想具有特殊意义。

2. 近年来发生的伊拉克战争、利比亚战争、叙利亚战争等使人们对战争与和平有了直观的可比较样式。帝国主义和霸权主义是现代战争的根源。战争和动乱导致大批平民伤亡,人民生活水平下降,出现数百万的难民潮,这是发达资本主义国家利用强大的军事力量掠夺财富、扰乱世界秩序、维持霸权、获取最大利益的结果。而社会主义的中国,在中国共产党的领导下,致力于国内建设,奔走号呼国际和平,使人们对爱好和平的社会主义认识深刻。特别是习近平关于建设人类命运共同体的思想,为世界各国人民留下了深刻印象。有理由使人们相信,随着社会的进步,顽固坚持资本本性的那一代人的霸凌主义战争将被彻底埋葬。当前,既不要拒绝与资本主义国家正常交往,又要破除和平幻想主义。

3. 不断发生的金融危机和经济危机与社会主义中国的建设成就使人们对资本主义生产方式与社会主义生产方式产生了强烈的可比较样式。前人劳动价值积累和科技文化积累使人类社会发展至生产自动化阶段,使财富大幅增加,为劳动者的解放创造条件,彰显了马克思关于劳动者的解放和消灭强制性分工的远见卓识。但是,由于生产资料私有制的阻碍,寡头对财富掠夺的花天酒地与穷苦人在贫困线下苦苦挣扎的食不裹腹形成了鲜明对比。使人们强烈感受到,私有制已经走到了它的尽头,生产关系的变革不可避免,以新自由主义为代表的主张私有制永存的资产阶级经济学和主张铲除不平等根基和土壤实行生产资料公有制的马克思主义经济学在现实中,已经分出了良莠高下,也使人们逐步认清了资本主义如何进行自我扬弃。因此,习近平关于共产党"不忘初心、牢记使命"向共产主义迈进的思想就有了突出的时代意义。

4. 习近平新时代中国特色社会主义思想和西方发达资本主义国家唯我独尊私利至上

[1]《马克思恩格斯选集》第一卷,第3版,北京:人民出版社,2012年,第413-414页。
[2]《列宁选集》第四卷,第3版修订版,北京:人民出版社,2012年,第271页。
[3]《马克思恩格斯全集》第11卷,第2版,北京:人民出版社,1995年,第552页。

的霸凌主义给人们提供了道德观、价值观、伦理观的可比较样式。思想文化积累使人们对人性和人权有了进一步的认识,人们对人类社会的认识从自由契约观发展到利益互惠观,从个人私利观发展到集体公益观,预示着人类更加平等、民主、自由、公正、公平时代的到来。中国的社会主义建设,从以阶级斗争为纲,到以经济建设为中心,再到发展以人民为中心,是中国共产党不忘实现民富国强和共产主义初心的升华。人类在进步,文明在发展。我们所处的时代,是资本主义全球化扩张的时代,也是马克思主义全球性传播的时代;是社会主义影响日益加深的时代,也是人民生活水平大幅提升的时代;是共产主义因素大规模扩展的时代,也是高科技引领的自动化生产节省大量必要劳动时间促进人的自由发展的时代。通过人民民主的力量扬弃资本主义,是新时代的新特点。合作共赢,是新时代的新要求。充分发挥人的主观能动性,牢记列宁关于"没有革命的理论,就不会有革命的运动"[1]的教导,坚持以马克思主义为指导,既不能以不可知论指导实践而抛弃马克思主义,也不能不顾客观条件教条式地生搬硬套马克思主义。恩格斯说:"在我看来,马克思的历史理论是任何坚定不移和始终一贯的革命策略的基本条件;为了找到这种策略,需要的只是把这一理论应用于本国的经济条件和政治条件。"[2]在改革开放中,中国共产党人坚持了辩证唯物主义和历史唯物主义,坚持了社会主义制度,坚持了共产党的领导,为人民的利益而奋斗,努力发展生产力。在中国探索社会主义建设道路的过程中形成的习近平新时代中国特色社会主义思想,是结合中国实际创新的马克思主义,标识了马克思主义先进文化的引领和高地占据,已成为中华民族实现伟大复兴中国梦的思想基础和精神支柱,成为对世界产生深刻影响的马克思主义。在这个思想的指引下,通过你、我、他的共同努力,可以预计,在未来20年至50年,社会主义高潮的再起是不可避免的。

---

[1]《列宁选集》第一卷,第3版修订版,北京:人民出版社,2012年,第311页。

[2]《马克思恩格斯选集》第四卷,第3版,北京:人民出版社,2012年,第574页。

附　录

作者著作目录

1.《食品卫生与健康》(独著,1992 年)

2.《新的伟大工程——执政党建设工程概论》(合著,1996 年)

3.《常见病中西医诊治速记歌诀》(独著,1998 年)

4.《过程论》(独著,1999 年)

5.《权力的起源、本质、发展和运行》(独著,1999 年)

6.《千年三公梦》(独著,长篇小说,2006 年)

7.《自然价值与劳动价值的同一性——马克思主义劳动价值论的新发展》(独著,2009 年)

8.《邓小平理论重要论点分类摘编》(主编,1996 年)

9.《执政党干部队伍建设》(主编,1998 年)

10.《宁夏经济发展新视角》(副主编,2006 年)

11.《宁夏新农村建设的路径选择》(副主编,2006 年)

12.《党的执政能力建设和先进性建设》(副主编,2006 年)

参考文献

一、著作

1. 中共中央马克思恩格斯列宁斯大林著作编译局译:《资本论》,第 2 版,北京:人民出版社,2004 年。

2. 中共中央马克思恩格斯列宁斯大林著作编译局译:《马克思恩格斯全集》,第 2 版,北京:人民出版社,1995 年。

3. 中共中央马克思恩格斯列宁斯大林著作编译局译:《马克思恩格斯选集》,第 3 版,北京:人民出版社,2012 年。

4. 中共中央马克思恩格斯列宁斯大林著作编译局译:《马克思恩格斯文集》,第 1 版,北京:人民出版社,1995 年。

5. 中共中央马克思恩格斯列宁斯大林著作编译局译:《列宁选集》,第 3 版修订版,北京:人民出版社,2012 年。

6.《毛泽东选集》,第 2 版,北京:人民出版社,1991 年。

7.《邓小平文选》,北京:人民出版社,1993 年。

8.《斯大林选集》,北京:人民出版社,1979 年。

9.《习近平谈治国理政》,北京:外文出版社,2014 年。

10. 中共中央文献研究室编:《习近平总书记重要讲话文章选编》,北京:中央文献出版社、党建读物出版社,2016 年。

11. 高放著:《社会主义的过去、现在和未来》,北京:北京出版社,1982 年。

12. 何炼成主编:《价值学说史》,西安:陕西人民出版社,1984 年。

13. 吴易风主编:《马克思主义经济学与西方经济学比较研究》第 1-3 卷,北京:中国人民大学出版社,2009 年。

14. 刘涤源、谭崇台主编:《当代西方经济学说》,武汉:武汉大学出版社,1983 年。

15. 程恩富、汪桂进、朱奎著:《劳动创造价值的规范与实证研究——新的活劳动价值一元论》,上海财经大学出版社,2005 年。

16. 高鸿业主编:《西方经济学》,第 2 版,北京:中国人民大学出版社,2000 年。

596

17. 周新城著:《改革开放以来中国经济学热点问题探讨》,上海:世界图书出版公司,2013年。

18. 何新著:《思考:新国家主义的经济观》,北京:时事出版社,2001年。

19. 陈新著:《经济学与经济思想若干问题研究》,北京:中国经济出版社,2005年。

20. [英]大卫·李嘉图著,郭大力、王亚南译:《政治经济学及赋税原理》,北京:商务印书馆,1962年。

21. [美]汉森著,徐宗士译:《凯恩斯学说指南》,北京:商务印书馆,1963年。

22. [英]马歇尔著,朱志泰、陈良璧译:《经济学原理》,北京:商务印书馆,1965年。

23. [英]亚当·斯密著,郭大力、王亚南译:《国民财富的性质和原因的研究》,北京:商务印书馆,1972年。

24. [英]凯恩斯著,蔡谦、范定九、王祖廉译:《货币论》,北京:商务印书馆,1986年。

25. 王亚南主编:《资产阶级古典政治经济学选辑》,北京:商务印书馆,1965年。

26. [奥]庞巴维克著,陈端译:《资本实证论》,北京:商务印书馆,2012年。

27. 高鸿业、吴易风等编著:《现代西方经济理论与学派》,北京:中国经济出版社,1988年。

28. 卡尔·波兰尼著,黄树民译:《巨变——当代政治与经济的起源》,北京:社会科学文献出版社,2013年。

29. 王珏主编:《必要价值论》第1卷,北京:人民出版社,1988年。

30. 陈宝琪著:《公共价值论》,沈阳:辽宁人民出版社,1992年。

31. 晏智杰著:《经济价值论再研究》,北京大学出版社,2005年。

32. 厉以宁著:《社会主义政治经济学》,北京:商务印书馆,1986年。

33. 张维迎著:《企业的企业家——契约理论》,上海人民出版社,2015年。

34. [法]托马斯·皮凯蒂著,巴曙松等译:《21世纪资本论》,北京:中信出版社,2014年。

35. 卫兴华主编:《政治经济学概论》,北京:经济科学出版社,2010年。

36. 胡学勤、胡泊编著:《当代经济学流派》,北京:清华大学出版社,2016年。

37. 徐强著:《经济价值导论——劳动价值学说的历史与当代研究》,南京:南京师范大学出版社,2001年。

38. 滕泰著:《新财富论》,上海:上海财经大学出版社,2006年。

39. 晏智杰著:《经济学中的边际主义(历史的批判的研究)》,北京:北京大学出版社,1987年。

40. 杨守业、刘可元主编:《当代西方经济学》,成都科技大学出版社,1992年。

41. 霍力攻著:《商品论——两种商品观研究》,西安:陕西旅游出版社,1995 年。

42. 杨志、马艳等著:《经济学方法论比较——基于〈资本论〉的视角》,北京:中国人民大学出版社,2015 年。

43. 吴瑞敏著:《时间与财富——〈1857—1858 年经济学手稿〉研究》,上海:世纪出版集团,2015 年。

44. 张康之、张乾友著:《共同体的进化》,北京:中国社会科学出版社,2012 年。

45. 周穗明著:《当代西方政治哲学》,南京:江苏人民出版社,2016 年。

46. 郑乐平著:《超越现代主义和后现代主义——论新的社会理论空间之建构》,上海教育出版社,2003 年。

47. 莫伊塞斯·纳伊姆著,王吉美、牛筱萌译:《权力的终结——权力正在失去 世界如何运转》,北京:中信出版社,2013 年。

48. [古希腊]亚里士多德著:《政治学》,北京:中国社会科学出版社,2009 年。

49. [英]约翰·洛克著,梅思派译:《政府论》,北京:中国社会科学出版社,2009 年。

50. 曾水英著:《理解政治权力——权力问题的西方政治思考史考察》,第 2 版,北京:中央编译出版社,2013 年。

51. 张扬金著:《权力观与权力观重塑:哈贝马斯协商民主思想研究》,北京:中国社会科学出版社,2012 年。

52. [美]丹尼斯·朗著,陆震纶、郑明哲译:《权力论》,北京:中国社会科学出版社,2001 年。

53. [法]卢梭著,陈惟和等译:《卢梭民主哲学》,北京:九洲出版社,2004 年。

54. [德]于尔根·哈贝马斯著,曹卫东译:《现代性的哲学话语》,北京:译林出版社,2011 年。

55. [德]尤尔根·哈贝马斯著,刘北成、曹卫东译:《合法化危机》,上海:世纪出版集团,2009 年。

56. 周晓虹著:《西方社会学历史与体系》第 1 卷,上海:上海人民出版社,2002 年。

57. [法]米歇尔·福柯著,谢强、马月译:《知识考古学》,第 3 版,北京:生活·读书·新知三联书店,2007 年。

58. [美]托马斯·库恩著,金吾伦、胡新和译:《科学革命的结构(第四版)》,北京:北京大学出版社,2012 年。

59. [美]约翰·罗尔斯著,何怀宏、何包钢、廖申白译:《正义论》,北京:中国社会科学出版社,1988 年。

60. [美]曼瑟尔·奥尔森著,陈郁、郭宇峰、李崇新译:《集体行动的逻辑》,格致出版社、上海三联书店、上海人民出版社,2011 年。

61. [美]埃莉诺·奥斯特罗姆著,余逊达、陈旭东译:《公共事物的治理之道:集体行动制度的演进》,上海译文出版社,2012 年。

62. [法]让-皮埃尔·戈丹著,钟震宇译:《何谓治理》,北京:社会科学文献出版社,2010 年。

63. 卡尔·曼海姆著,霍桂桓译:《意识形态和乌托邦——知识社会学引论》,北京:中国人民大学出版社,2013 年。

64. 徐大同主编:《西方政治思想史》,天津教育出版社,2002 年。

65. 张广智主著,张广智、陈新撰稿:《西方史学史》,上海:复旦大学出版社,2000 年。

66. 张康之著:《总体性与乌托邦——人本主义马克思主义的总体范畴》,吉林出版集团有限责任公司,2007 年。

67. 费孝通著:《乡土中国》,北京:人民出版社,2008 年。

68. 汉娜·阿伦特著,林骧华译:《极权主义的起源》,第 2 版,北京:生活·读书·新知三联书店,2014 年。

69. [美]汉娜·阿伦特著,陈周旺译:《论革命》,南京:译林出版社,2011 年。

70. 汪明义、姜小龙著:《生金蛋的母鸡——数学》,沈阳出版社,1997 年。

71. [美]梯利著,伍德增补:《西方哲学史(增补修订版)》,北京:商务印书馆,1995 年。

72. 石训等编著:《马克思主义哲学基本原理简明教程》,北京:中共中央党校出版社,1990 年。

73. 甘葆露主编:《马克思主义伦理学》,北京师范大学出版社,1986 年。

74. 肖灼基主编:《哲学社会科学名人名著辞典》,石家庄:河北人民出版社,1988 年。

75. [美]托马斯·弗里德曼著,何帆等译:《世界是平的——21 世纪简史》,长沙:湖南科学技术出版社,2006 年。

76. 沈阳著:《民主社会主义与中国特色社会主义本质比较》,北京:社会科学文献出版社,2014 年。

77. 范畅著:《马克思主义理论的科学性问题》,武汉大学出版社,2015 年。

78. 杨河著:《时间概念史研究》,北京大学出版社,1998 年。

79. 李忠尚著:《"新马克思主义"论》,北京:中国人民大学出版社,2011 年。

80. 林为民编译:《图说相对论》,呼和浩特:内蒙古人民出版社,2003 年。

81. 童宛书、黄裕侃:《环境经济问题》,北京:中国人民大学出版社,1983 年。

82. 权伟太著:《执政党论》,北京:中共党史出版社,2004 年。

83. 杨光华、张志永主编:《自然辩证法导论》,南昌:江西人民出版社,2002 年。

84. 林成滔编著:《科学的故事》,北京:中国档案出版社,2001 年。

85. 王玉樑著:《当代中国价值哲学》,北京:人民出版社,2004 年。

86. 朱亚宗:《伟大的探索者——爱因斯坦》,北京:人民出版社,1985 年。

87. [德]弗里德里希·尼采著,张念东、凌素心译:《权力意志——重估一切价值的尝试》,北京:商务印书馆,1991 年。

88. [德]黑格尔著,杨一之译:《逻辑学》,北京:商务印书馆,1966 年。

89. [德]黑格尔著,范扬、张企泰译:《法哲学原理》,北京:商务印书馆,1961 年。

90. 黄苇町著:《苏共亡党十年祭》,第 2 版,南昌:江西高校出版社,2004 年。

91. 杨志、马艳等著:《经济学方法论比较——基于〈资本论〉的视觉》,北京:中国人民大学出版社,2015 年。

92. 赵曜主编:《科学社会主义论纲》,北京:中共中央党校出版社,1991 年。

93. 卫兴华主编:《政治经济学概论》,北京:经济科学出版社,2010 年。

94. 吴树青顾问,逄锦聚、洪银兴、林岗、刘伟主编:《政治经济学》,第 5 版,北京:高等教育出版社,2014 年。

95. 韩保江:《中国特色社会主义经济问题》,北京:中华书局,2017 年。

96. 陈先达著:《马克思主义信仰十讲》,北京:人民出版社,2018 年。

97. 张宇:《中国特色社会主义经济学》,北京:中国人民大学出版社,2018 年。

二、文章

1. 周明生:《在力求准确理解和完整把握中深化对劳动价值论的研究和认识》,《江苏行政学院学报》2002 年第 2 期。

2. 余文烈:《坚持与发展劳动价值论的几个重要问题》,《特区理论与实践》2002 年第 7 期。

3. 逄锦聚:《加强政治经济学基本理论的研究》,《人民日报》2003 年 7 月 11 日第 9 版。

4. 唐湘岳、胡婷玲:《知识农民袁隆平》,《光明日报》2006 年 1 月 17 日第 5 版。

5. 北京市邓小平理论研究中心"劳动价值理论研究课题组":《西方经济学者对劳动价值理论主要否定的分析》,《中国特色社会主义研究》2002 年第 5 期。

6. 闻有虎:《论劳动价值一元论的科学性》,《财经研究》2001 年第 11 期。

7. 李铁映:《关于劳动价值论的读书笔记》,《理论动态》2003 年第 1599 期。

8. 许成安：《经济学中价值理论分歧的实质与原因——兼论劳动价值理论中暗含的假设前提》，《经济评论》2002 年第 1 期。

9. 卫兴华：《深化劳动价值理论研究要有科学的态度与思维方式——兼与晏智杰教授商榷》，《高校理论战线》2002 年第 3 期。

10. 蔡继明：《论非劳动生产要素参与分配的价值基础》，《经济研究》2001 年第 12 期。

11. 钱伯海：《关于深化劳动价值认识的十个问题》，《理论前沿》2002 年第 7 期。

12. 洪远朋、马艳：《关于劳动和劳动价值理论的十点认识》，《复旦学报（社会科学版）》2002 年第 2 期。

13. 张曙光：《关于"价值"的五思考》，《光明日报》2010 年 6 月 22 日第 11 版。

14. 卫兴华：《关于深化对劳动和劳动价值理论的研究与认识之我见》，《南开经济研究》2002 年第 2 期。

15. 廖言：《新自由主义的神话走向破灭》，《光明日报》2009 年 6 月 9 日第 10 版。

16. 陈征：《深化对劳动和劳动价值理论的认识》，《高校理论战线》2001 年第 10 期。

17. 王海滨：《中国的目标还太保守》，《学习时报》2007 年 6 月 25 日第 12 版。

18. 薛伟江：《福柯的"微观权力论"与唯物史观之方法论比较——兼论唯物史观的后现代特征》，《哲学研究》2004 年第 3 期。

19. 巨乃岐、刘冠军：《生产力新论——大生产观初探》，《阿拉伯世界》2003 年第 3 期。

20. 司正家：《用生产力标准分析和对待"剥削"》，《新疆师范大学学报（哲学社会科学版）》2003 年第 1 期。

21. 张之沧：《新时期的剥削和阶级概念——分析学派马克思主义观点简介》，《长春市委党校学报》2003 年第 3 期。

22. 肖勤福：《我国出口持续增长背后的隐忧》，《学习时报》2006 年 1 月 2 日第 4 版。

23. 周新城：《关于剥削的几个理论问题》，《求实》2002 年第 5 期。

24. 赵振华：《刍议剥削问题》，《中国经济问题》2002 年第 1 期。

25. 北京市邓小平理论研究中心：《剥削与劳动价值理论研讨会综述》，《中国特色社会主义研究》2002 年第 2 期。

26. 王大超：《关于剥削范畴的历史比较与反思》，《税务与经济》2002 年第 3 期。

27. 何大安：《经济学分类与经济学家分工》，《光明日报》2005 年 7 月 26 日第 6 版。

28. 教育部邓小平理论研究中心：《深化认识劳动价值论过程中的几个问题》，《高校理论战线》2002 年第 6 期。

29. 陈孝兵、李广平：《从资本积累运动看雇佣劳动终结的历史必然性——对"资本主义崩溃理论"的再认识》，《当代经济研究》2002 年第 4 期。

30. 温太璞:《经济全球化的政治经济学解析》,《当代经济研究》2002 年第 5 期。

31. 王玉樑:《论价值与和谐》,《光明日报》2007 年 7 月 31 日第 11 版。

32. 庞井君:《社会价值论的理论定位及意义》,《光明日报》2007 年 5 月 15 日第 11 版。

33. 李醒民:《科学价值概论》,《光明日报》2007 年 2 月 6 日第 11 版。

34. 卢周来:《中国社会主义的历史方位》,《当代世界与社会主义》2007 年第 4 期。

35. 罗熹:《正确把握 GDP 的科学涵义》,《学习时报》2007 年 3 月 19 日第 11 版。

36. 蒋学模:《马克思主义政治经济学的与时俱进——正确认识和对待〈资本论〉理论体系》,《学术月刊》2003 年第 7 期。

37. 朱剑红:《能源发展　节约优先》,《人民日报》2007 年 12 月 27 日第 11 版。

38. 卫兴华:《深化对劳动和劳动价值论认识的几个问题》,《新视野》2001 年第 2 期。

39. 吴忠民:《"公正"与"公平"之辨》,《光明日报》2007 年 8 月 14 日第 11 版。

40. 易纲:《什么是创新之本》,《人民日报》2007 年 9 月 26 日第 6 版。

41. 卫兴华:《正确理解马克思关于重建个人所有制的理论观点》,《光明日报》2007 年 9 月 25 日第 10 版。

42. 晏智杰:《重温马克思的劳动价值论》,《经济学动态》2001 年第 3 期。

43. 刘大椿:《现代科技何以创造经济价值》,《复旦学报(社会科学版)》2002 年第 3 期。

44. 严若森:《所有权结构对公司治理机制的影响机理》,《社会科学辑刊》2002 年第 3 期。

45. 谢立新:《论私营企业主的劳动与收入》,《社会科学》2002 年第 3 期。

46. 丁堡骏:《为马克思的劳动价值论辩护——对晏智杰教授质疑的质疑》,《当代经济研究》2001 年第 12 期。

47. 戴达远:《劳动价值论的"真谛"究竟是什么?》,《当代经济研究》2001 年第 12 期。

48. 肖殿荒:《劳动价值论研究的三个课题》,《华中师范大学学报(人文社会科学版)》2002 年第 3 期。

49. 秦华:《与时俱进的劳动价值论》,《华东经济管理》2002 年第 2 期。

50. 沈天鹰:《在新形势下继承与发展马克思劳动价值论》,《特区理论与实践》2002 年第 2 期。

51. 赵振华:《国外学者关于劳动价值理论讨论综述》,《青海社会科学》2003 年第 3 期。

52. 朱妙宽:《试论不同层次的价值决定——兼谈学术界的分歧和争论》,《经济评论》

2001 年第 5 期。

53. 徐幼民：《论劳动价值论现代发展的几个问题》，《山东社会科学》2001 年第 3 期。

54. 赵振华：《当前我国深化认识劳动价值论的研究综述》，《前线》2001 年第 10 期。

55. 杨国昌：《深化劳动价值论的研究要正确理解价值的源泉》，《中国经济问题》2002 年第 2 期。

56. 易培强：《关于马克思劳动价值论的两个认识问题——与晏智杰同志商榷》，《经济学动态》2001 年第 10 期。

57. 钱津：《论深化认识劳动和劳动价值》，《学术月刊》2001 年第 12 期。

58. 王珏 王金柱：《马克思主义劳动价值论具有持久生命力》，《改革》2002 年第 2 期。

59. 庞跃辉：《论经济哲学面临的三大前沿问题》，《四川大学学报（哲学社会科学版）》2003 年第 2 期。

60. 陈承明：《论劳动价值、剩余价值和公共价值的演变与发展》，《学术月刊》2002 年第 3 期。

61. 中国社会科学院"劳动价值论"课题组：《如何深化和发展马克思劳动价值论》，《中国社会科学院研究生院学报》2002 年第 4 期。

62. 关柏春：《按劳动力价值决定工资与按劳分配根本矛盾》，《河北经贸大学学报》2001 年第 5 期。

63. 陈宪：《论生产要素意义上的人力资本》，《学术月刊》2003 年第 8 期。

64. 吕炜：《从劳动价值理论说到资本理论研究》，《经济研究参考》2002 年第 77 期。

65. 裴小革：《国外学者如何看待〈资本论〉》，《求是学刊》2002 年第 6 期。

66. 左大培：《重新理解劳动价值论》，《社会科学战线》2003 年第 1 期。

67. 曾枝盛：《国外学者关于劳动价值论的百年论争回顾和思考》，《中国人民大学学报》2002 年第 6 期。

68. 高淑泽：《政治经济学理论研究综述》，《山西高等学校社会科学学报》2002 年第 10 期。

69. 王振中、裴小革：《论剩余价值理论的学术价值及其发展依据》，《经济研究》2002 年第 6 期。

70. 李广平：《马克思劳动价值论的本质、形式和意义》，《江汉论坛》2001 年第 4 期。

71. 钱伯海：《关于深化劳动价值认识的理论思考》，《厦门大学学报（哲学社会科学版）》2001 年第 2 期。

72. 赵凌云：《劳动价值论的理论体系特征及其发展》，《经济评论》2002 年第 1 期。

73. 胡培兆：《马克思的劳动价值理论今解》，《经济学动态》2001 年第 7 期。

74. 秦少伟:《〈资本论〉中的劳动价值理论》,《重庆商学院学报》2001 年第 4 期。

75. 晏智杰:《经济学价值理论新解——重新认识价值概念、价值源泉及价值实现条件》,《北京大学学报(哲学社会科学版)》2001 年第 6 期。

76. 张泽荣:《劳动价值论需要有新的发展》,《改革》2002 年第 2 期。

77. 白暴力:《西方经济学对劳动价值理论否定的演进、类型与分析》,《中国特色社会主义研究》2002 年第 1 期。

78. 苏东斌:《价值的"概念""决定"及"实现"——读马克思劳动价值论的笔记》,《学术研究》2001 年第 11 期。

79. 李宝善:《经济全球化与资本主义的历史命运》,载《人民日报》2001 年 3 月 20 日第 9 版。

80. 张薰华:《劳动价值论深释》,《当代经济研究》2001 年第 11 期。

81. 赵家祥:《马克思恩格斯与时俱进地看待资本主义寿命的历史演变》,《理论视野》2004 年第 3 期。

82. 赵学清:《马克思主义政治经济学的一个"悖论"及其解决》,《中共福建省委党校学报》2002 年第 1 期。

83. 柳欣:《劳动价值论与马克思主义经济学》,《南开经济研究》2001 年第 5 期。

84. 赵景峰:《马克思经济学与当代西方经济学价值理论比较研究》,《当代经济研究》2002 年第 1 期。

85. [意]路易吉·卡瓦拉罗著,陆象淦译:《纳波里昂尼与价值——价格的转化》,《国外社会科学》2002 年第 5 期。

86. [意]里卡尔多·贝罗费奥雷著,乔亚译:《活劳动、处于过程与转化中的价值——答卡瓦拉罗》,《国外社会科学》2002 年第 5 期。

87. 丰子义:《树立新的财富观》,《光明日报》2007 年 10 月 12 日第 9 版。

88. 白暴力:《"三要素创造价值说"现代形式的理论缺陷》,《北京师范大学学报(人文社会科学版)》2002 年第 4 期。

89. 弓孟谦:《劳动价值论与要素分配论》,《经济科学》2001 年第 6 期。

90. 刘德庚:《"马克思主义劳动价值论与收入分配问题"学术研讨会观点综述》,《理论视野》2001 年第 3 期。

91. 朱钟棣:《向古典的马克思经济理论回归》,《上海市经济管理干部学院学报》2003 年第 3 期。

92. 张素芳:《市场经济的分配关系与劳动价值理论》,《江西社会科学》2001 年第 5 期。

93. 林岗、张宇:《生产力概念的深化与马克思主义经济学的发展》,《教学与研究》2003 年第 9 期。

94. 徐祥临:《劳动的重新定义与劳动二重性理论的创新》,《中共中央党校学报》2001 年第 3 期。

95. 郭小鲁:《对马克思劳动价值论的再思考》,《经济学动态》2001 年第 7 期。

96. 杨玉生:《评西方经济学界关于劳动价值论的争论》,《广播电视大学学报(哲社版)》,2002 年第 1 期。

97. 史正富:《劳动、价值和企业所有权——马克思劳动价值论的现代拓展》,《经济研究》2002 年第 2 期。

98. 胡代光:《深化对劳动和劳动价值理论的研究和认识》,《经济学动态》2002 年第 1 期。

99. 何伟:《重新认识劳动价值论》,《经济学家》2002 年第 1 期。

100. 魏石:《凿壁穿石的开山利斧——重温马克思〈资本论〉第一卷第一篇论述劳动价值论的研究思路》,《唯实》2002 年第 2 期。

101. 张维达、吴宇晖:《关于劳动价值论中的分配问题》,《当代经济研究》,2002 年第 2 期。

102. 朱雅文译:《知识工人是新资本家——彼得·德鲁克论新劳动力》,《国外社会科学文摘》2002 年第 1 期。

103. 杨永华:《马克思和刘易斯:经济发展理论比较》,《当代经济研究》2002 年第 1 期。

104. 陈其人:《论"经济人"和利己与利他——兼论"斯密难题"的产生原因》,《当代经济研究》2003 年第 1 期。

105. 徐幼民:《狭义劳动价值论的论证问题研究》,《财经理论与实践》2001 年第 5 期。

106. 张雷声:《理解劳动价值论,发展劳动价值论》,《高校理论战线》2002 年第 1 期。

107. 黎诣远:《劳动价值论的生命力在与时俱进》,《福建论坛(经济社会版)》2002 年第 1 期。

108. 刘解龙:《劳动价值理论研究必须正视的十大问题》,《山东社会科学》2001 年第 3 期。

109. 刘元琪:《资本主义发展的萧条性长波产生的根源——西方马克思主义经济学近期有关争论综述》,《国外理论动态》2003 年第 6 期。

110. 戚聿东:《自然垄断管制的理论与实践》,《当代财经》2001 年第 12 期。

111. 白暴力:《劳动生产率与商品价值量变化关系分析》,《当代经济研究》2002 年第

3 期。

112. 北京市邓小平理论研究中心"劳动价值理论研究课题组":《西方经济学者对劳动价值理论主要否定的分析》,《中国特色社会主义研究》2002 年第 5 期。

113. 黎育松:《基本剩余价值初探》,《武汉大学学报(社会科学版)》2002 年第 2 期。

114. 余斌:《资本雇佣劳动的逻辑问题——与张维迎先生商榷》,《东南学术》2003 年第 1 期。

115. 张伟:《以政治审视经济的学科交叉——政治经济学的新视角》,《社会科学研究》2003 年第 1 期。

116. 丁堡骏:《按照马克思思想研究斯拉法——答斯蒂德曼》,《税务与经济》2003 年第 1 期。

117. 王天义:《新的条件与马克思劳动价值论的新发展》,《理论前沿》2001 年第 15 期。

118. 杨承训 聂伟:《运用"第一生产力"深化劳动价值论的尝试——沿着恩格斯的思路对现实问题的研究》,《马克思主义与现实》2001 年第 4 期。

119. 唐国增:《论劳动价值论的适用范围》,《新疆师范大学学报(哲学社会科学版)》2002 年第 2 期。

120. 顾钰民:《深化对价值创造与价值分配的认识》,《教学与研究》2001 年第 12 期。

121. 钟国兴:《按照价值运动的要求进行分配》,《新视野》2001 年第 6 期。

122. 栾文莲:《马克思主义世界市场理论研究——世界市场的经典叙述与现代特征》,《马克思主义研究》2002 年第 1 期。

123. 张雷声:《经济全球化与马克思主义经济学的发展》,《济南大学学报(社会科学版)》2003 年第 5 期。

124. 张娟、罗教讲:《西方经济学家观点分歧及其原因分析》,《理论月刊》2003 年第 8 期。

125. 张旭:《关于政治经济学研究的几点思考》,《理论学刊》2003 年第 5 期。

126. 龚维敬:《西方经济学家的垄断利弊之争》,《经济评论》2003 年第 5 期。

127. 胡贤鑫:《经济学能够"价值中立"吗？——评实证主义经济学的"价值中立"论》,《中南财经政法大学学报》2003 年第 5 期。

128. 吴易风:《西方经济学家论马克思主义经济增长理论》,《中国人民大学学报》2002 年第 6 期。

129. 杨继国:《对扩大再生产模型的"扩展"研究——从马克思主义经济学视角看宏观经济均衡增长条件》,《厦门大学学报(哲学社会科学版)》2002 年第 2 期。

130. 赵磊：《经济学谬误三题》，《江汉论坛》2003 年第 4 期。

131. 张燕喜、傅君佳：《关于腐败问题的经济学思考》，《经济问题探索》2001 年第 4 期。

132. 李醒民：《科学到底是什么》，《学习时报》2007 年 9 月 24 日第 7 版。

133. 段万春、贺卫：《试论寻利与寻租》，《经济问题探索》2001 年第 4 期。

134. 蒋玉珉：《略论寻租与腐败》，《皖西学院学报》2001 年第 3 期。

135. 孙良：《中国制度变迁理论研究述评》，《经济学动态》2002 年第 2 期。

136. 王晓林：《经济学：实证的抑或规范的?》，《经济学家》2003 年第 4 期。

137. 王禹涛、谢科范：《公共寻租行为的风险收益分析》，《武汉理工大学学报（社会科学版）》2001 年第 5 期。

138. 浙江大学寻租理论研究课题组：《公共领域中的寻租分析》，《社会科学战线》2002 年第 1 期。

139. 鲁从明：《论马克思的劳动价值论的科学性与"劳创价值"向"营销价格"的转化——劳动价值论既要坚持又要发展》，《理论动态》2002 年第 1562 期。

140. 朱雅文译：《两次工业革命的启示——彼得·德鲁克论未来之路》，《国外社会科学文摘》2002 年第 2 期。

141. 顾信文译：《知识就是一切——彼得·德鲁克论下一个社会》，《国外社会科学文摘》2002 年第 1 期。

142. 王建国：《经济学研究的四个层次》，《人民日报》2006 年 6 月 12 日第 9 版。

143. 朱富强：《劳动价值论的一个"悖论"及其阐释》，《江苏社会科学》2001 年第 4 期。

马克思主义文献引文索引

（前面的页码为引用文献页码，末尾括号内的数字为本书页码）

1.《资本论》第一卷，第 2 版，北京：人民出版社，2004 年。

（1）22 页。马克思："辩证法，在其合理形态上，引起资产阶级及其空论主义的代言人的恼怒和恐怖……"（10）

（2）22 页。马克思："将近 30 年以前，当黑格尔辩证法还很流行的时候……"（10）

（3）22 页。马克思："我的辩证方法，从根本上来说……"（10）

（4）8 页。马克思："物理学家是在自然过程表现得最确实、最少受干扰的地方观察自然过程的……"（16）

（5）10 页。马克思："在政治经济学领域内，自由的科学研究遇到的敌人……"（16）

（6）34 页。恩格斯："《资本论》在大陆上常常被称为'工人阶级的圣经'……"（31）

（7）8 页。马克思："我要在本书研究的，是资本主义生产方式以及和它相适应的生产关系和交换关系。"（34）

（8）47 页。马克思："资本主义生产方式占统治地位的社会的财富……"（37-38）

（9）48 页。马克思："磁石吸铁的属性只是在通过它发现了磁极性以后才成为有用的。"（38）

（10）54 页。马克思："一个物可以是使用价值而不是价值……"（39）

（11）54 页。马克思："一个物可以有用，而且是人类劳动产品，但不是商品……"（39）

（12）54 页。马克思："没有一个物可以是价值而不是使用物品……"（39）

（13）7 页。马克思："万事开头难，每门科学都是如此……"（40）

（14）24 页。马克思："在科学上没有平坦的大道……"（40）

（15）32 页。恩格斯："一门科学提出的每一种新见解都包含这门科学的术语的革命。"（40）

（16）17 页。马克思："资产阶级在法国和英国夺得了政权。从那时起……"（44）

（17）7-8 页。马克思："以货币形式为完成形态的价值形式……"（45-46）

（18）21-22 页。马克思："研究必须充分地占有材料，分析它的各种发展形式……"（46）

（19）24 页。马克思：“我所使用的分析方法至今还没有人在经济问题上运用过……”（49）

（20）8 页。马克思：“分析经济形式，既不能用显微镜，也不能用化学试剂……”（50）

（21）52 页。马克思：“体现在商品世界全部价值中的社会的全部劳动力……”（53）

（22）52-53 页。马克思把单个商品“当作该种商品的平均样品。因此……”（53）

（23）52 页。马克思：“社会必要劳动时间是在现有的社会正常的生产条件下……”（53）

（24）123 页。马克思：“……规则只能作为没有规则性的盲目起作用的平均数规律来为自己开辟道路。”（55）

（25）10 页。马克思：“本书的最终目的就是揭示现代社会的经济运动规律。”（60）

（26）8 页。马克思：“问题本身并不在于资本主义生产的自然规律所引起的社会对抗的发展程度的高低……”（61）

（27）28 页。恩格斯：“马克思原想把第一卷原文大部分改写一下……”（64）

（28）871 页。马克思：“……资本来到世间，从头到脚……”（66）

（29）205 页。马克思：“原来的货币占有者作为资本家，昂首前行……”（66）

（30）7 页。马克思：“我已经尽可能地做到通俗易懂。”（66）

（31）14 页。马克思：“原文中局部的、往往只是修辞上的修改……”（66）

（32）874 页。马克思：“各国人民日益被卷入世界市场网……”（67）

（33）10 页。马克思：“我的观点是把经济的社会形态的发展理解为一种自然史的过程。”（74）

（34）74 页。亚里士多德：“没有等同性，就不能交换……”（86-87）

（35）75 页。马克思：“亚里士多德在商品的价值表现中发现了等同关系……”（87）

（36）75 页。马克思：“只是他所处的社会的历史限制……”（87）

（37）75 页。马克思：“……是什么东西阻碍他作进一步的分析 ……”（87）

（38）63-64 页。马克思：“他们忽略了，不同物的量只有化为同一单位后……”（87）

（39）404 页注（44）。马克思：“关于分工，亚当·斯密没有提出任何一个新原理……”（91）

（40）99 页。马克思赞誉斯密和李嘉图是“古典政治经济学的最优秀的代表人物”。（93）

（41）54-55 页。马克思：“商品中包含的劳动的这种二重性……”（95）

（42）207-208 页。马克思：“劳动首先是人和自然之间的过程……”（100）

（43）152 页。马克思：“作为价值尺度并因而以自身或通过代表作为流通手段来执行职能的商品，是货币。”（104）

（44）155 页。哥伦布：“金真是一个奇妙的东西！ 谁有了它……”（105）

（45）155 页注（91）。莎士比亚：“金子！ 黄黄的，发光的，宝贵的金子！ ……”（105）

（46）156 页注（92）。索夫克勒斯：“人间再没有像金钱这样坏的东西……”（105）

（47）110页注（46）。约翰·洛克："由于银具有适于作货币的质……"（106）

（48）110页注（46）。约翰·罗："银按照它具有的使用价值即它的实际价值进行交换……"（106）

（49）112页注（49）。马克思："罗雪尔教授先生教训我们说……"（106）

（50）878页。马克思："我们知道，生产资料和生活资料，作为直接生产者的财产……"（107）

（51）181页。马克思："在流通中保存自己，扩大自己……"（108）

（52）210-211页。马克思："各种经济时代的区别，不在于生产什么……"（110）

（53）427-428页。马克思："……社会史上的各个时代……"（110）

（54）374页。马克思："我们已经看到，资本主义生产实际上是在同一个资本同时雇佣人数较多的工人……"（110-111）

（55）356页。马克思："……不是任何一个货币额或价值额都可以转化为资本……"（111）

（56）269-270页。马克思："关于这个极限，即工作日的必要界限……"（113）

（57）272页。马克思："所以，在资本主义生产的历史上……"（113）

（58）272页。马克思："资本并没有发明剩余劳动……"（114）

（59）312页。马克思："正常工作日的规定，是几个世纪以来资本家和工人斗争的结果。"（114）

（60）306-307页。马克思："但是，资本由于无限度地盲目追逐剩余劳动……"（114-115）

（61）464页注（144）。约·菲尔登："很明显，劳动时间长……"（115）

（62）464页注（144）。桑德斯："在女工中，有些人接连好多星期……"（115）

（63）317-318页。约·肯宁安："人一般说来天生是好逸恶劳的……"（116）

（64）321页。马克思："被生产的隆隆声震晕了的工人阶级一旦稍稍清醒过来……"（117）

（65）284页。阿利奇："陶工作为一个阶级，不分男女……"（117）

（66）285-286页。马克思："火柴制造业是从1833年发明用木梗涂磷的办法之后出现的……"（117）

（67）294-295页。马克思："1863年6月下旬……"（117-118）

（68）346页。马克思："因此，正常工作日的确立是资本家阶级和工人阶级长期的多少隐蔽的内战的产物……"（118）

（69）348页。美国工人代表大会："为了把我国的劳动从资本主义的奴隶制下解放出来……"（119）

（70）366页。马克思："我把通过延长工作日而生产的剩余价值……"（120-121）

（71）372页。马克思："……这也就是政治经济学奠基人之一魁奈用来为难他的论

敌……"（121）

（72）707页。马克思："我把由资本技术构成决定并且反映技术构成变化的资本价值构成……"（127）

（73）668页。马克思："把剩余价值当作资本使用，或者说……"（130）

（74）822页。马克思："因此，所谓原始积累只不过是生产者和生产资料分离的历史过程。"（131）

（75）821页。马克思："自由劳动者有双重意义：他们本身既不像奴隶、农奴等等那样，直接属于生产资料之列……"（131-132）

（76）823页。马克思："劳动者的奴役状态是产生雇佣工人和资本家的发展过程的起点。"（132）

（77）823页。马克思："在原始积累的历史中……"（132）

（78）846页。马克思："这样，被暴力剥夺了土地，被驱逐出来而变成了流浪者的农村居民……"（133）

（79）864页。马克思："殖民地为迅速产生的工场手工业保证了销售市场……"（133）

（80）863页。马克思："那些谨严的新教大师，新英格兰的清教徒……"（133）

（81）862页。马克思："荷兰人为了使爪哇岛得到奴隶而在西里伯斯岛实行盗人制度……"（134）

（82）862页。马克思："他们走到哪里，那里就变得一片荒芜……"（134）

（83）865页。马克思："公债成了原始积累的最强有力的手段之一……"（134）

（84）867页。马克思："……与其说是这种制度对雇佣工人状况的破坏性影响……"（134-135）

（85）867页。马克思："保护关税制度是制造工厂主、剥夺独立劳动者……"（135）

（86）868页。马克思："大工业是以希律王式的大规模掠夺儿童来庆贺自己的诞生的。"（135）

（87）868-869页。约·菲尔登："在德比郡、诺丁汉郡……"（135-136）

（88）869-870页。马克思："随着资本主义生产在工场手工业时期的发展……"（136）

（89）870页。马克思："英国获得了到1743年为止每年供给西班牙美洲4800个黑人的权利……"（136）

（90）870页。艾金医生：奴隶贸易"使商业冒险精神达到了狂热……"（136）

（91）871页注（250）。托·约·邓宁："资本逃避动乱和战争……"（136-137）

（92）871 页注（248）。马克思："这个献媚者……"（137）

（93）872-873 页。马克思："这种生产方式是以土地和其他生产资料的分散为前提的……"（139-140）

（94）873 页。马克思："对直接生产者的剥夺……"（140-141）

（95）874 页。马克思："从资本主义生产方式产生的资本主义占有方式……"（143）

（96）56-57 页。马克思："上衣、麻布等等使用价值，简言之，种种商品，是自然物质和劳动这两种要素的结合……"（177-178）

（97）123 页。马克思："有些东西本身并不是商品，例如良心、名誉等等……"（179）

（98）58 页。马克思："为了简便起见，我们以后把各种劳动力直接当作简单劳动，这样就省去了简化的麻烦。"（180）

（99）53 页。马克思："生产商品所需要的劳动时间随着劳动生产力的每一变动而变动。"（182-183）

（100）53 页。马克思："劳动生产力是由多种情况决定的……"（183）

（101）53 页。马克思："例如，同一劳动量在丰收年表现为 8 蒲式耳小麦……"（183）

（102）122 页。马克思："价格是对象化在商品内的劳动的货币名称。"（185）

（103）404-405 页。马克思："局部工人作为总体工人的一个肢体……"（190）

（104）418 页。马克思："……工场手工业使工人畸形发展，变成局部工人……"（190）

（105）743 页。马克思："但是，一切生产剩余价值的方法同时就是积累的方法……"（193）

（106）742 页。马克思："这就是资本主义积累的绝对的、一般的规律……"（195）

（107）742 页。马克思："当经济学的智者们向工人说教……"（195）

（108）743 页。马克思："由于社会劳动生产率的增进……"（195）

（109）47 页。马克思："商品的两个因素：使用价值和价值（价值实体，价值量）。"（203）

（110）10 页。马克思：人类社会还是"既不能跳过也不能用法令取消自然的发展阶段"。（208）

（111）9-10 页。马克思："一个国家应该而且可以向其他国家学习"，以"缩短和减轻分娩的痛苦"。（208）

（112）357-358 页。马克思："货币或商品的占有者……"（230）

（113）51 页。马克思："使用价值或财物具有价值……"（238）

（114）235 页。马克思："把价值的纯粹象征性的表现——价值符号……"（249）

（115）212 页。马克思："辅助材料或者被劳动资料消费……"（256）

(116)53—54 页。马克思:"总之,劳动生产力越高,生产一种物品所需要的劳动时间就越少……"(262)

(117)57 页。马克思:"如果把生产活动的特定性质撇开……"(262)

(118)53 页。马克思:"作为价值,一切商品都只是一定量的凝固的劳动时间。"(263)

(119)60 页。马克思:"因此,不管生产力发生了什么变化……"(263)

(120)370 页。马克思:"生产力特别高的劳动起了自乘的劳动的作用……"(263)

(121)369 页。马克思:"但是商品的现实价值不是它的个别价值……"(264)

(122)718 页。马克思:"如果撇开土壤肥力等等自然条件……"(266)

(123)718—719 页。马克思:"资本技术构成的这一变化……"(266)

(124)449 页。马克思:"因此,机器的生产率是由它代替人类劳动力的程度来衡量的。"(267)

(125)448 页。马克思:机器的服务"就越接近自然力的服务"。(267)

(126)743 页。马克思说:"因此,生产资料和劳动生产率比生产人口增长得快这一事实……"(268)

(127)743—744 页。马克思:"这一规律制约着同资本积累相适应的贫困积累……"(268)

(128)744 页。马克思:"把资本主义生产的对抗性理解为社会财富的普遍的自然规律。"(269)

(129)744 页。马克思引用唐森的话:"用法律来强制劳动,会引起过多的麻烦、暴力和叫嚣……"(269)

(130)47—48 页。马克思:"商品首先是一个外界的对象……"(280)

(131)48—49 页。马克思:"物的有物性使物成为使用价值……"(280)

(132)429 页。马克思:"所有发达的机器都由三个本质上不同的部分……"(304)

(133)429 页。马克思:"机器的这一部分——工具机,是 18 世纪工业革命的起点。"(304)

(134)443—444 页。马克思:"我们已经知道,由协作和分工产生的生产力……"(304—305)

(135)444 页注(108)。马克思:"科学根本不费资本家'分文'……"(305)

(136)616 页注(26)。马克思:"把价值了解为什么也不是……"(309)

(137)214 页。马克思:"机器不在劳动过程中服务就没有用……"(335)

(138)57 页。马克思:"尽管缝和织是不同质的生产活动……"(364)

（139）57-58 页。马克思："但是,商品价值体现的是人类劳动本身……"（364-365）

（140）472 页。马克思："现在,计量劳动时间的,除了它的'外延量'以外……"（375）

（141）472 页。马克思："劳动力的活动能力同它的活动时间成反比……"（376）

（142）207 页。马克思："劳动力的使用就是劳动本身。劳动力的买者消费劳动力……"（402）

（143）208 页。马克思："人自身作为一种自然力与自然物质相对立……"（402）

（144）211 页。马克思："可见,在劳动过程中,人的活动借助劳动资料使劳动对象发生预定的变化……"（403）

（145）204 页。马克思："劳动力的消费过程,同时就是商品和剩余价值的生产过程……"（404）

（146）216-217 页。马克思："劳动过程是资本家购买的各种物之间的过程……"（404）

（147）198 页。马克思："同一切其他商品一样,劳动力也具有价值……"（408）

（148）198-199 页。马克思："同任何其他商品的价值一样……"（408-409）

（149）199 页。马克思："因此,和其他商品不同……"（409）

（150）199-200 页。马克思："劳动力所有者是会死的。因此……"（409）

（151）200 页。马克思："为改变一般人的本性,使它获得一定劳动部门的技能和技巧……"（409）

（152）200 页。马克思："劳动力的价值可以归结为一定量生活资料的价值……"（409）

（153）201 页。马克思："每种商品的价值都是由提供标准质量的该种商品所需要的劳动时间决定的。"（410）

（154）371 页。马克思："在货币价值不变的情况下,一个十二小时社会平均工作日总是生产 6 先令的价值产品……"（424）

（155）104 页。马克思："商品是天生的平等派……"（449）

（156）52 页。马克思："可能会有人这样认为,既然商品的价值由生产商品所耗费的劳动量来决定……"（462-463）

（157）824 页。马克思："同一切君主的权力一样,封建主的权力不是由他的地租的多少……"（518-519）

2.《资本论》第二卷,第 2 版,北京:人民出版社,2004 年。

（1）398-399 页。马克思认为魁奈"把握住了主要问题,这要归功于他的有限的眼界……"（89）

（2）399 页。马克思："……重农主义体系是对资本主义生产的第一个系统的理解。"

（89）

（3）424 页。马克思："把收入看成是商品价值的源泉，不把商品价值看成是收入的源泉，这是一种颠倒。"（93）

（4）418 页。马克思："他没有区分劳动本身的二重性，这就是……"（93）

（5）24 页。恩格斯："劳动作为创造价值的活动，不能有特殊的价值……"（100）

（6）22 页。恩格斯："他研究了货币向资本的转化，并证明这种转化是以劳动力的价值为基础的……"（100—101）

（7）19 页。恩格斯：马克思关于剩余价值的理论"好像晴天霹雳震动了一切文明国家"。（101）

（8）170 页。马克思："商品在空间上的流通，即实际的移动，就是商品的运输……"（164）

（9）168 页。马克思："因此，投在运输业上的生产资本……"（165）

（10）168 页。马克思："在一定距离内运输商品所需要的劳动量……"（165）

（11）168—169 页。马克思："在其他条件不变的情况下，由运输追加到商品中的绝对价值量……"（165）

（12）169 页。马克思："在其他条件不变的情况下，由运输费用追加到商品价格中的相对价值部分……"（165）

（13）169 页。马克思："动输费用追加到一个物品中去的相对价值……"（165）

（14）174 页。马克思："资本的循环，不是当作孤立的过程……"（478—479）

（15）174 页。马克思："假定我们用 U 表示周转时间的计量单位——年……"（479）

3.《资本论》第三卷，第 2 版，北京：人民出版社，2004 年。

（1）186 页。马克思："一般利润率的实际变化……"（54）

（2）716 页。马克思："事实上价值规律所影响的不是个别商品或物品……"（54）

（3）211 页。马克思："供求实际上从来不会一致；如果它们达到一致……"（55）

（4）211—212 页。马克思："然而这种一致只是作为过去的变动的平均……"（56）

（5）212 页。马克思："这个平均数绝不是只有理论意义……"（56）

（6）721—722 页。马克思："生产价格不是由每个从事生产的工业家的个别成本价值决定的……"（56）

（7）220 页。马克思："我们在这里得到了一个像数学一样精确的证明……"（62）

（8）497 页。马克思："它是在资本主义体系本身的基础上对资本主义的私人产业的扬弃……"（68）

（9）498—499 页。马克思："在股份制度内，已经存在着社会生产资料借以表现为个人

财产的旧形式的对立面……"（68）

（10）497页。马克思：高度集中的企业"它在一定部门中造成了垄断，因而引起国家的干涉……"（73）

（11）497页。马克思：金融贵族是"一种新的寄生虫……"（73）

（12）717页。马克思："社会劳动时间可分别用在各个特殊生产领域的份额的这个数量界限……"（102）

（13）199页。马克思："市场价值，一方面，应看作一个部门所生产的商品的平均价值……"（149）

（14）199页。马克思："只有在特殊的组合下……"（149-150）

（15）209页。马克思：价值规律"是商品平衡的自然规律"。（150）

（16）215页。马克思："只要商品已经售出，并且用所得的货币又购买了新的商品……"（151）

（17）201页。马克思："竞争首先在一个部门内实现的……"（151-152）

（18）217页。马克思："在资本主义生产中，问题不仅在于……"（152）

（19）220-221页。马克思："生产价格包含着平均利润……"（152-153）

（20）200页。马克思："这里关于市场价值所说的，也适用于生产价格……"（153）

（21）362-363页。马克思："或者不如说，简单的商品流通和货币流通就是它的存在条件……"（154）

（22）375-376页。马克思："对现代生产方式的最初的理论探讨——重商主义……"（154）

（23）319页。马克思："我们以后要在上述这个更确切的意义上使用生产价格这个用语……"（155）

（24）319页。马克思："可见，商人资本虽然不参加剩余价值的生产……"（155）

（25）321-322页。马克思："纯粹的商业流通费用（因而发送、运输、保管等费用除外……"（156-157）

（26）324页。马克思："所有这些费用都不是在生产商品的使用价值时花掉的……"（157）

（27）331页。马克思："以不变资本形式预付的那一部分流通费用＋相应的平均利润……"（158）

（28）334-335页。马克思："商业工人不直接生产剩余价值。但是……"（159）

（29）327页。马克思："正如工人的无酬劳动为生产资本直接创造剩余价值一样……"（159）

（30）327—328页。马克思："困难在于：既然商人本身的劳动时间和劳动不是创造价值的劳动（尽管这种劳动为他在已经生产的剩余价值中创造出一个份额）……"（159）

（31）330页。马克思："商品值100镑，利润假定是10%……"（160）

（32）339页。马克思："因此，在危机中发生这样的现象：危机最初不是在和直接消费有关的零售业中暴露和爆发的……"（163）

（33）339—340页。马克思："的确，工厂主可以把商品卖给出口商人……"（163—164）

（34）729页。马克思："瀑布和土地一样，和一切自然力一样……"（169）

（35）693页。马克思：假定"资本主义生产方式已经统治生产的和资产阶级社会的一切部门"。（180）

（36）327页。马克思："这些店员的无酬劳动，虽然不创造剩余价值……"（187）

（37）119页。马克思："附带指出，应当把一般劳动和共同劳动区别开来……"（189）

（38）16页。恩格斯："价值规律从一开始就同那种由资本主义思想方法产生的见解相反……"（195—196）

（39）16页。恩格斯："或者是，积累的劳动同活的劳动一起形成价值……"（196）

（40）16页。恩格斯："或者是，积累的劳动不形成价值……"（196）

（41）290页。马克思："商品的价值，取决于加入商品的总劳动时间……"（267）

（42）290—291页。马克思："因此，加入商品的劳动总量的这种减少……"（267）

（43）291—292页。马克思："因此，对资本来说，劳动生产力提高的规律不是无条件适用的……"（267）

（44）119页。马克思："因此，从人类精神的一般劳动的一切新发展中……"（270）

（45）728页。马克思："自然力不是超额利润的源泉……"（272）

（46）728页。马克思："如果一个使用价值不用劳动也能创造出来……"（272）

（47）927—929页。马克思："资本的文明面之一是，它榨取这种剩余劳动的方式和条件……"（273—274）

（48）14页。恩格斯："……就像在英国这里在杰文斯—门格尔的使用价值论的基础上建立起庸俗社会主义一样……"（283）

（49）237页。马克思："因此，一般利润率日益下降的趋势……"（300）

（50）1013页。恩格斯："价值规律对于资本主义生产来说远比单纯的假说……"（440）

（51）181页。马克思："总的说来，在整个资本主义生产中……"（440）

（52）190页。马克思："这个利润究竟在多大程度上由总资本……"（441）

（53）190—191页。马克思："节省劳动——不仅节省生产某种产品所必要的劳

动……"(441)

(54) 184-185 页。马克思:"我们原先假定,一个商品的成本价格……"(442)

(55) 179-180 页。马克思:"从总的计算来看,只要一个生产部门的利润加入另一个生产部门的成本价格……"(444)

(56) 176 页。马克思:"生产价格以一般利润率的存在为前提……"(445-446)

(57) 198 页。马克思:"撇开价格和价格变动受价值规律支配不说……"(446)

(58) 197 页。马克思:"按照它们的生产价格进行的交换……"(446)

(59) 221 页。马克思:"此外,超额利润还能在下列情况下产生出来……"(458)

(60) 744-745 页。马克思:"这是由在资本主义生产方式基础上通过竞争而实现的市场价值所决定的……"(458)

(61) 872-873 页。马克思:"绝对地租的本质在于:不同生产部门内的各等量资本……"(458-459)

(62) 873 页。马克思:"这种绝对地租,在真正的采掘工业中起着更为重要的作用……"(459)

(63) 861 页。马克思:"资本的趋势是,只容许这样一种超额利润……"(459-460)

(64) 858 页。马克思:"一个商品的生产价格和它的价值的比率……"(460)

(65) 341-342 页。马克思:"如果把商人是垄断者并且同时垄断着生产的情况……"(467)

(66) 347 页。马克思:"如果情况不是这样,商人资本就会随着他的周转次数的增加……"(480)

(67) 348 页。马克思:"因此,就产业资本来说……"(480)

(68) 349 页。马克思:"一定量商品资本周转一次获得的利润……"(480-481)

(69) 389 页。马克思:"这个运动——以偿还为条件的付出……"(483)

(70) 395-396 页。马克思:"贷出者和借入者双方都是把同一货币额作为资本支出的……"(486)

(71) 186 页。马克思:"一般利润率的实际变化……"(510)

(72) 222 页。马克思:"因为平均资本生产的商品的生产价格是和它们的价值一致的……"(510)

(73) 225-226 页。马克思:"这样,我们看到……"(511)

(74) 226 页注(34)。马克思:"非常奇怪的是:李嘉图……"(511)

(75) 925 页。马克思:"如果事物的表现形式和事物的本质会直接合而为一……"(511)

（76）431 页。马克思：“凡是直接生产过程具有社会结合过程的形态……”（527）

（77）433 页。马克思：“这种由奴役直接生产者而产生的职能……”（532）

（78）499 页。马克思：“工人自己的合作工厂，是在旧形式内对旧形式打开的第一个缺口……”（546—547）

4.《马克思恩格斯全集》第 1 卷，第 2 版，北京：人民出版社，1995 年。

（1）295 页。马克思：“我们坚信，构成真正危险的并不是共产主义思想的实际试验，而是它的理论阐述。”（序言 1）

（2）459—460 页。马克思：“如果我们选择了最能为人类而工作的职业……”（2）

（3）192 页。马克思：“作者当然必须挣钱才能生活、写作……”（3）

（4）192 页。马克思：“作者绝不把自己的作品看作手段……”（3）

（5）363 页。马克思：“葡萄酒种植者的悲惨状况长期受上级机关怀疑……”（3）

（6）242—243 页。摩泽尔地区省议会代表：“常常有人先把幼树砍伤……”（8）

（7）291 页。奥格斯堡《总汇报》：“虽然不是真正的共产主义者……”（8）

（8）363 页。马克思：“人们在研究国家状况时很容易走入歧途……”（14）

5.《马克思恩格斯全集》第 3 卷，第 2 版，北京：人民出版社，2002 年。

（1）207 页。马克思：“批判的武器当然不能代替武器的批判……”（序言 9）

（2）390 页。马克思：“首先请回忆一下织工之歌吧！……”（4）

（3）10 页。马克思：“家庭和市民社会都是国家的前提……”（12—13）

（4）11 页。马克思：“家庭和市民社会使自身成为国家。它们是动力。”（13）

（5）214 页。马克思：“哲学把无产阶级当作自己的物质武器……”（13）

（6）208 页。马克思：受闵采尔思想影响的农民战争，“因碰到神学而失败了”。（26）

（7）449—450 页。恩格斯：“关于实际价值的本质，英国人和法国人萨伊进行了长期的争论……”（280）

（8）450 页。恩格斯：“起初我们有一种抽象价值，现在又有一种抽象商业……”（280—281）

（9）450 页。恩格斯：“假定某人花了很大的力气和巨大的费用制造了一种谁也不要的毫无用处的东西……”（281）

（10）451 页。恩格斯：“如果我们转向萨伊的学说……”（281）

（11）451 页。恩格斯：“让我们设法来澄清这种混乱吧……”（281）

（12）451 页。恩格斯：“这个基础是交换的惟一正确的基础……”（281）

（13）451—452 页。恩格斯：“不消灭私有制……”（282）

（14）452 页。恩格斯：“实际价值和交换价值之间的差别基于下述事实……”（282）

（15）452 页。恩格斯：“说价格由生产费用和竞争的相互作用决定……”（282）

6.《马克思恩格斯全集》第 10 卷,第 2 版,北京:人民出版社,1998 年。

(1)286 页。恩格斯:"多年来为宣传 10 小时工作日法所耗费的时间和精力……"(119)

(2)389 页。马克思、恩格斯:"对我们说来,问题不在于改变私有制……"(579)

7.《马克思恩格斯全集》第 11 卷,第 2 版,北京:人民出版社,1995 年。

(1)552 页。马克思:"在政治上为了一定的目的……"(593)

8.《马克思恩格斯全集》第 21 卷,第 2 版,北京:人民出版社,2003 年。

(1)368 页。恩格斯:"即资本家为一方,雇佣工人为另一方而存在的生产方式……"(35)

(2)453 页。资产阶级经济学家:"驳倒价值理论是反对马克思的人的唯一的任务……"(57)

(3)268 页。马克思:"限制工作日是一个先决条件,没有这个条件……"(119)

9.《马克思恩格斯全集》第 25 卷,第 2 版,北京:人民出版社,2001 年。

(1)539 页。恩格斯:"这样一位女性,有着这样清晰而敏锐的头脑……"(5)

(2)540 页。恩格斯:"她的个人品德,我没有必要讲了……"(5-6)

(3)425 页。马克思:"我们决定重新发表《哲学的贫困》……"(15)

(4)376 页。马克思、恩格斯:三大空想社会主义思想家是"社会主义创始人"。(26)

(5)373 页。恩格斯:"但是,在每一个大的资产阶级运动中……"(26-27)

(6)392 页。恩格斯:"一旦对每一门科学都提出要求……"(57)

(7)592 页。恩格斯:"他把科学首先看成是一个伟大的历史杠杆……"(189)

(8)597 页。恩格斯:"在马克思看来,科学是一种在历史上起推动作用的、革命的力量……"(189)

(9)406-407 页。恩格斯:"无论在任何情况下,无论有或者没有托拉斯……"(572)

10.《马克思恩格斯全集》第 30 卷,第 2 版,北京:人民出版社,1995 年。

(1)41 页。马克思:"从实在和具体开始,从现实的前提开始……"(49)

(2)42 页。马克思:"具体之所以具体,因为它是许多规定的综合……"(50)

(3)42 页。马克思:"抽象的规定在思维行程中导致具体的再现。"(52)

(4)42 页。马克思:"从抽象上升到具体的方法……"(52)

(5)45 页。马克思:"它就不再只是在特殊形式上才能加以思考了。"(52)

(6)123 页。马克思:"如果共同生产已成为前提,时间的规定当然仍有重要意义……"(274)

(7)303 页。马克思:"劳动的生产力是劳动的自然力。"(296)

11.《马克思恩格斯全集》第 31 卷,第 2 版,北京:人民出版社,1998 年。

(1)411 页。马克思:"我学的专业本来是法律……"(12)

(2)412 页。马克思:"为了解决使我苦恼的疑问……"(12)

(3)412 页。马克思:"我的研究得出这样一个结果:法的关系正像国家的形式一样……"(13)

(4)412 页。马克思:"我在巴黎开始研究政治经济学……"(14)

(5)413 页。马克思:"批判经济学范畴的天才大纲。"(14)

(6)412-413 页。马克思:"人们在自己生活的社会生产中发生一定的、必然的、不以他们的意志为转移的关系……"(20)

(7)446-447 页。马克思评价配第:"不像在他的同代人霍布斯那里一样多少是无结果的……"(46)

(8)446 页注释。马克思评价配第:"觉得自己是一门新科学的奠基者。"(88)

(9)445 页。马克思:"把商品归结于二重形式的劳动……"(88)

(10)447 页注释。马克思赞誉配第是"英国国民经济学之父"。(88)

(11)451 页。马克思:"对于重农学派来说,也像对他们的反对者来说一样……"(89-90)

(12)452 页。斯图亚特:"那种通过自身转让而创造出一般等价物的劳动,我称之为产业。"(90)

(13)452 页。马克思:"斯图亚特比他的前辈和后辈杰出的地方……"(90)

(14)451 页。马克思:斯图亚特是"建立了资产阶级经济学整个体系的第一个不列颠人"。(90)

(15)453 页。马克思:"在农业、工场手工业、航海业、商业等等……"(91)

(16)454 页。马克思:"大卫·李嘉图与亚当·斯密相反……"(93)

(17)454 页。马克思:"实际上,这不过是说,价值规律的充分发展……"(94)

(18)94 页。马克思:"同价值转化为资本时的情形一样……"(189-190)

(19)91 页。马克思:"科学通过机器的构造驱使那些没有生命的机器肢体有目的地作为自动机来运转……"(191)

(20)92 页。马克思:"提高劳动生产力和最大限度否定必要劳动……"(191)

(21)92-93 页。马克思:"因此,知识和技能的积累……"(191)

(22)94 页。马克思:"固定资本在生产过程内部作为机器来同劳动相对立的时候……"(191-192)

(23)94 页。马克思:"决不能从机器体系是固定资本的使用价值的最适合的形式这一点得出结论说……"(192)

（24）101 页。马克思："现今财富的基础是盗窃他人的劳动时间。"（192）

（25）104 页。马克思："以致尽管生产将以所有人的富裕为目的……"（192）

（26）104 页。马克思："那时，财富的尺度决不再是劳动时间……"（192）

（27）107 页。马克思："真正的经济——节约——是劳动时间的节约……"（192）

（28）107-108 页。马克思："节约劳动时间等于增加自由时间……"（192-193）

（29）108 页。马克思："自由时间——不论是闲暇时间还是从事较高级活动的时间……"（193）

（30）90 页。马克思："加入资本的生产过程以后……"（194）

（31）97 页。马克思："由此可见，罗德戴尔把固定资本说成是和劳动时间无关的、独立的价值源泉……"（194）

（32）111 页。马克思："因此，以资本为基础的生产方式的已经达到的发展程度……"（194）

（33）96-97 页。马克思："是因为资本在这里——完全是无意地——使人的劳动……"（194）

（34）101 页。马克思："一旦直接形式的劳动不再是财富的巨大源泉……"（227-228）

（35）448 页。马克思："……虽然不是有意识地，但是事实上把商品的交换价值归结于劳动时间……"（239）

（36）448 页。马克思："布阿吉尔贝尔攻击路易十四的宫廷、包税人和贵族的具有盲目破坏作用的求金欲……"（240）

（37）448 页注③。马克思："配第是个轻浮的、掠夺成性的、毫无气节的冒险家……"（240）

（38）449 页。马克思："第一次有意识地、明白而浅显地把交换价值归结于劳动时间的分析……"（240）

（39）450 页。马克思："于是，劳动时间在富兰克林那里就以经济学家的片面性立即表现为价值尺度。"（240）

（40）455-456 页。马克思："李嘉图作为古典政治经济学的完成者……"（242）

（41）422 页。马克思："正如运动的量的存在是时间一样……"（252）

（42）100 页。马克思："活劳动同对象化劳动的交换……"（273）

（43）420 页。马克思："不论财富的社会形式如何……"（279-280）

（44）102 页。马克思："自然界没有造出任何机器……"（304）

（45）92-93 页。马克思："劳动资料发展为机器体系……"（305-306）

（46）92 页。马克思："从机器体系随着社会知识的积累、整个生产力的积累而发展来

说……"(306)

(47)93 页。马克思:"在机器体系中,对工人来说……"(306)

(48)93-94 页。马克思:"因此,只有当劳动资料不仅在形式上被规定为固定资本……"(306)

(49)94 页。马克思:"但是,如果说资本只有在机器体系中以及固定资本……"(306)

(50)110 页。马克思:"生产力(固定资本)所以能把价值转给生产出来的产品……"(306-307)

(51)110 页。马克思:"本身不是劳动产品的那些生产资料……"(307)

(52)97 页。马克思:"机器体系的出现,不是为了弥补劳动力的不足……"(307)

(53)96 页。马克思:"固定资本在它作为生产资料(机器体系是生产资料的最适合的形式)的规定中……"(307)

(54)111 页。马克思:"在固定资本中……"(320)

(55)265 页。马克思:"利息形式比利润形式古老。"(485)

12.《马克思恩格斯全集》第 32 卷,第 2 版,北京:人民出版社,1998 年。

(1)215 页。马克思:"并且这种剩余产品是除劳动阶级外的一切阶级存在的物质基础……"(120)

(2)291 页。马克思:"我们把协作看作是一种社会劳动的自然力……"(530)

(3)292 页。马克思:"或者说通过协作能够生产出在另一种情况下是根本不可能生产的使用价值。"(530)

13.《马克思恩格斯全集》第 33 卷,第 2 版,北京:人民出版社,2004 年。

(1)414-415 页。马克思:"但是,实际上,这是一种尝试……"(89)

(2)46 页。马克思:"亚当·斯密在这里非常确切地指出……"(91)

(3)47 页。马克思:"斯密的这种摇摆不定以及把完全不同的规定混为一谈……"(91-92)

(4)62 页。马克思:"在重农学派的著作中,创造剩余价值的……"(92)

(5)75 页。马克思:"总之,应当注意亚当·斯密书中的奇怪的思路……"(92)

(6)68 页。马克思:"这里,已经不是用剩余价值的本质……"(241)

(7)81 页。马克思:"亚当的混乱、矛盾、离题……"(276)

(8)135 页。萨伊:"产品的全部价值分解为各种人的收入……"(308)

(9)81 页。马克思:"萨伊把亚当·斯密的不一贯的说法和错误的意见化为十分一般的询问……"(309-310)

14.《马克思恩格斯全集》第 34 卷,第 2 版,北京:人民出版社,2008 年。

(1)182 页。马克思:"在亚当·斯密那里,政治经济学已发展为某种整体……"(91)

(2)184 页。马克思:"李嘉图在科学上的巨大历史意义也就在这里。"(94)

(3)182 页。马克思:"斯密本人非常天真地活动于不断的矛盾之中。"(241)

(4)183 页。马克思:"但是,李嘉图终于在这些人中间出现了……"(241)

(5)459 页。马克思:"在李嘉图看来,产品的价值大于工资的价值……"(241)

(6)184 页。马克思评价李嘉图:"历史斗争和历史发展过程的根源被抓住了……"(241)

(7)182 页。马克思:"李嘉图的方法是这样的:李嘉图从商品的价值量决定了劳动时间这个规定出发……"(242)

(8)144 页。马克思:"照罗雪尔的看法,自然本身就具有价值……"(293)

(9)220-221 页。马克思:"第一章第四节、五节关于劳动价值的变动对'相对价值'的影响这个问题……"(511)

15.《马克思恩格斯全集》第 35 卷,第 2 版,北京:人民出版社,2013 年。

(1)384 页。马克思:"例如,如果地租是 20,而利息率等于 5……"(169-170)

(2)381 页。马克思:"但是,一种不是劳动产品的使用价值……"(178)

(3)381 页。马克思:"土地和价格是不可通约的量……"(179)

(4)230 页。马克思:"即使交换价值消灭了……"(228)

(5)230-231 页。马克思:"不言而喻,随着雇主和工人之间的社会对立的消灭等等……"(228)

(6)143 页。马克思:"因为,价值尺度本身是商品,而且必须是商品……"(248)

(7)187 页。马克思:"麦克库洛赫纯粹是一个想利用李嘉图的经济理论来捞取好处的人……"(280)

(8)91 页。穆勒:"时间什么也做不出来……"(288)

(9)91 页。马克思:"只要理解剩余价值和利润的关系……"(288)

(10)302 页。马克思:"庸俗经济学家——应该把他们同我们所批判的经济学研究者严格区别开来……"(309)

(11)144 页。马克思:"劳动量没有价值,不是商品,而是使商品转化为价值的东西……"(374)

16.《马克思恩格斯全集》第 36 卷,第 2 版,北京:人民出版社,2015 年。

(1)84 页。马克思:"资本家在计算利润率的时候……"(157)

(2)41-42 页。马克思:"第一,那些不是在生产者的工作场所发挥作用但属于生产过程本身的职能……"(164-165)

（3）42页。马克思："这些职能中的第一个职能，就是运输业……"（165）

（4）42页。马克思："第二，商品在真正作为商品存在以前……"（165-166）

（5）45-46页。马克思："用于运输、零售（分装）（计量）和商品库存的资本……"（166）

（6）46页。马克思："如同在资本的所有其他领域中一样……"（166）

17.《马克思恩格斯全集》第47卷，第2版，北京：人民出版社，2004年。

（1）64页。马克思："新思潮的优点又恰恰在于我们不想教条地预期未来……"（71）

（2）440页。马克思："人们不能自由选择自己的生产力……"（418）

（3）440页。马克思："社会——不管其形式如何——是什么呢？……"（522）

18.《马克思恩格斯全集》第48卷，第2版，北京：人民出版社，2007年。

（1）171页。恩格斯："毫无疑问，你对问题的解决是正确的……"（166）

19.《马克思恩格斯全集》第49卷，第2版，北京：人民出版社，2016年。

（1）660页。马克思："我已经遭受过各种不幸……"（6）

（2）660页。马克思："在这些日子里，我之所以能忍受这一切可怕的痛苦……"（6）

20.《马克思恩格斯选集》第一卷，第3版，北京：人民出版社，2012年。

（1）137页。马克思："从前的一切唯物主义——包括费尔巴哈的唯物主义……"（11）

（2）137-138页。马克思："人的思维是否具有客观的真理性……"（18）

（3）138页。马克思："环境的改变和人的活动的一致……"（18）

（4）147页。马克思、恩格斯："一个民族的生产力的发展水平……"（19）

（5）148页。马克思、恩格斯："分工的各个不同发展阶段……"（19）

（6）164页。马克思、恩格斯："这些始终真正地同共同利益和虚幻的……"（19）

（7）431页。马克思、恩格斯："就其内容来说必然是反动的……"（26）

（8）419-420页。马克思、恩格斯："人们的观念、观点和概念，一句话……"（28）

（9）421页。马克思、恩格斯："工人革命的第一步就是使无产阶级上升为统治阶级……"（31）

（10）421页。马克思、恩格斯："无产阶段将利用自己的政治统治……"（31）

（11）419页。马克思、恩格斯："联合的行动，至少是各文明国家的联合的行动……"（31）

（12）222页。马克思："经济学家蒲鲁东先生非常明白……"（47）

（13）222页。马克思："人们按照自己的物质生产率建立相应的社会关系……"（47）

（14）222页。马克思："所以，这些观念，范畴也同它们所表现的关系一样……"（47）

（15）340页。马克思："黑人就是黑人。只有在一定的关系下……"（107）

（16）341页。马克思："资本也是一种社会生产关系……"（107）

（17）342页。马克思："除劳动能力以外一无所有的阶级的存在是资本的必要前提。"

(109)

(18)342 页。马克思:"只是由于积累起来的、过去的……"(109)

(19)342 页。马克思:"资本的实质并不在于积累起来的劳动是替活劳动充当进行新生产的手段……"(109)

(20)165 页。马克思、恩格斯:"社会活动的这种固定化……"(197-198)

(21)166 页。马克思、恩格斯:"交往的任何扩大都会消灭地域性的共产主义。"(208)

(22)152 页。马克思、恩格斯:"意识在任何时候都只能是被意识到了的存在……"(209)

(23)172-173 页。马克思、恩格斯:"意识的一切形式和产物不是可以通过精神的批判来消灭的……"(210)

(24)422 页。马克思、恩格斯:"当阶级差别在发展进程中已经消失……"(217)

(25)422 页。马克思、恩格斯:"代替那存在着阶级和阶级对立的资产阶级旧社会的……"(217)

(26)245 页。马克思:"把机器看做分工的反题……"(304)

(27)208 页。马克思、恩格斯:"私有制,就它在劳动的范围内同劳动相对立来说……"(342)

(28)165 页。马克思、恩格斯:"当分工一出现之后……"(342)

(29)199 页。马克思、恩格斯:"个人力量(关系)由于分工而转化为物的力量这一现象……"(343)

(30)166 页。马克思、恩格斯:"共产主义对我们说来不是应当确立的状况……"(567)

(31)413-414 页。马克思、恩格斯:"共产党人的理论原理……"(592-593)

21.《马克思恩格斯选集》第二卷,第 3 版,北京:人民出版社,2012 年。

(1)14 页。恩格斯:"历史从哪里开始,思想进程也应当从哪里开始……"(58-59)

(2)13 页。恩格斯:"马克思对于政治经济学的批判就是以这个方法做基础的……"(60)

22.《马克思恩格斯选集》第三卷,第 3 版,北京:人民出版社,2012 年。

(1)760 页。恩格斯:"这种观点认为,一切重要历史事件的终极原因……"(20)

(2)280 页。马克思:圣西门等人是"第一批社会主义者""社会主义的鼻祖"。(27)

(3)37 页。恩格斯:"德国的理论上的社会主义永远不会忘记……"(27)

(4)798 页。马克思、恩格斯:消除现实社会弊端,"这些手段不应当从头脑中发明出来……"(28)

(5)776 页。恩格斯:"现在我们知道……(29)

(6)779 页。恩格斯:"总之,同启蒙学者的华美诺言比起来……"(30)

(7)780 页。恩格斯:"在这个时候,资本主义生产方式以及随之而来的……"(30)

（8）780-781页。恩格斯："不成熟的理论……"（30）

（9）525页。恩格斯："政治经济学，从最广的意义上说……"（36）

（10）525-526页。恩格斯："人们在生产和交换时所处的条件……"（36-37）

（11）930页。恩格斯："归纳和演绎，正如分析和综合一样……"（61）

（12）983页。恩格斯："全部所谓纯数学都是研究抽象的……"（63）

（13）579页。恩格斯："在《资本论》有关价值的整整一章中没有一点迹象表明……"（73）

（14）824页。马克思："或者是它所包含的私有制因素战胜集体因素……"（73）

（15）997-998页。恩格斯："动物仅仅利用外部自然界……"（83）

（16）587页。恩格斯："关于资本，马克思'不是使用流行的经济学概念……"（107）

（17）508页。杜林："马克思先生安心于他那既是个人的又是社会的阶有制的混沌世界……"（143）

（18）509页。恩格斯："靠剥夺剥夺者而建立起来的状态……"（143）

（19）667页。恩格斯："这一点特别适用于今天的强大的生产力。"（143）

（20）667页。恩格斯："那时，资本主义的占有方式……"（143-144）

（21）668页。恩格斯："无产阶级将取得国家政权，并且首先把生产资料变为国家财产……"（144）

（22）364页。马克思："权利决不能超出社会的经济结构以及……"（144）

（23）357页。马克思："劳动不是一切财富的源泉……"（178）

（24）528-529页。恩格斯："政治经济学作为一门研究人类各种社会……"（200-201）

（25）698页。恩格斯："价值概念是商品生产的经济条件的最一般的……"（205）

（26）698-699页。恩格斯："如果生产商品的社会把商品本身所固有的……"（205）

（27）700页。恩格斯："等量社会劳动的产品可以相互交换……"（205）

（28）699页。恩格斯："如果杜林的经济公社能实现的话……"（205）

（29）428页。恩格斯："因为一切存在的基本形式是空间和时间……"（246）

（30）793页。恩格斯："黑格尔第一次——这是他的伟大功绩……"（251）

（31）574页。恩格斯："人类社会脱离动物野蛮阶段以后的一切发展……"（259-260）

（32）614页。马克思："配第在他的《赋税论》中……"（262）

（33）364-365页。马克思："在共产主义社会高级阶段……"（341）

（34）375页。马克思："赋税是政府机器的经济的基础……"（485）

（35）374页。马克思："那么，它就不应当忘记主要的一点……"（556）

（36）913-914页。恩格斯："植物，动物，每一个细胞……"（565-566）

23.《马克思恩格斯选集》第四卷，第3版，北京：人民出版社，2012年。

（1）248 页。恩格斯："从黑格尔学派的解体过程中还产生了另一个派别……"（9）

（2）248 页。恩格斯："请允许我在这里作一点个人的说明……"（9）

（3）228 页。恩格斯："这部书的解放作用，只有亲身体验过的人才能想象得到……"（10-11）

（4）248 页。恩格斯评价费尔巴哈："他下半截是唯物主义者……"（11）

（5）234 页。费尔巴哈："向后退时，我同唯物主义者完全一致……"（11）

（6）473 页。马克思："自然规律是根本不能取消的……"（150）

（7）473 页。马克思："科学的任务正是在于阐明价值规律是如何实现的。"（150）

（8）604 页。恩格斯："根据唯物史观，历史过程中的决定性因素……"（198）

（9）605 页。恩格斯："恐怕只有书呆子才会断定……"（198）

（10）605-606 页。恩格斯："历史是这样创造的：最终的结果总是从许多……"（199）

（11）666 页。恩格斯："您对价值规律的责难，从现实观点来看……"（440）

（12）666 页。恩格斯："一般利润率的情况不就是这样吗？……"（440）

（13）668 页。恩格斯："概念和现象的统一是一个本质上无止境的过程……"（440-441）

（14）207 页。恩格斯："组织本身是完全民主的……"（540）

（15）327 页。恩格斯："原始基督教的历史与现代工人运动有些值得注意的共同点……"（585）

（16）574 页。恩格斯："在我看来，马克思的历史理论是……"（594）

24.《马克思恩格斯文集》第 1 卷，第 1 版，北京：人民出版社，2009 年。

（1）286 页。马克思、恩格斯："'思想'一旦离开'利益'，就一定会使自己出丑。"（18）

（2）287 页。马克思、恩格斯："如果说这场革命是不合时宜的……"（18）

（3）287 页。马克思、恩格斯："因此，历史活动是群众的活动……"（18）

（4）510 页。马克思、恩格斯："有一个好汉忽然想到……"（18-19）

（5）331 页。马克思、恩格斯："英国唯物主义和整个现代实验科学的真正始祖是培根。"（61）

25.《马克思恩格斯文集》第 3 卷，第 1 版，北京：人民出版社，2009 年。

（1）611 页。马克思："例如，在英国，显示自己政治力量的途径对工人阶级是敞开的……"（31-32）

（2）611 页。马克思："国际是遍布整个劳动世界的联合起来的团体的网络……"（73）

26.《马克思恩格斯文集》第 4 卷，第 1 版，北京：人民出版社，2009 年。

（1）209 页。恩格斯："第一，商品的价格对商品价值的不断偏离……"（55）

27.《马克思恩格斯文集》第 8 卷，第 1 版，北京：人民出版社，2009 年。

（1）194 页。马克思：“罗德戴尔之流认为资本本身离开劳动可以创造价值……”（122）

（2）187 页。马克思：“机器体系表现为固定资本的最适当的形式……”（122）

（3）356 页。马克思：“大生产——应用机器的大规模协作——第一次使自然力……”（190）

（4）356 页。马克思：”由于这些自然因素没有价值……”（190-191）

（5）356-357 页。马克思：“自然因素的应用……”（191）

（6）357 页。马克思：“只有在这种生产方式下……”（191）

（7）521-522 页。马克思：“第一，因为随着劳动对资本的实际上的从属或……”（364）

28.《马克思恩格斯文集》第 10 卷，第 1 版，北京：人民出版社，2009 年。

（1）140 页。马克思：“我现在发狂似地通宵总结我的经济学研究……”（15）

（2）231 页。马克思：“不论我的著作有什么缺点，它们却有一个长处……”（70-71）

29.《马克思恩格斯全集》第 2 卷，第 1 版，北京：人民出版社，1957 年。

（1）615 页。恩格斯：“纳税原则本质上是纯共产主义的原则……”（567）

（2）615-616 页。恩格斯：“我们谈的不是不顾民族的意志立即实行财产共有……”（567-568）

30.《马克思恩格斯全集》第 19 卷，第 1 版，北京：人民出版社，1963 年。

（1）401 页。马克思：“资本家只要付给工人以劳动力的实际价值……”（234）

31.《马克思恩格斯全集》第 22 卷，第 1 版，北京：人民出版社，1965 年。

（1）628-629 页。恩格斯：“我们是不断发展论者……”（73）

32.《马克思恩格斯全集》第 26 卷第 1 分册，第 1 版，北京：人民出版社，1972 年。

（1）377 页。马克思：“对脑力劳动的产物——科学——的评价……”（383）

33.《马克思恩格斯全集》第 30 卷，第 1 版，北京：人民出版社，1975 年。

（1）503 页。马克思：“《新莱茵报》从来没有像《国民报》那样力图把革命变成摇钱树……”（6）

34.《马克思恩格斯全集》第 32 卷，第 1 版，北京：人民出版社，1975 年。

（1）75-76 页。马克思：“再过几天我就满五十岁了……”（6）

35.《马克思恩格斯全集》第 38 卷，第 1 版，北京：人民出版社，1972 年。

（1）490 页。恩格斯：“如果没有必须加以反对的反动的暴力，也就谈不上什么革命的暴力。”（72）

36.《马克思恩格斯全集》第 48 卷，第 1 版，北京：人民出版社，1985 年。

（1）475-476 页。马克思：“在资本主义生产发达的地方……”（290）

（2）477 页。马克思：“劳动价格和土地（或一切自然力）价格——是两个特别的不合

理的说法……"(291)

37.《列宁选集》第一卷,第3版修订版,北京:人民出版社,2012年。

(1)10页。列宁:"自从《资本论》问世以来,唯物主义历史观已经不是假设……"(44)

(2)526页。列宁:"无产阶级在争取政权的斗争中,除了组织,没有别的武器……"(541)

(3)311页。列宁:"没有革命的理论,就不会有革命的运动。"(594)

38.《列宁选集》第二卷,第3版修订版,北京:人民出版社,2012年。

(1)434页。列宁:"《资本论》第三卷所解决的是在价值规律的基础上形成平均利润率的问题。马克思把经济科学推进了一大步。"(127)

(2)137页。列宁:"正如物或物体不是简单的现象,不是感觉的复合……"(246)

(3)434页。列宁:"这表现在他是根据普遍的经济现象……"(283)

39.《列宁选集》第三卷,第3版修订版,北京:人民出版社,2012年。

(1)265页。列宁:"因为,如果资本主义大企业成了垄断组织……"(196-197)

(2)265页。列宁:"或者是为地主和资本家的利益服务……"(197)

(3)265页。列宁:"或者是为革命民主派的利益服务……"(197)

(4)265页。列宁:"因为社会主义无非是从国家资本主义垄断再向前跨进一步……"(197)

(5)196页。列宁:"在共产主义社会的第一阶段(通常称为社会主义)……"(206)

(6)196页。列宁:"但是它在它的另一部分却依然存在……"(206)

(7)200页。列宁:"既然在消费品的分配方面存在着资产阶级权利……"(207)

(8)490页。列宁:"必然要把创造高于资本主义的社会结构的根本任务提到了首要地位……"(275)

(9)175页。列宁:"恩格斯同马克思一样,从无产阶级和无产阶级革命的观点出发坚持民主集中制……"(542)

(10)175-176页。列宁:"但是,恩格斯绝对不像资产阶级思想家和包括无政府主义者在内的小资产阶级思想家那样……"(542)

(11)504页。列宁:"苏维埃民主制即目前具体实施的无产阶级民主制的社会主义性质就在于……"(542)

(12)499-501页。列宁:"无可争辩的历史经验表明:在革命运动史上……"(542)

(13)500页。列宁:"所以苏维埃的(即社会主义的)民主制……"(542)

(14)500页。列宁:"任何大机器工业——即社会主义的物质的、生产的泉源和基础……"(542-543)

(15)501页。列宁:"在参加共同工作的人们具有理想的自觉性和纪律性的情况下……"(543)

40.《列宁选集》第四卷,第 3 版修订版,北京:人民出版社,2012 年。

(1)154 页。列宁:"从共产主义的观点看来……"(28)

(2)21—22 页。列宁:"冒险家和其他危害分子乘机混进执政党里来…"(138)

(3)9—10 页。列宁:"我曾屡次指出……无产阶级专政不只是对剥削者使用的暴力……"(203)

(4)16 页。列宁:"劳动生产率,归根到底是使新社会制度取得胜利的最重要最主要的东西。"(203)

(5)17 页。列宁:"共产主义就是利用先进技术……"(203—204)

(6)154—155 页。列宁:"无产阶级专政是对旧社会的势力和传统进行的顽强斗争……"(204)

(7)271 页。列宁:"实际证明,由工人运动内部机会主义派别的活动家来维护资产阶级……"(593)

41.《斯大林选集》下卷,北京:人民出版社,1979 年。

(1)442 页。斯大林:"生产、生产方式既包括社会生产力……"(34)

(2)555 页。斯大林:"正如价值规律一样,价值是与商品生产的存在相关联的一种历史范畴……"(205)

42.《毛泽东选集》第二卷,第 2 版,北京:人民出版社,1991 年。

(1)660 页。毛泽东:"一个高尚的人,一个纯粹的人,一个有道德的人……"(259)

43.《毛泽东选集》第三卷,第 2 版,北京:人民出版社,1991 年。

(1)1031 页。毛泽东:"人民,只有人民,才是创造世界历史的动力。"(序言 2)

44.《毛泽东选集》第四卷,第 2 版,北京:人民出版社,1991 年。

(1)1438 页。毛泽东:"这只是万里长征走完了第一步。"(204)

(2)1475 页。毛泽东:"人民是什么?在中国,在现阶段,是工人阶级……"(212)

45.《毛泽东选集》第五卷,第 1 版,北京:人民出版社,1977 年。

(1)389 页。毛泽东:"无产阶级要按照自己的世界观改造世界……"(585)

46.《人民日报》,1967 年 5 月 30 日。

(1)毛泽东:"要有信心,有勇气……"(210)

47.《毛主席论教育革命》,北京:人民出版社,1967 年。

(1)24—26 页。毛泽东:"其实,入小学前的小孩,一岁到七岁……"(96)

48.《邓小平文选》第二卷,第 2 版,北京:人民出版社,1994。

(1)168 页。邓小平:"没有民主就没有社会主义,就没有社会主义的现代化。"(211)

49.《邓小平文选》第三卷,第 1 版,北京:人民出版社,1993 年。

(1)369页。邓小平:"我们搞改革开放,把工作重心放在经济建设上……"(序言3)

(2)138页。邓小平:"社会主义有两个非常重要的方面,一是以公有制为主体,二是不搞两极分化。"(序言3)

(3)274页。邓小平:"科学技术是第一生产力。"(273)

(4)148-149页。邓小平:"把计划经济和市场经济结合起来……"(585-586)

50.习近平:《决胜全面建成小康社会 夺取新时代中国特色社会主义伟大胜利——在中国共产党第十九次全国代表大会上的报告》,北京:人民出版社,2017年。

(1)19页。习近平:"我国社会主要矛盾是人民日益增长的美好生活需要和不平衡不充分的发展之间的矛盾,必须坚持以人民为中心的发展思想……"(序言4)

51.《习近平谈治国理政》第一卷,北京:外文出版社,2014年。

(1)116页。习近平:"使市场在资源配置中起决定性作用、更好发挥政府作用,既是一个重大理论命题,又是一个重大实践命题……"(55)

(2)11页。习近平:"我们在实践中要始终坚持'一个中心、两个基本点'不动摇……"(201)

52.《习近平谈治国理政》第二卷,北京:外文出版社,2017年。

(1)328-329页。习近平:"在对坚持以马克思主义为指导问题上……"(序言4-5)

(2)323页。习近平:"人民有信仰,民族有希望,国家有力量。"(序言4)

(3)61页。习近平:"认识和把握我国社会发展的阶段性特征,要坚持辩证唯物主义和历史唯物主义的方法论……"(214)

(4)18页。习近平:"中国共产党的领导是中国特色社会主义最本质的特征。没有共产党,就没有新中国……"(512)

(5)36页。习近平:"坚持不忘初心,继续前进,就要坚持中国特色社会主义道路自信、理论自信、制度自信、文化自信……"(522)

(6)296页。习近平:"面向未来,发展好各项事业,巩固国家安定团结的政治局面……"(533)

(7)288页。习近平:"一个国家的政治制度决定于这个国家的经济社会基础……"(539)

(8)287页。习近平:"评价一个国家政治制度是不是民主的、有效的,主要看……"(540)

(9)289页。习近平:"制度自信不是自视清高、自我满足,更不是裹足不前、故步自封……"(540)

53.《新华每日电讯》2016年7月9日1版。

(1)习近平:"坚持和发展中国特色社会主义政治经济学,要以马克思主义政治经济学为指导……"(序言8)

后　记

　　我身体违和，几近风烛，又由于功力不逮，写作此稿，十分艰难，终于历经十载，书稿杀青。在修改书稿期间，中共宁夏区委党校校委主要领导曾赠我多本关于习近平新时代中国特色社会主义思想学习资料和中国特色社会主义经济学参考书，希望我以学术讲政治，结合研究马克思主义，深入研究习近平新时代中国特色社会主义思想。校委各委员和学术委员会各委员对书稿非常关切，希望我以习近平新时代中国特色社会主义思想统领全书，结合当前进行的"不忘初心、牢记使命"主题教育，使书稿更有助于坚定人们的共产主义信念。我按照各位领导的意见进行了精心修改，经校委研究，最终决定给予资助。自治区党校科研处处长王丛霞女士、副处长刘志鹏先生以及宋晓明女士等不辞劳苦，组织专家评审，联系出版事宜。自治区党校决策咨询部主任郭正东先生、图书馆馆长王学平先生、老干处部处长白吉祥先生、《宁夏党校学报》编辑部陈景浩先生亦给予多方面的帮助和支持。宁夏人民出版社社长何志明先生在四年前即关注本课题，精心策划运筹，希望通过研究，更加坚定人们的马克思主义信仰。出版社审读老师与责任编辑白雪加班加点，以求书稿早日出版。自治区公安厅一级高级警长韦庆民先生邮送多本马克思主义著作供我参考。我的妻子、中学数学高级教师李嫩英和我的大儿子、西北大学教师、博士杨杲辉审阅和推导本书的数理表达式，帮我借阅图书并核对引文。如果没有领导、同事、朋友和家人的鼓励、支持和帮助，不知此稿何时面世，我对他们的感激之情无以言表，谨记上文，以示谢忱。

杨进明

2019 年 11 月 14 日于西安紫薇风尚